公法系列

行政訴訟法
逐條釋義

| 2023 最新版 |

翁岳生 主編

許宗力、吳東都 副主編

五南圖書出版公司 印行

　　本書第三版刊行後，司法院為建構行政訴訟堅實第一審，修正行政訴訟法及其他相關法律，經立法通過於民國112年8月15日施行。修正重點是：於高等行政法院增設地方行政訴訟庭（為行政訴訟法所稱之「地方行政法院」），除管轄原由地方法院行政訴訟庭管轄之簡易訴訟程序事件、交通裁決事件及收容事件外，並管轄部分原由高等行政法院管轄之通常訴訟程序事件；擴大強制律師代理範圍；增設調解制度；建立最高行政法院法官裁判不同意見書制度；增訂防止濫訴規定；保障原住民族、弱勢兒童與身心障礙者近用司法之權益。此次修正可說是繼89年7月1日修正施行行政訴訟法，將原一級一審的行政訴訟改為二級二審；101年9月6日修正施行行政訴訟法，將行政訴訟之二級二審改為三級二審之後，另一次結構性改變，必有助於行政訴訟功能的發揮，在我國行政訴訟發展史上深具意義。

　　本次行政訴訟法部分條文修正，共計刪除5條，修正56條，增訂22條，共83條，本書自應配合修正改版。行政訴訟法新增章節之「調解」（第228條之2至第228條之6）及「高等行政法院上訴審程序」（第263條之1至第263條之5）部分，分別由陳錫平助理教授及張國勳法官撰寫，其他新增條文與原有條文相關者，由原有條文之撰寫者撰寫。另部分條文撰寫者有所更替：陳愛娥副教授接替撰寫第6條，賴恆盈副教授接替撰寫第219條至第228條之1（「和解」）；簡慧娟法官及蕭惠芳法官接替撰寫第57條至第104條。至於未修正條文部分，由原撰寫人檢視原注釋內容有無與新修正及增訂條文相牴觸而需配合修改或補充，自屬當然。

　　本書此次修正，蒙各執筆之學者及法官全力配合，而能在預定時間內完成修正工作，五南圖書出版股份有限公司並協助相關出版事宜，在此均致萬分謝意。期望本書之修正有助於各方對新制之瞭解與運用，惟修正內容或有不足之處，尚祈各方賢達不吝惠予指正。

翁岳生

2023年9月15日

　　本書於2019年8月第二版第二刷出版後，行政訴訟法歷經兩次修訂，第一次修訂日期是2020年1月15日。新增第二編第五章都市計畫審查程序。增訂第237條之18至第237條之31，共14條。並修訂與之相關之第98條之5及第263條。其修法之目的，係因實務上向來認為都市計畫屬於法規性質，並非行政處分，人民縱認都市計畫違法損害其權利或法律上利益，須俟後續行政處分作成後，始得提起撤銷訴訟，無法獲及時、有效之救濟。故司法院依據釋字第742號解釋，擬具修正草案，經立法院審議通過，藉以保障人民之財產及訴訟權。第二次修訂日期是2021年6月16日。修訂第57條、第59條、第73條、第82條、第83條、第98條之6、第130條之1、第176條、第209條、第210條、第218條、第229條、第237條之1、第237條之12、第237條之13、第237條之15、第237條之16，共計修訂17條，並增訂第194條之1。其修訂目的，係司法院為配合現代科技發展，透過司法E化之推動，在司法文書之傳送、訴訟進行、收受裁判等各方面，提供便捷之資訊服務，故擬具修正草案送立法院完成立法。

　　本書為使讀者明瞭新法內容，於法律修訂後亦著手進行修正。由於上述第一次法律修訂，條文均係新增，故先邀請對都市計畫程序素有研究之學者三人及實務兩人開會研商，分配執筆之條文及決定完稿之時間。本來預定於執筆者均完稿後即行再版，不意於再版前，法律又有上述第二次修訂，本書亦須依新法修正，因第二次法律修訂係對原有條文之部分修訂，為爭取時間，未再開會，個別懇請原條文之執筆者進行修正。此次本書修正，承各位執筆者不顧自己工作忙碌，慨允執筆，熱心協助，使修正工作順利完成，於此謹致由衷謝意。又五南圖書出版公司協助相關出版事宜，亦一併致謝。

　　本書內容或有不足之處，尚祈各方賢達不吝指正。

翁岳生

2021年9月28日

21世紀行政訴訟制度之演變暨序文

一、司法院再度組成行政訴訟制度研究修正委員會

行政訴訟二級二審制度自2000年7月1日起施行；行政訴訟法條文由原來34條，增為308條。回顧司法院自1981年7月組成行政訴訟制度研究修正委員會進行研討，至付諸施行，歷經近20年歲月。在此期間，社會結構鉅變，臺灣脫離戒嚴勘亂時期之威權時代，逐漸恢復到正常之憲政法治國家，行政訴訟法亦應與時俱進，再行檢討。因此，司法院於行政訴訟二級二審制施行未及1年，即於2001年3月再度組成行政訴訟制度研究修正委員會，聘請相關行政機關、專家學者及實務界代表擔任委員，並以吳庚前大法官、陳計男前大法官及最高行政法院鍾曜唐前院長擔任召集人，主持會議。該委員會之運作情形及獲致之成果如下：

(一) 司法院為廣徵各界對於行政訴訟法之修法意見，除函請各機關、大學法律學系、律師公會全國聯合會表示意見外，並在全臺灣北中南舉行三場座談會，聽取意見。委員會會議每兩週定期召開一次，先就亟待解決之議題加以討論，例如是否徵收行政訴訟裁判費、審判權錯誤是否採移送制等。至2002年6月底，共計召開29次會議，於同年8月提出行政訴訟法部分條文修正草案、行政訴訟法施行法修正草案及行政訴訟費用法草案，送立法院審議。

(二) 委員會自2002年9月起繼續就其他尚未完成討論之議題，召開第30次會議。2003年9月30日因第6屆大法官任期屆滿，新制大法官於同年10月1日就任，委員會成員增為24人，召集人則未變更。於2005年11月第86次會議，完成行政訴訟法部分修正條文草案、行政訴訟法施行法修正草案及行政訴訟費用法草案，於2006年1月11日送立法院審議。

(三) 上述兩度函送立法院審議之行政訴訟法部分條文修正草案中，關於行政訴訟是否徵收裁判費、行政訴訟上訴審是否採強制代理制、如採強制代理，訴訟代理人是否以律師為限等增訂條文，因立法委員仍有歧見，致

未通過修法及立法。嗣後，郭林勇、尤清、江義雄等立法委員，另就行政訴訟是否徵收裁判費等問題，提出「行政訴訟法部分條文修正草案」計20條，2007年6月5日立法院三讀通過修正，同年7月4日總統修正公布。

本次增訂行政訴訟法第12條之1條至第12條之4、第98條之1條至第98條之6，並修正第49條、第98條至第100條、第103條、第104條、第107條及第276條。司法院依行政訴訟法授權，於2007年7月31日以院令發布，定自同年8月15日施行。此係行政訴訟二級二審制度施行後首次修正。

二、立法院賡續審議司法院2009年函送之修正草案

2007年10月1日司法院因部分新制大法官任期4年屆滿，組織有所異動。2009年司法院重新檢視2002年與2006年兩度函送立法院審議未果之行政訴訟法部分條文修正草案，同時配合民事訴訟法於2007年3月21日修正公布，司法院於2009年6月12日再度將行政訴訟法部分條文修正草案（修正61條、增訂5條，計66條）函送立法院審議。

此次修正過程相當順利，2009年12月22日立法院三讀通過修正，2010年1月13日總統修正公布第6條、第12之2條、第12之4條、第15條、第16條、第18條至第20條、第24條、第37條、第39條、第43條、第57條、第59條、第62條、第64條、第67條、第70條、第73條、第75條、第77條、第81條、第83條、第96條、第97條、第100條、第104條至第106條、第108條、第111條、第112條、第121條、第128條、第129條、第131條、第132條、第141條、第145條、第146條、第149條、第151條、第154條、第163條、第166條、第176條、第189條、第196條、第200條、第204條、第209條、第229條、第230條、第243條、第244條、第253條、第259條、第272條、第273條、第277條、第286條。此外，並增訂第12條之5、第15條之1、第15條之2、第274條之1、第307條之1。

司法院針對上述修正條文，依行政訴訟法授權，於2010年4月23日以院令發布，定自同年5月1日施行。

司法院自2001年3月成立行政訴訟制度研究修正委員會，至2009年12月止，為行政訴訟法研修工作，辛苦付出心力之相關行政機關、專家學者、實務

界代表及幕僚人員，至此已見到美好成果。

三、司法院再組行政訴訟研究修正委員會研修行政訴訟三級二審新制

　　行政訴訟係為解決行政機關因行使公權力所引起之行政紛爭，以民告官為原則。近年來，大法官為體現「有權利即有救濟」之理念，大力保障人民之訴訟權，擴大人民提起行政訴訟之權利。因而司法院開始考慮僅設立三所高等行政法院，是否造成人民訴訟不便，以及交通裁決事件是否回歸行政訴訟審理之問題。司法院行政訴訟及懲戒廳經過審慎評估後，為便利人民行使訴訟權，於2009年3月提出地方法院設置行政訴訟庭之構想，獲得司法院高層肯認，並裁示立即推動，乃於2009年9月再度組成行政訴訟研究修正委員會，委員計20餘人，由廖義男前大法官擔任召集人。自2009年9月起至2010年3月止，共計召開12次會議，完成行政訴訟法部分修正條文草案及相關法律之修正草案，於2010年9月函送立法院審議。

　　此次修正，除了增訂各地方法院設置行政訴訟庭，審理行政訴訟簡易程序事件之第一審案件、相關保全證據事件、保全程序事件、強制執行事件之外，並將原由普通法院審理之違反道路交通管理處罰條例之交通裁決事件，改由地方法院行政訴訟庭依行政訴訟程序審理，可謂40餘年來，交通違規異議事件均依刑事訴訟程序審理之訴訟法制史立下新的里程碑。

　　此次修正草案函送立法院審議後，立法院分兩次審議通過：

(一) 2011年5月6日立法院三讀通過修正第73條、第229條；並增訂第241條之1。同年5月25日總統修正公布。

(二) 2011年11月1日立法院三讀通過修正第4條至第6條、第8條、第16條、第21條、第42條、第55條、第63條、第75條、第76條、第106條、第107條、第113條、第114條、第120條、第143條、第148條、第169條、第175條、第183條至第185條、第194條、第199條、第216條、第217條、第219條、第229條、第230條、第233條、第235條、第236條、第238條、第244條、第246條、第248條、第267條、第269條、第275條、第294條、第299條、第300條、第305條至第307條；並增訂第3條之1、第98條之7、第104條之1、第114條之1、第125條之1、第175條之1、第178條之1、第235條之1、

第236條之1、第236條之2、第237條之1至第237條之9、第256條之1；並刪除第252條、修正第二編編名、第二編第一章、第二章章名、增訂第二編第三章章名。同年11月23日總統修正公布。

以上為行政訴訟三級二審新制之立法過程，司法院依行政訴訟法授權，於2011年12月26日以院令發布，統一定自2012年9月6日施行。

四、因應網路科技，增訂遠距視訊審理規定

如同前述，行政訴訟三級二審新制係為便民而設，抑有進者，司法院為方便距離行政法院較遠之民眾，得以就近利用當地地方法院之遠距視訊設備，進行行政訴訟程序，再度著手修正行政訴訟法。2012年12月21日立法院三讀通過修正第130條之1及第131條，2013年1月9日總統修正公布。司法院依行政訴訟法授權，於2013年6月7日以院令發布，定自2013年6月10日施行。

五、落實人身自由保障，增訂外國與大陸地區收容人之救濟規定

司法院鑑於憲法第8條及公民與政治權利國際公約第9條對於人身自由保障之要求，並因應司法院大法官釋字第708號及第710號解釋揭示應賦予外國人或大陸、港澳地區人民對於入出國及移民署之暫予收容處分有立即聲請法院迅速審查決定之救濟機會，以及逾越暫予收容期間之收容部分，應由法院審查決定之意旨，再度修正行政訴訟法，2014年5月30日經立法院三讀通過修正，同年6月18日總統公布。

本次計修正第49條、第73條、第204條、第229條；並增訂第237條之10至第237條之17及第二編第四章章名「收容聲請事件程序」。司法院依行政訴訟法授權，於2014年6月18日以院令發布第49條、第73條、第204條，定自公布日施行。其他修正條文，則於2015年2月4日司法院令定於同年2月5日施行。

本書於2002年出版以來已逾15年，書店早已售罄，並一再催印。但因如同上述，在此期間，行政訴訟法之屢次修正及增訂條文相當多，異動頗大，除導論外，必須重新逐條闡明，作者亦略有更動。岳生年歲已大，基於新陳代謝的原則，因此，學界方面敦請前大法官，現任臺大法律學院許宗力教授，實務

界即請最高行政法院張登科前院長，負責聯繫協調，共同主編。

　　新版仍如同舊版，尊重作者創作自由，並未要求作者見解、風格、體例之劃一。謹此感謝各位作者之辛勞、奉獻與合作，並誌謝五南圖書出版公司之協助相關出版事宜。期待本書能對於逐漸步上軌道的行政訴訟運作與已經蔚為風氣之行政法學的研究有些微之助益。

　　本書內容或有不足之處，尚祈各方賢達不吝指正。

翁岳生

2015 夏

　　最新修正的行政訴訟法於2000年7月1日施行，大幅度增加訴訟的種類，人民除了可以提起傳統的請求撤銷行政處分的行政訴訟外，也可以依法提起公法上的給付訴訟、請求作成行政處分的訴訟以及公法上的確認訴訟。同時新法將行政訴訟的審級改為二級二審，對於當事人在程序上的保障也更加周全。然而徒法不足以自行，新法究竟應如何解釋適用，才能公平合理保障當事人雙方的權益，也攸關新法是否能夠落實實施。

　　本人有鑑於此，為協助法學界與司法界共同推動新行政訴訟法制的施行，因此邀請法學界先進對於行政法學有積極研究專業者，共同執筆著述行政訴訟法條文的逐條釋義，以供學術界與實務界研究參考。

　　本書屬於集體創作，為尊重作者的創作自由，因此並未統一各個作者的見解，其論述風格體例觀點或未一致，但忠於原著。本書能夠出版，首先應感謝各個執筆作者熱心公益、共襄盛舉的努力，其次也感謝五南圖書出版公司協助相關出版事宜。期待本書的出版，能夠對於行政訴訟法制合理化，作出積極貢獻。

　　本書內容或有不夠圓滿之處，尚祈各方賢達不吝賜正。

翁岳生

2002年8月12日

作者一覽表（依條次順序）

作者	學歷及現職	撰寫條次
翁岳生	德國海德堡大學法學博士 前司法院院長	序、導論
盛子龍	臺灣大學法學博士 中正大學財經法律學系暨研究所教授兼法學院院長	1、4
林明昕	德國慕尼黑大學法學博士 臺灣大學法律學院教授	2～3-1、237-30 第二編第五章緒論
許宗力	德國哥廷根大學法學博士 司法院院長、臺灣大學兼任教授	5、200
陳愛娥	德國哥廷根大學法學博士 臺北大學法律學系副教授（退休）	6
董保城	德國波昂大學法學博士 東吳大學副校長	7、8
葉俊榮	美國耶魯大學法學博士 臺灣大學講座教授	9～11、35
劉宗德	日本名古屋大學法學博士 政治大學名譽教授、文化大學講座教授	12、177
蔡震榮	德國杜賓根大學法學博士 玄奘大學法律學系教授兼系主任	13、14、17～21
黃清德	東海大學法學博士 臺灣警察專科學校交通管理科教授	15～16
陳春生	德國慕尼黑大學法學博士 臺北大學法律學系兼任教授	22～34、36
洪家殷	政治大學法學博士 東吳大學法學院特聘教授	37～40
蕭文生	德國慕尼黑大學法學博士 中正大學法律學系教授	41～56 第一編第三章第四節、第五節緒論

作者一覽表（依條次順序）（續）

作者	學歷及現職	撰寫條次
簡慧娟	臺灣大學法學學士 最高行政法院法官	57～83
蕭惠芳	臺灣大學法學學士 最高行政法院法官	84～104
劉建宏	德國佛萊堡大學法學博士 中正大學法律學系教授兼總務長	104-1～115 255～261-1
林明鏘	德國海德堡大學法學博士 臺灣大學法律系特聘教授	116～119、196、197、237-18～237-20、293～303 第七編緒論
張文郁	德國慕尼黑大學法學博士 臺北大學法律學系教授	120～132
李惠宗	德國慕尼黑大學法學博士 中興大學法律學系教授	133～176
陳清秀	臺灣大學法學博士 東吳大學法律學系教授	178～186、248～251、253、254
蔡茂寅	日本名古屋大學法學博士 臺灣大學法律系兼任教授	187～195、198～199、201～218
賴恆盈	政治大學法學博士 高雄大學政治法律學系副教授	219～228-1
陳錫平	德國弗萊堡大學法學博士 中央警察大學犯罪防治系助理教授	228-2～228-6 第二編第一章第八節緒論
黃啓禎	德國慕尼黑大學法學博士 東海大學法律學院醫事法研究中心主任	229～237、264～283 第四編、第五編緒論
王碧芳	臺灣大學法學碩士 最高行政法院法官	237-1～237-9
李震山	德國慕尼黑大學法學博士 前司法院大法官	237-10～237-17 第二編第四章緒論

作者一覽表（依條次順序）（續）

作者	學歷及現職	撰寫條次
吳東都	臺灣大學法學博士 最高行政法院庭長	237-21、237-26、237-29、238～243 第三編第一章緒論
陳國成	交通大學科技管理研究所博士 最高行政法院庭長	237-22～237-25
傅玲靜	德國慕尼黑大學法學博士 政治大學法學院教授	237-27～237-28、237-31
張登科	臺灣大學法學碩士 前最高行政法院院長	244～247、262、263
張國勳	中興大學（現為臺北大學）法學碩士 最高行政法院法官	263-1～263-5 第三編第二章緒論
程明修	德國敏斯特大學法學博士 東吳大學法律學系特聘教授	284～292 第六編緒論
李建良	德國哥廷根大學法學博士 臺灣大學法律學院合聘教授、中央研究院法律學研究所特聘研究員兼所長	304～308 第八編緒論

註：1. 原第57～104條是由林清祥所編寫，新版由簡慧娟法官（第57～83條）、蕭惠芳法官（第84～104條）接續修正。

　　2. 原第219～228條是由法治斌、蔡進良所編寫，嗣後由葉百修大法官及張宏誠先生接續修正，新版則由賴恆盈副教授接續修正。

　　3. 原第三編緒論由陳石獅所編寫，新版第三編第一章緒論由吳東都庭長接續修正。

目 次

四版序 I

三版序 III

二版序──21世紀行政訴訟制度之演變暨序文 V

初版序 XI

作者一覽表 XIII

導　論 　　1

第一編　總　則 　　19

第一章　行政訴訟事件 20

第二章　行政法院 143

　第一節　管　轄 143

　第二節　法官之迴避 160

第三章　當事人 169

　第一節　當事人能力及訴訟能力 169

　第二節　選定當事人 192

　第三節　共同訴訟 207

　第四節　訴訟參加 216

　第五節　訴訟代理人及輔佐人 253

第四章　訴訟程序 291

　第一節　當事人書狀 294

　第二節　送　達 304

　第三節　期日及期間 319

　第四節　訴訟卷宗 331

　第五節　訴訟費用 334

第二編　第一審程序　　349

第一章　通常訴訟程序..350
　第一節　起　訴...350
　第二節　停止執行..378
　第三節　言詞辯論..390
　第四節　證　據...430
　第五節　訴訟程序之停止..488
　第六節　裁　判...517
　第七節　和　解...566
　第八節　調　解...597

第二章　簡易訴訟程序...621

第三章　交通裁決事件訴訟程序......................................633

第四章　收容聲請事件程序...653

第五章　都市計畫審查程序...677

第三編　上訴審程序　　743

第一章　最高行政法院上訴審程序..................................744

第二章　高等行政法院上訴審程序..................................821

第四編　抗告程序　　839

第五編　再審程序　　853

第六編　重新審理　　871

第七編 保全程序   889

第八編 強制執行   909

第九編 附　則   945

導　論

一、行政訴訟法之沿革

　　行政訴訟法為規定行政訴訟程序之法律，我國最早之行政訴訟法係1914年5月18日由北京政府公布之「行政訴訟條例」，共35條，於公布日施行[1]。當時係仿法國之諮政院（Conseil d'Etat）設立平政院受理行政訴訟，同年7月20日又公布「行政訴訟法」，以取代行政訴訟條例，條文數目未改[2]，仍由平政院受理行政訴訟。1928年國民政府成立後，於1932年在司法院下設行政法院，並於同年11月17日公布行政訴訟法，次年6月22日施行，當時只有27條，其間，行政訴訟法雖有數次修正，但其實質內容並無變化。政府遷臺以後，由於社會安定，經濟繁榮，人民之教育程度提高，法律意識增強，致行政訴訟制度之改善，日感迫切需要。1975年乃有行政訴訟之修正，惟其修正內容，仍不具實質上意義[3]。有鑑於行政訴訟相關規定過於簡略，無法因應我國政治、經濟、社會結構之重大變遷發展，司法院乃於1981年7月組成「行政訴訟制度研究修正委員會」，著手研修行政訴訟制度，延攬學者及行政法院之院長、庭長等實務界人士，共同參與研修，歷經11年之研究討論，終於完成行政訴訟法修正草案[4]。其後司法院與行政院就該草案之內容協商並達成協議，隨即送立法院審議，其間歷時6年，經諸位立法委員及學者專家之積極參與推動，終於在1998年10月2日併同訴願法之修正，三讀通過，同月28日公布新行政訴訟法。此次修法幅度頗大，內容分為九編，共計308條。其中因改採二審制，增加訴訟類型，增訂重新審理、保全程序及強制執行規定，以及行政法院組織設立及司法人員培訓等需有相當時日之準備，故於第308條第2項規定，修正條文施行日期，由司法院以命令定之。而司法院

---

[1] 關於我國行政訴訟制度之沿革，請參照翁岳生，行政訴訟制度現代化之研究，收錄於：行政法與現代法治國家，2015年，頁339以下。蔡志方，我國第一個行政訴訟審判機關—平政院、國民政府時代之行政訴訟制度，二文均收錄於：氏著，行政救濟與行政法學（一），頁241、頁299以下。

[2] 關於行政訴訟條例與行政訴訟法主要不同之規定，請參照翁岳生，前揭書，頁339（344），註11。

[3] 修正內容之檢討，請參照翁岳生，我國行政法四十年來之研究，收錄於：法治國家之行政法與司法，頁267（294）以下。

[4] 行政訴訟法修正草案總說明暨條文對照表，司法院編印，1993年5月，並請參照翁岳生，中華民國之訴願及行政訴訟制度、我國行政法四十年來之發展，二文均收錄於：法治國家之行政法與司法，1994年初版，頁246、頁256、頁293以下。

於88年7月8日以（88）院台廳行一字第17712號函定於2000年7月1日起施行。我國行政訴訟制度至此邁向一個嶄新的里程。

　　回顧我國行政訴訟法數十年來之理論發展及立法歷程可知，學者對於行政訴訟法之修正均多表示支持肯定之立場，惟行政機關則或因擔心新法的制定會影響行政效能而多所顧忌，如行政院所提出之雙軌制之建議即為適例[5]。因此如何由憲法的觀點強化人民權利之保障並同時維護行政權的合法行使便成為行政訴訟的重要課題。此外行政訴訟制度與人民基本權利之保障、法治國原則、社會國原則等憲法基本原則關係密切，故有必要作深入的討論。而有鑑於上述議題在行政訴訟法通過之後，將成為解釋及適用法律的核心問題，本文擬從人民權利保障的觀點出發，特別是從憲法保障人民基本權的角度以及憲法基本原則於行政訴訟法中的具體實踐情形，闡述行政訴訟法之憲法基礎，期能對行政訴訟法的研究及實踐有所助益。

二、行政訴訟法之憲法基礎

(一)行政訴訟制度與基本權保障

　　行政法為憲法的具體化[6]，而行政訴訟制度乃為實現行政法之紛爭解決機制，自應探討其憲法之規範基礎為何，方能瞭解新行政訴訟法是否符合憲法之意旨。凡行政訴訟設立之目的多在保障人民權益、確保國家行政權之合法行使，及增進司法功能（§1參照）。以下首先由人民基本權保障的觀點出發，探討基本權與行政訴訟制度的關聯性，特別是著重在人性尊嚴之保障、以及憲法第16條訴訟基本權所導出之無漏洞之權利保護、具有實效之權利保護及公平審判訴訟程序等主觀面向，以構成人民之行政訴訟權利保護系譜；其次再由立憲主義之法治國原則、社會國原則等客觀面向探討行政訴訟法之憲法依據，以及於行政訴訟上之具體實踐情形。

1.人性尊嚴之保障

　　在立憲主義所支配之現代民主法治國家中，基於人民總意志所形成之憲法，係藉由規範並制約國家之統治權力，以確保人民之基本權。而在憲法所規範的政治秩序下，人並非受統治之客體，而是以主體地位參與政治之形成。在此憲政秩序中，人性

---

[5] 對於雙軌制之批判，請參照：蔡志方，關於行政救濟採取雙軌制或單軌制問題之我見，收錄於：氏著，行政救濟與行政法學（三），2004年修訂初版，頁200以下；李建良，對於行政訴訟之審級應採單軌制或雙軌制的看法，律師通訊191期，1995年8月，頁23-27。

[6] Vgl. F. Werner, Verwaltungsrecht als konkretisiertes Verfassungsrecht, DVBl. 1959, S. 527.並請參照翁岳生，法治行政之時代意義，1993年中國比較法學會（台灣比較法學會）行政法制研討會主題演講，收錄於：法治國家之行政法與司法，1994年初版，頁217（特別是頁219-220）；陳新民，由弗立茲·韋納的「當作是具體化憲法的行政法」談起，司法周刊509、510、511期，1991年3月。

尊嚴[7]的價值應受憲法所肯認，並要求國家尊重與保障的思想，乃屬立憲主義以人為本所蘊含的當然主張，應可視為憲法的基本精神所在，甚至無待憲法明文揭示。比較憲法上如德國於基本法第1條第1項即規定：「人性尊嚴不容侵犯。所有國家權力均負有尊重並保護人性尊嚴之義務。」我國雖未如德國，將保障人性尊嚴之原則明訂於基本權利章中，但解釋上仍應以之為我國憲法的當然前提，並且可由憲法整體規範中導出[8]。例如我國憲法增修條文第10條第6項規定：「國家應維護婦女之人格尊嚴，保障婦女之人身安全，消除性別歧視，促進兩性地位之實質平等。」即為人性尊嚴原則在婦女權益上的一種具體化。司法院大法官相關解釋中也以人性尊嚴之保障作為我國憲法之基本權利，如釋字第372號解釋：「維護人格尊嚴與確保人身安全，為我國憲法保障人民自由權利之基本理念。」釋字第400號解釋，提及憲法第15條財產權是以「實現個人自由發展人格及維護尊嚴」為目的。釋字第485號解釋理由書亦稱：「憲法係以促進民生福祉為一項基本原則，⋯⋯本此原則國家應提供各種給付，以保障人民得維持合乎人性尊嚴之基本生活需求，扶助並照顧經濟上弱勢之人民，推行社會安全等民生福利措施。」釋字第490號解釋文則認為：「服兵役之義務，並無違反人性尊嚴，亦未動搖憲法價值體系之基礎，⋯⋯」凡此種種均明白承認人性尊嚴作為我國憲法的基本權利的重要意義。

而欲瞭解人性尊嚴之意涵，首先可憑藉德國哲學家康德的學說來理解，亦即人乃理性、自覺的主體，不得加以物化或客體化。換言之，每個人對自己均擁有自主性及自決地位，不受任何外來力量的強制、侵害或貶損。基此，德國學者Dürig提出「客體公式」（Objektformel），並經德國聯邦憲法法院多次援用，作為人性尊嚴的標準：「凡是具體的個人被貶為客體、純粹的手段或是可任意替代的人物，便是人性尊嚴受到侵害[9]。」詳言之，人性尊嚴的保障，係要求對於人民不應貶抑其身分作為單純的客體處理，尤其被使用作為達成目的之手段。當人不再成為國家行為的目的，而變成為單純的手段或客體時，人性尊嚴即受到侵害。

---

[7] 關於人性尊嚴之探討，請參照李震山，人性尊嚴之憲法意義，收錄於：氏著，人性尊嚴與人權保障，2000年初版，頁1以下。許志雄，憲法上之個人尊嚴原理，中國比較法學會學報13輯，1992年，頁50-70；蔡志方，從人性尊嚴之具體化，論行政程序法及行政救濟法之應有取向，收錄於：氏著，行政救濟與行政法學（一），頁351以下；蔡維音，德國基本法第一條「人性尊嚴」規定之探討，憲政時代18卷1期，頁36-48；陳清秀，憲法上之人性尊嚴，收錄於：現代國家與憲法，李鴻禧教授六秩華誕祝賀論文集，1997年，頁93-120；蔡宗珍，人性尊嚴之保障作為憲法基本原則，月旦法學雜誌45期，1999年1月，頁99-102。

[8] 此論點請參照：蔡宗珍，人性尊嚴之保障作為憲法基本原則，月旦法學雜誌45期，1999年1月，關於人性尊嚴在我國憲法上定位；亦有學說認為應由憲法第22條導出，請參照：李震山，人性尊嚴之憲法意義，收錄於：氏著，人性尊嚴與人權保障，2000年初版，頁20；陳清秀，憲法上之人性尊嚴，收錄於：現代國家與憲法，李鴻禧教授六秩華誕祝賀論文集，1997年，頁95；許志雄，憲法上之個人尊嚴原理，中國比較法學會學報13輯，1992年，頁61。

[9] Vgl. Dürig, in: Maunz/Dürig, GG Komm., 1990, Art. 1 Abs. 1 Rn. 28.

　　基於人性尊嚴的要求，在行政訴訟程序也應有擔保個人的尊嚴及自由的程序保障[10]，亦即要求人民作為訴訟之主體，而不得被降為單純的國家行為或是法院裁判的「客體」。換言之，人性尊嚴要求國家在訴訟程序上，賦予當事人足以影響其程序進行的訴訟上權限，例如建構盡可能無漏洞、具有實效且公平的權利保護，以及設立法律上聽審權等機制等均為適例。

2.盡可能無漏洞之權利保護

　　我國憲法第16條規定人民有訴訟之權。舉凡憲法所規定之基本權，僅具初步保障性質（prima facie Schutz）[11]，須經有權解釋憲法之機關（如司法院大法官）予以確認，方能確定其具體之保障範圍（Schutzbereich）[12]。司法院大法官釋字第396號解釋稱：所謂有權利必有救濟之法理，在指明人民訴請法院救濟之法理為訴訟權保障之核心內容，不容剝奪（無漏洞之權利保護）；釋字第418號解釋更進一步指出，訴訟權不僅形式上應保障人民得向法院主張其權利，實質上亦須使人民權利獲得確實有效之保障（具有實效之權利保護）；再者釋字第512號解釋則謂：「憲法第十六條保障人民有訴訟之權，旨在確保人民有依法定程序提起訴訟及受公平審判之權利（公平之審判程序）。」綜合上述司法院大法官所作成之解釋，憲法第16條訴訟權[13]之保障範

10　請參照陳清秀，憲法上之人性尊嚴，收錄於：現代國家與憲法，李鴻禧教授六秩華誕祝賀論文集，1997年，頁103；蔡志方，從人性尊嚴之具體化，論行政程序法及行政救濟法之應有取向，收錄於：氏著，行政救濟與行政法學（一），頁351（393）以下。

11　Vgl. R. Alexy, Theorie der Grundrechte, 2. Aufl. 1997, S. 84, 86.

12　Vgl. Pieroth/Schlink, Grundrecht-Staatsrecht II, 1997, S. 195.國內對於基本權保障範圍之論述，參照：李建良，基本權理論體系之構成及其思考層次，收錄於：氏著，憲法理論與實踐（一），1999年初版，頁77以下。

13　關於訴訟權之文獻甚夥，限於篇幅，僅舉出較具參考價值者，關於德文文獻部分：Angelika Christiane Karwacki, Der Anspruch der Parteien auf fairen Zivilrecht, 1984. Christoph Grabenwarter, Verfahrensgarantien in der Verwaltungsgerichtsbarkeit, 1997. Johannes Mauder, DerAnspruch auf rechtliches Gehör, 1983. Kai-A. Otto, Der Anspruch auf ein Verfahren in angemessener Zeit, 1995. Peter Wilfinger, Das Gebot effektiven Rechtsschutz in Grundgesetz und Europäischer Menschenrechtskonvention, 1995. Wolfram Waldner, Der Anspruch auf rechtliches Gehör, 1989.中文文獻則可分為期刊論文及學位論文二類。期刊論文部分：請參照陳清秀，論法律上聽審請求權，收錄於：氏著，稅務訴訟之理論與實務，1991年初版，頁230-244；許士宦，民事訴訟上之公正程序請求權，收錄於：現代國家與憲法，李鴻禧教授六秩華誕祝壽論文集，1997年，頁1585以下；陳愛娥，有效權利保障與行政決定空間對行政訴訟制度之影響，收錄於：行政訴訟論文彙編（一），司法院編印，頁49以下；陳愛娥，立法者對於訴訟制度之形成自由與訴訟權的制度保障核心，台灣本土法學雜誌18期，頁147-152。學位論文部分：請參照宋健弘，訴訟權之研究——以行政救濟制度為中心，政治大學法律學研究所碩士論文，1999年；朱健文，論行政訴訟中之預防性權利保護，輔仁大學法律學研究所碩士論文，1995年；林明鏘，人民權利之暫時保護——以行政訴訟為中心，臺灣大學法律學研究所碩士論文，1987年；陳世旻，行政爭訟上之暫時權利保護，警察大學法律學研究所碩士論文，2000年；蔡志方，從權利保護功能之強化，論我國行政訴訟制度應有之取向，臺灣大學法律學研究所博士論文，1988年。

圍包括提供盡可能無漏洞之權利保護、具有實效之權利保護以及公平之審判程序等三種內涵，爰就相關規範內容闡述之。

如上所述，大法官釋字第396號解釋稱：所謂有權利必有救濟之法理，在指明人民訴請法院救濟之法理爲訴訟權保障之核心內容，不容剝奪。即係指憲法第16條訴訟權之保障範圍包含「盡可能無漏洞之權利保護」（lückloserRechtsschutz）[14]在內。例如舊行政訴訟法對行政訴訟之審判權採取「列舉主義」（Enurmerationsprinzip），僅能對違法行政處分提起撤銷訴訟加以救濟，新行政訴訟法第2條改以「概括條款」（Generalklausel）[15]之規範方式，賦予人民對所有形式之公權力行爲請求權利保護之機會，舉凡行政處分、行政契約、事實行爲等行政行爲均在保障之列，並且依其行爲態樣提供適當且完備的訴訟類型以資使用，除原有的撤銷訴訟（§4）外，更增訂課予義務訴訟[16]（§5）、確認訴訟[17]（§6）、給付訴訟[18]（§8）、維護公益訴訟（§9）、選舉罷免訴訟（§10）等新訴訟類型[19]。至此行政訴訟制度方可謂符合憲法第16條所定盡可能無漏洞權利保護之規範意旨。

再者對於審判權之劃分、訴訟進行之程序及訴訟類型等制度設計而言，原則上均委由立法者斟酌訴訟案件之性質及既有訴訟程序之功能而爲設計。如釋字第466號解釋即稱：「……訴訟救濟究應循普通訴訟程序抑或依行政訴訟程序爲之，則由立法機關依職權衡酌訴訟案件之性質及既有訴訟制度之功能等而爲設計。」釋字第512號解

14　德國基本法第19條第4項規定：「任何人的權利受公權力侵害時，得向法院提起訴訟。如無其他法院有裁判權時，得向普通法院提起訴訟，但第10條第2項第二句之規定不受影響。」德國行政法院法爲配合基本法之規定，於同法第40條第1項規定：「非憲法性質之所有公法上爭議，除聯邦法律明文規定應由其他法院審理外，皆得提起行政訴訟。有關邦法之公法上爭議，亦得經邦法律規定，由其他法院審理之。」由於規範範圍甚為廣泛，致使第19條第4項後段所設之普通法院補充性質之裁判權，殊少有發生作用的餘地，請參照翁岳生，西德行政法院之組織及其裁判權之研究，收錄於：行政法與現代法治國家，2015年，頁367。

15　關於各國之規範模式及其優劣比較，請參照蔡志方，戰後行政訴訟制度發展之趨勢及其優劣之檢討，收錄於：氏著，行政救濟與行政法學（一），1993年，頁158-166。

16　請參照陳敏，課予義務訴訟之制度功能及適用可能性—兼評新行政訴訟法及訴願法之相關規定，收錄於：行政救濟、行政處罰、地方立法，台灣行政法學會學術研討會論文集，1999年，頁3以下；蔡志方，論對抗怠於執行職務之行政訴訟，台灣本土法學雜誌13期，2000年8月，頁1以下；同作者，論課予義務之訴，全國律師3卷3期，1999年3月，頁40-55；李建良，論對環境法上之公民訴訟，法令月刊51卷1期，2000年1月，頁14以下；黃錦堂，德國課以義務之訴之研究，收錄於：行政訴訟論文彙編（一），司法院編印，1998年，頁287以下。

17　請參照蔡志方，論行政訴訟上確認之訴，全國律師3卷1期，1999年1月，頁43以下；劉淑範，論續行確認訴訟（違法確認訴訟）之適用範疇—以德國法學說與實務爲中心，臺北大學法學論叢46期，2000年6月，頁113以下。

18　請參照陳清秀，一般給付訴訟對於行政程序及行政救濟程序之影響，收錄於：行政救濟、行政處罰、地方立法，台灣行政法學會學術研討會論文集，1999年，頁49以下。

19　關於各種類型間的關係，請參照吳庚，行政訴訟中各類訴訟之關係，法令月刊49卷11期，1998年11月，頁3-9；蔡志方，論行政訴訟法上各類訴訟之關係，收錄於：行政救濟、行政處罰、地方立法，台灣行政法學會學術研討會論文集，1999年，頁73以下。

釋亦謂：「……訴訟救濟應循之審級、程序及相關要件，應由立法機關衡量訴訟案件之種類、性質、訴訟政策目的，以及訴訟制度之功能等因素，以法律爲正當合理之規定。」然而如將錯誤選擇審判權、訴訟程序或訴訟類型之不利益盡歸由人民負擔，對於身爲行政訴訟權主體之人民而言，無寧過苛，與憲法第16條訴訟權之權利及憲法第23條之比例原則自有牴觸。以審判權劃分所產生之消極或積極的權限衝突爲例[20]，行政法院就其受理訴訟之權限，如與普通法院確定裁判之見解有異時，應以裁定停止訴訟程序，並聲請司法院大法官解釋（§178參照）。不應逕行依照本法第107條第1項第1款規定以裁定駁回原告之訴。再者就原告選擇訴訟類型或訴訟程序所生爭議，審判長亦應盡闡明義務（§125Ⅱ、Ⅲ）以解決爭端，若審判長未盡闡明義務，乃屬重大之程序瑕疵[21]。

此外憲法第16條訴訟權並不提供審級制度之保障[22]。如釋字第396號解釋即謂：「保障訴訟權之審級制度，得由立法機關視各種訴訟案件之性質定之。……尙不得因其未設通常上訴救濟制度，即謂與憲法第十六條有所違背。」因此無論是上訴審程序（第三編）、抗告程序（第四編）、再審程序（第五編）、重新審理（第六編）等制度均係立法者依照訴訟事件類型所需，本其立法裁量權之行使所創設之法律上救濟途徑。故立法者自得針對現存之審級制度加以限縮，或基於司法的金字塔結構的要求等政策考量[23]，依法律設立相關上訴或抗告許可要件。對此立法者享有較寬廣的立法形成空間，惟仍必須有限制之正當化理由，此外也必須考量其與平等原則等基本權規定之關係[24]。

3.具有實效之權利保護

憲法第16條訴訟權不僅形式上應保障人民得向法院主張其權利，實質上亦須使人民權利獲得確實有效之保障（釋字第418號參照），即訴訟權亦保障「具有實效之

---

20 關於各國審判權之權限衝突的解決模式，請參照吳庚，行政爭訟法論，1999年修訂版，頁49、50。行政訴訟制度研修會建議於審判權發生錯誤的情形，增訂行政訴訟法第12條之1至第12條之4，共計四條文，改採移送制，交由有受理權限之法院審理，參照司法周刊1044期，2001年8月15日。

21 相關論述請參照張文郁，行政救濟法中職權調查原則與舉證責任之研究，收錄於：行政救濟、行政處罰、地方立法，台灣行政法學會學術研討會論文集，1999年，頁237以下。此外，法官得藉由訴訟類型的轉換（Umdeutung）避免人民負擔選錯訴訟類型的不利益，參照彭鳳至，德國行政訴訟制度及訴訟實務之研究，行政法院研究報告，1998年，頁62-63。

22 德國基本法第19條第4項亦不提供審級救濟。Vgl. Schenke, in Bonner Komm., Art. 19 Abs. 4 Rn. 275. Jarass/Pieroth, GG, Art. 19 Abs. 4 Rn. 26.不同意見認爲應提供審級救濟的主張，Vgl. Voßkuhle, Rechtsschutz gegen den Richter, 1993, S. 298 ff.

23 請參照全國司法改革會議結論具體措施及時間表，1999年7月26日，頁6以下。

24 Vgl. Schmidt-Aßmann, in Schoch/Schmidt-Aßmann/Pietzner, VwGO, Einleitung, Rn. 28.

權利保護」（effektiver Rechtsschutz）[25]。訴訟權之實效權利保護並不要求立法者創設最佳的訴訟程序或制度，而是賦予其廣泛的自由形成空間，以實效性爲取向，設立合乎比例原則之訴訟程序。該基本權內涵可分爲三個面向：首先是要求禁止設立要件過苛無法達成的程序障礙以阻絕人民接近法院之權利；再者係確立訴訟程序保護之委託；最後則爲保障權利之具體實踐[26]。

(1)接近法院之權利

①救濟途徑不僅是抽象的權利保障，更必須具體明確。因此，行政訴訟法除了採取概括條款（§2）外，並就個別訴訟類型明定實體裁判要件，以確保「救濟途徑之明確性」（Rechtswegklarheit）[27]。大法官相關解釋對於接近法院的權利之闡釋甚夥，例如特別權力關係[28]之一系列解釋[29]，即爲適例。

②依照複雜多樣的行政行爲態樣設立適當的法院訴訟類型。訴訟類型受本案之實體裁判要件所拘束，該要件應依照實效性的觀點解釋及適用（§4～§10規定參照）。

③訴訟行爲需與特定之書面要件結合，如有特殊緊急情事存在，爲避免造成難以回復之損害，法院得不經書面，就緊急之請求准許以其他通訊方式聲請[30]。

④由時間的角度觀察，行政訴訟之權利保護型態除「事後的權利保護」（nachträglicher Rechtsschutz）之外，尚包括對行政行爲之「預防性權利保護」（vorbeugender Rechtsschutz）[31]、已終結但仍具負擔效力之行政行

---

[25] Vgl. Schmidt-Aßmann, in: Maunz/Dürig, GG Art. 19 Abs. 4. Rn. 4 f., Kai-A. Otto, Der Anspruch auf ein Verfahren in angemessener Zeit, 1995, Peter Wilfinger, Das Gebot effektiven Rechtsschutz in Grundgesetz und Europäischer Menschenrechtskonvention, 1995. Sachs (hrsg), GG, 2. Aufl., Rn. 145-149.並請參照陳愛娥，有效權利保障與行政決定空間對行政訴訟制度之影響，收錄於：行政訴訟論文彙編（一），司法院編印，頁49以下。宋健弘，訴訟權之研究—以行政救濟制度爲中心，政治大學法律學研究所碩士論文，1999年1月，頁100以下。

[26] Schmidt-Aßmann, aaO., (Fn.24), Rn. 160-163.

[27] Schmidt-Aßmann, aaO., (Fn.24), Rn. 160.

[28] 有關特別權力關係理論，詳請參照翁岳生，論特別權力關係之新趨勢，行政法與現代法治國家，2015年，頁109；楊日然，我國特別權力關係理論之檢討，臺大法學論叢13卷2期，1984年6月；張劍寒，特別權力關係與基本權利之保障，憲政時代10卷1期，1984年7月；陳敏，所謂特別權力關係中之行政爭訟權—司法院大法官會議釋字第一八七號解釋之研討，憲政時代10卷1期，1984年7月，頁7以下；蔡震榮，從德、日兩國特別權力關係理論，探討我國當前權力關係應發展方向，收錄於：氏著，行政法理論與基本人權之保障，頁1以下；吳庚，重建公務員關係的法理基礎，法令月刊40卷8期，1989年8月，頁3以下；法治斌，行政法上法律關係與特別權力關係，收錄於：翁岳生主編，行政法，2000年2版，頁24以下。

[29] 釋字第187號、第201號、第243號、第266號、第298號、第312號、第323號、第338號、第382號、第430號、第462號解釋……等。並請參照行政訴訟法第2條之註釋，茲不贅述。

[30] Schmidt-Aßmann, aaO., (Fn.24), Rn. 161.

[31] 具體訴訟類型如預防性不作爲訴訟及預防性確認訴訟等，對於行政處分之預防性不作爲訴訟，學說上容有爭議，否定說請參照吳庚，行政爭訟法論，頁127；肯定說請參照陳清秀，行政訴訟法，1999年初版，頁138以下。比較法上相關制度之深入探討，請參照朱健文，論行政訴訟中之預防性權利保護，輔仁大學法律學研究所碩士論文，1995年。

爲所爲之繼續性權利保護[32]，以及起訴前及訴訟中之「暫時性權利保護」（vorläufigerRechtsschutz）[33]，例如停止執行（§116～§119）及保全程序之假扣押、假處分（第七編），凡此均屬實效權利保護之保障範圍所及。

⑤訴訟法特別規定之訴訟期間[34]並不違背實效權利保護之要求。但對不可歸責之期間遲延應有回復原狀之制度設計（§91～§93）。

⑥實效權利保護並不排除於起訴程序上要求特別的權利保護必要（besonderesRechtsschutzbedürfnis），也不排除訴訟權利之捨棄（Verzicht）及失權效（Verwirkung）之承認[35]。

(2)訴訟程序保護之委託

①不排除由行政處分之構成要件效力（Tatbestandswirkung）或由違法關聯性（Rechtswidrigkeitszusammenhang）導出行政法院合法性審查的內在限制[36]。

②實效性的要求有部分內容與法律上聽審權保障內容競合，因此訴訟當事人在訴訟程序中應有權表明見解並請求法院慎重考慮，法院則有提供資訊之義務[37]。

③實效權利保護在於保障適時相當的權利保護（angemessenerRechtsschutz）[38]，不可過度延滯訴訟程序之進行。由此並可導出促進訴訟程序之要求（Beschleunigungsgebot）[39]。

---

[32] 參照釋字第213號解釋：「……因撤銷行政處分爲目的之訴訟，乃以行政處分之存在爲前提，如在起訴時或訴訟進行中，該處分事實上已不存在時，自無提起或續行訴訟之必要……。惟行政處分因期間之經過或其他事由而失效者，如當事人因該處分之撤銷而有可回復之法律上利益時，仍應許其提起或續行訴訟。」即仍須有可回復之法律上利益，方得請求行政救濟。具體類型如續行確認訴訟。詳細內容請參照劉淑範，論續行確認訴訟（違法確認訴訟）之適用範疇─以德國法學說與實務爲中心，臺北大學法學論叢46期，2000年6月，頁113以下；蕭文生，執行完畢與已消滅行政處分之救濟，收錄於：行政訴訟論文彙編（二），司法院編印，1999年，頁191以下。

[33] 關於行政訴訟中暫時權利保護之相關制度，請參照林明鏘，人民權利之暫時保護─以行政訴訟爲中心，臺灣大學法律學研究所碩士論文，1987年；陳世旻，行政爭訟上之暫時權利保護，警察大學法律學研究所碩士論文，2000年。

[34] 關於行政訴訟上在途期間之計算，請參照梁學政，論行政救濟上在途期間之確定，法令月刊51卷8期，2000年8月，頁31-38。

[35] Schmidt-Aßmann, aaO., (Fn.24), Rn. 161.

[36] Schmidt-Aßmann, aaO., (Fn.24), Rn. 162.

[37] 詳後述4、(3)聽審請求權之介紹。

[38] Vgl, Kai-A. Otto, Der Anspruch auf ein Verfahren in angemessener Zeit, 1995.

[39] 在德國，主要是由歐洲人權公約第6條第1項：「決定某人的公民權利與義務或在決定對某人的任何刑事罪名時，任何人有權在適當的時間內受到依法設立的獨立與公正的法庭之公平與公開審訊。……」導出適時權利保護之要求，並同時要求促進訴訟程序。我國憲法第16條既已保障權利保護具有實效，自應考慮此一憲法內涵。關於歐洲人權公約第6條規範內容，Vgl. Christoph Grabenwarter, Verfahrensgarantien in der VerwaltungsgerichtsbarkeitEin Studie zu Artikel 6 EMRK auf der Grundlage einer rechtsvergleichenden Untersuchung der Verwaltungsgerichtsbarkeit Frankreich, Deutschland und Österreichs, 1997。

(3)權利保護實踐之確保

①法院的判決類型必須有統一的特徵，賦予與實體法相對應可執行的形式以及判決效力（第二編第一章第六節裁判之規定參照）。

②最後必須確保實際上得對行政機關強制執行（第八編參照）。

4.公平之審判程序

所謂公平審判程序，或譯為「公正程序請求權」（Das Recht auf ein faires Verfahren[40]）之概念來自英美法系，即英國普通法（common law）所稱之「公平審判」（fair trial），美國憲法所強調之「正當法律程序」（due process of law）[41]。此外，公民權利和政治權利國際公約[42]及歐洲人權公約[43]亦均言及公平審判程序。德國聯邦憲法法院對民事及刑事訴訟法之公平審判程序之要求，主要是由基本法第20條第3項之法治國原則結合同法第2條人格自由發展權所導出[44]；對於行政訴訟程序則以基本法第19條第4項為依據[45]。而我國以憲法第16條訴訟權為最主要規範基礎。例如釋字第482號解釋理由書即稱：「訴訟權，乃人民司法上之受益權，即人民於其權利受侵害時，依法享有向法院提起適時審判之請求權，且包含聽審、公正程序、公開審判請求權及程序上之平等權。」又釋字第512號解釋亦謂：「憲法第十六條保障人民有訴訟之權，旨在確保人民有依法定程序提起訴訟及受公平審判之權利……」等見解可資證明。

此外在法治國中，司法權專屬國家，人民負有和平義務，禁止自力救濟，國家則必須提供具有實效的權利保護，除於憲法之司法章中強化審判獨立性之外，相關之配套措施亦應妥善完備。是以如何確立法定法官制度、維護訴訟當事人之法律上聽審權，具體落實訴訟武器平等原則，以及深入探求相關配套措施之憲法規範基礎等，便成為建構現代民主法治國家司法權及維護人民基本權利的重要指標。

---

[40] 請參照邱聯恭，司法之現代化與程序法，1992年初版，頁95、304。許士宦，民事訴訟上之公正程序請求權，收錄於：現代國家與憲法，李鴻禧教授六秩華誕祝賀論文集，1997年，頁1585以下。Vgl. Angelika Christiane Karwacki, Der Anspruch der Parteien auf fairen Zivilrecht, 1984。

[41] 關於美國正當法律程序相關討論，請參照湯德宗，論憲法上的正當程序保障，憲政時代25卷4期，2000年4月，頁3-33，收錄於：氏著，行政程序法論，頁267以下。

[42] 公民權利和政治權利國際公約第14條第1項規定：「所有的人在法庭和裁判所之前一律平等。在判定時對任何人提出的任何形式指控或確定他在一件訴訟案中的權利與義務時，人人有資格由一個依法設立的合格的、獨立的和無偏頗的法庭進行公平的和公開的審訊。……」即強調建構公平審理程序之重要性。

[43] 歐洲人權公約第6條之規範內容，請參照註39。

[44] Vgl. BverfGE 39, 238 (243), E41, 246 (249); E59, 128 (164). Tettinger, Fairneß und Waffengleichheit, S. 12 f.

[45] Schmidt-Aßmann, aaO., (Fn.24), Rn. 47.

(1)司法獨立原則

由上所述，可知行政訴訟制度之良窳，除強調人民基本權之保障外，更應架構適當之組織及程序，始克其功，由組織面向加以觀察，自以司法獨立原則最為重要。所謂司法獨立係指審判獨立而言，其具體內涵有四[46]：

①法官職務上之獨立：係指法官行使審判權僅受法律之拘束，不受其他任何形式指令之干預，此為法官獨立之核心要素。我國憲法第80條之規定乃為適例。對於憲法第80條所明定之法律，釋字第38號、第137號及第216號解釋中，作廣義解釋，就其他中央或地方機關所制訂之有效規章，除非與憲法或法律有所牴觸，仍應由法官引為裁判之依據。如法官就其受理事件，對所適用之法律，確信有牴觸憲法之疑義時，得以裁定停止訴訟程序，聲請大法官解釋[47]（§252、釋字第371號參照）。

②法官身分上之獨立：係指法官身分或隨身分而得之待遇不因審判之結果而受影響，亦即對法官之職位及其薪俸特予保障，如規定法官為終身職，非有法定原因依法定程序，不得任意免職、轉任或減俸之設計，使其為所應為。我國憲法第81條之規定亦為適例。行政法院組織法第20條規定：「行政法院法官之保障及給與，除本法別有規定外，適用司法人員人事條例及其他法令有關司法官保障及給與之規定。」已落實憲法第81條之規範意旨，提供行政法院法官之身分保障。

③法院之內部獨立：係指審判不受司法行政之監督與法院內部事務管理之影響。因此一方面強化法官自治，設置法官會議（行法組§31～§33參照），使法官得直接參與法院內部之行政事務。另一方面要求法官自律，諸如制定法官守則及法官評鑑制度等以強化法院之內部獨立性[48]。

④司法之集體獨立：係指司法預算之獨立問題，增修條文第5條第6項規定予以保障，要求行政院不得刪減司法院所提出之年度司法概算，而僅得加註意見，編入中

---

46 關於司法獨立原則，請參照李震山，論法官依據法律獨立審判，收錄於：法與義，Heinrich Scholler教授七十大壽祝賀論文集，2000年，頁51以下；李惠宗，從基本權功能論司法獨立與訴訟基本權之保障，收錄於：氏著，權力分立與基本權保障，1999年初版，頁209（254）以下；張文郁，法官評鑑與法官獨立，憲政時代26卷1期，2000年7月，頁3-14；張永明，法官地位、身分保障與法官評鑑，憲政時代26卷1期，2000年7月，頁15-37；陳愛娥，法官評鑑與身分保障，憲政時代26卷1期，2000年7月，頁37-47；蔡秀卿，法官評鑑與法官身分保障，憲政時代26卷1期，2000年7月，頁47-54；法治斌、董保城，中華民國憲法，2001年修訂3版，頁337以下。

47 關於法官聲請釋憲制度，請參照翁岳生，論法官之法規審查權，臺大法學論叢24卷2期，1995年6月，頁87-109；吳信華，論法官聲請釋憲，國立中正大學法學集刊3期，2000年7月，頁101-145；楊慧英，法官聲請解釋憲法制度暨案例解析，法官協會雜誌2卷2期，2004年12月，頁1-53。

48 請參照法治斌、董保城，中華民國憲法，2001年修訂3版，頁340。關於法官評鑑制度與身分保障的關聯，請參照張文郁，法官評鑑與法官獨立，憲政時代26卷1期，2000年7月，頁3-1；張永明，法官地位、身分保障與法官評鑑，憲政時代26卷1期，2000年7月，頁15-37；陳愛娥，法官評鑑與身分保障，憲政時代26卷1期，2000年7月，頁37-47；蔡秀卿，法官評鑑與法官身分保障，憲政時代26卷1期，2000年7月，頁47-54。

央政府總預算案，送立法院審議[49]。

(2)法定法官原則

德國基本法第101條所謂法定法官原則[50]係指何種案件由何法官承辦，應事先由法律明定，此法律須具有一般性、抽象性及存續性，既經規定後則不可恣意再加以變更[51]。此一原則旨在防止非經由事務分配之干涉，特別是透過交換法官或案件重新分配之手法所形成之干涉，又可稱為「分案順序不可變更原則」[52]。

人民請求國家對其爭議加以裁判，係要求國家指定已具有一定資格並經合法任命之法官來審理，亦即人民得透過訴訟來實現「請求法定法官審判之權」（DasRecht auf den gesetzlichen Richter）。此基本權我國憲法雖未明定，但其係現代法治國家保障司法獨立所必然之要求，且為維護訴訟權所必需，故亦可適用於我國，至於依據則可求諸於憲法第16條訴訟權及第80條審判獨立原則[53]。行政法院組織法中對於行政法院之組織、管轄及法官之資格等有明確之規範，均係用以保障法定法官之制度所設。

(3)法律上聽審權（Der Anspruch auf rechtliches Gehör）

基於憲法上尊重人性尊嚴及法治國原則之要求，在法院訴訟程序上，應有擔保基本權主體之人性尊嚴及基本權之程序保障機制。而在訴訟程序上，當事人應有法律上聽審權，俾以影響訴訟程序之經過及結果，以確保免於遭受不可預見之突襲性裁判[54]。

我國憲法雖未如德國基本法第103條第1項規定：「任何人有向法院請求法律上聽審的權利。」惟參照憲法第二章有關人民基本權利義務規定、增修條文第10條第6項規定及大法官相關解釋均承認人性尊嚴之價值[55]；此外結合立憲主義下之法治國原

---

[49] 相關論述請參照李惠宗，司法預算與司法獨立，收錄於：氏著，權力分立與基本權保障，1999年初版，頁290以下。

[50] 法定法官原則規定於德國基本法第101條第1項第二句：「不得禁止任何人受法定法官之審理。」

[51] Vgl. Maunz, in Maunz/Dürig, GG Komm., Art. 101. Rn. 14.

[52] 請參照李惠宗，司法預算與司法獨立，收錄於：氏著，權力分立與基本權保障，1999年初版，頁256。

[53] 類似看法，請參照李惠宗，前揭書，頁257。林俊益，論刑事被告訴訟基本權之保障，刑事訴訟與憲法保障人權之關係學術研討會，憲政時代27卷1期，2001年7月，頁39以下。最高法院89年度台上字第4968號判決、89年度台上字第5065號判決、89年度台上字第6569號判決、89年度台上字第6953號判決均明白承認「法定法官原則」得作為我國憲法第16條訴訟權之保障內涵，認為少年刑事案件，如非由少年法庭予以審判，其法院之組織即不合法，符合現代法治國「法定法官原則」的基本要求，實值肯定。

[54] Vgl. Schmidt-Aßmann, in Maunz/Dürig, GG Komm., Art.103 Rn. 1. Jarass/Pieroth, GG, Art. 103 Rn. 1.Johannes Mauder, Der Anspruch auf rechtliches Gehör, 1986, Wolfram Waldner, Der Anspruch auf rechtliches Gehör, 1989, 並請參照陳清秀，論法律上聽審請求權，收錄於：氏著，稅務訴訟之理論與實務，1991年初版，頁230。

[55] 請參照本文二、(一)、1、關於人性尊嚴之說明。

則，可以得出在各種訴訟程序上，當事人均應享有法律上聽審權。至於具體規範基礎並可求諸於憲法第16條訴訟權所保障之公平審判程序[56]（前揭釋字第483號參照）。

法律上聽審權係賦予參加訴訟之當事人，享有對法院裁判基礎之事實關係，乃至法律問題，在法院裁判之前，有表示意見之機會，而法院僅能就當事人已表示意見之事實及證據方法，作為裁判基礎。其具體保障範圍包括：對法院之資訊請求權、表達意見權、請求法院斟酌之權等三種內涵[57]，茲闡述如下：

①對法院之資訊請求權（Recht auf Information）：當事人必須瞭解裁判所依據的事實及法律，詳言之，法院必須告訴當事人裁判程序進行的充分資訊，包括法院裁判之形成所進行的程序內容、相關的階段及方向等。而聽審權的核心在於當事人不知如何有效主張其權利時，法院必須行使闡明權。訴訟當事人有責任謹慎的詢問，即使是法律狀態不明的情形，原則上也應就所有可支持的法律觀點加以考慮，並就陳述謹慎加以說明。至於法官與當事人間法律上的對話（Rechtsgespräch）[58]則無法直接由憲法所導出，只能由立法者以法律明定，再由司法機關加以實踐。

②表達意見權（Recht auf Äußerung）：當事人必須能就事實、證據調查結果及法律問題提供意見及提出證據。事實也可以是純粹程序性的，但必須對程序而言具有重要性，並且法院可以在特定的法律評價下，限制相關之訴訟資料。當一方提出新證據資料時，應賦予對造重新表示意見的可能性。表達意見權必須已保留充分時間足以發表重要意見為前提，而時間的長短，則依照訴訟標的及訴訟狀態的複雜性加以判斷。如果審理時間過於冗長，則可以主張實效權利保護加以抗衡[59]。

③請求法院斟酌之權（Recht auf Berücksichtigung）：法律上聽審請求權要求法院應於判決中斟酌當事人所陳述之意見，換言之，法院必須知悉並加以考慮。法院的考慮義務不要求就陳述內容加以闡釋，且不要求只能作成與陳述內容相同之判決，但要求在判決中附理由，而理由中只須就主要考慮加以說明，毋庸包含所有細節[60]。

行政訴訟法中與法律上聽審權相關之制度，例如：送達（第四章第二節）、法官闡明義務（§125 II、III）、裁判應記明理由（§189 II）等。而期間之規定（如起訴期間、上訴期間）係合乎秩序措施之程序規範，但不得以不可期待或與事理不相當之

---

[56] 陳清秀認為法律上聽審權的憲法規範基礎應係憲法第22條，請參照陳清秀，論法律上聽審請求權，收錄於：氏著，稅務訴訟之理論與實務，1991年初版，頁231。

[57] Vgl. Schmidt-Aßmann, in Maunz/Dürig, GG Komm., Art. 103 Rn. 43 ff. Jarass/Pieroth, GG, Art. 103 Rn. 7. ff. Wolfram Waldner, Der Anspruch auf rechtliches Gehör, 1989, S. 13 ff. SchmidtAßmann, in Schoch/Schmidt-Aßmann/Pietzner, VwGO, Einleitung, Rn. 46.

[58] Vgl. Schmidt-Aßmann, in Maunz/Dürig, GG Komm., Art. 103 Rn. 78. Wolfram Waldner, Der Anspruch auf rechtliches Gehör, 1989, S. 60 f.依據德國行政法院法第104條規定：「法院應就爭訟事件與當事人作法律與事實之討論」此項討論之結果即為判決之基礎（同法第108條第1項參照）。

[59] Schmidt-Aßmann, aaO., (Fn.24), Rn. 46.

[60] Ebenda.

方式阻撓當事人行使訴訟權，因此回復原狀制度也是合憲的程序機制。至於「失權規定」（Präklusionvorschriften）[61]，只要該程序規定係依照符合法治國促進訴訟的要求而設置時，並不牴觸法律上聽審權，故解釋與適用上述規定時必須注意到是否危及促進訴訟的具體效果。此外，法律上聽審權也可導出得由律師代理當事人進行訴訟，惟並不要求律師強制[62]。

(4)武器平等原則

對司法權而言，平等原則的意義有三：①人民平等的接近法院（Die Gleichheitdes Zugangs der Bürger zum Richter）。②人民在法官前之平等（Die Gleichheit derBürger vor dem Richter）。③法官對人民適用法律平等（Die Gleichheit derRechtsanwendung für den Bürger durch den Richter）[63]。其中「人民在法官前之平等」，係指當事人在訴訟中之武器平等。換言之，武器平等是一種訴訟上的平等原則，其在擔保無論是居於起訴之攻擊者或是被告之防禦者地位，或兩造無論在訴訟上或訴訟外是否處於上下隸屬關係，在法院的訴訟程序上能有相同的法律地位及訴訟可能性。訴訟上的武器平等原則，其內涵為訴訟上機會平等，亦即每個人有相同機會以不遜於相對人之方式及相同機會在其案件中提出攻擊防禦方法之可能，具體內容包括當事人之卷宗閱覽權、法律上聽審權、詢問證人、鑑定人權，以及請求裁判附理由等權利[64]。至於其憲法的規範基礎則可求諸於憲法第7條的平等權保障以及法治國原則。

(5)公平程序權

公平程序權是基本權的組織及程序保障權，依照德國聯邦憲法法院裁判意旨，民事及刑事訴訟程序是由基本法第2條第1項結合法治國原則導出[65]，由於具有補充條款的性質，並沒有一般性具體的誡命或禁止內涵，而應就程序的特殊性，依照不同的利益衝突情形的考量加以具體化。然而該原則的產生係因德國基本法就民事及刑事訴訟中並無類似同法第19條第4項之憲法保障規定，故德國聯邦憲法法院於裁判中發展出之公平程序之要求，因此在刑事及民事訴訟中別具重大意義[66]。反之，在行政訴訟程序中，則因為基本法第19條第4項的關係，適用情形較少；相對地，在我國則因為憲法第16條未區分適用範圍，因此所謂公平審判程序無論於行政訴訟、民事訴訟或刑事

---

[61] Vgl. Schmidt-Aßmann, in Maunz/Dürig, GG Komm., Art. 103 Rn. 122ff., Jarass/Pieroth, GG, Komm., Art. 103 Rn. 30.

[62] Vgl, Schmidt-Aßmann, in Maunz/Dürig, GG Komm., Art. 103 Rn. 107.

[63] Vgl. Grabenwarter, Verfahrensgarantien in der Verwaltungsgerichtsbarkeit, 1997, S. 596.

[64] Grabenwarter, aaO., (Fn. 63), S. 596, 597.

[65] Vgl. BVerfGE 39, 238 (243), E41, 246 (249); E59, 128 (164). Tettinger, Fairneß und Waffengleichheit, S. 12 f.

[66] Ebenda.

訴訟中均可作為補充條款予以適用，而依照不同訴訟程序的具體需求以及民主法治時空背景的演進予以具體化。

(二)行政訴訟制度與憲法基本原則

1.法治國原則

(1)概說

其次，探討行政訴訟制度與憲法基本原則的關係，以下先就法治國原則的關係論述之。在法治國原則下，國家的發展及社會共同生活應依照法律創設適當完備程序及組織要件以保障實體權利。而該原則最重要的內涵除以實體基本權作為主觀地位規範外，並包括以權力分立作為客觀功能規範等二種面向[67]，此二種功能互為表裡，共同建構實質法治國家。

(2)實體基本權之保障

就實體基本權之部分而言，法治國原則對於權利保護的形成係經由程序的建構保障實體基本權，至於是否可藉由實體基本權創設具體程序，於學說上容有爭議。以下分別針對實體基本權之功能以及實體基本權與訴訟權之關係二方面加以檢討。

①實體基本權之功能

實體基本權的保障可分為三個面向[68]來觀察。首先，實體基本權藉由基本權功能的理論[69]，例如防禦權、給付請求權、組織與程序保障等功能直接或間接導出的公權利。實際上，公權利係藉由「保護規範理論」（Schutznormtheorie）經利益衡量後加以確立，而它的上位概念則可求諸於憲法第16條訴訟權的保障。對於法院所認定之權利侵害，基本權主體可提出實體基本權作為消極地位，行使防禦權以對抗公權力侵害。

其次，實體基本權對於法院而言，可以形成審查基準。例如：憲法第7條平等原則及憲法第23條的比例原則等均是。最後，實體基本權也有獨立的程序法面向。這種經由程序之基本權保護（Grundrechtsschutz durch Verfahren）[70]係要求依照合於基本

67　Vgl. Stern, Staatsrecht I, §20Ⅲ, IV. Schmidt-Aßmann, in Schoch/Schmidt-Aßmann/Pietzner, VwGO, Einleitung, Rn. 50.

68　Schmidt-Aßmann , aaO., (Fn. 24), Rn. 52-53.

69　基本權功能理論，請參照許宗力，基本權的功能與司法審查，人文及社會科學研究彙刊6卷1期，1996年1月，頁24-34；李惠宗，從基本權功能論司法獨立與訴訟基本權之保障，收錄於：氏著，權力分立與基本權保障，1999年初版，頁209（244）以下；李建良，基本權理論體系之構成及其思考層次，收錄於：氏著，憲法理論與實踐（一），1999年初版，頁61以下。

70　Vgl. Schmidt-Aßmann, in, Schoch/Schmidt-Aßmann/Pietzner, VwGO, Einleitung, Rn. 53.關於組織及程序保障，參照蕭文生，自程序與組織觀點論基本權利之保障，憲政時代25卷3期，2000年1月，頁27-54；陳愛娥，基本權作為客觀法規範—以「組織及程序保障功能」為例，檢討其衍生的問題，收錄於：憲法解釋之理論與實務（二），2000年，頁235-272；許宗力，基本權程序保障功

權的必要方式形成國家的組織及程序規定。然而這種基本權的論證方式必須謹慎的說理，否則輕率地訴諸實體基本權的思考方式，將導致基本權保障範圍所導出的組織與程序機制與法治國的法律保留的要求相互衝突。總而言之，由實體基本權導出之組織與程序保障功能除了在多面關係的訴訟以外（參照下述②之論述），於行政訴訟上實益並不大，理論上也容易引發爭議。

②訴訟權與實體基本權之關係

憲法第16條訴訟權與實體基本權導出之組織及程序保障功能二者之關係，可分為二個方面加以探討。首先，就保障範圍而言，憲法第16條係針對公權利（也包括非基本權的法律上利益）提供法院之權利保護；相對的，實體基本權的保障範圍則特別是對非法院程序（即行政程序與立法程序）提供保護權利預防措施的適當設計[71]。雖然在行政與立法程序中，憲法第16條也有部分的放射效力，但是這不在訴訟權原有的保障範圍之列。

其次就二種基本權競合的部分，亦即法院的救濟程序而言，援用德國對於二種基本權競合的解決方式加以說明。有認為應從二種權利保護請求權的保障範圍加以區分。換言之，憲法第16條訴訟權是保障對法院的救濟途徑之開啓；反之，由實體基本權導出實效性以形成法院訴訟程序[72]。然而，持反對立場者則認為憲法第16條的保障範圍不僅止於訴訟途徑之開啓，也包括具有實效之權利保護，因此由個別實體基本權導出實效性以形成法院訴訟程序的必要性並不存在[73]。故後說主張應以憲法第16條訴訟權作為行政訴訟程序上實效權利保護基本權的主要規範依據。此說的具體實益在於：A.以憲法第16條作為統合的架構，可避免法院訴訟程序及其理論架構的過度分裂；B.由個別實體基本權所導出之特殊程序規定，不僅難以窺其全貌且無法適用[74]。

本文認為原則上應以憲法第16條訴訟權作為保障行政訴訟程序之憲法規範依據，毋庸求諸於個別實體基本權，以免徒增理論上的分歧。至於三面或多面之法院救濟關係中，鑑於三面或多面的利益並無法化約為單一面向考量，並且涉及訴訟當事人或關係人彼此間訴訟權與實體基本權所生之基本權衝突，此時方可例外地附帶討論實體基本權的議題[75]。例如法院處理競爭者訴訟或鄰人訴訟的情形，需檢討其所援引的實體基本權，特別是憲法第7條的平等權。換言之，從平等權所導出武器平等原則以確保第三人行使訴訟上權利的可能性。此外，從實體基本權所形成的審查基準，對於

能的最新發展—評司法院釋字第四八八號解釋，月旦法學雜誌54期，1999年10月，頁153-160。

[71] 德國相對應的條文為基本法第19條第4項規定。Vgl. Schmidt-Aßmann, aaO., (Fn.24), Rn. 54.

[72] BVerfGE 49, 252 (256 f.).

[73] Vgl. Schenke, in Bonner Komm., Art. 19 Abs. 4 Rn. 432; Laubinger, VerwArch, 73 (1980), 60 (82).

[74] Schmidt-Aßmann, aaO., (Fn.24), Rn. 54.

[75] Schmidt-Aßmann, aaO., (Fn.24), Rn. 55.

行政法院而言，並不意謂提高法院的權利保護，如果考量多個訴訟主體相對立的法律地位而認為有必要的情形，也可能相反地對法院的審查權加以限縮[76]。

(3)權力分立

①功能取向分析法

關於行政機關與司法機關的權力分立問題，學說上容有爭議。第一種思考方式是由「功能取向分析法」（funktionell-rechtlicher Ansatz）[77]來探討行政權與司法權的權力分立關係。詳言之，行政機關不僅是執行機關，並且也由憲法直接形成其功能，為具有民主正當性之機關。其地位並不僅在於優先適用法律，執行立法機關所作的決定而已，而且尚具有自身的功能。再者，對於適用法律的行政機關及司法機關而言，二者間的權限範圍也應依照「功能取向分析法」加以決定。行政機關相對於立法及司法機關而言，由法律的觀點來看，並不具有隸屬關係，而是具有自身的任務與功能，也就是說行政機關本身即具有獨立性，故由功能取向分析法來對於行政權與司法權的關係加以闡述方屬正辨[78]。

②法院所形成之權力分立體系

另一種思考方式是由憲法第16條訴訟權保障、憲法第77條、增修條文第5條所規範之司法權範圍，劃定「法院所形成之權力分立體系」（Gerichtsgeprägtheit der Gewaltenteilung），或可稱為「以法院為中心之權力分立體系」（Gerichtszentriertheit der Gewaltenteilung）。由憲法第16條所保障盡可能無漏洞之權利保護，促使司法權透過謹慎的方式形成行政訴訟制度，並且有意的強化司法權[79]。這種傾向由行政訴訟的審判權範圍從列舉主義轉向概括主義可見一斑（§2參照）。而這種傾向與上述「功能取向分析法」或行政權之獨立性的觀點不同，詳言之，就具體區分行政權與司法權而言，除由功能取向分析法加以觀察外，對於由憲法強化法院權利保護制度的傾向，亦即由法院形成之權力分立體系毋寧更值得注意。依此說的看法，憲法第16條之訴訟權保障除了主觀權利保護之外，也具有形成客觀價值秩序的功能。

而值得注意的是，憲法第16條訴訟權之保障也有它的界限。首先，法院的權限是被動的，而其發動後也不是無所不在。換言之，法院對行政行為的審查仍然必須在司法的權限範圍之內，針對原告所主張權利遭受公權力之侵害加以審查。其次，憲法第16條並非賦予法院對所有行政事項均加以審查，毋寧仍必須依據法律加以審查，如果欠缺具體的法律審查標準的話，憲法第16條訴訟權並不提供法院審查權限，例如行

[76] Vgl. Schoch, Vorläufiger Rechtsschutz und Risikoverteilung im Verwaltungsrecht, S. 962. f.

[77] 關於功能取向分析法，請參照許宗力，論法律保留，收錄於：氏著，法與國家權力，頁63以下。同作者，憲法與政治，收錄於：氏著，憲法與法治國行政，1999年，頁45-51。

[78] Schmidt-Aßmann, aaO., (Fn.24), Rn. 56, 57.

[79] Schmidt-Aßmann, aaO., (Fn.24), Rn. 59, 60.

政措施的是否合乎效率、合目的性以及是否爲政治上之最佳選擇等均非行政法院權限之行使範圍。最後，依憲法上所形成之權力分立並不要求也無法正當化法院無窮盡的擴張其審查權限，換言之，仍然需要與行政權的行政效能作利益衡量，以避免司法權的過度膨脹。

2.社會國原則

關於社會國原則（或稱社會福利原則[80]）的影響主要是在於進入法院權利保護的外延部分，特別在訴訟費用的事項上具有拘束效力。由權利的平等保護、社會國原則及憲法第16條訴訟權的規範意旨可以強化訴訟救助制度之憲法保障。我國的行政訴訟雖不徵收裁判費，但仍徵收裁判費以外其他進行訴訟之必要費用（§98）。當事人無資力支出訴訟費用者，行政法院應依聲請，以裁定准予訴訟救助。但顯無勝訴之望者，不在此限（§101）。明文保障訴訟救助制度，應係社會國原則的具體實踐。

至於訴訟程序上的照顧義務（prozessuale Fürsorgepflicht）[81]，例如法院之闡明義務（§125 II、III），並非特別由社會國原則所衍生，毋寧是由憲法第16條訴訟權中之公平審判程序、法律上聽審權保障及法治國原則所導出。此項訴訟程序原則的特殊性在於增強權利保護請求權人對抗公權力的法律地位。而這種衡平性的法律扶助思想對於社會的弱勢者具有實益。詳言之，對所有的訴訟當事人，無論是起訴之原告及被訴的行政機關，均需受法院公平之審判。

此外，也可藉由社會國原則強化訴訟目的，亦即社會國思想課予國家有義務形成一般且適當的社會保障規範，不僅應設置程序上的執行機制，更要確保執行機制免於受到個別社會力的影響。至於行政訴訟中部分的行政領域，例如環境保護等社會公益色彩較濃的事項，可以藉由公益訴訟（§9）及團體訴訟（§35、§36）制度以落實憲法中社會國的理念[82]。

---

[80] 法治斌、董保城，中華民國憲法，1997年修訂再版，頁49以下。

[81] Vgl. Rüpling, in Bonner Komm., Art. 103 Abs. 1, Rn. 46.

[82] 關於行政訴訟新制的研修過程與未來發展方向，得略作如下説明：早年行政訴訟法條文全文二十七條，十分簡陋；1975年間，雖然經修法而增加成爲三十四條，但修正幅度有限。司法院於1981年開始著手研修，創議者爲楊建華先生（後來擔任大法官），爲「審檢分立」之後首任的司法院副秘書長，勇於任事，深受歷任司法院長的信任與重用。該研修委員會商請林紀東先生與本人擔任召集人，主管廳（第三廳）的廳長爲陳瑞堂（後來出任第五屆大法官），主辦科長爲陳秀美（後擔任公務員懲戒委員會委員）。研修委員會每週二定期召開會議，歷經兩百餘次，終於1992年10月間完成修正草案，所耗費之人力、時間、精神及資源，自不待言。該修正草案將條文由三十四條增加到三百餘條，對於行政訴訟制度產生重大變革。該修正草案須與行政院會銜提出，行政院方面希望行政爭訟的重點能夠在行政體系内解決（經由請願、訴願或再訴願）；幾經司法院與行政院協調，最後達成折衷方案，也就是採「雙軌制」。嗣立法院於審查時不採之，而改依司法院之二級二審制。後來因簡易事件數量增多，及交通裁決事件納入行政訴訟等因素，於2011年進一步修法，而成爲現行的「三級二審制」。於此應附帶説明者爲，三級二審新制有關交通裁決事件之適用簡易程序，當初的構想是希望行政機關能加強訴願功

能，但主管機關交通部因考量到交通裁決案件數量龐大及對於訴願機關所造成的負擔等因素，而未能接受，希望讓法院能夠直接審查，這也是目前交通裁決事件未採「訴願前置」的主要原因。不過地方法院設置行政訴訟庭，確實有利於人民行使訴訟權。其次，就未來發展之討論而言，行政訴訟經過如上的修改與運作，成效到底上說來已經差強人意，未來行政訴訟應朝專業化來努力，因為行政是動態的，並非一成不變，而隨著社會日益變遷，專利、商標、稅務、環保等涉及專業的案件將與日俱增，所以行政訴訟制度當然也應講求專業化，這當中包含法官養成的專業化、法庭及專股的設置、引進專家參審、專業鑑定意見之採用等。參閱專訪翁岳生院長，收錄於：繼往開來，飛躍十五─臺北高等行政法院十五週年特刊，臺北高等行政法院，2015年6月。

第1編

總　則

● 第一章　行政訴訟事件
● 第二章　行政法院
● 第三章　當事人
● 第四章　訴訟程序

第一章

行政訴訟事件

第1條（立法宗旨）

行政訴訟以保障人民權益，確保國家行政權之合法行使，增進司法功能為宗旨。

❖立法目的❖

行政訴訟之目的，在於藉司法救濟，以保障人民權益及確保國家行政權之合法行使，爰設本條揭示其旨。

❖內容解析❖

一、前言

行政訴訟法第1條開宗明義地揭示行政訴訟之基本功能為保障人民權益，確保國家行政權之合法行使，增進司法功能。在行政訴訟法學上，探討行政訴訟之基本功能為何，並非只有抽象理論上之意義。在上揭行政訴訟之功能中，釐清究竟何者為其核心之功能，毋寧攸關整個行政訴訟基本功能定位及具體制度的走向。由行政訴訟發展之歷史及理念以觀，可以依功能取向的不同，區分為二個不同的理想類型：主觀公權利保障模式及客觀法秩序維護模式。以下將首先就上述二種理想類型作一宏觀性之比較觀察，其次則就憲法之價值決定，探討行政訴訟應有之核心功能及其應具備之權利保護標準，並論及立法裁量下行政訴訟功能擴張之空間及界線。最後則探討行政訴訟在法治國結構轉變下之新興功能。

二、行政法院功能取向之理想類型——主觀公權利保障模式及客觀法秩序維護模式

行政法院之功能，由德國行政訴訟發展的歷史及理念以觀，可以依功能取向的不同，區分為二個不同的理想類型：主觀公權利保障模式及客觀法秩序維護模式。以下就此作一概略性描述與比較。

(一)主觀公權利保障模式

在主觀公權利保障模式，行政訴訟之核心功能在保障人民公權利，而客觀法秩序維護只是在人民公權利受侵害的範圍內，始附帶地成為行政法院之功能。其類型特徵如下[1]：

1.只有在人民主觀公權利有受侵害之可能時，行政救濟之大門始為開啟。

2.並非所有行政行為的決定規範（Entscheidungsnorm）均可成為司法審查的準則，司法審查之範圍及準則，只侷限在具有以保障人民主觀公權利為其目的之程序及實體規範。

3.在公權利保障的理念下，權利是否以及如何行使，自應委由權利人自主決定，故有關訴訟程序開始、訴訟標的之特定，訴訟程序之終結，應賦與當事人一定的自主權。

4.有關判決之拘束力應只侷限於爭訟當事人之間。

5.司法審查機制原則上只有在已發生權利侵害時才予以介入，至於在權利只是受有被侵害之虞時，原則上司法審查尚不得逕行介入。因此在此一模式下，司法審查自傾向於以「事後回應」（reaktive）為主，以求能與負主動、積極形成之責之行政決定有所區別。易言之，一個與行政同步伴隨之司法審查原則上是不被容許的。

6.為有效保障人民之權利，應嚴格區別國家的決定者以及司法審查者，以確保司法審查在組織上及身分上的獨立性。

(二)客觀法秩序維護模式

至於客觀法秩序維護模式，則有如下的類型特徵[2]：

1.其功能係協助行政創造（或重建）行政行為客觀的合法性，故只要客觀法規範係行政行為的決定規範，其即屬於行政行為審查的準則。而其最大化的結果即係要求對行政決定是否遵守所有與行政決定相關之法規範進行完全的司法審查。

2.在此一模式下，不僅無區分主觀公權利及客觀法規範之必要，甚至連外部與內部法之區分亦喪失存在的基礎。貫徹其體系的結果自然使司法審查權傾向於擴張。關於司法審查權之擴張，不只表現在上述司法審查準則之擴張，其也包括審查客體上之擴張。例如除了規制國家與人民關係的行政行為外，甚至行政組織內部的行政行為也一併成為司法審查之客體。

3.在此一模式下，司法審查程序的發動，自不以原告個人主觀公權利可能受侵害為前提要件。它毋寧可以容許更多的促使審查發動的方式。例如團體訴訟、公民訴訟

---

[1]　Krebs, Subjektive Rechtsschutz und objektive Rechtskontrolle, in: FS für Menger, 1985, 193 f.

[2]　Vgl. Krebs, aaO., 192 f.

等均屬之。在最大化的理想狀況下，其甚至於可以容許由國家機關主動發動司法審查。

4.其雖然亦賦與個人得請求發動司法審查程序的地位，但其目的只是爲了藉助個人之力以落實司法審查制度之功能，個人等於是扮演參與行政監督者的角色。

5.爲有效維護客觀法秩序，其程序上傾向於儘可能限制當事人對訴訟標的的處分權能，以及傾向於使司法審查之決定有超越爭訟當事人間之一般性效力[3]。

6.在此一模式下，司法審查毋寧係確保行政決定合法、正確的輔助機制，因此在組織上是否須與行政之間保持一定的空間、時間、人事及事理上的獨立性，亦應著眼前上述功能，而非以人民權利保障爲著眼點。一個時間上與行政過程銜接，甚至與行政同步伴隨的司法審查，毋寧比事後回應式的司法審查更能發揮上述協助行政的功能。

7.爲了避免此一模式因訴訟泛濫致司法審查過度負荷，往往會透過列舉主義或一個事先過濾之審查程序（例如限於具有原則性意義之案件）來對審查發動權（Kontrollinitative）加以限制。

(三)德國行政訴訟的發展

在德國行政訴訟形成的歷史過程中，上述二套審查模式均各曾有其支持者，也各曾獲得「一定程度」的實踐機會[4]。惟於二次大戰後，由於納粹蔑視人權的慘痛教訓，人性尊嚴的維護成爲德國戰後憲法最高的價值。德國基本法第19條第4項規定：「任何人之權利若受公權力之侵害者，得向法院請求救濟。若未設有特別的管轄法院時，得向普通法院請求救濟。」此一規定作成了一個攸關德國日後行政訴訟功能定位的體系決定，亦即德國行政法院的核心功能應係在於提供人民權利有實效性的保障，而客觀法秩序之維護原則上只是在上述功能範圍內附帶的結果而已[5]。自此以後，人民權利保障方爲行政法院核心功能之基調遂自此確立。不過德國基本法第19條第4項之規定，並不禁止立法者透過法律擴充行政法院維護客觀法秩序之功能[6]。因此納入以維護客觀法秩序爲目的設計出來之訴訟型態，例如團體訴訟、規範審查程序等，亦爲德國行政訴訟發展的特色[7]。此外，由德國行政訴訟發展的過程以觀，在純正的個人權利保障模式及客觀法秩序維護模式之間，仍有不少中間型態發展的空間。例如德

---

[3] 例如德國行政法院法第47條第6項第二句規定依規範審查程式作成之法院判決有一般性的法拘束力。

[4] 參閱翁岳生，西德行政法院之組織及其裁判權之研究，收錄於：行政法與現代法治國家，頁420以下。

[5] Vgl. Schmidt-Aßmann, Funktion der Verwaltungsgerichtsbarkeit, in: FS für Menger, 1985, 109 f.

[6] Vgl. Schmidt-Aßmann, aaO., 110 f.

[7] Vgl. Würtenberger, Verwaltungsprozeßrecht, 1998, Rn. 5 f.

國法上之機關訴訟（Organstreit）即為適例。按機關訴訟之目的，係維護機關或機關成員在組織法上所享有之權限，就理念上自屬以客觀法秩序維護為目的，不過，德國學說實務在原告必須具有訴訟權能始得提起行政訴訟之前提下，亦透過法律續造，承認在一定條件下，機關或機關成員亦享有維護其組織法上之權限或地位之「權利」。惟由於這種權利與劃分國家予個人領域的「公權利」本質不同，故學者乃將「機關訴訟」歸類為「廣義的權利保障」，並此敘明[8]。

三、我國新行政訴訟制度之功能定位

(一)憲法第16條之體系決定

我國行政訴訟之核心功能為何，首先應探求憲法第16條人民訴訟權保障規定之意旨。此一規定旨在透過法院的程序提供人民一個完整有效的權利救濟的保障。它不只是具有主觀公權利性質的程序基本權，也是一個客觀的價值決定，更是一種制度性保障（institutionelle Garantie）[9]。其具有二層基本的意涵，其一為權利救濟的完整性保障，其二為權利救濟實效性的保障，茲分述於後：

1.權利救濟的完整性保障

首先憲法第16條要求建立一個完整的、無漏洞的司法權利救濟制度，以澈底地消除法治國的黑洞或死角。蓋在一個實質的法治國家中，人民不可以只因為在國家的訴訟制度上欠缺一個法定的權利救濟的形式，就被拒絕在司法救濟的大門之外[10]。行政法院審判權朝向概括主義以及訴訟類型的增加，即是因應此一要求之實踐結果。當然，這個完整的、無漏洞的司法權利救濟的保障並不完全排斥立法者基於維護法的安定性或法院的功能負荷等重要利益而對人民這個程序基本權有所形成，但是這個司法救濟制度的形成仍必須合乎比例原則，尤其是不可以對尋求權利救濟的人民設定不相當的或不可期待其容忍（unzumutbar）的阻礙[11]。

2.權利救濟的實效性保障

(1)實效性要求的意涵

如果國家只是在權利救濟的途徑上廣開法院的大門，但卻不能提供一個具有實效

---

[8] Schmidt-Aßmann, in: Schoch/Schmidt-Aßmann/Pietzner, Verwaltungsgerichtsordnung, 1998, Einleitung, Rn. 171.

[9] Vgl. Schmidt-Aßmann, in: Maunz/Dürig/Herzog/Scholz, GG-Kommentar, 1985, Art. 19IV GG, Rn. 14; H-J, Papier, Rechtsschutzgarantie gegen die Öffentliche Gewalt, in: Isensee/Kirhof (Hrsg.), Handbuch des Staatsrechts, Bd. VI, §154, Rn. 1-11.

[10] Schenke, JZ 1988, 322.

[11] BVerfG, NJW 1982, 2426.

性的（effektive）的權利保障，則國家充其量只是提供了一個形式上利用法院的可能性而已。在權利救濟的完整性缺乏落實「實效性」要求的制度配套下，司法救濟無疑將淪為畫餅充饑，甚至只是徒增人民訟累[12]。

(2)實效性要求作為訴訟程序形成的指導原則

為了使權利的保障合乎實效性的要求，立法者對於訴訟審理的原則，當事人的程序參與權、暫時權利保護、法院審級及判決的種類及效力等訴訟法上的重要制度，均必須取向於實效性的要求而為適當之規劃[13]。此外，法院訴訟程序之踐行，亦應以之為指導原則。尤其是權利之救濟必須及時，若訴訟延滯過久，則人民即使獲得勝訴，亦未必能獲得權利保障的實效，故由實效性的要求亦引申出訴訟經濟（訴訟促進）的要求[14]。同時為了真正發揮權利及時救濟的精神，避免人民權利因冗長訴訟遭受難以回復原狀之損害，由實效性之要求又引申出「暫時性權利保護」（vorläufige Rechtsschutz）以及「預防性權利保護」（vorbeugende Rechtsschutz）的制度[15]。

(3)有實效的司法審查請求權

儘管法院打開大門，訴訟程序亦美侖美奐，然而司法的審查權如處處受限，甚至必須以行政機關適用法律的見解及對事實之認定與評價為尊，則所謂有實效的權利救濟亦只是鏡花水月。因此如果要真正落實透過法院程序提供人民有實效的權利保障的規範精神，勢必得承認人民享有一個得請求法院為有實效之審查的請求權。德國聯邦憲法法院在其判決中即一再宣示：「人民享有一個得請求法院為有實效之審查之權利。由此並導出一個原則，法院對於被訴請撤銷的行政處分必須在法律及事實之面向為完全的審查，原則上法院並不受行政機關在行政程序中所為之確認及評價的拘束[16]。」即係上述意旨之體現。

縱上所述，在憲法第16條之基本價值決定下，人民權利保障自應屬我國行政訴訟制度之核心功能。而上述有關憲法第16條之引申演繹，則提供了行政訴訟要達成上述功能所必須具備之權利保護標準。

惟必須注意的是，憲法第16條並不禁止立法者為了因應現代社會各種新興的挑戰，透過法律擴張行政法院維護客觀法秩序之功能。不過，在憲法第16條必須提供人

---

[12] BVerfGE 37, 150 (153); 60, 253 (296 f.); 84, 34 (39).

[13] Ule, DVBl. 1982, 822 f.; Schmidt-Aßmann, aaO., Rn. 264 f., 280 ff.

[14] BVerfGE 46, 17 (29); Kloepfer, JZ 1979, 209 ff.; Lorenz, Jura 1983, 399; Schmidt-Aßmann, aaO., Rn. 262 f.

[15] Schmidt-Aßmann, aaO., Rn. 273 f.; Schenke, aaO., Rn. 390 ff., 412 ff.；關於德國暫時性權利保護制度的介紹，請參閱林明鏘，人民權利之暫時保護—以行政訴訟程式為中心，臺大法研所碩士論文，1987年，頁147以下，頁200以下；另有關預防性權利保護制度的問題，請參閱朱健文，論行政訴訟法中之預防性權利保護，輔大法研所碩士論文，1995年。

[16] BVerfGE, 28, 10 (15 f.); 64, 261 (279); 78, 214 (226); 84, 34 (49).

民權利具有實效性的保障之基本價值決定及由其引申出之權利保護標準之要求下，行政法院功能的擴張，並不是漫無限制的。立法者仍必須遵守不危及其權利保障核心功能的界限。蓋行政法院要達成上述由憲法第16條所引申之權利保護標準，以提供人民權利具有實效性的保障，實有賴其功能——結構條件的齊全配備。惟在司法資源有限的現實環境下，行政法院的功能負荷能量自有其極限，若過度擴張其維護客觀法秩序之功能，則勢必對其核心功能造成排擠效應，甚至因訴訟泛濫拖垮行政法院。故立法者在建立以客觀法秩序維護為功能之訴訟型態時，自應謹慎妥為規劃，以免行政法院之功能因量變而生質變。

(二)我國行政訴訟法之體系決定

綜觀我國行政訴訟制度中，行政訴訟法第4條撤銷訴訟及第5條課予義務訴訟之規定已明定以「權利或法律上之利益」受侵害之可能性為其訴合法性之要件，而第8條給付訴訟之規定則係為保障「給付請求權」而設。至於第6條確認訴訟，在其立法理由亦言明，限於原告之權利或法律上利益有受侵害之危險者，始得提起之。上述基本訴訟類型基本上均係以原告具有訴訟權能為其訴合法性之要件。另行政訴訟法第9條固有公益訴訟之規定，惟在立法理由中亦明示，這種單純以維護客觀法秩序為目的之訴訟類型，究屬例外，自不應過度擴張，故其但書規定須以法律有特別規定者為限，始得為之。因此由我國行政訴訟法之立法者建構之體系為整體觀察，行政訴訟仍係以「主觀公權利保障」為其核心功能，而客觀法秩序維護，原則上只在權利保障之範圍內始附帶地成為行政訴訟之功能，但法律亦得例外規定以客觀法秩序維護為目的之客觀訴訟。此一體系決定基本上已符合憲法第16條之意旨。

(三)現實條件之考察

以我國現有的行政訴訟制度而言，無論在組織編制及法官的專業能力上，其是否能適當地履行人民權利保護的任務，毋寧仍大有疑問。例如新行政訴訟法固已規定課予義務之訴，但在目前實務上對駁回人民聲請之案件，要求行政法院依職權調查原則，釐清人民給付請求權法律上及事實上之要件是否具備，以促使案件成熟，卻有其現實上之困難。因此在目前的現實條件下，連達成核心的功能尚力有未逮，遑論大幅地擴張行政法院的功能。登高必自卑，行遠必自邇，至少在現階段仍應以強化行政法院人民權利保護的功能為首要目標。

三、法治國結構轉變下之行政法院功能

人民權利的保障與依法行政原則乃是法治國原則基本的構成要素，行政法院的任務即是，透過對行政行為合法性的審查以達成對人民權利之有效保障。由法治國原則

這二大主軸出發，理想的法治國模式是，透過嚴密而精確的立法，來導引控制行政的決定，並經由司法審查來確保行政確實依循法律的導控而作成決定，以確保人民權利免於不法之侵害。而這個理想法治國模式能否落實，關鍵在於立法者是否能夠完成嚴密、精確立法的任務。爲了確保法治國理想的實踐，人們乃致力於發展精密複雜的法律保留原則[17]及授權明確性原則[18]，以期能藉由源頭的控制，避免下游環節的鬆動。然而，在現實的面向上，卻是立法者相當普遍地使用不確定法律概念或其他開放性的規範來進行規制，造成這種規範密度不能與理想的法治國的要求契合的現實因素很多，除了難以有限的語言掌握複雜的現實，或爲了避免法律過於僵化以致犧牲個案正義等傳統的因素之外，現代社會結構的轉變更是使得立法者導控能力不斷下降的主因，這可以由下列四點來加以說明[19]：

1. 在傳統法治國，國家的任務只是在消極的防止危害，而且當時社會環境單純，容易事先掌握各種因素，自然可以制訂出比較精確而且持久的法規範。反之，在現代的社會法治國，國家負有積極的社會形成任務，規制性立法的需求大增，而立法者所面對社會環境的複雜性及多元衝突，均使得立法者難以再利用精確的「條件式」（Wenn-dann）構造的法規範來完成導控（steuern）的任務。

2. 由於社會高度的專業分工，以及民主政治具有對社會問題必須快速回應民意需求的特性，使得爲解決個別問題而制訂的措施法（Maßnahmegesetz）大行其道。這些法規由於立法時缺乏長期周延的作業，以致於常發生體系矛盾、不協調的現象，而有賴於法的適用者爲協調整合，以消除體系的矛盾。

3. 由於現代社會科技水準日新月異，而社會、經濟情勢瞬息萬變，爲了保持法規範能隨時因應新的情況，立法者不得不放棄精密的「條件式」立法，而改以比較具有動態性的不確定法律概念或裁量規定等開放性的立法。這種處理一方面使得立法者仍可以控制法的發展方向，另一方面則將法律繼續形成的責任委諸法律的適用者。

4. 在現代多元社會下，面對各種不同利益的衝突，在立法過程中往往不易達成一個令各方比較滿意的具體協定，因此藉由不確定法律概念以達成最低之共識。

基於上述理由，行政法院尚須重視下列任務：

---

17 有關法律保留原則的詳細論述，請參閱許宗力，論法律保留原則，收錄於：法與國家權力，1993年，頁117以下；陳新民，論憲法人民基本權利的限制，收錄於：憲法基本權利之理論（上），1990年，頁211以下。

18 有關授權明確性原則的詳細論述，請參閱許宗力，行政命令授權明確性問題之研究，收錄於前揭書，頁215以下。

19 Vgl. Brohm, DVBl. 1986, 328 f.; ders., NVwZ 1988, 795 f.更深入的探討，Vgl, Grimm (Hrsg.), Wacksende Staatsaufgaben-sinkende Steuerungsfähigkeit des Rechts, 1990。另外，授權行政制定命令也是立法規範密度鬆動的另一個主要現象，有關授權行政立法泛濫的結構性因素，請參閱張文貞，行政命令訂定程式的改革—多元最適程式原則的提出，臺大法律學系研究所碩士論文，1995年，頁79以下。

(一)法律續造之功能

在現代社會結構條件的轉變下，傳統的一元化的法的創造理論已無法維持，必須正面地承認行政及司法亦享有參與法的創造的正當權限。蓋唯有透過立法、行政、司法三個國家功能的分工合作，才能既可以有效地為整體導控，又可以保持足夠的彈性來調整法律以因應現代社會劇烈變動的情勢（situative Gesetzesanpassung）[20]。尤其是肩負有效保障人民權利使命之行政法院，自不得以法律只有低密度規範而自動地調降司法審查密度。反之，藉由司法機關在具體個案中之法律補充及續造，以充實行政法之規範體系，毋寧為行政法院在現代法治國之重要功能[21]。這種法律續造之功能首先表現在行政訴訟之訴訟權能之擴張，亦即第三人公權利保障體系之逐步開展。蓋基於立法者大量使用不確定法律概念，以致難以從抽象之構成要件直接導出可得特定之第三人公權利，第三人公權利之判定已愈來愈依賴法官著眼於具體情況之利益衡量[22]。其次，透過憲法基本權及客觀之價值秩序之放射效力，在各個專業法律領域發展出一般的具可操作性之司法查審準則，更屬行政法院責無旁貸之任務。

(二)創造法律和平之功能

自古以來，訴訟法學者即強調訴訟具有消弭紛爭，創造法律和平之功能。然而這並不能只是著眼於其可以透過終局確定判決，強制性地使當事人爭執獲得有拘束力之解決而已。更重要的是，可以透過一套公正的訴訟程序，使得紛爭當事人均得充分且公平地參與程序，並由此獲得一個讓勝訴者滿意，敗訴者亦可以接受的判決結果[23]。尤其是在法治國結構性改變下，愈來愈多之利益衝突，甚至高度專業性問題，必須在只有低密度之規範下，依賴訴訟以定其紛爭。透過一套由當事人依各自協力義務提出論點及說明理由的公正「言說模式」（Diskursmodell），以獲致使勝負雙方均可接受之判決結果，實屬當代行政法院之重責大任[24]。

第2條（行政訴訟審判權之範圍）

公法上之爭議，除法律別有規定外，得依本法提起行政訴訟。

---

[20] Brohm, aaO., 329; ders., DÖV 1987, 268; ders., NVwZ 1988, 797.

[21] Vgl. Würtenberger, aaO., Rn. 7 f.

[22] 請參閱本書第4條。

[23] Würtenberger, aaO., Rn. 9.

[24] 有關近年來德國實務發展出來之「討論模式」之司法審查，Vgl. Schmidt-Aßmann/Gross, NVwZ 1993, 625; Goerlich, DVBl. 1993, 49；盛子龍，行政法上不確定法律概念具體化之司法審查密度，臺大法律學系研究所博士論文，1998年，頁202以下。

❖立法沿革❖

「有權利即有救濟」（Ubi ius ibi remedium）屬憲法第16條訴訟權保障的核心，乃大法官自司法院釋字第243號解釋以來幾乎持續而不間斷的立場[25]。然在行政審判權領域，我國傳統的行政訴訟法卻始終採取列舉主義（Enurmerationsprinzip），僅能對違法的行政處分提起撤銷訴訟加以救濟。職是，1998年10月2日立法院所大幅修正的行政訴訟法，即以改採有權利即有救濟的觀點，作為主要的目標之一[26]。本條規定之新增，目的也正在於落實這個法制改革的目標[27]；是以稱為「概括條款」（Generalklausel），而與修法前傳統的列舉主義相對稱。

本條規定，在最初司法院函請立法院審議的草案中即已存在[28]；嗣經委員會及院會審查等過程，其條文之條號與規定內容等，均無任何變動。最後本條文與其他當時同時修正或新增之條文一併成為新法，於同年10月28日公布，並經司法院明定於2000年7月1日施行。

又，本條規定自1998年10月2日新增後，迄今條號、文字及內容尚無任何變動。

❖外國立法例❖

依本條規定在司法院草案中的立法說明[29]，本條規定係參考德國行政法院法（Verwaltungsgerichtsordnung; VwGO）第40條第1項條文所制定。德國這一條項之條文稱：「公法上之爭議非憲法性質者，除聯邦法律明文規定由其他法院管轄者外，皆得提起行政訴訟。屬於邦法範圍之公法上爭議，亦得由邦法律指定其他法院管轄之。」明顯也屬於一種權利救濟的概括保障規定。

不過德國行政審判權採概括保障原則，並非行政法院法第40條第1項始決定的行政訴訟制度之政策。事實上這個政策早已決定於德國聯邦憲法，即基本法（Grundgesetz）第19條第4項：「任何人之權利遭受公權力侵害時，均得請求司法救濟……」的規定中。因此，前揭德國行政法院法第40條第1項可謂落實憲法政策的條文；基本法第19條第4項的要求，透過這條行政法院法之規定而完成。

❖立法目的❖

查本條規定在司法院草案中的立法說明稱：「人民之訴訟權為憲法所保障，私

---

[25] 例見司法院釋字第396號、第418號、第546號、第653號、第684號、第736號、第742號、第752號、第755號及第761號解釋等。

[26] 參立法院法律系統：https://lis.ly.gov.tw/lgcgi/lgmeetimage?cfcdcfcecfcdcfcec5cecdc6d2cacac8，頁61-62及64。

[27] 同前註，頁111。

[28] 同前註，頁111-112。

[29] 同前註，頁111。

權爭執，得提起民事訴訟；公法上爭議，除法律另有規定，應依其他訴訟程序救濟，例如公職人員選舉罷免訴訟、國家賠償訴訟、違反道路交通管理處罰條例等事件外，得依本法提起行政訴訟，始符合有權利即有救濟之原則……。」又，「本條係有關行政法院審判權之概括規定，至公法爭議之具體訴訟，仍須具備本法所定各種訴訟之要件，始得提起。」[30]據此，本條規定的立法目的有二：一方面，確立行政審判權「有權利即有救濟」的概括保障原則；另方面，同時劃定行政審判權與其他審判權，尤其民事審判權之範圍。整條規定，可謂啟動行政審判權，進而開始適用整部行政訴訟法的關鍵條文。

❖內容解析❖

一、行政審判權之範圍

行政訴訟法第2條所規範的行政審判權問題，乃行政訴訟一般實體裁判要件（allgemeine Sachentscheidungsvoraussetzung）之一[31]。換言之，原告起訴的訴訟標的必須屬於公法上之爭議，方屬行政審判權之範圍；對於非屬行政審判權範圍之訴訟，行政法院不得作成實體之判決。至於原告起訴究竟是否屬於行政審判權之範圍，其基本的審查步驟可解析如下[32]：

（一）作為訴訟標的的爭議，必須為「法律爭議」，且非自始不受司法審查之高權行為。

（二）該爭議必須為「公法上之爭議」。若屬私法性質之爭議，則由屬於普通審判權的民事法院審判。

（三）該爭議必須非憲法性質。倘為憲法性質之爭議，基本上即歸由司法院大法官審理。

（四）針對該爭議，必須法律別無劃歸其他法院體系審判的例外規定。

關於這四個基本審查步驟，以下詳細說明之。

(一)必須屬於法律上之爭議

按原告之訴為「法律爭議」（rechtliche Streitigkeit），係指原告起訴在於爭取權利，抑或至少在於指摘被告違反義務[33]。因為所謂「『法律』爭議」，其實即為

---

[30] 同前註，頁111-112。

[31] 關於「實體裁判要件」概念，詳林明昕，淺論行政訴訟法上之實體裁判要件，收錄於：氏著，公法學的開拓線：理論、實務與體系之建構，2006年，頁319以下。

[32] 參Schenke, Verwaltungsprozessrecht, 16. Aufl. 2019, Rn. 89 ff。

[33] 依行政訴訟法第9條，現行行政審判權原即例外地允許不涉原告權利的公益訴訟。在此一範圍內，原被告之間的爭議，顯然僅涉及被告有無違反義務，以至於違法的問題，而無關原告之權

「權利義務」之爭議。不過在實務上，傳統一直有「統治行為」（Regierungsakt）、「赦免行為」（Gnadenakt）及「特別權力關係」（besonderes Gewaltverhältnis）等三種所謂「不受司法審查之高權行為」（justizfreier Hoheitsakt）存在的觀點；此際，究竟這三種類型範圍的爭議是否仍屬法律爭議，即有探討的空間。茲分別討論如下：

1.統治行為

　　首先，所謂「統治行為」[34]，係指國家之領導及決策行為，而具有高度政治性質者；國內亦常稱為「政治問題」。德國早期對於行政訴訟事項採取列舉主義[35]，法院審理對象大抵以典型行政處分的警察處分為限；至於高度政治性之統治行為，多不在列舉之列，因此法院審理這類事件的機會並不多。第二次世界大戰後，德國行政審判權改採概括保障原則，國家行為受司法審查的機會大為擴增；因此，遂有學者提出「統治行為」的概念，作為司法審查之不成文界限[36]。反之，多數學者[37]則認為，所謂統治行為具高度政治性，而不受司法審查的看法欠缺充分理由；因為統治行為究屬行政權的一部分，故仍受基本法第3條平等原則及同法第20條法治國原則的拘束。何況上述主張也同時違反基本法第19條第4項無漏洞之權利救濟的規範意旨；因此所謂不受司法審查之高權行為的概念，不應存在。換言之，統治行為亦屬於法律爭議；人民之權利如受其侵害自得請求司法救濟[38]。

　　然相對於此，我國司法院大法官則肯定有非屬法律爭議之統治行為的存在。按釋字第419號解釋昭示：「行政院院長於新任總統就職時提出總辭，係基於尊重國家元首所為之禮貌性辭職，並非其憲法上之義務。對於行政院院長非憲法上義務之辭職應如何處理，乃總統之裁量權限，為學理上所稱統治行為之一種，非本院應作合憲性審查之事項」即屬明證。顯然統治行為究竟得否作為司法審查之對象，我國仍持保守的立場，而待突破。

利有無同時遭受侵害。

34 參李建良，國家高權行為與公法訴訟制度：論德國「政府行為」理論與「不受法院管轄之高權行為」概念，收錄於：氏著，憲法理論與實務（一），1999年，頁321以下；同氏著，政治問題與司法審查：試評司法院大法官相關解釋，收錄於：氏著，前揭書，頁393以下。

35 參翁岳生，西德行政法院之組織及其裁判權之研究，行政法與現代法治國家，1989年9版，頁420。

36 Hans Peter Schneider, Gerichtsfreie Hoheitsakt, 1951, S. 79 f.

37 例見Schenke, aaO., Rn. 92 ff.; Schmitt Glaeser, Verwaltungsprozeßrecht, 15. Aufl. 2000, Rn. 40。

38 然而，一般而言，由於人民權利多不會受到統治行為的直接侵害，因此並無訴權規定的適用或類推適用。見Schenke, aaO., Rn. 93 f。

2.赦免行為

其次，憲法第40條稱：「總統依法行使大赦、特赦、減刑及復權之權。」據此，我國爰有赦免法之公布與施行。惟假使人民申請赦免被拒絕時，得否因之請求行政救濟，則非無疑義。關於這個問題點，最高行政法院103年度裁字第254號裁定認為：「憲法第40條規定……係憲法賦予總統之專屬特權，總統對之是否行使具有高度裁量權之本質……，總統是否為憲法第40條……專屬職權之行使，屬與政治問題類似之概念，尚非法律爭議，參諸……行政訴訟法規定及司法院釋字第419號解釋理由書意旨，非屬應受司法審判之事項。」顯將總統的赦免權視為統治行為的一種，而否定該行為作為司法審判對象的可能[39]。不過如此的觀點是否正確，比較法學的觀察或有參考之價值。

按德國法院的實務，向來亦認為赦免行為具有統治行為之性質，為不受司法審查的高權行為[40]；但赦免決定的廢止，則例外具有爭訟可能性[41]。雖然這個觀點，實務界嘗試著以不同的理由支持與辯護[42]，不過德國的學術界就此卻表示反對[43]。蓋依據學者的看法，赦免決定必然與原依據法律而作成之法院判決相違背，因此赦免決定的作成，仍然必須遵守基本法第3條平等原則及同法第20條法治國原則。何況正如同統治行為一般，不論赦免行為之廢止，抑或赦免行為本身，均屬基本法第19條第4項所稱的公權力，所以也應接受司法的審查。總之，赦免行為之作成與否的爭議，實為法律爭議，從而不失為可司法之對象。如是的德國學說之反論，同樣值得我國實務界重新省思。

3.特別權力關係

最後，所謂「特別權力關係」，係指基於法律規定或本人之同意等特別的法律上原因，為達成公法上之特定目的，於一定之範圍內，行政主體概括取得對特別權力關係成員支配之權力，而成員對之負有概括服從義務之關係[44]。在德國早期「不可滲透性理論」（Impermeabilität）的觀點下，特別權力關係屬於國家公法人之內部領域；由於人之內部領域根本無法律關係存在的可能，故其非屬法律爭議，而自始不為司法權所及。不過，上述理論事實上存在著將法人與自然人等同視之的基本謬誤，

---

[39] 又，同一法院至今仍持相同觀點；例見最高行政法院111年度抗字第301號及第303號裁定。

[40] 例見BVerfGE 25, 352, 358 ff.; BVerwG, NJW 1983, 187 ff。

[41] 見BVerfGE 30, 108。

[42] 就此，詳Schenke, aaO., Rn. 90之說明。

[43] 參Hufen, Verwaltungsprozessrecht, 11. Aufl. 2019, § 11 Rn. 8; Schenke, aaO., Rn. 90; Schmitt Glaeser, aaO., Rn. 41。中文文獻，參許宗力，行政處分，收錄於：翁岳生編，行政法，頁536。

[44] 有關特別權力關係理論，詳李建良，行政法基本十講，2022年12版，頁253-255。

且其背後更隱藏了使君權借屍還魂的意圖[45]。職是，特別權力關係之理論，嗣後在學者*Carl Hermann Ule*手中有了大幅修正，以至於特別權力關係區分為「基礎關係」（Grundverhältnis）與「經營關係」（Betriebsverhältnis）：前者受到完整的法之支配；後者卻仍無法律關係，所生爭議非屬法律爭議，而為司法權所不及[46]。當然這個觀點也逐漸遭到懷疑。批評者認為：即使是在「經營關係」領域內之行為，例如長官對屬官所發的內部職務命令，仍應受客觀法的拘束。至於公務員可否對內部職務命令提起行政救濟，例如以一般給付訴訟請求排除，其關鍵在於該職務命令是否侵害屬官個人的主觀公權利，亦即公務員有無訴訟權能（Klagebefugnis）的問題，而絕非單純是不屬於「法律爭議」的原因[47]。

在我國方面，我國早期實務之見解亦認為，處於特別權力關係之人，不得就其與本身所處之公權力主體間之爭議請求行政爭訟。然而此種見解違反憲法第16條關於人民訴訟權保障之規定，備受學者之批評[48]。司法院大法官鑑於此種見解不符現代法治國家權利有效保障之原則，乃自1984年釋字第187號解釋起，逐步將特別權力關係對人民訴訟權之限制加以解除[49]。至於2011年釋字第684號解釋甚至稱：「大學為實現研究學術及培育人才之教育目的或維持學校秩序，對學生所為行政處分或其他公權力措施，如侵害學生受教育權或其他基本權利，即使非屬退學或類此之處分，本於憲法第十六條有權利即有救濟之意旨，仍應許權利受侵害之學生提起行政爭訟，無特別限制之必要。在此範圍內，本院釋字第三八二號解釋應予變更」，尤有開始突破前揭*Ule*區分「基礎關係」與「經營關係」而異其司法救濟可能的意義。此外，近年來又由於大法官抨擊特別權力關係理論的力道逐漸加強，我國行政爭訟實務也的確朝向全面揮別這項老舊見解的道路邁進；甚且若干法律的修正，如羈押法及監獄行刑法等，更明文確認傳統所謂「經營關係」之爭議的司法救濟可能性。如此的發展趨勢，自是值得肯定。

(二)必須屬於公法上爭議

在我國採取公、私法二元化之法體系下，必須為公法上之爭議，方屬於行政審判權之範疇。若是私法性質的爭議，基本上則應歸由民事法院審判。

1.應依職權探知之範圍

一個具體爭議事件究竟屬於公法或私法爭議，涉及行政法院審判權之有無；故行

---

[45] 參Schenke, aaO., Rn. 96。

[46] 見Ule, Verwaltungsprozeßrecht, 1987, §5Ⅲ1。

[47] 參Schenke, aaO, Rn. 97 f。

[48] 參翁岳生，行政法與現代法治國家，1989年，頁157。

[49] 司法院大法官相關見解之發展，詳李建良，前揭書，頁255-280。

政法院應依職權主動審查。不過行政法院審判權之有無，係屬行政訴訟一般實體裁判要件；就此法院僅須進行形式合法之審查已足。換言之，法院應以原告所提出的訴訟資料爲基礎，在假定其爲眞實的前提下，就爭議事件之法律性質加以判斷。至於原告及被告的法律見解爲何並不重要，法院應依法自行判斷之[50]。以此而言，司法院釋字第758號解釋的見解相當可疑。

2.應依行政機關事實上所採取之法律形式判斷

至於在爭議事件法律性質之判斷上，法院不應以在法律上行政機關應採取之法律形式作爲判斷基礎，而應以行政機關事實上所採取之法律形式來判定其係公法事件或私法事件[51]。例如行政機關依法應採取私法行爲之法律形式，但其非以私法上意思表示爲之，而卻作成行政處分時，該處分雖因行政機關欠缺作成行政處分之權能而違法，惟由於處分仍屬有效，故爲排除此一行政處分之效力而有提起訴訟之必要。此際，系爭訴訟性質上屬公法爭議，不可不察。

3.審查步驟

一個法律上爭議事件究竟是否屬於公法上之爭議，法院應依下列步驟審查之：

(1) 法院首先應確定「原告提出的訴訟上請求及作爲請求基礎的法律關係」，並以此作爲判斷之標的[52]。

(2) 法院必須審查原告提出的訴訟上請求，究竟應由哪個規定所導出，抑或應歸屬於哪個法律領域。此亦即：應援引作爲解決爭議之法規爲何？學理上稱之爲「歸屬」（Zuordnung）問題[53]。實務上就一個法律上爭議事件是否屬於公法之爭議而發生爭議，歸屬上有困難，往往即關鍵所在。特別是當爭議的個案，並無實定法規爲據，抑或某公法法規及某私法法規同時均有援引作爲解決爭議之規範依據的可能時，其如何定其歸屬，尤屬難題（下文「案例分析」參照）。

(3) 解決歸屬之問題後，法院必須判斷援引作爲解決爭議之法規的屬性究係公法，抑或私法。就此，學理上稱爲「定性」（Qualifikation）問題[54]。至於相關的法規定性理論，則有利益說、權力說及修正主體說等，不一而足[55]。但無論如何，當援引作爲解決爭議之法規的定性清楚後，爭議個案的公、私法屬性也隨之確定。換言

---

[50] 見Pietzner/Ronellenfitsch, DasAssessorexamenim öffentlichenRecht, 11. Aufl. 2005, § 5, Rn. 21。

[51] 見Schenke, aaO., Rn. 113 f。

[52] 詳Rennert, in: Eyermann/Fröhler (Begr.), VwGOVerwaltungsgerichtsordnung Kommentar, 15. Aufl. 2019, § 40, Rn. 31 ff。

[53] Maurer/Waldhoff, Allgemeines Verwaltungsrecht, 20. Aufl. 2020, § 3, Rn. 17.

[54] 同前註。

[55] 因此，這些在國內文獻中也常介紹的理論其實在於處理「法規」之定性問題，而非「爭議事件」本身之歸屬，不可不察。

之，援引作爲解決爭議之法規定性爲公法者，系爭爭議爲公法上之爭議；反之，援引作爲解決爭議之法規定性爲私法者，則該爭議屬私法上之爭議。

關於這一套審查步驟，乃至具體的審查過程等，由於一般行政法教科書或相關的專門文獻[56]已有詳細說明，故此不贅。以下僅就若干常見的案例類型略作分析。

4.案例分析

(1)行政處分

我國行政程序法第92條第1項規定：「本法所稱行政處分，係指行政機關就公法上具體事件所爲之決定或其他公權力措施，而對外直接發生法律效果之單方行政行爲。」由此項定義可知，行政處分係行政機關於處理公法事件時對外所爲之公權力行爲，因此，當事人若以行政處分作爲爭訟之客體者，原則上即可認爲其屬公法上之爭議；惟在若干特殊情形，仍須審酌法規而作進一步的檢視。實務上最常發生問題的，是地政法規中有關土地登記爭議事件。蓋表彰私法上土地權利得、喪、變更或具公示效果的登記及拒絕行爲，係行政處分[57]，故主管機關因登記作業之疏失，致有錯誤或遺漏（例如登記內容與證明文件內容不符）[58]，抑或自耕能力證明書業經有權機關撤銷者[59]，主管機關得依職權或依利害關係人之請求，更正或塗銷該違法之行政處分。關於此類爭議事件，自屬公法爭議，而應歸由行政法院行使審判權。惟若人民爭執者，並非主管機關在其法定職權內有所疏失，而係登記所示之權利關係與眞實權利狀態不符，此際，則因事涉私權爭執，非主管機關依職權所得審究，故人民應循民事爭訟，以確定其私權之歸屬[60]。

至於在所謂形成或規制私法關係之行政處分，私法關係之生效須經行政機關以行政處分予以許可者，例如事業結合有公平交易法第11條之情形時，須先經中央主管機關許可；又依同法第15條規定，主管機關對事業所爲之聯合行爲作出許可，均屬適例。這類情形，如針對行政機關爲形成或規制私法關係所作成，抑或拒絕作成之行政處分有適法性之爭議時，則亦屬公法上之爭議，附此敘明。

(2)契約所生之法律關係

因行政契約所生之公法上權利義務關係之爭議，原則上亦應歸屬於行政法院審判權之範圍。惟如何分辨當事人所定之契約究屬行政契約，抑或爲私法契約，極爲

---

56 就此，尤見李建良，前揭書，頁115-147。
57 參行政法院56年判字第97號判例。
58 土地法第69條規定：「登記人員或利害關係人，於登記完畢後，發見登記錯誤或遺漏時，非以書面聲請該管上級機關查明核准後，不得更正……。」有關本條釋示，參行政法院86年判字第1450號判決。
59 參司法院釋字第379號解釋。
60 參行政法院37年判字第43號判例；86年判字第1979號判決；87年判字第1218號判決。

不易。依通說見解[61]，若契約之標的涉及公法事務者，例如涉及行政處分之作成或人民公法上權利義務者，即屬於公法契約；但若契約之標的是否涉及公法事務認定困難時，亦可參照其他準則，例如契約之整體特性（Gesamtcharakter des Vertrags）或契約之目的認定之[62]。至於公營企業以公司型態存在者，其與員工之關係即屬私法性質，不得提起行政救濟[63]。

(3)事實行為

對於事實行為之判斷，在其有法規為依據時，固可依上述有關公、私法區分之各家學說，綜合研判其法規之性質。惟事實行為中，不乏無法規之依據者；就此，事件之關聯亦為研判之重要準則。例如對於鄰人要求停止公立幼稚園製造之噪音，抑或改善聯合廢水處理廠對廢水之處理，基於上述設施之設立，不僅在於履行公法之行政任務，顯示國家對人民之生活照顧，且與公法任務之規劃及功能有關，因此基於事件之關聯性，可認定整個事件均為公法關係[64]。此外，公務員執行公務，而於駕駛車輛時肇事，其車輛駕駛之行為究屬公法，抑或私法行為，應以駕駛車輛與公務執行間之實質關聯加以定性[65]。另針對公務員妨害他人名譽之發言行為，原則上亦應以與公務員發言相關聯者係公法行為，抑或私法行為來判斷。例如公務員於私人宴會或私法採購會議發言者，即應歸類為私法行為；其於執行公法任務，如回應議員市政質詢而發言者，即應歸類為公法行為。惟公務員之發言，若強烈顯現出個人特殊人格特質，而予人其乃屬該公務員私人意見表達之觀感者，則係屬利用職務之便所發表的個人意見，仍應歸類為私法行為[66]。

(4)公營造物之利用關係

公營造物之利用關係是否屬於公法關係，首先仍須視其依據之法律規定以定性。惟若就公營造物之利用，不能逕由法律判定其屬性時，則應由其利用規則（Benutzungsordnung）及其他相關情事來決定。蓋公行政在此有組織型態及法律形式之選擇自由，故應由其頒訂之利用規則及其他相關情事探求公行政之意思[67]。一般而言，公立醫療或金融機構與其利用者間之關係，屬於私法關係。

---

[61] 參陳敏，行政法總論，2019年10版，頁578-583。
[62] 但關於此一通說的見解，亦非無疑問，批評者眾，以至於學者另有提出其他觀點者，值得參考。就此，詳林明昕，行政契約法上實務問題之回顧：兼論公、私法契約之區別，收錄於：氏著，公法學的開拓線：理論、實務與體系之建構，2006年，頁172-187。
[63] 參司法院釋字第305號解釋。
[64] 見Schenke, aaO, Rn. 121；陳敏，前揭書，頁48-51。
[65] 見Schenke, aaO, Rn. 121；陳敏，前揭書，頁48。
[66] 參Schenke, aaO, Rn. 121；陳敏，前揭書，頁49。
[67] 參陳敏，前揭書，頁53。

(5)給付行政

在給付行政之領域，行政機關提供給付之法律形式十分多樣，故判定較為困難。基本上，給付行政行為本身已有特別法規為依據時，自可依據前揭公、私法定性之標準以定其屬性；例如可依全民健保法、社會救助法以判定其法律關係。惟若給付行政行為無法規依據時，原則上行政機關享有法律形式之選擇自由。因此，對於其屬公法或私法關係，自應尊重行政機關本身的意思。

早期我國實務曾就公地放領之法律性質發生爭議。司法院釋字第89號解釋認為人民是否承領私有耕地，既有自由選擇權，因此放領行為應屬於國家與人民所定立的私法契約；行政官署與人民因公地放領之撤銷或解除所生之爭執，即為私法性質。稍後對於實施耕者有其田條例所為之耕地徵收與放領爭議，大法官則著眼其事件之關聯性，而認為屬於公法上之爭議。

近來實務上就有關國宅申購所生爭議之法律性質，亦時有爭議。例如（最高）行政法院於89年度裁字第253號裁定即認為：臺北市政府就配售專案國宅、專案住宅之行為，並非居於公權力主體行使其統治權之公權力行政，而係處於與私人相當之法律地位，並在私法支配下所為之私經濟行為；類此行為，稱之為「行政私法」，而為「國庫行政」（或稱私經濟行政）的主要類型之一。行政私法之雙方當事人對其私法行為發生爭執，仍應循民事訴訟程序解決，自不得循行政爭訟途徑謀求救濟[68]。至於在司法院釋字第540號解釋中，大法官則將人民在申請承購、承租或貸款階段，對行政機關作成決定不服所生之爭議，定位為公法性質爭議；並於下一階段，雙方因為締約、履約所生之爭議，定位為私法性質爭議。此一見解，顯係受德國「雙階理論」（Zweistufentheorie）的影響[69]。

(三)必須為非憲法性質之公法爭議

一個事件雖歸屬於公法爭議，但在劃分憲法審判權與行政法院審判權之體制下，必須進一步尋求劃分標準，以界定行政法院審判權的範圍。德國行政法院法第40條第1項第1句規定：「公法上之爭議非憲法性質者，除聯邦法律明文規定由其他法院管轄

---

[68] 本案事實摘要如下：原處分機關為辦理基隆河（中山橋至成美橋）截彎取直整治工程，以區段徵收方式徵收工程範圍內土地及地上物。又為解決徵收範圍內拆遷戶居住問題，經訂定徵收範圍內現住戶遷移安置計畫，專案安置該地區區段徵收範圍內之拆遷戶。原告之先父取得專案國宅優先承購資格，嗣於1997年1月3日亡故，由其配偶（原告母親）申請替代，被告機關臺北市政府國民住宅處否准申請，原告母親提起訴願，經臺北市政府訴願決定撤銷被告機關否准。嗣迨1998年2月27日經被告機關通知原告母親應於同年3月10日前辦理有關承購事宜時，原告母親業已於同年2月3日亡故，乃由原告申請替代，因原告人未與其父母共同生活設籍，不符合住宅承購資格，原處分機關乃函復，所請礙難辦理。原告不服，提起訴願、再訴願均被駁回，乃提起本件行政訴訟。

[69] 有關雙階理論的說明，參Schenke, aaO., Rn. 116 ff；陳敏，前揭書，頁684-692。

者外，皆得提起行政訴訟。」即明定行政救濟，僅於非憲法性質之公法爭議始有之。由於德國基本法及聯邦憲法法院法就憲法法院審判權之範圍，係採取列舉主義，故此一規定無異表明行政法院非憲法爭議的補充救濟途徑。因此，即使是憲法法院審判權範圍外的事項，也可能因被歸類為憲法性質之爭議，而被排除在行政法院審判權之外[70]。

關於上述「憲法爭議」之理解，依德國學說有形式及實質兩種理解方式。形式意義的「憲法爭議」，是指依德國基本法及聯邦憲法法院法所明文規範，屬於憲法法院審判權範圍之事件。至於實質意義之「憲法爭議」，則應藉由下列兩個特徵加以界定：

1. 發生爭議者，必須是直接參與憲法生活之主體。

2. 該爭議之標的，必須是直接源自憲法規定之適用的問題，亦即涉及直接由憲法加以規定的權利義務。

此即係「雙重憲法直接性」（doppelte Verfassungsunmittelbarkeit）之標準，而為德國通說所採。

一般而言，有關聯邦與邦之間或邦相互間的分權爭議，或是憲法規定之最高權力機關間之權限爭議，即屬上述意義下的憲法爭議[71]。至於人民與國家行政機關間之爭議，原則上非屬實質意義的憲法爭議。蓋不僅個人並非上述意義之憲法機關，且就其爭訟標的而言，亦係針對行政措施之適法性；其主要應依行政法之準則以為審查，即使於爭議中不免涉及基本權利之解釋適用，亦與純粹憲法層次之爭議有間。

我國現行行政訴訟法第2條雖未明文將憲法性質之爭議排除於行政法院之審判權外，但由於我國現制，基本上仍劃分憲法法庭與行政法院之審判權，而本條又係參照德國前揭規定而制定，故於解釋我國現行行政訴訟法第2條時，亦應如德國行政法院法第40條第1項第1句一般，將「憲法爭議」予以排除[72]。至於「憲法爭議」概念之界定，倏關憲法法庭與行政法院之間的審判權劃分標準，自應參考我國相關規定及前揭學說以為決定。

(四)必須非屬法律明定由其他法院審判之案件

行政訴訟法第2條規定：「公法上之爭議，『除法律別有規定外』，得依本法提起行政訴訟。」換言之，案件之性質雖屬非憲法性質之公法爭議，但立法者基於特殊之政策考量，而以法律明定由其他法院審判者，則不屬於行政法院審判權之範圍。以

---

[70] 見Stern, Verwaltungsprozessuale Probleme in der öffentlich-rechtlichen Arbeit, 8. Aufl. 2000, Rn. 114。

[71] 參Hufen, aaO., § 11 Rn. 49 ff。

[72] 同說，見吳庚、張文郁，行政爭訟法論，2016年8版，頁180。

下就我國現行法上公法事件若干另訂審判權之態樣說明。

1.民事法院

(1)國家賠償案件

國家或其他公權力主體因違法行使公權力對人民所負之損害賠償責任,性質上屬於公法事件,原本應由行政法院行使審判權;但由於國家賠償法第12條規定,解釋上國家賠償訴訟應歸民事法院管轄。

不過,行政訴訟法第7條規定:「提起行政訴訟,得於同一程序中,合併請求損害賠償或其他財產上給付。」據此,國內頗有主張,國家賠償請求亦得依此一規定,合併相關聯的行政訴訟而由行政法院審理[73]。此一觀點,非無爭議;相關爭議是否純粹依據前揭行政訴訟法第7條之解釋即可處理,容有進一步討論的餘地[74]。但已依行政訴訟法規定,附帶請求損害賠償者,就同一原因事實,不得更行起訴。

(2)選舉罷免訴訟案件

依公職人員選舉罷免法規定,選舉或罷免無效之訴(第118條)、當選無效之訴(第120條及第121條)、罷免案通過或否決無效之訴(第124條),由選舉、罷免行為地之該管地方法院或其分院,乃至該管高等法院或其分院分別為第一審及上訴審之管轄(第126條)[75]。立法者既將此等選舉、罷免訴訟之審判權交由普通法院行使,則行政法院就該類選舉、罷免訴訟無審判權。惟有關選舉、罷免之訴訟事件並不限於上開型態,而公職人員選舉罷免法等亦非將所有涉及選舉、罷免之爭議全部交由普通法院審判,因此依行政訴訟法第10條規定,其他選舉罷免事件之爭議,仍得依本法提起行政訴訟。

2.特別行政法院

(1)公務員及司法官懲戒案件

由於公務員懲戒事件係國家為維護官箴,對違法失職之公務員行使制裁權,涉及公務員公法上之權利保障,故其性質應屬公法爭議。依我國現制,依公務員懲戒法所為之懲戒乃由懲戒法院掌理,其不服之救濟亦同由懲戒法院審理,而非屬行政法院審判權之範圍。至於行政首長依公務人員考績法對公務人員所為之懲處,具有行政處分之性質,則仍屬行政法院審判權之範圍[76]。

---

[73] 例見劉宗德、彭鳳至,行政訴訟制度,收錄於:翁岳生編,行政法(下),2006年3版,頁424-426。

[74] 相關討論,詳林明昕,論行政訴訟法上之訴訟類型:從日、德比較法制觀察,收錄於:氏著,公法學的開拓線:理論、實務與體系之建構,2006年,頁371-373。

[75] 此外,依總統副總統選舉罷免法第110條規定,選舉、罷免訴訟專屬中央政府所在地之高等法院管轄,也是民事審判權範圍。

[76] 參司法院釋字第243號及第298號解釋。憲法法庭111年憲判字第9號判決理由第46段及第10號判

又，我國現行的懲戒法院，亦掌理法官法第47條有關法官懲戒及其他法官權利救濟的事項。因此，這類事項縱具公法爭議的性質，亦不歸行政法院之審判權範圍；前揭法官法第47條第2項，甚至訂有明文。此外，檢察官之懲戒，依法官法第89條第8項及第9項規定，亦由懲戒法院掌理；結果，相關之事項，自不屬行政法院管轄。

(2)專門職業人員懲戒案件

依律師法第78條及第80條所設之律師懲戒委員會及律師懲戒覆審委員會，性質上相當於設在高等法院及最高法院之初審與終審職業懲戒法庭，與會計師懲戒委員會等其他專門職業人員懲戒組織係隸屬於行政機關者不同。律師懲戒覆審委員會之決議即屬法院之終審裁判，並非行政處分或訴願決定，自不得再行提起行政訴訟[77]。此係因律師懲戒乃由直接設於法院內之司法專業人員組成職業法院掌理，為特別行政法院之一種，故非行政法院審判權所及。

惟關於會計師、建築師、醫師及技師之懲戒，乃由主管行政機關聘請委員組成懲戒委員會及覆審委員會，行使懲戒權。其所為之懲戒，性質仍為行政機關所為之行政處分，被懲戒之會計師如對之不服聲請覆審，實質上與訴願相當，被懲戒人若認覆審決議違法侵害其權利，應許其提起行政訴訟，以符憲法第16條保障人民訴訟權之意旨[78]。

3.其他法院

(1)刑事補償法

刑事補償，固屬國家賠償之一種，而為公法事件；惟依刑事補償法第9條、第18條及第19條規定，刑事補償案件，無論初審或覆審，均非行政法院之審判權範圍，而是另有特別設計。

(2)違反社會秩序維護法案件

依社會秩序維護法第55條規定，被處罰人不服警察機關之處分者，得於處分書送達之翌日起五日內聲明異議。聲明異議，應以書狀敘明理由，經原處分之警察機關向該管簡易庭為之。復依同法第36條規定，地方法院或其分院為處理違反本法案件，視警察轄區及實際需要，分設簡易庭及普通庭。警察機關依本法所為之處分固屬行政罰；然因本法之罰則尚包含拘留，基於憲法第8條對人身自由之保障，須由普通法院依類似刑事訴訟之法定程序為之，立法者乃將其他無涉人身自由之處罰之救濟程序一併交由普通法院審理。

決理由第41段同時參照。

[77] 參司法院釋字第378號解釋。

[78] 參司法院釋字第295號解釋。

二、審判權爭議之解決

按辨別訴訟案件是否屬於公法爭議，雖有前揭多種標準可供綜合判斷，惟這些標準並非數學公式，其運用結果自不免發生疑義。若普通法院和行政法院對具體案件應由何法院審判，其見解不同而產生消極衝突或積極衝突時，自應有因應之道。關於這個審判權爭議的問題，行政訴訟法原先係以第12條之1至第12條之5及第178條為相關之規定；但為配合我國各種審判權爭議之解決機制的改革，這幾條規定於2021年底悉數刪除，爭議的解決完全併入法院組織法第7條之1至第7條之11中統一規範（同法第7條之1參照）。整個新的制度於翌年1月4日起施行。

在該新制中，首先，依法院組織法第7條之2第2項及第3項規定，訴訟繫屬於行政法院後，當事人不得就同一事件向其他不同審判權之法院更行起訴。嗣行政法院如認自己有審判權而為裁判確定，即拘束其他法院。新制在此範圍內，原則上與行政訴訟法原先之規定並無差別。

新制與行政訴訟法既有之舊制之間，真正有較大差異者，乃有關審判權消極衝突，以及爭議之解決有無訴諸司法院大法官解釋等兩項問題點上。就此，新制之於舊制有相當程度的改變。

蓋依新制，當行政法院認為針對系爭個案自己並無審判權時，該個案依法院組織法第7條之3第1項規定，原則上應由繫屬之行政法院，依職權以裁定將訴訟移送至有審判權之管轄法院。惟該移送裁定確定時，受移送法院認其亦無審判權者，依同法第7條之4第1項規定，則應以裁定停止訴訟程序，並向其所屬審判權之終審法院請求指定有審判權之管轄法院。就此，依同法第7條之5第1項規定，假使終審法院認受移送法院有審判權，固應以裁定駁回之；惟若終審法院認受移送法院果無審判權，則應再以裁定指定其他有審判權之管轄法院。此際，受指定之法院，依同條第2項規定，受指定裁定關於審判權認定之羈束。至此，審判權消極衝突的爭議視為終局解決；任何法院不應再有質疑（同條第3項參照）。

此外，又由於審判權的爭議既已有效處理，因此相關問題亦無再聲請司法院大法官解釋的必要。換言之，在新制中，關於審判權爭議，無論積極衝突，抑或消極衝突，憲法法庭原則上不再受理；在這一點上，也是新制與舊制不同之所在。原行政訴訟法第12條之2第3項及第178條等有關聲請司法院大法官解釋之規定，因此刪除。

惟無論如何，司法權基於審判權不同而分設不同體系之法院；此一分工設計因複雜而所生的不利益，不應由尋求權利救濟的人民負擔。現行法院組織法第7條之1至第7條之11等條文，其規範目的即在於消弭審判權衝突所招致的各種問題，而與行政訴訟法第2條行政審判權範圍之劃定相輔相成，值得特別注意。

第3條（訴訟類型）
前條所稱之行政訴訟，指撤銷訴訟、確認訴訟及給付訴訟。

❖立法沿革❖

在1998年10月2日立法院大幅修正行政訴訟法前，舊的行政訴訟法僅承認撤銷訴訟一種訴訟類型；為了配合新法後訴訟類型的大幅擴張，遂有本條之新增。該新增之本條，在最初司法院函請立法院審議的草案中即已存在[79]；嗣經委員會及院會審查等過程，其條文之條號與規定內容等，均無任何變動。最後本條文與當時其他同時修正或新增之條文一併成為新法，於同年10月28日公布，並經司法院明定於2000年7月1日施行。

本條規定自1998年10月2日新增後，迄今條號、文字及內容尚無任何變動。

❖外國立法例❖

本條規定，在影響我國行政爭訟制度發展甚深的德國或日本現行法均未見相同或類似的立法例。雖然德國現行政法院法（Verwaltungsgerichtsordnung; VwGO）在1957年至1959年末制定時的聯邦政府草案[80]，以第38條（即相當於現行法第40條）確立了與我國現行行政訴訟法第2條類似的概括保障條款，並於同草案第40條「權利救濟，得以形成、確認及給付訴訟請求之」（Rechtsschutz kann mit Gestaltungs-, Feststellungs- und Leistungsklage begehrt werden）之規定宣示，在概括條款的效力影響下，任何形式的公法上之爭議，均得視其個案性質，以不同類型的形成、確認或給付訴訟，請求法院救濟，而與本條規定內容相當一致；不過後來德國這條原草案的規定，卻在聯邦議會（Bundestag）的第一讀會中遭到刪除[81]。因為立法者擔心，條文若採如此的列舉規定，恐有阻礙將來法制繼續發展的可能[82]。職是，德國現行行政法院法並不再有與本條條文內容相同或相近的規定。

至於在日本方面，日本現行行政事件訴訟法第2條規定：「本法所稱行政事件訴訟，係指抗告訴訟、當事人訴訟、民眾訴訟及機關訴訟。」而與本條的規範模式甚近；但由於日本行政事件訴訟法中有關訴訟類型的體系安排，實與我國行政訴訟法有

---

[79] 見立法院法律系統：https://lis.ly.gov.tw/lgcgi/lgmeetimage?cfcdcfcecfcdcfcec5cecdc6d2cacac8，頁112。

[80] 有關該草案之內容及其立法說明等，見BT-Drs. III/55。

[81] 就此，見BT-Drs. III/1094, S. 5 zu § 40。

[82] 相關評釋，見林明昕，論行政訴訟法上之訴訟類型：從日、德比較法制觀察，收錄於：氏著，公法學的開拓線：理論、實務與體系之建構，2006年，頁357-359。

某種程度的差距[83]，因此日本前開第2條條文的立法例難與本條規定相比擬。

❖立法目的❖

依據本條在最初司法院草案的立法說明，其規範目的爲「行政訴訟之種類，得……依訴訟內容區分爲撤銷訴訟、確認訴訟及給付訴訟三種」[84]，目的的訴求性相當低；最多僅能指出我國行政訴訟的基本訴訟類型，爲撤銷訴訟、確認訴訟及給付訴訟，但卻難以證立本條規定另有何種存在的功能及意義。因此，關於本條立法，其規範目的究竟何在，有無正面價值，抑或反而造成負面作用，均須進一步檢討。相關的說明，將於後面進行。

❖內容解析❖

一、概說

行政訴訟法第3條，爲有關訴訟類型（Klageart）的規定。而我國現行行政訴訟法與訴訟類型問題相關之規定，一般認爲集中在該第3條至第11條間[85]。不過，由於這些條文規定，法制上偏向德國式的設計，因此經過與德國法制比較的結果，或可先初步將其分類爲「眞正訴訟類型規定」與「非眞正訴訟類型規定」等兩種。其中，第3條至第8條，除第7條外，屬於前一種類型；至於第7條及第9條至第11條，則屬於後一種類型的規定。不過由於非眞正訴訟類型規定的規範內容，與本條註釋在此所關心之議題距離較遠，因此以下僅就眞正訴訟類型規定加以說明[86]。

二、眞正訴訟類型規定：行政訴訟法第3條至第6條及第8條

同樣依據德國法制的經驗，行政訴訟法上的訴訟類型，在行政審判權概括條款（德國行政法院法第40條及我國行政訴訟法第2條等參照）的脈絡下，具有兩大層面的分類模式：第一個層面，先取決於原告起訴請求的內容，亦即所謂「訴訟目標」（Klageziel），而計有形成、確認及給付訴訟等三大基本類型。至於第二個層面，主

83　有關日本行政事件訴訟法的訴訟類型體系，詳林明昕，前揭文，頁344-352。

84　同註79。

85　同說，例見陳清秀，行政訴訟法，2015年7版，頁157-158。不同意見：劉宗德、彭鳳至，行政訴訟制度，收錄於：翁岳生編，行政法（下），2006年3版，頁424。此見解似受日本行政事件爭訟法第45條，即所謂「爭點訴訟」或「先決問題訴訟」概念之影響（詳南博方、高橋滋，條解行政事件訴訟法，弘文堂，2006年3版，頁736以下〔鈴木庸夫執筆〕），而將我國行政訴訟法第12條規定亦同時列爲獨立訴訟類型之一種。這種見解，較爲特殊，頗值注意；惟限於本條註釋之篇幅，在此不贅。

86　有關「非眞正訴訟類型規定」的問題，詳林明昕，論行政訴訟法上之訴訟類型：從日、德比較法制觀察，收錄於：氏著，公法學的開拓線：理論、實務與體系之建構，2006年，頁370-375。

要則取決於訴訟所涉的行政行為，有無訴訟法上之特別要件必須遵守而分類；其類型為開放的系統，無法窮盡地列舉。準此，基於相同的理解，我國行政訴訟法中屬於「真正訴訟類型規定」的第3條至第6條及第8條，尚可區分為依「訴訟目標」的分類及依「具備訴訟法上特別規定之特定行政行為」的分類兩種。其中屬於第一種分類者，為第3條；屬於第二種分類者，為第4條至第6條及第8條。

(一)訴訟基本類型：行政訴訟法第3條

行政訴訟法第3條規定「前條所稱之行政訴訟，指撤銷訴訟、確認訴訟及給付訴訟。」雖然這條條文的規定，比較於我國在2000年7月1日前的舊法僅認識「撤銷行政處分之訴訟」（即舊法第1條，相當於現行法第4條）而言，與德國行政法院法立法當時之聯邦政府草案第40條同，具有宣示訴訟種類之高度擴大的正面意義，不過有疑的是：這條規定是否為窮盡的列舉？由於這個問題點，密切關聯到行政訴訟法第2條所宣示的行政救濟之概括保障原則，是否因為本條訴訟類型之列舉式規定而致窄化的命運，所以在此必須徹底澄清。

首先，依據德國法制上的經驗，行政訴訟法上的訴訟類型，縱使在行政審判權採概括保障原則的影響下，基於原告起訴請求法院審判之內容，亦即所謂「訴訟目標」的分析，事實上也只有形成、確認及給付訴訟等三種基本類型。其中，凡原告之起訴，係為命被告為一定之作為或不作為者，為「給付訴訟」（Leistungs-klage）；為確認特定法律關係或重要事實之存在或不存在者，則為「確認訴訟」（Feststellungsklage）。至於原告之訴以直接造成某特定法律關係之得、喪、變更為訴訟之目標時，則屬「形成訴訟」（Gestaltungsklage）。由於這三種訴訟類型，想像上已將原告起訴的訴訟目標悉數包含，因此其等作為行政訴訟上的基本訴訟類型，已屬窮盡的列舉，可將各種權利救濟之需求一網打盡；即使類型不再擴張，亦無窄化行政救濟之概括保障原則的憂慮[87]。職是，本條註釋前揭有關德國現行行政法院法當初在立法時，對於聯邦政府草案第40條有阻礙將來法制繼續發展之可能的懷疑，其實也大可不必。

相同的理解，原則上也適用於我國的情形。因為前開我國行政訴訟法第3條之規定，也似乎盡數地列舉了撤銷訴訟、確認訴訟與給付訴訟為三種行政訴訟上之基本訴訟類型。只不過系爭的行政訴訟法第3條，在此並不規定「形成訴訟」，而稱「撤銷訴訟」，因此令人懷疑的是，我國行政訴訟法上所認識的基本訴訟類型範圍，似乎仍較德國法制小。準此，若在對照行政訴訟法第2條的概括保障原則後，則更令人擔心，該第3條恐有規範狹隘，以致影響其前條所宣示之行政救濟概括保障原則的疑

---

[87] 就此，詳林明昕，前揭文，頁358-359。

慮[88]。關於這個問題，重點在於所謂「撤銷訴訟」，應如何解釋；其與形成訴訟，又是何種關係？

　　或謂：撤銷訴訟者，其實就是行政訴訟法第4條所稱之訴訟類型。雖然這種看法，或為國內多數學說的見解[89]，不過本條註釋的觀點相反。蓋依行政訴訟法第4條之文義，立法者在此僅稱：「人民因……違法行政處分……損害其權利……得……提起撤銷訴訟」，而不稱：「前條所稱之撤銷訴訟，指人民因……違法行政處分……損害其權利……所提起之訴訟」；可見行政訴訟法第3條所稱之「撤銷訴訟」，縱使依立法者的意思，應該除第4條所明文規定的一種外，尚能容入其他類型[90]。換言之，行政訴訟法第4條僅係一種「撤銷行政處分之訴訟」的類型；其與第3條的「撤銷訴訟」，不過是一種下位類型與上位（基本）類型的關係。因此，第3條之撤銷訴訟，毋庸強為窄化的理解[91]。

　　此外，所謂「撤銷訴訟」，因其目的在於消滅某特定法律行為之效力所已形成的法律關係，故究其實，即屬訴訟學理上「消極形成訴訟」（negative Gestaltungsklage）的同義語。雖然形成訴訟，在想像上，另有因原告起訴之目的，在於請求法院以判決直接建構某特定法律關係，而存在所謂「積極形成訴訟」（positive Gestaltungsklage）的可能，不過由於法院在行政訴訟中，本不宜就行政權尚未以法律行為形成的法律關係，逕以判決方式越俎代庖，而先行為之；因此為避免違反權力分立的憲法原則[92]，所謂「積極形成訴訟」，即使在認為形成訴訟屬於行政訴訟基本類型之一的德國，也不被承認[93]。相反地，「撤銷訴訟」或「消極形成訴訟」，則因法院在此不過是消極性地事後消滅一個行政權之行使所造就的違法法律關係，在權力分立的觀點上，無太多疑義，所以成為行政訴訟制度中所唯一允許存在的形成訴訟類

---

[88] 同一質疑，參劉宗德、彭鳳至，行政訴訟制度，收錄於：翁岳生編，行政法（下），2006年3版，頁363。

[89] 例見陳清秀，行政訴訟法，2015年7版，頁158；劉宗德、彭鳳至，前揭文，頁363。

[90] 相同的道理，行政訴訟法第8條之給付訴訟類型，因該條第2項稱「前項給付訴訟……」，故亦非等同於第3條「給付訴訟」之全部。更何況同法第5條之課予義務訴訟，無疑地也是給付訴訟之一種；顯然行政訴訟法第3條所列舉的訴訟類型，並不能與同法第4條以下所規定的各種訴訟類型貿然地劃上等號。

[91] 此外，行政訴訟法第195條以下有關撤銷訴訟之判決問題的規定，均有註明「行政處分」的詞句，所以解釋上，咸屬第4條撤銷行政處分之訴訟類型的特別規定，而與第3條之撤銷訴訟並無直接關係。

[92] 從而在相關的訴訟爭議中，法院最多僅能以給付訴訟進行，而以給付判決之方式，課予作為被告之行政機關義務，令其自行依法形成特定法律關係，來達成原告起訴的目的。

[93] 相關之法律問題，詳見Hufeld, Klagearten und Urteilstypik im Verwaltungsprozeß, JA 1998, 520 (522 f.)。此外，在民事訴訟法上也僅有「消極形成訴訟」之存在（詳Jauernig, Zivilprozessrecht, 28. Aufl. 2003, S. 142），頗值吾人注意。

型[94]。換言之，所謂「撤銷訴訟」，至少在行政訴訟制度上，其實即等同形成訴訟；我國行政訴訟法第3條不稱「形成訴訟」，而僅稱「撤銷訴訟」，其結果也與德國法制並無太多差距。職是，當我國行政訴訟法第3條被解釋爲一種窮盡列舉的訴訟基本類型之規定時，也不至於窄化了已採取概括保障原則的行政審判權之範圍。因爲如前所述，依據德國法制經驗，公法上之爭議的審判，始終即得以形成（＝撤銷）、確認及給付訴訟等三種基本類型包含殆盡[95]。

(二)訴訟下位類型：行政訴訟法第4條至第6條及第8條

現行行政訴訟法第4條至第6條及第8條，作爲同法第3條所稱之撤銷、確認及給付訴訟等三種基本類型的下位類型之分類，在國內法學界中，基本上並無爭議[96]。因爲這幾種法律明定的訴訟類型，一方面均能毫無困難地分別歸類於前開三種訴訟基本類型中；且另一方面，也與德國法制同[97]，屬於依據訴訟爭議所涉及的行政行爲性質而作成的訴訟類型分類。準此，針對我國行政訴訟法第4條至第6條及第8條之訴訟類型的規定，吾人亦可參考德國學說之見解，將其分成與行政處分之爭議有關的「特別訴訟類型」，以及與各種其他行政行爲之爭議有關的「一般訴訟類型」兩種。其中，第4條之撤銷訴訟（Anfechtungsklage）、第5條之課予義務訴訟（Verpflichtungsklage）及第6條第1項之確認處分無效訴訟與確認處分違法訴訟等，均與行政處分有關，屬於前者；第6條第1項確認公法上法律關係成立或不成立的所謂「一般確認訴訟」（allgemeine Feststellungsklage）及第8條的一般給付訴訟（allgemeine Leistungsklage），則屬於後者。至於如此分類存在的實益，主要則在於前揭與行政處分有關的特別訴訟類型，特別是第4條之撤銷訴訟及第5條之課予義務訴訟，有若干訴訟法上之特別規定必須優先適用。正因爲如此，故其名爲「『特別』訴訟類型」。

不過，行政訴訟法上之訴訟下位類型，主要既係取決於行政行爲種類不同而有的分類，則鑑於行政行爲種類之繁多，以及若干特殊行政行爲，其爭訟在訴訟法上或有必須特別處理的必要，所以相關的分類，絕不僅以現行行政訴訟法所明文規定者爲限。換言之，現行行政訴訟法所認識的各種訴訟下位類型，不過是一種例示的方式；

---

[94] 相同的觀點，參Grupp, Zur allgemeinen Gestaltungsklage im Verwaltungsprozeßrecht, in: Prütting/Rüßmann (Hrsg.), Verfahrensrecht am Ausgang des 20. Jahrhunderts-Festschrift für Gerhard Lüke zum 70. Geburtstag, 1997, S. 207 (211 f.)。

[95] 認爲這三種訴訟類型已爲窮盡之列舉，事實上國內學者，如陳清秀，行政訴訟法，2015年7版，頁158，在結論上似亦作相同的主張。

[96] 例見陳清秀，前揭書，頁158；劉宗德、彭鳳至，行政訴訟制度，收錄於：翁岳生編，行政法（下），2006年3版，頁364-365。

[97] 就此，詳林明昕，論行政訴訟法上之訴訟類型：從日、德比較法制觀察，收錄於：氏著，公法學的開拓線：理論、實務與體系之建構，2006年，頁360。

其他非法律明文所規定之下位訴訟類型的發現或發明，只要有必要，亦受允許。行政訴訟制度在此所持者，毋寧是一種開放的態度。準此，我國行政訴訟法第4條至第6條及第8條所規定的訴訟下位類型，非爲窮盡的列舉；國內法學界，如有主張行政訴訟法上之訴訟類型爲開放之體系者，其所指稱的對象，應屬這個訴訟下位類型分類層面的問題[98]。至於在這個開放的體系中，現行行政訴訟法究竟尚有哪些法律未明文規定的訴訟下位類型可以，抑或必須列入，似乎還有待學說與實務進一步釐清。多年來，國內鑑於我國目前行政訴訟法僅有專門針對行政處分的特別撤銷訴訟（第4條），卻無針對其他行政行爲類型的一般性撤銷訴訟，而所討論，甚或提倡的「一般形成訴訟」（allgemeine Gestaltungsklage）[99]，正是一種嘗試，值得注意。

四、訴訟類型正確性

(一)「訴訟類型正確性」之意涵

　　現行行政訴訟法，由於訴訟類型多樣化，因此原告若要提起訴訟，首先即面臨如何在不同的訴訟類型中，選擇正確之訴訟類型的問題。蓋行政訴訟之訴訟類型，特別是前揭所謂「下位類型」，係針對當事人紛爭之性質，提供適當有效且合乎經濟的權利救濟模式，以利法院統一處理各類的行政訴訟事件；職是，各種訴訟類型均有其特定適用的訴訟對象，非可任由當事人自由選擇。

　　相應於此，行政訴訟有所謂「訴訟類型正確性」（Statthaftigkeit der Klageart）的要件，用以審查在具體個案中，原告爲達成訴訟目的，是否選擇了正確的訴訟類型。唯有原告選擇正確的訴訟類型，訴訟始爲合法，法院進而得爲實體判決[100]。

　　此外，必須注意者，「訴訟類型正確性」不應與「訴訟權能」（Klagebefugnis）問題混淆。原告所不服的行政機關之行爲類型（行政處分或其他）及樣態（作爲或不作爲），將如下述，決定其所選擇之訴訟類型的正確與否；而該行爲，無論其類型或樣態，有無侵害原告權利之可能，則用來判斷「訴訟權能」具備或不具備的問題。前一個問題之肯否推導不出後一個問題的答案，反之亦然；兩個平行的問題，顯然只能個別判斷。

---

[98] 同說，例見陳清秀，行政訴訟法，2015年7月，頁158。

[99] 就此，參林明昕，一般形成訴訟：德國行政訴訟法上之爭議問題，收錄於：翁岳生教授祝壽論文編輯委員會編輯，當代公法新論（下）：翁岳生教授七秩誕辰祝壽論文集，2002年，頁79以下；盛子龍，公務員對調整職務不服之行政爭訟，法學講座25期（2004年1月），頁120以下。

[100] 關於「訴訟類型正確性」概念，參Hufen, Verwaltungsprozessrecht, 10. Aufl. 2016, § 13, Rn. 1 ff。

(二)訴訟類型選擇之思維步驟

至於訴訟類型如何正確選擇，或可依下列幾個原則性的步驟，進行思考[101]：

首先應考慮行政訴訟法第4條之撤銷訴訟或第5條之課予義務訴訟是否可滿足原告的請求，而為正確的訴訟類型。因為撤銷訴訟及課予義務訴訟，均涉及行政處分的問題；而行政處分，本係國家行使公權力所採取的行政行為類型中最典型者，故寧為行政機關侵害人民權利之最常態情形。何況撤銷訴訟與課予義務訴訟，均採「訴願前置原則」；優先考慮這兩種訴訟類型是否為個案中正確的訴訟類型。也有提醒原告慎勿忽略須先提起訴願，並遵守訴願期間之規定的作用。如此，對於原告權益之保障較周延。

其次，在撤銷訴訟或課予義務訴訟二者中，原告之訴訟目的，係在請求除去對原告有侵益性之行政處分者，應選擇撤銷訴訟；反之，訴訟目的在請求對原告作成授益之行政處分者，則應選擇課予義務訴訟。至於行政處分在起訴前或訴訟繫屬中已消滅者，則應依行政訴訟法第6條第1項後段及第196條第2項所規定的要件，來判斷提起或轉換為確認行政處分違法訴訟，是否為實現其訴訟目的的正確訴訟類型。

此外，當原告所要排除或請求之行政行為，非屬行政處分時，由於行政訴訟法第8條之一般給付之訴具有補遺（Auffang）的功能，通常可先檢視，提起一般給付訴訟能否實現原告之訴訟目的。只有在一般給付訴訟亦不能達成原告之訴訟目的時，行政訴訟法第6條第1項的一般確認訴訟，始基於確認訴訟的補充性原則，而列入考慮。

最後，萬一以上各種訴訟類型均不能提供原告具有實效性的權利救濟，以致於行政訴訟對於人民權利之保障出現了漏洞時，則基於行政訴訟法第2條賦與行政法院之概括行政審判權，應進一步考慮是否有發展出「無名訴訟」的必要。

(三)訴訟類型之確定與法官之闡明義務

另一方面，有關原告在具體個案中是否已就其訴訟類型為正確之選擇，法院原則上必須依原告的訴之請求（Klagebegehren）來決定[102]。不過，由於訴訟類型之正確選擇涉及相當複雜的行政法學，常非一般人民所能處理，因此基於人民權利的有效保障，法官應善盡闡明義務（行政訴訟法第125條第3項參照），協助原告提出正確的訴訟類型：萬一原告訴訟類型之聲明不清楚時，法官應以解釋的方式，確定原告所提出之訴訟類型。假使原告選擇錯誤之訴訟類型，而其意思清楚無另行解釋的空間時，法官亦不得以訴訟不合法為由，逕予駁回；而是仍應以發問曉諭之方式，協助原告

---

[101] 就此，參Schenke, Verwaltungsprozessrecht, 15. Aufl. 2017, Rn. 173。

[102] 相關說明，參Pietzcker, in: Schoch/Schneider/Bier (Hrsg.), VwGO, Vorb. § 42 Abs. 1, Rn. 28 ff. [Stand: Okt. 2016]。

轉換正確的訴訟類型。只有當原告固執己見，拒絕提出轉換之聲明時，始得駁回其訴訟。至於此際，原告之訴駁回究係基於不合法或無理由，仍必須在具體個案中視不同情形而個別釐清[103]。

(四)行政行為法律形式與實質不一致下之權利保護形式

我國行政訴訟法上訴訟類型的各種下位類型，如前所述，往往取決於原告以訴訟所擬對抗或爭取的行政行為之種類。因此，有問題的是：當行政機關在具體爭議案件中，誤用了行政行為的種類時，原告應選擇之訴訟類型，究係應依系爭行政行為之實質內容，抑或外觀形式來決定？譬如由行政行為的實質內容以觀，應屬行政處分者，行政機關卻誤用其他行為形式為之，又或由行政行為的實質內容以觀，應屬抽象一般規制之行政命令，抑或僅為私法之意思表示時，行政機關卻誤以作成行政處分的方式為之等，均屬適例。這些問題究竟如何處理，在德國學說上輒有爭議。有一說係採形式說的主張：無論行政行為之實質內容如何，均應以行政機關既作成之行政行為的外觀形式來決定原告應選擇之訴訟類型。另一說則採實質說；亦即應依行政行為之實質規制內容來決定正確的訴訟類型。最後尚有一最惠待遇說，主張不能因行政機關選擇錯誤的行為形式，而使人民蒙受訴訟程序上之不利，故應給予人民一個程序選擇權；亦即，人民既得依行為之外觀形式，亦得依行為之實質內容，來選擇訴訟類型[104]。

關於這三說間的爭議，德國實務通常採取形式說；本條註釋從之。蓋站在人民權利有效保障的立場，人民所信賴者，乃國家行為的外觀；國家本身的形式選擇錯誤之風險，不應由人民承擔。此外，一個形式錯誤之行政行為，其行為固不合法，但此係訴訟有無理由的問題，而與屬於訴之合法性要件的訴訟類型之選擇無關。何況一個形式錯誤之行政行為，通常仍有一定之存續力；例如行政機關以行政處分終止私法上之租賃契約，儘管行政機關欠缺作成行政處分之職權，但相對人並不能透過民事訴訟而除去該行政處分存續力，因此仍有藉助行政訴訟中之撤銷訴訟的必要。

總之，行政法院原則上應以行政機關所作成的行政行為之外觀形式，作為決定正確之訴訟類型的標準。只有當依如此處理結果，將造成人民必須承受不可期待之程序上不利益時，始例外地依實質內容來決定訴訟類型。例如行政行為依其實質規制內容，應屬行政處分，然其形式上卻誤以法規命令而作成時，依現行行政訴訟法，人民既然不能提起撤銷法規命令或確認其為無效之訴訟，故為避免造成人民救濟上之困難，遂應許其依系爭行政行為的實質內容，亦即行政處分，來決定正確的訴訟類型。

---

[103] 同說，見Pietzcker, in: Schoch/Schneider/Bier (Hrsg.), VwGO, Vorb. § 42 Abs. 1, Rn. 31 [Stand: Okt. 2016]。

[104] 相關爭議，詳Pietzcker, in: Schoch/Schneider/Bier (Hrsg.), VwGO, Vorb. § 42 Abs. 1, Rn. 32 ff. [Stand: Okt. 2016]; Schenke, aaO., Rn. 231 ff。

第3條之1（行政法院）
本法所稱高等行政法院，指高等行政法院高等行政訴訟庭；所稱地方行政法院，指高等行政法院地方行政訴訟庭。

❖立法沿革❖

　　本條原係於2011年11月1日立法院通過修正行政訴訟法時始所增訂的條文；其規定為：「辦理行政訴訟之地方法院行政訴訟庭，亦為本法所稱之行政法院。」該次法律修正之主要目的，在於調整行政訴訟審級制度，由2000年7月1日以來所施行的二級二審制，改變為三級二審制。此一審級新制，以及配合新制所增訂的本條規定，於2012年9月6日起施行。

　　嗣行政訴訟法為堅實第一審行政訴訟，2022年再次大幅修正[105]；同時配合修正者，另有行政法院組織法及其他法律。而在這波法制變革中，本條規定同時修正為現行條文內容。此外，由於此次行政訴訟新制的變易甚大，施行前之準備需要時日，因此立法修正之條文雖已於2022年6月22日由總統公布，但真正施行日則經由司法院明定為翌年8月15日。換言之，本條新修正之現行條文內容，同樣於2023年8月15日始告施行。

　　又，2022年本條規定之修正，原為司法院所提出之草案。其後立法院通過，進而公布施行之現行條文內容，咸依司法院之原提案，並無任何字句上之變異，併此說明。

❖立法目的❖

　　本條現行條文於2022年修正的目的，依司法院草案之立法說明有二；其分別為：「一、為堅實第一審行政訴訟、強化行政法院法官專業並提升裁判品質，以達到專業、即時、有效之權利救濟。並考量員額、案件成長與國家財政等因素，配合行政法院組織法修正，於成立地方行政法院前，司法院得善用高等行政法院既有的軟硬體資源，於該法院內分設高等行政訴訟庭及地方行政訴訟庭，以符實際需求。設立地方行政訴訟庭後，原地方法院行政訴訟庭已無設立必要，爰刪除現行條文規定。」

　　「二、訴訟法上，地方行政訴訟庭即相當於地方行政法院，和高等行政訴訟庭的關係為不同審級之法院。地方行政訴訟庭集中辦理第一百零四條之一第一項但書規定之第一審通常訴訟程序、簡易訴訟程序、交通裁決事件訴訟程序、收容聲請事件程序及其他法律規定之事件，提供人民均質的司法給付，並預為將來成立地方行政法院之

---

[105] 關於本次「行政訴訟堅實第一審新制」的主要內容，詳司法院網站：https://www.judicial.gov.tw/tw/cp-2214-628055-cd114-1.html。

準備，爰新增本條規定。」[106]可資參考。

❖內容解析❖

　　我國行政法院體系，自2011年行政訴訟法修正改採三級二審制起，在新的審級制度中，或基於財政與人事等因素的考量，作為最低層級的行政訴訟事件之審判機關，並不另設地方行政法院的組織，而是直接在屬於普通法院體系的地方法院（法院組織法第1條參照）設行政訴訟庭（同法第14條於2011年至2023年間之條文內容參照）為之；而稱為「地方法院行政訴訟庭」。職是，為使此一組織上配置於普通法院體系的法庭，發揮行政訴訟上之審判功能，爰有本條「辦理行政訴訟之地方法院行政訴訟庭，亦為本法所稱之行政法院」的舊規定。換言之，本條規定在此之意義，乃將「組織法上」隸屬普通法院體系的地方法院行政訴訟庭，於「訴訟法上」承認其行政法院的地位[107]，而能與高等行政法院及最高行政法院[108]，無縫接軌地適用整部行政訴訟法，共同完成行政訴訟之審判任務。

　　至於2022年行政訴訟審級新制的變革，雖仍維持三級二審的框架，但屬於最低層級的審判法院，在組織法上又有新的改動。這一層級的法院不再設置於普通法院體系的各個地方法院中，而是改隸於組織上原即屬於行政法院體系的臺北、臺中及高雄等三所高等行政法院。職是，往後這三所高等行政法院在組織上皆分別有「高等行政訴訟庭」及「地方行政訴訟庭」兩種類型之法庭。而相應於此一行政法院組織法第9條第1項的規定，本條遂同時修正其規範內容，在訴訟法上，分別賦予這兩種類型的法庭具有行政訴訟三級二審制中之下兩級審判機關的地位，亦即：地方行政訴訟庭為「地方行政法院」；高等行政訴訟庭則為「高等行政法院」。此條條文在修正前與修正後，始終具有連結組織法與訴訟法的作用，彰彰明甚。

　　又，本條明文規定「本法所稱高等行政法院，指高等行政法院高等行政訴訟庭；所稱地方行政法院，指高等行政法院地方行政訴訟庭」，除如前述，具有賦予這兩種類型之法庭具有訴訟法上之行政法院的地位外，比較技術性，但卻更富實用之意義的是：這一條規定使高等行政法院高等行政訴訟庭或高等行政法院地方行政訴訟庭在個案審判之際，只要面對行政訴訟法各條文中具有「高等行政法院」或「地方行政法院」之明文的規定時，例如第104條之1，即可直接依據文義解釋，而分別對應

---

[106] 立法院法律系統：https://lis.ly.gov.tw/lglawc/lawsingle?00AE3F147AF30000000000000000000001E000000005000000^04562111053100^00000000000，頁政51。

[107] 本書在此所稱之「組織法上」及「訴訟法上」之法院，即相當於我國民事訴訟法學比較常稱的「廣義」及「狹義」之法院；例見許士宦，民事訴訟法（上），2016年，頁153。

[108] 因此，2011年司法院版革案行政訴訟法第3條之1的立法說明最末一句稱：「至於高等行政法院、最高行政法院當然屬於本法所稱之行政法院，自不待言」（立法院法律系統：https://lis.ly.gov.tw/lgcgi/lgmeetimage?cfc8cfc9cfcccfcec5cdcccfd2cdc9ca，頁政69）可資參照。

適用。換言之，本條條文具有類似立法定義的作用，將行政訴訟法中之「高等行政法院」及「地方行政法院」，分別解釋爲「高等行政法院高等行政訴訟庭」及「高等行政法院地方行政訴訟庭」兩個概念。這項簡化法條解釋的功能，同樣值得注意；並且也應該是立法者所以在2022年修正本條的另一點考慮。

最後附帶一提者，本條將行政訴訟審級制中最低層級的審判機關稱爲「地方行政法院」，與地方自治完全無關。此一用語問題，似僅屬承襲普通法院體系之「地方法院」概念而來。由於憲法第107條第4款已明文將「司法制度」定性爲中央立法並執行之專屬管轄事項，因此司法制度中，無論地方法院，抑或地方行政法院，均歸屬中央管轄，而絕非各地方自治團體所自行設立的司法機關。關於這一點，無論地方行政法院，目前依本條規定，係指設立於高等行政法院內的地方行政訴訟庭，抑或將來果如本條修正理由所預測，獨立成爲另一種行政法院類型，皆然；吾人實不可不愼。

第4條（撤銷訴訟之要件）

人民因中央或地方機關之違法行政處分，認爲損害其權利或法律上之利益，經依訴願法提起訴願而不服其決定，或提起訴願逾三個月不爲決定，或延長訴願決定期間逾二個月不爲決定者，得向行政法院提起撤銷訴訟。

逾越權限或濫用權力之行政處分，以違法論。

訴願人以外之利害關係人，認爲第一項訴願決定，損害其權利或法律上之利益者，得向行政法院提起撤銷訴訟。

❖立法沿革❖

從行政訴訟演進的歷史可知，保障人民權利不受違法侵害，係其制度建立的核心使命。撤銷訴訟正是行政訴訟法上最典型之權利防禦型之訴訟類型。以下之釋義將分成二個重點，第一部分將解析撤銷訴訟之特別實體判決要件並嘗試釐清相關爭議（§4 I）；第二部分則將探討撤銷訴訟之訴訟對象（§4 III）。至於「逾越權限或濫用權力之行政處分，以違法論」（§4 II）之規定，涉及違法性之概念及司法審查密度，本應歸屬實體審理之問題，且同法第201條就此亦有規定，爲免重複論述，故不於此處探討，合先敘明。

❖外國立法例❖

德國行政法院法第42條（撤銷之訴及課予義務之訴）規定：「人民得起訴請求撤銷行政處分（撤銷之訴）……。法律別無規定者，前項起訴，須原告主張其權利，

因行政處分……而受侵害者，始得提起之。」

德國行政法院法第79條規定：「撤銷之訴之訴訟對象如下：

1.經由異議決定（相當我國訴願決定）所獲得的原處分。

2.原處分機關所爲之自行審定（Abhilfebescheide）或異議審理機關之異議決定使第三人首度受損害者。

異議之決定，添加獨立於原處分以外之不利益者，亦得單獨爲撤銷之訴之訴訟對象。異議之決定違反重要之程序規定者，亦視爲添加上述之不利益。第七八條第二項之規定，準用之。」

❖立法目的❖

保障人民權利不受違法侵害，係行政訴訟制度建立的核心功能。行政處分係國家或其他行政主體行使公權力最典型之形式，自有必要藉由撤銷訴訟之承認，使原告得以請求法院透過形成判決直接除去對其侵益性之行政處分之效力，以防禦原告之權利。故撤銷訴訟正是行政訴訟法上最典型之權利防禦型之訴訟類型。本法第4條第1項特明定撤銷訴訟，並明定其特別實體判決要件，以供遵循。本法第4條第2項則係就行政裁量之司法審查範圍予以明定。本法第4條第3項明定訴願人以外之利害關係人，認爲第1項訴願決定，損害其權利或法律上之利益者，得向高等行政法院提起撤銷訴訟。其規定旨在避免重複不必要之訴願程序，以提供人民及時之權利保障。

❖內容解析❖

一、撤銷訴訟之特別實體判決要件

提起撤銷訴訟，除須具備提起行政訴訟均應具備之一般實體判決要件之外[109]，另須具備撤銷訴訟之特別實體判決要件（或稱本案判決要件）。以下僅就撤銷訴訟之特別實體判決要件論述之。詳言之，可以細分成四個要件：

1.原告訴請撤銷的行政行爲客觀上爲行政處分且其尚未消滅。

2.原告須主張行政處分違法且侵害其權利或法律上利益，此要件係原告有無訴權的問題。

3.須已依法提起訴願未獲救濟。

4.須遵守法定救濟期間。

上述特別實體判決要件是否具備，法院應依職權調查。若有不具備者，其程序固不合法，惟法官仍應視其性質決定處理方式，並非得逕以程序不合法駁回之。以下就

---

[109] 吳庚，行政爭訟法論，1999年初版，頁83以下。

此要件詳爲解析。

(一)原告訴請撤銷的行政行為客觀上為行政處分且其尚未消滅

　　此一要件關係到原告選擇撤銷訴訟以逐其訴之目的是否正確，亦即撤銷訴訟類型正確性（Statthaftigkeit der Anfechtungsklage）之問題。蓋撤銷訴訟係以行政處分作爲訴訟對象。原告訴請撤銷的行政行爲客觀上必須係一行政處分且其尚未消滅，撤銷訴訟才是正確的訴訟類型。不過，必須注意的是，縱使其客觀上非屬行政處分，原告選擇撤銷訴訟不正確，但這並不表示法院得逕以原告之訴不合法而駁回之。例如原告訴請撤銷者若係行政事實行爲或係行政契約時，法院應依行政訴訟法第125條第3項曉諭原告爲轉換訴訟類型之聲明，將其變更爲一般給付之訴，若原告堅持不爲轉換，法院始得以撤銷之訴不合法予以駁回[110]。

1.原告訴請撤銷的行政行爲客觀上爲行政處分

(1)行政處分事實上存在

　　原告訴請撤銷的行政行爲是否爲行政處分，並非取決於原告的主張陳述，法院必須依職權就系爭行政行爲，判斷其客觀上、事實上是否爲行政程序法第92條所規定之行政處分[111]。至於行政機關依法是否有作成行政處分之權能，乃是行政處分合法性的問題，這已屬於撤銷之訴有無理由，而非訴之合法性的問題，併此指明。

(2)撤銷訴訟對無效行政處分之暫時開放性

　　對無效的行政處分可否提起撤銷，解釋上非無疑義。按行政處分違法，其法律效果主要可分爲無效與可得撤銷。就無效之行政處分，人民如與原處分機關就處分之效力發生爭執，人民本得依行政訴訟法第6條第1項前段提起確認行政處分無效之訴，而無提起撤銷訴訟以藉由撤銷判決排除行政處分效力之必要。惟行政處分之瑕疵是否導致行政處分無效，人民本不易爲清楚的判斷。如果人民在提起確認之訴後，在法院審理過程中始發現到行政處分並非無效，而只是可得撤銷時，由於提起撤銷之訴必須遵守法定救濟期間並須先行提起訴願，人民想再轉換提起撤銷之訴，往往已是時不我與。故爲有效保障人民權利，凡是違法之行政處分，均應容許人民提起撤銷之訴，等到由具體案情可以明顯地看出行政處分屬於無效時，法院自得曉諭原告轉換其訴之聲明，將撤銷之訴轉換爲確認行政處分無效之訴。只有當原告拒絕轉換其訴之聲明時，始得以其訴不合法而駁回之[112]。

---

[110] Vgl. Happ, in: Eyermann, VwGO, 1998, § 42, Rn. 7.

[111] Schmitt Glaeser/Horn, Verwaltungsprozeßrecht, 2000, Rn. 137; Schenke, Verwaltungsprozeßrecht, 1998, Rn. 182.

[112] 因此對無效之行政處分開放撤銷之訴以供利用只是暫時性的，一旦法院確定系爭行政處分無效，撤銷之訴即非合法。Vgl. Schmitt Glaeser/Horn, aaO., Rn. 139.

(3)一部撤銷訴訟

行政處分之一部亦得作爲撤銷訴訟之訴訟對象。就此，德國行政法院法第113條第1項第一句有明文規定，在行政處分具有可分性時，若行政處分僅有一部違法，行政法院得僅就該違法之部分加以撤銷（Teilaufhebung）。而既然法院得就行政處分具有可分性之一部規制予以撤銷，則基於處分權主義，行政處分的相對人在起訴時自亦得將訴訟對象限定在行政處分的一部而提起「一部撤銷之訴」（Teilanfechtung）[113]。例如主管機關因事實認定錯誤，命甲補繳十萬元營利事業所得稅，甲對補稅處分一部分稅額不服，自得只針對該部分提起一部撤銷之訴。我國法律就此雖無明文規定，在行政處分具有可分性時，基於處分權主義，解釋上應無不同。

(4)單獨撤銷附款之訴

有疑義者，係行政機關於作成之授益處分附加一個對相對人不利之附款時，處分相對人是否以及在何種條件下得針對附款本身單獨提起撤銷之訴，而行政法院是否以及在何種條件下可以就其單獨撤銷附款之請求作成「有理由」之判決。就此學理意見十分紛歧。德國實務對於此一爭議問題之處理亦一再轉變[114]。不過近來德國實務逐漸形成一致之新見解。依其見解，針對授益處分所附加附款，不問其種類爲負擔或是其他附款，相對人原則上均可以獨立於行政處分之外，單獨訴請撤銷該附款。除非是自始就可以明顯地排除單獨撤銷該附款之可能性。蓋法院最終是否得撤銷該附加之附款，取決於系爭附款經撤銷而失效後，該授益處分是否仍可以有意義且合法地存續[115]。而這基本上是屬於訴有無理由之問題，並非訴是否合法之問題。以上見解，可以進一步引申如下[116]：

①原則上肯定授益處分相對人單獨提起撤銷附款之訴之合法性。至於附款之類型爲何，主行政處分屬於裁量處分或羈束處分，則要非所問。但若無須經實體審理，就可以明顯地確認，系爭附款經撤銷而失效後，該授益處分無法有意義或是合法地存續者，單獨提起撤銷附款之訴即不具合法性。

②若經實體審理確認系爭附款違法，但於撤銷系爭附款後，剩餘之主行政處分將不能單獨合法存續時，則法院仍應以無理由駁回原告之訴。蓋基於法治國之原則，原告在實體法上並不享有一個得請求法院製造違法狀態之請求權。

③在主行政處分屬於裁量決定的情形，雖經實體審理確認系爭附款違法，但若處

---

[113] 有關行政法院得就行政處分一部爲一部撤銷之判決之問題，詳請參閱陳清秀，行政訴訟法，1999年初版，頁317以下；Schmidt, in: Eyermann, VwGO, 1998, §113, Rn. 9.

[114] 就此德國實務判決亦經常搖擺不定。有關德國過去實務見解演變以及各家學說及其論點之詳細評析，詳請參閱盛子龍，行政處分附款之行政爭訟，中原財經法學6期，2001年7月，頁1以下。

[115] BVerwGE, NVwZ 2001, 429.

[116] Schenke, Verwaltungsprozeßrecht, 2014, Rn. 294 ff.; Kopp/Schenke, VwGO, 2014, § 42, Rn. 22.

分機關在無系爭附款的情形下即不願意作成該授益處分時，法院亦應以無理由駁回原告之訴。蓋基於權力分立原則，法院不得侵害行政裁量權，亦即在行政機關欠缺意願之情形下，迫使行政機關接受一個無附加附款限制之授益處分。故實體法上原告自亦無請求法院單獨撤銷該附款之權利。

本文以為此一問題之解決應就實體法及訴訟法理為整體之考量，始能求得適當之解決途徑。本文建議處理模式如下：

①在授益處分附加對相對人不利之附款時，不論附款種類為何，處分相對人基於訴之目的及訴訟風險考量，均得選擇針對附款本身單獨提起撤銷之訴，行政法院不得以其訴不合法而予以駁回。

②只要附款違法且侵害原告權利，行政法院即得就原告單獨撤銷附款之請求為「有理由」之判決。

③附款被法院撤銷後，若剩餘之主行政處分本身無法合法存續，處分機關自得依行政程序法第117條撤銷剩餘之主行政處分。相對人理應將主行政處分在除去附款後是否仍合乎法秩序要求，一併納入其訴訟風險計算之考量，故無主張信賴保護以求行政處分存續之餘地。

④若主行政處分為裁量處分時，處分機關附加違法附款之決定，在整體衡量過程中當然占有一定的份量。故至少裁量處分有一個重要的，亦即足以影響結果的「過程上的瑕疵」（Vorgangsfehler），故整體裁量行政處分亦受此「過程上瑕疵」感染而具有違法性。處分機關得依行政程序法第117條撤銷剩餘之主行政處分。相對人理應將主行政處分在除去後可能不合處分機關裁量意旨計算在內，故無主張信賴保護以求行政處分存續之餘地。

2.行政處分必須尚未「消滅」

所謂行政處分「消滅」（Erledigung），係指行政處分所規制的內容已因時間經過（如下命停止營業三個月之期間已經過）、相對人死亡、標的物滅失或其他事由而不存在而言。撤銷之訴之提起，應以系爭行政處分在「起訴時」而且「在訴訟繫屬中」尚未「消滅」為其前提要件，否則人民已無透過撤銷訴訟排除其效力之必要[117]。人民若有即受確認判決之法律上利益者，應依行政訴訟法第6條第1項後段之規定提起確認行政處分違法之訴。要注意的是，行政處分執行完畢，並不當然構成行政處

---

[117] 我國行政訴訟法第6條第1項後段之規定固係仿德國德國行政法院法第113條第1項第四句之明文規定，但依其法律文義之範圍，其掌握之案型實較德國為廣。在訴訟繫屬中行政處分消滅，提起撤銷訴訟已無意義者，原告固得轉換訴之聲明，請求確認已消滅行政處分違法。即使原告起訴前，行政處分即已消滅者，撤銷訴訟既已無意義，原告亦得請求確認已消滅行政處分違法。惟就此學者間仍有不同意見，請參閱劉淑範，論「續行確認訴訟之適用範圍」，臺北大學法學論叢46期，2000年6月，頁127及其註37所引文獻。

消滅之事由。只有當行政處分之執行所直接造成之不利益事實狀態亦同時因執行完畢而結束時，行政處分內涵之法律上負擔效果亦隨之消失。其既已無排除執行結果之必要與可能，始可謂無撤銷行政處分之實益[118]。茲以下例說明之：行政機關對某涉嫌違規經營之金融機構進行搜查（Durchsuchung），並當場決定扣留（Beschlagnahme）部分重要帳冊及文件。在這裡有二個行政處分，就第一個搜查的處分而言，其一旦執行完畢，行政處分之執行所直接造成之不利益事實狀態亦同時因執行完畢而結束，行政處分已告消滅，事後原告提起撤銷之訴已無任何實益，故其正確的訴訟類型應係確認行政處分違法之訴。就第二個扣押處分而言，其處分雖已執行完畢，但扣押處分卻仍為主管機關留置帳冊文件之法律基礎，故人民必須提起撤銷之訴，將扣押處分之效力排除，始得請求返還被扣押之物件。在此原告仍應提起撤銷之訴，請求撤銷扣押處分，並得依本法第196條規定，一併請求行政法院判令行政機關為回復原狀之必要處置[119]。惟修正前行政訴訟法第6條第1項後半段規定「確認已執行完畢或因其他事由而消滅之行政處分為違法之訴訟」，因在文義上不夠精準，易滋行政處分已執行亦屬消滅之事由，且均得提起確認訴訟之誤會，故立法者將其修正為「確認已執行而無回復原狀可能之行政處分或已消滅之行政處分為違法之訴」。此一規定僅具有闡明、宣示之意義。蓋如前所述，已執行完畢之行政處分，若仍有透過撤銷該處分以回復原狀之可能與必要者，根本不屬於行政處分消滅之事由，併此敘明。

(二)原告必須具有訴訟權能

1.訴訟權能之功能

撤銷訴訟係主觀公權利保障模式中典型以權利防禦為目的之訴訟類型。為了貫徹行政訴訟權利保障之任務，並避免其淪為公民訴訟，自必須要求原告具有提起撤銷訴訟之訴訟權能（Klagebefugnis），其訴始為合法。我國行政訴訟法第4條第1項明定，必須「人民因……違法行政處分，認為損害其權利或法律上之利益」，始得向高等行政法院提起撤銷訴訟，即揭明是旨。

2.訴訟權能之內容

有關撤銷訴訟權能之內容，可以分成以下二點探討之。

(1)公權利

新行政訴訟法以「權利或法律上之利益」作為其保障之客體，在立法例上上述用語頗為特殊。就此立法者於立法理由中指出，舊法「僅以損害人民權利之行政處分

---

[118] 劉淑範，前揭文，頁130。

[119] Vgl. Schenke, aaO., Rn. 314 ff.

為限，其範圍失之狹隘，爰修正為損害其權利或法律上之利益，明示除權利外，法律保護之利益亦得提起行政訴訟，俾符合法治國家之要求。」足見立法者有意藉此突顯擴張行政訴訟訴訟權能之意圖。有疑義者，係所謂公法上之權利，本即屬法律保護之利益，而具有爭訟可能性之法律上之利益，其自亦屬權利無疑，故二者實難以強作區分。再者，擴張行政訴訟訴訟權能之目的是否可以達成，其實係取決於判斷訴訟權能存否，尤其是公權利之標準，本無須在用語上作文章。故不妨將權利或法律上之利益，均理解為公權利概念不同之表達方式[120]。

①公權利之概念

公權利係指得向行政主體請求為一定的作為、不作為或容忍的權利。在民法上權利與義務是伴隨而生的，但在公法上，雖法律規定行政機關有一行為義務，但不是當然相應的就使人民因此取得一個可向行政機關請求履行行為義務的請求權。其必須具備下列三要素，始得謂為公權利[121]：

A.公法法規課予行政主體一定行為（作為、不作為、容忍）義務。在此之義務包括無瑕疵行使裁量權之義務。B.公法法規之規範目的不只是為了維護公益，也寓有保障特定受益人之規範意旨。C.公法法規賦予特定受益人得維護自己利益的法律上之力。

與公權利相對應者係反射利益。公法法規縱課予行政主體一定行為（作為、不作為、容忍）義務，若其規範目的只是為了維護公益，而個人只是作為社會大眾的一份子享受法律執行的反射結果者，謂為反射利益，其僅屬於事實上利益，故人民尚不得僅因反射利益受影響而提起行政訴訟[122]。此外，經濟上利益（如單純獲利機會）、政治上利益（如個人政治聲望）、文化上利益或理念上利益亦均屬於事實上利益，而非公權利[123]。

②公權利理論在法釋義學上的理論建構

A.垂直轉化的公法關係

要掌握上述區分公權利及反射利益的理論建構，必須由公法之功能結構出發。詳言之，公法的功能並不是只是在劃分個人與國家權限之間的範疇，公法的核心功能毋寧是在達成私人利益的均衡並就私人利益之衝突作成裁決以化解衝突。其過程如下：原本，在社會上無數的私人利益彼此間常處於衝突狀態。公法則將社會上處於水平關

---

[120] 不同見解請參閱李惠宗，主觀公權利、法律上之利益與反射利益之區別，收錄於：行政法爭議問題研究（上），2000年，頁164以下。

[121] Schenke, aaO., Rn. 495；請參閱陳英鈐，撤銷訴訟之訴權，收錄於：行政法爭議問題研究（下），2000年，頁987以下。

[122] Hufen, Verwaltungsprozeßrecht, 2000, §14, Rn. 85.

[123] Hufen, aaO., §14, Rn. 84 ff.; Schmitt Glaeser/Horn, aaO., Rn. 158.

係的無數的私人利益，建構成一個以聚集狀態存在的集合利益，也就是公共利益。於
是原來無數私人利益交錯衝突的狀態乃被簡化成：

——公共利益與私人（行為人）利益的衝突——

——不同種類之公共利益及公共利益的衝突——

至於公共利益的追求與維護則係委由國家之公行政全權負責。於是透過以上的簡
化及濃縮過程，原本是處於水平關係的無數私人利益的衝突乃轉化成公法上國家與個
人（即公權力行為之相對人）的垂直對立關係[124]。

在上述國家與個人對立的垂直關係中，為了使個人不至淪為國家支配之客體，故
必須賦與垂直關係相對人主觀的公權利，以防禦國家以公益為名而對其行過度（不合
比例）侵害[125]。至於因公行政主體維護上述公共利益而受有利益之私人，由於其私人
利益已被吸納入公共利益範疇，而完全委由公行政主體來維護，故其已不再是上述垂
直公法關係的主體。至於公行政主體是否善盡維護公益之責，充其量亦只是影響其反
射利益而已。因此，公法學不承認人民享有一般性的法律執行請求權，即是上述簡化
模型推演之結果。這個簡化模型具有保護個人（不論是垂直關係相對人或處於水平關
係的無數私人）不必再汲汲營營地去一一面對與自己有關的所有衝突，而有減輕個人
負擔的功能。當然此亦有減輕國家行政機關免於訟累之功能[126]。

B.水平關係之保留

然而，上述透過公法將原始的私人衝突進行垂直轉化的功能仍有其極限。蓋即使
是透過一般化及抽象化的聚集過程，也並不是所有水平關係下之私人利益均可以完全
吸納在公益中。例如在核發建照時，法定建築間距之縮減，由維護整個城市建設秩序
的角度而言未必是不可接受的，但對於緊鄰該建築之鄰人而言，其因法定建築間距縮
減所受的影響與一般社會大眾則有突出而明顯的不同。因此，在整個公法的規範計畫
中，除了需有立於垂直關係，委由公行政主體調和公益及行為人利益之規範外，對於
那些無法為公益適當吸納之私人（第三人）利益與行為人利益之衝突，亦必須保留其
「私人與私人衝突」之水平關係架構，而公行政主體則負有對上述水平關係下之私人
與私人衝突進行兼顧並籌、調和鼎鼐（Ausgleich）之公法任務。甚至於使該部分私
人（第三人）仍具有可以為自己挺身而出，請求公行政主體維護自己利益的公權利。

由以上的說明可知，在公法的整體規範計畫中，即必須充分考量，那一部分的私
人利益衝突可以成功地垂直轉化為公益及行為人利益衝突，而將該部分公益之維護全

---

[124] Wahl, aaO., Vorb. §42 Abs. 2, Rn. 55 ff.

[125] Wahl, aaO., Vorb. §42 Abs. 2, Rn. 60.

[126] Wahl, aaO., Vorb. §42 Abs. 2, Rn. 55 ff.由這個簡化模型亦可以理解，公法上公行政所負有之客觀
　　法上義務與主觀公權利不具有當然之對稱性，並非如批評者所云只是出於專制時期官權思想之
　　遺緒。Wahl, aaO., Vorb. §42 Abs. 2, Rn. 60.

權委由公行政負責（被吸納之私人利益只是反射利益），而那一部分的私人利益則仍應繼續置於水平關係下，由公行政在顧及行為人利益與第三人之利益下進行調合的任務。再者，於後者之情形，除了課予公行政有特別兼顧第三人利益之客觀法上義務之外，尚必須考量，是否以及在多大的範圍內有必要賦與第三人有維護自己利益之公權利[127]。

③公權利之判準

A.侵益性處分之相對人之公權利

在侵益性行政處分之相對人對處分不服而提起撤銷訴訟的情形，由於侵益性行政處分係行政機關有目的而直接地課與相對人不利之行政行為，因此即使未干預相對人憲法各個特殊基本權，也至少干預相對人「可為其所欲，不為其所不欲」之一般行為自由權。基於基本權本身含有對抗國家之主觀防禦權功能，故相對人具有主觀公權利自屬毋庸置疑。因此，在侵益性行政處分之相對人對處分不服而提起撤銷訴訟的情形，自無須再逐步依據上述行政法上公權利之要件去探求行政處分所違反之行政法規是否具有保護相對人之保護取向[128]。

B.第三人之公權利

(A)保護規範之探求

至於因行政行為（多半為授益處分）而間接受影響之第三人是否有公權利，在處理上則複雜許多。蓋如前所述，這必須充分考量到，究竟哪一部分的私人利益仍應繼續置於水平關係下，由公行政在特別顧及行為人利益與第三人之利益下進行調合的任務。再者，除了課予公行政有特別兼顧第三人利益之客觀法上義務之外，尚必須考量，是否以及在多大的範圍內有必要賦與第三人有維護自己利益之公權利。由於上述提出的兩個問題的決定，必須就對行為人（指行政處分相對人）基本權之影響，對第三人利益影響之程度、行政機關應訴之負擔、行政機關維護法制之聲譽及人民對行政之信賴度、法院之功能負荷等多項規範性及政策性因素做通盤考量。在權力分立體制下，基本上自應委由立法者做一衡量決定。另一方面，由於基本權規定本身含有對立法者「主觀化之委託」（Subjektivierungsauftrag）。因此，立法者在普通法的層次上進行上述有關第三人利益保護的形成時，即必須符合基本權對其「主觀化委託」之要求，而不是可以任意為之[129]。當然在此，立法者仍享有相當程度的形成自由。因此，有關第三人是否以及多大的範圍內有公權利，原則上自應先探求法規範之目的而定之。

---

[127] Wahl, aaO., Vorb. §42 Abs. 2, Rn. 61 ff. 有關運用水平關係理論以探求公權利之論述，請參閱詹鎮榮，論經濟行政法上之競爭者訴訟，政大法學評論132期，頁298以下。

[128] Vgl. Maurer, Allgemeines Verwaltungsrecht, 1999, §8, Rn. 11.

[129] Vgl. Wahl, aaO., Vorb. §42 Abs. 2, Rn. 72; 73; 75 ff.

　　當然在保護規範理論下，如何探求規範是否具有保護第三人之目的，乃成為首要課題。申言之，法官首先應探求立法者所制定之規範，除了維護公共利益之外，是否至少亦具有保護第三人利益之意思。其次，則應探討提起訴訟之原告是否屬於法律所要保護之第三人的範圍。由於行政法規極少有明文規定第三人有公權利的情形，因此有關規範目的之探求，自必須依賴法律解釋之方法為之。以下為保護規範理論下法律解釋之一般規則，可供斟酌：

　　a.首先，保護規範理論所要探求的規範目的，並非真正的歷史上立法者之意思，而是在法律秩序下一客觀理解之規範目的[130]。

　　b.一個法規是否具有保護第三人之規範目的，不能只著眼該法規本身，與該法規相關聯的規範結構及制度性之週邊條件亦應一併納入斟酌[131]。

　　c.當法律規範在設計時特別保留水平的法律關係架構，並要求行政機關必須特別斟酌特定第三人之利益，並調合行為人與第三人之利益以求其均衡時，原則上即可以認定上述法規已經具有保護第三人規範之性質[132]。

　　d.不能只因為法律規定只言及「公共利益」、「公共安全」及「公共秩序」，即逕行否定其有保護第三人利益之意旨。蓋在前述說明中，已指出所謂公益維護的任務本來就包含了應顧及原本處在水平關係中之無數個人利益。只不過當一個公法規範並未精細的明白劃分出，在這當中是否仍有存在著其實不能被籠統的公益吸納整合的私人利益時，並不代表法律的解釋因此即告停止。在此如果透過抽象的觀察，可以確定，仍有部分範圍可得特定之受益者，其因規範執行而享有之利益與所謂大眾利益具有清楚之區隔，不宜全盤委由行政機關代為維護時，原則上仍可以認定上述法規具有保護規範之性質[133]。

　　e.由於現行行政法規愈來愈傾向使用籠統模糊的構成要件，因此是否有上述受益者之存在，往往無法依賴抽象之法律解釋。因此，最後可以考慮的是，著眼於個案中之具體情況，也就是由行政行為對第三人事實上的影響結果觀察。不過在此仍必須視各專業領域的法規目的而定。也就是說，是否應該將對第三人在具體個案中之事實上的影響列入考量因素，以及究竟要到什麼程度才算達到不宜全盤委由行政機關代為維護之臨界點，均必須充分考量各個專業法律領域的特殊性而定之，不能一概而論[134]。

　　f.此外，基於基本權在規範內之放射效力，在探求法規範是否有保護第三人之目

[130] 傳統之保護規範理論著重在探求歷史上立法者之意思，惟經長期發展，新的保護規範理論則改以探求客觀之規範意旨為重心。Vgl. Bauer, Altes und Neues zur Schutznormtheorie, AöR 113(1988), 582 ff.; Schmidt-Aßmann, in: Maunz/Dürig, GG, Art. 19 IV, Rn. 128; 138.

[131] Schmidt-Aßmann, aaO., Art. 19 IV, Rn. 128; 139 ff.

[132] Vgl. Wahl, aaO., Vorb. §42 Abs. 2, Rn. 114.

[133] Vgl. Schmitt Glaeser/Horn, aaO., Rn. 167.

[134] Vgl. Wahl, aaO., Vorb. §42 Abs. 2, Rn. 104 ff.

的時，亦應充分考量受行政行為間接涉及者之基本權保障之利益。不過，在此並不應適用所謂「有疑義時，即推定有利於自由」的解釋規則。蓋在多邊形衝突的法律關係中，從寬承認有公權利之第三人的範圍，相對地將增加行為人（亦即行政處分之相對人）行使基本權的負擔及風險。在此毋寧必須斟酌所有相關之私人利益，進行取向於基本權價值之實質評價。當將一個在重要性上輕微的個人利益提升為公權利，將付出使一個既存的法律地位實際上無法實現之代價時，即應否定其具有公權利性質[135]。

綜上所述，儘管保護規範理論因無法提供精準之操作公式，操作結果缺乏可預見性，致長久以來受到相當多的批評，但也由於保護規範理論具有足夠的彈性，可以容納、統合多種解釋基準，並能兼容並蓄地考量公益及相衝突的不同面向的私人利益，故迄今為止其通說地位仍屹立不搖[136]。

(B)基本權在規範外的效力──基本權作為第三人公權利

若透過保護規範理論下所統合之各種法律解釋方法（包括合憲性解釋），均無法由法律推論出受行政處分間接、事實上影響之第三人享有公權利時，則是否以及在何種條件下可以容許直接援引基本權作為第三人之公權利基礎，一直有相當之爭議。有鑑於在第三人受基本權保障的利益受行政處分間接、事實上影響時，在規範計畫上，究竟應以何種方式予以保護，是否課予行政機關有均衡顧及第三人利益之義務已足，或必須賦予第三人有維護自己法律上利益之權利，必須對公權力相對人基本權之影響，對第三人利益影響之程度、行政機關應訴之負擔、行政機關維護法制之聲譽及人民對行政之信賴度、法院之功能負荷等多項規範性及政策性因素做通盤考量，故原則上此仍應係屬立法者權責。當然立法者在此更享有相當程度的形成自由。基於權力分立原則，若透過法律解釋方法仍無法由法律推論出第三人之公權利時，尚非容許法院直接以基本權作為建構第三人公權利的基礎。除非是這種對第三人間接、事實上影響已觸及其基本權之核心領域時，才可以例外地容許法院進行法律補充，直接以基本權作為建構第三人公權利的依據[137]。至於當立法者明顯地違反「基本權主觀化之委託」，採取一個否定第三人具有公權利之規範時，則應透過違憲審查制度予以解決。

德國實務見解就此亦採取相當謹慎之態度，早期聯邦行政法院曾經於一個「建設法上鄰人之訴」之判決中提出，在由建設法法規無法導出鄰人（第三人）之公權利時，只有當建設許可對鄰人受財產權保障的利益（原有土地使用狀況）所造成之事實

---

[135] Vgl. Schmidt-Aßmann, aaO., Art. 19 IV, Rn. 144; Schmitt Glaeser/Horn, aaO., Rn. 168.

[136] Vgl. Schmidt-Aßmann, aaO., Rn. 129 f.; Wahl, aaO., Vorb. §42 Abs. 2, Rn. 97.

[137] Schmidt-Aßmann, aaO., Rn. 126.不過，Wahl對直接以基本權作為對第三人之保護規範持否定態度。氏認為，所謂基本權在規範外的效力，依正確之理解，應是指法官為實踐基本權主觀化之委託，以法官造法的方式，對第三人公權利漏未規範之漏洞，在普通法的面向上進行法律補充。這與前一主張的區別，除了在法學的建構上有所不同外，更重要的是點出法官在此仍具有某種形成餘地。Vgl. Wahl, aaO., Vorb. §42 Abs. 2, Rn. 80 ff.

上影響，不僅具「持續性」而且已到達「重大而難以忍受」之程度時，才可以例外地允許法院直接以財產權作爲建構鄰人公權利的法規範[138]，其理亦同。

(2)原告的主張責任

原告必須提出自己的公權利受到行政處分的違法侵害之主張，法院才可以審查其是否具備訴訟權能，亦即原告在行政訴訟法上有一主張的責任。但問題是究竟原告只要抽象地提出系爭行政處分違法侵害原告公權利之主張即可？還是原告必須進一步提出具體的事實和理由來具體化其權利受到侵害之主張？原告主張責任具體化程度爲何？均有待進一步分析。由於這個問題之解答關係到是否可以透過訴訟權能制度達成防止公民訴訟之篩選目的，以及如何適當劃分訴之合法性及訴之有理由審查等問題，故學理上見解不一[139]。

①原告係侵益性處分之相對人

原告係侵益性處分之相對人時，由於可以抽象一般地確定，至少相對人憲法上之一般行爲自由權有受侵害之可能性，故只要原告提出自己是侵益性處分相對人之主張已足，法院即應認定其具有訴訟權能。此即所謂「相對人理論」[140]。例如行政機關依營業法規勒令酒店業者甲停業三個月，由於甲係行政處分的相對人，故甲當然有訴訟權能。由此可知，相對人理論實係下述可能性理論之具體化，而其提出則有減輕原告主張責任及法院訴訟權能審查負荷之功能。不過，必須注意的是，相對人理論只有在侵益性行政處分的相對人提起撤銷訴訟時始得適用，至於申請授益處分被拒絕之相對人提起課予義務訴訟，則不適用此一理論。蓋相對人理論的前提係建立在人民有一般行爲自由權（憲§22）之上，由一般行爲自由權並不當然可以導出人民有授益處分請求權[141]。此外，就純粹對物之行政處分所生爭訟，相對人理論亦不適用[142]。

②原告係受行政處分事實上影響之第三人

若原告不是侵益性處分之相對人，如何判定原告有無訴訟權能，係整個訴訟權能審查最困難之處。原告主張要到何種程度，才算具備訴訟權能，針對此一問題有下述理論提出：

A.主張理論：主張理論對原告主張責任要求最爲寬鬆。依此理論，原告只要主張自己之權利因系爭處分而受到違法的侵害，即已具備訴訟權能[143]。因此除非原告明白

---

[138] BVerwGE 32, 173(178 f.). 不過，依近來德國實務發展，又已逐漸傾向否定可以由財產權保障的規定直接導出鄰人對建照核發的防禦請求權，轉而強調鄰人之保護原則上應由立法者決定。Vgl. Würtenberger, aaO., Rn. 283.

[139] Wahl/Schütz, in: Schoch/Schmidt-Aßmann/Pietzner, Verwaltungsgerichtsordnung, §42 Abs. 2, Rn. 65.

[140] Wahl/Schütz, in: Schoch/Schmidt-Aßmann/Pietzner, Verwaltungsgerichtsordnung, §42 Abs. 2, Rn. 70.

[141] Hufen, aaO., §14, Rn. 79.

[142] Hufen, aaO., §14, Rn. 81.

[143] 請參閱陳清秀，行政訴訟之訴權，收錄於：行政訴訟之理論與實務，1994年，頁141。學者吳庚

地表示出其所主張者並非自己之權利時，法院始得以欠缺訴訟權能而駁回其訴。如甲撞傷公務員乙，其長官命乙提前退休，甲以上述處分違反相關公務員法規而侵害乙之服公職權利爲由，提起撤銷之訴，甲所主張者係他人之權利，其欠缺訴訟權能自屬當然。由於此一理論無法適切達成透過訴訟權能制度以防止公民訴訟之目的，尤其是在第三人訴訟，主張理論幾乎無法發揮篩選功能，故未獲多數支持[144]。

B.正當性理論：正當性理論對原告主張責任之要求極爲嚴格。依正當性理論，原告提出之事實陳述，必須足以顯示行政處分已涉及到原告的公權利，法院才可以認定原告具有訴訟權能。但並不要求原告對於行政處分之違法性需提出具體主張。易言之，系爭處分有無違法之可能，在訴之合法性要件階段完全置之不理。在實體審理階段則只就原告提出之事實陳述是否爲眞以及系爭處分有無違法進行審查[145]。此一理論由於一方面對原告權利受干預之主張責任要求過苛，不符合職權調查主義之精神，而在行政處分之違法性方面，則對原告主張責任要求又失之過寬[146]，故亦未爲多數所接納。

C.可能性理論：德國通說實務就上述問題係採取可能性理論。依此理論，原告所提出之具體化主張，必須足以顯現出行政處分有違法並損害其權利之可能，即得肯定原告有訴訟權能。不過就可能性理論之具體操作，則仍存在不少爭議[147]。

採取比較嚴格之標準者認爲，行政法院應依原告提出之具體化陳述，依下列步驟進行審查[148]：

(A)首先於「抽象的」層次，觀察原告所主張的受到涉及的權利是否「眞的」屬於法秩序保護之「公權利」或只是「事實上利益」而已。在此首先應該依照保護規範理論，探求原告所指摘處分機關所違反之法規之規範目的，是否在維護公益之外，尚寓有保護特定第三人利益之意思。亦即系爭法規是否眞是一個保護第三人之規範。如依原告之陳述，其所主張之「權利」根本尚不爲法秩序所承認時，則原告即欠缺訴訟權能。例如主管機關違反有關樓層限制之規定核發甲建築許可，甲之鄰人乙以自己

認爲，無論我國現行法及舊法，均稱「認爲損害其權利」，而非如德國行政法院法第42條第2項，要求原告必須爲「有效表示」（geltend macht），故解釋上應採主張說。惟在吳著後續分析中，卻以新保護規範理論，作爲判斷原告有無訴權之標準，其實保護規範理論只有在採可能性理論及正當性理論之下，才有適用之餘地，就此而言，其似又與德國之主張說有所不同，併此說明。請參閱吳庚，行政爭訟法論，1999年初版，頁98以下。

[144] Wahl/Schütz, in: Schoch/Schmidt-Aßmann/Pietzner, Verwaltungsgerichtsordnung, 1998, §42 Abs. 2, Rn. 65.

[145] Schwerdtfeger, Öffentliches Recht in der Fallbearbeitung, 1993, Rn. 191.有關此一理論的細部操作，請詳閱盛子龍，撤銷訴訟的訴訟權能，中原財經法學7期，2001年12月，頁31以下。

[146] Schmitt Glaeser/Horn, aaO., Rn. 154.

[147] Wahl/Schütz, in: aaO., §42 Abs. 2, Rn. 68.

[148] Ehlers, VerwArch 84 (1993), 147 f.

「良好的視野景觀」受侵害爲由訴請撤銷上述建築許可。由於樓層限制之規定並不以保護鄰人「良好的視野景觀」爲其目的，其並非法秩序所承認之公權利，故乙欠缺訴訟權能，法院應駁回其訴。

(B)其次應抽象的觀察，依原告之陳述，原告是否可以歸屬於系爭法規所要特別保護之特定第三人之範圍。例如主管機關違反有關防火巷設施之規定核發甲建築許可。甲之鄰人乙將房子賣於丙，但尚未過戶，丙提起撤銷之訴，主張上述建築許可已違法並損害其權利。在此，該行政處分固已違反一保護第三人之規範，但上開規定，基本上係以保障所有權人或類似所有權人（例如）之法律地位爲目的，由於丙只是甲之債權人，在房屋過戶以前，丙尚非屬上開法規特別保護之第三人之範圍，故丙欠缺訴訟權能，法院應駁回其訴[149]。

(C)要求原告不只是主張，尚必提出具體陳述，以審查系爭行政處分是否有涉及到原告所主張之權利範圍之「可能性」及是否有違法之「可能性」。

唯有當以上要件均告確定後，法院才能肯定原告有提起撤銷之訴的訴訟權能。在上述比較嚴格之標準下，只有第三個步驟才是可能性審查標準適用之範圍。故法院往往在訴之合法性要件審查的階段，即必須大費周章地確定第三人所指摘之法規是否眞是一個保護規範。這是否符合以減輕法院功能負荷爲目的之訴訟權能制度之精神，自非無進一步檢討之餘地[150]。

另有學者則提出一個修正的比較寬鬆之處理方式[151]。申言之，在上述各個審查步驟，均應徹底貫徹可能性理論。亦即在訴之合法性要件審查的階段：

(A)只要抽象地審查，依原告之陳述，是否系爭規範「可能」具有保護第三人利益之意旨。至於系爭法規是否「眞的」是一個保護規範，則應放在訴之有無理由的階段審查。只有當一個法規「明顯地」，依任何客觀之觀察方法以觀，均不具有保護規範之性質時，法院才能否定原告具有訴訟權能。

(B)依原告之陳述，審查原告是否「可能」歸屬於系爭法規所要特別保護之特定第三人之範圍。

(C)依原告之陳述，審查系爭行政處分是否有涉及到原告所主張之權利範圍之「可能性」，及是否有違法之「可能性」。

依德國通說見解，可能性理論一方面可以發揮適度之篩選功能以避免訴訟之浮濫，另一方面比較合乎訴訟法理劃分訴之合法性及訴之有理由審查之精神，可以相當

---

[149] Schenke, aaO., Rn. 518.

[150] 德國實務在訴訟權能之審查，固係採取可能性理論，但操作上通常則趨向比較嚴格之標準。易言之，其在訴之合法性階段，即就系爭法規是否具有保護規範之性質加以處理，Vgl. Würtenberger, Verwaltungsprozeßrecht, 1998, S. 128, Fußn. 31。

[151] Würtenberger, aaO., Rn. 282.

程度地減輕法院在訴之合法性要件審查上的負荷，自較爲可取[152]。另必須補充說明的是，在可能性理論之下，保護規範理論僅是其中一個審查步驟而已。

3.我國實務處理方式

　　針對第三人有無訴訟權能之審查，我國實務基本上亦係採行可能性理論。不過在實際審查步驟上，則明顯集中在系爭行政法規是否屬於保護第三人利益之保護規範，而省略其他步驟。在保護規範理論之運用上，則深受司法院大法官釋字第469號解釋之影響。例如最高行政法院106年度判字第19號判決略謂：「至法律規範保障目的之探求，應就具體個案而定，如法律明確規定特定人得享有權利，或對符合法定條件而可得特定之人，授予向行政主體或國家機關爲一定作爲之請求權者，其規範目的在於保障個人權益，固無疑義；如法律雖係爲公共利益或一般國民福祉而設之規定，但就法律之整體結構、適用對象、所欲產生之規範效果及社會發展因素等綜合判斷，可得知亦有保障特定人之意旨時，則該個人雖非行政處分之相對人，仍得主張行政處分違法，致其受有法律上利益之損害，而對之提起撤銷訴訟。」即屬適例。

　　近年來實務針對第三人有無訴訟權能之審查案例日增，在此僅能爲概略之描述：

(1)建築法上鄰人訴訟

　　實務肯定建築法規中有關防火巷的規定不僅爲維護公共安全，亦含有保護特定鄰人安全的意思存在，故鄰人有請求主管機關嚴格把關之公權利，對違反防火巷規定的建築許可得享有提起撤銷訴訟之訴訟權能[153]。

　　近來實務進一步肯定鄰人依據建築法規享有「日照權」之保障。其理由略謂：「依建築技術規則建築技術施工編第23條亦規定：『住宅區建築物之高度不得超過21公尺及7層樓。但合於左列規定之一者，不在此限。其高度超過36公尺者，應依本編第24條規定：一、基地面前道路之寬度，在直轄市爲30公尺以下，在其他地區爲20公尺以上，且臨接該道路之長度各在25公尺以上者。二、基地臨接或面對永久性空地，其臨接或面對永久性空地之長度在25公尺以上，且永久性空地之平均深度與寬度各在25公尺以上，面積在5,000平方公尺以上者。依本條興建之建築物在冬至日所造成之日照陰影，應使鄰近基地有1小時以上之有效日照。』足見『日照權』亦爲前開建築技術規則所保障。則依保護規範理論，上訴人就核發系爭使用執照之處分，即

---

[152] 有關反對意見，請參閱盛子龍，撤銷訴訟的訴訟權能，中原財經法學7期，2001年12月，頁1-47。

[153] 行政法院72年度判字第891號判決。另德國實務則肯定防火巷之規定、土地使用分區管制、建築間距之規定屬「保護鄰人規範」，否定樓層限制之規定屬「保護鄰人規範」，可供參考。德國實務鄰人訴訟之發展，Vgl. Pietzner/Ronellenfitsch, Widerspruchsverfahren und Verwaltungsprozeß, 2000, §15, Rn. 6 ff。

爲法律上之利害關係人，應堪認定[154]。」

另針對鄰人依據建築法規是否享有「景觀權」保障之問題，實務則採取否定見解。其理由略謂：「原判決就上訴人主張『景觀或眺望權』部分，以：【住宅基地所有人雖得依據民法第851條規定，與鄰地所有人設定以景觀『眺望』爲內容之私法上『不動產役權』（須經登記始生效力），惟此係私法之權利，不能據此導出住宅基地所有人因此具備公法上之『眺望』權能；至於建築法第50條第1項規定：『直轄市、縣（市）主管建築機關基於維護交通安全、景致觀瞻或其他需要，對於道路交叉口及面臨河湖、廣場等地帶之申請建築，得訂定退讓辦法令其退讓。』都市計畫法第39條規定：『對於都市計畫各使用區及特定專用區內土地及建築物之使用、基地面積或基地內應保留空地之比率、容積率、基地內前後側院之深度及寬度、停車場及建築物之高度，以及有關交通、景觀或防火等事項，內政部或直轄市政府得依據地方實際情況，於本法施行細則中作必要之規定。』均有提及景觀或景致觀瞻等文字敘述，然從建築法及都市計畫法第1條立法目的可知，前揭景致觀瞻之規劃，係爲維護公共安全、增進市容觀瞻或促進都市均衡發展等之城市整體發展而來，故前揭規定所指之景觀，係從都市發展前瞻景觀之整體『面向』而爲說明，此與上訴人之主張或民法第851條所稱景觀權利係純粹從自然人個體權利之『點向』觀察，實屬兩種全然無關之規範內容。故由前揭建築法或都市計畫法等相關法規，亦尚無從推知上訴人所主張之景觀權或眺望權係屬國家賦予人民得受法律保護之權利或利益，上訴人尚無從依據保護規範理論而認其法律上利益受有損害；是上訴人主張被上訴人核發系爭建造執照，若參加人建築完成該22層高樓，將使上訴人系爭建物之景觀權被破壞殆盡，其折損價值高達4成以上云云，並非法律上利益受損，而僅係單純事實上利益或反射利益受損害，應非法律所保護之對象，是上訴人執此部分起訴，即難謂其有訴訟權能等語，於法即無不合[155]。」

(2)競爭者訴訟

行政機關核發營業許可，原有經營者是否具有提起撤銷之訴的訴訟權能，國內實務前後見解不一。在比較早之判決先例（如67年度判字第119號）中，行政法院曾肯定原有公車路線經營者有提起撤銷之訴的訴訟權能。但在行政法院89年度裁字第107號裁定中，則以裁定駁回原告之訴。其理由如下：「因不服中央或地方機關之行政處分而循訴願或行政訴訟謀求救濟之人，固包括利害關係人，而非專以受處分人爲限，惟所謂利害關係乃指法律上之利害關係而言，不包括事實上之利害關係在內，而所謂法律上之利害關係係指具體法規所保護之權利或利益而言。交通部訂定之汽車運輸業

---

[154] 最高行政法院101年度判字第83號判決。
[155] 最高行政法院105年度判字第326號判決。

審核細則，其內容僅依母法第38條第1項所定原則爲詳細之規定，則不論公路法或汽車運輸業審核細則，均未限制主管機關對於一定地區之汽車運輸業，在有核准某業者經營後，即不得再核准其他業者加入經營，故原告雖係經核准經營遊覽車之業者，但並無排除他人於同一地區經營遊覽車業之法律所保護之權利或利益，其對於被告核發聯華公司營利事業登記證之行政處分，既非處分之相對人，亦非因該處分而有法律上利害關係之人，其雖因聯華公司加入同一項目之營業致有競爭之對手，事實上利益可能受影響，仍非法律上之利害關係人」以上論述，否定系爭授權母法及法規命令對汽車運輸業經營進行管制，具有保障既有業者之經濟利益之目的，洵屬正確。與不同於過去的是，後一判決更能掌握到有關訴訟權能審查及保護規範理論運用之精要。

　　不過，尚可茲檢討者，係爭的同業是否可以跳過普通法規的層次，直接以憲法上基本權受侵害爲由，提起撤銷之訴，乃競爭者訴訟問題中一個相當具有爭議性的問題，本案判決則並未就此詳爲斟酌。以下略爲補充。首先在本案例中，固然主管機關核准其他同業加入競爭，會因市場占有率的瓜分而造成原告整體利潤的減少，但此種營利機會與利潤水準的確保，並非財產權保障之範圍。蓋憲法上財產權，係以具有財產權價值具體現存之法定權利爲其保障範圍，並非一切可以金錢估計之利益，均屬財產權保障之客體，因此公權力行爲導致個人財產總值之縮水，或造成個人營利機會的減少，僅屬單純的經濟上不利益，尚不構成對財產權的干預。故原告自不得以財產權受侵害爲理由提起撤銷之訴。其次在本案例中，原告亦不得以其營業自由受侵害爲理由提起撤銷之訴。蓋憲法上營業自由之保障範圍，並不包含有人民得請求國家設下障礙以阻止他人加入競爭之權利[156]。

　　在競爭者訴訟發展中具有里程碑之意義者，係實務承認依據促參法參與BOT甄審之其他參與競爭之申請人，有訴請撤銷甄審決定之訴訟權能。其理由略謂：「申請參與政府規劃之公共建設，只有被評定爲最優申請人者，始取得與主辦機關簽訂投資契約及依法興建、營運之權利，須俟被評定爲最優申請人者未於規定時間籌辦，並與主辦機關完成投資契約簽約手續時，次優申請人始有遞補簽約之機會（並非當然取得遞補簽約之權利）。故上開『評定最優申請人』的決定，對其他參與競爭之申請人產生排斥的效果，亦即其他申請人將因而失去與政府簽訂特許投資興建及營運契約之機會，形同未獲准授予簽約之權利，乃對於權利及法律上之利益的消極損害，其雖非該『評定最優申請人』決定之相對人，但爲該決定（行政處分）效力所及，自得依行政訴訟法第4條第1項規定，對之提起撤銷訴訟以資救濟[157]。」

---

[156] BverwGE 17, 306; BverwGE 39, 329.
[157] 最高行政法院95年度判字第1239號判決。

(三)須已依法提起訴願未獲救濟

1.原　則

　　必須原告先踐行訴願程序未獲救濟，其訴始爲合法。所謂未獲救濟，除了原告不服訴願決定者外，原告提起訴願逾三個月不爲決定或延長訴願決定期間逾二個月仍不爲決定者，原告即得提起撤銷訴訟。

2.例　外

　　(1)依行政訴訟法第4條第3項之規定，訴願人以外之利害關係人，認爲訴願決定損害其權利或法律上利益者，得向高等行政法院提起撤銷訴訟。例如主管機關核發建照給甲，其鄰人乙認爲建築許可未要求甲作好水土防護措施，損害其權利而提起訴願，訴願審議機關決定撤銷系爭建築許可，甲不服訴願決定，可以直接訴請撤銷該訴願決定，無須踐行訴願程序。上開規定之理由在於避免重複不必要之訴願程序，使人民權利能及時獲得有效保障。

　　(2)已用盡其他相當於訴願之程序而未獲救濟者。

　　(3)依行政程序法第109條規定，經聽證程序作成之行政處分，對處分不服者，不必再踐行訴願程序，得逕行提起撤銷訴訟。

　　(4)最高行政法院93年9月份庭長法官聯席會議決議：「行政訴訟法第四條第三項規定：『訴願人以外之利害關係人，認爲第一項訴願決定，損害其權利或法律上之利益者，得向高等行政法院提起撤銷訴訟。』參照司法院院字第641號解釋意旨，不服受理訴願機關之決定者，雖非原訴願人亦得提起撤銷訴訟，但以該訴願決定撤銷或變更原處分，致損害其權利或利益者爲限。故利害關係相同之人，自不得依前述規定起訴，應自行提起訴願以資救濟，其未提起訴願，基於訴願前置主義，原則上不得逕行提起行政訴訟。惟於例外情形，如訴訟標的對於原訴願人及其他有相同利害關係之人必須合一確定者，則既經原訴願人踐行訴願程序，可認爲原提起訴願之當事人，有爲所有必須合一確定之人提起訴願之意，應解爲與原訴願人利害關係相同之人得逕行依同法第四條第一項起訴。」

(四)須遵守法定救濟期間

　　依行政訴訟法第106條之規定，撤銷訴訟之提起，應於訴願決定書送達後二個月之不變期間內爲之。但訴願人以外之利害關係人知悉在後者，應自知悉時起算。惟爲維護法之安定性，自訴願決定書送達後，已逾三年者，其即不得提起撤銷訴訟。其如有遲誤期間之情形，固得依同法第91條聲請回復原狀，但無論如何仍須遵守三年期間之限制。

二、行政裁量之司法審查

行政訴訟法第4條第2項規定，逾越權限或濫用權力之行政處分，以違法論。本項係有關行政裁量之司法審查範圍及密度之規定，性質上實屬訴之實體審理之問題。將此一規定與同條其他訴之合法性要件並列，立法體例上非無檢討餘地。有鑑於行政訴訟法第201條亦有相似之規定，故其內容在此不予探討，以免贅述，合先敘明。

三、撤銷之訴之訴訟對象

行政訴訟法第4條第3項係為避免重複不必要之訴願程序而設之規定，以如前述。然其亦關係到撤銷之訴之訴訟對象或程序標的（Klagegegenstand）。蓋在訴願前置主義下，對原行政機關作成的處分不服而提起訴願，訴願機關通常會作成一訴願的決定，若對訴願決定不服者，提起撤銷訴訟，則在撤銷訴訟程序中，原處分及訴願決定之關係如何，撤銷之訴之訴訟對象究為何者，自有釐清之必要。

針對上述問題，我現有法制只在第3條略為規定，並無完整之規定。德國行政法院法第79條對此問題則有相當完整之規定，可供參考。茲參考其規定分析如下：

(一)原則：撤銷訴訟的訴訟對象為經訴願決定所維持或獲得的原處分

上開德國規定係採「原處分主義」之原則，亦即撤銷訴訟的訴訟對象為經訴願決定所維持或獲得的原處分。「原處分主義」之基本出發點是：訴願審理機關是原處分機關的上級監督機關，訴願程序其實是行政程序的一個延長，故當人民對原處分機關作成的行政處分不服而提起訴願，整個案子還是在行政系統的行政程序內進行。訴願審理機關作成之訴願決定，固然從形式上觀察，是一個與原處分分開的行政處分，但二者實質上應視為一體，故在行政訴訟法上乃將其當作一個統一的行政決定。換言之，原處分只是一個最初型態決定，而經由訴願決定所維持或獲得的處分，才是整個行政系統對外的最終型態的決定，也才是法院撤銷訴訟所應審理之對象[158]。

下述情形即是依上開原則來處理：

1. 行政機關課處甲五萬元罰鍰，甲不服提起訴願，訴願審理機關以其不合法或顯無理由駁回之，或經由補強原處分理由而予以維持時，甲提起撤銷訴訟的訴訟對象是經由訴願決定所維持之原處分。

2. 上例中，若訴願審理機關認為個案情節輕微，決定變更原處分，改課處甲三萬元罰鍰，但甲仍不服提起撤銷之訴，其訴訟對象為何？若依上開德國方式處理，則經由訴願決定所獲得的原處分是三萬元罰鍰，故撤銷之訴的訴訟對象即是三萬元罰

---

[158] Vgl. Happ, in: Eyermann, VwGO, 1998, §79, Rn. 5.

鍰[159]。

3.公有市場的管理單位寄租金帳單三萬元給甲，其性質係私法行為，甲誤以為該行為是行政處分而提起訴願，然訴願審理機關不察，誤其為行政處分而作成無理由駁回的實體訴願決定。甲不服提起撤銷訴訟。依德國實務見解，甲之撤銷訴訟仍屬合法。雖然提起撤銷訴訟之前提是客觀上須有一行政處分存在，然依原處分主義處理，系爭行為經由訴願決定而獲得最後型態，原本私法行為性質變成行政處分，故甲之撤銷訴訟仍屬合法[160]。

4.甲被課五萬元罰鍰，遲誤法定救濟期間後，始提起訴願。訴願審理機關未以其程序不合法駁回，反而作成實體訴願決定。依原處分主義，甲對訴願決定不服而提起之撤銷訴訟仍屬合法。蓋原處分與訴願決定係被視為一個統一的行政決定，故德國實務見解認為，訴願審理機關既已受理該訴願並作成實體的決定，原來遲誤期間的瑕疵就被治癒了，故撤銷訴訟還是合法[161]。

(二)例外：訴願決定作為撤銷訴訟的訴訟對象

在下述三種情況，原告即例外地可單獨訴請撤銷訴願決定。分述如下：

1.訴願決定首次對訴願人以外利害關係人構成不利

(1)甲申請於山坡地建築之建築許可獲准，鄰居乙認為其違反建築法規對鄰人保護之規定而提起訴願。訴願審理機關認為乙之訴願有理由，乃撤銷上述建築許可。原處分之相對人甲係屬訴願人以外的利害關係人，而對甲而言，該訴願決定係首次使其受到不利。甲若不服該訴願決定，得依行政訴訟法第4條第3項提起撤銷訴訟，單獨訴請撤銷該訴願決定。

(2)行政機關作成一個附加有保護鄰人負擔之建築許可，相對人甲不服提起訴願。訴願審機關作成撤銷該附款之訴願決定，此時鄰人乙係訴願人以外的利害關係人，而對乙而言，該訴願決定係首次使其受到不利，故乙得依行政訴訟法第4條第3項直接以該訴願決定為訴訟對象提起撤銷之訴。

2.訴願決定對訴願人添加獨立於原處分外的不利

與上述情形不同的是，訴願決定對訴願人添加獨立的不利益，則訴願決定亦得單獨成為撤銷之訴之訴訟對象。在此，訴願人可以選擇單獨針對訴願決定提起撤銷之

---

[159] 有疑義的是，若依德國方式處理，被告機關應該還是原處分機關，而不是訴願決定機關，但此與我國判斷正確被告機關的規定（§24）即產生衝突。

[160] Vgl. Kopp/Schenke, VwGO, 1998, §79, Rn. 1.

[161] Kopp/Schenke, aaO., §70, Rn. 9.

訴，以重新獲得另一次訴願審理之機會，也可以一併訴請撤銷原處分及訴願決定[162]。下列情形，構成所謂添加獨立於原處分外的不利：

(1)原處分機關課甲三萬元罰鍰，原告甲不服提起訴願，而訴願審理機關卻增加罰鍰為五萬元。甲得訴請撤銷對甲為更不利的變更之訴願決定[163]。

(2)甲在法定期間內提起訴願，訴願審理機關誤其遲誤期間而予以駁回。為維護甲之訴願權（憲§16），自應肯定甲得單獨訴請撤銷該訴願之決定，以獲得受訴願實體審理之機會[164]。

(3)原告針對裁量處分不服而提起訴願。訴願審理機關誤以為其只有合法性審查的權限，而未作合目的性審查時，原告得單獨訴請撤銷該訴願決定，以獲得受訴願審理機關合目的性審查之機會[165]。

3.訴願決定違反重要程序規定

訴願決定違反重要的程序規定且訴願決定係基於此一程序瑕疵而作成時，依上開德國行政法院法之規定，亦視為對訴願人添加獨立於原處分的外不利。原告得單獨訴請撤銷該訴願決定，以重新獲得訴願審理之機會[166]。

(三)例外：救濟決定作為撤銷訴訟之訴訟對象

在此附帶一提的是，依據訴願法第58條規定：「訴願人應繕具訴願書經由原行政處分機關向訴願管轄機關提起訴願。原行政處分機關對於前項訴願應先行重新審查原處分是否合法妥當，其認訴願為有理由者，得自行撤銷或變更原行政處分，並陳報訴願管轄機關。原行政處分機關不依訴願人之請求撤銷或變更原行政處分者，應盡速附具答辯書，並將必要之關係文件，送於訴願管轄機關……。」故人民提起訴願後，在訴願審理機關審理之前，必須先經過原處分機關的自我審查程序。若原處分機關認為訴願有理由者，其即「應」自行撤銷或變更原行政處分。德國法制上稱之為救濟決定（Abhilfebescheide）[167]。反之，原處分機關若認為訴願之請求為無理由時，則只要

---

[162] Redeker/Oertzen, VwGO, 1998, §79, Rn. 8.

[163] Schenke, aaO., Rn. 240：訴願決定可否為更不利的變更之問題，德國法上甚有爭議。Vgl. Schenke, aaO., Rn. 687 ff.

[164] Schenke, aaO., Rn. 242.

[165] Schenke, aaO., Rn. 242.

[166] Schenke, aaO., Rn. 243.

[167] 依據德國行政法院法第72條規定，此一救濟決定基本上只限於在對訴願人有利時方可作成。例如：將負擔處分全部（或一部）撤銷或作成原本拒絕之全部（或一部）授益處分。故在德國法制下訴願審理機關雖通常享有可以作成不利益變更決定之權限，但在上開規定之限制下，原處分機關在訴願程序下之行政自我審查階段，並不被容許透過這個救濟決定作成不利益之變更（reformatio in peius）。另一方面原處分機關仍保有在「訴願程序外」，依據德國聯邦行政程序法第48條以下規定作成第二次裁決之裁量權限。這個第二次裁決則並不受不利益變更之限制。

將案件移送給訴願審理機關即可，其並無須對外作成一個具有行政處分性質之決定。又即使其有作成決定並將之通知訴願人，也因不具有法律效果而不構成行政處分，故在後續撤銷訴訟上並無須將之並列爲訴訟對象[168]。至於若是原處分機關所爲之救濟決定使訴願人以外之第三人首度受侵害者，例如授益處分遭到撤銷之相對人，自得以該救濟決定爲對象，提起訴願、撤銷訴訟，以爲救濟。

第5條（課予義務之訴）

人民因中央或地方機關對其依法申請之案件，於法令所定期間內應作爲而不作爲，認爲其權利或法律上利益受損害者，經依訴願程序後，得向行政法院提起請求該機關應爲行政處分或應爲特定內容之行政處分之訴訟。

人民因中央或地方機關對其依法申請之案件，予以駁回，認爲其權利或法律上利益受違法損害者，經依訴願程序後，得向行政法院提起請求該機關應爲行政處分或應爲特定內容之行政處分之訴訟。

❖立法沿革❖

本條原起草條文僅規定「得請求該機關應爲行政處分之訴訟」，立法院審查時最後參考德國立法例，以案件是否成熟爲判準，在案件成熟時，規定「得請求該機關應爲特定內容之行政處分」，在案件尙未成熟時，規定「得請求該機關應爲行政處分。」2011年因應行政訴訟改採三級二審，將本條「得向高等行政法院提起……之訴訟」之規定改爲「得向行政法院提起……之訴訟」，餘皆保留1998年條文之原貌。

❖外國立法例❖

德國行政法院法第42條：「人民得提起訴訟請求撤銷行政處分，就被駁回之行政處分或因請求作成行政處分被擱置不理時，得提起請求命爲行政處分之訴訟（Ⅰ）。前項訴訟原告應主張，因行政處分或請求爲行政處分被駁回或擱置，致其權利受損害，始得提起，但法律別有規定者不在此限（Ⅱ）。」

故原處分機關在訴願程序作成撤銷原處分之救濟決定性質上雖屬原處分機關重新作成之行政處分，但其與行政程序法上原處分機關所爲之第二次裁決仍屬有別，併此敘明。有關訴願法上救濟決定與行政程序法上第二次裁決之詳細比較與分析，Vgl. Kopp/Shenke, VwGO, 2014, §72, Rn. 3; 8。

[168] Eyermann, VwGO, 2014, §72, Rn. 12.

❖立法目的❖

　　本條規定課予義務之訴訟，經由此訴訟之提起，為原告之人民得請求法院判命作為被告之行政機關，應依原告之請求作成行政處分。立法者之所以規定這種新的訴訟類型，乃在彌補舊法訴訟種類不足的缺失，因為在舊法時代，法律只承認撤銷訴訟類型，使得人民在向行政機關請求作成特定行政處分而遭駁回或未獲理睬時，充其量只能提起撤銷之訴，請求法院撤銷行政機關所為駁回或擬制駁回之處分。但即使獲得勝訴，其效果亦僅止於原駁回處分被撤銷而已，倘行政機關堅持意見，仍拒絕依原告所請作成原告所企求的行政處分，則原告充其量只能再次提撤銷訴訟，結果就只能反覆地撤銷、駁回、起訴、撤銷、駁回、起訴，而終究無法獲得救濟。所以如果舊法只承認撤銷訴訟類型可評為對人民權利救濟的「為德不卒」，則新法增加課予義務訴訟類型，使行政機關最後不能再藉詞閃躲，而無論如何必須依判決所指示，作成如原告所請求之行政處分，可謂「功德圓滿」，達到「權利救濟之完整性」與「權利救濟之有效性」的終極目標。

❖內容解析❖

一、課予義務訴訟之意義與分類

　　課予義務訴訟，指人民向行政機關請求作成行政處分，卻遭到拒絕，或被擱置不理，致其權利受到侵害，而向行政法院提起訴訟，請求判命行政機關作成其所申請之行政處分之謂。這種訴訟因目的在請求行政機關作成行政處分，所以又稱為「請求應為行政處分訴訟」。與撤銷訴訟相較，當撤銷訴訟志在請求法院直接以判決撤銷某一行政處分，而具「形成之訴」性質時，課予義務訴訟則因目的在於請求判命行政機關作成行政處分，而具明顯的「給付之訴」性質。立法者之所以承認這種以請求作成行政處分為目的的訴訟類型，顯係期待其能發揮兩種功能：一是確保人民對國家的公法上給付請求權，使其獲得司法救濟；另一則是促使行政機關履行其法定作為義務，而間接匡行政於合法正途。從其制度功能出發，我們不難發現課予義務訴訟的主要適用領域當係人民從事某一活動而需要國家許可，或與許可等義之同意、核准、准許或特許的領域，由於許可是一重要且常見的管制手段，幾乎可見於各個行政事務領域，其適用範圍之廣，可想而見。除此之外，社會保險與社會救濟等給付行政領域，也都是課予義務訴訟適用的重要領域。所以，課予義務訴訟固然是新興訴訟類型，但可以預測，其重要性絕不在傳統撤銷訴訟之下。

　　立法者於第5條對課予義務訴訟作進一步的分類：其第1項係規定人民因行政機關對其申請之案件消極不作為而提起的課予義務訴訟，此訴訟類型可稱呼為「不服怠

爲處分的課予義務訴訟[169]」；至若第2項則係規定人民因行政機關對其申請之案件積極作成駁回處分而提起的課予義務訴訟，這種訴訟類型可稱之爲「不服駁回處分的課予義務訴訟[170]」，惟這兩種訴訟類型只是訴因不同而已，就其餘各個訴訟要件來看，幾無二致。

二、課予義務訴訟與撤銷訴訟、一般給付訴訟以及確認訴訟之關係

第5條的課予義務訴訟是廣義的給付訴訟的一個次類型。廣義的給付訴訟指請求行政法院判命行政機關對原告爲一定之給付的訴訟。如果給付內容是作成行政處分，我們稱之爲「課予義務訴訟」（或稱爲「請求應爲行政處分訴訟」）；給付內容倘爲財產給付或作成行政處分以外之其他非財產給付，我們就稱之爲「一般給付訴訟」。可見區隔課予義務訴訟與一般給付訴訟，重點在於給付內容之是否屬行政處分上面。大致而言，人民所要者如果只是行政機關單純的通知、諮詢服務、資訊提供、建議、事實陳述或其他不直接發生法律效果之事實行爲（Realakte），就應提起一般給付之訴。如果事實給付以官署事前的許可爲先決要件，也就是雙階行爲之情形，則針對第一階屬法律行爲的許可，應提課予義務之訴；第二階履行階段的事實給付，則提一般給付訴訟[171]。惟須注意者，並不是每一事實行爲都需有一先行的法律行爲存在，是否屬雙階行爲，仍須個案判斷之。另外，請求主管機關不作爲或不作成行政處分，因請求內容不是作成行政處分，所以也應透過一般給付訴訟爲之，而非課予義務訴訟[172]。

至若課予義務訴訟與撤銷訴訟之關係，首先令人感興趣者，即撤銷訴訟之目的既然在撤銷某一行政處分，而行政處分之撤銷本身也是一個行政處分，則原告要達到撤銷行政處分之目的，似亦可以提起課予義務訴訟，請求法院判命行政機關作成撤銷特

---

[169] 這種課予義務訴訟德國稱爲Untätigkeitsklage，直譯即爲「不作爲之訴」，但以請求判命行政機關保持不作爲的一般給付訴訟，在德國則稱爲Unterlassungsklage，譯成中文同樣是「不作爲之訴」，所以「不服怠爲處分的課予義務訴訟」宜避免稱呼爲「不作爲之訴」，否則容易產生混淆。

[170] 這種課予義務訴訟德國稱爲Versagungsgegenklage或Weigerungsgegenklage，直譯即爲「不服拒絕之訴」；彭鳳至，德國行政訴訟制度及訴訟實務之研究，行政法院印行，1998年，頁43，稱之爲「排除否准之訴」，堪稱貼切；吳庚，行政爭訟法論，1999年初版，頁112，簡稱之爲「拒絕申請之訴」，但終不若「不服拒絕申請之訴」的完整與清晰；吳綺雲，德國行政給付訴訟之研究，頁42；陳敏，課予義務訴訟之制度功能及適用可能性，收錄於：臺灣行政法學會主編，行政救濟、行政處罰、地方立法，頁11，稱爲「拒爲處分之訴」，然就字義來看，不易與第1項的「怠爲處分之訴」區隔。

[171] 人民聲請金錢給付，究應提起課予義務之訴，抑或一般給付之訴，曾發生過爭議。一般的判準是，若行政機關對人民有關金錢給付之請求，仍有依法調查證據，判斷事實眞僞，始能作出給付與否之決定者，換言之，在給予金錢的事實給付之前，應先經過行政機關認事用法，作成准駁與否之決定者，針對否准給付之決定，應提起課予義務之訴，而非一般給付之訴。亦請參照吳志光，行政法，2012年修訂5版，頁431以下。

[172] Kopp/Schenke, VwGO §42, 12.

定行政處分之撤銷處分。純就理論上言，這當然是可能的，然未免過於迂迴，不符權利救濟有效性之宗旨，故既然立法者已創設撤銷訴訟，並設計由行政法院直接以判決撤銷違法之行政處分，就無再許可提課予義務訴訟以達撤銷行政處分目的之道理[173]。倘該行政處分因具形式確定力而不能撤銷，原告似非不能改提課予義務訴訟，請求判命主管機關作成撤銷或廢止系爭處分之行政處分，惟如此一來，撤銷期限之規定恐會淪爲具文，所以這種課予義務訴訟終究仍以不許爲妥[174]。

另一更具探討實益的問題，乃在行政機關駁回人民作成行政處分之請求的情形，依現行法，人民固應提起課予義務訴訟，更確切說，提起「不服駁回處分的課予義務訴訟」，以實現其請求作成行政處分之目的，但因先前駁回處分仍在，則原告是否也應於提起課予義務訴訟之同時，也一併提起撤銷訴訟？學說對此見解不一，有主張應一併提起者，也有主張僅需提起課予義務之訴爲已足者，因邏輯上課予義務之訴之提起，原本就已經蘊含撤銷原來駁回處分之意思，故縱不一併提起，也應視爲已默示提起撤銷之訴。本文認爲，爲明確性起見，自以一併提起爲佳，有疑義時法院尤應將撤銷之訴視爲已默示提起，而一併處理[175]。尤其是當駁回處分侵害到原告之權利，而原告對溯及既往的撤銷該駁回處分確具實益時，法院更應同時處理撤銷之訴[176]。

較有疑問者，在主管機關駁回人民之請求的情形，該相對人可否只提起撤銷訴訟，而不提課予義務訴訟？這種所謂的「分離的撤銷訴訟」（isolierte Anfechtungsklage），通常會因欠缺權利保護必要被駁回，但也不乏可認爲有權利保護必要因而得單獨提起的例外情形，例如原告現暫時沒有獲得授益處分（尤其是附規費義務之授益處分）之實益，但不排除未來仍有取得之可能性；或駁回處分在駁回原告之請求外，會額外對

---

[173] 同意旨，陳敏，行政法總論，頁1090；劉宗德、彭鳳至，行政訴訟制度，收錄於：翁岳生主編，行政法，2000年，頁1160。實務上，最高行政法院94年判字第588號指出，按人民請求行政機關核發對其有利之行政處分，遭到否准，而認爲其權益受到違法損害，依法提起行政訴訟時，原則上應提起請求行政機關作成其所申請行政處分（行政訴訟法第5條第2項）之課予義務訴訟，而非僅提起請求撤銷行政機關否准其申請處分（行政訴訟法第4條第1項）之訴訟，否則即使勝訴，因撤銷行政機關否准其申請之行政處分，並不相當於命行政機關作成其所申請之行政處分，原告請求法院保護其權利之目的，亦無法在一次訴訟中實現。故遇此情形，應由審判長行使行政訴訟法第125條第3項規定之闡明權，使原告爲完足之聲明，始爲適法。

[174] Friedhelm Hufen, Verwaltungsprozeßrecht, §15, Rn. 8.

[175] 在一併提起課予義務之訴與撤銷訴訟時，兩者之關係，根據最高行政法院101年判字第306號判決之見解，原告提起課予義務訴訟外，附帶聲明請求將否准處分撤銷，其乃附屬於課予義務訴訟之聲明，並非獨立之撤銷訴訟，與課予義務訴訟具一體性，不可分割。此際，若行政法院認爲原告之訴有理由，判命被告機關應依原告之聲請作成特定行政處分，則不審究否准處分之合法性，應併予附帶撤銷，以避免形成同一判決內，既認定否准處分適法，又命被告機關應依原告之申請作成特定行政處分的自相矛盾現象。故被告機關對行政法院判決附帶撤銷否准處分之部分不服，提起上訴者，其上訴效力應及於行政法院判決全部，否則原告提起之課予義務訴訟，將因被告機關之部分上訴，而轉換成孤立之撤銷訴訟，於法不合。

[176] Kopp/Schenke, VwGO §42, 29.

原告產生實質上不利益之法律效果的情形[177]；另外在主管機關駁回人民請求時，侵害第三人之權利或法律上利益，為保障第三人之訴訟權，仍應例外許其單獨提起撤銷訴訟[178]。

　　在競爭者訴訟之情形應如何選擇正確的訴訟類型，稍微複雜，但基本上是視其權利救濟之目的而定。要回答此問題，首先應依其救濟目的作類型化之區分：倘原告目的單純在於排除某一競爭者所獲得之利益，我們稱為「消極競爭者訴訟」或「防衛性競爭者訴訟」；反之，倘原告目的在於獲取與競爭者所已獲取者相同的利益，而不質疑該競爭者所獲取之利益，學說稱之為「積極的競爭者訴訟」或「攻擊性競爭者訴訟」；最後是所謂「排他性競爭者訴訟」類型，指原告除志在排除競爭者已獲取之利益，並欲轉換為己有，因在資源有限情形下，不先排除競爭者所獲取之利益無法達到使自己獲取利益之目的。在「防衛性競爭者訴訟」情形，原告無疑應提起撤銷訴訟，但原告是否有訴之利益，仍須個案判斷之。在「攻擊性競爭者訴訟」情形，倘原告所要之利益是以行政處分方式呈現，當然就應選擇課予義務訴訟類型[179]，倘所欲之利益以處分以外其他高權行為方式出現，就選擇一般給付訴訟。在「排他性競爭者訴訟」情形，其特徵就是「僧多粥少」，亦即競爭者眾，而得分配之資源寡，如某公車路線只准一家公車業者經營，甲、乙兩家申請，甲獲得許可，乙則遭駁回的情形是。故倘行政機關已給予同為競爭者之第三人（甲）利益，則原告（乙）要達到目的，單提起課予義務訴訟尚有所不足，因甲的許可不撤銷，乙根本就沒取得許可之可能，故請求撤銷該給予第三人利益之授益處分的撤銷訴訟仍應一併提起[180]。然倘給予第三人利益之授益處分已具形式確定力，不能被撤銷，則提起課予義務訴訟固非不許，但通常將因欠缺權利保護必要而被駁回[181]。

---

[177] Kopp/Schenke, VwGO §42, 30; Eyermann/Fröhler, VwGO §42 Rn.19.

[178] 針對外籍配偶申請居留證經主管機關駁回，本國籍配偶得否單獨提起行政救濟之爭議，由於依照外國護照簽證條例的相關規定，外交部或駐外館處核發簽證的對象是持外國護照者，因此申請核發簽證，屬於持外國護照者專屬之權利，本國（籍）配偶尚非得依簽證條例所定得申請簽證之人，無為外籍配偶申請居留簽證之公法上請求權，也就無法提起課予義務訴訟，而這也是最高行政法院103年8月份第1次庭長法官聯席會議決議之見解。不過此並不排除本國（籍）配偶因為與外籍配偶共同經營婚姻生活之婚姻自由受限制，例外提起撤銷訴訟的可能，憲法法庭111年憲判字第20號判決指出：「然而有關機關之拒發簽證予其外籍配偶之否准處分，就本國（籍）配偶之上開憲法上權利而言，自己具侵害其權利或法律上利益之不利處分之性質，本國（籍）配偶就此等不利處分，自非不得對之例外依法提起訴願及撤銷訴訟，以保障其訴訟權。」

[179] Hufen, §15, Rn. 6; Schenke, NVwZ 1993, S. 718.

[180] 這是德國通說，參見Erichsen, Jura 1994, S. 388; Kalz, DVBl 1989, S. 561; Quass, DÖV 1982, S. 438; Hufen, §15, Rn. 7，但也有認為單提起課予義務訴訟即為已足者，理由是主管機關不一定將給予甲的許可決定也通知落選的乙，但無論如何法院仍有一併審理乃至撤銷給予甲之許可決定的義務。如Kopp/Schenke, §42, 48。

[181] Hufen, §15, Rn. 7.

　　除競爭者訴訟外，鄰人訴訟也是課予義務訴訟與撤銷訴訟錯綜複雜的領域。例如原告倘認為主管機關核發予鄰人的建築許可執照違法侵害其權利，即應逕行提起撤銷之訴，請求撤銷該鄰人的建照，而不是提課予義務訴訟，請求判命主管機關撤銷該建照[182]。倘已逾越撤銷期限，如前述，既不能提撤銷訴訟，也當然就不能提課予義務訴訟，以免撤銷期限規定被規避[183]。如果不根本挑戰鄰人之建照，只要行政機關對該鄰人課予額外的負擔就可以防止或阻止侵害之發生，因負擔的法律性質是行政處分，則適合的訴訟類型當然就是課予義務訴訟，例如請求課予鄰人興建隔音牆之負擔是。

　　又原告所企求授益處分如果已經存在，只是被原處分機關或訴願審議機關剝奪，則此際原告為謀求授益處分的回復，應提起的也不是課予義務訴訟，而是針對該官署的剝奪處分提起撤銷訴訟[184]。但原告所提起的課予義務訴訟，行政法院非不能根據第125條、第111條命為訴之變更。

　　官署倘對人民有所承諾（Zusicherung），例如承諾將作成對相對人有利之授益處分，則在官署不履行承諾義務場合，該相對人即得提起課予義務之訴實現其權利。同理，倘官署與人民簽訂行政契約，而負有作成特定行政處分之契約義務，在官署不履行契約義務時，契約相對人亦得提起課予義務之訴逼官署作成行政處分。然倘契約義務是消極地不作成行政處分，而官署竟違約作成行政處分，此際相對人提起的應是撤銷訴訟，而非課予義務訴訟[185]。

　　與確認訴訟之關係，須強調者，訴請行政機關作成確認處分，也應提起課予義務訴訟，而不是確認訴訟[186]，但仍以該確認公法上權利義務關係的確認處分有法律明文者為限[187]；倘法律對確認處分之作成欠缺明文，則應以提起確認之訴為正途，而非課予義務之訴。其理由有認為欠缺法律明文，行政無權作成確認處分者，也有認為欠缺法律明文，即表示原告對確認處分之作成並無法律上請求權者[188]。不過這些應該都不是關鍵所在，因確認處分之作成，通說並不認為有法律保留之適用[189]，且有無法律上請求權，基本上是訴訟有無理由，而不是合法與否的問題。其實，理由應該是很單純的，因如果我們認為行政機關在此仍得以提起課予義務訴訟，請求判命行政機關作成

---

[182] 惟學說上也有主張此種情形，應提起請求判命主管機關作成撤銷鄰人建築許可執照之課予義務訴訟者，如Obermeyer, JuS 1963, S. 110。

[183] 惟Kopp/Schenke, §42, 42似認為無妨承認之。

[184] 但Hufen, §14, 18則主張應提起課予義務訴訟。

[185] Kopp/Schenke, §42, Rn. 43.

[186] Hufen, §15, Rn. 3.

[187] 例如土地登記（土地法§73）、耕地租約之登記（耕地三七五減租條例§6）、戶籍登記（戶籍法§5）、公務員退休金數額之審定（公務人員退休法施行細則§29）等都是法律直接規定或有法律授權之確認處分。

[188] Vgl. Kopp/Schenke, §42, 12; §43, 2.

[189] Hartmut Maurer, Allgemeines Verwaltungsrecht, 9. Aufl., §10, Rn. 5; Kopp, VwVfG, §35, Rn. 3.

確認某公法上法律關係成立或不成立的確認處分，則現實上以確認法律關係成不成立
為目的的確認訴訟大概鮮有適用之餘地了。

又如提起課予義務之訴，訴訟終結前，主管機關已主動作成原告所欲之行政處
分，此際續行課予義務訴訟固已無實益，但倘官署當初對原告之請求所作成駁回處
分，已對原告造成權利之侵害者，則原告非不能將課予義務訴訟轉換為請求確認原駁
回處分違法的確認訴訟[190]，這種訴訟德國學說稱為「延續課予義務訴訟的確認訴訟」
（Verpflichtungsfortsetzungsfeststellungsklage）[191]。

三、課予義務訴訟之特別實體裁判要件

(一)原告所請求者須為行政處分

課予義務訴訟的標的是作成行政處分，就行政處分的涉及性這一點而言，是課
予義務訴訟與撤銷訴訟共同的地方，也是課予義務訴訟與一般給付訴訟歧異之處。既
然所請求者須為行政處分，則原告所請求者必須客觀上是一行政處分，單原告主觀上
認為是行政處分，尚有所不足，倘所請求者客觀上不是行政處分，而只是事實行為，
就應提一般給付訴訟[192]。不過個案上所請求者究係行政處分或事實行為，難以清楚判
斷，在所難免，遇此情形，只要所請求者是公法行為，就不宜遽指其訴之提起不適
法，換言之，訴訟種類之選擇在此反成為次要問題，唯一要注意的是，如果最後確定
所請求者是行政處分，而須以課予義務訴訟提起，就須審查原告有無履行提起訴願之
先行程序[193]。至於行政處分的概念，文獻討論已夥，在此不贅。

通常原告經由課予義務訴訟所要者，乃授益處分，例如建築許可執照、使用執
照、營業許可執照等，或給予生活扶助費、生育補助、托兒補助、教育補助、醫療服
務給付、藥品給付、補償金、准予商標註冊等。惟要求作成對第三人造成不利益的
負擔處分也包括在內，例如起訴請求判命行政機關作成命鄰人製造隔音牆的負擔處分
是，畢竟這種對第三人造成不利益的負擔處分，對原告而言仍屬對其有利的授益處
分。綜言之，得以課予義務之訴主張者，例如請求判命主管機關在車庫前樹立禁止停
車標誌、請求判命建築主管機關針對鄰人之違章建物發布拆除令、請求判命環境主管
機關執行取締空氣污染行為、請求判命原告所服務機關予以考績等等都是適例。

課予義務訴訟亦得針對作為行政處分附款的負擔或負擔之保留為之，例如前述請
求判命行政機關作成命第三人製造隔音措施之情形，這種課予義務訴訟之所以廣被承

---

[190] 舉例可參廖義男，課予義務之訴訟，頁5以下，發表於：1998年11月28日全國律師公會舉辦之「新行政訴訟法實務研討會」；另參見陳清秀，行政訴訟法，頁121。

[191] Kopp/Schenke, §113, Rn. 109 f; 234.

[192] Tschira/Schmitt Glaeser, Verwaltungsprozeßrecht, S. 161 mwN.

[193] Tschira/Schmitt Glaeser, ebenda, S. 162.

認，乃因負擔本身即具有行政處分性質之緣故。有問題者，如果訴請標的不是請求附加負擔的附款，而是附加不具行政處分性質之其他附款？例如請求行政機關對第三人之授益處分附加終期或解除條件之附款，可否准許？有學者認為這種訴訟因歸根究柢與撤銷或變更行政處分之訴訟無異，所以主張仍以提起撤銷訴訟方為正途[194]。不過，即使終期或解除條件等附款不具獨立行政處分性質，只要我們承認下述的「部分課予義務訴訟」（Teilverpflichtungsklage）的存在，提起課予義務訴訟應是正確的選擇。

課予義務訴訟得針對行政處分規制內容之一部之作成提起，稱為「部分課予義務之訴」。例如請求先僅針對所有法定要件中之一個或數個要件的具備，例如請求先僅就發電廠廠址之選定，作成決定，也就是學說上所謂「先行決定」（Vorbescheid, Vorabentscheidung）；或就國家考試不及格之決定，認為其中某一關鍵科目給分低於所預期，請求僅針對該科目重新作分數評定；或授益處分相對人認為附款違法侵害其權利，也可請求作成另一合法附款取代之；或如對人民之授益請求為部分許可，部分拒絕者，例如請求准予低利貸款兩百萬，只核准一百萬的情形，因准予貸款一百萬的授益處分同時蘊含對另外一百萬貸款之請求的駁回，在此情形，相對人即有僅針對被駁回的部分提起「部分課予義務之訴」之實益[195]。

此外，根據本條之規定，請求判命行政機關作成的行政處分，其內容不必然要具體、特定，也可以單純請求判命行政機關應遵照行政法院的見解作成行政處分，前者即法條所稱請求該機關「應為特定內容之行政處分之訴訟」，後者則是單純請求該機關「應為行政處分之訴訟」[196]。本法第200條第4款規定，「原告之訴雖有理由，惟案件事證尚未臻明確或涉及行政機關之裁量決定者，應判命行政機關遵照其判決之法律見解對於原告作成決定」，也是允許人民提起這種標的內容尚不具體之義務訴訟的另一根據。之所以要承認這種標的內容尚不具體之課予義務訴訟，乃因許多情況，行政機關就行政處分之作成擁有裁量權，或縱令不擁有裁量權，然欲作成特定明確內容之行政處分，尚待進一步事實調查，遇此情況，倘原告就處分之作成有時間急迫性，或對請求作成特定內容之行政處分沒有完全把握，即有提起這種標的內容不具體之所謂「應為行政處分之訴訟」的實益。

(二)原告須已向主管機關提出申請

必須原告已有向主管機關提出請求，如根本未先向主管機關提出請求，就逕行提

---

[194] Vgl. Hufen, Verwaltungsprozeßrecht, §15, Rn. 13.

[195] Vgl. Kopp/Schenke, VwGO §42, 28; Hufen, Verwaltungsprozeßrecht, §15, Rn. 14.

[196] 此即德國行政訴訟法學說與實務所稱之Bescheidungsklage的翻譯，指訴訟目的不在請求判命行政機關作成特定內容之行政處分，而只是請求判決諭知行政機關應依判決意旨作成對原告有利之決定而已。

出課予義務訴訟，或雖有提出請求，但不是向有管轄權的主管機關提出，而因管轄權不符遭到駁回，卻依然提出課予義務訴訟，這兩種情形都將因欠缺權利保護必要被駁回。問題是，倘若無管轄權的機關對人民提出的請求，誤以為其有管轄權而作實質審理，最後並作成駁回處分，則法院對人民繼而提起的課予義務訴訟究應如何處理？是單純將因管轄權欠缺而有瑕疵的駁回處分予以撤銷，或仍應就有管轄權的機關是否有作成處分之義務的問題作實質審查？面對此問題，似以採第二種處理方式較為妥適，因就尋找有管轄權的機關而言，有時實在難為一般人民，何況連機關對管轄權的有無都會出現誤判，又何能苛求人民？故既然已有官署作成實體的駁回處分，管轄權的瑕疵應因而可視為已經治癒[197]。

另外值得注意的是，「申請」不以人民主動開啟行政程序之情形為限，在行政機關主動作成處分，人民對該處分表達不服，經主管機關駁回之情形亦屬之。例如國家徵收私人土地，依法應主動作成處分發給補償，被徵收土地所有權人對補償價額不服，依法提出異議，經主管機關為維持原補償價額的查處通知時，該查處通知本質上即屬否准被徵收土地所有權人補償價額差額請求之處分，被徵收土地所有權人為請求作成合法適當之補償價額處分，自得提起訴願及課予義務訴訟以為救濟[198]。

(三)須行政機關怠為處分或駁回其請求

第三個要件是原告向行政機關所提出之請求，未獲滿足。而原告請求未獲滿足有兩種可能，第一種可能是行政機關有積極作為，卻不是准其所請，而是駁回其請求。法律將行政機關的不作為擬制成駁回處分也包括在這種情形之內。此際，原告提起的訴訟稱為「不服駁回處分的課予義務訴訟」。第二種情形是行政機關消極不作為，亦即擱置其申請而怠為處分，針對此情況原告提起的訴訟是「不服怠為處分的課予義務訴訟」。如何判斷行政機關是否怠為處分，須視行政機關的不作為是否逾越法令所定處理期間。過去少有法令就人民提出之申請規定行政機關的處理期間，致舊訴願法第2條第2項縱有「逾越法定期限應作為而不作為視同行政處分」之規定，其良法美意也因沒有法定期限之限制而遭到口惠實不至之譏。所幸行政程序法已填補此一漏洞，根據該法第51條規定，行政機關對人民依法規之申請，其處理期間，首先是看法規有無特別規定，有特別規定者從其規定（如政府資訊公開法§12Ⅰ、商業登記法§23、公平法§11Ⅲ、Ⅳ）；倘無特別規定，則根據各機關按各事項類別，所自行訂定並公告

---

[197] Tschira/Schmitt Glaeser, Verwaltungsprozeßrecht, S. 164.

[198] 最高行政法院109年度大字第1號裁定雖並指出：「在主管機關依法應主動為給付之情形，既不以人民申請作為主管機關始得為給付之要件，在主管機關不為給付時，人民自得循序提起課予義務訴訟，而不以先向主管機關申請為必要。」惟在主管機關未依法主動作成處分之情形，人民本得依法請求行政機關作成處分，非謂不提出申請亦不依法向主管機關異議，即得逕提起訴願及課予義務訴訟。

之處理期間；最後，倘未訂定處理期間，其處理期間統一爲兩個月。值得研究的問題是，倘原告提起課予義務訴訟後，行政機關始作成行政處分，是否影響訴之提起的適法性？基本上，如果行政機關的「遲到處分」是准其所請，則法院應以欠缺權利保護必要爲由駁回其訴；反之，倘是駁回其請求，則不影響其訴訟提起的適法性，可由法院繼續審理[199]。

(四)須先經訴願程序而未獲救濟

根據本法第5條之規定，無論是「不服怠爲處分的課予義務訴訟」或「不服駁回處分的課予義務訴訟」，兩種課予義務訴訟類型的提起，都應履行提起訴願的先行程序。這一點與德國法有所不同，德國法只於提起「不服駁回處分的課予義務訴訟」才要求訴願前置，至若「不服怠爲處分的課予義務訴訟」，則得逕向法院提起。當然，法律倘有毋庸經訴願程序的例外規定（例如空污法§81Ⅰ[200]），從其例外規定。又要求須先經訴願程序，當係指提起訴願仍未獲救濟之意，倘已獲救濟，其無再提課予義務訴訟之必要，自不待言。

倘若提起訴願，訴願審議機關擱置不理，遲不決定，由於本法不像舊法第1條第1項，有「提起再訴願逾三個月不爲決定，或延長再訴願決定期間逾二個月不爲決定」得逕向行政法院提起訴訟之規定，則訴願人的下一步，究係如同舊法時代般，亦得逕提課予義務訴訟？或必須針對訴願審議機關的怠爲訴願決定，又提課予義務訴訟（畢竟訴願決定也是行政處分），請求判命訴願審議機關速爲訴願決定？倘採後一途徑，針對怠爲訴願決定提課予義務訴訟，則是否也須履行訴願先行程序？答案倘爲肯定，豈不治絲益棼？倘訴願審議機關同樣又擱置訴願決定，則訴願人之救濟豈不淪爲泡影？故訴願人的下一步應以前說爲當，即逕準用本法第4條之規定，允許訴願人「提起訴願逾三個月不爲決定，或延長訴願決定期間逾二個月不爲決定」時，得逕向行政法院提起課予義務訴訟。未作裁判前，倘訴願審議機關終於作成「遲到的訴願決定」，法院又該如何處理？與前面所敘類似，倘訴願決定滿足原告之申請，應以欠缺權利保護必要爲由駁回其訴；反之，倘訴願決定係駁回其訴願，其訴訟提起的適法性應不受影響，由法院續行訴訟程序。又倘訴願決定係命原處分機關應依訴願決定意旨作成行政處分，其訴之提起同樣不受影響，但裁判前倘原處分機關作成有利原告之行政處分，法院就應以欠缺權利保護必要爲由駁回其訴訟[201]。

---

[199] 吳庚，行政爭訟法論，1999年初版，頁110。
[200] 空污法第81條第1項：「公私場所違反本法或依本法授權訂定之相關命令而主管機關疏於執行時，受害人民或公益團體得敘明疏於執行之具體內容，以書面告知主管機關。主管機關於書面告知送達之日起六十日內仍未依法執行者，人民得以該主管機關爲被告，對其怠於執行職務之行爲，直接向行政法院提起訴訟，請求判令其執行。」
[201] 吳庚，行政爭訟法論，1999年初版，頁110。

(五)主張權利因行政機關怠為處分或駁回處分受損害

　　最後一個要件，原告必須主張自己的權利或法律上利益因行政機關的怠為行政處分或駁回處分而受到侵害。惟只要主張即為已足，至於是否真的有自己的權利或利益受到侵害，已是有無理由的問題。不過縱令「主張」權利受侵害為已足，至少受侵害的「可能性」仍須存在[202]。基本上只要所主張的權利非明顯不存在或不屬於原告所有，就宜從寬認定權利受侵害的可能性存在，否則將無從與有無理由之審查作區隔。如作為一般市民之原告請求禁止士兵上莒光日課程，或禁演某一被認為傷害民族感情的電影，或請求召開市議會臨時會被駁回，均是明顯欠缺法律上請求權，也就是權利明顯不存在，以致無權利受侵害之可能性存在[203]。在此特別須提醒，原告所主張之權利縱令無法律之明白規定，亦不能因此就逕行認定明顯欠缺法律上請求權，蓋根據保護規範理論（Schutznormtheorie），仍有法律默示賦予原告請求權之可能，例如請求主管官署取締鄰人所製造噪音、取締鄰人建築逾越建築線、頂樓違法加蓋等，均不無可能從相關環保與建築法導出鄰人的請求權[204]。另請求取締競爭同業以違反商業倫理等不公平競爭方法侵害原告競爭利益，雖公平交易法沒有明示原告有此請求權，但仍非不能根據公平交易法相關不公平競爭條文的立法意旨推論出來[205]。綜上說明，其實也可間接得知，雖然本條有別於舊法，特別將法律上利益予以明文規定，並與權利兩者一併列舉，甚且被學說讚許為一種進步，然依本文所見，則其實是多此一舉，蓋法律上之利益其實即權利之意，硬要區分兩者，則吾人充其量也只能說，權利者指法律

---

[202] 同說參見陳清秀，行政訴訟法，2015年修訂7版，頁122；陳敏，課予義務訴訟之制度功能及適用可能性，收錄於：臺灣行政法學會主編，行政救濟、行政處罰、地方立法，頁17；反之，如果採主張說，則只要主張權利受侵害即為已足，毋庸在起訴合法與否的判斷階段審查侵害的「可能性」是否存在。

[203] 本條另出現有必須賦予人民「依法申請之案件」的文字。惟依本文所見，「是否依法申請之案件」涉及法律是否賦予人民有申請之權利，因而與「是否有法律上請求權」以及「是否有權利受損害」基本上是三合一的問題，所以本文不擬將「是否依法申請之案件」作為一個獨立的課予義務訴訟的實體判決要件來處理，甚至認為該規定實屬多餘（同說也可參見莊國榮，行政法，頁644）。以前實務上曾有若干案例，不僅將「依法申請之案件」作為一獨立要件，甚至還狹義理解為法律明文規定人民有申請權，或明定有申請程序（最高行政法院93年度裁字第1537號判例、94年度裁字第113號判例），導致大幅限縮課予義務訴訟之功能，顯係出自對本條規定之誤解（相關批評，亦可參見李建良，保護規範理論之思維與應用－行政法院裁判若干問題舉隅，行政管制與行政爭訟，2010年，頁285以下）。

[204] 另請參閱司法院釋字第469號解釋。

[205] 在只承認撤銷訴訟的舊法時代，人民向公平會檢舉其競爭同業以不公平競爭方法侵害其權利未果時，究應如何救濟，爭執點在於公平會發予檢舉人有關檢舉事項不成立之函覆，其性質是否屬行政處分上面（詳請參見許宗力，行政處分，收錄於：翁岳生主編，行政法，2000年2版，頁549以下）。在承認課予義務訴訟的新法時代，檢舉人不服檢舉事項不成立之函覆，而欲提起救濟，所應選擇的訴訟種類應已不再是撤銷訴訟，而是課予義務訴訟，請求法院判命公平會作成處罰被檢舉人的行政處分。所以爭執點當已不再是檢舉事項不成立的函覆是否為行政處分，而是檢舉人根據公平交易法是否擁有請求取締、處罰被檢舉人之法律上權利。

明文以權利稱之者，法律上利益者，則指欠缺權利之明文，但得根據保護規範理論，經由立法意旨之詮釋而間接推知之權利。

第6條（確認訴訟）

確認行政處分無效及確認公法上法律關係成立或不成立之訴訟，非原告有即受確認判決之法律上利益者，不得提起之。其確認已執行而無回復原狀可能之行政處分或已消滅之行政處分為違法之訴訟，亦同。

確認行政處分無效之訴訟，須已向原處分機關請求確認其無效未被允許，或經請求後於三十日內不為確答者，始得提起之。

確認訴訟，於原告得提起或可得提起撤銷訴訟、課予義務訴訟或一般給付訴訟者，不得提起之。但確認行政處分無效之訴訟，不在此限。

應提起撤銷訴訟、課予義務訴訟，誤為提起確認行政處分無效之訴訟，其未經訴願程序者，行政法院應以裁定將該事件移送於訴願管轄機關，並以行政法院收受訴狀之時，視為提起訴願。

❖立法沿革❖

　　1998年10月28日總統公布全文修正之本法，於第6條引進確認訴訟，其條文內容已與現行條文雷同，差異僅在於：其時於第4項規定，「確認訴訟以高等行政法院為第一審管轄法院」；另就現行條文第3項所定補充性之適用對象，僅就「確認公法上法律關係成立或不成立之訴訟」加以規定；末就現行條文第4項規定，其時之第5項僅就撤銷訴訟與無效確認訴訟之關係為規定，未及於課予義務訴訟部分。關於1998年之修正條文，政府提案就本條之理由說明，其概述條文內容旨趣部分應無須特予援引，值得特別強調的是：針對現行條文第2項，指出其規定理由為：「三、……原處分機關如已自行確認其行政處分無效者，自無須特提起確認之訴，爰設本條第二項……俾原處分機關有自行審查，及自行確認其行政處分無效之機會，用之取代訴願前置主義。」此外，理由說明亦已明確指出確認訴訟之補充性：「四、確認公法上法律關係成立或不成立之訴訟，乃撤銷訴訟之補充制度，其得提起撤銷訴訟者，即無准予提起確認訴訟之必要，爰設本條第三項，明定於原告得提起撤銷訴訟者，不得提起之」[206]。

---

[206] https://lis.ly.gov.tw/lgcgi/lgmeetimage?cfcdcfcecfcdcfcec5cecdc6d2cacac8，最後瀏覽日期：2023/7/15。

　　在架構上完備現行條文內容的進一步修法於2009年12月22日公布，其修正理由載以：「一、行政處分已執行與行政處分消滅不同，依第一百九十六條規定之意旨，已執行之行政處分，如有回復原狀之可能，仍可提起撤銷訴訟，原第一項後段規定『確認已執行完畢或因其他事由而消滅之行政處分爲違法之訴訟』，易滋行政處分已執行亦屬消滅之事由，且均得提起確認訴訟之誤會，爰予修正，期臻明確。二、又本條第三項原規定確認訴訟之補充性，限於『確認公法上法律關係成立或不成立之訴訟』，並不及於第一項後段之確認行政處分違法之訴訟。而認定行政處分是否違法，已有撤銷訴訟作爲權利保護方式，如其得提起撤銷訴訟，卻逕行提起確認訴訟，或原得提起撤銷訴訟而怠於爲之，至撤銷訴訟已無法提起時，始提起確認訴訟，不僅混淆行政訴訟權利保護之機制，且將使『確認已執行而無回復原狀可能之行政處分或已消滅之行政處分爲違法之訴訟』既無期間之限制，亦不受補充性之限制，恐將有失法律秩序之安定性，爰將原第三項『確認公法上法律關係成立或不成立之訴訟』，修正爲『確認訴訟』，並設但書排除確認行政處分無效之訴訟，以符法理。又確認訴訟之補充性，理論上不僅係對於撤銷訴訟而言，基於訴訟經濟及最大法律保護原則之要求，如得提起課予義務訴訟或一般給付訴訟者，亦不得提起確認訴訟。原第三項僅規定確認訴訟對於撤銷訴訟之補充性，未顧及課予義務訴訟及一般給付訴訟，亦欠周全，爰併予修正增列。……四、課予義務訴訟與撤銷訴訟同，亦應經訴願程序，爰於第四項增列之。[207]」

　　另應指出，與本法第6條第1項後段規定息息相關之本法第196條第2項規定：「撤銷訴訟進行中，原處分已執行而無回復原狀可能或已消滅者，於原告有即受確認判決之法律上利益時，行政法院得依聲請，確認該行政處分爲違法。」

❖外國立法例❖

　　本法就確認訴訟所爲規定，主要參考德國行政法院法之規定[208]。該法第43條規定：「如原告有即受確認之正當利益，得訴請確認法律關係之存否與行政處分無效（Ⅰ）。如原告得以形成或給付訴訟主張其權利，則不得訴請確認。但訴請確認行

---

[207] https://lis.ly.gov.tw/lglawc/lawsingle?00040D5368ED00000000000000000014000000004FFFFFA00^04562098122200^00000000000，最後瀏覽日期：2023/7/15。關於本法第6條第1項後段原「確認已執行完畢……而消滅之行政處分爲違法之訴訟」之規定方式衍生的爭議、修法前藉由2002年7月9日各級行政法院91年度行政訴訟法律座談會法律問題第13則研討結論對此之解決嘗試等過程，可參見劉宗德、賴恆盈，行政法（下），2020年4版一刷，頁457。關於本法第6條第3項原條文內容對補充性原則僅限於撤銷訴訟之不足而有加以補充之必要，可參見吳庚、張文郁，行政爭訟法論，2018年9月修訂9版，頁327-328。

[208] 參見黃錦堂執筆，第6條，收錄於：翁岳生主編，行政訴訟法逐條釋義，2021年3版一刷，頁83（並參相關引註）。

政處分無效者，不在此限（II）。」此外，本法第6條第1項後段與第196條第2項規定，則係參照德國行政法院法第113條第1項第4句之下述規定：「行政處分已經撤銷或因其他方式消滅者，於原告有受確認之正當利益時，法院得依聲請，確認該行政處分爲違法」而來。基此立法背景，下文關於條文內容的論述將比較大幅度地參考德國行政訴訟法學理與實務的見解。

❖內容解析❖

依本法第6條第1項所定，得以行政法院判決加以確認之確認訴訟，其適用對象包括：確認行政處分無效、確認公法上法律關係成立或不成立、確認已消滅之行政處分違法三種類型。以下之內容說明，擬先就此三種確認訴訟類型之特別問題加以論述，其後再就其共通性要求——確認利益、補充性原則等議題加以說明；其次應指出，考量「確認公法上法律關係成立或不成立之訴訟」屬一般確認訴訟，係確認訴訟之基本類型，下文擬先討論此一類型；最後，本條第2項、第4項規定固均係針對「確認行政處分無效」之訴所爲規定，惟考量其中第2項規定內容與確認利益之關聯性，擬於該處而爲處理。

一、得予確認之法律關係的界定

藉由一般確認訴訟，得請求確認公法上法律關係的成立或不成立；因「法律關係」是整個法秩序的關鍵概念，爲維持法秩序的一體性，在行政訴訟法中不可能別出機杼作狹義理解[209]。但應先指出，法律關係之成立可能基於法規規定、行政處分的作成、行政契約的締結、事實行爲，此等法律關係之成立基礎並非確認訴訟之標的；例如因事實行爲成立公用地役關係，僅後者可作爲確認訴訟之標的[210]。所謂公法上法律關係（Rechtsverhältnis）意指：由具體之個案事實，依公法規範而產生之人之於他人，或人之於物的法之關係（rechtliche Beziehungen）；於此所謂「人之於物的法之關係」，則指藉由此物而連結的，與第三人的關係（多爲不特定之人）的法之關係，「人之於物」只是一種簡化的說法，終究「法之關係」只能存在人與人之間。「法之關係」本質上至少必須包含一項主觀公權利；然而，法律關係有時包含主觀權利義務的集合，例如公務員關係。法律關係亦得由國家的公法權利加以創設；有鑑於法治國所要求的，國家與人民關係的法律化，邏輯一貫地，應將賦予國家（本於國家利益）之法律上權力（Rechtsmacht）理解爲主觀權利；國家主觀的權利則包含：國家對公

---

[209] Helge Sodan/ Sebastian Klucker, Die verwaltungsprozessuale Feststellungsfähigkeit von vergangenen und zukünftigen Rechtsverhältnissen-Dargestellt unter besonderer Berücksichtigung der Rechtsprechung des Bundesverwaltungsgerichts-, VerwArch 94/2003, S. 4.

[210] 吳庚、張文郁，前揭書，頁324-325。

物的支配權、作成行政處分（或發布低於法律位階之法規範）的形成權，但應留意，基於（下文所述）**確認訴訟相對於撤銷訴訟與形成訴訟的補充性**（Subsidiarität），原則上不得就國家是否存在前述權利提起確認訴訟[211]。

得視爲本條第1項前段所稱之法律關係者，亦包含：得獨立加以確認之**部分法律關係**，尤其是由一廣泛之法律關係中產生的個別權利與義務，前者例如：醫學院學生是否有權免費使用相關醫療器材；後者例如：食品進口商在何等範圍內負有容許查證之義務；基於個別獨立之請求權基礎（如契約、行政處分）所生之權利、義務得作爲確認訴訟之標的，例如行政處分是否賦予一特定法律地位。相對於此，**法律關係之單純要素、非獨立之部分或前提問題**（bloße Elemente, unselbständige Teile oder Vorfrage），其不能直接創設權利、義務，僅爲此等權利義務之要件者，則不能作爲確認之標的，諸如：經營特定營業所要求之能力與可信賴性等經營者之特定法律上資格、特定事件過程之法的定性（如判斷特定行爲之違法性或可歸責性）。單純人之地位與物之性質亦不得作爲確認訴訟之標的；惟如其已直接構成法律關係之核心內涵時，仍得訴請確認，例如是否具有地方自治團體之居民地位、某物是否屬於公物[212]。

單純法規範的效力、抽象的法律問題，例如特定法條應如何解釋，乃至「抽象的」、純粹理論性或「學術性的」問題，均不得作爲確認訴訟之標的；具體的法律問題，如非直接以法律關係爲對象，亦不得作爲確認之標的，然而，此類請求在很多情況下，得轉換理解爲請求確認特定法律關係[213]。最後，吳庚、張文郁教授雖認爲德國行政法院法有所謂**規範審查之訴訟類型**，然而我國並未採用[214]。又我國行政訴訟法於1998年間全文修正時雖未採用德國行政法院法第47條所定規範審查之訴訟類型，惟其後司法院大法官作成釋字第742號解釋，認定：「都市計畫擬定計畫機關依規定所爲定期通盤檢討，對原都市計畫作必要之變更，屬法規性質，並非行政處分。惟如其中具體項目有直接限制一定區域內特定人或可得確定多數人之權益或增加其負擔者，基於有權利即有救濟之憲法原則，應許其就該部分提起訴願或行政訴訟以資救濟，始符憲法第十六條保障人民訴願權與訴訟權之意旨。」其後，行政訴訟法亦增訂「都市計畫審查程序」（§237-18以下）。據此，應認我國亦已針對此等情形承認有規範審

---

[211] H. Sodan/ S. Klucker, VerwArch 94/2003, S. 4; Christoph Brüning, Die Konvergenz der Zuverlässigkeitsvoraussetzungen der verschiedenen verwaltungsgerichtlichen Klagearten, JuS 10/2004, S. 882-883; Friedhelm Hufen, Verwaltungsprozessrecht, 10. Aufl., 2016, § 18 Rn. 3-4; Wolf-Rüdiger Schenke, in: W.-R. Schenke (Hrsg.), Verwaltungsgerichtsordnung-Kommentar, 26. Aufl., 2020, § 43 Rn. 11.

[212] Fr. Hufen, §18 Rn. 10; W.-R. Schenke, §43 Rn. 12-13. 另參見蔡志方，論行政訴訟上確認之訴，收錄於：蔡志方著，行政救濟與行政法學（四），2004年初版，頁300-301；吳庚、張文郁，前揭書，頁325-326；劉宗德、賴恆盈，前揭文，頁462。

[213] Fr. Hufen, §18 Rn. 10; W.-R. Schenke, §43 Rn. 14. 另參見吳庚、張文郁，前揭書，頁326。

[214] 吳庚、張文郁，前揭書，頁326。

查之訴訟類型；且於此作為審查標的之規範，雖被認為屬規範之形式，惟其通常不需行政處分的執行，即得直接影響人民之權利，基於有效權利保障之要求，亦應開放權利救濟途徑[215]。

二、充分具體化之法律關係的要求

依德國學理上的多數見解，作為確認訴訟之法律關係，必須是藉由特殊「具體的」情境，已充分具體化之法律關係；詳言之，法律關係的確認必須連結到一個已充分特定、可得概觀的具體案件事實，而非僅出於想像中可能者，據此，法律問題得與個案相關聯，並得針對此個案作出決定。如前所述，主觀權利為法律關係的必要要素，對主觀權利而言，不可或缺的則是實現主觀權利之全部構成要件要素的案件事實，法院應處理者並非抽象法律問題的釐清。然而，對於足夠具體之案件事實，其要求不應過於嚴格。下述情形均得作為得予確認之法律關係：在附停止條件之法律關係的情形，假使重要事實均已存在，僅等待條件發生，或就尚未到期之給付的義務，如依已確定之事實應予給付，僅待期限的到來。反之，如法律關係之重要要件尚未確定，即不得作為得予確認之法律關係。此外，假使得創設法律關係之案件事實的發生已然確定或極為可能，原則上亦應肯認得予確認之法律關係已存在，據此，則**將來之法律關係亦得予確認**。最後，**充分具體之法律關係如存在於過去而非現在**，但此等過去的法律關係仍在當下持續產生具體的、可概觀的作用，或基於其他理由存在確認之利益，亦得作為得予確認之法律關係，例如：其仍持續侵害權利、有持續性的歧視作用，或者當其涉及對原告將來的行為具重大影響之法律問題的釐清，以及涉及通常的短期間將消滅的高權措施（尤其是事實行為）[216]。

三、無效確認訴訟的特別要件

除確認公法上法律關係成立或不成立外，本法第6條第1項亦明定確認行政處分無效之**無效確認訴訟**。因行政處分在法律上縱屬無效，惟其仍具有行政處分的外觀，即仍可能作為國家公權力的表徵或基礎，因此，在行政處分是否無效存有爭議時，為排除人民法律地位上之不安，有使人民藉由裁判宣示其無效之必要[217]。另因行政處分之無效並非法律關係，無從適用或類推適用法律關係確認之訴；此外，無效之行政處分既然無效，自無從藉由撤銷訴訟予以撤銷；因此須明定無效確認訴訟之類型。據此而論，提起無效確認訴訟的要件，首先是**客觀上存在行政處分**，至於行政處分是否確

---

[215] Wilfried Peters, Zur Zulässigkeit der Feststellungsklage (§43 VwGO) bei untergesetzlichen Normen, S. 506.

[216] H. Sodan/ S. Klucker, VerwArch 94/2003, S. 6-8; W.-R. Schenke, §43 Rn. 17, 25.

[217] 劉宗德、賴恆盈，前揭文，頁452。

屬無效，則係原告之訴有無理由的問題。如經審查，行政處分並非無效，且滿足撤銷訴訟之要件，則可將之轉換為撤銷訴訟，就此，本法第6條第4項已明定：「應提起撤銷訴訟、課予義務訴訟，誤為提起確認行政處分無效之訴訟，其未經訴願程序者，行政法院應以裁定將該事件移送於訴願管轄機關，並以行政法院收受訴狀之時，視為提起訴願。」惟因撤銷訴訟、課予義務訴訟設有訴願前置之要求，且均須遵守相關期間，尤其在有行政處分存在之情形，當事人宜不問處分瑕疵程度，一律依撤銷訴願、撤銷訴訟之程序行之，縱使法院認定系爭處分無效，訴訟程序中仍得變更為處分無效之確認訴訟（就此，本法第111條第3項第4款定有明文）。得以確認者，不限於行政處分當下的無效，如存在確認利益，亦得請求確認行政處分在先前的時點為無效[218]。確認行政處分無效與確認行政處分之效力範圍應有所區別；確認行政處分之效力範圍，屬行政機關依職權以確認性行政處分處理之對象[219]，倘行政機關依法應作成確認性行政處分而怠於為之，人民得以課予義務訴願、課予義務訴訟之程序尋求救濟。

　　無效確認訴訟的確認標的為原告的下述主張：其因（無效的）行政處分或因此行政處分所生表象，致侵害其權利。因此，「違法行政處分之效力」、「效力嗣後消滅之違法行政處分」、「行政處分以外之其他違法行政行為」，均非無效確認訴訟之確認標的[220]；其中，效力嗣後消滅之行政處分違法的確認，即下文將處理的第三種確認訴訟類型。

四、續行確認訴訟的特別要件

　　司法院大法官在釋字第213號解釋文第三段已指出：「行政法院二十七年判字第二十八號及三十年判字第十六號判例，係因撤銷行政處分為目的之訴訟，乃以行政處分之存在為前提，如在起訴時或訴訟進行中，該處分事實上已不存在時，自無提起或續行訴訟之必要；首開判例，於此範圍內，與憲法保障人民訴訟權之規定，自無牴觸。惟行政處分因期間之經過或其他事由而失效者，如當事人因該處分之撤銷而有可回復之法律上利益時，仍應許其提起或續行訴訟，前開判例於此情形，應不再援用。」其後，司法院釋字第546號解釋文更詳為闡述：「本院院字第二八一○號解釋：『依考試法舉行之考試，對於應考資格體格試驗，或檢覈經決定不及格者，此項決定，自屬行政處分。其處分違法或不當者，依訴願法第一條之規定，應考人得提起

---

[218] Fr. Hufen, §18 Rn. 27; W.-R. Schenke, §43 Rn. 20-21. 另參見劉宗德、賴恆盈，前揭文，頁453。

[219] 吳庚、張文郁，前揭書，頁320。

[220] Fr. Hufen, §18 Rn. 28; 劉宗德、賴恆盈，前揭文，頁453。正因無效之行政處分仍存在效力的法律表象，且行政處分究為無效或得撤銷有時難以清楚界定，德國聯邦行政程序法第44條第5項乃明定，該管機關得依職權或依申請加以確認：W.-R. Schenke, Rechtsschutz gegen nichtige Verwaltungsakte, JuS 2/2016, S. 97.

訴願。惟為訴願決定時，已屬無法補救者，其訴願為無實益，應不受理，依訴願法第七條應予駁回。』旨在闡釋提起行政爭訟，須其爭訟有權利保護必要，即具有爭訟之利益為前提，倘對於當事人被侵害之權利或法律上利益，縱經審議或審判之結果，亦無從補救，或無法回復其法律上之地位或其他利益者，即無進行爭訟而為實質審查之實益。惟所謂被侵害之權利或利益，經審議或審判結果，無從補救或無法回復者，並不包括依國家制度設計，性質上屬於重複發生之權利或法律上利益，人民因參與或分享，得反覆行使之情形。是人民申請為公職人員選舉候選人時，因主管機關認其資格與規定不合，而予以核駁，申請人不服提起行政爭訟，雖選舉已辦理完畢，但人民之被選舉權，既為憲法所保障，且性質上得反覆行使，若該項選舉制度繼續存在，則審議或審判結果對其參與另次選舉成為候選人資格之權利仍具實益者，並非無權利保護必要者可比，此類訴訟相關法院自應予以受理，本院上開解釋，應予補充。」前揭兩號司法院大法官解釋意旨，已藉由本法第6條第1項後段配合本法第196條第2項規定得以落實；司法院釋字第546號解釋並指明其中一種確認利益之樣態 —— 避免重複侵害的危險。

因行政處分已消滅，致撤銷訴訟或課予義務訴訟不再合法，但對於行政處分是否違法，或駁回、怠為處分是否違法，原告仍有加以釐清，且值得保護之利益時，其合法之訴訟類型為本法第6條第1項後段所定之**續行確認訴訟**（就此，德國行政法院法另於第113條第1項第4句加以規定，而非同法第43條所及）[221]。如嚴格取向本法第6條第1項後段、第196條第2項條文之文義與體系，續行確認訴訟的適用範圍相當有限，質言之，其直接適用者僅為提起撤銷訴訟後行政處分消滅之情形，即因行政處分已消滅，無從再撤銷處分，以致撤銷訴訟不合法時，如原告仍有正當利益，得將撤銷請求轉換為已消滅之行政處分違法的確認。然而，依德國通說見解，所有因行政處分，或因駁回處分、怠為處分致權利受侵害者，縱使其原本之撤銷訴訟、課予義務訴訟因程序法或實體法上之理由無法實現其權利時，仍得準用行政法院法第113條第1項第4句，轉換為續行確認訴訟[222]。

續行確認訴訟的意義在於，原告藉此得保有在行政處分消滅前進行之「訴訟的成果」；此種訴訟類型在實務上極為重要，因為越來越常發生行政機關的措施在行政救濟爭議結束前即已消滅的情形，尤其在警察與秩序法的領域，其措施依事物本質經常在短期內即已消滅[223]。續行確認訴訟以行政處分消滅前提起之撤銷訴訟本身合法為前提，且行政處分須已消滅；提起撤銷訴訟的合法要件，於此自不須進一步申論，應進

---

[221] W.-R. Schenke, §43 Rn. 5.

[222] W.-R. Schenke/ Ralf P. Schenke, in: W.-R.Schenke (Hrsg.), Verwaltungsgerichtsordnung-Kommentar, 26. Aufl., 2020, §113 Rn. 95.

[223] Fr. Hufen, §18 Rn. 36.

一步說明者爲行政處分的「消滅」意涵爲何。**行政處分的「消滅」**，意指行政處分的效力已喪失，質言之，其對處分相對人的規制內涵（Regelungsgehalt），或者其對第三人之負擔性作用已喪失；如行政處分已不能再執行，或因其標的已不存在致撤銷已無意義，均可認行政處分已「消滅」。導致行政處分「消滅」的原因可能是法律的，亦可能是事實的原因；法律上的原因，例如因撤銷、廢止、解除條件成就；事實上的原因，例如因時間的經過而措施事實上已終結、法律義務的期間已屆滿。相對於此，行政處分已執行或處分相對人遵行行政處分之要求，尚不構成行政處分的「消滅」，在後者，應認行政處分的效力因處分相對人之遵行而持續發生作用[224]。本法第6條第1項後段所稱「已執行而無回復原狀可能之行政處分」，解釋上應認僅屬「已消滅之行政處分」的一種態樣，且所稱「無回復原狀可能」，係指「無法以提起撤銷訴訟或課予義務訴訟之方式，回復其權利或法律上利益」而言，並非指原告之權利或法律上利益全然無法回復[225]。

五、確認利益的要求

依本法第6條第1項，「即受確認判決之法律上利益」（德國行政法院法僅要求「即受確認之正當利益」）即**確認利益**，爲所有確認訴訟類型之程序合法要件，於法院裁判時必須具備，此要件要求，原告須說明其何以與在何等範圍內對此確認具有確認利益；此要件之目的，在於避免法院違反其功能地變成法律問題的諮詢者或鑑定意見的提供者。關於確認利益，德國法僅要求「正當利益」，其概念意涵較我國法所稱「法律上利益」應更爲寬廣，但亦非任何利益均可認係於此所稱之「正當利益」，其必須係法秩序所保護之利益（取決於是否基於合理的考量、是否基於一般法律原則、是否有具體的法律基礎、是否值得保護）。無論如何，德國法對確認利益採**廣義理解**，包括值得保護、應被承認之法律上、經濟上或理念上之利益，例如爲避免可能受到的懲戒處分、爲恢復名譽之利益（例如行政處分效力雖已消滅，惟處分內容涉及對原告名譽、信用有所貶損，且此一貶損之效果並未因處分效力消滅而喪失）、避免重複侵害的危險（尤其在行政處分效力雖已消滅，但在事實與法律情境原則上不變的情況下，行政機關可能會作成相類的決定或採取類似的措施）、行政法院之確認判決對當事人其他法律爭議（例如國家賠償請求權）具有先決問題之意義。假使法律狀態不明，主管機關的見解與原告不同，並且原告將來的行動將取向於此一確認，或者原告有理由認其權利將受危害者，應承認其有確認利益，例如原告認爲特定行爲不須經主

---

[224] R. P. Schenke, Die Neujustierung der Fortsetzungsfeststellungsklage, JuS 8/2007, S. 698; Fr. Hufen, §18 Rn. 38, 40.

[225] 劉宗德、賴恆盈，前揭文，頁458。

管機關同意，但主管機關見解不同；又如公務員擔心，某些陳述、告知是否為緘默義務所及，如有違反將構成職務違失行為。此外，因為不能期待當事人須經歷訟累，毋寧可將權利救濟途徑視為特別的權利保護形式，因此，如原告可能受到刑事訴追、行政處罰，亦應承認確認利益的存在。相對於此，下述情形不應承認原告之確認利益：假使所請求之確認涉及一前提問題，就其確認已明定應依特殊行政程序行之；僅是為了準備國家賠償訴訟，為釐清公法問題所請求的確認，則不應承認有確認利益。依德國學說多數見解，關於**預防性的確認訴訟**，考量到原告得以不作為之訴來對抗可能有危害之行政行為，基於給付之訴相對於確認訴訟的優先性，預防性的確認訴訟一般不應許可。僅於存在特殊的、取向預防性權利保護之保護利益，並且縱使在考量法定的暫時性權利保護機制下，亦難以期待原告坐等其憂慮之措施帶來的不利益，尤其當此等法律上的不利益事後難以再藉由撤銷訴訟或課予義務訴訟加以排除，或將造成不可回復的損害時，始得例外地承認預防性的確認訴訟[226]。

我國行政訴訟法學界雖強調，本法採用與民事訴訟法相同之用語（即「法律上利益」），而不採德國法所稱之「正當利益」，後者所指應超過「法律上利益」，解釋時應尊重立法之原意[227]；惟其似並未指出，「正當利益」與「法律上利益」二者在適用上之明確差異。

就確認利益的時間要件（即條文所稱「即受」）而言，確認利益必須於判決時存在且不容許拖延，假使所涉問題當下尚懸而未決、有待釐清，並且在很快的將來有惡化或重複之虞者，原則上即不生疑義[228]。在**已過去的法律關係**，且其法律作用已消滅的情形，原告必須說明，其仍須釐清與法律關係相關之爭議問題的當下之利益何在。然而，如前所述，在警察法領域，行政機關擁有之一系列侵害措施的權限，經常在法院介入之前即已了結，如不許對此等措施提出救濟，將使享有此等權限者實質上不受法院的審查。德國聯邦憲法法院於1997年基於基本法第19條第4項第1句作出原則性的裁判（BVerfGE 96, 27/39f）：在**嚴重侵害基本權的情況**，並且被質疑之高權行為帶來的直接負擔僅限於短暫期間，以致受影響者經常不能獲得該管法院的保護，然而，憲法有效權利保障的誡命要求，侵害基本權究竟有無正當根據應受法院審查。關於針對未來法律關係之確認利益的存否，文獻上有主張，依法律關係發生之可能性高低以決者。然而，基於權利保障的角度，確認利益之存否應取決於：能否期待原告繼續等待（Zumutbarkeit weiteren Abwartens）直至法律關係發生，此解亦符合法條

---

[226] H. Sodan/ S. Klucker, VerwArch 94/2003, S. 10; Chr. Brüning, JuS 10/2004, S. 885; R. P. Schenke, JuS 8/2007, S. 698; Fr. Hufen, §18 Rn. 12-13, 22-25; W.-R. Schenke, §43 Rn. 23-24; 蔡志方，前揭書，頁295；劉宗德、賴恆盈，前揭文，頁459-460。

[227] 吳庚、張文郁，前揭書，頁323；劉宗德、賴恆盈，前揭文，頁454。

[228] Chr. Brüning, JuS 10/2004, S. 885; Fr. Hufen, §18 Rn. 15; 蔡志方，前揭書，頁301-302。

所稱「即受」之意義；至於「**繼續等待的期待可能性**」，主要取決於當下的規制作用，以及由此產生之對原告的行動壓力（例如因法律狀態不明對重要之投資決定的影響）[229]。

在無效確認訴訟，原告亦須具備特殊的、取向於排除因行政處分所生之表象的、即受確認的利益。於此，須行政處分至少影響了原告的法律地位，並且其請求之確認能在法律、經濟或理念面向上改善原告的地位。此外，配合行政程序法第113條所定：「行政處分之無效，行政機關得依職權確認之（Ⅰ）。行政處分之相對人或利害關係人有正當理由請求確認行政處分無效時，處分機關應確認其為有效或無效（Ⅱ）。」本法第6條第2項明定：「確認行政處分無效之訴訟，須已向原處分機關請求確認其無效未被允許，或經請求後於三十日內不為確答者，始得提起。」然而，原告起訴時，形式上雖未符前揭本法第6條第2項之程序要求，惟如原處分機關否認其處分無效之意思已臻明確，或可推知其意思者，即無再要求原告須先向原處分機關請求確認之必要。德國行政法院法雖未有應先向原處分機關請求之明文要求，惟其司法實務與部分學者則基於一般權利保護必要的觀點認定，僅於原告起訴前已依聯邦行政程序法第44條第5項向機關請求確認而未被允許，始得承認其具有確認利益，蓋相較於法院的確認，申請行政機關的確認應屬更簡單、負擔更輕的途徑；假使行政機關已同意其請求，除非仍存在執行或重複發生的危險，其嗣後提起的確認訴訟將被認為欠缺確認利益[230]。

除「確認利益」外，確認訴訟之原告是否須滿足一般「訴訟權能」（die Klagebefugnis）的要求，即是否須另主張其權利在爭議的法律關係中受侵害，德國學理上非無爭議。本文採肯定見解。蓋訴訟權能之要求，目的在排除客觀訴訟，係行政審判的合法性要件之一。本法第6條條文內容雖未明定，但訴訟權能所要求之主觀權利的連結（subjektiv rechtliche Anbindung），尚無法藉確認利益的要求得以達成，因訴訟權能之有無取決於原告之權利受侵害的一般可能性，相對於此，訴訟利益之有無，則須審查具體個案是否需要法院的權利救濟[231]。

六、確認訴訟的補充性原則

本條第3項所定：「確認訴訟，於原告得提起或可得提起撤銷訴訟、課予義務訴

---

[229] H. Sodan/ S. Klucker, VerwArch 94/2003, S. 9, 12-13, 15-16.

[230] Fr. Hufen, §18 Rn. 32; 劉宗德、賴恆盈，前揭文，頁455。W.-R. Schenke則認為，因行政法院的確認判決得發生既判力，其提供之權利保障優於行政機關之確認，爰認原告毋庸先向原處分機關請求確認：W.-R. Schenke, Jus 2/2016, S. 99. 依前述本法第6條第2項之立法理由，該條項之要求具有代替訴願程序之意義。就此可參見吳庚、張文郁，前揭書，頁321-322。

[231] Chr. Brüning, JuS 10/2004, S. 884-885. 另參見劉宗德、賴恆盈，前揭文，頁454；黃錦堂執筆，前揭文，頁90-91。

訟或一般給付訴訟者，不得提起之。但確認行政處分無效之訴訟，不在此限。」（德國行政法院法則規定於第43條第2項）學理上稱為**確認訴訟之補充性原則**。因確認訴訟既不能取得得以執行的判決主文，亦不能藉由判決的既判力直接變更法律關係，因此，在一般情形，給付訴訟與撤銷訴訟二者具有更強的權利保障效力，只有在原告不能藉由形成訴訟、給付訴訟獲得相同的權利保護時，行政法院始得對法律狀態作有拘束力的確認[232]。

確認訴訟之補充性的意義，在於有直接、更貼近事實、更有效的程序存在時，得以防止不必要的確認訴訟，尤其應避免淘空針對撤銷訴訟、課予義務訴訟的特別規定，例如起訴期間的要求。據此，假使原告擬確認行政機關無權對其作成特定行政處分（如稅捐處分），基於補充性原則，針對此等處分之撤銷訴訟將排除合法提起確認之訴的可能性。同樣地，主張有作成行政處分之請求權的確認之訴，亦將因其得提起課予義務之訴，基於補充性原則而不合法。然而，確認訴訟的補充性原則並不排除，**以藉由行政處分所創設、變更或廢棄之法律關係為標的之確認訴訟**；例如：稅捐處分的義務人主張，因其已履行稅捐義務，對其之稅捐請求權已不存在；又如：原告主張，對其作成之行政處分的效力範圍存在爭議，請求法院確認，其仍得為特定行為，因該行為非行政處分之禁止內涵所及。然而，假使藉由確認訴訟能獲得至少同樣有效的權利保障，就不能再以補充性原則為由，排除確認訴訟的合法性[233]。最後，本條第3項但書明文規定，**補充性原則不適用於確認行政處分無效之訴**；無論本法或德國行政法院法均為此等規定，係因行政處分之瑕疵，其效果究屬得撤銷或無效，有時難以明確判斷，應賦予原告得以選擇訴訟類型之可能性使然[234]，其選擇錯誤之相關效果，則已於「無效確認訴訟的特別要件」項下加以論列。

第7條（損害賠償或財產給付之請求）
提起行政訴訟，得於同一程序中，合併請求損害賠償或其他財產上給付。

❖立法說明❖

同一基礎事實所生之訴訟事件，當事人有二個以上合併訴訟類型可供同時提起，且具有不同訴訟目的之達成者，乃為訴訟併有關係，訴訟法上稱此為訴之客觀合併。行政訴訟法第7條規定：提起行政訴訟，得於同一程序中，合併請求損害賠償或其他

---

[232] H. Sodan/ S. Klucker, VerwArch 94/2003, S. 17; 蔡志方，前揭書，頁288-289。
[233] Chr. Brüning, JuS 10/2004, S. 883; Fr. Hufen, §18 Rn. 5; W.-R. Schenke, §43 Rn. 26-29.
[234] 蔡志方，前揭書，頁298-299。

財產上給付。本條爲舊法之修正，原行政訴訟法第2條規定：「提起行政訴訟，在訴訟程序終結前，得附帶請求損害賠償」、「前項損害賠償，除適用行政訴訟之程序外，準用民法之規定，但民法第二百十六條規定之所失利益，不在此限」。參酌本條修正「合併請求損害賠償或其他財產上給付」之立法目的，爲保護人民權利、基於訴訟經濟考量，並節省訴訟手續重複之瑣。刪除舊法第2項前、後段使行政訴訟程序與在公法上損害賠償仍包括所失利益之適用，俾使受害人得到更多公平救濟[235]。

❖內容解析❖

一、訴訟單獨類型

惟本條是否認定爲行政訴訟之單獨一種訴訟類型者，修訂前附帶提起損害賠償之訴，常因原行政處分之撤回或其他訴訟已終結而受影響，故修訂前應不具單獨訴訟類型，自不待言。至於修訂後，學者意見不一，有主張「嚴格言之，第7條規定，不能認係行政訴訟之一種類型，而係對於一般公法給付之訴中，關於損害賠償或其他財產上給付訴訟提起之特別規定罷了」[236]。吳庚大法官則視爲訴訟合併，顯將第7條列爲單純訴訟之類型[237]。惟損害賠償本質上屬一般給付訴訟，舊行政訴訟法尚爲附帶請求，而行政訴訟法新制，給付之訴已爲主要訴訟類型，且得以合併提起之訴訟，不限於損害賠償或其他財產上給付。新的訴訟類型如確認及課予義務，及原來撤銷之訴均得併同提起請求一般給付之訴，是以，合併請求爲客觀訴之合併，所謂得合併請求者，係指各客觀之訴均屬獨立訴訟，不因其一行政訴訟撤回或他訴終結而受影響。

按國家賠償請求權性質上亦爲公法上原因發生之給付請求權，人民可否依本法第7條向行政法院單獨提起國家賠償訴訟？國賠訴訟本質上屬於公法訴訟，涉及行政法專業，特別是行政法院對於行政行爲的違法性審查累積豐富經驗。因此，由行政法院審理國賠訴訟理應採肯定見解，惟最高法院採否認見解[238]，認爲「……依國家賠償法第十二條規定，請求國家賠償之訴訟適用民事訴訟法之規定，應循民事訴訟程序救濟，此即行政訴訟法第二條所指之法律別有規定。從而，現行行政訴訟雖於第八條第一項規定，因公法上原因發生財產上給付請求權時，可提起給付訴訟，在國家賠償法第十二條未修正前，自無適用之餘地。」故有學者陳清秀建議國家賠償法第12條宜修改爲「損害賠償之訴，除依本法規定外，適用行政訴訟法之規定。」[239]是以，各級

---

[235] 立法院議案關係文書，院總830號，政府提案4929-1號，委員提案1282-1號，頁501。
[236] 陳計男，行政訴訟法釋論，2000年初版，頁204。
[237] 吳庚，行政爭訟法論，2008年修訂4版，頁191。
[238] 最高行政法院91年度判字第2038號判決；95年度裁字第86號裁定。
[239] 陳清秀，行政訴訟法，2015年7版，頁2030。

行政法院認為人民不能因國家賠償之請求單獨逕以行政訴訟法第8條提起一般給付訴訟，只允許人民依行政訴訟法提起撤銷訴訟或確認訴訟時，依同法第7條向國家賠償之賠償義務機關合併請求損害賠償。

二、提起要件

　　確認、課予義務及原來撤銷均得併同請求一般給付之訴。人民就因國家之積極行政處分以外之公權力性積極或消極行為所導致之損害得選擇提起確認訴訟或課予義務之訴，而合併請求損害賠償或逕提一般給付訴訟；至於以行政處分違法應否撤銷為據者，行政訴訟法第8條第2項規定僅能依同法第4條提起撤銷之訴，並依同法第7條附帶請求損害賠償，而不能選擇訴訟種類[240]。再者，依本法規定提起一般給付之訴當然亦可依第7條合併請求損害賠償或其他財產上給付，不因合併提起位置先於第8條而作排除解釋，因而提起某特定物之給付訴訟，恐因給付不能而合併提起損害賠償訴訟[241]。

第8條（給付訴訟之要件）
人民與中央或地方機關間，因公法上原因發生財產上之給付或請求作成行政處分以外之其他非財產上之給付，得提起給付訴訟。因公法上契約發生之給付，亦同。
前項給付訴訟之裁判，以行政處分應否撤銷為據者，應於依第四條第一項或第三項提起撤銷訴訟時，併為請求。原告未為請求者，審判長應告以得為請求。

❖立法說明

　　一、人民與中央之地方機關間，因公法上原因發生之財產給付，其性質與司法上之給付不同，如有爭執，不宜循民事訴訟程序解決，爰增設給付訴訟之規定，俾得依行政訴訟程序解決此項公法上給付爭執。又因公法上契約發生之給付，例如行政院大陸委員會與財團法人海峽交流基金會所簽訂之委託契約，其情形亦同，爰併予規定。

　　二、第1項給付訴訟之裁判，如以行政處分應否撤銷為據者，為達訴訟經濟之目的，並免裁判結果互相牴觸，應於第4條第1項、第2項、第4項或第5項提起撤銷訴訟時一併請求為宜，如原告未為請求者，審判長應告以得為請求，爰設本條第2項，以資遵循。

　　三、給付訴訟不採訴願前置主義，無行政訴訟雙軌制之適用，除向中央行政法院

---

[240] 蔡志方，論行政訴訟與民事訴訟共通之制度與法理，月旦法學雜誌47期，1999年4月，頁55、64。
[241] 陳計男，行政訴訟法釋論，2000年初版，頁204。

提起行政訴訟併爲請求賠償者外，應以地區行政法院爲第一審管轄法院。

四、本條第3項刪除理由（2011年11月1日）：依最新制，給付訴訟未必均以高等行政法院爲第一審管轄法院，爰刪除本條第3項規定。

❖內容解析❖

一、前　言

　　行政訴訟法自民國初年實施以來，提起行政訴訟，僅限於不服行政處分之事件始得提起撤銷之訴，以致形成「非行政處分，即無行政救濟」之現象（wo kein Verwaltungsakt, da kein Rechtsschutz）。此種以行政處分作爲提起行政訴訟之前提要件，學者稱爲「行政處分具有開啓行政訴訟之功能」（rechtsschutzeröffnende Funktion），正因爲如此，行政法院基於有權利必有救濟，有救濟斯爲權利之法理，擴大人民有向行政法院提起救濟之機會，在人民提起撤銷之訴時，行政法院往往從寬認定行政處分，例如拆除違建，在執行拆除即行間接強制或直接強制之前，依行政執行法第27條須先公函告知相對人限期自行拆除，其性質應爲執行前之預爲告戒，行政法院訴訟實務上多視此一書面預爲告戒爲行政處分，不僅如此，若違建戶請求暫緩拆除，市府以書面函復不同意，行政法院亦從寬受理認爲此一函復爲行政處分[242]。新修訂之行政訴訟法增列訴訟類型，不再限於撤銷訴訟一種，另增列確認訴訟、課予義務訴訟與一般給付訴訟等。行政處分之存在與否，以及行政處分之種類[243]已進一步決定「訴訟類型之功能」（rechtsschutzformbestimmende Funktion）。人民與行政機關間之系爭行政行爲若屬行政處分，將涉及撤銷、課予義務與確認之訴；反之，若屬非行政處分之其他公法上行政行爲，如要求行政法院判令被告機關爲某種事實行爲（如命政府爲某事公開道歉、命某機關更正不利於某人之資料錯誤記載）或基於公法上原因發生財產上給付等（如公保給付、違法授益行政處分撤銷之損失補償之爭議與金額[244]），則涉及一般給付之訴。一般給付之訴與課予義務之訴，學者統稱「給付之訴」[245]。按給付之訴源自民事訴訟法，係指原告主張對於被告，有特定私法上請求

---

[242] 參見吳庚，行政法之理論與實用，2015年增訂13版，頁457。

[243] 學者將行政處分之種類區分有各種不同方式，有依處分之內容、對關係人之效果、行政機關受法律羈束程度之不同等而作分類，然而就行政處分之內容爲區分標準而言，下命、形成與確認三種，對於下命性行政處分往往採取撤銷之訴，形成性行政處分可採課予義務之訴，確認性行政處分則可採確認之訴。

[244] 行政程序法第120條第3項。

[245] 課予義務之訴亦有以「特別給付之訴」，而與「一般給付之訴」相對稱之。因而，一般給付之訴功能，在於補充課予義務之訴的不足，使行政處分以外之公權力行政行爲，亦得經由行政訴訟得到救濟，故有稱一般給付之訴有補充課予義務之訴功能。吳綺雲，德國行政給付訴訟之研

權，被告有給付義務，因而原告請求法院爲給付判決之訴，請求法院判令被告爲一金額之支付、特定物之給付、一定之作爲或不作爲、一定的意思表示等。行政訴訟法轉借民事訴訟法「給付訴訟」概念，民事訴訟法雖未因給付內容之不同，而進一步區分給付訴訟之類型，反而，行政訴訟法卻依行政機關公法上「給付內容之不同」，而將「給付之訴」區別爲「課予義務之訴」與「一般給付之訴」，前者給付內容限於行政處分，後者則爲行政處分以外之其他公法行政行爲，例如請求行政法院判令行政機關積極作成一事實行爲或財產上給付。本法第8條第1項學理上稱爲一般給付訴訟，以與同具給付性質的課予義務之訴及請求公法上損害賠償之訴有所區別。

按給付之訴通常限於已屆清償期之給付，至於爲將來之給付而提起給付之訴，學者稱之「預防性不作爲之訴」，在學理與實務上屢有爭議。學者在討論「給付之訴」，除將「課予義務之訴」與「一般給付之訴」納入其中外，亦有將「預防性不作爲之訴」（die vorbeugende Unterlassungsklage）歸類爲「給付訴訟」之一種。所謂預防性不作爲之訴，係指人民可否訴請行政法院判令被告機關未來不得作成可能損害其權利之行爲（包括作成行政處分或行政處分以外之行政行爲）。「預防性不作爲之訴」爲德國學界與法院實務界所承認，於行政法院法中並無明文規定，此一訴訟僅針對防止行政機關未來可能侵害人民權利之行爲，人民可否事先訴請行政法院判令行政機關未來針對某一具體個案消極不作爲，其中包括消極地不作成一個行政處分以及消極地不作成行政處分以外之其他公法行政行爲。行政訴訟法增列之各種訴訟類型，皆係針對行政機關已經或依法應作成之行政行爲而不爲，屬於一種事後救濟（nachträglicher Rechtsschutz），僅有預防性不作爲之訴係針對行政機關尚未作成任何行政行爲或依法尚不應作成任何行政行爲，唯恐一旦作成後，提起撤銷、確認、義務等事後救濟之訴訟，無法發揮及時有效之救濟效果，原告不具有容忍行政機關作成行政行爲之義務，而認有權利保護之必要，故提起預防性不作爲之訴。

預防性不作爲之訴訟在德國法院實務上有針對未來消極不作成行政處分之案例——OVG Lüneburg[246]。某搖滾樂餐廳不定期向市府申請週末延長營業時間至凌晨三點，市府每次皆予以個別許可。鄰近居民受到干擾深以爲苦，因而提起預防性不作爲訴訟，行政法院認爲居民針對延長營業時間之許可提起撤銷之訴將緩不濟急，因爲居民每次感受到餐廳又在深夜營業時，始察覺市府已又批准延長營業之許可。由於居民無法於事後救濟方式達到有效法律救濟，因而不能要求居民必須等到市府批准延長營業許可後再行訴請救濟。德國行政法院在針對防止行政機關未來不得作成行政處分與行政處分以外之行政行爲，兩者在「權利保護必要性上」，在不得作成行政處分

究，司法院編印，1995年，頁122。
[246] DVBL, 1971, 421.

之要求標準較高，此乃因爲訴願與撤銷訴訟之提起具有暫時停止行政處分執行力之效果，因而針對行政機關行政處分之行政行爲，一般而言，可採事後權利救濟。相對之下，要求行政機關未來作成行政處分以外之行政行爲，其「權利保護必要性」之標準則相對爲低。例如聯邦行政法院判決[247]中指出，某公立大學學生要求法院判令該大學學生會對於非屬大學學生學習受教權益相關事項如針對嚴重侵害人權之某外國元首支持或發動示威遊行之行爲，不得日後再從事此種與學生權益無關之類似動作或行爲，行政法院判令學生可以提起預防性不作爲之訴。

　　我國行政訴訟法未明定預防不作爲訴訟，然而從憲法保障人民有訴訟權，以及行政訴訟法第2條容認公法上爭議除法律別有規定外，均容許依行政訴訟法第8條規定，提起預防不作爲訴訟，惟專以行政處分以外的事實行爲或單純高權行爲而提起不作爲之訴，不能僅憑過去違反義務之事實，必須以因行政機關之作爲有對其發生重大損害之虞，始承認具有權利保護之必要[248]，至於訴請不作爲性質之對象爲行政處分時，我國學者之見解則與前述德國實務界見解一致，有訴願與撤銷之訴可供救濟，原則上不能以預防性不作爲訴訟主張之[249]。

　　提起一般給付訴訟之要件，除與其他訴訟類型般須具備一般實體要件外[250]，尙應具備特別實體要件。一般實體要件如管轄權[251]、當事人能力與訴訟能力[252]、起訴應符合法定程式及其他要件[253]、權利保護之必要等，欠缺一般實體要件又不能補正時，行政法院原則上得以程序判決或裁定駁回[254]。

二、一般給付訴訟之特別實體要件

(一)給付原因乃基於公法法律關係

　　人民與中央或地方機關間彼此給付原因有基於私法或公法法律關係而生，前者如人民因承攬機關工程發生工程價金支付如有爭議應依民事訴訟程序向普通法院提起民事訴訟；後者因公法法律關係產生之給付爭議則循行政訴訟法提起一般給付之訴。由於公法法律關係係以各種不同形式表示，其給付內容當有不同，各種不同形式如下：

---

[247] BvewGE34, 96; Claus Limbeck, Verwaltungsrechtsschutz, 1986, S. 58.
[248] 陳清秀，行政訴訟法，2012年5版，頁208以下。
[249] 吳庚，行政法之理論與實用，2015年增訂13版，頁185。
[250] 訴訟要件爲民事訴訟法所稱，我國學者多沿用德國立法例稱實體要件。
[251] 本法第13條以下。
[252] 本法第22條以下。
[253] 本法第105條以下。
[254] 吳庚，行政法之理論與實用，2015年增訂13版，頁182。

1.以公法法律之形式

如公務員考績法第7條：公務員考績甲等，晉本俸一級，並給予一個月俸給總額之一次獎金。甲公務員1999年考績為甲等，依法有請求給付一個月考績獎金之權利，設若政府只核予晉級，卻未發給獎金，此時甲根據公務員考績法提起一般給付之訴，請求發給一個月考績獎金；反之，設若政府發給獎金，卻未核予甲晉級，此時甲可提起課予義務之訴，請求其所服務機關作成一准予晉級之行政處分。

2.以行政處分之形式

行政程序法第127條：「授予利益之行政處分……，經撤銷、廢止或條件成就而有溯及既往失效之情形時，受益人應返還因該處分所受領之給付，其行政處分經確認無效者，亦同」。行政機關對於受領給付之受益人得選擇作成一個命相對人為給付之行政處分；或提起一般給付之訴[255]，此為行政機關對人民提起一般給付之訴案例，反之，人民亦得向行政機關提起一般給付之訴案例如依稅捐稽徵法第38條「納稅義務人經復查、訴願或行政訴訟等程序終結決定或判決，應退還稅款者，稅捐稽徵機關應於復查決定或接到行政法院判決書正本後十日內退回……」。納稅義務人對於稅捐稽徵機關未退稅款者，得提起一般給付之訴。

3.以行政契約之形式

行政機關為達成特定之行政目的，與人民約定提供某種給付，並使接受給付者負合理之負擔或其他公法上對待給付之義務，而成立行政契約關係。行政契約依行政程序法有和解契約（行政程序法§130）與雙務契約（行政程序法§131）。前者，除特約自願接受強制執行之情形外，得提起一般給付之訴；後者如國立陽明醫學院因公費醫學教育學生訂立行政契約，其中第14點規定「公費畢業生於規定服務期間，不履行其服務之義務者，……並應償還其在學期間所享受之公費」[256]。此種如志願書、保證書或切結書所訂立之行政契約，當事人如未履行其服務義務者，行政機關當可提起一般給付之訴要求締約他方返還公費。反之，人民亦得基於行政契約請求政府為金錢之給付，例如國家賠償法第14條第2項賠償義務機關與受害者即請求權人所簽訂之國家賠償協議書，如賠償義務機關拒不履行賠償金額之支付者，則請求權人可提起一般給付之訴。行政訴訟法第8條第1項後段最後一句「因公法上契約發生之給付，亦同」之提示，不應誤以為公法契約為一般給付之訴唯一的原因，充其量僅為發生一般給付之訴眾多類型的公法法律關係中一種形式罷了[257]。又，屬於行政契約而生之給付，有情

---

[255] 惟亦有主張公法上之給付，基於行政處分而生且可透過行政執行之方式達到目的者，則宜以命相對人為金錢給付之行政處分，而毋庸提起一般給付之訴。

[256] 司法院釋字第348號解釋理由書參照。

[257] 持相同見解者如吳庚，行政法之理論與實用，2015年增訂13版，頁182。

事變更原則之情形，依行政訴訟法第203條規定「公法上契約成立後，情事變更，非當時所得預料，而依其原有效果顯失公平者，行政法院得依當事人聲請，為增、減給付或變更、消滅其他原有效果之判決」，自不待言。

4.以事實行為之形式

行政主體以直接發生事實上之效果而不發生法律效果之行為，一般欠缺法效性之觀念通知亦將列為事實行為，因而人民要求行政機關發表道歉或澄清某事之聲明；要求行政機關完成締結行政契約；依行政程序法第46條第4項，當事人於閱覽資料或卷宗內容關於自身之記載有錯誤者，得檢具事實證明，請求相關機關更正，而該相關機關不予同意更正者；就行政機關向人民提起一般給付之訴者如傳染病防治法第39條規定：醫師診治病人，發現傳染病……應視實際情況立即指示採行必要之感染控制措施並報告主管機關。醫師違反報告義務除遭罰鍰外，行政機關亦得提起一般給付之訴命醫師提供報告。

(二)給付之內容限於財產上給付或作成行政處分以外之其他非財產上之給付

財產上給付包括金錢或雖非金錢但為有財產交易價值之物，如政府已同意依社會救助法每月給付生活扶助金、公務人員退休金之給付，然均未見支付以及依全民健康保險法之醫療給付（即非金錢但有財產交易價值之狀態），惟人民請求財產上給付如果須先以行政機關同意與否為前題者，則該人民須先提起課予義務之訴，自不待言。

又財產上給付發生原因常見於損失補償之事件。行政法上損失補償法理基礎採取特別犧牲說，亦即財產權負有社會義務，其損失如係屬社會義務範圍內者，負有容忍之義務，不在補償之列，必其損失超過社會義務而高於一般人應容忍之程度，如不予以補償將失公平者，始構成特別損失，而得就其特別損失請求補償。行政法中基於特別犧牲之理論明文規定損失補償者不勝枚舉，如行政執行法第41條：「人民因執行機關依法實施即時強制，致其生命、身體與財產遭受特別損失時，得請求補償」。受損失人民如因強制執行機關拒絕補償或決定補償金額不符其所要求，則得提起一般給付之訴。至於行政處分以外之其他非財產上給付即是指人民無法藉由撤銷訴訟或課予義務訴訟之提起，而請求法院命行政機關作成行政處分以外之其他公法行政行為如事實行為、單純高權行政等，簡言之，人民訴求內容只要是不屬於要求行政機關作成行政處分者，皆可提起一般給付之訴[258]。此種除行政處分以外之其他公法行政行為類型甚多，如要求准予閱覽卷宗、更正錯誤資料、要求行政機關

---

[258] 凡屬於作成行政處分者，則提起課予義務之訴，故一般給付之訴與課予義務之訴，彼此間有補充性（subsidäre funktion）。參照彭鳳至，德國行政訴訟制度及訴訟實務之研究，行政院編印，1998年，頁45。

為某事公開道歉、要求行政機關簽訂行政契約、對於公法上違法結果排除請求權（Folgenbeseitigungsanspruch）[259]。惟人民向行政機關申請為前述之給付而遭行政機關同意或拒絕時，如申請准予閱覽卷宗或提供資料遭拒絕時，該拒絕本身則為一行政處分。

　　一般給付之訴之內容即係包括請求作成行政處分以外之其他非財產上之給付，因而人民可否提起一般給付訴訟要求行政法院判令行政機關應儘速根據法律之授權制頒法規命令或自治規章，對此學者稱為「制定法規訴訟」（Normerlassklage）。此一問題，在德國意見紛歧，有主張法規命令之制頒仍屬行政機關行政為之一種，自應屬於一般給付之訴適用範圍；反對者則認為一般給付之訴應僅針對行政機關之具體「個別行為」（Einzelakte），至於制頒法規命令此一抽象「一般行為」（generelle Akte），則不屬於一般給付訴訟之適用對象，德國行政法院實務上偏向前者[260]。我國行政訴訟法第8條規定給付之內容，除財產上給付外，另可請求作成行政處分以外之其他非財產上之給付，依學者[261]見解多以某種「事實行為」（Realakt）或單純之高權行為，顯係著重行政機關具體之個別行為，因而，人民對此不得提起一般給付之訴，充其量僅可依據行政程序法第152條由人民團體提出法規命令之草案[262]。

(三)原告要求給付之權利有保護之必要

　　一般給付之訴與其他訴訟類型般均應有權利保護之必要，始能由法院作成裁判，以避免訴訟權利之濫用，具有排除民眾訴訟（Popularklage）之功能。本實體要件雖非行政訴訟法第8條明文規定，自屬當然之解釋，因而提起一般給付訴訟之人必須主張行政機關不作為（行為、不行為或容忍之給付）致損害其權利，如因行政契約發生之給付，已屆清償期，行政機關向未給付，或公法給付清償期雖不明確，但被告（特別是當行政機關向人民請求給付時），有將來恐不能履行之虞者始具有權利保護之必

[259] 亦有學者譯為「公法上回復原狀請求權」，為對已執行之違法行政處分，於行政法院判決予以撤銷時，賦予處分相對人得請求除此該行政處分執行之後果，以資回復未執行前狀態而逐漸形成之。如沒收、徵收被撤銷後，人民請求返還被沒收或徵收之物；官署拓寬道路逾越路界侵占民地，人民請求返還土地；人民可提起一般給付之訴，作為排除高權行政行為，尤其是事實行為，所造成的持續性權利侵害之基礎，參照彭鳳至，前揭書，頁131。依德國行政法院法第113條第二句，撤銷行政處分之判決中，行政處分如已經執行者，法院應依聲請宣告回復原狀，同時並宣告行政機關應如何方法使該執行回復原狀。此時，如違法狀態係由一行政處分而發生，而該處分已執行者，則為排除執行所帶來之事實狀況，於提起撤銷訴訟時，合併提起一般給付訴訟。
[260] Giemulla/Jaworsky/Müller-Uri, Verwaltungsrecht, Ein Basisbuch, 6. Aufl., 1998, Rn. 890a；不同引證見彭鳳至，德國行政訴訟制度及訴訟實務之研究，行政法院編印，1998年，頁45。
[261] 吳庚，行政法之理論與實用，2015年增訂13版，頁182。
[262] 學者陳清秀主張宜以提起確認之訴，請求行政法院確認行政機關有頒布此一行政法規義務之方式解決。陳清秀，行政訴訟法，2012年5版，頁194。

要[263]。

(四)須不屬於得在撤銷訴訟中併為請求之給付

給付之裁判，如果以行政處分應否撤銷爲依據者，基於訴訟經濟目的，並避免裁判結果相互牴觸，故行政訴訟法第8條第2項規定應合併請求，並同時規定審判長有告知之義務，以便使提起撤銷之訴原告有及時爲訴之追加，合併爲給付之訴，例如市民依社會救助法請領生活扶助，遭市府否准，市民針對此一否准行政處分提起撤銷之訴，同時合併請求給付一定金額之生活扶助金，惟行政機關對人民請求給付時，自無本項之適用，蓋撤銷之訴限於行政機關爲被告。

三、一般給付之訴與其他訴訟種類不同之點

(一)一般給付之訴為當事人訴訟，其他訴訟類型為抗告訴訟

所謂抗告訴訟是人民不服公權力行使之訴訟，人民與政府間處於不對等地位，其主張訴訟類型有撤銷訴訟、課予義務訴訟、處分無效確認訴訟等。所謂當事人訴訟係指非直接攻擊公權力行爲爲目的，而係有關對等當事人之間，亦即行政機關與人民彼此相互間涉及到公法上權利義務關係之訴訟，是以，行政訴訟法第8條第1項第一句用語爲「人民與中央或地方機關間」，其中「間」即意涵提起一般給付之訴當事人有對等地位[264]。

提起一般給付訴訟之原告，不限於人民對行政機關之公法給付，亦同時包括行政機關對人民請求公法給付。一般給付之訴與其他行政訴訟種類不同在於請求保護者不是人民，而是行政機關，由於人民無權作成行政處分，人民因公法法律之原因，發生應爲給付之行爲、容忍或不作爲之義務。行政機關請求給付不應基於行政處分，而是根據公法法律關係規定行政機關得以人民爲被告，請求行政法院判令人民應作爲、容忍或不作爲，故本法第8條規定「人民與中央或地方機關間」是一種當事人對等的訴訟。至於隸屬於同一公法人下之兩個行政機關間，若提起一般給付訴訟，學理上稱「自體訴訟」，依學者見解應援引本法第2條「公法上之爭議，除法律別有規定外，

---

263 行政訴訟法第115條規定準用民事訴訟法第246條，民事訴訟法第246條規定：「請求將來給付之訴，以有預爲請求之必要者爲限，得提起之。」顯係亦以有權利保護之必要性始得提起，學者劉宗德持同一見解。劉宗德，前揭書，頁1157，註177。

264 惟「當事人訴訟」與「抗告訴訟」均屬與自己權利義務有關的主觀訴訟，除此之外另有「客觀訴訟」，包括與公益有關的民眾訴訟與機關訴訟，前者如日本公職選舉法對選舉關係提起當選或選舉無效；地方自治法規定住民訴訟即地方納稅義務居民對地方公共團體財務支出之違法可提起住民訴訟，要求地方公共團體追償此一財務不當問題。後者例如日本行政事件訴訟法第6條：「機關訴訟，如國家與（或）地方公共團體相互間之權限爭議或其他公法上爭議，除法律別有規定者外，得依本法提起行政爭訟。」

得依本法提起行政訴訟。」作為提起之依據[265]。

(二)一般給付之訴與課予義務之訴相異點

1.給付內容不同

課予義務之訴為請求行政法院判命行政機關作成行政處分或特定內容之行政處分；一般給付之訴為財產上給付或行政處分以外之非財產上給付。惟財產上或非財產上之給付，若須以行政處分預為決定者，如申請社會救助給付，須先經社會局為許可處分者，原告應先提起課予義務之訴，若社會局已發函同意給予救助，卻仍遲不付款時，原告得隨後提起一般給付訴訟。又，在足以認定原告有權利保護之必要即得提起課予義務之訴，同時提起一般給付之訴。

2.提起訴願前置要件不同

訴願之提起依訴願法第1條針對行政機關違法或不當行政處分，按一般給付之訴特色在於針對行政機關行政處分以外之其他非財產上給付，給付之內容既然非行政處分，故提起一般給付之訴，本質上就不存在提起訴願之條件，不須經訴願前置程序。然而，基於權利保護之必要，人民宜先向行政機關主張其公法上給付請求權，請求行政機關作為、忍受不作為而無結果時，再向行政法院提起一般給付之訴，較為妥適。至於課予義務之訴依行政訴訟法第5條規定，無論係屬行政機關怠於作成處分（§5Ⅰ）或人民不服行政機關拒絕申請（§5Ⅱ）之課予義務訴訟類型，依本法第5條第1項、第2項規定均須經訴願程序。相較於德國行政訴訟法制，須經訴願前置程序者僅限於類似我國行政訴訟法第5條第2項類型，亦即人民不服行政機關作成拒絕申請處分之訴（Vornahmeklage）[266]。對於行政機關怠於作成行政處分，人民則得直接提起課予義務之訴，毋庸經訴願前置程序。由於一般給付訴訟係針對人民與行政機關間事實行為所生之爭議，即為事實行為則無庸經以行政處分為中心的訴願前置程序[267]。提起一般給付訴訟之期間，行政訴訟法無明文規定。惟解釋上，原告欲求其訴訟勝訴，應於其公法上請求權時效期間內均可提起。

---

[265] 吳庚，行政法之理論與實用，2015年增訂13版，頁182。

[266] 例如，役齡男子甲依兵役法第41條申請緩召，國防部有可能作成不同意、拒絕之處分或既不表同意亦不明示拒絕。前者針對國防部已作成不同意緩召處分，一般而言，甲雖可針對不同意之行政處分提起撤銷之訴，惟縱然行政法院於日後撤銷國防部不同意緩召之處分，甲再申請緩召，國防部仍有不同意之可能，縱使會同意，仍須甲再提起緩召申請，如此一來，甲緩召之請求卻額外必須先提起撤銷之訴，不但不符訴訟經濟原則，對人權保障亦有所不足。故甲應可提起拒絕申請之課予義務之訴，惟在提起該訴之前，由於國防部已作成不同意緩召之行政處分，甲應當先經訴願前置程序。

[267] 例外規定，須經訴願始得提起一般給付之訴有德國公務員基準法（BRRG）第126條第3項；參考Giemulla/Jaworsky/Müller-Uri, Verwaltungsrecht, aaO., Rn. 867。

3.裁判方式不同

一般給付之訴之裁判方式，行政訴訟法並無明文規定，因而，於一般給付訴訟，訴訟有理由時，行政法院判令被告機關為一定作為（如給付原告新臺幣若干之；應將原告之姓名從警局前科檔案中刪除；應撤銷對原告不實貪污之指控並登報道歉等）或被告機關一定之不作為[268]（如被告在未遷址現址之前不得進行人行道改建工程；請求衛生局不得再繼續發布某廠商食品有害健康之資訊）。惟一般給付之訴，若行政機關對原告之請求具有裁量權，案情未達於可為裁判程度者，行政法院得援引課予義務之訴類推適用行政訴訟法第200條第3、4款之規定[269]。相對於課予義務之訴，本法第200條明定裁判方式，第3、4款分別規定「原告之訴有理由，且案件事證明確者，應判命行政機關作成原告所申請內容之行政處分」、「原告之訴雖有理由，惟案件事證尚未臻明確或涉及行政機關之裁量決定者，應判命行政機關遵照其判決之法律見解對於原告作成決定」。

4.判決可否強制執行不同

一般給付訴訟行政法院所為之判決可為強制執行，行政訴訟法第305條所稱之裁判專指行政法院命債務人為一定給付之確定判決，得作為行政法院強制執行名義，反之，課予義務訴訟之判決則無法強制執行，蓋其尚待有關機關進一步作成行政處分實現其內容，行政法院無法代替行政機關作成行政處分，否則有違權力分立原則。惟德國法制行政法院對此亦有間接強制方法之設計，亦即反覆科處一定數額之強制金。

(三)一般給付之訴與撤銷之訴之異同

1.排他性

凡原告起訴事實有關爭執須排除行政處分之效力始能解決爭議者，應先提起撤銷訴訟，撤銷訴訟故有排他性。行政訴訟法第8條第2項「前項給付訴訟之裁判，以行政處分應否撤銷為據者，應於依第四條第一項或第三項提起撤銷訴訟時，併為請求。原告未為請求者，審判長應告以得為請求」即涵有此意，例如違法吊銷駕照並同時沒收該駕照，針對違法吊銷駕照之處分提起撤銷訴訟外，亦得併為提起一般給付之訴，請求返還所沒收的駕照。惟在結果除去請求權，對於其因行政處分之執行及其他違法行政行為直接所生之損害，在該行政處分被廢棄時，得請求予以排除損害之權利，例如對於違法課稅處分提起撤銷之訴，同時一併提起一般給付之訴請求返還所已違法徵收

---

[268] 學者稱此為「公法上不作為請求權」，係指人民因公行政主體執行單純高權行為，違法侵害其公法上權利或受法律保護之利益，且擔憂繼續受該項侵害者，具有公法上防禦請求權，其提起不作為之訴，即為有理由。

[269] 吳綺雲，德國行政給付訴訟之研究，司法院編印，1995年，頁149。

或繳納之稅款[270]。

原告若未依前開第2項規定為併合請求者，審判長應告以得為請求。若原告未提起上揭併合請求，於撤銷訴訟確定後，得否再提起此一般給付訴訟，即有待研究。吾人以為，前述第8條第2項規定之訴訟要件限制，無非在充分利用訴訟程序，以免當事人及法院審理上之勞費，而不以剝奪人民提起訴訟救濟權益為目的；又提起撤銷訴訟時，並非當然已發生得主張公法上財產給付請求權或行政處分以外非財產上給付請求權等事實，原告非得即時決定是否主張一般給付訴訟，或即為具體內容之一般給付訴訟聲明。準此以觀，該條項似應作為撤銷訴訟審理之注意規定，關於一般給付訴訟方面，宜限縮解釋為原告於第一審提起一般給付訴訟時，若有相關撤銷訴訟繫屬中，則應命原告於撤銷訴訟中合併聲明，不得另行提起一般給付訴訟，但如撤銷訴訟已上訴最高行政法院，因最高行政法院已係法律審，審判長不可能再命併合請求，即無該條項之適用，另相關撤銷訴訟已確定，而於該撤銷訴訟中並未合併提起一般給付訴訟，亦應無該條項之適用，否則第一審審判長如漏未依法告知，而原告不知合併請求，嗣後亦不得提起訴訟，對原告權益之保障並不完備。

2.判決之強制執行

如前所述，一般給付訴訟判決，高等行政法院可為強制執行，反之，撤銷訴訟依本法第304條「撤銷判決確定者，關係機關應即為實現判決內容之必要處置」。由於撤銷之訴乃單純之撤銷行政處分之效力為目的，故一經法院撤銷之判決，則毋庸強制執行。

第9條（維護公益訴訟）

人民為維護公益，就無關自己權利及法律上利益之事項，對於行政機關之違法行為，得提起行政訴訟。但以法律有特別規定者為限。

❖外國立法例❖

根據司法院行政訴訟制度研究修正委員會對於本法第9條之說明，本條主要是仿照日本行政訴訟事件法第5條與第42條民眾訴訟之規定，其目的在於維護公益[271]。日本法制中有關准許人民以維護公益為目的所提起之訴訟，包括有關選舉罷免事件爭

---

[270] 陳清秀，行政訴訟法，2012年5版，頁202。
[271] 司法院行政訴訟制度研究修正資料彙編（六），司法院編印，1993年，頁922-923。

議的選舉訴訟與住民訴訟。所謂住民訴訟，亦稱為納稅人訴訟[272]，係規定於地方自治法。根據日本地方自治法第242條規定，任何地方住民為監視公共地方團體的財產管理及財務會計上行為的適否，可以指摘地方公共團體的財務會計上行為違法或不當，並請求監察委員進行監察。同法第242條之2進一步規定，若住民請求監察，而監察委員不進行監察，或不採取適當的措施或雖經監察委員勸告糾正，而議會首長或其他關係機關不遵從勸告時，提出監察請求的住民得逕行向法院提起訴訟，對於監察委員督促其實施監察，或對於地方公共團體的議會、首長及其他職員，糾正違法的財產管理行為[273]。住民訴訟的主要目的，在於使地方住民負起監督之責，防止或改正地方公共團體之職員違法支付公款、違法管理財產、處分財產等行為，以確保地方公共團體財產之健全[274]。

　　然而，除日本之住民訴訟與選舉訴訟外，比較立法例上，以維護公益為目的之訴訟制度，尚可以德國團體訴訟（Verbandsklage）與美國公民訴訟（Citizen Suits）為代表。德國法制上的團體訴訟，首先見於一般民事訴訟，係指有權利能力之公益團體，依法律之規定就他人違反特定禁止或無效之行為，得請求法院命令他人中止或撤回其行為之民事訴訟[275]。此種制度設計具有以下幾點特徵：首先，提起團體訴訟之原告，限於有權利能力之公益團體；其次，團體訴訟之原告僅得提起請法院判命被告中止一定行為或撤回一定行為之訴訟；此外，團體訴訟原告之起訴係基於團體法人自己之實體權利，並非代理會員或基於擔當訴訟之權利，而此種權利必須有法律特別規定；最後，團體訴訟原告之勝訴判決，團體各會員得為引用而據以主張判決對其有拘束力[276]。至於行政訴訟上的團體訴訟，則係針對行政機關之違法行為而提起，起訴之目的在於維護公益，且須無關於人民自己權利或法律上利益之事項。在德國行政訴訟審判系統中，目前僅有九個邦之環境保護法例外承認團體訴訟[277]。此外，德國各邦環境保護法所承認之團體訴訟，必須該環保團體依聯邦自然環境保護法規定，經主管機關承認[278]。德國行政訴訟實務並認為，前述團體於任何情況下，如為其社員之利益起

---

272 陳清秀，行政訴訟法，2015年7版，頁159-162。另參考邱惠美，我國行政訴訟法中有關團體訴訟制度之研究，政大法學評論80期，2004年8月，頁26。

273 陳清秀，行政訴訟法，2015年7版，頁159-162。

274 司法院行政訴訟制度修正委員會第87次會議參考資料，司法院行政訴訟制度研究修正資料彙編（三），司法院編印，1986年，頁414-415。

275 張文郁，行政訴訟中團體訴訟之研究─以環境保護相關法律為中心，月旦法學雜誌111期，2004年8月，頁101-107。另參照彭鳳至，論行政訴訟中之團體訴訟─兼論行政訴訟法第35條之再修正，收錄於：當代公法新論─翁岳生教授七秩誕辰祝壽論文集（下），2004年，頁103-117。

276 陳榮宗，美國群眾訴訟與西德團體訴訟（上），法學叢刊118期，1985年，頁22-23。

277 有此規定之九個邦分別為：Berlin, Brandenburg, Bremen, Hamburg, Hessen, Saarland, Sachsen, Sachsen-Anhalt, Thueringen，詳請參閱彭鳳至，德國行政訴訟制度及訴訟實務之研究，司法研究年報19輯17篇，1999年，頁435-436。

278 彭鳳至，前揭文，頁436。

訴，皆屬不合法[279]。

至於美國法制上的公民訴訟，則發展自法院所採的納稅人訴訟（taxpayers' suit）或人民擔任私檢察長（private attorney general）的理念，目前則散見於環保、工業安全衛生，及人權保障等法律中，但以環保的公民訴訟最為活躍[280]。然而，由於各個法律的具體內容不一，公民訴訟的內涵亦不可一概而論[281]。不過，整體言之，美國公民訴訟制度的主要精神，在於藉由對原告適格（standing）的放寬，使得公民能有效運用獨立司法系統，解決執法怠惰的問題。值得注意的是，公民訴訟雖因個別法律對於原告適格的放寬而有濃厚的公益色彩，但這並非意味任何與案情無關的個人或團體均得以捍衛公益為名任意提起訴訟。相反地，由於個別公民訴訟條款細節規定容有不同，原告仍應主張相當程度的利益關聯[282]，此乃美國公民訴訟與德國純粹取向於公益的團體訴訟間之主要差異點。雖然公民訴訟的主要目的仍在於維護公益，但若對其實體判決要件規定過於寬鬆，可能因而不當影響主管機關執法上的資源分配。因此，立法者於通過公民訴訟條款時，多加入「非裁量行為」、「政府疏於執法」，以及於一定期間內先行告知之限制[283]。此外，判決內容上亦有所限制[284]。

❖立法目的❖

本條最主要的立法目的在於突破傳統「訴訟利益理論」，使得立法者得針對特殊情況之公法爭議事件，賦予人民得為維護公益之目的，就非關自己權利或法律上利益之事項，針對行政機關之違法行為，提起行政訴訟[285]。

根據傳統的行政訴訟理論，人民僅得就損害其權利或法律上利益的違法行政行為提起訴訟。然而，在現代社會中往往存在行政機關之違法行為有損公益，但卻未構成人民權利或法律上利益損害之情形。在此種情形下，若仍堅持傳統行政訴訟理論，將使行政機關之違法行為，僅得透過對於個別公務員責任的追究而間接加以控制。若是

---

[279] 彭鳳至，前揭文，頁85。

[280] 葉俊榮，民眾參與環保法令之執行—論我國引進美國環境法上「公民訴訟」之可能性，收錄於：氏著，環境政策與法律，2010年2版，頁238-244。另參照葉俊榮，環境法上的公民訴訟：論制度引進的原意與實現的落差，收錄於：跨世紀法學新思維—法學叢刊創刊50週年，法學叢刊雜誌社，2006年，頁187-214；李建良，論環境法上之公民訴訟，法令月刊51卷1期，2000年，頁14-27。

[281] 葉俊榮，環境法上的公民訴訟：論制度引進的原意與實現的落差，收錄於：跨世紀法學新思維—法學叢刊創刊50週年，法學叢刊雜誌社，2006年，頁241。

[282] 葉俊榮，前揭文，頁241-242。

[283] 葉俊榮，前揭文，頁245-246。

[284] 美國法制上的公民訴訟，判決內容原限於禁制令的發布，以強迫污染者或行政機關為一定不作為或作為之義務。日後制定的公民訴訟條款，則將判決內容擴大至罰鍰（civil penalties），詳請參閱葉俊榮，前揭文，頁247-248。

[285] 司法院行政訴訟制度研究修正資料彙編（六），司法院編印，1993年，頁922-923。

公務員個人責任難以追究，將使司法權完全無法就行政機關之違法行為加以有效的控制，從而有違法治國家與權力分立的精神。雖然，傳統上將前述情形的控制歸屬於議會以及定期改選等民主機制，但面對現代日益升高的法治化要求，傳統的控制機制終有不足。

綜上所述，本條突破傳統訴訟利益理論，賦予人民得為維護公益，就非關自己權利或法律上利益事項對於行政機關違法行為提起訴訟，實具有引進民眾參與法令執行，強化司法權對於行政權合法性控制的積極意義，就此而言，確屬前瞻性立法。然而，畢竟此種情形乃屬例外，若運用不慎或過度浮濫，可能導致人民濫行訴訟，故本法但書明文規定此種情形以法律有特別規定者為限。

❖內容解析❖

一、構成要件

(一)人 民

所謂人民，係指自然人、法人，以及非法人團體（§22）。此外，就法律之體系解釋而言，外國人在我國法制上是否具備權利能力，應視個別實體法規定而論，故若外國人依行政實體法令之規定，具備公法關係上的權利能力時，應認為其亦具備行政訴訟上的當事人能力。有疑問者，係行政機關是否得解釋或類推適用為本條所稱之「人民」？按本條之立法意旨，在於賦予人民得為維護公益，就非關自己權利或法律上利益事項對於行政機關違法行為提起訴訟，具有引進民眾參與法令執行，強化司法權對行政權合法性控制的積極意義。設若行政機關發覺其他機關有違法情事，除非涉及機關爭訟（Organstreit），可類推適用本法第4至8條相關訴訟類型提起機關訴訟外[286]；否則，即應依行政一體原則，循其內部程序謀求解決，而不得認其可循第9條民眾訴訟提起訴訟[287]。

(二)維護公益

所謂「維護公益」，係指依本條提起訴訟的目的在於公益之維護。公益乃屬於一般公眾之利益，而非限於特定人之權利或利益。因此，本條有關「維護公益」之規定，其目的在於強調提起訴訟之目的不得侷限於個人權利或法律上權利之救濟。至若

---

[286] 關於機關訴訟之類型，及其在德國、日本法制上的發展，以及我國新行政訴訟法如何解釋適用的問題，請參閱陳清秀，行政訴訟法，2015年7版，頁159-162。

[287] 由於行政訴訟法已有機關訴訟之設計，且地方制度法對於中央與各級地方自治團體間的爭議處理程序亦設有規定，故解釋上不宜認為各級地方自治團體得為本條所稱之人民。關於美國各州是否為其公民訴訟原告適格的討論，請參閱葉俊榮，民眾參與環境法令之執行—論我國引進美國環境法上「公民訴訟」之可能性，收錄於：氏著，環境政策與法律，2010年2版，頁242。

訴訟之目的除維護公益外，是否兼及個人權利或法律上利益之救濟，則非所問。

(三)無關自己權利及法律上利益之事項

　　所謂「無關自己權利或法律上利益之事項」，從立法意旨的瞭解上，應指依本條提起之行政訴訟，以原告自己權利或法律上利益無關為消極要件。至於有關自己權利或法律上利益事項之救濟，則應循本法第4至8條典型行政訴訟類型主張，與本條強調公益訴訟本質之民眾訴訟有別。

　　然而，細究此一消極要件，仍有進一步深入探究的必要。事實上，公益事項並不必然導致與私人權益無關。許多有關公益的事項，對某一地域的居民（例如相對於水土保持，住在土石流風險區的人們）或對某些生活習慣的人們（例如喜歡爬山的的山岳團體），具有特別的利害關聯。若嚴格地要求一定要「無關自己權益」，實與鼓勵私人為關心公益的意旨有背。因為最能關心公益者，應是那些自己也會直接或見接受影響的人。由於一般訴訟容易在認定當事人適格時，無法肯定這些「間接」、「可能」受害的人民，僵硬地以「無關自己權益」為消極要件，容易造成制度運用上的荒謬。本要件的解釋上不應太過僵硬。

(四)行政機關之違法行為

　　所謂「行政機關之違法行為」，係指行政機關違反法定作為或不作為義務之行為。本條所稱之「行為」，不以法律行為為限，亦包括事實行為。至於法定作為或不作為義務之依據，應限於形式法律，或進一步及於依法授權訂定之法規命令，甚或包括上級機關基於職權所定之行政規則或職權命令，則應依個別法律之規定。

(五)得提起行政訴訟

　　所謂「得提起行政訴訟」，係指依本條所稱之法律特別規定提起之行政訴訟，應就其個別情形，分別提起撤銷訴訟、確認訴訟、課予義務訴訟及一般給付訴訟。值得注意的是，依本條所提起之訴訟有無適用第7條合併請求損害賠償訴訟之餘地？依本條純粹公益取向之立法目的，而損害賠償則係以個人權利或法律上利益之救濟為其目的而論，應認為本條所稱之「得提起行政訴訟」，並不包括第7條合併請求損害賠償訴訟之類型。至於依本條所提起之行政訴訟，如何循前述撤銷訴訟、確認訴訟、課予義務訴訟及一般給付訴訟程序進行，則屬本法第11條之規範內容。

(六)以法律有特別規定者為限

　　所謂「以法律有特別規定者為限」，係指依本條提起純粹公益取向的行政訴訟，必須以個別法律有明文規定者為前提。以公益為取向的行政訴訟本屬例外，若不當運用，導致其適用過度氾濫，將有癱瘓行政機關與行政法院機能的危險。因此，本條特

別規定「以法律有特別規定者爲限」，由立法者依個別法律規範的目的，決定是否引進公益取向的民眾訴訟，故本條所稱之法律應限於由立法院通過，經總統公布的形式法律。有疑問的是，規定民眾訴訟的個別法律得否就其訴訟之實體判決要件或實施程序另作規定，排除本法之適用？

本法在行政訴訟法制結構上，具有通則性之地位。但對於個別法律依其規範目的而就相關之行政訴訟程序有特殊設計之情形，亦應加以肯認，此種解釋可由第10條與公職人員選舉罷免法、總統副總統選舉罷免法有關選舉罷免訴訟程序之關係推知。因此，規定民眾訴訟的個別法律，亦得就其訴訟之實體判決要件或實施程序爲與本法相異之規定。

二、其他問題

與本條相關的最重要問題，乃是在我國現行法制中是否存在特別規定民眾訴訟的法律？雖然我國法制不乏有公益訴訟之實例[288]，但眞正針對行政機關違法行爲之公益訴訟，應屬在新行政訴訟法公布不久後，於1999年1月20日經總統公布修正的空氣污染防制法第74條（現改爲第81條）第1項之規定[289]。

空氣污染防制法第81條第1項：「公私場所違反本法或依本法授權訂定之相關命令而主管機關疏於執行時，受害人民或公益團體得敘明疏於執行之具體內容，以書面告知主管機關。主管機關於書面告知送達之日起六十日內仍未依法執行者，受害人民或公益團體得以該主管機關爲被告，對其怠於執行職務之行爲，直接向行政法院提起訴訟，請求判令其執行。」此即所謂空氣污染防制法中的公民訴訟條款，堪爲我國法制之創新[290]。然而，上開規定與新行政訴訟法第9條之間如何解釋適用，則有以下幾點應予注意。

首先，空氣污染防制法第81條第1項有關原告適格的規定，包括受害人民與公益團體。就受害人民而言，由於空氣污染防制法之立法目的包括「維護國民健康」（參閱空污法§1），依保護規範理論（Schutznormtheorie）之判斷標準，則受害人民對於空氣污染防制法及依其授權訂定相關法令所課予行政機關作爲或不作爲義務之範圍內具有公權利或法律上利益，從而受害人民在此範圍內對於行政機關有保護請求權[291]。

---

[288] 如商標法第46條（現爲第48條）之異議，專利法第72條第1項後段（現爲第71條）之舉發，請參閱陳清秀，行政訴訟種類之評析與展望，月旦法學雜誌47期，1999年3月，頁33-39。

[289] 吳庚，行政爭訟法論，2014年7版，頁69-72。另參照陳計男，行政訴訟法釋論，2000年初版，頁52以下；傅玲靜，公民訴訟、公益訴訟、民眾訴訟？─環境法上公民訴訟之性質，月旦法學教室77期，2009年3月，頁28-29。

[290] 陳聰富主持，空氣污染防制法中公民訴訟制度之實施作業（行政院環境保護署88年度專案研究計畫），1999年，頁2。

[291] 許宗力，行政處分，收錄於：翁岳生主編，行政法（上），2006年3版，頁532以下。另參照李

具體言之，當公私場所違反空氣污染防制法或依其授權訂定之相關法令，即構成對受害人民之權利或法律上利益之損害。此時受害人民對於行政機關具有保護請求權，與民眾訴訟之純粹公益性不符。若行政機關仍未依受害人民之舉發依法調查，或對於違法之公私場所施以裁罰處分，受害人民本得依行政訴訟法第5條之規定提起課予義務訴訟[292]。因此，就受害人民而言，空氣污染防制法第81條第1項之規定，僅相當於在此情形對行政訴訟法所爲的特別規定，免除依行政訴訟法第5條提起課予義務之訴而有訴願前置主義之限制，因爲空氣污染防制法第81條第1項對於「『直接』向行政法院提起訴訟」定有明文[293]。

就公益團體部分而言，由於空氣污染防制法第81條第1項對於公益團體僅設一般性規定，未另就其原告適格加以特別規定，解釋上應區分兩種類型分別討論。在第一種情形，公益團體之社員欠缺實體權利，從而亦無法授與公益團體訴訟實施權，或該團體具有實體權利之社員未授與其訴訟實施權者，應認爲此時公益團體得依空氣污染防制法第81條第1項所賦予之獨立訴訟實施權起訴。在第二種情形，公益團體之社員就其一定法律關係授與該團體訴訟實施權，則屬行政訴訟法第35條第1項或第2項之情形，必然兼有爲社員利益之目的，與空氣污染防制法第81條第1項對於判決內容限於「判令其執行」之公益色彩全然不符。基於體系解釋與法律目的解釋，應認爲空氣污染防制法第81條第1項所稱之「公益團體」限於前述第一種情形。因此，上開規定之公益團體，確屬行政訴訟法第9條所稱無關自己權利及法律上利益之人民。

其次，空氣污染防制法第81條第1項所針對者，係行政機關疏於執行其對於公私場所違反該法或依該法授權訂定相關命令之調查或課予裁罰義務。由於空氣污染防制法及其他相關法令，並未賦予行政機關得就公私場所違反該法或依該法授權訂定相關命令是否調查或課予裁罰之裁量權限，故行政機關疏於執行其調查或課予裁罰之義務時，已構成執法上的怠惰，從而違反依法行政原則，自屬行政機關之違法不作爲[294]。因此，就空氣污染防制法第81條第1項所針對之行政機關行爲而論，實與行政訴訟法第9條所稱之「行政機關之違法行爲」相當。

綜上所述，空氣污染防制法第81條第1項具有雙重性質。就其有關受害人民之

建良，環境公民訴訟新典範—簡析臺北高等行政法院判決98年度訴字第504號判決，台灣法學雜誌152期，2010年5月，頁61-62；李建良，論環境法上之公民訴訟，法令月刊51卷1期，2000年1月，頁20；葉俊榮，民眾參與環保法令之執行—論我國引進美國環境法上「公民訴訟」之可能性，收錄於：氏著，環境政策與法律，2010年2版，頁238-244。

[292] 吳庚，行政爭訟法論，2014年7版，頁69-72。另參照李建良，論環境法上之公民訴訟，法令月刊51卷1期，2000年1月，頁62-63。

[293] 吳庚，前揭書，頁69-72。另參照李建良，前揭文，頁62-63。

[294] 請參閱陳聰富主持，空氣污染防制法中公民訴訟制度之實施作業（行政院環境保護署88年度專案研究計畫），1999年，頁12。

原告適格及其他規定而言，空氣污染防制法第81條第1項在此範圍內，性質上屬於行政訴訟法第5條之特別規定。至於就公益團體之原告適格及其他規定而言，空氣污染防制法第81條第1項在此範圍內，性質上即屬行政訴訟法第9條所稱「法律有特別規定」之情形。

第10條（選舉罷免訴訟）
選舉罷免事件之爭議，除法律別有規定外，得依本法提起行政訴訟。

❖外國立法例❖

根據司法院行政訴訟制度修正委員會對於本條立法目的之說明，本條係參照日本行政事件訴訟法第5條與第42條而制定[295]。按日本行政事件訴訟法第5條與第42條之內容[296]，主要係相當於我國新行政訴訴法第9條，就民眾訴訟加以規定。其中與選舉罷免事件爭議有關者，乃前揭日本行政事件訴訟法第5條所稱：「以選舉人資格……所提起之訴訟」。然而，日本行政事件訴訟法第5條有關「以選舉人資格……所提起之訴訟」之規定，係與住民訴訟同屬民眾訴訟類型之一的選舉訴訟，其目的在於維護公益。日本現行法中有關以公益為目的而得提起之「選舉訴訟」，主要規定於公職選舉法。根據日本公職選舉法第203條、204條及第207條之規定，候選人及選舉人對於違法選舉或無當選資格之人被決定為當選人時，為確保選舉法之正確適用，以保障選舉公正為目的，得提起選舉或當選效力之訴[297]。

❖立法目的❖

本條的立法目的，可從確定選舉罷免事件爭議審判權之歸屬，以及賦予選舉罷免事件爭議公益訴訟性質兩部分分別加以說明。

就確定選舉罷免爭議事件審判權之歸屬而言，本條立法目的之說明指出：「選舉罷免事件之爭議，例如公職人員選舉罷免法所定之選舉或罷免無效、當選無效、罷免案通過或否決無效等訴訟，所涉及者為行政法令，本質上屬行政訴訟，自應由行政法

---

[295] 司法院行政訴訟制度研究修正資料彙編（六），司法院編印，1993年，頁924-926。

[296] 日本行政事件訴訟法第5條：「本法所稱『民眾訴訟』，係指求為改正國家或公共團體，不合法規之行為而以選舉人資格或其他無關自己法律上利益資格所提起之訴訟。」第42條：「民眾訴訟與機關訴訟，於法律有規定時，以法律有規定者為限，得提起之。」司法院編印，中譯德奧法日行政法院法，1996年，頁180、190（以下簡稱中譯德奧法日行政法院法）。

[297] 司法院行政訴訟制度修正委員會第87次會議參考資料，司法院行政訴訟制度研究修正資料彙編（三），司法院編印，1986年，頁414-415。

院審判之，惟上開法律係規定由普通法院審判，從而除法律特別規定由普通法院審判者，應從其規定外，凡公法上選舉罷免事件之爭議，均得依本法提起行政訴訟[298]。」本條立法目的之說明進一步指出：「選舉罷免事件之爭議，非依行政訴訟程序解決，究與該事件之本質不合，宜於高等行政法院設置後，全部歸由行政法院審判[299]。」

　　另一方面，司法院行政訴訟制度修正委員會對於本條立法目的之說明，特別指出：「爰參考日本行政事件訴訟法第五條及第四十二條有關民眾訴訟之規定增訂本條[300]。」如前所述，日本法制中有關選舉訴訟之設計，乃屬具有公益訴訟色彩之特殊行政訴訟類型之一，有待個別法律加以特別規定。由於在日本法制中，選舉訴訟係民眾訴訟之下位概念，兩者在性質上均屬公益訴訟，且其行政事件訴訟法的規範結構亦將選舉訴訟一併置於民眾訴訟之下，故選舉訴訟具有公益訴訟的色彩並無疑問[301]。

　　就我國行政訴訟法而言，雖然從立法目的之說明可以間接得知，立法者有意將第10條與第9條民眾訴訟之規定併列，使其單獨成為選舉罷免事件爭議之訴訟得具公益訴訟性質之法律依據；然而，此種立法目的卻未形諸於法條文字，勢將導致日後解釋適用上的困難。但若細究司法院行政訴訟制度修正委員會有關該條的研修過程，卻可以發現本條原與本法第9條之民眾訴訟一併規定於第11條[302]，而修正委員關於選舉罷免事件爭議訴訟之發言亦皆肯認其公益色彩[303]，僅因立法技術之考量，而最終將其與民眾訴訟分別立法規範，並以今日所見文字成為法律規範內容。

　　綜上所述，就確定選舉罷免事件爭議審判權之歸屬而言，本條具有對未來選舉罷免法規修正之指導作用，促使立法者藉由修法，將選舉罷免事件之爭議統一交由行政法院行使審判權。至於就賦予選舉罷免事件爭議公益訴訟性質而言，雖然立法理由及研修過程中皆顯露立法者此種主觀意向，然而，由於本條文字過於簡潔，以及其與第9條民眾訴訟分別規範，在體系結構上有異於日本法制之設計。因此，若認為未來我國法制設計上仍應引進公益色彩的選舉罷免訴訟，仍應以法律有特別規定者為是。至於個別法律就具有公益訴訟性質之選舉罷免訴訟加以規範，自得針對選舉罷免訴訟之性質而為與本法第9條民眾訴訟要件有異之設計，乃屬當然之理。

---

[298] 行政訴訟法修正草案條文對照表，前揭彙編（三），頁906、925-926。

[299] 行政訴訟法修正草案條文對照表，前揭彙編（三），頁926。

[300] 同上註。

[301] 司法院行政訴訟制度修正委員會第87次會議參考資料，司法院行政訴訟制度研究修正資料彙編（三），司法院編印，1986年，頁414-416。

[302] 行政訴訟法修正草案整理初稿（司法院行政訴訟制度修正委員會第88次會議參考資料），前揭彙編（三），頁440-442。

[303] 請參閱司法院行政訴訟制度修正委員會第87、88、89及90次會議中各研究委員關於選舉訴訟之發言紀錄，前揭彙編（三），頁393、401-473。

❖內容解析❖

一、選舉罷免事件之爭議

　　所謂「選舉罷免事件之爭議」，係指依法辦理之選舉罷免所生之爭議，且非屬傳統上屬於民事法院管轄之選舉罷免爭議[304]。例如，不具公法人資格之公益社團，其選舉罷免事件爭議本非公法上之爭議，故無依本法提起訴訟之理（§2）。又具體言之，具有公法上爭議性質的選舉罷免事件爭議類型，包括選舉或罷免無效、當選無效、罷免案通過或否決無效等訴訟，此即係狹義的選舉罷免訴訟。至若除狹義的選舉罷免訴訟外，尚包括一切選舉罷免事件之爭議，則謂之廣義的選舉罷免訴訟。就本條作為對未來選舉罷免法規修正之指導作用而言，所謂「選舉罷免事件之爭議」，應僅指涉目前公職人員選舉罷免法與總統副總統選舉罷免法中，指定由普通法院行使審判權的狹義選舉罷免訴訟。除以上積極性要件外，關於「選舉罷免事件之爭議」尚有其消極性要件，亦即須選舉罷免事件之爭議並無行政處分之介入。若選舉罷免之爭議因主管機關依法介入，而作成行政處分時，利害關係人自得提起撤銷訴訟，亦無本條適用之餘地[305]。此外，就性質而言，議會內部選舉罷免事件之爭議因涉及議會自律，依憲法權力分立原則，司法權自無介入之可能，應由議會循內部程序解決[306]，故有關議會內部選舉罷免事件之爭議亦非屬本條所稱之「選舉罷免事件之爭議」。

二、除法律別有規定外

　　所謂「法律別有規定」，係指公職人員選舉罷免法與總統副總統選舉罷免法之規定而言[307]，依公職人員選舉罷免法第108條第1款、總統副總統選舉罷免法第100條之規定，有關中央與地方公職人員及總統副總統之選舉罷免訴訟，分別應由選舉罷免行為地之該管地方法院或其分院，及中央政府所在地之高等法院為其第一審管轄法院。

　　有疑問者，本條所稱之「法律」，是否尚及於公職人員選舉罷免法與總統副總統選舉罷免法以外之其他選舉法規？由於選舉罷免事件之爭議在性質上屬於公法上之爭議，依本法第2條之規定，本應由行政法院行使審判權。但因公職人員選舉罷免法與總統副總統選舉罷免法之規定，而例外承認得將前述法律所規範之選舉罷免訴訟交由普通法院行使審判權。因此，對於本條所稱「法律」之解釋，應限於由立法院通過，經總統公布之形式意義法律，而不包括行政命令。否則，將有使行政命令凌駕行政訴訟法第2條規定之虞，並使本條確定選舉罷免事件爭議之審判權歸屬於行政法院的立

---

[304] 吳庚，行政爭訟法論，2014年7版，頁69-72。
[305] 吳庚，前揭書，頁69-72。
[306] 吳庚，前揭書，頁69-72。
[307] 吳庚，前揭書，頁69-72。

法目的空洞化。

三、依本法提起行政訴訟

所謂「依本法提起行政訴訟」，僅係強調有關選舉罷免事件之爭議性質上屬於公法爭議之一，其訴訟程序自應受行政訴訟法之拘束。至於「依本法」之具體意旨，則屬本法第11條規定之範疇。

第11條（準用訴訟有關規定）
前二條訴訟依其性質，準用撤銷、確認或給付訴訟有關之規定。

❖外國立法例❖

雖然司法院行政訴訟制度研究修正委員會有關本條之立法理由說明，並未明確指出其參考之立法例[308]，但基於本條主要係作爲第9條民眾訴訟與第10條選舉罷免訴訟之補充性規範，而前述訴訟類型之立法例，均係參酌日本行政事件訴訟法第5條與第42條有關民眾訴訟之規定。因此，日本行政事件訴訟法對於民眾訴訟之相關規定，仍可作爲本條立法成例之參考。

按日本行政事件訴訟法第43條，係就民眾訴訟與機關訴訟如何準用其他行政訴訟類型之原則性規定，分別於第1項與第2項規定民眾訴訟與機關訴訟準用撤銷訴訟與確認訴訟之範圍。就民眾訴訟而言，其中主要之規範意旨在於強調，民眾訴訟於撤銷訴訟之情形，排除實體判決要件中「有法律上之利益爲限」，或「不得以與自己法律上利益無關之違法事項爲理由」之限制；至於在確認訴訟之情形，則在於排除實體判決要件中「有受損害之虞」或「有法律上利益者」之限制。至於第3項，則視具體民眾訴訟與機關訴訟之內容，於當事者訴訟之情形時，排除適用「當事者間法律關係」或「不變期間」之規定[309]。

---

[308] 行政訴訟法修正草案條文對照表，司法院行政訴訟制度研究修正資料彙編（六），司法院編印，1993年，頁906、926-927。

[309] 日本行政事件訴訟法第43條：「民眾訴訟或機關訴訟，就關於求爲撤銷處分或裁決，除第九條及第十條第一項規定外，準用有關撤銷訴訟之規定（Ⅰ）。民眾訴訟或機關訴訟，就求爲確認處分或裁決無效，除第三十六條之規定外，準用有關無效等確認之訴之規定（Ⅱ）。民眾訴訟或機關訴訟，就前二項規定外之訴訟，除第三十九條及第四十條第一項規定外，準用有關當事人訴訟之規定（Ⅲ）。」中譯德奧法日行政法院法，頁190。

❖立法目的❖

根據司法院行政訴訟制度研究修正委員會有關本條之立法理由說明：「前二條訴訟乃就原告之適格、起訴之條件及選舉罷免事件另設特別之規定，若依各該訴訟所為判決之事項加以區分，仍分別屬於本法第三條所列舉之撤銷訴訟、確認訴訟及給付訴訟等三種訴訟型態之性質，俾得分別準用各該相關訴訟之規定，以節繁文[310]。」詳言之，本法第3條所列舉之行政訴訟類型，係就訴訟所欲求得之判決內容性質而分。因此，若從訴之目的而言，撤銷（形成）、確認或給付已涵蓋所有訴訟屬性[311]。不論民眾訴訟、選舉罷免訴訟或第4條至第8條之典型行政訴訟間，其主要差異者僅在於個別實體判決要件的規定不同，導致其實際適用情形有別，至於其判決內容則皆屬於前述訴訟屬性之一。就此而言，本條之意旨在於指明民眾訴訟與選舉罷免訴訟，均應按其屬性分別適用本法之相關規定[312]。

❖內容解析❖

一、前二條訴訟

所謂「前二條訴訟」，係指第9條之民眾訴訟與第10條之選舉罷免訴訟。不過，值得注意的是，由於第9條與第10條規定之主要功能，在於適度緩和第4條至第8條典型行政訴訟類型的實體判決要件，故有關民眾訴訟與選舉罷免訴訟之具體內容，仍應視個別法律規定而論[313]。

二、依其性質

所謂「依其性質」，係指依民眾訴訟與不同具體類型之選舉罷免訴訟的性質，分別準用撤銷、確認或給付訴訟之規定。由於民眾訴訟與選舉罷免訴訟之間，以及不同具體類型的選舉罷免訴訟各有性質上的差異，如何準用撤銷、確認或給付訴訟之規定自然有所差異。因此，本條「依其性質」之意義，在於指明同屬準用撤銷、確認或給付訴訟規定之行政訴訟仍有其性質上的差異[314]。

---

[310] 行政訴訟法修正草案條文對照表，司法院行政訴訟制度研究修正資料彙編（六），司法院編印，1993年，頁926-927。

[311] 吳庚，行政爭訟法論，2014年7版，頁70-72。

[312] 請比較吳庚，前揭書，頁70-72。

[313] 如正文前述，本法第9條與第10條之規範意旨，在於緩和典型行政訴訟之實體判決要件。因此，在解釋上，若個別法律所規定之具體民眾訴訟與選舉罷免訴訟類型，在實體判決要件方面的規定較本法所規定者更為寬鬆時，仍應承認其合法性。此種類型之行政訴訟相當於學說上所謂之「類型外之訴訟」（Klargeart sui generis），亦應依其性質類推適用第11條，而分別準用撤銷、確認或給付訴訟之規定，請比較吳庚，前揭書，頁70-72。

[314] 請參照楊建華研究委員，於司法院行政訴訟制度研究修正委員會第240次會議之發言，司法院行

三、準用撤銷訴訟有關之規定

所謂「準用撤銷訴訟有關之規定」，係指民眾訴訟與選舉罷免訴訟依其性質準用本法中有關撤銷訴訟之規定。就民眾訴訟而言，根據第9條之規範意旨，由於其目的在於緩和典型行政訴訟中，對於原告應有「權利」或「法律上利益」受損害之實體判決要件的規定，故撤銷訴訟中有關「人民……認為損害其權利或法律上利益」之規定，在此範圍內無適用之餘地。其次，典型撤銷訴訟係以救濟個人權利或法律上利益之損害為目的，而民眾訴訟卻以維護公益為目的，因此，撤銷訴訟在此範圍內之規定及其實體判決要件之認定亦無適用之可能。

其次，就第10條所稱之選舉罷免事件之爭議而言，由於其僅指涉狹義的選舉罷免訴訟，內容仍包括選舉或罷免無效、當選無效、罷免案通過或否決無效等不同的具體訴訟類型，如何準用撤銷訴訟之規定更顯複雜。首先，前述各種不同具體類型之選舉罷免訴訟，就訴訟屬性而言，均為撤銷或變更一般公法上效果的訴訟，屬於形成訴訟的類型之一。然而，行政訴訟法有關形成訴訟的類型卻僅有針對違法行政處分的撤銷訴訟，與前述選舉罷免訴訟之間仍有相當距離。此外，目前公職人員選舉罷免法與總統副總統選舉罷免法對於選舉罷免訴訟之類型均有詳細規定，不僅針對不同具體類型之選舉罷免訴訟而對原告資格有所限制，更進一步就其相對應之被告資格亦有所規範。因此，不僅行政機關得為原告[315]，人民亦得為被告[316]。凡此規定均有異於行政訴訟法第4條撤銷訴訟限於以人民為原告，行政機關為被告之情形。此外，若考量第10條賦予選舉罷免事件爭議公益訴訟性質之立法目的，則選舉罷免訴訟之原告必將擴及於一般選舉人[317]，此亦與撤銷訴訟以原告權利或法律上利益受損之實體判決要件有所未合。

綜而言之，就選舉罷免訴訟而言，除就訴訟屬性上與行政訴訟法針對行政處分之撤銷訴訟同屬形成（撤銷）訴訟外，若未就選舉罷免訴訟另定特別程序，行政訴訟法目前有關撤銷訴訟之規定實難以作為其實施訴訟程序之依據。

政訴訟制度研究修正委員會第240次會議紀錄，司法院行政訴訟制度研究修正資料彙編（六），司法院編印，1993年，頁323、329-330。

[315] 如公職人員選舉罷免法第118條選舉或罷免無效之訴，得以檢察官為原告；同法第120條、第121條當選無效之訴，得以選舉委員會或檢察官為原告；同法第124條罷免通過或否決無效之訴，得以選舉委員會或檢察官為原告。此外，總統副總統選舉罷免法第102條選舉或罷免無效之訴、第104條與第105條當選無效之訴，以及同法第108條罷免通過或否決無效之訴，亦有類似之規定。

[316] 如公職人員選舉罷免法第120條、第121條當選無效之訴，以當選人為被告；同法第124條罷免通過或否決無效之訴，得以被罷免人或罷免提議人為被告。此外，總統副總統選舉罷免法第104條與第105條當選無效之訴，以及同法第108條罷免通過或否決無效之訴，亦有類似之規定。

[317] 根據目前公職人員選舉罷免法第125條與總統副總統選舉罷免法第109條之規定，選舉人於選舉罷免訴訟中僅得為舉發，而不具原告適格。

四、準用確認訴訟有關之規定

　　所謂「準用確認訴訟有關之規定」，係指民眾訴訟與選舉罷免訴訟依其性質準用本法中有關確認訴訟之規定。就民眾訴訟而言，根據第9條之規範意旨，由於其目的在於緩和典型行政訴訟中，對於原告應有「權利」或「法律上利益」受損害之實體判決要件的規定，故確認訴訟中有關「原告有即受確認判決之法律上利益」之規定，在此範圍內無適用之餘地。其次，典型確認訴訟係以救濟個人權利或法律上利益之損害為目的，然而，民眾訴訟卻以維護公益為目的，因此，確認訴訟在此範圍內之規定及其實體判決要件之認定亦無適用之可能。

　　就第10條所稱之選舉罷免事件之爭議而言，由於其僅指涉狹義的選舉罷免訴訟，性質上均屬撤銷訴訟，故無準用確認訴訟之可能。

五、準用給付訴訟有關之規定

　　所謂「準用給付訴訟有關之規定」，係指民眾訴訟與選舉罷免訴訟依其性質準用本法中有關給付訴訟之規定。本法有關給付訴訟之類型，包括第5條之課予以務之訴，與第8條之一般給付之訴。首先，就課予義務訴訟如何準用於民眾訴訟而論。根據第9條民眾訴訟之規範意旨，由於其目的在於緩和典型行政訴訟中，對於原告應有「權利」或「法律上利益」受損害之實體判決要件的規定，故課予義務訴訟中有關「權利或法律上利益受損害」之規定，在此範圍內無適用之餘地。其次，典型課予義務訴訟係以救濟個人權利或法律上利益之損害為目的，然而，民眾訴訟卻以維護公益為目的，因此，確認訴訟在此範圍內之規定及其實體判決要件之認定亦無適用之可能。其次，就一般給付之訴如何準用於民眾訴訟而論。由於第9條之民眾訴訟，係人民就無關自己權利或法律上利益之事項所提起之訴訟，故第8條前段有關「因公法上原因發生財產上之給付」，於民眾訴訟並無適用之可能。然而，第8條後段有關「請求作成行政處分以外之其他非財產上之給付」，在無關人民自己權利或法律上利益之範圍內，對於民眾訴訟則有適用之可能。

　　就第10條所稱之選舉罷免事件之爭議而言，由於其僅指涉狹義的選舉罷免訴訟，性質上均屬撤銷訴訟，故無準用課予義務訴訟或一般給付訴訟之可能。

第12條（民刑訴訟與行政爭訟程序之關係）
民事或刑事訴訟之裁判，以行政處分是否無效或違法為據者，應依行政爭訟程序確定之。
前項行政爭訟程序已經開始者，於其程序確定前，民事或刑事法院應停止其審判程序。

❖立法說明❖

憲法第77條規定，司法院爲國家最高司法機關，掌理民事、刑事、行政訴訟之審判及公務員之懲戒。對此，通說認爲行政訴訟與民事訴訟之審判有別，且訴訟應由如何之法院受理及進行，應由法律定之。我國關於行政訴訟與民事訴訟之審判，依現行法律規定，係採司法二元化訴訟制度，分由不同性質之法院審理。亦即，除法律別有規定者外，關於公法關係所生之爭議，由行政法院審判，因私法關係所生爭執，則由普通法院審判。

由於採二元法院審判系統之結果，行政法院與民事法院或行政訴訟與民事訴訟二者間之關係中，有相當部分可謂自始即受此一制度結構因素所決定。例如：一、二者之組織、訴訟程序等規定，原則應符合各自制度結構上之特徵；二、須建立一定標準以劃定二者之受理訴訟權限（審判權）範圍，且各自應尊重他方權限範圍內之決定（相互尊重原則）；三、關於某一法律上爭議，因其法律關係構造[318]、可運用之訴訟類型[319]等因素，致該不同系統法院對該法律上爭議之法律問題或事實問題，均有表示其見解之可能時，基於訴訟經濟（重複審判之避免）、法安定性及防止裁判矛盾要求，即須有解決之道。

對於前述因司法二元化所直接或間接產生問題，各國法制均設有若干相應解決機制，我國法制上亦同[320]，惟關於行政處分之有效性與違法性構成他審判系統法院之先決問題部分，除基於既有停止訴訟程序方式（如民事訴訟法§182）、與既判力與爭點效制度解決外，行政訴訟法第12條規定，則屬比較法上他國少有之設計。亦即，行政訴訟法第12條採第一次權利保護優先原則，明定關於行政處分是否無效或違法，應優先由行政法院判斷者。本條所以採用此種設計，依本條修法時之研修資料，約可整

---

[318] 典型者爲該法律關係同時兼具公法關係與私法關係性質或涉及二者之情形。

[319] 此通常係因該不同訴訟類型所適用之範圍發生重疊，導致原告無論選擇何種訴訟類型均屬適法情形所致，例如，關於建築事件有關爭議，第三人除可提起撤銷訴訟（建築法上鄰人訴訟）外，亦可能本於所有權或相鄰關係提起妨害排除訴訟。

[320] 例如，2022年6月22日法院組織法修正前，關於審判權衝突之解決問題，原則採優先原則與職權移送原則、職權停止訴訟程序並聲請司法院大法官解釋等設計（舊民事訴訟法§31-1～§31-3、§182-1、§249Ⅰ①、舊行政訴訟法§12-1～§12-5、§178參照）；關於先決問題之處理部分，除行政訴訟法第12條之特殊規定外，原則採停止訴訟程序方式，以及上訴與再審方式處理（舊民事訴訟法§182、§249Ⅰ⑦、§469③、§496Ⅰ⑪、舊行政訴訟法§177、§243Ⅱ③、§273Ⅰ⑪參照）。於2022年6月22日修正法院組織法第7條之1至第7條之11後，關於審判權衝突解決部分，除維持前述優先原則與移送原則外，原由司法院大法官（現修正爲司法院憲法法庭）爲終局解釋之設計，則改由受訴法院所屬審判權之終審法院裁判（法院組織法§7-4Ⅰ），並「爲利統合普通法院與各專業法院間應遵循之審判權爭議解決規範，爰參酌德國立法例，採取將審判權爭議解決之相關規範訂於本法，其他各專業法院則藉其所屬組織法準用本法規定（行政法院組織法§47、懲戒法院組織法§26、智慧財產及商業法院組織法§44、少年及家事法院組織法§50）準用之（法院組織法§7-1立法理由參照）。

理說明如下。

司法院行政訴訟制度研究修正委員會第29次會議，關於行政法院與普通法院之關係問題，曾決議交由三人小組（張特生、古登美、吳庚）會同司法院第三廳研究，小組於研究後作成決議：建議於行政訴訟法增訂「行政處分違法與否之審查專屬行政法院權限」，並於相關法文中作配合規定；其理由為：行政處分合法性之審查，涉及行政權之行使，應由專屬機關審理，在司法二元化制度下，由行政法院審查，似較符合體制（參照最高法院52年台上字第694號判例：「原告以私權侵害為理由，對於行政官署提起除去侵害或損害賠償之訴者，既為私法上之法律關係，縱被告以基於行政處分，不負民事上之責任為抗辯，亦不得謂其事件非民事事件，此際法院應就被告主張之行政處分是否存在，有無效力而審究，如其處分確係有效存在，雖內容有不當或違法，而在上級官署未依訴願程序撤銷以前，司法機關固亦不能否認其效力，反之，若該處分為權限外之行為，應認為無效時，則其因此所生之損害自不能不負賠償責任。」）若上述建議採行有困難時，則請於相關法文中增訂：「以行政處分是否違法為其前提之國家賠償訴訟，於該案訴訟程序終結前，若行政訴訟案件已在繫屬中時，應停止該案訴訟程序之進行。」[321]其後，綜觀本法整個修正過程，關於行政處分違法與否之審查「專屬」行政法院權限雖未獲致結論，前述小組建議亦不了了之，惟關於處分是否無效或違法，應優先由行政法院判斷，似乎成為一致之意見[322]。

❖外國立法例❖

自比較法而言，關於民事或刑事訴訟之裁判，以行政處分是否無效或違法為據者，應如何解決，一般多採停止訴訟程序或將之列為再審原因等方式解決，少有如本條規定者。目前似僅奧地利設有類似規定，即奧地利共和國憲法[323]第131條第2項規定：「除第一項列舉者[324]外，對於行政官署之裁決，在何種情形之下亦得以違法為理由提起行政訴訟，由規律各該行政之聯邦或邦法律定之。」據此，彼行政法院法[325]第

---

[321] 司法院編印，司法院行政訴訟制度研究修正資料彙編（一），以下簡稱彙編（一），1985年6月，頁1205。

[322] 司法院行政訴訟制度研究修正委員會第33次、第34次、第51次、第90次、第91次、第218次會議紀錄參照。另於本法第177條修正過程中涉及本條相關問題者，亦併請參照前開委員會第177次、第178次、第179次會議紀錄。

[323] 中文譯本請參照，黃越欽原譯，林明鏘增譯，新編世界各國憲法大全，第二冊，歐洲非洲國家，國民大會秘書處，1986年5月，頁633以下。

[324] 本項規定：「左列當事人得以行政官署之違法裁決（原譯「裁定」下同）為理由，提起行政訴訟：(一)因裁定而權利受侵害之人，於竭盡一切行政救濟之方法後；(二)就第11條、第12條、第14條第2項與第3項、第14條之1第3項各事項，以及邦學校教育委員會或特區學校教育委員會所為之共同裁決事項，如當事人於行政救濟程序中不再反對該裁決者，由主管聯邦部長提起之。(三)就第15條第5項第1句之事項，該管邦政府反對主管聯邦部長之裁決者。」

[325] 本法翻譯請參照吳庚執筆翻譯，中譯德奧法日行政法院法，司法院，1996年6月，頁69以下。

65條規定：「一、依公務責任法第十一條[326]及機關責任法[327]第九條停止訴訟程序之裁定一經確定，原法院應立即聲請行政法院對裁決予以審查。其他當事人得於停止訴訟程序裁定確定起兩個星期內，對裁決之違法問題提出補充意見。二、前項聲請應指明要求行政法院為審查之裁決其爭點之所在。原法院為聲請時應將原案卷宗附送。三、如作成裁決之行政官署未將其行政手續之卷宗提出原聲請法院時，行政法院得要求其於二星期內提出卷宗。逾時未提出者，行政法院對公務責任法第十一條之案件依現有之卷宗及原告之主張為裁定，對機關責任法第九條之案件依現有卷宗及被告之主張為裁定。」第67條規定：「行政法院對於裁決違法性之判決僅具有確認之意義。判決正本應送達於當事人。」準此，奧國行政法院就公務責任法及機關責任法有關案件中涉及行政裁決者，就該裁決之違法性原則有第一次及最終判斷權。

　　除前述奧地利行政法院法之規定外，對上開問題設有特殊設計者，僅日本行政事件訴訟法第45條採爭點訴訟設計，亦即本條規定：「私法上法律關係有關之訴訟，就處分或裁決之存否或其效力之有無發生爭執時，第二十三條第一項、第二項[328]及第三十九條[329]之規定準用之。」「依前項規定，行政機關參加訴訟者，準用民事訴訟法第四十五條第一項及第二項[330]之規定。但攻擊或防禦方法，以與該當處分或裁決存否或其效力有無有關者為限，始得提出。」「行政機關依第一項規定參加訴訟後，如有關處分或裁決之存否或其效力之有無已無爭執者，法院得撤銷參加決定。」「於第一

[326] 本法相當於我國之國家賠償法，其第11條規定：「國家賠償之訴以行政官署之裁決違法與否為斷者，於憲法法院或行政法院對該項行政裁決違法與否未確定前，原則上應停止訴訟程序，並依憲法第一百三十一條第二項請求對該決定為判決。行政法院判決確定後，受訴法院應受其見解之拘束。」

[327] 本法為公務責任法之特別法，我國尚無類似法律。

[328] 第23條第1項規定：「法院認有使處分或裁決機關以外其他行政機關參加訴訟之必要時，得依當事人或該行政機關之聲請或依職權，以決定命該其他行政機關參加訴訟。」第2項規定：「法院為前項決定前，應先聽取當事人及該行政機關之意見。」

[329] 第39條規定：「關於確認或形成當事者間法律關係之處分或裁決之訴訟，依法令之規定，僅以該法律關係當事人一方為被告而起訴時，法院應將其事由通知為該當處分或裁決之行政機關。」

[330] 按本條原規定為「民事訴訟法第69條」，惟其民事訴訟法已於平成8年（1996年）全面修正，故本法亦於同年配合該法為部分修正。新民事訴訟法第45條第1項規定：「輔助參加人就其所參加訴訟，得提出攻擊或防禦方法、聲明異議、提起上訴、提起再審之訴或為其他一切訴訟行為。但依輔助參加時訴訟進行之程度已不能為之者，不在此限。」第2項規定：「輔助參加人之訴訟行為牴觸被參加人之訴訟行為時，不生效力。」

項情形，關於該爭點，準用第二十三條之二[331]及第二十四條[332]規定；有關訴訟費用之裁判，準用第三十五條之規定。」據此，日本法關於民事訴訟涉及處分或裁決之存否或其效力之有無（爭點）者，係採「爭點訴訟」方式，使原處分或裁決之行政機關得參加訴訟（輔助參加），且關於該爭點得為職權調查證據。

最後，關於上開問題之解決，德國曾一度規定於其1981年國家責任法中，惟其後聯邦憲法法院以聯邦無該法律之立法權限，而以該法律全部違憲予以宣告無效[333]。依該國家責任法[334]第18條（國家賠償爭議之訴訟途徑）之規定：「有關依第二條[335]、第九條[336]、及第十四條第三項[337]金錢賠償之爭議，普通法院有審判權。」「有關依第三條[338]回復原狀之爭議，由對引起國家責任之公權力行使之合法性有裁判權之法院審

---

[331] 第23條之2規定：「法院因明瞭訴訟關係認之必要，得為下列處分：一、對被告國家或公共團體所屬機關，或對被告行政機關，命該行政機關所持有有助於釐清處分或裁決內容、處分或裁決根據法令條款、處分或裁決原因事實、或其他處分或裁決理由之資料（第2項所定審查請求事件之紀錄除外）之全部或一部。二、囑託前款所定行政機關以外其他行政機關，移送其所持有同款規定資料之全部或一部（Ⅰ）。」「經審查請求裁決後對處分提起撤銷訴訟者，法院得為下列處分：一、對被告國家或公共團體所屬行政機關，或對被告行政機關，命該行政機關提出其所持有該審查請求事件紀錄之全部或一部。二、囑託前款所定行政機關以外其他行政機關，移送其所持有同款所定事件紀錄之全部或一部（Ⅱ）。」

[332] 第24條規定：「法院認有必要時，得依職權調查證據。但調查證據之結果，應聽取當事人之意見。」

[333] 有關西德1981年國家責任法違憲訴訟之詳細研究，請參照宇賀克也，1981年國家責任法の違憲訴訟，收錄於：氏著，國家責任法の分析，有斐閣，昭和63年（1988年），頁237以下。

[334] Staatshaftungsgesetz: Vom 26. Juni 1981, (BGBl. I S.553)；中文譯本請參照翁岳生，西德1981年國家賠償法之研究，臺大法學論叢10卷2期，1988年，收錄於：氏著，法治國家之行政法與司法，月旦出版社，1995年，頁146以下。

[335] 第2條（以金錢賠償損害）規定：「公權力主體應以金錢賠償損害。行使公權力時，依其情形，縱已盡必要之注意，而仍不免違反義務者，不負擔金錢賠償之責。上述第二句於技術性設施而發生障礙之情形（§1Ⅱ）不適用之。」「違法侵害基本權利而違反義務者，縱已盡前項所規定必要之注意，仍應以金錢賠償之。」「應予賠償之範圍，包括依事物通常情形或依特別情事，尤依已定之設備與計畫可得預期之所失利益，及第七條所規定之非財產上之損害。上述規定於技術性設施發生障礙之情形，與侵害基本權利者，不適用之。」「損害之發生，被害人與有過失者，金錢賠償之義務與應予填補之範圍，應視其損害主要係由被害人或由公權力主體所引起而定。民法第二百五十四條第二項規定準用之。」

[336] 第9條（間接被害人之請求權）規定：「侵害他人致死者，對基於法律上義務支付喪葬費用之人，應賠償其費用。」「被害致死者被害人，對第三人依法律負有扶養義務，或將負有扶養義務，而該第三人因被害人之死亡喪失其扶養請求權者，應於推定被害人生存期間所負扶養義務範圍內，對其支付定期金以賠償其損害。該第三人於侵害發生時為未出生之胎兒者，亦應對其負賠償之義務。」「侵害致人於死，侵害身體或健康，以及剝奪自由之情形，如被害人基於法律對第三人之家事或營業負有給付勞務之義務者，對該第三人應支付定期金，以賠償其所損失之勞務。」「第二條第四項與第八條第二項至第四項於第三人之請求權準用之。」

[337] 第14條第3項規定：「如徵收或對公共福祉之犧牲發生侵害，法律上對此無補償種類與範圍之規定，且其責任依第二條與第三條或其他法規均無規定時，公權力主體應如同違法對基本權利之侵害，負賠償責任。」

[338] 第3條〔（回復原狀（Folgenbeseitigung）〕規定：「對被害人不利而變更事實狀態致生損害

判之。行使裁判權發生上述種類之爭議時，由該法院所隸屬或所組成之裁判系統有審判權。」第6條（金錢賠償時怠於法律救濟）規定：「被害人對其損害怠於依循正式之法律救濟，包括提起訴訟或其他通常之法定救濟程序以審查公權力行為之合法性者，不得請求金錢賠償。但被害人非因過失，致未使用法律救濟或其他方法者，不在此限。」依此德國1981年國家責任法之規定，除關於請求回復原狀之國家賠償訴訟，明定原則由行政法院審理[339]外，關於請求金錢賠償之國家賠償訴訟，雖仍維持由普通法院管轄[340]，但關於其怠於依循正式之法律救濟途徑（主要為行政爭訟）尋求救濟，而有可歸責事由時，則明定其請求權原則消滅。此種人民權利因公權力行為而受有侵害，於請求金錢賠償前，應先依正式的法律爭訟途徑，請求法院審查該公權力之合法性，以尋求救濟，此種制度設計，即一般所稱「第一次權利保護優先」（Der Vorrang des primären Rechtsschutzes）原則。

❖立法目的❖

　　行政訴訟法第12條規定之立法目的，主要在於避免不同法院間關於事實認定所生之歧異，以避免發生不同法院裁判結果發生歧異矛盾之現象。亦即，本條立法理由謂[341]：「我國採司法二元化制度，同一基礎事實所衍生之民、刑事訴訟及行政訴訟分由普通法院及行政法院審理，難免會有法律見解不同或對於事實之認定互相牴觸之情形發生。對於法律見解之歧異，固應聲請大法官統一解釋以資解決；對於事實認定之歧異，如非屬先決問題者，應由不同之受理法院互相尊重對方所認定之事實，此已成為常例；惟事實之認定，如屬先決問題者，則應依訴訟上有關停止審判之規定辦理，其以行政處分是否無效或違法為據者，應由認定『先決事實』之行政法院先為裁判後，以該確定裁判所認定之事實供為普通法院裁判時認定事實之依據，例如現行商標法第60條規定：『在評定程序進行中，凡有提出關於商標專用權之民事或刑事訴訟者，應於評定商標專用權之評決確定前，停止其訴訟程序之進行。』即其適例，爰

者，公權力主體應回復其原狀，如回復原狀不合目的之要求時，應回復與其同值之狀態，以除去其損害之結果。因公權力所生之狀態事後變成違法，致可認其繼續發生侵害之結果，而未能依其他法規除去者，亦準用上述規定。」「不能、不許或不可期待回復原狀者，無回復之義務。如既存狀態符合對被害人已不能訴請救濟之行政處分或其他之裁判者，亦不得請求回復原狀。」「被害人對違法狀態之發生與有過失者，應依其過失之程度分擔費用，始得請求回復原狀；如應由其負主要之過失責任者，無回復原狀之請求權。」

[339] 依該國家責任法第21條規定，本法刪除行政法院法第113條第1項第2句與第3句之規定。
[340] 按於彼國家責任法之研擬作業中，原有修正其基本法第14條、第34條及第104條規定之配套設計，除增訂聯邦就國家賠償事項有專屬之立法權外，並將原規定普通法院有審判權之徵收補償事件及國家賠償事件，修正為僅規定由「法院」審理，使行政法院取得上開事件之審判權。惟其後因無法通過而作罷，致其後制定通過之1981年國家責任法，欠缺憲法上依據。
[341] 立法院司法委員會編印，法律案專輯，第245輯（下），行政訴訟法修正草案，1999年8月，頁708以下；司法院印，行政訴訟法新舊條文對照表，1999年1月，頁55-56。

設本條，俾防止不同法院裁判結果互相牴觸之情形發生。」換言之，就本條立法目的言，其在解決同一基礎事實分由不同法院審理判斷時，可能衍生「事實認定」上之矛盾或歧異問題，其解決方法則採「停止訴訟程序」之方式，先由行政法院就該「先決事實」為裁判後，以該確定裁判所認定之事實供為普通法院裁判時認定事實之依據。

　　然如前所述，本法於修正過程中參與修正之委員曾認為關於行政處分是否無效或違法，行政法院有專屬管轄權，其後雖未將此一主張予以明文規定，惟至少關於行政處分是否無效或違法應由行政法院審理判斷者（即行政法院有優先判斷權），似為多數參與本法修正之委員一致之見解。簡言之，「裁判矛盾之防止」僅為本條規定之形式上目的，其實質目的恐仍在於確立「行政法院關於行政處分是否無效或違法有優先判斷權。」且綜觀歷次研修會議紀錄，當時參與本法研修之委員，亦不乏以「關於行政處分是否無效或違法，行政法院有『專屬管轄權』」為其討論前提[342]。就此一部

---

[342] 茲舉數次委員發言以供參照，例如：

1. 「至於行政處分是否違法，普通法院能否自行判斷？由於本問題複雜，且牽涉普通法院審判權之範圍，若要修正亦屬國家賠償法之問題，因此，小組參酌判例、法理僅建議在行政訴訟法上增訂一基本原則即『行政處分違法與否之審查專屬行政法院之權限』，至於其他技術性規定，尚待深入研究後擬定。」陳瑞堂發言，彙編（一），頁1008以下。

2. 「小組決議於行政訴訟法中增訂『行政處分違法與否之審查專屬行政法院之權限』，除此外，尚有其他意見如參照奧國立法例之規定，民事法院處理到行政處分是否違法問題時，應先停止訴訟，由行政法院就此先決問題為判決。但唯恐普通法院無法接受，所以只作了第三點結論，供各位參考。」吳庚發言，同彙編（一），頁1009。

3. 「依五權憲法之劃分，各機關各有職掌，行政處分是否違法應屬行政救濟程序專屬行政法院審理，普通法院應無審判權，祇能就行政處分在形式上是否有效而為認定，至於是否違法，則無權認定。」楊建華發言，同彙編（一），頁1018以下。

4. 「行政處分乃屬國家公權力之行使，其效力未經有權機關否定前仍應有效存在，普通法院是否會因國家賠償法之規定而有權認定行政處分違法問題？若果如此，可能會造成人民對行政處分違法侵害其權利時不循行政救濟程序而僅依國家賠償法請求賠償，違反我國司法體制。因此，本席以為有關國家賠償法之問題應再行研討。」翁岳生發言，同彙編（一），頁1021以下。

5. 「一、在二元化體制下本問題確實複雜，本會能夠深入探討，亦是為國家重要制度找一解決之途徑。就基本部分而言，本席贊成小組決議，因為理論上既有行政法院之設置，則各種有瑕疵之行政處分，是否違法應專屬行政法院審查。小組就國家賠償事件曾審慎製作結論，限於『該案訴訟程序終結前，若行政訴訟案件已在繫屬中時，應停止該訴訟程序之進行』，換言之，若行政訴訟事件已經訴訟終結則無須停止訴訟。二、本席贊成陳委員所提之三點意見。而楊委員認為在現行體制下，國家賠償案件中若牽涉行政處分是否違法問題，普通法院應有權審理，根據翁委員之意見，是仿日本制度而來。且我國國家賠償事件起訴前須先經受害者與行政機關協議，協議不成始得提起國家賠償事件，不論立法之利弊得失如何，在現行法制度下，本席以為小組之決議、楊委員之意見皆屬正確。」林紀東發言，同彙編（一），頁1029以下。

6. 「行政處分是否違法可否由普通法院判斷？答案應是否定。其理由如下：（一）由體制上而言，我國是行政國家，法律體系向來分成公法與私法，普通法院與行政法院之管轄範圍應有所不同，因此，若將公法爭議案件交由普通法院審理，顯然與制度不合，……（二）由能力上而言，普通法院之推事偏向私法訓練，若將公法案件交由其裁判，除非設有各種專業法庭，否則在能力上恐有問題，但是以目前我國制度言，似尚無法達到如此專業化程度，因此，本席堅持

分言，研修當時之討論基礎，似又較現行條文規定更徹底劃分行政法院與普通法院之審判權。

在上開討論基礎上，關於行政處分是否無效或違法之判斷，訴訟程序上應如何設計，於本法研修過程中雖曾有各種不同見解[343]，惟關於該「行政法院有優先判斷權或專屬管轄權」此一前提，則未見討論其妥當性、適用範圍或限制，而最後提出之現行法第12條規定文字，亦主要在宣示此一前提或基礎，即原則上「民事或刑事訴訟之裁判，以行政處分是否無效或違法為據者，應依行政爭訟程序確定之（Ⅰ）。」如「前項行政爭訟程序已經開始者，於其程序確定前，民事或刑事法院應停止其審判程序（Ⅱ）。」

又除司法二元化及有關學理之問題外，由於涉及以行政處分是否無效或違法為先決問題時，應如何處理，事實上於我司法實務上經常造成困擾，尤於國家賠償事件及修正前財務處罰事件更為明顯。因此，關於行政處分是否無效或違法之判斷，如何避免不同審判系統法院間裁判之矛盾或歧異，於研修過程中曾有不同見解，此類主張可供作為說明本條適用時之基礎，爰予稍作整理介紹如下。亦即[344]：

一、就比較法制之引進言，本法事實上並未採取前述奧國及日本之解決方式，其主要理由在於「恐普通法院無法接受」[345]，或認為日本係採司法一元化制度，體例上與我國司法二元化制度不同[346]，且於民事訴訟法上亦不宜規定公法上問題應由行政機關參加訴訟[347]，否則無異承認普通法院亦有裁判公權力行使之權限，而與委員會以公權力行使之審查權應專屬於行政法院之大前提相互矛盾[348]。至於德國之制度，則有認為「就西德法制而言，公權利之救濟可分為第一次權利保護，即以『公法爭訟途徑以

行政處分之違法與否應由行政法院判斷。」城仲模發言，同彙編（一），頁1033以下。
7.「一、普通法院並無審理行政處分是否違法之問題，因為……。二、國家賠償事件，若有涉及行政處分是否違法者，普通法院應無權審理，以免有越權之嫌。因此，本席以為根本之道應是修改國家賠償法，將該類案件全劃歸行政法院管轄……。」張劍寒發言，同彙編（一），頁1034以下。
[343] 司法院行政訴訟制度研究修正委員會第33次、第34次、第51次會議紀錄，彙編（一），1985年6月，頁1007以下、頁1026以下、頁1302以下；第90次、第91次會議紀錄，彙編（三），1986年6月，頁474以下、頁488以下；第218次會議紀錄，彙編（五），1988年6月，頁1118以下。
[344] 以下主要整理民事訴訟以行政處分是否無效或違法為前提之情形，至於刑事訴訟情形應如何處理，就研修過程之討論紀錄言〔各委員發言參照，第91次會議紀錄，彙編（三），頁488以下〕，雖有提出法國制度強調其刑事法院對行政處分有審查權限者（吳庚發言參照，頁491），惟基本上與民事訴訟情形類似，故多數均認為刑事法院亦應停止訴訟程序，由行政法院為判斷。惟學者有認為本條於民事訴訟外，另規定刑事訴訟者，其目的在求其周延，蓋事實上亦有可能發生「刑事訴訟之裁判以行政處分無效或違法為據」之情形，吳庚、張文郁，行政爭訟法論，元照，2018年修訂9版，頁11以下參照。
[345] 吳庚發言參照，彙編（一），頁1009。
[346] 王甲乙發言，彙編（一），頁1306；張特生發言，頁1309；張劍寒發言，頁1310。
[347] 陳瑞堂發言，彙編（一），頁1303、1308、1310。
[348] 楊建華發言，彙編（一），頁1304以下；古登美發言，頁1314以下。

達第一次權利保護』，第二次權利保護則以『民事訴訟』途徑為之，故第一次程序應優先於第二次。但西德法律又規定國家賠償事件回復原狀由行政法院管轄，金錢賠償則由普通法院管轄，如此複雜之體制在我國似不宜採用」者[349]；惟其後學者又認為就本法研修過程觀之，本法之適用應與德國法制同一結論[350]。

二、有主張依據民事訴訟法之既有規定（即當時民訴法§182及§496⑪）處理，或主張無須在行政訴訟法上另為規定，由司法院在行政作業上[351]予以指示即可[352]；或認為根本解決之道，應在於修改國家賠償法等相關法律，使國家賠償事件、選舉訴訟、交通違規事件等均劃歸行政法院管轄[353]。惟為國家整體體制設計[354]，最終仍認為對此類問題應有明確解決辦法[355]，故仍予以明文規定為宜。

三、或於前述二、之基礎上，進一步認為無論行政訴訟案件牽涉民事問題或民事訴訟中牽涉行政處分是否違法問題，「在這種情形下，各法院可自行認定，但對非其審判權範圍內所為認定之事實並無既判力，正如一般民、刑事案件，刑事庭判定被告為有配偶與人通姦者，但此調查結果並不能確定民法上婚姻關係；反之，民事庭判決被告因殺人而有侵權行為應賠償原告之損害之認定，對刑事責任並無既判力。是以，在行政訴訟中，行政法院就涉及之私法關係應可審究，同樣並無既判力可言[356]。」

---

349 吳庚發言，彙編（一），頁1030。

350 吳庚、張文郁，前揭書，頁11以下。其理由為：依文義解釋，若行政訴訟程序尚未開始，民事法院自不必停止訴訟，該條第2項之規定甚為明顯，此其一；從起源論解釋，在起草過程中，研修委員會無意採取奧國制度，紀錄具在。

351 例如，（當時之）法院辦理國家賠償事件應行注意事項第6點即規定：「公務員於執行職務行使公權力時，因故意不法侵害人民自由或權利者，有請求權人依民法第186條規定，向該公務員提起損害賠償之同時或先後，復依本法之規定，向賠償義務機關請求協議或提起損害賠償之訴者，法院在賠償義務機關協議程序終結或損害賠償訴訟裁判確定前，應以裁定停止對公務員損害賠償訴訟程序之進行。」第7點規定：「公務員於執行職務行使公權力時，因過失不法侵害人民自由或權利者，有請求權人僅得依本法之規定，向賠償義務機關請求損害賠償，不得依民法第186條第1項規定，向有過失之公務員請求損害賠償。如原告逕向該有過失之公務員提起損害賠償之訴，得依民事訴訟法第249條第2項規定，認其訴顯無理由，逕以判決駁回之。」

352 楊建華發言，彙編（一），頁1018；類似見解參照王甲乙發言，彙編（一），頁1032以下、頁1306以下。

353 張劍寒發言，彙編（一），頁1034以下。應注意者，關於國家賠償訴訟部分，學者亦有認為「以行政處分是否違法為損害賠償之發生原因而提起國家賠償事件，如果民事庭不能就損害賠償之原因審理，而祇能在數額上斟酌，恐非當初立法之本意。因此，在現行法律制度下，民事法院應有權審理該賠償之發生原因」者，楊建華發言，彙編（一），頁1029。

354 例如，主張「行政處分乃屬國家公權力之行使，其效力未經有權機關否定前仍應有效存在，普通法院是否會因國家賠償法之規定而有權認定行政處分違法問題？若果如此，則可能造成人民對處分違法侵害其權利時不循行政救濟程序而僅依國家賠償法請求賠償，違反我國司法體制。」翁岳生發言，彙編（一），頁1021以下。

355 翁岳生發言，彙編（一），頁1019。楊建華氏原主張毋庸於行政訴訟法中明定，其後亦修正認為「民、刑事訴訟與行政訴訟之審判對象應各有分際，應循行政救濟之對象，普通法院不能審判，此宜在行政訴訟法上酌定適當條文」，楊建華發言，彙編（一），頁1021。

356 楊建華發言，彙編（一），頁1020以下。

　　四、關於普通法院就行政處分是否無效及違法，能否加以審查問題，除前述原研修小組所提意見外，亦有提供其他解決方式之意見者。例如：

　　(一)認為[357]：「①已經行政訴訟救濟且確定行政處分合法有效者，普通法院不能認定無效。②已提起行政訴訟尚未判決前，又另向普通法院起訴，則普通法院原則上應先停止訴訟程序，但須以行政處分有效存在為前提。在西德、日本立法例中就行政處分有顯然、重大瑕疵時可提確認無效之訴，因為該行政處分非常明顯無效，應不生公定力，此時普通法院似可就此逕為判斷。③已逾越法定期間而未提起行政訴訟，因而致行政處分確定者，普通法院仍應加以尊重。若嗣後由有權之行政機關撤銷原處分，則當事人可據此向普通法院提起再審之訴。」

　　(二)或認為可參考學者所提意見[358]，即認為：「法理上可由左列方法解決之：①無效之行政處分民事法院不受其拘束。②行政法院對行政處分合法與否之確定裁判，民事法院應受其拘束。③民事法院對行政爭訟程序尚未終結之案件，應依民事訴訟法第182條規定裁定停止訴訟程序。④已逾訴願法定期間之案件，民事法院在原處分機關或其上級機關基於（舊）訴願法第17條第2項依職權撤銷違法之行政處分前，不得判令行政機關賠償[359]。」

　　(三)或認為：「如以行政處分是否合法專屬於行政法院審理為大前提，則可於行政訴訟法中明文規定：①行政法院對行政處分合法與否之確定判決，可拘束其他法院。②行政爭訟未終結之案件，民事法院在審理國家賠償法案件時應停止訴訟程序[360]。」

　　(四)或堅持：「以行政處分是否違法應由行政法院判斷，惟考慮將來行政法院若採二級二審制，判決須待二審裁判後才能確定，於時間上恐會拖延過長，以致延誤普通法院案件審理期間，而主張可以行政法院初審之判決為普通法院裁判之基礎者[361]。」

　　(五)認為[362]：「國家賠償案件中，行政法院已為之確定裁判，普通法院應受其拘束，若行政訴訟尚在繫屬，則普通法院應先停止訴訟程序。至於普通法院受理之案件涉及行政處分違法問題，而當事人未提起行政訴訟，或因逾期或其他程序上問題而無法提起行政訴訟時，則仍應准許人民提起行政訴訟，或應由普通法院裁定交由行政法院先行判決後，再繼續進行訴訟者。」然亦有認為[363]：「此一情形普通法院就行政處

---

[357] 陳瑞堂發言，彙編（一），頁1026以下。
[358] 即翁岳生，前揭文，頁137以下。
[359] 吳庚發言，彙編（一），頁1030以下。
[360] 同上註。
[361] 城仲模發言，彙編（一），頁1034。
[362] 古登美發言，彙編（一），頁1035以下。
[363] 陳瑞堂發言，彙編（一），頁1036。

分違法與否並無權審查,但例外在行政處分有明顯、重大瑕疵時,當事人得向行政法院提起無效確認之訴(無起訴期間之限制),待行政法院確認後,普通法院再繼續進行審判。」

(六)或認為:「①除顯然無效之處分外,在未經有權機關撤銷前應承認行政處分之效力,同時行政處分違法與否之審查權應專屬行政法院之權限,普通法院不得任意否認其效力。②如民事事件以行政處分之效力為前提,則可在法定期間內提起撤銷之訴,或將來增加確認之訴時規定確認其效力應由行政法院加以判斷,普通法院不得自行認定其效力。③如行政機關之處分在未經有權機關撤銷以前,當事人又不提起行政救濟,則普通法院仍應承認其效力,不可為相反之認定[364]。」

(七)或認為:「民事訴訟若有以行政處分是否有效存在?是否合法?為前提者,可在民事訴訟法中規定『若民事訴訟牽涉行政訴訟時,則民事訴訟應停止訴訟程序,命原告於一定期間內就行政處分為訴願、再訴願、行政訴訟;若原告不於一定期間內提起行政救濟,則駁回原告之訴』;反之,亦可於行政訴訟法中規定『若行政訴訟是以私法上法律關係是否成立為前提者,原告應於一定期間內提起民事訴訟,逾期則駁回原告之訴』。亦即採強制原告起訴方式[365],至於訴訟類型則採確認訴訟,且此時應『視同有即受確認判決之法律上利益[366]』。」惟亦有認為:「如屬行政處分違法與否,應提起撤銷訴訟認定之,如屬行政處分有效或無效問題,則可經由確認訴訟認定[367]。」

綜上可知,本法研修過程所提意見及建議,本法第12條之規定,可謂係就歷次討論所達成之共識或無爭議部分予以明文化。惟關於當事人不提起行政爭訟以確定行政處分是否無效或違法情形應如何處理[368]?似有意予以省略,且於所謂「應依行政爭訟程序確定之」之具體運用,究應強制當事人提起或由普通法院移送[369]?由何人對何

---

[364] 陳瑞堂發言,彙編(一),頁1308以下。

[365] 楊建華發言,彙編(一),頁1311以下。

[366] 楊建華發言,彙編(三),頁478以下。

[367] 王甲乙發言,彙編(三),頁481。

[368] 對此問題,小組原修正意見認為此時普通法院仍得審查該行政處分是否有效或違法,張特生發言參照,彙編(一),頁1027。

[369] 關於此一問題,原有認為可採奧國制度由法院主動移送者,惟因考慮我國與奧國制度不同,不宜逕予援用,而曾一度作成結論,認為「行政訴訟之裁判須以私法法律關係為前提者,行政法院應停止訴訟程序,並裁定命當事人於一定期間內提起民事訴訟。若不於一定期間內起訴者,駁回其起訴。」「民事訴訟之裁判須以行政處分是否存在,有效與否為前提者,民事法院應停止訴訟程序,並裁定命當事人於一定期間內提起行政救濟程序。若不於一定期間內提起者,駁回其訴。」即採強制起訴方式。惟其後因提起行政爭訟往往有起訴期間之限制,如強制當事人起訴,可能因起訴期間等合法要件之限制反使當事人權利無法獲致救濟,且於刑事訴訟情形,無論公訴或自訴案件,應如何提起行政爭訟,亦有爭議,故認為不宜就尚未繫屬之案件為規定(因仍可以再審方式解決其裁判之矛盾或歧異),最後對此一問題,本法修正委員會似未作成

人提起？有無起訴期限？應提起何種訴訟類型[370]？是否須待行政法院判決確定？等有關具體如何實踐之問題，則又不爲詳細規定，而有意留待學說實務發展。

❖內容解析❖

行政訴訟法第12條規定：「民事或刑事訴訟之裁判，以行政處分是否無效或違法爲據者，應依行政爭訟程序確定之。」「前項行政爭訟程序已經開始者，於其程序確定前，民事或刑事法院應停止其審判程序。」[371]本條規定與2003年修正民事訴訟法第182條第2項規定類似，即「前項規定，於應依行政爭訟程序確定法律關係是否成立者準用之。但法律別有規定者，依其規定。」[372]以下，於上開法制基礎上，說明本條之內容。

一、司法二元化下先決問題之類型與現行制度設計

依本條第1項規定，其適用要件爲「民事或刑事訴訟之裁判，以行政處分是否無效或違法爲據」，亦即，行政處分是否無效或違法，構成民事訴訟中關於本案法律關係之解決或刑事訴訟中關於犯罪是否成立或刑罰應否免除之先決問題而言。

(一)先決問題概念與類型概說

所謂「先決問題」，一般係指某一訴訟事件，於決定其本案問題時，首須確定之前提問題[373]。此一本案爭議與先決問題之關係，通常存在於二以上可獨立起訴之不同

結論，而不了了之。

[370] 曾有委員認爲如以確認訴訟方式爲之，則此一確認訴訟是否限於本法修正草案第6條所規定之確認訴訟一種，有進一步檢討必要，古登美發言，彙編（三），頁479以下。進一步言，依本條所提起之確認訴訟，與第6條所定確認訴訟類型是否同一，當時已有委員對之提出疑問。另楊建華發言，彙編（三），頁478以下，亦已意識本條如係提起確認訴訟應如何解決有無確認利益之問題。

[371] 本項規定涉及其他審判系統法院所應適用之訴訟程序，原不宜規定於行政訴訟法，而應分別規定於民事訴訟法與刑事訴訟法中，學者曾對之有所批評。陳敏，行政法總論，自刊，2016年9版，頁1543。

[372] 本次修法理由爲：「訴訟全部或一部之裁判，以應依行政爭訟程序確定之法律關係是否成立爲據者，爲避免相互歧異，法院亦得於行政爭訟程序開始後終結前以裁定停止訴訟程序。原條文第2項規定『應由法院以外之機關』，是否包括行政法院，不無爭議，且易被誤會爲包括司法院大法官之解釋，爰予修正，俾資明確。」

[373] 雄川一郎，先決問題について（一）（二），法學協會雜誌68卷2號，頁22以下；4號，頁28以下，均收錄於：氏著，行政爭訟の法理，有斐閣，1986年，頁504以下；同行政爭訟法，有斐閣，昭和32年（1957年），頁119。又有關先決問題之主要文獻，參照美濃部達吉，行政裁判法，千倉書房，1929年，頁87以下；柳賴良幹，先決問題の觀念、司法裁判所の先決問題審理權，均收錄於：氏著，行政法の基礎理論，清水弘文堂書坊，1967年，頁3以下、頁41以下；兼子仁，フランス行政法における先決問題，都立大學法學雜誌3卷1、2合併號；同著者行政行爲の公定力の理論，東京大學出版會，1971年3版，頁36以下；遠藤博也，行政行爲の無效と取

訴訟中，其中一訴訟之訴訟標的與他訴訟之攻擊防禦方法間之判斷，彼此具有前提或因果關係或其不能併存者而言[374]。因本案訴訟與先決問題二者，可能分屬不同審判系統之法院審判範圍或適用不同訴訟程序，亦可能同屬相同審判系統法院之審判範圍。於上開情形，為避免法院對於本案問題與先決問題之判斷發生歧異矛盾，受理本案訴訟之法院，其本案訴訟審理程序，現行法有不同設計。通常情形，本案問題與先決問題均屬同一審判系統法院之審判範圍者，是否停止本案訴訟程序以待先決問題之裁判，抑或逕自作為本案裁判爭點審理，本案受訴法院有裁量權；如本案與先決問題分屬不同審判系統法院者，則因對該先決問題是否涉及行政處分之效力或違法性，而有不同設計。以下，以現行行政訴訟法與民事訴訟法之設計為例，說明本案與先決問題之現行法制設計[375]：

1.同一審判系統法院受理訴訟間之本案與先決問題

於屬同一審判系統法院間發生本案與先決問題時，其處理方式約如下述：

(1)本案與先決問題均適用同一訴訟程序，且當事人就該先決問題並未另外起訴請求時，該法院得將之作為本案爭點自行認定與裁判，嗣後如該為本案確定判決基礎之先決問題經裁判或法定程序變更確定者，得對本案判決依再審方式處理（民事訴訟法§496Ⅰ⑪、行政訴訟法§273Ⅰ⑪）。

(2)本案與先決問題均適用同一訴訟程序，且當事人就該先決問題提起爭訟請求時，除可經由訴之合併、追加或合併辯論等方式，使該先決問題有關訴訟合併於本案程序一併審理外[376]；於行政訴訟情形，行政法院則得依本法第177條第2項規定，於民事訴訟情形，法院得依民事訴訟法第182條第1項規定，分別決定應否先停止本案訴訟程序，以待先決問題之確定。

2.不同審判系統法院受理訴訟間之本案與先決問題

本案與先決問題分屬不同審判系統法院之審判範圍者，因另涉及法院間受理訴訟權限分配問題，應如何處理，可因本案訴訟與先決問題所涉及不同審判系統法院，以

消，東京大學出版會，1968年，頁244以下、頁293以下；宮崎良夫，行政行為の公定力（その一）、（その二），均收錄於：氏著，行政爭訟と行政法學，弘文堂，平成3年（1991年），頁181以下、頁197以下。

[374] 例如，行政法院75年判字第2244號判決謂：「行政訴訟之裁判，須以他法律關係是否成立為準據者，於該法律關係尚未確定時，行政法院得依職權，或當事人之聲請，暫停行政訴訟程序之進行，固為行政訴訟法第25條所明定，惟所謂以他法律關係為據者，係指該項法律關係之存在與否，對於本訴訟之法律關係或在訴訟所主張之抗辯等，為其應先解決之問題而言。」

[375] 於刑事訴訟情形，請參照刑事訴訟法第261條、第295條至第297條、第333條、第420條第1項第4款、第422條第1款。

[376] 此時，該先決問題如由原告提起者，可能同時構成訴之追加或（單純）合併問題，如由被告提起者，則涉及反訴問題。

及該先決問題之性質，區分為以下情形說明：

(1)當事人就該先決問題並未另外爭訟請求者，因就本案有審判權之法院，對該先決問題亦有審判權，因此，本案受訴法院得將之作為本案爭點自行認定與裁判，嗣後如該為本案確定判決基礎之先決問題經裁判或法定程序變更確定者，得對本案判決依再審方式處理（民事訴訟法§496Ⅰ⑪、行政訴訟法§273Ⅰ⑪）。其情形，原則與前述1.(1)同。

(2)依行政訴訟法第177條規定，本案行政爭訟以民事訴訟之裁判為先決問題者，受訴行政法院「應」以裁定停止訴訟程序（Ⅰ）；其餘民事法律關係牽涉本案行政訴訟之裁判者，受訴行政法院在該民事訴訟程序終結前，「得」以裁定停止訴訟程序（Ⅱ）[377]。

(3)本案民事訴訟以應依行政爭訟確定之法律關係為先決問題者，受訴民事法院「得」在該行政爭訟確定前，以裁定停止訴訟程序（民事訴訟法§182Ⅱ）。

(4)前述(1)、(3)之情形中，如該本案民事訴訟之裁判，以行政處分是否無效或違法為據者，因本法第12條規定與民事訴訟法第182條第2項規定不一致，因此，於下列情形，遂發生法律適用疑義：①在系爭先決問題之行政處分是否無效或違法，當事人尚未提起行政爭訟者，本案受訴民事法院，是否受系爭行政處分效力之拘束，不得審查其違法性？②在系爭先決問題之行政處分是否無效或違法，當事人已提起行政爭訟者，受訴民事法院「應」停止訴訟程序（§12Ⅱ）？或「得」停止訴訟程序（民事訴訟法§182Ⅱ）？上開問題之解決，觀諸前開本法第12條立法討論過程，本條規定實質上係各種不同基本理念經妥協後之產物，遂造成本條適用上之種種疑義。茲改項說明。

(二)行政行為或公法上法律關係構成民、刑事訴訟之先決問題類型

比較本法第12條與民事訴訟法第182條第2項之規定，現行法關於構成民事訴訟先決問題而「應依行政爭訟程序確定法律關係」之類型，分為「以行政處分是否無效或違法」為先決問題，以及「以行政處分以外其他行政行為是否無效或違法或公法上法律關係存否」為先決問題二大類，亦即：

1.以行政處分以外其他行政行為或公法上法律關係為先決問題

民事或刑事訴訟之裁判，以行政處分以外之其他行政行為是否無效或違法或公法上法律關係存否為據者，應如何處理，因本案訴訟為民事或刑事訴訟，而有不同。亦即：

---

[377] 另本案現在訴願程序審理中者，訴願法第86條亦有停止訴願程序之設計。

(1)民事訴訟以行政處分以外其他行政行為或公法上法律關係為先決問題

民事訴訟法第182條第2項所稱「應依行政爭訟程序確定之『法律關係』」，係指「構成本案訴訟標的法律關係之要件事實中，『應依行政爭訟程序確定之本案先決事實』」而言，即指「以行政行為是否無效或違法或公法上法律關係存否」為先決問題之情形。其中，因第12條之適用，限於民事或刑事訴訟之裁判，「以行政處分是否無效或違法」為先決問題情形，其構成民事訴訟法第182條第2項但書之「法律別有規定」，故於「以行政處分以外之其他行政行為是否無效或違法或公法上法律關係存否」為民事訴訟先決問題時，自應適用民事訴訟法第182條第2項規定本文，如該行政法律關係已繫屬於行政法院時，普通法院「得」裁定停止訴訟程序，亦得不停止而逕自判斷以為裁判之基礎[378]，且於該先決問題未提起行政爭訟情形，亦同[379]。

(2)刑事訴訟以行政處分以外其他行政行為或公法上法律關係為先決問題

於刑事訴訟之裁判，「以行政處分以外之其他行政行為是否無效或違法或公法上法律關係存否」為先決問題情形，應如何處理？無論本法或刑事訴訟法均未有明文規定，此時，究係有意省略抑或立法闕漏，頗有疑問。此一情形，如屬有意省略者，可認刑事法院對該先決問題亦有審判權，其對該先決問題得自為審理判斷，不生是否停止訴訟問題。惟此一解釋，與本法第12條立法沿革或目的，不無扞格，且與刑事訴訟法第297條或第333條規定[380]比較，在刑事訴訟以「民事法律關係」為先決問題情形，容許停止審判，如以「行政法律關係」為先決問題時，反無須停止審判，二者亦有輕重失衡疑慮。因此，如認屬立法闕漏，自宜有解決之道，解釋上似可比照前述(1)之處理模式，以類推適用刑事訴訟法第297條或第333條規定方式處理。

2.以行政處分是否無效或違法為先決問題

如上所述，本法第12條規定限於以「行政處分」是否無效或違法為先決問題情形，而未及於「以行政處分以外之其他行政行為是否無效或違法或公法上法律關係存否」為先決問題之情形。因此，本法於民事訴訟法第182條第2項之外，另於本法第12條就民、刑事訴訟之裁判，「以行政處分是否無效或違法」為先決問題時，設有特別規定，其規範目的，似乎並非單純在於不同審判系統法院間，防止發生裁判矛盾或歧異現象，更有使民刑事法院在行政處分是否無效或違法之審理上，採盡量尊重行政

---

[378] 王甲乙等著，前揭書，頁164參照。

[379] 部分不同見解，陳計男，前揭書，頁337以下，認為民事訴訟法第182條第2項之適用，以該先決問題已依法提起訴願或行政訴訟者為限，如行政爭訟程序尚未開始，即不發生停止訴訟程序問題。

[380] 即於公訴情形，適用第297條規定：「犯罪是否成立或刑罰應否免除，以民事法律關係為斷，而民事已起訴者，得於其程序終結前停止審判。」於自訴情形，則適用第333條規定：「犯罪是否成立或刑罰應否免除，以民事法律關係為斷，而民事未起訴者，停止審判，並限期命自訴人提起民事訴訟，逾期不提起者，應以裁定駁回其自訴。」

機關行政處分效力之自制立場。至於何以民、刑事法院之裁判於涉及以行政處分是否無效或違法爲先決問題時，宜探司法自制態度？與本法第12條規定背後之基本理念有關，茲改項敍述。

二、先決問題處理模式之制度理念

本法第12條規定，所以在一般先決問題處理模式外，特別針對行政處分是否無效或違法構成民、刑事訴訟先決問題時，另予規定其處理方式者，依本文所見，在一般處理先決問題之制度理念之外，至少存有下列特殊制度理念。茲就先決問題處理模式之一般制度理念與第12條規定之特殊制度理念分述如下。

(一)先決問題處理模式之一般制度理念：訴訟經濟、裁判矛盾之防止及有效權利保護

自「有爲重要行爲之權者亦有爲次要行爲之權」（Cui licet quod majus non debet minus est non licere）此一法諺觀點而言，所有訴訟制度無論係採司法一元化抑或二元化設計，基於紛爭解決之實效性要求，均遵行一項訴訟法上基本原則，亦即「就本案訴訟標的有審判權之法院，對該訴訟標的法律關係有關先決問題亦有審判權」。因此，法律規定某一審判系統法院之受理案件範圍之同時，該法律通常已預設該審判系統法院就其審判權限範圍內之案件，包括因審理該案件所涉及之全部先決問題，有完整之審判權。例如，依現行國家賠償法之規定，普通法院對國家賠償訴訟既有審判權，則與該國家賠償案件有關行政行爲（包括行政處分）是否無效或違法，或與該案件有關公法上法律關係之存否等先決問題，普通法院均有審判權。至於對該先決問題有本案審判權之他法院，對該先決問題曾經作成或事後已有本案確定判決者，審理本案訴訟之法院，對他法院就該先決問題所爲本案判斷，自應受其拘束。

然在對於某一先決問題（例如行政處分之違法性），可另外獨立提起本案訴訟（例如處分撤銷爭訟）之情形（以下稱「先決問題訴訟」），無論該先決問題訴訟與發生該先決問題之原本案訴訟（例如國家賠償訴訟），是否均由同一審判系統法院適用相同訴訟法律或分屬不同審判系統法院適用不同訴訟法律審理，因本案訴訟法院對該先決問題之判斷，與同一審判系統內部之其他法院或不同審判系統法院對該先決問題之判斷間，可能發生歧異矛盾現象，不利於紛爭之一次解決與人民對司法之信賴，因此，基於人民權利之有效保護與防止裁判矛盾歧異之要求，制度上應有相應配套設計。對於上開防止發生裁判矛盾歧異之要求，各國法制均在考量紛爭一次解決、訴訟經濟、及時有效權利保護等其他訴訟法基本理念後，分別依該本案訴訟與先決問題訴訟是否分屬不同審判系統法院，在起訴、訴訟中以及訴訟終結等不同階段，理論上可有各種事前與事後之裁判矛盾防止機制。例如：

　　1.在本案訴訟與先決問題訴訟均屬同一審判系統法院審理情形：(1)可經由緩和訴之客觀合併、訴之追加、反訴等要件，使先決問題得利用本案訴訟程序合併審理；(2)或可經由停止訴訟程序設計，使先決問題訴訟審理終結後，再由本案訴訟法院於該確定先決問題之基礎上，作成本案裁判；(3)或可經由訴訟參加等方式，使涉及先決問題之其他利害關係人，得參加訴訟，並在此一基礎上，經由參加效或擴大本案判決（尤其既判力）之主、客觀範圍或承認爭點效等設計，以減少後續先決問題訴訟之發生；(4)或可在本案判決確定後，其為判決基礎之該先決問題之判斷，嗣後經其他法院確定判決或經其他有權機關予以變更時，允許本案當事人得據以為再審事由聲請再審等設計。

　　2.在先決問題訴訟與本案訴訟分屬不同審判系統法院情形：(1)可經由允許將先決問題訴訟與本案訴訟，以附帶合併或追加方式一併審理（例如本法§7）；(2)或在先決問題訴訟已經繫屬情形，使本案訴訟先停止訴訟程序，以待先決問題訴訟之解決；(3)或經由訴訟參加等方式，使涉及先決問題之其他利害關係人，得參加訴訟（此即爭點訴訟），並在此一基礎上擴大裁判效力之主、客觀範圍，以減少後訴之發生；(4)或在本案判決基礎之該先決問題之判斷，嗣後經其他法院確定判決或經其他有權機關予以變更時，允許本案當事人得據以對本案確定判決聲請再審等制度設計，均有助於事前或事後防止裁判之矛盾或歧異。

　　上開可能用以防止裁判矛盾歧異之制度設計，各國訴訟制度設計雖未必全部採納，且其規定亦多存有若干差異，然鑑於裁判矛盾歧異之防止，並非訴訟制度之唯一或最高指導理念，因此，以停止訴訟程序為例，因停止本案訴訟程序可能影響權利之及時有效保護要求，故本案訴訟法院是否停止訴訟以待先決問題之解決，宜使本案受訴法院得視個案情形，裁量決定，而非一律均「應」停止訴訟程序。簡言之，制度設計上，究應於事前、事中或事後防止裁判矛盾或歧異，宜保留因個案差異裁量決定之彈性。此縱使先決問題訴訟與本案訴訟分屬不同審判系統法院之審判權限情形，亦同。就此點而論，行政訴訟法第177條第1項明定「應」停止訴訟程序者，較諸民事訴訟法第182條第2項僅規定「得」停止訴訟程序者，明顯欠缺制度彈性。

(二)第12條處理模式之特殊制度理念：權力分立與法治國家理念之變遷

　　由於訴訟經濟、裁判矛盾之防止及人民權利及時有效保護等訴訟制度理念間，並不當然具有優越地位，因此，如欲在事前強制解決因先決問題可能產生之裁判矛盾歧異問題，即須有更堅強之合理由，始具備制度理性。據此，本法第12條既然明定於民刑事訴訟之裁判以行政處分是否無效或違法為先決問題時，對該先決問題「應」依行政爭訟程序確定之（Ⅰ），或於該先決問題之行政爭訟程序已經開始者，本案訴訟法院於其程序確定前，「應」停止其審判程序者可知，立法者欲於事前強制解決裁判

矛盾歧異問題或認為此類問題應交由具有專業之行政法院判斷之態度，相當明顯。亦即，依前述本條立法沿革說明，除避免裁判矛盾歧異之目的外，立法者真正目的，恐欲藉本條規定，確立行政法院對於行政處分是否無效或違法之判斷，有優先或專屬審判權限，此一立法者態度之背後制度理念，則在權力分立或法治國家理念之變遷。茲說明如下：

1.權力分立下行政權優越地位之貫徹

在採司法二元化設計下，所以在普通法院民事訴訟程序外，另設特別之行政法院及行政訴訟程序，以審理公法上爭議事件，除認為普通法院與民事訴訟程序不適於處理此類事件外，於行政訴訟制度發展史上，另一重要目的即在妥適劃分行政權與司法權之關係，使司法權僅在一定條件下，得介入審查行政行為之合法性，並在行政效率與人民權利救濟間，取得一定之平衡。

因此，無論係行政實體法或行政形式（程序、訴訟）法及其相關理論，均在上述權力分立要求下，適度賦予行政權一定優越地位，以使行政權得以積極有效率地推動公共事務，以維護公共利益。例如，行政實體法中關於行政處分效力理論，認為違法行政處分，除非有重大明顯瑕疵，原則均應承認其效力，並使其在處分相對人外，亦有拘束其他利害關係第三人、其他行政機關，甚至法院之效力者，其目的即在於此；此外，行政訴訟關於涉及行政處分效力或合法性之爭議，特別創設撤銷訴訟、處分無效確認訴訟或課予義務訴訟等訴訟類型，並嚴格要求其合法要件（例如訴願前置、起訴期間等）者，在相當程度亦經由上開訴訟類型之規定，以限制司法權介入行政權之時點與方式[381]，進而修正前開「就本案有審判權之法院，對先決問題亦有審判權」之訴訟法上基本原則，使受理本案訴訟之普通法院對該先決問題之審判權受有一定限制。簡言之，現行行政實體法及訴訟法，既對行政處分「是否違法」之處理，設有特別規定，僅行政法院有優先或專屬之判斷權限，則在民、刑事訴訟之裁判以行政處分「是否違法」為先決問題時，自應尊重行政法院前揭權限，應使該先決問題先經由行

---

[381] 關於行政處分效力理論，與在司法二元化設計下，行政處分之效力與不同審判系統法院間審判權之劃分問題，存有密切關係。簡言之，日本法通說將行政處分效力求諸於訴訟法觀點，其主張行政處分公定力之根據，在於撤銷訴訟之排他性，亦即因行政處分僅能經由撤銷訴訟排除其效力，故在未經撤銷判決排除行政處分效力前，任何人（包括其他行政機關或法院）均應受該行政處分效力之拘束；反之，於德國法之情形，則認為除非無效行政處分或對該違法行政處分有審查權，否則有拘束相對人與第三人（包括其他行政機關或法院）之效力。因此，普通法院得自行審查無效之行政處分之違法性，其餘違法行政處分效力之排除，僅能由對之有審判權之行政法院依特定方式（撤銷訴訟），予以排除其效力。關於德國行政處分效力問題之整理，人見剛，行政行為の公定力の範圍──ドイツ法を素材とする一考察──，收錄於：高柳信一先生古稀記念論集，行政法學の現狀分析，勁草書房，1991年，頁219以下參照；關於行政處分效力論之日本法與德國法之特色及差異，宮崎良夫，前揭文參照。

政爭訟程序確定，不宜逕行自為判斷。本法第12條第1項除關於處分是否違法構成民刑事訴訟先決問題時，應依行政爭訟程序確定外，關於處分是否無效之先決問題，亦採相同設計者，明顯賦予行政法院有較諸德、日法制，更為強大的優先或專屬判斷權之意圖，即賦予行政權更為優越之地位[382]。

2.法治國家理念之變遷：第一次權利保護優先原則

人民權利因違法公權力受有損害時之行政救濟體系，主要可大別為性質上屬第一次權利保護途徑之「行政爭訟制度」以及第二次權利保護途徑之「國家賠償制度」，此二層權利保護途徑，共同構成法治國家完整無缺的權利保護體系。但就行政爭訟與國家賠償間之關係發展而論，上開二層權利保護途徑，其各自扮演之角色功能，卻未盡相同。此點，一方面表現出不同的法治國家發展模式，且不同模式下所呈現之法治國家理念，亦未盡相同。換言之，其約可分成下列三階段：

(1)第一階段：第二次權利保護途徑為主

換言之，早期在行政訴訟制度尚未完備前，人民權利因違法公權力行為受有損害者，除少數允許提起撤銷訴訟救濟外，多數只能在其權利實際受有損害時，請求國家賠償救濟。因此，當時扮演法治國家完整無缺權利保護功能者，主要為國家賠償制度，而非行政爭訟制度。亦即，在此一階段之權利保護圖式，人民對於違法公權力之侵害，通常只能儘量先予容忍，待至實際受害後，再請求國家賠償（先忍受、後求償）。

(2)第二階段：第一次與第二次權利保護途徑併行

其後，行政爭訟制度逐漸完備後，行政爭訟制度亦逐漸扮演法治國家權利救濟之重要功能，而與國家賠償制度併行，彼此共同構成法治國家完整無缺的權利保護體系。亦即，於此一時期，因受理國家賠償訴訟之法院，基於「就本案有審判權之法院，對先決問題亦有審判權」之訴訟原則，對於行政行為（尤其行政處分）是否無效或違法之問題，亦得自行審查判斷，故人民於其權利因違法公權力受有侵害時，人民得視其救濟目的，「選擇」提起行政爭訟或國家賠償訴訟。換言之，此一時期，第一次權利保護途徑與第二次權利保護途徑，二者並無優先劣後關係，而係共同互補彼此救濟之不足，以確保完整無缺之權利保護要求。

---

[382] 由於本法第12條關於行政處分無效與否，明定「應依行政爭訟程序確定之」之結果，將使行政實體法之行政處分瑕疵理論發生一定程度之變化，亦即行政處分是否無效，並非如同通說主張，以瑕疵是否對「任何人（包括法院）」是否明顯重大為其判斷標準，而係以該瑕疵對「行政法院」是否明顯重大為其判斷標準。亦即，因第12條之規定，無效行政處分在一定程度上，喪失其作為劃分行政法院與普通法院對行政處分違法瑕疵之審判權之標準，即截斷行政處分瑕疵理論與法院間權限劃分問題之關聯性。進一步言，學說理論、行政程序法之規定，與行政訴訟法規定間，將因此而呈現不一致之現象。同旨，劉宗德、彭鳳至，行政訴訟制度，收錄於：翁岳生編，劉宗德執筆，行政法（下），翰蘆出版社，2000年2版，頁1161以下。

(3)第三階段：第一次權利保護優先

最後，待至行政爭訟（尤其行政訴訟）體系完備後，無論學說或實務，多認為關於行政處分是否違法之問題，受理國家賠償訴訟之普通法院不宜再自為審查判斷，宜儘量尊重行政法院之專業判斷，而逐漸要求普通法院對於行政處分之違法性審查，宜採司法自制態度。此外，行政爭訟制度既已完備，故在人民本可依行政爭訟途徑救濟，但因可歸責於己之事由而未提起行政爭訟，致使損害發生或擴大情形，論者更進一步主張宜仿照上述德國1981年國家責任法第6條之精神，採「第一次權利保護優先原則」之設計，使人民因可歸責於己之事由，未能提起行政爭訟者，宜剝奪或限制其尋求國家賠償救濟之權利。亦即，在此一階段，行政爭訟制度，已非單純的權利保護制度，更應強調其積極扮演司法監督行政權合法性之功能。至於，如何達成經由行政爭訟制度監督行政權合法性之目的，德國前開法制採與有過失理論，對於人民因過失致未能循正式的法律救濟途徑（主要為行政爭訟）請求救濟，致使損害發生或擴大者，剝奪其國家賠償請求權，藉此，使「人民負有提起行政爭訟以監督行政權合法性之責任」。而本法第12條第1項規定：「民事或刑事訴訟之裁判，以行政處分是否無效或違法為據者，應依行政爭訟程序確定之。」即有宣示採納「第一次權利保護優先原則」之意。據此，第12條規定如被徹底貫徹，其效果較諸德國情形更為重大，人民不僅負有監督行政權合法性之實體法上責任，更負有提起行政爭訟之訴訟法上義務，其違反者，甚至可能剝奪其國家賠償訴訟之訴權之效果。換言之，採行第一次權利保護優先原則之目的與作用，並非單純將行政爭訟與國家賠償訴訟此二種權利保護途徑中，針對其對人民提供重複（疊）保護部分，予以整理以劃清其彼此權利保護範圍之作用，其更有強化人民在法治國家中之角色與任務，使其不僅僅為權利主體，更負有積極監督行政權合法性之義務，以實現憲法所要求之法治國家。據此，法治國家依法行政要求，不僅為國家之義務，亦為人民之義務。

(4)法治國家理念轉換之制度選擇

由於上開第一次權利保護優先原則具有轉換法治國家理念之目的與作用，此一制度變遷實際上對人民權利具有重大影響，故是否採行第一次權利保護優先原則，即不能單純自裁判矛盾防止觀點設計，應有整體配套制度設計。例如：①強化教示制度包含失權效果之告知，並使儘量擴張及於全部行政行為；②配合第一次權利保護優先原則調整行政訴訟之特別實體判決要件，並修正國家賠償制度（例如修正國家賠償時效之起算方式，並使提起行政爭訟有中斷國賠請求權時效之效果等）；③違反第一次權利保護優先原則之效果，宜採與有過失理論處理，不宜逕自剝奪國家賠償訴權等問題，均宜審慎檢討妥為規定。實際上，德國1981年國家責任法經宣告違憲無效後，德國法制關於行政處分違法性構成民事訴訟先決問題時，原則採如下做法。亦即，如該行政處分違法性未經提起行政爭訟者，普通法院得對該先決問題逕行審查判斷；

於人民可提起國家賠償時，不得基於釐清國家賠償所涉及行政處分違法性此一先決問題，而提起處分違法確認之訴。亦即，德國法制在未有相關配套設計前，實際並未採行第一次權利保護優先原則，而仍回到前開第二階段第一次與第二次權利保護併行之處理模式。

三、第12條規定之檢討

本法第12條規定：「民事或刑事訴訟之裁判，以行政處分是否無效或違法為據者，應依行政爭訟程序確定之（Ｉ）。」「前項行政爭訟程序已經開始者，於其程序確定前，民事或刑事法院應停止其審判程序（Ⅱ）。」關於本條規定之適用，因論者對於第1項與第2項規範性質之認知差異，而有不同見解[383]，亦即：

(一)學說見解

於符合前述要件時，民事或刑事法院關於該行政處分是否無效或違法問題，依本法第12條規定「應依行政爭訟程序確定之」，如該行政爭訟程序已經開始者，於其程序確定前，民事或刑事法院應停止其審判程序。

1.第1項為訓示規定說

例如，吳庚教授認為無論自本條文義或本法研修過程觀之，本條規定之適用，應與德國法制一致，主張：「行政處分合法性成為訴訟標的，並經行政法院判決確定者，民事法院應受其拘束，若未經行政法院判決者，民事法院應自行判斷；若當事人已起訴於普通法院，亦不得就此一先決問題請求行政法院確認行政處分是否違法。[384]」亦即，認為本法第12條第1項規定僅為訓示規定，本案之民事或刑事訴訟當事人，如不提起行政爭訟者，普通法院仍得對該先決問題自為審理判斷，而無須裁定停止訴訟。至於，該普通法院是否受行政處分效力之拘束，則視前述行政處分效力理論[385]而定。亦即，關於行政處分是否無效，普通法院得自為認定，且不受該無效處分之拘束。至於行政處分未達無效僅屬違法情形，則依前述行政處分效力理論判斷普通法院受其拘束之程度[386]。惟在國家賠償訴訟，因普通法院關於其本案既有審判權，除

---

[383] 同旨，陳敏，前揭書，頁1543參照。

[384] 吳庚、張文郁，前揭書，頁11。

[385] 但關於行政處分拘束民事法院之效力問題，與行政處分拘束刑事法院之效力問題，無論自比較法抑或實務運作觀點，二者均有不同。

[386] 自本條研修過程言，於當事人如未依法提起行政爭訟，普通法院是否即當然無權就行政處分是否違法加以審究，雖整體傾向於應以處分有效為其審理基礎，惟如普通法院仍自行認定處分違法時，則為得否據為上訴理由或再審事由之問題。因此，民事訴訟法既已設有上訴及再審制度可供利用，以解決裁判矛盾問題，則有無再強調普通法院無審判權或行政處分對普通法院拘束效力之必要，非無斟酌餘地。

非關於處分違法性此一先決問題，已經提起行政爭訟程序，此時可依本法第2項規定處理外，否則普通法院對行政處分之違法性問題，當然有權自行審查判斷。又如當事人已依法提起行政爭訟者，即應適用同條第2項規定，民事或刑事法院應停止其審判程序。

2.第2項為強行規定說

　　主張本條第1項規定為強行規定，故於本案之民事或刑事訴訟當事人，已依法提起行政爭訟者，可直接適用同條第2項規定停止審判程序，此較無問題。然於當事人未依法提起行政爭訟情形，因普通法院關於行政處分是否無效或違法均無權自行認定，故應曉諭當事人依法提起行政爭訟，於當事人提起行政爭訟後停止其審判程序，待行政爭訟確定後再以該確定判斷為基礎續行訴訟[387]；如當事人仍不提起者，即應以其訴訟在法律上顯無理由，得不經言詞辯論，逕予判決駁回。此一解釋，固較符合本法立法沿革，惟人民欲提起行政爭訟通常受有起訴期限、各種訴訟之特別實體判決要件等限制，如其行政爭訟亦因不合法而遭駁回時，將無異拒絕人民權益保障之要求。因此，如採用本說，即必須慎重檢討現行各種法定訴訟類型，是否確實能提供人民因本條規定所負爭訟義務（第一次權利保護優先義務）之履行。例如：(1)有主張關於第6條確認訴訟之補充性或確認利益要件即必須予以適度緩和，且應承認「獨立之行政處分違法確認訴訟[388]」；或(2)主張如本法相關法定訴訟類型無法提供符合第12條要求之訴訟類型者，即有慎重考慮應否將第12條第1項規定解釋為「法定訴訟類型」規定之必要[389]。又第1項所謂應依行政爭訟程序「確定之」，或第2項所謂於其程序「確定前」停止其審判程序者，雖有委員主張為免程序過度延宕，而認為僅須以有行政法院初審判決即可者[390]，惟本條既明定「確定」，故解釋上仍以有確定終局決定或裁判為宜。

3.折衷說

　　本說主張本條規定之第一次權利保護優先原則仍應予以尊重，因此，受理國家賠償訴訟之民事法院，原則應以行政爭訟之認定為準，而不得自行判斷。至於其處理程序則視行政爭訟程序是否已經開始，而有不同。亦即[391]：(1)提起國家賠償訴訟前，行

---

[387] 因此，本法第12條第1項規定之法律性質，學者即有認為係行政法院判決確認效力之規定者，翁岳生主編，彭鳳至執筆，前揭書，頁1218以下參照。

[388] 例如，有學者即認為本法第6條第1項可為提起「獨立之處分違法性確認訴訟」之依據，陳清秀，行政訴訟法，翰蘆出版社，1999年6月，頁148以下參照。

[389] 同旨趣，翁岳生主編，劉宗德執筆，前揭書，頁1155。

[390] 城仲模發言，彙編（一），頁1034。

[391] 惟例如陳敏，前揭書，似認為僅於採撤銷訴訟有關情形，始貫徹第一次權利保護優先原則，其謂：「請求賠償之人民，如因不可歸責之事由，而未依限提起訴訟，亦未能依訴願法第15條，

政爭訟程序已經開始者，受理國家賠償訴訟之民事法院，應依本法第12條第2項或民事訴訟法第182條停止訴訟程序，並以確定之行政爭訟實體決定結果，作爲裁判之基礎，其在國家賠償訴訟提起前，行政爭訟之實體決定已經確定者，亦同；(2)提起國家賠償訴訟前，行政爭訟程序尚未經提起者，則視該未能依限提起行政爭訟有無可歸責事由而定。人民未能提起行政爭訟有可歸責事由者，其後續亦不得提起國家賠償訴訟；其無可歸責事由者，受訴民事法院除可裁定停止審判程序，俟當事人依行政訴訟法第6條規定提起確認行政處分爲無效或違法之訴訟，於判決確定後，再據以裁判[392]外，亦得自行認定行政處分是否無效或違法，而爲損害賠償之裁判[393]。

(二)本文主張

如前所述，本法第12條第1項規定之目的，在於確認第一次權利保護（primärer Rechtsschutz）優先原則，使人民權利因無效或違法行政處分而受有侵害者，於制度設計上既有行政爭訟與國家賠償訴訟二項救濟途徑可資利用，爲避免人民以利用第二次權利保護（sekundärer Rechtsschutz）途徑，即以提起國家賠償訴訟之方式，規避利用設有短期爭訟期間等特殊訴訟要件之行政爭訟途徑，而使行政爭訟制度形同虛設，乃有第一次權利保護優先原則之設計[394]。亦即，本條規定人民權利因違法公權力行爲而受有侵害時，應先提起行政爭訟請求救濟，如仍無法獲致救濟，始能提起國家賠償訴訟請求；反之，如人民有可歸責於己之事由，不能提起行政爭訟救濟，致使損害發生或擴大者，則其後所提國家賠償請求，宜依與有過失理論，免除或減輕國家賠償責任。簡言之，本法第12條宣示採取第一次權利保護優先原則，除有放棄傳統以國家賠償作爲主要權利保護途徑之法治國家觀念（先忍受、後求償）之作用外，其主要目的在於確保有效權利保護之同時，兼顧行政爭訟與國家賠償此二種權利保護途徑之

經申請回復原狀而提起訴願者，亦屬遲誤第一次權利保護。依第一次權利保護優先原則，亦不得請求國家賠償」（頁1193）；如於涉及行政處分無效或僅能提起處分違法確認訴訟情形，似又不採第一次權利保護優先原則，即認於「行政處分無效，或於得提起訴願期間內，即因執行完畢或因其他事由而消滅者，當事人亦無從在訴願期間內請求撤銷（未遲誤第一次權利保護）。因該爲法行政處分受損害之人民，如於賠償請求權時效未屆滿前，提起國家賠償訴訟，則受理之民事法院……應亦得自行認定行政處分是否無效或違法，而爲損害賠償之裁判」（頁1194）。以上論述，前後似存有不一致之處。

[392] 另吳志光，行政法，新學林，2020年修訂10版，頁497以下，亦採類似見解，但進一步主張此時「當事人依《行政訴訟法》第6條第1項規定，提起確認行政處分爲無效或違法之訴訟，自得依同法第7條規定，合併請求損害賠償，而畢其功於一役，毋庸再進行國家賠償訴訟。」

[393] 在民事法院自行認定行政處分是否無效或違法情形，陳敏，前揭書，頁1544以下，有進一步之說明。亦即：「在尚未開始有關之行政爭訟程序前，民刑事法院仍得對有關之公法先決問題自爲決定，無須裁定停止訴訟程序。惟民刑事法院，原則上亦僅能自行認定行政處分是否無效……不得自行認定其爲違法並從而否定其效力。惟民事法院之裁判，如正以行政處分或其他行政行爲是否合法爲依據時，例如有關國家賠償案件之審理，始得例外自行判斷。」

[394] 陳敏，前揭書，頁1190參照。

優先劣後適用關係。

　　然而，既然採第一次權利保護優先原則，即容易發生限制人民國家賠償請求權行使之效果，此一不利益既因制度分化及立法政策所致，自不宜使人民承擔此類制度風險[395]。對此一問題，論者雖有主張宜使國家賠償訴訟回歸由行政法院審判，以資解決者[396]。惟如此做法，僅爲問題存在領域之變更，實際上仍然存有行政爭訟相對於國家賠償行政訴訟，應否採用第一次權利保護優先之問題，且於行政爭訟與國家賠償訴訟以外，對於行政爭訟與其他民刑事訴訟間之關係，因採用第一次權利保護優先原則所衍生制度風險如何分配之問題，實際上仍然未解[397]。就此而論，前開吳庚教授之見解，毋寧更爲簡便可行。據此，無論將來國家賠償訴訟是否回歸由行政法院審判，本法第12條第1項之規定均屬無必要，且容易造成治絲益棼之結果，實宜予以刪除。簡單而論，在第一次權利保護優先原則相關配套設計完備前，上述問題，可依下列方式

---

[395] 爲解決此一因採用第一次權利保護優先原則對人民可能造成之不利益，除前述學者（吳庚、陳敏）關於本法第12條應如何適用之主張外，學者並有各種進一步之緩和主張，例如：1.認爲「起訴人未經訴願或行政訴訟，即提起國家賠償之訴時……普通法院不能逕行審查其合法性。而一旦向普通法院提起國家賠償時，即應視爲請求權人已經提起訴願（訴願法第57條）或請求機關確認無效之申請……普通法院此時即應將案件移往行政法院或原處分機關，此『移送制度』……應透過修正國家賠償法予以明文化」（陳新民，行政法學總論，自刊，2015年新9版，頁484）；或2.認爲「因違法行政處分而受有損害之人民，於法定訴訟期間內逕向賠償義務機關請求協議賠償，而未正式提起訴願，其後因協議不成或賠償義務機關拒絕賠償，而提起損害賠償訴訟時，已逾原訴願期間者，因其請求賠償協議時，已主張行政處分爲違法及侵害其權益，故應適用訴願法第57條……視爲已在法定期間內提起訴願……受理損害賠償訴訟之民事法院，應如同上述，裁定『停止』訴訟之進行，俟行政爭訟確定後，再據以裁判」（陳敏，前揭書，頁1193）。

[396] 例如，陳新民，前揭書，頁484以下；林三欽，國家賠償事件劃由行政法院審判相關問題之研究，司法院102年專題研究計畫案報告書，2013年8月，頁47。

[397] 以撤銷訴訟爲例，本法第4條規定處分撤銷訴訟之目的在於廢棄行政處分之效力，以回復處分前之法律關係。故凡原告起訴事實有關爭執之審理，須以排除處分效力之方式始能獲致解決，且其起訴目的在於恢復處分前之法律關係者，均應提起撤銷訴訟。此時，處分撤銷訴訟即具有排斥適用其他訴訟類型之作用。又爲貫徹立法者於第4條明定撤銷訴訟此一訴訟類型之立法目的，使該條規定（例如訴願前置、起訴期間等限制）不致因訴訟技術上之原因（如提起其他訴訟類型而迴避適用該條規定）而導致形骸化，通說與實務均認爲在行政處分已發生存續效力情形，「行政法院」於他案訴訟訴訟中，因審理本案問題而須以行政處分效力存否爲其先決（前提）問題或重要爭點時，亦不得逕自於裁判理由中直接否認該處分之效力。此時，人民如欲以訴訟方式消滅處分之效力者，仍須以提起撤銷訴訟之方式爲之。例如，本法第6條第3項、第8條第2項之規定，屬之。甚至於不同系統之「民事法院」或「刑事法院」，其於審理民事或刑事事件時，如須以行政處分「效力」（非「違法性」）之存否爲其先決問題或重要爭點時，原則仍須先經由撤銷訴訟解決該先決問題或爭點。據此，除非認爲行政法院審理國家賠償訴訟時，關於行政處分是否違法或無效此一先決問題，無須先經撤銷訴訟、處分無效或違法確認訴訟確認之，否則仍有撤銷訴訟等訴訟相對於國家賠償訴訟應否採第一次權利保護優先之問題；反之，如若認爲無需經由撤銷訴訟等訴訟類型確認者，則人民藉由提起國家賠償訴訟以迴避利用撤銷爭訟之問題，依然未解。

處理即可，亦即[398]：

1. 在民刑事法律關係以行政處分是否「違法」或「無效」為其先決問題，而不涉及行政處分之效力應否撤銷問題者，普通法院自得審查該行政處分之違法性；反之，如該先決問題以行政處分之效力應否撤銷為據者，普通法院原則即應受行政處分效力之拘束，不得自行認定系爭行政處分為違法而拒絕承認其效力。

2. 普通法院於審理時，如原告對於行政處分是否無效或違法此一先決問題，已提起行政爭訟者，普通法院固宜停止訴訟程序以待行政爭訟之確定結果，惟若停止訴訟反使國家賠償訴訟程序嚴重延滯有害於人民有效之權利救濟時，亦非當然應停止訴訟程序[399]。如原告尚未提起行政爭訟者，受理訴訟之民刑事法院於考量裁判矛盾之防止與權利保護之有效性等因素後，裁量決定是否以闡明方式使原告另行提起行政爭訟並停止訴訟程序。

第12條之1（刪除）

第12條之2（刪除）

第12條之3（刪除）

第12條之4（刪除）

第12條之5（刪除）

---

[398] 劉宗德、賴恆盈、彭鳳至，行政訴訟制度，收錄於：翁岳生主編，劉宗德、賴恆盈執筆，行政法（下），元照，2020年4版，頁416。

[399] 就此而論，本法第12條規定「應」停止訴訟程序，而民事訴訟法第182條第2項則規定「得」停止訴訟程序，兩相比較，後者之立法技術，顯較妥適。

|第二章|
行政法院

第一節 管 轄

一、前 言

(一)管轄的意義

　　法院管轄權係指「依法律之規定，將一定的訴訟事件，分配於各法院行使裁判權的範圍[1]。」管轄權與審判權概念有區別的必要。吾人所稱的司法權，即審判權，係指法院掌理審判民事、刑事及行政訴訟之權限及其範圍。依我國現行訴訟法之規定，審理民事、刑事訴訟之審判者為普通法院，而行政訴訟則歸行政法院掌理。必先有審判權，而後才生管轄權之問題，管轄權係以法院有審判權之後，依法律規定，就審判之事務，予以分配，而定各法院審判案件之範圍[2]。

　　確定管轄權之意義，乃對於眾多的訴訟事件，提出一客觀標準，作為訴訟事件合理分配，以使權限分明，減輕法院負擔，並有利於訴訟之進行。

(二)管轄之分類

1.管轄原因不同

　　管轄權之分類，可依管轄原因之不同，在民事訴訟法上可區分為法定管轄、指定管轄與合意管轄。而刑事及行政訴訟法上，因屬公法性質，以公益為重，故僅包括前二者，並無當事人合意管轄之情形[3]。法定管轄係指法律直接規定之管轄。而法定管轄中又可依分類內容標準之不同，而區分為以土地劃分的土地管轄，以各級法院所承擔職務之職務管轄，又稱審級管轄，以及依訴訟事件之性質是否簡易、輕微及訴訟標的金額等而定之事物管轄。由於職務管轄與事務管轄範圍相當近似，而我國所界定的事物管轄，又以輕微或簡易作為標準，實際上可歸類在職務管轄內，因此，似乎兩者

---

[1] 王甲乙、楊建華、鄭健才，民事訴訟法新論，1980年，頁10。
[2] 褚劍鴻，刑事訴訟法論上冊，1997年二次修訂本，頁44。
[3] 吳庚，行政爭訟法論，2014年7版，頁49。

無區分之必要[4]。刑事訴訟論及兩者時，通常僅以事務管轄為準，其將職務或審級管轄涵蓋其中[5]。

指定管轄，即依法有管轄權之法院，不能行使審判權，或因管轄權不明時，由相關法院的直接上級法院透過裁定而定之管轄。

合意管轄通常屬民事訴訟上之程序，即當事人合意而生的合意管轄以及被告不抗辯法院無管轄權而為本案之言詞辯論者，則以該法院為有管轄權之法院的應訴管轄。

對於前述土地管轄，吾人又可區分為以被告與法院管轄區域之關係為標準的普通審判籍，以及以特種法律關係為訴訟標的而定法院管轄的特別審判籍，此如不動產涉訟之特別審判籍，對上述之分類，試以下圖標示之：

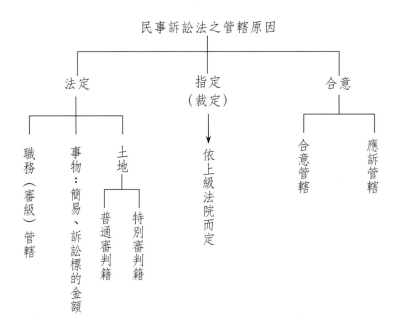

2.管轄性質不同

依管轄規定之性質不同，而區分為專屬管轄與任意管轄。專屬管轄即法定管轄中，公益性較強之訴訟事件。法律以明文規定專由特定法院管轄，不容許法院或當事人任意變更者稱之。而任意管轄則剛好相反，得以當事人之意思合致或被告應訴，以及訴之合併而產生之法院管轄。

上述之職務管轄若無明文規定，原則上皆屬專屬管轄。而土地管轄的特別審判籍中法律明文有「專屬」之字樣，皆屬專屬管轄之範圍，此如我國行政訴訟法第15條的

---

[4] 參閱陳榮宗、林慶苗，民事訴訟法，1996年初版，頁128以下。
[5] 參閱陳樸生，刑事訴訟法實務，1994年9版，頁31以下。

因不動產徵收、徵用或撥用之訴訟，專屬不動產所在地之行政法院管轄，即屬所謂的專屬管轄。

二、我國行政訴訟法管轄權之探討

我國以往的行政訴訟採一審制，故並不產生審級或事物管轄之問題。民國87年修正通過的行政訴訟法分設最高行政法院及高等行政法院二級，高等行政法院對第一審之行政訴訟事件有管轄權，最高行政法院對不服第一審行政法院判決之上訴事件有管轄權。為解決訴訟不便之問題及使公法事件陸續回歸行政訴訟審判，民國100年11月23日修正通過將行政訴訟改為三級二審，在各地方法院設置行政訴訟庭，除將行政訴訟簡易訴訟程序事件之第一審及相關保全證據事件、保全程序事件及強制執行事件，改由地方法院行政訴訟庭受理外，並將現行由普通法院審理之違反道路交通管理處罰條例裁決救濟事件，改依行政訴訟程序審理，吾人若依民事訴訟法之分類，此乃產生職務管轄，亦即審級管轄。除此之外，另有簡易程序之設，而產生了事物管轄。此種事物管轄之分類，似乎無法與前述特別職務管轄加以分辨，因此，乃有人建議歸屬職務管轄之範圍[6]。民國111年6月22日修正行政訴訟法第3條之1而稱：「本法所稱高等行政法院，指高等行政法院高等行政訴訟庭；所稱地方行政法院，指高等行政法院地方行政訴訟庭。」

我國行政訴訟法之若干學者所採之分類標準與民事訴訟法學者稍有不同，其將民事訴訟法之職務管轄或審級管轄，稱之為事物管轄，亦即審級管轄。而其所稱之職務管轄，則以功能來區分，如高等行政法院為第一審法院，最高行政法院為上訴法院、抗告法院（§267）或法律審法院（§242），另簡易程序管轄等皆列為職務管轄的範圍[7]。因此，在此區分下，職務管轄似可包括事物管轄以及法律所特別規定之管轄（簡易程序管轄）在內。因此，此種區分仍無法分辨事物管轄與職務管轄之界線。德國的行政法院法有關管轄的規定，則除土地管轄外，另分事物管轄與層級管轄兩種，凡一事務歸屬某一法院為第一審之管轄，則稱事務管轄，如行政法院決定第一審所有行政爭訟之事件，高等行政法院決定法規審查權以及屬其第一審審查之事件，聯邦行政法院亦決定屬其第一審之事件，因此，德國法上所稱的事物管轄，係專指第一審法院之管轄。若事件涉及第二層級之管轄時，如上訴、再審或抗告時，而由第二審法院受理時，則稱層級管轄[8]。

6　陳榮宗、林慶苗，民事訴訟法，1996年初版，頁129。

7　我國學者吳庚及陳清秀，皆採此種見解，其或許係取德國將事務管轄（sachliche Zuständigkeit）稱為各法院間之審級管轄之故也；參閱吳庚，行政爭訟法論，2014年7版，1999年5月，頁48-49；陳清秀，行政訴訟法，2015年7版，頁261以下；Schmitt Claeser, Verwaltungsprozessrecht, 12. Aufl., 1993, S. 57。

8　參閱Schmitt Claeser, aaO., S. 57 f。

　　吾人認為其實對上述學者之區分，亦得以參考德國法上之分類，分事物管轄及層級管轄兩種。但若為求與民事訴訟法之概念一致，吾人倒是較贊成以職務管轄為統一名稱，而區分為通常（審級）與特別（法特別規定）兩種職務管轄[9]。

　　新修正行政訴訟法第13條至第18條之管轄權，僅指高等行政法院之管轄，而最高行政法院僅屬上訴法院、抗告法院，並無德國所稱的事物管轄範圍，僅屬其所稱之層級管轄（吾人在此卻可以民事訴訟法之職務管轄概括之）。第13條至第14條屬土地管轄下有關法人、機關及其他團體以及自然人之普通審判籍，第15條屬不動產涉訟之特別審判籍（專屬管轄），第15條之1因公務員職務關係涉訟之特別審判籍，第15條之2因公法上保險事件之特別審判籍，第15條之3原住民涉訟，第16條則屬指定管轄。交通裁決事件訴訟程序則於2011年11月23日新增行政訴訟法第237條之2：「交通裁決事件，得由原告住所地、居所地、所在地或違規行為地之地方法院行政訴訟庭管轄。」2022年6月22日修正為：「交通裁決事件，得由原告住所地、居所地、所在地或違規行為地之地方行政法院管轄。」收容聲請事件程序於2014年6月18日新增第237條之11：「收容聲請事件，以地方法院行政訴訟庭為第一審管轄法院。前項事件，由受收容人所在地之地方法院行政訴訟庭管轄，不適用第十三條之規定。」2022年6月22日修正為：「收容聲請事件，以地方行政法院為第一審管轄法院。前項事件，由受收容人所在地之地方行政法院管轄，不適用第十三條之規定。」都市計畫審查程序訴訟則於2020年1月15日新增第237條之19：「前條訴訟，專屬都市計畫區所在地之高等行政法院管轄。」係屬特別審判籍（專屬管轄）之規定，交通裁決事件，亦得由原告住所地、居所地、所在地或違規行為地之地方行政法院管轄、收容聲請事件，以地方行政法院為第一審管轄法院、都市計畫審查程序訴訟，專屬都市計畫區所在地之高等行政法院管轄。上述這些條文論及管轄權分配之問題，茲將其列表如下：

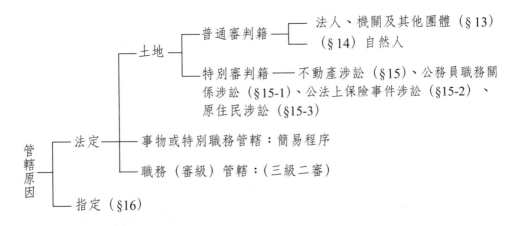

9　此為陳榮宗、林慶苗所主張，參閱氏著，民事訴訟法，1996年初版，頁291。

第13條（法人、機關及團體之普通審判籍）

對於公法人之訴訟，由其公務所所在地之行政法院管轄。其以公法人之機關為被告時，由該機關所在地之行政法院管轄。

對於私法人或其他得為訴訟當事人之團體之訴訟，由其主事務所或主營業所所在地之行政法院管轄。

對於外國法人或其他得為訴訟當事人之團體之訴訟，由其在中華民國之主事務所或主營業所所在地之行政法院管轄。

❖立法說明❖

本條文屬1998年新增之條文，通過條文之內容係依照司法院1993年所提之草案。本條文涉及土地管轄中的普通審判籍。所謂審判權依現行民事訴訟法以及行政訴訟法規定，係指被告就訴訟事件，應受或得受審判之管轄法院而言。普通審判籍，係以被告與法院管轄區域關係為標準者稱之。而本條文主要係參考我國民事訴訟法之規定而來，並仿效該法以原就被之原則，作為行政法院之土地管轄，以保護被告利益，防止原告濫訴。

❖內容解析❖

一、構成要件分析

本條文共分成三項，係根據我國民事訴訟法第2條而制定，除第1項因行政訴訟之特色，增加行政機關之規定，另將民事訴訟法之法院，改稱為行政法院外，其餘規定，皆屬相同。

(一)公法人及其機關的普通審判籍

行政訴訟以不服行政機關所作成的行政處分，而提起撤銷之訴為大宗，主要以國家行政機關或公法人為被告。

公法人係指依法律規定，執行公共事務，而具權利能力之組織體而言。我國目前法律上所承認的公法人皆屬社團公法人，除國家、地方自治團體縣（市）、鄉鎮外，及其他公法人如行政法人[10]。

公法人之意志，通常是透過機關來執行。在行政法關係上，機關主要係針對行政

---

[10] 參閱蔡震榮，公法人概念的探討，收錄於：當代公法理論，翁岳生教授六秩誕辰祝壽論文集，1997年，頁25以下。

處分而來。在行政訴訟法上之機關，係指可對外獨立以機關名義頒佈行政處分之組織體即屬之。此如，警察分局雖隸屬各縣市政府下，並無單獨預算（其預算在縣市政府下）以及無單獨組織法規，但只要具備對外行文即屬本條所稱之機關，其可頒布集會遊行之許可處分以及社會秩序維護法中之行政秩序罰等。

公法人之公務所所在地之管轄，係指各該公法人政府或公務所所在地之法院為其管轄法院，例如國家係以中央政府，地方則以縣、鄉鎮政府所在地之土地管轄法院來管轄。行政法人則以其公務所所在地之法院管轄。

公法人下存在著諸多機關，如中央政府下有內政部、外交部、經濟部等機關。此種情形，屬行政法上的特殊情形，行政訴訟，准許國家或地方機關為當事人，而得作為訴訟之主體。因此，行政訴訟上，為求訴訟之便利，乃准予該機關所在地之行政法院為管轄，因此，乃有本條該項後段之規定。

(二)私法人或其他得為訴訟當事人之團體的普通審判籍

所謂私法人，係指依民法或其他特別法規，而取得法人資格者。其他得為訴訟當事人之團體，通常係指民事訴訟法第40條第3項所稱非法人團體，設有代表人或管理人者。非法人團體，係指具備法人之形式要件，但卻未登記之團體。非法人團體，如未登記的同鄉會、祭祀公業等。其雖非法人，但有當事人能力，得為訴訟當事人，其地位與行政機關相彷彿。

主事務所或主營業所，指總攬事業的主要場所。一般而言，事務所或營業所多數時，有一擇為主要總攬之處所稱之，通常係指於章程經合法註冊之主事務所或營業所而言[11]。本項規定之用意，與前項規定之用意相類似。

(三)外國法人或其他得為訴訟當事人之団體的普通審判籍

外國法人或其他得為訴訟當事人之團體被訴時，其主事務所或主營業所恆在外國，如依前項規定，必須至外國法院起訴，自不足保護本國人之權益，且影響我國法權之行使[12]，故乃有本項例外之規定。因此，不問其在外國有無事務所或營業所，概以中華民國之主事務所或主營業所所在地之行政法院管轄。

二、法律效果

凡屬符合上述構成要件所在地之行政法院，有管轄權。

2011年11月23日新增行政訴訟法第237條之2：「交通裁決事件，得由原告住所

---

[11] 陳榮宗、林慶苗，民事訴訟法，1996年初版，頁132。

[12] 王甲乙、楊建華、鄭健才，民事訴訟法新論，1980年初版，頁14以下。

地、居所地、所在地或違規行為地之地方法院行政訴訟庭管轄。」係屬特別審判籍之規定。實務上，部分辦理交通裁決業務者（例如監理站），並不具機關資格，而無行政訴訟之當事人能力，但因原告（受處分人）提起訴訟，須以具有機關資格者為被告（例如監理所），若貫徹以原就被之訴訟原則，將使民眾訴訟不便，爰於本條增訂特別審判籍，即於交通裁決事件，亦得由原告住所地、居所地、所在地或違規行為地之地方法院行政訴訟庭管轄。2022年6月22日修正為：「交通裁決事件，得由原告住所地、居所地、所在地或違規行為地之地方行政法院管轄。」

> **第14條**（自然人之普通審判籍）
> 前條以外之訴訟，由被告住所地之行政法院管轄，其住所地之行政法院不能行使職權者，由其居所地之行政法院管轄。
> 被告在中華民國現無住所或住所不明者，以其在中華民國之居所，視為其住所；無居所或居所不明者，以其在中華民國最後之住所，視為其住所；無最後住所者，以中央政府所在地，視為其最後住所地。
> 訴訟事實發生於被告居所地者，得由其居所地之行政法院管轄。

❖立法說明❖

　　本條文為1998年新增之條文。係依司法院所提草案修正通過。行政訴訟，被告之一方，主要以國家、其他公法人以及行政機關之公法行為為主。而自然人作為被告反而成為次要情形。其情形與民事訴訟不同。因此，有關自然人之普通審判權，列於法人、機關之普通審判籍之後，乃屬當然之事。

　　本條文主要以民事訴訟法第1條作為參考之條文，仍採以原就被之原則，並配合行政訴訟之特性，條文做了些許的修正。本條第1項係以被告住所地之行政法院管轄，若其不能行使職權者，則由居所地的行政法院管轄，此乃保護被告之利益，免其多奔波之勞[13]。

　　本條第2項係對被告在中華民國無住所或住所不明者，以其居所，視為住所；若居所仍屬不明者，則以其在中華民國最後之住所，視為其住所；若仍無此種情形時，則以中央政府所在地，視為其最後所在地，來定行政法院的管轄權。本項係補充第1項，並就被告、居所可能情形，皆列入考慮，以免產生法律疏漏之處。

　　至於本條第3項，則屬前兩項之例外規定。前兩項，係以被告之住所、居所、最

---

[13] 行政訴訟法修正案，法律案專輯，第245輯（下），立法院司法委員會編，1999年，頁710-711。

後住所等順序之排列，來定行政法院之管轄。而本項係以訴訟事實發生地，來定行政法院之管轄，若其發生於被告之居所地時，為使有利於行政法院就近調查事實，乃為第1項例外之規定，以被告居所地為管轄法院。

❖內容解析❖

本條第1項所稱之住所，係指民法第20條第1項規定：「依一定事實足認以久住之意思，住於一定之地域者，即為設定其住所於該地。」此所謂住所，應包括法定住所在內（民法§21、§1002、§1060）。本項原則上係以被告住所地之行政法院為管轄法院，但若其住所地之行政法院不能行使職權者，則由其居所地之行政法院管轄。

而本條第3項，則又為第1項之例外。因為目前社會結構丕變，多數人以都市為其居所，但仍保有其原有住所。因此，該項仍以訴之原因事實發生於居所地時，為免被告奔波以及有利於訴訟事實之蒐集，乃以居所地為管轄行政法院，而為上述第1項的例外情形。該項之構成要件，應是訴訟原因事實發生在居所地時，始有其適用。

本條第2項係屬第1項的進一步補充規定，其管轄之順序如下：

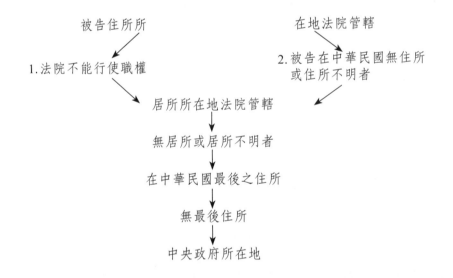

本項構成要件之所謂「住所不明」，並非以原告主觀上的認知為已足，必須客觀上有相當情事，經法院依職權調查認定，仍無法獲知其住所，始足稱之[14]。

所謂「被告在中華民國最後之住所」，前提必須被告在中華民國無居所或居所不明者，且在中華民國曾有最後住所為要件。最後住所，指曾為被告住所，但原告起訴時，其住所已不在中華民國境內，為免原告前往國外訴訟之不便，且保護本國人之利

---

14 姚瑞光，民事訴訟法論，1989年，頁24。

益，而有「最後住所」管轄之規定[15]。同樣地，本項後段規定，無最後住所，則以中央政府所在地為管轄法院，亦考慮本國人之利益而設之規定。

> **第15條**（因不動產徵收徵用或撥用之訴訟之管轄法院）
> 因不動產徵收、徵用或撥用之訴訟，專屬不動產所在地之行政法院管轄。
> 除前項情形外，其他有關不動產之公法上權利或法律關係涉訟者，得由不動產所在地之行政法院管轄。

❖立法說明❖

2010年1月13日第15條修正，緣於本條原規定屬於專屬管轄者為「因不動產之公法上權利或法律關係涉訟者」，惟依此文義，其適用範圍過廣。爰於第1項修正為限於因不動產徵收、徵用或撥用之訴訟，始專屬不動產所在地之行政法院管轄。本項採專屬管轄之理由在於，由不動產所在地法院管轄，易於調查不動產之現狀，收審判迅速之效。至於其他有關不動產之公法上權利或法律關係涉訟者，為調查證據之方便，參酌民事訴訟法第10條及日本行政事件訴訟法第12條第2項之規定，增訂第2項規定亦得由不動產所在地之行政法院管轄。

❖內容解析❖

一、構成要件

本法第15條原規定：「因不動產之公法上權利或法律關係涉訟者，專屬於不動產所在地之行政法院管轄。」2010年之修正，縮小因不動產而涉訟專屬管轄之範圍，限於「因不動產徵收、徵用或撥用之訴訟，專屬不動產所在地之行政法院管轄。」並增訂第2項規定：「除前項情形外，其他有關不動產之公法上權利或法律關係涉訟者，得由不動產所在地之行政法院管轄。」

本條之構成要件為因「不動產」「徵收、徵用或撥用」之訴訟，專屬不動產所在地之行政法院管轄。所謂不動產，依民法第66條第1項規定：「稱不動產者，謂土地及其定著物」。

其他有關不動產之公法上權利或法律關係，得由不動產所在地之行政法院管轄。公法上權利比如公法上之地役權，公法上之法律關係如地役權所發生之法律關係，又

---

15 王甲乙、楊建華、鄭健才，民事訴訟法新論，1980年初版，頁13。

如公地放領等發生之法律關係。公法上權利或法律關係，係有別於私法上之法律關係，因此，區分公法與私法，在此扮演著重要角色，並決定審判權之範圍，例如河川地之租賃或國宅之使用等，究竟公法或私法關係，有探討之餘地。本條之構成要件，則僅指公法上權利或法律關係，來定法院之管轄。私法關係，則排除適用。

二、法律效果

本條所謂專屬具有排他性，因此，在與其他土地管轄審判籍，不管其為普通或特別審判籍，發生管轄權競合時，皆以專屬管轄為優先，而由其不動產所在地之行政法院管轄。

本條第1項規定關於不動產徵收、徵用或撥用訴訟之管轄，係專屬管轄，原告不得向被告之普通審判籍法院起訴。專屬管轄具有排他性，因此，在與其他土地管轄審判籍，不管其為普通或特別審判籍，發生管轄權競合時，皆以專屬管轄為優先，而由其不動產所在地之行政法院管轄。如有違反，受訴行政法院所作之判決，當然違背法令。第2項規定其他有關不動產之公法上權利或法律關係涉訟之管轄，雖非專屬管轄，但仍屬特別審判籍。

第15條之1（關於公務員職務關係之訴訟之管轄法院）
關於公務員職務關係之訴訟，得由公務員職務所在地之行政法院管轄。

❖立法說明❖

本條為2010年修法新增。有關公務員職務關係之訴訟，包括公務員職務關係是否發生，及因職務關係所生之訴訟，諸多國家立法例規定由原告之職務所在地之行政法院管轄，例如德國行政法院法第52條第4款及法國行政法院法第56條之規定，爰參照該等立法例，增訂本條規定。

❖內容解析❖

所謂公務員職務關係之訴訟，包括公務員職務關係是否發生，例如公務員之任用，以及職務關係所生之訴訟，例如俸給、銓敘、退休等訴訟。公務員職務所在地，係指公務員任職之機關所在地，或執行職務之所在地。公務員若以任職之機關為被告，職務所在地與被告任職之機關所在地同一，而無選擇職務所在地之行政法院管轄之實益；但若原處分機關非任職之機關者，例如銓敘事件，原告任職於臺中市政府，得選擇職務所在地之臺中高等行政法院起訴，而非向銓敘部所在地之臺北高等行政法院起訴，則有選擇之實益。

第15條之2（因公法上之保險事件涉訟之管轄法院）
因公法上之保險事件涉訟者，得由為原告之被保險人、受益人之住居所地或被保險人從事職業活動所在地之行政法院管轄。
前項訴訟事件於投保單位為原告時，得由其主事務所或主營業所所在地之行政法院管轄。

❖立法說明❖

本條為2010年修法新增，公教人員保險、勞工保險、農民健康保險及全民健康保險等公法上之保險事件，具有社會安全功能，故因此種公法上保險事件涉訟者，為便利人民就近尋求行政法院之權利保護，於第1項規定得由其住居所地或被保險人從事職業所在地之行政法院管轄。

公法上之保險事件，大部分係涉及請領保險給付及取消被保險人資格、退保、變更投保薪資（金額）、罰鍰處分等，而可能起訴者為被保險人、受益人及投保單位。爰於第2項規定投保單位為原告時，得由其主事務所或主營業所所在地之行政法院管轄。

❖內容解析❖

本條規定可分兩種情形：一、被保險人、受益人為原告時，得選擇被保險人、受益人之住居所地或被保險人從事職業活動所在地之行政法院管轄。所謂從事職業活動所在地，是用在因職業關係而投保之情形，例如公務員之執行職務、勞工之從事勞動及農民之從事農作。至於全民健保，非因職業關係投保，則無此項之適用。二、投保單位為原告時，得選擇其主事務所或主營業所所在地之行政法院管轄。所謂投保單位，係指依勞工保險條例第6條規定，勞工以其雇主或所屬團體或所屬機構為投保單位；依農民健康保險條例第5條規定，農委會原以其所屬基層農會為投保單位；依全民健康保險法第15條規定，被保險人以其服務機關、學校、事業、機構、雇主或所屬團體為投保單位。

第15條之3
因原住民、原住民族部落之公法上權利或法律關係涉訟者，除兩造均為原住民或原住民族部落外，得由為原告之原住民住居所地或經核定部落所在地之行政法院管轄。

❖立法說明❖

本條為2022年6月22日修法新增,係參照原住民族基本法第30條立法意旨及司法改革國是會議就「有效保障原住民族司法權益機制」之決議,配置相關司法措施以保障原住民權益,參照上開原住民族基本法規定及司法改革國是會議決議意旨,行政訴訟法增訂本條規定,以便利原住民或經核定之部落就近尋求行政法院之權利救濟。惟若當事人兩造均為原住民或原住民族部落時(包括一造為原住民、另一造為部落之情形),如無其他管轄規定之適用,則回歸「以原就被」原則。

所謂「經核定部落」,係指依原住民族基本法第2條第4款規定核定之部落;「部落所在地」,係指依原住民族委員會辦理部落核定作業要點核定後,刊登公報之部落所在縣市(含鄉鎮市區)區域。部落所在地如跨二行政法院以上轄區,則各行政法院均有管轄權。

❖內容解析❖

原住民族基本法第30條規定:「政府處理原住民族事務、制定法律或實施司法與行政救濟程序、公證、調解、仲裁或類似程序,應尊重原住民族之族語、傳統習俗、文化及價值觀,保障其合法權益,原住民有不諳國語者,應由通曉其族語之人為傳譯(第1項)。政府為保障原住民族之司法權益,得設置原住民族法院或法庭(第2項)。」立法理由指出,鑑於原住民族之傳統習俗及語言與其他民族不同,此一差異成為原住民享受權利之障礙。因此,原住民族基本法明定,政府各項作為應尊重原住民族之族語及傳統習俗,並提供具體措施,以彌補語言、文化之差異。原住民族基本法第30條係參酌聯合國原住民族權利宣言草案第14條及第33條有關原住民族語言傳譯之精神定之。

所謂「部落」,依原住民族基本法第2條第4款規定,係指原住民於原住民族地區一定區域內,依其傳統規範共同生活結合而成之團體,經中央原住民族主管機關核定者。

又依原住民族委員會辦理部落核定作業要點第2點規定,部落,係指依原住民族基本法第2條第4款規定,符合下列要件之原住民族團體:一、位於原住民族地區內。二、具有一定區域範圍。三、存在相延承襲並共同遵守之生活規範。四、成員間有依前款生活規範共同生活及互動之事實。

第16條(指定管轄之情形)

有下列各款情形之一者,直接上級行政法院應依當事人之聲請或受訴行政法院之請求,指定管轄:

一、有管轄權之行政法院因法律或事實不能行審判權者。

二、因管轄區域境界不明，致不能辨別有管轄權之行政法院者。

三、因特別情形由有管轄權之行政法院審判，恐影響公安或難期公平者。

前項聲請得向受訴行政法院或直接上級行政法院為之。

❖立法沿革❖

本條文1998年10月28日修正，比較於司法院1993年所提之草案，僅將草案的「中央行政法院」均修正為「最高行政法院」，其餘仍維持原草案之內容[16]。2010年1月13日為配合公文直式橫書格式，將第一項本文「左」列修正為「下」列。2011年11月23日依最新制，行政訴訟係採三級二審制，參考民事訴訟法第23條規定，指定管轄係由直接上級法院為之，爰修正本條規定。

❖外國立法例❖

德國有關指定管轄規定於德國行政法院法第53條。第53條所規定指定管轄之原因有五，其中第1項第1款與第2款與我國第16條第1項第1款與第2款內容相同。其並無我國第3款之規定，但卻有另外三款之不同規定，茲將德國法第3款以下，列舉如下：

一、依第52條為定位[17]之數法院皆有管轄權。

二、不同法院已合法主張其管轄權。

三、不同法院已合法主張其無管轄權。

由上觀之，我國之規定主要仍以國內之民事及刑事訴訟法為參考，與德國法比較明顯有差異。

❖立法目的❖

有管轄權之行政法院，有時因特定事由，不能或不便於行使審判權，因此，不得不另設指定管轄之制度，以濟其窮，此乃本條之意義也。

本條文主要係參考民事訴訟法與刑事訴訟法之條文而來。民事訴訟法第23條之指定管轄僅包括本條第1項第1款與第2款之情形，並無第3款之情事。吾人認為，民事訴訟法另有合意管轄之設，且民事訴訟屬當事人進行主義，並無刑法或行政法之強

---

[16] 參閱行政訴訟法修正案，法律案專輯，第245輯（下），立法院司法委員會編，1999年，頁712。

[17] 德國行政法院法第52條係土地管轄之普通審判籍的規定。

制性，故因而無本條第3款之規定，乃屬當然之事。

而在刑事訴訟法將本條文所稱之三款卻分列於兩條文中，將本條第1項第1款以及第3款，規定於刑事訴訟法第10條，並稱其為移轉管轄。而本條文第1項第2款，則列在該法之第9條，稱其為指定管轄。用語稍有不同，刑事訴訟法之區分較為細膩。

❖內容解析❖

一、構成要件

(一)指定管轄之原因

有管轄權之行政法院因法律或事實不能行審判權者，在此所稱之行政法院，係指構成行政法院之全體法官而言，非僅指狹義之法院。因法律不能行使審判權，如該行政法院全體法官均應迴避之情事，所謂「均應迴避」，須已有迴避之裁定，或依法應迴避者而言（§19）[18]。所謂事實不能，如天災、戰爭或其他非常情事，法院不能照常處理事務之情形[19]。

第2款所稱管轄境界不明，致不能辨別有管轄權之行政法院者，係指管轄區域相毗鄰，而不明界線之所在。例如深山林場或海上漁場之訴訟，常會有此種情形產生。在管轄尚非不明，但管轄之原因跨越兩法院管轄，例如違章建築物，其座落連跨於兩法院管轄區域內，此種情形則屬本法第18條準用民事訴訟法第21條所定競合管轄之問題，而非屬本款指定管轄之範圍[20]。

第3款所稱，因特別情形由有管轄權之行政法院審判，恐影響公安或難期公平者，所謂影響公安，係指被告或法院所處之環境特殊，就該案件之審判，有足以發生危害公共安全之虞者。若僅屬個人安全之問題，則非屬此處所稱之公安，因此，公安應具公共性，亦即超出純粹個人安全範圍之外，而涉及公共大眾安全之範圍，至於如何界定其公共性，仍須仰賴具體個案而定，如被告為當地深具影響力而又有雄厚的群眾基礎，若於當地審判，有致暴動之虞，此種情形則屬影響公安[21]。而所謂難期公平者，係指由管轄法院審判，確有具體事實，足認其進行審判有不公平之虞者，因此，空言指摘，懷疑推測，深交夙怨，仍不得據而認為該法院有審判不公之虞[22]。此如法院與被告過去曾因財產權涉訟者，則屬此之情形[23]。

---

[18] 王甲乙、楊建華、鄭健才，民事訴訟法新論，1980年初版，頁28。
[19] 我國1999年9月21日大地震，即屬天災之情形。
[20] 參閱陳計男，民事訴訟法論（上），1994年初版，頁51。
[21] 褚劍鴻，刑事訴訟法論上冊，1997年二次修訂本，頁59。
[22] 陳樸生，刑事訴訟法實務，1984年9版，頁53。
[23] 褚劍鴻，刑事訴訟法論上冊，1997年二次修訂本，頁59。

(二)指定管轄之程序

指定管轄應依當事人之聲請或受訴法院之請求，此項規定完全相同民事訴訟法第23條第1項之規定。因此，法院不得依職權指定管轄。指定管轄之當事人不限於原告（訴訟繫屬前後皆可聲請），訴訟繫屬後之被告亦得為之。當事人為此聲請時，除一般顯著之事實外，關於指定管轄原因之事實，仍負舉證責任[24]。當事人之聲請得向受訴行政法院或直接上級法院為之，其可依其意願而定。

受訴法院如認為有指定管轄之原因，應依職權向直接上級法院為之。而直接上級法院為指定管轄之裁定機關，經其接受聲請，經調查結果如認為有指定管轄之原因，即應為指定管轄之裁定。

二、法律效果

指定管轄經直接上級法院裁定後，當事人或受訴法院是否可聲明不服，本條並未如民事訴訟法第23條第3項設有不得聲明不服之規定。

第17條（管轄恆定原則）
定行政法院之管轄以起訴時為準。

❖立法說明❖

本條係按司法院1993年所提之草案，並無加以修改而通過。本條之規定係完全參考民事訴訟法第27條之規定。

本條規定管轄恆定之原則，蓋管轄若因起訴以後之情事變更而隨同變更，必然影響訴訟之安定，行政法院及當事人均將徒勞無益之程序而延滯其訴訟，因此乃設本條規定，以杜弊端[25]。

❖內容解析❖

「定行政法院之管轄以起訴時為準」，係指起訴時，法院就該訴訟有管轄權，以後不論情事如何變更，該法院仍有管轄權。此種不受情事變更之管轄，稱為恆定管轄。在此所謂起訴時，係指原告以訴狀提出行政法院，亦即訴訟繫屬時而言。

至於起訴時無管轄權，而後因情事之變更而成為有管轄權，此種情形是否仍以起

---

[24] 王甲乙、楊建華、鄭健才，民事訴訟法新論，1980年初版，頁29。
[25] 參閱行政訴訟法修正案，法律案專輯，第245輯（下），立法院司法委員會編，1999年，頁713。

訴時爲準而定管轄，則有爭議，一般認爲此種事後變更而有管轄權，仍應認爲其自始有管轄權，此種認定與管轄恆定之立法目的並不相違[26]。

第18條 （準用之規定）

民事訴訟法第三條、第六條、第十五條、第十七條、第二十條至第二十二條、第二十八條第一項、第三項、第二十九條至第三十一條之規定，於本節準用之。

❖立法說明❖

本條文乃沿用舊行政訴訟法第33條規定而來，但舊法係針對整體行政訴訟法有關之規定準用民事訴訟法規定，而本條僅針對管轄權部分之準用。故與舊法之規定內容上仍有些不同。本條文1998年10月28日修正係依照司法院所提草案原文通過。2010年1月13日修正係因應民事訴訟法增訂第28條第2項（原第2項遞移列爲第3項）防止濫用合意管轄條款，以保障經濟弱勢當事人之權益，明文限制合意管轄適用範圍，惟行政訴訟並無合意管轄制度，上開規定自無準用之餘地，爰刪除準用民事訴訟法第28條第2項之規定。

本節有關管轄之規定，主要參考民事訴訟法規定而來，雖已增列前述若干條文，惟民事訴訟法有關管轄之規定較爲詳盡，除部分性質不相容或本法已有規定外，其餘之條文，凡不牴觸者，皆列入準用之範圍，以期規定更爲周詳[27]。

❖內容解析❖

一、構成要件

本條準用之條文大致可分三部分探討，茲列舉如下：

(一)有關土地管轄之特別審判籍之準用

準用民事訴訟法第3條係針對於中華民國現無住所或住所不明之人有關不動產以外財產權涉訟的特別審判籍。該條文係以被告可扣押之財產或請求標的所在地之法院管轄。可扣押之財產或請求標的如爲債權，則以債務人住所或該債權擔保之標的所在地，視爲被告財產所在地。

---

[26] 姚瑞光，民事訴訟法論，1989年，頁60以下。
[27] 參閱行政訴訟法修正案，法律案專輯，第245輯（下），立法院司法委員會編，1999年，頁713以下。

　　對於設有事務所或營業所之人，因關於其事務所或營業所之業務涉訟者，得由該事務所或營業所所在地之行政法院管轄（準用民事訴訟法§6）。所謂業務，應包括以營利爲目的及非營利爲目的，故較營業之意義爲廣，此如工商營業，醫師會計師等自由業，慈善及各種社會事業，甚至公營事業政府機關之有關業務，均包括在此所稱之業務範圍。事務所或營業所係指概括經營其業務一部或全部之處所，但必須有獨立執行業務之設備，且有繼續性始足稱之[28]。

　　因侵權行爲涉訟者，得由行爲地之行政法院管轄準用民事訴訟法第15條第1項，在此所稱之侵權行爲包括公務員侵權行爲在內，衍生國家賠償法之公務員損害賠償責任。例如，刑事警察局偵查員，至臺中市緝捕嫌犯，使用槍械，導致某甲房屋受損，其侵權行爲地爲臺中市。

　　準用民事訴訟法第15條第2項係關於船舶碰撞或其他海上事故以及第3項航空事件之特別審判籍。

　　準用民事訴訟法第17條規定因登記涉訟者，得由登記地之法院管轄。例如，經濟部委託高雄市政府辦理公司登記事項，若因而涉訟者，則以登記地高雄市之行政法院爲管轄。

　　準用民事訴訟法第20條係規定共同訴訟之特別管轄法院，共同訴訟之被告數人，其住所不在同一行政法院管轄區域內者，則各該住所之行政法院，具有管轄權。

(二)管轄競合問題之解決

　　同一訴訟事件，數法院皆有管轄權，即屬管轄競合。依民事訴訟法第21條規定：被告住所、不動產所在地、侵權行爲或其他據以定管轄法院之地，跨連或散在數法院管轄區域內，各該法院均有管轄權，即屬管轄競合之情形，行政訴訟法第18條有準用之規定。由於行政訴訟，主要以行政機關爲被告，因此，發生上述管轄競合之情形，通常應是指公務員執勤之行爲地有跨連數法院管轄區域內屬之，例如，集會遊行地點跨越新北市與臺北市，對執勤員警之處分行爲有所爭議時，雙北市警察局皆有管轄權。或員警越區緝捕人犯，而爲之攻堅行動，造成某甲（非嫌疑）之房屋受損，所申請的給付之訴。

　　遇有上述管轄競合之情形，行政訴訟法第18條準用民事訴訟法第22條之規定，爲管轄競合解決之方法，亦即，同一訴訟，數法院有管轄權者，原告得向其中一法院起訴。在此，係指該數法院並無專屬管轄之情形，若有專屬管轄法院，如行政訴訟法第15條不動產專屬管轄之情形，則以專屬管轄爲優先，否則，即應依本條之規定，由

---

[28] 王甲乙、楊建華、鄭健才，民事訴訟法新論，1980年初版，頁17以下。

原告向其中一法院起訴[29]。例如前述集會遊行事件以及使用槍械事件等原告得選擇其一起訴。

(三)訴訟之移送

民事訴訟法第28條至第31條係規定有關訴訟移送之問題。法院就訴訟事件無管轄權，即不能為本案之裁判，原應以其訴不合法駁回之，但如此不但徒費程序費用，並有違訴訟經濟原則，對原告至為不利，乃設移送之制度。行政訴訟法亦本此原則，而準用之。

1.移送之原因及程序

行政法院對管轄權之有無，除依職權調查外，如當事人對管轄權有所主張時，亦有義務進行調查[30]。對訴訟之全部或一部，行政法院認為無管轄權者（原因），依原告聲請或依職權以裁定移送於其管轄之行政法院（程序）。原告移送訴訟之聲請被駁回時，不得聲明不服（準用民事訴訟法§28III）。

2.移送之效力

移送訴訟前如有急迫情形，法院應依當事人聲請或依職權為必要之處分（移送前應為之處分）（準用民事訴訟法§29）。

移送訴訟之裁定確定時，受移送之行政法院受其羈束，並不得將該事件更移送於他法院。但專屬於他行政法院管轄者，不在此限（準用民事訴訟法§30）。

移送訴訟之裁定確定時，視為該訴訟自始即繫屬於受移送之行政法院（準用民事訴訟法§31）。

二、法律效果

本法未規定，但民事訴訟法有相關之規定，則可將其規定準用之，作為行政訴訟管轄範圍之界定。

第二節　法官之迴避

法院職司國家裁判權，影響人民權益甚重，自須保持裁判之客觀與公正，始能樹立法院之權威。惟法院之職員係由自然人所組成，有時難免會受感情因素左右，而難

---

[29] 陳計男，民事訴訟法論（上），1994年初版，頁48以下。
[30] 吳庚，行政爭訟法論，2014年7版，頁54。

期公正審判，故乃有迴避制度之設計，使法院職員在一定情形下，就特定訴訟事件不得執行職務[31]。

　　法官之迴避在民事訴訟法上，列有法官自行迴避（民事訴訟法§32）、因當事人聲請之迴避（民事訴訟法§33）以及經院長許可之迴避三種。而在行政訴訟法上僅於第19條規定法官自行迴避一種，其餘兩種則於第20條做準用民事訴訟法之規定，因此，在行政訴訟法上亦同樣存在三種迴避之制度。

第19條（法官應自行迴避之情形）

法官有下列情形之一者，應自行迴避，不得執行職務：

一、有民事訴訟法第三十二條第一款至第六款情形之一。

二、曾在中央或地方機關參與該訴訟事件之行政處分或訴願決定。

三、曾參與該訴訟事件相牽涉之民刑事裁判。

四、曾參與該訴訟事件相牽涉之法官、檢察官或公務員懲戒事件議決或裁判。

五、曾參與該訴訟事件之前審裁判。

六、曾參與該訴訟事件再審前之裁判。但其迴避以一次為限。

❖立法說明❖

　　1998年10月2日修正本條文，首先將評事之用語，修正為法官。其次，舊條文列有四款，而修正之條文則增加兩款，一共有六款之規定。增加第4款有關曾參與該訴訟事件相牽涉之公務員懲戒事件議決者。另外則增加曾參與該訴訟事件之前審裁判或更審前之原裁判者。此款之所以增加，係因為行政訴訟制度由原來一級一審制，改為二級二審制，因此發生前後審以及更審之情形，而增列該款之規定。

　　2010年1月13日為配合公文直式橫書格式，爰將「左」列修正為「下」列，並配合民事訴訟法第32條第7款有關法官自行迴避之事由，刪除本條第5款後段「或更審前之原裁判者」等文字。審判之首要在於公正，若法官就訴訟事件行使審判權時，有令人疑其未能公正之情形，則有損審判之威信，爰設本條法官應自行迴避之規定，俾得當事人之信服[32]。

　　2022年6月22日本條第4款修正，係因2015年5月20日修正公布之公務員懲戒法，於2016年5月2日施行後，已將公務員懲戒委員會合議庭所為決定之用詞，修正為裁

---

[31]　王甲乙、楊建華、鄭健才，民事訴訟法新論，1980年初版，頁64。

[32]　參閱行政訴訟法修正案，法律案專輯，第245輯（下），立法院司法委員會編，1999年，頁715。

定或判決，故公務員懲戒委員會（現改制爲懲戒法院）所爲終局之決定，應包含修正前之「議決」及修正後之「裁判」；又法官與國家之關係爲法官特別任用關係，法官之懲戒由懲戒法院職務法庭審理（法官法§1、§47參照），檢察官之懲戒則依法官法第89條規定準用法官懲戒程序，爰就第4款酌作文字修正，除公務員之懲戒外，本款增列了法官與檢察官之懲戒，對此，並有職務法庭之設置。懲戒法院設懲戒法庭，分庭審判公務員懲戒案件；設職務法庭，分庭審判法官法第47條第1項各款及第89條第8項案件（檢察官之懲戒）[33]。

❖內容解析❖

一、構成要件

本條之主要構成要件共有六款，茲敘述如下：

(一)有民事訴訟法第32條第1款至第6款情形之一者

1.法官或其配偶、前配偶或未婚配偶，爲該訴訟事件當事人者

民事訴訟法之當事人除原被告外，並包括參加人（民事訴訟法§58）以及其他爲判決確定力所及之人（民事訴訟法§401）。至於行政訴訟法之當事人，則依本法第23條規定：「訴訟當事人謂原告、被告及依第41條與第42條參加訴訟之人。」本法第41條之參加爲必要共同訴訟之獨立參加，此種參加人於本訴訟有直接利害關係，在法律上與原被告同爲裁判效力所及，須立於與原被告同等地位而爲訴訟行爲。本法第42條之參加，係因撤銷訴訟裁判而權利直接受到影響之人。

2.法官爲該訴訟事件當事人八親等內血親或五親等內之姻親或曾有此親屬關係者

此所謂血親，包括直系血親、旁系血親及擬制血親（因收養而成立之血親關係）在內。所謂曾有此親屬關係者，係指其婚姻或血親關係現已消滅者而言。血親、姻親之意義及親等之計算均依民法之規定。有人認爲以目前工商發達，人口流動甚爲頻繁的社會，宜縮小應迴避之範圍[34]。

3.法官或其配偶、前配偶或未婚配偶，就該訴訟事件與當事人有共同權利人、共同義務人或償還義務人之關係者

所謂共同權利人，係指法官與當事人共有訴訟標的之權利，此如物之共有或不可分之債權。共同義務人係指訴訟標的之債務有共同責任之連帶債務人、保證人或共同侵權行爲人。所謂償還義務人，例如法官爲當事人之保證人或票據背書人。

---

[33] 參考懲戒法院組織法第4條以及第5條之規定。
[34] 陳計男，民事訴訟法論（上），1994初版，頁65以下。

4.法官現爲或曾爲該訴訟當事人之法定代理人或家長、家屬者

關於法定代理人或家長、家屬之意義，均依民法之規定。法人之代表人在訴訟上亦爲法定代理人，非法人團體之代表人或管理人準用之，亦屬本款所謂之法定代理人[35]。

5.法官於該訴訟事件，現爲或曾爲當事人之訴訟代理人或輔佐人者

訴訟代理人或輔佐人之定義，則依行政訴訟法第49條（訴訟代理人之限制）以及第55條（輔佐人到場之許可及撤銷）以及第56條（準用民事訴訟法之規定）爲之。

因訴訟代理人在業務上或道義上，應爲防衛本人之權利。輔佐人係輔助當事人或訴訟代理人到場爲訴訟上陳述之人，與當事人之利害關係甚大，故定爲應自行迴避之原因。

6.法官於該訴訟事件，曾爲證人或鑑定人者

法官於訴訟事件曾爲證人或鑑定人，對於該事件之內容有相當瞭解，自易陷於固持己見，有難期公平之嫌，故乃定其爲迴避之原因。

本款係因行政訴訟對於有關之當事人、證人、鑑定人或訴訟代理人以及輔佐人之迴避，在民事訴訟法第32條第1款至第6款已有規定，爰設準用之規定，以節繁文。

(二)曾在中央或地方機關參與該訴訟事件之行政處分或訴願決定者

本款係屬1998年修法前行政訴訟法第6條第2款移列，與舊條文比較係將原條文之「處分」改爲「行政處分」，「決定」增爲「訴願決定」，以使本款之規定，更爲明確。所謂中央或地方機關，係指中央或地方具有單獨對外意思表示，而有權頒布行政處分之組織體，因此，訴訟法上之機關只要具備對外行文即屬此處所稱之機關，此如警察分局，並無單獨預算且無組織法規，但卻可頒布集會遊行之許可或自爲秩序維護法之罰鍰等。

由於多數行政訴訟，尤其以往舊法之撤銷之訴，係以行政處分爲前提，對該行政處分不服者，得向上級機關提起訴願，訴願機關依據當事人之申請作成訴願決定。因此，若就該行政處分提起訴訟，法官曾參與該行政處分作成或訴願決定（如先前爲公務員，而後成爲法官），因對該行政處分之作成與內容相當瞭解，爲求其審判公平，且顧及當事人利益，法官自應迴避。

---

[35] 姚瑞光，民事訴訟法論，1989年，頁69。

(三)曾參與該訴訟事件相牽涉之民刑事裁判者

所謂與該訴訟事件「相牽涉之民刑事裁判」，係指同一事件因管轄原因之不同，而民刑事法院各享有該事件之審判權，如有關公司虛偽登記，觸犯刑法、民法以及行政法上之撤銷登記等。

(四)曾參與該訴訟事件相牽涉之法官、檢察官或公務員懲戒事件議決或裁判

本款1998年修法，並於2022年再次修正。現行有關公務員懲戒事件，屬懲戒法院之職掌。2015年公務員懲戒法修正，將委員會改為懲戒法院（二級），2022年行政訴訟法再次修正本款，增列法官與檢察官等懲戒事件，法官與國家之關係為法官特別任用關係，法官之懲戒由懲戒法院職務法庭審理（法官法§1、§47參照），檢察官之懲戒則依法官法第89條規定準用法官懲戒程序。因此，懲戒法院有懲戒法庭（公務員懲戒）與職務法庭（法官與檢察官之懲戒）之區別，分別有迴避之規定。

1.懲戒法庭：公務員懲戒法第27條規定法官自行迴避之要件，第28條至第29條有被付懲戒人或移送機關得聲請法官迴避之規定與程序，第30條第1項規定：「法官迴避之聲請，由懲戒法庭裁定之。被聲請迴避之法官，不得參與裁定」第31條則規定：「法官有第二十八條第一項第二款之情形者（法官有前條所定以外之情形，足認其執行職務有偏頗之虞），經懲戒法院院長同意，得迴避之。」

2.職務法庭：職務法庭懲戒案件審理規則第4條有職務法庭法官應自行迴避不得執行職務之規定。第5條規定當事人得聲請職務法庭法官迴避。第7條規定，職務法庭法官迴避之聲請，由職務法庭裁定之。被聲請迴避之職務法庭法官，不得參與裁定。第8條規定，職務法庭法官有第5條第1項第2款（職務法庭法官有前條以外情形，足認其執行職務有偏頗之虞）之情形者，經並任懲戒法院院長之法官同意，得迴避之。

(五)曾參與該訴訟事件之前審裁判

本條款為1998年修法新增之款。因為舊行政訴訟法僅一級一審，現行行政訴訟法採三級二審制，因此，乃有前後審以及更審之情形，而有必要增列本款之規定。2010年1月13日配合民事訴訟法第32條第7款有關法官自行迴避之事由，刪除本條第5款後段「或更審前之原裁判者」等文字。

所謂曾參與該訴訟事件之前審裁判，係指法官就同一事件曾參與下級審法院裁判而言。

(六)曾參與該訴訟事件再審前之裁判者但其迴避以一次為限

本款係舊法（1998年之前）第6條第4款所移列。本法對於提起再審之訴或聲請再審，並無次數限制，如為規定迴避之次數，恐將發生全體法官均應迴避而無法行使

審判權之情事，因而，本款乃規定法官之自行迴避，僅以一次爲限[36]。本款之迴避一次，係依司法院釋字第256號解釋而來。

二、法律效果

法官有上述六款之一情形者，應自行迴避，不得執行職務。

第20條（準用之規定）
民事訴訟法第三十三條至第三十八條之規定，於本節準用之。

❖立法說明❖

本條文屬1998年新增之條文，民事訴訟法第33條至第38條有關「聲請法官迴避」及「職權裁定迴避與許可迴避」等之規定，除第36條有關五日抗告期間部分，與本法所規定之抗告期間均爲十日者不相符合外，其餘規定與本法性質相通，爰列舉各該條次，明訂於本節準用之，以節繁文[37]。2010年1月13日修法時，因爲民事訴訟法第36條抗告期間之規定業已刪除，爰將本條文配合修正，刪除條文但書「除第36條之抗告期間外」規定。本條在1998年新增列時，當時公務員懲戒法尚無迴避條文之規定，在最近公務員懲戒法（2015年）以及職務法庭懲戒案件審理規則（2018年公布，2020年修正）中，懲戒事件，有迴避相關之規定（請參閱前條一之(四)）；除懲戒事件外，其餘事件之法官，並無相關迴避規定，乃有本條準用之規定。

❖內容解析❖

一、構成要件

(一)聲請法官迴避

1.原　因

遇有下列各款情形，當事人得聲請法官迴避（準用民事訴訟法§33）：

法官有上述第19條所定之情形而不自行迴避者。在此不論法官未自行迴避出於故意、過失或不知，爲保障當事人之權益，自應准許當事人聲請，以資補救。

36　參閱行政訴訟法修正案，法律案專輯，第245輯（下），立法院司法委員會編，1999年，頁716。

37　同上註。

　　法官有第19條所定以外之情形，足認其執行職務有偏頗之虞者。所謂有偏頗之虞，係指法官對於訴訟標的或與當事人有特別利害關係，客觀上有理由足認其執行職務有不公平審判之虞者。

2.程　序

　　聲請法官迴避，應舉其原因，向法官所屬行政法院為之。聲請法官迴避之原因及迴避之原因發生在後或知悉在後等事實（準用民事訴訟法§33 II），當事人應自聲請之日起，於三日內釋明之。因此，不論聲請迴避係基於何種原因，聲請之當事人，均應舉其原因並加釋明，如聲請時未能釋明，亦應於聲請之日起，於三日內釋明之。所謂釋明，係指當事人提出能即時調查之證據，使法院信其主張為真實[38]。

　　被聲請迴避之法官，對於當事人之聲請是否正當，得向所屬行政法院提出意見書（準用民事訴訟法§34 III）。

　　法官迴避之聲請，由該法官所屬法院以合議裁定之，其因不足法定人數不能合議者，由院長裁定之，如並不能由院長裁定者，由最高行政法院裁定之。對於前項之裁定，被聲請迴避之法官，不得參與。若被聲請迴避之法官，以該聲請為有理由者，毋庸裁定，應即迴避（準用民事訴訟法§35）。

3.效　果

　　法官被聲請迴避者，在該聲請事件終結前，應停止訴訟程序。惟為防止當事人濫行聲請法官迴避，以達延滯訴訟之目的，故聲請如違背準用民事訴訟法第33條第2項，或第34條第1項或第2項之規定，或顯係意圖延滯訴訟而為者，不在此限（準用民事訴訟法§37 I）。依前述規定停止訴訟程序中，如有急迫情形，被聲請迴避之法官，仍應為必要處分（準用民事訴訟法§37 II）。

(二)經院長許可之迴避

　　遇有法官自覺執行職務有偏頗之虞，而當事人又不聲請其迴避時，法官得經院長許可而迴避。院長此項許可係基於行政監督立場而為，非基於訴訟程序之裁判作用，不生合議庭裁定或抗告之問題。

二、法律效果

　　遇有前述所稱之情形，則有準用之規定。行政法院之法官即應迴避。

---

[38] 姚瑞光，民事訴訟法新論，1989年，頁75。

第21條（司法事務官、書記官及通譯準用之規定）
前二條規定於行政法院之司法事務官、書記官及通譯準用之。

❖立法說明❖

本條為1998年新增之條文，係依照司法院於1993年所提草案原文通過。2011年11月23日修法配合高等行政法院置司法事務官，增加司法事務官迴避準用前二條規定。

行政法院之司法事務官、書記官及通譯，均附隨於法官而執行職務，雖不參與審判，但其所為於訴訟結果非無影響，爰規定應準用法官迴避之規定，以確保裁判之公正。2011年11月23日配合高等行政法院置司法事務官，增加司法事務官迴避準用前二條規定。

❖內容解析❖

一、構成要件

在行政訴訟法上，有所謂的訴願前置主義，此為一般民事以及刑事訴訟之所無。公務員有可能參與訴願決定後，考試及格而為司法事務官、書記官之情形，在此即應迴避。此外，尚有公務員懲戒事件，與行政訴訟亦有關聯。公務員懲戒現改由懲戒法庭受理，雖無司法事務官、通譯，但仍有書記官之設計（懲戒法院組織法§6）[39]。2011年11月23日修法配合高等行政法院置司法事務官，增加司法事務官迴避準用前二條規定。

二、法律效果

準用限於性質相當者援用之，若不相當則不準用。

---

[39] 本條規定僅限於行政法院之書記官之準用，有無包括懲戒法院之書記官，本文認為似應包括之，如是，本條應修正行政法院或懲戒法院之司法事務官、書記官及通譯準用之。

|第三章|
當事人

第一節　當事人能力及訴訟能力

　　本章原名為「行政訴訟關係人」，有認為並不妥當，因為行政訴訟中所謂關係人有特別之意義，且此名稱源自德國立法例，該國稱訴訟關係人即指當事人。後綜合行政訴訟研究修正委員會各委員之見解，修改為現行之「當事人」。本章規定當事人包括五節，即第一節當事人能力與訴訟能力、第二節選定當事人、第三節共同訴訟、第四節訴訟參加與第五節訴訟代理人及輔佐人。

　　第一節當事人能力與訴訟能力中，增訂行政訴訟之當事人能力與訴訟能力規定，並明定當事人之範圍。當事人能力指得為行政訴訟主體之能力。為適應實際需要，規定自然人、法人、中央及地方機關、非法人團體均有提起行政訴訟或受訴之當事人能力（§22）。而訴訟能力乃當事人得單獨有效為訴訟行為之能力，其能力之有無，原則上應依實體法而為決定，特規定凡能獨立以法律行為負義務之人，均具有訴訟行為之能力。至於法人、中央及地方機關、非法人之團體，因必須由自然人實施訴訟行為，因此規定應由其代表人或管理人為訴訟行為，以資解決（§27）。又本節明定訴訟當事人範圍，為確定訴訟程序之主體，規定訴訟當事人為原告、被告及依第41條與第42條參加訴訟之人（§23）。又因行政機關職能增加，行政組織益趨複雜，人民與行政機關涉訟者，往往不知應以何者為被告機關，特設專條，明文規定適格之被告機關，以為解決（§24、§26）。至於人民與受委託行使公權力之團體或個人，因受託事件涉訟者，則明定以受託之團體或個人為被告（§25）。

　　第二節選定當事人中，有兩項重要規定，其一即規定多數有共同利益之人，得選定當事人為全體起訴或被訴，另一為，增訂公益社團法人得為社員利益提起訴訟。就前者，關於多數有共同利益人之訴訟，如由其全體起訴或被訴，不僅使訴訟程序趨於複雜，且將使多數人受不必要之訟累，於是增設選定當事人之制度，使得由多數有共同利益之人中選定一人至五人為全體起訴或被訴，以達訴訟經濟之目的。並規定行政法院於特定條件下，亦得命為選定，或依職權選定當事人（§29～§34）。而後者，增訂公益社團法人得為社員利益提起訴訟，乃因鑑於工業發達與科技進步而產生之公害和消費者保護等事件，其受害人有時為數甚多，如全體分別起訴，有違訴訟經濟之

原則。於是參考德國團體訴訟制度之精神，允許以公益爲目的之社團法人，於其章程所定之目的範圍內，得就一定之法律關係，經由多數有共同利益之社員授與訴訟實施權，爲該等社員之利益提起訴訟（§35）。

第三節增訂共同訴訟制度，爲訴訟經濟與防止裁判分歧，規定二人以上，於有共同訴訟利益之特定情形時，得爲共同訴訟人，一同起訴或一同被訴。並分別就通常共同訴訟人間之關係及必要共同訴訟人間之關係，規定其應適用之法則（§37～§40）。

第四節訴訟參加中除分設兩種獨立之訴訟參加制度外並另設輔助之訴訟參加制度。舊行政訴訟法第8條之訴訟參加制度，規定極爲簡略，難以適應實際需要，因此加以修正。蓋行政訴訟攸關公益，如訴訟標的對於第三人及當事人一造必須合一確定者，有強制該第三人參加訴訟之必要，於是設必要共同訴訟之獨立參加制度，以便適用（§41）。又撤銷訴訟之結果，如將損害第三人之權利或法律上利益者，應使該第三人有參加訴訟之機會，故設撤銷訴訟利害關係人之獨立參加制度，以確保該第三人之權益（§42）。並就撤銷訴訟利害關係人聲請參加訴訟之程序、命參加之裁定及其程序、獨立參加人之地位、本訴訟判決效力之擴張等事項，分設明文，以資遵循（§43、§45～§47）。又行政機關有輔助一造之必要者，或有法律上利益之第三人，雖不符合獨立參加之要件，亦宜給予參加訴訟之機會，故另設輔助參加之規定，以便徹底發揮訴訟參加制度功能（§44）。

第五節訴訟代理人及輔佐人節中，包括當事人得委任訴訟代理人爲訴訟行爲，並允許當事人或訴訟代理人偕同輔佐人到場。前者乃爲確保當事人權益，規定當事人得委任訴訟代理人爲訴訟行爲，並就訴訟代理人資格之限制及其權限、委任及終止委任訴訟代理人之方式等事項，詳爲規定（§49～§54）。後者乃輔佐人可協助當事人或訴訟代理人爲訴訟行爲，亦可提供專業知識，故增設當事人或訴訟代理人偕同輔佐人於期日到場之制度，以利訴訟資料之蒐集（§55）[1]。

第22條（當事人能力）
自然人、法人、中央及地方機關、非法人之團體，有當事人能力。

❖立法說明❖

行政訴訟法研修過程，曾對是否有訂定本條文之必要討論，因爲以民事訴訟法

---

[1] 參考司法院行政訴訟制度研究修正資料彙編（六）（下），司法院編印，1993年，頁868以下。

爲例，第40條第1項只規定有權利能力者有當事人能力，並未規定自然人有當事人能力。有認爲可不予訂定，由實體法上自行規定。但基於研修委員當時有共同之諒解，認爲國家不願意爲被告，而其他公法人可作被告，但法律上中央或地方機關並非公法人。而實質上有當事人能力者，乃實體法上之權利能力人，但實體法上無權利能力者，行政訴訟法承認其有當事人能力，故有規定之必要，因此參考德國（當時之西德）行政法院法第61條之規定，另列本條之規定[2]。

而關於民事訴訟法第40條第2項規定：「胎兒，關於其可享受之利益，有當事人能力。」是否須於本條中規定問題，研修委員中有認爲，民事訴訟法第40條第2項只爲注意規定，即使無此一規定，依民法總則規定，胎兒亦有當事人能力。因爲，民法第7條規定，胎兒關於其利益之保護，視爲既已出生。既然「視爲既已出生」，而民法第6條規定，人之權利能力始於出生，終於死亡。則以民事訴訟法第40條第1項規定，有權利能力者有當事人能力，可以得知胎兒有當事人能力[3]。但問題是，民事訴訟法就此已有規定，行政訴訟法若不作規定，是否會使人誤以爲行政訴訟法排斥此一規定？或者於此不必明文規定胎兒有當事人能力，而留下討論之紀錄，將來由行政法院以判例解決。最後之結論爲，民事訴訟法第40條不準用於行政訴訟法，關於胎兒問題於立法說明中指出，本法所稱自然人意義從民法之規定，胎兒以將來非死產者爲限，有權利能力，當然有當事人能力，在此毋庸另爲規定[4]。

本條立法理由指出，當事人能力，乃指得爲行政訴訟主體之能力，亦即得提起行政訴訟或受訴之能力。當事人能力之有無，原則上以權利能力之有無爲準。當事人能力凡有權利能力者均有當事人能力，否則失其權利保護之道。自然人及法人均有權利能力，其亦應有當事人能力，更屬當然。

國家爲行政訴訟行爲時，本宜以法務部長代表國家起訴或應訴，但我國目前尚無有關法律可資遵循，乃不得不以主管各該業務之中央或地方機關爲訴訟當事人，爰規定中央及地方機關亦有當事人能力，以資解決。

非法人之團體雖無權利能力，但事實上常因對外活動，而有權利義務關係之發生，若不許其爲訴訟主體，將使主張權利之第三人因此而受損害，團體本身亦將發生主張權利之困難，爰規定非法人之團體，亦有當事人能力。

❖內容解析❖

當事人能力指得爲訴訟上當事人之一般資格，即作爲原告、被告、參加人或其他參加人，依一定程序於法院能參加行政審判權之能力。特別是以訴訟方式參與訴訟

---

[2]　司法院行政訴訟制度研究修正資料彙編（三）（上），司法院編印，1986年，頁632以下。
[3]　前揭彙編，楊建華發言，頁661。
[4]　前揭彙編，翁岳生發言，頁662。

法關係或以聲請參與請求程序之能力。它本質上與民事訴訟法上之當事人能力相當。民事訴訟法關於當事人能力係採權利主體原則，亦即「有權利就有當事人能力」，權利能力之有無，固以民法之規定爲準，但爲顧及社會生活之現實，民事訴訟法當事人能力之概念已有所擴張。行政訴訟法則在權利主體原則之外，兼採機關原則，其範圍與民事訴訟法相較，更爲廣泛。行政訴訟當事人能力問題，實務上深受民事訴訟之影響，諸如獨資之商號、未完成登記之公司籌備處、未經認許之外國公司、祭祀公業、宗教團體等，行政法院多仿民事訴訟之例，視爲非法人團體而承認其當事人能力[5]。

當事人能力乃得爲訴訟上當事人之一般資格，與於具體訴訟事件中可否爲正當之原告或被告，而得適法受本案判決之當事人適格，概念上不同。有當事人能力者，於具體訴訟事件中，具有法律上之權利義務主體地位，則爲適格之當事人。當事人能力之有無，行政法院應依職權調查之，對無當事人能力者所提起之訴訟，應以不合法駁回之。當事人適格乃行政法院爲本案實體判決之要件，故亦有本案適格之稱，此適格之欠缺乃訴有無理由之問題[6]。

自然人有權利能力，故有當事人能力，乃屬當然，而關於胎兒之當事人能力，民法第6條規定，人之權利能力始於出生終於死亡。依此原則，胎兒未出生前，爲母體之一部，自無權利能力可言[7]，但胎兒將來出生爲自然人，民法爲保護胎兒權利，亦設有例外規定，即民法第7條規定，胎兒以將來非死產者爲限，關於其個人利益之保護，視爲既已出生。於此範圍內，胎兒與他人有私法上紛爭時，得爲民事訴訟之主體，是以民事訴訟法第40條第2項規定，「胎兒關於其可享受之利益，有當事人能力。」行政訴訟法雖無類似規定，但應作同樣解釋[8]，因爲當事人能力之有無，原則上以權利能力之有無爲準，此無論於民事訴訟或行政訴訟皆相同。而行政法院對於當事人之認定，應先調查當事人是否存在，當事人在形式上存在，才進而審查當事人能力之有無。因此在胎兒爲訴訟當事人時，若當事人在形式上不存在，但因有訴訟提起，是否有此當事人，可能有爭執，行政法院即應以原告起訴不合程式或不備其他要件，裁定駁回原告之訴（§107Ⅰ），如有不服並得依抗告程序請求救濟（§264）。至於胎兒爲當事人時，參考民法第1166條第2項規定，應以其母爲法定代理人，代爲訴訟行爲，並以其母之住所爲住所（民法§21）。又胎兒具有當事人能力，是否以民

---

[5] 郭介恆，行政主體之變動—實務判決之檢討，行政救濟制度改革研討會論文，輔仁大學主辦，1998年，頁118以下。

[6] 吳庚，行政爭訟法論，修訂版，頁52。

[7] 在德國法上，胎兒，只要依民法原則視爲有權利能力或依公法具有固有權利者，亦具有當事人能力。動物則無當事人能力。

[8] 在行政訴訟法研修會討論過程，曾討論是否明訂準用民訴此條規定，結果認爲乃當然解釋而不必特別規定準用，參考司法院行政訴訟制度研究修正資料彙編（三）（上），司法院編印，1986年，頁662。

事訴訟法第40條第2項規定，「胎兒關於其可享受之利益」範圍爲限？解釋上應相同，因爲基於保護胎兒權利立場，若非關於胎兒可享受之利益之事件，如經起訴，行政法院應以其無當事人能力，且屬不能補正以裁定駁回原告之訴（§107Ⅰ）。是否爲「可享受之利益」，以原告之主張爲準，不以行政法院判斷之結果爲憑，此因法院判斷之結果，乃原告之訴有無理由問題，而當事人能力乃訴訟程序合法事項。胎兒爲當事人後，如於訴訟繫屬中出生而非死產時，即應改以該已出生之自然人爲當事人，當事人仍爲同一，非訴之變更。胎兒爲當事人後，如於訴訟繫屬中出生而爲死產時，行政法院應以原告起訴不合法爲駁回之裁判。至於究以當事人不存在或當事人能力欠缺爲由，可能有不同見解。法理上，胎兒出生前，即取得權利能力，若將來死產時，應溯及地喪失權利能力，即應以當事人能力嗣後有欠缺爲由，依行政訴訟法第107條第1項第3款，駁回原告之訴[9]。

除自然人外，法人亦有權利能力，因此有當事人能力。法人更包括公法人與私法人，私法人並包括社團與財團[10]。實務上值得討論之相關問題爲分公司之當事人能力問題。

公司爲社團法人，其人格亦屬單一，依公司法規定得設分公司（公§3、§389、§399），但該分公司仍爲公司整體人格之一部，並無獨立之權利能力，因此分公司應無訴訟法上之當事人能力。惟實務上爲便利計，實際上承認分公司有當事人能力。在民事訴訟程序，爲應訴訟上之便利，基於實際上需要，在法律上或實務上常承認非實體法上之權利主體者，有當事人能力。例如基於法律上之明文規定者，如非法人之團體。或法律雖無規定，而在實務上承認者，如政府機關。政府機關乃公法人之機關，其本身並不具有公法人資格，爲應實際上需要或便利訴訟之實施，實務上認爲應以掌理該項業務之政府機關爲當事人，並以該機關長官爲法定代理人[11]。而基於同樣法理，最高法院亦認爲分公司係由總公司分設之獨立機構，就其業務範圍內之事項涉訟時，有當事人能力[12]。分公司雖有當事人能力，惟其就爲訴訟標的之法律關係，是

9　參考楊建華，民事訴訟法（一），1999年，頁18。
10　德國行政法院法第61條規定第1款之法人指所有公法及私法上之法人，例如聯邦、個別邦及地方自治團體。有權利能力之公法上營造物及財團，或股份公司、同業公會等。及他邦法所承認之公法上社團。法人究爲外國法人或國內法人，其決定標準在於法人事實上之行政住所地（住所理論）。外國公司依德國法律所設立之子公司，爲德國之國內法人。在一系列之特別法規中，（私法上）社團或權利主體，即使未具有完全之權利能力，但卻承認其當事人能力。目前爲止，德國之鐵路股份公司與郵政股份公司毫無疑問是法人。第1款之法人，指機構及非法人之社團，但依習慣法上承認其能力者，才能以自己名義起訴或應訴之能力者而言。至於外國法人即使依其本國法只具限制之權利能力，亦可能依第1款而具有當事人能力。法人究爲外國法人或內國法人，由其事實上之行政住所判斷之。
11　參考行政法院51年台上字第2772號判例。
12　最高法院41年台上字第39號判例。

否有實施訴訟之權能，應以其訴訟事項是否為該公司業務範圍定之，若非該公司業務範圍內者，該分公司即無實施訴訟之權能，故於具體訴訟仍應就此而為調查，若有欠缺者，應以當事人不適格，駁回原告之訴。在程序法上雖認為分公司有當事人能力，實體法上仍為單一之權利主體，因此原告於起訴後將原為分公司之當事人更正為總公司者，其訴訟程序主體，在實質上並無變更，應認為並非當事人變更而無訴之變更問題。

分公司於民事訴訟程序為當事人，但其法人人格既屬一體而不可分割，則對分公司所為之判決，其既判力與執行力自應及於公司人格之全部，亦不應拘泥於形式上之當事人不同，認對分公司所為之判決，其既判力與執行力，不及於法人人格之全部，最高法院52年度台上字第2866號判決認為：「分公司係總公司分設獨立機構，就其業務範圍內之事項涉訟時，自有當事人能力，訴訟之既判力，當然及於總公司。」此於行政訴訟法應作相同解釋。

政府機關之當事人能力：有權利能力者有當事人能力，自然人與法人均有權利能力自有當事人能力。公法人有權利能力因此亦有當事人能力。但政府機關僅為公法人之機關，目前實務上似僅承認國家及地方自治團體與農田水利會為公法人。

政府機關非為公法人[13]本身，在民事上，原無當事人能力，但實務上為方便計，承認其有當事人能力，過去修正前行政訴訟法第9條及第13條第2項第3款規定，及國家賠償法第9條、第11條規定，得認為有當事人能力外，一般民事訴訟並無明文規定，實務上雖認為中央或地方機關有當事人能力，但取得確定判決後，其權利義務仍歸屬於公法人。最高法院曾於民國51年之函復中指出，以機關為權利義務之當事人，並非以機關為權利義務之主體，因此所生之私法上權利義務，係歸屬於國家，僅賦予所屬業務主管機關之處理權，用符設官分治之原意而已[14]。故承認政府機關在民事訴訟法上有當事人能力，僅為程序法上之便利，以中央或地方機關為當事人取得之確定判決，在實體法上之權利義務，仍歸屬於其所代表之公法人。因此，政府機關為民事或行政訴訟之當事人，如為中央機關其確定判決之效力，應歸屬於國家，如為縣（市）、鄉鎮（市）之機關，其確定判決之效力應歸屬於該自治團體。現行法於本條

13　比較法上，德國行政法院法第61條規定：「(一)自然人與法人；(二)有權利之團體；(三)邦法所定之機關，有當事人能力。」當一個自然人作為機關之首長而接受機關之權利時，有時是基於機關固有之權利來行使，則非具當事人能力之自然人，而是類推適用本條第2款之團體之當事人能力。第1款亦不適用有關機關爭議案件，因為此時程序之參與者，並非以自然人，而是以作為機關代表者，以組織法上之法地位參加。是以地方自治團體之市長及個別地方議會之成員或委員會之成員，於地方憲法爭議事件上，只是依第2項類推適用團體之規定。當然於爭議事件，機關之首長非以機關權利之地位，而是以個人之自然人身分時，仍適用第1款。實務上，地方議會成員，提起訂定禁煙條例爭議案件，係適用第1款（自然人）之當事人能力。Vgl. NVwZ 1983, S. 486。

14　蔡墩銘，民事程序法判解彙編，1992年，頁61。

明定，「中央及地方機關有當事人能力」，可說明文解決前述爭議。至於行政機關是否具有當事人能力，實務上認爲須具備下列要件：一、須有獨立之組織法規；二、須有獨立之編制與預算；三、須有印信，即能獨立行使公權力[15]。

而對於公私立各級學校，依司法院釋字第382號解釋認爲，公立學校係各級政府依法令設置實施教育之機構，具有機關之地位。而私立學校係依私立學校法經主管教育行政機關許可設立並製發印信授權使用，在實施教育之範圍內，有錄取學生、確定學籍、獎懲學生、核發畢業或學位證書等權限，係屬由法律在特定範圍內授與行使公權力之教育機構，於處理上述事項時亦具有機關相當之地位。因此各級公私立學校依有關學籍規則或懲處規定，對學生所爲退學或類此之處分行爲，應爲訴願法及行政訴訟法上之行政處分。換言之，各級公私立學校就上述處分，有爲行政訴訟被告之當事人能力。

至於司法院釋字第462號解釋，則針對各大學校、院、系（所）及專科學校教師評審委員會關於教師升等之評審，係屬法律授權範圍內爲公權力之行使，其對教師之資格身分上之權益有重大影響，均爲各該大學、院、校所爲之行政處分，受評審之教師於依教師法或訴願法等用盡行政救濟途徑後，仍有不服者，仍得依法提起行政訴訟。亦即，各大學校、院、系（所）及專科學校教師評審委員會關於教師升等之評審，亦具有行政訴訟法上當事人能力。

至於非法人之團體依本條規定乃有當事人能力，不過其法理基礎值得探討，此須從民事訴訟法之制度說明。我國民事訴訟法爲求訴訟程序之便利，仿德日立法例，例外承認無權利能力之非法人團體，設有代表人或管理人者，有當事人能力。此項規定在事實上固有其需要，但因與實體法上權利能力之規定不能配合，常有處理上之困難。實務上最高法院認爲訴訟法上當事人能力與實體法上權利能力分別處理，即最高法院50年台上字第2719號判例認爲：「非法人之團體雖無權利能力，然日常用其團體之名義爲交易者，比比皆是，民事訴訟法第40條第3項爲應此實際上之需要，特規定此等團體設有代表人或管理人者，亦有當事人能力。所謂有當事人能力，自係指其於民事訴訟得爲確定私權之請求人及其相對人而言，若僅認許其爲當事人，得以其名義起訴或被訴，而不許其爲確定私權之請求，則上開規定勢將毫無實益。」最高法院復於67年台上字第865號判例指出，「民事訴訟法第四十條第三項固規定，非法人之團體設有代表人或管理人者，有當事人能力，並可據此規定，認非法人之團體，於民事訴訟得爲確定私權請求之人或爲其相對人。惟此乃程序法對非法人之團體認其有形式上之當事人能力，尚不能因之而謂非法人之團體有實體法上權利能力。」係將民事訴訟法上當事人能力與實體法上權利能力分開處理。

---

[15] 吳庚，行政法之理論與實用，1999年增訂5版，頁163。

　　行政訴訟法雖未如民事訴訟法同樣規定：「非法人團體設有代表人或代理人者有當事人能力。」解釋上亦應相同，如行政法院52年之判例即謂，依民事訴訟法第40條第3項規定，非法人之團體設有代表人或管理人者，有當事人能力，得為行政訴訟之原告。所謂設有代表人或管理人，指該團體為達一定之目的，經營業務而常設之代表人或管理人而言[16]。另依司法院釋字第486號解釋，非具有權利能力之團體即非法人團體，「如有一定之名稱、組織而有自主意思，以其團體名稱對外為一定商業行為或從事事務有年，已有相當之知名度，為一般人所知悉或熟識，且有受保護之利益者，不論其是否從事公益，均為商標法保護之對象，而受憲法之保障。」換言之，具有當事人能力。

　　非法人之團體在實務上有合夥[17]、未經認許之外國法人[18]、祭祀公業[19]、不具法人格之商號、工廠[20]等。

　　比較法上，德國行政法院法第61條規定：「(一)自然人與法人；(二)有權利之團體；(三)邦法所定之機關，有當事人能力。」

　　在德國，經由聯邦法律，可以擴大賦予當事人能力，但卻不能以邦法為之。第61條規定不能視為最終之要件規定，因此若對於當事人能力有特別規範時，不能拘泥於第61條之要件規定，依第61條規定，實際上每個人及多數人，只要能作為權利義務之承擔者，則於訴訟法上，均具有當事人能力[21]。

　　又德國學者以下之見解，亦值得參考，即有權利之團體指所有團體，其為不具有權利能力之多數人，或相同情況之法人，而依實體法具有權利者，且其權利來源不必是為系爭法律關係基礎之規範。民法上共有關係、共同繼承關係為不具當事人能力，至於家長會之解散是否有當事人能力則有爭議。但當行政機關誤把無當事人能力之團體視為有當事人能力而對之為行政處分時，該團體仍視為有當事人能力。關於機關爭議，各個機關依本條第2項有當事人能力。此同樣適用於地方自治團體之機關爭議。地方議會如個別之議會成員、議會黨團等，亦有當事人能力。原告被告或必要之參加人欠缺當事人能力，則不能為實體決定，須以訴訟不合法為由駁回[22]。

16　行政法院52年裁字第63號判例。
17　參考最高法院66年11月15日第九次民庭庭推總會決議，認為：「對於合夥之執行名義，實質上即為對全體合夥人之執行名義。」
18　行政法院84年度判字第1933號判決。
19　行政法院80年度判字第2504號判決。
20　行政法院關於此均參酌民事訴訟法相關判決，以其資本主或經營者為當事人，參考郭介恆，行政主體之變動—實務判決之檢討，行政救濟制度改革研討會論文，輔仁大學主辦，1998年，頁121。
21　Vgl. Kopp/Schenke, VwGO Kommentar, §61, Rn. 1 ff.
22　Vgl. Kopp/Schenke, VwGO Kommentar, §61, Rn. 7 ff.

第23條（訴訟當事人之範圍）
訴訟當事人謂原告、被告及依第四十一條與第四十二條參加訴訟之人。

❖立法說明❖

修法過程中，對於舊行政訴訟法中關於訴訟參加之規定，參加人是否受既判力之拘束？實質之確定力是否及於參加人？等並未規定清楚，且亦牽涉某一部分人雖未經訴願程序，是否亦准許其行使訴訟權之立法政策問題。有認為訴願先行程序之目的主要就在對行政處分本身是否違法或不當加以審查，而非要求每一個人向行政法院起訴前一定要先經訴願。實務上若有因再訴願決定受損害之第三人，應可向行政法院提起行政訴訟，而此第三人並未經訴願，此為訴願先行程序之例外。是以只要此一行政處分已經過訴願即可，不必要求受處分之每一個人皆須參與訴願、再訴願程序。此一見解獲得支持，即行政訴訟中之參加人亦為當事人，判決之效力亦及之[23]。

本條由舊法第7條第1項移列修正，立法理由認為，當事人原則上為以自己之名義，向行政法院要求權利保護之人及其相對人，為訴訟程序之主體，其身分自須予以明確認定。原告、被告為訟爭之兩造，其為當事人自無疑義。參加人則有多種，其依本法第41條而參加者為必要共同訴訟之獨立參加，此種參加人於本訴訟有直接利害關係，與兩造同為裁判效力之所及，在法律上必須合一確定，故應使該參加人居於當事人之地位而為訴訟行為。又依第42條而參加者，因該參加人之權利或法律上利益將因撤銷訴訟之裁判而直接受到影響，與本法第44條所規定僅輔助一造而為訴訟行為之輔助參加人不同，自應使第42條之參加人亦居於當事人之地位而為訴訟行為，爰設本條，以界定當事人之範圍，免滋疑義。

❖內容解析❖

行政訴訟之原告，指一切向行政法院起訴者；而被告則為原告之相對人，亦即其訴訟上請求事項之義務人或機關，原則上由原告選定[24]。而行政訴訟法規定之訴訟種類，包括撤銷訴訟、課予義務訴訟、一般給付訴訟與確認訴訟及其他訴訟。

一、提起撤銷之訴之原告

本法第4條規定，提起撤銷之訴之原告，須為因中央或地方機關之行政處分致權

---

[23] 參考司法院行政訴訟制度研究修正資料彙編（三）（上），司法院編印，1986年，古登美發言，頁870-871。
[24] 蔡志方，行政救濟法新論，2000年初版，頁133以下。

利或法律上利益受損害，經依法提起訴願而不服其決定者。或訴願人以外之利害關係人，認訴願決定損害其權利或法律上利益者。而所謂法律上利益如何判斷？隨著人民權利保護應更周全之時代潮流，實務上亦漸擴張其範圍，例如司法院釋字第469號解釋，對於法律上利益已漸擴充至部分傳統所謂反射利益之範圍。

依行政訴訟法規定，提起撤銷之訴之被告，依本法第24條規定，經訴願程序之行政訴訟，其被告為下列機關：

1.駁回訴願時之原處分機關。

2.撤銷或變更原處分或決定時，為最後撤銷或變更之機關。

二、確認訴訟之原告

行政訴訟法第6條第1項規定，主張行政處分無效或爭執公法上法律關係成立不成立，且有即受判決之法律上利益者，即為適格之原告。

確認訴訟之被告：確認行政處分無效之訴，以為無效行政處分之原處分機關為被告。至於確認公法上法律關係成立不成立之訴訟，若由所確認之公法上法律關係之一方提起者，以他方為被告當事人；若由對公法上法律關係有即受確認判決法律上利益第三人提起者，應以形成或確認公法上法律關係之行政機關為被告。

三、給付訴訟之原告

本法第5條規定，只須主張自己有給付請求權之人而對負有給付義務者提起訴訟之人。

給付訴訟之被告：以原告所主張有給付義務之人為被告。至於被告是否確實對原告負給付義務，則為給付之訴有無理由問題，與是否為適格之被告無關。

四、公益訴訟

行政訴訟法第9條規定公益訴訟，人民為維護公益，就無關自己之權利與法律上利益事項，對於行政機關之違法行為，得提起行政訴訟，但以法律有明文規定者為限。是以何人得提起公益訴訟，即是否為適格之原告，須以特別法律規定為依據，例如現行法上如空氣污染防制法第81條規定。

五、越級訴訟

依行政訴訟法第4條第3項規定，訴願人以外之利害關係人，認為第1項訴願決定，損害其權利或法律上利益者，得向高等行政法院提起撤銷之訴。即一般所謂之越級訴訟，換言之，訴願人以外之利害關係人，認為對於行政處分之訴願決定，損害其權利或法律上利益者，亦為適格之原告。

六、團體訴訟

行政訴訟法第35條第1項賦予公益社團法人，經由多數有共同利益社員授權，有行政訴訟實施權。因此除各社員爲適格當事人外，該公益社團法人得爲公共利益提起行政訴訟即得爲適格之原告。

七、參加訴訟

本法第41條規定，訴訟標的對於第三人及當事人一造必須合一確定者，行政法院應以裁定命該第三人參加訴訟。在民事訴訟中，訴訟標的對於共同訴訟人必須合一確定之情形，分爲固有之必要共同訴訟與類似必要共同訴訟，則行政訴訟之必要共同訴訟是否同時包含上述二種必要共同訴訟？本文認爲，應僅指固有之必要共同訴訟，因爲於類似必要共同訴訟情況，訴訟標的對於共同訴訟人雖必須合一確定，但並不以共同訴訟人必須全體一同起訴或被訴爲必要，因此行政法院似無依職權命其參加訴訟之必要。而該條之固有必要共同訴訟，應指訴訟標的對於共同訴訟人之一造及第三人係必須合一確定，且訴訟之實施需有全體成員之參與始爲合法者而言。

第42條則規定，行政法院認爲撤銷訴訟之結果，第三人之權利或法律上利益將受損害者，得依職權命其獨立參加訴訟。所謂「撤銷訴訟之結果，第三人之權利或法律上利益將受損害者」，指因受撤銷判決之形成力影響，當事人以外之第三人，因該判決主文，其權利或法律上利益直接受有損害。所謂法律上利益，解釋上除公法上利益外，亦包含私法上利益。

所謂第三人，包含自然人、法人、國家與自治團體。至於其他行政機關，因有本法第44條規定，故解釋上應不包括在內。

新行政訴訟法規定之訴訟種類，包括撤銷訴訟、課予義務訴訟、一般給付訴訟與確認訴訟。其中前二項訴訟之被告，因行政訴訟法明定須先經訴願程序，而原告不一定是原訴願人，且訴願之決定亦可能改變原處分之內容，因此孰爲被告，乃須特別規定，因此行政訴訟法第24條明定被告之確定。即駁回訴願時之原處分機關。撤銷或變更原處分或決定時，爲最後撤銷或變更之機關。

因此依行政訴訟法第5條提起之訴訟（即課予義務之訴），確立其被告時，只能適用第24條第1款之規定，且應解釋爲駁回訴願時原應爲處分之機關[25]。且如原處分係屬可分，而一部分經撤銷或變更，如原告僅係不服未撤銷部分，則被告即應爲原處分機關。反之，如原告既不服未撤銷之部分，亦不服變更之部分，則被告機關就應屬誰，即成問題，有認爲，此時訴訟之程序標的既屬可分，似應以原處分機關及原訴願決定機關爲被告，分別提起二訴。至於由第三人提起之訴訟，其被告僅能適用同條第

---

[25] 蔡志方，前揭書，頁134以下。

2款之規定。但如原訴願決定之變更原處分，訴願人仍不服者，亦應適用第2款之規定[26]。

　　機關可否為原告？司法院釋字第40號解釋認為，行政訴訟法第1條（舊），規定人民因中央或地方官署之違法處分，致損害其權利者，得依法定程序提起行政訴訟。是僅「人民」始得為行政訴訟之原告，而認為臺灣省物資局係隸屬於省政府之官署，不能為行政訴訟之原告。行政法院亦與大法官解釋持相同見解，即行政機關不能為原告[27]。基於行政監督權之行使，機關僅可以上級行政機關為救濟機關，而不必提起行政訴訟，避免若由行政法院受理該類案件有司法權干涉行政權之疑慮[28]。因此一般認為，公法人、私的非法人團體，原則上應與私法人相同得為行政訴訟之原告，例如縣市與鄉鎮若基於自治事項起訴，行政法院判決認為原告適格，即得為原告。而行政訴訟之撤銷訴訟與課以義務之訴因採訴願前置主義，故原告不適格不得補正，但被告不適格，則應給予補正機會。

　　是否為適格之原告或被告，涉及當事人有無訴訟實施權之審查，而當事人是否具備訴訟實施權，為法院就訴訟為本案判決之前提要件，故行政法院於訴訟中，應隨時依職權調查。民事訴訟實務上不承認當事人適格之欠缺係可補正事項，但行政訴訟解釋上似不必如民事訴訟嚴格，如由起訴狀之內容記載，可推知原告對當事人之記載有錯誤，似宜以行使闡明方式，限期命其更正，使其有更正機會，若原告仍不為更正，始以當事人不適格駁回其訴[29]。至於若原告訴狀誤列被告機關之情形，乃屬審判長應命補正事項，應依第107條第2項準用第1項規定。

第24條（被告機關(一)）

經訴願程序之行政訴訟，其被告為下列機關：

一、駁回訴願時之原處分機關。

二、撤銷或變更原處分時，為撤銷或變更之機關。

❖立法說明❖

　　原條文規定「撤銷或變更訴訟之被告謂左列機關：……」，有認為，若如此規定，則其他訴訟種類之被告機關，是否亦應有規定。且立法說明中所參考者為西德

---

[26] 蔡志方，前揭書，頁134。

[27] 司法院行政訴訟制度研究修正資料彙編（一）（上），司法院編印，頁711。

[28] 前揭彙編，古登美發言，頁724。

[29] 陳計男，民事訴訟法論（上），2014年修訂6版，頁56以下。

（當時）之行政法院法第78條，但事實上，該條規定包括所有訴訟種類之被告，並非如本條所規定之只就撤銷變更訴訟爲規定[30]。最後研修會決定將「撤銷或變更訴訟」幾字刪除，改以「須經訴願程序」者爲條件，以便包括所有須經訴願前置主義之訴訟。即現行條文規定。

至於第2款之「最後撤銷或變更之機關」，有建議刪除「最後」兩字，但以討論當時仍保留再訴願制度，考慮如訴願撤銷原處分，再訴願又將原決定撤銷，則須有「最後」二字加以區別，因此「最後」二字仍保留。

本條由舊法第9條移列修正，立法理由指出，經訴願程序之行政訴訟，指撤銷訴訟而言，係對中央或地方機關之行政處分而提起，故其被告機關原則上爲駁回訴願時之原處分機關。惟於訴願程序中，其上級機關已爲撤銷或變更原處分或決定之決定時，如對該最後之決定不服，則應以最後撤銷或變更之機關爲被告機關，始符實際。

❖內容解析❖

被告機關指在撤銷訴訟與課予義務訴訟中充當被告之各級行政機關，前述訴訟均應先經訴願程序，則孰爲被告機關，須以訴願決定結果爲準，本條遂規定駁回訴願時之原處分機關。撤銷或變更原處分或決定時，被告機關爲最後撤銷或變更之機關。有認爲此項規定適用時雖頗爲簡便，但法理上並不周延，蓋國家與地方自治團體（如縣市）皆爲公法人，乃不同之權利義務主體，今不分事件之性質（自治事項或委辦事項）一律以訴願決定撤銷變更原處分爲準，定其被告機關，將造成中央機關替地方自治團體擔任被告之虞，並生權利義務歸屬之混淆[31]。

純就本條之適用而言，仍有若干待解釋之問題。因訴願決定撤銷或變更原處分之結果，訴願人完全獲得救濟，自無再提訴訟之餘地，此際提起訴訟者，必屬權利因訴願決定受損之第三人，若訴願決定撤銷原處分之一部分，訴願人即原告對未撤銷（變更）部分不服，提起撤銷訴訟時，仍應以原處分機關爲被告機關，不可因原處分已遭撤銷或變更，而以作成訴願決定之官署爲被告機關。至於被告團體個人，在撤銷訴訟則指受委託行使公權力之團體或個人，因受託事件涉訟充當被告之情形而言。其因公法契約等原因所生之給付訴訟或確認訴訟，團體或個人皆有成爲行政訴訟被告之可能，乃屬當然[32]。

---

[30] 司法院行政訴訟制度研究修正資料彙編（三）（上），司法院編印，1986年，吳庚發言，頁649。

[31] 有認爲本條文之「或決定」及「最後」皆爲贅文，因爲司法院所提出草案仍維持再訴願程序，故有受理再訴願機關撤銷或變更「原訴願決定」之情形，其所謂最後撤銷或變更機關，亦係指有再訴願存在爲前提，立法院廢除再訴願，而漏未刪除此等文字。參考吳庚，行政爭訟法論，修訂版，頁52。

[32] 吳庚，前揭書，頁52。

本條第2款有建議修正為：「訴願決定第一次造成人民權利之侵害（或訴願機關作成比原處分更不利於訴願人之訴願決定）時，為訴願機關。」其理由為，訴願決定撤銷原處分時，為對訴願人有利之決定，訴願人自不得對之提起行政訴訟。因此得以訴願機關為被告提起行政訴訟者，應為權利受到訴願決定侵害之第三人，亦即訴願決定始第一次對人民（第三人）之權利造成侵害，故以訴願機關為被告。又我國訴願程序亦適用「禁止不利益變更」原則，因此，訴願決定如「變更」原處分時，亦僅得為有利變更，訴願人自亦不得以訴願機關為被告提起行政訴訟，而僅限於因該項變更而第一次權利受侵害之第三人，始得以訴願機關為被告，提起行政訴訟。由以上說明可知，本條第2款所謂，撤銷或變更原處分或決定時，為最後撤銷或變更之機關，於我國現行訴願制度下，應僅只第三人所提起之行政訴訟而已。此外，行政訴訟採單軌制後，訴願程序僅設一級，故無所謂為最後撤銷或變更之機關。於訴願程序得撤銷或變更原處分者，僅為訴願機關。

本條規定無法排除訴願人對撤銷原處分或對訴願人為有利變更之訴願決定，以訴願機關為被告提起行政訴訟之不合理情形，解釋及適用上易滋疑義。至於「或訴願機關作成比原處分更不利於訴願人之訴願決定」一句，則限於訴願程序有如德制，得作成較原處分更不利於訴願人之決定時，始有意義，而應予明文規定[33]。

第25條（被告機關(二)——受託團體或個人）

人民與受委託行使公權力之團體或個人，因受託事件涉訟者，以受託之團體或個人為被告。

❖立法說明❖

本條條文於研修過程主要有兩個爭議，即關於「公權力」用語是否適宜明定，以及「機關、團體、個人」等詞是否宜於條文中出現問題。因為有認為，「公權力」三字並非不能用，但是國家與人民之關係若是基於憲法或法律規定為公法上權利義務者，則為對等關係，但如果是權力，就有特別權力服從關係[34]。類似見解有認為，「受委託行使公權力之機關、團體或個人……」，與將來公法發展之趨勢，及公法上之運作是否會達成一致，值得斟酌。因為事實上，公權力仍是一種權利、義務相對待

---

33 彭鳳至，德國行政訴訟制度及訴訟實務之研究，行政法院，1998年6月，頁437-438。

34 司法院行政訴訟制度研究修正資料彙編（三）（上），司法院編印，1986年，楊建華發言，頁687。

之法律關係，而非單純之公權力[35]。但亦有認爲，權力與權利兩者性質不同，不可混淆，公權力有命令強制之性質，但公權利則無此性質，權利與義務爲同一概念，如雙方行爲契約，但是國家之徵兵權爲單方意思可賦予義務，亦影響人民之工作權。公權力發生爭訟應屬行政訴訟，但公法上權利義務之爭訟不一定由行政法院管轄，故本條文可用公權力，而不可用「公法上權利義務」之文字[36]。有認爲可將公權力分爲廣義解釋與狹義解釋，如國家賠償法所指之公權力，通常皆從寬解釋，本條文若用「公權力」，應與國家賠償法所謂「公權力」意義相同[37]。

另外，有認爲本條主要表達者爲受託事件以誰爲被告機關，因此有爭議之「機關、團體、個人」等，應避免於條文中出現，待將來有必要時才由判例解釋予以詮釋[38]。但最後仍採取「受委託行使公權力之機關、團體、個人因受託事件與人民涉訟者，……」重點較明顯，以及將受委託行使公權力亦包含於行政訴訟中，如此較具有前瞻性、創新性等之見解，而維持前述爭議名詞規定於現行條文中。

本條立理理由爲，依法設立之團體或個人，如經政府機關就特定事項依法授與公權力者，在其授權範圍內既有政府機關之功能，其所爲之處分，亦屬行政處分，得對之提起行政訴訟，爰規定人民與該受委託行使公權力之團體或個人，因受託事件涉訟者，自應以該受託之團體或個人爲被告。至團體或個人所爲之行政處分，經訴願程序撤銷或變更者，應以最後撤銷或變更之機關爲被告，乃屬當然。

❖內容解析❖

有關因受託事件涉訟，應以何者爲被告機關問題，本條規定內容於立法過程曾經熱烈討論[39]，原先修正草案第25條規定，人民與受委託行使公權力之機關、團體或個人，因受託事件涉訟者，以委託機關爲被告機關。而研究修正委員會之委員，彼此之見解亦不盡相同，主要之論點有從司法院釋字第269號解釋角度，即依法設立之團體，如經政府機關就特定事項依法授與公權力者，以行使該公權力爲行政處分之特定事件爲限，有行政訴訟之被告當事人能力。有從舊訴願法第6條規定，無隸屬關係之機關辦理受託事件所爲之行政處分，應是同委託機關之行政處分，比照同法第3條之規定，向原委託機關或其直接上級機關提起訴願。

比較法上，德國行政法院法與日本行政事件訴訟法，對此均無明文規定，而日本學說認爲，行政機關將行政處分權限，委任其他行政機關者，受任行政機關基於委任

---

[35] 前揭彙編，城仲模發言，頁688。
[36] 前揭彙編，張劍寒發言，頁690。
[37] 前揭彙編，翁岳生發言，頁689。
[38] 前揭彙編，城仲模發言，頁691。
[39] 司法院行政訴訟制度研究修正資料彙編（六）（上），司法院編印，1993年，頁804以下。

之權限而爲行政處分時，應以受任行政機關爲被告，提起行政訴訟。日本實務亦採相同見解（最判昭54、7、20）。至於僅係事務之委任而未將處分權限移轉者，則應以委任機關爲被告。而德國學說認爲，行政機關依法委託人民或團體行使公權力而爲行政處分，應以受託人爲被告提起訴訟，如人民或團體僅係行政機關之履行輔助者時，仍以委託之機關爲被告[40]。因此提出三案，兩案以委託機關爲被告，另一案以受託機關爲被告，其理由爲參考司法院釋字第269號解釋。最後定案如現行條文。

所謂行政委託有廣狹不同意義，傳統行政法上之行政委託，指國家等行政主體，將某特定行政事務，委託公權力主體以外之私人（包括自然人及法人）執行[41]。

而受委託之私人行使公權力時，並不受委託機關之指揮監督，可以獨立進行，因此就受託者而言，具有兩種獨立性：一是以自己名義作成處分或決定的名義上獨立性。二是不受指揮監督獨立執行委託業務的執行上獨立性[42]。

所謂受委託行使公權力，除國家賠償法第4條第1項第2項規定外，行政程序法第16條第1項規定，行政機關得依法規將其權限之一部分，委託民間團體或個人辦理。同法第2條第3項規定，受託行使公權力之個人或團體，於委託範圍內，視爲行政機關。則依本法第22條具有行政訴訟當事人能力，得爲行政訴訟上之原告或被告。

訴願法第10條規定，依法受中央或地方機關委託行使公權力之團體或個人，以其團體或個人名義所爲之行政處分，其訴願之管轄，向原委託機關提起訴願。此規定與行政訴訟本條文不同，因訴願法所指之委託係指具體個案，與本條規定之對象不同[43]，其根據爲司法院釋字第269號解釋。

第26條（被告機關(三)──直接上級機關）

被告機關經裁撤或改組者，以承受其業務之機關爲被告機關；無承受其業務之機關者，以其直接上級機關爲被告機關。

❖立法說明❖

原修正草案中規定之「無承受其業務之機關者，以其上級機關爲被告機關」，何謂上級機關，究爲行政上隸屬之機關，或業務上之上級機關？即有斟酌餘地。例如，

---

[40] 前揭彙編，頁845。

[41] 林明鏘，論行政委託私人─其基本概念、法律關係及限制監督，憲政時代2卷19期，1993年，頁4-5。

[42] 林子儀主持，行政檢查業務委託民間辦理法治之研究，研考會，1997年，頁89。

[43] 參考司法院行政訴訟制度研究修正資料彙編（六）（上），司法院編印，1993年，吳庚發言，頁805。

某人向中央信託局請求給付養老金差額，經中央信託局拒絕後，乃提起訴願，此時中央信託局之上級機關應為財政部，但主管公保業務機關為銓敘部，故其向銓敘部提起訴願，再訴願機關即為考試院，此時所謂上級機關就非行政隸屬之機關。因此改為「直接上級機關」。

立法理由指出，我國目前以國家為訴訟當事人而起訴或應訴之有關法律尚未制定，乃以主管各該業務之中央或地方機關為當事人，故被告機關如經裁撤或改組者，承受其業務之機關，當然成為主管各該業務之機關，自應以該承受機關為被告機關。如無承受其業務之機關者，則應以其直接上級機關為被告機關，以資解決。

❖**內容解析**❖

本條草案原規定：「無承受其業務之機關者，以其上級機關為被告機關」，無「直接」二字，則何謂上級機關並不明確，可能有爭議，例如，戶籍登記過往屬警察機關之業務，但其中央上級機關為內政部，故只規定上級機關仍不明確，是以後來改為直接上級機關。又就人民而言，公權力為國家所實施，某機關雖經裁撤或改組，但國家仍存在，應有可請求之途徑，例如關於考試評分之事件，不可因典試委員已撤銷就無法救濟，此時應以考選部為對象[44]。

又有認為，相應於舊訴願法第7條規定：「原行政處分機關裁撤或改組，應以承受其業務之機關視同原行政處分機關」有行政訴訟草案本條規定，但訴願法第6條規定：「無隸屬關係之機關辦理受託事件所為之行政處分，應視同委託機關之行政處分」卻無相對應之規定，而主張於本條增加第2項，規定有關受託關係之情況[45]，但終究未為規定。

> **第27條**（訴訟能力）
> 能獨立以法律行為負義務者，有訴訟能力。
> 法人、中央及地方機關、非法人之團體，應由其代表人或管理人為訴訟行為。
> 前項規定於依法令得為訴訟上行為之代理人準用之。

❖**立法說明**❖

所謂能獨立以法律行為負義務者，顯然只指自然人，未將法人之訴訟能力問題

---

[44] 司法院行政訴訟制度研究修正資料彙編（三）（上），司法院編印，1986年，翁岳生發言，頁660。

[45] 前揭彙編，古登美、張劍寒發言，頁658-659。

明文規定。法人是否有行為能力，我國民法未設明文規定，但學者多認為須依對法人本質所採之學說定之。本條之修正草案所採取之立場為，在實體法中採法人實在說，在訴訟法中採法人擬制說，亦即在實體法上，法人不但有權利能力也有行為能力，機關代表人之行為，即為法人之行為。但在訴訟法上，認為法人本身無訴訟能力，須由其代表人（非法定代理人）為訴訟行為，例如公司董事長並非法定代理人乃代表人。並於第2項規定「法人、中央及地方機關（而非中央及地方行政機關）、非法人之團體，應由其代表人或管理人為訴訟行為。」另外基於民法第555條規定：「經理人，就所任之事務，視為有代理商號為原告或被告或其他一切訴訟上行為之權」，海商法第18條規定：「共有船舶經理人關於船舶之營運，在訴訟上或訴訟外代表共有人」，因其既非法人亦非機關或非法人之團體，此種情形亦須一併規範，因此增訂第3項：「前項規定於依法令得為訴訟上行為之代理人準用之。」

本條立法理由指出，凡能獨立以法律行為負義務之人，即能辨識利害得失之人。既能辨識利害得失，乃能知訴訟行為之結果，而行權利之伸張及防禦方法，亦即具有訴訟行為之能力。爰設本條第1項，以明其旨。

法人、中央及地方機關、非法人之團體均不能自為訴訟行為，爰規定應由其代表人或管理人為之，以資解決。

除本條第2項之代表人或管理人外，亦有依法令得代為訴訟上行為之人，例如民法第555條規定：經理人就所任之事務，視為有代理商號為原告或被告或其他一切訴訟上行為之權。爰設本條第3項準用之規定。

❖內容解析❖

當事人得於訴訟程序單獨有效為訴訟行為之能力，為訴訟能力，學界多稱之為訴訟法上之行為能力。行政訴訟法乃在處理公法上爭議，因此本條第1項所定，能獨立以法律行為負義務者，有訴訟能力，應解釋為在公法上能獨立以法律行為負義務者，有訴訟能力，比較法上德國法即是如此[46]。訴訟能力乃法院於職務上必須考慮之當事人為有效訴訟行為之要件，即當事人能有效接受訴訟行為之能力，例如送達。訴訟能力乃由當事人自己或由訴訟代理人進行訴訟之能力，如加入作為原告或被告之能力。此基本上與民事訴訟法之訴訟能力規定相當。訴訟能力之有無，原則上行政法院須依職權隨時調查。對於因精神障礙而行為能力與訴訟能力受限者依一般生活經驗乃屬例外情況，因此行政法院只有於對當事人之訴訟能力有理由存在合理懷疑時，才加以調查。每一當事人當其訴訟能力受質疑時有舉證證明之義務。無訴訟能力之當事人也不能有效地撤回訴訟。訴訟能力依情況亦可能只具有部分訴訟能力，亦即只存在特定法

---

[46] 蔡志方，行政救濟法新論，2000年初版，頁143。

爭議領域，訴訟能力之有無原則上民法上有行為能力者有訴訟能力[47]。

行政訴訟法向來準用民事訴訟法，認為能獨立以法律行為負義務者，有訴訟能力[48]，則何人能獨立以法律行為負義務，應從民法上之行為能力規定判斷。

自然人中之成年人及未成年人已結婚者，有行為能力，故有訴訟能力。法定代理人允許限制行為能力人獨立營業者，關於其營業既然有行為能力（民法§85），即是能獨立以法律行為負義務之人，當然有訴訟能力。

訴訟能力之有無，行政法院應依職權調查，未成年人固可因結婚取得訴訟能力，但婚姻如有無效之原因，係當然、絕對、自始無效，仍無法取得訴訟能力。因此未成年人即使主張因結婚而取得訴訟能力，但其婚姻是否有無效原因，行政法院為審究其有無訴訟能力，自然可以加以調查，未成年人就婚姻係合法之事實並負有舉證責任。如行政法院認其婚姻確有無效之原因，應命其補正法定代理權之欠缺，如逾期不為補正者，則應依行政訴訟法第107條第1項第4款以裁定駁回原告之訴。

關於法人訴訟能力民事訴訟法第45條只規定，能獨立以法律行為負義務者，有訴訟能力。所謂能獨立以法律行為負義務者，顯然只指自然人，未將法人之訴訟能力問題明文規定。法人是否有行為能力，我國民法未設明文規定，但學者多認為須依對法人本質所採之學說定之。採法人擬制說者，認為法人之人格為法律所擬制，既無意思能力，自無行為能力，故經由執行職務之董事，依代理之法理，使其行為之法律上效果歸屬於法人。採法人實在說者，認為法人有意思能力，以董事為法人之代表機關，董事為實現法人意思所為之行為，即為法人之行為，故法人有行為能力。我國民法第27款第2項前段規定，董事就法人一切事務，對外代表法人。應解為係採法人實在說，認為法人有行為能力。我國一般實體法上學者均認為法人有行為能力，訴訟法學者及司法院34年院解字第2936號解釋曾認為法人無訴訟能力，即「法人之代表人，在民法上固非所謂法定代理人，在民事訴訟法上則視作法定代理人，適用關於法定代理之規定。」即明示法人之「代表人」在民事訴訟法上則「視作法定代理人」，既視作法定代理人，則推論上似認為法人無訴訟能力。但訴訟能力為訴訟法上之行為能力，實體法上既認為法人有行為能力，訴訟法上應認為有訴訟能力。

當事人得於訴訟程序單獨有效為訴訟行為之能力，為訴訟能力。所謂單獨有效為訴訟行為，係指不經法定代理人之代理，得自己有效為訴訟行為之意。採法人實在說者，認為法人董事為法人代表機關，董事之行為即為法人之行為，亦即代表人之關係與法人之關係為一元關係，為一個權利主體間之關係，此與代理為代理人與本人係二元化關係，為兩個權利主體間之關係者不同。實體法上既認為法人有行為能力，訴訟

---

[47] Vgl. Kopp, VwGO Kommentar, §62, Rn. 1 ff.

[48] 黃綠星，修正後行政訴訟法與既有行政訴訟實務之關係，中華民國行政學會舉辦，行政救濟法學研討會論文，1999年，頁5。

法上應認為有訴訟能力，不應因民事訴訟法為專設規定而有不同之解釋，因此目前我國民事法學者大抵認為，法人應有訴訟能力。由於民事訴訟法中並無「代表人」之規定，仍應準用或類推適用民事訴訟法中有關法定代理人之規定。但行政訴訟法明定代表人，因此可避免民訴之此等法理爭議。

關於私法人之訴訟能力，法人係自然人以外，法律所創設得為權利義務之主體，經由其機關從事各項行為，使其行為成為法人之行為，發生法律上效力。最高法院亦認為分公司係由總公司分設之獨立機構，就其業務範圍內之事項涉訟時，有當事人能力[49]。分公司雖有當事人能力，惟其就為訴訟標的之法律關係，是否有實施訴訟之權能，應以其訴訟事項是否為該分公司業務範圍定之，若非該分公司業務範圍內者，該分公司即無實施訴訟之權能，故於具體訴訟仍應就此而為調查，若有欠缺者，應以當事人不適格，駁回原告之訴。

法人之常設機關為董事，依民法第27條第2項規定，董事就法人一切事務對外代表法人，所謂一切事務應包括訴訟行為在內，故法人為訴訟當事人時，應由其董事為代表人。具體情況，就股份有限公司為例，股份有限公司為社團法人，得代表股份有限公司為訴訟行為者，除前述民法第27條規定第2項有適用外，公司法第208條第3項亦規定，董事長對外代表公司。故股份有限公司為訴訟當事人時，原則上由其董事長為代表人，此外，公司法第8條第2項規定，公司之經理人或清算人，股份有限公司之發起人、監察人、檢查人、重整人或重整監督人，在執行職務範圍內，亦為公司負責人。學說上稱為職務範圍內負責人。公司之經理人依民法第555條規定，就其所任之事務，視為有代理（修改前為代表）商號為原告或被告或其他一切訴訟行為之權，此在為法人之公司亦有適用，因此經理人於其職務範圍內，得代表公司起訴。

又私立學校為訴訟當事人時之代表人問題，前述法人為當事人時，由法人之董事或董事長為代表人起訴或應訴，但為財團法人之私立學校，因私立學校法第41條規定，如因學校行政事務與他人涉訟，由於不在同法第32條董事會職權範圍內，應由校長為其代表人起訴或應訴。至於董事會之職權，則限於同法第32條所列舉之事項。故以財團法人之私立學校為當事人時，究應由校長或董事長代表起訴或應訴，應以其訴訟標的法律關係依私立學校法關於董事會與校長之職權判斷之，如以校長或以董事長為代表人起訴或應訴，而不屬其職權範圍內事項者，適用行政訴訟法第107條第1項第4款規定，先命補正，未補正者，應認其訴不合法以裁定駁回之。

爾來私立學校之財務問題與校務運作方面問題，引起社會大眾強烈關切[50]，如果

---

[49] 最高法院41年台上字第39號判例。

[50] 例如教育部於2001年5月28日表示，由於屏東縣明德中學在董事會適法性、財務與校務運作方面都有嚴重缺失，該校曾五次援引私立學校法第59條限期整頓改善未果，因此私校諮詢委員會決議建議教育部解散該校，明德中學若對解散有意見，教育部會讓校方有陳述意見之機會。參考

私立學校因爲財務或校務運作方面問題，被教育部依私立學校法第71條解散，則私立學校若不服此一處分，自得由校長代表學校提起行政救濟。若因爲董事會發生糾紛，被教育主管機關依私立學校法第25條第1項解除全體董事職務時，則可能由董事長代表學校提起訴願或行政訴訟[51]。

　　過去行政訴訟實務上，行政機關爲被告時，裁判書當事人欄常僅列行政機關名稱，而未列機關首長爲代表人。依本條規定，則裁判書被告欄須列其代表人，始爲合法。但實際情形，行政機關首長往往更替頻繁，如於訴訟繫屬中或判決後且提起上訴時，被告機關代表人更換而行政法院不知情未命補正時，則生被告訴訟能力欠缺問題。此時應準用民事訴訟法第48條規定，經取得能力之本人，取得法定代理權或允許權之人，法定代理人或有允許權人之承認，溯及於行爲時發生效力。因此行政機關未經合法代表人爲訴訟行爲時，若事後經取得現代表人追認，不影響之前所爲訴訟行爲之效力[52]。

　　至於非法人之團體，行政法院52年之判例即謂，依民事訴訟法第40條第3項規定，非法人之團體設有代表人或管理人者，有當事人能力，得爲行政訴訟之原告。所謂設有代表人或管理人，指該團體爲達一定之目的，經營業務而常設之代表人或管理人而言[53]。如前所述，在實務上之合夥、未經認許之外國法人、祭祀公業、不具法人格之商號、工廠等非法人之團體[54]，尤其代表人或管理人，爲訴訟行爲。另外，本條之立法理由提及，除本條第2項之代表人或管理人外，亦有依法令得代爲訴訟上行爲之人，例如民法第555條規定：經理人就所任之事務，視爲有代理商號爲原告或被告或其他一切訴訟上行爲之權。即經理人得代表商號爲訴訟行爲。

　　比較法上，德國行政法院法第62條第2項規定，團體或行政機關，應由其法定代理人、理事或特別受任者爲訴訟行爲。本項之團體概念與同法第61條規定相比範圍更廣，它除包括私法人與公法人，尤其是國家、地方自治團體與類似法人形式之團體與營造物。此外尚包括無權力能力之團體。法人（如股份公司、有權力能力之社團、聯邦、邦、地方自治團體及其他公法上團體）與無權力能力之社團無訴訟能力，而由法定之代理人來進行訴訟。法定代理人爲誰之判斷，由實體法決之。機關之參與訴訟程序主要由機關首長代表。特別之委任人乃一般或特定目的所委託之機關或第三人。欠

聯合報，2001年5月29日第六版。

[51] 喧騰一時之景文案，教育部已於2000年2月23日召開第九次私校諮詢委員會，並作出解散景文技術學院董事會之決議，而被解散之景文技術學院董事們，擬對此提出訴願，確認該處分無效云云，參考中國時報2001年6月10日第一版。

[52] 黃綠星，修正後行政訴訟法與既有行政訴訟實務之關係，中華民國行政法學會舉辦，行政救濟法學研討會論文，1999年5月，頁5。

[53] 行政法院52年裁字第63號判例。

[54] 參考司法院第486號解釋。

缺訴訟能力時之決定：當原告、被告或必要之參加人欠缺訴訟能力（未經法定代理人代理）時，行政法院應以訴訟不合法爲理由駁回其訴。

訴訟能力之欠缺得經由法定代理人對訴訟無能力人同意其訴訟行爲而補正。同樣地，無訴訟能力人，事後成爲具訴訟能力人，其對之前訴訟行爲自我同意時亦因而補正。對於訴訟能力有爭議，但法定代理人或事後具訴訟能力人本身對於訴訟能力並無異議而續行訴訟時，視爲同意而補正。同意亦可只限於特定之訴訟行爲[55]。

第28條（準用之規定）
民事訴訟法第四十六條至第四十九條、第五十一條之規定，於本節準用之。

❖立法說明❖

關於民事訴訟法第46條至第51條能否準用問題，研修過程，關於第46條基於商標、專利案件常會牽涉外國人之理由，因此應予準用。而其他第47條至第49條及第51條可以準用亦無爭論，唯一爭論的是第50條是否準用問題。因爲民事訴訟法第50條之規定並非訴訟能力問題，而是規定：「前二條規定，於第四十一條之被選定人爲訴訟行爲者準用之」，因此委員間爭議較多，最後未列入準用之範圍，而認爲應由行政訴訟法自行規定[56]。

立法理由認爲，本法關於當事人能力及訴訟能力雖已增列若干條文，惟民事訴訟法有關當事人能力及訴訟能力之規定更爲詳盡，除部分性質不相容或因立法技術上之原因，本法已自行規定者外，其餘規定類多相通，與本法不相牴觸者，凡五條，爰列舉各該條次，明定於本節準用之。

❖內容解析❖

行政訴訟之程序，是否得準用民事訴訟法之問題，可從三個角度觀察，即是否有準用之必要？若有，其準用之範圍如何？以及規範方式問題？

舊行政訴訟法第33條規定：「本法未規定者，準用民事訴訟法。」顯然採行政訴訟法得準用民事訴訟程序規定之立場。蓋行政訴訟法之性質固與民事訴訟法之性質不同，諸如民事訴訟是在解決私法上糾紛，採當事人進行主義與辯論主義；但行政訴訟與公益有關，解決公法上之法律關係，故採職權調查主義，有關當事人之適格、認

---

[55] Vgl. Kopp/Schenke, VwGO 1998, §62, Rn. 14 ff.
[56] 司法院行政訴訟制度研究修正資料彙編（三）（上），司法院編印，1986年，古登美發言，頁818。

諾、自認、舉證責任、攻擊防禦限制等，皆不應準用民事訴訟法之規定。但另一方面，行政訴訟除行政行為合法性之確保外，亦兼具個人權利保護，此點與民事訴訟功能相同，況且行政訴訟雖與民事訴訟程序性質不同，但兩者均為訴訟程序，而訴訟程序具技術性，因此兩者仍有相同之處，故得準用民事訴訟法之規定，問題只在於準用之程度或範圍如何而已。因此，為立法經濟起見，行政訴訟與民事訴訟性質相近者，可以準用，但就不同之處，應於行政訴訟法中，詳為規定，減少準用範圍，依現行法之規定，行政訴訟法自為規定者包括：行政訴訟法第23條明定參加人為當事人、行政訴訟法第214條至第215條關於判決效力應否及於當事人及其繼受人以外之第三人、行政訴訟法第116條明定依職權或依原告之請求停止執行原處分或決定明定其條件等。

　　但民事訴訟法高達640條條文，何條規定可以準用，何條規定不可準用，在實務上經常發生問題。

　　規範方式可有兩種，一是，除於各章節自行規定外，並在各章節之後明定準用民事訴訟法之何章、何節或何條。二是，在行政訴訟法之最後一條規定準用民事訴訟法之何章、何節或何條。新修正之行政訴訟法則採取第一種方式。但採取第一種方式仍有可能將來於解釋適用時發生，某章或某節未明文規定準用民事訴訟法，但依其性質仍以準用為宜時，即發生解釋適用問題，因此似乎應該增列「其他行政訴訟除與行政訴訟性質牴觸者外，得準用民事訴訟法之規定。」而本法新修正施行後所成立之行政訴訟研究修正委員會對此亦作成相關之建議修正條文，亦即維持現制，於個別條文及若干章節之末，明確規定準用民事訴訟法相關條文外，於行政訴訟法附則章內增訂第307條之1，規定「民事訴訟法之規定，除本法已規定準用外，與行政訴訟法性質不相牴觸者，亦準用之。」及本此旨[57]。

　　本條規定，民事訴訟法第46條至第49條、第51條之規定，於該本節準用之。基於解釋第27條所述，行政訴訟法第2條規定，乃在處理公法上爭議，因此本條第1項所定，能獨立以法律行為負義務者，有訴訟能力，應解釋為在公法上能獨立以法律行為負義務者，有訴訟能力。因此，民事訴訟法第46條有關外國人訴訟能力、第48條有關能力、法定代理權或為訴訟所必要之允許欠缺之補正、第49條有關能力、法定代理權或為訴訟所必要允許之欠缺可為補正者，其暫時先為訴訟行為之規定，準用上應無任何困難。但民事訴訟法第47條有關法定代理及為訴訟所必要之允許應適用之準據法及第51條有關特別代理人之選任及其權限第2項規定，即須為必要之調整[58]。

　　無當事人能力者，所為訴訟行為無效，法律許其補正者，當事人能力欠缺經取得

---

[57]　參考司法周刊1033期，2001年5月30日，第1版；並參照，彭鳳至，行政訴訟法準用民事訴訟法立法方式之商榷—兼論本次民事訴訟法修正對於行政訴訟法適用之影響，行政訴訟制度研討會報告資料，2001年。

[58]　蔡志方，行政救濟法新論，2000年初版，頁142。

能力者之承認，溯及於行為時發生效力，命其補正前，如恐久延當事人受損害時，得許其暫時為訴訟行為[59]。

外國人之行為能力，如依其本國法無行為能力或僅有限制行為能力，而依中華民國法律有行為能力者，就其在中華民國之法律行為，視為有行為能力。依本法第28條準用民事訴訟法第46條規定，該外國人仍有訴訟能力。

第二節　選定當事人

選定當事人制度乃為簡化訴訟程序，以達訴訟經濟之目的。

訴訟程序中原告或被告為多數時，得行共同訴訟，於同一訴訟程序中合併辯論及裁判。但為共同訴訟必須由該多數人全體起訴或應訴，而由多數人為訴訟行為，將使訴訟程序進行遲緩，其中一人死亡或喪失訴訟能力、或訴訟文書送達有誤，均將影響全部訴訟之進行，訴訟費用亦將因而增加，故民事訴訟法設有選定當事人制度。我國在最早之民事訴訟律與1930年之民事訴訟法，並未有相關規定，但實務上則承認之[60]。1935年修正民事訴訟法始增列選定當事人制度。其立法理由謂：「有多數人就訴訟標的有共同之利益，例如一村或一鄉之住民，因水利或公有山場與人涉訟，又如公司多數股東提起股東會決議無效之訴，若由其全體出為原告，或以之為被告，則訴訟程序不免繁雜而延滯。故本案定為得由多數人中選定一人或數人為訴訟之原告或被告，有為一切訴訟行為之權。」本來於有多數當事人時，亦可委任共同訴訟代理人，由共同訴訟代理人為多數當事人為訴訟行為，亦可達到簡化訴訟之目的。但訴訟代理人非由共同利益之多數人中選任，且該多數人仍須列名為原告或被告，與選定當事人係由共同利益之多數人中選任，其餘共同利益人不列名為原告或被告者，尚有不同。

本節規定選定當事人之要件、選定之方法、選定之效力及被選定人之權限等事項。

第29條（選定或指定當事人）
多數有共同利益之人得由其中選定一人至五人為全體起訴或被訴。
訴訟標的對於多數有共同利益之人，必須合一確定而未為前項選定者，行政法院得限期命為選定，逾期未選定者，行政法院得依職權指定之。
訴訟繫屬後經選定或指定當事人者，其他當事人脫離訴訟。

---

[59] 吳庚，行政爭訟法論，修訂版，頁52。
[60] 參考最高法院22年度上字第968號判決。

❖立法說明❖

在研修過程就有關共同利益之行政訴訟，有無明定得選定當事人，或參照外國法制另設規定之必要？結果是關於選定當事人問題，配合訴願法並參照民事訴訟法之規定，制定選定當事人之條文。亦即選定當事人制度之採行，行政訴訟法研修會之成員並無爭執，爭點在於當事人未為選定時，行政法院是否得定期命其選定，當事人逾期仍未為選定者，行政法院是否得依職權逕行指定之？或直接駁回其訴？其中有主張一、基於民事訴訟之規定未限制人數，而選定當事人限制人數卻有其必要；二、將來行政訴訟中人民可為原告亦可為被告，故規定「起訴或被訴」，而有本條第1項之規定。另外，行政法院得依職權指定者，須其訴訟標的合一確定，且當事人立場在法院判決上一致者，而有第2項之規定[61]。選定當事人制度乃將訴訟實施權授與他人，而其本人脫離訴訟，主要是為了訴訟經濟，且既判力及於為選定行為之人（脫離訴訟者）[62]。

關於多數有共同利益之人之訴訟，如無團體之組織，或雖有團體而未設有代表人或管理人者，勢必由其全體為起訴或被訴，不獨徒增訴訟程序之繁雜，且將使多數人受不必要之訟累。爰設本條，以達訴訟經濟之目的。

所謂訴訟標的對於多數有共同利益之人必須合一確定者，指法院就為訴訟標的之法律關係，對於共同訴訟之各人所為之裁判，不能各異其內容者而言。於此情形，更適宜選定當事人為全體起訴或被訴。爰設本條第2項，授權行政法院得限期命為選定，或依職權指定當事人，以落實此項制度。

選定當事人於訴訟繫屬前後均得為之。訴訟繫屬後選定或指定當事人者，其他當事人即停止其訴訟實施權，脫離訴訟，惟訴訟之結果對之仍有效力，爰設本條第3項，以明其旨。

❖內容解析❖

本條所謂「多數有共同利益」之人，此類似民事訴訟法第41條第1項規定，民事訴訟法該條規定「共同利益」之意義，我國學者則多以民事訴訟法第53條各款為有無共同利益之論據，於有該條第1款為訴訟標的之權利或義務為多數人所共同，或同條第2款本於同一事實上及法律上原因者，為有共同利益，並無疑義[63]。但同條第3款為訴訟標的之權利或義務係同種類，而本於事實上及法律上同種類之原因，得否認為有共

---

[61] 司法院行政訴訟制度研究修正資料彙編（三）（上），司法院編印，1986年，楊建華發言，頁714。

[62] 前揭彙編，王甲乙發言，頁709。

[63] 對此日本學界有不同見解，有認為限於具備必要共同訴訟之情況；有認為至少應本於同一事實上及法律上原因者；有認為指訴訟資料主要部分具有共通性者。

同利益，則有不同意見。吾人揆諸選定當事人制度，乃爲簡化共同訴訟，只須多數當事人所主張之主要攻擊或防禦方法相同，即有簡化程序之作用，而不必拘泥其爲何種類之訴訟，或排斥同種類之訴訟標的。因此，凡涉及共有關係之事項得選定當事人，同一侵權行爲之多數被害人，亦得選定其中一人或數人起訴，即多數承租人基於個別之租賃關係（同種類），請求同一出租人修繕個別承租之租賃物，亦得選定當事人。至於非法律上之共同利益，而僅爲經濟上之共同利益者，則不得選定訴訟當事人。

依本條第1項規定，選定當事人之要件爲：一、必須有多數共同利益人存在；二、必須該多數人之共同利益關係不屬設有代表人或管理人之非法人團體；三、必須就全體多數人中選定一人至五人爲當事人，若在全體共同利益者之外選任人員，則可能爲訴訟代理人而非選定當事人。

本條第2項指定當事人之要件，除應具前述選定當事人前兩項要件外，尚須符合以下四點：一、訴訟標的對多數共同利益之人，必須合一確定。所謂必須合一確定係指行政法院對訴訟標的之裁判必須一致；二、必須該多數人未曾選定當事人；三、必須經行政法院定期命其選定，逾期猶未選定；四、由行政法院就全體多數人中指定之[64]。

選定當事人於訴訟繫屬前、繫屬後，均可能發生；指定當事人則爲繫屬後之行爲。選定或指定當事人，不以原告一造爲限，被告亦得選定或指定當事人，但訴訟繫屬前，僅得由原告選定當事人，因起訴前，被告爲何人尚不能確定。

於訴訟繫屬後選定或指定當事人者，除該被選定或指定之人仍爲當事人外，其他原爲當事人者，即脫離訴訟。

第30條（更換或增減選定或指定當事人）

多數有共同利益之人於選定當事人或由行政法院依職權指定當事人後，得經全體當事人之同意更換或增減之。

行政法院依前條第二項指定之當事人，如有必要，得依職權更換或增減之。

依前兩項規定更換或增減者，原被選定或指定之當事人喪失其資格。

❖立法說明❖

本條參考德國立法例，選定之當事人可中途撤換。即依德國行政程序法第18條規定，行政機關得依職權指定當事人，且有補救規定，即於官署指定後被指定之代表

---

[64] 吳庚，行政爭訟法論，修訂版，頁59。

人仍得以書面解除，且其他共同當事人亦可隨時以書面解除並同時選定新代表人，如此兼顧公益、訴訟經濟及當事人利益[65]。研修立法過程形成共識認為行政法院依職權指定當事人後，多數有共同利益之人，可更換或增減之；而由行政法院依職權指定者亦得由行政法院依職權更換或增減。問題在於，多數有共同利益人選定當事人後，得否由行政法院依職權更換或增減？如認為不得予以更換或增減，會不會失去均衡[66]？但最後之結論為，多數有共同利益之人選定當事人者，既有選定之訴訟行為，可讓其更換或增減之，效果亦由多數有共同利益人自己負責，故可任其更換或增減，行政法院不宜依職權予以更換或增減。而由行政法院依職權指定者，如認其能力不夠，行政法院應可依職權再更換或增減之如現行條文規定。

選定當事人之產生，乃基於選定人之信賴，而指定當事人則係得選定當事人而未為選定時之補充方法，故依前條規定為選定或指定當事人後，仍得經全體當事人之同意而為更換或增減。行政法院於必要時，亦得依職權更換或增減指定之當事人，俾符合全體有共同利益人之利益。

原被選定或被指定之當事人，依本條規定被更換或解任後，當然喪失其資格，不得再為全體起訴或被訴，爰設本條第3項。

❖內容解析❖

關於選定及指定當事人之更換增減，立法之初即探討關於原則上由當事人選定者，得由當事人（指多數有共同利益之人）更換或增減之。由行政法院指定者，可由當事人更換或增減。問題在於行政法院對於本身依職權所指定者，或由當事人選定者，可否再依職權予以更換或增減？若當事人自行選定後，行政法院可依職權更換或增減，則依本條第1項是否產生循環現象[67]？此牽涉選定當事人就應以當事人意思為主，還是以行政法院意思為主之問題。結果採原則上以當事人意思為主，以行政法院之意思為輔。行政法院之所以要介入，主要是為防止當事人不為選定行為，或無法表達其意思，或怠於表達其意思。例如某一案件有數百位原告，要選定當事人並不容易，如其不為選定，行政法院則可選定。若由行政法院依職權所指定，或由當事人選定之人不盡責（例如不到庭）或不適宜時，若完全須待當事人更換或增減，則可能緩不濟急，此時可由相當數目之當事人聲請行政法院更換或增減，應不至於發生所謂循環現象。

按民事訴訟法規定之選定當事人，完全尊重當事人之意思，法院並不予干預，但

65　司法院行政訴訟制度研究修正資料彙編（三）（上），司法院編印，1986年，吳庚發言，頁711。
66　前揭彙編，陳瑞堂發言，頁731。
67　前揭彙編，古登美發言，頁732。

行政訴訟因牽涉公益，因此必要時，行政法院應予指定。既然行政法院可指定，則必要時依職權更換或增減，應甚合理。因此有四種情況：一、當事人選定者，當事人可更換或增減之；二、行政法院依職權指定者，當事人可更換或增減之，而當事人對之已更換或增減後，行政法院不可再依職權更換或增減，因已符合由當事人自行選定之大原則；三、行政法院指定後，當事人未更換或增減者，則行政法院仍可依職權更換或增減；四、多數有共同利益人對行政法院依職權指定者，仍得更換或增減之。

選定或指定當事人經當事人更換或增減後，就訴訟法而論，只要向行政法院依法定方式為表示即可發生法律上效力，不須經行政法院同意，亦不須行政法院准許，此為訴訟法上之一方行為[68]。被選定人得更換增減，但仍應得有共同利益人全體之同意。被選定人得為全體共同利益人為訴訟行為，乃因該多數人授與訴訟實施權，此項基於共同利益人之意思所授與之訴訟實施權，自可基於共同利益人之意思變更之。故於被選定當事人後，依本條第1項規定，得更換或增減之。所謂更換，指將此一被選定人，易為另一有共同利益中之人。所謂增減，指增加被選定人或減少被選定人。在選定當事人之初，既須有共同利益人全體選定，則其更換增減，當然也應有全體共同利益人之同意為之[69]。

此所謂「全體」，是否包括被選定人本人在內？可有正反兩種見解，一認為不包括在內，因為若其他有共同利益人對被選定人喪失信賴，擬予以更換或增減其人數者，斟酌選定當事人之行為本為單獨行為，故不必得被選定人之同意。但另一說則從選定當事人與委任訴訟代理人不同角度，認為選定人與被選定人均為共同利益人，更換或增減被選定人，被選定人基於共同利益人之立場，於更換增減後，也是將自己訴訟實施權授與更換或增減後之其他共同利益人，如不經其同意，此部分即未授與訴訟實施權，更換或增減之人，即無從為全體為訴訟行為，因此仍應經其同意，方符合全體共同利益人授與訴訟實施權為全體起訴或被訴之意旨。選定當事人之更換增減，就形式當事人而言，有訴之變更、追加或撤回問題，但因法律之特別規定，不適用本法第111條之問題。

第31條（選定或指定之人喪失資格之救濟）
被選定或被指定之人中有因死亡或其他事由喪失其資格者，他被選定或被指定之人得為全體為訴訟行為。

---

[68] 例如民法第37條規定清算人由董事為之，或由總會另行決議，但依民法第39條規定，法院認為有必要時，得解除其任務。一般學說亦認為，法院決定之清算人，法人不可自行更換，可見法院更換或增減選定當事人，基於公益之理由，應屬可行。前揭彙編，楊建華發言，頁734。

[69] 楊建華，民事訴訟法（一），2010年，頁62。

❖立法說明❖

被選定或被指定之當事人中，有因死亡或其他事由喪失其資格者，他被選定或被指定之人仍得為全體為訴訟行為，俾訴訟程序之進行，不因此而生障礙。

❖內容解析❖

依民事訴訟法第41條第1項及第43條規定，選定當事人得選定一人或數人，其係選定數人者，乃將訴訟實施權授與該數人共同行使，該數人係為選定人全體為訴訟行為，若該數人之行為不一致，個別發生不同之法律效果，導致法院判決結果之歧異，而判決效力又均及於全體選定人，將發生無法解決之難題。因此被選定人為多數，應認其訴訟標的對於被選定有必須合一確定情況，應適用民事訴訟法第56條第1項規定，被選定人中一人之行為，有利於全體當事人者，其效力及於全體，不利益者對全體不生效力；他造對於被選定人中一人之行為，其效力及於全體。但部分被選定人產生訴訟程序當然停止或裁定停止之原因，是否足使訴訟程序全部停止？則須分別情形觀之，如本條被選定人中有因死亡或其他事由喪失資格者，他被選定人得為全體為訴訟行為，以使訴訟程序之進行，不因此而生障礙。換言之，訴訟程序並不當然停止，必須被選定人全體喪失資格，其訴訟程序始於該有共同利益人全體或被選定為訴訟當事人之人，承受其訴訟以前，當然停止。所謂其他事由喪失其資格者，指死亡以外，因禁治產、辭任或選定、指定之更換而喪失資格者而言。

可能有爭議者為，本法第110條規定，訴訟繫屬中，為訴訟標的之法律關係雖移轉於第三人，於訴訟無影響之規定，對於被選定人若喪失共同利益（如系爭訴訟標的之讓與）時，其資格是否不受影響？即有討論餘地[70]。

第32條（應通知他造當事人）
第二十九條及第三十條訴訟當事人之選定、指定及其更換、增減應通知他造當事人。

❖立法說明❖

本條之修正草案乃仿民事訴訟法第41條第3項規定「但非通知他造不生效力」，惟有認為選定當事人制度乃當事人向法院所為之一方訴訟行為，其意思表示到達法院即發生效力，不須經法院裁判，亦不須他造同意，不必仿民事訴訟之規定，因此定為「應通知他造當事人」，而不須規定「不生效力」。

---

[70] 陳計男，民事訴訟法論（上），頁69。

　　立法理由認爲，訴訟當事人之選定、指定及其更換、增減，與他造當事人之關係最爲密切，自應通知他造當事人，俾其得知此項事實而有所準備。

❖內容解析❖

　　選定當事人之更換或增減，依民事訴訟法第41條第3項規定，非通知他造不生效力。論者對此有認爲，選定當事人之行爲，乃向法院所爲之訴訟行爲，並非只對於他造所爲之訴訟行爲，民事訴訟法此一規定，以通知他造爲生效要件，立法上值得商權[71]。

　　本條草案規定原先如同民事訴訟法第41條第3項規定「但非通知他造不生效力」，但在草案研修正過程，有認爲民事訴訟法所以會有「非通知他造不生效力」之規定，主要是欲使他造有所準備，知道已更換被選定當事人。行政訴訟不必仿民事訴訟法爲相同規定，因爲選定當事人乃當事人向法院所爲之一方訴訟行爲，其意思表示到達法院即發生效力，不須經法院裁判，亦不須他造同意。因此修改成現行條文，關於通知之方法由法院決定，而本條屬訓示規定[72]。訴訟當事人之選定指定及其更換、增減，與他造當事人之關係最爲密切，自應通知他造當事人，俾其得知此項事實而有所準備[73]。至於若未通知將發生如何效力，從立法過程觀之，應非不生效力。

第33條（選定當事人爲訴訟行爲之限制）
被選定人非得全體之同意，不得爲捨棄、認諾、撤回或和解。但訴訟標的對於多數有共同利益之各人非必須合一確定，經原選定人之同意，就其訴之一部爲撤回或和解者，不在此限。

❖立法說明❖

　　立法過程中有認爲，民事訴訟法所以在選定當事人之規定後有第44條（即選定當事人爲訴訟行爲之限制）規定，主要是爲了訴訟經濟。而民事訴訟法選定當事人之規定，只要當事人有共同利益即可，而共同利益又包括必須合一確定與不須合一確定者，如同種類之訴訟，實際上當事人彼此之意見於起訴時可能一致，但訴訟程序中很可能會起變化，此時即可能因一人不同意而無法爲捨棄、認諾。因此採取折衷方式，

---

[71] 楊建華，民事訴訟法（四），頁63。
[72] 司法院行政訴訟制度研究修正資料彙編（三）（上），司法院編印，1986年，楊建華發言，頁743-744。
[73] 陳計男，民事訴訟法新論（上），頁270。

即關於捨棄、認諾須全體同意；關於撤回和解，如訴訟標的可分者，則可以個別和解、個別撤回。亦即分為三種情況，如為訴訟標的法律關係須合一確定者，則不論為捨棄、認諾、撤回、和解，均須全體一致同意；若訴訟標的法律關係可分者，則捨棄、認諾須全體一致同意，而撤回、和解可個人就其個人部分為之。於是規定如現行條文。

立法理由指出，被選定人係為全體而為訴訟行為，其訴訟之結果，效力直接及於全體選定人，關係至為密切，故被選定人為捨棄、認諾、撤回或和解時，需得全體之同意始得為之，以保護選定人之利益。惟訴訟標的對於多數有共同利益之各人如非必須合一確定者，經原選定人之同意，自得就其訴之一部為撤回或和解。

❖內容解析❖

有認為本法第33條僅規定被選定之當事人，而未及被指定之當事人，殆非有意省略，而係疏忽所致。因為本條係自民事訴訟法第44條所移植，而該法並無指定當事人之設置，乃有此遺漏，故解釋上應包括被指定之當事人在內。立法論上有建議本條修正為，「被選定或被指定之人非得全體之同意，不得為捨棄、認諾、撤回或和解。但訴訟標的對於多數有共同利益之各人非必須合一確定，經原選定人之同意，就其訴之一部為撤回或和解者，不在此限。」其理由為，被選定或指定之當事人為訴訟行為之限制，似不應有不同[74]。因此，本條雖未規定被指定之當事人是否得為捨棄、認諾、撤回或和解，但解釋上，應認為類推適用第33條關於被選定當事人之相關規定[75]。

至本條但書之用意在對訴訟標的非必須合一確定之多數人共同利益訴訟，經被選定（指定）人以外之其餘全體之同意（即條文所謂選定人）時，就該原選定人之部分，被選定（指定）人自得為撤回或和解。但書未包括捨棄、認諾在內，係避免因捨棄、認諾之效力可能影響受選定人以外之人（即被選定人或被指定人）本身之權益[76]。

本條規定可說以保護共同利益人為目的。被選定人固係以自己名義為訴訟，但其內容尚包括共同利益人所信託之請求在內，為保護共同利益人之權益，對於影響重大之捨棄、認諾、撤回或和解，被選定人非得全體之同意，不得為之。捨棄、認諾指訴訟標的之捨棄、認諾（§202）及上訴權之捨棄（§240），至於抗告權或其他聲明權與證據之捨棄，關係較小，應不包括在內[77]。撤回指訴之撤回，而反訴、上訴、再審

---

[74] 彭鳳至，德國行政訴訟制度及訴訟實務之研究，行政法院，1998年，頁440。
[75] 陳計男，民事訴訟法論（上），頁70。
[76] 吳庚，行政爭訟法論，修訂版，頁60。
[77] 陳計男，民事訴訟法論（上），頁70。

之訴之撤回、其他訴訟行為之撤回不包括在內。和解指依本法第219條以下規定所成立之訴訟上和解。

訴訟標的如非必須合一確定，撤回或和解，當事人有時可個別解決，若因選定當事人而導致不能個別解決，則甚不合理。捨棄、認諾之效果較嚴重，故應得全體同意。而撤回或和解，訴訟標的若非必須合一確定，則不必全體之同意，可個別解決之。換言之，捨棄、認諾須得全體之同意，撤回或和解如果標的可分，則可以個別為之，否則仍須全體之同意。此種撤回、和解仍須得到有利害關係之共同訴訟人之同意。

在立法過程，關於此點有各種不同見解，有認為，選定當事人後即成為一團體，若為訴訟標的法律關係可分，則其捨棄、認諾、撤回或和解是否仍須全體之同意？如一百人中有九十九人同意，只有一人反對，則是否仍不許其他當事人為捨棄、認諾、撤回或和解，如此似形成多數服從少數之現象，並不合理。因此除訴訟標的法律關係合一確定須一致者須得全體之同意外，就不須全體合一確定者，其他當事人仍可捨棄、認諾、撤回或和解[78]，相類似地，亦有認為本條乃參考民事訴訟法第44條之規定，民事訴訟法第44條所以規定得很嚴格，因為民事訴訟法第384條規定，當事人於言詞辯論時為訴訟標的之捨棄或認諾者，應本於其捨棄或認諾為該當事人敗訴之判決。其影響效果很大，故要求全體同意是有道理的，因為被選定當事人為捨棄或認諾，致受敗訴判決，若訴訟標的可分，有同意者有不同意者，不同意者可經由再審補救之，此種情況並不會太多。又撤回視同未起訴，如被選定人違反其他當事人之意思而撤回，未同意之當事人顯受損害。同理和解亦可能發生此種情形，但皆可以再審程序補救，因此準用於行政訴訟法並無不可[79]。

比較法上，具體地就自認、認諾與和解，從日本、德國之學界實務比較說明之。

一、關於自認，此乃辯論主義下固有之規定，在日本由於準用民事訴訟法第257條規定，因此得承認自認之效力，但得承認自認之拘束力者，只限於主要事實，不包括職權調查事項、法規、經驗法則等。在德國，因行政訴訟採職權主義，故不承認自認之效力。

二、就認諾而言，在日本於撤銷訴訟中，被告機關如在實體上就處分有撤銷權限時，承認其認諾。在德國，通說認為，行政機關就訴訟標的有處分權限時，許其認諾。

三、就裁判上之和解方面，德國行政法院法第106條規定，對訴訟標的有處分權者可以和解。至於何謂「對訴訟標的有處分權」？則須於具體案件判斷之。日本學界

---

[78] 司法院行政訴訟制度研究修正資料彙編（三）（上），司法院編印，1986年，楊建華發言，頁664。

[79] 前揭彙編，張特生發言，頁665。

對於撤銷訴訟可否爲裁判上之和解，見解不一，通說認爲裁判上之和解，兼具訴訟上之行爲與實體上和解契約性質，而當事人實體上之權限不能給予訴訟代理人，因此不承認訴訟上之和解。另有認爲，若將裁判上之和解與實體法上之和解分別觀之，則裁判上之和解，乃雙方當事人將解決對立之結果向法院陳述之訴訟行爲，因此有承認之可能[80]。

最後立法政策上，採取與民事訴訟不同規定，加上但書，即訴訟標的對於多數有共同利益之各人非必須合一確定，經原選定人之同意，就其訴之一部爲撤回或和解者，不在此限。共同利益人就此等行爲之之同意，不論於此等行爲之前或事後爲之均可。其同意行爲，雖非要式行爲，但仍應以文書證之（§34）。又選定當事人於攻擊防禦之必要範圍內，得行使選定人實體法上之權利（如撤銷權、解除權、時效抗辯等），亦得受領對造之清償給付[81]。

第34條（選定當事人之證明）
訴訟當事人之選定及其更換、增減，應以文書證之。

❖立法說明❖

本條乃在研修過程參考民事訴訟法第42條：「前條訴訟當事人之選定及其更換、增減，應以文書證之。」之文字規定而訂定，並獨立規定爲一條[82]。

關於訴訟當事人之選定及其更換、增減，雖未限定其方式，但其事實之存在，則必須以文書證之。蓋被選定者係爲全體有共同利益之人起訴或被訴，其訴訟之效力及於全體，自應於選定或更換、增減之初，以文書證明其事實。

❖內容解析❖

關於訴訟當事人的選定及其更換、增減，雖然法律並未規定其應循如何之方式爲之，屬非要式行爲，但爲使行政法院易於調查與確保訴訟程序的安定，因此本條規定，其事實之存在，必須以文書證之[83]。所謂以文書證之，係以文書爲證據方法之意。通常可由選定人出具選定書，載明就某行政訴訟事件選定某特定人爲當事人之意

---

[80] 司法院行政訴訟制度研究修正資料彙編（一）（下），司法院編印，1985年，頁1004。
[81] 陳計男，民事訴訟法論（上），頁70。
[82] 參考司法院行政訴訟制度研究修正資料彙編（三）（上），司法院編印，1986年，陳瑞堂發言，頁744。
[83] 陳計男，民事訴訟法論（上），頁68。

旨。除此之外,任何共同或個別以書面載明選定意旨者,均產生法律上效力。即使由選定人致函被選定人,或被選定人徵求選定人同意的書面文件,亦無不可。訴訟當事人的更換增減亦同。

第35條（公益社團法人得爲公共利益提起訴訟）
以公益為目的之社團法人,於其章程所定目的範圍內,由多數有共同利益之社員,就一定之法律關係,授與訴訟實施權者,得為公共利益提起訴訟。
前項規定於以公益為目的之非法人之團體準用之。
前二項訴訟實施權之授與,應以文書證之。
第三十三條之規定,於第一項之社團法人或第二項之非法人之團體,準用之。

❖立法沿革❖

本條第1項原草案條文為:「以公益為目的之社團法人,於其章程所定目的範圍內,由多數有共同利益之社員,就一定之法律關係,授與訴訟實施權者,得為各該社員之利益提起訴訟。」惟於草案二讀時,經朝野協商結果,將其中「得爲各該社員之利益提起訴訟」之規定,修正為「得爲公共利益提起訴訟」[84]。

❖外國立法例❖

根據司法院行政訴訟制度研究修正委員會對於本條原始草案條文之說明,本條之設計乃係擷取德國團體訴訟之精神[85]。德國團體訴訟制度之內涵已如前述[86],但值得注意的是,根據本條原始草案條文之設計,公益社團係為社員之利益提起訴訟,此與德國行政訴訟審判系統上團體訴訟之提起限於以維護公益為目的,固有未合[87]。即令是目前經修正通過之正式條文,雖明文規定以維護公益為目的,但公益社團提起訴訟時並非基於自己之實體權利,而係由社員就一定法律關係授與訴訟實施權,就此而言,亦與團體訴訟有所不同[88]。

---

84 陳清秀,行政訴訟法,2015年7版,頁241以下。
85 司法院行政訴訟制度研究修正資料彙編（六）,司法院編印,1993年,頁922-923。
86 請參閱本書第9條,外國立法例之說明。
87 彭鳳至,論行政訴訟中之團體訴訟—兼論行政訴訟法第35條之再修正,收錄於:當代公法新論—翁岳生教授七秩誕辰祝壽論文集（下）,2004年,頁103以下。
88 陳榮宗,美國群眾訴訟與西德團體訴訟（上）,法學叢刊30卷2期,1985年4月,頁22。

❖立法目的❖

根據司法院行政訴訟制度研究修正委員會對於本條原始草案條文之說明，本條主要立法目的，原在於因應工業發達與科技進步而產生之公害和消費者保護等事件，受害人往往爲數眾多，若由全體分別起訴，有違訴訟經濟原則之情形[89]。有鑑於此，原草案條文遂規定，允許以公益爲目的之社團法人，於其章程所定目的範圍內，得就一定之法律關係，經由多數有共同利益之社員授與訴訟實施權，爲各該社員之利益提起訴訟。就此而論，本條主要規範意旨僅在於強調訴訟之經濟性，取向於個人之權利或法律上利益受損害之救濟。

然而，前述原始立法目的隨著草案條文內容的變動，亦有所更易。經修正之正式條文，雖將「得爲各該社員之利益提起訴訟」修正爲「得爲公共利益」，但就前段有關「由多數有共同利益之社員，得就一定之法律關係，授與訴訟實施權」之規定，則並未變動。因此，本條立法目的之解釋尚未能等同於純粹公益取向的團體訴訟[90]。

對於本條立法目的之解釋，應從我國法制既有規範結構加以觀察。若就原始草案條文與修正後正式條文間加以比較，並考量行政訴訟法對於典型行政訴訟類型有關實體判決的要件，皆包括個人權利或法律上利益之救濟，則對於本條之解釋，應認爲其僅擴大原草案條文限於爲社員利益起訴之情形，並未排斥公益社團法人得爲此目的而提起訴訟。但除此之外，經修正後之正式條文進一步認爲公益社團法人得同時爲社員利益與公益而提起訴訟。綜上所述，本條之立法目的不僅在於解決訴訟經濟上的問題，更兼有鼓勵公益社團法人居於原告之地位，代其社員主張權利，以強化其救濟，並從而一併擔負起維護公益之功能。

❖內容解析❖

一、以公益爲目的之社團法人

所謂「以公益爲目的之社團法人」，係指民法第46條所稱之公益法人，依其目的取向則包括人民團體法第4條所稱之職業團體、社會團體，及政治社團而已完成法人登記者。故凡營利性社團與財團法人皆非本條所稱之法人。

89　司法院行政訴訟制度研究修正資料彙編（六），司法院編印，1993年，頁960-961。
90　關於本條經修正後所產生之解釋疑義，吳庚大法官認爲：「……就整項條文而言論，仍有法理不能一貫之處。蓋法人既爲公益而非爲社員利益涉訟，又符合其章程目的，何以仍須由社員授與訴訟實施權。……爲今之計，行政法院在適用本條時唯有堅守法條『就一定之法律關係』、『授與訴訟實施權』等要件加以審查，始能達到防止濫訴之目的。」吳庚，行政爭訟法論，2014年7版，頁63以下。另參照葉文郁，行政訴訟中團體訴訟之研究—以環境保護相關法律爲中心，月旦法學雜誌111期，2004年8月，頁108。

二、章程所定目的範圍內

所謂「章程所定目的範圍內」，係指以公益爲目的之社團法人提起訴訟時，該訴訟所涉及的爭議，依據一般解釋論理法則，必須在其章程所定目的範圍之內。換言之，公益社團法人所提起之訴訟固不以章程所明定者爲限，但仍應屬於依解釋方法所得之目的範圍，而不得爲恣意之認定。

三、多數有共同利益之社員

所謂「多數有共同利益之社員」，係指公益社團法人之多數社員間有得爲共同訴訟之關係，且其主要攻擊防禦方法相同之情形而言[91]。就法律體系構造而言，本條所稱之「共同利益」，應與本法第29條、第30條有關選定當事人制度所稱之「共同利益」爲同一解釋。至於何謂「多數」，應參酌社團法人本身之規模及具體個案情況綜合認定，不得單純以是否超過社員總數二分之一或某一絕對數目作爲判斷基準。

四、就一定之法律關係，授與訴訟實施權

所謂「就一定法律關係，授與訴訟實施權」，係指公益社團法人本身並非基於自己之實體權利而有原告適格，而係就多數社員之特定實體權利因訴訟擔當而取得其訴訟實施權之情形而言。值得注意的是，社員授與社團法人訴訟實施權，必以得提起行政訴訟之一定法律關係已經存在爲前提，若爲概括性或事前的授與皆屬無效。又依本條第4項相關之立法理由說明：「本條第一項及第二項訴訟，雖以社團法人或非法人之團體之名義起訴，然均係本於各該社員之授權而爲之，確定判決之效力亦僅及於各該授權之成員……。」因此，本條所稱之「授予訴訟實施權」，應屬訴訟擔當，而非信託行爲之情形[92]。

五、爲公共利益提起訴訟

所謂「爲公共利益提起訴訟」，係指公益社團法人提起行政訴訟不得僅爲社員之利益，尚應具有公益之目的。依前述有關「就一定之法律關係，授與訴訟實施權」之說明，社員就其一定法律關係授與公益社團法人訴訟實施權者，必然係基於個人利益之考量，故不得將本條作如德國行政訴訟實務對於團體訴訟之解釋，以公益爲限且不得爲其社員之利益[93]。進一步就本條之立法目的加以分析，本條係爲鼓勵公益社團法

---

[91] 詳請比較陳榮宗、林慶苗，民事訴訟法，1996年初版，頁218-220。

[92] 關於訴訟實施權與訴訟擔當及信託行爲之關係，請參閱陳榮宗、林慶苗，前揭書，頁242。

[93] 請比較吳庚，行政爭訟法論，2014年7版，頁63以下。另參照張文郁，行政訴訟中團體訴訟之研究—以環境保護相關法律爲中心，月旦法學雜誌111期，2004年8月，頁108以下。

人居於原告之地位，代其社員主張權利，以強化其救濟，並從而一併擔負起維護公益之功能。因此，在解釋上應認為，所謂「為公共利益提起訴訟」，乃是強化本條之公益色彩，使其應以公共利益為其當然起訴目的之一，並不排除社團法人兼為社員利益與公共利益起訴之情形。相反地，若社團法人僅為社員之利益起訴則不許之。因為一方面就立法過程而言，原草案「得為各該社員利益提起訴訟」之規定，已遭修正為目前正式條文「得為公共利益提起訴訟」，故應認為立法者之原意在於排除社團法人得僅以社員利益起訴之情形。另一方面，就法律規範的體系解釋而言，在僅為社員利益情形下，其得循選定當事人制度解決訴訟經濟的問題，無適用本條規定之必要。

六、前項規定於以公益為目的之非法人之團體準用之

所謂「前項規定於以公益為目的之非法人之團體準用之」，係指以公益為目的之非法人團體，於其章程、契約或相當效力之文件所定目的範圍內，由多數有共同利益之社員或締約人，就一定之法律關係，授與訴訟實施權者，得為公共利益提起訴訟。按本法第22條規定，非法人之團體亦有當事人能力。

七、訴訟實施權之授與，應以文書證之

所謂「訴訟實施權之授與，應以文書證之」，係指依前二項授與訴訟實施權予社團法人或非法人之團體時，應以文書作為證明。其目的在於杜絕事後之爭議。

八、第33條之規定，於第1項之社團法人或第2項之非法人之團體，準用之

所謂「第三十三條之規定，於第一項之社團法人或第二項之非法人之團體，準用之」，係指第33條有關選定當事人為訴訟行為之限制，應準用於本條第1項之社團法人或第2項之非法人之團體。具體言之，社團法人或非法人之團體非得授與訴訟實施權之多數社員或締約人全體之同意，不得為捨棄、認諾、撤回或和解。但訴訟標的對於授與訴訟實施權之多數有共同利益之各人非必須合一確定，經原個別授與訴訟實施權者之同意，就其訴之一部為撤回或和解者，不在此限。

第36條（民事訴訟法之準用之規定）
民事訴訟法第四十八條、第四十九條之規定，於本節準用之。

❖立法說明❖

被選定人之資格或權限雖有欠缺，但非不可補正者，宜予追認或補正之機會，以免將來再為同一訴訟行為之煩。此種情形與民事訴訟法第48條、第49條有關能力及代理權等有欠缺時，得為追認及補正之情形相同，爰設本條準用之規定，以節繁文。

❖內容解析❖

按民事訴訟法第48條規定，於能力、法定代理權或為訴訟所必要之允許有欠缺之人所為訴訟行為，經取得能力之本人，取得法定代理權或允許權之人，法定代理人或允許權人的承認，溯及於行為時，發生效力。第49條規定，法院於能力、法定代理權或為訴訟所必要的允許，認有欠缺而可以補正者，應定期間命其補正；如恐久延致當事人受損害時，得許其暫為訴訟行為。

蓋選定當事人制度，係將訴訟實施權授與被選定人，被選定人因有訴訟實施權的授與，而有實施訴訟之權能，有無此項權能，乃當事人適格事項。當事人適格事項，為訴訟上權利保護要件，其是否欠缺，法院應依職權調查。在一般當事人適格要件有欠缺者，因實務上不認為屬民事訴訟法第249條第1項各款事項，法律上又無允許補正的規定，故除原告依第255條第5款自行追加者外，法院並不命為補正，選定當事人資格的欠缺，雖亦為當事人適格事項，但因民事訴訟法第50條明文規定準用第48條、第49條追認與補正之規定，故選定當事人資格有欠缺，法院應定期命為補正而不補正者，方得以判決駁回原告之訴。被選定人資格欠缺，經定期命為補正而未能補正者，法院應以其欠缺當事人適格要件，以判決駁回原告之訴。所謂被選定人之資格或權限有欠缺，如被選定人未經全體選定人之同意而為捨棄、認諾、撤回或和解之行為、不能以文書證明其為被選定人、未經全體共同利益人之選定或非共同利益人之一等[94]。

因此，依本條規定，被選定人之資格或權限若有欠缺，其所為之訴訟行為本不生該行為應有之效力，但經取得資格之人、選定人之特別同意或選定人全體追認者，其行為之瑕疵即因追認或同意而補正，並溯及於行為時，發生效力。行政法院對於原告選定當事人，而被選定人之資格有欠缺時，原應以其訴不備訴訟要件，以判決駁回原告之訴。而依本條準用民事訴訟法第49條規定，行政法院於判決駁回前，仍應定期間命其補正，在未補正前，如恐久延致當事人受損害時，行政法院得許被選定人暫為訴訟行為。

至於對於被告選定當事人，而被選定人之資格有欠缺時，而依本條準用民事訴訟法第49條規定，行政法院於判決駁回前，仍應定期間命其補正，如逾期未為補正，應

---

[94] 楊建華，民事訴訟法（四），頁63。

認其選定行爲無效。由共同利益人回復其爲被告之地位，繼續訴訟行爲。行政法院亦得依本法第29條第2項規定指定當事人[95]。

　　如前述，被選定人資格欠缺，經定期命爲補正而未能補正者，行政法院應以其欠缺當事人適格要件，以判決駁回原告之訴。但是否駁回原告全部之訴，須視爲訴訟標的之法律關係定之。因爲以有共同利益之多數人選定當事人起訴，其共同利益有時在此多數人間必須一同起訴或一同被訴，本質上原爲固有必要共同訴訟，如其選定當事人起訴，而選定資格有欠缺者，自應駁回原告全部之訴。若有共同利益多數人間，非必一同起訴或一同被訴，本質上非爲固有必要共同訴訟者，則無欠缺部分既得獨立存在，只能將未授與訴訟實施權之部分以判決駁回之。因被選定人本身亦爲共同利益人，在非爲固有必要共同訴訟時，被選定人本人就其自己利益部分本有實施訴訟之權能，不因他共同利益人未爲選定行爲而有影響，此時僅得駁回他共同利益人部分之訴，其本人部分訴訟，仍應爲辯論裁判。

第三節　共同訴訟

　　本節爲1998年新增，修正前之行政訴訟法並無共同訴訟之規定。主要囿於傳統行政訴訟係以撤銷訴訟爲核心，故以訴訟參加制度取代共同訴訟。現訴訟類型既已增加，即無再予限制之必要，新修正之行政訴訟法乃參考德國及日本法例，加入本節。不過，在行政法院之實務上，早已接受共同訴訟之存在（詳後述）。

　　所謂的共同訴訟，係指一訴訟程序中，原告或被告之一方或雙方有多數人參與之訴訟型態，此時立於同一方之數個原告或被告，即稱爲共同訴訟人。一般又區別爲「通常共同訴訟」（einfache Streitgenossenschaft）及「必要共同訴訟」（notwendige Streigenossenschart）。前者係指數原告或被告對於訴訟標的，法律上並不要求合一確定，各有單獨實施訴訟之權能，基於數原告或被告之請求，而合併於一訴之謂。後者係指訴訟標的對於共同訴訟之各人，必須合一確定，亦即爲訴訟標的之法律關係，在法律上必須同時解決，因此法院之裁判對該多數人即須一致，不得歧異之謂[96]。此外，此種共同訴訟因係數人共同起訴或被訴，故又稱爲主觀訴之合併（Subjektive Klagenhäufung），而與多數聲明及訴訟標的之客觀訴之合併（objektive Klagenhäufung）不同[97]。

95　陳計男，民事訴訟法論（上），頁72。
96　參閱楊建華，論共同訴訟，輔仁法學3期，1984年3月，頁76。
97　參閱陳計男，行政訴訟法釋論，2000年初版，頁76。

　　共同訴訟涉及多數原告及被告、多數訴訟及多數之訴訟關係，而在一個程序中共同審理、調查證據並作成裁判。因此，在個別訴訟皆須具備訴訟要件[98]。

　　訴訟程序上採行共同訴訟之理由應在於：

　　一、訴訟經濟：即將數訴合併於一訴訟程序中進行，對法院與當事人而言，皆可節省不必要之勞費，達訴訟經濟之目的，此在通常共同訴訟中最為明顯。

　　二、避免裁判歧異：原為數個獨立之訴訟若分別進行，可能發生裁判互異之結果。因此，若能合併於一訴中進行，即可避免歧異裁判。在訴訟標的須合一確定之必要共同訴訟中，此點尤為其主要目的[99]。

　　此外，是否以共同訴訟之型態進行，原則上由當事人自行決定，惟若有下列情存在時，亦得由起訴時之單一訴訟轉變為共同訴訟[100]：

　　一、於訴訟進行中，追加原非當事人之人為當事人（§111Ⅲ①）。

　　二、於訴訟進行中，當事人一造死亡，由多數人承受其訴訟（§186準用民事訴訟法§168）。

　　三、分別提起之數宗訴訟，當事人雖不同，然因係基於同一或同種類之事實上或法律上之原因，故經行政法院命其合併辯論及裁判，形成共同訴訟（§127）。

　　共同訴訟不同於訴訟參加（§41以下），共同訴訟人居於訴訟中之原告或被告之主要當事人地位，而訴訟參加人並非原告或被告，而只是他人權利爭議之參與者而已[101]。因此，共同訴訟之瑕疵不得藉由訴訟參加予以補救[102]。

　　本節自第37條至第40條共有四個條文，主要係規定共同訴訟之要件及共同訴訟人間之關係等事項，幾完全採用民事訴訟法第55條至第57條之條文內容，蓋兩者間有其甚多訴訟法上共通之法理，本法發展較晚，自得予以借用。惟為求簡潔起見，應採準用之規定即可[103]，在德國之行政法院法第64條即直接規定準用民事訴訟法上相關之規定。

---

[98] Vgl. Ferdinand O. Kopp/Wolf-Rudig Schenke, Verwaltungsgerichtsordnung, 21. Aufl., 2015, §64 Rn. 1.

[99] 有認為在通常共同訴訟中，由於係將多數程序併同進行，僅具有訴訟經濟之目的；而必要共同訴訟因須視為一體為齊一之判決，故尚具有避免裁判歧異之功能；參閱蔡志方，行政救濟法新論，2007年3版，頁144。

[100] 參閱陳計男，行政訴訟法釋論，2000年初版，頁76、77。

[101] 由於若有訴訟參加人存在時，亦會形成多數當事人，故亦有稱之為廣義之共同訴訟；參閱陳計男，前揭書，頁81。

[102] Vgl. F. O. Kopp, VwGO, §64 Rn. 2.

[103] 只有行政訴訟法第37條第1項第1款之「二個以上機關共同為行政處分」之規定為民事訴訟法所無。又吳庚似亦以準用之方式為宜，參閱吳庚、張文郁，行政爭訟法，2016年8版，頁60。

第37條（共同訴訟之要件）

二人以上於下列各款情形，得為共同訴訟人，一同起訴或一同被訴：

一、為訴訟標的之行政處分係二以上機關共同為之者。

二、為訴訟標的之權利、義務或法律上利益，為其所共同者。

三、為訴訟標的之權利、義務或法律上利益，於事實上或法律上有同一或同種類之原因者。

依前項第三款同種類之事實上或法律上原因行共同訴訟者，以被告之住居所、公務所、機關、主事務所或主營業所所在地在同一行政法院管轄區域內者為限。

❖立法沿革❖

本條係1998年新增，主要係規定通常共同訴訟應具備之要件，第1項規定有三款情形可認為有共同訴訟之利益存在，得為共同訴訟人，一同起訴或被訴。第2項則係對第1項第3款情形之限制。

❖外國立法例❖

在德國行政法院法有關共同訴訟之規定只有第64條一個條文，其內容係準用該國民事訴訟法第59條至第63條共同訴訟之規定。

日本行政事件訴訟法有關共同訴訟之規定亦只有一條，即第17條：「由數人為請求或對數人為請求，以該請求與處分或裁決之撤銷之請求為牽連者為限，得為共同訴訟人而起訴或被訴（Ⅰ）。前項情形，準用前條第二項之規定（Ⅱ）。」[104]

❖立法目的❖

共同訴訟在實質上為數訴之合併，其目的在於訴訟經濟以及避免裁判之分歧，故共同訴訟之成立，取決於是否能達成訴訟經濟之目的，本條乃在第1項規定有三款情形得為共同訴訟人。同時為免該項第3款之範圍過於廣泛，爰設第2項限制，必須被告之住居所、公務所、機關、主事務所或主營業所所在地在同一行政法院管轄區域內者為限，始得向該行政法院提起共同訴訟，以免被告須赴管轄法院以外之法院應訴，以維持其關於管轄規定應享之利益[105]。

---

104 其他國家有關行政訴訟上共同訴訟規定之簡介，請參閱蔡志方，行政訴訟經濟制度之研究，收錄於：氏著，行政救濟與行政法學（二），1993年，頁352以下。

105 參閱陳清秀，行政訴訟法，2015年7版，頁407。

❖內容解析❖

本條係有關共同訴訟中之通常共同訴訟之規定，即不論原告或被告，必須具備第1項所規定三款情形之一者，始得為共同訴訟，以下分別說明之。

一、為訴訟標的之行政處分係二以上機關共同為之者

為訴訟標的之行政處分既係為二以上機關所共同作成時，則應容許原告得以該二以上之機關為共同被告，提起訴訟。如在撤銷訴訟中，各該機關之管轄權是否有欠缺、方式有無瑕疵、法定程序是否已履行及內容有無牴觸現行法之處，皆須針對參與機關之情形加以判斷，且須使其有答辯之機會，故雖只就其中一機關單獨提起訴訟並非絕對排除，惟基於程序經濟之理由，自以同時提起為宜。在課以義務之訴訟之情形，亦同。此外，由於此種訴訟標的之行政處分須由二以上機關之名義所共同作成，故在「多階段行政處分」之情形，雖亦有多數機關之參與，然其最後若仍係出於一機關之名義而作成時，則不適用[106]。

本款之情形如依文化資產保存法第42條之規定，於一定區域內特定事項之申請，係由目的事業主管機關會同主管機關辦理。相對人若對於該二機關共同作成之處分不服時，得以該二機關為被告，提起共同訴訟。

二、為訴訟標的之權利、義務或法律上利益，為其所共同者

即多數原告或被告在訴訟標的上具有共同之權利、義務或法律上利益時，得共同起訴或被訴。如多數繼承人對遺產有共同之權義關係，因此，行政機關對於遺產課徵遺產稅（最高行政法院104年度判字第385號判決）、遺產土地之分割登記（最高行政法院94年度判字第1405號判決）、或徵收繼承土地之處分，該多數繼承人若不服時，即得為共同原告；另依二二八事件處理及賠償條例第13條所稱之受難者家屬共同請求依該條例給予賠償（最高行政法院91年度判字第2134號判決、臺北高等行政法院92年度訴字第4842號判決）；或數人共同申請專利而不發給者（最高行政法院98年度判字第1488號判決）；或在拆除違章建築事件中之土地所有權人、建物所有權人及承租人（臺北高等行政法院98年度訴字第2601號判決）；夫妻有關綜合所得稅之漏報補稅事件（最高行政法院101年度裁字第1870號裁定）等。

三、為訴訟標的之權利、義務或法律上利益，於事實上或法律上有同一或同種類之原因者

即在多數人間雖無上述兩款事由，但是為訴訟標的之權利、義務或法律上之利

---

106 參閱陳計男，行政訴訟法釋論，2000年初版，頁77。

益，在事實上或法律上有同一或同種類之原因時，基於訴訟經濟之原因，亦容許其得為共同訴訟人[107]。所謂在事實上或法律上「有同一之原因者」，如土地重劃事件中，多數私有土地之所有權人共同要求撤銷重劃（最高行政法院103年度判字第602號判決）；多數人共同要求核發派下員證明（臺北高等行政法院99年度訴字第1704號判決）；多數人共同請求核發建築執照被駁回（最高行政法院100年度判字第1350號判決）；合作社理監事選舉事件中，多數社員要求重新選舉被拒絕（最高行政法院87年度判字第2025號判決）等。

所謂在事實上或法律「有同種類之原因者」，如多數人申請核發年資結算單或核發軍職年資證明，以利併計公職服務年資事件（最高行政法院100年度判字第900號判決）；不同之土地所有權人請求行政機關徵收其土地被拒絕（最高行政法院104年度判字第437號判決）；區段徵收之多數土地所有權人要求調整公告現值（最高行政法院101年度判字第872號判決）；多數公務員請求補發退休金（最高行政法院92年度判字第1320號判決）；多數颱風受災人請求災害救助（最高行政法院87年度判字第1094號判決）等。

四、同種類之事實上或法律上原因行共同訴訟之限制

在本條第1項第3款之關於同種類之事實上或法上原因行共同訴訟者，由於其範圍較前兩款為廣泛，且共同訴訟人間之訴訟標的關係亦較為疏遠，為免於因管轄法院之不同，致使共同訴訟人到處奔波，並維持其關於管轄規定應享之利益，故仿民事訴訟法第53條第1項第3款但書之規定，在本條第2項予以限制，必須以被告之住居、公務所、機關、主事務所或主營業所所在地在同一行政法院管轄區域內者為限，始得提起共同訴訟。本項有關管轄之認定，係根據本法第13條及第14條之規定。

此項情形如前述不同之多數土地所有權人要求政府徵收其土地，關於土地徵收屬訴訟標的之法律上同種類事件，若其請求徵收之行政機關皆相同或屬同一行政法院所管轄時，前者如向臺北市政府請求，後者如向臺北市政府及內政部請求，皆由相同之行政法院所管轄，自得提起共同訴訟。

第38條（通常共同訴訟人間之關係）
共同訴訟中，一人之行為或他造對於共同訴訟人中一人之行為及關於其一人所生之事項，除別有規定外，其利害不及於他共同訴訟人。

---

[107] 與本款類似之民事訴訟法第53條規定，須事實上及法律上之原因同一，或事實上或法律上同一或同種類，始得提起共同訴訟。相較之下，本款顯然較為寬鬆；立法緣由請參閱陳計男，前揭書，頁78。

❖立法說明❖

通常共同訴訟，係實質數訴之合併，亦非各共同訴訟人間之代理，故共同訴訟人中一人之訴訟行為，及他造對於數中一人之訴訟行為，其利害均不及於其他共同訴訟人。由於各當事人間係各自獨立，故行政法院在裁判時，對每個共同訴訟人得有不同[108]。若有特別情形，應及於其他共同訴訟人者，須本法或他項法令有特別之規定，爰設本條，明示原則與例外之關係。

❖內容解析❖

一、共同訴訟人獨立原則

此條係規定通常共同訴訟之效力，由於此種共同訴訟主要基於程序經濟之考量，將原屬實質上不同之訴訟合併於一訴中進行，故各當事人間之訴訟關係仍屬各自獨立，而有所謂共同訴訟人獨立原則之適用，即各共同訴訟人不受其他共同訴訟人之牽制，得各自獨立進行訴訟[109]。準此，各共同訴訟人得獨立選任訴訟代理人（§49）、訴之變更（§111）、提起反訴（§112）、訴之撤回（§114）、訴訟標的之捨棄或認諾（§202）、和解（§219）、聲請假處分（§298）、提起上訴（§238）及捨棄上訴（§240）等，皆不受其他共同訴訟人之影響。其次，共同訴訟人一人所生訴訟程序停止或遲滯，亦不涉及其他共同訴訟人。共同訴訟人中之一人，亦得為其他共同訴訟人之對造參加人[110]。

由於各共同訴訟人皆得各自獨立進行其訴訟程序，因此其程序之進行即可能不一致，故法院為因應此種狀況，往往須就某一共同訴訟人之訴訟，分別調查證據、辯論或作成一部判決。此雖係不要求合一確定之結果，惟若獨立進行訴訟之情形越多時，則採行共同訴訟程序將越無實益。

二、例外

通常共同訴訟之各共同訴人對於訴訟程序之進行，原則上不受其他共同訴訟人牽制，已如前述。惟法律上若有特別規定時，則屬例外情形，此即本條但書之規定。如各共同訴訟人皆有續行訴訟之權（§40 I），因此，若共同訴訟人中之一人續行訴訟時，即得對全體共同訴訟人發生阻止訴或上訴撤回擬制之效果（§184、§185）。關

---

108 參閱陳清秀，行政訴訟法，2015年7版，頁407；蔡志方，行政救濟法新論，2007年3版，頁145。

109 Vgl. F. O. Kopp, VwGO, §64 Rn. 10；駱永家，共同訴訟，法學叢刊132期，1988年10月，頁35。此在民事訴訟法第55條亦有相同之規定，

110 參閱陳計男，行政訴訟法釋論，2000年初版，頁83。

於訴訟費用之負擔，原應由共同訴訟人平均分擔，由於本法第104條準用民事訴訟法第85條之規定，在各共同訴訟人間之訴訟利害關係顯有差異時，或因連帶或不可分之債敗訴時，或有專爲共同訴訟人自己之利益而爲訴訟時，則有例外之情形存在[111]。

此外，民事訴訟上在共同訴訟人間尚有所謂的「主張共通原則」及「證據共通原則」之適用。前者係指共同訴訟人中之一人爲某項主張，而其他共同訴訟人未積極的爲與該主張相牴觸之行爲時，以有利於其他共同訴訟人者爲限，其效果及於其他共同訴訟人；後者係指，依共同訴訟人中之一人所聲明之證據方法而獲得之證據，若其他共同訴訟人未爲反對之聲明時，即得成爲共同之證據資料[112]。此二原則在行政訴訟上應亦同有適用[113]。

第39條（必要共同訴訟人間之關係）
訴訟標的對於共同訴訟之各人，必須合一確定者，適用下列各款之規定：
一、共同訴訟人中一人之行爲有利益於共同訴訟人者，其效力及於全體；不利益者，對於全體不生效力。
二、他造對於共同訴訟人中一人之行爲，其效力及於全體。
三、共同訴訟人中之一人，生有訴訟當然停止或裁定停止之原因者，其當然停止或裁定停止之效力及於全體。

❖立法說明❖

本條係1998年新增，係針對必要共同訴訟之效力所爲之規定。由於訴訟標的在必要共同訴訟中必須合一確定，以免裁判內容互相歧異，因此共同訴訟人中之一人所爲之訴訟行爲對於全體當事人所生之效力爲何，即有明文規定之必要，故本條爰設三款規定。又此條規定之內容與民事訴訟法第56條之規定並無不同。

❖內容解析❖

一、必要共同訴訟之意義及種類

在共同訴訟中之訴訟標的必須合一確定者，稱爲必要共同訴訟，以促使訴訟資料或訴訟進行劃一，並免於裁判歧異。因此，行政法院對於訴訟標的之權利、

---

111 參閱陳計男，前揭書，頁84。
112 參閱駱永家，共同訴訟，法學叢刊132期，1988年10月，頁36。
113 參閱陳計男，行政訴訟法釋論，2000年初版，頁83。

義務或法律上之利益，於作成裁判時，應就共同訴訟人全體，在法律上有一致確定之必要[114]。在必要共同訴訟中若全體共同訴訟人必須一同起訴或一同被訴，否則將欠缺當事人之適格者，稱有「固有必要共同訴訟」（eigentliche notwendige Streitgenossenschaft）；若是各人得單獨起訴或被訴，但如數人一同起訴或被訴時，法律上要求訴訟標的必須合一確定者，則稱為「類似必要共同訴訟（非固有必要共同訴訟）」（uneigentliche notwendige Streitgenossenschaft）。前者之情形，如某一處分係由兩個機關之名義所共同作成，則相對人若提起撤銷訴訟時，即須以該兩個機關為共同被告，否則即為當事人不適格。但若是在多階段行政處分中，雖有多數機關之參與，惟最後只一個機關之名義作成時，則不屬之[115]；後者之情形，如土地所有權人、建物所有權人及承租人中之數人，對於下令拆除違章建築之處分提起撤銷訴訟（臺北高等行政法院98年度訴字第2601號判決）。惟在行政法院歷來之實務上，則對其間之差異不太重視，甚少有因此種當事人不適格之情形而被駁回者[116]。

二、必要共同訴訟之效果

在必要共同訴訟中，對於共同訴訟人中之一人所為之訴訟行為對全體共同訴訟人所生之效果，依本條之規定，共有如下三種：

(一)共同訴訟人中一人之行為之效果

共同訴訟人中一人之行為有利益於共同訴訟人者，其效力及於全體；不利益者，對於全體不生效力（§39①）。此規定除了避免裁判之歧異外，亦在保護其他共同訴訟人之利益，因此，若有不利益於其他共同訴訟人時，則對全體不生效力[117]。本款前段之情形，如共同訴訟人中有一人對他造主張之事實有爭執時，視同全體共同訴訟人均有爭執。本款後段之情形，如共同訴訟人中之一人，為訴訟標的之認諾、捨棄、自認，上訴權之捨棄等行為，因對全體不利益，故對全體不生效力。不過，在類似必要共同訴訟中，非必須共同起訴或被訴，故共同訴訟中之一人為訴之撤回，不影響該共同訴訟之當事人適格問題，故應仍為有效[118]。

---

[114] 參閱陳計男，前揭書，頁84。

[115] Vgl. F. O. Kopp, VwGO, §64 Rn. 9.

[116] 參閱陳計男，行政訴訟法釋論，2000年初版，頁85：其並以在撤銷訴訟時，由於須先經訴願程序，倘須合一確定之數人中，有未提起訴願，或經訴願後而不欲提起行政訴訟者，將對其他共同訴訟人造成不利之影響，故有認為惟有在法律明文規定，須一同起訴或被訴時，如共有之專利權（專利法§13），始歸於固有必要共同訴訟，否則將其視為類似必要共同訴訟即可。基於對共同訴訟人訴訟權之保護，此種觀點應可接受。

[117] Vgl. F. O. Kopp, VwGO, §64 Rn. 11.

[118] 參閱駱永家，共同訴訟，法學叢刊132期，1988年10月，頁36。

至於共同訴訟人之行爲是否有利於全體共同訴訟人，則應以其行爲時，從形式上觀察，無須取決於法院最後之審理結果[119]。

(二)他造對於共同訴訟人一人之行為之效果

他造對於共同訴訟人中一人之行爲，其效力及於全體（§39②）。蓋訴訟標的既須合一確定，則在此種共同訴訟中他造對於共同訴訟人中一人所爲之行爲，自應視同對全體所爲，使其效力及於全體，以達到防止裁判歧異之目的。此外，假使共同訴訟人中若有人未到場，他造亦得爲訴訟行爲，故不論其行爲是否對共同訴訟人有利或不利，其效力均及於全體共同訴訟人。如他造對共同訴訟人中之一人提起上訴，或爲訴訟標的之捨棄或認諾等。

(三)共同訴訟人在訴訟進行之效果

共同訴訟人中之一人，生有訴訟當然停止或裁定停止之原因者，其當然停止或裁定停止之效力及於全體（§39③）。此款規定之主旨在使訴訟進行一致，因此共同訴訟人之一人若有病故之停止訴訟原因時，不論係當然停止或裁定停止，其效力自及於全體共同訴訟人。

此外，在本法第42條有關獨立參加訴訟之規定中，行政法院若認爲撤銷訴訟之結果，將使第三人之權利或法律上利益受有損害時，得依職權命其獨立參加訴訟。爲期訴訟一致，因此包括獨立參加人在內之訴訟當事人中之一人，有訴訟當然停止或裁定停止之原因時，應使該停止之效力及於全體，故在第42條第2項中即明文準用第39條第3款。此外，在第46條則規定，第41條之參加訴訟，準用第39條之規定。蓋第41條之訴訟參加，必須訴訟標的對第三人及當事人一造合一確定，故有需要準用第39條有關必要共同訴訟之規定。

第40條（續行訴訟權）
共同訴訟人各有續行訴訟之權。
行政法院指定期日者，應通知各共同訴訟人到場。

❖立法說明❖

本條係1998年新增。在共同訴訟程序中，爲使訴訟程序能順利進行，乃賦予共

---

[119] 參閱陳計男，行政訴訟法釋論，2000年初版，頁83。

同訴訟人各有續行訴訟之權,並爲使訴訟程序能始終合併,故仍應通知各共同訴訟人於法院指定之期日到場。

❖內容解析❖

本條文係共同訴訟中各共同訴訟人之續行訴訟權利,此在民事訴訟法第57條亦有相同之規定。行政訴訟開始進行以後,法院應即依職權進行,以期訴訟之完結。惟有時因當事人之合意(§184),不願訴訟繼續進行,或因當事人兩造無正當理由遲誤言詞辯論期日(視同合意停止;§185)時,該訴訟程序即須停止。此種合意停止或視同合意停止,必須在一定期間內續行訴訟,否則依法視爲撤回其訴(§184、§185)。在共同訴訟中,於訴訟合意停止時,共同訴訟人中之任何一人,皆得續行訴訟,其效力並及於全體共同訴訟人(§40Ⅰ)。因此,共同訴訟人中之任一人,皆得本於己意,續行訴訟。如於停止訴訟程序後,自行聲明承受訴訟(§181),經裁定停止訴訟後,聲請撤銷裁定(§186準用民事訴訟法§186)等[120]。在必要共同訴訟之情形,由於若不續行訴訟達一定期間,將視爲撤回其訴,故此行爲係屬有利益於其他訴訟人之行爲,應許任何共同訴訟人皆得續行訴訟。在通常共同訴訟中,基於相同之理由,亦爲容許,乃成爲共同訴訟人獨立原則之例外(參見前述第38條之解說)。

其次,共同訴訟人中雖只有一人續行訴訟,惟行政法院指定期日進行訴訟程序時,仍應通知各共同訴訟人到場,俾訴訟程序能始終合併,以符訴訟經濟,並防止裁判分歧(§40Ⅱ)。

第四節 訴訟參加

|緒 論|

一、訴訟參加之立法沿革

舊行政訴訟法第8條規定,行政法院得命有利害關係之第三人參加訴訟,並得因第三人之請求,允許其參加。此爲我國舊行政訴訟法對於訴訟參加之規定;此外,舊行政訴訟法第7條第1項規定,行政訴訟之當事人,謂原告、被告及參加人。將參加人和原告與被告等列,可見參加人在行政訴訟上地位之重要。於訴訟程序進行時,舊行政訴訟法第19條規定,行政訴訟就書狀判決之。但行政法院認爲必要或依當事人申

---

[120] 參閱陳計男,前揭書,頁84。

請，得指定期日傳喚原告、被告或參加人到庭，為言詞辯論。第20條規定，原告、被告或參加人為言詞辯論時，得補充書狀或更正錯誤及提出新證據。惟舊行政訴訟法上對於訴訟參加並未有相對詳盡的規定，舉凡訴訟參加之要件、參加人的地位及權限，或參加人所參加訴訟之判決，對其效力的問題，皆無觸及。雖然依舊行政訴訟法第33條規定可準用民事訴訟法的相關規定，但兩者性質是否相同，準用範圍究竟為何，並無明確的答案。行政法院在實務上雖對於訴訟參加有所著墨，例如，訴訟參加應於本訴訟繫屬中為之[121]、訴訟參加人不得為自己有所獨立請求[122]、得請求參加者，必須其就該訴訟事件，有法律上利益關係者為限[123]。但整體而言仍過於簡陋，尤其是行政訴訟法上的訴訟參加是否如行政法院判例所言，僅限於不得為自己有所獨立請求之從參加或輔助參加，以及本案訴訟判決的效力範圍究竟為何並不明確[124]。針對此項缺失，司法院1981年所成立的行政訴訟制度研究修正委員會，對於訴訟參加制度有詳盡的討論與建議。首先確立行政訴訟法上之參加制度與民事訴訟法之參加制度不同[125]、行政訴訟上的參加非為輔助當事人一造而參與程序，應是能獨立提出攻擊防禦方法[126]，並認為行政訴訟參加、參加人之資格、行為及參加效力應明文規定，以免實務運用上發生困擾，故參照德國行政法院法，並酌日本法例，增設規定，以加強訴訟參加之功能[127]。1992年12月司法院完成行政訴訟法修正草案，全文共計311條。修正重要原則（五）指出，修訂訴訟參加制度，以符合訴訟經濟原則，並防止裁判結果之分歧。草案於第三章第四節規定訴訟參加制度，自第41條至第48條共計8條條文，規定訴訟參加之要件、程序及效力等事項，1995年6月7日，一讀通過，並於1998年10月2日二讀、三讀通過行政訴訟法修正案，司法院所提出的訴訟參加草案規定並未有實質上的修改。總統於1998年10月28日公布修正行政訴訟法，司法院依行政訴訟法第308條規定於1999年7月以命令規定行政訴訟法修正條文於2000年7月1日施行，自此我國行政訴訟訴訟參加制度進入另一個紀元。

　　行政訴訟法之後雖陸續修正，訴訟參加制度僅於2011年修正第42條第4項規定，

---

[121] 行政法院24年裁字第120號、44年裁字第49號、48年裁字第14號、51年裁字第53號、87裁聲字第15號判例。

[122] 行政法院44年裁字第48號、44年裁字第82號、49年裁字第38號、50年裁字第37號判例。

[123] 行政法院44年裁字第30號、47年裁字第54號、50年裁字第50號、87年裁聲字第17號判例。

[124] 對於有關判例之批評，曾華松，論行政訴訟的訴訟參加─中日法律比較研究（一），軍法專刊37卷6期，1991年6月，頁24以下；論行政訴訟的訴訟參加─中日法律比較研究（三），軍法專刊37卷8期，1991年8月，頁28頁以下；行政訴訟法修正條文生效後，不得再引用之判例，曾華松，理論之實踐與實踐之理論─最高行政法院判例之檢討，法令月刊51卷10期，2000年10月，頁213-214。

[125] 司法院行政訴訟制度研究修正資料彙編（一），司法院編印，1985年6月，頁773。

[126] 前揭書，頁778、781。

[127] 前揭書，頁779、784。

蓋撤銷訴訟之提起，未必均向高等行政法院爲之，其餘並未有修正。

二、訴訟參加之意義及功能

(一)訴訟參加之意義

訴訟參加係指原告或被告以外之第三人，參與他人間已繫屬之訴訟[128]，無論係法院基於職權或依當事人聲請以裁定命參加皆屬之。參加人基本上係基於其法律上利益或權利將受到本案訴訟裁判所影響，參與他人訴訟程序。行政訴訟法上之訴訟參加並不限於輔助原告或被告，故與民事訴訟上之主參加或從參加有別，參加人得爲自己的利益支持或對抗他人利益，其並無支持特定原告或被告之義務。

訴訟參加在行政訴訟法規範體系下係緊接共同訴訟而來，其與共同訴訟有相當密切的關係，最明顯的是行政訴訟法第46條規定，行政訴訟法第41條之訴訟參加準用第39條有關共同訴訟之規定。參加人與共同訴訟人最大的不同點在於，後者爲訴訟程序的當事人（原、被告），參加人係以第三人身分參與他人訴訟[129]。

(二)訴訟參加之功能

行政訴訟法透過訴訟參加此項特別的訴訟方式來履行民事訴訟法中相關制度，例如主參加、從參加或訴訟告知等的任務，並使法院擁有使第三人參與訴訟程序的權限。

一般而言，訴訟參加之功能有三：

1.維護參加人利益

第三人參加訴訟最主要的原因係基於參加人法律上利益或權利將受到他人訴訟裁判的影響，因此訴訟參加制度使第三人——縱非原告或被告——有能力以自己的意志來影響訴訟程序之進行，亦即參與訴訟程序，獨立提出攻擊與防禦方法，以防止該項裁判對其法律地位產生不利的後果，訴訟參加係有助於維護第三人之利益[130]，訴訟參

---

[128] 吳庚、張文郁，行政爭訟法論，2016年修訂8版，頁220指出，行政法院依聲請或職權以裁定命第三人，參與他人間已繫屬之訴訟，謂之訴訟參加；蔡志方，論行政訴訟上之訴訟參加，收錄於：行政救濟與行政法學（三），1998年，頁409；Hufen, F., Vewaltungprozeβrecht, 1994, S. 216。

[129] 有關訴訟參加與共同訴訟之區別，蔡志方，行政訴訟經濟制度之研究，收錄於：行政救濟與行政法學（二），1993年，第352頁以下。

[130] 陳清秀，行政訴訟法，2015年7版，頁347；Bier, Schoh/Schneider/Bier, Verwaltungsgerichtsordnung, 2016, §65, Rdnr. 4; Schmidt, in: Eyermann, Verwaltungsgerichtsordnung, 11. Aufl., 2000, §65, Rdnr. 1; T. Würtnberger, Verwaltungsprozeβrecht, 1998, Rdnr. 223。除此之外，原告基於有效保護其權利的觀點，亦要求第三人參與訴訟程序，例如，在建築起造人提起發給建築許可的課予義務訴訟時，若有異議的鄰人未參加訴訟，則縱使起造人獲得勝訴判決，該判決並不拘束鄰人，鄰人仍可請求撤銷建築許可。

加制度追求個人權利保護及權利之有效實現。

2.全面澄清爭訟事實

　　訴訟參加另外一項功能則在於全面澄清爭訟事實[131]。行政法院基於職權主義原則全面探求系爭法律關係，因此有必要將其他受系爭訴訟事件影響之人納入，並希望第三人在法院探求眞實以及作成正確裁判時，提供適當協助以確保依法行政原則能夠獲得貫徹[132]。本項功能係基於公共利益考量，亦係採行職權主義的結果，因此法院如認爲事證明確，自可依職權認定無訴訟參加之必要[133]。

3.訴訟經濟與旣判力擴張

　　透過對原告與被告所爲判決的旣判力擴及至第三人，訴訟參加有助於達成訴訟經濟的要求。將訴訟程序集中化且快速化（一次紛爭一次解決），避免法院對於相同的訴訟標的作出相互矛盾的判決，以維護法安定性[134]。訴訟參加所追求的不同功能間重要性並非相同，基於公共利益所追求的全面澄清爭訟事實，相對於參加人利益之維護與旣判力擴張處於較低位階。僅是基於調查事實證據之考量，不得強制第三人進入他人訴訟，澄清爭訟事實之目的僅在爲維護第三人利益及擴張旣判力而爲訴訟參加時，始能爲之[135]。

三、訴訟參加之種類

　　我國行政訴訟法上有關訴訟參加之制度係參照德國與日本法相關規定所制定。有學者主張我國訴訟參加之類型係模仿日本法例，分爲兩大類型，即第三人之參加與行政機關之參加，而在第三人參加訴訟則仿德國法例，分爲必要共同訴訟之獨立參加，利害關係人之獨立參加以及利害關係人之輔助參加三種[136]。惟另有學者主張，我國行政訴訟法規定之訴訟參加有三類，亦即必要參加、獨立參加或普通參加以及輔助參加，前兩者與德國法規定相同，而輔助參加爲德國行政法院法所無，其係基於公益考

---

[131] 城仲模，司法院行政訴訟制度研究修正資料彙編（一），司法院編印，1985年，頁783；蔡志方，行政救濟法新論，2000年初版，頁149。

[132] Bier, Schoh/Schneider/Bier, Verwaltungsgerichtsordnung, 2016, §65, Rdnr. 5.

[133] 此點與由當事人進行主義建構的民事訴訟法上從參加與告知參加有基本上的不同，最高行政法院89年度判字第3401號判決。

[134] Bier, Schoh/Schneider/Bier, Verwaltungsgerichtsordnung, 2016, §65, Rdnr. 6; Schmidt, in: Eyermann, Verwaltungsgerichtsordnung, 11. Aufl., 2000, §65, Rdnr. 1; T. Würtenberger. Verwaltungsprozeßrecht, 1998, Rdnr. 222；劉建宏，訴訟參加制度在我國行政訴訟法上之適用—普通參加與輔助參加，行政訴訟制度相關論文彙編，第7輯，司法院編印，2010年，頁194。

[135] Bier, Schoh/Schneider/Bier, Verwaltungsgerichtsordnung, 2016, §65, Rdnr. 7.

[136] 陳計男，行政訴訟法修正草案關於訴訟參加之評釋，法令月刊49卷4期，1998年4月，頁11；蔡志方，論行政訴訟上之訴訟參加，收錄於：行政救濟與行政法學（三），1998年，頁428。

量及受日本行政事件訴訟法影響之故[137]。依照條文規定先後則得將行政訴訟法上的訴訟參加區分為必要共同訴訟之獨立參加、利害關係人之獨立參加以及輔助參加。

(一)必要共同訴訟之獨立參加

行政訴訟法第41條規定，訴訟標的對於第三人及當事人一造必須合一確定者，行政法院應以裁定命該第三人參加訴訟，此為必要共同訴訟之獨立參加，本條係參考德國行政法院法第65條第2項之必要訴訟參加而來[138]。例如，起造人向主管機關申請核發建照獲准，鄰人以核發建照違法侵害其權益，以主管機關為被告向行政法院提起撤銷訴訟，請求撤銷建照，起造人即為必要共同訴訟參加人[139]

(二)利害關係人之獨立參加

行政訴訟法第42條規定，行政法院認為撤銷訴訟之結果，第三人之權利或法律上利益將受損者，得依職權命其獨立參加訴訟，並得因第三人之聲請，裁定允許其參加。前項參加，準用第39條第3款之規定。參加人並得提出獨立之攻擊或防禦方法。前二項規定，於其他訴訟準用之。訴願人已向行政法院提起撤銷訴訟，利害關係人就同一事件再行起訴者，視為第1項之參加，此為針對利害關係人獨立參加之規定。本類型之參加，參加人並無義務輔助任何一造，而係獨立參加。

獨立訴訟參加制度之承認，乃是對行政處置公共性格所生規範需求之法制回應。因為行政是以管理公共事務為目標，所以單一行政作為往往會同時對複數之權利主體造成法律上或事實上之影響，而與在私法自治原則之要求下，私法行為僅會對為行為之人（包括為合意之二造）發生影響之情形大不相同。如果影響多數人之特定行政作為，在本質上具有利害對立之雙面性，則其一旦作成，即會同時造成特定主體或群組之得利與另一主體或群組之受損。該等具雙面性格之行政作為，其合法性如生爭議，爭議之判斷過程，即須讓利害對立之二方均有參與機會。可以爭議當事人之身分，獨立於作成行政作為之行政機關外，自主為爭訟攻防，此即學理上所稱之「鄰人爭訟」制度。而行政訴訟法第42條第1項「獨立訴訟參加」之規定，正是「鄰人爭訟」制度在行政訴訟法制上之全面落實[140]。

---

[137] 吳庚、張文郁，行政爭訟法論，2016年修訂8版，頁220，有關日本法行政訴訟訴訟參加之規定；陳計男，行政訴訟法釋論，2000年初版，頁97-106；張瓊文，行政訴訟參加之研究，司法院編印，2000年，頁6-40。

[138] 有關德國法上訴訟參加之規定，參林麗真，德國行政法院法上之訴訟參加，行政訴訟論文彙論，第2輯，司法院編印，1999年，頁217-232；陳計男，行政訴訟法釋論，2000年初版，頁92-97；張瓊文，行政訴訟參加之研究，司法院編印，2000年，頁40-61。

[139] 林騰鷂，行政訴訟法，2013年5版，頁293。

[140] 最高行政法院105年度裁字第401號裁定。

(三)輔助參加

行政訴訟法第44條規定，行政法院認其他行政機關有輔助一造之必要者，得命其參加訴訟。前項行政機關或有利害關係之第三人亦得聲請參加，不論係機關參加或利害關係人之參加均係輔助參加，輔助參加與民事訴訟法上的從參加性質相當。機關參加輔助的對象限於被告之行政機關以避免行政意志的分裂[141]。利害關係人之輔助參加則以其對於訴訟標的具有（法律上）利害關係為已足，而非以權利或法律上利益受損為必要。

四、訴訟參加之程序

行政訴訟上之訴訟參加並非如同民事訴訟法上之訴訟參加，僅以送達參加書狀，即可生參加之效力，而係必須經過法院的同意後，始可為之。

(一)參加程序之發動

訴訟參加係依職權或依聲請為之，在必要共同訴訟之獨立參加依行政訴訟法第41條規定係由法院依職權命第三人參加訴訟；在利害關係人之獨立參加，依行政訴訟法第42條規定得由法院依職權或第三人聲請參加訴訟；在輔助參加，依行政訴訟法第44條第1項規定得由法院依職權命行政機關輔助參加。此外，依行政訴訟法第44條第2項規定行政機關或有利害關係之第三人亦得聲請參加。聲請權人除欲參加訴訟之第三人外，是否包括原告或被告，並不明確。惟基於一次紛爭、一次解決以及保護原告或被告利益下，應無不允許其聲請之理由，因此聲請權人亦包括原告與被告在內[142]。

決定是否發動參加程序時，法院在不同參加類型擁有不同的權限，在必要共同訴訟之獨立參加，法院在符合行政訴訟法第41條規定下，係應命第三人參加訴訟，乃屬羈束處分，法院並無裁量權[143]。即使該訴訟顯然不合法或無理由，只要符合行政訴訟法第41條之規定，法院亦必須命第三人參加[144]。在利害關係人之獨立參加與輔助參加，則由法院依裁量決定是否命第三人參加訴訟[145]，當然此時的裁量並非自由恣意為

---

[141] 陳計男，行政訴訟法釋論，2000年初版，頁123；蔡志方，論行政訴訟上之訴訟參加，收錄於：行政救濟與行政法學（三），1998年，頁430；但亦有認為第44條僅規定有輔助一造為必要，並未僅限於輔助被告之行政機關：陳清秀，行政訴訟法，2015年7版，頁372。

[142] Bier, Schoh/Schneider/Bier, Verwaltungsgerichtsordnung, 2016, §65, Rdnr. 28; Schmidt, in: Eyermann, Verwaltungsgerichtsordnung, 11. Aufl., 2000, §65, Rdnr. 25，原告或被告擁有聲請權並不會無故將第三人帶入訴訟，因法院仍須審查該第三人是否符合訴訟參加之要件。

[143] 法院即使認為將來的判決對於第三人之判益不會有不利的影響，仍必須命第三人參加。

[144] 必要共同訴訟之獨立參加給予第三人全面保護其利益之可能性，法院之任務並非以訴訟是否有可能勝訴來決定是否命訴訟參加，在上訴程序中，上級審可能會有不同之見解。Bier, Schoh/Schneider/Bier, Verwaltungsgerichtsordnung, 2016, §65, Rdnr. 29.

[145] 在法院得依職權命獨立參加訴訟時（行政訴訟法第42條第1項），訴訟參加之聲請可視為對於法

之，法院必須合義務地考量贊成與反對訴訟參加的理由後，作出適當的決定[146]。

(二)管轄法院

訴訟參加的管轄法院係指案件（訴訟）繫屬之法院。在作成及送達判決後，仍是由該管法院來決定是否命訴訟參加，除非該判決已具有既判力或當事人一方已提起上訴[147]。在本案判決作成後，若由尚未參加的第三人聲請參加並同時提出上訴時，則仍由原審法院管轄，蓋上訴僅在法院允許訴訟參加後才會有效。

(三)訴訟參加之決定

訴訟參加之決定依法院之裁定為之。基於法律所規定不同的訴訟參加類型以及其法律效果，因此在裁定主文中應表明第三人所涉及的究竟為何種訴訟參加。該項裁定作成前，法院應命當事人或第三人以書狀或言詞為陳述。命參加之裁定應記載訴訟程度及命參加理由，亦即說明訴訟在何種審級，是否提起上訴等。惟違反此項說明義務並不會導致該項裁定無效或得撤銷[148]，若法院於言詞辯論終結前，以其他方式確保當事人，特別是參加人之法定聽審機會時[149]。命參加裁定於送達給所有訴訟當事人時生效。對於命參加訴訟之裁定，不得聲明不服，但聲請參加訴訟而被駁回者，當事人及參加人皆得提出抗告。

(四)訴訟參加裁定之撤銷與廢止

雖然依行政訴訟法第45條第3項規定，對於命參加訴訟之裁定不得聲明不服，但此項規定並未排除由法院本身廢止命參加訴訟裁定的可能性，特別是在法定構成要件不該當或不再該當時。對於命參加之裁定不得聲明不服之理由在於使基於該項裁定所產生的參加人訴訟法上的關係，在（法律救濟）上訴程序中不用去承受該項裁定被撤銷的風險。若參加訴訟之聲請被駁回，則對駁回所提出之抗告並不會影響訴訟參加狀態，亦不會影響參與訴訟當事人的範圍，因此該項駁回裁定是可以加以撤銷。法院基本上可隨時基於職權廢止利害關係人之獨立參加及輔助參加之裁定，此項廢止由法院基於裁定為之，並得依訴訟上目的性的考量作出廢止的決定，上述兩類參加人並無法律上請求參加訴訟之權，當然亦無維持此項訴訟地位的請求權，參加人在參加裁定遭

院之建議。即使聲請權人撤回聲請，法院仍得依職權命訴訟參加。

[146] 在此時法院並不負完全探求訴訟參加要件是否存在的義務，但在羈束處分時，則法院在必要時，甚至應透過證據調查的方式來獲知參加要件是否存在，Schmidt, in: Eyermann, Verwaltungsgerichtsordnung, 11. Aufl., 2000, Rdnr. 25。

[147] Bier, Schoh/Schneider/Bier, Verwaltungsgerichtsordnung, 2016, §65, Rdnr. 31.

[148] Kopp, Verwaltungsgerichtsordnung, 10. Aufl., 1994, §65, Rdnr. 36.

[149] Bier, Schoh/Schneider/Bier, Verwaltungsgerichtsordnung, 2016, §65, Rdnr. 32.

廢止後並未有任何法律上之不利益，蓋其不再受本案判決既判力之拘束。但若參加人基於信賴訴訟參加之存在已支出特定的花費，例如委任訴訟代理人，則廢止參加裁定，一般而言，則不再是毫無裁量瑕疵[150]。但在必要共同訴訟之獨立參加，法院僅在該參加訴訟之要件不存在或事後消滅時，才能事後廢止命參加之裁定。必要共同訴訟之獨立參加人不僅有法律上請求權要求參加訴訟，亦同時有權要求保有作為參加人的訴訟地位；另一方面，若法院確信必要共同訴訟之獨立參加的前提不存在或已喪失，則法院必須廢棄命參加之裁定[151]。

五、參加人之法律地位與權限

(一)參加人之法律地位

參加人透過命參加之裁定取得訴訟當事人之地位（行政訴訟法第23條），但其仍非原告或被告，仍是他人訴訟中的第三人[152]。參加人訴訟法上的關係於參加裁定送達所有當事人後發生，於參加裁定廢止、訴訟案件終結或撤回訴訟而消滅。參加人在主張其本身法律上之利益時，獨立於其他訴訟當事人之外，亦即其並無義務贊同或反對當事人的一方，甚至可代表第三種不同的立場[153]。作為訴訟當事人，參加人有權參與訴訟程序，法院必須請其於期日到場、其得參與事實調查、閱覽卷宗等，所有於其參加訴訟期間所為之裁判必須對之送達。參加人雖受原告所確定的訴訟標的所拘束，亦即必須承擔在其參加時所存在的訴訟標的及所到達的訴訟程度，但其在事實或法律上皆可提出與原告或被告不同的觀點。

(二)參加人訴訟上之權限

參加人並非共同訴訟人，除輔助參加人外，係代表本身利益而非原告或被告利益，因此其係以自己名義從事訴訟行為；參加人亦為訴訟當事人，因此除行政訴訟法另有規定外，基本上參加人享有訴訟當事人應享有的權限，亦即參加人所採取的訴訟行為涉及其作為參加人的法律地位時，並不受到限制，其可獨立提出攻擊防禦方法、詢問當事人、選任代理人，亦得提出獨立的程序聲請，例如聲請調查證據或聲請鑑定等[154]。

參加人雖為訴訟當事人，但仍非原告或被告，因此若參加人的行為涉及到原告或

---

[150] OVG Münster, NJW 1964, S. 1689.

[151] 吳庚、張文郁，行政爭訟法論，2016年8版，頁224。

[152] 必要共同訴訟之獨立參加人雖與原告或被告的地位在許多地方相似，其亦能自主地進行程序，其仍為第三人。

[153] 但一般而言，參加人法律上的利益或權利常與當事人一方的利益相互一致，因此會支持特定的當事人。此外輔助參加人有不同規定，其行為不得與其所輔助當事人行為牴觸。

[154] 參加人為訴訟當事人，故不得將其作為證人加以詢問。

被告的法律（訴訟）爭議時，則受到限制，例如，其不得代理遲到的原告或被告[155]。參加人亦必須承認原告或被告對於訴訟標的之處分，其無法阻止當事人一方違背其利益撤回訴訟[156]或撤回上訴或以訴訟上和解來終結訴訟，法律並未規定此類行爲必須獲得參加人之同意[157]。參加人並未享有處分訴訟標的以及涉及訴訟程度之權，其不得變更或撤回訴訟或原告所提出的上訴[158]。

(三)既判力之擴張

由於訴訟參加人亦爲訴訟當事人，因此本案判決對於參加人亦有效力，亦即爲判決既判力拘束力所及。此項既判力擴張包括第41條之必要共同訴訟之獨立參加人與第42條之利害關係之獨立參加人[159]。既判力擴張之前提則爲有效的訴訟參加，如於既判力生效後始參加訴訟者，則不受判決之拘束。參加人只要具有主動參與訴訟之機會並保障其訴訟權利時，則足以使其受裁判拘束，而不論其實際上是否眞正參與訴訟[160]，拘束力則自判決既判力生效開始。參加人在實體法上並未參與爭訟的法律關係，因此既判力對其之拘束力在於，參加人嗣後不得再爭執該判決之正確性。該項判決不論對參加人有利或不利皆被視爲正確，且前訴訟程序任一當事人皆可對於參加人加以主張[161]。至於輔助參加人則準用民事訴訟法第63條之規定，於他案件訴訟程序中對其所輔助之當事人，不得主張本訴訟之裁判不當。

六、未爲訴訟參加之法律效果

訴訟參加並非實體判決要件，未爲訴訟參加並不會造成行政訴訟不合法，但訴訟參加的問題卻必須與實體判決要件共同討論，蓋經由訴訟參加第三人取得當事人之

---

[155] Schmidt, in: Eyermann, Verwaltungsgerichtsordnung, 11. Aufl., 2000, §66, Rdnr. 3.

[156] 有關撤回訴訟對於訴訟參加之影響，陳計男，行政訴訟上（訴之撤回）之諸問題，法令月刊51卷10期，2000年10月，頁216-219；蔡志方，論撤回行政訴訟對參加之影響，全國律師4卷6期，2000年6月，頁46-53。

[157] 訴訟和解係一項訴訟行爲亦屬公法（行政法）契約，因此其締結不僅是終結訴訟程序亦涉及當事人實體法上的權利，因此訴訟上的和解效力取決於參加人實體法上的權限，若和解內容涉及參加人實體法上之權利時，則其必須參與和解契約的締結，否則對其不生效力。有關訴訟和解，行政訴訟法第219條以下有詳細規定。

[158] 陳清秀，行政訴訟法，2015年7版，頁367。

[159] 行政訴訟法第214條第1項規定確定判決對當事人有效，當事人依第23條規定包括依第41條及第42條參加訴訟之人。

[160] 行政訴訟法第47條規定，判決對於行政法院依第41條及第42條規定，裁定命其參加或許其參加而未爲參加者亦有效力。

[161] Schmidt, in: Eyermann, Verwaltungsgerichtsordnung, 11. Aufl., 2000, §66, Rdnr. 8。具有既判力拘束力者包括主文、該判決所依據的確信及法律上判斷，以及受裁判的法律關係。蓋若非如此，則參加人在事後進行的訴訟程序中得對於判決所依據的基礎有所爭執，則既判力的效力將被掏空。

地位且法院於訴訟程序進行中亦必須說明，何者應作爲其他當事人而必須參與訴訟程序。在利害關係人之獨立參加與輔助參加，第三人並無法律上請求參加之權，而是由法院依合義務性裁量來決定是否作出命參加或允許參加之裁定，因此法院得基於訴訟上合目的性的考量來決定是否進行參加訴訟，此觀諸行政訴訟法第42條與第44條規定行政法院得依職權或得命其參加之用語自明。第三人若未參加訴訟，無論係第三人未聲請或法院未依合目的性裁量命或允許參加時，一般而言，並不存在程序上的瑕疵[162]。第三人利益並不會因而受到損害，蓋依行政訴訟法第47條規定，本案判決效力並不及於第三人，因此未爲合法且訴訟上值得採取的利害關係人獨立參加與輔助參加，並無訴訟上不利的效果[163]。

在必要共同訴訟之獨立參加，第三人有法律上的請求權要求參加訴訟，同時法院亦有義務命第三人參加訴訟，此觀諸行政訴訟法第41條規定，行政法院應以裁定命參加之用語自明。蓋此時法院判決不僅係影響第三人法律上的利益，而係直接決定或損害其法律地位，因此未爲必要共同訴訟之獨立參加乃係程序上的重大瑕疵，在法院判決產生既判力前，上訴審法院應依職權廢棄該判決並將該事件駁回原審法院[164]。

比較有問題的是，該項程序瑕疵在上訴審並未排除時，判決效力將受到何種影響。針對此問題共有三種不同之處理方式，首先，該判決對於原告、被告以及第三人完全有效，縱使第三人未爲訴訟參加。此項看法事實上貶抑了必要共同訴訟獨立參加此項法律制度，且違反了法律上使第三人能夠維護其本身利益之目的，因此並不可採[165]。第二種看法認爲，該項違法判決對於所有訴訟當事人皆不生效力。通說基本上採取此種看法，但以判決種類作爲取決法律效果的依據，形成判決應是絕對無效[166]，其他判決則具有形式上而非實質上的既判力，亦即對於參加人以及所有當事人在實質上並無效力[167]。第三種看法認爲，通說的見解太過於一般化且違反了訴訟經濟的目

---

[162] Bier, Schoh/Schneider/Bier, Verwaltungsgerichtsordnung, 2016, §65, Rdnr. 38.

[163] BverwG, NJW 1982, S. 299; BVerwGE 67, 341/343; Bier, Schoh/Schneider/Bier, Verwaltungsgerichtsordnung, 2016, §65, Rdnr. 31; T. Würtenberger, Verwaltungsprozeßrecht, 1998, Rdnr. 230；爲避免法院違反合義務性裁量而作成錯誤決定，行政訴訟參考手冊初稿，2000年，頁22指出：行政法院對於兩造間訴訟標的之判決，基於法律上原因，對於第三人亦有直接之法律效果者，行政法院應依職權命該第三人參加，但依卷內資料無從知悉第三人之存在者，不在此限。惟其所舉類型，例如建築法上之相鄰人訴訟或商標或專利法規定之異議或評定事件，究竟爲第41條之必要共同訴訟獨立參加或第42條之利害關係人獨立參加，有再審酌之必要。

[164] BVerwGE 18, 124; 51, 6/11; BVerwG, NVwZ 1984, S. 507; BVerwGE67, 137; Bier, Schoh/Schneider/Bier, Verwaltungsgerichtsordnung, 2016, §65, Rdnr. 39; S. Glaeser, Verwaltungsprozeßrecht, 11. Aufl., 1992, S. 62; Schmidt, in: Eyermann, Verwaltungsgerichtsordnung, 11. Aufl., 2000, Rdnr. 19.

[165] Bettermann, Anmerkung zu BVerwG, Urteil vom 22. September 1966-Ⅲ C7/64-, MDR 1967, S. 952.

[166] Kopp, Verwaltungsgerichtsordnung, 10. Aufl., 1994, Rdnr. 43; Redeker/von Oertzen, Verwaltungsgerichtsordnung, 10. Aufl., 1991, §65, Rdnr. 22.

[167] BVerwGE 18, 124; Schmidt, in: Eyermann, Verwaltungsgerichtsordnung, 11. Aufl., 2000, Rdnr. 19.

的，其區分[168]：(一)在課予義務訴訟中常發生必要共同訴訟之獨立參加，雖然本案判決對於未參與的第三人既不會產生既判力亦不會（嚴格訴訟法上的意義）發生形成效力。本案判決在原告與被告間無論在形式上及實質上皆有既判力且是完全有效的，且並不違反第三人的利益。例如行政法院基於鄰人提起的課予義務訴訟，賦予建築主管機關針對土地所有權人為建築法上不利措施，而未命所有人參加時，所有人可針對課予義務判決之執行提出撤銷訴訟，蓋第三人（所有人）並未參與前訴訟，因此不受前訴訟判決之拘束；(二)在判決具有形成效力時，尤其是撤銷訴訟勝訴的判決，則與前述(一)不同，在此種情形，基於保護第三人利益，該判決應是無效。

我國行政訴訟法第284條第1項規定，因撤銷或變更原處分或決定之判決，而權利受損害之第三人，如非可歸責於己之事由，未參加訴訟，致不能提出足以影響判決結果之攻擊或防禦方法者，得對於確定終局判決聲請重新審理，因此該判決仍為有效，但賦予未參加訴訟之人聲請重新審理之機會以救濟其權利。

> **第41條**（必要共同訴訟之獨立參加）
> 訴訟標的對於第三人及當事人一造必須合一確定者，行政法院應以裁定命該第三人參加訴訟。

❖立法說明❖

必要共同訴訟獨立參加之規定雖係源自於民事訴訟中有關必要共同訴訟之規定，但其規範結構卻與民事訴訟法第62條獨立參加之規定相同[169]。在民事訴訟法中的必要共同訴訟分為固有的必要共同訴訟與類似必要共同訴訟，前者基於實體法上的理由，須共同訴訟人全體一同起訴或被訴，否則當事人不適格，法院應以其訴為無理由而予以駁回。本條的必要共同訴訟，有主張限於固有必要共同訴訟之情形[170]，其係指訴訟標的對於共同訴訟人之一造及第三人必須合一確定，且訴訟之實施須有全體成員之參與始為合法者，例如，對於共有物為徵收處分以及有排斥關係的商標異議事件[171]。

---

[168] Bier, Schoh/Schneider/Bier, Verwaltungsgerichtsordnung, 2016, Rdnr. 40; Nottbusch, Die Beiladung im Verwaltungsprozeβ, 1995, S. 120 ff.

[169] 民事訴訟法第62條規定，訴訟標的對於參加人及其所輔助之當事人必須合一確定者，準用第56條之規定。

[170] 最高行政法院94年度判字第432號判決指出，行政訴訟法第41條規定之適用，應限於固有必要共同訴訟之情形，即依法律之規定必須數人一同起訴或數人一同被訴，當事人之適格始無欠缺之情形。

[171] 陳計男，行政訴訟法釋論，2000年初版，頁107-109；此外，例如，建築許可中之起造人、鄰人及執照核發機關亦為典型之必要參加類型；蔡志方，行政救濟法新論，2000年初版，頁151。

行政訴訟法第41條規定之必要參加，係指於當事人起訴後必要參加之第三人須爲參加，其訴訟始爲合法。至於類似必要共同訴訟，因不以共同訴訟人全體一同起訴或被訴爲必要，行政法院自無依職權命未起訴或被訴之第三人參加訴訟之必要，並非行政訴訟法第41條所規範必要參加範疇[172]。

必要共同訴訟之獨立參加的取捨依據，在於本案判決與第三人之關係，若第三人無法或未參加訴訟，本案判決仍能對其生效時，則有必要使第三人參加訴訟，亦即本案判決效力不限於原告與被告，並非訴訟參加後的法律效果，而係其必要參加的前提。惟必要共同訴訟與必要共同訴訟之獨立參加並非可互換的制度，透過訴訟參加雖使參加人成爲訴訟當事人，但並非創造出原告或被告的地位。

行政訴訟法第41條規定，其目的在補正固有必要共同訴訟非全體共同訴訟人一同起訴或被訴有當事人不適格之瑕疵，即應限於固有必要共同訴訟之情形，即依法律之規定必須數人一同起訴或數人一同被訴，當事人之適格始無欠缺[173]。依行政訴訟法第41條規定之參加訴訟，準用行政訴訟法第39條關於必要共同訴訟之規定[174]。

事實審法院就訴訟標的是否對於第三人及當事人一造必須合一確定，應依職權查明，以決定是否應命第三人參加訴訟。

本條係本次修法中新增，行政訴訟攸關公益，如訴訟標的對於第三人及當事人一造必須合一確定者，有強制該第三人參加訴訟之必要，俾符合訴訟經濟之原則，並避免對於同一訴訟標的之判決結果分歧。

❖內容解析❖

適用本條之構成要件，除導論中論及外，另有下列三項：

一、訴訟已繫屬

訴訟參加以本案訴訟已繫屬於法院爲前提，蓋訴訟參加係使第三人參與已存在或尚存在於他人之間的訴訟。所謂訴訟已繫屬則指已提出訴訟於行政法院，至於繫屬於何一審級則不問，蓋參加訴訟與上訴或抗告可合併爲之。此外，訴訟提起必須符合法定的形式規定。於法院判決具有既判力（確定終局判決）後，則不得再爲訴訟參加[175]；訴訟程序依其他方式，例如，撤回或和解等，而終結時，亦不得再爲訴訟參

---

172 最高行政法院101年度判字第796號判決。
173 最高行政法院111年度抗字第90號裁定。
174 最高行政法院98年度判字第1213號判決；臺北高等行政法院99年度訴字第1258號判決。
175 陳計男，行政訴訟法釋論，2000年初版，頁109；Schmidt, in: Eyermann, Verwaltungs-gerichtsordnung, 11. Aufl., 2000, §65, Rdnr. 9.; C. H. Ule, Verwaltungsprozeßrecht, 9. Aufl., 1987, S. 111.

加[176]。是否得參加訴訟，則以參加裁定送達的時間爲準。

二、訴訟參加能力

訴訟參加人必須具有訴訟參加能力，具有訴訟參加能力者係指具有當事人能力者，依行政訴訟法第22條規定，具有當事人能力者爲自然人、法人、中央及地方機關以及非法人團體。

三、訴訟標的[177]對第三人及當事人一造間必須合一確定

必要共同訴訟獨立參加存在的前提在於，原告所追求的實質判決，在未同時直接且必然形成、確認、變更或消滅第三人權利下，並無法作成，尤其是在行政處分對於原告爲侵益（負擔）處分而對於第三人爲授益處分時。於此類案例中第三人必須參加訴訟，蓋行政處分之合法或違法之判決直接涉及其法律地位，因此判決必須合一確定[178]。換句話說，若原告勝訴，則判決效力必然導致受益者喪失其所獲得之法律地位，例如，鄰人對於建造房屋許可處分提出撤銷訴訟，則建造人必須參加訴訟，蓋鄰人勝訴時，該判決將導致建造人喪失建造房屋之許可；商標法或專利法所規定之異議或評定事件，於異議人或申請評定人及被異議人或被申請評定人間，裁判亦有一致之必要[179]。上述情況則係訴訟標的對於參加人及當事人必須合一確定[180]，亦即法院對於訴訟標的之裁判對第三人與當事人必須合一確定。訴訟標的對於數人必須合一確定，係指爲訴訟標的之法律關係爲數人所共有，不能分割，其訴之實施必須由全體成員共同參與始爲合法，法院也必須對全體成員爲相同之判決者而言[181]。必要共同訴訟獨立參加之關鍵點即在於訴訟標的合一確定之要求，至於是否存在合一確定之情形，則依個案中所必須適用之實體法而定[182]。

訴訟標的合一確定的理由必須基於法律理由，原告與被告間、雙方當事人與第三人間必須存在訴訟標的之一致性。因此僅基於事實上的關係要求或邏輯上顯示出必要

---

[176] Bier, Schoh/Schneider/Bier, Verwaltungsgerichtsordnung, 2016, §65, Rdnr. 30.

[177] 行政訴訟法上訴訟標的之意義爲何，係極具爭議之問題，相關討論請見，吳庚、張文郁，行政爭訟法論，2016年8版，頁231-235；張瓊文，行政訴訟參加之研究，司法院編印，2000年，頁67-73。

[178] 曾華松，理論之實踐和實踐之理論—最高行政法院判例之檢討，法令月刊51卷10期，2000年10月，頁204。

[179] 張瓊文，行政訴訟參加之研究，司法院編印，2000年，頁78。

[180] Schmidt, in: Eyermann, Verwaltungsgerichtsordnung, 11. Aufl., 2000, §65, Rdnr. 16；遺產稅事件關於罰鍰部分之訴訟標的對於所有繼承人亦必須合一確定，行政法院89年度判字第213號判決。

[181] 最高行政法院111年度抗字第90號裁定、最高行政法院109年度聲字第512號裁定。

[182] S. Glaeser, Verwaltungsprozeßrecht, 11. Aufl., 1992, S. 61；有關德國法上必要訴訟參加之類型，F. Hufen, Verwaltungsprozeßrecht, 1994, S. 217 f。

裁判合一確定，並不當然存在要求參加訴訟之權，例如，許多當事人對於道路法上的計畫確定裁決提起撤銷訴訟，則在個別程序中，雖然基於事實理由，對內容相同的訴訟標的作決定，但在法律上並非係訴訟標的必須合一確定，蓋對個別當事人而言，權利侵害的可能性係個別產生。但若任何一人勝訴時，則該項措施必須針對於所有人皆終止，蓋其無法再執行，縱然如此，因該判決而受益者，並非本條的必要參加人[183]。

依稅法規定意旨，若數人共同具備稅捐構成要件，對稅法上同一給付負有給付義務者，則對所發生之稅捐債務，應認該數人對該稅捐債務係負連帶責任。遺產稅之納稅義務人，依遺產及贈與稅法第6條規定，於無遺囑執行人時，為繼承人及受遺贈人。繼承人有數人時，遺產全部在分割前屬全體繼承人公同共有，參諸稅捐稽徵法第12條：「共有財產，……其為公同共有時，以全體公同共有人為納稅義務人」規定之意旨，每一繼承人對同一遺產稅債務係各負全部之繳納義務，即成立連帶債務，遺產稅納稅義務之任何一人對關於遺產稅之處分，係各有獨立實施訴訟之權能，並無須一同起訴或一同被訴，其即非屬行政訴訟法第41條規定之訴訟標的對於第三人及當事人一造必須合一確定[184]。

必要共同訴訟之獨立參加常出現於撤銷訴訟，惟其是否亦適用於課予義務訴訟呢？課予義務訴訟非形成訴訟，本質上為給付訴訟。法院即使作出課予義務判決，仍待被告機關作出行政處分，行政法上之權利義務關係才會產生變動，因此並不具備判決直接形成、確認、變更或消滅第三人權利之要件，其與撤銷訴訟判決一經作成即直接發生權利義務變動效果不同。因此，昔日認為課予義務訴訟並無必要共同訴訟之獨立參加之適用[185]。雖然課予義務訴訟判決仍待行政機關作成行政處分後才會產生權利義務變動之效果，惟在依法行政原則拘束下，很難想像行政機關拒不遵守法院判決之情形，換句話說，在行政機關一定會履行法院判決要求下，直接產生權利義務變動之效果僅是時間問題而已。更何況課予義務訴訟判決乃是基於權力分立考量，由行政機關自為行政處分形成法律關係，避免司法權行使原屬於行政權之權限。基於訴訟經濟、當事人權利快速及有效保護以及防止裁判歧異之考量，目前已改變見解，課予義務訴訟亦有必要共同訴訟之獨立參加之適用[186]

四、法律效果

命參加裁定送達後，第三人即取得參加人的地位，同時，依行政訴訟法第23條

---

[183] Schmidt, in: Eyermann, Verwaltungsgerichtsordnung, 11. Aufl., 2000, §65, Rdnr. 17。不屬於合一確定者，例如，行政法院83年度判字第1692號、85年度判字第757號、85年度判字第1622號判決。
[184] 最高行政法院101年度判字第796號判決。
[185] BVerwG, DÖV 1975, S. 99; VGH Mannheim, NJW 1977, S. 1308 f.
[186] 劉建宏，行政訴訟法上之必要訴訟參加，華岡法粹50期，2011年7月，頁124註50有詳細資料。

規定成爲訴訟當事人。參加人於訴訟中與原告或被告間處於類似必要共同訴訟人之地位，故依行政訴訟法第46條規定準用第39條必要共同訴訟人間關係之規定。此外參加人既爲訴訟當事人，則依行政訴訟法第214條第1項規定，本案判決對於參加人亦有效力。第三人於判決確定後，如有再審事由，僅得以參加人之名義提起再審之訴，不得聲請重新審理。

惟若行政法院未命第三人參加或裁定未合法送達，確定終局判決雖有形式上確定力[187]，但因確定終局判決受有損害之第三人，仍得聲請重新審理[188]，尋求救濟，但不得提起再審之訴[189]。

五、司法實務

(一)最高行政法院101年度裁字第2052號裁定

訴訟標的對於數人必須合一確定，係指訴訟標的之法律關係爲數人所共有，不能分割，其訴訟之實施必須由全體成員共同參與始爲合法，法院也必須對全體成員爲相同之判決者而言。故行政處分之內容如係命數人爲相同或同一行爲，且該行爲義務關聯共同、不能分割或一旦分割即無法實現行政處分之目的者，其撤銷訴訟標的對於全體行政處分之相對人即屬必須合一確定。

原處分係命該五十戶建築物所有人停止使用，並自行拆除整棟建築物，形式上該五十戶建築物各有其區分所有權人，各負其停止使用及拆除之義務，但如果該五十戶建築物在構造上形成一棟大樓（御林園大廈），則由於其基礎同一、結構相連，並有共用部分，其行爲義務之性質即屬互相關聯，並具有共同性，難以分割，縱使強爲分割亦無法完成原處分之目的；從而對於原處分提起撤銷訴訟者，縱使只有原告王○○、邱○○二人，但其目的既係撤銷原處分之全部，不可能割裂請求僅撤銷其中一部分，其作爲訴訟標的之法律關係（撤銷訴權）自屬不能分割，應解爲於全體原處分之相對人必須合一確定，原審本應依職權裁定命其他未共同起訴的原處分相對人（包括本件抗告人）參加訴訟，且由於此參加裁定爲行政法院職務上所當爲，無待抗告人之聲請。

---

[187] 陳清秀，行政訴訟法，2015年7版，頁358指出：德國通說認爲該判決對應通知參加訴訟之第三人以及其他訴訟當事人均不發生實質確定力，如其判決爲形成判決（例如撤銷判決），原則上不生效力。

[188] 行政訴訟法第284條規定，因撤銷或變更原處分或決定之判決，而權利受損害之第三人，如非可歸責於己之事由，未參加訴訟，致不能提出足以影響判決結果之攻擊或防禦方法者，得對於確定終局判決聲請重新審理。前項聲請，應於知悉確定判決之日起三十日之不變期間內爲之。但自判決確定之日起已逾一年者，不得聲請。

[189] 行政訴訟參考手冊初稿，2000年，頁21-22；有關此問題，劉建宏，行政法院漏未實施訴訟參加之救濟途徑：兼論行政訴訟法上重新審理制度，月旦法學雜誌89期，2002年10月，頁104以下。

(二)最高行政法院98年度判字第1213號判決

繼承人有數人時，在分割遺產前，各繼承人對於遺產全部為公同共有（民法§1151）。……本於臺閩地區勞工保險特約醫療院所合約書所生之勞保醫療費用13,405,635元及其遲延利息給付請求權（不具一身專屬性），於鄧○○死亡後，為其繼承人所公同共有，此部分請求係屬訴訟標的對於上訴人及其他繼承人必須合一確定，原審法院應以裁定命其他繼承人參加訴訟，以補正鄧○○之其他繼承人未一同起訴，當事人不適格之瑕疵。

六、第41條存廢之爭議

依行政訴訟法第41條規定，訴訟標的對於第三人及當事人一造必須合一確定者，行政法院應以裁定命該第三人參加訴訟。換句話說，行政法院有義務強制第三人成為訴訟當事人，此與憲法第16條所保障之訴訟權似有違背，蓋訴訟權在消極意義下亦賦予人民不提起訴訟之自由。此外，在現行司法實務上，必要共同訴訟之獨立參加之適用案例亦常見爭議，因此有主張廢除本條規定者[190]，亦有主張修正本條內容者[191]。

第42條（利害關係人獨立參加訴訟）
行政法院認為撤銷訴訟之結果，第三人之權利或法律上利益將受損害者，得依職權命其獨立參加訴訟，並得因該第三人之聲請，裁定允許其參加。
前項參加，準用第三十九條第三款之規定。參加人並得提出獨立之攻擊或防禦方法。
前二項規定，於其他訴訟準用之。
訴願人已向行政法院提起撤銷訴訟，利害關係人就同一事件再行起訴者，視為第一項之參加。

❖立法說明❖

舊行政訴訟法第8條規定，行政法院得命有利害關係之第三人參加訴訟；並得因第三人之請求允許其參加。但因規定過於簡陋，雖然實務上有許多判決加以補充，為使訴訟參加制度能夠更趨完善，並釐清適用上的困難，行政訴訟法於第42條修正舊有

---

[190] 林明昕，論行政訴訟法第41條訴訟參加類型之適用範圍與功能，臺大法學論叢38卷3期，2009年9月，頁73-108。
[191] 劉建宏，行政訴訟法上之必要訴訟參加，華岡法粹50期，2011年7月，頁137-138。

規定，並明定參加要件及其效力，稱之為利害關係人之獨立參加。獨立參加訴訟之目的，不在輔助當事人一造訴訟，而在保護自己權利或法律上利益，自以當事人以外之第三人，因該訴訟之結果，其本之權利或法律上利益將受損害者，該第三人始得以利害關係人之身分獨立參加訴訟[192]。

本條係由舊行政訴訟法第8條特別修正，蓋撤銷訴訟之結果，將損害第三人之權利或法律上之利益者，應使第三人有獨立參加訴訟之機會，因此特設第1項，以確保該第三人之利益。

獨立參加人係為自己權利或法律上利益而參加訴訟，因此明定允許其提出獨立之攻擊或防禦方法，以維護其利益。又包括獨立參加人在內之訴訟當事人中之一人，有訴訟當然停止或裁定停止之原因者，為期訴訟進行之一致，有使當然停止或裁定停止之效力及於全體之必要，因此明定第1項之獨立參加準用第39條第3款之規定。

撤銷訴訟以外之給付、確認訴訟，例如，無效確認訴訟等，如訴訟之結果，將損害第三人之權利或法律上之利益者，亦有使該第三人參加訴訟之必要，因此規定準用第1項、第2項，以維護該第三人之權益。

訴願人已向行政法院提起撤銷訴訟，利害關係人就同一事件，自不宜再行起訴，以免同一行政處分有二個以上之訴訟，致生歧異，因此規定利害關係人就同一事件再行起訴者，視為獨立之參加。

❖內容解析❖

利害關係人之獨立參加除須具備與必要共同訴訟之獨立參加相同的第一要件，即訴訟已繫屬，以及第二要件，參加人必須具備參加能力外，尚必須法院認為撤銷訴訟之結果，將損害第三人之權利或法律上之利益。

一、第三人之權利或法律上之利益因撤銷訴訟結果將受損害

第三人之權利或法律上之利益必須因撤銷判決之形成力直接受到損害，若無損害則無參加訴訟之必要[193]。換句話說，原告請求行政法院所為之實體判決，若非同時、直接、必然、創設、證實、確認、變更或廢棄第三人之權利或法律上利益，即無法有效作成，即依訴訟之法律關係，原告與第三人之權利或法律上利益相反，行政法院必

---

[192] 最高行政法院102年度裁聲字第26號裁定。

[193] 最高行政法院105年度裁字第401號裁定指出，行政訴訟法第42條第1項規定之規範意旨要求，行政處分撤銷之結果將「立即」且「直接」造成第三人權利或法律上利益受損之「具體」結果，此等因果關係之「直接性」建立在不假事實認定之邏輯推理，其間也不存在「蓋然性高低」之事實判斷。最高行政法院111年度抗字第90號裁定、最高行政法院111年度抗字第91號裁定指出，若訴訟結果，對第三人之權利或法律上利益，不致發生直接損害時，而僅具經濟上或其他事實上之利害關係者，即不屬行政訴訟法第42條第1項規定命獨立參加之範圍。

須於同一訴訟程序中對二者作成具有一致性之裁判而不得兩歧者，則爲保障該第三人於原告所提起之訴訟程序中之防禦權，行政法院得依職權命第三人參加[194]。

此外，必須是第三人自己之權利或法律上之利益將受損害，因此，第三人爲維護他人權利且係他人權利將受到訴訟結果損害，則並無訴訟參加之情形，例如，社團法人社員之權利而非社團法人本身權利將受損害者，則不得使社團法人參加訴訟[195]。

參加人之權利或法律上利益必須因該判決主文[196]，而非僅是基於判決理由中的說明或判斷而受到損害[197]。訴訟參加要件是否具備則僅依裁判之效力而定，第三人是否能夠獨立提出訴訟，本案訴訟對於原告或被告究竟係勝訴或敗訴，該訴訟是否合法、有理由、本案判決是否在事實上影響第三人之法律地位並非重要[198]。只要原告或被告勝訴之結果能夠改善或惡化第三人的法律地位時，則其法律上之利益恆受判決結果之影響。至於第三人是否必須與原告或被告間存在法律關係，則並非參加訴訟之要件[199]。

訴訟參加僅考量第三人的法律上利益或權利是否受判決影響，因此不論公法上或私法上的權利或法律上利益皆包括在內[200]。受損害者既然限於權利及法律上之利

---

[194] 最高行政法院99年度判字第246號判決。

[195] F. Hufen, Verwaltungsprozeßrecht, 1994, S. 218; C. H. Ule, Verwaltungsprozeßrecht, 9. Aufl., 1987, S. 113.

[196] 陳計男，行政訴訟法釋論，2000年，頁111；Schmidt, in: Eyermann, Verwaltungs-gerichtsordnung, 11. Aufl., 2000, §65, Rdnr. 11; Bier, Schoh/Schneider/Bier, Verwaltungsgerichtsordnung, 2016, §65, Rdnr. 12指出，雖然判決主文是決定性的，但對主文之解釋有時亦須借助判決理由；惟亦有認爲，因判決結果可增加其法律上權利、利益或改善其法律地位之人，亦可參加訴訟，張文郁，行政訴訟之訴訟參加與民事訴訟之訴訟參加的比較：對臺北高等行政法院90年第三次庭長、法官聯席會議議決之法律問題之評釋，公法學與政治理論：吳庚大法官榮退論文集，2004年，頁607。

[197] 陳清秀，行政訴訟法，2015年7版，頁360；劉宗德、彭鳳至，行政訴訟制度，收錄於：翁岳生主編，行政法（下），2006年3版，頁396。

[198] 只要該項判決具有侵害第三人之權利或法律上利益的可能性，即已足夠，換句話說，參加之目的在維護自己之權利，而非輔助當事人之一造。因此若非因訴訟結果而權利或法律上利益將受損害者，自毋庸命其參加，最高行政法院89年判字第3384號判決。

[199] Bier, Schoh/Schneider/Bier, Verwaltungsgerichtsordnung, 2016, §65, Rdnr. 12; Schmidt, in: Eyermann, Verwaltungsgerichtsordnung, 11. Aufl., 2000, §65, Rdnr. 11.

[200] 徐瑞晃，行政訴訟法，2012年3版，頁211；陳計男，行政訴訟法釋論，2000年初版，頁112；陳清秀，行政訴訟法，2015年7版，頁352；劉建宏，訴訟參加制度在我國行政訴訟法上之適用—普通參加與輔助參加，行政訴訟制度相關論文彙編，第7輯，司法院編印，2010年，頁202；Bier, Schoh/Schneider/Bier, Verwaltungsgerichtsordnung, 2016, §65, Rdnr. 11; Schmidt, in: Eyermann, Verwaltungsgerichtsordnung, 11. Aufl., 2000, Rdnr. 11; C. H. Ule, Verwaltungsprozeßrecht, 9. Aufl., 1987, S. 112；惟最高行政法院100年度裁字第3072號裁定認爲，勞動基準法第59條固規定勞工因職業災害所生之醫療費用，雇主應予補償。但如同一事故，依勞工保險條例或其他法令規定，已由雇主支付費用補償者，雇主得予以抵充之。然此項補償義務，屬雇主與勞工間私法上權利義務關係。抗告人僅爲原審原告曾碧清之前任雇主，抗告人應否補償曾○清職業災害所生之醫療費用，係屬私權關係，縱有爭執，仍應循民事途徑救濟。本案訴訟之勝敗依勞動基準法第59

益，則純粹經濟上、文化上、精神上或其他事實上之利益（反射利益），並不包括在內[201]。例如，被驅逐出境的外國人之夫或妻，在該外國人對驅逐處分提出撤銷訴訟時該夫或妻得參加訴訟，或分別土地共有被徵收，共有人中之一人不服徵收處分，提起行政訴訟，該訴訟結果將影響其他共有人之權利，其他共有人得參加訴訟[202]。本條之第三人並不以自然人爲限，包括國家及地方自治團體等公法人在內，但不包括行政機關[203]，其應適用第44條輔助參加之規定。惟亦有認爲，除人民外，行政機關（公權力主體）亦得爲獨立參加人，例如，原處分機關依據其他機關發布之法規命令對人民作出行政處分，相對人對該命令之（合法）有效性發生爭執時，發布命令之機關即可獨立參加[204]。

　　訴訟結果是否影響第三人權益，應依參加訴訟之時點判斷，從訴訟形式上觀察，訴訟結果可能對第三人權益產生影響即爲已足，不須訴訟結果事實上確實會對第三人權益產生影響始允許參加訴訟[205]，第三人權益是否確實受到損害，必須等到確定終局判決時始能知悉。

二、獨立參加可由法院依職權命參加或因第三人聲請而裁定參加

　　是否命第三人參加訴訟，依行政訴訟法第42條規定，由法院依職權決定之。因撤銷訴訟結果將受權利或法律上利益損害之第三人，未於訴訟繫屬依行政訴訟法第42條規定聲請參加訴訟者，行政法院判決如將撤銷或變更原處分或決定，自無不依職權裁定命該第三人獨立參加訴訟之裁量空間。性騷擾防治法兼有保護被害人權益之規範目的，法律既賦予性騷擾事件被害人享有提出申訴之公法上權利，其不服主管機關就申訴案件之處理結果，自得提起救濟。性騷擾事件申訴人就主管機關所爲處理結果之行政處分，係屬法律上利害關係人，行政法院如將主管機關認定行爲人性騷擾事件成立之行政處分予以撤銷，而未依職權裁定命申訴人獨立參加訴訟，或允許其聲請參加

條規定，僅涉抗告人得否就勞工保險已爲之給付抵充而已，抗告人並不因曾○清與勞工保險局本案訴訟之結果，致其權利或法律上利益直接或間接受害或不利。抗告意旨所稱原審原告工作環境是否有致癌因素之調查，有由抗告人提供相關協助乙節，與獨立參加訴訟之立法目的未合。抗告人執以主張，自不符行政訴訟法第42條第1項、第3項規定獨立參加訴訟之要件。原裁定並無不合，其抗告難認有理由，應予駁回。

201　吳庚、張文郁，行政爭訟法論，2016年修訂8版，頁223；陳清秀，行政訴訟法，2015年7版，頁360；Bier, Schoh/Schneider/Bier, Verwaltungsgerichtsordnung, 2016, §65, Rdnr. 11; S. Glaeser, Verwaltungsprozessrecht, 11. Aufl., 1992, S. 61; Schmidt, in: Eyermann, Verwaltungsgerichtsordnung, 11. Aufl., 2000, Rdnr. 11。

202　BVerwGE 55, 8/12；張瓊文，行政訴訟參加之研究，司法院編印，2000年，頁87。

203　陳計男，行政訴訟法釋論，2000年初版，頁112；行政訴訟參考手冊初稿，2000年，頁22。

204　吳庚、張文郁，行政爭訟法論，2016年修訂8版，頁224，此乃德國法見解。由於我國訴訟參加制度之整體架構與德國不盡相同，在此情形應適用行政訴訟法第44條規定較爲適當。

205　吳庚、張文郁，前揭書，頁223；陳清秀，行政訴訟法，2015年7版，頁360-361。

訴訟者，於法即屬有違[206]。

　　最高行政法院103年度11月份第1次庭長法官聯席會議決議指出，如依訴訟之法律關係，原告與其所請求撤銷或變更之行政處分之相對人（第三人）利害關係相反，該第三人因該行政處分而取得之權利或法律上利益，成為裁判對象，該行政處分經判決撤銷或變更者，對該第三人亦有效力（行政訴訟法§215），其權利或法律上利益因撤銷或變更判決而消滅或變更。為保障該第三人之訴訟防禦權，以踐行正當法律程序（憲法§16），行政法院應依職權命該第三人獨立參加訴訟，並得因該利害關係人之聲請，裁定允許其參加。於此情形，行政法院之裁量權限已限縮為零[207]，訴訟當事人之原、被告應無聲請法院裁定命第三人獨立參加訴訟之權源[208]。

　　此外，法院雖未依職權命參加亦無允許參加之裁定，惟參加人既已以保險安定基金接管小組召集人謝○○代表其委任訴訟代理人為訴訟行為，原審並為審理裁判，已可認原審許參加人獨立參加訴訟[209]。

三、獨立參加訴訟

　　利害關係人獨立參加之目的並非在輔助原告或被告為訴訟行為，而係為自己權利或利益有所主張，因此參加人自得提出獨立之攻擊或防禦方法，不受原告或被告訴訟行為之限制，同時參加人亦得交替或同時對抗原告及被告。行政訴訟法第42條第1項之獨立參加人為行政訴訟法第23條之訴訟當事人，如不服原審法院之判決，得獨立上訴[210]。

四、其他訴訟類型之利害關係人獨立參加

　　本次行政訴訟法的修正增加了行政訴訟之種類，除撤銷訴訟外，另外增訂了給付訴訟及確認訴訟（行政訴訟法§3）。訴訟參加是否適用於行政訴訟法中各種不同的

---

[206] 最高行政法院110年度上字第607號判決、最高行政法院110年度上字第602號判決。最高行政法院109年度上字第663號判決亦指出，校園性侵害事件之被害人或其法定代理人享有向行為人所屬學校或主管機關申請調查之公法上請求權。學校或主管機關並應將處理校園性侵害事件之結果，以書面載明事實及理由對申請人為通知，申請人不服亦得提起救濟。校園性侵害事件之申請人（被害人或其法定代理人）對於學校或主管機關所為處理結果之行政處分，具有法律上利害關係。行政法院如判決將學校或主管機關就校園性侵害事件所為不利行為人之行政處分予以撤銷，而未依職權裁定命申請人獨立參加訴訟，或允許第三人聲請參加訴訟者，於法即屬有違。

[207] 行政法院裁量權限已限縮為零之案例，最高行政法院103年度判字第709號判決、最高行政法院101年度判字第894號判決。

[208] 最高行政法院109年度上字第1121號判決。

[209] 最高行政法院100年度判字第2136號判決。

[210] 最高行政法院109年度上字第976號判決。

訴訟類型，必須明文予以規定。撤銷訴訟判決具有形成效力，第三人之權利或法律上利益將直接因判決之作成而受到損害，但在給付訴訟，尤其是課予義務訴訟，則第三人之權利或法律上利益並非直接因判決而受到損害，而係由被告之行政機關要求第三人為一定行為時，才受到損害，例如鄰人向建築主管機關提出課予義務訴訟，要求主管機關賦予設施所有人依建築法規定增設安全措施的義務，此時法院應命所有人參加訴訟，原告所請求的標的係賦予被告作成針對第三人（所有人）不利之行政處分的義務。惟此項直接性的欠缺並不會阻礙訴訟參加，蓋此項參加仍可確保被告機關不會被要求作出其客觀上無法提供的給付。因此在課予義務判決中，基於訴訟經濟的考量，透過擬制方式，使該判決具有準形成效力[211]，故其亦可準用利害關係人獨立參加之規定。在確認訴訟中，確認訴訟之結果將直接損害其權利或法律上利益時，則第三人亦得準用第1項及第2項規定參加訴訟。

行政訴訟法第42條第1項係規範於行政訴訟法總則編，依行政訴訟法第42條第3項規定，於假處分聲請事件亦有適用。本件裁定之結果，倘認抗告人假處分聲請應予准許，則關係人之權利或法律上之利益將受損害，為保障關係人之訴訟權，並釐清相關爭點，案經發回，原審自應依行政訴訟法第42條第1項規定，命關係人獨立參加本件假處分聲請事件[212]。

五、準利害關係人之獨立參加（擬制參加）

訴願人已向行政法院提起撤銷訴訟，利害關係人就同一事件再行起訴者，視為第1項參加，以免同一行政處分有二個以上之訴訟，致裁判發生歧異。本項規定係指訴願人先行起訴，且所提起之訴訟類型為撤銷訴訟，始有其適用[213]。同一事件依行政訴訟法第105條第1項規定，依當事人起訴之聲明以及訴訟標的及其原因事件是否具有同一性來判斷。有認為同一事件，則指訴訟標的及其原因事實同一之情形[214]。有認為，同一事件應非指訴訟法上之同一案件，蓋訴願人和利害關係人所提起之訴訟，原告並不相同，理論上不可能為同一案件且兩訴之聲明亦可能不同，因此同一事件應係指同一行政處分或同一原因事實[215]。

---

[211] Bier, Schoh/Schneider/Bier, Verwaltungsgerichtsordnung, 2016, §65, Rdnr. 22.
[212] 最高行政法院112年度抗字第65號裁定。
[213] 高雄高等行政法院90年度訴字第196號判決。
[214] 陳計男，行政訴訟法釋論，2000年初版，頁116；行政訴訟參考手冊初稿，2000年，頁24認為同一事件指同一行政處分而言。
[215] 吳庚、張文郁，行政爭訟法論，2016年修訂8版，頁227-228。

六、法律效果

　　命參加裁定送達後，第三人即取得參加人地位，同時依行政訴訟法第23條規定成為訴訟當事人。參加人係獨立參加訴訟並非必然輔助當事人一方而為訴訟行為，為維護本身利益可提出獨立之攻擊或防禦方法。此外，參加人有訴訟當然停止或裁定停止之原因者，其當然或裁定停止之效力及於本案訴訟之兩造，參加人既然為訴訟當事人，則依行政訴訟法第214條第1項規定，本案判決對參加人亦有效力。所謂判決對參加人亦有效力，係指參加人於嗣後其他程序中，不得爭執該判決之正確性。此外，第三人於判決確定後，如有再審事由，僅得以參加人之名義提起再審之訴，不得聲請重新審理。

　　若行政法院應命而未命第三人參加訴訟，換句話說，原判決未依行政訴訟法第42條第1項規定，裁定命利用人獨立參加訴訟，核有判決不適用法規之違法[216]，其乃訴訟程序之重大瑕疵，得為法律審上訴之理由。法律審上訴就此情形之裁判，除以重大程序瑕疵足以影響裁判之結果為理由，逕行廢棄原審判決外，亦得於法律審上訴案件繫屬後，命該第三人獨立參加訴訟，獨立參加人提出之攻擊防禦方法，如業經原審審酌而其結果應予維持，換言之，原審判決雖然違背法令但不影響裁判之結果者，法律審上訴自得依行政訴訟法第258條後段規定，維持原判決；惟獨立參加人提出之攻擊防禦方法，如果足以影響裁判之結果者，法律審上訴除依行政訴訟法第253條第1項但書規定行言詞辯論，並依行政訴訟法第259條第3款規定自為判決外，應依行政訴訟法第260條規定，廢棄原判決[217]。

　　如行政法院未依職權命獨立參加訴訟者，因確定終局判決受有損害之第三人，即得依行政訴訟法第284條第1項規定，對於確定終局判決聲請重新審理，非謂原判決違法而不生效力且不得認原判決違背法令而提起再審之訴[218]。

七、司法實務

(一)最高行政法院109年度上字第976號判決

　　財團法人保險安定基金為原處分所指定之朝陽人壽清理人，本件訴訟之結果，如原處分被撤銷，參加人擔任朝陽人壽清理人之地位即喪失，其權利或法律上之利益將受損害，為行政訴訟法第42條第1項之利害關係人。

---

[216] 最高行政法院103年度判字第709號判決。

[217] 最高行政法院103年11月份第1次庭長法官聯席會議甲說見解。

[218] 行政訴訟參考手冊初稿，2000年，頁21-22；最高行政法院100年度判字第1332號判決、最高行政法院99年度判字第30號判決。

(二)最高行政法院103年度判字第709號判決

本件原處分有關被上訴人（社團法人中華音樂著作權協會）公告之衛星電視臺、購物頻道及有線電視臺概括授權公開播送使用報酬率，中華民國衛星廣播電視事業商業同業公會、陽明山有線電視股份有限公司等利用人對之申請審議。因申請審議人（含參加審議人）之利害關係與被上訴人相反，原處分如經撤銷或變更，對申請審議之利用人亦有效力，為保障該利用人之訴訟防禦權，以踐行正當法律程序，行政法院自應命申請審議及參加審議之利用人參加訴訟。

(三)最高行政法院101年度判字第940號判決

臺北市政府為系爭徵收案之需用土地人，系爭土地現亦登記為其所有，本件訴訟之結果，可能造成臺北市政府系爭土地所有權之變動，其權利或法律上之利益將受損害，為行政訴訟法第42條第3項、第1項之利害關係人，原審法院應依上該規定裁定命臺北市政府獨立參加。

(四)最高行政法院101年度判字第894號判決

在我國商標法所規定之異議提出、申請評定、廢止等制度中，商標權人其商標權存否繫於商標異議、申請評定、廢止或舉發人有無理由，異議、評定、廢止申請等人與商標權人之間係處於對立關係，商標專責機關之審定屬裁決性質之行政處分。但我國行政訴訟並無類似外國行政訴訟立法例之形式當事者訴訟之訴訟類型，則如何使實質對立關係之商標權人及請求人在行政訴訟中取得當事人地位及其程序如何保障，自係我國商標行政訴訟重要問題。在我國行政訴訟法制上，商標異議、評定、廢止申請人或商標權人，於對造循序提起行政訴訟後，惟藉由行政訴訟法第42條之獨立參加制度，經行政法院裁定後取得當事人地位。況商標異議、申請評定、廢止程序其對立當事人可從行政程序之申請書、審定書等之當事人欄極易查得，行政法院裁定何人參加在實務操作並無任何困難。是以基於商標異議、申請評定、廢止程序之兩造當事人對立的特殊性，在商標異議、申請評定、廢止行政訴訟事件，商標異議、評定、廢止申請人或商標權人提起行政訴訟者，行政法院即應依職權或聲請裁定商標異議、申請評定、廢止程序對造為參加人，始得充分保障對造的程序上利益，於此情形，行政訴訟法第42條第1項前段有關行政法院「得」依職權命獨立參加訴訟之規定，應解釋為行政法院為尊重人民訴訟上防禦權，避免人民權益於他人提起之訴訟程序中未有陳述意見之機會即逕受裁判，致違反憲法上正當法律程序之要求（司法院釋字第396、636、663號解釋參照），行政法院並無裁量之餘地，其法定裁量權已限縮為零，行政法院如怠為命商標異議、申請評定、廢止程序之對造獨立參加訴訟者，其訴訟程序即有重大瑕疵，而屬違背法令。

第43條（參加訴訟之程序）

第三人依前條規定聲請參加訴訟者，應向本訴訟繫屬之行政法院提出參加書狀，表明下列各款事項：

一、本訴訟及當事人。

二、參加人之權利或法律上利益，因撤銷訴訟之結果將受如何之損害。

三、參加訴訟之陳述。

行政法院認前項聲請不合前條規定者，應以裁定駁回之。

關於前項裁定，得為抗告。

駁回參加之裁定未確定前，參加人得為訴訟行為。

❖立法說明❖

利害關係人之獨立參加得由法院依職權或由第三人聲請為之，無論係依職權命第三人參加或依第三人聲請允許其參加皆以裁定為之，本條規定第三人聲請參加時所必須具備的形式要件，法院對於聲請之處理以及其他相關問題。

本條為修正行政訴訟法時新增，按行政訴訟之訴訟參加，除本法第44條第2項規定之輔助參加外，均須經行政法院裁定，始得為之，非如民事訴訟之訴訟參加，僅以送達參加書狀即生參加效力，因此明定依第42條規定聲請參加訴訟者，必須提出參加書狀於本訴訟繫屬之行政法院，表明：一、參加人所欲參加之訴訟及其當事人；二、因撤銷訴訟之結果，將使參加人之權利或法律上利益受損害之情形；三、參加人表示參加之意旨，俾供裁定准駁之依據。行政法院認為第三人聲請參加，不合參加之要件者，自應以裁定駁回之，此項駁回參加之裁定，因影響聲請人權益至鉅，故明定得為抗告，以維其權益。駁回參加之裁定確定前，如不許聲請人為訴訟行為，將發生因不能及時提出攻擊防禦方法，致失參加之利益，故規定駁回參加之裁定未確定前，聲請人得為訴訟行為。

❖內容解析❖

一、參加書狀

第三人聲請參加訴訟時，應提出參加書狀於本訴訟繫屬法院並表明本訴訟及當事人、參加人之權利或法律上利益，因撤銷訴訟之結果將受如何之損害，以及參加訴訟之陳述。因參加人並非原告或被告，雖可提出獨立之攻擊或防禦方法，但仍須受當事

人應受判決事項聲明之拘束，因此不得獨自提出訴之聲明[219]。第三人必須指出事實來證明其權利或法律上利益將受到損害，至於是否實際上受損，並非所問。

二、訴訟參加聲請之裁定

行政法院於收到第三人聲請參加書狀後，必須依合義務性裁量以裁定來決定是否允許第三人參加訴訟。若認為第三人之聲請符合第42條之規定，則應以裁定允許聲請人參加訴訟。若認為第三人之聲請不符合第42條之規定，例如，第三人不具備參加能力或其權利並不受撤銷訴訟結果之影響，則應以裁定駁回第三人之聲請。訴訟程序進行中所為之裁定，依行政訴訟法第265條規定，除別有規定外，不得抗告。法院就聲請參加所為駁回之裁定，因影響聲請人權益甚鉅，故明定得為抗告。

駁回參加之裁定未確定前，第三人是否得參加訴訟處於不確定狀態，為避免參加人將來無法及時提出攻擊或防禦方法，例如，訴訟已進行至法律審，致失參加之利益，允許參加人暫時得為訴訟行為[220]。惟該抗告經確定駁回後，參加人之前所為之訴訟行為，溯及於其為訴訟行為時失其效力[221]。

第44條（命行政機關參加訴訟）
行政法院認其他行政機關有輔助一造之必要者，得命其參加訴訟。
前項行政機關或有利害關係之第三人亦得聲請參加。

❖立法說明❖

行政訴訟法除在第41條規定共同必要訴訟之獨立參加以及第42條規定利害關係人之獨立參加外，另仿照日本立法例在第44條規定輔助參加。輔助參加與民事訴訟程序上之從參加性質相當，故行政訴訟法於第48條規定，輔助參加準用民事訴訟法上有關從參加之規定。輔助參加係為輔助當事人之一造而參加，不以參加人之權利或法律上利益將因訴訟結果受到損害為要件。輔助參加又可分為行政機關參加與利害關係人參加，前者可由法院命參加或聲請參加，後者僅得為聲請參加。

本條係由舊行政訴訟法第8條移列修正，行政機關有輔助一造之必要者或一般有

---

[219] 參加人不得提出與原告不同的實體上聲請，Bier, Schoh/Schneider/Bier, Verwaltungs-gerichtsordnung, 2016, §66, Rdnr. 3.

[220] 行政訴訟參考手冊初稿，2000年，頁24-25認為，第三人於聲請參加時，即有參加人之地位，惟其地位於允許裁定確定後，始告確定。

[221] 民事訴訟法第60條第3項亦有相同規定，詳參王甲乙、楊建華、鄭健才，民事訴訟法新論，2010年6月，頁343；陳計男，民事訴訟法論（上），2015年修訂6版，頁150。

法律上利害關係之第三人，雖不合本法第41條或第42條訴訟參加之要件，但爲澈底發揮訴訟參加制度之功能，亦宜給予參加訴訟之機會，故設本條輔助參加，俾有依據。換句話說，輔助訴訟參加，相對於獨立訴訟參加，具有補充或備位功能。因此，輔助訴訟參加制度之設計，一方面在構成要件之層次，緩和參加許可要件之嚴格性；另一方面在法律效果部分則大幅度降低其在參加訴訟過程中訴訟活動之獨立性 使輔助參加人在訴訟中擔任之角色，嚴格限制在「輔佐一造當事人」之範圍。因此其行爲不得與所輔助當事人之行爲牴觸（行政訴訟法§48準用民事訴訟法§61參照），亦無獨立上訴之權利，且不爲本案判決既判力效力所及[222]。

❖內容解析❖

一、行政機關之輔助參加

行政訴訟之被告當事人適格規定於行政訴訟法第24條至第26條，在須經訴願程序之撤銷訴訟時，若原處分或決定被撤銷或變更時，則被告爲最後撤銷或變更之機關，而非原處分或決定機關。因此行政法院爲裁判時，若原處分或決定機關無法參與訴訟，將無法充分取得判斷該處分或決定是否合法所需的依據，因而可能無法爲正確的判斷[223]。行政機關輔助參加之主要目的乃在幫助釐清事實提供程序進行的幫助，因此並不以有利害關係爲必要[224]。在同一行政主體之上下級機關，上級機關爲訴願決定機關，下級機關爲處分機關，上級機關並無參加訴訟之意義[225]，蓋上下級機關面臨行政訴訟時，爲準備訴訟之進行，應進行內部之相互協力而非參加訴訟；換句話說，訴

---

[222] 最高行政法院105年度裁字第401號裁定、最高行政法院104年度判字第44號判決指出，行政法院依行政訴訟法第42條第1項命第三人參加訴訟，係以第三人之權利或法律上利益，將因撤銷訴訟之結果而受損害爲要件。行政法院命被告以外之行政機關參加訴訟，就其職掌事項，提供專業意見，協助行政法院認定事實及適用法律，以判斷行政處分之合法性，則屬行政訴訟法第44條第1項之輔助參加範圍。參加人爲行政機關，顯無權利或法律上利益將因本件撤銷訴訟之結果受損害。

[223] 尤其在多階段行政處分時，雖然原則上以最後對外爲准駁決定的機關，爲處分機關並爲被告機關，但作成決定前一階段之其他行政機關行爲對於准駁之決定則有重大影響，若該機關能參與訴訟，則將有利於整體訴訟之進行。林騰鷂，行政訴訟法，2013年5版，頁297；吳庚、張文郁，行政爭訟法論，2016年修訂8版，頁228-229；徐瑞晃，行政訴訟法，2012年3版，頁214；劉建宏，訴訟參加制度在我國行政訴訟法上之適用—普通參加與輔助參加，行政訴訟制度相關論文彙編，第7輯，司法院編印，2010年，頁211；蔡志方，行政救濟法新論，2000年初版，頁153認爲機關之輔助參加，最適當者，乃多階段行政處分參與處分一部分階段者；惟其又於第151頁指出多階段處分中之相關機關屬於必要參加之類型。

[224] 陳計男，行政訴訟法釋論，2000年初版，頁122；最高行政法院104年度判字第44號判決指出，行政法院命被告以外之行政機關參加訴訟，就其職掌事項，提供專業意見，協助行政法院認定事實及適用法律，以判斷行政處分之合法性。參加人爲行政機關，顯無權利或法律上利益將因撤銷訴訟之結果受損害。

[225] 徐瑞晃，行政訴訟法，2012年3版，頁214。

願決定機關原則上不能輔助爲被告之原處分機關而參加訴訟，蓋訴願程序與行政訴訟程序在此情形有類似審級之關係，焉有下級之審理機關在上一級程序中輔助參加之理[226]。

參加人須爲被告以外之行政機關，至於該行政機關是否必須具備特定的要素，則有不同看法，有主張參加機關必須曾參與原處分或決定，且行政法院於判斷處分或決定之性質及適法性時，能提供有效適切之知識、經驗、資料等之行政機關[227]。另有認爲，即使未參與原處分或決定，只要該機關具備該訴訟事件之專業知識，且裁判結果可能影響其行政任務目的之達成時，亦應得爲輔助參加[228]。爲能澈底發揮訴訟參加之功能以及基於行政訴訟職權主義原則，只要該行政機關所具之專業知識有助於行政訴訟事件裁判合法正確作成者，不論其行政任務目的之達成是否受到影響，均得爲輔助參加[229]。

行政機關係有輔助一造之必要時得參加訴訟，條文中所稱一造，是否爲任意一造，則有不同見解。有認爲機關輔助之對象僅限於被告之行政機關，以避免行政意思之分裂[230]。另有認爲行政訴訟法第44條第1項僅規定有輔助一造之必要，並未區分原告或被告，因此應包括原告之人民與行政機關在內[231]。爲貫徹參加訴訟全面澄清爭訟事實之功能，行政機關輔助參加之對象應不限於被告機關，蓋不同行政機關可能分屬不同的行政主體，因此並無行政意思分裂的情形，彼此在法律上係相互獨立，僅在不同行政機關屬於同一行政主體時，才有限制其輔助對象之必要[232]。

二、利害關係人之輔助參加

利害關係人認爲有輔助一造之必要者亦得聲請輔助參加。依行政訴訟法第48條準用民事訴訟法第60條第1項之規定[233]，輔助參加人地位之取得，並不以行政法院裁定存在爲必要，換句話說，行政法院不得依職權調查第三人就本訴訟有無利害關係而

---

[226] 此乃行政訴訟以訴願前置爲要件之訴訟類型，亦即撤銷訴訟與課與義務訴訟特有之限制，至於確認或一般給付訴訟則無此限制，吳庚、張文郁，行政爭訟法論，2016年修訂8版，頁229。

[227] 徐瑞晃，行政訴訟法，2012年3版，頁214；陳計男，行政訴訟法釋論，2000年初版，頁122；蔡志方，論行政訴訟上之訴訟參加，收錄於：行政救濟與行政法學（三），1998年，頁430。

[228] 陳清秀，行政訴訟法，2015年7版，頁372。

[229] 行政訴訟參考手冊初稿，2000年，頁27認爲：應與其職權之行使有關聯，始得輔助參加，例如，於審查多階段行政處分之情形，由作成前一階段行爲之機關爲輔助參加。

[230] 陳計男，行政訴訟法釋論，2000年初版，頁123；蔡志方，論行政訴訟上之訴訟參加，收錄於：行政救濟與行政法學（三），1998年，頁430。

[231] 陳清秀，行政訴訟法，2015年7版，頁372。

[232] 行政訴訟參考手冊初稿，2000年，頁27。此外，訴願決定機關不得輔助原處分機關而參加訴訟，原處分機關亦不得輔助他造當事人對抗訴願決定機關。

[233] 民事訴訟法第60條第1項規定，當事人對於第三人之參加，得聲請法院駁回，但對於參加未提出異議而已爲言詞辯論者不在此限。

爲裁判，亦不必另以裁定允許第三人參加[234]。聲請人依行政訴訟法第44條第2項規定聲請輔助參加，就其聲請參加之訴訟有無利害關係，行政法院不得依職權調查裁判；而應先將輔助參加書狀送達本案之原、被告，再由原、被告自行決定是否依行政訴訟法第48條準用民事訴訟法第60條之規定聲請行政法院駁回該輔助參加。行政法院係在受理訴訟當事人之駁回參加之聲請後，始得就第三人於所參加之訴訟有無利害關係爲調查裁判。於駁回裁定確定前，參加人得按參加時之訴訟程度，輔助當事人爲一切訴訟行爲；僅其行爲與該當事人之行爲牴觸者，不生效力[235]。

　　參加人必須就本案訴訟有利害關係，利害關係是否限於法律上利害關係，立法當時雖有不同意見，依立法理由係指法律上利害關係爲限，並不包括事實上、經濟上或文化上之利益，其係指具體法規所保護之權利或利益[236]。輔助參加並不要求參加人之權利或法律上利益將因本案判決結果而受到損害，僅須有法律上利害關係即可，所謂法律上利害關係則指第三人之法律地位，因當事人一造之敗訴，依該判決之內容，包括判決主文及判決理由，對於某項事實或法律關係存否之判斷，將直接或間接受不利者[237]，法律上利害關係包括公法及私法上的利害關係。

三、法律效果

(一)行政機關之輔助參加

　　其他行政機關之參加訴訟爲輔助參加性質，其依行政訴訟法第23條規定亦未取得訴訟當事人之地位[238]，故本案訴訟之判決對該機關並無既判力拘束之問題。但依行政訴訟法第216條第1項規定，撤銷或變更原處分或決定判決，就其事件有拘束各關係機關之效力，因此其他行政機關如爲該事件之關係機關，自受該判決效力之拘束。一般而言，爲輔助參加之機關應爲本案訴訟事件之關係機關。除此之外，利害關係人輔助參加所生的法律效果，在此亦適用之。

---

[234] 行政訴訟參考手冊初稿，2000年，頁26。

[235] 最高行政法院111年度抗字第89號裁定。

[236] 行政法院89年度裁字第107與731號；吳庚、張文郁，行政爭訟法論，2016年8版，頁229；劉建宏，訴訟參加制度在我國行政訴訟法上之適用—普通參加與輔助參加，行政訴訟制度相關論文彙編，第7輯，司法院編印，2010年9月，頁214-215指出：如利害關係不限於法律上利害關係，其範圍將極爲廣泛，訴訟程序將有不當擴大之虞。

[237] 若該當事人勝訴，參加人即可免去此項不利益，因此有輔助參加之必要。陳計男，行政訴訟法釋論，2000年初版，頁117。

[238] 最高行政法院102年度判字第604號判決指出，輔助參加人非原判決之當事人，不得對該判決聲明不服，輔助參加人如提出上訴，顯然不備行政訴訟法第107條第1項第10款所定之其他要件，法院無從命補正，應認其上訴爲不合法，而駁回輔助參加人提出之上訴。

(二)利害關係人之輔助參加

輔助參加人爲訴訟參加聲請時即取得輔助參加人之地位，並得按參加時之訴訟程度[239]，輔助當事人爲一切訴訟行爲，但其行爲與該當事人之行爲牴觸者不生效力（行政訴訟法§48準用民事訴訟法§61）[240]。輔助參加人依行政訴訟法第23條規定並非訴訟當事人，因此並非本案判決效力所及，但輔助參加人對於其所輔助的當事人，則不得主張本案訴訟之判決不當。惟依行政訴訟法第215條規定，撤銷或變更原處分或決定之判決，對第三人亦有效力，因此在撤銷訴訟中，如原告勝訴，該訴訟之輔助參加人，亦受本案訴訟判決效力之拘束。

四、司法實務

(一)行政機關之輔助參加

1.最高行政法院102年度判字第604號判決——金門縣政府輔助金門縣地政局

金門縣政府係臺北高等行政法院認其有輔助金門縣地政局之必要，依行政訴訟法第44條第1項規定，依職權命金門縣政府爲輔助訴訟之輔助參加人。

2.最高行政法院104年度判字第44號判決——行政院農業委員會輔助經濟部

行政院農業委員會本於農田灌溉之權責主管機關，承行政法院之命參加訴訟，

所屬農業實驗所針對本件涉及之卓蘭圳灌區環境條件下水稻、甘蔗、葡萄、梨、柑橘、楊桃等作物灌溉需水量，提出系爭水權狀有關農作物灌溉需水量研究調查報告，協助原審法院認定事實，以判斷原處分之合法性，性質上爲行政訴訟法第44條第1項之輔助參加。

3.最高行政法院100年度判字第1025號判決——財政部臺灣省北區國稅局輔助行政院環境保護署

上訴人主張應以「容器生產量」爲「營業量」據以計算系爭回收清除處理費，原處分按「銷售量」予以推計核算「營業量」再予以計算系爭回收清除處理費，即各有部分於法有據、部分顯有可議之處。然爲解決爭端及公允起見，鑑於原處分既以「銷售量」推估「營業量」，臺北高等行政法院遂依職權命財政部臺灣省北區國稅局輔助參加本件訴訟，並爲輔助查核，即依上訴人92年度至95年度營業稅及營利事業所得稅申報事件所有相關帳簿憑證，由「營業成本」等項予以計算系爭回收清除處理費金額。

---

[239] 在參加訴訟時，依訴訟之進行當事人已不得爲之訴訟行爲，輔助參加人亦不得爲之。

[240] 所謂與當事人之行爲牴觸者，以當事人之積極行爲爲限，行政訴訟參考手冊初稿，2000年，頁27。

(二)利害關係人之輔助參加

1.最高行政法院100年度判字第2093號判決

依參加人李○○所提出之訴訟參加聲請狀所載，其與上訴人林○○同為系爭都市更新案之原所有權人，上訴人林○○所有建物為450號1樓，參加人其所有建物則為448號、448-1號1樓，均對於實施者即參加人晶宮大廈都市更新會所擬定之系爭都市更新案權利變換計畫報經被上訴人（臺北市政府）核定在案之權利價值有異議等情，參加人李○○與上訴人間，為行政訴訟法第44條規定之利害關係人。

> **第45條**（命參加之裁定及其程序）
> 命參加之裁定應記載訴訟程度及命參加理由，送達於訴訟當事人。
> 行政法院為前項裁定前，應命當事人或第三人以書狀或以言詞為陳述。
> 對於命參加之裁定，不得聲明不服。

❖立法說明❖

訴訟參加可分為由法院依職權命第三人或其他行政機關參加以及由第三人或行政機關聲請參加。除利害關係人或行政機關聲請輔助參加外，其他訴訟參加人參加人地位的取得須經行政法院之裁定，法院為該項裁定時，究應履行何種程序，與第三人的利益息息相關，在法院依職權命第三人參加訴訟時，第三人係被動且在獲知裁定前，甚至對於本案訴訟根本不知或僅有部分認識，因此必須提供給所有訴訟當事人一定的資訊，以利訴訟進行，避免突兀，本條係規定法院命參加之裁定及其程序。

本條係新增，為使參加人明瞭訴訟進行之程度，並為保護本訴訟當事人，使其知悉訴訟參加之事實，特規定命參加之裁定應記載訴訟程度及命參加之理由，送達於訴訟當事人。

行政法院就第三人是否符合參加訴訟之要件，及有無參加訴訟之必要，應予調查審究，因此規定行政法院為命參加訴訟之裁定前，應命當事人或第三人以書狀或言詞為陳述。

訴訟參加對法院蒐集訴訟資料甚有幫助，因此規定對於命參加訴訟之裁定，不得聲明不服，以免拖延訴訟。

❖內容解析❖

一、命參加之裁定內容

　　命參加之裁定應送達於所有訴訟當事人，該裁定必須記載訴訟程度及命參加之理由。所謂訴訟程度係指訴訟進行的現況，例如，參加人所參加之訴訟究竟繫屬於高等行政法院或最高行政法院，原告或被告為何人等。命參加理由則指參加人為何有必要參加訴訟之原因，例如，在必要共同訴訟之獨立參加，則係訴訟標的對於第三人及當事人一造必須合一確定的理由；在利害關係人之獨立參加，則係參加人之權利或法律上利益，因判決結果將受如何之損害等；在行政機關參加，則係命機關參加可取得何種與原處分或訴願決定有關之知識、經驗或資料[241]。違反此項提供資訊之義務並非程序瑕疵，若法院以其他方式在言詞辯論終結前給予當事人，尤其是參加人充分法定聽審的機會時[242]。

二、先行調查

　　行政法院有依職權應為命參加之裁定（§41），亦有依職權或聲請得為命參加之裁定（§42，§44Ⅰ）。前者行政法院必須依職權全面調查第三人是否符合訴訟參加之要件，後者，行政法院雖享有裁量權，但仍須依合義務性裁量，審查所有當事人提出之資料及法院已知的資料，來決定第三人是否符合參加訴訟之要件以及有無參加訴訟之必要。在下判斷前，至少應使當事人或第三人有表達意見的機會，以使決定能夠正確合法，無論以書狀或言詞為陳述皆係符合上述要求，此項先行程序雖屬行政法院於訴訟中應遵守之程序，但違反其所為之裁定並非無效[243]。

三、命參加訴訟裁定之效力

　　第三人於命參加訴訟裁定送達後，取得參加人之地位，此項裁定，原告、被告及參加人皆不得聲明不服。其目的除因為訴訟參加能夠全面澄清事實真相避免拖延訴訟外，亦在保障參加人參加訴訟過程中，不用擔憂該項命參加裁定將會被撤銷而影響其利益[244]。

---

[241] 徐瑞晃，行政訴訟法，2012年3版，頁215。

[242] Bier, Schoh/Schneider/Bier, Verwaltungsgerichtsordnung, 2016, §65, Rdnr. 32; Kopp, Verwaltungsgerichtsordnung, 10. Aufl., 1994, §65, Rdnr. 36.

[243] 陳計男，行政訴訟法修正草案關於訴訟參加之評釋，法令月刊49卷4期，1998年4月，頁12。

[244] Schmidt, in: Eyermann, Verwaltungsgerichtsordnung, 11. Aufl., 2000, §65, Rdnr. 29.

第46條（必要共同訴訟參加人之地位）
第四十一條之參加訴訟，準用第三十九條之規定。

❖立法說明❖

　　必要共同訴訟之獨立參加與必要共同訴訟關係密切，行政訴訟法第39條係規範必要共同訴訟人間之關係，其用語與第41條的規定一致，皆以訴訟標的必須合一確定為前提，參加人於訴訟中與被參加人之當事人間處於準必要共同訴訟人之地位，故有本條規定。

　　本條係新增，本法第41條之訴訟參加以訴訟標的對於第三人及當事人一造必須合一確定為要件，參加人與當事人一造利害關係一致，自有本法第39條規定必要共同訴訟法則之適用，特設本條，俾有依據。

❖內容解析❖

　　必要共同訴訟之獨立參加準用第39條之規定，故：一、共同訴訟人（包括參加人）中一人之行為有利益於共同訴訟人者，例如，參加人提起上訴，其效力及於全體；不利益者，例如，參加人為捨棄、認諾或撤回等，對於全體不生效力；二、他造對於共同訴訟中一人之行為，無論其行為是否有利或不利，其效力及於全體；三、共同訴訟中之一人，生有訴訟當然停止或裁定停止之原因者，其當然停止或裁定停止之效力及於全體。

　　共同訴訟人中一人之行為，有利益於共同訴訟人或不利益於共同訴訟人，係指於行為當時就形式上觀察，並非指經法院審理結果。故共同訴訟人中之一人，對於下級法院不利於己之判決聲明不服，提起上訴，應認係有利於共同訴訟人，其效力及於共同訴訟人全體[245]。

第47條（本訴訟判決效力之擴張）
判決對於經行政法院依第四十一條及第四十二條規定，裁定命其參加或許其參加而未為參加者，亦有效力。

---

[245] 最高行政法院101年度判字第682號判決。

❖立法說明❖

參加訴訟制度透過參加人參加訴訟之機會，達成一次紛爭一次解決的目的。獨立參加人於訴訟中可提出獨立攻擊或防禦之方法，以維護自身之權益，獨立參加人於收到命或許可參加裁定後取得參加人之地位，並依行政訴訟法第23條規定爲訴訟當事人。依行政訴訟法第214條規定判決對於當事人發生效力，參加人當然亦受判決效力拘束，此在參加人事實上參加訴訟時，固無疑問[246]但若第三人於命或許其參加裁定作成後，實際上並未參加時，該判決效力是否可拘束第三人，不無疑問，因此特設本條以爲適用。

本條新增，本法第23條規定，第41條與第42條參加訴訟之人亦爲訴訟當事人，故判決對各該參加訴訟之人亦有效力，應屬當然。至於經行政法院裁定命其參加或許其參加而未爲參加者，既給予參加訴訟機會，如仍未爲參加，亦應使判決對之發生效力，以免日後再爲訴訟之煩累。

❖內容解析❖

獨立參加人於送達命或許可參加之裁定後，取得參加人地位，參加人並不用再向行政法院表明參加訴訟之意願，縱其於收受裁定後，事實上並未參與該訴訟之進行，仍不失其爲參加人，而仍應受參加訴訟法律效果之拘束。參加人既爲當事人，判決自然對其有效力，換句話說，參加人實際上是否、如何以及支持原告或被告參與訴訟程序，並不會影響本案判決對於參加人之拘束力[247]。只要給予參加人積極主動參與訴訟之機會並保障其法定聽審時，則足以使其受本案判決之拘束[248]，因此本條規定僅具有宣示作用，該條文標示所言，本條爲本訴訟判決效力之擴張，值得商榷[249]。本條所定未爲參加者係指依行政訴訟法第41條、第42條規定，行政法院以裁定命其參加或許其參加而未爲參加者而言，至於行政法院應命參加而因本身錯誤而未以裁定命參加者，不適用本條規定。本條之適用必須可歸屬於第三人之事由而未爲參加，若非可歸責於第三人之事由而未參加訴訟時，則第三人可依行政訴訟法第284條第1項規定，對於確定終局判決聲請重新審理。

---

[246] 惟參加人於參加時之訴訟狀態，因當事人對於訴訟標的或程序之處分，例如撤銷行政處分或撤回法律救濟等，而不能陳述事實或證據方法，致生影響裁判之結果時，則參加人即非既判力效力所及，陳清秀，行政訴訟法，2015年7版，頁368-369。

[247] 陳計男，行政訴訟法修正草案關於訴訟參加之評釋，法令月刊49卷4期，1998年4月，頁14；Bier, Schoh/Schneider/Bier, Verwaltungsgerichtsordnung, 2016, §66, Rdnr. 8.

[248] Bier, Schoh/Schneider/Bier, Verwaltungsgerichtsordnung, 2016, §66, Rdnr. 8.

[249] 陳計男，行政訴訟法修正草案關於訴訟參加之評釋，法令月刊49卷4期，頁12、14。

第48條（準用之規定）

民事訴訟法第五十九條至第六十一條、第六十三條至第六十七條規定，於第四十四條之參加訴訟準用之。

❖**立法說明**❖

　　行政訴訟法與民事訴訟法皆規定訴訟參加之制度，雖然兩者在性質及目的上有所不同，但由第三人參與他人訴訟則無不同，因此在制定行政訴訟法的訴訟參加時，如何準用民事訴訟法上相同的規定，以避免重複立法，則屬重要。司法院行政訴訟制度研究修正委員會於討論此問題時，共有四種方案可供選擇。第一種方案係採用概括準用之方式，於準用條文中規定，民事訴訟法關於訴訟參加之規定，與本節不相牴觸者準用之，惟本案過於概括，容易發生爭論，故不採之[250]。第二種方案則採逐條準用方式規定，民事訴訟法第59條規定，於第三人聲請參加時準用之；其為輔助一造而參加者並準用第61條，第63條至第67條之規定。第三種方案則採分別準用之方式，即於訴訟參加種類有關法條後，分別規定準用條文。在利害關係人獨立參加後規定，民事訴訟法第59條規定之準用以及在輔助參加後規定，民事訴訟法第59條至第61條，第63條至第67條之準用，此兩方案中有關利害關係人之獨立參加僅準用民事訴訟法第59條規定，應無必要，不如自行規定較妥[251]。第四種方案則認為必要參加（現行行政訴訟法§41）與共同訴訟之輔助參加（§42）採自行規定，不準用民事訴訟法，於輔助參加（§44）始準用民事訴訟法第59條至第61條、第63條至第67條之規定。本案為大多數委員所採，亦成為行政訴訟法第48條之規定[252]。

　　本條係新增，民事訴訟法第59條至第61條，及第63條至第67條有關從參加之各項規定，其性質與本法有關輔助參加之規定不相牴觸，爰列舉各該條次，明定於本法第44條之輔助參加訴訟準用之，以節繁文。

❖**內容解析**❖

一、參加程序

　　第三人為輔助參加時，依第48條準用民事訴訟法第59條規定，應提出參加書狀於本訴訟繫屬之法院，參加書狀應表明下列各款事項：(一)本訴訟及當事人；(二)參加人於本訴訟之利害關係；(三)參加訴訟之陳述。法院應將參加書狀，送達於兩造。

---

[250] 楊建華，司法院行政訴訟制度研究修正資料彙編（三），司法院編印，1986年，頁1187。
[251] 同上註。
[252] 前揭彙編，頁1193。

當事人對於第三人之參加得聲請法院駁回，但對於參加未提出異議而已為言詞辯論者，不在此限（民事訴訟法§60Ⅰ）。故輔助參加人地位之取得與利害關係人之獨立參加和必要共同訴訟之獨立參加不同，並不以行政法院之裁定為必要。對於第三人之參加，當事人得聲請法院駁回，惟若當事人不為異議而已為言詞辯論時，第三人則取得輔助參加人之地位，行政法院就當事人聲請所為之裁定，受不利益之人得為抗告。

二、參加人之權限

輔助參加人取得參加人地位後，得按參加時之訴訟程度輔助當事人為一切訴訟行為（民事訴訟法§61）。故輔助參加人得為當事人提出攻擊或防禦方法、提起上訴、抗告、聲請回復原狀等訴訟行為，參加人所為之訴訟行為，對於其所輔助之當事人皆可發生效力[253]，參加人所為之訴訟行為，應按參加時之訴訟程度為之，因此依訴訟進行之程度，當事人已不能為之訴訟行為，輔助參加人亦不得為之，例如原告已捨棄其訴訟標的之一部者，輔助原告之參加人不得再為主張。參加人以輔助當事人為目的，因此參加人之行為與該當事人之行為牴觸者，不生效力，亦即應以當事人之行為為準，惟此處所指當事人行為專指積極行為而言，若當事人僅係不作為，則並無牴觸問題，故當事人未於上訴期間提出上訴，除當事人有反對之表示或捨棄上訴權外，輔助參加人可提起上訴[254]。此外，輔助參加人不得為不利其所輔助當事人不利之行為，例如，訴訟標的之捨棄，訴訟上之和解等行為，僅屬當事人行使之權限，例如，訴之追加、訴之變更或訴之撤回，輔助參加人亦不得為之，違者，其所為之行為不生效力[255]。

三、輔助參加判決之效力

輔助參加人並非行政訴訟法上之當事人，因此並非本案判決效力所及。惟參加人於訴訟中得為其所輔助之當事人為一切訴訟行為，則本訴訟之裁判，應使其對參加人發生某種效力，始符合參加訴訟之本旨。依民事訴訟法第63條規定，參加人對其所輔助之當事人不得主張本訴訟之裁判不當，此種效力稱之為裁判之參加效力，其與既判力並不相同。參加人對其所輔助之當事人，就將來發生與該次輔助參加有關之訴訟，

---

253 王甲乙、楊建華、鄭健才，民事訴訟法新論，2010年，頁344；陳計男，民事訴訟法論（上），2015年修訂6版，頁151。

254 王甲乙、楊建華、鄭健才，前揭書，頁345；陳計男，前揭書，頁154。

255 王甲乙、楊建華、鄭健才，前揭書，頁345；陳計男，前揭書，頁152-153；陳清秀，行政訴訟法，2015年7版，頁374-375；陳榮宗、林慶苗，民事訴訟法（上），2014年修訂8版，頁230。

不得主張其原來參加之訴訟，法院所爲之裁判不當[256]。參加人雖不得對其所輔助之當事人主張本訴訟之裁判不當，但參加人非民事訴訟法上所謂當事人，其與他造當事人間，自非確定判決之既判力所能及[257]，惟行政訴訟法第215條規定，撤銷或變更原處分或決定之判決，對第三人亦有效力，因此於撤銷訴訟，如原告勝訴時，該訴訟之輔助參加人，亦受本訴訟判決效力之拘束。

　　輔助參加人爲訴訟行爲，仍受有相當限制，因此如於下列情形仍使參加人受參加效力之拘束，未免過苛，故法律規定參加人得例外主張本訴訟之裁判不當（民事訴訟法§63但書）：(一)參加人因參加時之訴訟程度，已不能用攻擊或防禦方法者，此時若仍使參加人受不利益結果之拘束，有欠公允，例如，參加人於上訴法律審始參加訴訟，已無法針對事實提出攻擊防禦方法；(二)因其所輔助之當事人之行爲，不能用攻擊或防禦方法者，例如，當事人已爲捨棄、自認或認諾；(三)因其所輔助之當事人之故意或重大過失，不用參加人所不知之攻擊或防禦方法者。參加人對該項攻擊或防禦方法既不知，自無從援用主張。因當事人故意或重大過失行爲所導致之不利益，參加人亦同受不利益，則顯有失公允，因此使參加人免受本訴訟之拘束。至於參加人是否有過失，則非所問[258]。

　　參加人如於他訴訟主張有上述情形存在時，應負舉證責任。

四、輔助參加人之承當訴訟

　　民事訴訟法第64條規定，參加人經兩造同意時，得代其所輔助之當事人承當訴訟。參加人承當訴訟者，其所輔助之當事人脫離訴訟。訴訟承當使參加人取代原輔助之當事人之地位，而成爲當事人。惟訴訟之性質不允許承當訴訟者，例如有關身分關係之訴訟，自不得承當訴訟[259]，又行政訴訟法所涉及者係公法上之爭議，輔助參加人所輔助之當事人若爲原告並取得本訴訟之訴訟實施權，承擔訴訟後，其當事人適格並無問題。但若其輔助之當事人爲行政機關，則無訴訟承當之問題，蓋輔助參加人因承當而成爲被告時，則將產生當事人不適格之問題[260]。

　　脫離之當事人就本案判決而言，已不再是當事人，應非本案判決效力所及，但民事訴訟法第64條第2項但書規定，脫離之當事人亦受本案判決效力所拘束，此種效力包括既判力及執行力。

---

[256] 徐瑞晃，行政訴訟法，2012年3版，頁221。

[257] 最高法院23年上字第3618號判例。

[258] 詳參王甲乙、楊建華、鄭健才，民事訴訟法新論，2010年，頁348；陳計男，民事訴訟法論（上），2015年修訂6版，頁156-157。

[259] 陳計男，前揭書，頁161；陳榮宗、林慶苗，民事訴訟法（上），2014年修訂8版，頁236。

[260] 陳計男，行政訴訟法修正草案關於訴訟參加之評釋，法令月刊49卷4期，1998年4月，頁16；徐瑞晃，行政訴訟法，2012年3版，頁222。

五、告知參加

告知參加係指，當事人一造於訴訟繫屬中，以法定方式，將其訴訟告知於因自己敗訴而有法律上利害關係之第三人，促使其參加訴訟（民事訴訟法§65Ⅰ）。告知參加係將訴訟繫屬之事實向第三人為通知，本身為事實行為並非要求第三人參加訴訟，其目的在使第三人知有訴訟之繫屬進而有參加之機會以保護本身之權益，同時使受告知之第三人亦受本訴訟判決效力之拘束，告知參加行為係告知人之權利而非義務，因此是否為告知，則由告知人自由決定，縱不為告知，亦不負法律上任何責任[261]。

當事人告知參加時，依民事訴訟法第66條規定，應以書狀表明理由及訴訟程度提出於法院，由法院送達於第三人以及他造。受告知人並不因已受告知而有參加訴訟之義務，是否參加，仍可由其自行決定[262]。告知參加後，對於本訴訟之進行並無任何影響，原則上訴訟並不停止進行，但行政法院認為受告知人能參加訴訟時，為保護受告人及當事人之利益，得在受告知人參加前，以裁定停止訴訟程序之進行（行政訴訟法§186規定準用民事訴訟法§185）。受告知參加之第三人，不論自己是否參加訴訟，得於訴訟繫屬中，將訴訟遞行告知於因其所輔助當事人敗訴而有法律上利害關係之他人（民事訴訟法§65Ⅱ）。

受告知人不為參加或參加逾時者，依民事訴訟法第67條之規定，視為於得行參加時已參加訴訟，並準用第63條之規定。第三人接受告知後而參加訴訟者，即為輔助參加人，此時依行政訴訟法第48條準用民事訴訟法第63條之規定，參加人對其所輔助之當事人自不得主張本訴訟之裁判不當，若受告知人受參加告知而不為參加或參加逾時者，為貫徹參加告知之立法目的，法律擬制受告知人亦受民事訴訟法第63條規定參加效力之拘束。因此不論受告知人實際上有無參加訴訟，告知參加之當事人均得對受告知人主張民事訴訟法第63條所規定，本訴訟裁判對於參加人之效力[263]。

---

[261] 最高法院22年上字第754號判例。

[262] 受告知人如欲參加訴訟時，則應依輔助參加之程序辦理。

[263] 此項效力之發生以告知參加具備法定要件始能發生，因此若告知參加違反第65條第1項或第66條第1項之規定者，受告知人得於新訴訟中主張告知參加不備要件，以免受裁判參加效力之拘束。王甲乙、楊建華、鄭健才，民事訴訟法新論，2010年，頁353。

第五節　訴訟代理人及輔佐人

緒 論

一、立法沿革

舊行政訴訟法條文中並未親自規定輔佐人制度，因此在行政訴訟制度研究修正委員會第114次會議中即面臨是否採用輔佐人制度以及如何在行政訴訟法中規定的問題。與會大多數者認為，在行政訴訟上，行政機關力量較大，有採用輔佐人之必要以保護人民權益[264]。此外，行政訴訟中有許多案件涉及專業知識，若有專家為輔佐人則很有幫助[265]。因此最後決定不完全準用民事訴訟法之規定，構成要件部分自行規定，至於輔佐人所為陳述之效力，則準用民事訴訟法第77條之規定，行政訴訟法不自行規定。

至於訴訟代理人問題，首先，在行政訴訟中是否採用律師訴訟主義，基本上大多數認為民事訴訟法並未採行律師訴訟制度且律師費用為一大負擔，因此贊成維持民事訴訟法第68條規定之原則[266]。至於除律師外，非律師是否得為訴訟代理人，例如，會計師為稅務案件代理人、專利案件由專利代理人代理、法學院教授等，是否得為訴訟代理人，則有不同見解。因此決定在行政訴訟中自行規定訴訟代理人制度，而不完全準用民事訴訟法之規定，有關訴訟代理人之資格、訴訟代理權授與方式、範圍、單獨代理原則以及代理權之消滅與終止則由行政訴訟法自行規定。至於當事人之撤銷更正權與代理權欠缺之補正則準用民事訴訟法之規定。

立法院審查時，有關訴訟代理人及輔佐人部分，則完全依照司法院所提草案通過，並未有修改。

2007年修正行政訴訟法第49條有關非律師擔任訴訟代理人之資格，將四種情形限縮為三種且委任非律師為訴訟代理人者，一律應得審判長許可。2014年為配合交通裁決事件回歸行政法院審判，放寬行政訴訟法第49條有關非律師擔任訴訟代理人之資格限制，增列一種得為行政訴訟代理人之情形。

2011年修正行政訴訟法第55條，限制輔佐人數不得逾二人。

2022年6月22日修正公布、2023年8月15日施行行政訴訟法漸進擴大強制律師代理範圍，增訂高等行政法院管轄之環境保護、土地爭議之第一審通常訴訟程序事件及

---

264 翁岳生、陳瑞堂，司法院行政訴訟研究修正資料彙編（三），司法院編印，1986年，頁1194。
265 吳庚、張特生，前揭彙編，頁1197。楊建華委員則指出，就民事訴訟實施之情形而論，實際上輔佐人制度並未發生作用，因為已有訴訟代理制度可資運用。
266 陳瑞堂、楊建華、張特生，前揭彙編，頁1200。

都市計畫審查程序事件、高等行政法院管轄之通常訴訟程序上訴事件、向最高行政法院提起之事件、適用通常訴訟程序或都市計畫審查程序之再審事件、聲請重新審理及其再審事件，以及上開程序進行中所生之其他事件，原則上當事人應委任律師為訴訟代理人。並明定當事人具備一定資格得不委任律師之情形、委任非律師且行政法院認為適當之情形，以及未合法委任訴訟代理人時，行政法院之處理方式（§49-1、§241-1）。此外，增訂於律師強制代理事件，訴訟代理人得偕同當事人於期日到場，經審判長許可後，當事人得以言詞為陳述。當事人並得依法自為相關程序上處分行為。如訴訟代理人未到場，視同當事人不到場（§49-2、§194-1）。最後，增訂當事人無資力委任訴訟代理人時得聲請訴訟救助；律師強制代理事件，其訴訟代理人受送達之權限，不受限制；行政法院或審判長依法為當事人選任律師為特別代理人或訴訟代理人，其酬金為訴訟費用之一部，行政法院為終局裁判時，原則上應併予酌定等規定（§49-3、§66、§98-8）。

二、訴訟代理人之意義、功能及權限

在行政法院前任何當事人皆應可親自從事訴訟行為，亦可請求他人協助訴訟。此項協助可一般地存在於整個訴訟程序，亦可僅在期日時出現，前者為委任訴訟代理人方式，後者為偕同輔佐人方式。惟不論係訴訟代理人或輔佐人，皆以自然人為限，法人則無法擔任訴訟代理人或輔佐人[267]。

(一)訴訟代理人之意義及功能

代理人係指於代理權限內，以本人名義為意思表示或受領意思表示，而直接對本人發生效力之人。訴訟代理人則指當事人不親自為訴訟行為，委任第三人以當事人名義，代理本人為訴訟行為及受訴訟行為之人[268]。因其係基於本人意志所授權，故與法定代理人不同。訴訟代理人之產生通常以當事人與代理人間存在處理訴訟事務之委任契約為前提，亦即內部關係私法上的委任行為，在訂立委任契約之同時或其後再由當事人以書面將訴訟代理權授與訴訟代理人，此項授與訴訟代理權之行為表現於外部，為訟訴法上的單方訴訟行為。法律規定訴訟代理的目的有三，首先係說明當事人有權而非有義務親自為訴訟行為，當事人委任訴訟代理人代為訴訟行為或親自為訴訟行為均無不可[269]；另一方面訴訟行為具有高度技術性，訴訟行為之錯失，往往重大影響訴

---

[267] 至於法人之雇員或公法人所任命的公務員則可為其訴訟代理人或輔佐人，但以其被親自委任為限。Redeker/v. Oertzen, Verwaltungsgerichtsordnung, 10. Aufl., 1991, §67, Rdnr. 13; Schmidt, in: Eyermann, Verwaltungsgerichtsordnung, 11. Aufl., 2000, §67, Rdnr. 11.

[268] 訴訟參加人係以自己名義而成為訴訟當事人，故非訴訟代理人。

[269] 王甲乙、楊建華、鄭健才，民事訴訟法新論，2010年，頁80。

訟之結果，爲保障當事人權益，故設立訴訟代理人制度[270]。最後係基於所有當事人正當利益，使訴訟程序客觀化、實質化，達成爭議解決及結果導向的目的，使訴訟制度運作順利，有效保障人民權利[271]。

(二)訴訟代理人之權限

訴訟代理權賦與訴訟代理人在對內及對外關係上採取所有具有促進、協助及終結權利爭議目的的行爲及陳述，亦即訴訟代理人可代理本人並擁有爲一切訴訟行爲之權限，在期日之內及之外代理本人。具體的內容則依當事人與訴訟代理人所簽訂的委任契約而定。惟在行政訴訟法第51條規定了訴訟代理人法定的權限範圍，以保障訴訟當事人的權益並促進程序的順利進行。

三、輔佐人之意義、功能及權限

(一)輔佐人之意義及功能

輔佐人係指當事人或訴訟代理人經審判長許可，於期日偕同到場，輔助當事人或訴訟代理人爲訴訟行爲之人。輔佐人並非行政訴訟之當事人，亦不得於訴訟程序中與訴訟代理人互換角色[272]。輔佐人地位之取得須先經審判長許可。審判長得拒絕不適任的輔佐人到場。輔佐人與當事人間並不存在訴訟代理權授與的問題，其內部關係爲何，在訴訟法上並不重要[273]。輔佐人僅在期日內始能存在，因此在期日不到場或期日已終了，則喪失輔佐人地位，亦即輔佐人於期日外不能獨立存在。輔佐人之行爲亦限於期日內爲之始具有效力，且限於言詞陳述，因此於期日或期日外以書面爲陳述，則不生法律效力[274]。

行政訴訟制度中雖已設立訴訟代理人制度，固可輔助當事人行使適當攻擊防禦方法，但因訴訟內容所涉及的事物各不相同，有時涉及專門技術或知識，則並非當事人或一般訴訟代理人所知悉，因此爲補充當事人或訴訟代理人對專門技術、知識或陳述能力之不足，而允許具有此種陳述能力之人，於期日偕同出庭陳述，以保護當事人利

---

[270] 陳計男，行政訴訟法釋論，2000年初版，頁133。

[271] 透過訴訟代理人制度可阻止不具意義的訴訟或訴訟方法提出，避免不必要的陳述，使法院能夠集中於爭點，達成審判迅速的目的；蔡志方，行政救濟法新論，2000年初版，頁156指出，基於訴訟之順利進行及經濟性之考量。

[272] 林騰鷂，行政訴訟法，2013年5版，頁314，輔佐人亦非行政訴訟代理人。

[273] 陳榮宗、林慶苗，民事訴訟法，民事訴訟法（上），2014年修訂8版，頁194指出，輔佐人雖係爲輔助當事人或訴訟代理人陳述爲目的，且陳述之效力及於當事人，但與當事人並無法律上之利害關係。

[274] 王甲乙、楊建華、鄭健才，民事訴訟法新論，2010年，頁90；陳計男，行政訴訟法釋論，2000年初版，頁144。

益及促進程序之順利進行[275]。

(二)輔佐人之權限

輔佐人雖係為輔助當事人或訴訟代理人而存在，但其並非僅是當事人或訴訟代理人之發言機關，因此為輔佐當事人或訟訴代理人，得為當事人或訴訟代理人在期日內所得為之一切訴訟行為，例如，應受判決事項之聲明、事實主張、證據抗辯、甚至訴訟標的之捨棄或認諾等[276]。輔佐人之所以享有如此大權限的理由在於，輔佐人為訴訟行為時，必須有當事人或訴訟代理人在場始有效力，如認為輔佐人之行為不當或對當事人不利，自可即時撤銷或更正使其失效，故不會有損害當事人之虞。當事人或代理人，不即時撤銷或更正時，則視為其所自為，對於當事人發生效力。

第49條（訴訟代理人之限制）

當事人得委任代理人為訴訟行為。但每一當事人委任之訴訟代理人不得逾三人。

行政訴訟應以律師為訴訟代理人。非律師具有下列情形之一者，亦得為訴訟代理人：

一、稅務行政事件，具備會計師資格。

二、專利行政事件，具備專利師資格或依法得為專利代理人。

三、當事人為公法人、中央或地方機關、公法上之非法人團體時，其所屬專任人員辦理法制、法務、訴願業務或與訴訟事件相關業務。

四、交通裁決事件，原告為自然人時，其配偶、三親等內之血親或二親等內之姻親；原告為法人或非法人團體時，其所屬人員辦理與訴訟事件相關業務。

委任前項之非律師為訴訟代理人者，應得審判長許可。

第二項之非律師為訴訟代理人，審判長許其為本案訴訟行為者，視為已有前項之許可。

前二項之許可，審判長得隨時以裁定撤銷之，並應送達於為訴訟委任之人。

訴訟代理人委任複代理人者，不得逾一人。前四項之規定，於複代理人適用之。

❖立法說明❖

訴訟代理人制度，各國規定有所不同。有採嚴格律師強制制度者，其係指非律

---

[275] 陳計男，民事訴訟法論（上），2015年修訂6版，頁169；陳榮宗、林慶苗，民事訴訟法（上），2014年修訂8版，頁194，此外若當事人因語言障礙或聽力欠缺而導致陳述能力不足時，輔佐人亦得發揮專業輔助功能。

[276] 王甲乙、楊建華、鄭健才，民事訴訟法新論，2010年，頁90；陳計男，行政訴訟法釋論，2000年初版，頁145。輔佐人之權限不得超過被輔佐人之權限，因此，輔佐人輔助訴訟代理人時，若其無受特別委任，則輔佐人不得為認諾。

師不得為當事人進行訴訟程序且訴訟均須委任律師代理訴訟，當事人縱有訴訟能力與專業知識，亦不得親為訴訟行為，例如，德國民事訴訟法第78條第1項規定，訴訟當事人於各邦法院以及其上級審法院應委任經各該受訴法院所允許之律師代理之[277]。有採律師獨占主義者，其係指訴訟程序得由當事人親自為之或委由訴訟代理人為之，惟當事人委任訴訟代理人時，必須選任律師，無律師資格不得被委任為訴訟代理人，例如，日本民事訴訟法第79條第1項規定，除依法令得為訴訟上行為之代理人外，非律師不得為訴訟代理人。我國民事訴訟法則採任意訴訟代理主義，亦即訴訟程序可由當事人自行為之，亦可委任第三人為訴訟代理人，且第三人之資格法律並未明文予以限制，僅在為保障當事人權益及考慮訴訟程序順利進行目的下，法院得依民事訴訟法第68條第1項規定以裁定禁止非律師為訴訟代理人[278]。

　　行政訴訟法究應如何規範訴訟代理人制度，在研修委員會中首先決定，關於訴訟代理人自行規定，不準用民事訴訟法，蓋當時一般律師皆較偏於熟悉民刑事訴訟，對行政訴訟之專業知識比較缺乏，故行政訴訟有關訴訟代理人之規定應與民刑事訴訟代理人規定有所不同[279]。至於如何規定則有不同意見，有認為對於代理人資格沒有必要加以限制[280]，亦有認為原則上應委任律師為訴訟代理人，但亦允許非律師為訴訟代理人[281]，另外，亦有認為律師及其他具備一定資格者均得為訴訟代理人[282]。經過熱烈討論後，尤其是對於非律師擔任訴訟代理人究竟應涵括多少範圍、究竟採事前許可或事後禁止的問題，最後決定規定為當事人得委任代理人為訴訟行為，非律師具有下列情形之一者，亦得為訴訟代理人：一、具有該訴訟事件之專業知識者；二、因職務關係為訴訟代理人者；三、與當事人有親屬關係者，前項非律師為訴訟代理人者，行政法院認為不適當時，得以裁定禁止之[283]。惟在司法院所提出的行政訴訟法修正草案中，

---

[277] 惟德國行政法院法第67條第1項規定，在聯邦行政法院以及高等行政法院，任何提出聲請之訴訟當事人，皆須以律師或德國大學內具有法官任用資格之法學教授為其代理人。第2項規定，在行政法院，訴訟當事人於訴訟程序進行中的任何階段皆可委任代理人，並於言詞辯論時，偕同輔佐人到場。可見德國行政訴訟並未規定律師強制主義。

[278] 三種制度之利弊，請見，陳計男，民事訴訟法論（上），2015年修訂6版，頁129-130。

[279] 翁岳生，司法院行政訴訟制度研究修正資料彙編（三），司法院編印，1986年，頁1214。

[280] 例如，參考民事訴訟法第68條規定，非律師而為訴訟代理人者，行政法院得以裁定禁止之或僅規定當事人得委任代理人代理訴訟。

[281] 例如，規定非律師而為訴訟代理人除有下列情形者外，行政法院得以裁定禁止之：(1)具有該訴訟事件之專業知識者；(2)因職務關係為訴訟代理人者；(3)與當事人有親屬關係者；或規定為訴訟代理人除具有左列情形者外，應經行政法院之許可：(1)具有該訴訟事件之專業知識者；(2)因職務關係為訴訟代理人者；(3)與當事人有親屬關係者。前者採事後禁止方式，對不得禁止者採列舉方式，後者採事前許可的方式而列舉不必經許可者。

[282] 例如，規定訴訟代理人除律師、依法令取得與訴訟事件有關之代理人資格及因派遣執行公務而為代理人者外，行政法院得以裁定禁止之。

[283] 相關討論請見，司法院行政訴訟制度研究修正資料彙編（三），司法院編印，1986年，第115次會議記錄，頁1213-1231。

則增列依法令取得與該訴訟事件有關之代理人資格者，亦得爲訴訟代理人，並規定法院得以裁定禁止爲訴訟代理人者，限於具有該訴訟事件專業知識者、因職務關係爲訴訟代理人者，與當事人有親屬關係之人[284]。

　　訴訟代理人之人數，依民事訴訟法規定並無人數上之限制，但依刑事訴訟法規定則不得逾三人。修正草案探取刑事訴訟法的規定形式，限制行政訴訟當事人委任之訴訟代理人不得逾三人[285]。

　　1998年10月28日修正公布之行政訴訟法第49條規定，「當事人得委任代理人爲訴訟行爲。但每一當事人委任之訴訟代理人不得逾三人。行政訴訟應以律師爲訴訟代理人。非律師具有左列情形之一者，亦得爲訴訟代理人：一、依法令取得與訴訟事件有關之代理人資格者。二、具有該訴訟事件之專業知識者。三、因職務關係爲訴訟代理人者。四、與當事人有親屬關係者。前項第二款、第四款之訴訟代理人，行政法院認爲不適當時得以裁定禁止之。」

　　由於非律師得爲訴訟代理人資格之規定過於抽象寬鬆，2007年7月4日修正公布之行政訴訟法第49條具體列出例外情形並將之限縮爲三種，稅務、專利行政事件，會計師、專利師或依法得爲專利代理人者，有足夠專業素養爲訴訟代理人，以應實際之需求。會計師及專利師或專利代理人之資格分別依會計師法第5條、專利法第11條之規定。當事人爲公法人、中央或地方機關、公法上之非法人團體時，其所屬專任人員辦理法制、法務、訴願業務或與訴訟事件相關業務者，有充分之專業知識，足資擔任訴訟代理人。此外，爲確保訴訟代理人有足夠之專業知識，以保障當事人權益，增訂非律師爲訴訟代理人時，應得審判長許可之規定。非律師爲訴訟代理人，雖經審判長許可，如其不適任，或不宜爲訴訟行爲，審判長自得隨時以裁定撤銷之。此項裁定亦應送達於爲訴訟委任之人，俾利委任人另行委任適當之訴訟代理人。此外，對複代理人之人數及資格亦加以限制。2014年交通裁決事件回歸行政法院審判，爲免造成訴訟救濟之過度負擔，放寬訴訟代理人資格條件限制。

　　本條係由舊行政訴訟法第7條第2項前段移列修正。

　　行政訴訟程序，當事人得委任代理人爲訴訟行爲，以確保其權益。但每一當事人委任之訴訟代理人不得逾三人，以防受任人意見分歧而妨害當事人權益。

　　近代社會，公法關係相當繁雜，有時非具備法律專業知識，不能順利實行行政訴訟行爲，故原則上行政訴訟應以律師爲訴訟代理人，俾能確保當事人權益。至於非律師而得爲訴訟代理人者，必須有其他法令依據，或具有該訴訟事件之專業知識，或與當事人有親屬關係者，始得爲之，以適當限制訴訟代理人資格，使訴訟程序得以順利

---

[284] 草案係參照司法院行政訴訟制度研究修正會議第116次會議、修正第115次會議所規定，相關討論，前揭彙編，頁1236-1247。
[285] 前揭彙編，頁1301-1305。

進行。

　　非律師爲訴訟代理人時，爲確保訴訟代理人有足夠之專業知識，以保障當事人權益，非律師爲訴訟代理人者，應得審判長許可。

❖內容解析❖

一、訴訟代理人人數

　　訴訟代理人之人數應予限制，否則多數訴訟代理人行爲不一致時，易導致訴訟延滯並對當事人產生不利之影響。此外，訴訟代理人人數之限制究應以案件爲依據或依當事人爲準，亦可斟酌，本條第1項後段規定，每一當事人委任之訴訟代理人不得逾三人，則係以當事人爲準。當事人依行政訴訟法第23條規定包括原告、被告及依第41條與第42條參加訴訟之人。至於不得逾三人，則係參考刑事訴訟法規定而來。若當事人所委任之訴訟代理人超過三人時，例如當事人委任甲、乙、丙、丁、戊五人爲訴訟代理人時，究應如何處理，並未有明確結論，有認爲可請當事人自行刪除，亦有認爲可依委任之先後次序，刪除後委任者[286]。基本上，若所有訴訟代理人皆由當事人有效委任，亦即在內部及外部關係皆係有效時，應皆能代理當事人爲訴訟行爲，其訴訟行爲亦對所有當事人及法院生效，以確保訴訟進行之順利，至於因此所產生對於當事人之不利益，則由當事人承擔，蓋此項不利益係由於自己行爲所產生。

　　惟最高行政法院106年度判字第594號判決指出，每一當事人委任的代理人人數，應受不得逾三人之限制，超過三人之委任，不生委任效果，如就此代爲訴訟行爲，而行政法院仍逕爲實體裁判，即屬判決有當事人於訴訟未經合法代理之情形，爲行政訴訟法第243條第2項第4款所定判決當然違背法令之事由。

二、訴訟代理人資格

　　具有訴訟代理人資格者，除律師外，另有其他四類，此應屬列舉規定。

　　(一)律師：指依律師法規定經考試及格並經訓練合格者或依檢覈方式取得律師資格者。

　　(二)稅務行政事件，具備會計師資格：稅務行政事件意義爲何，影響會計師是否得擔任行政訴訟代理人，惟行政訴訟法並未說明。依會計師法第39條第6款規定，會計師得執行下列業務：……6.前五款業務之訴願或依行政訴訟法規定擔任稅務行政訴訟之代理人。因此，僅在會計師法第39條第6款所列五種業務範圍內，會計師得擔任稅務行政訴訟之代理人。稅捐在我國一般區分爲租稅與其他公課，租稅事件固屬於稅

---

286 前揭彙編，頁1303-1304。

務行政事件，至於其他公課事件，例如，規費、特別公課、分擔金等，是否亦屬於稅務行政事件，在我國並無相關討論，易衍生爭議。德國行政訴訟法第67條第2項第3款規定與本款規定類似，其規定之稅務事件（Abgabenangelegenheiten），有認為並不包含規費、分擔金之爭訟，蓋其不屬於稅務事務[287]；亦有認為應採取較廣義解釋，其他公課事件亦屬之，但不包含行政執行所規定之怠金、代履行費用等[288]。

(三)專利行政事件，具備專利師資格或依法得為專利代理人：專利法第11條第1項規定，申請人申請專利及辦理有關專利事項，得委任代理人[289]辦理之。專利師法雖於2008年1月11日起施行，依專利師法第36條第1項規定「本法施行前領有專利代理人證書者，於本法施行後，得繼續從事第9條所定之業務」。從而專利代理人依前述專利師法規定仍得繼續執業，不因專利師法之施行而受影響。

(四)當事人為公法人、中央或地方機關、公法上之非法人團體時，其所屬專任人員辦理法制、法務、訴願業務或與訴訟事件相關業務。此類人員具備充分之專業知識，足資擔任訴訟代理人。機關所屬專任辦理與訴訟事件相關業務之人員，得擔任訴訟代理人，並不以具有法律專業知識者為限，而林○○為被上訴人人事處之專門委員，係具體處理本件有關上訴人免職相關事務之人員，且為上訴人所自承，依法自得為被上訴人於原審之訴訟代理人[290]。所謂專任人員，應不限於任用人員，派用、約用及僱用人員亦應屬之。惟辦理法制、法務、訴願業務或與訴訟事件相關業務之人員，從字義上似僅能擔任其任職機關之訴訟代理人而無法擔任其他同為當事人之公法人、行政機關之訴訟代理人。由於各級行政機關人力配置差異頗大，基於行政機關間相互協力之要求，行政機關如未配置辦理法制、法務、訴願業務或與訴訟事件相關業務人員，其上級機關或監督機關辦理法制、法務、訴願業務或與訴訟事件相關業務人員應得成為其訴訟代理人[291]。

(五)交通裁決事件，原告為自然人時，其配偶、三親等內之血親或二親等內之姻親；原告為法人或非法人團體時，其所屬人員辦理與訴訟事件相關業務。交通裁決事件相較於通常訴訟程序及簡易訴訟程序事件，較為簡單輕微，裁罰金額亦較低，如委任訴訟代理人均應以律師充之，增加人民訴訟成本，為免造成訴訟救濟之過度負擔，

---

[287] Hüttenbrink, Kuhla/Hüttenbrink, Verwaltungsprozess, 3. Aufl., 2002, E. Klageverfahren in 1. Instanz, I. Allgemeines, Rdnr. 22c.

[288] Meissner/Schenk, Schoch/Schneider/Bier/Schenk/Meissner, Verwaltungsgerichtsordung, 2016, §67, Rdnr. 51.

[289] 代理人涵蓋專利師及專利代理人。

[290] 最高行政法院109年度上字第1054號裁定。

[291] Hüttenbrink, Kuhla/Hüttenbrink, Verwaltungsprozess, 3. Aufl., 2002, E. Klageverfahren in 1.Instanz, I. Allgemeines, Rdnr. 23; Meissner/Schenk, Schoch/Schneider/Bier/Schenk/Meissner, Verwaltungsgerichtsordung, 2016, §67, Rdnr. 47.

放寬訴訟代理人資格條件限制，除配偶外，僅限於三親等內之血親或二親等內之姻親，換句話說，有嚴格親等限制。

三、訴訟代理之許可

訴訟代理人雖非以律師爲限，但非律師爲訴訟代理人時，爲確保訴訟代理人有足夠之專業知識，以保障當事人權益，行政訴訟法第49條第3項規定，非律師爲訴訟代理人者，應得審判長許可。此項要求適用於全部四種例外情形。審判長許可非律師爲訴訟代理人，原應以裁定爲之，惟如審判長許其爲本案訴訟行爲者，視爲已獲得許可。

四、撤銷許可

非律師爲訴訟代理人，雖經審判長許可，如其不適任，或不宜爲訴訟行爲，審判長自得隨時以裁定撤銷之。此項裁定亦應送達於爲訴訟委任之人，俾利委任人另行委任適當之訴訟代理人。是否不適任，則由審判長依具體個案衡量訴訟事件所涉及之專業知識，以合義務性裁量決定之。此項裁定依行政訴訟法第265條之規定，不得抗告。

五、複代理之限制

當事人得委任之代理人人數不得逾三人，惟訴訟代理人得委任複代理人（最高法院70年台上字第4688號判例），如對複代理人無人數及資格之限制，則訴訟代理人得透過委任複代理人之方式，規避對訴訟代理人人數及資格之限制規定，行政訴訟法第49條第6項規定，訴訟代理人委任複代理人者，不得逾一人。前四項之規定，於複代理人適用之。

六、上訴最高行政法院之特別規定——行政訴訟法第241條之1

行政訴訟之上訴審爲法律審（行政訴訟法§242），上訴理由必須具體指摘高等行政法院判決有如何違背法令之情形，此須有專業法律素養者，始能勝任。爲貫徹法律審之功能，及保障當事人權益，行政訴訟法第241條之1第1項規定原則上於上訴審採律師強制代理制度。惟上訴人或其法定代理人具有律師資格或爲教育部審定合格之大學或獨立學院公法學教授、副教授者；稅務行政事件，上訴人或其法定代理人具備會計師資格者；專利行政事件，上訴人或其法定代理人具備專利師資格或依法得爲專利代理人者，因其已有專業素養，則無再強制其委任律師爲訴訟代理人之必要。

此外，上訴人之配偶、三親等內之血親、二親等內之姻親具有律師資格者；稅務行政事件，具備會計師資格者；專利行政事件，具備專利師資格或依法得爲專利代理

人者；上訴人為公法人、中央或地方機關、公法上之非法人團體時，其所屬專任人員辦理法制、法務、訴願業務或與訴訟事件相關業務者，如經最高行政法院認為適當，亦應許其為上訴審之訴訟代理人。

第49條之1

下列各款事件及其程序進行中所生之其他事件，當事人應委任律師為訴訟代理人：

一、高等行政法院管轄之環境保護、土地爭議之第一審通常訴訟程序事件及都市計畫審查程序事件。

二、高等行政法院管轄之通常訴訟程序上訴事件。

三、向最高行政法院提起之事件。

四、適用通常訴訟程序或都市計畫審查程序之再審事件。

五、適用通常訴訟程序或都市計畫審查程序之聲請重新審理及其再審事件。

前項情形，不因訴之減縮、一部撤回、變更或程序誤用而受影響。前項第一款之事件範圍由司法院以命令定之。

第一項情形，符合下列各款之一者，當事人得不委任律師為訴訟代理人：

一、當事人或其代表人、管理人、法定代理人具備法官、檢察官、律師資格或為教育部審定合格之大學或獨立學院公法學教授、副教授。

二、稅務行政事件，當事人或其代表人、管理人、法定代理人具備前條第二項第一款規定之資格。

三、專利行政事件，當事人或其代表人、管理人、法定代理人具備前條第二項第二款規定之資格。

第一項各款事件，非律師具有下列情形之一，經本案之行政法院認為適當者，亦得為訴訟代理人：

一、當事人之配偶、三親等內之血親、二親等內之姻親具備律師資格。

二、符合前條第二項第一款、第二款或第三款規定。

前二項情形，應於提起或委任時釋明之。

第一項規定，於下列各款事件不適用之：

一、聲請訴訟救助及其抗告。

二、聲請選任律師為訴訟代理人。

三、聲請核定律師酬金。

原告、上訴人、聲請人或抗告人未依第一項至第四項規定委任訴訟代理人，或雖依第四項規定委任，行政法院認為不適當者，應先定期間命補正。逾期未補正，亦未依第四十九條之三為聲請者，應以裁定駁回之。

被告、被上訴人、相對人或依第四十一條及第四十二條參加訴訟之人未依第一項至第四項規定委任訴訟代理人，或雖依第四項規定委任，本案之行政法院認為不適當者，審判長得先定期間命補正。

當事人依前二項規定補正者，其訴訟行為經訴訟代理人追認，溯及於行為時發生效力；逾期補正者，自追認時起發生效力。

❖立法說明❖

為落實司法改革國是會議有關金字塔型訴訟結構、漸進擴大採行強制律師代理制度等決議，以及保護當事人權益，並促進訴訟，參酌德國行政法院法第67條規定，擴大律師強制代理事件的範圍。因現行律師強制代理範圍，僅限於上訴人，並限於第三編之上訴審程序，體例上不足以包括第23條之當事人，亦有擴大事件範圍之需要，參酌行政訴訟法第241條之1規定，並酌作文字修正；當事人或其代表人、管理人、法定代理人如具備法官、檢察官資格，係和律師相同，已具備法律專業，無須另委任律師為訴訟代理人。律師強制代理適用於起訴後各該事件之全部程序及其程序進行中所生之其他事件，亦包括言詞辯論程序。但起訴前之停止執行或保全程序，不在本項規定範圍之內。

為維護程序安定，適用強制律師代理之事件，不因訴之減縮、一部撤回、變更或程序誤用（如§256-1、§263-2、§263-3）而受影響，故依原程序上訴時如應適用強制律師代理，儘管原程序為誤用，受理上訴之法院應依正確之程序為判決，但仍不影響整個程序須適用強制律師代理，爰為第2項前段規定。為漸進擴大採行強制律師代理制度，高等行政法院管轄之第一審通常訴訟程序事件中，有關環境保護、土地爭議事件及都市計畫審查程序事件多較複雜，程序進行由律師代理，較能順利進行，現階段先就此類事件規定律師強制代理。並於第2項後段授權由司法院訂定具體之事件範圍。以符合類型化、階段化律師強制代理之目標。

高等行政法院管轄之通常訴訟程序上訴事件為法律審，上訴理由應具體指摘原判決有如何違背法令之情形，非律師難以妥適指明，因此規定上開事件，當事人應委任律師為訴訟代理人。最高行政法院為終審法院，承擔統一裁判見解、消除裁判歧異之使命，其見解多具有維護法秩序之重要性，故向其提起之事件包括上訴、抗告、再審、聲請法官迴避、大法庭裁判程序（包括聲請以裁定提案予大法庭裁判及言詞辯論）、保全程序或其他事件，均適用律師強制代理。但不包括非當事人提起，而係最高行政法院依職權所為事件（如依職權核定訴訟代理人費用）；及第263條之4規定之簡易訴訟程序或交通裁決事件程序由高等行政法院裁定移送最高行政法院統一法律見解之上訴事件。至於非最高行政法院管轄之事件，如當事人將高等行政法院管轄之

事件誤遞至最高行政法院，本可逕爲移送，無須律師強制代理。

再審係對於確定判決或裁定聲明不服之程序，須具體指摘原確定裁判有何再審事由；重新審理則係權利受損害之第三人，因非可歸責於己之事由，未參加訴訟，致不能提出足以影響判決結果之攻防方法，對確定終局判決聲請之程序，均屬裁判確定後之非通常救濟程序，且具高度法律專業性，爲免當事人或第三人任意提起再審或重新審理之訴，規定於適用通常訴訟程序或都市計畫審查程序之再審事件（包括再審之訴、聲請再審）、聲請重新審理及其再審事件（包括再審之訴、聲請再審），均應強制由律師代理爲之。

當事人或其代表人、管理人、法定代理人具備一定資格者，得不委任律師爲訴訟代理人，參考現行條文第241條之1第1項但書移列至總則編。

第4項所指本案之行政法院，於通常訴訟程序事件之上訴、抗告，係指受理上訴、抗告之上級審行政法院；於再審事件，係指受理再審事件之行政法院。是否具備第3項或第4項之關係或資格，應於提起事件或委任時釋明之，以利法院審查，例如提起上訴、抗告時，應向原行政法院釋明；提起再審事件，應向受理再審之行政法院釋明。

無資力者聲請訴訟救助及其抗告，不應苛令須由律師代理；依第49條之3第1項規定聲請選任律師爲訴訟代理人，本屬待法院選任律師之事項；當事人依第98條之8第3項規定聲請核定律師酬金，無律師強制代理之必要；爲免陷入循環，於該等聲請事件均應排除律師強制代理規定之適用。

原告、上訴人、聲請人或抗告人未依第1項至第4項規定委任訴訟代理人，原行政法院應先定期間命補正；或雖依第4項規定委任，但本案之行政法院認其委任之人不適當時，本案之行政法院應先定期間命補正。逾期未補正，亦未依第49條之3規定爲聲請者，提起事件即不合法，應以裁定駁回。

律師強制代理事件，被告、被上訴人、相對人或依第41條及第42條參加訴訟之人倘未依法委任訴訟代理人，得由審判長先命補正，爰增訂第8項。法院於第一次送達書狀繕本或開庭通知予其等時，併應記載應委任律師代理，否則訴訟行爲不生效力等意旨，以維其等權益。如逾期未補正訴訟代理人，其所爲之訴訟行爲自不生效力。

於律師強制代理事件，當事人自爲之訴訟行爲不生效力，然如其後已依法補正，並經訴訟代理人追認者，溯及於行爲時發生效力。如未經訴訟代理人追認或訴訟代理人未爲合法之上訴或抗告行爲（如訴訟代理人未提出上訴或抗告理由），自無從補正。但爲免訴訟延宕，並確保程序安定性，當事人逾期補正者，其訴訟行爲縱經訴訟代理人追認，僅自追認時起，向將來發生效力，爰增訂第9項規定。故如上訴人或抗告人於上訴或抗告及補正期間屆滿後，法院裁定駁回上訴或抗告前補正，雖經訴訟代理人追認，因不生溯及效力，其上訴或抗告仍爲不合法，法院應裁定駁回。

❖內容解析❖

一、強制律師代理之事件

　　爲漸進擴大採行強制律師代理制度並保護當事人權益，並促進訴訟有效進行，參酌德國行政法院法第67條規定，行政訴訟法第49條之1第1項規定擴大律師強制代理事件的範圍。行政訴訟法第49條之1第1項規定，下列各款事件及其程序進行中所生之其他事件，當事人應委任律師爲訴訟代理人：(一)高等行政法院管轄之環境保護、土地爭議之第一審通常訴訟程序事件及都市計畫審查程序事件。(二)高等行政法院管轄之通常訴訟程序上訴事件。(三)向最高行政法院提起之事件。(四)適用通常訴訟程序或都市計畫審查程序之再審事件。(五)適用通常訴訟程序或都市計畫審查程序之聲請重新審理及其再審事件。

(一)高等行政法院管轄之環境保護、土地爭議之第一審通常訴訟程序事件

　　行政訴訟法第49條之1第1項第5款規定中需進一步說明者爲第1款之高等行政法院管轄之環境保護、土地爭議之第一審通常訴訟程序事件。依行政訴訟法第49條之1第2項後段規定，第1項第1款之事件範圍由司法院以命令定之。考量高等行政法院高等行政訴訟庭管轄之第一審通常訴訟程序事件中，有關環境保護及土地爭議事件種類繁多且難易程度不一，依其爭議性質，屬影響層面廣泛、具有專業性及複雜性，或影響人民權益重大者，對於專業知識及能力之要求更高，有借重律師於訴訟中協助當事人釐清爭點、攻擊防禦等法律專業知識及能力之必要，以促進訴訟程序之順利進行，司法院於2023年5月10日發布行政訴訟法第49條之1第1項第1款強制律師代理事件適用範圍辦法，並自2023年8月15日施行。

　　因各種環境保護法律所生之行政訴訟事件，雖種類繁多且難易程度不一，但各該法律所規定之公益訴訟或類似之公益訴訟，因影響層面廣泛，又具備專業性及複雜性，如未具相關專業學養者不易勝任。爲使訴訟程序有效率地進行，同時兼顧當事人費用負擔及接近使用法院之權利，行政訴訟法第49條之1第1項第1款強制律師代理之環境保護事件範圍，係指原告依行政訴訟法第49條之1各款所列環境保護法律所提起之訴訟事件。當事人在高等行政法院高等行政訴訟庭第一審通常訴訟程序，應委任律師爲訴訟代理人之環境保護法律之訴訟事件共計8種：1.環境影響評估法第23條第9項。2.空氣污染防制法第93條第1項。3.水污染防治法第72條第1項。4.海洋污染防治法第59條第1項 。5.土壤及地下水污染整治法第54條第1項。6.廢棄物清理法第72條第1項。7.毒性及關注化學物質管理法第73條第1項。8.環境基本法第34條第1項所定依其他法律規定提起之訴訟（行政訴訟法第49條之1第1項第1款強制律師代理事件適用範圍辦法第2條）。

環境基本法第34條第1項規定，各級政府疏於執行時，人民或公益團體得依法律規定以主管機關為被告，向行政法院提起訴訟。雖仍應依個別法律規定，方得提起行政訴訟，惟仍不排除未來有行政訴訟法第49條之1第1項第1款強制律師代理事件適用範圍辦法第2條所列舉第1款至第7款以外之環境保護法律所明定之公益訴訟或類似之公益訴訟類型，故第8款規定具有因應未來立法之補充功能。

土地爭議所生之行政訴訟事件，種類繁多且難易程度不一，依其爭議性質，屬影響層面廣泛、具有複雜性及法律專業性，或影響人民權益重大者，對於專業知識與能力之要求更高，訴訟程序由律師代理，較能順利進行。為使此類訴訟之訴訟程序有效率地進行，同時兼顧當事人費用負擔及接近使用法院之權利，行政訴訟法第49條之1第1項第1款強制律師代理事件適用範圍辦法第3條明定強制律師代理之土地爭議事件範圍。行政訴訟法第49條之1第1項第1款強制律師代理事件適用範圍辦法第3條係按個別法律所涉土地爭議之性質，分別列舉其應強制律師代理之事件類型，並非以各法律條文之條次或項次為認定基準，故法律日後縱因修正致內容更迭或條次變更，仍應按其事件類型判斷是否屬應強制律師代理之範疇。當事人在高等行政法院第一審通常訴訟程序，應委任律師為訴訟代理人之土地爭議訴訟事件共計10類：1.國土計畫法：(1)有關國土計畫核定或變更之爭議事件（§12Ⅱ、§15）。(2)有關國土復育計畫核定或變更之爭議事件（§36Ⅰ、Ⅱ）。(3)有關徵收之爭議事件（§36Ⅲ）。(4)依第34條第1項提起之爭議事件。2.區域計畫法有關區域計畫核定、變更（§9、§13）或分區變更（§15-1）、許可開發（§15-2）之爭議事件。3.都市計畫法有關徵收、區段徵收、市地重劃（§48、§58）或徵收補償價額（§49）事件。4.國家公園法：(1)有關國家公園之設立、廢止及其區域之劃定、變更（§9）之爭議事件。(2)有關徵收（§9Ⅱ）之爭議。5.都市更新條例有關都市更新事業概要、事業計畫、權利變換計畫核定或變更之爭議事件（§22、§32、§48）。6.農地重劃條例有關農地重劃計畫核定（§6）或土地分配結果（§26）之爭議事件。7.農村社區土地重劃條例有關農村社區重劃計畫核定（§5、§6）或土地分配結果（§20）之爭議事件。8.平均地權條例：(1)有關區段徵收、申請發給抵價地或地價補償（§53、§54、§55）之爭議事件。(2)有關地重劃主管機關核准、核定（§56、§58、獎勵土地所有權人辦理市地重劃辦法）或重劃分配結果（§60-2）之爭議事件。9.土地徵收條例：(1)有關徵收（§13）、區段徵收（§4Ⅰ）、先行區段徵收（§4Ⅱ）、抵價地（§40）、徵收補償價額（§20）之爭議事件。(2)有關原土地所有權人請求撤銷、廢止徵收之爭議事件（§50Ⅱ、Ⅲ、Ⅳ）。(3)有關申請照徵收補償價額收回土地之爭議事件（§9）。10.土地法：(1)有關徵收（§13）、區段徵收（§4Ⅰ）、先行區段徵收（§4Ⅱ）、抵價地（§40）、徵收補償價額（§20）之爭議事件。(2)有關申請照徵收補償價額收回土地之爭議事件（§219）。

(二)其他強制律師代理之事件

高等行政法院管轄之都市計畫審查程序事件則指行政訴訟法第二編第五章之都市計畫審查程序事件，行政訴訟法第237條之18第1項規定，人民、地方自治團體或其他公法人認為行政機關依都市計畫法發布之都市計畫違法，而直接損害、因適用而損害或在可預見之時間內將損害其權利或法律上利益者，得依本章規定，以核定都市計畫之行政機關為被告，逕向管轄之高等行政法院提起訴訟，請求宣告該都市計畫無效。高等行政法院管轄之通常訴訟程序上訴事件為法律審，上訴理由應具體指摘原判決有如何違背法令之情形，非律師難以妥適指明，當事人應委任律師為訴訟代理人。高等行政法院管轄之通常訴訟程序上訴事件，係指行政訴訟法第三編第二章之高等行政法院上訴審程序，行政訴訟法第263條之1第1項規定，對於地方行政法院之終局判決，除法律別有規定外，得依本章規定上訴於管轄之高等行政法院。

最高行政法院為終審法院，承擔統一裁判見解、消除裁判歧異之使命，其見解多具有維護法秩序之重要性，故向其提起之事件包括上訴、抗告、再審、聲請法官迴避、大法庭裁判程序（包括聲請以裁定提案予大法庭裁判及言詞辯論）、保全程序或其他事件，均適用律師強制代理。

再審係對於確定判決或裁定聲明不服之程序，須具體指摘原確定裁判有何再審事由；重新審理則係權利受損害之第三人，因非可歸責於己之事由，未參加訴訟，致不能提出足以影響判決結果之攻防方法，對確定終局判決聲請之程序，均屬裁判確定後之非通常救濟程序，且具高度法律專業性，為免當事人或第三人任意提起再審或重新審理之訴，規定於適用通常訴訟程序或都市計畫審查程序之再審事件（包括再審之訴、聲請再審）、聲請重新審理及其再審事件（包括再審之訴、聲請再審），均應強制由律師代理為之。

(三)程序安定要求

為維護程序安定，行政訴訟法第49條之1第2項規定，第1項情形（適用強制律師代理之事件），不因訴之減縮、一部撤回、變更或程序誤用（例如，行政訴訟法§256-1、§263-2、§263-3）而受影響。因此，依原程序上訴時如應適用強制律師代理，儘管原程序為誤用，受理上訴之法院應依正確之程序為判決，但仍不影響整個程序須適用強制律師代理。

(四)例外規定

無資力者聲請訴訟救助及其抗告，不應苛令須由律師代理；依行政訴訟法第49條之3第1項規定聲請選任律師為訴訟代理人，本屬待法院選任律師之事項；當事人依行政訴訟法第98條之8第3項規定聲請核定律師酬金，無律師強制代理之必要，為免

陷入循環，於該等聲請事件均應排除律師強制代理規定之適用。行政訴訟法第49條之3第6項規定，第1項規定，於下列各款事件不適用之：1.聲請訴訟救助及其抗告。2.聲請選任律師為訴訟代理人。3.聲請核定律師酬金。

二、得不委任律師為訴訟代理人之例外情形

當事人或其代表人、管理人、法定代理人具備一定資格者，得不委任律師為訴訟代理人。行政訴訟法第49條之1第3項規定，第1項情形，符合下列各款之一者，當事人得不委任律師為訴訟代理人：(一)當事人或其代表人、管理人、法定代理人具備法官、檢察官、律師資格或為教育部審定合格之大學或獨立學院公法學教授、副教授。(二)稅務行政事件，當事人或其代表人、管理人、法定代理人具備第49條第2項第1款規定之資格。(三)專利行政事件，當事人或其代表人、管理人、法定代理人具備第49條第2項第2款規定之資格。是否具備第3項之資格，應於提起事件或委任時釋明之，以利法院審查，例如，提起上訴、抗告時，應向原行政法院釋明；提起再審事件，應向受理再審之行政法院釋明。

行政訴訟法第49條之1第4項規定，第1項各款事件，非律師具有下列情形之一，經本案之行政法院認為適當者，亦得為訴訟代理人：(一)當事人之配偶、三親等內之血親、二親等內之姻親具備律師資格。(二)符合第49條第2項第1款、第2款或第3款規定。本案之行政法院，於通常訴訟程序事件之上訴、抗告，係指受理上訴、抗告之上級審行政法院；於再審事件，係指受理再審事件之行政法院。是否具備第4項之關係與資格，應於提起事件或委任時釋明之，以利法院審查。

三、違反律師強制代理之法律效果

(一)限期補正

原告、上訴人、聲請人或抗告人未依行政訴訟法第49條之1第1項至第4項規定委任訴訟代理人，原行政法院應先定期間命補正；或雖依行政訴訟法第49條之1第4項規定委任，但本案之行政法院認其委任之人不適當時，本案之行政法院應先定期間命補正。逾期未補正，亦未依行政訴訟法第49條之3規定為聲請者，提起事件即不合法，依行政訴訟法第49條之1第7項規定，應以裁定駁回之。

律師強制代理事件，被告、被上訴人、相對人或依第41條及第42條參加訴訟之人，倘未依行政訴訟法第49條之1第1項至第4項規定委任訴訟代理人，或雖依行政訴訟法第49條之1第4項規定委任，本案之行政法院認為不適當者，依行政訴訟法第49條之1第8項規定，審判長得先定期間命補正。法院於第一次送達書狀繕本或開庭通知予其等時，併應記載應委任律師代理，否則訴訟行為不生效力等意旨，以維其等權益。如逾期未補正訴訟代理人，其所為之訴訟行為自不生效力。

(二)補正效力

　　於律師強制代理事件，當事人自為之訴訟行為固不生效力，惟當事人事後已依法補正，其訴訟行為並經訴訟代理人追認者，依行政訴訟法第49條之1第9項前段規定，溯及於行為時發生效力。如未經訴訟代理人追認或訴訟代理人未為合法之上訴或抗告行為（例如，訴訟代理人未提出上訴或抗告理由），自無從補正。當事人逾期補正者，為免訴訟延宕，並確保程序安定性，其訴訟行為經訴訟代理人追認者，依行政訴訟法第49條之1第9項後段規定，自追認時起發生效力，亦即自追認時起，向將來發生效力。如上訴人或抗告人於上訴或抗告及補正期間屆滿後，法院裁定駁回上訴或抗告前補正，雖經訴訟代理人追認，因不生溯及效力，其上訴或抗告仍為不合法，法院應裁定駁回。

第49條之2

前條第一項事件，訴訟代理人得偕同當事人於期日到場，經審判長許可後，當事人得以言詞為陳述。

前項情形，當事人得依法自為下列訴訟行為：

一、自認。

二、成立和解或調解。

三、撤回起訴或聲請。

四、撤回上訴或抗告。

❖立法理由❖

　　律師強制代理事件，雖應由訴訟代理人為訴訟行為，惟其得偕同當事人本人於期日到場，且經審判長許可後，當事人亦得以言詞為陳述，參考德國行政法院法第173條準用德國民事訴訟法第137條第4項規定，增訂第1項規定。倘訴訟代理人與當事人所為之事實上陳述不符，復未經當事人依第56條準用民事訴訟法第72條規定即時撤銷或更正者，法院得納入心證判斷。為保護當事人之權益，如僅當事人到場而訴訟代理人未到場，依第194條之1規定，視同當事人不到場，自不應許可其陳述。

　　為尊重當事人就事實處分及程序終結之意思自主，訴訟代理人偕同當事人於期日到場時，當事人得依法為自認、成立和解或調解、撤回起訴或聲請、撤回上訴或抗告等訴訟行為。所謂依法，係基於行政訴訟之公益性與職權進行主義，故第113條、第114條、第134條、第219條、第228條之2規定仍應適用，增訂第2項規定。

❖內容解析❖

律師強制代理事件，雖應由訴訟代理人為訴訟行為，但並非謂當事人在訴訟進行中即毫無任何功能，就案件事實與法律爭議當事人亦有一定程度之了解，訴訟代理人偕同當事人於期日到場，經審判長許可後，依行政訴訟法第49條之2第1項規定，當事人得以言詞為陳述。訴訟代理人欲於期日偕同當事人到場，並無事先聲請許可之必要，於期日當場聲請即可。審判長就此聲請之決定，依行政訴訟法第178條規定，應以裁定為之。是否許可聲請，則由審判長依合義務性裁量決定之。期日指該訴訟事件之期日，包括準備程序期日、言詞辯論期日、調查證據期日等。

訴訟代理人與當事人所為之事實上陳述如果不相符合，且未經當事人依行政訴訟法第56條準用民事訴訟法第72條規定即時撤銷或更正者[292]，法院得納入心證判斷。得撤銷或更正者僅限於事實上之陳述，其他訴訟行為不屬之。所謂即時並非指訴訟代理人陳述完畢後立即為之，只須於期日結束前為之即可。

為保護當事人之權益，如僅當事人到場而訴訟代理人未到場，依行政訴訟法第194條規定[293]，視同當事人不到場，自不應許可其陳述。

為尊重當事人就事實處分及程序終結之意思自主，訴訟代理人偕同當事人於期日到場時，依行政訴訟法第49條之2第2項規定，當事人得依法自為下列訴訟行為：一、自認。二、成立和解或調解。三、撤回起訴或聲請。四、撤回上訴或抗告。基於行政訴訟之公益性與職權進行主義，當事人為自認、成立和解或調解、撤回起訴或聲請、撤回上訴或抗告等訴訟行為時，並非得任意為之，而係必須依法為之，例如，撤回訴之全部或一部時，不得有礙公益之維護（行政訴訟法§113、§114）；行政訴訟法第134條規定，當事人主張之事實，雖經他造自認，行政法院仍應調查其他必要之證據。行政訴訟法第219條第1項規定，當事人就訴訟標的具有處分權且其和解無礙公益之維護者，行政法院不問訴訟程度如何，得隨時試行和解。必要時，得就訴訟標的以外之事項，併予和解。行政訴訟法第228條之2第1項規定，當事人就訴訟標的具有處分權且其調解無礙公益之維護者，行政法院得於訴訟繫屬中，經當事人合意將事件移付調解。

---

[292] 民事訴訟法第72條規定，訴訟代理人事實上之陳述，經到場之當事人本人即時撤銷或更正者，不生效力。

[293] 行政訴訟法第194條規定，當事人於辯論期日到場不為辯論者，視同不到場。第49條之1第1項事件，當事人之訴訟代理人未到場者，亦同。

第49條之3

第四十九條之一第一項事件，當事人無資力委任訴訟代理人者，得依訴訟救助之規定，聲請行政法院為其選任律師為訴訟代理人。

當事人提起上訴或抗告依前項規定聲請者，原行政法院應將訴訟卷宗送交上級審行政法院。

第一項選任律師為訴訟代理人之辦法，由司法院參酌法務部及全國律師聯合會等意見定之。

❖立法理由❖

　　第49條之1第1項之事件應委任訴訟代理人，當事人如無資力委任訴訟代理人，對其權益影響甚大，自得依訴訟救助之規定，聲請行政法院為其選任律師為訴訟代理人，增訂第1項規定。

　　當事人提起上訴或抗告依第1項規定聲請者，其聲請應否許可，應由上級審行政法院決定之，原行政法院應將訴訟卷宗送交上級審行政法院處理。

　　有關選任律師為訴訟代理人之辦法，所涉細節甚多，無從於本條詳為規定，於第3項明定授權由司法院參酌相關機關團體之意見定之。

❖內容解析❖

　　強制律師代理事件，當事人如無資力委任訴訟代理人，對其權益影響甚大，依行政訴訟法第49條之3第1項規定，得依訴訟救助之規定[294]，聲請行政法院為其選任律師為訴訟代理人。行政訴訟法第102條規定，聲請訴訟救助，應向受訴行政法院為之。聲請人無資力支出訴訟費用之事由應釋明之。前項釋明，得由受訴行政法院管轄區域內有資力之人出具保證書代之。前項保證書內，應載明具保證書人於聲請訴訟救助人負擔訴訟費用時，代繳暫免之費用。

　　當事人提起上訴或抗告依第1項規定聲請者，其聲請應否許可，應由上級審行政法院決定之，依行政訴訟法第49條之3第1項規定，原行政法院應將訴訟卷宗送交上級審行政法院處理。

　　司法院依行政訴訟法第49條之3第3項規定授權於2023年5月10日修正行政法院為無資力人選任律師為訴訟代理人辦法，並自2023年8月15日施行。行政訴訟事件具有相當專業性，選任律師為訴訟代理人應具備積極要件及不具備消極要件，行政法院為

---

[294] 行政訴訟法第101條規定，當事人無資力支出訴訟費用者，行政法院應依聲請，以裁定准予訴訟救助。但顯無勝訴之望者，不在此限。

無資力人選任律師為訴訟代理人辦法第2條第1項規定，行政法院為當事人選任律師為訴訟代理人，應自執行該職務五年以上，具行政訴訟事件專門學識經驗，且無律師法第5條第1項各款規定[295]情事及最近五年曾受律師懲戒處分[296]者選任之。律師具行政訴訟事件專門學識經驗，依行政法院為無資力人選任律師為訴訟代理人辦法第2條第3項規定，係指具有下列資格之一者：一、曾受行政訴訟事件當事人委任為訴訟代理人達十件以上。二、曾任行政法院法官一年以上。三、曾任大學院校或研究所助理教授以上，並教授與公法領域相關法律科目一年以上。四、三年內參加司法院及所屬機關、其他政府機關、公私立學術或研究機關（構）、全國律師聯合會或地方律師公會所辦理與公法領域有關之講習、研討會、其他類似會議或課程三十小時以上。五、五年內著有與公法領域相關之碩士以上學位論文一篇，或三年內在設有論文審查機制之出版品公開發表一萬字以上論文或著作三篇，或二萬字以上之論文或著作二篇。公法指憲法、行政法、商標法、專利法、租稅法、環境法、土地法、公平交易法、政府採購法或其他行政法等領域（行政法院為無資力人選任律師為訴訟代理人辦法§2Ⅳ）。律師經法院選任為訴訟代理人後，得否有充足能力及時間代理該事件，攸關事件進行能否順利，並涉及當事人與擬選任之律師權益。故法院為裁定前，得視情形予擬任之律師有陳述意見之機會，行政法院為無資力人選任律師為訴訟代理人辦法第2條第5項規定，法院為第1項選任裁定前，得予擬選任之律師有陳述意見之機會。

　　全國律師聯合會對於有意願擔任行政訴訟事件訴訟代理人之會員，是否符合第2條之要件，有較完整之資訊，並得初步審查，行政法院為無資力人選任律師為訴訟代理人辦法第3條規定，行政法院得請全國律師聯合會將有意願受法院選任為訴訟代理人且符合第2條規定資格者，填具名冊，分送各該行政法院。俾供各該行政法院作為選任訴訟代理人之參考。律師為他造當事人之配偶、前配偶、未婚配偶或三親等內之血親、二親等內之姻親或曾有此親屬關係者，已無法公正執行律師職務，依行政法院為無資力人選任律師為訴訟代理人辦法第4條第1項規定，不得被選任為當事人之訴訟代理人。

　　行政法院為無資力人選任律師為訴訟代理人辦法第5條第1項規定，行政法院認

---

[295] 律師法第5條第1項規定，申請人有下列情形之一者，不得發給律師證書：1.受一年有期徒刑以上刑之裁判確定，依其罪名及情節足認有害於律師之信譽。但受緩刑之宣告，緩刑期滿而未經撤銷，或因過失犯罪者，不在此限。2.曾受本法所定除名處分。3.曾任法官、檢察官而依法官法受免除法官、檢察官職務，並不得再任用為公務員。4.曾任法官、檢察官而依法官法受撤職處分。5.曾任公務人員而受撤職處分，其停止任用期間尚未屆滿，或現任公務人員而受休職、停職處分，其休職、停職期間尚未屆滿。6.受破產之宣告，尚未復權。7.受監護或輔助宣告，尚未撤銷。8.違法執行律師業務、有損司法廉潔性或律師職務獨立性之行為，且情節重大。

[296] 律師法第101條第1項規定，懲戒處分如下：1.命於一定期間內自費接受額外之律師倫理規範六小時至十二小時之研習。2.警告。3.申誡。4.停止執行職務二月以上二年以下。5.除名。

被選任之律師不適任者，得予解任，另行選任之。解任之裁定攸關被解任之律師權益，依行政法院為無資力人選任律師為訴訟代理人辦法第5條第2項規定，法院為第1項解任裁定前，應使律師有陳述意見之機會。

第50條（委任書）
訴訟代理人應於最初為訴訟行為時提出委任書。但由當事人以言詞委任經行政法院書記官記明筆錄者，不在此限。

❖立法說明❖

訴訟代理權之欠缺將影響基於訴訟代理權所作成的訴訟行為以及所有相關之程序，因此基於公共利益以及對造利益之維護，有必要明確確認訴訟代理權是否存在，以使訴訟程序順利進行並確保訴訟之結果。因此法院有義務基於職權審查訴訟代理權是否有欠缺或基於對造的質疑在程序進行中審查訴訟代理權是否存在[297]。本條係規定委任訴訟代理人之方式，其規定與民事訴訟法第69條相同。

本條由舊行政訴訟法第7條第2項後段移列修正。

委任訴訟代理人有兩種方式，其以書面委任者，訴訟代理人應於最初為訴訟行為時提出委任以資證明，如當事人係於言詞辯論期日或受命法官或受託法官前以言詞委任，經行政法院書記官將其事由記明於筆錄者，因其授權之意思已臻明確，自無須提出證明代理權之書狀。

❖內容解析❖

一、書面委任

訴訟代理人基於委任契約所為之代理訴訟行為及陳述，其法律效果皆歸屬於委任人，故訴訟代理人應負擔證明義務，其係基於授權在訴訟中代委任人為及受訴訟行為。

委任書係證明代理權之文書，為書證之一種，而非書狀，故可不拘形式，不適用行政訴訟法第57條之規定，更無須用訴訟書狀用紙[298]。最高行政法院94年度判字第579號判決、最高行政法院100年度判字第701號判決皆指出，行政訴訟法第50條所定之委任書，係證明當事人授與訴訟代理權之文書；當事人作成委任書，僅須表明

---

[297] Mettenheim, in: Münchner Kommentar, ZPO, BandⅠ, 1992, §80, Rdnr. 1.
[298] 參照司法院32年院字第2478號有關民事訴訟法第69條之解釋。

授與代理權之意旨及所授權限之範圍爲已足。委任書之內容必須載明授與代理權之意旨。委任書係向法院及對造提出，自應提出原本，並由當事人簽名之，僅基於影本或傳眞本並不足夠[299]。委任書並非當事人書狀，當事人爲機關之案件，該機關委任訴訟代理人之委任書，如已蓋用機關印信及機關首長職章者，依公文程式條例第3條規定，已得認機關首長有代表機關爲該委任行爲之意思，故雖未由機關首長簽名或蓋用私章，其程式應爲合法[300]。當事人爲外國公司時，其委任狀須經我外交部駐外單位之認證，但如依卷證資料已足認其委任爲眞正者，不在此限[301]。

委任訴訟代理人應於每一審級爲之，因此下級審的訴訟代理人於上級審復受委任爲訴訟代理人時，仍須提出委任書於上級審。此項書面要求不僅是具有證明目的，亦是代理權授與之生效要件，缺乏此項要件，將導致訴訟代理人訴訟行爲不生效力的法律效果[302]。

二、言詞委任

當事人於言詞辯論或其他期日時，以言詞委任經行政法院書記官記明筆錄，則可代替委任書。此時當事人親自出現於法院，自可免去表明其委任意思書狀的提出。

三、法律效果

違反本條規定者，行政法院依行政訴訟法第107條第1項第5款之規定，先定期間要求補正，期間經過並未補正時，則依裁定駁回訴訟。於補正期間內，無代理權之訴訟代理人被暫時性允許爲代理人。若委任書於補正期間內提出，則代理權欠缺之瑕疵於事後補正，代理人先前之訴訟行爲則爲有效[303]。若法院未查知無代理權並於未經合法代理下爲判決時，則該項判決依行政訴訟法第243條第2項第4款之規定，該項判決違背法令，自得對之提起上訴。

---

[299] 陳計男，行政訴訟法釋論，2000年，頁134-135；Mettenheim, in: Münchner Kommentar, ZPO, Band I , 1992, §80, Rdnr. 11。

[300] 最高行政法院99年度6月份庭長法官聯席會議（一）、最高行政法院108年度判字第367號判決。

[301] 最高行政法院92年度1月份庭長法官聯席會議。

[302] 德國法係作此處理，詳見Schmidt, in: Eyermann, Verwaltungsgerichtsordnung, 11. Aufl., 2000, §67, Rdnr. 17; Redeker/v. Oertzen, Verwaltungsgerichtsordnung, 10. Aufl., 1991, §67, Rdnr. 16, 24。

[303] 行政訴訟法第56條規定準用民事訴訟法第75條第2項；Schmidt, in: Eyermann, Verwaltungs-gerichtsordnung, 11. Aufl., 2000, §67, Rdnr. 18; C. H. Ule, Verwaltungsprozeßrecht, 9. Aufl., 1987, S. 107。

第51條（訴訟代理人之權限）

訴訟代理人就其受委任之事件，有為一切訴訟行為之權。但捨棄、認諾、撤回、和解、提起反訴、上訴或再審之訴及選任代理人，非受特別委任不得為之。

關於強制執行之行為或領取所爭物，準用前項但書規定。

如於第一項之代理權加以限制者，應於前條之委任書或筆錄內表明。

❖立法說明❖

訴訟代理人之代理權限，可從其與委任人所簽訂的契約中得出，惟此項權限範圍可能有不明確或有爭議的情形，況且法院及對造根本無法知悉其內容。為保障所有參與訴訟當事人以及法安定性的利益，故有規定法定訴訟代理權範圍之必要。對當事人而言，訴訟代理人能夠享有充分的權限來保護當事人之利益；對法院及對造而言，訴訟代理人所為及所受之訴訟行為在法定範圍內皆有效，而不受其與委任人內部關係所影響，能夠充分保障對造的利益及確保訴訟之結果[304]。

司法院行政訴訟制度研修正委員會第117次會議決議，行政訴訟法對訴訟代理人之權限問題，應自行規定，不準用民事訴訟法。討論時共有兩項方案，第1項方案仿照德國民事訴訟法第80條規定，訴訟代理人就其受委任之事件得為所有（本人所能為）之一切訴訟行為。第2案則仿照我國民事訴訟法第70條第1項及第3項為規定，大多數委員則贊同第2案並認為第1案失之廣泛，且與我國訴訟代理人資格並非限於律師有所不同[305]。司法院所提出的行政訴訟法修正草案，則增列第2項，如此一來與民事訴訟法第70條規定則全部相同，是否仍有獨自規定之必要不無疑問。

訴訟代理權之範圍，原應以訴訟委任之內容為據，但為使訴訟代理權限易臻明確，節省法院調查之煩，而利訴訟進行，並保護對造及第三人之利益起見，應以法律規定訴訟代理權之範圍，故規定本條第1項，明定訴訟代理人就其受委任事項有為一切訴訟行為之權。但關於捨棄、認諾、撤回、和解、提起反訴、上訴或再審之訴及選任代理人等事項，因關係本人之利益至為重大，故非受特別委任不得為之，以保護本人權益。

至於強制執行之行為或領取所爭物，既非訴訟行為，且係訴訟終結後之另一程序，非可解為當事人為訴訟委任時當然一併授權，故須經特別委任始得為之。

如在第1項所定之代理權限範圍內加以限制，而不為適當之表明者，因法院及他造均不易知其限制，自應使之不發生限制之效力，因此制定第3項，明定應如何有效

---

[304] Mettenheim, in: Münchner Kommentar, ZPO, Band I, §81, Rdnr.1.

[305] 贊成第2案者，王甲乙、陳瑞堂、楊建華、張特生、鄭有齡，司法院行政訴訟制度研究修正資料彙編（三），司法院編印，1986年，頁1293-1296。

表明其代理權之限制，以資遵循。

❖內容解析❖

一、普通（一般）委任

訴訟代理人除委任人於委任書或筆錄內聲明加以限制外，原則上就受委任事件，有為一切訴訟行為之權，此稱之為普通（一般）委任。所謂一切訴訟行為係指所有具有促進或推動訴訟程序進行為目的的行為，非但直接與該訴訟相關之訴訟行為，例如起訴、提出準備書狀、提出攻擊防禦方法、收受送達[306]等行為，甚至與該訴訟相牽連之他訴訟行為，例如，他造為訴之變更、聲請假扣押、或假處分等，訴訟代理人不必另有委任，得於該程序中為訴訟行為[307]。

二、特別委任

訴訟代理人雖就其受委任之事件，有為一切訴訟行為之權，但有些訴訟行為與委任人之關係重大，故當事人應可保留重大個人或財產利益的最後決定權，故規定其非受特別委任不得為之。訴訟當事人之權限既然來自當事人，因此當事人不得為之行為，例如，基於公益考量，禁止當事人為訴訟標的之捨棄或認諾時，訴訟代理人自亦不得為之，受特別委任時，須於委任書或筆錄中載明，僅記載「有為一切訴訟之權」或「代理一切之權」不能認為有特別委任[308]。

訴訟代理人應受特別委任始得為之訴訟行為共計有10項：(一)捨棄：指原告對於訴訟標的之捨棄（§202）以及上訴人上訴權之捨棄（§240）；(二)認諾：指被告對訴訟標的之認諾（§202）；(三)撤回：指訴之撤回（§113）以及上訴之撤回（§262）；(四)和解：指行政訴訟法上之和解而言（§219以下），訴訟外之和解，非屬訴訟行為，並不包括在內；(五)提起反訴：指被告於言詞辯論終結前，得在本訴繫屬之行政法院提起反訴，但反訴為撤銷訴訟者，不得提起（§112Ⅰ）；(六)上訴：指向最高行政法院提起上訴（§238）；(七)提起再審之訴：指對於確定終局判決聲明不服，提起再審（§273以下）；(八)選任代理人：指訴訟代理人以當事人名義選任他人為代理

---

306 最高行政法院106年度裁字第1656號裁定指出，所謂訴訟代理人之一切訴訟行為，凡不屬於應受特別委任之事項均包含在內，代收送達亦為訴訟行為之一種，不須受特別委任，訴訟代理人均得為之。

307 王甲乙、楊建華、鄭建才，民事訴訟法新論，2010年，頁82；徐瑞晃，行政訴訟法，2012年3版，頁226；陳計男，行政訴訟法釋論，2000年初版，頁135；陳榮宗、林慶苗，民事訴訟法（上），2014年修訂8版，頁189。

308 最高法院17年上字第778號判例、27年上字第2307號判例。

人，以及訴訟代理人以自己名義選任代理人[309]；(九)關於強制執行之行為：指以受委任事件之確定判決為名義之強制執行而言（§305）；(十)領取所爭物：指受領他造為清償所為之給付。

委任訴訟代理權應於每一審級為之，受特別委任之訴訟代理人雖可提起上訴或再審之訴，但提起上訴或再審之訴後，其代理權限即因任務結束而消滅。如希望於上訴審或再審程序代理為訴訟行為，仍需另受委任始得為之[310]。

三、訴訟代理權之限制

訴訟代理人之代理權限並非不得限制，如欲對法律規定之代理權範圍加以限制時，則必須於委任書或筆錄內表明，以昭公信。惟限制內容必須具體表示，未明白限制者，訴訟代理人仍於法定代理權範圍內享有該權限。未於委任書或筆錄內表明限制者，則不得以委任人與訴訟代理人內部之委任契約，主張該訴訟代理人所為之訴訟行為對本人不生效力。

第52條（各別代理權）
訴訟代理人有二人以上者，均得單獨代理當事人。
違反前項之規定而為委任者，仍得單獨代理之。

❖立法說明❖

當事人委任訴訟代理人不以一人為限，訴訟代理人有二人以上時，當事人可與多數代理人約定必須共同代理，亦可與多數代理人約定皆可以單獨代理當事人，究竟為何，則必須由當事人與訴訟代理人間內部的契約來決定。惟此項內部關係，法院及對造基本上無從知悉，若於訴訟進行中必須隨時考慮此項問題，則訴訟代理人訴訟行為的效力，將常常處於不確定狀態，並妨礙訴訟之順利進行。因此在對外關係上，相對於法院及對造，法律有必要強制規定多數訴訟代理人均得單獨代理當事人，亦即使多數訴訟代理人在法律上被視為單獨之一人，以使訴訟關係更加明確化。

行政訴訟制度研究修正委員會於第119次會議中討論有關本條之問題[311]，亦明確贊成訴訟代理人有二人以上者，均得單獨代理當事人。比較有爭議的係違反法定單獨

---

[309] 司法院35年院解字第3264號解釋指出，所謂選任代理人不僅指代理人以本人名義選任他人為代理人而言，代理人以自己名義選任複代理人亦包含在內。
[310] 徐瑞晃，行政訴訟法，2012年3版，頁226。
[311] 司法院行政訴訟制度研究修正資料彙編（三），司法院編印，1986年6月，頁1333-1341。

代理原則而為委任者，究應產生何種效力，有主張不生效力，亦即不生共同代理之效力而非委任根本不生效力，在此情況下，仍發生單獨代理之效力[312]；有認為，可仿民事訴訟法第71條第2項規定，對於他造不生效力[313]。最後大多數委員則贊成不生效力之看法，在司法院所提出的行政訴訟法修正草案，為更明確表示即使違反單獨委任原則，訴訟代理人仍得單獨代理，因此在第2項中規定「違反前項之規定而為委任者，仍得單獨代理之」。

訴訟代理人有二人者，應使均得單獨代理當事人，以免延滯訴訟，因此規定本條第1項，俾使訴訟程序得以順利進行。

複數訴訟代理人之委任，如違反第1項單獨代理人之規定者，訴訟代理人仍得單獨代理之。蓋不如此規定，他造為訴訟行為或受訴法行為時，須先對各該訴訟代理人之權限加以調查，殊有礙訴訟之進行。

❖內容解析❖

一、多數訴訟代理人

依行政訴訟法第49條第1項規定，當事人最多可委任訴訟代理人三人，又訴訟代理人之資格並不限於律師。因此此處，所規定二人以上之訴訟代理人，係指二或三個訴訟代理人，並且不以具有同一資格為限。

二、單獨代理

所謂均得單獨代理係指，各訴訟代理人之行為皆歸屬於當事人，亦即均直接對於當事人生效之意[314]。多數訴訟代理人各人之訴訟行為，如可併存者，均生效力；惟若多數訴訟代理人彼此之訴訟行為有所矛盾時，依單獨代理之意旨，各訴訟行為均生法律上之效力，其效果如同當事人親自為之來判斷。若相互矛盾的訴訟行為同時為之者，則各該行為皆為無效；若相互矛盾之行為先後為之時，一般可認為後者之行為係撤回前者之訴訟行為，但以可撤回或得撤銷為限[315]。例如，訴訟代理人提出訊問證人甲，另一訴訟代理人撤回該項聲請，則該項聲請係可撤回[316]；惟若訴訟代理人撤回起

312 楊建華，司法院行政訴訟制度研究修正資料彙編（三），司法院編印，1986年6月，頁1337。
313 鄭有齡，司法院行政訴訟制度研究修正資料彙編（三），司法院編印，1986年6月，頁1338。
314 王甲乙、楊建華、鄭健才，民事訴訟法新論，2010，頁84；陳計男，行政訴訟法釋論，2000年，頁138；Mettenheim, in: Münchner Kommentar, ZPO, Band I, 1992, §84, Rdnr. 3。
315 陳計男，行政訴訟法釋論，2000年初版，頁138；陳榮宗、林慶苗，民事訴訟法（上），2014年修訂8版，頁192；Mettenheim, in: Münchner Kommentar, ZPO, Band I, 1992, §84, Rdnr. 3。
316 徐瑞晃，行政訴訟法，2012年3版，頁226-227指出：訴訟代理人提起上訴，另一訴訟代理人撤回上訴，因上訴得以撤回，撤回上訴為有效。

訴後，其他代理人則無法再撤銷撤回起訴之行爲。

三、法律效果

　　最高行政法院102年度裁字第883號裁定指出，訴訟代理人既然以單獨代理爲原則，且違反此項原則而爲委任者，仍得單獨代理，則法院或他造當事人之行爲，可任向其中一人或全體爲之，均對委任人發生效力，因此判決書的送達以送達一個訴訟代理人爲已足，送達效力並非取決於其他訴訟代理人是否及何時知悉。是故法院同時對多數訴訟代理人爲送達時，則期間之起算，以最先送達者爲準[317]。

> ### 第53條（訴訟代理權之效力）
> 訴訟代理權不因本人死亡，破產或訴訟能力喪失而消滅。法定代理有變更或機關經裁撤、改組者，亦同。

❖ 立法說明 ❖

　　訴訟代理權雖依私法上的委任契約而產生，但兩者在本質上卻不盡相同，委任關係爲實體法上的行爲，訴訟代理則爲訴訟法上的行爲，實體法上的私法行爲固然爲訴訟法上行爲之基礎，但訴訟行爲的效力卻不因私法行爲有無效或撤銷等原因而當然受影響。私法行爲基本上基於雙方信賴而存在，因此若當事人一方死亡、破產或喪失行爲能力時，因信賴關係之基礎已喪失，因此該委任關係亦歸消滅，此乃民法第550條規定之理由。惟訴訟代理權除涉及委任人及訴訟代理人之關係外，亦涉及其他訴訟當事人利益以及公共利益（訴訟程序順利進行），因此該項訴訟代理權是否如同私法上委任契約般，因委任人死亡、破產或喪失訴訟能力而消滅，則非無疑問。此外本人死亡、破產或喪失訴訟能力，受委任人可能知之甚詳，但對於法院或對造，則非公開可知的事件，因此若將訴訟行爲之效力，取決於非公開事件，則對於其他當事人相當不利，因此民事訴訟法第73條規定，訴訟代理權不因本人死亡、破產或訴訟能力喪失而消滅，法定代理有變更者亦同。

　　行政訴訟制度研究修正委員會於第118次會議中決定，民事訴訟法第73條之規

---

[317] 陳計男，行政訴訟法釋論，2000年初版，頁139；BVerWG, NJW 1980, S. 2269 f.; C. H. Ule, Verwaltungsprozeßrecht, 9. Aufl., 1987, S. 107; Mettenheim in: Mnchner Kommentar, ZPO, Band I, 1992, §84, Rdnr. 3；最高法院61年12月6日，第4次民庭庭長會議決議（二）；惟陳榮宗、林慶苗，民事訴訟法（上），2014年修訂8版，頁192指出：其於保護受送達當事人之原則，法院既然對多數訴訟代理人爲送達，應以最後送達者爲準，否則法院盡可對其中一人送達即可。

定，行政訴訟法應自行規定，不予準用，蓋兩者的訴訟結構並不完全一致。首先對於破產此項事由是否納入，則有不同意見，有認為當事人宣告破產後，破產人對其財產已無管理處分權，而係由法院選任的破產管理人處理，破產管理人必須顧及債權人及債務人利益，而本人訴訟代理人卻因基於其利益而為訴訟行為，因此應由破產管理人承受訴訟，而非由原訴訟代理人繼續為訴訟行為[318]，亦有認為破產並非一定與破產財團有涉，仍應有適用的可能性[319]。此外針對機關裁撤、合併、改組對於訴訟代理權之影響，亦認為不應隨之消滅[320]。

訴訟代理權之授與，常與私法上委任契約之締結同時發生，但此訴訟行為並不以私法上委任契約之存在為要件，私法上之委任關係因當事人一方死亡、破產或喪失行為能力而消滅，訴訟代理權如亦準此規定，一併歸於消滅，則有延滯訴訟之弊，因此明定其不因本人死亡、破產、訴訟能力喪失、法定代理變更或機關經裁撤、改組而同歸於消滅，以防止訴訟延滯，並保護他造當事人利益。

❖內容解析❖

一、訴訟代理不消滅之原因

訴訟代理權並非授與後一直有效，可於一定情形產生時消滅，但在下列情形則不隨之消滅：(一)本人死亡；(二)本人破產；(三)本人喪失訴訟能力。所謂訴訟能力，係指得自己或委任代理人為訴訟行為之能力，依行政訴訟法第27條規定，能獨立以法律行為負義務者，有訴訟能力，訴訟能力喪失者，例如被宣告禁治產；(四)法定代理有變更。法定代理係指基於法律規定享有代理權者，例如受監護宣告人以其監護人為法定代理人，或未成年人以其父母為法定代理人。委任訴訟代理之法定代理人變更者，例如監護人甲因心神喪失而無法行使其職務，改乙為監護人時，甲所授與之訴訟代理權並不因而消滅。(五)機關裁撤、改組者。指機關因政策精簡或業務需要，經裁撤、改組而不存在者，原機關委任之訴訟代理人，其訴訟代理權並不因而消滅。

二、訴訟代理權消滅之原因

訴訟代理權除得因行政訴訟法第54條規定由受委任人或委任人終止外，亦得基於下列情形而消滅[321]：(一)委任事件終了，代理客體不存在，訴訟代理權當然消滅，

---

318 楊建華、張特生，司法院行政訴訟制度研究修正資料彙編（三），司法院編印，1986年，頁1312-1313。

319 陳瑞堂，前揭書，頁1315、1317。

320 為配合國家賠償法第9條第3項「機關經裁撤或改組者」以及舊訴願法第7條規定「機關裁撤或改組」，最後將合併二字刪除。

321 王甲乙、楊建華、鄭建才，民事訴訟法新論，2010年，頁88-89；徐瑞晃，行政訴訟法，2012年

例如訴訟案件已終結，訴訟繫屬已消滅；(二)訴訟代理人死亡或喪失訴訟能力；(三)經行政法院依第49條第3項規定，以裁定禁止其代理者，訴訟代理權亦消滅；(四)委任之當事人脫離訴訟時，例如行政訴訟第110條，此時委任人已脫離訴訟，由其所委任之訴訟代理人，代理權隨之消滅。

三、法律效果

相對於法院及對造，訴訟代理權，並不因當事人死亡、破產、喪失訴訟能力而有所影響，在當事人死亡時，訴訟代理人所為或所受之行為，即使以已經死亡之本人名義為之，例如上訴，對於繼承人仍為有效，有相反之約定則不生效力[322]。在本人破產或喪失訴訟能力或法定代理有變更時，亦同。在機關經裁撤或改組者，訴訟代理人之行為亦拘束存續或新設之機關。

惟依行政訴訟法第180條規定，行政法院如認為案情繁雜，或認為訴訟代理人有與新當事人或新法定代理人洽商必要時，亦得以裁定停止訴訟程序之進行。

> **第54條**（訴訟委任之終止）
> 訴訟委任之終止，應以書狀提出於行政法院，由行政法院送達於他造。
> 由訴訟代理人終止委任者，自為終止之意思表示之日起十五日內，仍應為防衛本人權利所必要之行為。

❖立法說明❖

委任契約係基於彼此信任所為，因此若信任基礎不存在，基於契約自由原則並無限制當事人脫離委任關係之理由。因此民法第549條第1項規定，當事人任何一方得隨時終止委任契約。惟訴訟法上之訴訟委任涉及到委任當事人及對造之利益，委任人與受任人間終止委任契約，對造或法院並非一定知悉，如此一來對造或法院對於訴訟代理人訴訟行為之效力，則將取決於法院或對造無從得知的事件，如此對於訴訟順利進行將有重大妨礙，因此民事訴訟法第74條規定，訴訟委任之解除[323]，非通知他造不生效力，前項通知，應以書狀提出於法院，由法院送達於他造。換句話說，訴訟委任之解除，除委任人與受任人知悉外，仍必須通知他造，否則對於他造不生效力，他

3版，頁228；陳計男，行政訴訟法釋論，2000年初版，頁142。

[322] Mettenheim, in: Münchner Kommentar, ZPO, Band I, 1992, §86, Rdnr. 4.

[323] 此處所謂解除並非解除委任使其溯及地消滅委任關係，而係終止委任人與受任人間之訴訟委任關係。陳計男，民事訴訟法論（上），2015年修訂6版，頁139。

造對於訴訟代理人所爲之行爲，仍對當事人發生效力。司法院行政訴訟制度研究修正委員會於第119次會議中決定，行政訴訟法不準用民事訴訟法第74條之規定，而自行規定。首先多位委員指出，民事訴訟法第74條「解除」的用語並不適當，而以終止來取代[324]。此外民事訴訟法第74條第1項規定，委任解除非通知他造不生效力，將解除是否生效，取決於是否通知他方，在理論上有問題，蓋向法院委任訴訟代理人之行爲或終止委任之行爲，應屬訴訟法上之單方行爲，在訴訟終止之表示一到達法院即應生效，非以通知對方爲生效要件[325]。因此只要以書狀提出於法院即可，並不以送達他人爲終止委任之生效要件，但爲使對造知悉，則應由法院將終止委任之書狀送達於他造。訴訟委任之終止雖得由雙方當事人任一方爲之，但若由訴訟代理人爲之時，應給予委任人特別之保護，因此仿照民事訴訟法第74條第3項規定，賦予訴訟代理人於一定期間內仍應爲防衛本人權利必要行爲之義務。

　　訴訟委任乃基於當事人或其法定代理人與訴訟代理人間之信賴關係而任意爲之，自得許其任意終止，使訴訟代理權歸於消滅。終止之程序，則應以書狀提出於行政法院爲之，並由行政法院送達於他造，俾他造得知悉此項事由，特設本條第1項以資遵循。

　　本條第2項規定訴訟代理人與本人間之內部關係。由訴訟代理人終止委任者，自爲終止之意思表示之日起十五日內，仍應爲防衛本人權利所必要之行爲，以防訴訟延滯，並保護本人之利益。

❖內容解析❖

一、訴訟委任之終止

　　向法院委任訴訟代理人的行爲或終止委任的行爲，屬於訴訟法上的單方行爲，終止訴訟委任的表示，一到達法院即應生效，行政訴訟法第54條第1項即規定，訴訟委任之終止，應以書狀提出於行政法院，並無委任終止之效力溯及發生的問題[326]。

　　訴訟委任之終止應以書狀提出於行政法院，由行政法院送達於他造。所謂書狀並非指行政訴訟法第57條之當事人書狀，訴訟代理權之證明依行政訴訟法第50條之規定，可藉由委任書或載明筆錄來完成，因此其終止的證明亦可透過此兩種方式來完成。在尚未以書狀提出於法院前，縱使私法上的委任契約已終止，訴訟代理人所爲及所受之訴訟行爲仍然是完全有效。

---

[324] 楊建華、張特生、王甲乙，司法院行政訴訟制度研究修正資料彙編（三），司法院編印，1986年，頁1344-1345。
[325] 楊建華，前揭書，頁1345-1346；王甲乙，前揭書，頁1347。
[326] 最高行政法院106年度判字第594號判決。

　　行政法院應將終止委任之書狀送達於他造，因此若他造基於其他原因知悉訴訟委任已終止，但法院仍未對之送達時，則訴訟代理權相對於對造並未消滅[327]。

二、訴訟代理人終止委任

　　由訴訟代理人終止委任，常使其所代理之本人或其法定代理人措手不及，或不及自為訴訟行為或不及另行委任訴訟代理人，因此自為該項終止之意思表示之日起十五日內，仍應為防衛本人權利所必要之行為。所謂防衛本人權利所必要之行為，係指為保全當事人權益所必須採取的訴訟行為而言，若不及時為之，則將使本人之權利受到不利益之結果[328]。此項十五日期間之起算，條文規定雖係自為終止之意思表示之日起算，但僅為終止之意思表示，並非當然表示訴訟代理已終止，而係自該終止以書狀提出於行政法院時始生效力，因此此項十五日期間，應自終止書狀提出於法院時起算，未提出於行政法院前，訴訟代理權尚未消滅，訴訟代理人所得為之訴訟行為，並不限於為防衛本人權利所必要之行為。訴訟代理人未為必要行為時，則對於本人應負私法上義務不履行之責任[329]。

三、法律效果

　　訴訟委任之終止於以書狀提出於行政法院，由行政法院送達於他造後生效，訴訟代理權消滅。此後訴訟代理人不得再以當事人名義代為或代受訴訟行為。

第55條（輔佐人）
當事人或訴訟代理人經審判長之許可，得於期日偕同輔佐人到場。但人數不得逾二人。
審判長認為必要時亦得命當事人或訴訟代理人偕同輔佐人到場。
前二項之輔佐人，審判長認為不適當時，得撤銷其許可或禁止其續為訴訟行為。

❖ 立法說明 ❖

　　輔佐人制度設置之目的乃在希望藉助輔佐人提供專業知識，澄清訴訟上的疑點，以及輔佐當事人為訴訟行為，尤其是當事人陳述能力不足時。行政訴訟所涉及的案件有時會涉及複雜的科技知識，除可藉助鑑定人外，輔佐人於期日到場陳述，亦可提供

---

[327] Mettenheim, in: Münchner Kommentar, ZPO, Band I, 1992, §87, Rdnr. 4.
[328] 吳明軒，中國民事訴訟法，1993年4版，頁236。
[329] 石志泉原著，楊健華增訂，民事訴訟法釋義，1982年增訂初版，頁98。

相當幫助。因此司法院行政訴訟制度研究修正委員會於第114次會議決定採用輔佐人制度並不準用民事訴訟法而自行規定。有關輔佐人制度的規定共有三項爭點，首先，使用輔佐人是否限於言詞辯論期日[330]，事實上行政法院案件之準備程序比言詞辯論多，故並無限於言詞辯論期日之必要[331]。此外，使用輔佐人者，是否僅限於當事人或亦包括訴訟代理人，有認為訴訟代理人使用輔佐人並不妥當[332]，有認為兩者皆可使用輔佐人[333]，前者係將輔佐人之功能限於輔助當事人為訴訟行為，後者則再加上提供專業知識。最後，則是是否採用德國行政法院法第67條第2項之規定，使行政法院得主動要求當事人或訴訟代理人偕同輔佐人到場。有認為公法上訴訟行為，基於職權主義原則，真實之發現十分重要，故應給予行政法院此項權限[334]，另有認為此項規定是否妥適，值得斟酌，其認為使用輔佐人係當事人本身之事，行政法院對案情不清楚時，可依調查證據及鑑定程序解決，不一定要命當事人偕同輔佐人到場，若與當事人意願相違而命其使用輔佐人，又令當事人負擔費用，實不合理[335]。輔佐人是否稱職，則必須待其於期日到場時才能知悉，因此若法院認為不適當時，應有救濟之法，故法院應得撤銷許可或禁止其續為訴訟行為。

輔佐人可協助當事人或訴訟代理人為訴訟行為，有益於訴訟資料之蒐集，有許其到場為訴訟行為之必要，特設第1項規定，俾有依據。

行政訴訟之輔佐人，一方面協助當事人為訴訟行為，另一方面則有提供專業知識之作用，例如，律師請會計師為輔佐人，可幫助瞭解帳目之內容；又如專利事件，牽涉專門之科技知識，亦有請專家陪同說明之必要。特設第2項，以健全輔佐人制度之運作。

輔佐人資格之取得，既須經審判長之許可，如其於許可後，認輔佐人所為之訴訟行為並非適當，自得隨時依職權撤銷許可或禁止其續為訴訟行為，特設第3項規定，以確保訴訟程序能順利進行。

---

[330] 德國行政法院法第67條第2項規定輔佐人僅限於言詞辯論時到場，我國民事訴訟法第76條規定，則規定期日皆可到場，範圍較廣。

[331] 陳瑞堂，司法院行政訴訟制度研究修正資料彙編（三），司法院編印，1986年，頁1252。

[332] 鄭有齡，前揭彙編，頁1253。

[333] 陳瑞堂，前揭彙編，頁1254。

[334] 城仲模，前揭彙編，頁1256；王甲乙，前揭彙編，頁1276；陳瑞堂亦指出：行政訴訟有關公益，常牽涉第三人之權益，必要時，行政法院命偕同輔佐人到場，應甚理想，陳瑞堂，前揭彙編，頁1276。

[335] 楊建華，前揭彙編，頁1256-1258；張特生亦指出：就訴訟程序而言，當事人若不瞭解，行政法院命其偕同輔佐人到場，當事人有時可能亦無法找到懂訴訟程序之輔佐人，此時命其找輔佐人，可能是強人所難，張特生，前揭彙編，頁1258。

❖內容解析❖

一、輔佐人之許可

當事人或訴訟代理人原須經行政法院之許可，爲促進程序之進行，關於輔佐人之許可改由審判長爲之。當事人或訴訟代理人經審判長之許可，得於期日偕同輔佐人到場。欲於期日使用輔佐人者，必須先聲請審判長之許可，此項聲請應向法院提出書狀爲之，亦得依行政訴訟法第60條第1項規定，在行政法院書記官前以言詞爲之，於期日當場爲聲請。審判長就此項聲請之決定，依行政訴訟法第187條之規定，應以裁定爲之，是否許可其聲請，則由審判長依合義務性裁量決定之。輔佐人與訴訟代理人不同，其並無法脫離當事人或訴訟代理人獨自存在，其僅爲輔助機關，故必須與當事人或訴訟代理人偕同到場。因此若當事人或訴訟代理人於期日並未到場或到場後自行離去，均不許輔佐人單獨爲訴訟行爲[336]。至所謂期日，則指該訴訟事件之一切期日，包括準備程序期日、言詞辯論期日、調查證據期日等。

原行政訴訟法第55條規定對輔佐人之人數並無限制，因此可透過偕同輔佐人到場，而規避行政訴訟法第49條對訴訟代理人人數限制之規定，2011年新修正之行政訴訟法第55條增定第1項但書規定，限制輔佐人人數不得逾二人。

輔佐人之資格並未如同法定代理人設有限制，但以自然人爲限，且必須享有訴訟能力，蓋輔佐人爲輔助當事人或訴訟代理人爲訴訟行爲之人，如輔佐人無訴訟能力，如何達到輔助目的，誠有疑問[337]。

二、命輔佐人到場

審判長認爲必要時，亦得命當事人或訴訟代理人偕同輔佐人到場。審判長爲此項決定時，雖不用具體指明當事人或訴訟代理人必須偕同特定的輔佐人到場，但基本上應告知輔佐人必備的條件以及命輔佐之目的，使當事人能夠找到合適的輔佐人。除此之外，審判長命偕同輔佐人到場時，亦必須表明該輔佐人是否限於特定一個期日或適用於整個訴訟程序的全部期日。

三、撤銷許可或禁止續爲訴訟行爲

輔佐人雖經行政法院許可，但輔佐人之良莠，必須於其在期日到場後方能知悉，因此審判長若認爲其不適當時，自得撤銷其許可。此項撤銷決定應以裁定爲之。法院

---

[336] 最高法院41年台上字第824號判例。

[337] 吳明軒，中國民事訴訟法，1993年修訂4版，頁242；石志泉原著，楊建華增訂，民事訴訟法釋論，1982年增訂初版，頁100，主張得爲輔佐人者，不限定爲有訴訟能力之人；陳計男，行政訴訟法釋論，2000年初版，頁144指出：輔佐人雖不必具有訴訟能力，但須具有意思能力。

認為必要時得命輔佐人到場，此時並未限制特定人選，故法院認為不適當時，自可禁止其續為訴訟行為，以保障當事人權益。

四、法律效果

輔佐人經行政法院許可或基於行政法院要求到場而未被撤銷許可或禁止續為訴訟行為前，凡當事人於期日所得為之一切訴訟行為，輔佐人均得為之，例如應受判決之聲明、事實之主張、對他造事實主張之陳述、證據抗辯及其他關於訴訟程序之聲請、訴訟標的之認諾或捨棄、提起反訴等。惟若僅訴訟代理人在場，則輔佐人所得為之訴訟行為，則不得逾越訴訟代理人權限之範圍[338]。因輔佐人必須與當事人或訴訟代理人於期日偕同到場，始得輔助其為訴訟行為，故若當事人或訴訟代理人退庭以後，則不論何種行為，輔佐人皆不得為之；倘輔佐人於期日外為訴訟行為者，縱經當事人或訴訟代理人事後承認，亦不生訴訟法上應有之效力[339]。

第56條（準用之規定）
民事訴訟法第七十二條、第七十五條及第七十七條之規定，於本節準用之。

❖立法說明❖

當事人或法定代理人委任訴訟代理人代理訴訟後，仍得自為訴訟，並不受任何限制，訴訟代理人於其代理權限範圍內所為或所受之訴訟行為與本人自為者有同一效力，亦即直接對本人發生效力。當事人本人或其法定代理人與訴訟代理人之訴訟行為內容相互矛盾時，究應如何處理，不無疑問。當事人與訴訟代理人訴訟行為相互矛盾之情形可區分為：1.非事實上的陳述：若兩者的訴訟行為係同時為之時，則多數見解認為，應以當事人所為之意思表示為準[340]，但亦有認為兩者皆為無效，視同未為意思表示[341]；若兩者行為有先後時，則依訴訟行為之性質決定之[342]；2.事實上之陳述：民事訴訟法第72條規定，訴訟代理人事實上之陳述，經到場之當事人本人即時撤銷或更正者，不生效力。

---

[338] 吳明軒，中國民事訴訟法，1993年修訂4版，頁242。

[339] 最高行政法院100年度裁字第1653號裁定。

[340] 王甲乙、楊建華、鄭健才，民事訴訟法新論，2010年，頁85-86；吳明軒，前揭書，頁227；陳計男，民事訴訟法論（上），2015年修訂6版，頁137；陳榮宗、林慶苗，民事訴訟法（上），2014年修訂8版，頁192。

[341] 石志泉原著，楊建華增訂，民事訴訟法釋義，1982年增訂初版，頁96。

[342] 參見第52條，三（二）說明。

司法院行政訴訟制度研究修正委員會第118次會議對於此項問題有所討論，是否準用民事訴訟法第72條規定有所爭議，最大的爭點在於當事人是否僅限於「到場」才能撤銷或更正[343]，惟若當事人就訴訟代理人之事實陳述，事後皆可撤銷或更正，使其不生效力，將影響言詞辯論之安定性，故仍決定準用民事訴訟法第72條之規定。

訴訟代理人之代理權係基於當事人或法定代理人授權而生，無此授權，訴訟代理人所為之訴訟行為，不生訴訟法上應有之效力。因此訴訟代理權之有無，為訴訟要件是否具備之事項，事關公益，法院應隨時依職權調查。若法院認為有欠缺且可以補正者，應定期間命補正，若認為不可補正者，如係代理原告起訴者，應認起訴不合法並以裁定駁回之（行政訴訟法§107）以免無效訴訟行為繼續發生。在補正期間，則許訴訟代理人暫為訴訟行為，以免延滯訴訟。訴訟代理權欠缺事後經補正者，訴訟代理人之前所為之訴訟行為，均溯及於行為時發生效力。上述為民事訴訟法第75條之規定內容。司法院行政訴訟制度研究修正委員會第119次會議行政訴訟準用民事訴訟法第75條之規定，其間並無爭議[344]。

輔佐人並非訴訟代理人，因此其行為之效力並非直接及於本人，輔佐人係為輔助當事人或訴訟代理人而存在，故其行為結果應由當事人或訴訟代理人承擔，故民事訴訟法第77條規定，輔佐人所為之陳述，當事人或訴訟代理人不即時撤銷或更正者，視為其所為，亦即將輔佐人之訴訟行為，擬制為當事人或訴訟代理人所自為，而與當事人或訴訟代理人自為訴訟行為有同一效力。司法院行政訴訟制度研究修正委員會於第117次會議討論此項問題，有認為，輔佐人係提供事業知識，因此具有「視為當事人所自為」之效果並不妥當，且當事人對於輔佐人所提供的專業知識，可能毫無瞭解，當事人根本無從更正或撤銷，故應不予準用民事訴訟法第77條規定[345]，有認為輔佐人之陳述除專門知識外亦可能係一般性事項，其目的主要在輔助當事人，且要賦予輔佐人有法律上效用，須準用民事訴訟法第77條之規定[346]。

本法關於訴訟代理人及輔佐人，雖已增列若干條文，惟民事訴訟法有關訴訟代理人及輔佐人之規定更為詳盡，除部分性質不相容或因立法技術上之原因，本法已自行規定者外，其餘規定類多相通，與本法不相牴觸者，凡三條爰列舉各該條次，明定於本節準用之。

---

[343] 贊成者，王甲乙、陳瑞堂、張特生；認為可斟酌者，楊建華、吳庚，司法院行政訴訟研究修正資料彙編（三），司法院編印，1986年，頁1305-1311。

[344] 前揭彙編，第1348-1349頁。

[345] 楊仁壽，前揭彙編，頁1282；楊建華，前揭彙編，頁1279，並認為應依刑事訴訟法之規定，輔佐人到法院陳述之意見僅係法院認定事實之資料較妥當。

[346] 陳瑞堂，前揭彙編，頁1282；張特生，前揭彙編，頁1283-1284；吳庚，前揭彙編，頁1285。

❖內容解析❖

一、當事人本人之撤銷或更正權

訴訟代理人事實上之陳述，經到場之當事人本人即時撤銷或更正者，不生效力。具有撤銷或更正權者限於當事人本人，其他訴訟代理人不得代理當事人撤銷或更正之。得撤銷或更正者，僅限於事實上之陳述。此外，訴訟代理人陳述時，當事人本人必須已到場，始享有撤銷或更正權。因此若當事人本人於期日並未到場，則事後不得以訴訟代理人之陳述與其真實不符爲理由，而否認訴訟代理人陳述之效力[347]。所謂即時，非指訴訟代理人陳述完畢後即刻而言，只須在該期日結束前爲之即可[348]。當事人之撤銷或更正權，限於訴訟代理人事實上之陳述，其他訴訟行爲則不屬之，此項訴訟法[349]上當事人的撤銷或更正權之理由在於，訴訟上訴訟事件爭議的事實兩造知之最詳，訴訟代理人對於爭議事實之經過，可能無法完全明瞭，或因不知事實真相，或因陳述錯誤，或因他造或第三人不當干涉，以致其陳述與事實不符，故許當事人即時撤銷或更正之，以保障當事人之正當利益[350]。

二、訴訟代理權欠缺之補正

法院於訴訟代理權認爲有欠缺而可以補正者，應定期間命其補正[351]，但得許其暫爲訴訟行爲。

訴訟程序之進行，如由無代理權者爲之，則係重大的程序瑕疵，因此明確確認訴訟代理權的存在係具有公共利益及維護對造之利益，法院亦應隨時依職權調查之。所謂代理權有欠缺者係指缺乏依行政訴訟法第50條之委任書或未記明於筆錄，以及委任書有其他瑕疵之情形，法院如認爲該項欠缺不可補正，則應以訴訟要件不備，以裁定駁回。如該項欠缺可補正時，則應定期間命補正，補正由法院以裁定爲之，該項期間必須適當。訴訟代理權有欠缺而可以補正者，關於補正訴訟代理權欠缺之時期，依行

---

[347] 最高法院49年台上字第2362號判例。如當事人仍爲撤銷或更正時，訴訟代理人事實上之陳述仍有效力，此時可認爲同一當事人事實上之陳述前後矛盾，法院則依自由心證判斷何者爲真。王甲乙、楊建華、鄭健才，民事訴訟法新論，2010年，頁86；陳計男，民事訴訟法論（上），2015年修訂6版，頁137。

[348] 徐瑞晃，行政訴訟法，2012年3版，頁227。

[349] 實體法上，代理人於代理權限內所爲之代理行爲，直接對本人發生效力，除有無效或得撤銷原因外，並不允許本人任意撤銷或更正。

[350] 吳明軒，中國民事訴訟法，1993年修訂4版，頁230；陳榮宗、林慶苗，民事訴訟法（上），2014年修訂8版，頁193。

[351] 行政訴訟法第107條第1項第5款規定，原告之訴，有下列各款情形之一者，行政法院應以裁定駁回之。但其情形可以補正者，審判長應定期間先命補正：……5.由訴訟代理人起訴，而其代理權有欠缺者。

政訴訟法第56條準用民事訴訟法第75條規定，並未設任何限制，在同一審級之訴訟程序中，得補正此項欠缺；於上級審之訴訟程序中，得補正下級審代理權之欠缺，一經補正，其效力及於無代理權人前此代爲及代受訴訟行爲之全部（最高法院28年上字第1131號、62年台上字第600號判例）[352]。在補正期間內得許訴訟代理人暫爲訴訟行爲，此項許可由法院基於合義務性裁量爲之，並不須聲請。在暫時許可下，訴訟程序則如同訴訟代理權已無欠缺般進行。在法院所定期間內，訴訟代理權之欠缺補正者，則視爲於其行爲時，已爲有效的訴訟行爲（民事訴訟法§75Ⅱ）。

此外，無訴訟代理權之人爲當事人所爲之訴訟行爲，應不生該有之效力，他造對之所爲之訴訟行爲效力亦同，但若該無訴訟代理權者，於本案判決確定前補正其訴訟代理權或事後經當事人本人或法定代理人承認者，則溯及於其行爲時發生效力（民事訴訟法§75Ⅱ準用民事訴訟法§48規定）。此項承認不限於明示，默示亦可[353]。又承認之目的在補正有瑕疵之訴訟程序，並非個別訴訟行爲，一經承認，則其效力及於所有無代理權人之前的行爲[354]。

無訴訟代理權人所爲之訴訟行爲，雖不生效力，但法院本於該行爲所爲之裁判，並非當然無效，當事人得依上訴、抗告或再審方式尋求救濟。

三、輔佐人所爲陳述之效力

輔佐人所爲之陳述，當事人或訴訟代理人不即時撤銷或更正者，視爲其所自爲。輔佐人所爲之陳述並不限於事實上之陳述，凡當事人或訴訟代理人在期日內所得爲之一切訴訟行爲，輔佐人均得爲之。所謂即時，並非指輔佐人陳述完畢後立即爲之，只要在該期日結束前爲之即可。當事人或本人未到場即時撤銷或更正時，視爲其所自爲，而與當事人或訴訟代理人自爲該訴訟行爲具有同一效力。

---

[352] 最高行政法院94年度判字第579號判決。
[353] 陳計男，民事訴訟法論（上），2015年修訂6版，頁138。
[354] 吳明軒，中國民事訴訟法，1993年修訂4版，頁233。

第四章
訴訟程序

　　本章所規定者，為行政訴訟程序之通則，無論何種類及繫屬於何審級之訴訟，除另有特別規定外，均適用之。所謂訴訟程序，指訴訟之程式及順序，乃多數訴訟行為所構成；而所謂訴訟行為，指司法機關及當事人並其他訴訟關係人所為之行為，可生訴訟法上之效果者而言。本章內容包括當事人書狀、送達、期日、期間、訴訟卷宗及訴訟費用。茲先就關於訴訟程序之立法主義，概述於次：

一、當事人進行主義與職權進行主義

　　當事人進行主義（Parteibetriebsprinzip）者，訴訟之開始，及其開始後之進行與終結，委之於當事人之意思之主義也。職權進行主義（Amtsbetriebsprinzip）者，不問當事人之意思如何，由法院依職權進行訴訟之主義也。行政訴訟制度涉及行政行為是否符合依法行政原則之要求，有其客觀法制符合性、程序進行效率、迅速性與經濟性之考量，有別於民事訴訟之保護私權，依當事人之請求，雖原則上仍採當事人進行主義；但並非完全採取當事人進行主義。換言之，行政訴訟之進行，恆涉及公益、高度技術性，非有行政法專業素養者，難以有條不紊地運作。為此，各國行政訴訟制度均不採完全當事人進行主義，而兼採職權進行主義。本法有關各種訴訟之提起（§4～§8）、訴之變更（§111）、反訴之提起（§112）以及言詞辯論之開始，必本於當事人起訴之聲明（§122Ⅰ）、無關公益之撤回訴訟（§114）、無關公益之捨棄與認諾（§202）、證據之提出（§105Ⅱ）、上訴或抗告（§238、§264）、捨棄、撤回上訴或抗告（§240、§262Ⅱ、§270）與無關公益之和解（§219Ⅰ）等，皆採當事人進行主義。此種就具體事件是否請求法律救濟，以及請求之範圍如何，均應取決於利害關係人之主觀意願者，又稱為處分主義（Verfügungsgrundsatz od. Dispositionsmaxime）。基於處分主義之意旨，行政法院須受當事人聲明之拘束，不得依職權為之。惟就審判長應告知當事人提起撤銷訴訟時併請求給付訴訟（§8Ⅱ）、法官之迴避（§19）、依職權指定當事人（§29Ⅱ）、更換或增減指定之當事人（§30）、裁定命第三人參加訴訟（§41）、依職權命獨立參加訴訟（§42Ⅱ）、命其他行政機關參加訴訟（§44Ⅰ）、送達（§61）、依職權為公示送達（§81）、定期日（§84Ⅰ）、裁定徵收國庫墊付之訴訟費用（§100Ⅱ）、依

職權裁定停止執行（§116Ⅱ）、依職權裁定撤銷停止執行（§118）、調查事實關係（§125Ⅰ）、依職權調查證據（§133）、依職權調查習慣及外國現行法（§137）、情況判決（§198）及最高行政法院依職權行言詞辯論（§253Ⅰ）則採職權進行主義，顯示行政訴訟為處理公法上爭議之特色。

二、辯論主義與職權調查主義

辯論主義（Verhandlungsmaxime）者，行政法院依當事人聲明之範圍，及所提供之訴訟資料為裁判基礎之主義也，亦稱為不干涉主義。職權調查主義（Untersuchungsgrundsatz）者，行政法院不問當事人之有無此聲明，均得依職權蒐集訴訟資料，並得超越出當事人聲明之範圍，而為裁判之主義也，故亦稱干涉主義。本法規定高等行政法院採言詞審理主義；因此，在通常情形下，採取辯論主義，以當事人之陳述，為裁判之主要材料。例如當事人應就訴訟關係為事實上及法律上之陳述（§122Ⅱ）、當事人負舉證責任（§123Ⅱ）等均採辯論主義。惟行政訴訟因涉及公益，如就事實關係，全然受當事人主張之拘束，不能依職權調查時，將有害於公益，故規定行政法院應依職權調查事實關係，不受當事人主張之拘束（§125Ⅰ）、撤銷訴訟及為維護公益之其他訴訟，應依職權調查證據（§133）、自認無拘束力，仍應調查其他必要之證據（§134）及撤銷訴訟與為維護公益之其他訴訟，當事人兩造於言詞辯論期日未到場，行政法院得依職權調查事實逕為判決（§194），均採職權調查主義。

辯論主義與職權調查主義，理論上之區別並非難事，惟於實際運用上，並非涇渭分明。為此，為達事件發現真實起見，無論民事訴訟或行政訴訟，均設有所謂闡明權之規定，以為補助。由行政法院負有事實調查義務而言，又稱之為闡明義務（Aufklärungspflicht）。行政訴訟在職權調查主義之主導下，行政法院為使訴訟順利進行，並迅速終結案件，於事件發現真實時，審判長或受命法官自有闡明之義務（§125），以彌補辯論主義之不足，發揮發現真實之審理功能。

三、言詞審理主義與書狀審理主義

言詞審理主義（Mündlichkeit）者，乃行政法院專據當事人言詞陳述之資料，為判決基礎之主義也。書狀審理主義（Schriftlichkeit）者，乃行政法院專據當事人書狀所得之資料，為判決基礎之主義也。言詞審理主義之優點，在能迅速知悉訴訟事件之內容，易得完全之訴訟資料；惟其裁判應以筆錄為據，筆錄若有誤載，審判即難正確。書狀審理主義之優點，為訴訟資料均由當事人以書面記載，不因時日之經過或筆錄之疏漏而有錯誤；但其缺點為：不能藉闡明權以明事實之真象，其判決難於深入研討，易致訴訟拖延。本法以由地方法院行政訴訟庭，及高等行政法院通常訴

訟程序爲第一審訴訟程序，採言詞審理主義爲原則（§122、§123、§140、§233），應本於言詞辯論而爲裁判（§188 I）。例外不經言詞辯論，逕爲判決者，有本法第107條第3項、第194條等規定；最高行政法院爲上訴審程序，則採書面審理主義爲原則，惟於特定條件下亦得行言詞辯論（§253）。但裁定，均得不經言詞辯論爲之（§188III）。

四、直接審理主義與間接審理主義

直接審理主義者，又稱直接審理原則（Grundsatz der Unmittelbarkeit），乃指行政法院法官須以其自行認識所得之資料，作爲裁判基礎之主義。申言之，形成裁判之資料或根據，必須是參與判決之法官直接從審理過程中所獲得者，始得作爲行政法院裁判之根據，有利眞實之發現。本法第188條第2項，即規定直接審理主義。行政法院若以未參與言詞辯論法官參與判決，即屬法院之組織不合法，當然違背法令。遇此情形，自應更新辯論（§132準用民事訴訟法§211），誠屬有礙訴訟經濟原則。間接審理主義者，乃法官得以他人所認識之資料爲裁判之基礎之主義。本法證據調查程序，兼採間接審理主義，例如本法第138條、第139條及第176條準用民事訴訟法第295條之規定，得由受命法官或受託法官或囑託外國官署及駐外之我國大使、公使、領事或其他機構、團體調查證據。又第132條準用民事訴訟法第270條第1項規定，準備程序亦得由受命法官行之。

五、自由心證主義與法定證據主義

自由心證主義（Theorie der freien Bewiswürdigung）者，乃指行政訴訟各種證據之證明力，由法院自由判斷之謂。申言之，行政法院對於與待證事實有關之證據方法之證明力，係依法官專業素養、經驗法則、綜合全辯論意旨而確定之。本法原則上採自由心證主義，諸如第189條第1項之規定。又雖稱爲自由心證主義，但絕非任由法官恣意與專斷；法官仍須斟酌全辯論意旨及調查證據之結果，依據論理法則及經驗法則，判斷事實之眞僞。且法院於製作判決時，應將判斷所得心證之理由，記明於判決書內，否則判決構成理由不備或理由矛盾之違法（§189III、§243II⑥）。法定證據主義（Theorie der gesetzlichen Beweisregeln）者，乃指證據方法之種類及其證據之證力，均由法律定之之主義。申言之，訴訟程序中之證據，何者可採信，何者不可採；何者證據力強，何者較弱，悉依法律之規定。本法第189條第1項但書之規定，即屬例外兼採法定證據主義；其他如當事人之選定，更換及增減應以文書證之（§34）；言詞辯論所定程序之遵守，專以筆錄證之（§132準用民事訴訟法§219）；公文書推定其爲眞正（§176準用民事訴訟法§355 I）均屬之。

第一節　當事人書狀

　　當事人書狀，指當事人因實施訴訟行為，依本法提出之書狀，例如起訴狀、答辯狀、準備書狀、訴訟參加狀、上訴狀、上訴理由狀、聲請狀等。本法採言詞審理為原則，係於期日由當事人在法官面前以言詞為聲明或陳述，行政法院書記官應作成筆錄記載其聲明或陳述，筆錄應如何記載、利用，依準備程序或言詞辯論之規定辦理。至於當事人以書面實施訴訟行為者，除各該訴訟程序別有規定者外，一般書狀格式、記載方法、提出或傳送方式及效力，均依本法第57條以下之共通性規定辦理。若當事人提出之文書僅在證明實施訴訟行為之資格或權限者，例如委任訴訟代理人之委任書（§50）、選定當事人之證明（§34），性質為行政訴訟法所稱書證之一種，並非同法所稱之當事人書狀[1]。

第57條（當事人書狀應記載事項）

當事人書狀，除別有規定外，應記載下列各款事項：

一、當事人姓名及住所或居所；當事人為法人、機關或其他團體者，其名稱及所在地、事務所或營業所。

二、有法定代理人、代表人或管理人者，其姓名及住所或居所。

三、有訴訟代理人者，其姓名及住所或居所。

四、應為之聲明。

五、事實上及法律上之陳述。

六、供證明或釋明用之證據。

七、附屬文件及其件數。

八、行政法院。

九、年、月、日。

書狀內宜記載當事人、法定代理人、代表人、管理人或訴訟代理人之出生年月日、職業、身分證明文件字號、營利事業統一編號、電話號碼及法定代理人、代表人或管理人與法人、機關或團體之關係或其他足資辨別之特徵。

當事人書狀格式、記載方法及效力之規則，由司法院定之。未依該規則為之者，行政法院得拒絕其書狀之提出。

當事人得以科技設備將書狀傳送於行政法院，其適用範圍、程序、效力及其他應遵循

---

[1]　司法院院字第2478號解釋、最高行政法院99年度6月份庭長法官聯席會議（一）。

事項之辦法，由司法院定之。

當事人以科技設備傳送書狀，未依前項辦法為之者，不生書狀提出之效力。

其他訴訟關係人亦得以科技設備將訴訟文書傳送於行政法院，並準用前二項規定。

❖內容解析❖

本條規定當事人書狀應記載事項。

一、應記載事項（§57I）

本條所規定者，為一般書狀應記載之事項，計有9款，爰於第1項逐一列舉，俾資遵循。如本法就特種書狀應記載之事項設有特別規定，如參加訴訟書狀、起訴狀、上訴狀等，遇此情形，其書狀應依各該特別規定辦理。

本法採處分權主義，亦即訴訟標的之決定以及程序之開始或終了，取決於當事人主觀意願，本條第1項第4款所謂「應為之聲明」，指當事人就具體事件請求行政法院裁判之範圍，行政法院須受當事人聲明之拘束。當事人應為之聲明，並視其提起之事件類型為起訴、上訴、抗告、再審、暫時權利保護或其他聲請事件等，依各該程序為相對應之聲明。例如，當事人起訴，應依其提起之訴訟類型為撤銷訴訟（§4）、課予義務訴訟（§5）、無效確認訴訟（§6）、違法確認訴訟（§6）、一般確認訴訟（§6）、一般給付訴訟（§8），決定其訴之聲明內容與範圍。但行政訴訟究與民事訴訟有所不同，故於訴之撤回、捨棄、認諾、和解而有礙公益或當事人不具有處分權者，法院不當然受當事人聲明之拘束，此為例外。

二、宜記載事項（§57II）

為避免卷證資料不敷確認當事人身分，書狀宜記載當事人、法定代理人、代表人、管理人或訴訟代理人之足資識別之特徵。

三、當事人書狀格式、記載方法及效力（§57III）

為促進行政法院審理案件及當事人準備訴訟之效率，授權司法院訂定行政訴訟書狀規則，規範當事人書狀格式、記載方法及效力，未依該規則為之者，行政法院得拒絕其書狀之提出[2]。

---

2 參考司法院網站資料。

四、以科技設備傳送書狀（§57IV、V、VI）

本法111年6月22日之修正（112年8月15日施行），增訂行政訴訟法第143條之1關於證人提出陳述書面及認證書之規定，並擴大及於其他訴訟關係人亦得以科技設備提出訴訟文書於行政法院，爰集中規定於本條第6項，並準用前兩項規定。其適用範圍、程序、效力及其他應遵循事項之辦法，亦由司法院定之。司法院乃依第57條第4項、第6項及第83條第2項規定之授權，發布「行政訴訟文書使用科技設備傳送辦法」，可資參照。依該辦法第2條規定，傳送方得將訴訟文書、當事人或代理人書狀（含所附證據、委任書及附屬文件）、證人或鑑定人書面陳述及具結文書，以及其他訴訟關係人之訴訟文書進行傳輸，接收方可於其科技設備上收受該文書或其相同型式及內容之影本，傳送方式有下列3種：(一)司法院電子訴訟文書（含線上起訴）服務平台（以下簡稱司法院服務平台）；(二)電信傳真；(三)電子郵遞設備。其中使用司法院服務平台傳送訴訟文書者，適用之行政訴訟事件範圍、操作方式、步驟及使用規範均依司法院服務平台公告所定。

五、行政訴訟書狀規則及使用科技設備傳送文書圖[3]

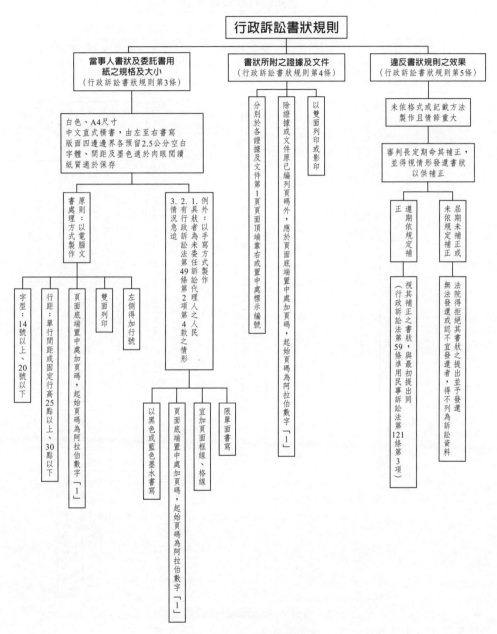

圖1　行政訴訟書狀規則

3　參考司法院網站資料。

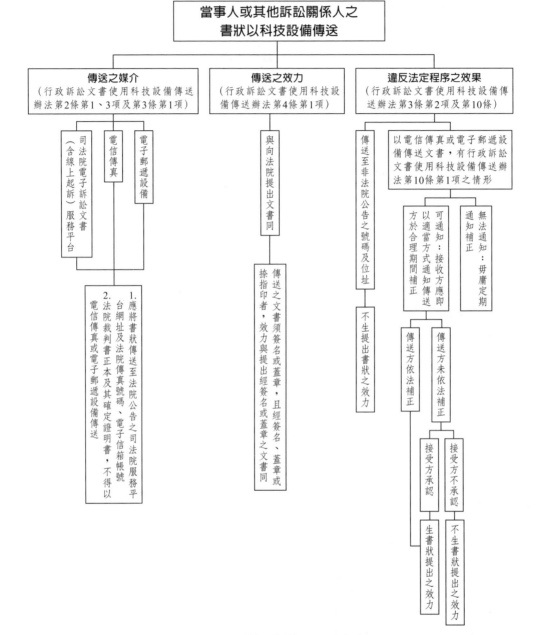

圖2　使用科技設備傳送訴訟文書

資料來源：司法院網站：首頁→業務綜覽→行政訴訟→宣導文宣

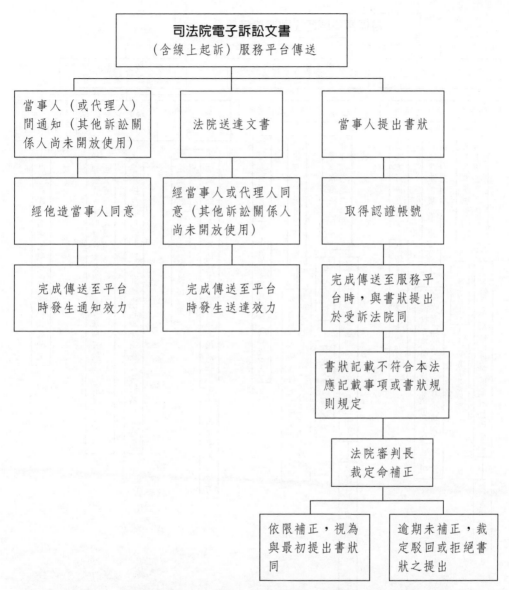

圖3　行政訴訟E化升級新制：行政訴訟文書使用科技設備傳送類型及流程圖（一）

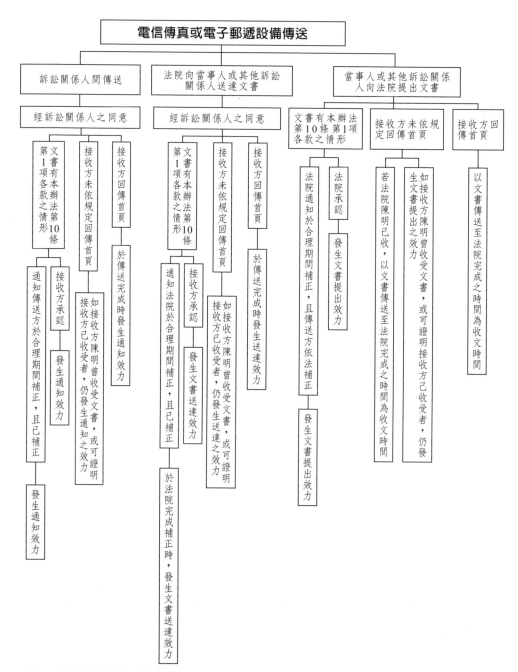

圖4　行政訴訟E化升級新制：行政訴訟文書使用科技設備傳送類型及流程圖（二）

第58條（書狀之簽名或蓋章）

當事人、法定代理人、代表人、管理人或訴訟代理人應於書狀內簽名或蓋章；其以指印代簽名者，應由他人代書姓名，記明其事由並簽名。

依法規以科技設備傳送前項書狀者，其效力與提出經簽名或蓋章之書狀同。其他訴訟關係人以科技設備傳送應簽名或蓋章之訴訟文書者，亦同。

❖內容解析❖

本條規定書狀之簽名或蓋章，包括紙本書狀及以科技設備傳送之訴訟文書之簽名或蓋章。

一、紙本書狀之簽名或蓋章

當事人、法定代理人、代表人、管理人或訴訟代理人應於書狀內簽名或蓋章。其以指印代簽名者，應由他人代書姓名，記明其事由並簽名。此為民法第3條之特別規定，應優先適用。本條係就當事人書狀之形式所為之規定，故當事人提出之文書僅在證明實施訴訟行為之資格或權限者，例如委任訴訟代理人之委任書（§50），為證明授與訴訟代理權之文書，苟能證明該文書之真正，此項代理權即不得謂有欠缺，選定當事人之證明（§34），亦應作相同解釋。例如，當事人為機關之案件，該機關委任訴訟代理人之委任書，應無行政訴訟法第58條規定之適用。該委任書如已蓋用機關印信及機關首長職章者，依公文程式條例第3條規定，已得認機關首長有代表機關為該委任行為之意思，故雖未由機關首長簽名或蓋用私章，其程式應為合法[4]。

二、以科技設備傳送第1項書狀之簽名或蓋章

本項所設，為電子簽章法之特別規定。

為配合現代科技發展，加速訴訟文書之傳送，依法規得以科技設備傳送前項書狀者，例如除電信傳真及電子郵遞設備外，司法院已建置完成電子訴訟文書（含線上起訴）服務平台，可供當事人起訴及傳送書狀。當事人依此方式傳送書狀內之簽名、蓋章或以指印代簽名者，為簽名之重現，本條第2項規定其應與第1項之簽名、蓋章或以指印代簽名之效力相同，無須命當事人補正。

另外，得以科技設備傳送訴訟文書者，包括符合第143條之1規定之證人所提出之陳述書面、認證書及以遠距審理之科技設備傳送結文，及其他訴訟關係人以科技

---

[4] 司法院院字第2478號解釋、最高行政法院99年度6月份庭長法官聯席會議（一）。

設備傳送訴訟文書等情形，如該文書須簽名或蓋章，且經簽名或蓋章者，其傳送之效力，亦與提出經簽名或蓋章之文書同。於此亦可參閱第57條「行政訴訟文書使用科技設備傳送辦法」及前述第57條之內容解析所列圖示[5]。

> **第59條**（準用之規定）
> 民事訴訟法第一百十八條至第一百二十一條之規定，於本節準用之。

❖內容解析❖

本條規定民事訴訟法之規定，於性質不相牴觸者之準用。

一、書狀內引用證據

當事人於書狀內引用所執之文書者，應添具該文書原本或繕本或影本；其僅引用一部分者，得祇具節本，摘錄該部分及其所載年、月、日並名押、印記；如文書係他造所知或浩繁難以備錄者，得祇表明該文書（民訴§118Ⅰ）。當事人於書狀內引用非其所執之文書或其他證物者，應表明執有人姓名及住居所或保管之機關；引用證人者，應表明該證人姓名及住居所（民訴§118Ⅱ）。

二、書狀繕本或影本之提出

書狀及其附屬文件，除提出於法院者外，應按應受送達之他造人數，提出繕本或影本（民訴§119Ⅰ）。前項繕本或影本與書狀有不符時，以提出於法院者為準（民訴§119Ⅱ）。

三、他造對附屬文件原本之閱覽

當事人提出於法院之附屬文件原本，他造得請求閱覽；所執原本未經提出者，法院因他造之聲請，應命其於5日內提出，並於提出後通知他造（民訴§120Ⅰ）。他造接到前項通知後，得於3日內閱覽原本，並製作繕本或影本（民訴§120Ⅱ）。

四、書狀欠缺之補正

書狀不合程式或有其他欠缺者，審判長應定期間命其補正（民訴§121Ⅰ）。因命補正欠缺，得將書狀發還；如當事人住居法院所在地者，得命其到場補正（民訴

---

[5]　參考司法院網站資料。

§121Ⅱ）。書狀之欠缺，經於期間內補正者，視其補正之書狀，與最初提出同（§民訴121Ⅲ）。當事人未依限補正書狀者，法院應如何處理，本法未設一般性規定，於法律已特別規定應予駁回時（例如§107Ⅰ⑩、§246Ⅱ、§249Ⅰ）應適用特別規定辦理。應注意者，是否屬於本條書狀不合程式之情形，應依其欠缺之性質，區分探究。例如當事人提起上訴，未依本法第244條第1項第4款表明上訴理由，或提起再審之訴，未依本法第277條第1項第4款後段規定，記載遵守不變期間之證據者，不屬本條第1項所定書狀不合程式或有其他欠缺之情形，審判長毋庸裁定定期命其補正。但當事人提起再審之訴（或聲請再審），未依本法第277條第1項第3款規定表明訴之聲明者，則屬本條所謂之書狀不合程式，法院應裁定定期命為補正，在未補正前，不得以其訴（或聲請）為不合法，裁定予以駁回。

第60條（以筆錄代書狀）
於言詞辯論外，關於訴訟所為之聲明或陳述，除依本法應用書狀者外，得於行政法院書記官前以言詞為之。
前項情形，行政法院書記官應作筆錄，並於筆錄內簽名。
前項筆錄準用第五十七條及民事訴訟法第一百十八條至第一百二十條之規定。

❖內容解析❖

本條規定得以筆錄代書狀。

本法採言詞審理主義，當事人於言詞辯論、準備程序、調查證據程序或和解期日所為言詞陳述，係向法院（法官）為之，而由書記官記載，關於其記載之內容（§128、§129、§140、§221）與效力（§132準用民訴§219），法律已另有規定，非此代書狀之筆錄。本法於言詞辯論之外兼採書狀審理主義，於此情形，本應作成書狀提出於法院，亦不得省略書狀之提出而以書記官筆錄代之。故本條乃為當事人便利，例外允許當事人於言詞辯論及依本法應提出書狀之外，得就關於訴訟所為之聲明或陳述，於行政法院書記官前以言詞為之，而由行政法院書記官作成筆錄，並於筆錄內簽名。本條雖如此規定，但於當事人與書記官均處繁忙之社會型態下，現今實務，各法院設有訴訟輔導科提供書狀之例稿，輔導當事人撰寫書狀。法院及司法院網站亦有各類例稿供下載利用，可減省當事人交通及時間勞費，不輸本條之便民效果。

此項筆錄係用以代替書狀，故依本法第57條規定書狀應記載之事項，均應記載於筆錄，民事訴訟法第118條至第120條之規定，亦均予以準用。

第二節　送　達

　　人民之訴願及訴訟權爲憲法第16條所保障。人民於其權利遭受公權力侵害時，有權循法定程序提起行政爭訟，俾其權利獲得適當之救濟。此項程序性基本權之具體內容，包括訴訟救濟應循之審級、程序及相關要件，須由立法機關衡酌訴訟案件之種類、性質、訴訟政策目的以及訴訟制度之功能等因素，制定合乎正當法律程序之相關法律，始得實現。而相關程序規範是否正當，須視訴訟案件涉及之事物領域、侵害基本權之強度與範圍、所欲追求之公共利益、有無替代程序及各項可能程序之成本等因素，綜合判斷而爲認定[6]。

　　行政訴訟文書之送達，係行政訴訟法所定之送達機關將應送達於當事人或其他關係人之文書，依各該法律之規定，交付於應受送達人本人；於不能交付本人時，以其他方式使其知悉文書內容或居於可得知悉之地位，俾其決定是否爲必要之行爲，以保障其個人權益。爲使人民確實知悉文書之內容，人民應有受合法通知之權利，此項權利應受正當法律程序之保障[7]。

　　送達係爲確定當事人或訴訟關係人已否受合法通知或收受書狀，其對於期間是否開始進行與如何計算，及當事人之訴訟行爲及裁判效力是否發生等問題，爲判斷訴訟程序是否合法進行之關鍵，對人民訴訟權影響事關重大。本節就送達之執行、應受送達人、應送達之文書、送達之處所、送達之方法、送達時間及送達之證明（送達證書），加以規範，以資遵循。

　　依法定方式爲送達後，無論當事人或訴訟關係人是否實際取得該送達之文書，或是否確實知悉文書內容，均發生送達效力。反之，不合法之送達，不生送達之效力。

第61條（送達）
送達除別有規定外，由行政法院書記官依職權爲之。

❖內容解析❖

　　訴訟文書之送達，原則上應由行政法院書記官依職權爲之，以求事權統一，兼顧訴訟程序迅速進行。所謂別有規定，如應由當事人聲請公示送達（§81）或由當事人直接將應送達之文書直接通知他造（§132準用民訴§265Ⅰ、§266Ⅳ、§267）等。可

6　司法院釋字第459號、第610號、第639號、第663號解釋參照。
7　司法院釋字第667號解釋參照。

知本法以職權送達爲原則，當事人送達爲例外之折衷主義。

第62條（送達之執行）
送達由行政法院書記官交執達員或郵務機構行之。
由郵務機構行送達者，以郵務人員爲送達人；其實施辦法由司法院會同行政院定之。

❖內容解析❖

訴訟文書須送達者甚多，由書記官親自交付（§83Ⅲ準用民訴§126）之情形究屬少數，而書記官事務繁雜，故送達仍須交由他人爲之，始能適切完成任務。故送達，得由書記官交執達員或郵務機構辦理。其由郵務機構行送達者，以郵務人員爲送達人。郵務機構送達時，依司法院會同行政院依本條第2項訂定之「郵務機構送達文書實施辦法」規定辦理。

非由法定送達機關所爲之送達，僅於應受送達人不拒絕收領時，始生送達之效力，如其拒絕收領，自不生送達效力。

第63條（囑託送達(一)—於管轄區域外之送達）
行政法院得向送達地之地方法院爲送達之囑託。

❖內容解析❖

應受送達之處所若不在受訴法院管轄區，受訴法院得囑託送達地之地方法院爲送達。惟公示送達僅受訴法院得爲之，受囑託之法院，不得爲公示送達。

囑託送達，以受囑託人將應送達之文書付與應受送達人時，發生送達之效力，而非以受囑託人受囑託時，發生送達之效力。此於下述之囑託外交機構（§77）、外交部（§78）、囑託該管軍事機關或長官（§79）、監所長官（§80）等各種囑託達之情形，亦同。

第64條（對無訴訟能力人之送達）
對於無訴訟能力人爲送達者，應向其全體法定代理人爲之。但法定代理人有二人以上，如其中有應爲送達處所不明者，送達得僅向其餘之法定代理人爲之。

對於法人、中央及地方機關或非法人之團體為送達者，應向其代表人或管理人為之。代表人或管理人有二人以上者，送達得僅向其中一人為之。

無訴訟能力人為訴訟行為，未向行政法院陳明其法定代理人者，於補正前，行政法院得向該無訴訟能力人為送達。

❖內容解析❖

一、送達，原則應向應受送達人本人為之，但因向無訴訟能力人本人為送達者，不生送達之效力，故對於無訴訟能力人為送達者，應向其法定代理人全體為之，以保護其利益。如法定代理人其中有應為送達處所不明者，始得向其餘之法定代理人為之。

二、法人、中央及地方機關或非法人之團體，應由其代表人或管理人為訴訟行為，收受送達自亦包括在內，故送達應向其代表人或管理人為之。代表人或管理人有二人以上者，只須向其中一人送達，即可發生送達之效力。此與前述對於無訴訟能力人為送達者，原則應向其全體法定代理人為之之情形不同。

三、無訴訟能力人自為訴訟行為而未向行政法院陳明其法定代理人者，行政法院對於未經合法代理之無訴訟能力人，就其起訴不合法，命補正之裁定，應向何人送達，即生疑義，故第4項規定，遇此情形，應向該無訴訟能力人為送達，以茲解決。

第65條（對外國法人或團體之送達）

對於在中華民國有事務所或營業所之外國法人或團體為送達者，應向其在中華民國之代表人或管理人為之。

前項代表人或管理人有二人以上者，送達得僅向其中一人為之。

❖內容解析❖

外國法人或團體之主事務所或主營業所多設在國外，對之送達，頗有不便，故本條第1項明定如其在中華民國設有事務所或營業所者，對之為送達時，應向其在中華民國之代表人或管理人為之。如其代表人或管理人有二人以上者，亦得僅向其中一人為送達，以期訴訟進行之便捷。

第66條（訴訟代理人之送達）

訴訟代理人除受送達之權限受有限制者外，送達應向該代理人為之。但審判長認為必要時，得命併送達於當事人本人。

第四十九條之一第一項事件，其訴訟代理人受送達之權限，不受限制。

第一項但書情形，送達效力以訴訟代理人受送達為準。

❖內容解析❖

訴訟代理人就其受委任之事件，有為一切訴訟之權（§51Ⅰ前段），自包含收受送達之權限，不以受有特別代理權為必要。但如不屬於第49條之1第1項所定強制律師代理事件之當事人，而於委任書或筆錄內表明限制訴訟代理人受送達之權限時，不應向該受限制之訴訟代理人送達（§51Ⅲ）。

應注意者，本法於111年6月22日修正增訂（112年8月15日施行）第49條之1第1項，擴大強制律師代理事件的範圍，適用強制律師代理之事件，應由訴訟代理人為訴訟行為，已委任訴訟代理人者，送達應向該訴訟代理人為之，本條第2項特別明定其受送達之權限不受當事人本人之限制（§66Ⅱ）。

訴訟代理人有2人以上時，均得單獨代理當事人（§52Ⅰ），解釋上應向全體訴訟代理人送達，惟僅向1人送達，亦生送達之效力。但言詞辯論期日通知書如僅向1人送達，該受送達之訴訟代理人並無通知其他訴訟代理之義務，結果其他訴訟代理人因未受通知而未於指定期日到場，對於當事人預期其委任之數位代理人均處於能為其為訴訟行為之情形不合，此程序上之不利益不應由當事人承擔。為避免發生有無誤為一造辯論判決或視為撤回之爭議，該期日通知書應送達全體訴訟代理人。

為使當事人知悉訴訟進行情況，審判長認為必要時，得命送達於當事人本人。惟於對訴訟代理人又對本人送達之情形，送達效力係於何人受送達時發生，即有疑義。考量訴訟代理人具法律專業，特於本條第3項明定以訴訟代理人受送達時，發生送達之效力。

訴訟代理人未經合法委任，即無為當事人本人為訴訟行為之權限。遇此情形，法院命當事人補正提出合法委任書之裁定，應向當事人本人送達，不得對未經合法委任之訴訟代理人送達。

第67條（指定送達代收人(一)）

當事人或代理人經指定送達代收人，向受訴行政法院陳明者，應向該代收人為送達。但審判長認為必要時，得命送達於當事人本人。

❖內容解析❖

當事人或代理人（包含訴訟代理人、法定代理人、代表人或管理人）如為自己或法院之方便，向受訴行政法院陳明其指定送達代收人者，送達即應向其送達代收人為之。但審判長認為必要時，仍得命送達於當事人。

送達代收人係經當事人或代理人授權，專有代收應受送達訴訟文書權限之人。故當事人或代理人於指定後仍可將其解任，惟須向法院陳明，否則不生解任效力。

當事人經指定送達代收人，向受訴法院陳明者，即應向該代收人送達，並於向該代收人送達完畢時，發生送達效力，至該代收人曾否或實際上何時轉送於當事人本人，在所不問。

第68條（送達代收人之效力）

送達代收人經指定陳明後，其效力及於同地之各級行政法院。但該當事人或代理人別有陳明者，不在此限。

❖內容解析❖

當事人指定送達代收人旨在方便訴訟文書之送達，故一經指定，並向受訴行政法院陳明後，除有特別陳明限制者外，其效力及於同地之各級行政法院。

指定送達代收人係使原無受送達權限之人，取得此權限之行為，故原已具備受送達權限者，即無再予指定之必要。例如當事人委任某律師為其第一審訴訟代理人，其委任書內既載有為一切訴訟行為之權，即有受送達之權限，無須再行指定其為送達代理人，故當事人縱指定其為送達代收人，僅具表示其代理權未受限之意義，而與另行指定送達代收人之情形有別。當事人於該事件上訴後未再委任該律師為上訴審訴訟代理人，該律師於上訴審即無收受送達之權限，如仍向該律師送達，其效力自不及於上訴之當事人。

第69條（指定送達代收人(二)）

當事人或代理人於中華民國無住居所、事務所及營業所者，應指定送達代收人向受訴行政法院陳明。

❖內容解析❖

　　為使訴訟之進行不因本條情形遲滯於送達程序，方便訴訟文書之送達，可使當事人及法院兩受訴訟經濟之利，故課予於國內無住居所、事務所及營業所之當事人或代理人，指定送達代收人之義務。

第70條（付郵送達）
當事人或代理人未依前條規定指定送達代收人者，行政法院得將應送達之文書交付郵務機構以掛號發送。

❖內容解析❖

　　當事人或代理人未依前條規定指定送達代收人者，為免訴訟程序因須向國外送達而發生遲滯，爰規定行政法院於此情形，得將應送達之文書交付郵政機關以掛號發送。

第71條（送達處所）
送達，於應受送達人之住居所、事務所或營業所行之。但在他處會晤應受送達人時，得於會晤處所行之。
對於法人、機關、非法人之團體之代表人或管理人為送達者，應向其事務所、營業所或機關所在地行之。但必要時亦得於會晤之處所或其住居所行之。
應受送達人有就業處所者，亦得向該處所為送達。

❖內容解析❖

　　應送達之處所如下：

一、應受送達人之住居所、事務所或營業所

　　訴訟文書之送達，應使確能交付應受送達人，因此，原則上應於其生活中心地之住居所、事務所或營業所行之，始易達其目的。但如送達人於上述以外之處所會晤應受送達人時，自應許其於會晤處所交付。

二、法人、機關、非法人團體事務所、營業所或機關所在地

對於法人、機關或非法人之團體代表人或管理人為送達者，原則上應向其事務所、營業所或機關所在地行之。但必要時亦得於會晤之處所為送達，或於其住居所行之。

三、就業處所

如應受送達人有就業處所者，不問有無陳明願否在該處所接受送達，均應許得向該處所為送達。

第72條（補充送達）

送達於住居所、事務所、營業所或機關所在地不獲會晤應受送達人者，得將文書付與有辨別事理能力之同居人、受雇人或願代為收受而居住於同一住宅之主人。

前條所定送達處所之接收郵件人員，視為前項之同居人或受雇人。

如同居人、受雇人、居住於同一住宅之主人或接收郵件人員為他造當事人者，不適用前二項之規定。

❖內容解析❖

一、本條為補充送達之規定。

二、同居人、受雇人與應受送達人關係最為密切，於不獲會晤應受送達人時，得將文書付與此等人。此外，對於未共同生活而居住於同一住宅之主人，考量其與應受送達人有互助情誼，如其願代為收受送達者，亦得將文書付與之。惟同居人、受雇人或同一住宅之主人均須有辨別事理之能力，所謂辨別事理之能力，即依一般社會通念，可期待其具有理解送達之意義，並將文書轉達予應受送達人之知能，不以有訴訟能力者為限。

三、居住公寓大廈幾乎為現代主流居住型態，公寓大廈之管理員受管理委員會雇用，代收住戶郵件為其工作內容之一。前述補充送達僅限於將文書付與有辨別事理能力之同居人、受雇人或同一住宅之主人，已無法滿足現狀需求，且大樓大廈型之房屋，欲對當事人本人、同居人、受雇人送達，亦有困難，本條第2項乃規定有關第71條所定送達處所之接收郵件人員，視為本條第1項之同居人或受雇人。故依此規定所為送達，亦屬合法。

四、如同居人、受雇人、同一住宅之主人或接收郵件人員為他造當事人者，因利害相反，難期轉交，自不得將應送達之文書付與之，如仍對此等人付與應送達之文

書，對應受送達人不生送達之效力。

第73條（寄存送達）

送達不能依前二條規定為之者，得將文書寄存於送達地之自治或警察機關，並作送達通知書二份，一份黏貼於應受送達人住居所、事務所或營業所門首，一份交由鄰居轉交或置於應受送達人之信箱或其他適當之處所，以為送達。

前項情形，如係以郵務人員為送達人者，得將文書寄存於附近之郵務機構。

寄存送達，自寄存之日起，經十日發生效力。

寄存之文書自寄存之日起，寄存機關或機構應保存二個月。

❖內容解析❖

　　訴訟文書之送達，屬相關制度所應遵循程序之一環，並有確保行政訴訟程序迅速進行，以維護公共利益之目的。送達，原則上應向應受送達人本人為送達（§71）；惟如不能依交付送達（§71）、補充送達（§72）規定為之者，訴訟程序不能因此停滯。當事人於提起行政訴訟時，於當事人書狀即應載明其住、居所、事務所或營業所（§57），俾受理行政法院得將文書送達於該應受送達人；受理行政法院依上開載明之住、居所、事務所或營業所而為送達，於不能依第71條、第72條規定為送達時，自得以寄存送達使應受送達人居於知悉文書內容並前往領取相關文書之狀態，並以訴訟文書寄存送達完畢時作為發生送達效力之時點，已得確保人民受合法通知之權利，合乎憲法正當法律程序之要求，並與憲法第16條保障人民訴願及訴訟權之意旨無違[8]。

　　本條本諸前旨，針對寄存送達予以規範，以茲解決。因此，得將文書寄存於送達地之自治或警察機關，以為送達。是寄存送達之文書，已使應受送達人可得收領、知悉，其送達之目的業已實現，自應發生送達之效力。

　　寄存送達必須無法依交付送達（§71）、補充送達（§72）行送達時，始得為之，並應使應受送達人處於得知悉其有應收之文書寄存之事實，亦即應送達文書除寄存於送達地之自治或警察機關外，必須製作通知書二份，一份黏貼於應受送達人住居所、事務所或營業所門首，一份交由鄰居轉交或置於應受送達人之信箱或其他適當之處所，以為送達，使應受送達人知悉其事，前往領取。至寄存送達如係以郵務人員為送達人者，得將文書寄存附近之郵務機構（§73 II），並應完成前述製作及黏貼二份

8　司法院釋字第667號解釋參照。

通知書等行為，方爲合法送達，自屬當然。

　　寄存送達之生效時點，自寄存之日起，經10日發生效力（§73Ⅲ）。此期間之計算，依民法規定辦理（民§120Ⅱ、§121Ⅰ）。期間屆滿後應受送達人仍未領取文書者，仍於期間屆滿時，發生送達效力。期間屆滿後，應受送達人有無前往領取，均不影響該送達之效力。惟應受送達人在該10日屆滿前已領取應受送達之文書者，仍以實際領取時發生送達效力。

　　寄存之文書自寄存之日起，寄存機關或機構應保存2個月。

第74條（留置送達）
應受送達人拒絕收領而無法律上理由者，應將文書置於送達處所，以為送達。
前項情形，如有難達留置情事者，準用前條之規定。

❖內容解析❖

　　送達爲訴訟程序能否合法並流暢進行之關鍵，自不許應受送達人任意拒絕受領，影響訴訟程序之進行。如發生應受送達人拒絕收領而無法律上理由者，應將文書置於送達處所，以爲送達。本條所謂應受送達人，包括其指定之送達代收人，及同居人或受雇人之補充送達人在內。所謂無法律上理由拒絕受領，指文書送達之程序無拒絕收領之法律上理由者而言，至有無其他程序上之理由，則非所問，例如被告以就審期間不足爲理由拒絕收領，即不合乎有拒絕收領之法律上理由。若如未經許可（§75）於夜間送達，或並非應受送達人之同居人、受雇人或居住於同一住宅之主人，卻對之送達等情形，該等人拒絕收領，即具法律上理由，而不得留置送達。

　　留置送達係因應受送達人拒絕收領，惟其有無法律上之理由，送達人如無從判斷，而難達留置送達者，準用寄存送達，以資解決。

第75條（送達時間）
送達，除由郵務機構行之者外，非經審判長或受命法官、受託法官或送達地地方法院法官之許可，不得於星期日或其他休息日或日出前、日沒後為之。但應受送達人不拒絕收領者，不在此限。
前項許可，書記官應於送達之文書內記明。

❖**內容解析**❖

　　送達，除書記官依本法第62條規定交郵務機構為之者外，非經審判長或受命法官、受託法官或送達地地方法院法官之許可，不得於星期日或其他休息日或日出前、日沒後為之，以免影響應受送達人生活作息。但應受送達人不拒絕收領者，不在此限（§75Ⅰ）。前項許可，書記官應於送達之文書內記明，使應受送達人知悉其事（§75Ⅱ）。

第76條（送達之證明(一)）
行政法院書記官於法院內將文書付與應受送達人者，應命受送達人提出收據附卷。

❖**內容解析**❖

　　行政法院書記官如非依本法第62條規定交執達員或郵務機構為之者，而是於法院內將文書付與應受送達人者，應命受送達人提出收據附卷，以憑查考。此項收據，旨在證明送達之事實，無一定程式，實務上書記官利用印製填寫完成之送達證書，命受領人簽名或蓋章後附卷，亦不失為收據之性質。

第77條（囑託送達(二)──於外國或境外為送達者）
於外國或境外為送達者，應囑託該國管轄機關或駐在該國之中華民國使領館或其他機構、團體為之。
不能依前項之規定為囑託送達者，得將應送達之文書交郵務機構以雙掛號發送，以為送達。

❖**內容解析**❖

　　送達，係司法權之行使，為國家主權之表徵。於外國或境外為送達者，以囑託該國管轄機關或駐在該國之我國使領館為之為原則。惟若我國在該外國或境外未設有使領館，囑託送達即生困難。是以，於外國或境外為送達者，應囑託該國管轄機關或駐在該國之中華民國使領館或其他機構、團體為之。不能以上述方法囑託送達者，得將應送達之文書交郵務機構以雙掛號發送。訴訟實務上做法，原則均採經由外交部囑託駐外機構或團體送達之方式辦理。

第78條（囑託送達(三)——駐外人員為送達者）
對於駐在外國之中華民國大使、公使、領事或其他駐外人員為送達者，應囑託外交部為之。

❖內容解析❖

本條規定之駐外人員，多為在國外享有治外法權之人。駐在外國之中華民國大使、公使、領事或其他駐外人員本人為應受送達人時，既不能依第77條第1項規定派人送達，又不合於付郵送達之要件，故以囑託其監督機關之外交部行之，最為適當。至於上述人員之家屬或隨員，仍應依前條規定之方法為之。

第79條（囑託送達(四)——服役之軍人為送達者）
對於在軍隊或軍艦服役之軍人為送達者，應囑託該管軍事機關或長官為之。

❖內容解析❖

現役軍人常居住軍營或軍艦內，有服從軍紀之特殊性，無從直接對其送達訴訟文書。為尊重軍紀，應囑託該管軍事機關或長官為送達。本條屬囑託送達性質，為保護當事人之權益，送達效力發生之時期，以受囑託之軍事機關或長官交付於應受送達人時為準。

第80條（囑託送達(五)——在監所人為送達者）
對於在監所人為送達者，應囑託該監所長官為之。

❖內容解析❖

在監所人，例如在監獄受刑之人、羈押於看守所之刑事被告、收容於觀護所、收容所、管收所等人。此等人之人身自由受到限制，並應遵守紀律，不便直接對其行送達，故規定應囑託該監所長官為之。送達效力發生之時期，以受囑託之監所長官交付於應受送達人時為準。如當事人為在監所人，而逕對其公示送達，或向其住居所送達者，縱經其同居人或受雇人受領送達，亦不生送達之效力。但反面而言，為保障在監獄或看守所之當事人之訴訟權，考量其人身自由受到限制，接見通信亦有限制，其於

上訴期間內向監所長官提出上訴狀者，應認係於上訴期間內提起上訴；監所長官接受上訴狀後，應附記接受之年、月、日、時，送交原高等行政法院（§244IV）。

應注意者，為周延保障在監所之人的權益，就判決正本之送達，排除以電子文件方式為之，只能以紙本囑託監所長官送達。另考量受收容人之權益，就收容裁定電子正本之送達，於第237條之15另有特別規定，亦即雖得對受收容人以電子文件傳送續予收容或延長收容之裁定，但應囑託收容處所長官列印裁定影本交付受收容人之方式送達，避免多數不識我國文字之受收容人在未及理解裁定文義下匆促以電子方式簽收電子傳送之裁定，而該電子設備又非受收容人所有，無從自由使用，而失救濟機會。故應使受收容人得有紙本研讀決定是否為後續救濟之必要（§210 I、§237-15）。

在監獄或看守所之當事人，於上訴期間內向監所長官提出上訴狀者，視為上訴期間內之上訴；監所長官接受上訴狀後，應附記接受之年、月、日、時，送交原高等行政法院（§244IV）。

第81條（公示送達之事由）
行政法院對於當事人之送達，有下列情形之一者，得依聲請或依職權為公示送達：
一、應為送達之處所不明。
二、於有治外法權人住居所或事務所為送達而無效。
三、於外國為送達，不能依第七十七條之規定辦理或預知雖依該條規定辦理而無效。

❖內容解析❖

所謂公示送達，乃將應送達之文書，以一定方式公示，於公示期間屆滿，擬制該應受送達之當事人已收領該文書而發生送達效力之行為。此種送達方式對於當事人最為不利，必須在不能依前述各種送達方式送達者，方能採取之最後手段。

公示送達之要件：

一、須對於當事人，包括原告、被告、獨立參加人之人及其法定代理人、代表人、管理人等送達。

二、應依當事人之聲請經法院准許，或由法院依職權為之。

三、應送達之處所不明者：應受送達人之住居所、事務所、營業所或其他應為送達之處所不明，不能以其他方法為送達者。若其中之一已明，即應於該處所送達。所謂應為送達之處所不明，指依一般社會通念，依相當方法探查後，仍不知悉其應受送達之處所者，始足當之。

四、於有治外法權人住居所或事務所為送達而無效：應受送達人如住居於有治外

法權人之住居所或事務所，非得有治外法權者之同意，即不能對之爲送達，如並依囑託外交部爲送達亦無效時，應許爲公示送達。

五、於外國爲送達，不能依第77條之規定辦理或預知雖依該條規定辦理而無效。

於外國爲送達時，本應依第77條之規定辦理，但如該外國未與我國締結法律協助之國際條約，又無使領館或其他機構、團體駐在該國，即屬無法送達。又縱無以上情形，例如因該外國正值戰亂等情況，因而預知雖依該條規定辦理亦屬無效者，亦應准爲公示送達。

第82條（公示送達生效之日期）

公示送達，自將公告或通知書黏貼公告處之日起，公告於行政法院網站者，自公告之日起，其登載公報或新聞紙者，自最後登載之日起，經二十日發生效力；於依前條第三款為公示送達者，經六十日發生效力。但對同一當事人仍為公示送達者，自黏貼公告處之翌日起發生效力。

❖內容解析❖

一、公示送達之方法

關於公示送達之方法，依本法第83條第3項準用民事訴訟法第151條規定，應由法院書記官保管應送達之文書，而於法院之牌示處黏貼公告，曉示應受送達人，應隨時向其領取。同條第2項並規定：除前項（Ｉ）規定外，法院應命將文書之繕本、影本或節本，公告於法院網站；法院認爲必要時，得命登載於公報或新聞紙。上述兩者必須兼備，苟缺其一，即不生公示送達之效力。

二、公示送達生效之日期

公示送達，自將公告或通知書黏貼公告處之日起，公告於行政法院網站者，自公告之日起，其登載公報或新聞紙者，自最後登載之日起，經20日發生效力；就應於外國送達而爲公示送達者（§81③），經60日發生效力。但對同一當事人仍爲公示送達者，自黏貼公告處之翌日起發生效力。依法定程式辦理之公示送達，如應受送達人已知悉公示送達之情事，並依公告之曉示，向法院書記官領取應送達之文書，即其領取之時間在上開發生效力時期以前，其既已得知悉文書之內容，自無再賦予20日期間利益之必要，故應以實際收受文書之時，爲送達之時；若領取之時間在上述法定發生效

力時期以後，為貫徹公示送達之效力，應仍以本條法定發生效力時期為準，不問實際收受文書究在何時。但在應受送達人雖知悉公示送達之情事，惟並未依公示送達公告之曉示，向行政法院書記官領取應送達之文書者，則其效力發生之時期仍應依本條規定。

第83條（以科技設備傳送訴訟文書及準用之規定）

經訴訟關係人之同意，得以科技設備傳送訴訟文書，其傳送與送達或通知有同一之效力。

前項適用範圍、程序、效力及其他應遵循事項之辦法，由司法院定之。

民事訴訟法第一百二十六條、第一百三十一條、第一百三十五條、第一百四十一條、第一百四十二條、第一百四十四條、第一百四十八條、第一百五十一條及第一百五十三條之規定，於本節準用之。

❖內容解析❖

一、以科技設備傳送訴訟文書

111年6月22日修正公布，112年8月15日施行之本法，已將訴訟關係人得以科技傳送訴訟文書之情形，集中規定於第57條第6項，並準用同條第4項及第5項規定，以避免散落重複規定在各訴訟關係人章節，過於繁瑣。因此，有關本條第1項及第2項規定之適用，可參閱前述第57條規定之內容解析及附圖示[9]。

二、民事訴訟法之準用

行政訴訟與民事訴訟，因訴訟目的、性質、功能之差異，其訴訟種類、有無前置程序、當事人地位或應為訴訟行為之期間等，皆可能有不同之規定。行政訴訟法與民事訴訟法雖多有類似之制度，但其具體規範內容，除屬於憲法保障訴訟權具有重要性者外，並非須作一致之規定。基於精簡法條之立法考量，行政訴訟法雖設有準用部分民事訴訟法之規定，亦非表示二者須有相同之規定。就送達制度而言，人民權利受寄存送達影響之情形極為複雜，非可一概而論。本條第3項就民事訴訟法有關送達之規定，性質上與本法不相牴觸，明定於本節準用之。其中準用民訴第141條送達證書之規定，因送達證書為送達之證明方法，若送達人已完成合法之送達，縱未製作送達證書，或所製作者不符法定方式，仍非不得藉由送達證書以外之方法證明之。

9　參考司法院網站資料。

1.民訴第126條（自行交付送達）

法院書記官，得於法院內，將文書付與應受送達人，以為送達。

2.民訴第131條（商業訴訟事件之送達）

關於商業之訴訟事件，送達得向經理人為之。

3.民訴第135條（應送達之文書）

送達，除別有規定外，付與該文書之繕本或影本。

4.民訴第141條（送達證書）

送達人應作送達證書，記載下列各款事項並簽名：

一、交送達之法院。

二、應受送達人。

三、應送達之文書。

四、送達處所及年、月、日、時。

五、送達方法。

送達證書，應於作就後交收領人簽名、蓋章或按指印；如拒絕或不能簽名、蓋章或按指印者，送達人應記明其事由。

收領人非應受送達人本人者，應由送達人記明其姓名。

送達證書，應提出於法院附卷。

5.民訴第142條（不能送達時處置）

不能為送達者，送達人應作記載該事由之報告書，提出於法院附卷，並繳回應送達之文書。

法院書記官應將不能送達之事由，通知使為送達之當事人。

6.民訴第144條（囑託送達──對治外法權人之送達）

於有治外法權人之住居所或事務所為送達者，得囑託外交部為之。

7.民訴第148條（受託送達之處置）

受囑託之機關或公務員，經通知已為送達或不能為送達者，法院書記官應將通知書附卷；其不能為送達者，並應將其事由通知使為送達之當事人。

8.民訴第151條（公示送達之方法）

公示送達，應由法院書記官保管應送達之文書，而於法院之公告處黏貼公告，曉示應受送達人應隨時向其領取。但應送達者如係通知書，應將該通知書黏於公告處。

除前項規定外，法院應命將文書之繕本、影本或節本，公告於法院網站；法院認為必要時，得命登載於公報或新聞紙。

9.民訴第153條（公示送達證書）

為公示送達者，法院書記官應作記載該事由及年、月、日、時之證書附卷。

第三節　期日及期間

一、期日期間之意義

　　行政訴訟程序之開始，採當事人進行主義，訴訟程序之進行及終結，則視其性質兼採職權進行主義。從而，本法爲維持行政訴訟程序之秩序，使當事人在適當時間會合爲訴訟行爲，用設期日之制度；爲便當事人蒐集訴訟資料，準備訴訟行爲，故予適當之期間。

　　期日者，當事人或訴訟關係人與行政法院會合爲訴訟行爲之時日，如準備程序期日、言詞辯論期日；期間者，當事人或訴訟關係人單獨向行政法院爲訴訟行爲所應遵守之期限，如上訴期間、抗告期間。

二、期日之種類

　　期日，有準備程序期日（§132準用民事訴訟法§273Ⅰ）、言詞辯論期日（§109Ⅰ）及宣示裁判期日（§204Ⅱ）等。

三、期間之種類

　　期間分爲法定期間與裁定期間兩種，以下分述之。

(一)法定期間

　　法定期間，乃法律所規定之期間，可分爲行爲期間與非行爲期間。行爲期間，係規定特定訴訟行爲須於一定期間內爲之者，例如起訴期間、上訴期間、抗告期間。非行爲期間，係給予當事人準備訴訟行爲之期間，並非眞正之期間，故有稱爲猶豫期間或中間期間，例如在途期間（§89）、公示送達生效期間（§82）、就審期間（§109Ⅱ、§236）。

　　行爲期間又可分爲當事人或其他訴訟關係人應遵守之行爲期間（又稱爲固有期間），與法院職員應遵守之行爲期間（又稱爲非固有期間或職務期間）；例如宣示判決期間（§204Ⅲ）、判決原本交付時間（§218準用民訴法§228Ⅰ）、判決正本送達期間（§210Ⅱ）。職務期間係訓示法院職員之規定，不生本法所定遲誤期間之效果，故亦稱爲訓示期間。準此，本節關於期間之規定，僅於當事人或其他訴訟關係人應遵守之行爲期間有其適用。

　　當事人或其他訴訟關係人應遵守之行爲期間，可分爲不變期間及法定通常期間。不變期間者，係法律規定當事人其他訴訟關係人應爲特定訴訟行爲之一定時期，不許伸長或縮短，除依訴訟程序停止外，無論任何情事，皆不影響其進行。又法律

特別明文規定為不變期間者，固為不變期間，如撤銷訴訟、課予義務訴訟起訴期間（§106Ⅰ、Ⅲ）、上訴期間（§241）、抗告期間（§268）、再審之訴期間（§276）及聲請重新審理期間（§284）；本法第91條第1項所定聲請回復原狀之期間，雖未冠以「不變期間」字樣，依同條第2項規定：「前項期間不得伸長或縮短之。」是其性質亦屬不變期間。通常期間，係指除不變期間以外之法定期間而言，例如提出附屬文件原本及閱覽原本期間（§60Ⅲ準用民訴法§120）、卷證送交行政法院期間§108Ⅱ）、續行訴訟期間（§114）。

(二)裁定期間

裁定期間，行政法院或審判長、受命法官或受託法官，以裁定酌量情形而定之期間（§88Ⅰ），如命補正能力或代理權欠缺（§28準用民訴法§49、§56準用民訴法§75）、命補正書狀欠缺（§59準用民訴法§121Ⅰ）、命補正訴訟合法要件（§107Ⅰ）、命提出準備書狀或答辯狀（§132準用民訴法§268）及命補正上訴要件欠缺（§246Ⅱ）等所定之期間。

裁定期間並非不變期間，故當事人依裁定應補正之訴訟行為，雖已逾行政法院之裁定期間，但於行政法院尚未認其所為之訴訟行為為不合法予以駁回前，其補正仍屬有效，行政法院不得以其補正逾期為理由，予以駁回[10]。

四、期日期間之遲誤

行政法院之訴訟行為設有期間之規定者，行政法院應於期間內為該訴訟行為，此與就當事人之訴訟行為所設期間相類；然在當事人遲誤期間，通常不得更為該訴訟行為，例如遲誤上訴期間，其上訴為不合法。而行政法院遲誤期間，則無此效果，僅生承辦人員曠廢職務之行政責任。故前開職務期間，亦不適用本節關於期間之規定。

本法明定當事人或訴訟關係人，於某期日或某期間內應為之訴訟行為，不及時為之者，即屬遲誤該訴訟行為，亦即遲誤期日或期間（§104準用民訴法§82、§92、本法§185）。又有非遲誤期日或期間，而係不於訴訟之某程度為所應為之訴訟行為者，亦屬訴訟行為之遲誤。其遲誤言詞辯論期日所應為之一切行為者，謂之全部遲誤；其遲誤在某期日或某期間內，或在訴訟之某程度所應為之各個訴訟行為者，曰一部遲誤。

遲誤訴訟行為所生之效果，可分一般效果與特別效果。

---

[10] 最高法院51年台抗字第169號民事判例參照。

(一)一般效果

指無論所遲誤者爲如何之訴訟行爲，除許回復者外，該當事人以後不得爲此訴訟行爲而言。例如就訴訟有所聲明或陳述後，不得聲請法官迴避（§20準用民訴法§33Ⅱ）；對於訴訟程序規定之違背無異議，而爲本案辯論者，喪失其責問權（§132準用民訴法§197Ⅰ）；不於上訴期間內提起上訴者，喪失其上訴權（§241）；因遲誤訴訟行爲所生之費用，該當事人雖勝訴，亦應由其負擔（§104準用民訴法§82）等。

(二)特別效果

指遲誤後另發生特別之效果者而言。就全部遲誤言之，如當事人兩造無正當理由遲誤言詞辯論期日者，除撤銷訴訟或別有規定外，視爲合意停止訴訟程序。如於四個月內不續行訴訟者，視爲撤回其訴（§185Ⅰ）；一造於準備程序期日不到場者，應對於到場之一造行準備程序，並得不另定新期日而終結準備程序（§132準用民訴法§273）等。就一部遲誤言之，如當事人應陳明指定送達代收人而不陳明者，行政法院得將應送達之文書交付郵務機構以掛號發送（§69、§70）；無正當理由不從提出文書之命者，行政法院得審酌情形認他造關於該文書之主張或依該文書應證之事實爲眞實（§165Ⅰ）。

遲誤效果之發生，通常爲無條件，如所定期日已於相當時期合法通知當事人，期間已合法開始進行，或對於當事人已與該訴訟行爲之機會者，則依期日之終竣，或期間之經過，或已逾越某程度，當然生遲誤之效果，無待他造之聲明，亦毋庸行政法院預向當事人曉示，亦不問遲誤訴訟行爲者是否出於故意或過失。然本法有特別規定須待他造聲明始發生遲誤效果者，如第218條準用民事訴訟法第385條第1項之規定是。又有以當事人故意或過失爲效果之發生者，如第132條準用民事訴訟法第196條第2項所定當事人意圖延滯訴訟，或因重大過失逾時始行提出攻擊或防禦方法者，行政法院得駁回之。

遲誤訴訟行爲之效果，有許當事人回復其遲誤之訴訟行爲以除去之者，如本法第91條、第132條準用民事訴訟法第276條規定。

第84條（期日之指定及限制）

期日，除別有規定外，由審判長依職權定之。

期日，除有不得已之情形外，不得於星期日或其他休息日定之。

❖內容解析❖

訴訟行為之期日，除別有規定外，通常由審判長依職權指定。所謂別有規定者，如由受命法官或受託法官調查證據指定之期日（§94Ⅰ），及訴訟程序合意停止後，續行訴訟之期日，非經當事人之聲請不得指定（§184）。又依本法規定應於期日前留相當之時期者（§109Ⅱ、§236），亦須注意遵守。

期日之指定，其性質原屬裁定，但期日如為辯論期日，須通知當事人到何地點，到何法庭，如為出外勘驗，尚有因應案件之性質而為相當之指示。通知證人之通知書，尚須為第176條準用民事訴訟法第299條規定事項之記載。又此項指定期日之裁定，屬於訴訟程序進行中之裁定，當事人不得抗告（§265）。

星期日或其他休息日為休息之日，為尊重人民生活秩序，不應於此時指定期日。惟審判長若認為有不得已之情形，自不在此限。例如為假扣押裁定前，有使債務人以言詞陳述之必要，而債務人又行將遠離，非以星期日或其他休息日為訊問期日，即不能及時保全債權人請求之情形是。

第85條（期日之告知）
審判長定期日後，行政法院書記官應作通知書，送達於訴訟關係人。但經審判長面告以所定之期日命其到場，或訴訟關係人曾以書狀陳明屆期到場者，與送達有同一之效力。

❖內容解析❖

依本條規定，審判長定期日後，告知訴訟關係人之方法有三：

一、送達通知書

審判長定期日後，行政法院書記官即應作通知書通知關係人，俾其知悉準時到場而為訴訟行為。

二、審判長面告

經審判長面告以所定之期日命其到場者，與送達通知書有同一之效力。惟審判長之面告，須訴訟關係人在該事件已開始之期日到場時向之告知，若當事人非於期日前往法院，或因閱覽訴訟卷宗而告以指定之期日，難謂合法；即於期日，而非審判長面告之者，均不生通知之效力。又當事人於辯論期日到場不為辯論，僅生視同不到場之法律效果（§194-1前段），惟其現實上仍屬在場之人，故審判長於續定期日後當場告

知，命其到場者，自生送達之效力[11]。

三、訴訟關係人以書狀陳明屆期到場

審判長定期日後，行政法院書記官雖未作通知書送達關係人，亦未經審判長面告，但訴訟關係人得悉審判長已定期日，而以書狀陳明屆期到場者，與送達通知書有同一之效力。又以其書狀提出於行政法院之日，爲送達期日，惟如書狀內載明聞悉期日之日，則仍以該聞悉之日爲送達日。聞悉期日，而未以書狀陳明屆期到場者，如屆期到場固無問題，如不到場則不能以曾經合法通知論，亦即無所謂遲延期日。反之，聞悉期日並曾以書狀陳明屆期到場者，如不到場，則生遲誤期日之問題。

> **第86條**（期日應爲之行爲）
> 期日應為之行為於行政法院內為之。但在行政法院內不能為或為之而不適當者，不在此限。

❖內容解析❖

期日應爲之訴訟行爲，即行政法院與當事人及其他訴訟關係人會合爲訴訟行爲，則其應爲行爲之處所，自應於行政法院內爲之。蓋訴訟行爲，通常於受訴行政法院爲之。惟間有法律上或事實上之原因，某種訴訟行爲不能在行政法院內爲之或爲之而不適當者，例如元首爲證人者，應就其所在詢問之（§176準用民訴法§304）；又如命鑑定人陳述巨型之新型專利，於機械廠房爲之，較爲適當，自宜例外准其在行政法院外爲之。

> **第87條**（變更或延展期日）
> 期日，以朗讀案由為始。
> 期日，如有重大理由，得變更或延展之。
> 變更或延展期日，除別有規定外，由審判長裁定之。

---

[11] 111年度高等行政法院座談會第11號提案參照。

❖內容解析❖

期日，以朗讀案由為開始；故雖至審判長所指定期日之時，而該事件尚未朗讀案由者，不能謂期日已開始，訴訟關係人有無遲誤期日，亦即以朗讀案由後已否到場為準。所謂案由，指關於本訴訟事件之案由。朗讀案由通常由行政法院書記官為之，審判長自為之，亦無不可。於期日所應為之行為完畢者，該期日即為終竣，例如言詞辯論期日，言詞辯論已告終結，其期日即為終竣。

期日經指定後，不應輕率變更或延展，以維行政法院威信而免延滯訴訟，但因有重大理由，則應准予變更或延展。所謂期日之變更，謂於期日開始前，廢棄該期日，而易以他期日；故於期日開始後，只有期日之延展問題，而無期日之變更問題。期日之延展，謂於期日開始後，停止該期日應為之訴訟行為，而延至他期日為之。何種情形足以謂之重大理由，應由行政法院、審判長、受命法官或受託法官斟酌定之。例如法官突然罹病不能執行職務，或有天災阻斷交通，預料訴訟關係人難於到場等，應認有重大理由，至若當事人僅因有病而別無不能委任訴訟代理人之原因，或訴訟代理人僅因同時須在二處出庭，均不得認有重大理由。

本條第3項規定，變更或延展期日，除別有規定外，由審判長裁定之。對此裁定，不得抗告（§265）。所謂別有規定者，例如本法第132條準用民事訴訟法第208條第2項、本法第218條準用民事訴訟法第386條等規定之延展辯論期日，則非由審判長而應由行政法院裁定。受命法官或受託法官關於其行為得指定期日者，自亦得為變更或延展期日之裁定（§94Ⅱ）。又變更或延展期日，屬行政法院、審判長或受命法官、受託法官之職權，當事人無變更或延展之聲請權。其為此聲請者，僅有促使行政法院依職權發動之效用；故不採納其聲請時，毋庸為准駁之裁定。

第88條（裁定期間之酌定及起算）
期間，除法定者外，由行政法院或審判長酌量情形定之。
行政法院或審判長所定期間，自送達定期間之文書時起算，無庸送達者，自宣示定期間之裁判時起算。
期間之計算，依民法之規定。

❖內容解析❖

期間有法定期間與裁定期間兩種，已如前述。法定期間之限度，法律以明文定之，如上訴期間為二十日（§241）、抗告期間為十日（§268）；本條第1項規定則為裁定期間，其限度由定該期間之行政法院或審判長酌量情形定之。所謂酌量情形，舉

凡路程相隔遠近，交通有無阻礙，地方秩序是否安寧等，均應斟酌之，務期限度適當，既不可失之過長，致訴訟終結之延滯；亦不可過短，致訴訟關係人不及為該訴訟行為。

無論法定期間或裁定期間，均有其起算點與終竣點。法定期間之起算，本法均於各該條明定之，例如聲請回復原狀之期間，自其原因消滅時開始進行（§91Ⅰ）；上訴期間，自判決送達後開始進行（§241）；抗告期間，自裁定送達後開始進行（§268）。本條第2項則明定裁定期間之起算，因應送達之文書，訴訟關係人可因文書之送達而知悉所定之期間，故本法明定文書須送達者，自文書之送達時起，使期間開始進行，較為適當。至於毋庸送達者，如屬定有期間之裁判，因訴訟關係人可由宣示而知期間，應自宣示時起，開始期間之進行，較為適當。

第3項規定，期間之計算，依民法之規定。民法第119條明定：「法令、審判或法律行為所定之期日及期間，除有特別訂定外，其計算依本章之規定」，本項之規定與之相符。適用時，其計算參照民法第120條以下之規定辦理。不論法定期間或裁定期間，均係以日定之。理論上裁定期間亦可以時或星期或月定之，惟事實上究屬少有，故民法關於以日定期間者，其始日不算入，以日定期間者，以期間末日之終止，為期間之終止，期間之末日為休息日者，以其休息日之次日代之等規定，與本法期間之計算最有關係。

> **第89條**（在途期間之扣除）
> 當事人不在行政法院所在地住居者，計算法定期間，應扣除其在途之期間。但有訴訟代理人住居行政法院所在地，得為期間內應為之訴訟行為者，不在此限。
> 前項應扣除之在途期間，由司法院定之。

❖內容解析❖

在途期間之設，端在保護當事人之權益，依本條第1項規定，扣除在途期間之要件如下：

一、須當事人不在行政法院所在地住居

當事人住居所之有無，依法定期間開始進行時之情事決之。所謂當事人，兼指法定代理人而言。所謂行政法院所在地，指行政法院所在之直轄市、縣（市）之行政區域。

二、須無訴訟代理人住居行政法院所在地得爲期間內應爲之訴訟行爲

　　故雖有訴訟代理人，而該訴訟代理人不在行政法院所在地住居，或雖在行政法院所在地住居，而無得爲期間內應爲之訴訟行爲之權限者，皆不能謂與此一要件不合，例如當事人有訴訟代理人住居行政法院所在地，但未受有得爲上訴之特別委任，於其上訴時計算上訴期間，仍應扣除在途期間。又如當事人有訴訟代理人受有得爲上訴之特別委任，但不在行政法院所在地住居，於其上訴時計算上訴期間，亦應扣除在途期間。此外，當事人及其訴訟代理人之住居所，均不在行政法院所在地，且訴訟代理人有特別代理權者，於計算法定期間所應扣除之在途期間，應以當事人或訴訟代理人之住居所計算在途期間「短者」爲據[12]。又本條規定應扣除其在途期間，其在途期間之標準，因行政訴訟法第269條第1項規定提起抗告，應向爲原裁定之高等行政法院或原審判長所屬高等行政法院提出抗告狀爲之，自應以爲原裁定之高等行政法院或原審判長所屬高等行政法院所在地爲準，而非以抗告法院所在地爲準[13]。

　　依本條規定，僅法定期間始有扣除在途期間之適用，至於法院或審判長之裁定期間，不生扣除在途期間問題；誠以裁定期間，於裁定時行政法院或審判長應酌量情形定之，已詳前條第1項說明，在途期間當然亦在斟酌之列，無更行扣除之必要，但如裁定時斟酌欠周，於路途遠近交通情形未及詳較者，則可依第90條第1項規定酌予伸長期間。

　　扣除在途期間，對行政訴訟當事人權益影響重大，宜由最高司法行政機關之司法院定之。爲此，司法院訂有「行政法院訴訟當事人在途期間標準」以資適用。

第90條（伸長或縮短期間）
期間，如有重大理由得伸長或縮短之。但不變期間不在此限。
伸長或縮短期間由行政法院裁定。但期間係審判長所定者，由審判長裁定。

❖內容解析❖

　　期間係訴訟關係人單獨向行政法院爲訴訟行爲之時限，其伸長或縮短非惟予人以輕動之感，有累司法威信，且足以引致延滯訴訟，或使當事人受意外之不利益，故非有重大理由不許變更之。至是否有重大理由，屬事實之認定問題，如前述變更或延展期日之重大理由然，由行政法院或審判長、受命法官、受託法官斟酌情形決之。

---

[12] 最高行政法院111年度大字第2號裁定參照。
[13] 最高行政法院99年度裁字第3540號裁定參照。

　　期間之伸長或縮短，無論在法定期間或裁定期間，亦不問在期間開始進行前或進行中，均得爲之。但不變期間，則不得伸長或縮短之。本條第2項明定，伸長或縮短期間由行政法院裁定。但期間係審判長所定者，由審判長裁定，如命補正書狀欠缺之裁定（§59準用民訴法§121）、命當事人繳納裁判費（§100）、命補正起訴程式不合之裁定（§107Ⅰ）及命補正上訴程式不合法之裁定（§249Ⅰ）等是，此等期間既係審判長裁定，如須伸長或縮短，自亦應由審判長裁定。又由受命法官或受託法官所定者，應由受命法官或受託法官裁定之（§94Ⅱ）。

　　伸長或縮短期間，分別屬於行政法院、審判長或受命法官、受託法官之職權，自不許當事人合意伸縮之，當事人以爲有伸長或縮短期間之重大理由時，固可分別向行政法院、審判長或受命法官、受託法官陳明，以促其職權發動，但並無聲請權，故當事人聲請伸縮期間，毋庸對之爲裁定。又行政法院、審判長或受命法官、受託法官所爲伸縮期間之裁定，不得抗告（§265）。

第91條（回復原狀之聲請）

因天災或其他不應歸責於己之事由，致遲誤不變期間者，於其原因消滅後一個月內，如該不變期間少於一個月者，於相等之日數內，得聲請回復原狀。

前項期間不得伸長或縮短之。

遲誤不變期間已逾一年者，不得聲請回復原狀，遲誤第一百零六條之起訴期間已逾三年者，亦同。

第一項之聲請應以書狀為之，並釋明遲誤期間之原因及其消滅時期。

❖內容解析❖

　　本條所定之不變期間，如上訴期間（§241）、抗告期間（§268）、再審之訴期間（§276）及聲請重新審理期間（§284），因關係較通常法定期間爲重大，且不許伸長或縮短，於因不應歸責於己之事由，而遲誤上開不變期間者，若不許聲請回復原狀，殊不足以達保護訴訟當事人之權益，故本法設有回復原狀之制度。

　　回復原狀之聲請主體，民事訴訟法第164條第2項明文限定爲當事人或代理人，本法則未規定。回復原狀之聲請，依本條第1項、第3項規定，有下列之限制：

一、限於遲誤不變期間爲之

　　不變期間以外之期間，雖得伸長或縮短，惟不許回復原狀。本法第245條規定上訴狀內未表明上訴理由者，應於提起上訴後二十日內補正之，此項期間，並非不變期

間，如非因過失而遲誤者，依司法院民國24年12月5日院字第1372號解釋，仍得聲請回復原狀。

二、限於因天災或其他不應歸責於己之事由而遲誤不變期間時爲之

所謂不應歸責於己之事由，係指依客觀之標準，以通常人之注意，而不能預見或不可避免之事由，且該事由之發生與訴訟行爲逾期有相當因果關係者而言。天災係不可歸責於己之事由的例示。若僅主觀上有所謂不可歸責於己之事由，則不得據以聲請回復原狀。例如：當事人因病居住他處，非不能指定他人代收送達及委任代理人代爲訴訟行爲，其未爲指定及委任致遲誤不變期間者[14]；當事人之同居人、受僱人或送達代收人於收領裁判後，未爲轉交，致遲誤不變期間者，均非不應歸責於當事人之事由，不得以此爲聲請回復原狀之原因。至若遲誤係可歸責於己之事由者，例如因衰老而不預作準備、或因聽親友之勸阻[15]，以致遲誤不變期間，均係因自己之過失而遲誤，不得據以聲請回復原狀。又因代理人之過失，遲誤不變期間者，在法律上實與因本人之過失遲誤者無異，不得爲聲請回復原狀之原因[16]。

三、限於遲誤原因消滅後一個月內如該不變期間少於一個月者於相等之日數內爲之

故如所遲誤者爲上訴期間之二十日（§241）及抗告期間之十日（§268），則應於原因消滅後二十日或十日內爲回復原狀之聲請。此項期間，依本條第2項規定，不得伸長或縮短之，故其性質亦屬不變期間[17]。

四、遲誤已逾一年或遲誤第106條之起訴期間已逾三年者不得爲之

爲防止權利義務關係永不確定，本法明定遲誤不變期間已逾一年者，不得聲請回復原狀。惟訴願人及利害關係人等，依本法第106條提起訴訟者，該條第2項已就起訴期間另設有不得逾三年之限制規定，爲期與該條規定相呼應，爰將遲誤起訴期間而聲請回復原狀之聲請期間，規定爲三年。

聲請人究有何種不應歸責於己之事由，致遲誤不變期間，及該項事由消滅之時期，均與聲請回復原狀之應否許可，有密切關係，本條第4項明定應由聲請人於聲請書狀中，提出能爲行政法院即時調查之證據以釋明之，俾受聲請之行政法院得據以爲

---

[14] 最高行政法院97年裁字第2499號判例參照。

[15] 最高法院29年渝抗字第537號民事判例參照。

[16] 最高法院渝抗字第531號民事判例參照。

[17] 本條項立法理由：聲請回復原狀所應遵守之期間，亦爲不變期間，爰規定此項期間不得伸長或縮短之，以明其旨。

准許與否之裁判。在簡易訴訟程序，起訴得以言詞為之，則亦得以言詞聲請回復原狀（§231Ⅱ）。

第92條（聲請回復原狀之程序）
因遲誤上訴或抗告期間而聲請回復原狀者，向為裁判之原行政法院為之；遲誤其他期間者，向管轄該期間內應為之訴訟行為之行政法院為之。
聲請回復原狀，應同時補行期間內應為之訴訟行為。

❖內容解析❖

回復原狀之聲請，因遲誤之期間不同，而異其聲請之行政法院，本條第1項予以明定，俾訴訟關係人有所遵循：

一、因遲誤上訴或抗告期間而聲請回復原狀者，應向為裁判之原行政法院為聲請。蓋因上訴狀應向原高等行政法院提出（§244Ⅰ）；而抗告狀則向為裁定之原行政法院或原審判長所屬行政法院提出（§269Ⅰ）故也。

二、遲誤其他期間者，向管轄該期間內應為之訴訟行為之行政法院為聲請，例如遲誤提起撤銷訴訟、課予義務訴訟期間（§106Ⅰ）、提起再審之訴期間（§276Ⅰ）及聲請重新審理期間（§284）等。

聲請回復原狀須於不變期間內為之，故本條第2項明定聲請人於聲請回復原狀之同時，自應補行期間內應為之行為，以免再次遲誤。所謂同時補行提起上訴或抗告者，係指可於聲請回復原狀之書狀內，合併記載提起上訴或抗告應表明之事項，使兼作上訴或抗告狀之用，如係先提起上訴或抗告，則其後聲請回復原狀之書狀，祗須記載已提上訴或抗告之旨即可。惟應注意者為，在提起上訴或抗告時，遲誤原因已消滅，而不聲請回復原狀，迨其上訴或抗告經裁定駁回後，始行聲請回復原狀者，如自提起上訴或抗告時起已逾二十日或十日之期間，即屬無從准許其回復原狀；故如聲請回復原狀時，並不同時補行提起上訴或抗告，迨其回復原狀之聲請經裁定駁回，始又聲請回復原狀並同時補行提起上訴或抗告者，如此已逾遲誤原因消滅後之二十日或十日期間，依同一理由，自亦無從准許其回復原狀。又遲誤上訴或抗告以外之不變期間，亦於其向管轄該期間內應為之訴訟行為之行政法院聲請回復原狀時，並同時補行期間內應為之訴訟行為，即補行提起撤銷訴訟、課予義務訴訟（§106Ⅰ）、提起再審之訴（§273）及聲請重新審理（§284Ⅰ）。

第93條（回復原狀之聲請與補行之訴訴行為合併裁判）

回復原狀之聲請，由受聲請之行政法院與補行之訴訟行為合併裁判之。但原行政法院認其聲請應行許可，而將上訴或抗告事件送交上級行政法院者，應由上級行政法院合併裁判。

因回復原狀而變更原裁判者，準用第二百八十二條之規定。

❖內容解析❖

按聲請回復原狀，依第92條第2項規定，應同時補行期間內應為之訴訟行為，此際受聲請之行政法院對之應如何處理，本條第1項定有明文，以資遵循。析述如下：

一、聲請不合法者

回復原狀之聲請，係在除去遲誤不變期間之效果，行政法院應依職權調查其聲請是否合法，如聲請書狀之程式有欠缺，或有其他不合法之情形而可以補正者，應先定期命補正；如係不能補正或未逾期仍不補正者，其聲請為不合法，受聲請之行政法院應以裁定駁回之，並應就其補行之訴訟行為，以已逾不變期間為理由，於該駁回聲請之裁定內，同時合併駁回其補行之訴訟行為（§93 I）。

二、聲請無理由者

聲請人主張遲誤不變期間之原因，如非因不可歸責於己之事由；或未提出可使法院信其主張為真實之證據，以釋明遲誤不變期間之原因及其消滅時期、或並未同時補行期間內應為之訴訟行為，均為聲請有無理由之問題。回復原狀之聲請無理由而不應許可者，受聲請之行政法院應為駁回聲請之裁定，同時合併裁定駁回其補行之訴訟行為；未補行期間內應為之訴訟行為者，僅須裁定駁回其回復原狀之聲請。

三、聲請應許可者，行政法院應視補行之訴訟行為種類，分別為如下之處置

(一)補行之訴訟行為，為再審之訴、撤銷訴訟或課予義務訴訟者，行政法院應依通常規定就其訴訟為裁判，並於該裁判中合併為許可回復原狀聲請之諭示。

(二)補行之訴訟行為，為上訴或抗告者，視應否將上訴或抗告事件送交上級行政法院，而異其處置辦法。如係送交上級行政法院，則將回復原狀之聲請，一併送由上級行政法院合併裁判，此時上級行政法院對於該回復原狀之聲請，尚得自為調查是否合法及有無理由，與上訴或抗告事件合併裁判（§93 I 但書）。如不送交上級行政法院者，例如對於不得提起上訴或抗告之裁判提起上訴或抗告而以裁定駁回，或認抗告

有理由而更正裁定時（§272準用民訴法§490Ⅰ、Ⅱ），則於裁定內說明許可回復原狀之旨。

因回復原狀而變更原裁判者，有溯及既往之效力，爲兼顧交易之安全及維護公益，本條第2項明定準用第282條之規定；亦即，第三人因信賴確定之裁判，以善意取得之權利不受影響，但顯於公益有重大妨害者，不在此限。

第94條（準用之規定）
受命法官或受託法官關於其所爲之行爲，得定期日及期間。
第八十四條至第八十七條、第八十八條第一項、第二項及第九十條之規定，於受命法官或受託法官定期日及期間者，準用之。

❖內容解析❖

按期日除別有規定外，由審判長依職權定之；期間除法定者外，由行政法院或審判長酌量情形定之。惟受命法官或受託法官在訴訟上所爲之行爲，如調查證據、試行和解、訊問當事人、代理人或本人，及受命法官行準備程序等，亦有定期日及期間之必要，故設本條，就關於其所爲之行爲，賦予受命法官或受託法官得定期日及期間之權限，並設準用之規定，俾得靈活運用[18]。

依本條第2項規定，第84條至第87條、第88條第1項、第2項及第90條之規定，於受命法官或受託法官定期日及期間者，準用之。例如準用第87條第2項及第90條，則受命法官或受託法官所定期日或期間，其變更或延展期日或伸縮期間，均由該受命法官或受託法官裁定之。

第四節　訴訟卷宗

訴訟卷宗有廣狹二義，廣義之訴訟卷宗，爲關於訴訟文書之總稱，包含由行政法院保存者，及送達當事人者；狹義之訴訟卷宗，則僅指關於訴訟事件之文書由行政法院彙集而保存者。

本節所謂訴訟卷宗，係指狹義之訴訟卷宗。又訴訟卷宗不僅行政法院可以利用，即當事人及第三人亦得利用之。

18　本條立法理由參照。

本節規定訴訟文書之保存、利用等事項。

第95條（訴訟文書之保存）

當事人書狀、筆錄、裁判書及其他關於訴訟事件之文書，行政法院應保存者，應由行政法院書記官編為卷宗。

卷宗滅失事件之處理，準用民刑事訴訟卷宗滅失案件處理法之規定。

❖內容解析❖

按訴訟關係人實施訴訟行為所提出之文書，行政法院之裁判書、書記官製作之筆錄，以及其他關於訴訟事件之文書，應予適當保存，以免散逸，而便查閱，爰設本條第1項之規定俾資遵循[19]。

卷宗滅失雖謂絕無，如有滅失，自當另圖補救，本條第2項明定準用民刑事訴訟卷宗滅失案件處理法之規定。蓋今日立法不易，且民刑事訴訟卷宗滅失案件處理法已足供本法準用處理卷宗滅失事件，故予以準用之。

第96條（訴訟文書之利用）

當事人得向行政法院書記官聲請閱覽、抄錄、影印或攝影卷內文書，或預納費用請求付與繕本、影本或節本。

第三人經當事人同意或釋明有法律上之利害關係，而為前項之聲請者，應經行政法院裁定許可。

當事人、訴訟代理人、第四十四條之參加人及其他經許可之第三人之閱卷規則，由司法院定之。

❖內容解析❖

訴訟卷宗，不僅行政法院可以利用，當事人（包括參加人及代理人）為保護其利益起見，自得隨時聲請閱覽訴訟紀錄及其他卷內文書，或抄錄、影印及攝影，並許其預納費用而聲請付與繕本、影本或節本。當事人為此項聲請，法律並未規定有何條件或一定之程式，故一經聲請，應即許可，惟抄錄、影印或攝影卷內文書，則應於行政

---

[19] 本條項立法理由參照。

法院內爲之。

　　又當事人向行政法院書記官聲請閱覽、抄錄、影印或攝影卷內文書，或預納費用請求付與繕本、影本或節本，而未獲准許者，當事人對於書記官之處分，得於送達後或通知後十日內，向所屬行政法院提出異議，由所屬行政法院就其異議裁定之（§218準用民訴法§240Ⅱ）。

　　第三人經當事人同意，或釋明有法律上之利害關係，經行政法院裁定許可，亦得閱覽抄錄、影印或攝影卷內文書，或預納費用聲請行政法院書記官付與文書繕本、影本或節本，以兼顧其利益。惟第三人應提出當事人兩造均同意之證據，或提出可供即時調查之證據，以釋明有法律上之利害關係。此項法律上利害關係，不以私法上之利害關係爲限。行政法院裁定不許可者，得提起抗告，以爲救濟。而本項規定之行政法院，係指審判之法院而言，因其最清楚案件內容，故由其裁定爲宜。

　　行政程序法自2001年1月1日起施行，爲因應該法第150條之規定，特於本法第3項規定，當事人、訴訟代理人、第44條之參加人及其他經許可之第三人之閱卷規則，授權由司法院定之。

第97條（訴訟文書利用之限制）
裁判草案及其準備或評議文件，除法律別有規定外，不得交當事人或第三人閱覽、抄錄、影印或攝影，或付與繕本、影本或節本；裁判書在宣示或公告前，或未經法官簽名者，亦同。

❖內容解析❖

　　判決草案及其準備或評議文件，應守秘密，除法律別有規定外，不得公開（行政法院組織法§47準用法院組織法§103、§106），故本條明定不得交訴訟當事人或第三人閱覽、抄錄、影印或攝影，或付與繕本、影本或節本。本條所謂法律別有規定，例如行政法院組織法第47條準用法院組織法第106條第2項規定，案件之當事人、訴訟代理人、辯護人或曾爲輔佐人，得於裁判確定後聲請閱覽評議意見。但不得抄錄、攝影或影印。裁判書在宣示前，或不經宣示者在未公告前，該裁判尚未對外公開，且尚未生效，自應嚴守秘密，不得事先宣布於外；而爲判決之法官，應於判決書內簽名（§218準用民訴法§227），始能證明行政法院組織合法，故裁判書未經法官簽名者，亦不得交付當事人或第三人閱覽、抄錄、影印或攝影，或付與繕本、影本或節本。惟法官係因故不能簽名（§218準用民訴法§227），或不宣示裁判（§204Ⅰ、§210及§218準用民訴法§236Ⅰ）而已送達者，則不受此限制。

第五節　訴訟費用

　　所謂訴訟費用，係指訴訟程序進行中，當事人依法令規定應負擔之費用。依其性質，可分為裁判費及裁判費以外其他進行訴訟之必要費用。裁判費，係指當事人對於國家司法行為之報酬，而應繳納國庫之費用，即凡因請求法院為審判行為所應支出之費用，或法院為審判行為所需費用，應由當事人支出者皆屬之。所謂其他進行訴訟之必要費用，係指其他在訴訟程序上所支出之費用，如送達費、抄錄費、翻譯費、郵電費、運送費、登載公報新聞紙費、證人鑑定人通譯之到庭費、食宿舟車費、滯留費、法官書記官出外調查證據、執達員送達文書之食宿舟車費等，均屬之。

　　行政訴訟以保障人民權益，確保國家行政權之合法行使為宗旨，攸關公益，與民事訴訟係以保護私權為目的者不同。因此，我國自1933年施行行政訴訟制度，因當時人民權利意識不彰，且經濟不發達及人民生活水準不高，考量行政訴訟如徵收裁判費，恐影響人民提起行政訴訟救濟之意願及能力，而無法發揮行政訴訟保護人民權利及糾正行政機關違法行政行為之功能，並未規定徵收裁判費。1998年10月28日修正公布之行政訴訟法，仍採無償主義，於第98條第1項明定：「行政訴訟不徵收裁判費。」惟裁判費以外其他進行訴訟之必要費用，因案情之繁簡及當事人之特殊請求而有不同，此種因當事人之行為而支付之費用，如仍由國庫負擔，顯然有失公允，自有徵收之必要，故同條第2項規定，裁判費以外其他進行訴訟之必要費用，仍須徵收，並授權司法院訂定徵收辦法，以符公平正義之原則[20]。

　　嗣2007年7月4日修正公布行政訴訟法第98條規定，以行政訴訟法施行已逾七十年餘，社會及經濟情勢已大有不同，人民權利意識日增，經濟發達，生活水準提高，已無行政訴訟如徵收裁判費，會影響人民對違法行政處分提起行政訴訟之意願及能力之顧慮。又從事理、法理及實務運作結果得知，因行政訴訟不徵收裁判費，使得濫訴者排擠正當權利人迅速行政法院保護之機會，並違反公平原則及不符「使用者付費」原則，故改採徵收裁判費制度[21]。

　　民事訴訟依民事訴訟法第77條之1第2項規定，核定訴訟標的價額，以起訴時之交易價額為準；無交易價額者，以原告就訴訟標的所有之利益為準。蓋民事訴訟係解決私權爭執，以原告獲利之交易價額為訴訟費用標準，並無不可。惟行政訴訟涉及公益，不宜如此徵收訴訟費用，以採行少量定額徵收裁判費為宜，減輕當事人之負擔。

---

[20] 1998年10月28日修正公布行政訴訟法第98條立法理由。
[21] 司法院行政訴訟制度研究修正資料彙編（90年3月至91年8月）第1663頁。

> **第98條**（裁判費以外訴訟費用負擔之原則）
> 訴訟費用指裁判費及其他進行訴訟之必要費用，由敗訴之當事人負擔。但為第一百九十八條之判決時，由被告負擔。
> 起訴，按件徵收裁判費新臺幣四千元。適用簡易訴訟程序之事件，徵收裁判費新臺幣二千元。

❖內容解析❖

一、訴訟費用之負擔

訴訟費用，原則上是由敗訴之當事人負擔（本條第1項規定），惟為符合公平正義及防止濫訴，於例外情形，亦得由勝訴之當事人或第三人負擔之。茲就本法規定分述如下：

(一)由敗訴之當事人負擔

所謂敗訴之當事人，指在各審級行政法院受不利益之終局裁判者而言，故敗訴之當事人不但負擔自己所支出之訴訟費用，並應負擔他造勝訴當事人支出訴訟費用。

(二)由勝訴之當事人負擔

1.行政法院依第198條規定為情況判決時，雖判決駁回原告之訴，惟係恐造成公益損害不得不如此判決，且因諭知原處分或原決定違法，故實質屬被告敗訴之判決。從而，本條第1項但書，明定此項必要訴訟費用由被告負擔，以示公允。

2.被告對於原告關於訴訟標的之主張逕行認諾，並能證明其無庸起訴者，訴訟費用，由原告負擔（§104準用民訴法§80）。

3.勝訴人之行為，非為伸張或防衛權利所必要；或敗訴人之行為，按當時之訴訟程度，為伸張或防衛權利所必要者，行政法院得酌量情形，命勝訴之當事人負擔上述行為所生費用之全部或一部（§104準用民訴法§81）。

4.當事人不於適當時期提出攻擊或防禦方法，或遲誤期日或期間，或因其他應歸責於己之事由而致訴訟延滯者，雖該當事人勝訴，其因延滯而生之費用，行政法院得命其負擔全部或一部（§104準用民訴法§82）。

(三)由兩造各自負擔、比例分擔或一造負擔

各當事人一部勝訴、一部敗訴者，其訴訟費用，由法院酌量情形，命兩造以比例分擔或命一造負擔，或命兩造各自負擔其支出之訴訟費用（§104準用民訴法§79）。

(四)共同訴訟當事人間之訴訟費用負擔

共同訴訟人，按其人數，平均分擔訴訟費用。但共同訴訟人於訴訟之利害關係顯有差異者，法院得酌量其利害關係之比例，命分別負擔。共同訴訟人因連帶或不可分之債敗訴者，應連帶負擔訴訟費用。共同訴訟人中有專為自己之利益而為訴訟行為者，因此所生之費用，應由該當事人負擔（§104準用民訴法§85）。

(五)參加人之訴訟費用負擔

依本法第23條規定，依第41條與第42條參加訴訟之人亦為當事人，故應依本條第1項規定，於敗訴時負擔訴訟費用。又行政訴訟法第42條規定之獨立參加人，不服高等行政法院所為於其不利之判決提起上訴，因其利害關係與未提起上訴之原審被告一致，應併列原審被告為上訴人[22]，嗣如經最高行政法院判決駁回上訴，因提起上訴之獨立參加人與原審被告就訴訟結果之利害關係顯有差異，則依行政訴訟法第104條準用民事訴訟法第85條第1項但書規定，應由提起上訴之獨立參加人負擔上訴審訴訟費用[23]。

(六)第三人負擔訴訟費用

訴訟費用原則上由當事人負擔，但在例外情況下，亦有由第三人負擔者。例如：1.法院書記官、執達員、法定代理人或訴訟代理人因故意或重大過失，致生無益之訴訟費用者，行政法院得依聲請或依職權以裁定命該官員或代理人負擔（§104準用民訴法§89Ⅰ）。2.依本法第28條準用民事訴訟法第49條及本法第104條準用民事訴訟法第75條第1項規定，暫為訴訟行為之人不補正其欠缺者，因其訴訟行為所生之費用，行政法院得依職權以裁定命其負擔（§104準用民訴法§89Ⅱ）。受上開裁定負擔訴訟費用之第三人，均得對該裁定為抗告（§104準用民訴法§89Ⅲ）。

二、裁判費之計算

行政訴訟法於2007年修正建立行政訴訟之裁判費徵收制度，並採定額制，有別於民事訴訟財產起訴採行分級累退計費制度。依本條第2項規定，起訴，於通常訴訟程序事件，按件徵收裁判費新臺幣四千元；適用簡易訴訟程序之事件，徵收裁判費新臺幣二千元。

另本法於2012年增訂交通裁決事件訴訟程序，其起訴徵收裁判費，依第237條之5第1項第1款規定，按件徵收新臺幣三百元。2014年新增之收容聲請事件程序，依第

---

[22] 最高行政法院97年5月份第2次庭長法官聯席會議決議參照。
[23] 最高行政法院110年度上字第172、671號判決參照。

237條之17第1項規定，不適用第一編第四章第五節訴訟費用之規定。但第98條之6第1項第1款之影印費、攝影費、抄錄費等，仍應徵收之。

二人以上依行政訴訟法第37條第1項第2款或第3款規定，共同起行政訴訟者，本於裁判費應按件徵收之原則，應徵收一件裁判費；於受敗訴判決後，其中部分原告上訴，應向該聲明上訴之人，徵收一件上訴裁判費。如一部勝訴，一部敗訴，兩造均上訴，應各徵收一件裁判費[24]。

第98條之1（訴之合併應徵收之裁判費）

以一訴主張數項標的，或為訴之變更、追加或提起反訴者，不另徵收裁判費。

❖內容解析❖

以一訴主張數項標的，係指同一原告對同一被告，於同一訴訟程序，主張數項訴訟標的之訴。因其係於同一訴訟程序，主張數項標的，故稱為客觀訴之合併。訴之變更，謂原告於起訴後，提起新訴訟以代替原有之訴。又所謂提起反訴，係指被告於言詞辯論終結前，得在本訴繫屬之行政法院提起反訴。但對於撤銷訴訟及課予義務訴訟，不得提起反訴（§112 I）。訴之要素，為當事人、訴訟標的及訴之聲明（即應受判決事項之聲明）三者，若此三者，於訴訟進行中，有一變更，即為訴之變更；有一追加，即為訴之追加。

上開四種情形，均屬訴之合併，仍係利用同訴訟程序進行，如同提起單一訴訟同。為此，本條明定應以一件計徵裁判費，不另徵收裁判費。

第98條之2（上訴應徵收之裁判費）

上訴，依第九十八條第二項規定，加徵裁判費二分之一。

發回或發交更審再行上訴，或依第二百五十七條第二項為移送，經判決後再行上訴者，免徵裁判費。

❖內容解析❖

上訴係對判決聲明不服之方法。詳言之，亦即當事人或其他有上訴權之人對於下級法院未確定之終局判決，向上級法院聲明不服，求其廢棄或變更該判決之行為。

---

[24] 最高行政法院96年12月份庭長法官聯席會議決議參照。

　　本條第1項規定：「上訴，依第九十八條第二項規定，加徵判費二分之一。」係指對高等行政法院所為第一審判決；或地方行政法院適用通常訴訟程序、簡易訴訟程序所為第一審判決提起上訴為限（§104-1、§238、§263-1）。故而，對高等行政法院或地方行政法院適用通常訴訟程序所為之第一審判決提起上訴，應預納裁判費新臺幣六千元；對地方行政法院適用簡易訴訟程序所為第一審判決提起上訴，應預納裁判費新臺幣三千元。至於對地方行政法院適用交通裁決事件訴訟程序所為第一審判決提起上訴，依本法第237條之5第1項第2款規定，應按件徵收裁判費新臺幣七百五十元。

　　發回或發交之判決，係指廢棄原判決，而將該案件發回原行政法院或發交其他同級行政法院更為審理之判決（§260）。而依第257條第2項為移送者，係指高等行政法院無管轄權而廢棄原判決，而將該案件移送於管轄行政法院。對上開兩情形，因原法院對同一案件而為判決，並非新訴，且上訴人第一次提起上訴時已預納裁判費，故本條第2項明文，經判決後當事人或有上訴權人再行上訴者，免徵裁判費。

第98條之3（再審之訴應徵收之裁判費）
再審之訴，按提起法院之審級，依第九十八條第二項及前條第一項規定徵收裁判費。
對於確定之裁定聲請再審者，徵收裁判費新臺幣一千元。

❖內容解析❖

　　行政法院就已確定之裁判，因有法定之事由，依請求而更為審理及裁判，謂之再審程序。對於已確定之終局判決聲明不服，而訴求廢棄或變更者，謂之再審之訴（§273）。再審之訴，以除去已有之確定判決為目的，為形成之訴之一種。其訴之標的，則為訴訟法上得求除去確定判決之權利。此訴所生之訴訟程序，在形式上為新開始之程序，在實質上則為前訴訟程序之再開及續行，屬於新訴，故本條第1項明定再審之訴應依法徵收裁判費，並明定徵收標準，係按提起法院之審級，依第98條第2項及98條之2第1項規定徵收裁判費。

　　行政法院就已確定之裁定，不得提起再審之訴，但遇有再審理由（§273）時，應准其有救濟途徑，即得準用再審程序之規定，謂之聲請再審，學者稱為準再審（§283）。聲請再審性質與再審相同，均屬前訴訟程序之再開及續行，屬於新訴訟程序，故第2項明定應徵收裁判費，並以其均輕微，故規定徵收裁判費新臺幣一千元。

第98條之4（抗告應徵收之裁判費）

抗告，徵收裁判費新臺幣一千元。

❖內容解析❖

抗告爲對於裁定聲明不服之方法（§264）。當事人及其他訴訟關係人對於未確定之裁定，向上級法院聲明不服，求爲廢棄或變更者，謂之抗告。提起抗告之當事人或其他訴訟關係人，爲抗告人；其與抗告人有相反利害關係者爲相對人。行政訴訟案件之裁判，除依行政訴訟法應用判決者外，以裁定行之（§187），但並非對於未確定之裁定，均可對之抗告。依行政訴訟法第265條規定，訴訟進行中所爲之裁定，不得爲抗告。例如命補繳裁判費、命補書狀程式或其他訴訟要件之裁定（§59準用民訴法§121、§107Ⅰ）。受命法官或受託法官之裁定，亦不得抗告（§266Ⅰ）。法院以裁定所爲之事項，均屬較輕微者。爲此，參照民事訴訟法第77條之18，明定抗告應徵收裁判費新臺幣一千元。

第98條之5（徵收裁判費之聲請）

聲請或聲明，不徵收裁判費。但下列聲請，徵收裁判費新臺幣一千元：

一、聲請參加訴訟或駁回參加。

二、聲請回復原狀。

三、聲請停止執行或撤銷停止執行之裁定。

四、起訴前聲請證據保全。

五、聲請重新審理。

六、聲請假扣押、假處分或撤銷假扣押、假處分之裁定。

七、第二百三十七條之三十聲請事件。

❖內容解析❖

聲請或聲明，其性質無非請求行政法院或審判長、受命法官、受託法官，爲一定行爲，均屬訴訟程序上簡易事項，本條第1項明定原則上聲請或聲明不徵收裁判費。但在聲請參加訴訟或駁回參加、聲請回復原狀、聲請停止執行或撤銷停止執行之裁定、起訴前聲請證據保全、聲請重新審理及聲請假扣押、假處分或撤銷假扣押、假處

分裁定及第237條之30聲請事件[25]等事項，應徵收裁判費新臺幣一千元。蓋上開七款規定雖均為「聲請」事項，其處理程序幾近抗告，不但造成當事人之不便，亦增加法院之負擔，爰比照抗告之規定，明定應徵收裁判費新臺幣一千元，以符公平原則。

第98條之6（進行訴訟必要費用之徵收）
下列費用之徵收，除法律另有規定外，其項目及標準由司法院定之：
一、影印費、攝影費、抄錄費、翻譯費、運送費、公告行政法院網站費及登載公報新聞紙費。
二、證人及通譯之日費、旅費。
三、鑑定人之日費、旅費、報酬及鑑定所需費用。
四、其他進行訴訟及強制執行之必要費用。
郵電送達費及行政法院人員於法院外為訴訟行為之食、宿、交通費，不另徵收。

❖內容解析❖

進行行政訴訟，除本法第98條至第98條之5徵收裁判費外，尚有其他必要費用，其項目及金額，極為繁瑣，又必須隨社會經濟情勢調整。因此，本條第1項明定，除法律已有規定外，其項目及標準授權由司法院定之，除符實際需要外，亦使各級行政法院有統一之標準。

司法院依本條第1項規定於2000年7月4日訂定發布行政訴訟裁判費以外必要費用徵收辦法，自同年7月1日施行，並因應歷次行政訴訟法修正所需而為部分條文修正。又為配合行政訴訟堅實第一審訴訟程序及擴大強制代理範圍等新制，定自2023年8月15日施行，司法院於2023年5月10日修正發布行政訴訟裁判費以外必要費用徵收辦法全文20條，並自2023年8月15日施行。其修正要點包括：配合行政訴訟法第98條之8規定，選任律師為特別代理人或訴訟代理人之酬金支給標準將另行訂定，故刪除原辦法之相關規定；另行政法院依聲請或依職權提解訴訟關係人到場辯論或訊問所生費用，屬本條第1項第4款規定應徵收之進行訴訟必要費用，故修正增訂提解費用徵收項目及各項提解費用之計算、徵收標準等[26]。

為簡化訴訟文書逐件封貼郵票之作業方式，減輕當事人購買郵票及法院登記、核

---

[25] 配合本法2020年修正新增第二編第五章都市計畫程序專章，本條新增第7款規定，明定依第237條之30規定，聲請爭執之都市計畫暫時停止適用或執行，或為其他必要之處置事項，應徵收裁判費一千元。
[26] 立法總說明參照。

算、催補、退還郵票之勞費，第2項明定不徵收郵電送達費。又行政法院人員，包含法官、書記官、通譯、執達員等行政法院職員出外調查證據，送達文書或為其他訴訟行為之食、宿及交通費，如由當事人另行支付，常引起當事人對行政法院公正性之懷疑，為提升司法威信，上開費用宜包含於裁判費之中，不另徵收。為免爭議，於本條第2項後段為明定。至於上開費用，應由各行政法院編列預算，由國庫負擔，相關人員並核實報支上述費用。

第98條之7（裁判費別有規定之優先適用）
交通裁決事件之裁判費，第二編第三章別有規定者，從其規定。

❖內容解析❖

交通裁決事件已於第二編第三章另訂其裁判費之規定，故本條明定交通裁決事件之裁判費，第二編第三章有特別規定者，應優先適用該規定。該章特別規定交通裁決事件各項裁判費之徵收標準，及視為撤回情形，應依職權退還裁判費（§237-5），行政法院為訴訟費用之裁判時，應確定其費用額（§237-8）。

第98條之8（律師酬金之酌定）
行政法院或審判長依法律規定，為當事人選任律師為特別代理人或訴訟代理人者，其律師之酬金由行政法院或審判長定之。
前項及第四十九條之一第一項事件之律師酬金為訴訟費用之一部，應限定其最高額。其支給標準，由司法院參酌法務部及全國律師聯合會等意見定之。
前項律師酬金之數額，行政法院為終局裁判時，應併予酌定。訴訟不經裁判而終結者，行政法院應依聲請以裁定酌定之。
對於酌定律師酬金數額之裁判，得抗告。

❖立法說明❖

一、本條係2022年修正新增。

二、依本法第49條之3規定，行政法院或審判長得為當事人選任律師為訴訟代理人；又行政法院或審判長依現行條文第28條準用民事訴訟法第51條、原條文第176條準用民事訴訟法第374條之規定為當事人選任特別代理人時，亦得斟酌情形選任律

師為之。其律師之酬金，自應由行政法院或審判長酌定，爰於第1項明定之，俾利適用。

三、依法為當事人選任律師為特別代理人或訴訟代理人，以及適用律師強制代理之情形，特別代理人或訴訟代理人之酬金為訴訟費用之一部，自應限定其最高額，以維公允，爰增訂第2項。但不影響第98條第1項、第99條關於訴訟費用負擔之規定。又律師與當事人間之酬金約定，依契約自由原則，本得於委任契約自由約定。惟因律師強制代理制度，關於律師酬金既列入訴訟費用之一部分，於命敗訴當事人負擔時，應限制其酬金上限，以避免敗訴當事人負擔無法預測之他造律師酬金。至律師得依委任契約所能請求之約定報酬，本不受法院酌定酬金列為訴訟費用上限之拘束，自屬當然。

四、為程序經濟及簡化流程，行政法院為第2項規定事件之終局裁判時，應於裁判中或併以裁定酌定該審級律師酬金之數額，如漏未酌定，為裁判之脫漏，法院應依聲請或依職權為補充裁判，不經裁判而終結訴訟之情形，行政法院應依聲請以裁定酌定之。爰增訂第3項規定。

五、依本條酌定之律師酬金，為訴訟費用之一部，攸關負擔訴訟費用之當事人權益，爰增訂第4項，明定無論以判決或裁定酌定，對於該部分裁判不服者，均得循抗告程序救濟，不適用第104條準用民事訴訟法第87條第2項、第88條規定。但如最高行政法院或高等行政法院為終審法院時，自不適用得抗告之規定[27]。

第99條（參加訴訟人應負擔之訴訟費用）

因可歸責於參加人之事由致生無益之費用者，行政法院得命該參加人負擔其全部或一部。

依第四十四條參加訴訟所生之費用，由參加人負擔。但他造當事人依第九十八條第一項及準用民事訴訟法第七十九條至第八十四條規定應負擔之訴訟費用，仍由該當事人負擔。

❖內容解析❖

本法第23條規定，依第41條與第42條參加訴訟之人亦為當事人，其因參加訴訟所生之必要費用，自屬當事人支出之必要費用，應依前條第1項規定，由敗訴之當事人負擔，已詳前開說明。但因可歸責於參加人之事由致生無益之費用，若仍由敗訴之

---

27 本條立法理由參照。

當事人負擔，殊欠公允，故本條第1項明定，行政法院得命該參加人負擔其全部或一部訴訟費用。所謂因可歸責於參加人之事由，係指參加人不於適當時期提出攻擊或防禦方法，或遲誤期日或期間，其他如參加人就其主張事項，未提出準備書狀，以致延展期日等。所謂無益之費用，係指非一般訴訟程序所應負擔之訴訟費用，例如因參加人之故意、過失誤載訴訟案號，導致行政法院書記官送達錯誤，或因而展延期日，致生之訴訟費用。

本法第44條規定參加訴訟者，為輔助參加，其與依第41條及第42條參加者不同，不屬當事人，此類參加更顯保護自己利益之目的，其參加訴訟所生之費用，不論是否有可歸責於該參加人之事由，原則上仍應由其自行負擔。所謂參加訴訟所生之訴訟費用，係指參加人為自己利益參加於訴訟，所支出之訴訟費用而言。至參加人為其所輔助之當事人利益，而為訴訟行為，如提出攻擊防禦方法、提起上訴、抗告，或為其他訴訟行為所生之訴訟費用，及本案之訴訟費用，則非此所謂參加訴訟所生之訴訟費用。惟此類輔助參加人所為之上訴或抗告等行為，若因參加不應准許，致遭行政法院駁回，其所支出訴訟費用，則應解為因參加訴訟所生之訴訟費用。惟他造當事人依第98條第1項及準用民事訴訟法第79條至第84條規定，應負擔訴訟費用者，本條第2項但書規定，仍由該當事人負擔。蓋因參加所生之訴訟費用，自應按他造當事人負擔本案訴訟費用之比率，仍命由該他造當事人負擔，以保護參加人之利益。

第100條（裁判費及必要費用之預納及徵收）
裁判費除法律別有規定外，當事人應預納之。其未預納者，審判長應定期命當事人繳納；逾期未納者，行政法院應駁回其訴、上訴、抗告、再審或其他聲請。
進行訴訟之必要費用，審判長得定期命當事人預納。逾期未納者，由國庫墊付，並於判決確定後，依職權裁定，向應負擔訴訟費用之人徵收之。
前項裁定得為執行名義。

❖內容解析❖

配合本法2007年修正第98條改採行政訴訟徵收裁判費制度，增訂第1項明定裁判費採取預納原則，除法律別有規定外，當事人應預納之。其未預納者，審判長應定期命當事人繳納，逾期未納者，行政法院應駁回其訴、上訴、抗告或其他聲請[28]，以符

---

[28] 本條第1項、第2項關於定期命當事人繳納裁判費與進行訴訟之必要費用之規定，依2007年修正條文係規定由「行政法院」為之；嗣參考民事訴訟法第94條之1規定，於2011年修正為現行條文由「審判長」為之。

訴訟採行有償主義之意旨。

　　進行訴訟之必要費用，關係訴訟程序之進行及終結，本條第2項明定審判長得定期命當事人預納。又逾期未納者，依民事訴訟法實務見解，法院則不為該需要費用之行為，常因此使案件久懸不結。惟行政訴訟多涉及公益，不宜久懸不結，爰規定當事人逾期不預納進行訴訟之必要費用，參照民事訴訟法第601條第2項之立法例，明定由國庫墊付，並於判決確定後，依職權裁定，向應負擔訴訟費用之人徵收。

　　又本條規定由國庫墊付亦與第101條規定之訴訟救助不同，後者係屬賒帳方式，依第103條之規定，暫行免付進行訴訟必要之費用，准其進行訴訟程序。

　　應負擔訴訟必要費用之人如拒不繳納國庫墊付之訴訟費用，則本條第2項裁定自得為執行名義，可依本法第305條之規定，據以強制執行，以收實效。

第101條（訴訟救助）

當事人無資力支出訴訟費用者，行政法院應依聲請，以裁定准予訴訟救助。但顯無勝訴之望者，不在此限。

❖立法說明❖

　　一、當事人為進行訴訟所必要之費用，原須預行繳納，惟當事人無資力支出訴訟費用時，將無從伸張其權利，故應准予救助，以維護其權益。

　　二、如當事人起訴或上訴，依其所主張之事實，於法律上顯無勝訴之望者，自無須予以救助，以杜濫訟。

❖內容解析❖

　　當事人得受訴訟救助者，以無資力支出訴訟費用，且非顯無勝訴之望者為限。故行政法院准予訴訟救助，應具備下列要件：

一、須當事人無資力支出訴訟費用

　　受救助人須為無資力支出訴訟費用之人，其為原告或被告，在所不問，本法第41條與第42條規定之參加人，亦得為受救助人。受救助人並不以自然人為限，法人及非法人之團體，亦得因無資力而受救助。所謂無資力，係指當事人窘於生活，且缺

乏信用者而言[29]。故資力非僅指有形之財產，無形之信用技能亦屬之。當事人是否無資力支出訴訟費用，行政法院應斟酌其財產狀況、信用技能及經濟能力認定之。若當事人雖有財產，但為數甚微或不能自由處分，如支出訴訟費用，將致自己及其家屬窘於生計者，即為無資力支出訴訟費用。多數有共同利益之人選定一人為全體起訴，被選定人聲請訴訟救助者，應以被選定人與選定人全體均無資力支出訴訟費用，始足當之[30]。又當事人於下級審法院曾經繳納訴訟費用者，若於訴訟進行中，無法釋明其經濟狀況確有重大變更者，上級審不應遽准救助。惟當事人如確係無資力支出訴訟費用者，不得僅因委任律師為訴訟代理人，而不許其救助。

二、須訴訟非顯無勝訴之望

所謂顯無勝訴之望，係指當事人提起之行政訴訟或上訴，依其所主張之事實及理由，於法律上顯難獲得勝訴而言。至是否顯無勝訴之望，行政法院判斷時，應斟酌該當事人主張之事實及其引用之證據，對於他造當事人提出之訴訟資料，亦應斟酌認定之。而所謂顯然，係指行政法院依卷內資料不待經調查程序，即可認定之事實狀態。若須再經調查證據程序始可認定，即非顯無勝訴之望。

三、須依當事人之聲請

訴訟救助，必經當事人之聲請，以裁定為之，行政法院不得依職權准予訴訟救助。

基於國際間互惠原則，外國人聲請准予訴訟救助者，除須具備上述要件外，尚須以依條約、協定或依其本國法令、慣例，中華民國人在其國得受訴訟救助者為限（§104準用民訴法§108）。但無國籍人聲請訴訟救助，因無條約及其本國法可資依據，僅須具備本條規定之要件[31]。

另外，法律扶助法第63條規定：「經分會准許法律扶助之無資力者，其於訴訟或非訟程序中，向法院聲請訴訟救助時，除顯無理由者外，應准予訴訟救助，不受民事訴訟法第一百零八條規定之限制。」係鑑於民事訴訟及行政訴訟之訴訟救助亦以無資力為前提，而法律扶助之申請人，既經分會審查符合無資力之要件，其再向法院聲請訴訟救助時，法院就其有無資力，允宜無庸再審酌，以簡省法院之調查程序，並強化法院訴訟救助之功能[32]。故當事人聲請訴訟救助，如符合上述規定，行政法院不得以其提出之證據資料不足釋明其無資力，而駁回其聲請。

---

[29] 最高行政法院97年裁聲字第18號判例參照。
[30] 最高行政法院98年度裁聲字第115號裁定、99年度裁字第148號裁定參照。
[31] 最高法院22年抗字第1895號民事判例參照。
[32] 本條2015年7月1日修正立法理由參照。

第102條（聲請訴訟救助）

聲請訴訟救助，應向受訴行政法院為之。

聲請人無資力支出訴訟費用之事由應釋明之。

前項釋明，得由受訴行政法院管轄區域內有資力之人出具保證書代之。

前項保證書內，應載明具保證書人於聲請訴訟救助人負擔訴訟費用時，代繳暫免之費用。

❖ **內容解析** ❖

依本條第1項規定，聲請訴訟救助，應向受訴行政法院為之。所謂受訴行政法院，包括現繫屬或將來繫屬之受訴行政法院，且不限於第一審行政法院。由受訴行政法院管轄，最為方便；且聲請人就無資力支出訴訟費用之事由舉證與釋明之資料，由受訴行政法院調查，亦最為妥適[33]。其聲請任以言詞或書狀為之均可。

依本條第2項規定，當事人為訴訟救助之聲請，須就其無資力支出訴訟費用之事由，應提出可使法院其主張為真實且能即時調查之證以釋明之（§176準用民訴法§284參照）。本條第2項並未規定當事人就非顯無勝訴之望亦應釋明，故當事人不負釋明之責，至其訴訟是否顯無勝訴之望，應由行政法院依其自由意見定之[34]。

為免除聲請人釋明之困難，本條第3項規定，許由受訴行政法院管轄區域內，有資力之人出具保證書，以代釋明。而該具保證人是否為有資力支出訴訟費用之人，應由行政法院依職權調查認定之[35]。

為期聲請訴訟救助人，於判決確定後應負擔之訴訟費用利於徵收，依本條第4項規定，具保證書人出具之保證書內容，除表明其保證意旨外，必須載明具保證人於聲請訴訟救助人負擔訴訟費用時，願意代繳暫免之費用，俾受訴行政法院得據向具保證書人為強制執行（§104準用民訴法§114Ⅰ參照）。

第103條（訴訟救助之效力）

准予訴訟救助者，暫行免付訴訟費用。

---

[33] 本條項立法理由參照。

[34] 最高法院62年台抗字第500號民事判例參照。

[35] 最高法院67年台抗字第552號民事判例參照。

❖內容解析❖

訴訟救助與訴訟費用之負擔，係屬二事，如受救助之當事人，受訴訟費用之裁判時，仍應補徵裁判費或各項必要費用，故本條明定暫行免付之，以杜爭議[36]。

准予訴訟救助，於假扣押、假處分、上訴及抗告，亦有效力（§104準用民訴法§111）。惟在起訴前之假處分程序准予訴訟救助者，除准予救助之裁定已就後應繫屬之本案訴訟一併准予救助外，其效力不及於本案訴訟之第一審及上訴審[37]。

准予訴訟救助之效力，因受救助人死亡而消滅（§104準用民訴法§112）。蓋訴訟救助之事由，因個人之具體情況而異，故准予訴訟救助之效力，僅對於受救助人發生效力，不及於其繼承人，亦不能移轉於他人，受救助人若死亡，准予訴訟救助之效力即行消滅。

當事人力能支出訴訟費用而受訴訟救助或其後力能支出者，行政法院應以裁定撤銷救助，並命其補交暫免之費用；前項裁定，由訴訟卷宗所在之行政法院為之（§104準用民訴法§113）。行政法院撤銷訴訟救助，不問訴訟終結與否，均得為之。

第104條（準用之規定）
民事訴訟法第七十七條之二十六、第七十九條至第八十五條、第八十七條至第九十四條、第九十五條、第九十六條至第一百零六條、第一百零八條、第一百零九條之一、第一百十一條至第一百十三條、第一百十四條第一項、第一百十四條之一及第一百十五條之規定，於本節準用之。

❖內容解析❖

本法修正，關於訴訟費用部分，雖然增列若干條文，惟民事訴訟法關於訴訟費用之規定更為詳盡，除部分性質不相容，例如民事訴訟訴訟費用之徵收，主要採行價額計算，故無須準用該法第77條之1至第77條之25之規定；或因立法技術上之原因，本法已自行規定者外，其餘規定類多相通，與本法不相牴觸者，凡15條，本條列舉各該條次，以資準用之。

本條準用民事訴訟法者為：溢收訴訟費用之返還（民訴法§77-26）；一部勝訴一部敗訴之負擔訴訟費用標準（民訴法§79）；勝訴原告負擔訴訟費用（民訴法

---

[36] 本條立法理由參照。
[37] 最高法院29年抗字第127號民事判例參照。

§80）；由勝訴當事人負擔訴訟費用（民訴法§81、§82）；撤回上訴或抗告者訴訟費用負擔準則（民訴法§83）；訴訟和解時訴訟費用負擔準則（民訴法§84）；共同訴訟之訴訟費用負擔（民訴法§85）；行政法院為終局判決及廢棄變更下級法院判決時，應依職權為訴訟費用之裁判（民訴法§87）；對訴訟費用聲明不服之限制（民訴法§88）；第三人負擔訴訟費用（民訴法§89）；訴訟不經裁判而終結者，應依聲請為訴訟費用之裁判（民訴法§90）；聲請確定訴訟費用額之要件及程序（民訴法§91）；兩造分擔訴訟費用者確定費用額之程序及方法（民訴法§92、§93）；訴訟費用額之計算（民訴法§94）；裁定程序準用本節規定（民訴法§95）；命供訴訟費用之擔保之要件（民訴法§96）；聲請命供擔保之限制（民訴法§97）；被告之拒絕本案辯論權（民訴法§98）；命供擔保裁定之內容（民訴法§99）；對命供擔保裁定之抗告（民訴法§100）；不遵期提供擔保之效果（民訴法§101）；供擔保之方法（民訴法§102）；擔保之效力（民訴法§103）；擔保物返還原因及程序（民訴法§104）；擔保物之變換（民訴法§105）；其他依法令供訴訟上擔保者準用之規定（民訴法§106）；外國人訴訟救助之要件（民訴法§108）；聲請訴訟救助程序中禁止訴之駁回（民訴法§109-1）；訴訟救助之效力及於假扣押、上訴及抗告（民訴法§111）；訴訟救助效力之消滅（民訴法§112）；訴訟救助之撤銷（民訴法§113）；訴訟費用之徵收及歸還（民訴法§114Ⅰ）；受救助兒童或少年負擔訴訟費用之減免（民訴法§114-1）[38]及本節所為之裁定得為抗告（民訴法§115）均適用於本節訴訟費用之規定。

---

[38] 2022年6月22日修正新增，其立法理由：「配合民事訴訟法新增第114條之1，貫徹弱勢兒少權益之保障，倘受訴訟救助之兒少因負擔訴訟費用而致生計有重大影響，許其得向法院聲請減輕或免除訴訟費用，並限定聲請期間，以避免程序久懸不決，於本法亦有準用之必要，新增準用民事訴訟法第114條之1規定。」

第2編

第一審程序

- 第一章　通常訴訟程序
- 第二章　簡易訴訟程序
- 第三章　交通裁決事件訴訟程序
- 第四章　收容聲請事件程序
- 第五章　都市計畫審查程序

第一章
通常訴訟程序

第一節 起 訴

　　本節旨在規範起訴程序。適用通常訴訟程序之事件，以高等行政法院為第一審管轄法院。但金額在新臺幣150萬元以下之稅捐課徵事件、罰鍰或其他不利處分事件及公法上財產關係之訴訟，以地方行政法院為第一審管轄法院（§104-1Ⅰ但書參照）。通常訴訟程序之程序內容與簡易訴訟程序及都市計畫審查程序均有所不同，而更為詳盡，得適用或準用於上述程序（§236、§237-31參照）。至交通裁決事件訴訟程序及收容聲請事件程序則準用簡易訴訟程序之規定（§237-9、§237-17Ⅱ參照）。

　　本節共計十三條，規定通常訴訟程序之第一審管轄法院、起訴之程式及期間、法院對於訴訟要件之審查及訴狀之送達、言詞辯論期日之指定、當事人變更時之訴訟承當、訴之變更、追加、反訴、撤回及因此所生之移送管轄等事項，並規定民事訴訟法之準用條文。

第104條之1（通常訴訟程序）

適用通常訴訟程序之事件，以高等行政法院為第一審管轄法院。但下列事件，以地方行政法院為第一審管轄法院：

一、關於稅捐課徵事件涉訟，所核課之稅額在新臺幣一百五十萬元以下者。

二、因不服行政機關所為新臺幣一百五十萬元以下之罰鍰或其附帶之其他裁罰性、管制性不利處分而涉訟者。

三、其他關於公法上財產關係之訴訟，其標的之金額或價額在新臺幣一百五十萬元以下者。

四、其他依法律規定或經司法院指定由地方行政法院管轄之事件。

前項所定數額，司法院得因情勢需要，以命令增至新臺幣一千萬元。

❖立法說明❖

　　本條為2011年11月23日修法時新增，並於2022年6月22日修正，其立法理由謂：「為堅實第一審行政法院，並審酌地方行政法院軟硬體建置、人力逐步到位及案件負荷量情形，通常訴訟程序原則上維持由高等行政法院為第一審管轄法院，部分改以地方行政法院為第一審管轄法院，並以訴訟標的之金額或價額作為區分標準，以資明確，如無從認定或認定上有相當困難，則應回歸原則，由高等行政法院為第一審管轄法院。」

❖內容解析❖

　　本條第1項第2款規定包括兩種情形：一為不服行政機關單獨裁處新臺幣150萬元以下罰鍰；二為不服行政機關以同一處分書裁處上開金額罰鍰及附帶之其他裁罰性或管制性不利處分（原告如僅爭執其中之罰鍰或附帶處分亦同）。地方行政法院就上開兩種情形取得通常訴訟程序事件之第一審管轄權。所謂其他裁罰性不利處分，係指行政罰法第1條規定之沒入或第2條各款規定之其他種類行政罰；所謂管制性不利處分，則包括限期改善或限期拆除（下命應負一定作為義務之處分）等情形。

　　除上述情形外，如符合本法第229條第2項第1款至第3款、第3項規定金額或價額之事件，及符合同條第2項第4款之輕微處分涉訟者，依該條規定自應適用簡易訴訟程序。且為配合社會經濟之發展，預留將來可能新增行政訴訟事件之類型，並適時合理分配行政法院之案件負擔，避免動輒修法，授權司法院得指定由地方行政法院管轄之事件類型，故有第1項但書之規定。又依智慧財產案件審理法第31條第1項及智慧財產及商業法院組織法第3條第3款規定，智慧財產行政訴訟事件由智慧財產及商業法院管轄，不屬行政法院管轄權之範疇。

　　此外，為配合社會經濟之發展，適時合理分配行政法院之案件負擔，避免動輒修法，本條第2項授權司法院得以命令增加地方行政法院適用通常訴訟程序之訴訟標的金額或價額，以資因應[1]。

第105條（起訴之程式）

起訴，應以訴狀表明下列各款事項，提出於行政法院為之：

一、當事人。

二、起訴之聲明。

三、訴訟標的及其原因事實。

---

[1]　2022年6月22日修法立法理由參照。

> 訴狀內宜記載適用程序上有關事項、證據方法及其他準備言詞辯論之事項；其經訴願程序者，並附具決定書。

❖內容解析❖

一、概　說

　　起訴應以訴狀爲之，稱爲「訴狀強制主義」，其有助於當事人之訴訟攻防與法院之精確審理。本條規範起訴所應遵守的要求，係出於訴訟經濟考量，與此相對者，爲當事人訴訟權之保障；二者間易有衝突，須經由一定的類型建構加以作最適化的調整。一般而言，隨著現代化社會的不斷發展、訴訟資訊的普及、各種訴訟關係文書格式的齊備、相關法學論述的普及以及法院所提供訴訟協助的擴充，當事人的風險掌控能力已經大爲增加，本條有關之「要式性」及違反之法律效果從而應予以強化。

　　本法第60條有關以筆錄代替書狀之權宜性規定，在本處並無適用之餘地[2]。惟簡易程序之起訴得以言詞爲之，並由法院書記官製作筆錄，見本法第231條。

　　所謂「應以訴狀表明」，應指以官方所定的語言——即中文——提起，除此之外，訴狀必須由當事人簽名或蓋章（就此見本法第58條）。未以訴狀表達、未以中文提出，或簽名未合於本法之規定者，爲起訴不合法，而且不屬於本法第107條得補正之範圍[3]。起訴必須向行政法院爲之，從而若當事人係向原處分機關提起行政訴訟者，不發生起訴之效力[4]。除此之外，該訴訟必須屬於受理之行政法院之管轄，惟若有違反，原則上仍發生訴訟繫屬之效果，受理之法院應爲移送訴訟之裁定（§107 I②）[5]。

　　訴之提起一般係以掛號郵件或由當事人向法院收發單位親自或委託他人遞交。依最高行政法院97年裁字第2500號裁定之見解：起訴應以訴狀提出於行政法院爲之，行政訴訟法第105條第1項定有明文。當事人在行政法院以外之處所所爲之準備行爲，不能認爲已爲起訴行爲，故訴狀僅於起訴期間內付郵，而到達行政法院時已逾起訴期間者，不生於起訴期間內起訴之效力。

　　訴狀之內容必須包含當事人、訴之聲明、訴訟標的及其原因事實，此外也宜記載程序上其他之有關事項以及證據方法與其他有關言詞辯論之準備事項（本條 I、II

2　參見吳庚，行政爭訟法論，1999年修訂版，頁77。
3　德國法亦認爲此類缺失不得事後補正：Vgl. Ferdinand O. Kopp/Wolf-Rudiger Schenke, VwGO, 11. Aufl., 1998, §11, Rd. 8。
4　德國法採此見解，Vgl. Ferdinand O. Kopp/Wolf-Rudiger Schenke, VwGO, 11. Aufl., 1998, §11, Rd. 3.
5　德國法則有不同之規定，向無管轄權之法院所提起之訴訟，並不構成起訴，從而未能發生起訴之任何效果，尤其有關期間之遵守；Vgl. Kopp/Schenke, aaO., Rd. 3。

前段）。凡此涉及訴訟專業性之要求高低，背後涉及訴訟之快速有效進行與當事人之權利保障之衝突與調和。我國行政訴訟法並不採律師強制主義，而且行政訴訟類型不少，訴訟標的金額高低有別而就較低數目者當事人未必延聘律師，在解釋上不宜過度嚴格，從而，只要當事人之訴狀以其內容總體已經達到可以辨識訴之聲明及訴訟標的與原因事實之一定程度，該起訴即為合法。若當事人之訴訟中包含有非與本案事實密切相關之抱怨（指針對相關該主管機關或甚至進一步之上級官署），則該訴之提起並非不法；反之，若狀紙只是塞滿抱怨的用語，而沒有足供辨識的訴之聲明等，則應原則上視為不合法[6]。總之，訴狀中應記載當事人、訴之聲明、訴訟標的及其原因事實。凡此為訴狀之最低限度內容。若有違反，尤其若無法經由訴狀整體觀察或解釋而加以確定，則該訴訟應屬違法，應由法院裁定駁回，亦即不屬於補正之範圍。於此最重要者在於法院如何解釋、觀察該訴狀之個別部分與整體。為保障當事人之權利，除非已經達到無可辨識之程度，否則法院應以有利於原告之立場出發；反之，就本條第2項所規定之進一步訴狀之內容，則原告得於法院所裁定之期間內加以補正，甚且，視情形亦得於言詞辯論終結前提出[7]。

以下進一步對訴狀之內容成分，進一步加以分析。

二、訴狀之記載項目

(一)當事人

所謂「當事人」，係指原告、被告及依本法第41條及第42條參加訴訟之人。當事人之姓名住址固然應予以明確列出，訴狀中對被告之姓名住址應加以列出，於此最重要者為「當事人」可被清楚界定。這在被告為行政機關之情形，固然不致發生困擾，但在原告以第三人之身分請求行政機關撤銷授益之行政處分，或原告請求行政機關應對第三人採取一定之介入行為（例如要求警察機關必須對強占房舍之遊民以妨礙治安為由加以驅逐；對於擬舉行示威遊行者課以一定的負擔以免擾及沿途店家與居民），則原告未必能有完整之訴訟當事人之資料，德國實務認為應視情形得有稍微之放寬[8]。法院應依針對原告訴狀所載而界定當事人，必要時並得進行補充性的解釋。

(二)起訴之聲明

本條第1項第2款規定「起訴之聲明」。本處所稱起訴之聲明，應指原告之聲明必須有一定的內涵、目標，亦即其不得毫無任何可確定的內涵。起訴之聲明必須清楚

6　德國即採此項見解，Vgl. Kopp/Schenke, aaO., §81, Rd. 14。

7　Vgl. Kopp/Schenke, aaO., §82, Rd. 1f.

8　Vgl. Kopp/Schenke, aaO., §82, Rd. 3.

到令人足夠辨識。若有必要，行政法院必須加以闡明[9]。

(三)訴訟標的及其原因事實

本條第1項第3款規定訴訟必須包括訴訟標的及其原因事實。我國此處係採「訴訟標的」（Streitgegenstand），而與德國法「起訴聲明之客體」（Gegenstand des Klagebegehrens）不同。德國法不採訴訟標的用語，理由在於避免類如民事訴訟法之嚴格要求與因而伴隨之法律效果，換言之，旨在為一種較為寬鬆的要求。我國立法當時究竟有如何之構想，從前述司法院修正草案條文說明中難以理解。由於事涉高度訴訟專業，而本法並非採取律師強制主義，宜有所放寬。妥當之道，在於當事人必須能夠指出其在該案件中所具體針對的事實與希望達成之結果。

(四)進一步之記載事項

本條第2項前段進一步規定訴狀應記載之事項，包括程序上有關事項、證據方法及其他準備言詞辯論之事項。這些若有違反，應不構成訴訟之不合法，而得由行政法院於依職權調查的過程中要求原告提出。反之，因行政法院並無義務毫無保留、鉅細靡遺介入原告訴訟的請求，從而，若行政法院從原告言詞辯論的陳述或所提供的相關文件中不能得出有進一步可支持的憑藉，則行政法院應以原告之訴無理由加以駁回[10]。

本條第2項後段規定原告應附具訴願決定書，若該案件先前經過訴願程序。德國法則進一步要求原告須附具行政處分書，若所涉及者為撤銷訴訟。

第106條（訴訟之提起期間）

第四條及第五條訴訟之提起，除本法別有規定外，應於訴願決定書送達後二個月之不變期間內為之。但訴願人以外之利害關係人知悉在後者，自知悉時起算。

第四條及第五條之訴訟，自訴願決定書送達後，已逾三年者，不得提起。

不經訴願程序即得提起第四條或第五條第二項之訴訟者，應於行政處分達到或公告後二個月之不變期間內為之。

不經訴願程序即得提起第五條第一項之訴訟者，於應作為期間屆滿後，始得為之。但於期間屆滿後，已逾三年者，不得提起。

---

[9] Vgl. Kopp/Schenke, aaO., §82, Rd. 10.
[10] Vgl. Kopp/Schenke, aaO., §82, Rd. 11.

❖立法說明❖

本條原僅規定提起撤銷訴訟之起訴期間。2010年1月13日修法時，新增提起課予義務訴訟之起訴期間相關規定。蓋如立法理由所稱，「第五條請求行政機關應爲行政處分或特定內容之行政處分之訴訟，本法漏未規定起訴期間，爰修正第一項增列之」。

其次，本條增訂不經訴願程序即得提起撤銷訴訟或課予義務訴訟之起訴期間。在撤銷訴訟及排除否准之課予義務訴訟，起訴期間爲「行政處分達到或公告後二個月之不變期間內」；在怠爲處分之課予義務訴訟，則「於應作爲期間屆滿後，始得爲之。但於期間屆滿後，已逾三年者，不得提起。」如立法理由所稱：「在法律特別規定不經訴願程序即得提起撤銷訴訟或第五條之訴訟之情形，例如經聽證程序，作成負擔處分，或駁回人民之申請，依行政程序法第一百零九條之規定，免經訴願程序即得提起撤銷訴訟，及在人民依法申請之案件，行政機關在法定期間內應作成處分而不作爲，法律規定不經訴願即得提起第五條第一項之訴訟，本法並未規定起訴期間」，爰增訂之[11]。就起訴期間的限制，我國區分行政處分當事人（亦即，訴願決定之相對人）與訴願人以外之利害關係人；二者原則上均必須於訴願決定書送達後二個月內提起訴訟，若訴願人以外之利害關係人知悉在後者，則自知悉時起算。就之，該利害關係人必須負舉證責任；但無論如何，自訴願決定書送達後已逾三年者，任何人均不得提起撤銷訴訟（本條Ⅱ）。

時效之進行必須以原訴願決定係合法送達爲前提。於此乃涉及送達之合法性之判斷（§61以下有關之注釋）。本項訴訟期間之規定，爲訴訟之實體判決前提要件，法院必須隨時加以審查。

❖內容解析❖

一、起訴之期間

本條規定提起撤銷訴訟及課予義務訴訟的不變期間。立法體例上，本法固然採一律兩個月的規定，但專業法律得有不同的規定，蓋訴訟提起的期間長短，涉及不同種案件的急迫性或案件資料蒐集的難易等，德國聯邦政治難民庇護法第74條係規定兩週，聯邦納粹不法所致公務員損害補償法（Gesetz zur Regelung der Wiedergutmachung nationalsozialistischen Unrechts für Angehoerige des öffentlichen Dienstes;

---

[11] 相關說明，參閱劉建宏，2010年及2011年行政訴訟法修法評釋，收錄於：劉建宏，基本人權保障與行政救濟途徑（二），2013年，頁386。

BWGoeD）第26條則規定三個月期限[12]。再者，以二個月爲期限，於加速度之當今，是否太長，立法政策上非無值得討論之處。

原告必須於法定起訴期間內提起訴訟，而且該訴訟必須合於本法之各種規定，尤其第105條之訴狀最低內容之要求。此外，原告之訴訟必須向有管轄權之法院提起，若原告誤向不具有事務管轄或地域管轄之法院或甚至誤向民事法院提起訴訟，則依德國通說，此時仍然發生起訴之效果，從而不存有起訴期間違反之問題；但少數地方法院之判決持反對意見，蓋此與加快法院審理速度之時代要求不合[13]。

我國行政程序法第109條規定，經聽證而作成之行政處分，其行政救濟程序免除訴願及其先行程序。此類行政處分的爭訟，從而係由當事人直接向高等行政法院提出。爲貫徹法律安定性，本類型亦應有起訴期間之限制，故有本條第3項之規定。

二、對於事後訴之變更及訴訟繼承等特殊問題之適用可能

一般而言，權利之繼受者不得主張重新起算起訴期間。惟無論如何，我國就起訴之規定係採「不變期間」，而對權利繼受者不利，本法第91條雖然有回復原狀聲請規定，但該條以「天災或其他不應歸責於己之事由」爲要件，對這類人士有無適用，非無討論之餘地。就訴之變更或訴之追加合併等，起訴期間仍應以原先行政處分送達兩個月後起算，並以該當事人提起訴之變更或擴張之時間點，作爲有無違反起訴期間之判斷標準[14]。

第107條（訴訟要件之審查及濫訴禁止）

原告之訴，有下列各款情形之一者，行政法院應以裁定駁回之。但其情形可以補正者，審判長應先定期間命補正：

一、訴訟事件不屬行政訴訟審判權，不能依法移送。

二、訴訟事件不屬受訴行政法院管轄而不能請求指定管轄，亦不能為移送訴訟之裁定。

三、原告或被告無當事人能力。

四、原告或被告未由合法之法定代理人、代表人或管理人為訴訟行為。

五、由訴訟代理人起訴，而其代理權有欠缺。

六、起訴逾越法定期限。

---

[12] Vgl. Kopp/Schenke, aaO., §74, Rd. 1.

[13] Vgl. Kopp/Schenke, aaO., §74, Rd. 8.

[14] Vgl. Kopp/Schenke, aaO., §74, Rd. 7.

七、當事人就已向行政法院或其他審判權之法院起訴之事件，於訴訟繫屬中就同一事件更行起訴。

八、本案經終局判決後撤回其訴，復提起同一之訴。

九、訴訟標的為確定判決、和解或調解之效力所及。

十、起訴不合程式或不備其他要件。

十一、起訴基於惡意、不當或其他濫用訴訟程序之目的或有重大過失，且事實上或法律上之主張欠缺合理依據。

撤銷訴訟及課予義務訴訟，原告於訴狀誤列被告機關者，準用前項之規定。

原告之訴，有下列各款情形之一者，行政法院得不經言詞辯論，逕以判決駁回之。但其情形可以補正者，審判長應先定期間命補正：

一、除第二項以外之當事人不適格或欠缺權利保護必要。

二、依其所訴之事實，在法律上顯無理由。

前三項情形，原告之訴因逾期未補正經裁判駁回後，不得再為補正。

第一項至第三項之裁判書理由得僅記載要領，且得以原告書狀、筆錄或其他文書作為附件。

行政法院依第一項第十一款規定駁回原告之訴者，得各處原告、代表人或管理人、代理人新臺幣十二萬元以下之罰鍰。

前項處罰應與本案訴訟合併裁定之。裁定內應記載受處罰人供相當金額之擔保後，得停止執行。

原告對於本案訴訟之裁定聲明不服，關於處罰部分，視為提起抗告。

第一項及第四項至第八項規定，於聲請或聲明事件準用之。

❖立法說明❖

　　本條歷經2021年12月8日及2022年6月22日兩次修正。2021年修法主要係為配合法院組織法增訂審判權歸屬爭議之解決規範及其他增修；2022年修法則明確規範原告當事人不適格及欠缺權利保護必要之處理方式（本條III參照），並增訂第1項第11款「起訴基於惡意、不當或其他濫用訴訟程序之目的或有重大過失，且事實上或法律上之主張欠缺合理依據」、第6項「行政法院依第一項第十一款規定駁回原告之訴者，得各處原告、代表人或管理人、代理人新臺幣十二萬元以下之罰鍰」及其他相關規定，以遏制濫訴。

❖內容解析❖

一、概　說

　　行政訴訟旨在確保人民之訴訟權，進而貫徹人民之各項實體的權利而且此類實體權利為憲法相關基本權利條款所保障，從而具有濃厚的基本人權保障與法治國之價值，但另方面言之，行政訴訟畢竟涉及組織、人員、經費之花費，其設計從而必須有一定之效能效率考量。此外，行政訴訟涉及國家主權之行使，而且須受制於國家因法系傳承所決定的訴訟體系的安排，但隨著國際經貿組織的深化或甚至區域組織之統合發展（例如德國為歐洲聯盟的核心成員之一），行政訴訟的保障程度、重點甚至就局部領域（例如政府採購有關之業務），得進一步之要求。訴訟的功能定位取決於這些因素，行政法院所為單純不受理裁定之範圍，與這些因素息息相關。

二、實體判決要件之由來與性質

　　本條所列舉11款事項，為行政訴訟實體判決之一般要件。此類要件是否該當，須由法院依職權加以審查，而且係時時加以注意，而無待於當事人之主張，以求訴訟經濟、國家主權或國家訴訟體系安排等價值之貫徹。本處之規定雖然詳細，但立法政策上非無引進進一步的要件之可能，而且不排除由立法者考慮各該專業領域的需要而作特殊之規定。

三、本條第1項各款有關之討論

(一)第1款：訴訟事件不屬行政訴訟審判權，不能依法移送

　　訴訟事件不屬行政訴訟審判權，如行政法院依法院組織法第7條之3規定應移送至其他審判權法院，即不得依本項以裁定駁回。所謂不能依法移送，係配合法院組織法增訂第7條之3第1項但書有關法院認其無審判權者，依法另有規定者不必裁定移送，此包含刑罰案件（包括提出刑事告訴、請求追究刑事責任等）或公務員懲戒案件（包括請求彈劾、移送、發動、追究公務員懲戒責任、撤銷司法懲戒處分等），性質上非屬應以裁定移送管轄法院之事件。至其他審判權法院依法院組織法第7條之3第1項規定應移送至行政法院，行政法院認其亦無審判權，依法院組織法第7條之4規定，應以裁定停止訴訟程序，並向終審法院請求指定有審判權之管轄法院，不得認為屬於第1項第1款之不能依法移送範疇[15]。

---

[15]　2021年12月8日修法立法理由參照。

(二)第7款：當事人就已向行政法院或其他審判權之法院起訴之事件，於訴訟繫屬中就同一事件更行起訴

配合法院組織法增訂第7條之2第2項規定有關同一事件，已經繫屬於法院者，當事人不得就同一事件向不同審判權之法院更行起訴；另參考民事訴訟法第249條第1項第7款有關當事人就已繫屬不同審判權之同一事件，再向普通法院起訴（起訴違背第31條之1第2項規定），應以裁定駁回。故當事人若已先向行政法院或其他審判權之法院提起訴訟，於訴訟繫屬中再就同一事件向行政法院起訴，法院應以裁定駁回之[16]。

(三)第9款：訴訟標的為確定判決、和解或調解之效力所及

依本法第228條之5規定，調解成立者，其效力準用第222條和解成立之效力。原告起訴之訴訟標的如受調解效力所及，應比照和解，依本條第1項第9款規定裁定駁回之[17]。

(四)第11款：起訴基於惡意、不當或其他濫用訴訟程序之目的或有重大過失，且事實上或法律上之主張欠缺合理依據

本款規定為2022年修法時新增。依據立法理由，原告起訴所主張之事實或法律關係，倘於客觀上無合理依據，且其主觀上係基於惡意、不當或其他濫用訴訟程序之目的，例如為騷擾法院或藉興訟延滯、阻礙被告機關行使公權力；抑或一般人施以普通注意即可知其所訴無據，而有重大過失，類此情形，堪認係屬濫訴。原規定對於上述濫訴仍須以判決駁回，徒增被告機關訟累，亦造成行政法院無益負擔，浪費有限司法資源外，更排擠其他真正需要司法救濟之人，且恐拖延正當行政行為之行使，而不利於公共利益，故為維護公共利益及合理利用司法資源，應將不得濫訴列為訴訟要件。原告之訴如違反此要件，其情形不可以補正；或可以補正，經命補正而未補正者，行政法院均應以其訴為不合法，裁定予以駁回[18]。

四、當事人不適格及欠缺權利保護必要之處理方式

本法2022年修法時明確規範當事人不適格及欠缺權利保護必要之處理方式。依據立法理由，當事人適格及權利保護必要，均屬訴訟要件。原告之訴欠缺該要件者，除第2項所定情形（原告於訴狀中誤列被告機關）外，實務上雖認其訴為無理由，以判決駁回之，惟其性質為訴訟判決，與本案請求無理由之實體判決有別，原條文第3

---

[16] 2021年12月8日修法立法理由參照。

[17] 2022年6月22日修法立法理由參照。

[18] 2022年6月22日修法立法理由參照。

項未予區分，容非妥適。爲免疑義，宜將之單獨列爲一款，並排除現行第2項之特別規定，以示其非屬無理由之實體判決。因此項訴訟要件是否欠缺，通常不若第1項各款要件單純而易於判斷，故仍依現制以訴訟判決爲之。原告之訴如欠缺該要件，或未符原條文第3項，其情形可以補正，爲保障其訴訟權及維持訴訟經濟，應予補正機會；須經命補正而未補正，行政法院始得不經言詞辯論，逕以判決駁回之。爰增訂第3項序文及第1款，並將原條文第3項列爲第2款。另本項規定依第263條規定，於上訴審準用之，且當事人適格及權利保護必要之訴訟要件於行政法院爲實體判決前之訴訟各階段皆須具備，若有欠缺而不可補正，得逕以判決駁回其訴。又原告之訴依其所訴事實，若無證據尚待調查審認，亦無法律上問題待釐清，在法律上顯然不能獲得勝訴判決，即足以判斷在法律上顯無理由，且受理訴訟之行政法院得在訴訟進行中之任何階段，依據訴訟兩造無爭議且有充分證據足以證明其眞實性之客觀事實，對之爲法律涵攝，若涵攝結果已足確認對該客觀事實所爲之規範評價，無法獲致原告起訴主張之權利，即屬在法律上顯無理由，並非須限於起訴當時在起訴狀記載之事實主張（參見最高行政法院109年度判字第521號判決意旨）[19]。

五、遏制濫訴之相關規定

本法2022年修法時新增遏制濫訴之相關規定。依據立法理由，爲能有效遏制濫訴，應設處罰規定，以增加原告濫訴之成本，爰增訂第6項，又原告濫訴之訴訟行爲，倘實質上係由其代表人或管理人、法定代理人、訴訟代理人所爲或共同參與，經行政法院斟酌個案情節，應得對其等各自或一併裁罰，以有效嚇阻濫訴。

第6項處罰係以原告提起之本案訴訟構成濫訴爲前提，爲免裁判歧異，並利程序經濟，應合併裁定之。不服行政法院裁處濫訴罰鍰之裁定者，不限於原告，均得以抗告救濟（§264參照），然因原告之本案訴訟業經裁定認係濫訴，予以駁回，爲嚇阻濫訴人且避免其繼續濫用救濟程序，依行政訴訟法第272條準用民事訴訟法第491條第1項規定，抗告除別有規定外，無停止執行之效力，故明定法院應於裁定內記載受處罰人供相當金額之擔保後，得停止執行，爰增訂第7項規定。

第6項對原告處罰之裁判，於本案訴訟裁判確定前，不宜使其單獨確定。是原告對於駁回本案訴訟之裁定聲明不服，關於其受處罰部分，即視爲提起抗告（此部分不另徵收裁判費），爰增訂第8項。

除訴訟事件外，聲請或聲明事件亦常見有欠缺合法程序要件及濫用訴訟程序之情事，例如就聲請訴訟救助遭駁回確定後，於無新事實、新證據之情況下，屢屢再爲重複意旨之聲請，而嚴重耗費行政法院處理人力，排擠有限司法資源，而降低審判效

---

[19] 2022年6月22日修法立法理由參照。

能，自亦有嚇阻必要，爰增訂第9項，於聲請或聲明事件準用與其性質不相違背之第1項及第4項至第8項規定，其中第1項第6款因為聲請或聲明事件所無，自不準用，又第4項部分僅有準用第1項情形，而不包括第2項及第3項情形在內。至於就確定裁判不斷提起於事實或法律上無合理依據之再審之訴或聲請再審，且其主觀上係基於惡意、不當或其他濫用訴訟程序之目的，依第281條：「除本編別有規定外，再審之訴訟程序準用關於各該審級訴訟程序之規定。」及第283條規定，則可分別準用本條及第249條第3項以下濫訴罰之相關規定[20]。

第108條（將訴狀送達被告並命答辯）

行政法院除依前條規定駁回原告之訴或移送者外，應將訴狀送達於被告。並得命被告以答辯狀陳述意見。

原處分機關、被告機關或受理訴願機關經行政法院通知後，應於十日內將卷證送交行政法院。

❖立法說明❖

本條旨在規定訴狀之送達與卷證之送交，屬於典型之程序性規定。

本條之立法理由有如下兩項：首先，行政法院「以言詞辯論為原則，當事人之訴訟資料，如未於言詞辯論前，先以書狀預為陳述，法院往往無法充分瞭解當事人所提出之訴訟資料，而為適當之訴訟指揮；他造當事人亦無從為適當之答辯，訴訟程序每因而延滯，爰於第一項後段規定行政法院將訴狀送達於被告時，得命被告以答辯狀陳述意見，俾訴訟得以迅速進行」。其次，行政訴訟之審理，恆須以原處分、被告機關及受理訴願機關等有關卷證為重要訴訟資料，故有第2項之規定，以利訴訟之進行。

❖內容解析❖

行政法院認為案件應進行實體審查時，應將訴狀送達於被告。本條規定法院得要求被告提出答辯狀，行政法院就此享有裁量權，但應視案件情形而為合義務之裁量，不得恣意。法院於此並得酌定期間。針對其他訴訟關係人，尤其就訴訟參加人，本條亦應類推適用[21]。值得注意者為，本法第120條規定，被告準備言詞辯論，宜於未逾就審期間二分之一以前，提出答辯狀。就此，被告並無義務，但法院得經由程序裁量而裁定限期提出。

---

[20] 2022年6月22日修法立法理由參照。
[21] Vgl. Kopp/Schenke, aaO., §85, Rd. 1.

第109條（言詞辯論期日之指定及就審期間）

審判長認已適於為言詞辯論時，應速定言詞辯論期日。

前項言詞辯論期日，距訴狀之送達，至少應有十日為就審期間。但有急迫情形者，不在此限。

❖立法說明❖

一訴訟經原告合法提起之後，行政法院應依本法第121條以下為案件事實之調查，本處直接插入言詞辯論期日之指定，不無突兀；惟言詞辯論一詞有廣義、狹義之分，廣義者包括言詞辯論之準備，本處應是採廣義見解。司法院就第1項曾提出如下之理由：行政法院審理給付及確認訴訟，通常於將訴狀送達於被告之時，可指定言詞辯論期日。惟審理撤銷訴訟，則宜俟原處分及訴願機關送交有關卷證後，始能定期進行辯論。為因應各種不同情況，爰規定審判長認已適於為言詞辯論時，應速定言詞辯論期日，以資兼顧。

至於第2項有關十日就審期間之規定，係為了讓被告有充分時間得準備辯論與到場應訴；惟若遇有急迫情形，例如訴訟若不速行終結則原告將受甚大損害者，則審判長得縮短就審期間，以保護原告之利益。

❖內容解析❖

訴訟經合法提起後，整個流程的秩序、合目的性與快速性由行政法院決定。廣義之言詞辯論包括言詞辯論之準備程序，尤其指本法第120條責令被告提出答辯狀、命令當事人等到場、命令提出相關文書物件、行勘驗、鑑定或囑託單位團體為調查、通知證人或鑑定人以及調取或命令當事人提出文書、證物、使受命法官或受託法官調查證據等。言詞辯論期日，應調查證據、促使當事人為本案事實上與法律上之完全辯論，命當事人雙方意見互為攻擊防禦（§123以下）。審判長認為已經適於為言詞辯論時，應速定言詞辯論期日，這是一項程序認定與裁量權利之行使，但正如所有的裁量權，應以合義務性為出發。再者，本條第2項規定言詞辯論之起迄，距訴狀之送達，至少應有十日之就審期間，堪稱妥當。審判長得視案情之繁重情形而酌以增加，但遇有急迫情形而須速審速結者，則得縮短（II但書）。

若當事人於審判期日未到場，則言詞辯論究竟如期舉行或延期，屬於行政法院之裁量，若法院已知或相信一造當事人係因為不可歸責事由致無法出席，則原則上應將期日延展。行政法院之本案最終言詞辯論，須以當事人已經受到合法傳喚並掌有各種案件有關的資訊，以及已經提出本案的攻防。換言之，審判長於結束本案審理之前，必須當事人已經得到充分的傾聽，亦即當事人享有「聽審請求權」（Anspruch auf rechtliches Gehör）。此項權利，應包括如下三大類：

一、有關資訊者

(一)當事人有權請求法院為適當的闡明與諮詢；

(二)當事人有權請求合於訴訟秩序之傳喚；

(三)當事人有權取得證據本身以及證據結果的資訊；

(四)當事人有權瞭解其他當事人之意見陳述；

(五)當事人有權閱覽卷宗。

二、當事人之意見表達有關者

(一)當事人有權在言詞辯論中提出聲請與說明理由；若法院不開庭，則有權提出書面意見；

(二)當事人有權對其他當事人之聲明或文件表達意見（提出聲明或相反聲明）；

(三)當事人有權在言詞辯論程序之內與之外請求調查證據或為其他之請求；

(四)當事人有權主張只有經其明確表達意見之事實與證據，始得成為判決的內容。

三、其有權請求法院為適當的斟酌

(一)當事人有權要求就法律與事實之觀點為本案的討論；

(二)當事人有權要求法院應對所提出之事項加以瞭解並加以衡量；

(三)當事人有權要求其意見得成為判決與判決的理由[22]。

第110條（當事人恆定與訴訟繼受主義）

訴訟繫屬中，為訴訟標的之法律關係雖移轉於第三人，於訴訟無影響。但第三人如經兩造同意，得代當事人承當訴訟。

前項情形，僅他造不同意者，移轉之當事人或第三人得聲請行政法院以裁定許第三人承當訴訟。

前項裁定得為抗告。

行政法院知悉訴訟標的有移轉者，應即以書面將訴訟繫屬情形通知第三人。

訴願決定後，為訴訟標的之法律關係移轉於第三人者，得由受移轉人提起撤銷訴訟。

---

[22] Hufen, aaO., S. 586 f.; Kopp/Schenke, aaO., §103, Rd. 3 f.

❖立法說明❖

立法理由主要有如下幾項：首先，於訴訟繫屬中，爲訴訟標的之法律關係雖不禁止移轉於第三人（而這也是實體法上之契約自由原則之表現），「惟若原告或被告因之而受影響，對訴訟之進行殊有妨害，爰採當事人恆定主義，規定其移轉於訴訟無影響，以保護他造之利益」。其次，「當事人恆定主義雖可防止訴訟不確定狀態之發生，但對繼受法律關係之第三人較爲不利，爰酌採訴訟繼受主義，許第三人經兩造同意，得代當事人承當訴訟，以兼顧其利益」。第三，他造當事人爲前項之拒絕時，應許移轉法律關係之當事人或繼受之第三人聲請行政法院以裁定准許承當訴訟；而因此項裁定影響甚大，自應給予不利之一造抗告之機會。第四，第三人雖繼受訴訟標的之法律關係，但有時不知訴訟繫屬之情形，爰規定行政法院知悉訴訟標的移轉時之書面通知義務。最後，就撤銷訴訟而言，訴願決定後始發生訴訟標的法律關係移轉時，因受移轉之第三人與撤銷訴訟之利害關係較巨大，爰明訂得由其提起撤銷訴訟以維護權利。

❖內容解析❖

訴訟繫屬之後，行政處分之當事人仍得將原行政處分之標的物（例如因超速行駛受有罰鍰處分之汽車）經由契約而爲買賣、租賃等行爲，此外亦得基於贈與、繼承、遺贈或債權移轉、債務承擔等[23]，而發生權利主體變更之情形。至於一般行政訴訟之被告機關，此其間亦可能發生組織裁撤或職掌修正之情形。此類當事人之變更，於依民事法律或行政組織法律而成立生效時，訴訟程序如何繼續，以及新當事人訴訟權利之如何保障，乃成爲問題。

本條一方面係出於訴訟經濟之考量，另一方面是對於維持整個訴訟體系的一致性，蓋若不爲本條之規定，則於當事人發生變更之情形，則新任當事人必須重行起訴，有關訴訟期間之確保或甚至重行提起訴願程序之要求等，必須被滿足，將造成紛亂[24]。在此基本構想下，如何確保新任當事人之訴訟權益乃成爲最主要之議題。德國聯邦行政法院法就此並無規定，而係類推彼邦民事訴訟法第265條以下之規定。依之，原當事人並不因權利主體變更而喪失當事人能力，這也係爲了確保起訴期間必要的一項安排。但新任之法律關係當事人得進入訴訟，以維護自己的權利。德國之見解與我國仍有不同，德國認爲新任當事人一旦進入訴訟程序，則原當事人的訴訟續行權利應即終止；而且新任當事人之進入訴訟只須得到訴訟對造之同意[25]。但我國第110條第1項則規定第三人須得到原權利人、訴訟對造「兩造」同意。就訴訟對造之蓄意阻

---

23 就一身專屬性的權利—事實上亦可謂爲一種法律關係，例如駕駛執照，原則上隨著當事人之死亡而消滅，從而不發生法律關係移轉或繼受問題。

24 Vgl. Kopp/Schenke, aaO., §63, Rd. 14.

25 Kopp/Schenke, aaO., Rd. 15.

撓，德國法認為法院得適時的主動裁定准許承當訴訟，我國法第110條第2項則規定須以當事人聲請為前提，而且須以他造不同意者為前提，過於狹隘，並不妥當。

若訴訟中被告機關發生裁撤變更或原公法人經裁撤或所承辦之事項遭到修改者，則此時應立即自動產生當事人變更之效果，國家行政組織法律應為相關之規定[26]，從而與本訴屬於民間當事人之變更為主要案型有所不同[27]。

另外值得注意者，我國第110條承認抗告之機制；第4項則要求課以行政法院於訴訟標的移轉時之通知義務，但就法院疏於通知之法律效果則未有明文，有待解釋。本條第5項規定訴願決定後始發生法律關係移轉時新繼受人之提起撤銷訴訟之規定，條文用詞為「得」，顯示亦得由原權利人續行訴訟，未來或將發生原權利人與繼受人同時起訴之情形，此際法院應行使闡明權，並得為主動訴訟擔當之裁定。

第111條（應准許訴之變更或追加之情形）
訴狀送達後，原告不得將原訴變更或追加他訴。但經被告同意或行政法院認為適當者，不在此限。
被告於訴之變更或追加無異議，而為本案之言詞辯論者，視為同意變更或追加。
有下列情形之一者，訴之變更或追加，應予准許：
一、訴訟標的對於數人必須合一確定者，追加其原非當事人之人為當事人。
二、訴訟標的之請求雖有變更，但其請求之基礎不變者。
三、因情事變更而以他項聲明代最初之聲明。
四、應提起確認訴訟，誤為提起撤銷訴訟者。
五、依第一百九十七條或其他法律之規定，應許為訴之變更或追加者。
前三項規定，於變更或追加之新訴為撤銷訴訟而未經訴願程序者不適用之。
對於行政法院以訴為非變更追加，或許訴之變更追加之裁判，不得聲明不服。但撤銷訴訟，主張其未經訴願程序者，得隨同終局判決聲明不服。

❖**立法說明**❖

本條旨在規定訴之變更與追加。嚴格言之，訴之追加亦屬於訴之變更之一種。訴之變更或追加係於訴訟繫屬後始發生，對訴訟之其他當事人及法院均造成負擔，其合

---

[26] 我國並未有行政組織法之立法，現行行政院組織法主要係規定行政院內之部會之設置而已。德國各邦均有行政組織法，請參看黃錦堂，行政組織法之基本問題，收錄於：翁岳生主編，行政法（上），第6章，2000年2版，頁336以下。
[27] Kopp/Schenke, aaO., Rd. 16.

法性應於一定條件下始得肯認。訴之變更與追加在訴訟中並非少見，從而有必要詳予規定。

依司法院修正草案條文說明，立法理由主要爲如下幾項：首先，訴之變更追加原則上應加以限制，這是爲了避免被告疲於防禦導致訴訟延滯。惟被告如同意變更追加或行政法院認爲適當者，自無禁止之必要，「至於適當與否，則應就訴訟資料利用之可能、當事人之利益、訴訟經濟、原告未於起訴時主張，其有無故意或重大過失及公益等具體情事予以衡量」[28]。其次，本條第3項明示應准許之類型，係「因可兼顧當事人之利益，並促訴訟順利進行」。第三，本條僅規定訴之變更或追加之要件，至於變更或追加之新訴，乃獨立之訴，應具備訴訟之要件，乃屬當然。從而，如變更或追加之新訴應踐行訴願程序而有所違反者，或所追加變更之確認行政處分無效訴訟，未向原處分機關請求確認無效者，縱經被告同意，亦不因而成爲合法。爲避免誤會，乃有第4項之設。第四，就訴之變更追加之合法性之裁判，如准許聲明不服，勢必使本案訴訟延滯，爰規定不得聲明不服。

本條爲了促進訴訟經濟於一定之範圍內准許訴之變更，以免當事人必須重行提起訴訟，並避免法院必須重複調查有關的證據等。但出於保障其他訴訟當事人免於訴訟標的遭到恣意變更，必須有要件之規定。

❖內容解析❖

一、訴之變更之意義

訴之變更依我國學者之通說，指當事人、訴訟標的、訴之聲明三項訴之要素，在訴訟進行中，經原告向法院之聲明而變更其中任何一項[29]。由於我國訴之聲明一般係採訴訟請求與訴訟理由一併觀察，若訴訟理由發生根本性之變更，以至於基本上可判斷爲已構成有別於原先狀況之案例事實，則應視爲訴之變更；舉例言之，若原告原先主張被告機關應發給出於就學原因之居留許可，但訴訟中改爲婚姻生活與准許謀生行爲之居留許可。反之，若原告之論述事實上係以指向同一案件，而只是作爲進一步的案件事實的刻畫描述，則並不存在訴之變更。若原告主張將原先之撤銷訴訟改爲課予義務之訴，則此際原則上亦存在訴之變更。當事人之變更一般非指國家機關裁撤或職掌變更之類型，蓋這一切有法律明文規定，而得排除本處之適用。若只是訴訟參加人之變更，則非屬訴之追加。在個案中是否存有訴之變更必須看當事人所爲之新的訴訟主張與原先所提出者就訴訟之目標（Klageziel）加以判斷，以區別是否只是屬於單純

---

[28] 立法院議案關係文書，院總第829號，1997年，頁592。
[29] 吳庚，行政爭訟法論，1999年修訂版，頁144；相同之概念說明見Kopp/Schenke, §91, Rd. 2 ff.

之釐清、訂正錯誤或補充說明理由。

二、合法要件

　　本條第1項舉出被告同意或行政法院認為適當時為訴之變更之合法要件。兩項要件係屬擇一，換言之，若被告已經同意訴之變更，則行政法院不得審查妥當性。若被告有數人時，則須取得全部之同意。被告之同意固然得明確為意思表示，但若其並無異議而為本案之言詞辯論者則視為同意（§111Ⅱ）。為避免訴訟不安定，被告之同意不得撤回，但被告有數人而其他被告尚未表明時仍得為之[30]。

　　所謂「行政法院認為適當者」，為高度不確定之法律概念，主事者享有判斷餘地。行政法院判斷訴之變更或追加是否適當（sachdienlich）時，應依合義務之裁量（nach pflichtgemäßem Ermessen）為之。一般而言，如訴之變更或追加得以避免當事人另行起訴，並且有助於終局解決當事人間之紛爭時，行政法院應認為適當而准許原告訴之變更或追加。就訴訟程序之進行而言，如原訴訟程序進行之結果仍可繼續使用於訴之變更或追加後之新訴中，行政法院應認為適當而准許訴之變更或追加。反之，如訴之變更或追加必須審酌全新之訴訟資料時，行政法院應認為不適當而駁回訴之變更或追加[31]。

　　本條第3項規定五種應予准許之類型。其中第1款為共同必要訴訟之當事人之增加，自應予以准許。第2款規定請求之基礎不變者；依德國之判決，若訴訟的材料係維持相同，則原則上法院應認為適當。若原告之訴之變更追加係針對該被告行政機關事後所作成的一項補充性的裁決而提出，亦然。再如就建築執照駁回之訴訟，原告針對同一建築有關事項之預審（請參看我國建築法§34-1）為訴之追加，因有助於整個爭執的終局解決，宜加以肯認[32]。原告訴訟請求中之擴張或限制，例如就利息部分之請求之新增或刪減，再如已由原來之一般給付訴訟、撤銷訴訟轉換成為一般確認訴訟，第3款如由課予義務之訴轉為要求法院判決行政機關必須為一定裁決之訴訟或撤銷訴訟，均屬合法之變更[33]。本法第4款只規定應提起確認訴訟而誤為提起撤銷訴訟之類型，是有不同。第5款所稱本法第197條撤銷訴訟之代替判決，因訴訟之原因事實並未變更，自應予以准許。至於因情事變更而以他項聲明代替之應予准許者[34]，德國判決亦採此說，實例為原告請求被告機關應將之納入官方之醫療網計畫，而訴訟期間

---

[30] Kopp/Schenke, aaO., Rd. 7.

[31] Würtenberger, Verwaltungsprozessrecht, Rn. 585, München 1998；劉建宏，行政訴訟法上之訴之變更追加之救濟，法學講座22期，2003年10月，頁57。

[32] Kopp/Schenke, aaO., Rd. 19.

[33] Kopp/Schenke, aaO., Rd. 9.

[34] 吳庚，行政爭訟法論，1999年修訂版，頁145。

新的醫療網計畫已經提出[35]。

三、程序與決定

訴之變更必須在訴訟當中向法院提起，若原告之意旨不明，則行政法院得行使闡明權。訴之變更追加並無特定格式，亦得於審判期日當庭主張。訴之變更追加不得附帶條件或期限。

就訴之變更追加之聲請，法院不須有特殊之決定，而得於最終判決中加以指明。法院所為訴之變更追加不合法之裁判，當事人不得聲明不服。法院必要時得為中間判決[36]。

四、撤銷訴訟之特殊限制

本條第5項之規定，若所變更或追加之新訴為撤銷訴訟，而當事人並未合法提起訴願程序者，雖然被告同意或行政法院認為適當，其訴之變更追加亦不被准許。從訴訟經濟以觀，本條之規定似屬過當。

第112條（被告得提起反訴）

被告於言詞辯論終結前，得在本訴繫屬之行政法院提起反訴。但對於撤銷訴訟及課予義務訴訟，不得提起反訴。

原告對於反訴，不得復行提起反訴。

反訴之請求如專屬他行政法院管轄，或與本訴之請求或其防禦方法不相牽連者，不得提起。

被告意圖延滯訴訟而提起反訴者，行政法院得駁回之。

❖立法說明❖

本條旨在規定反訴之提起及限制。全文依照司法院所提版本通過，立法院審議過程中並未引起特別的討論。

依司法院修正草案條文說明，反訴可避免重複審判，防止裁判牴觸，達到訴訟經濟之目的，故應准許被告於本訴之言詞辯論終結前，提起反訴。其次，為避免訴訟關係複雜，爰規定原告對於反訴不得復行提起反訴。第三，反訴在性質上為獨立之訴，

---

[35] Kopp/Schenke, aaO., §111, Rd. 11.
[36] Kopp/Schenke, aaO., Rd. 23.

自應受專屬管轄之限制。又反訴制度之目的在求與本訴訟程序互相利用，以節勞費，爰明訂反訴之請求須與本訴之請求或其防禦方法相牽連始提起。第四，反訴是為訴訟經濟而設之制度，如被告意圖延滯訴訟而提起反訴，即與設立反訴制度之本旨有違，行政法院自應以裁定駁回之。

❖內容解析❖

一、概　說

本條在於提供被告（但不及於其他之訴訟關係人或參加人）提出一獨立之訴訟上相反請求，而這是出於訴訟經濟之目的[37]。反訴是一真正的訴訟，有其自己的訴之聲明。若被告只是單純對原告之訴訟請求加以辯駁或否認，則並無反訴之存在。既然反訴為獨立之訴訟，則其必須如同一般之訴訟，有獨立之訴訟標的。若被告僅是對原告提出之訴訟單純加以反駁，亦即所謂「否認性之反訴」，則在訴訟處理上，一般係以欠缺權利保護之必要而由行政法院裁定駁回；但若被告係針對原告之確認訴訟提起一確認之反訴（Feststellungswiderklage），亦即請求確認原告所主張之請求權並不存在，則此類訴訟並非不被允許。此外，若被告提起之反訴範圍上比原告所請求者更為廣泛，例如原告主張被告應為若干金額之公法上債務之給付，但被告反訴主張根本未存有任何債務，則此類訴訟也應被允許[38]。

德國行政法院法第89條第2項規定：「本訴為撤銷訴訟或課予義務訴訟者，不得提起反訴」（Bei Anfechtungs- und Verpflichtungsklage ist die Widerklage ausgeschlossen），學者多認為我國立法者原欲承襲此條文，卻誤譯成為2009年修正前我國行政訴訟法第112條第1項但書「但反訴為撤銷訴訟者，不得提起」之規定[39]。

我國行政訴訟法固然因立法疏漏而致未明文禁止對本訴為撤銷訴訟或課予義務訴訟者提起反訴，然而基於法理，仍應採此一見解。蓋人民提起撤銷訴訟或課予義務訴訟時，多以行政機關為被告。行政機關如就與本訴相牽連之請求有所主張，原無需提起行政訴訟，僅需基於其高權地位對原告作成行政處分即可達其目的[40]。例如某甲因於禁菸場所吸菸，受主管機關處以罰鍰處分。某甲不服，向行政法院提起撤銷訴訟，訴請法院撤銷違法之罰鍰處分。訴訟程序中，本訴被告提起反訴，訴請法院判命某甲繳納罰鍰，其反訴欠缺權利保護必要。蓋主管機關之罰鍰處分成立生效後，不待其確

---

[37] Kopp/Schenke, aaO., §89, Rd. 1 ff.；另請參看本條立法理由。
[38] 以上見Kopp/Schenke, aaO., Rd. 1a。
[39] 參閱吳庚，行政爭訟法論，1999年修訂版，頁147；陳計男，行政訴訟法釋論，2000年初版，頁230以下。
[40] 翁岳生主編，行政訴訟法逐條釋義，2002年初版，頁391。

定，即有執行力。縱使受處分人提起訴願或行政訴訟，原則上亦不延緩行政處分之執行力（訴願法§93Ⅰ、行訴§116Ⅰ參照），故被告機關並無提起行政訴訟之權利保護必要[41]。

2009年本法已修正第112條第1項但書規定：「但對於撤銷訴訟及課予義務訴訟，不得提起反訴。」

二、要　件

反訴之提起須滿足如下要件：首先，其必須滿足行政訴訟之一般實體判決要件，詳見本書第107條之說明。其次，在理論上而言，若反述之要件加以適度放寬，有助於訴訟經濟之達成；本條第3項規定，反訴之請求如專屬他行政法院管轄，則不得提起，而本法第一編第二章第15條則規定，有關因不動產涉訟，始規定專屬不動產所在地之行政法院管轄，從而，此種情形，被告始不得提起反訴，其他情形則應予准許。第三，反訴之提起，除上述限制之外，尚必須與本訴之請求及其防禦方法有牽連關係。所稱之防禦方法，必須係原告所提出之抗辯、反駁、申辯，反之，若觀念僅存於單純的證據或手段之上，則並不充足。牽連關係最常見者為，請求與相反之請求係出於同一法律關係而產生，例如出於同一公法上之契約而產生。但若存在一種直接的經濟上關聯，或一種其他之內在的單一的自然關聯，亦屬於本處所稱之要件[42]。

反訴必須在同一種類訴訟中提起，從而，若原告提起行政訴訟法之假扣押或假處分之請求（§273），則被告不得在此程序中提起反訴[43]。除此之外，尚必須原告之訴尚在事實審程序之中，而且必須該事實審之言詞辯論尚未終結，或至少須有重開辯論之機會[44]，行政訴訟法第115條準用民事訴訟法第261條。本條並未明白規定，但應作如此解釋。宜注意的是，反訴不須於一般之訴之提起的期間內為之（§106Ⅰ前段，撤銷訴之提起，應於訴願決定書送達後二個月之不變期間內為之）。若原告之訴已因確定判決、訴之撤回、法院上之和解等，而程序上已經結束，則反訴之提起並不合法。在上訴審中，被上訴人得提起反訴，但須得到訴訟對造同意，而且行政法院法律認為合於事理（sachdienlich）。就此我國並無明文，而德國法肯認之[45]。

反訴之提起，應依本法第105條之程序要求，但依德國見解，被告亦得在本訴之言詞辯論中以筆錄之方式加以提起[46]。

---

[41] 參閱劉建宏，行政訴訟法上之反訴，法學講座24期，2003年12月，頁49-50。
[42] Kopp/Schenke, aaO., Rd. 5.
[43] Kopp/Schenke, aaO., Rd. 6.
[44] Kopp/Schenke, aaO., Rd. 4.
[45] Kopp/Schenke, aaO., Rd. 7.
[46] Kopp/Schenke, aaO., Rd. 8.

第113條（訴訟撤回之要件及程序）

原告於判決確定前得撤回訴之全部或一部。但於公益之維護有礙者，不在此限。

前項撤回，被告已為本案之言詞辯論者，應得其同意。

訴之撤回，應以書狀為之。但於期日得以言詞為之。

以言詞所為之撤回，應記載於筆錄，如他造不在場，應將筆錄送達。

訴之撤回，被告於期日到場，未為同意與否之表示者，自該期日起；其未於期日到場或係以書狀撤回者，自前項筆錄或撤回書狀送達之日起，十日內未提出異議者，視為同意撤回。

❖外國立法例❖

德國聯邦行政法院法第92條與我國相近。德國法規定，若於一具體訴訟中，有公益代表人參與言詞辯論，則原告之撤回訴訟亦必須得到其同意。本法第114條第1項則規定，訴之撤回違反公益者，不得為之。其次，德國法進一步規定，若訴經合法撤回，則法院應以裁定將程序結束。1996年德國聯邦行政法院法第六次修正通過，其中就本處新訂第2項，將原來之第2項改為第3項。新增之第2項規定，當原告雖然經由法院之要求而仍然超過三個月之期間未行訴訟，則原告之訴視為撤回，但第1項後段「但被告已為本案之言詞辯論者，應得其同意」之規定於此仍準用之。該修正條文並規定，法院所發要求進行訴訟之通知中，應指明視為訴之撤回之法律效果。法院並應經由裁定而確認該訴訟已經撤回。

❖立法說明❖

本條旨在規定訴之撤回及程序。其立法理由有如下幾項：首先，訴之撤回，係不求法院就已提起之訴為判決之意思表示，自得准原告於判決確定前撤回。言下之意，訴之撤回係原告之自由。惟如於公益之維護有礙者，不得撤回。又被告已為本案之言詞辯論，如尚許原告撤回，不惟於被告利益之保護不周，且有受訟累之虞，自應得其同意。其次，訴之撤回合法者，有使訴訟繫屬發生消滅之效果，其方法應予明定，爰有本條3項及第4項之規定，其中尤其有關書狀之要求。訴之撤回，須經他造同意者，如他造遲不為同意之表示，則效力懸而未決，爰有第5項視為同意撤回之規定。

❖內容解析❖

訴之撤回係屬於當事人程序處分權之表現，應得准許，但為保護其他程序參與人之權利，尤其當該訴訟程序已有一定之進行時，訴之撤回自由應受到限制。

訴之撤回之效力，在於其直接將程序加以結束，從而其係溯及於訴訟提起之當時，簡而言之，宛如原告並未提起訴訟；若法院先前已有判決（當然須尚未確定），

則彼等也將失去效力。若原告所撤回者係撤銷訴訟,而撤回之後,起訴視同未存在,屆時起訴之期間可能已經經過,原告再也不得針對該行政處分提起撤銷訴訟[47]。

一、概念界定

訴之撤回與訴訟權之捨棄不同,後者係一不可撤回之意思表示,旨在針對訴權加以捨棄,其不只針對過去,也針對未來,約見本法於第240條有關上訴權捨棄之規定。

其次,訴之撤回係訴訟法上的行為,從而與實體法上權利之拋棄有所不同。訴之撤回與行政程序中之聲請(例如聲請核發建築執照)之撤回,也有所不同。訴之撤回與本法第219條以下有關行政訴訟之和解[48]。

二、要　件

訴之撤回須由原告為意思表示,而且應以書狀為之,但在期日得以言詞為之(§113Ⅲ);在期日所為之撤回應記載於筆錄,如他造不在場,應將筆錄送達(§113Ⅳ)。此項要求,旨在擔保當事人意思表示之明確,蓋伴隨這種聲明,以及被告之同意,原告便不得再行主張程序上之請求權。

訴之撤回於公益之維護有礙者,不得為之(§113Ⅰ但書)。此一規定為民事訴訟法所無,蓋民事訴訟法受處分權主義之支配,當事人有處分訴訟標的之自由,原告不欲續行訴訟而將訴撤回時,法院應受其意思表示之拘束。行政訴訟法雖亦採行處分權主義,惟行政訴訟之作用不僅在於人民權利保護,亦在於檢驗具體公權力作用之合法性,故行政訴訟往往與公益有關,自不容當事人毫無限制地處分訴訟標的。

惟訴之撤回是否有礙「公益」,其為高度不確定法律概念,具體內容如何,判斷上頗為困難。德國行政法院法(VwGO)第92條第1項但書規定:「……如公益代表人(Vertreter des öffentlichen Interesses)參與言詞辯論者,並應徵得其同意」,將此原告處分權與公益之衝突問題交由公益代表人個案認定解決。我國並無公益代表人之制度,故訴之撤回是否違反公益,即應由法院於個案中加以判斷。行政訴訟多涉及公益,尤其撤銷訴訟與課予義務訴訟既以行政處分為其訴訟標的之法律關係,其與公益有關更是不容置疑。惟撤銷訴訟與課予義務訴訟為行政訴訟事件之大宗,如認為原告提起撤銷訴訟或課予義務訴訟之後再行撤回,均係違反公益,則訴之撤回在行政訴訟程序中的功能將大為降低,對於原告對訴訟標的之處分權亦將構成過當之限制。

行政訴訟法本身區分一般行政訴訟(行訴§4～§8)、維護公益訴訟(行訴§9)

---

[47] Kopp/Schenke, aaO., Rd. 3.

[48] Kopp/Schenke, aaO., Rd. 5.

及選舉罷免訴訟（行訴§10）。後二者具有高度公益之色彩，原告起訴後，即不容其任意撤回之；至於行政訴訟法第4條至第8條之一般行政訴訟，原則上得由原告任意撤回。例外情形，行政法院就訴之撤回認有礙公益之維護者，再以裁定不予准許[49]。

　　訴之撤回之另一項要件，爲應得到被告之同意。此項限制，旨在避免原告違反被告之意願，而將法院之判決（其得有後續之效力）加以剝奪。依文義，只要在被告尚未爲本案之言詞辯論，訴之撤回係屬原告之自由。其他之訴訟參加人之同意，並非此處之要件。被告之單純沉默，並不代表同意。另須注意第4項之規定：訴之撤回，他造於收受撤回書狀或筆錄之送達後十日內未提出異議者，視爲同意撤回；他造於期日到場，自訴之撤回之日起，十日內未提出異議者，亦同。

　　值得注意的是，若行政訴訟之訴訟標的可分，則訴之撤回得針對其中一部分；若被告有多人，則訴之撤回得針對其中一人或若干人。訴之撤回，即使在法律審合法，第三審之判決已經作成，一旦當事人爲訴之撤回，則該判決即成爲無標的可言。值得注意的是，訴之撤回，依德國見解，不得附有任何條件，否則將使得訴訟程序之進行與否淪爲不穩定之狀況。此外，訴之撤回之意思表示，不得於事後加以撤銷。此外，訴之撤回之效力，不得經由當事人之合意而偏廢[50]。

三、法律效果

　　原告之訴撤回，則整個程序直接結束。法院無須續行審查該訴訟是否符合一般與特別之實體判決要件，或原告之訴是否有理。就訴之撤回是否合法或已經發生效力，若存有爭議，則行政法院應以裁定或於終局判決中說明之。

第114條（訴訟撤回之限制）
行政法院就前條訴之撤回認有礙公益之維護者，應以裁定不予准許。
前項裁定不得抗告。

❖內容解析❖

　　本條係以公益爲理由，限制訴訟之撤回。司法院行政訴訟法修正草案條文說明指出：行政訴訟大多涉及公益，如原告撤回訴訟違反公益，則不應予准許。原告撤回訴訟有無違反公益，應由行政法院加以審查，如認其撤回違反公益或有其他不合法之情

---

[49] 劉建宏，行政訴訟程序中訴之撤回，法學講座25期，2004年1月，頁137-138。
[50] Kopp/Schenke, aaO., Rd. 11.

事者，應以裁定不予准許，且此一裁定不得抗告。

第114條之1（訴訟之裁定移送）
地方行政法院適用通常訴訟程序之事件，因訴之變更或一部撤回，致其訴之全部屬於簡易訴訟程序或交通裁決事件訴訟程序之範圍者，地方行政法院應改依簡易訴訟程序或交通裁決事件訴訟程序之規定，由原受命法官繼續審理。
地方行政法院適用通常訴訟程序之事件，因訴之追加、變更或反訴，致其訴之全部或一部屬於高等行政法院管轄者，應裁定移送管轄之高等行政法院。
高等行政法院適用通常訴訟程序之事件，因訴之變更或一部撤回，致其訴之全部屬於地方行政法院管轄之事件者，高等行政法院應裁定移送管轄之地方行政法院。

❖立法說明❖

　　本條於2022年6月22日修正，依據立法理由，主要係為因應地方行政法院與高等行政法院管轄適用通常訴訟程序事件之分工，就因訴之變更、追加或一部撤回，致變更應適用之訴訟程序或管轄法院之情形與處置方式，予以明定。

❖內容解析❖

　　依本條第1項前段規定，地方行政法院所受理之通常訴訟程序事件，因訴之變更或一部撤回，致該訴之全部屬於簡易訴訟或交通裁決事件訴訟程序之範圍時，如其有受理該簡易訴訟或交通裁決事件訴訟程序之管轄權，即改依簡易訴訟或交通裁決事件訴訟程序，由原受命法官繼續審理。

　　依本條第2項規定，地方行政法院適用通常訴訟程序之事件，因訴之追加、變更或反訴，致其訴之全部或一部屬於高等行政法院管轄者，應裁定移送管轄之高等行政法院。

　　第3項關於高等行政法院適用通常訴訟程序之事件，因訴之變更或一部撤回，致其訴之全部屬於地方行政法院管轄之事件者，包括簡易訴訟程序、交通裁決事件訴訟程序及地方行政法院適用通常訴訟程序之事件[51]。

---

[51] 2022年6月22日修法立法理由參照。

第115條（準用之規定）

民事訴訟法第二百四十五條、第二百四十六條、第二百四十八條、第二百五十二條、第二百五十三條、第二百五十七條、第二百六十一條、第二百六十三條及第二百六十四條之規定，於本節準用之。

❖立法說明❖

本條規定民事訴訟法條文之準用。立法院審議之過程中，司法院之版本得到完全之尊重。

司法院修正草案於本條說明中指出：本法關於起訴一節，雖已增列若干條文，惟民事訴訟法關於起訴之規定更爲詳盡，除部分性質不相容，或因立法技術上之原因，本法已自行規定者外，其餘不相牴觸者，凡九條，爰列舉準用之。爲精確討論，以下將民事訴訟法準用之條文逐一列出。

第二百四十五條（保留關於給付範圍之聲明）

以一訴請求計算及被告因該法律關係所應爲之給付者，得於被告爲計算之報告前，保留關於給付範圍之聲明。

第二百四十六條（將來給付之訴之要件）

請求將來給付之訴，以有預爲請求之必要者爲限，得提起之。

第二百四十八條（客觀訴之合併）

對於同一被告之數宗訴訟，除定有專屬管轄者外，得向就其中一訴訟有管轄權之法院合併提起之。但不得行同種訴訟程序者，不在此限。

第二百五十二條（言詞辯論期日通知書之記載）

言詞辯論期日之通知書，應記載到場之日、時及處所。除向律師爲送達者外，並應記載不到場時之法定效果。

第二百五十三條（一事不再理之原則）

當事人不得就已起訴之事件，於訴訟繫屬中，更行起訴。

第二百五十七條（訴之變更或追加之禁止）

訴之變更或追加，如新訴專屬他法院管轄或不得行同種之訴訟程序者，不得爲之。

第二百五十八條（訴之變更追加之裁判）

法院因第二百五十五條第一項但書規定，而許訴之變更或追加，或以訴爲非變更或無追加之裁判，不得聲明不服。

因不備訴之追加要件而駁回其追加之裁定確定者，原告得於該裁定確定後十日內聲請法院就該追加之訴爲裁判。

第二百六十一條（訴之變更追加及提起反訴之程序）

　　訴之變更或追加及提起反訴，得於言詞辯論時爲之。

　　於言詞辯論時所爲訴之變更、追加或提起反訴，應記載於言詞辯論筆錄；如他造不在場，應將筆錄送達。

第二百六十三條（訴之撤回效力）

　　訴經撤回者，視同未起訴，但反訴不因本訴撤回而失效力。

　　於本案經終局判決後將訴撤回者，不得復提起同一之訴。

第二百六十四條（反訴之撤回）

　　本訴撤回後，反訴之撤回，不須得原告之同意。

❖內容解析❖

　　就提起訴訟之程序，民事訴訟法有精密之條文，得準用於行政訴訟。所謂準用，係指合於目的者，在相應之範圍內借用，而非照章抄襲。以準用方式立法，一般易有不精確性，導致法律適用之不安定性，立法者於此詳細指出得適用之條文，使得準用之範圍有高度之穩定性。

　　就本條所列舉之民事訴訟法條文，其中局部本即得經由解釋，或甚至已有規定；惟無論如何，本條減輕了詮釋之工作。例如民事訴訟法第253條：當事人不得就已起訴之事件，於訴訟繫屬中，更行起訴（即一事不再理原則），行政訴訟法當然有其適用，本法第107條第1項第7款也已經加以明定爲判決之一般實體要件之一。民事訴訟法第261條第1項規定，訴之變更或追加及提起反訴，得於言詞辯論時爲之，而這得自行政訴訟法第112條第1項所稱「被告得於言詞辯論終結前……」加以解釋得知。民事訴訟法第263條有關訴之撤回之效力，「訴之撤回者，視同未起訴，但反訴不因本訴撤回而失效力」，亦得經由解釋完成。有關訴之變更或追加中之限制要件，亦即如新訴不得爲專屬其他法院管轄者，亦得自行政訴訟法相關條文之解釋著手。

　　以上屬於直接經由解釋或準用而得順利銜接順利進入行政訴訟法之部分。但實際上，也有若干條文係屬於存有疑義而有待檢討者。舉例言之，民事訴訟法第248條規定「對於同一被告之數宗訴訟，除定有專屬管轄者外，得向就其中一訴訟有管轄權之法院合併提起之。但不得行同種訴訟程序者，不在此限」，一般而言，行政訴訟難以發生對同一被告存有數宗訴訟之情形，尤其就常見之官民間互動所產生之行政處分之撤銷或課予義務之訴或確認訴訟而言，本條適用情形從而不廣。再者，即使原告對被告有數宗訴訟，一般而言也鮮少得進行同種類之訴訟程序。至於民事訴訟法第246條所稱「請求將來給付之訴，以有預爲請求之必要者爲限，得提起之」，屬於行政訴訟法未來給付之訴之實體判決之特別要件，得於行政訴訟法第5條之相關解釋中討論。民事訴訟法第245條有關保留關於給付範圍之聲明，於行政訴訟法並無特殊之處，亦

得以解釋加以涵蓋。

在以上之準用規定當中，最值得注意者爲民事訴訟法第248條訴之合併。德國聯邦行政法院法第44條有類似規定。依之，若係對同一被告之數宗請求，且該數宗請求之間存有一個關聯性（im Zusammenhang stehen），而且係由同一法院所管轄，則訴之合併合法。

訴之合併必須原告在客觀上有數項之請求，反之，若只是單一請求而有各種不同的法律觀點加以支撐（例如原告提起撤銷訴訟，主張該主管機關並無管轄權、程序錯誤、裁量濫用；再如原告向被告機關請求給付金額，至於理由爲公法上之契約或因加害給付而導致之損害賠償）。若原告之訴訟請求已經合併提起，嗣後發生尚有另一訴訟案之請求未提出時，係屬於嗣後之追加問題，應依相關法條之規定[52]。就客觀訴之合併要件中之諸訴訟請求間之關聯性，爲了訴訟經濟，德國學界不乏主張被寬解釋者[53]。所謂的關聯性，不須屬於法律之性質，若相關之訴訟主張依一般之生活觀點而言，有一種事實上的一致過程屬性即爲相當[54]。德國法於此不要求屬於同種之訴訟。儘管如此，若原告係提起與行政處分有關之訴訟並合併提起抽象的規範審查訴訟（指聯邦行政法院法§47，亦即涉及法規或其他具有外部規範之行政行爲以及地方自治團體之自治條例合法性之審查之訴訟），則不應准許。

依德國判決，原告爲訴之合併時，有如下方式：首先而且最常見者，爲各自獨立而加總之訴訟請求，原先主張之各種請求權互相獨立而且各自不受排序或條件之限制，而爲共同加總之請求。第二種則是主訴之外，附帶以此項理由遭起訴不合法或無理由駁回時之補救請求。第三種則是所謂階段性之請求，意即第2項請求係於第1項請求被准許之後始提起。反之，若原告係所謂替代訴之訴之合併，第2項訴訟之請求係第1項遭到駁回爲要件，此類訴訟屬於附帶條件性質，一般被認爲不合法。

訴之客觀合併係屬原告之權利，訴之合併之合法提起之，法院原則上須合併審查且合併加以判決，但於德國聯邦行政法院法第93條（我國民訴§204以下）之情形，行政法院亦得加以分離。此外行政法院亦得經由局部判決而對當事人之個別請求先行加以決定（見德國聯邦行政法院法§110、我國民訴§382以下）。

---

[52] Vgl. Kopp/Schenke, aaO., Rd. 2 ff.
[53] Kopp/Schenke, aaO., Rd. 5.
[54] Kopp/Schenke, aaO., ebenda.

第二節　停止執行

　　行政訴訟程序中之「停止執行」規定乃是公法訴訟上的一大特色，與民事訴訟法上之「假執行」[55]制度兩者之旨趣截然不同。申言之：行政訴訟上之停止執行制度（§116～§119）與後述第七編之保全程序（§293～§303）制度，共同構築出公法訴訟之權利暫時保護體系[56]，其目的乃在確保個別主觀公法權利有效之保護（effektive Individualrechtsschutz），以實踐憲法上保障人民訴訟權之意旨[57]，與民事訴訟上之假執行乃為避免債務人無資力，而於判決未確定前先予以執行者不同。蓋因行政處分之效力及執行，原則上採取並不因提起行政爭訟而停止執行之制度。

　　停止執行主要係針對行政訴訟上之撤銷訴訟，由行政法院命行政機關停止原處分之執行或停止處分之效力；而保全程序則原則上係給付或確認訴訟上之暫時保護，兩者適用之訴訟類型不同。故我國行政訴訟法第299條即規定：「關於行政機關之行政處分，不得為前條之假處分。」即本此意旨以區隔假處分與停止（§116行政訴訟採不停止執行原則）執行兩者適用之範圍[58]。

　　權利暫時保護制度在德國法上具有特殊意義，尤其是對於涉及重大利益之大型公共建設，常常援用本條之規定，而長期停頓或癱瘓重大建設之進行，其重要性因而水漲船高，甚至於獨立發展成為一種行政訴訟上之次體系[59]。但是最近德國學界亦反省該規定不僅與歐盟各國規定不同，而且亦嚴重影響到國家的一些重大改策之執行，申言之：在聲請人實體法上權利是否被侵害未明白前，即得被迫停止執行，顯然危及有效執行公權力的意旨[60]，因此權利暫時保護制度乃是介於個別主觀公法權利有實質保護與公共利益之迅速執行兩難之境界。如果過度偏重個別權利之保護，採取原則執行當然停止或放寬假處分及假扣押之聲請要件，則公共利益及執行效力恐怕會遭受重大影響；但如果過度偏重公共利益及執行成效之確保，採取原則上不停止執行制度。並

---

[55] 民事訴訟法上之假執行制度，請參見第389條至第395條之規定。

[56] 有關國內權利暫時保護之專門論述，請參見林明鏘，人民權利之暫時保護，臺大法研所碩士論文，1987年；朱健文，論行政訴訟中之預防性權利保護，輔大法研所碩士論文，1995年；蔡進良，論行政救濟上人民權利之暫時保護，月旦法學雜誌47期，1999年3月，頁65以下。臺灣行政法學會主編，公法上暫時處置及其權利救濟，2012年。

[57] 蔡進良，前揭文，頁66-67參照；Schoch, in: Schoch/Schmidt-Aßmann/Pietzner, Verwal-tungsgerichtsordnung, §80, Rdnr. 10 f (Stand: Januar 2000)。

[58] 吳庚，行政爭訟法論，2014年7版，頁366-371；陳清秀，行政訴訟法上之暫時權利保護，收錄於：行政訴訟論文彙編第2冊，2000年，頁277以下；蔡志方，行政救濟法新論，2000年初版，頁306以下參照。

[59] Vgl. C. Krämer, Vorläufiger Rechtsschutz in VwGO-Verfahren, 1. Aufl., 1998. S. 25, Schoch.

[60] Vgl. E. Schmidt-Aßmann, Aufgaben-und Funktionswandel der Verwaltungsgerichtsbarkeit vor dem Hintergrund der Verwaltungsrechtsentwicklung, VBIBW 2/2000, S. 45 ff (46).

提高假處分、假扣押之門檻要件，則個別權利保護功能即嫌不足。因此如何能夠兼顧個別權利保護與公共利益之確保，實在需要在法制面上立法者保留相當彈性給司法機關及行政機關，依據個案得為不同之裁量，始能公平處理。而外國立法例與我國之立法亦同樣面臨此種困境，在最適宜本國之政經社文條件下，採取一種最恰當的立法方式，來兼顧個別權利與公共利益之雙贏，但是，權利暫時保護制度如一刀二刃，易為有心人士所濫用聲請，如何雙贏而非雙輸，即成為法學研究上之重要課題。

第116條（行政訴訟採不停止執行原則）
原處分或決定之執行，除法律另有規定外，不因提起行政訴訟而停止。
行政訴訟繫屬中，行政法院認為原處分或決定之執行，將發生難於回復之損害，且有急迫情事者，得依職權或依聲請裁定停止執行。但於公益有重大影響，或原告之訴在法律上顯無理由者，不得為之。
於行政訴訟起訴前，如原處分或決定之執行將發生難於回復之損害，且有急迫情事者，行政法院亦得依受處分人或訴願人之聲請，裁定停止執行。但於公益有重大影響者，不在此限。
行政法院為前二項裁定前，應先徵詢當事人之意見。如原處分或決定機關已依職權或依聲請停止執行者，應為駁回聲請之裁定。
停止執行之裁定，得停止原處分或決定之效力、處分或決定之執行或程序之續行之全部或部分。

❖立法沿革❖

舊行政訴訟法第12條亦曾針對停止執行制度為如下之規定：「原處分或決定之執行，除法律另有規定外，不因提起行政訴訟而停止，但行政法院或為處分或決定之機關，得依職權或依原告之請求停止之。」本條乃承繼舊行政訴訟法第12條之原則性決定：採取行政訴訟繫屬中，不停止執行之原則，以確保公權力措施在依法遭撤銷或變更前仍具有執行力，並防杜以訴訟途徑，阻礙原定行政處分之執行措施，影響重大公共利益。

但是，新法則將得停止執行及不得停止執行之具體要件明定（II、III），並增加為裁定前之徵詢程序（IV），最後復將停止執行之效力確立（V），杜絕「執行說」與「效力說」之爭執[61]。

---

61 有關「效力說」與「執行說」之差異，請參見吳庚，行政爭訟法論，1999年修訂版，頁215-

❖外國立法例❖

有關提起行政訴訟後，原處分或決定之執行，原則上是否停止？各國立法例截然不同。德國法採原則停止執行，以保障人民之實質權利受有效保護；但日本及奧地利則採取原則上不停止執行之制度，與我國類似，以下分就各國之規定如下：

一、停止執行原則之例

德國行政法院法（VwGO）第80條第1項規定：「提起異議及撤銷訴訟有延緩之效果，形成權利與確認性之處分，以及有雙重效力之行政處分（Verwaltungsakt mit Doppelwirkung）[62]，亦同。」第2項則規定不得停止執行之處分，包含公法上之租稅及規費、警察執行官之不具延後效力之命令或措施、其他聯邦或各邦法律之特別規定者（尤其是涉及投資及創造就業機會之法定情形），及即時強制之情形。同法第80條之1[63]則規定具有雙重效力行政處分之權利暫時保護；第80條之2[64]則限制停止執行效力之期間，至撤銷訴訟確定時，或者逾越命補正理由三個月內[65]。

二、不停止執行原則之例

日本行政事件訴訟法第25條第1項規定：「提起撤銷訴訟之行政處分，不妨礙其處分之效力、處分之執行與程序之續行。」

同條第2項規定：「提起撤銷處分訴訟時，為避免因處分、處分之執行或程序之續行，而有回復困難之損害或有緊急之必要，法院得依聲請，決定處分之效力、處分之執行或程序之續行全部或一部之停止（以下稱為停止執行）。但處分效力之停止，於依處分執行或程序續行之停止，即能達成目的者，不在此限。」

同條第3項規定：「停止執行，若對公共福祉有重大影響之虞，或本案為無理由時，不得為之。」

219：蔡進良，論行政救濟上人民權利之暫時保護，月旦法學雜誌47期，1999年3月，頁75參照（另頁69-70亦同）。

[62] 德國法上所謂具有雙重效力之行政處分係指：某行政處分對處分相對人有利，卻同時造成對第三人不利之情形；或者相反的，行政處分對相對人不利，卻對第三人有利者。Vgl. Kuhla/ Hüttenbrink, Der Verwaltungsprozeß, 2 Aufl., 1998; J Vorläufiger Rechtschutz, Rdnr. 29. m. w. Nachw。

[63] 德國行政法院法第80條之1（§80a）係於1990年12月17日第四次修正時所增訂之條文，其主要目的在解決具有雙重效力行政處分之權利暫時保護係應依第80條或第123條規定所設。Vgl. Krämer, aaO., §80a, Rdnr. 1。

[64] 德國行政法院法第80條之2（§80b）係於1996年11月1日第六次修正時所增訂之條文，其立法目的在於限制停止效力之期間（如：三個月），以符合行政訴訟之實際上需要。Vgl. Krämer, aaO., §80b Rdnr. 1。

[65] 國內有關德國行政法院法之中譯，參見彭鳳至，德國行政訴訟制度及訴訟實務之研究，行政法院，1998年，頁232以下。

同條第4項則規定：「第四項之決定，應基於當事人之釋明爲之。」第33條第4項規定：「第一項之規定（有拘束當事人及其他關係機關之效力），於停止執行準用之。」

至於歐盟其他各國採取不停止執行原則之國家，例如：奧地利行政法院法第30條，因限於篇幅，於茲不贅[66]。

❖立法目的❖

行政訴訟法增訂第116條規定成爲五項，其立法理由分別爲：

第1項之規定目的在於：按行政機關之處分或決定，在依法撤銷或變更前，具有執行力，原則上不因人民提起行政訴訟而停止執行，以「提高行政效率，並防杜濫訴」。

第2項規定之立法理由爲：行政機關是否依法行政，如有爭執須由行政法院加以裁判，設於行政訴訟繫屬中，因原處分或決定之執行，將發生難於回復之損害，且有急迫情事者，自應授權行政法院得依職權或依聲請，以裁定停止執行，俾兼顧原告或利害關係人之利益，但如果停止執行，將對公益產生重大影響或原告之訴，在法律上顯無理由時，爲兼顧公共利益，自不得停止執行。

第3項之立法目的則在於：補充第2項規定之不足。按本條第2項規定：須訴訟繫屬中，行政法院始得依職權或依聲請以裁定停止執行。但是部分行政訴訟類型採取訴願前置主義（例如：撤銷訴訟與課予義務訴訟），所以人民要提起行政訴訟前，必須經過漫長之訴願程序，此期間內人民權利之有效保護，將出現保護之漏洞，爲彌補此段空窗期，並符合司法院釋字第353號解釋之意旨[67]，仿德國行政法院法第80條第5項規定增訂本項（原司法院草案並無此項之設）[68]。

第4項規定之目的在於：行政法院爲利益衡量時，爲避免偏坦公益或私益之一方，乃規定行政法院爲停止執行之裁定前，應先徵詢雙方當事人之意見，以求妥善衡量法益之高低。

---

[66] 有關歐盟法本身各國並無統一性之訴訟程序規定，皆委諸內國法之規定。至於歐盟各內國法中有權利暫保護制度之詳細介紹，參見Gehrmann, Vorläufiger Rechtsschutz im Recht der Europäischen Gemeinschaft unter Berücksichtigung seiner Ausgestaltung in den Mitgliedsstaaten, jur. Diss. Bonn, 1994; Haibach, Gemeinschaftsrecht und vorläufiger Rechtsschutz durch mitgliedstaatliche Gerichte, München, 1995; Jannasch, Vorläufiger Rechtsschutz und Europarecht, VBIBW 1997, S. 361 ff；林明鏘，歐盟行政法，2011年。

[67] 大法官釋字第353號解釋意旨略謂：「人民向行政法院請求停止原處分之執行，須已依法提起行政訴訟，在訴訟繫屬中者始得爲之，此觀（舊）行政訴訟法第十二條之規定甚明。行政法院四十七年度判字第二六號判例與此意旨相符，並未限制人民之訴訟權，與憲法尚無牴觸。」即明白認爲停止執行應以訴訟繫屬於法院始得爲之，並不侵害人民之訴訟權，而現行行政訴訟法第116條第3項之新規定，顯非爲符合大法官此號解釋之意旨，而係推翻大法官釋字第353號解釋。

[68] 德國行政法院法第80條第5項第二句規定：「聲請停止執行，於提起撤銷訴訟前亦受許可。」

　　第5項規定亦本司法院草案所無而新增之內容，其立法理由謂：本項乃參照日本行政事件訴訟法第25條第2項之規定，明定停止執行裁定之內容與效力，避免重蹈日本與德國之覆轍，有所爭議而造成實務運作上之困擾[69]。

❖內容解析❖

一、聲請停止執行之要件

　　依行政訴訟法第116條之規定，聲請行政法院為停止執行之裁定須具備下列二個積極要件及二個消極要件：

　　(一)執行將發生難於回復之損害；
　　(二)有急迫情事者；　　　　　　　　}積極要件
　　(三)停止執行對公益無重大影響者；　}消極要件
　　(四)原告之訴在法律上非顯無理由者。

　　以下分就此四個要件闡明之：

(一)執行將發生難於回復之損害

　　何種情形將構成「難於回復之損害」？在學說上頗有重要意義。有認為係指：「回復原狀不能或金錢賠償不能之損害，或金錢賠償可能之損害，惟依其損害性質、態樣等情事，依社會通念凡認以金錢賠償卻無法填補其損害者亦屬之[70]。」例如：違章建築拆除處分，公立學校對學生之退學處分或對外國人強制驅逐出國之處分（入出國及移民法§36）。這些處分一旦執行，當事人縱使提起行政訴訟且獲得勝訴確定判決，依社會通念，亦無從填補其損害。此種學說見解亦為最高行政法院100年度裁字第2710號裁定所接受引用。

(二)有急迫情事者

　　若處分執行雖將發生難於回復之損害，但若無「急迫之情事者」亦不符合聲請停止執行之要件。惟在實務上是否可能存在「將發生難以回復之損害」，卻又「無急迫情事」之例子？以前揭所舉三個例子：拆除處分、開除處分與驅逐處分皆有急迫之情形。所以在日本實務上及學說尚將此二要件視作一體判斷，並認為凡有發生難以回復

69　但有認為：本條第5項之規定，為司法院草案所無，係立法委員審議時所增加，考其用意不外欲彌補形成或確認處分之執行問題……。如前所述，採效果說則理論上之困難足以迎刃而解，本無須增設本項，且其文字累贅並不足取，既已增列規定，只能解釋為立法者對效果說之確認。吳庚，行政爭訟法論，1999年修訂版，頁218參照。

70　蔡進良，論行政救濟上人民權利之暫時保護，月旦法學雜誌47期，1999年3月，頁73參照。

之損害者，即認有停止執行之緊急必要性[71]。

(三)停止執行對公益無重大影響

對公益是否有「重大影響」，係屬對「當事人」利益與立即執行公益的利益衡量（Interessenabwägung），因為單純公益無從具體判斷，所以必須與聲請人之利益併同考量，蓋私益的集合體即屬公益，兩者無法截然劃分。

此外，對公益有無重大影響，應視我國立法例係採原則停止執行或原則不停止執行而有區別。申言之，若採不停止執行原則之立法時（如：我國、日本），對公益有無重大影響有懷疑時，即應推定對公益有重大影響（偏向公益）；相反地，若採停止執行原則之立法例（如：德國），則對公益是否有重大影響產生懷疑時，原則上即應推定「對公益無重大影響」（偏向當事人利益），此即為德國利益衡量判斷中之「原則例外關係」（Regel-AusnahmeVerhältnisses）的觀點[72]。從而行政法院於判斷開除處分、驅逐處分或拆除處分是否停止執行對公益有否重大影響，產生懷疑時，即似應以此推定原則，推定對公益有重大影響，而不應准許停止執行之聲請[73]。

(四)原告之訴在法律上非顯無理由

在我國學說上此一要件是否亦適用於第3項之情形，即案件尚未繫屬於行政法院之前，原告之訴在法律上是否顯無理由，是否成為判斷要件之一？學說上與條文規定有所不同。學說有認為：原告之訴在法律上是否顯無理由，不論起訴前或起訴後，皆應作相同解釋以避免體系不一貫，增加行政法院判斷之困擾[74]；而第3項條文之規定，卻沒有「原告之訴在法律上非顯無理由」之消極要件，蓋因為尚未起訴，行政法院無從判斷是否「顯無理由」。依本文之見，原告之訴在法律上非顯無理由亦應適用於未起訴前之聲請，蓋德國行政法院法於第80條之利益衡量中尚有「行政救濟成功之希望」（Erfolgsaussichten des Rechtsbehelfs）之要件限制，以避免裁定停止執行之不當[75]。我國立法時參考德國行政法院法第80條第5項第二句之規定，卻漏未將其要件與我國行政訴訟法第116條第2項規定等同規定，雖屬立法疏漏，但可以透過目的性之類推解釋，認本案訴訟不論起訴前後，依形式調查知其顯無理由者，即不應許可當事人聲請停止執行。至於是否「顯無理由」，得仿日本對行政事件訴訟法第25條要

---

71 蔡進良，前揭文。

72 Vgl. Krämer, aaO., §80 Rdnr. 145.

73 日本學界對此一標準「對公共福祉有重大影響之虞」有認為「名存實亡」，因為實務界甚少用此一理由駁回當事人聲請停止執行，可供另類參考。蔡進良，論行政救濟上人民權利之暫時保護，月旦法學雜誌47期，1999年3月，頁74參照。

74 吳庚，行政爭訟法論，1999年修訂版，頁217；蔡進良，前揭文，頁72-73。

75 Vgl. OVG Bremen, DVBl 1994. S. 767; Krämer, aaO., §80, Rdnr. 145.

件之解釋認為：依其聲明之主張係明顯之不正當，或主張之事實欠缺釋明理由，或處分之合法性業經被告機關充分之釋明者[76]，皆屬「顯無理由」。在德國審判實務上則稱為「本案無勝訴希望」（Erfolgsaussichten in der Hauptsache）。不論是「顯無理由」或「無勝訴希望」，都可以抑制或消弭濫行聲請停止執行之案件。

綜上所述，不論是積極要件之判斷或是消極要件之確認，行政法院是否裁定命停止執行，其核心仍為當事人（含利害關係人）之利益與處分執行公益彼此間之利益衡量。此種利益衡量在德國法上甚且發展出二階段之利益衡量：第一階段係指：「總括審查」（Summarische Prüfung），第二階段則為「衡量當事人彼此間之利益」（Abwägung der beteiligten Interessen）。

總括審查乃指對本案救濟是否有勝訴希望（或顯無理由）、行政處分是否有瑕疵，而對當事人執行會造成何種不可回復之損害與不執行所造成如何之影響……則構成第二階段之利益衡量。此種二階段之衡量與我國行政訴訟法第116條之要件密切相關，申言之：行政法院於緊迫時間內為決定前，應先考量(四)要件後，再行考量前述(二)、(三)之要件，然後依其確信作為適當之裁定。

二、停止執行之法律效果

依行政訴訟法第116條第5項規定，若行政法院裁定停止執行時，其共發生三項法律效果：

(一)停止原處分或決定之效力；

(二)停止原處分或決定之執行；

(三)停止原處分或決定之續行程序。

此外，此種停止，除得命全部停止外，若執行或決定效力可分者，亦得僅命部分之停止執行。以下就此三種法律效果說明如下：

(一)停止原處分或決定之效力

按我國行政訴訟法第116條第2項及第3項規定，僅言「行政訴訟」，但未限制「訴訟種類」，因此舉凡撤銷訴訟、給付訴訟與確認訴訟皆可聲請停止執行，此時所停止之內容已不囿限於行政上之強制執行，而係阻止行政處分效力之發生，因此，我國行政訴訟法第116條第5項乃明文採取效力（果）說，而非採取狹窄之執行說（即僅停止強制執行）。從而，所確認或形成之法律關係，亦不生形成或確認之效力。例如：鄰人對起造人所獲得之建築執照提起撤銷訴訟前後，即得聲請停止該建照之效力，使得起造人無從興建。

---

[76] 蔡進良，論行政救濟上人民權利之暫時保護，月旦法學雜誌47期，1999年3月，頁74、81參照。

(二)停止原處分或決定之執行

按行政上之作為或不作為義務，若義務人不履行時，即有行政執行法上強制執行適用之餘地，因此，若義務人起訴請求撤銷原處分或決定時，行政法院亦得命暫時停止處分之執行，例如：驅逐出國、開除處分或拆除處分皆得停止驅逐、退學及拆除處分之執行。

(三)停止程序之續行

停止程序之續行係指：以有效之處分為前提，所為進展性之法律關係，應停止其後續處分（或後續程序）之進行[77]。例如：人民對確定計畫裁決（行政程序法§164）提起撤銷訴訟，若行政法院准許當事人聲請停止執行者，其後續有關之開發程序及徵收程序即應停止。

我國停止執行之效力（果）大致沿襲日本行政事件訴訟法第25條第2項之規定，但是卻未規定日本行政事件訴訟法第25條第2項之但書規定，因此「效力停止」、「執行停止」與「程序停止」三者究竟處於何種順序關係即會有爭議。申言之：若當事人聲請行政法院為停止執行之裁定，且有理由時（或構成要件該當時），行政法院應優先決定那一個法律效果（執行停止？效果停止？或程序停止？）依日本行政事件訴訟法第25條第2項但書之規定，應以停止執行與程序停止為優先選項，而以效力停止為備位選項，我國未作明文，解釋上得否作與日本相同之結論，尚有疑義，因為我國條文既未設但書規定，則三種法律效果之選擇，原則上均處於相同順位，並無優劣區別，行政法院於此享有決定之自由。惟基於比例原則之精神（行政程序法§7），當以選擇最符合個案需求與減少停止執行對公益之影響下，最恰當之法律效果。

三、裁定前之程序要件

依行政訴訟法第116條第4項之規定：行政法院為停止執行之裁定前，應先徵詢當事人之意見。此條規定沿襲自日本行政事件訴訟法第25條第5項之規定[78]，德國行政法院法第80條並無此種明文規定，故行政法院是否應先徵詢當事人意見之問題，依德國通說認為[79]：行政法院並無義務為徵詢當事人意見。但仍有部分行政法院基於德國聯邦行政程序法第28條第1項之聽證權或基於法治國家或人性尊嚴之理由，主張應先聽取當事人意見[80]。

行政法院徵詢當事人意見規定之主要目的乃在於判斷並衡量公益與私益之比重，

---

77 蔡進良，前揭文，頁69。
78 蔡進良，前揭文，頁74。
79 Vgl. Schoch, aaO., §80 Rdnr. 181. m. w. Nachw.
80 Vgl. Kuhla/Hüttenbrink, aaO., J. Rdnr. 126.

且可以非形式的促成（或使發動）行政機關主動依職權停止執行。至於徵詢方式為書面或言詞，當事人可以放棄意見陳述機會，自屬當然，毋待贅述[81]。不過，若原處分或決定機關經由意見之徵詢後，依職權為停止執行時，因聲請之目的已達，行政法院毋庸再為許可裁定，故同法第116條第4項後段規定：如原處分或決定機關已依職權或依聲請停止執行者，應為駁回聲請之裁定。

此外，若原處分或決定已於停止執行裁定前事實上已執行完畢者，行政法院得否再為停止執行之裁定？我國行政訴訟法未有明文規定，在解釋上即不無疑義，例如：原告被認定為「新違建」者，雖向行政法院聲請停止拆除處分之執行，但於行政法院裁定前，拆除大隊突進行全部之拆除工作，並已拆除完畢，此時，行政法院應為如何之裁定？應為駁回聲請或應為准許聲請？此一問題，若依德國行政法院法第80條第5項第三句規定：「若行政處分於行政法院裁定前已執行完畢者，行政法院得命撤銷（Aufhebung）執行。」此處行政法院之「撤銷執行」係指：賦予聲請人一種程序上的「結果除去請求權」（Folgenbeseitigungsanspruch）（或稱為「執行除去請求權」），例如：請求返還被沒入之物品，或請求補發受扣減之俸給等[82]，但是若行政機關之執行措施，在事實上不能回復原狀者（例如：違建拆除），則轉變成為確認行政機關應為停止執行之要求。綜上所述，若回復可能時，行政法院應為許可停止執行，此時，聲請人取得暫時性之結果除去請求權；但若回復不可能時，聲請人則取得暫時性之確認效力，所以法院似應皆為准許聲請之裁定。

第117條（確認行政處分無效訴訟亦採不停止執行原則）
前條規定，於確認行政處分無效之訴訟準用之。

❖立法說明❖

本條係2014年修正條文條文，蓋舊行政訴訟法並無確認訴訟之類型，故亦無準用之規定。

本條立法之理由在於：若當事人提起確認行政處分無效之訴訟後，於行政法院判決確定前，該行政處分之效力乃處於不明確之狀態，故為兼顧行政處分之執行力及避免發生難以回復之損害，自應準用前條行政處分不停止執行之原則，及例外情形，行政法院得依職權或聲請裁定停止執行之規定，以資解決。

---

[81] 蔡進良，論行政救濟上人民權利之暫時保護，月旦法學雜誌47期，1999年3月，頁74。

[82] Vgl. Schoch, aaO., §80 Rdnr. 231 ff.; Krämer, aaO., §80 Rdnr. 147 ff.; Kuhla/Hüttenbrink, aaO., J. Rdnr. 156 f.; Lorenz, Verwaltungsprozeßrecht, 1. Aufl., 2000, S. 58 ff.

❖內容解析❖

本條是否爲蛇足規定？按行政訴訟法第116條所適用之範圍並未加以限制，第1項僅稱「提起行政訴訟」，第2、3項亦未專指撤銷訴訟，解釋上確認訴訟本可適用，何須增加本條之準用規定，似顯屬畫蛇添足之規定[83]。

但亦有學者指出不同看法，認爲第117條之規定並非蛇足，因爲行政訴訟法第116條之訴訟種類，依日本及德國規定之體例，皆僅限制爲撤銷訴訟，而不理所當然包含給付訴訟與確認訴訟在內。所以當人民提起確認行政處分無效之訴，或提起確認法律關係成立或不成立之訴時，明定其準用同法第116條停止執行之規定，有其必要，而非累贅規定[84]。

正反兩說，雖各有所據，但是，關鍵之點在於行政訴訟法第116條中所稱之「行政訴訟」是否包含確認訴訟（或給付訴訟）在內？若從文義表面之解釋而論，似已包含撤銷訴訟、給付訴訟與確認訴訟在內；但如果考究停止執行規定之實質內容，則可發現其適用範圍並不包含給付訴訟與確認訴訟在內，因爲此兩種訴訟種類，原則上並無先行「執行」之可能，只有撤銷訴訟原則上才有先行執行之問題，有先行執行，方有停止執行之可能。故行政訴訟法第117條有其存在之價值與意義。

構成要件與法律效果得以下表簡明表示之：

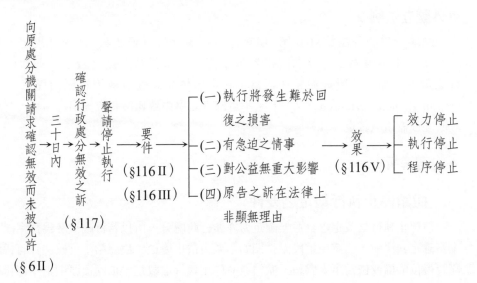

83 吳庚，行政爭訟法論，1999年修訂版，頁152。
84 蔡進良，論行政救濟上人民權利之暫時保護，月旦法學雜誌47期，1999年3月，頁75-76。

例如：甲環保機關處分乙亂丟置垃圾，罰鍰新臺幣二千元（廢棄物清理法§11、§50），但丟置地點所載明之巷弄卻無此地址，乙得要求甲機關確認該罰鍰處分無效未受允許（行政程序法§111⑦）後，提起確認行政處分無效之訴，並聲請暫停執行罰鍰之強制執行程序。

第118條（撤銷停止執行裁定之原因）
停止執行之原因消滅，或有其他情事變更之情形，行政法院得依職權或依聲請撤銷停止執行之裁定。

❖立法說明❖

本條屬2014年修正條文，為舊行政訴訟法所無。其立法目的與理由在於：行政法院裁定停止原處分或決定之執行後，如發覺停止執行原因已消滅或有其他情事變更之情形時，為確保行政處分或決定之執行力，以貫徹原則上不停止執行之意旨，故許行政法院得依職權或依聲請為撤銷停止執行之裁定。

❖外國立法例❖

德國行政法院法第80條第7項有類似我國行政訴訟法第118條之規定，其內容為：「本案繫屬之行政法院得對依本條第五項聲請所為之裁定（即命停止執行之裁定）加以改變或撤銷任何當事人得因情事之變更或因在原始程序中（im ürsprunglichen Verfahren）（Ⅰ）。不可歸責之事由致無法有效提出之情事，聲請法院改變或撤銷原裁定（Ⅱ）。」

❖內容解析❖

一、撤銷停止執行裁定之要件

按停止執行之裁定本身並無確定力亦非行政處分，所以若行政法院為裁定後，至本案確定判決前，為避免這段漫長期間中產生情事變更，故應給予行政法院有權限，隨時得依職權或依當事人聲請，撤銷原命停止執行之裁定，以回復原則上不停止執行之常態。

依我國行政訴訟法第118條規定，得撤銷原停止執行裁定之要件為：(一)停止執行之原因消滅；(二)其他情事變更之情形。以下分就該要件敘述之：

(一)停止執行之原因消滅

依本法第116條之規定，停止執行之原因有四：1.有難於回復之損害；2.有急迫情事；3.對公益無重大影響；4.原告之訴在法律上非顯無理由。凡此四者原因消滅時，諸如：停止執行產生對公益有重大影響之情事，行政法院應依職權（或依聲請）撤銷原停止執行之裁定。

(二)其他情事變更之情形

其他情事變更之情形，例如：行政法院以原告履行某負擔為停止執行裁定之要件，屆時，原告未履行其負擔時，行政法院即得依其相對人之聲請，撤銷原停止執行之裁定。此外，原告之訴業已敗訴確定，原告撤回本案訴訟時，或法律變更，影響本案判決結果時，亦屬其他情事變更之情形。其他情事變更之範圍，我國行政訴訟法並未如德國行政法院法第80條第7項規定加以限制，即不以「不可歸責」之情事變更為要件，而且情事變更不以當事人聲請為要件，法院亦得依職權發動，與德國之要件規定，並不完全相同[85]。

二、撤銷停止執行裁定之效果

依本條規定，行政法院若撤銷停止執行之裁定，則理論上即回復到不停止執行之狀況。申言之。效力、執行與程序皆回復進行之狀況，暫時閉鎖效力解除，行政處分或決定之效力又行恢復。

第119條（對停止執行裁定得為抗告）
關於停止執行或撤銷停止執行之裁定，得為抗告。

❖立法說明❖

本條亦屬舊行政訴訟法所無之2014年新增條文。本條之立法目的在於：停止執行或撤銷停止執行之裁定，不論行政法院是否准許，攸關當事人或其他利害關係人權利之暫時保護，影響甚鉅，故應給予因該裁定而遭受不利益之人，得有救濟之機會，以有效保障原告之主觀權利，爰設抗告制度，以資適用。

---

[85] 有關德國撤銷（或改變）停止執行裁定之要件，得參閱Krämer, aaO., §80 Rdnr. 182 ff.; Lorenz, aaO., S. 488; Kuhla/Hüttenbrink, aaO., J. Rdnr. 165 ff。

❖外國立法例❖

德國行政法院法第146條第4項規定，有類似我國允許對裁定得提抗告之制度。其規定為：「對於行政法院有關停止執行之裁定（§80、§80-1）及關於暫時命令（§123）之裁定及對訴訟費用救助之程序裁定，當事人得提起抗告，但以由高等行政法院類推適用行政訴訟法第一百二十四條第二項規定，受許可者為限。」

申言之：德國抗告制度並非如我國毫不受限制；相反地，必須符合德國行政法院法第124條第2項之規定[86]始得提起抗告。

❖內容解析❖

按凡受停止執行或撤銷停止執行裁定之當事人，含原告及原處分或決定機關，若因裁定而受有不利益者，原則上都得向最高行政法院提起抗告。此即為我國行政訴訟法第265條規定：「訴訟程序進行中所為之裁定，除別有規定外，不得抗告。」所稱之「別有規定」。蓋停止執行裁定與撤銷停止執行之裁定，在本質上應屬程序進行中之裁定，但因其涉及當事人實體權利之有效確保，故例外允許得針對程序上之裁定特別得提抗告。

至於提起抗告之期間（十日）、程序及捨棄、撤回等細節事項，皆應適用我國行政訴訟法第四編（§264～272）之相關規定，自不待贅述。最後，提起抗告雖無德國法上之限制，即無須有裁定違背法令之情形為限，但是，抗告人仍須提出相當之理由，使抗告法院有所評斷之依據。對於最高行政法院之抗告裁定，當事人不得提起再抗告，申言之：最高行政法院之抗告裁定即屬確定。

第三節　言詞辯論

一、言詞辯論之意義及種類

(一)言詞辯論之意義

言詞（辯論）原則（Mündlichkeitsgrundsatz）包含兩層意義，其一乃是當事人為訴訟行為之方式，亦即當事人須以言詞方式提出訴訟資料作為法院裁判之基礎（言詞提出主義）；其二乃是法院審理訴訟案件之方式，法官必須親自聆聽當事人以言詞

86　德國行政法院法第124條第2項規定為：「提起上訴，須符合下列要件：(1)對判決之正確性有明顯之懷疑；(2)本案顯示出有事實上或法律上之特殊困難；(3)本案事件具有原則性之重要者；(4)基於高等行政法院、聯邦行政法院、聯邦最高法院之聯席庭及聯邦憲法法院不同見解而提起者；(5)存在由上訴法院判斷具有程序瑕疵者，並基於該瑕疵而提起上訴者。」

所提出之訴訟資料，始能作出裁判，又稱之爲言詞審理主義[87]。有關前者之規定，例如依行政訴訟法（以下簡稱本法）第122條；關於後者之規定，例如本法第188條。不論何者，皆須由當事人以言詞提出訴訟資料爲要件。其次，言詞辯論又有廣義、狹義、最狹義之分，廣義之言詞辯論指法院、當事人及其他訴訟關係人於期日所爲之一切訴訟行爲，包括當事人（參加人）、證人、鑑定人及其他訴訟關係人於準備程序、調查證據期日和其他期日所爲之一切聲請、聲明、陳述，以及法院、審判長之訴訟指揮、調查、審理及判決之宣示等行爲[88]。狹義之言詞辯論則指當事人及法院於言詞辯論期日所爲之一切訴訟行爲，包括當事人所爲之一切聲請、聲明、陳述，以及法院、審判長之訴訟指揮、審理及判決之宣示等行爲。最狹義之言詞辯論則僅指當事人於言詞辯論期日因實施攻擊、防禦而提出訴訟資料及對他方攻擊、防禦方法爲陳述之行爲[89]。

(二)言詞辯論之種類

1.本案言詞辯論與非本案言詞辯論

言詞辯論，依其內容可區分爲本案言詞辯論與非本案言詞辯論。前者指當事人針對訴訟標的進行辯論，亦即當事人就訴訟之實體面爲有無理由之辯論，例如：本法第111條第2項、第113條第1項但書、第286條第2項之規定等等；後者乃指當事人就與訴訟標的無關之事項，特別是訴訟之程序面，亦即訴訟之合法要件及其他程序事項所爲之聲明、陳述[90]。

2.必要之言詞辯論與任意之言詞辯論

依言詞辯論之進行要求可分爲必要之言詞辯論與任意之言詞辯論，前者指法院爲裁判時，必須本於當事人之言詞辯論爲基礎（§188Ⅰ），否則即屬違法（§243Ⅱ⑤）；後者則是爲裁定時，是否舉行言詞辯論，由法院自由裁量，若法院認爲不必要時，可不舉行言詞辯論（§188Ⅲ）。

---

[87] 參照陳清秀，行政訴訟法，2013年6版，頁4以下；Vgl. Jauernig/Hess, Zivilprozessrecht, 30. Aufl., 2011, § 27, Rn. 1, 5 f; Thomas/Putzo, ZPO, 32 Aufl., 2011, §128, Rn. 5 ff。

[88] 參照吳庚，行政爭訟法論，2014年修訂7版，頁219。

[89] 關於言詞辯論之意義，國內學者之定義並不一致，參照王甲乙、楊建華、鄭健才，民事訴訟法新論，2003年，頁202-203；姚瑞光，民事訴訟法論，1999年，頁238；駱永家，民事訴訟法Ⅰ，1976年初版，頁138；梁松雄，民事訴訟法要義，1986年，頁241-242；陳榮宗、林慶苗，民事訴訟法，2009年修訂7版，頁539；陳計男，民事訴訟法論（上），1994年初版，頁357；魏大喨，民事訴訟法，2015年初版，頁233。拙見認爲非本案之言詞辯論並非必於言詞辯論期日始得爲之，例如民事訴訟法第60條第1項之情形，故有必要將言詞辯論之意義從寬解釋。

[90] 參照陳榮宗、林慶苗，前揭書，頁540；駱永家，前揭書，頁138；梁松雄，前揭書，頁242；王甲乙、楊建華、鄭健才，前揭書，頁203。

二、言詞審理原則之採用

依我國舊制，全國僅設一所行政法院，不僅為法律審，且為事實審，因此行政法院亦須調查事實、證據，並非與最高法院相同，原無採書面審理主義之理由[91]。然行政訴訟案件數量眾多，若每一案件皆須進行言詞辯論，將是行政法院無法負荷之重擔，是以1998年修正前之舊行政訴訟法乃採書面審理主義為原則，言詞審理主義為例外。其於第19條規定，行政訴訟就書狀判決之。但行政法院認為必要或依當事人聲請，得指定期日，傳喚原告、被告及參加人到庭，為言詞辯論。舊法雖有得舉行言詞辯論之規定，惟其於1932年施行後，經四十餘年從未舉行言詞辯論，立法院於1975年修正行政訴訟法時，雖然各界多方要求應修改本條，但立法院卻無所更動，足見對於行政訴訟未予重視[92]。然而，言詞審理具有使訴訟程序迅速進行，法院藉由與言詞審理相結合之直接審理較易獲得正確之心證以及合乎審判公開等優點，既可使法院獲得實情，更可達到訴訟公平之要求，此乃現代訴訟制度之核心[93]，因此，本法乃於第一審改採言詞審理主義，於第188條第1項規定，行政訴訟除別有規定外，應本於言詞辯論而為裁判[94]；此外，並於第二篇第一章第三節規定有關舉行言詞辯論應行遵守之事項，以彌補舊法因採書狀審理主義為原則所造成之缺陷[95]。

第120條（原告之準備書狀與被告答辯狀之提出時期）

原告因準備言詞辯論之必要，應提出準備書狀。

被告因準備言詞辯論，宜於未逾就審期間二分之一以前，提出答辯狀。

❖內容解析❖

我國訴訟法雖未明文採集中審理主義（Konzentrationsmaxime）[96]，但依我國實

---

[91] 縱使最高法院為法律審，仍得就法律問題進行言詞辯論，參照我國民事訴訟法第474條但書；且依德國行政法院法第141條第一句（§141 S.1 VwGO）之規定，聯邦行政法院審理案件時，原則上亦須經言詞辯論。

[92] 林紀東，行政法，1977年，頁535。直到已故楊前大法官建華擔任行政法院庭長時，始舉行行政法院創設以來之第一次言詞辯論。見楊建華教授七秩誕辰祝壽論文集—法治現代化之回顧與前瞻，1997年，頁12。

[93] Vgl. Kopp/Schenke, Verwaltungsgerichtsordnung, 20. Aufl., 2014, §101, Rn. 1.

[94] 判決例外不經言詞辯論者，如本法第194條之情形。

[95] 司法院，行政訴訟法修正草案總說明暨條文對照表，頁23。

[96] 德國行政法院法第87條第1項第一句規定：「審判長或受命法官應於言詞辯論之前採取所有必要措施，俾盡可能於一次言詞辯論終結訴訟。」（Der Vorsitzende oder der Berichterstatter hat schon vor der mündlichen Verhandlung alle Anordnungen zu treffen, die notwendig sind, um den Rechtsstreit

務通說之見解[97]，法院亦應盡可能於一次言詞辯論期日終結訴訟，然因行政訴訟採適時提出主義（§132準用民事訴訟法§196Ⅰ），當事人既可於適當時期提出攻擊、防禦方法，並請求調查證據，為求訴訟經濟及言詞辯論之順利進行，即有必要令當事人於言詞辯論期日前，將其所將使用之攻擊、防禦方法及聲明之證據，提出於法院，使法院及他造有所準備，而能達到於一次言詞辯論期日終結訴訟案件之目的[98]。職是之故，本法乃規定當事人於言詞辯論前宜提出準備書狀，記載其使用之攻擊、防禦方法及證據資料，經由法院送達於他造。茲將此種準備言詞辯論之訴訟程序介紹如下：

一、準備書狀之提出

依本條之規定，當事人因準備言詞辯論，宜提出準備書狀。在民事訴訟，於獨任法官為審判時，當事人須提出準備書狀（民事訴訟法§265～§269參照），而於行合議審判之案件，法院則可指定受命法官進行準備程序（民事訴訟法§270參照）。行政訴訟，依本法規定，不論係於高等行政法院或最高行政法院，皆行合議審判，雖於行簡易訴訟程序之案件，仍由法官一人獨任審判（行政法院組織法§3Ⅰ但書），然而於通常訴訟程序，是否有必要一方面既令當事人提出準備書狀，他方面法院又進行準備程序，不無疑問。由於準備書狀之記載事項與準備程序筆錄應記載之事項相同（§132、民事訴訟法§265以下、§271參照），理論上兩者僅行其一即可，似無必要一方面令當事人提出準備書狀，另一方面又進行準備程序，徒然浪費法院及當事人之時間、精力[99]。惟本法乃採職權調查主義，與民事訴訟有異，法院應單獨負搜集訴訟資料之義務（§125Ⅰ參照），且準備程序是否舉行，仍委諸法院裁量（§132準用民事訴訟法§270規定），因此，先由當事人提出準備書狀供法院參考，對法院職權調

---

möglichst in einer mündlichen Verhandlung zu erledigen.）本規定與該國之民事訴訟法第272條第1項之規定相類似，該國學者稱之為集中審理主義，vgl. Kopp/Schenke, aaO., §86, Rn. 30; Ule, Verwaltungsprozeßrecht, 9. Aufl., 1987, S. 136; Redeker/v. Oertzen, Verwaltungsgerichtsordnung, 13. Aufl., 2000, §87 Rn. 1; Eyermann, Verwaltungsgerichtsordnung, 13. Aufl., 2010, §87 Rn. 1; Baumbach/Lauterbach/Albers/Hartmann, Zivilprozeßordnung, 47. Aufl., 1989, S. 793; Jauernig/Hess, aaO., §28, Rn. 9ff.

[97] 魏大喨，民事訴訟法，2015年初版，頁233。

[98] 依德國學者Ule教授於1977年之研究，在行政訴訟通常係一次言詞辯論期日就終結，第一審為83%，第二審為86.8%；財稅法院則第一審為90%。反之，區法院之民事訴訟（第一審）為6.2%，邦地方法院之民事訴訟（第一審）為4.4%。可見集中審理在行政訴訟應非問題。Vgl. Ule, aaO., S. 137. 在我國，由於行政訴訟之撤銷訴訟和課以義務訴訟原則上應先經訴願程序，事實上及法律上之爭點通常皆已整理完畢，故行政訴訟實現集中審理之情形應如同德國，甚至比德國實務更高。

[99] 德國民事訴訟法第272條第2項可作為參考。該項規定：「審判長或指定言詞辯論之先行期日（§275）或進行書面之前程序（§276）。」（Der Vorsitzende bestimmt entweder einen frühen ersten Termin zur mündlichen Verhandlung (§275) oder veranlaßt ein schriftliches Vorverfahren (§276).）

查義務之履行及訴訟程序之加速進行，應有相當助益，若法院於審酌準備書狀後，認為案情已釐清，而資料已完備時，即可進行言詞辯論，不須舉行準備程序。是以，雖行政法院之通常案件原則上行合議審判，令當事人提出準備書狀於法院應有其必要。

二、準備書狀之記載事項[100]

原告之準備書狀，依本法第120條第1項及第105條規定，乃於起訴狀內，除訴之必備要素，即當事人、訴之聲明與訴訟標的及其原因事實之外，並記載適用程序上有關事項，例如：適用通常程序、簡易程序或其他程序、所用之證據方法及其他準備言詞辯論之事項，例如：其攻擊方法；其經訴願程序者，並附具決定書，但訴願機關駁回訴願時，原告應提出者為原處分機關之處分書或決定書[101]。若原告之起訴狀已依本法第105條之規定記載者，其準備應認為已充足，即得以該條所定供起訴用之訴狀，兼供準備書狀之用，以期便捷。此時，原告之起訴狀同時即為其準備書狀[102]。原告若未於起訴狀內記載準備言詞辯論之事項者，則宜另行提出準備書狀。關於被告之準備書狀，依本法第120條第2項之規定，被告宜於未逾就審期間二分之一以前，提出其準備書狀，亦即答辯狀。就審期間依同法第109條第2項之規定為十日，故被告提出答辯狀之時間為言詞辯論期日前之五日以前，俾使原告有充分時間準備。而答辯狀之記載內容則為對原告攻擊方法之陳述及其所用之防禦方法和證據。原告收受答辯狀之後，亦得再提出準備書狀[103]。

三、準備書狀提出與不提出之效果

本法第120條僅為訓示規定，當事人雖不提出準備書狀，亦不至在本案判決時遭受不利。但其提出與不提出仍有訴訟法上之效果發生。於當事人依法提出之場合，若法院一造辯論判決時，應斟酌未到場當事人記載於準備書狀之陳述（§218準用民事訴訟法§385Ⅱ）[104]。若當事人不提出準備書狀，或不於適當時期提出者，於他造當事人不到場時，法院不得由其一造辯論判決（§218準用民事訴訟法§386④）；此外，其

---

[100] 關於準備書狀之記載，另依本法第132條準用民事訴訟法第265條之規定，請參照本法第132條之解說。

[101] 參照吳庚，行政爭訟法論，2014年修訂7版，頁108。

[102] 參照司法院於修正草案就該條文之說明。

[103] 當事人之另提準備書狀，依本法第132條準用民事訴訟法第267條；法院定期間命當事人提出準備書狀，依本法第132條準用民事訴訟法第268條，詳見第132條之解說。

[104] 另依本法第133條、第134條之規定，於非撤銷訴訟及與公益無關之訴訟，當事人既仍負主觀之舉證責任（本法第136條之立法說明參照），則於準備書狀自認者，他造可免其主觀之舉證責任。惟此規定與本法第125條第1項之規定互相矛盾，參照張文郁，對於行政訴訟法修正草案之淺見，輔仁法學16期，1997年6月，頁160-161。

因此延滯訴訟程序所生之費用，應由該當事人負擔（§104準用民事訴訟法§82）。

> **第121條**（行政法院於言詞辯論前得為之處置）
> 行政法院因使辯論易於終結，認為必要時，得於言詞辯論前，為下列各款之處置：
> 一、命當事人、法定代理人、代表人或管理人本人到場。
> 二、命當事人提出圖案、表冊、外國文文書之譯本或其他文書、物件。
> 三、行勘驗、鑑定或囑託機關、團體為調查。
> 四、通知證人或鑑定人，及調取或命第三人提出文書、物件。
> 五、使受命法官或受託法官調查證據。
> 行政法院因闡明或確定訴訟關係，於言詞辯論時，得為前項第一款至第三款之處置，並得將當事人或第三人提出之文書、物件暫留置之。

❖內容解析❖

　　法院為闡明或確定訴訟關係，或為使言詞辯論易於終結，於言詞辯論前或言詞辯論時，得依本條之規定為適當之處置。行政法院為使辯論易於終結，認為必要時，得於言詞辯論前為以下之行為：一、命當事人、法定代理人、代表人或管理人本人到場。例如：於當事人由訴訟代理人代理之案件，代理人之陳述不能明確闡明訴訟關係者，法院得以裁定命當事人本人到場陳述；若當事人無訴訟能力，或當事人為法人或非法人團體時，則由其代表人（法定代理人）或管理人到場陳述；二、命當事人提出圖案、表冊、外國文文書之譯本或其他文書、物件。此等供證據使用之物件若於當事人持有中，可命其先提出於法院，以利言詞辯論時之證據調查。當事人若無正當理由不依命提出者，法院雖不能加以制裁，但若事實因此無法查明真相時，法院得斟酌情形，依其心證為不利該當事人之認定；三、行勘驗、鑑定或囑託機關、團體為調查。此乃法院於言詞辯論期日前之證據調查或囑託調查證據；四、通知證人或鑑定人，及調取或命第三人提出文書、物件。若當事人聲請法院調查證據，或法院認為有必要調查證據時，為求證據調查程序順利進行，得於言詞辯論期日前通知證人或鑑定人，及調取或命第三人提出文書、物件。於命第三人提出文書、物件之情形，因本規定並不使第三人發生提出之義務，故有學者認為，須該第三人原本負有提出之義務時，法院始得對之為提出之命令[105]，拙見認為似不必作如此嚴格之解釋[106]。惟第三人不依法

---

[105] Vgl. Redeker/v. Oertzen, aaO., §87, Rn. 6.
[106] 同說Eyermann, aaO., §87, Rn. 10。

院命令提出者，除非有本法第168條、第169條之情形，否則法院不得強制或加以制裁[107]；五、使受命法官或受託法官調查證據。為期言詞辯論易於終結，法院亦可於言詞辯論期日前，先由受命法官或受託法官調查證據，而於言詞辯論時，僅就調查證據之結果進行辯論，以節省時間。

此外，行政法院因闡明或確定訴訟關係，於言詞辯論時，得為上述一、至三、之處置，並得將當事人或第三人提出之文書、物件暫留置之，以防日後滅失或變造，並利法院判決時參考。

須注意者乃是，本條所定法院得為之處置，於行政訴訟採用職權調查主義之情形下，應認為並非列舉，而係例示規定，亦即法院得依其裁量採取所有能使言詞辯論易於終結之必要措施，而不受本條所列事項之限制[108]。法院依本條所為之處置，乃訴訟程序進行中所為之裁定，依本法第265條之規定不得抗告[109]。若當事人無正當理由不依法院之命令行為，雖不直接產生訴訟法之不利效果，但訴訟程序若因此延滯者，法院可命其負擔因此增加之訴訟費用（§104準用民事訴訟法§82）；此外，對其有利之事實若因此不能查明真相時，因其拒絕協力，不得指責法院未盡職權調查之義務，而且該當事人事實上可能承受此事實不明之不利益[110]。

> **第122條**（言詞辯論之開始及當事人之陳述）
> 言詞辯論，以當事人聲明起訴之事項為始。
> 當事人應就訴訟關係為事實上及法律上之陳述。
> 當事人不得引用文件以代言詞陳述。但以舉文件之辭句為必要時，得朗讀其必要之部分。

❖ 內容解析 ❖

一、言詞辯論之開始

言詞辯論之開始，並非以法院所定之期日時間起點作為認定標準。雖本法第87條第1項規定，言詞辯論期日，以朗讀案由為始，但此乃該期日之開始，並非言詞辯

---

[107] Vgl. Redeker/v. Oertzen, aaO., §87, Rn. 6; Eyermann, aaO., §87, Rn. 10.

[108] Vgl. Kopp/Schenke, aaO., §87, Rn. 2; Redeker/v. Oertzen, aaO., §87, Rn. 4; Eyermann, aaO., §87, Rn. 2。雖然本法第121條之規定與德國行政法院法第87條不盡相同，但實際適用上似應作相同解釋。

[109] Vgl. Eyermann, aaO., §87, Rn. 14.

[110] Vgl. Kopp/Schenke, aaO., §87, Rn. 9.

論之開始。依本條第1項之規定，言詞辯論，以當事人聲明起訴之事項爲始。此之所謂當事人起訴之事項，係配合本法第105條第1項將民事訴訟法第244條所稱之「應受判決事項之聲明」改爲「起訴之聲明」所爲之更動，包括原告與被告應受裁判事項之聲明及原告之起訴要旨在內[111]。因此，言詞辯論應是始於原告請求法院就何事項爲如何之判決及被告就原告起訴之事項要求法院爲如何之判決之陳述。

二、言詞辯論之進行

言詞辯論程序於當事人各自提出其訴之聲明及原告陳述起訴要旨之後，開始進行，其重心乃在於當事人攻擊、防禦方法之提出、法院之證據調查以及當事人對於他造之主張和法院調查證據結果之陳述。依本條第2項規定，原、被告均應就起訴之案件，於事實面和法律面向法院陳述。蓋當事人若僅爲訴之聲明，法院無從確定其請求是否正當，故當事人亦應從事實面及法律面陳述足以支持其聲明之理由，並就訴訟關係提出有利於己之法律上意見，使法院能判斷原告起訴之案件於實體上有無理由。事實之陳述雖屬必要，然當事人所未提出者，本於職權調查主義，法院亦應主動調查，命當事人辯論並斟酌之。法律之陳述，則僅供法院參考，無拘束法院之效力，甚至當事人不提出法律陳述，亦非違法，蓋適用法律本屬法院之職責，並非當事人之義務，故本條應僅屬訓示規定而已[112]。又爲貫徹言詞（提出）主義，當事人於言詞辯論之陳述，不得引用文件以代言詞陳述，但以舉文件之辭句爲必要時，例如當事人於文件之解釋有爭執之情形，得朗讀其必要之部分[113]。

第122條之1（通譯之使用）

當事人、證人、鑑定人或其他訴訟關係人如不通曉中華民國語言，行政法院應用通譯；法官不通曉訴訟關係人所用之方言者，亦同。

前項訴訟關係人如爲聽覺、聲音或語言障礙者，行政法院應用通譯。但亦得以文字發問或使其以文字陳述。

前二項之通譯，準用關於鑑定人之規定。

有第二項情形者，其訴訟關係人之配偶、直系或三親等內旁系血親、家長、家屬、醫師、心理師、輔導人員、社工人員或其信賴之人，經審判長許可後，得陪同在場。

---

[111] 參照司法院行政訴訟制度研究修正資料彙編（四），司法院編印，1987年，頁551、557。

[112] 前揭彙編，頁554以下。

[113] 關於言詞辯論程序之進行，本法第132條亦準用民事訴訟法第195條第2項、第200條及第275條，詳見本法第132條之解說。

❖**內容解析**❖

　　第122條之1在民事訴訟法之相類規定係第207條:「參與辯論人如不通中華民國語言,法院應用通譯;法官不通參與辯論人所用之方言者,亦同(Ⅰ)。參與辯論人如為聽覺、聲音或語言障礙者,法院應用通譯。但亦得以文字發問或使其以文字陳述(Ⅱ)。關於鑑定人之規定,於前二項通譯準用之(Ⅲ)。」該條原本可經由本法第132條之規定,以準用之方式而用於行政訴訟,如今立法者為求充分保障聽覺、聲音或語言障礙者之訴訟權,變更準用之方式,直接規定於行政訴訟法,並增訂第4項,使該等關係人能獲得平常親近之人之協助而能更清楚表達其意思。蓋依身心障礙者權利公約第12條及第13條之親近利用司法資源並獲訴訟權保障之意旨,訴訟關係人如有聽覺、聲音或語言障礙,除當事人之輔佐人外,亦應允許足以支持其清楚表達意思之人陪同在場。第4項所稱之其信賴之人,係指與訴訟關係人日常生活中具有緊密關係之人,例如保母、好友等均屬之,但須經審判長許可始得陪同在場。應注意者,在場陪同之人不得有妨害法庭秩序之行為,如其有影響訴訟進行之不當言行,或影響證人、鑑定人或其他訴訟關係人陳述時,審判長應視具體情況適時勸告或制止之,俾維持法庭秩序,其不聽勸阻者,亦得禁止其陪同。

第123條（調查證據之期日及聲明證據）
行政法院調查證據,除別有規定外,於言詞辯論期日行之。
當事人應依第二編第一章第四節之規定,聲明所用之證據。

❖**內容解析**❖

　　本法既採直接審理、言詞審理主義為原則,法院即應直接審認訴訟資料以為裁判基礎,故本法第123條第1項規定,調查證據,除別有規定外,應由法院於言詞辯論期日行之。例外非於言詞辯論期日調查證據者,例如:由受命法官於準備程序調查證據,或囑託他法院或其他機關、團體調查(§138、§139參照)等情形。由受命法官、受託法官或其他機關、團體調查證據畢竟與由法院直接調查不同,除非顯有必要,否則仍應由法院於言詞辯論時調查為妥,依德國實務、通說之見解,以審判法院預見由受命法官等於言詞辯論期日外調查證據亦不至影響法院之心證為限。關於證據調查程序,詳見下節。

　　攻擊、防禦方法之提出亦包括證據之聲明。因當事人既須依本法第122條第2項之規定,就訴訟關係為事實之陳述,則關於事實之真相有爭執時,即應以證據證明之。此際,當事人為證明有利於己之事實主張,理應聲明用以證明該事實所需之證

據，故本條第2項規定，當事人應依第二篇第一章第四節之規定，聲明所用之證據。惟本法既於第125條第1項規定，行政法院應依職權調查事實關係，不受當事人主張拘束，而且同法第133條又規定行政法院於撤銷訴訟及與公益維護有關之訴訟應依職權調查證據，故當事人縱使不依本項規定聲明證據，法院亦應就待證之事實，依職權查明其真相。因此，本項之用語雖為當事人「應」聲明證據，然因法院職權調查義務之介入，本規定即應解為訓示規定，否則，本法第125條第1項及第133條之規定即無意義。

> **第124條**（審判長之言詞辯論指揮權）
> 審判長開始、指揮及終結言詞辯論，並宣示行政法院之裁判。
> 審判長對於不服從言詞辯論之指揮者，得禁止發言。
> 言詞辯論須續行者，審判長應速定其期日。

❖立法說明❖

本法關於訴訟程序之進行，乃採職權進行主義，除別有規定外，由法院或審判長依職權決定並主導訴訟程序之進行，其目的在於使訴訟案件能適法且有效率地進行並結束。

❖內容解析❖

訴訟程序範圍極廣，例如：期日、期間之指定與裁定、文書之送達、訴訟案件之停止、續行與言詞辯論之開、閉及其進行，及裁判之宣示等等。法律賦予法院或審判長決定訴訟程序如何進行之權，稱之為訴訟指揮權[114]。依本條之規定，審判長開始、指揮及終結言詞辯論，並宣示行政法院之裁判。此乃因言詞辯論乃訴訟之重要程序，為期言詞辯論能順利進行，其開、閉及指揮，自應由審判長始終其事。於言詞辯論時，當事人及其他訴訟關係人均應依審判長指揮之順序及內容為訴訟行為，其不服從指揮者，審判長得禁止其發言，俾訴訟得以平順且流暢進行[115]。若案件之案情繁雜，不能於所定期日辯論終結而須延展言詞辯論期日者，為免間隔太久，影響心證，審判長應速定期日，續行言詞辯論，以便訴訟案件能迅速終結[116]。

---

[114] 關於法院之訴訟指揮權，請參照第127條之解說。

[115] 關於審判長之訴訟指揮權及法庭秩序維持權，另請參照法院組織法第88條至第95條之規定。

[116] 為保障當事人之權益，訴訟應於適當時期結束，故期日不得定得太遠，否則等於拒絕給予有效之權利保護。Vgl. Kopp/Schenke, aaO., §102, Rn. 2。

第125條（行政法院職權調查事實及審判長之闡明義務）

行政法院應依職權調查事實關係，不受當事人事實主張及證據聲明之拘束。

前項調查，當事人應協力為之。

審判長應注意使當事人得為事實上及法律上適當完全之辯論。

審判長應向當事人發問或告知，令其陳述事實、聲明證據，或為其他必要之聲明及陳述；其所聲明、陳述或訴訟類型有不明瞭或不完足者，應令其敘明或補充之。

陪席法官告明審判長後，得向當事人發問或告知。

❖ 立法說明

　　我國舊行政訴訟法原採當事人提出主義，因此，當事人就為裁判基礎之必要事實，不但負有主張責任，須自行負責搜集並提出於法院，如他方當事人就所提出之事實真相有爭執時，並負有主觀之舉證責任，換言之，其亦應負責將證據提出供法院調查，藉以證明此項有爭執事實之真相[117]。若當事人未盡其主觀之舉證責任，致該有爭議之事實真相不明，法院不能確信時，法院即不能將該事實採為判決基礎，因而常導致該當事人敗訴之結果[118]。1998年修正之行政訴訟法為達到保障人民權益、維護公益以及貫徹行政行為合法性之審查，乃改採職權調查主義，於本條第1項規定行政法院應依職權調查事實關係，不受當事人主張之拘束。

　　本條規定於2022年6月12日再次經修正，茲將修正理由整編如下：一、關於行政法院依職權調查事實，其究明事實所使用之證據方法，係由行政法院依合義務性裁量

---

[117] 舊行政訴訟法第13條第2項第4款規定，當事人應於起訴狀內載明起訴之事實、理由及證據。同法第33條並規定：「本法未規定者，準用民事訴訟法。」而依民事訴訟法第193條第1項規定：「當事人應就訴訟關係為法律上及事實上之陳述。」同法第195條第2項規定：「當事人對於他造提出之事實，應為陳述。」同法第277條規定：「當事人主張有利於己之事實者，就其事實有舉證之責。」

[118] 例如行政法院62年判字第597號判例：「原告主張其設置煤礦有年，耗用坑木數量因坑道深度而增加，耗用時亦有材料明細表可稽，應按事實認定，不能依通常水準而予核減云云。查坑木之耗用，固因坑道進度，新舊設備及土質鬆硬之不同而有差異，惟未設置有關成本之帳證及耗用詳細記錄，其用料數量自屬無從勾稽。」同院51年判字第441號判例：「船員登岸時隨身穿著之衣物，如不能證明其為外國製造之應稅物品，要難以其未穿帶原衣物返船，遽認係私運貨物進口或經營私運貨物而依海關緝私條例第21條第1項之規定處罰。原告隨輪自國外返抵臺灣基隆港，身著舊毛衣一件上岸，當時雖經檢查人員予以登記，但據主辦檢查事務人員到案具結證稱：船員上岸穿著衣物，因難於分別是否臺灣或外國製品，故一律均須登記，是殊不能因該項舊毛衣曾經登記，即認係外國製造之應稅物品，縱令原告當時未穿著原物返船，亦不能認係私運貨物進口，尤不能憑空斷係經營私運貨物。」同院80年判字第464號判決：「水產研究專業機構尚且無法明確鑑定系爭魚貨之種類，被告機關以非專業單位，自行參據圖鑑資料比對，逕予認定並沒入貨物及科罰，似嫌草率。」同院81年判字第1211號判決：「原告主張系爭廣告物並非其所張貼，而係他人張貼，對此有利於己之事實，應由原告負舉證責任。」其他相類之例甚多，不勝枚舉。

決定之，不受當事人事實主張及證據聲明之拘束，揭示行政訴訟之審理採職權調查主義。本條第1項所稱不受當事人證據聲明之拘束，係指行政法院依職權調查證據，不以當事人所聲明證據之範圍爲限，且依第176條準用民事訴訟法第286條規定，就當事人聲明之證據，行政法院應爲調查，僅就其聲明之證據中認爲不必要者，始不予調查，並應於判決中說明不予調查之理由；二、縱使行政訴訟之審理以職權調查爲原則，然而爭訟之事實常發生在當事人間，當事人有時較行政法院更能掌握正確之資料，基於誠實信用原則，並促進訴訟之成熟，當事人應有與行政法院合作，協力探求、發現事實眞相之必要，是以立法者於本項明定當事人之協力義務。依此規定，當事人應參與事實及證據等訴訟資料之蒐集與調查，以利案件審理及訴訟程序之順利進行；三、當事人之聲明包括訴訟類型之選擇，基於保障人民接近使用法院之權利及法官知法原則，訴訟類型之選擇，攸關人民得否在一次訴訟中達到請求法院保護其權利之目的。故遇有當事人於事實及法律上之陳述未明瞭或不完足之處，或訴訟類型選擇錯誤時，均應由審判長進行闡明，協助當事人選擇保護其權利之適當訴訟類型，且不因當事人是否有法律專業或有無委任律師爲其訴訟代理人而有異，現行實務即採此見解（最高行政法院106年度判字第283號判決、106年度裁字第1827號裁定、108年度裁字第168號裁定、109年度判字第550號判決意旨參照）。但如當事人受闡明後仍執意維持原訴訟類型，所產生之訴訟上不利益則由當事人自行負擔。至於變更之新訴，應踐行訴願程序而未踐行；或雖經訴願程序，但已逾起訴期間；或變更之確認行政處分無效訴訟，未向原處分機關請求確認無效等情形，縱經被告同意或法院准許爲訴之變更，其變更之訴仍不合法。此種訴之變更不具實益之情形，自不宜闡明原告變更訴訟類型而徒增紛擾。

❖內容解析❖

一、職權調查主義之採用[119]

本條第1項規定乃參考德國之行政法院法第86條第1項（§86 Abs.1 VwGO）之規定而來[120]。依據本項規定，行政法院原則上負有依職權調查爲判決基礎所須事實之義

---

[119] 本法第125條第1項之規定與第133條之規定不一致，拙見認爲行政訴訟應偏向民事訴訟而以當事人提出主義爲原則，故應刪除本法第125條第1項之規定，惜未獲立法者回應，參照前揭拙文，對於行政訴訟法修正草案之淺見，輔仁法學16期，1997年6月，頁163。彭鳳至似認爲行政訴訟程序以職權調查主義爲可採，故應刪除本法第133條，見氏著，德國行政訴訟制度及訴訟實務之研究，1999年6月，司法院編印，頁545。

[120] 見司法院，行政訴訟法修正草案總說明暨條文對照表，頁220。德國行政法院法第86條第1項規定：「法院依職權調查事實；於此（調查事實）時，法院應通知當事人到場。法院不受當事人陳述及調查證據之聲請拘束。」（Das Gericht erforscht den Sachverhalt von amts wegen; die Beteiligten sind dabei heranzuziehen. Es ist an das Vorbringen und an die Beweisanträge der Beteiligten

務,而當事人就此等事實,原則上並不負提出之責,換言之,其並無主張責任及主觀之舉證責任[121]。學理上稱之為職權調查主義,乃與適用於民事訴訟之當事人提出主義(辯論主義)相對。依據職權調查主義,縱使當事人有所陳述、主張或聲請調查證據,行政法院亦不受拘束,以免法院之真實發現受制於當事人之行為,其立法理由乃是為維護公益之故[122]。適用職權調查主義之結果,法院既不受當事人主張之拘束,則當事人之自認亦無拘束法院之效力,即使當事人自認,法院認為必要時,仍得調查其他必要之證據(§134參照)。行政法院基於其職權調查義務,既應自行蒐集一切為裁判基礎所須之訴訟資料、調查證據以證明事實真相並為實體判決(於訴訟要件已具備時),原則上不得將案件以事證尚未明確為由,發回受理訴願機關或原行政處分機關,要求重新調查,否則即與職權調查主義有違[123]。2022年6月12日修正時雖於第2項規定,於法院調查時,當事人應協力為之,並於立法理由中說明其為當事人之協力義務,然而,當事人拒絕履行其協力時,原則上並無制裁或強制其履行之規定,是以並非完整之義務規範,除有特別規定外,亦未變更法院應負之職權調查義務,因而此之當事人協力,性質上類似於「負擔」而非「義務」,職是之故,本項規定並未創設當事人(人民)之一般事案解明義務[124]。

對於調查之方式,例如:自行調查,抑或囑託他機關或人員調查,以及調查之方法,例如:檢驗、勘驗證物、調查書證、訊問證人或命鑑定人鑑定,皆由法院自行依具體個案決定,當事人雖可提出聲請,但法院並不受該聲請之拘束,亦即法院於此範圍內,有其裁量權限。此項立法之目的乃在於發現實質真實以確保判決之客觀正確性。蓋行政法院理論上應本於實質之真實作為其裁判基礎,如此始能確實審查行政行為是否合法,以確保行政機關遵守依法行政原則,且可避免人民或公眾之權益(公益)因事實認定有誤致受損害。因此,於行政訴訟程序採用職權調查主義最主要之目的乃在於實質真實之發現,排除行政行為合法性之審查受當事人行為牽制之可能性[125]。行政法院應就作成判決所須之必要事實,於可期待之能力範圍內,窮盡一切可能性,以可期待且適當之方法,查明其真相,縱使當事人就此事實並未主張,或未指

---

nicht gebunden.)

[121] 然本法第133條之規定卻與此有異。對該規定之批評,參照張文郁,對於行政訴訟法修正草案之淺見,輔仁法學16期,1997年6月,頁160以下。

[122] 主張於行政訴訟採用職權調查主義之另一重要理由乃是為達到當事人之武器平等,就此請參照本法第133條之立法理由。對此之批評見張文郁,前揭文,頁163以下。

[123] 因此,若欲貫徹職權調查主義,行政訴訟法第200條第3款之「事證明確」及第4款之「事證尚未臻明確或」等文字,似應刪除。

[124] 行政機關作為當事人者,其於行政程序原本依法即負有職權調查義務(行政程序法§36參照),此義務不應認為在行政訴訟程序被解除,但機關承擔之該職權調查義務亦非因本項之新增而重新被創設。

[125] 司法院,行政訴訟法修正草案總說明暨條文對照表,頁220。

出其證明方法，亦同。否則，行政法院即違反其職權調查之義務。當事人雖如上述，原則上不負主張責任及主觀舉證責任，然作爲判決基礎所須之事實，其眞相是否能查明，攸關其本人，甚至第三人之權益至大，理應許其有督促並協助法院發現事實眞相之權利[126]，是以除非行政法院認爲不必要，否則即應依當事人之聲請，調查證據。當事人之聲請可促使法院發動其調查義務，而且若無當事人之聲請，通常法院亦不易知曉其須調查何種事實或證據，故行政法院之職權調查義務常須當事人之協助始能順利完成。若行政法院認爲當事人之聲請不必要而不加調查時，應於判決書內說明理由，否則即違背其職權調查義務而屬違法（判決不備理由）。不必要之證據調查聲請，例如：該聲請係多餘、待證事實之眞相已經調查明確、待證事實與判決無關、聲請調查之證據方法全然不適當或無法取得、或以拖延訴訟程序之終結爲目的之聲請、或待證事實被推定爲眞實等情形[127]。

　　若事實之認定須要特別專門之知識經驗者，行政法院應依職權或依當事人之聲請，囑託有關機關、學校、團體或有專門知識經驗者爲鑑定。當事人聲請就曾經鑑定之事物再送鑑定，除非行政法院認爲原有之鑑定報告公正且鑑定意見之理由充分可採，否則不得據以該聲請爲多餘而置之不理。

二、職權調查主義之例外

　　本法雖明文規定，行政法院負職權調查事實之義務，然此規定並非毫無例外。若依實體行政法（亦即行政程序法及行政訴訟法除外之其他行政法規）之規定，當事人就某項事實負有證明義務時，其證明義務並不因行政法院之職權調查義務而解消。換言之，行政訴訟之當事人就此項事實，例外地負有主觀之舉證責任。於此情形，行政法院即不應依職權調查證據。例如從專利法第73條規定：「舉發，應備具申請書，載明舉發聲明、理由，並檢附證據（Ⅰ）。專利權有二以上之請求項者，得就部分請求項提起舉發（Ⅱ）。舉發聲明，提起後不得變更或追加，但得減縮（Ⅲ）。舉發人補提理由或證據，應於舉發後一個月內爲之。但在舉發審定前提出者，仍應審酌之（Ⅳ）。」依此條之規定，舉發人依法最遲在舉發審定前，負有提出證據之責任，應可認爲此項舉證責任爲主觀之舉證責任[128]。與此相類之情形例如專利法第14條第2項

---

[126] 於某些特定情形，應認爲當事人並有協力之負擔。例如證據資料爲行政法院所不知，而僅當事人知悉或爲其所持有之情形。

[127] 關於不必要之證據調查聲請，請參照德國刑事訴訟法第244條第3、4、5項（§244 Abs. 3, 4 und 5 StPO）之規定。

[128] 行政法院82年度判字第2460號判決：「舉發案件，係採當事人進行主義（按：應係當事人提出主義Beibringungsgrundsatz或稱辯論主義Verhandlungsgrundsatz之誤），即核准之新型專利有無違反專利法規定之情事，只依舉發人所舉之證據審查，專利局及行政爭訟受理機關，不得不待當事人舉出證據，逕依職權予以查證。」

規定，申請權人應附具受讓或繼承證明文件。若申請人未提出此項證明文件時，受理訴願機關或行政法院皆不應依職權調查申請人與發明人之間是否確有受讓或繼承之事實存在。此外，若實體行政法所規定之證明義務乃是證明構成要件事實存在之唯一方法時，若當事人不履行此項證明義務，該事實之存在即認為無法證明，則法律所定之要件即屬不備，法律效果即不應發生。於此情形，行政法院不應違反立法者之意思，代替當事人履行其所負之義務，故不得就此等事項依職權調查證據。例如依律師法第6條或會計師法第7條請領律師或會計師證書者，應提出證明資格（律師或會計師考試及格）文件，申請人若未能提出此項文件，行政機關（法務部或財政部）即應駁回申請，不得准許申請人以其他證據資料取代，更不得另行對申請人舉行測驗，以審查其是否具備充任律師、會計師之專業知識而據以決定是否發給證書。換言之，此項書證之提出即為立法者所定唯一之證明方法，同時亦應認為係請領證書之構成要件[129]，若此項要件不備，行政機關即不應發給證書，不得依職權調查其他證據，於訴願或行政訴訟程序亦同[130]。因此，應認為實體行政法規定之當事人於行政程序應負之證明義務，於行政訴訟程序亦有其適用。由於此等規定，行政法院就該項事實即無職權調查之義務。就此，德國文獻上雖有相異見解，但其見解應不可採[131]。

雖然職權調查主義與當事人之主張責任及主觀舉證（證據提出）責任在理論上並不相容，但行政法院本於依法審判原則，應受立法者之意思拘束，而依實體行政法之規定判決。因為有關人民與國家間之權利義務關係，原則上乃是由實體之行政法加以規範，故此等法規乃是法院裁判之準則[132]，法院就訴訟案件為實體判決時，應以實體行政法之規定為依據，不許違法判決；而且舉證責任分配之問題亦應依實體行政法之規定解決[133]，若立法者並未明白指出，實體行政法規定之證明義務於訴訟程序不適用，法院即應受拘束，不許違法將當事人依實體行政法應負之證明義務免除[134]。訴訟法僅為解決訴訟案件之程序規定，乃在解決當事人間既存之權利義務爭議，並非以創設新權利義務關係為目的，除非因特例而明文排除實體法之規定，否則不應變更實

---

[129] Vgl. Nierhaus, Beweismaß und Beweislast-Untersuchungsgrundsatz und Beteiligtenmitwirkung im Verwaltungsprozeß, S. 303 f.

[130] 其他實體行政法規定申請人負有證明義務之例甚多，例如土地法第211條、土地登記規則第34條第2款及第5款等規定。

[131] 詳見張文郁，行政救濟法中職權調查原則與舉證責任之研究，中華民國行政法學會主辦，行政救濟法學研討會報告，頁8以下。

[132] Vgl. Badura, Das Verwaltungsverfahren, in: Erichsen (Hrsg.), Allgemeines Verwaltungsrecht, 10. Aufl., 1995, S. 420, Rn. 8; Ule, aaO., S. 274.

[133] 此乃德國之通說，不同見解：Vgl. Ule, aaO., S. 274.

[134] Vgl. Menger, Fragen zur Mitwirkung des Antragstellers im Verfahren der Sozialgerichtsbarkeit, in: Weber/Ule/Bachof (Hrsg.), Rechtsschutz im Sozialrecht, 1965, S. 150. 類似見解，吳庚，行政爭訟法論，2014年修訂7版，頁96、97參照。

體法所規定之權利義務關係。因此，若申請者不履行實體行政法所定之證明義務，則其提起之訴或將因構成要件不備而遭駁回（於證明文件或證據之提出作為構成要件之情形），或將因未履行其主觀之舉證責任而蒙受不利（於實體行政法規定一般證明義務之情形）。法院不得援職權調查主義之規定，主動調查該當構成要件之事實是否存在，而置實體行政法之規定不顧[135]。由上述可知，實體行政法所定之證明義務亦應適用於行政訴訟程序[136]。雖亦有學者認為，若當事人不履行其證明義務致事實真相不能查明時，應依支配領域說（Sphärentheorie）由該當事人負事實不明所生之不利益（客觀舉證責任）[137]。其實此見解與主觀舉證責任所生之法律效果並無不同，因為法院若無當事人之協助，實際上極難查明其私人領域內所生之事實，故法院雖應職權調查，其效果應屬有限。

另外，依行政程序法第2條第1項之規定，行政程序係指行政機關作成行政處分、締結行政契約、訂定法規命令與行政規則、確定行政計畫、實施行政指導及處理陳情等行為之程序[138]。據此定義，有關行政程序之法規並非針對人民與國家之權利義務為規定，而僅是規範行政機關為行政行為應遵守之程序。因此，行政程序法之性質與實體行政法規有異。故行政機關就人民所為發布行政處分之申請，其審查亦應依實體行政法之規定為準，以決定該申請是否正當而應否准許。為貫徹實質真實發現以確保行政行為之正確性，行政程序法既於第36條規定行政機關應依職權調查證據，不受當事人主張之拘束，對當事人有利及不利事項一律注意[139]。則於行政程序法規中，有關人民應提出證明（證據）之規定，除非明文附有制裁或不利之法律效果者外，應認為屬於督促之性質而不能適用於訴訟程序。

三、審判長之闡明義務

本條第2項及第3項之規定，審判長負有闡明義務。此項義務與民事訴訟法第199條及第199條之1所規定之闡明義務不同。蓋於適用職權調查主義之行政訴訟程序，審判長所負之闡明義務，其範圍大於適用當事人提出主義之民事訴訟程序。因為於民事訴訟程序，審判長原則上不得逾越當事人所主張之範圍為闡明，換言之，審判長必

---

[135] Vgl. Menger, aaO., S. 149.

[136] 部分見解相同S. Bettermann, Referat: Die Beweislast im Verwaltungsprozeß, in: Verhandlungen des 46. DJT 1966, Bd. II, 1967, Teil E, S. 44。

[137] Vgl. Nierhaus, aaO., S. 467.

[138] 依德國行政程序法第9條之規定，行政程序乃是行政機關針對行政處分之前提要件所為之審查、作成處分之準備及其發布（Erlaß），或締結公法契約，而對外發生效力之行為；包括行政處分之發布或公法契約之締結行為。

[139] 探究此規定之意旨，既須就當事人有利及不利之事項一律注意，則行政機關應不只是依職權調查證據，且應依職權調查事實，其用語應有錯誤。參照行政訴訟法第125條第1項之規定。

待當事人有所主張或陳述後，始能本於該項主張或陳述行使闡明，其屬於被動、消極之性質。而於適用職權調查主義之行政訴訟程序，雖闡明義務之主要目的在於照顧處於弱勢之訴訟當事人，而非在於貫徹職權調查主義[140]，惟其亦含有輔助法院發現真實之性質[141]，因此，為達成真實發現之目的，審判長應全面地負起闡明義務，所有為裁判基礎必須之訴訟資料，不論當事人是否已經主張，審判長皆應積極地促使當事人提出。職是之故，在職權調查主義之下，審判長之闡明義務不但在履行其對當事人之照顧義務，同時亦是在履行其職權調查義務，是以不能否認闡明義務乃是履行職權調查主義之輔助方法。

應注意者乃是，闡明義務之主要作用並非在於事實之調查，而是在於保護及輔助當事人，並使其能完全履行其協力負擔[142]；此外，使訴訟程序能順暢進行亦是審判長闡明義務之目的。因此，審判長應注意使當事人能為事實上及法律上適當完全之辯論。為達此目的，審判長應向當事人發問或告知，令其陳述事實、聲明證據，或為其他必要之聲明及陳述；其所聲明或陳述有不明瞭或不完足者，應令其敘明或補充之，使其能充分提出攻擊、防禦方法。立法者之所以設此規定，乃是欲防止當事人因缺乏法律知識而敗訴，藉以保障當事人之依法聽審請求權（der Anspruch der Beteiligten auf rechtliches Gehör）[143]。換言之，審判長闡明義務之主要目的乃在於使法院之判決能合法、正確而且公平[144]。此項闡明義務包括訴訟行為方式錯誤之排除，例如應以書面為之，而當事人以言詞為之者；指示當事人以正確且最迅速有效之方式行使其權利亦屬之。例如於當事人誤解行使權利之構成要件，因而未能提出必要資料之情形，審判長若察覺當事人之錯誤，即應闡明，令其提出必要之資料[145]。此外，依德國通說之見解，如審判長認為適當，亦可指示原告為訴之變更，即使原告有委任律師作為訴訟代理人時亦同，因其亦屬有益且必要之聲明[146]。2022年之修正理由中亦表明，應由審判長進行闡明，協助當事人選擇保護其權利之適當訴訟類型，且不因當事人是否有法律專業或有無委任律師為其訴訟代理人而有異，此乃現行實務既定之見解。但審判長闡明錯誤者，因違反其闡明義務，以錯誤闡明為基礎之判決即屬違背法令。例如上級審認為原審之審判長行使闡明，錯誤指示原告將撤銷訴訟變更為課以義務訴訟為不當

---

[140] 但審判長之闡明義務常被誤解為職權調查主義之結果。S. Redeker/v. Oertzen, aaO., §86, Rn. 43.

[141] Vgl. Schmitt Glaeser, Verwaltungsprozeßrecht, 14. Aufl., 1997, S. 321.

[142] Vgl. BVerwG, NVwZ 1985, S. 36.

[143] S. Schmitt Glaeser, aaO., S. 325; NVwZ 1985, S. 37; NJW 1984, S. 140。此項權利為德國基本法第103條第1項（Art. 103 Abs. 1 GG）所保障，我國法律雖無明文保障此權利，然解釋上，應可認為亦屬於我國憲法第16條訴訟權之保障範圍，故本條有關審判長闡明義務之規定應含有相同之作用。

[144] BVerfGE 42, 73.

[145] Vgl. Kopp/Schenke, aaO., §86, Rn. 23; NVwZ 1985, S. 36.

[146] Vgl. Buchholz, 310 §86 Abs. 3 VwGO Nr. 18, S. 2 ff.; Kopp/Schenke, aaO., §86, Rn. 23.

者，得以該審判長未盡其闡明義務（爲正確而有益當事人之闡明）爲由，廢棄原判決，於事實尚未查明時，將案件發回原審法院。爲免闡明錯誤之困擾，若於法律上存有疑義者，審判長宜與當事人就各種可能情況加以討論，但應避免勸說當事人或強調其法律見解藉以影響當事人，而應由當事人以自己之危險負擔，自行決定採取何種訴訟行爲[147]。發問、告知、令其陳述事實、聲明證據、爲必要之聲明及陳述、令其敘明或補充，僅是例示，審判長應採取各種方法促使當事人完全陳述，盡可能使爲判決基礎所必要之全部訴訟資料皆被提出，並確定爲判決基礎之各項事實[148]。於當事人委任律師作爲訴訟代理人之場合，亦不能免除審判長之闡明義務，僅是闡明義務之範圍相對地縮小[149]，原則上，於作爲律師所應具備之一般性法律專業知識及陳述能力之範圍內，審判長可免除其闡明義務[150]。

闡明義務之範圍並不限於事實問題，法律問題亦包括在內，但僅限於非決定性（決定訴訟勝負）之法律問題，例如：令當事人更正其所提出之錯誤聲請、法律上主張之補充或敘明等等[151]。然法院法律見解之說明，則不在闡明義務之範圍內[152]，惟爲避免出現突襲判決（Überraschungsurteil），就當事人不能預見，且尚未經其辯論之法律或事實問題，若判決將以之作爲基礎者，審判長於言詞辯論時，應指示當事人，命其辯論[153]。此外，若法院就作爲判決基礎之重要法律見解有所改變時，亦應告知當事人，於言詞辯論前，並應給予適當之反應期間[154]。審判長若未盡其闡明義務，乃屬重大之程序瑕疵，可作爲上訴第三審（法律審）之理由[155]，因其有違憲法對於當事人平等原則之保障之故[156]。

若當事人經合法通知而無正當理由不於言詞辯論期日到場者，原則上審判長即

---

[147] Vgl. Redeker/v. Oertzen, aaO., §86, Rn. 45.

[148] 不同見解s. BVerwG, NVwZ 1985, S. 37。德國聯邦行政法院於此判決中所表示之見解認爲，審判長就當事人事實上陳述之闡明義務，如同行政法院法第86條第3項（§86 Abs. 3 VwGO）之文義所示，僅止於令其補充不完足之事實陳述。但此見解於適用職權調查主義之訴訟，似嫌太狹隘。

[149] Vgl. BVerwG, Buchholz, 310 §86 Abs. 3 VwGO Nr. 18, S. 2 ff.

[150] 類似規定參照民事訴訟法施行法第9條：「上訴人有律師爲訴訟代理人，或依書狀上之記載可認其明知上訴要件有欠缺者，法院得不行民事訴訟法第四百四十二條第二項及第四百四十四條第一項但書之程序。」

[151] Vgl. Schmitt Glaeser, aaO., S. 320; NVwZ 1991, S. 575; Kopp/Schenke, aaO., §86, Rn. 23. 反對見解，s. BVerwGE 31, 337/340; NJW 1976, S. 766.

[152] 此爲通說，s. BVerwG, Buchholz, 310 §86 Abs. 3 VwGO Nr. 28; Kopp/Schenke, aaO., §86, Rn. 24.

[153] NJW 1984, S. 140; BVerwG, Buchholz, 310 §86 Abs. 3 VwGO Nr. 22, 29; vgl. auch Kopp/Schenke, aaO., §86, Rn. 23.; Redeker/v. Oertzen, aaO., §86, Rn. 47.

[154] BVerwG, Buchholz, 310 §86 Abs. 3 VwGO Nr. 25.

[155] 最高法院43年台上字第12號判例參照。

[156] Vgl. BVerfGE 42, 64.

可免其闡明義務，因當事人履行其協力負擔乃是審判長負闡明義務之前提要件[157]。雖當事人經合法通知而無正當理由不到場，但是法院若以當事人於訴願或先前之程序從未討論過之理由作為其判決之唯一依據，其判決仍應認為違反闡明義務之規定而屬違法。此時，法院應改期日，並以書面通知該當事人若再缺席之法律效果，俾使該當事人有陳述之機會[158]。

應附帶一提者乃是，審判長之闡明義務應適用於所有之行政訴訟案件，而非只適用於與公益維護有關之案件。此外，審判長之闡明義務並不限於言詞辯論程序，於言詞辯論以前之其他程序，有必要時，審判長亦應行使闡明[159]。

向當事人闡明雖係審判長之義務，但本質上闡明義務乃審判法院之義務，職是之故，若陪席法官認為有須闡明之處，而審判長未闡明者，其亦應於告明審判長後，向當事人發問或告知，否則判決將違背法令。

第125條之1（當事人之協力義務與失權）

審判長得於徵詢當事人之意見後，定期間命其為下列事項：

一、陳述事實或指出證據方法。

二、提出其依法負提出義務之文書或物件。

當事人逾前項期間，遲延陳述事實、指出或提出證據方法，符合下列情形者，除法律別有規定外，行政法院得不予斟酌，逕依調查結果裁判之：

一、其遲延有礙訴訟之終結。

二、當事人未能釋明其遲延係不可歸責於己。

三、審判長已告知其遲延之效果。

❖立法說明❖

本條文係於2022年6月12日修法時所新增。立法者認為，關於第1項：一、訴訟程序之妥速進行，乃行政法院與當事人之共同責任。司法制度不僅為個案當事人之利益而設，並應使全民享有受司法機關適時審判之權利，而有兼顧訴訟經濟之考量。因此，審判長為第125條第1項職權調查及第3項、第4項闡明權行使之同時，第125條第2項亦課予當事人協力義務。為達成促進訴訟及訴訟經濟之目的，乃參酌德國行政法院法第87條之2規定，增訂第1項，使當事人之協力義務更加明確；二、當事人為行

---

[157] Vgl. Redeker/v. Oertzen, aaO., §86, Rn. 48.
[158] BVerwG, Buchholz, 310 §86 Abs. 3 VwGO Nr. 24, 30.
[159] Vgl. Schmitt Glaeser, aaO., S. 320.

政訴訟之程序主體，且未盡協力義務時可能發生不利益之效果，審判長命當事人為協力行為前，宜徵詢當事人之意見，以尊重其參與權（Mitwirkungsrecht），保障當事人有適時參與訴訟程序之機會，且使其知悉程序上協力義務之內容；三、本項第2款，指當事人依據相關法律而負有提出文書或物件之義務，如第163條、土地稅法第34條之1第1項、所得稅法第83條第1項等規定。關於第2項：一、當事人協力義務之規定，係為促使當事人與行政法院合作，協力探求事實，以發現真相並促進訴訟。因此，當事人於審判長所定期間內未盡其協力義務者，應有一定之法律效果，否則，該義務規定將形同虛設；二、為督促當事人善盡協力義務，對於當事人未於期間內為協力行為者，於審判長已告知遲延效果，且該遲延有礙訴訟之終結，當事人復未能釋明其遲延係不可歸責於己時，除法律別有規定（如§165、土地稅法§34-1Ⅰ、所得稅法§83Ⅰ等）外，應有失權之效果。

❖內容解析❖

　　行政訴訟法原本並未就當事人之協力義務設有明文規定，但絕對的職權調查主義（即完全由法院負擔依職權調查事實之義務）就行政訴訟而言並非妥當，是以德國之行政法院法先後於1991年及1996年兩次修正，企求改善因適用絕對的職權調查主義所造成之缺陷。理想上，即使案件與公益具有直接重大之關聯，亦應在調查事實時，令當事人負一般之協力義務（負擔），亦即由其就生活（支配）領域內發生之事實與證據承擔提出之責任。雖然德國之行政法院法亦無當事人應負一般的協力義務之規定，但德國行政法院法第87條之2（§87b VwGO）則設有特別之協力義務規定：「(1)原告指摘行政機關在行政程序中就事實之斟酌或不斟酌為不當者，審判長或受命法官（Berichterstatter）得訂一定期限命原告陳述該事實。依本項規定所訂定之期限得與依第八十二條第二項第二句所規定之期限結合。(2)審判長或受命法官得訂一定期限命當事人就特定事件：1.陳述事實或指出證據方法；2.於當事人負提出之義務時，命其提出文書或其他動產以及傳送電子文件。(3)合於下述情形，法院得將逾越依第一項及第二項所定之期限始被提出之陳述（Erklärungen）及證據方法駁回，停止調查並就本訴訟案件即為裁判：1.依法院之自由心證，若允許此項遲延之提出，將延滯訴訟之終結者；2.當事人就此項提出之遲延未充分說明免責理由（nicht genügend entschuldigt）者，及3.就遲延提出之後果已教示當事人者。當事人提出遲誤期限之理由者，應依法院之要求就此項理由釋明之。若法院雖無當事人之協力，亦得以較小之費用查明事實者，不適用第一句之規定。」據此規定，審判長或受命法官可命令原告及其他當事人在一定期限內提出法院所命令提出之事實或證據。若當事人不依限提出者，法院得在法定條件下將遲延提出之事實或證據駁回，並不再繼續調查而就該訴訟即為判決。雖然此項規定並非盡善，但至少可以明確地導出當事人之特別

協力義務，使當事人就特定事實或證據積極協助法院之調查。相對於德國法之規定，我國於2022年行政訴訟法修正時即於第125條之1增設類似規定。依據新增之規定，審判長得於徵詢當事人之意見後，定期間命其：一、陳述事實或指出證據方法；二、提出其依法負提出義務之文書或物件。若當事人逾前項期間，遲延陳述事實、指出或提出證據方法，且符合：(一)其遲延有礙訴訟之終結；(二)當事人未能釋明其遲延係不可歸責於己；(三)審判長已告知其遲延之效果者，除法律別有規定外，行政法院得不予斟酌，逕依調查結果裁判之。事實上，違背特別協力義務之當事人可能遭受失權之制裁，亦即遲延提出之攻擊、防禦方法不被採為裁判基礎。本條之增設已將職權調查主義作出相當之緩和，使法院職權調查義務之負擔獲得減輕。

實務操作上，若認為當事人在職權調查主義之適用下完全不須負協力負擔（義務），則法院將難以達成其真實發現之任務。德國聯邦行政法院向來之見解，認為法院只有在當事人已盡其協力負擔（義務）之範圍內，始負職權調查事實之義務[160]，若如此要求，則其所謂之職權調查主義實際上與當事人提出主義即無多大區別。由此可知，當事人之就特定事項之協力義務，就算是在職權調查主義之下亦不應被免除，俾使訴訟案件可以儘速解決，而法院亦可輕易達成其維護公益及真實發現之任務，並避免因職權調查主義之導入而背負其無法承受之重擔。

然而，縱使增訂第125條之1，使審判長得限期命當事人就特定事實、證據負提出之義務，但此特別的協力義務並非如民事訴訟法第276條及第447條原則上應駁回之強烈，蓋立法者對於是否使未盡協力義務之當事人遭受失權之制裁，授予行政法院審酌之權限，換言之，未盡協力義務之當事人是否遭受失權之制裁仍取決於法院之裁量，若法院對於遲延提出之事實、證據仍予以斟酌、調查，亦不違法。若如此，他造當事人對於遲延提出之事實、證據應無聲請法院駁回之權利，亦不得以法院未駁回而指摘判決違背法令，作為上訴之理由。職是之故，此特別的協力義務規定究竟能發揮多大效果，將取決於法院實務操作之寬嚴。

第125條之2（司法事務官得參與訴訟程序）
行政法院為使訴訟關係明確，必要時得命司法事務官就事實上及法律上之事項，基於專業知識對當事人為說明。
行政法院因司法事務官提供而獲知之特殊專業知識，應予當事人辯論之機會，始得採為裁判之基礎。

---

[160] Z. B. BVerwG, Buchholz, 310 § 86 Abs. 1 VwGO Nr. 127; BVerwG, DÖV 1993, 440; BVerwGE, 16, 241/245; 26, 30/31; NVwZ 1987, 404/405.

❖立法說明❖

2007年，立法院通過司法院之提案，增訂法院組織法第17條之1，創設司法事務官之職，依司法院提出之立法說明，爲有效運用司法資源，落實憲法對人民訴訟權益之保障，乃仿德、奧之法務官制度，在地方法院或其分院設司法事務官室，置司法事務官，以處理非審判核心事務或不涉身分、實體權利義務重大變動之事件[161]。隨後，立法院又於2011年修正行政法院組織法，增訂第10條之1，在高等行政法院設司法事務官室，設置具有財經、稅務或會計專業之司法事務官。蓋因實務需要，爲輔助法官辦案，有必要於高等行政法院設置具有財經、稅務或會計專業之司法事務官。又依行政法院組織法第10條之2規定：「司法事務官辦理下列事務：一、辦理稅務事件之資料蒐集、分析及提供財稅會計等專業意見。二、依法參與訴訟程序。三、其他法律所定之事務（Ⅰ）。司法事務官辦理前項各款事件之範圍及日期，由司法院定之（Ⅱ）。」依本條第1項第2款之規定，司法事務官得依法參與訴訟程序，立法者爲與此等規定相呼應，同年亦在行政訴訟法增訂第125條之1。

由於2022年6月修正時增訂第125條之1，本條文配合條次遞移，改爲第125條之2。

❖內容解析❖

行政訴訟法第125條之2第1項明定，於調查、辯論時，爲使訴訟關係明確，行政法院得命司法事務官就事實上及法律上之事項，基於專業知識對當事人爲說明，惟司法事務官蒐集、分析資料後所提供予法官之財稅會計專業意見，並非證據方法，因其僅是法院內部之法官輔助人。職是之故，其所爲之說明不屬於證據資料，因此當事人不得逕行引用司法事務官之說明爲證據，且司法事務官亦不受當事人之詢問。此外，若行政法院因司法事務官提供而獲知之特殊專業知識，並非兩造當事人於攻擊防禦曾經提出者，常爲訴訟關係人所不知，如法官未於裁判前對當事人爲適當之揭露，使當事人有表示意見之機會，將對當事人造成突襲性裁判，侵害其訴訟權（依法聽審請求權），是以立法者參酌行政訴訟法第188條和第162條之規定，於第125條之1第2項明定，行政法院因司法事務官提供而獲知之特殊專業知識，應予當事人辯論之機會，始得採爲裁判之基礎[162]。

---

[161] 依民國101年7月27日司法院院台廳司一字第1010021554號函釋示：「依法院組織法第17條之2第3項增訂司法事務官辦理事件之範圍如下，並自中華民國101年9月6日生效。一、法院組織法第17條之2第1項第1款規定之返還擔保金事件及確定訴訟費用額事件。二、法院組織法第17條之2第1項第1款保全程序事件中之下列事件：(一)聲請假扣押事件及撤銷假扣押。但本案已繫屬者，不在此限。(二)假扣押事件中之命限期起訴事件。三、法院組織法第17條之2第1項第4款規定之其他法律所定之事務：(一)依行政訴訟法第125條之1規定，承法官之命，就訴訟事件之事實上及法律上事項，基於專業知識對當事人爲說明。(二)依行政訴訟法第175條之1規定，於保全證據時，協助調查證據。」

[162] 參照行政訴訟法第125條之1之立法理由。

第126條（受命法官之指定及行政法院之囑託）

凡依本法使受命法官為行為者，由審判長指定之。

行政法院應為之囑託，除別有規定外，由審判長行之。

❖內容解析❖

依本條之規定，凡依本法使受命法官為行為者，由審判長指定之。而行政法院應為之囑託，除別有規定外，由審判長行之。蓋應否指定受命法官，使為一定行為，屬行政法院之職權，應由行政法院決定。於審判法院（合議庭）決定應指定受命法官之後，指定何人為受命法官，則屬審判長之職權，應由審判長指定法官一人擔任受命法官。囑託他法院為訴訟行為亦屬訴訟行為之一種，除別有規定外，亦應由審判長行之[163]。

第127條（合併辯論）

分別提起之數宗訴訟係基於同一或同種類之事實上或法律上之原因者，行政法院得命合併辯論。

命合併辯論之數宗訴訟，得合併裁判之。

❖內容解析❖

於言詞辯論期日，雖然大部分訴訟程序之進行皆由審判長指揮，然仍有部分程序須由審判法院指揮進行，此乃法院之訴訟指揮權。例如訴訟案件之合併辯論、分別辯論及限制辯論即屬須由審判法院指揮進行之訴訟程序[164]。

個別提起之訴訟，其據以起訴之事實上或法律上原因係同一或為同種類者，原本可依本法第37條第1項第3款提起共同訴訟，若當事人捨共同訴訟而分別起訴，而法院認為於訴訟經濟及防止裁判歧異有必要時，可命合併辯論及合併裁判。惟命合併辯論之數訴須皆合法，若有不合法之訴，法院於言詞辯論前本應依職權查明並駁回之，不應命合併辯論，以免徒生滋擾。

---

[163] 司法院，行政訴訟法修正草案總說明暨條文對照表，頁222參照。
[164] 關於分別辯論及限制辯論，請參照第132條之解說。

第128條（言詞辯論筆錄應記載事項）

行政法院書記官應作言詞辯論筆錄，記載下列各款事項：

一、辯論之處所及年、月、日。

二、法官、書記官及通譯姓名。

三、訴訟事件。

四、到場當事人、法定代理人、代表人、管理人、訴訟代理人、輔佐人及其他經通知到場之人姓名。

五、辯論之公開或不公開；如不公開者，其理由。

❖**內容解析**❖

　　言詞辯論程序乃是訴訟案件審理之核心程序，應依法保障當事人之訴訟權，並符合直接審理、公開審理之要求，但法院、當事人和利害關係人等之出庭情況，單憑法院及當事人之記憶難以完整保存，若未立即記錄，他日必生爭議，為免除可能產生之弊端，法院書記官應製作筆錄，將訴訟程序進行之經過作成書面紀錄，以供他日證明之用。故依本條之規定，行政法院書記官於言詞辯論時，應製作筆錄，將相關程序事項記載明確[165]。此項筆錄在訴訟程序之遵守具有重要之證據力[166]。

第129條（言詞辯論筆錄實質上應記載事項）

言詞辯論筆錄內，應記載辯論進行之要領，並將下列各款事項記載明確：

一、訴訟標的之捨棄、認諾、自認及訴之撤回。

二、證據之聲明或撤回，及對於違背訴訟程序規定之異議。

三、當事人所為其他重要聲明或陳述，及經告知而不為聲明或陳述之情形。

四、依本法規定應記載筆錄之其他聲明或陳述。

五、證人或鑑定人之陳述，及勘驗所得之結果。

六、審判長命令記載之事項。

七、不作裁判書附卷之裁判。

八、裁判之宣示。

---

[165] 筆錄就訴訟程序事項之效力，依本法第132條準用民事訴訟法第219條之規定，請參照第132條之解說。

[166] 參照下述民事訴訟法第265條之解說。

❖內容解析❖

言詞（提出、審理）主義[167]雖合乎直接審理、公開審理之要求，但當事人和利害關係人以言詞提出之訴訟資料瞬間即逝，難以依法院及當事人等之記憶完整保存，必須即時作成紀錄，以免日後發生爭議，為免除此項言詞（提出、審理）主義可能產生之缺憾，法院書記官應製作筆錄，將所有於言詞辯論所提出之資料詳盡記下，俾供以後之證明。

言詞辯論筆錄除應記錄辯論程序進行之要領外，就言詞辯論之實質事項，例如證據之調查、審判長對當事人之闡明、或當事人及訴訟關係人所為之聲明或陳述，書記官亦應詳細記明；而下列各種足以影響判決之實質事項，更應於筆錄內記載明確：

一、訴訟標的之捨棄、認諾、自認及訴之撤回。行政訴訟雖涉及依法行政原則之維護，法院應審查行政機關所為行為之合法性，但訴訟標的亦有可能與公益無關，於此情形，若當事人就訴訟標的有處分權時，本於處分權主義，應許其捨棄或認諾，法院則本於此捨棄、認諾為當事人勝、敗之判決。當事人之自認，於當事人須負主觀舉證責任時，可免除他造之舉證責任，行政訴訟，既採職權調查主義，則當事人自認與否，實際上並非重要，對法院亦無拘束力，雖然如此，其對法院之心證形成仍可能有影響；訴之撤回則生訴訟繫屬消滅之效果，因此書記官應將此等事項記明於筆錄。

二、證據之聲明或撤回，及對於違背訴訟程序規定之異議。行政訴訟雖採職權調查主義，然因訴訟勝、敗攸關當事人權益，故當事人仍可聲請法院調查證據，為避免法院忽視當事人之證據聲明，書記官應將當事人之證據聲明及聲明之撤回記載明確。訴訟程序違反法律規定時，當事人有責問權，此時，書記官應將當事人有無提出異議及其處理情形載明，以供查證。

三、當事人所為其他重要聲明或陳述，及經告知而不為聲明或陳述之情形。當事人之重要聲明或陳述直接涉及訴訟之勝敗，書記官必須載明筆錄；又於審判長已履行其闡明義務，而當事人仍不聲明或陳述之場合，因涉及法院義務之遵守和其裁判之合法性，故書記官應記明此情形。

四、依本法規定應記載筆錄之其他聲明或陳述。

五、證人或鑑定人之陳述，及勘驗所得之結果。

六、審判長命令記載之事項。審判長雖可命書記官於筆錄內記載特定事項，但書記官如以審判長之命令為不當者，得於筆錄內附記其意見，以明責任[168]。

七、不作裁判書附卷之裁判。

---

167 參見本節（第三節）關於言詞辯論之說明。
168 舊法院組織法第47條第3項參照。雖現行法院組織法雖無此規定，但解釋上應無不同。參照王甲乙、楊建華、鄭健才，民事訴訟法新論，2003年，頁227。

八、裁判之宣示。以上各項，因其訴訟關係重大，書記官應詳細、明確記錄，不得僅記載要領。

關於言詞辯論之實質事項，書記官依法定程式所作之筆錄，除有反證足以證明其記載不實之外，就其記載事項有完全之證據力[169]。應注意者乃是，若書記官因故不能完成筆錄時，例如於簽名前死亡，法院應再開辯論，由新任之書記官重新製作筆錄[170]。

第130條（筆錄之朗讀或閱覽）

筆錄或筆錄內所引用附卷或作為附件之文書內所記前條第一款至第六款事項，應依聲請於法庭向關係人朗讀或令其閱覽，並於筆錄內附記其事由。

關係人對於筆錄所記有異議者，行政法院書記官得更正或補充之。如以異議為不當，應於筆錄內附記其異議。

以機器記錄言詞辯論之進行者，其實施辦法由司法院定之。

❖內容解析❖

筆錄內容之正確與否影響當事人或其他訴訟關係人之權益甚鉅，自應給予當事人及其他訴訟關係人請求朗讀或閱覽之權，是以本條第1項規定，筆錄或筆錄內所引用附卷或作為附件之文書內所記載有關前條文所述言詞辯論之實質事項1至6款，應依聲請於法庭向當事人及訴訟關係人朗讀或令其閱覽，並於筆錄內附記其事由。閱覽或聆聽後，當事人或訴訟關係人對於筆錄之記載有異議者，得當場提出異議，若異議正當，由書記官更正或補充之；若異議不當，書記官應於筆錄內附記其異議，此時筆錄之效力由法院依其自由心證判斷。對書記官之更正、補充或拒絕更正、補充之處分有不服者，得向書記官所屬之法院提出異議，由法院裁定。解釋上筆錄更正或補充之聲請，及異議之提出，均須當庭提出，否則筆錄即告確定，日後除非當事人能提出證據證明筆錄之記載不正確，不然書記官不得再補充或更正筆錄[171]。

---

[169] 最高法院26年上字第461號判例參照。

[170] 民事訴訟法第217條立法理由：「查民訴律第290條理由謂言詞辯論筆錄，為公證關於言詞辯論事項之書狀，應使審判官及審判衙門書記署名，以擔保其正確，此條之所以設也。審判官及審判衙門書記之署名，為發生該筆錄形式上證據力之要件，苟其缺乏，即無筆錄之效力。又審判衙門書記，若有事故則筆錄不能完成，故審判衙門應再開辯論，以備更作筆錄，例如擔任書記，於署名前死亡是也。此等法則，為本條推理上當然之結果，故不必明有規定。又查民訴條例第257條理由謂依法院編制法規定，獨任推事有審判長之權限及職務，故本條僅定審判長應於筆錄內簽名已足。」

[171] 參照王甲乙、楊建華、鄭健才，民事訴訟法新論，2003年，頁227。

此外，因科技進步，記載言詞辯論之方式，除由書記官以筆錄爲之外，司法院亦可視社會進步之實際狀況制定辦法，以速記機、錄音機、錄影機或電腦等機器爲之。

第130條之1（視訊審理與文書傳送）
當事人、代表人、管理人、代理人、輔佐人、證人、鑑定人或其他關係人之所在處所或所在地法院與行政法院間，有聲音及影像相互傳送之科技設備而得直接審理者，行政法院認爲適當時，得依聲請或依職權以該設備審理之。
前項情形，其期日通知書記載之應到處所爲該設備所在處所。
依第一項進行程序之筆錄及其他文書，須陳述人簽名者，由行政法院傳送至陳述人所在處所，經陳述人確認內容並簽名後，將筆錄及其他文書以電信傳真或其他科技設備傳回行政法院。
第一項之審理及前項文書傳送之辦法，由司法院定之。

❖內容解析❖

本條文係立法院於2012年12月21日三讀通過所增訂，本條規定授予法院得利用視訊設備進行遠距審理之法律依據，蓋建立便民、效率之行政訴訟制度爲司法改革之重要目標，對於遠隔行政法院處所之當事人、代表人、管理人、代理人、輔佐人、證人、鑑定人或其他關係人，明定行政法院認爲適當時，得依聲請或依職權以遠距視訊方式進行審理，以便利訴訟之進行，確保其權益。本條規定適用之主要要件乃是行政訴訟之當事人、代表人、管理人、代理人、輔佐人、證人、鑑定人或其他關係人所在之處所或所在地法院與行政法院間須有聲音及影像相互傳送之科技設備，如具備此要件，行政法院始得以遠距視訊方式進行審理。依2012年之立法理由可知，立法者爲顧及處於遠隔行政法院處所之當事人、代理人，便利訴訟之進行，乃在本條第1項明文規定行政法院認爲適當時，得依聲請或依職權進行遠距視訊審理，以便利當事人利用法院，並兼顧審理之迅捷。而爲當事人之法人、中央及地方機關，其代表人自亦得援此規定聲請之。至於證人、鑑定人、輔佐人部分，依行政訴訟法第176條準用民事訴訟法第305條，及依行政訴訟法第156條之規定，經法院認爲適當時，本得對證人、鑑定人爲遠距訊問，自毋庸另作規定。又依行政訴訟法第55條第1項之規定，輔佐人既係由當事人或代理人偕同到場，因此如法院對於當事人或代理人爲遠距視訊審理，則亦得對偕同到場之輔佐人爲遠距視訊，此乃事理所當然。然而立法者爲規範上更臻明確，乃於2021年5月31日再次修正（110年6月16日公布），將適用之程序主體增加代表人、管理人、輔佐人、證人、鑑定人或其他關係人，以避免適用上之疑義。

再者，本條第2項規定行政法院為遠距視訊審理時，其期日通知書記載之應到處所，為該設備所在處所，俾當事人、代表人、管理人、代理人、輔佐人、證人、鑑定人或其他關係人得知悉到場。此外，本條第3項明定進行遠距視訊審理時，筆錄及其他文書須陳述人簽名時，其傳送之方式得由行政法院傳送至陳述人所在之處所，經陳述人確認內容並簽名後，再將筆錄及其他文書以電信傳真或其他科技設備傳回行政法院。最後，鑑於科技設備之種類及文書傳送之細節，應隨科技發展狀況而定，宜另以辦法訂定，是以本條第4項乃設規定，就視訊審理以及文書傳送之辦法，授權由司法院另定之，以求靈活彈性，而符科技發展狀態。

第131條（受命法官之權限）

第四十九條第三項至第六項、第四十九條之一第四項、第八項、第四十九條之二第一項、第五十五條、第六十六條第一項、第六十七條但書、第一百條第一項前段、第二項、第一百零七條第一項但書、第二項、第三項但書、第一百十條第四項、第一百二十一條第一項第一款至第四款、第二項、第一百二十二條之一、第一百二十四條、第一百二十五條、第一百二十五條之一、第一百二十五條之二、第一百三十條之一及民事訴訟法第四十九條、第七十五條第一項、第一百二十條第一項、第一百二十一條第一項、第二項、第二百條、第二百零八條、第二百十三條第二項、第二百十三條之一、第二百十四條、第二百十七條、第二百六十八條、第二百六十八條之一第二項、第三項、第二百六十八條之二第一項、第三百七十一條第一項、第二項及第三百七十二條關於法院或審判長權限之規定，於受命法官行準備程序時準用之。

❖立法說明❖

　　一、律師強制代理事件關於委任非律師為訴訟代理人，經本案之行政法院認為適當之情形、被告、被上訴人、相對人或依第41條及第42條參加訴訟之人未依法委任訴訟代理人之補正程序及訴訟代理人偕同當事人於期日到場之規定，於受命法官行準備程序時亦有準用之必要。

　　二、配合修正條文第66條增訂第2項及第3項，酌作文字修正。

　　三、受命法官所行準備程序為言詞辯論之前階段準備行為，關於言詞辯論中，濫訴或未符當事人適格、權利保護必要、法律上顯無理由之補正等規定、行政法院及審判長定期間命當事人為協力行為、命司法事務官基於專業知識對當事人說明等規定，自應予準用，爰增列第107條第2項、第3項但書、第125條之1及第125條之2，於受命法官行準備程序時準用之。

四、有關訴訟關係人應用通譯之情形，已明定於第122條之1，不再準用民事訴訟法第207條規定，爰增列第122條之1，於受命法官行準備程序時準用之，並刪除準用民事訴訟法第207條。

❖內容解析❖

於準備程序既須闡明訴訟關係，甚至有時候亦調查證據，故其性質應亦屬言詞辯論（廣義）之一部分，受命法官於該程序之進行中亦有為處分之必要，庶幾準備程序得以順利進行，於此範圍內，法律自應賦予其相當權限。因此關於受訴法院及審判長於言詞辯論程序之職權，在性質許可之範圍內，受命法官於準備程序應有準用之必要。依本條之規定，第49條第3項至第6項關於訴訟代理人許可、第49條之1第4項關於非律師得為訴訟代理人、第8項關於被告、被上訴人、相對人或依第41條及第42條參加訴訟之人未依法委任訴訟代理人之補正程序、第49條之2第1項關於訴訟代理人偕同當事人於期日到場、第55條關於輔佐人、第66條第1項但書與第67條但書關於對本人之送達、第100條第1項前段及第2項關於定期命當事人補繳裁判費和預納訴訟費用、第107條第1項但書關於命補正起訴要件之欠缺、第2項關於誤列被告知闡明、第3項但書關於命補正、第110條第4項關於法院對第三人之通知、第121條第1項第1款至第4款和第2項關於法院因闡明或確定訴訟關係，於言詞辯論前與言詞辯論時得為之各項處置、第122條之1關於訴訟關係人應用通譯、第124條關於審判長之訴訟指揮權和續行言詞辯論期日指定權、第125條關於闡明義務、第125條之1關於命當事人為協力行為、第125條之2關於命司法事務官基於專業知識對當事人說明、第130條之1關於視訊審理與文書傳送及民事訴訟法第49條關於定期命補正能力、法定代理權或為訴訟所必要之允許、第75條第1項關於定期命補正訴訟代理權、第120條第1項關於命提出附屬文件原本、第121條第1項與第2項關於命補正書狀之欠缺、第200條關於許可當事人發問、第208條關於禁止當事人陳述及其效果、第213條第2項關於審判長命記載於言詞辯論筆錄之事項、第213條之1關於製作筆錄之輔助設備、第214條關於當事人提出書狀之添附、第217條關於言詞辯論筆錄之簽名、第268條關於言詞辯論期日因準備未充足之延展等等法院及審判長權限之規定、第268條之1第2項、第3項關於爭點之整理與協議、第268條之2第1項關於命當事人書面說明理由、第371條第1項與第2項關於聲請證據保全及第372條依職權證據保全等等，於受命法官行準備程序時準用之。

> **第132條**（民事訴訟法之準用）
> 民事訴訟法第一百九十五條至第一百九十七條、第二百條、第二百零一條、第二百零四條、第二百零六條、第二百零八條、第二百十條、第二百十一條、第二百十三條第二項、第二百十四條、第二百十五條、第二百十七條至第二百十九條、第二百六十五條至第二百六十八條之一、第二百六十八條之二、第二百七十條第一項、第二百七十條之一至第二百七十一條之一、第二百七十三條至第二百七十六條之規定，於本節準用之。

❖立法理由❖

　　2022年6月修法之立法說明：有關訴訟關係人應用通譯之情形，已明定於第122條之1，不再準用民事訴訟法第207條規定，爰刪除準用條文；依第131條規定，受命法官得行關於法院或審判長權限之規定，相關法院或審判長權限規定於本節準用民事訴訟法之規定時，亦應準用，爰補充準用民事訴訟法第213條第2項；又本法第139條已規定關於受命法官調查證據之情形，僅須準用民事訴訟法第270條第1項即可，爰修正以資明確。

❖內容解析❖

一、準用民事訴訟法第195條

(一)當事人之真實、完全陳述義務

　　依民事訴訟法第195條第1項之規定，當事人就其提出之事實，應為真實及完全之陳述，此乃是當事人之真實義務。民事訴訟，因採處分權主義及當事人提出主義，原則上以形式之真實為裁判之基礎，若事實於當事人之間無爭執，原則上法院並不依職權調查其真相是否與當事人所承認者相符，但立法者仍希望當事人勿為無理爭執或故為虛偽陳述，不但浪費金錢、時間，而且延滯訴訟之進行，更進而阻礙法院作出合乎公平正義並且客觀上正確之判決，是以有此規定。若當事人皆能遵守其真實陳述之義務，則形式之真實與實質之真實理論上亦將互相一致。於行政訴訟，法院追求者為實質之真實，因而採取職權調查主義，不但限制當事人之處分權，防止其處分權之行使妨礙公益之維護以及法院之調查，因而法院不受當事人（主張）自認之拘束，仍得調查必要之證據，以查明當事人之自認是否與事實相符（§134參照）。如是，則當事人是否負真實義務似對法院影響不大，況且違反之者，並無制裁，故本規定之準用

於行政訴訟，乍視之下，其效果似乎不若民事訴訟[172]。惟令當事人負眞實完全之陳述義務，理論上可減輕法院職權調查之負擔，使訴訟程序進行加速，其有違反之者，該陳述因違法妨礙法院發現眞實及作出正確判決，以致侵害他造當事人以訴訟獲得有效權利保護之請求權（實質訴訟權之保障），除應認爲不生效力之外[173]，法院亦可於斟酌全辯論意旨及調查證據之結果後，依其自由心證，作出不利該當事人之認定，並可命其負擔因此增加之訴訟費用[174]，此亦可認爲係違反眞實完全之陳述義務之間接制裁，因此，應不能認爲行政訴訟採職權調查主義，當事人即免其眞實陳述之義務。

(二)當事人之對應陳述負擔

當事人除了應就訴訟關係爲事實上及法律上之陳述外，對於他造所提出之事實及證據，當事人亦應爲對應陳述（民事訴訟法§195 II）。對於事實之陳述可能爲抗辯、自認、不爭執、不知或不記憶。在職權調查主義之下，此等陳述僅供法院調查事實眞相之參考，與民事訴訟不同，並不直接發生訴訟法之效力[175]。至於對於證據之陳述，依修正說明，事實陳述和證據提出分屬二事，故當事人對他造所提出之證據亦應陳述[176]。惟證據之證明力應由法院依論理及經驗法則，本於當事人對調查證據之結果所爲之辯論作判斷，故法院於調查證據後，應曉諭當事人爲言詞辯論，使其能盡攻擊、防禦之能事（民事訴訟法§297 I 參照），於聲明證據之場合，要求他造亦須對之陳述，應係針對證據能力、證據方法之適當性以及該項證據調查之必要性等等表示意見，例如依民事訴訟法第357條之規定，他造對於私文書之眞正不爭執者，提出之當事人對之免負舉證責任。然而，在適用職權調查主義之情形，證據調查既屬法院之義務，當事人縱未對他造提出之證據爲陳述，亦不生任何影響。

二、準用民事訴訟法第196條

言詞辯論之重心乃在於當事人攻擊、防禦方法之提出，關於攻擊、防禦方法提出之時期，本法準用民事訴訟法第196條之規定，依該條規定，雖捨自由順序與法定順序主義，而採適時提出主義，爲防止訴訟延滯，除法律別有規定外，當事人應依訴訟進行之程度，於言詞辯論終結前之適當時期提出攻擊、防禦方法。此項修正，有稱之爲「限制的自由順序主義」者。然依修正說明，何時爲適當時期，則宜依法律規定或

---

[172] 實際上本規定於民事訴訟亦無多大效果，故有學者稱之爲具文，見姚瑞光，民事訴訟法論，1999年，頁245。

[173] 參照王甲乙、楊建華、鄭健才，民事訴訟法新論，2003年，頁207、208。

[174] 參照陳榮宗、林慶苗，民事訴訟法，2009年修訂7版，頁548。

[175] 本法第134條參照。

[176] 見民事訴訟法第195條之修正說明二。

由法院酌定之[177]，似又隱含有法定順序主義之色彩。爲確保訴訟程序之進行順暢，民事訴訟法第196條第2項規定，意圖延滯訴訟或因重大過失，逾時始提出攻擊、防禦方法，將妨礙訴訟終結者，法院得駁回之。當事人是否意圖延滯訴訟、是否因重大過失未於適當時期提出攻擊、防禦方法，由法院依自由心證認定。另外，攻擊或防禦方法之意旨不明瞭，經命其敘明而不爲必要之敘明者亦同。當事人所提出之攻擊或防禦方法意旨不明瞭，審判長本有闡明義務，若審判長已盡其闡明義務，而當事人仍不明確指出其攻擊防禦方法之意旨時，爲免妨礙訴訟之終結，法院得審酌情形，駁回此項攻擊或防禦方法。職是之故，在民事訴訟之文獻，亦有稱之爲一般促進訴訟義務者。惟因我國民事訴訟法和德國民事訴訟法之規定並非相同，且違背適時提出主義者，在實務上極少遭受駁回之制裁，故應認爲僅是當事人之一般促進訴訟負擔。

應特別注意者乃是，因行政法院依法負有職權調查之義務，是以此項規定準用於行政訴訟是否適當，不無疑問。本法第307條之1如同德國行政法院法第173條（§173 VwGO）設有準用排除之規定，亦即凡因訴訟原則之差異，致民事訴訟法規定之準用將違反行政訴訟制度之目的者，該規定應不予準用[178]。依本法準用民事訴訟法第196條第2項之規定，若高等行政法院得駁回此項攻擊防禦方法，可能有礙實質眞實之發現，此與採用職權調查主義之目的實相矛盾，若認法院就此項被排除之攻擊、防禦方法仍負職權調查之義務，則此項排除規定之準用即無意義。依拙見，因本法不採律師（法學專家）強制代理主義，若欲課當事人協力（一般促進訴訟）義務，其違反義務者並生失權效果，以免除法院之職權調查義務，應於本法直接規定，並事先教示使當事人能確實瞭解其義務及違反之法律效果，不宜以準用民事訴訟法之方式規定。否則，因「準用」並非適用，何部分得準用，何部分不得準用並不明確，易生爭議。鑑於法律欲課以當事人義務或負擔，其規定應具明確性，此外，本項之準用因涉及兩訴訟種類之原則性差異（行政訴訟採職權調查主義，而民事訴訟採當事人提出主義），本法既未直接明文規定當事人應適時提出攻擊、防禦方法，否則即有喪失提出權利之可能，並免除行政法院於此情形之職權調查義務，是以認爲民事訴訟法第196條第2項關於當事人失權之規定，不應準用於行政訴訟[179]。

---

[177] 見2000年民事訴訟法第196條之修正說明一。

[178] 德國行政法院法第173條規定（§173 VwGO）：「關於訴訟程序，若本法未規定者，於此兩種程序之原則性差異不排除其準用時，準用法院組織法及民事訴訟法之規定。」（Soweit dieses Gesetz keine Bestimmungen über das Verfahren enthält, sind das Gerichtsverfassungsgesetz und die Zivilprozeßordnung entsprechend anzuwenden, wenn die grundsätzlichen Unterschiede der beiden Verfahrensarten dies nicht ausschließen.）

[179] Vgl. Ule, aaO., S. 137.

三、準用民事訴訟法第197條

依本法準用民事訴訟法第197條之規定，當事人對於訴訟程序規定之違背，得提出異議。此乃是賦予當事人對於法院進行訴訟程序應遵守之規定有所違反時之救濟。蓋訴訟不但以追求實質之公平為目的，亦注重追求公平判決之過程應合乎正義，以確保雙方當事人得於公正之條件下，充分提出其攻擊、防禦方法並陳述意見。此項程序正義之遵守亦直接促使實質正義之達成，故不許法院及當事人忽視之。例如應自行迴避之法官不迴避、違反專屬管轄之法院仍就本案進行審理、法院未通知應參加訴訟之人參加訴訟、未預留合法之就審期間、法院於調查證據後未告知當事人就調查之結果為辯論等等。如法院違背訴訟程序應遵守之規定，其程序即有瑕疵，故應許當事人提出異議。惟關於訴訟程序應遵守之規定，有為公益之維護而設者，例如法官之自行迴避，亦有僅為當事人之利益而設者，例如就審期間之規定。後者之違反，因僅涉及當事人之個人利益，當事人可捨棄其異議權，故當事人已表示無異議，或知其違背或可知其違背，並無異議而為本案之言詞辯論者，該訴訟程序之瑕疵即視為治癒，當事人嗣後不得再行異議，以免妨礙訴訟程序之安定。但前者之違反，因涉及公益，法院本應依職權隨時調查其是否遵守，是以不許當事人捨棄其異議權，當事人縱使就其違反無異議，該瑕疵亦不因此治癒，嗣後仍得隨時提出異議，縱使當事人不提出異議，於判決經合法上訴時，上訴審亦應依職權審究，若程序違法重大時，仍應廢棄原判決。

四、準用民事訴訟法第200條

當事人依民事訴訟法第193條第1項及第195條第2項之規定陳述後，若他造有意見或疑問者，為經由當事人互相之辯論使事實真相越明，得聲請審判長為必要之發問，其經審判長許可者，並得自行發問。但審判長認為當事人聲請之發問或經許可之自行發問有不當者，得不為發問或禁止之。

五、準用民事訴訟法第201條

參與辯論人，包括參加人、輔佐人、證人及鑑定人等，如以審判長關於指揮訴訟之裁定或審判長及陪席法官之發問或曉諭為違法而提出異議者，受訴法院應就其異議為裁定[180]。若異議有理由時，法院即應將審判長或陪席法官所為之指揮訴訟裁定、發問或曉諭廢棄或撤銷，否則即應將異議裁定駁回。此項法院對於異議之裁定屬於訴訟程序進行中之裁定，故不得抗告[181]。

---

[180] 審判長關於指揮訴訟之裁定依本法第265條不許抗告，但得依本規定提出異議。另外，對於審判長維持法庭秩序之處分不能依本規定提出異議。

[181] 最高法院17年抗字第2021號判例參照。

六、準用民事訴訟法第204條

本法準用民事訴訟法第204條之規定，若當事人以一訴主張數項標的者，法院得命分別辯論；本訴與反訴亦同。於普通共同訴訟，對某些案件而言，雖同時辯論及裁判可能達訴訟經濟及防止裁判歧異之效果，然有時因個別事件案情繁、簡不一，同時辯論及裁判反而造成訴訟終結之窒礙，此時，法院得視具體情形，裁定命分別辯論、分別裁判。一經命分別辯論，即與分別提起之數訴同其效果，但不應命原告補繳裁判費係屬當然。本訴與反訴之情形亦同。於必要共同訴訟，因所有當事人須合一確定，故無本規定之適用。

七、準用民事訴訟法第206條

另本法準用民事訴訟法第206條之規定，當事人關於同一訴訟標的提出數種攻擊或防禦方法者，法院得命限制其種類而為辯論。所謂獨立之攻擊、防禦方法，係指該攻擊、防禦方法之成立可單獨決定本案訴訟之勝負而言。當事人須就同一訴訟標的已提出多數獨立之攻擊、防禦方法始適用本規定，若數個攻擊、防禦方法係針對不同訴訟標的，或非關於訴訟標的者，則無本規定之適用。於當事人就同一訴訟標的提出數個獨立攻擊、防禦方法之情形，審判長原可基於其訴訟指揮權指定辯論之順序，其與限制辯論之差異在於，法院限制攻擊、防禦方法之辯論後，可立即依據該辯論之結果就案件作出終局判決或中間判決（§190～§192參照），而審判長雖可指定獨立攻擊、防禦方法之辯論順序，但該項攻擊、防禦方法雖已辯論結束，原則上法院仍應等待全部攻擊、防禦方法皆已辯論終結後，始能據以作出判決[182]。

八、準用民事訴訟法第208條

依本法準用民事訴訟法第208條之規定，當事人、訴訟代理人或輔佐人欠缺陳述能力者，法院得禁止其陳述。是否無陳述能力，以應陳述時為準。被禁止陳述之人須為有訴訟能力之人，否則即非禁止陳述之問題，而是訴訟未經合法代理之問題。於禁止陳述之場合，除非另有具陳述能力之當事人、訴訟代理人或輔佐人同時到場者外，因該當事人、訴訟代理人或輔佐人無法進行言詞辯論，故審判長應延展辯論期日，俾使雙方當事人能確實進行言詞辯論。如新期日到場之人再經禁止陳述者，得視同不到場。於新期日到場而被禁止陳述之人與第一次被禁止陳述之人不必為同一人[183]，但須為同一造，且該造已無其他人可為辯論始可。此時，即可由他造聲請一造辯論判決。

---

[182] 參照王甲乙、楊建華、鄭健才，民事訴訟法新論，2003年，頁223。
[183] 參照王甲乙、楊建華、鄭健才，民事訴訟法新論，2003年，頁224、225。

九、準用民事訴訟法第210條

　　法院之判決應以當事人於言詞辯論中所辯論之材料爲基礎，若言詞辯論終結後，法院發現案情仍有疑點或經當事人辯論之資料不足以支持作成判決時，即應以裁定命再開已終結之言詞辯論，重新釐清訴訟關係或蒐集更充分之訴訟資料，故本法準用民事訴訟法第210條之規定，許法院於言詞辯論終結後，宣示裁判前，如認爲有必要，得命再開言詞辯論。是否再開辯論，由法院自由裁量，當事人無聲請權，縱使其提出聲請，法院亦可不就其聲請裁判。若法院對當事人之聲請爲准、駁之裁定，亦屬訴訟程序進行中所爲，當事人不得對之提起抗告（§265參照）[184]。法院裁定再開辯論後，即應指定再開辯論之期日，將期日通知書連同再開辯論之裁定送達於當事人及訴訟關係人。再開辯論時，性質上爲前次辯論之續行，當事人得重新提出一切攻擊、防禦方法，並排除以前遲誤訴訟行爲所生之不利效果[185]。但法院不得專門爲了使遲誤訴訟行爲之當事人能除去遲誤之效果而命再開辯論[186]。

十、準用民事訴訟法第211條

　　本法因採直接審理原則，故本法第188條第2項規定：「法官非參與裁判基礎之辯論者，不得參與裁判。」若參與言詞辯論之法官有更易者，爲符合直接審理之規定，須使新參與之法官亦有機會與聞前已進行之言詞辯論，因此本法準用民事訴訟法第211條之規定，審判長應指示當事人陳述以前辯論之要領，但審判長亦得令書記官朗讀以前之筆錄代之。

十一、準用民事訴訟法第213條第2項

　　民事訴訟法第213條係規定言詞辯論筆錄應記載之事項，第1項係立法者明確舉出須記載之內容。第2項則規定，除第1項之事項外，當事人所爲重要聲明或陳述，例如當事人聲請一造辯論或依職權命一造辯論等以及經審判長曉諭而當事人卻不爲聲明或陳述之情形，例如就特定事實之陳述闡明當事人應補充或提出證據方法等，審判長亦得命記載於筆錄。

十二、準用民事訴訟法第214條

　　爲補充書記官之記錄，當事人可將其在言詞辯論時所爲之聲明或陳述記載於書狀，當場提出，若經審判長認爲適當者，得命法院書記官以該書狀附於筆錄，此時，

---

[184] 最高法院28年抗字第173號判例參照。
[185] 陳榮宗、林慶苗，民事訴訟法，2009年修訂7版，頁552參照。
[186] 最高法院29年上字第1273號判例參照。

該書狀即爲筆錄之附件，與筆錄之記載有同一之效力，而書記官則應於筆錄內記載其事由。

十三、準用民事訴訟法第215條

除上述書狀添附之情形外，爲免記錄勞累，書記官亦得於筆錄內引用附卷之文書或表示將該文書作爲筆錄之附件。一經書記官爲此記載，該文書所記載之事項即與記載於筆錄有同一之效力。

十四、準用民事訴訟法第217條

言詞辯論筆錄作成後，爲完成其公文書之格式，審判長及書記官應於筆錄內簽名；審判長因故不能簽名者，由資深陪席法官簽名，並附記其事由；獨任法官因故不能簽名者，僅由書記官簽名，並附記其事由。若筆錄未依此規定簽名，其訴訟程序即屬違法。無任何簽名之筆錄因缺乏其作爲公文書之形式要件，應認爲該筆錄無效，於此情形，該筆錄所記載之訴訟程序亦應無效，但於當事人異議前已經補簽者，應認爲瑕疵已治癒。

審判長未依民事訴訟法第217條規定於筆錄內簽名，經當事人提出異議，且其內容又與判決有因果關係者，法院始得認爲訴訟程序有重大瑕疵，若當事人於上訴時未予異議，法院即不得依職權認有瑕疵而發回更審（最高法院47年3月5日民刑庭總會決議參照），此項見解於法院書記官漏未簽名時，亦適用之[187]。

十五、準用民事訴訟法第218條

筆錄作成後，依法不得挖補或塗改文字，如有增加、刪除，應蓋章並記明字數，其刪除處應留存字跡，俾得辨認。其有違反者，筆錄並非當然無效，惟其證據力勢將減弱。

十六、準用民事訴訟法第219條

言詞辯論筆錄乃公文書，其效力極強，特別是關於言詞辯論所定程式之遵守，專以筆錄證之。此項證明力乃法律明定，當事人不許提反證推翻其記載。此乃法定證據主義之規定。

十七、準用民事訴訟法第265條

關於言詞辯論之準備，本法亦準用民事訴訟法第265條之規定，故當事人因準備

---

[187] 最高法院50年台上字第1024號判例參照。

言詞辯論之必要，應以書狀記載其所用之攻擊或防禦方法，及對於他造之聲明，並將攻擊或防禦方法之陳述，提出於法院。為使訴訟程序迅速進行，節省法院送達書狀之負擔，當事人應就其準備書狀自行以繕本或影本直接通知他造，使他造得預先準備，俾便言詞辯論順暢進行。若他造就曾否受領此項書狀繕本或影本有爭議時，由提出書狀之當事人釋明之。惟此項準用並未影響法院職權調查之義務，若當事人未履行此負擔，法院仍應在可期待之範圍內自行調查。

十八、準用民事訴訟法第266條

行政訴訟如同民事訴訟，亦適用集中審理原則，故本法準用民事訴訟法第266條之規定。立法者於2000年修正民事訴訟法第266條時，依其立法理由，認為：

(一)為充分準備言詞辯論，達到審理集中化之目標，乃於本條增訂關於準備書狀及答辯狀應記載事項、記載方式及添具用書證影本等規定，以促使當事人善盡其一般的協力迅速進行訴訟之負擔。

(二)為使法院及當事人易於掌握案情全貌，進而整理爭點，當事人於準備書狀或答辯狀中記載第266條第1項及第2項所定應記載事項時，應分別具體記載，以求明確。

(三)當事人之準備書狀或答辯狀如有引用書證者，應於提出該書狀之同時添具所用書證之影本，提出於法院，並以影本直接通知他造，以便法院及當事人均能儘速取得相關之訴訟及證據資料，而為言詞辯論期日之審理程序作充分之準備。但於行政訴訟，因適用職權調查主義，此規定仍屬督促性質，並非當事人之義務。

十九、準用民事訴訟法第267條

為促使當事人盡其協助法院迅速進行訴訟之負擔，以達到集中審理之目標，當事人應在一定期間內提出書狀及所用之書證影本，使法院和所有當事人皆能於言詞辯論期日前有充分準備，是以被告收受起訴狀後，如認為有答辯之必要，應於十日內提出答辯狀於法院，並以繕本或影本直接通知原告；如已指定言詞辯論期日者，至遲應於該期日五日前為之。此外，當事人所用之所有攻擊、防禦方法，皆應事先通知他造使其準備，若有未記載於訴狀或答辯狀者，為使他造能充分準備，當事人應於他造得就該事項進行準備所必要之期間內，提出記載該事項之準備書狀於法院，並以繕本或影本直接通知他造；如已指定言詞辯論期日者，至遲應於該期日五日前為之。當事人互相交換書狀後，若就他造書狀所記載之事項有所辯駁，為使他造就此於言詞辯論期日能充分辯論，應於收受該等書狀後五日內，更提出記載該辯駁之準備書狀於法院，並以繕本或影本直接通知他造；如已指定言詞辯論期日者，至遲應於該期日三日前為之。

二十、準用民事訴訟法第268條

若審判長認為言詞辯論之準備尚未充足，得定期間命當事人依第265條至第267條之規定，提出記載完全之準備書狀或答辯狀，並得命其就特定事項詳為表明或聲明所用之證據。依本規定，審判長得於言詞辯論終結前[188]，命當事人補提書狀或聲明證據，避免法院於言詞辯論後始命當事人提出準備書狀，造成言詞辯論期日之浪費。雖有此準用規定，但法院認為必要時，亦可捨準備書狀之提出而使受命法官進行準備程序。

二一、準用民事訴訟法第268條之1

審判長或受命法官依第267條和第268條之規定，進行書狀先行程序後，即應速定言詞辯論期日或準備程序期日。蓋法院於收受原告訴狀後，依第250條之規定，原則上應由審判長速定言詞辯論期日，故若審判長認為已準備完成，即應定言詞辯論期日，若準備不足仍須進行準備程序，則須定準備程序期日。又為使法院得於言詞辯論期日針對當事人之爭點集中調查證據，應使當事人整理並協議簡化爭點，因此立法院於2000年增訂民事訴訟法第268條之1時，導入爭點整理與簡化之制度，據此規定，為便於審理集中化，法院於前項期日，應使當事人整理並協議簡化爭點。審判長於必要時，得定期間命當事人就整理爭點之結果提出摘要書狀。此項書狀，應以簡明文字，逐項分段記載，不得概括引用原有書狀或言詞之陳述，使法院及他造易於明瞭其所載之內容，以利審理[189]。

雖說此規定對於法院之審理應有助益，但因行政訴訟之第一審並非採律師強制代理，因此原則上一般人民似乎不具有此能力，以精確簡潔文字整理出爭點，更遑論和具專業而處強勢地位之行政機關達成爭點協議。此外，於撤銷訴訟和課予義務訴訟，因原則上已經過訴願先行程序，爭點幾乎已經明確，故本規定之準用效益不若民事訴訟。最後，因法院負有依職權調查事實之義務，既不受當事人主張之拘束，職是之故，當事人之爭點簡化、摘要與協議皆僅供法院參考，並無拘束法院之效力。

二二、準用民事訴訟法第268條之2

依民事訴訟法第268條之2之規定，當事人未依第267條、第268條及第268條之1第3項之規定提出書狀或聲明證據者，因其違反確實履行提出書狀及聲明證據之義務，為求責任明確，法院得依聲請或依職權命負有說明義務之當事人以書狀說明其理由。若當事人未依規定說明或其說明理由不完足者，法院得準用民事訴訟法第276條

---

[188] 於不得已之情況，亦得在指定期日之前，或在言詞辯論期日進行中，甚至於多次言詞辯論期日後認為必要時，重新進行言詞辯論之準備。

[189] 參照2000年第268條之1之立法理由。

之規定，使生失權之效果，或於判決時將其作爲形成心證之全辯論意旨之一部分加以斟酌。

然而，若參照本條之立法理由，可知本規定係奠基於督促當事人確實履行提出書狀及聲明證據之義務[190]，然而當事人之此等協力義務並非直接規定於行政訴訟法，此項準用顯與行政訴訟採用職權調查主義相牴觸，顯然違背行政訴訟準用民事訴訟法之本質限制[191]，應屬錯誤之立法。實際上，2022年6月修正時既已增訂第125條之1，特別是關於失權之部分，應可依該條規定操作即可。

二三、準用民事訴訟法第270條第1項

依民事訴訟法第270條之規定，行合議審判之法院，爲闡明訴訟關係，於必要時，得於言詞辯論期日前，指定庭員一人爲受命法官，進行準備程序。據此，由法官一人獨任審判之訴訟案件並無所謂準備程序，準備程序僅於合議審判之案件始舉行[192]，其目的乃在使言詞辯論程序順暢進行並易於終結，故準備程序以闡明訴訟關係爲主，但例外亦可經法院命令，使受命法官調查證據。準備程序之進行並非法律強制規定，是否進行，係由法院視案情需要自由裁量。

二四、準用民事訴訟法第270條之1

此外，民事訴訟法於2000年修正時增訂第270條之1，爲使行準備程序之法官行事有據，並使準備程序之進行確能恰如其分，乃規定受命法官爲闡明訴訟關係，得命當事人就準備書狀記載之事項爲說明、命當事人就事實或文書、物件爲陳述、或整理並協議簡化爭點、或爲其他必要事項。於必要時，亦得於非公開法庭爲此等行爲。於進行此項程序時，若受命法官認爲適當，得暫行退席或命當事人暫行退庭，或指定七日以下之期間命當事人就雙方主張之爭點或其他有利訴訟終結之事項，爲簡化之協議，並共同向法院陳明。以上規定，經行政訴訟法明文準用，但該條關於指定期間命當事人爲協議以二次爲限，以及經當事人協議之爭點，除經兩造同意變更或因不可歸責於當事人之事由或依其他情形協議顯失公平者外，有拘束當事人之效力之規定，因有違背職權調查主義之虞，應不能類推適用於行政訴訟。

此外，依「法官知法」及「法官審判獨立」之原則，法官適用法律之職責，並不當然受當事人基於聽審請求權、辯論權所主張法律上見解之拘束。是法院就當事人所主張起訴原因之事實判斷其法律上之效果，自不因當事人就其主張之法律上爭點，經

---

[190] 參照2000年第268條之2之立法理由。
[191] 參照行政訴訟法第307條之1。
[192] 參照吳庚，行政爭訟法論，2014年修訂7版，頁220。

依上開條項為整理並協議時自認或不爭執而受影響[193]。

二五、準用民事訴訟法第271條

準備程序之進行，與稍後進行之言詞辯論關係密切，和當事人之利益攸關，為免資料散失，造成爭議，故應作成紀錄。故本法準用民事訴訟法第271條之規定，書記官於製作準備程序筆錄時，應將各當事人所用之攻擊或防禦方法、對於他造之聲明及攻擊或防禦方法之陳述以及民事訴訟法第270條之1第1項各款規定和協議簡化爭點等之陳述，記載明確。關於此項筆錄之製作，則應準用本法第128條至第130條之規定。

二六、準用民事訴訟法第271條之1

民事訴訟法第270條之1與第271條所規定關於準備程序有關事項之進行，於行獨任審判之事件，亦屬有其必要，尤以整理並協議簡化爭點，如不在公開法庭行之，對訴訟關係之闡明，更大有助益，故本條規定，該二條之規定，於行獨任審判之訴訟事件亦應得準用之。但仍應排除與行政訴訟性質不相符之部分。

二七、準用民事訴訟法第273條

為進行準備程序，受命法官得指定期日，通知訴訟關係人到場（§94）。若當事人之一造不到場者，得僅對到場之他造進行準備程序。但未到場之當事人已提出準備書狀者，應命到場之當事人對其記載為陳述，並將筆錄送達未到場之人而終結準備程序。但受命法官亦得另定新期日，通知雙方當事人續行準備程序。

二八、準用民事訴訟法第274條

準備程序終結時，為使當事人能明瞭訴訟程序進行之狀況，受命法官應告知當事人，並記載於筆錄；若法院認為準備程序尚未充分者，亦得命再開已終結之準備程序。

二九、準用民事訴訟法第275條

若法院於準備程序後進行言詞辯論者，為符合直接審理之要求，當事人應陳述準備程序之要領，但審判長亦得令書記官朗讀準備程序筆錄代之。

---

[193] 最高法院95年度台上字第1302號判決參照。

三十、準用民事訴訟法第276條

　　法院為準備言詞辯論，而指定受命法官進行準備程序，若對當事人無任何法律效果，當事人必不予重視，如此將使準備程序失去意義，因此本法準用民事訴訟法第276條之規定，若當事人於準備程序未提出其於言詞辯論時將使用之攻擊、防禦方法及證據，由書記官記明筆錄[194]，則此項於準備程序未提出之攻擊防禦方法於準備程序後行言詞辯論時不得主張之。此即忽視準備程序之失權規定。因行政訴訟僅有兩審，且事實審僅為一審，若於第一審行政法院發生失權效果，因上訴審為法律審，當事人不得提出新攻擊、防禦方法及新證據，即無法追復，當事人亦將因此承受重大不利。本規定乍視之下似甚嚴厲，惟依民事訴訟法第276條之規定，此項失權規定並不適用於法院應依職權調查之事項，或主張該事項不甚延滯訴訟，或經釋明因不可歸責於當事人不能在準備程序提出，或依其他情形禁止其提出顯失公平之情形。雖然該條所謂之「法院應依職權調查之事項」應係指訴訟之成立要件而言，而不及案件之攻擊、防禦方法。問題是，於行政訴訟，行政法院依本法第125條第1項負有依職權調查事實之義務，則依民事訴訟法第276條第1項第1款，當事人縱使於準備程序不為任何主張，法院亦應職權調查，若如此，則本項失權規定之準用即成具文而無意義。此項民事訴訟與行政訴訟之原則差異，立法者似未察覺，因而有此項準用之錯誤。若立法者有意使當事人負協力義務（負擔），似應仿照德國行政法院法第87條之2（§87b VwGO）之規定，由法院具體指定當事人應於相當期限內協助提出之事實或證據，若當事人無正當理由不協力者，即可排除該項事實或證據之調查[195]。因本項準用規定之立法不明確，致使「法院應依職權調查之事項」究係何指存有疑議，故應不能將此項準用規定解為係關於當事人協力義務之規定。法體系上，本條之準用係和行政訴訟法第307條之1所設之準用限制——「與行政訴訟之性質不相牴觸」——相違背，實屬錯誤立法。

第四節　證　據

一、通　則

　　本節所稱「證據」係指廣義證據之意義，包括調查證據之程序、證據方法（人

---

[194] 但當事人已提出之主張，書記官漏未記載於筆錄者，應不生排除效果。又雖未於準備程序主張，但已提出準備書狀者，亦同。

[195] 關於該條之中譯文，見張文郁，對於行政訴訟法修正草案之淺見，輔仁法學16期，1997年6月，頁161、162。

證、物證、書證、鑑定）、舉證責任分配法則、證據價值判斷之程序[196]。

在就以上各事項說明之前，先就有關證據的共通事項說明如下：

(一)證據能力——行政訴訟上證據排除法則

1.證據能力之意義

證據能力係指證據材料是否具有作為證明待證事實的資格；證據能力係「有」或「無」的問題，無證據能力之證據，就不必討論其證據證明力多寡的問題，更遑論其得成為心證之依據。證據能力因此是「證據容許性」（亦有稱為許容性者）及「證據排除」的問題[197]，未具有證據能力之證據，縱然與事實相符，亦不得作判決之證據。

刑事訴訟法第155條第2項規定：「無證據能力、未經合法調查之證據，不得作為判斷之依據。」是以刑事訴訟程序有證據能力的問題，可以排除若干不得作為證據之證據材料。刑事訴訟程序上無證據能力之證據包括：(1)證人於審判外之陳述（傳聞證據）[198]；(2)證人意見與推測；(3)應具結而未具結之證言；(4)未經具結的鑑定意見；(5)不正方法取得之證據；(6)非真正證據；(7)證人的書面陳述[199]。

民事訴訟因法無明文，並無嚴格的證據排除法則，由法院視個案而定[200]。行政程序法對於行政機關調查證據，是否有證據能力的問題，沒有明文規定。行政訴訟法亦無明文規定[201]，但行政訴訟是否有證據能力的問題，頗有探究之餘地。因為行政訴訟

---

[196] 鮑娟，行政程序的證據法則，憲政思潮61期，1983年3月，頁28以下。

[197] 有關證據排除法則之沿革，請參蘇永欽，竊聽取證之適法性及證據能力之研究，刑事科學302期，1991年9月，頁134以下。

[198] 陳運財，直接審理與傳聞法則，2001年，頁69以下。

[199] 周叔厚，證據法論，1995年3版，頁343以下。

[200] 周叔厚，前揭書，頁347。

[201] 但中華人民共和國最高人民法院關於行政訴訟證據若干問題的規定（經2002年6月4日由最高人民法院審判委員會第1224次會議通過。自2002年10月1日起施行）其中第57～59條乃有關證據排除之規定，錄之以供參考：
第57條：下列證據材料不能作為定案依據：(一)嚴重違反法定程式蒐集的證據材料；(二)以偷拍、偷錄、竊聽等手段獲取侵害他人合法權益的證據材料；(三)以利誘、欺詐、脅迫、暴力等不正當手段獲取的證據材料；(四)當事人無正當事由超出舉證期限提供的證據材料；(五)在中華人民共和國領域以外或者在中華人民共和國香港特別行政區、澳門特別行政區和臺灣地區形成的未辦理法定證明手續的證據材料；(六)當事人無正當理由拒不提供原件、原物，又無其他證據印證，且對方當事人不予認可的證據的複製件或者複製品；(七)被當事人或者他人進行技術處理而無法辨明真偽的證據材料；(八)不能正確表達意志的證人提供的證言；(九)不具備合法性和真實性的其他證據材料。
第58條：以違反法律禁止性規定或者侵犯他人合法權益的方法取得的證據，不能作為認定案件事實的依據。
第59條：被告在行政程式中依照法定程式要求原告提供證據，原告依法應當提供而拒不提供，在訴訟程式中提供的證據，人民法院一般不予採納。
上開各種排除證據的事由，有些係屬「證據證明力」的問題（例如第57條第(五)～(八)款），另

過程，與刑事訴訟過程相近，都是國家高權的運作，基於法治國家「機關應守法」的觀點，行政程序及行政訴訟程序，都應該有證據能力的設計。

行政訴訟旨在透過訴訟機制監督並糾正行政機關在行政程序上的違法行為，以遂行權力分立之功能。不論是行政機關依行政程序法或行政法院依行政訴訟法，在認定事實方面皆適用同種證據法則，故行政程序或行政訴訟皆具有「維護公法秩序」之任務。基於「依法行政」的要求，行政機關須依合法證據以認定事實，進而作成行政處分，始能免於違法。刑事判決程序強調「正當法律程序」，以限制國家權力的濫用，故刑事訴訟程序有嚴格的證據排除法則，從而發展出所謂的「毒樹毒果理論」[202]，以進一步，排除基於違法程序取得證據所衍生出來的證據之證據能力。

雖然行政處分及行政訴訟與刑事訴訟程序目標不同，毒樹毒果理論於行政程序與行政訴訟不盡然全部適用，但法治國家除要求「實質正當性」外，在「正當程序」的要求下，縱使有合法目的（增加國家稅收，維持社會秩序等），國家亦不得「故意」以「非法」的手段達成。

本書認為，以「顯然」、「故意」之「刑事不法」的手段所蒐集之證據，在行政程序與行政訴訟上，應無證據能力[203]。故「稅務人員」未持有搜索票對企業進行搜索所得之帳冊或唆使企業員工偷竊該公司之帳冊，除不得作為企業者漏稅犯罪之證據（稅捐稽徵法§41～§43）外，亦不得作為行政上課以漏稅罰之證據。納稅者權利保護法第11條就證據能力有明文規定，其第3項規定：「稅捐稽徵機關或財政部賦稅署指定之人員違法調查所取得之證據，不得作為認定課稅或處罰之基礎。但違法取得證據之情節輕微，排除該證據之使用明顯有違公共利益者，不在此限。」此一規定明顯取範於刑事訴訟法第158條之4而採「權衡原則」，且限於「稅捐稽徵機關或財政部賦稅署指定之人員違法調查所取得之證據」，若私人違反誠信原則或其他違法取得證據，則非屬欠缺證據能力的樣態，此規定容有可議之處。

外，第57條第(九)款又與其他款（例如第(一)款）重複。再者，部分係與「證據提出順序」有關，例如第57條第(四)款。

[202] 參周叔厚，證據法論，1995年3版，頁1144。目前我國法制上刑事訴訟法第158條之4規定，基本上係採「權衡理論」，而不採毒樹毒果理論。明文採取毒樹毒果理論的規定，大致僅有通訊保障及監察法第18條之1的規定。

[203] 參楊得君，稅捐爭訟程序之舉證責任，司法研究年報19輯18篇，1999年6月，頁18。

另行政機關僅以「行政不法」[204]或「民事不法」[205]之行為所取得之證據，應不至於無證據能力，但是否有足夠的證據證明力，則由行政法院依職權另行判斷。

惟行政機關對人民所提供之證據，是否有審查其取得合法性之義務？仍有討論之餘地。例如：有某企業之員工，因受到非法解僱，心生怨恨，乃偷竊公司之帳冊或盜拷公司的會計電子資料，持以向稅捐稽徵機關舉其逃漏稅，稅捐處是否有義務審查此等證據之來源是否合法？再者，確知員工所提供之證據乃基於刑事不法方式所取得，是否應拒絕使用該些證據？本書認為，基於法治國家理性之倫理性要求，行政機關容忍此種明顯違法（刑事不法）之行為所取得之證據，無異於包庇不法，應非法治國家所許。

又以法律上應祕密之事項，且無從證實之事項為證據，該證據無證據能力，例如在當選無效之訴訟程序中，詢問選舉人「投票與誰」所獲得之回答，無證據能力。蓋民主選舉屬應祕密之事項，投票亦屬無記名，此種證據因欠缺「補強證據」，故不具證據能力。但公務員或專業人員（例如醫師、律師）職務上應祕密之事項未經法定程序予以透露，則仍有證實的可能，蓋其有解除祕密義務的法定程序，故就此些祕密事項所為之證據，應有證據能力。

惟警察無法定管轄權，臨檢所蒐集到的證據（酒家、網路咖啡店、電子遊戲業無照營業），仍可分別移送至各主管機關，此為「證據移用」，而非管轄權欠缺的問題，仍受許可[206]。換言之，法定管轄權之有無，並非證據能力之要件，證據能力所強調的是，國家權力不可濫用的問題。

另證據能力的問題旨在限制國家為達目的（縱使是具有公益目的）而濫用公權力之情事，故取得證據者純屬人民而無公權力介入，其方式亦未達於刑事不法之程度，則該證據並不受證據能力之排除，例如私人密錄他人之講話；私人公寓大廈裝設錄影機所錄得之影像，皆具有證據能力。

---

[204] 例如臺北市議員曾舉發臺北市警局所使用之汽車雷達「測速照相機」，多數未經交通部電信總局設置許可，且未繳交使用許可年費，此些僅具有「行政不法性」，尚不至於使經由此些機具所取得之證據（超速）發生應予排除之效果。但該測速照相機未經中央標準局定期校正所可能產生的「誤差率」，則屬證據證明力的問題。參中國時報，「北市測速照相機多數無照使用」新聞，第3版，2000年3月2日。另以未經中央標準局檢驗合格之「酒精檢測器」進行酒測試，亦有行政不法的問題，但此為證據力的問題，非證據能力的問題。參中國時報，「六百餘瑕疵酒測器已分批回收」新聞，第3版，2000年3月2日。

[205] 例如臺北市擬在重要路口裝設「網路監視器」，以達預防治安死角目的。此種措施雖具有增進公共利益之目的，事實上亦將對隱私權造成侵害。蓋個人在公共場所之活動雖然眾人得共聞共見，但未經當事人同意，並不表示行政機關得將個人活動以機器子以「儲存」起來（釋689參照），特別是又透過網路向不特定之人公開。參中國時報，「網路監視器盯著你跟著你」新聞，第6版，2000年3月19日。參程明修，國家透過公共場所的監視器對人民基本權利的干預，法學講座3期，2002年3月，頁63以下。

[206] 參中國時報，「行業查報逾權，警方停看聽」新聞，第8版，2001年4月9日。

2.行政訴訟上之證據能力

　　緣行政法係一行為規範，故有關行政程序與行政訴訟上的證據能力基本上相同，但行政訴訟另有訴訟上之基本法理，故另有訴訟法上無證據能力之依據。由於證據能力係證據排除之法則，故有關證據能力之規定，係以消極方式呈現出來。

(1)不合乎要式之證據，無證據能力

　　行政處分須一定方式始能成立，未具備該方式者，無效（行程§111②），則該「方式」即具證據能力之要素。要式性的證據包括由法律、法規命令或以行政規則所定之方式。違反要式規定之證據，不具證據能力，例如未給與專利證書之專利權授與（專利法§52），亦即非「專利權證書」，對專利權有無之事實而言，不具證據能力；又例如營業人須在「一定時程內開立統一發票」（營業稅法§32）以證明合法繳納營業稅，以非統一發票之其他收據，擬作為已繳納營業稅之證據，即不具證據能力。

　　但「證據能力」如由行政機關以「行政釋示」或「認定事實基準」之行政規則所定者，行政法院並不受其拘束，仍得依正當之法律確信對證據能力之有無加以認定，例如「因維持資產之使用或防止其損壞而修理或換置之支出，或定期之修繕支出應准為費用列支。……（營利事業所得稅結算申報）查核準則第77條第3項第3款僅規定輪船業之歲修應經港務局證明屬實，並無須經交通部認可之驗船機構證明之規定，是則上述財政部（68）台財稅第31881號函釋已難謂有據，且前述高雄港務局簡便行文表復稱：『至於其施修工程及項目本局並不過問』，則查核準則第77條第3項第3款規定須經港務局證明，亦嫌過苛，況同條第6項規定修繕費支出修繕費之原始憑證，包括統一發票在內，原告既經提出統一發票，如仍責令其必須提出港務局之證明，始准作費用認列，是否合於課稅公平之原則，不無斟酌之餘地。」（最高行政法院71年度判字第1259號判決）換言之，行政法院可不受行政機關函釋之拘束，應依職權為證據能力「有」「無」之判斷。

(2)虛偽文件，無證據能力

　　虛偽文件，係「非證據」，自無證據能力。

(3)違反言詞辯論主義之證據，無證據能力

　　證人未親自到庭陳述，而以書面代替陳述，謂之「傳聞證據」[207]，該書面違反言詞辯論主義（§141）與直接審理主義（§188），除有特別規定外，無證據能力[208]。但行政訴訟上，證人未具結所為之證言，僅屬證據力的問題而已。

---

[207] 參石志泉，英美證據法之特徵，法律評論21卷6期，1955年6月，頁2以下。

[208] 參袁坤祥，論傳聞證據，法聲10期，1974年1月，頁30以下；王茂松，傳聞證據之研究（上）（下），軍法專刊26卷8、9期，1980年8、9月，頁16、13以下；黃朝義，傳聞法則，收錄於：氏著，刑事證據法研究，2000年2版，頁159以下。

(4)故意以違法方法取得之證據

法治國家係要求國家權力作用不得為達目的而不擇手段，縱使針對人民違法之個案行為，仍須遵循一定「法定程序」始得發動並運作公權力，是為「正當程序原則」。國家權力不得故意以刑事不法之手段，進行證據之調查[209]，故意違反此一原則所取得之證據，應無證據能力。本書認為，故意包容私人違法取得之證據，亦同；因此機關接受私人所提供之證據，有法律上義務查證其證據來源是否合法。

(5)以不合乎法定標準的儀器所取得之證據

度量衡法第20條規定：「應經檢定之法定度量衡器，未經檢定合格，或未依前條規定重新申請檢定合格者，不得為計量使用或備置，亦不得販賣或意圖販賣而陳列；應經檢定之法定度量衡器，其最長使用期限屆滿者，亦同。」所謂法定度量衡[210]，包括水錶、電錶、加油槍、照相測速器、酒精測試器等。此一規定的目的，旨在確保度量衡最基本的正確性，故警察若使用非經檢驗合格之法定度量衡，例如酒精測試器檢驗駕駛人、或以不合格的照相測速器或程式錯誤的區間測速器所取得的車輛速度的「數據」[211]，皆不具有證據能力，不得以之作為處罰人民之依據[212]。

(6)違反目的拘束原則之個人資料之使用

個人資料保護法第5條規定：「個人資料之蒐集、處理或利用，應尊重當事人之權益，依誠實及信用方法為之，不得逾越特定目的之必要範圍，並應與蒐集之目的具有正當合理之關聯。」第16條復規定：「公務機關對個人資料之利用，除第六條第一項所規定資料外，應於執行法定職務必要範圍內為之，並『與蒐集之特定目的』相符。但有下列情形之一者，得為特定目的外之利用：……」（同法第19條針對非公務機關有相同意旨規定），亦即，國家機關對個人資料的利用，「原則上」必須與最初蒐集目的相符，此一規定意旨，在通訊保障及監察法第18條之1第2項有貫徹性的規定：「依第五條、第六條或第七條規定執行通訊監察所取得之內容或所衍生之證據與『監察目的』無關者，不得作為司法偵查、審判、其他程序之證據或其他用途，並依第十七條第二項規定予以銷燬。」本項明文規定「目的拘束原則」，亦即，違反通訊

---

209 參法治斌，論違法搜索扣押證據之排除，政大法學評論25期，1982年6月，頁61以下。

210 經濟部標準檢驗局公布：目前應經檢定之法定度量衡器，計有計程車計費表、衡器（非自動衡器度、重力式自動裝料衡器及非連續累計自動衡器）、非侵入式機械血壓計、體積計（膜式氣量計、刻有分度之金屬製量桶及量槽、水量計、油量計、液化石油氣流量計）、電度表、速度計（雷達測速儀、雷射測速儀及感應式線圈測速儀）、公務檢測用噪音計、濃度計（公務檢測用呼氣酒精測試器及分析儀、稻穀水分計、硬質玉米水分計、公務檢測用車輛排氣分析儀）、公務檢測用照度計及電子式體溫計等法定度量衡器。

211 李惠宗，執法利器乎？——論區間測速器是法定度量衡，月旦法學教室214期，2020年8月，頁6-8。

212 參李惠宗，交通大執法正當性問題的探討，台灣本土法學63期，2004年10月，頁128；洪文玲，行政證據法則之研究，中央警察大學警政論叢7期，2007年，頁125。

監察最初的目的所蒐集的通訊資訊（原始證據）及其「衍生證據」，全部都不具有證據能力。此一規定甚爲嚴格，但也因此可以確保個人秘密通訊自由。

而個人資料的蒐集與利用，涉及個人人格發展及人性尊嚴之保障，基於個資法對於個人資料保障的精神，蒐集目的作爲他案證之個資利用，亦必須遵循「目的拘束原則」[213]，否則個資的保護將徒托空言。此一原則，不論公務機關或非公務機關，皆應一體適用。故爲了「治安」目的所裝設的「道路監視器」（警察職權行使法第10條第1項），所蒐集的人車通行紀錄，不得作爲取締「違規停車」證據之用，因爲違規停車的取締不屬於「治安」範圍；稅捐機關亦不得爲執行使用牌照稅法任務（補稅及罰鍰），將該行車資料作爲認定「有使用公共道路」之證據；相同的法理，電子停車收費系統所蒐集的個人停車資訊，亦不得作爲車輛使用牌照稅「補稅並加罰」的證據，因爲電子停車收費系統目的只在收費，收費目的完成時，依個資法第11條規定，主管機關應主動或依聲請刪除該筆停車資訊，停車主管機關不應將該停車資訊，繼續交付其他機關使用，此一措施已逾越一般行政協助（行程§19）的範圍。

相同的法理，個人汽車所裝設的「行車記錄器」所蒐集的他人個資，基本上係作爲發生車禍時，爲釐清責任歸屬判斷的依據。但實務上，許多民眾往往濫用行車記錄器所蒐集到的影像，作爲檢舉他人違交通法規（越線停車或跨線行駛等）之用，此亦屬違反「目的拘束原則」；以個人手機的照相功能，拍攝他人違反廢棄物清理法（未清理狗便）作爲檢舉違規（以圖領取檢舉獎金），亦屬違反目的拘束原則。除非有特別高度的公益目的或法律特別明文規定，此些違反目的拘束原則的「個資的使用」，皆屬行政程序上或行政訴訟上欠缺證據能力的情形。故高速公路的ETC收費系統所蒐集的個人行車資料，也不可以作爲證明使用牌照稅稽徵之證據。

(二)證據證明力

1.證據證明力之意義

具有證據能力之證據，始具有「證據證明力」，簡稱「證據力」。證據力具有層深的問題，即某一證據具有何種程度的證明力，是否須與其他證據合用始能成爲「完全證據」，係屬行政機關及行政法院「自由心證」之職權。行政機關爲處分或其他行政行爲，應斟酌全部陳述與調查事實及證據之結果，依論理及經驗法則判斷事實之眞僞（行程§43）。但行政機關就證據具有多少的證明力所爲之判斷，涉及到行政處分是否合法，行政法院亦得審查。行政法院78年度判字第366號判決稱：「斷證據之證明力，應綜合全部事實並參酌有關旁證，憑經驗法則爲之，不宜專執一端遽予推臆論

---

213 參李惠宗，個人資料保護法上的帝王條款—目的拘束原則，法令月刊64卷1期，2013年1月，頁37-61。

斷，案內系爭加班費之支付，既經會計師查帳簽證謂與印領清冊及薪資支出扣繳稅款申報資料相符，並有於申報時即已提出之部分印領清冊與經手人出具之加班單影本可資參證，原處分僅因缺出勤紀錄，無法確定有加班事實而於核定其營業成本時，全部剔除系爭加班費，尚有未合。」[214]行政法院在此一判決即直接對行政機關就證據證明力的評價加以審查，值得贊同。

2.證據證明力與證據能力之區別

證據證明力係屬證據材料之能證明待證事實「如何存在」之素材，故證據力有強固或薄弱層次的問題，法官心證的內容，即指「證據證明力」而言。

證據能力與證據證明力並不相同。二者區別的方法是，即使該證據內容是真的，亦不得作為行政處分之依據或行政訴訟裁判之基礎者，則該證據欠缺證據能力，若證物或證人實際存在，僅無法充分證明特定事實的存在，則屬證據力的問題。故「證據能力」是「有無」的問題，但「證明力」則屬「多少」的問題，但實務上行政法院誤解之例有之，例如：私文書的真正沒有爭議，但對內容的真實性存有質疑，僅屬證據證明力的問題，但行政法院認為：「事後臨時製作之新文書，……依照民事訴訟法（準用）第357條但書所定法旨反面解釋，已『失去證據能力』（引號為著者強調），自無從採信。」（改制前行政法院71年度判字第922號判決）其謂「失去證據能力」之說似有誤會，蓋證據能力係有無，且是「自始有無」的問題，有證據能力不會嗣後失去，無證據能力亦不能補正，本案應是證據力不夠，而非失去證據能力[215]。

---

[214] 本判決就行政機關調查證據之義務有頗為精緻之分析，具有參考價值，錄之如下：「按該考勤表固有部分（非全部）表載日期與打卡日期不符或日期重複情形，惟若係原告事後補作以資掩飾者，何故任其有此項瑕疵而不能避免。自允宜不憚煩勞，詳為勾稽，用明事實真相，而為適當處理俾臻賦稅公平。原處分因缺出勤記錄，無法確定有加班事實而全部剔除系爭加班費，似尚未盡查證能事，嗣又以原告所補提考勤表有日期不符及重複情形，認為悉出事後補作不予採憑，亦似未盡符經驗法則而不無速斷。本件乃屬認定事實所憑證據之證明力判別問題，與本院36年判字第16號判例意旨尚非完全一致。從而原告起訴意旨指摘未合，尚非全無理由。」
[215] 其他行政法院誤將證據之證明力為證據能力之例如下：
一、「被告機關以原告所提出之廣州市國民身分證所蓋印信模糊不清，無法辨認乃核定否准更正登記，揆諸首揭法條規定，洵非無據。雖原告主張上開廣州市國民身分證係公文書，應推定為真正，一般行政機關無權否定其證據能力，原告所提原始證件、姓名、年籍住所記載清晰、印信仍存等情。」（74年度判字第1839號判決）
二、「出售土地與子，而事後補具之私文書無從證明價款係由其子以自己之私款所開設之帳戶及其資金之來源者，應以贈與論。……因無從證明該三張支票，係由原告之子以自己之私款所開設之帳戶及其資金之來源等，自無實質上之證據能力。」（72年度判字第1210號判決）
三、「有他人之全國著名之商號名稱未得其承諾者，不得申請註冊，必須證明該商號名稱之聲名已為全國所著聞者始可，……原告所檢送印有『北園海鮮館』名稱之火柴盒、打火機、鎖匙鍊，僅係為宣傳用之贈品，屬於廣告性質，非為『北園海鮮館』之聲名已為全國所著聞之證明，對本件之待證事項尚缺乏證據能力，要非可取。」（72年度判字第1251號判

(三)調查證據程序原則

訴訟程序，有各種不同階段，其所採之模式以各種不同的標準為區分，亦有不盡相同之原則。分述如下：

1.當事人進行主義與職權進行主義

以「開始及其後之進行與終結之程序」為準，有「當事人進行主義」與「職權進行主義」兩種基本模式。凡是訴訟之開啟及進行，均委之於當事人之意思者，稱為當事人進行主義，不問當事人意思如何，純由法院依其職權進行者，為職權進行主義。

2.辯論主義與干涉主義

若以「訴訟裁判之決定」為標準，則有「辯論主義」與「干涉主義」之別。辯論主義又稱為處分主義或不干涉主義，凡法院之裁判，凡當事人所未聲明之利益，不得歸當事人，當事人所未提出之事實及證據，不得斟酌；當事人所不爭之事實；無須得有心證，即得作為裁判之基礎。反之，則為干涉主義，亦稱職權主義，法院得不受當事人主張之拘束而為程序之進行者。

3.言詞主義與書面主義

以「訴訟標的之辯論」為準，可分為「言詞主義」與「書面主義」。當事人之辯論及主張，必須於公開的法庭以言詞方式提供資料於法官，否則該資料不得作為裁判基礎，稱為言詞主義。若當事人之辯論，必向法院提供書狀或記載於筆錄始為有效，稱為書狀主義。

4.兩造審理主義與一造審理主義

以「裁判前是否令兩造當事人陳述」為準之區分。裁判前，兩造當事人在法院前皆有陳述機會者，稱為兩造審理主義；僅有一造之陳述即可作為裁判基礎，稱為一造審理主義。

5.適時提出主義與法定順序主義

以「訴訟標的之辯論及證據調查之順序」為準，若定有一定順序，未依一定順序而進行，視其辯論無效者，稱為法定順序主義；不依循此順序所為之辯論，仍屬有效者，稱為適時提出主義。

決）

四、「交通稽查聯合執行小組之通知單及共同簽證之說明書為公文書之一種，若無確實反證即不能否定其證據能力，縱未載明旅客姓名及地址，並不影響其證據力。」（75年度判字第1570號判決）

6.直接審理主義與間接審理主義

以「裁判基礎資料之取得」而言，法官應以其自行認識所得資料作爲裁判基礎者，稱爲直接審理主義；反之，雖非法院直接取得，仍得作爲裁判依據者，稱爲間接審理主義。

7.自由心證主義與法定證據主義

以「證據之證明力」爲標準，凡是各種證據之證明力須以法律規定，法院判斷事實之眞僞，必須依此規定辦理，稱爲法定證據主義；反之，法官得本於其確信以判斷事實的眞僞，稱爲自由心證主義。法定證據主義係以積極的規則要求法官如何判斷證據的證明力，固可防止法官之專橫，但流於死板；自由心證主義則以消極規則排除不合法則之證據證明力，較易獲得事實之眞相，但相對地，有不易控制法官濫權之虞。

8.公開主義與密行主義

凡訴訟程序須公開，允許公眾旁聽者爲公開主義，否則爲密行主義。

訴訟於我國法制上，有三大類型，其程序事項之進行，各有不同之法則，茲就與證據法則有關之原則，表列說明如下：

事　項	民事訴訟	行政訴訟	刑事訴訟
開始及其後之進行與終結之程序	當事人進行主義	類型化處理： 公益訴訟：以職權進行主義為原則。 私權訴訟：以當事人進行主義為原則。	職權進行主義
訴訟裁判之決定	以辯論主義為原則	類型化處理： 公益訴訟：以干涉主義為原則。 私權訴訟：以辯論主義為原則。	以干涉主義為原則
訴訟標的之辯論及證據調查之順序	原採自由順序主義，但2000年2月9日修正之民事訴訟法改採「適時提出主義」（民訴§196）。	原採自由順序主義，改為適時提出主義。	適時提出主義
裁判基礎資料之取得	直接審理主義		
證據證明力	自由心證主義		

(四)證據交互利用之容許

在行政訴訟上，證據之交互利用是否容許，法例上，在日本採較嚴格的標準，認為基於行政管制目的所蒐集到的證據，不得作為刑事犯罪證據之用，但相反的，在行政訴訟上，因國稅犯罪之偵查資料仍可作為課稅處分之依據。我國前行政法院85年度判字第1084號判決稱：「高速公路照相，具有科學上百分之百正確性之證據力，非但可作為查緝違規使用車輛之證據，並可作為查緝逾期繳稅而使用車輛之處罰證據。」此一判決係早期個資保護觀念不發達時代所作之判決，結論上似並不否認行政事件相互間，就證據力而言，固屬正確，亦有時代意義。但本書認為，高速公路的照相取締，旨在維護行車秩序，其蒐集目的自始與稅務無關，欠缺證據能力，不應作為追繳稅捐之證據，否則即屬違背「目的拘束原則」，已如前述。

然刑事上排除之證據，行政程序上是否仍可使用，本文持肯定見解，亦即某證據雖然刑事上不得作為認定犯罪之證據（欠缺證據能力），如果不是針對該個案所取得，仍不妨作為行政處罰之證據，在行政訴訟上，亦有證據力。

(五)證據契約

證據契約係指當事人間就特定訴訟標的間之爭議，事先約定以何種方法作為確定事實之依據。在民事關係中，當事人可約定，如有爭執，以某方之帳簿為準或損害賠償額之算定，以某特定之鑑定人為準。證據契約之容許，限於民事上得處分之權利，行政訴訟中涉及公益之訴訟，調查證據係採職權探知主義，故不論當事人間是否有證據契約，行政法院不受拘束。但若涉及到私權之行政訴訟，例如行政契約，仍有適用的可能。

(六)證明與釋明

當事人提出證據使法院得強固心證之行為，稱為「證明」。事屬實體權利義務或行政處分合法性的問題，須經證明。應加「證明」之事項，始有舉證責任分配之問題。若當事人提出證據，僅須使法院產生薄弱之心證，使其信其大概如此即可，稱為「釋明」，須釋明之事項，通常屬程序性事項，不發生舉證責任問題。

(七)本證與反證

依舉證責任分配之法則，應負舉證責任者所舉之證據，稱為本證。他造當事人為推翻本證或對法律上推定所舉出之相反證據，稱為反證，二者均屬證據證明力的問題。

至於「證據抗辯」，與反證類似而實不同，應加區辨。證據抗辯係指當事人一方對他方所主張事實雖表示同意，但附加抗辯，而使原主張受有妨阻，此時原舉證人

舉證責任未完成，必須進一步舉證，使法院信其原主張爲眞正。若反證成立，本證即失證明力，而非未完成，除非原舉證人另有對該反證再提出反證，否則即應受敗訴判決。

二、行政訴訟調查證據之程序

行政訴訟係邏輯學上三段論法的適用過程，亦即以規範作爲大前提，事實作爲小前提，而後作成合乎邏輯的判決以完成結論。其中小前提的事實即須經由證據予以認定，亦即「無證據，不得認定事實」，而蒐集證據之程序行政法院應依職權爲之或應當事人聲請？何些事項不待當事人主張，行政法院即應予以斟酌，應命誰負舉證責任？證據的證明力爲何？在在均須有一定程序以資遵循。因此，行政訴訟之調查證據乃作成判決的核心程序，本章即在規範行政法院及當事人間如何進行調查證據程序。

第133條（調查證據）
行政法院應依職權調查證據。

❖立法說明❖

原本條立法理由係：「撤銷訴訟之當事人，一爲公權力主體之政府機關，一爲人民，兩造不僅有不對等之權力關係，且因政府機關之行政行爲恆具專門性、複雜性及科技性，殊難爲人民所瞭解。又政府機關之行政行爲，每涉及公務機密，人民取得有關資料亦屬不易，爲免人民因無從舉證而負擔不利之效果，爰規定行政法院於撤銷訴訟應依職權調查證據，以資解決。又行政訴訟以保障人民權益及確保行政權之合法行使爲主要目的，故遇與公益有關之事項，行政法院亦應依職權調查證據，期得實質之眞實。」

2021年修正立法理由：「第125條第1項已明定行政法院應依職權調查事實關係，且行政訴訟之目的在於保護人民權利及行政權之合法行使，皆與公益密切相關，現行條文將使人誤會行政訴訟有與公益無關者，爰予修正，俾使行政法院職權調查原則更加具體明確。」

❖內容解析❖

一、行政訴訟有關證據調查之基本原則

本條揭示出行政訴訟有關證據調查之基本原則。行政訴訟於調查證據之程序，有

兩種相對立之原則，一為職權探知主義（Untersuchungsgrundsatz），一為辯論主義（Verhandlungsgrundsatz），前者有關調查證據由行政法院本其對事實的認知，依職權「主動」探知事實並調查證據，不受當事人主張之拘束。而辯論主義則係基於當事人進行主義而來的「被動」調查證據的方式。辯論主義基本上係就當事人可處分之權利所定之程序上原則。

由於(一)行政程序多具有公共利益之性質，行政訴訟則屬對公共利益的確認；(二)憲法對人民訴訟權應為有效之保護，此為基於基本權功能而來的法律義務；(三)在司法國的國家組織架構下，法院對客觀法秩序的維持具有權力分立上制衡任務，行政法院對行政處分合法性有審查之義務，故行政訴訟基本上採「實質真實發現主義」，在調查證據上則採用職權探知主義，此為本條之所由設也。

依本條規定，行政法院於各種訴訟，皆應依職權調查證據。

行政訴訟法以「權利保護說」為理論之基本出發點。人民個人因本身之權利遭受損害，可提起財物給付訴訟、課予義務訴訟、確認訴訟。

行政法院調查證據，於當事人之一造或兩造不到場時，亦得為之（§176準用民訴§296）。

二、行政訴訟當事人之協力義務

行政訴訟與民事訴訟皆屬法院以公正的第三者對於爭訟標的進行確認的一種程序。當事人就其提出之事實及證據，應為真實及完全之陳述。當事人對於他造提出之事實，應為陳述（§132準用民訴§195）。再，提起行政訴訟應為「事實上及法律上之陳述，並提出供證明或釋明用之證據」（§57），準此，可以導出，訴訟當事人對行政法院程序的進行，有協助法院發現客觀事實之義務，至若法律之適用，始委諸行政法院也。

但職權探知主義並不排除當事人亦可聲請調查證據，行政訴訟法就調查證據而言，已改採「適時提出主義」（§132準用民訴§196），故當事人聲明證據，應表明應證事實，於言詞辯論期日前，亦得為之（§176準用民訴§285）。當事人所聲明之證據，法院應為調查；就其聲明之證據中認為不必要者，不在此限（§176準用民訴§286），但其不必要之理由，除明顯不具關聯性外，應於裁判書中敘明。

三、行政訴訟當事人證據之適時提出義務

民事訴訟法第196條於2000年2月9日修正時，將原有之證據提出「自由順序主義」，改為「適時提出主義」，以避免濫用司法資源。該條規定：「攻擊或防禦方法，除別有規定外，應依訴訟進行之程度，於言詞辯論終結前適當時期提出之（Ⅰ）。當事人意圖延滯訴訟，或因重大過失，逾時始行提出攻擊或防禦方法，有礙

訴訟之終結者，法院得駁回之。攻擊或防禦方法之意旨不明瞭，經命其敘明而不為必要之敘明者，亦同（Ⅱ）。」本條於行政訴訟亦有準用（§132準用民訴§196），亦即行政訴訟證據之提出，亦改採「適時提出主義」。

行政訴訟之當事人對於對造所提出攻擊或防禦方法，認為逾時，亦得向行政法院得提出異議，請法院駁回之，是為當事人之「責問權」。惟當事人「已表示無異議或知其違背，或可知其違背，並無異議而為本案辯論者，不在此限」但此種導致當事人喪失責問權之規定，係基於保護當事人之利益而設，故此種程序規定，若訴訟非僅涉及為當事人之利益，並兼有維護公共利益之性質者，當事人雖不責問，行政法院亦得本於職權而駁回之（§132準用民訴§197）。

第134條（自認之限制）
當事人主張之事實，雖經他造自認，行政法院仍應調查其他必要之證據。

❖立法說明❖

原本條立法意旨為：「當事人主張之事實，經他造自認者，在辯論主義下，法院原不待當事人舉證，即可認其主張之事實為真實；惟本法就前條之訴訟，既採職權調查證據主義，自無承認自認拘束力之必要，爰規定行政法院仍應調查其他必要之證據，期能發現實質之真實。」

2021年本條修正，刪除「前條訴訟」，其意旨為：「行政法院就所有行政訴訟均有調查證據之義務，不以撤銷訴訟及維護公益之其他訴訟為限，爰配合第133條為文字修正。」

❖內容解析❖

自認係一造當事人對他造當事人應負「舉證責任之事實」所為「不利於己」[216]之承認表示。法律事實「是否」以及「如何」存在，涉及到當事人舉證責任的問題。此項自認，在民事訴訟中，以「訴訟上之自認」為限，如於訴訟外或其他訴訟中承認他造主張之事實為真正，係屬訴訟外之自認，雖有證據之效力，但不生自認之效力[217]。

自認之法律性質，究為私法上之意思表示或訴訟行為，學說上頗有爭執[218]。民事

---

[216] 自認通說認為須為「不利於己」之承認，學理上並非無反對說，參呂太郎，訴訟上自認之事實，收錄於：氏著，民事訴訟之基本理論，1999年，頁265、268。

[217] 參吳明軒，中國民事訴訟法（中），1985年修訂3版，頁813。

[218] 參雷萬來，訴訟上自認之法理及其效力—民事訴訟法研究會第七十次研討紀錄，法學叢刊174期，1999年7月，頁143-144以下。

訴訟上，自認之效力係對造不必再負舉證責任，此觀之民事訴訟法第279條第1項規定：「當事人主張之事實，經他造於準備書狀內或言詞辯論時或在受命法官、受託法官前自認者，無庸舉證」自明。是以在民事訴訟，經自認之事實，倘未經撤銷，法院有義務以該事實作爲裁判之基礎。

但行政訴訟與民事訴訟不同，當事人主張之事實，雖經他造自認，行政法院仍應調查其他必要之證據。

一、自認的證據能力

民事訴訟及行政訴訟的自認類似於刑事訴訟上的自白。刑事訴訟法第156條要求自白須出於任意[219]，始具有證據能力，此一法理於行政訴訟亦有適用，亦即行政訴訟上之自認，亦必須出於任意，始有證據能力，若自認係被詐欺、被脅迫或基於其他不正方法所取得，應不具證據能力，但此種事實之存在，應由主張者負舉證責任。

但刑事訴訟法第156條第2項：「被告或共犯之自白，不得作爲有罪判決之唯一證據，仍應調查其他必要之證據，以察其是否與事實相符」所要求之「補強證據」則屬「證據證明力」的問題，此因刑事訴訟須基於「無罪推定原則」[220]而爲判決，但行政訴訟程序並不適用「無罪推定原則」，也不適用「行政處分合法推定原則」，故自認事實的證據力，完全由行政法院法官依經驗法則認定，不需另有補強證據，只是行政法院認爲有必要者，仍得調查其他必要之證據。

二、自認之主體

值得注意的是，行政訴訟通常爲行政機關與人民間之訴訟，在第一審之行政訴訟係採言詞辯論，自認之主體，包括行政機關所委派具有代表該機關權限之公務員及作爲原告人民本人及其訴訟代理人。輔佐人亦得代當事人爲自認，蓋自認係訴訟上之陳述也。但參加人所爲自認，對所參加之當事人不生自認之效力[221]。

三、自認之客體

自認的客體係對己不利之事實，全部或一部皆可，亦不問是否爲法律構成要件之事實。法律效果或法律意見，非屬自認標的。自認限於在本案之訴訟程序中，或以準備書狀，或於言詞辯論時，或在受命法官、受託法官前經記明筆錄者，若在訴訟外

---

[219] 刑訴第156條第1項：「被告之自白，非出於強暴、脅迫、利誘、詐欺、疲勞訊問、違法羈押或其他不正之方法，且與事實相符者，得爲證據。」

[220] 刑訴第156條第4項：「被告未經自白，又無證據，不得僅因其拒絕陳述或保持緘默，而推斷其罪行。」

[221] 參吳明軒，中國民事訴訟法（中），1985年修訂3版，頁814。

或他案中之陳述，非本條所稱之自認[222]。基於「證據交互利用之容許」，他案中之自認，若具有證據能力，亦具有證明力，則可爲本案法院心證之依據。

四、自認之限制

民事訴訟法第279條第2項規定：「當事人於自認有所附加或限制者，應否視有自認，由法院審酌情形斷定之。」此爲事實經自認者之證據力問題。本書認爲，行政訴訟法雖未明文規定準用，但基於行政法院之自由心證權限，於行政訴訟亦有類推適用之餘地。

五、自認之撤銷

民事訴訟法第279條第3項對自認撤銷另有限制之規定：「自認之撤銷，除別有規定外，以自認人能證明與事實不符或經他造同意者，始得爲之。」本書認爲於行政訴訟亦適用。所謂「別有規定」，例如對訴訟代理人或輔佐人之自認，得撤銷之（§56準用民訴§72、§77）。

六、自認之法律效果

本條所規定之事實自認僅對法律事實表示承認其爲眞實而已，僅發生對造毋庸舉證之效果（行政法院67年度判字第60號判決），但「自認」非屬對訴訟標的爲「認諾」，亦即行政法院並無爲該造敗訴判決之義務，行政法院仍得調查其他必要證據。

第135條（認他造證據之主張應證之事實爲眞實）
當事人因妨礙他造使用，故意將證據滅失、隱匿或致礙難使用者，行政法院得審酌情形認他造關於該證據之主張或依該證據應證之事實爲眞實。
前項情形，於裁判前應令當事人有辯論之機會。

❖立法說明❖

此一規定與民事訴訟法第282條之1規定相同，其立法理由爲：「當事人以不正當手段妨礙他造舉證者，例如故意將證據滅失、隱匿或其他致礙難使用之情事，顯然違反誠信原則。爲防杜當事人利用此等不正當手段取得有利之訴訟結果，並顧及當事人間之公平，爰於第1項規定當事人有妨礙他造舉證之行爲者，行政法院得審酌情形

---

[222] 參吳庚，行政爭訟法論，1999年修訂版，頁175。

認他造關於該證據之主張或依該證據應證之事實爲眞實。即行政法院得審酌當事人妨礙他造舉證之態樣、所妨礙證據之重要性等情形，依自由心證認他造關於該證據之主張或依該證據應證之事實爲眞實，以示制裁。行政法院對妨礙他造舉證之當事人課以不利益時，爲保障該當事人在程序上之權利，於裁判前應令當事人有辯論之機會，爰設第2項規定，以期周延。」

❖內容解析❖

「故意」使證據資料滅失之情事，稱爲「證據妨礙」（Beweisvereitelung），其行爲乃屬違反「誠實信用方法」，並違反當事人在訴訟程序上之「眞實完全陳述義務」（§132準用民訴§195）。但此種行爲雖具有違法性，在證據法上，只是產生行政法院可「審酌情形認他造關於該證據之主張或依該證據應證之事實爲眞實」，是以此種規定具有「推定」之效果，亦即行政法院可推定「他造關於該證據之主張爲眞實」或「依該證據應證之事實爲眞實」。此種推定雖仍得舉反證推翻，但該證據的「證明力」仍須由行政法院依自由心證認定之，而非必然導致該滅失證據者敗訴之結果。

本條規定更深層的問題是，如果當事人「過失」而致證據滅失、隱匿或致礙難使用者，其法律效果如何？按如果有故意證據妨礙，理所當然基於誠信原則，應不必再令當事人有辯論機會。本書質疑，本條規定應係就過失（包括抽象輕過失、具體輕過失）所爲之規定。至於重大過失應等同故意看待。

但證據之滅失是否出於當事人「因妨礙他造使用，故意將證據滅失、隱匿或致礙難使用」，依舉證責任法則，仍應由對造負舉證責任，例如警察擬對酒後駕車者進行酒精測試，但駕駛人故意藉故規避，直至五個小時後始接受檢測，其檢測結果的數值，已屬不處罰的數值，警察仍加以開單處罰，案經訴訟，行政法院即可依（專業）經驗法則認定其處罰仍有合法性。

第136條（準用之規定）
除本法有規定者外，民事訴訟法第二百七十七條之規定於本節準用之。

❖立法說明❖

本條係有關舉證責任之原則性規定。民事訴訟法第277條係規定：「當事人主張有利於己之事實者，就其事實有舉證之責任。但法律別有規定，或依其情形顯失公平者，不在此限。」本法明文規定準用民事訴訟之舉證責任法則，具有將行政訴訟當事人之地位予以平等化之意義，蓋民事訴訟本即質係以平等的人民之間的私法爭議爲標的。

舉證責任規定的目的旨在使「訴訟風險平等」及「訴訟程序公平」，蓋訴訟標的於確定之終局判決中經裁判者，具有實質拘束力（§213），足以發生一事不再理之效果，此種風險應由雙方當事人公平負擔。

本條立法理由指出：「行政訴訟之種類增多，其舉證責任自應視其訴訟種類是否與公益有關而異。按舉證責任，可分主觀舉證責任與客觀舉證責任。前者指當事人一方，為免於敗訴，就有爭執之事實，有向法院提出證據之行為責任；後者指法院於審理最後階段，要件事實存否仍屬不明時，法院假定其事實存在或不存在，所生對當事人不利益之結果責任。本法於撤銷訴訟或其他維護公益之訴訟，明定法院應依職權調查證據，故當事人並無主觀舉證責任。然職權調查證據有其限度，仍不免有要件事實不明之情形，故仍有客觀之舉證責任。至其餘訴訟，當事人仍有提出證據之主觀舉證責任，爰規定除本法有規定者外，民事訴訟法第277條之規定於本節準用之。」

❖內容解析❖

值得特別研究的問題如下：

一、舉證責任問題的屬性

舉證責任不僅在訴訟法有其適用，在實體法上亦同，則其究為實體法或程序法的問題，應先予辨明。我國民事訴訟法與本條規定，均將之視為程序法的問題，故有此規定。但究其實質，舉證責任主要在決定，主張某一事實者，如果無法證明其存在，法官必須將其不利益之風險分配予當事人負擔的問題，其本質應屬實體法的問題[223]。故德國學界討論舉證責任分配問題時，均以實體法為對象[224]，故其民事訴訟法（ZPO）及行政法院法（VwGO）並無類似我國民訴法第277條之規定，亦即，舉證責任應為實體法，而非程序法問題。

二、舉證責任規定之用語

嚴格而言，民事訴訟法第277條稱之為「舉證『責任』」並不妥洽，蓋責任來自於義務的違反，未有義務，殊無責任可言。未能舉證，僅是其主張之事實未能獲得確認而已，並非違反何種義務，故亦不因而負有何種責任，而是敗訴的風險增加，故與其稱「舉證責任」，不如稱「舉證負擔」更適當，德語用法稱為「Beweislast」，其中Beweis係指證據或證明之意，Last則為負擔之意，非責任（Haftung）之義，故德語Beweislast（舉證負擔）係屬語意較「舉證責任」精確。英文以「Burden of

---

[223] 參吳庚，前揭書，頁235。
[224] 德國帝國法院亦嘗明示此原則，參曹偉修，最新民事訴訟法釋論（中），1972年2版，頁930。

proof」稱之，亦合乎舉證之本質，但在國內法學界與實務界，均以「舉證責任」指稱「舉證負擔」，二者詞異而質同，本書不另標異，仍稱「舉證責任」。

三、舉證責任之種類

(一)主觀舉證責任

主觀舉證責任（subjektive Beweislast）又稱爲「提出證據責任」或「事實主張責任」，係指裁判基礎之事實「是否」以及「如何」存在不明時，應由主張其存在者負舉證責任，此種責任屬形式的舉證責任。在民事訴訟程序，因當事人必須就事實之存否提出證據，以實其說，故訴訟兩造皆有主觀舉證責任。但在行政訴訟上，由於行政法院對訴訟程序的事項有依職權調查證據之「義務」，故基本上訴訟當事人已被免除主觀的舉證責任[225]，故各種與維護公益有關的訴訟，當事人主張之事實，雖經他造自認，行政法院仍應調查其他必要之證據（§134），蓋行政訴訟中，行政法院的任務係以維護「客觀的法律秩序」爲手段以達「保障人民權利」爲目標。

當事人就待證事實雖無主觀舉證責任，但仍有訴訟協力義務（Mitwirkungspflicht）[226]，以協助法院發現眞實，已如上述。但在舉證責任方面，就此欠缺直接制裁規定，故此之協力義務，稱爲協力負擔（Mitwirkungslast）[227]或更爲恰當。

例如，合法登記之工廠供直接生產使用之自有房屋，有租稅上的優惠，但該自用房屋是否有「供直接生產之用」，當事人最爲知悉。故釋字第537號解釋認爲：「合法登記之工廠供直接生產使用之自有房屋，……其房屋稅有減半徵收之租稅優惠。同條例第七條復規定：『納稅義務人應於房屋建造完成之日起三十日內，向當地主管稽徵機關申報房屋現値及使用情形；其有增建、改建、變更使用或移轉承典時亦同』。此因租稅稽徵程序，稅捐稽徵機關雖依職權調查原則而進行，惟有關課稅要件事實，多發生於納稅義務人所得支配之範圍，稅捐稽徵機關掌握困難，爲貫徹公平合法課稅之目的，因而課納稅義務人申報協力義務。財政部……函所稱：『依房屋稅條例第七條之規定，納稅義務人所有之房屋如符合減免規定，應將符合減免之使用情形並檢附有關證件（如工廠登記證等）向當地主管稽徵機關申報，申報前已按營業用稅率繳納之房屋稅，自不得依第十五條第二項第二款減半徵收房屋稅』，與上開法條規定意旨相符，於憲法上租稅法律主義尚無牴觸。」此一解釋即依據納稅義務人的協力負擔，發展出「支配領域說」的舉證責任法則。

---

[225] 參張文郁，行政救濟法中職權調查原則與舉證責任之研究，收錄於：台灣行政法學會主編，台灣行政法學會學術研討會論文集，2000年12月，頁227、237。

[226] Vgl. Redeker/v. Oertzen, Verwaltungsgerichtsordnung, §86, Rn. 10 f.

[227] 參吳東都，行政訴訟之舉證責任—以德國法爲中心，2001年，頁91以下。

(二)客觀舉證責任

客觀舉證責任（objektive Beweislast），又稱「不利益負擔責任」或「確定責任」，係指行政法院於個案上，於事實經依職權調查仍屬不明時，不得拒絕裁判，而應依「舉證責任分配原則」，以判斷此種事實不明確的不利益該歸何方當事人負擔。故客觀舉證責任不是要求何方提出證據，而是決定何者應承受事實不明確的不利益，故亦可稱爲「實質的舉證責任」。一般論及舉證責任，如未特別指明主觀或客觀舉證責任時，即指客觀舉證責任而言[228]。

四、舉證之標的

舉證責任的標的爲何，往往涉及到當事人訴訟結果，行政法院如果令當事人就非其應舉證之標的，以其未爲舉證，而爲該造敗訴之判決，該判決乃屬違法判決。舉證責任之標的如下：

(一)法律事實

法律之適用基本上係邏輯學上「三段論法」的過程。亦即，以規範作爲大前提、以法律所規範對象之生活事實作爲小前提，以法律效果作爲結論。法律事實既是適用法律之小前提，則訴訟當事人必須舉證使法律事實明確，而後始有正確適用法律的可能。

此之法律事實包括「構成要件事實」與「附隨事實」。所謂「構成要件事實」係屬法規，包括行政規則所規定的各種事實，除實體規定外，亦包括程序性規定、不確定法律概念涵攝及行政裁量所考慮的各種要素[229]。實體規定，例如針對超速車輛舉發其違規之事實，提出雷達測速照相機所得出之數值；程序性規定，例如土地徵收已經合法公告程序及上級機關之核定；不確定法律概念的判斷，例如「必要之公共設施」，則應提出判斷的要素。

「附隨事實」係指與「構成要件事實」有關，但非直接構成其要素的部分，例如須經委員會開會決議之事項，其開會之出席委員人數，可決人數等之會議紀錄，此些事實往往會影響到實體的決定。

至於法律見解之部分，不在舉證範圍之內。法令規章亦非證物，除非屬外國法規，縱有補充法律規定之效力，非屬行政訴訟得提起再審所稱未經斟酌之證物（行政法院70年度判字第110號判決），亦不在舉證範圍內。

---

[228] 參吳東都，前揭書，頁65以下。
[229] 吳東都，前揭書，頁258以下。

(二)習慣外國法規

有關習慣與外國法規之舉證責任，請見本書第137條之說明。

五、客觀舉證責任分配之原則

緣舉證責任之本質應屬實體法的問題，決定舉證責任應如何分配，首先應從實體法著手[230]，如果實體法無明文可據，才須適用其他法則。

(一)實體法之明文規定

實體法如已定有舉證責任分配之規定，則應依實體法之規定。此種規定的型態有兩種：第一，法規明文規定「能證明」何種事實者；第二，「法律上之推定」，通常此種情形，應由人民負舉證責任。

此之實體法包括法律本身或法規命令的規定，例如遺產及贈與稅法（1999年6月22日）第5條第5款規定，限制行為能力人或無行為能力人所購置之財產，視為法定代理人或監護人之贈與，以贈與論，依本法規定，課徵贈與稅。惟但書另規定，「能證明」支付之款項屬於購買人所有者，不在此限。此一但書規定即將舉證責任明定由人民之一方負之。又例如加值型及非加值型營業稅法第8條第1項第26款規定：「銷售與國防單位使用之武器、艦艇、飛機、戰車及與作戰有關之偵察、通訊器材」，免徵營業稅，為此加值型及非加值型營業稅法施行細則第14條規定：「適用本法第八條第一項第二十六款免徵營業稅之營業人，應檢送國防部採購單位或其指定使用單位……之證明。」即其適例。其中規定「應由營業人檢送……」即表示應由營業人負舉證責任。

經由行政規則而定之舉證責任屢見不鮮，特別是經由「行政釋示」或「認定事實基準」的行政規則加以規定（行程§159Ⅱ②），例如財政部所頒營利事業所得稅查核準則第21條規定：「作廢統一發票屬三聯式者其收執聯或扣抵聯，或二聯式者其收執聯未予保存者，仍應按銷貨認定，並依同業利潤標準計核其所得額。但『能證明』確無銷貨事實者，不在此限。」此一行政規則，已將舉證責任課予業者。但行政法院認為行政規則所定舉證責任分配之實體規則，違反「公平」之一般法律原則（行程§4）時，仍可拒絕適用（釋字第137號、釋字第216號）。

惟「法律」或「法規命令」本身規定的舉證責任分配違反一般法律原則時，行政法院是否有權拒絕適用，繫乎行政法院的規範審查權限。本書認為，就人民與國家間抽象法律關係的實體權利義務事項，固應屬法律保留之事項，行政法院並未獲得憲法

---

[230] 參張文郁，行政救濟法中職權調查原則與舉證責任之研究，收錄於：台灣行政法學會主編，台灣行政法學會學術研討會論文集，2000年12月，頁227、244。

或法律的授權就法律或法規命令本身之違法性予以規範審查，但就法律及法規命令如何確定事實之舉證責任分配的法則，行政法院應有審查權限，蓋舉證責任分配法則非屬法律保留原則事項（釋字第217號）。

實例上，行政法院固然多肯定法規或行政機關認定事實基準之行政規則之效力，但否定其效力者亦有之，例如「對於包工不包料之承包工程已提出工程合約書及購料憑證，稽徵機關不得按包工包料而課營業稅。……被告機關以原告未能提示購料憑證統一發票，及所提示者不合規定等理由，乃依財政部函改依包工包料作業課徵營業稅，非僅與上揭營業稅分類計徵標的表規定不合，且亦強人所難，有失課稅公平原則。」（行政法院75年度判字第1447號判決）[231]。

(二)實體法無明文規定之舉證責任分配原則

迄至目前為止，在民事訴訟中，學理上尚無單一之舉證責任分配法則，可以毫無爭議地適用於千差萬別的案件[232]。在行政訴訟事件上亦同。決定舉證責任分配之法則，德國通說之見解，係採Rosenberg在民事訴訟法上發展出來的理論，此一理論，稱為「規範說」（Normentheorie）或稱「有利規範說」（Normengünstigungsprinzip）。此一理論亦在我國民事訴訟法第277條規定上加以援用，行政訴訟法復規定加以準用。從法治國家原則出發，有利規範說亦屬適當之見解，司法院釋字第537號解釋所提出之「支配領域論」，亦屬有利規範說之實踐。本書參酌我國行政法院判決，將該說具體化，得舉證責任分配法則如下：

---

[231] 行政法院本身亦有不同見解，例如75年度判字第2342號判決稱：「主張包工不包料者，應提出業主購料之統一發票之令函解釋，不違反憲法及課稅公平原則。」

[232] 我國民事訴訟著作，就此部分以教科書形式為說明者，應以王甲乙、楊建華、鄭健才，民事訴訟法新論，1977年，頁372以下之說明較為詳盡，茲略節錄如下：「舉證責任分配有三種學說：甲、法規分類說：此說係以實體法上原則之規定與例外之規定，以定舉證責任之分配。主張原則規定之適用者，僅應就原則規定要件之事實存在負舉證責任。至例外規定要件事實不存在，則毋庸負舉證責任。乙、要證事實分類說：此說係依要證事實本身之性質，將要證事實分為積極事實與消極事實，外界事實與內界事實，以定舉證責任之分配。主張積極事實或外界事實者，就其事實應負舉證責任；反之，主張消極事實或內界事實者，則不負舉證責任。丙、法律要件分類說：此說係就實體法規所定要件之事實，分配舉證責任，通說主張：(1)特別要件說與；(2)最低限度事實說。特別要件說認為，主張權利或其他法律上效果存在者，應就其權利或法律上效果發生之特別要件事實，負舉證責任。最低限度事實說則將當事人主張有利於己之事實，分為權利發生規定之要件事實、權利障礙規定之要件事實、權利消滅規定之要件事實；主張權利發生、障礙或消滅之事實者，應就各該實體法規定要件之最低限度事實負舉證責任。」至於對舉證責任有更深入探討之文獻有：駱永家，民事舉證責任論，商務印書館，1992年初版；陳榮宗，舉證責任之分配，收錄於：氏著，舉證責任之分配與民事程序法，臺大法學叢書，1984年3月，頁1-96。

1.行政機關應先就行政處分之合法性負舉證責任

法治國家之行政機關，依法行政是其法律義務，故行政機關必須擔保行政處分具有合法性，是以行政處分雖可推定其存續力（行程§110III），但訴訟上不應推定其合法性，曩昔以行政處分具有「公定力」[233]而可推定行政處分具有合法性之觀念，應予揚棄。故人民對行政處分有所指摘時，應由行政機關對其合於法律義務狀態先行舉證。此種情形包括：

(1)負擔處分

就負擔處分之合乎法定構成要件，行政機關應先行舉證[234]，是以「行政官署對於人民有所處罰，必須確實證明其違法之事實。倘不能確實證明違法事實之存在，其處罰即不能認為合法。」（行政法院39年度判字第2號判決）。故「原告銷售BMW汽車之價格，既經原告提出開列買受人之統一發票以證明其銷售價格，被告機關未經切實查證，即認其銷貨價格顯較時價為低，逕行任予調整其售價，是否能證明其確有故意抑低售價違章事實之存在，實不無研議之餘地。」（行政法院78年度判字第391號判決）。

(2)撤銷既存之授益處分

撤銷既存之授益處分等同於負擔處分，故行政機關應就撤銷之理由及其依據，負舉證責任。

(3)裁量處分

行政機關之行政裁量包括「決定裁量」及「手段裁量」，行政處分雖有裁量權限，但並非容許其有恣意之自由，故裁量處分應屬「合義務性裁量」，行政裁量係要求行政機關積極作正確的決定，而非消極的不要做錯就好，故行政機關除應舉證證明該裁量處分係在法律規定的範圍內，且為法律效果的正確選擇外，亦應就其未違反法律授權意旨之「合義務性」所考慮的各種因素[235]，包括遵守一般法律原則，合乎法律授與裁量權目的為舉證。

(4)涉及不確定法律概念判斷

不確定法律概念包括「經驗性」與「價值性」不確定法律概念，此時行政處分須舉證證明其判斷正確而合乎經驗或法律目的之價值。

以上行政機關應先就行政處分之合法性負舉證責任乃基本原則，尚應考慮下述的特殊案型。

---

[233] 城仲模譯，杉村敏正原著，行政處分之公定力，復興崗學報13期，頁39以下。
[234] 參戴立寧，租稅課徵興證據法則，財稅研究4卷11期，頁39-40。
[235] 行政機關之合義務性裁量觀念，請參蔡志方，行政法三十六講，1997年，邊碼3066；陳敏，行政法總論，2013年8版，頁157以下。

2.常態事實與異態事實

常態事實可以推定，異態事實（或稱變態事實）則由主張其存在者負舉證責任，例如行政法院83年度判字第2581號判決：「外銷貨品因品質不符或發生瑕疵給予客戶之賠償，乃債務不履行之特殊態樣，為廣義違約之一種。原告未能檢附國外公證機構或檢驗機構之證明文件，依行為時查核準則第九十四條之一規定，自不得列報外銷損失。」外銷品因瑕疵被退貨，屬異態之事實，自應由廠商舉證證明。又例如：「原告之個人計程車係用於經營客運業，個人計程車之行駛，當以營業為其常態。因此，原告主張其將該個人計程車交由王○章駕駛時，並無營業情事，依舉證責任分配之原則，應由原告就王○章駕駛該個人計程車時，並無營業之事實，負舉證之責，茲原告既未對該無營業之事實舉證以實其說，空言徒托，亦無可採。」

又例如「後順序扶養義務人申報扶養家屬，准予列報寬減額，須提出該受扶養人之較前順序之扶養義務人無扶養能力之證明」（行政法院77年度判字第1036號判決）；又例如，原告醫師託播廣告，但廣播內容超過主管機關核准之範圍，行政法院認為，「原告主張係承攬人違約，超播已經核准之內容，此項有利於己之事實，自應由原告負舉證責任」（行政法院76年度判字第1078號判決）。

3.積極事實與消極事實

積極事實之存在，常有軌跡，故主張事實存在者，須負舉證責任，前行政法院77年度判字第353號判決認為：「當事人主張有利於己之事實，他造對之有爭執者，有提出證據以證明其事實為真實之責任。又主張積極事實者應負舉證之責任，乃為舉證責任分配之原則。」故「案內系爭之燃料油，係原告年終購入，未能提示提油之記錄，應認定該項燃料油尚未耗用，調整轉列盤存。」（行政法院78年度判字第2314號判決）。

消極事實即未發生之事實，毋庸舉證，但如果依經驗法則該事實通常會發生，依經驗法則可推定時，未發生之事實，屬非常態之事實，應由主張未發生者舉證，例如：「有利息約定之抵押借款，稅務機關對債權人應作有按時收取利息之認定，並依法繳納利息所得稅，納稅義務人如主張未收付實現之有利於己之事實，應就其事實負舉證責任」（行政法院78年度判字第2224號判決、77年度判字第1279號判決）；「主張不知為私運貨物而收買者，就其不知情須負舉證責任」（行政法院76年度判字第1150號判決）。

4.特別事實與普通事實

此之特別事實係指一般人之預料之外的事實，主張其存在者，應負舉證責任。例如，在具有第三人效力之授予專利權行政處分，既已經過專業的審查，通常具有可專利性，故違反專家經驗認定而主張其不具有可專利性者，屬特別事實應舉證，故「公

告中之新型，任何人認有違反專利法第95條至第97條之規定者，得自公告之日起三個月內，備具聲請書附具證件，向專利局提起異議，請求再審查。依此規定，公告中之新型，有無違法情事，應由異議人負舉證責任，此為法律之『特別規定』（引號為著者強調），如所舉證據不能為相當之證明，則難成立有效之異議」（行政法院77年度判字第1415號判決），此判決中所稱之「特別規定」實指特別事實也。

六、舉證責任與說理義務

正確地採擇舉證分配之原則並非行政機關之裁量範圍，而係職務上之義務。行政機關依錯誤之舉證責任分配法則而作成行政處分，乃屬違法行政處分，行政法院應予糾正。同樣地，行政法院如未予糾正而判決，即屬判決適用法規顯有錯誤之違法，得對之提起再審之訴（§273）。但如果行政法院並未違反舉證責任分配之法則，僅係就「說理義務」未為充分的實現，對不採用之證據未詳述理由予以駁斥，如對判決結果不至發生影響，尚非違法判決。

七、毋庸舉證之事實

(一)法院已知之事實

事實於法院已顯著或為其職務上所已知者，無庸舉證。此些事實，雖非當事人提出者，亦得斟酌之；但裁判前應令當事人就其事實有辯論之機會（§176準用民訴§278）。

(二)自 認

行政訴訟以職權進行為原則，故撤銷訴訟或公益訴訟，當事人主張之事實，雖經他造自認，行政法院仍應調查其他必要之證據，除此之外之他種訴訟，仍有自認原則的適用。但本法第176條並無準用民事訴訟法第280條之規定[236]，故無「擬制自認」的問題。

八、舉證責任之轉換

舉證責任本應由一方負擔，但因法規特別規定，致使舉證責任轉由他方負擔者，謂之「舉證責任之轉換」或「舉證責任之換置」。舉證責任轉換與毋庸舉證之事實不同，後者係根本不須舉證，不會有不利益負擔的問題，前者仍有舉證責任負擔的問題。會發生舉證責任轉換的情形，有下列兩種：

---

[236] 民事訴訟法第280條第1項規定：「當事人對於他造主張之事實於言詞辯論時不爭執者，視同自認。但因他項陳述可認為爭執者，不在此限。」

(一)法律上推定

1.推定之意義

推定，分為「事實上推定」與「法律上推定」。此兩種推定，均可舉反證予以推翻。

「事實上推定」係個案上依「經驗法則」對某事實「是否及如何存在」加以推論的方法，民事訴訟法第282條「法院得依已明瞭之事實，推定應證事實之眞僞」之規定，即爲事實上推定。有A事實之存在，從而可以經由經驗法則推知B事實通常亦會存在，此時A事實屬「間接證據」或「情況證據」。若判斷事實須依據「直接證據」，而不能僅依經驗法則時，行政機關誤爲事實推定並據以作成行政處分，即屬行政處分違背證據法則。此種推定屬經驗上理所當然的邏輯，不待法律特別規定[237]，故事實上之推定，非眞正的推定。對事實的推定，所舉之反證，只要超乎經驗法則即可，例如環保局人員，對亂貼廣告者之處罰（廢棄物清理法§12、§23），係以該廣告單上有電話號碼而推定該電話主人乃張貼廣告之人，屬合乎經驗法則之推定。行政法院即認爲，「任意張貼廣告如未於行爲時發現，可依廣告上刊登之住址或電話號碼處分房屋或電話所有人，如屋主能舉證爲其他人時，可改處分行爲人」（行政法院72年度判字第1623號判決、75年度判字第1356號判決、75年度判字第1930號判決、76年度判字第1027號判決、76年度判字第990號判決）[238]。又例如行政法院84年度判字第1180號判決稱：「依國際貿易實務，買賣雙方對成交貨物之名稱、數量、品質、產地等項，於成交時即應有明確之約定，本件原告既從事貿易，不能諉爲不知。系爭報運貨物，申報產地爲香港，經查驗卻爲大陸物品，且爲未經政府核准間接進口之大陸貨品，原告既不能舉證證明其無過失，縱無虛報之故意，仍不能免其應受處罰之責。」（同意旨：行政法院84年度判字第2900號判決）。

眞正的推定乃「法律上推定」，民事訴訟法第281條「法律上推定之事實無反證者，毋庸舉證」之規定，即指法律上推定，此種推定涉及到「舉證責任分配與轉換」的問題。舉證責任僅屬認定事實與事實不明時不利益歸屬的「負擔」問題（釋字第217號）[239]，並非直接涉及到人民權利義務實體的問題，故法律上推定所稱之「法

---

[237] 故有學者認爲，「事實的推定」爲無用處之用語，參周叔厚，證據法論，1995年3版，頁24以下。

[238] 但行政法院本身見解亦未完全一致，例如75年度判字第1089號判決稱：「任意張貼廣告之事實如經當事人否認者，仍應依據有關證據認定，不得僅因張貼廣告屋主未能舉證證明確係出於某第三人行爲而遽謂必爲屋主所爲。」

[239] 司法院釋字第217號解釋文稱：「憲法第十九條規定人民有依法律納稅之義務，係指人民僅依法律所定之納稅主體、稅目、稅率、納稅方法及納稅期間等項而負納稅之義務。至於課稅原因事實之有無及有關證據之證明力如何，乃屬事實認定問題，不屬於租稅法律主義之範圍。財政部……函示所屬財稅機關，對於設定抵押權爲擔保之債權，並載明約定利息者，得依地政機關抵押權設定及塗銷登記資料，核計債權人之利息所得，課徵所得稅，當事人如主張其未收取利息者，應就

律」，係指廣義之法規而言，包括法律、法規命令及行政規則及司法院大法官解釋。

行政機關雖得以「認定事實基準之行政規則」先為「法律上推定」，以簡化行政程序，並規避舉證責任，但行政法院並不受拘束，即行政法院在具體個案上，雖得肯認該規則之合理性，但亦可否認之。例如行政法院75年度判字第531號判決：「未能提出交易時之實際成交價格及原始取得之實際成本證明者，一律以出售年度房屋評定價格百分之二十計算財產交易所得，不違背租稅公平負擔原則。……因土地買賣，係按照土地公告現值為核計增值稅之基礎，而房屋買賣則按照實際成交價格計課財產交易所得稅，因此，買賣當事人間為避稅計，鮮有以房地之實際成交價格報稅，反而類皆以土地公告現值為核計增值稅之基礎，房屋則以房屋評定價格為計算之基礎，據以報稅並完成房地產之所有權移轉登記，而將實際成交價格予以隱瞞，以達到刻意安排之避稅目的，實有違租稅負擔公平之原則，亦即大大違背所得稅法之立法目的。財政部乃主管全國租稅之主管監督機關，其本於租稅負擔公平之原則，根據目前稅制及不動產交易實情，發布上項釋示，核與現行法令、判例、解釋均無違背，自應予以適用。」此一判決肯認財政部之「推定規則」，並未違反公平的概念，個案上值得贊同。

2.推定與擬制之區辨

法律上推定，其性質與擬制頗為類似，但仍有實質不同。推定係事實認定之方法，可舉反證推翻，屬調查證據的方法；擬制則屬法律效果的賦予，屬立法的決定，不得舉反證推翻，故擬制的問題，依通常舉證責任分配法理定之，不會發生舉證責任轉換的問題。「擬制」雖有不合法的問題，但係屬「規範審查」的問題[240]，非屬調查證據的問題。由於法律上推定會產生事實認定的效果，該被推定之事實，如果無反證時，其證據力應屬百分之百，故法院即得依據該法律推定的事實為判決，但法律效果則仍須依法律之規定。若擬制規定，法院仍須依一般證據法則檢證該事實是否存在，確定該法律事實存在後，即不得為與擬制規定相異之判決。

其事實負舉證責任等語，係對於稽徵機關本身就課稅原因事實之認定方法所為之指示，既非不許當事人提出反證，法院於審判案件時，仍應斟酌全辯論意旨及調查證據之結果，判斷事實之真偽，並不受其拘束。尚難謂已侵害人民權利，自不牴觸憲法第十五條第十九條之規定。」

[240] 例如一般考試規則中，概有「遲到條款」，規定考生遲到若干分鐘不得入場考試，又某科目未應考試者，其成績以零分計。此種情形會發生將「遲到」擬制為「未到」的法律效果。因未到的結果甚為嚴重，而遲到未必皆可歸責於其本人，於是就會產生，此種遲到條款如果訂得過度嚴格（例如二小時之考試，規定遲到五分鐘不得入場），會有違反比例原則的問題。實者，遲到條款無非為了防止進場考試而提早攜題出場者與尚未入場之應考者因時間的重疊所可能發生作弊的情事，然為達防止作弊之目的，與其作「遲到條款」的嚴格限制，不如作「早退條款」的限制，即限制提早出場的時間。蓋遲到條款之訂定過度嚴格，有侵害基本權之虞，但早退條款，相較之下，較無問題也。

擬制之規定，例如遺產及贈與稅法第5條第2款規定：「以顯著不相當之代價，讓與財產、免除或承擔債務者，其差額部分」，以贈與論，依遺產及贈與稅法規定，課徵贈與稅。其中「以贈與論」，即屬法律上之擬制。行政機關所須認定的事實只有人民是否有「以顯著不相當之代價，讓與財產」之事實。如有之，即應課以贈與稅，不必再問是否真有贈與之意思。

(二)證據妨礙

發生證據妨礙之情事者，亦會有舉證責任轉換的問題，詳本書第135條之註解。

第137條（當事人對行政法院不知者有舉證之責）

習慣及外國之現行法為行政法院所不知者，當事人有舉證之責任。但行政法院得依職權調查之。

❖立法說明❖

本條立法目的以「本國現行法規當為行政法院所知悉，當事人固毋庸證明，惟習慣及外國之現行法，每非行政法院所能盡悉，為期行政法院正確適用法規，爰課當事人以舉證之責任。但行政法院仍得依職權調查之。」

此之舉證責任在撤銷訴訟或維護公益之訴訟應指主觀舉證責任而言，不及於客觀舉證責任。蓋此時行政法院之調查證據係依職權為之（§133）。但若非屬公益訴訟，則此之舉證責任及於客觀舉證責任。

❖內容解析❖

本條所謂「習慣」係指行政機關施行良久之「行政慣例」而言。習慣是否得為法源，依據何些要件可作為法源，在行政法上並非無討論餘地。

按習慣得為民事法之法源，民法第1條有明文規定[241]。但其是否得為行政法之法源，須先討論。因行政法具有強行性與成文法化，基本上不應承認其具有法源之效力。但如果法律有明文承認，或該習慣經久慣行，已為人民及行政機關所信守，且不背於法律或公序良俗者，或對行政機關已成具有「行政自我拘束」之效力者，仍可有法源之效力，但課以人民以不利益之負擔之行政處分，則不得以習慣為法源，蓋違反法律保留之故，前行政法院54年判字第162號判例稱：「查行政執行法中，並無關於

---

[241] 民法上得作為法源之習慣，應具有兩項要件：第一，客觀要件，在社會上有反覆實施的行為；第二，主觀要件，施行該習慣者，具有法之確信。參施啟揚，民法總則，1984年，頁55。

停業處分之規定，而所謂『施行慣例』，尤不能作為限制人民自由之處分之依據。」故習慣或行政慣例具有法源之效力者有以下情形：

一、法律明文承認之習慣

習慣或行政機關須不違背法令與公序良俗始得作為法源加以引據，例如公物利用法制上，有承認因習慣可取得一定之權利地位者，早期有「習慣入漁權」，現已取消。另以前森林法施行細則第16條：「國有林區內，當地居民有採枯枝之地方習慣」但現行規定已取消。

行政法院23年判字第35號判例亦認為：「在同一區域內從事同種行業之人，為謀該行業之發展，組織同行團體，擬訂條規，呈請主管官署核准備案，原為行政慣例之所認許，此種同行團體既經成立之後，縱使所訂條規未盡完善，而在未修正或以他項章則代替以前，要難遽行否認其效力，但事實上該條規確已喪失其強制性者即再無責令該行業之人遵守之理。」（同意旨：同院25年判字第45號判例）。但臺灣行政實務上，於拆除違建行政實務上，往往因有民意代表關說，予以緩拆，最後不拆之「慣例」，此種習慣明顯違法，自不得主張為法源。

二、具有「行政自我拘束力」之行政慣例

行政機關於自由裁量的範圍內，在事實上與法律上相同的情況下，所為之裁量亦須相同。此為平等原則之要求，亦為行政程序法第6條明定。此種行政機關內部之行政慣例通常先透過內部的「行政規則」（Verwaltungsvorschriften）的裁量指示（Ermessensrichtlinien）達成，亦即，在時間上、空間上應維持行政機關處理對外事務的一致性。此為「行政的自我拘束」原則的體現。

基本上，行政法院就公益性訴訟既有依職權調查證據之義務，則此些習慣，若為行政法院所不知，且亦為當事人所不知，致未盡主觀舉證責任，則行政法院對之所為不利判決，該受不利判決之一方，得以該判決違法作為上訴或提起再審之訴之理由。至於非公益性訴訟，則不在此限。

本條所稱之外國法，應包括外國之成文法、判例及行政習慣。其舉證亦同國內習慣，此時往往涉及國際行政法之問題，例如在國外所辦理之離婚是否有效，當事人所持之外國離婚證書或法院判決是否符合涉外民事法律適用法之規定，行政機關仍得予以審查，行政法院亦得依職權調查，惟此時當事人有主觀舉證責任，實例上，行政法院認為：「戶政事務所受理當事人離婚登記，如所持證件係外國法院判決，即應依職權審查其效力。」（79年度判字第461號判決）。

外國習慣為行政法院所不知者，亦應由當事人舉證。我國著作權法第4條規定：「外國人之著作合於下列情形之一者，得依本法享有著作權。但條約或協定另有約

定，經立法院議決通過者，從其約定：一、於中華民國管轄區域內首次發行，或於中華民國管轄區域外首次發行後三十日內在中華民國管轄區域內發行者。但以該外國人之本國，對中華民國人之著作，在相同之情形下，亦予保護且經查證屬實者為限。二、依條約、協定或其本國法令、慣例，中華民國人之著作得在該國享有著作權者。」此類案件即會涉及對外國法及慣例之舉證問題。

至於條約，雖屬本國法，本書亦認為，其舉證責任亦同於此。

中華人民共和國之各種法律規定及其習慣，亦應視為外國法，而依本條規定定其舉證責任。

第138條（囑託調查證據）
行政法院得囑託普通法院或其他機關、學校、團體調查證據。

❖內容解析❖

行政法院調查證據，其待證之事項，如可囑託普通法院或其他機關、學校、團體調查者，自以囑託其調查為宜，以求便捷。本條規定行政法院得囑託普通法院或其他機關調查證據，即本乎此旨。至於此種囑託調查是否必要及便捷，由行政法院依職權判斷之。

第139條（受命法官調查或囑託調查）
行政法院認為適當時，得使庭員一人為受命法官或囑託他行政法院指定法官調查證據。

❖內容解析❖

調查證據，依直接審理主義，本應由受訴行政法院自為之，但行合議審判之訴訟事件，為使辯論易於終結，實務上每有使庭員一人為受命法官，或囑託他行政法院指定法官調查證據之必要。

囑託他法院法官調查證據者，審判長應告知當事人得於該法院所在地指定應受送達之處所，或委任住居該地之人為訴訟代理人，陳報受囑託之法院（§176準用民訴§291）。

受託法院如知應由他法院調查證據者，得代為囑託該法院。此種情形，受託法院應通知其事由於受訴法院及當事人（§176準用民訴§292）。受訴法院受命法官或受託法官於必要時，得在管轄區域外調查證據（§176準用民訴§293）。

應於外國調查證據者，囑託該國管轄機關或駐在該國之中華民國大使、公使、領事或其他機構、團體爲之。外國機關調查證據，雖違背該國法律，如於中華民國之法律無違背者，仍有效力（§176準用民訴§295）。

第140條（製作調查證據筆錄）

受訴行政法院於言詞辯論前調查證據，或由受命法官、受託法官調查證據者，行政法院書記官應作調查證據筆錄。

第一百二十八條至第一百三十條之規定，於前項筆錄準用之。

受託法官調查證據筆錄，應送交受訴行政法院。

❖內容解析❖

行政法院於言詞辯論時調查證據者，依本法第128條規定既應製作言詞辯論筆錄，其由受訴行政法院於言詞辯論前調查證據，或由受命法官、受託法官調查證據者，自亦應製作調查證據筆錄。此項筆錄與言詞辯論筆錄之目的相同，爰規定應準用關於言詞辯論筆錄之規定而製作之。又受託法官調查證據完畢後，應將調查證據筆錄送交受訴行政法院，俾當事人得就調查結果爲辯論。

第141條（調查證據後行政法院應爲之處置）

調查證據之結果，應告知當事人爲辯論。

於受訴行政法院外調查證據者，當事人應於言詞辯論時陳述其調查之結果。但審判長得令行政法院書記官朗讀調查證據筆錄代之。

❖立法說明❖

本條爲辯論主義的明文化，立法意旨爲：「調查證據無論係依當事人之聲明或依法院之職權而爲，當事人就調查之結果，均應有辯論之機會，爰規定應告知當事人就調查之結果爲辯論，以維言詞辯論主義之精神。調查證據若係於受訴行政法院外爲之者，爲貫徹言詞辯論主義及直接審理主義之精神，應令當事人於言詞辯論時陳述其調查之結果，必經當事人陳述後，行政法院始得斟酌之，惟當事人對調查證據之結果未必知曉，令當事人陳述，事實上亦有困難，故本條但書規定，審判長得令庭員或書記官朗讀調查證據筆錄代之，用資兼顧。」

❖內容解析❖

　　行政訴訟第一審係採直接審理主義與辯論主義。直接審理主義係指證據必須經由判決法官親自調查或審理，始得作為判決之依據；辯論主義排除傳聞證據，基於「真理愈辯愈明」之法則，需由對造提出質疑，必至無優勢之合理之懷疑時，始得作為判決依據。未經行政法院於言詞辯論程序中，曉諭為辯論之證據採為判決之基礎者，判決違法。

　　故於受訴行政法院外調查證據者，當事人應於言詞辯論時陳述其調查之結果。但審判長得令庭員或行政法院書記官朗讀調查證據筆錄代之。證據是否經當事人雙方辯論，專由審判筆錄證之（§176準用民訴§219）。審判長及法院書記官應於筆錄內簽名；審判長因故不能簽名者，由資深陪席法官簽名，並附記其事由；獨任法官因故不能簽名者，僅由書記官簽名，並附記其事由（§176準用民訴§217）。筆錄不得挖補或塗改文字，如有增加、刪除，應蓋章並記明字數，其刪除處應留存字跡，俾得辨認（§176準用民訴§218）。

第142條（為證人之義務）

除法律別有規定外，不問何人，於他人之行政訴訟有為證人之義務。

❖立法說明❖

　　本條立法目的在形成第三人作證的法定義務，蓋「證人之義務為公法上之義務，故凡服從我國司法權之人，除法律別有規定外，皆於他人之行政訴訟，有為證人之義務。」

❖內容解析❖

　　證人之供證據之用，稱為人證。證人係以親自經歷或目睹之經驗報告於法院者。由於各種訴訟之進行關乎國家司法權是否健全，及是否能達到保護人民權利之目標，故各國咸將此種道德義務轉化成為「法定義務」。蓋訴訟係由法院就事實涵攝於法律構成要件中，就特定事件給予評價，其中所涉及者乃事實之確定，無明確之事實，法院無從為正確地判斷。事實的確認，其中之一即仰賴證人對事實經過情境所為之描述。緣證人對事實的經過的見證具有不可替代性，故國民無法定理由不得拒絕為證人之義務（§145～§146）。

證據法則上，證人須兩人以上一致，方可組合爲一完全證據[242]，羅馬法諺云：「一個人之證言，絕不可聽」（Responsio unius non omnino addiatur），德國法諺亦云：「一個證人等於無證人」（Ein Zeuge, Kein Zeuge）[243]，是爲「證據採信相互印證原則」[244]，但我國不論民事、刑事或行政訴訟法皆無明文規定，一切概由法官依自由心證決定之。

證人必爲本案外之第三人，故當事人及與當事人同視之法定代理人，均不得爲證人。共同訴訟人就有利於己之共同事實，不得爲他共同訴訟人之證人。但已脫離訴訟之人或訴訟參加人或輔佐人及訴訟代理人，均得爲證人[245]。

當事人聲明人證，應表明證人及訊問之事項。證人有二人以上時，應一併聲明之（§176準用民訴§298）。行政法院通知證人，應於通知書記載下列各款事項：一、證人及當事人；二、證人應到場之日、時及處所；三、證人不到場時應受之制裁；四、證人請求日費及旅費之權利；五、法院。審判長如認證人非有準備不能爲證言者，應於通知書記載訊問事項之概要（§176準用民訴§299）。

較爲特殊者，行政法院通知現役軍人爲證人者，審判長應併通知該管長官令其到場。被通知者如礙難到場，該管長官應通知其事由於行政法院（§176準用民訴§300）。通知在監所或其他拘禁處所之人爲證人者，審判長應併通知該管長官提送到場或派員提解到場。被通知者如礙難到場，監所長官應通知其事由於法院（§176準用民訴§301）。蓋現役軍人負有「公法上職務義務」（釋字第396號、釋字第430號）；在監所人或爲服刑人或爲暫受羈押者，二者之共同特性，乃皆已喪失行動自由，此規定用以表示對另一機關職權之尊重。

有關如何取得證人之證言，準用民事訴訟法第305條之結果，頗爲多元。

遇證人不能到場，或有其他必要情形時，得就其所在訊問之。證人須依據文書、資料爲陳述，或依事件之性質、證人之狀況，經法院認爲適當者，得命兩造會同證人於公證人前作成陳述書狀。經兩造同意者，證人亦得於行政法院外以書狀爲陳述。此之公證人應包括民間公證人（公證法§2）。但於就地詢問或公證人前作成陳述後，如認證人之書狀陳述須加說明，或經當事人聲請對證人爲必要之發問者，行政法院仍得通知該證人到場陳述。

再者，因應科技之進步，證人所在與法院間有聲音及影像相互傳送之科技設備而

---

[242] 聖經亦記載，須有至少兩人人爲證人，始可指控一個人犯罪，請見舊約申命記17:6、19:15；馬太福音18:16；哥林多後書13:1；希伯來書10:28。

[243] 參黃福財，談政府審計內有關責任性證據之判斷，審計季刊15卷1期，頁45、49。

[244] 參洪文玲，訴願審理程序—以舉證責任爲中心，收錄於：訴願業務學術研討會，1998年11月20、21日，頁105、114。

[245] 石志泉原著、楊建華增訂，民事訴訟法釋義，1982年增訂初版，頁346。

得直接訊問，並經行政法院認為適當者，得以該設備訊問之。

證人以書狀為陳述者，仍應具結，並將結文附於書狀，經公證人認證後提出。其以科技設備為訊問者，亦應於訊問前或訊問後具結。

證人得以電信傳真或其他科技設備將公證後之文書及影音檔案及具結書傳送於法院，效力與提出文書同。但如何以影音設備傳訊證人及其具結方式與傳送上開文件的辦法，由司法院定之。

第143條（裁定不到場證人以罰鍰）

證人受合法之通知，無正當理由而不到場者，行政法院得以裁定處新臺幣三萬元以下罰鍰。

證人已受前項裁定，經再次通知仍不到場者，得再處新臺幣六萬元以下罰鍰，並得拘提之。

拘提證人，準用刑事訴訟法關於拘提被告之規定；證人為現役軍人者，應以拘票囑託該管長官執行。

處證人罰鍰之裁定，得為抗告，抗告中應停止執行。

❖內容解析❖

證人之作證義務基於直接審理及辯論主義之要求，必須親自到庭陳述經過，縱使證人對案情不清楚，無關聯性，亦然。是以證人不得以自己主觀判斷自己對案情不清楚、不重要或擬以書面代替出庭，此皆非正當理由。故本條第1項規定，證人受合法之通知，無正當理由而不到場者，行政法院得以裁定處新臺幣三萬元以下罰鍰。再者，證人已受前項裁定，經再次通知仍不到場者，得再處新臺幣六萬元以下罰鍰，並得拘提之。拘提證人，準用刑事訴訟法關於拘提被告之規定。

證人為現役軍人者，應以拘票囑託管長官執行，以示對軍事統帥權的尊重。再者，處證人罰鍰之裁定，得為抗告，抗告中應停止執行。

以證人之證據供證據之用者，非證人到場不能達此目的，故證人有應法院通知於期日到場之義務。如其受合法之通知，無正當理由不到場者，自得施予一定之制裁，以強制或促其到場。

第143條之1（訊問證人方式）

證人不能到場，或有其他必要情形時，得就其所在處所訊問之。

證人須依據文書、資料為陳述，或依事件之性質、證人之狀況，經行政法院認為適當者，得命當事人會同證人於公證人前作成陳述書狀。

經當事人同意者，證人亦得於行政法院外以書狀為陳述。

依前二項為陳述後，如認證人之書狀陳述須加說明，或經當事人之一造聲請對證人為必要之發問者，行政法院仍得通知該證人到場陳述。

證人以書狀為陳述者，仍應具結，並將結文附於書狀，經公證人認證後提出。其依第一百三十條之一為訊問者，亦應於訊問前或訊問後具結。

❖**立法說明**❖

　　本條係2021年新增，其立法理由為：為求明確，增訂本條規定，不再依第176條準用民事訴訟法第305條規定。本條規定證人不能到場或有其他必要情形時，行政法院得就其所在處所訊問，或由證人作成陳述書狀及其程序與方式；另配合第130條之1規定，以遠距審理方式訊問證人時，亦應於訊問前或訊問後具結。另證人如以科技設備將第2項、第3項及第5項文書傳送於行政法院，視其情形分別適用第57條第6項、第83條第2項、第130條之1第4項規定授權之相關辦法；又依本次修正第58條第2項規定，證人依法令以科技設備傳送訴訟文書者，如該文書須簽名或蓋章，且經簽名或蓋章者，其傳送與經簽名或蓋章之文書同。

❖**內容解析**❖

　　本條係因應時代需求的產物。緣2020年伊始，COVID-19全球大流行持續三年以來，各國均不約而同地啟動以科技設備進行遠距會議、視訊上課等。科技設備的普及，已可部分取代親自到庭的功能。法院遠距審理也屬特定時期的常態，故2021年修法引進遠距審理方式訊問證人及以科技設備傳送訴訟文書，乃屬必要，故有此明文規定。

第144條（公務員為證人之特則）

以公務員、中央民意代表或曾為公務員、中央民意代表之人為證人，而就其職務上應守秘密之事項訊問者，應得該監督長官或民意機關之同意。

前項同意，除有妨害國家高度機密者外，不得拒絕。

以受公務機關委託承辦公務之人為證人者，準用前二項之規定。

❖內容解析❖

此之公務員包括中央與地方之狹義之公務人員。蓋本條規範重點係公務員於其職務上應守祕密之事項訊問者，應得該監督長官或民意機關之同意。被授權行使公權力之個人或團體，以一般人之地位作為證人即為已足，但為維持公務體系的整體性與紀律性，準用公務員作為證人之規定。

本條在民意代表方面，特別限定在「中央民意代表」上，則地方民意代表，包括縣（市）議員及鄉（鎮、市）民代表，不在其內。但地方民意代表就應祕密之事項作證，是否不必得該議會或鄉（鎮、市）代表大會的同意？依「明示其一，排除其他」的解釋方法，應為肯定之解釋，即不必得地方民意代表機關之同意。

行政法院於徵詢同意時，各該監督長官或機關，除該事項係屬高度國家機密外，不得拒絕同意。

另外，如元首為證人者，行政法院應就其所在詢問之（§176準用民訴§304），以示尊重。又遇證人不能到場，或有其他必要情形時，得就其所在訊問之（§176準用民訴§305），例如對患重病不能至法院作證，或因勘驗必要而就地訊問關係人。

第145條（得拒絕證言之事由(一)）

證人恐因陳述致自己或下列之人受刑事訴追或蒙恥辱者，得拒絕證言：

一、證人之配偶、前配偶或四親等內之血親、三親等內之姻親或曾有此親屬關係或與證人訂有婚約者。

二、證人之監護人或受監護人。

❖內容解析❖

本條係本乎人之常情而設，以免因具結作證而生刑事責任。證人有據實陳述之義務，惟若因其據實陳述，而致自己或與其有本條所定親屬關係、婚約關係及監護關係之人受刑事訴追或蒙恥辱者自屬有悖人情，故應許其得拒絕證言。

證人拒絕證言，應陳明拒絕之原因、事實，並釋明之；但法院酌量情形，得令具結以代釋明。證人於訊問期日前拒絕證言者，毋庸於期日到場。此種情形，行政法院書記官應將拒絕證言之事由，通知當事人（§176準用民訴§309）。釋明事實上之主張者，得用可使法院信其主張為真實之一切證據；但依證據之性質不能即時調查者，不在此限（§176準用民訴§284）。

拒絕證言之當否，由受訴法院於訊問到場之當事人後裁定之。此一裁定，得為抗告，抗告中應停止執行（§176準用民訴§310）。

第146條（得拒絕證言之事由(二)）

證人有下列各款情形之一者，得拒絕證言：

一、證人有第一百四十四條之情形。

二、證人為醫師、藥師、藥商、心理師、助產士、宗教師、律師、會計師或其他從事相類業務之人或其業務上佐理人或曾任此等職務之人，就其因業務所知悉有關他人秘密之事項受訊問。

三、關於技術上或職業上之秘密受訊問。

前項規定，於證人秘密之責任已經免除者，不適用之。

❖內容解析❖

本條係為調和證人之作證義務與為他人保守隱私義務之衝突而設。得拒絕證言而未拒絕者，仍有證據能力。

本條第1項第2款，於2021年增修時，加上「心理師」亦得拒絕證言。心理師包括臨床心理師及諮商心理師（心理師法§1）。

第147條（得拒絕證言者之告之）

依前二條規定，得拒絕證言者，審判長應於訊問前或知有該項情形時告知之。

❖立法說明❖

本條立法理由為：「拒絕證言為證人之權利，惟證人常有不明法律規定而不知拒絕證言之情事，故審判長於訊問前或於訊問中知證人有得拒絕證言之事由時，應向證人告知得拒絕證言，以促其注意。」

❖內容解析❖

告知證人得拒絕證言雖屬行政法院之義務，但此係為維持證人之利益而設，並非證據能力的規定，是以證人不知其有可拒絕證言之情事，法官亦未告知，就其所為之訊問，其證據證明力並無問題，最高法院40年台上字第1192號判例即稱：「證人為當事人四親等內之血親或三親等內之姻親者，依民事訴訟法第三百零七條第一項第一款之規定，僅該證人得拒絕證言而已，非謂其無證人能力，所為證言法院應不予斟酌，事實審法院本其取捨證據之職權，依自由心證，認此項證人之證言為可採予以採取，不得謂為違法。」

第148條（不陳明原因而拒絕證言得處罰鍰）

證人不陳明拒絕之原因事實而拒絕證言，或以拒絕為不當之裁定已確定而仍拒絕證言者，行政法院得以裁定處新臺幣三萬元以下罰鍰。

前項裁定得為抗告，抗告中應停止執行。

❖立法目的❖

本條立法理由自明：「證人為不可代替之證據方法，其於受訊問時，有據實陳述之義務。證人如拒絕證言，應陳明拒絕之原因事實，並釋明之。若未陳明拒絕之原因事實而拒絕證言，或以其拒絕為不當之裁定已確定，而仍拒絕證言者，行政法院自得科處罰鍰，以強制其善盡陳述之義務。證人為第三人，如對之科處罰鍰，自應許其得以抗告聲明不服，且在抗告中應停止執行，以示慎重。」

第149條（命證人具結）

審判長於訊問前，應命證人各別具結。但其應否具結有疑義者，於訊問後行之。

審判長於證人具結前，應告以具結之義務及偽證之處罰。

證人以書狀為陳述者，不適用前二項之規定。

❖立法說明❖

本條立法目的為：「審判長對於有具結義務之證人，於訊問待證事實前，應命其具結，以確保證言之真實性；證人有數人時，應命各別具結。但其應否具結有疑義者，則應於訊問後，究明疑義，始命具結。審判長命證人具結，無論於訊問前或訊問後行之，均應於證人具結前告以具結之義務及偽證之處罰，以鄭重具結之儀式，並使證人知所警惕，不敢故為虛偽之陳述。」

❖內容解析❖

證人具結，應於結文內記載當據實陳述，其於訊問後具結者，應於結文內記載係據實陳述並均記載決無匿、飾、增、減，如有虛偽陳述，願受偽證之處罰等語。證人應朗讀結文，如不能朗讀者，由書記官朗讀，並說明其意義。結文應命證人簽名，其不能簽名者，由書記官代書姓名，並記明其事由，命證人蓋章或按指印（§176準用民訴§313）。

具結係就同一證人在同一案件中，為擔保其證據正確性所課予義務，故應以每一審級之訴訟案件為標準，是以，同一證人受第二次傳訊，法院漏未令其具結，本書認

爲，前次具結仍對其後之證據具有擔保性[246]。

　　未經具結之證據，雖屬訴訟程序上的瑕疵，此種瑕疵得因當事人不責問而視爲補正[247]，但尚不至使該證據無效，僅其證據力須由法院依自由心證斷定而已，該判決亦非違法（最高法院28年上字第1547號判例），亦不得據此提起再審之訴。

第150條（不得令其具結）

以未滿十六歲或因精神或其他心智障礙，致不解具結意義及其效果之人爲證人者，不得令其具結。

❖立法說明❖

　　原立法理由認爲：「未滿十六歲之人，智能尚未發達；精神障礙之人，智能不夠健全，不易瞭解具結之意義及其效果，均不能認爲有具結能力。此等人雖得爲證人，但其證據僅可供參考之用，證據力較爲薄弱，故不得令其具結。」

　　2021年修正，將「精神障礙」擴大爲「因精神或其他心智障礙」，其立法理由爲：「現行條文所定不解具結意義及效果之原因，僅限於精神障礙，爲避免因其他心智障礙致不解具結意義及效果之情形被排除，而無法免除其具結義務，爰參考身心障礙者權利公約第十三條之近用司法保障意旨，增修不得令其具結之保護範圍。」

❖內容解析❖

　　不得令其具結而誤令其具結，不生具結效力，故仍視爲未具結。此之未經具結所爲之證據，並不因此而欠缺證據能力，其證據證明力之強弱仍由法官依其自由心證定之。

　　其中「其他心智障礙」，應包括自閉症或失智症之人。而心智障礙至何程度不宜使其具結，由法院依經驗法則判斷之；如涉及關鍵性證據，則證人是否有此等情形，宜請精神專科醫師鑑定之。

---

246 不同意見，見吳明軒，中國民事訴訟法（中），1985年修訂3版，頁861。
247 吳明軒，前揭書，頁862。

第151條（得不命具結者）

以下列各款之人為證人者，得不令其具結：

一、證人為當事人之配偶、前配偶或四親等內之血親、三親等內之姻親或曾有此親屬
　　關係或與當事人訂有婚約。

二、有第一百四十五條情形而不拒絕證言。

三、當事人之受雇人或同居人。

❖內容解析❖

　　本條所列各款之人，雖非無具結能力，但其地位特殊，或與當事人有特定之親屬
關係或婚約關係，彼此間情誼密切，或有本法第145條情形，本得拒絕證言，而不拒
絕證言或為當事人之受僱人或同居人，與當事人有密切之關係，難免出於感情作用而
不能為真實之證據。故均得不令其具結，以減輕其責任。

第152條（得拒絕具結之事由）

證人就與自己或第一百四十五條所列之人有直接利害關係之事項受訊問者，得拒絕具
結。

❖內容解析❖

　　證人就與自己或本法第145條所列之人有直接利害關係之事項受訊問者，如亦令
其具結，殊有悖人情，爰規定得拒絕具結，以減輕其責任。然如果證人具結，而為虛
偽陳述，即須受處罰。

第153條（拒絕具結準用之規定）

第一百四十八條之規定，於證人拒絕具結者準用之。

❖內容解析❖

　　證人除依法不得令其具結，或依法免除其具結義務而不令其具結者外，均有具
結之義務。如違背此項義務，行政法院自得科處罰鍰（新臺幣三千元以下），以為制
裁。其情形與證人違背陳述之義務者相同，爰規定證人違背具結義務之制裁，準用違

背陳述義務之制裁規定。但證人對此種處罰之裁定亦得提起抗告，抗告中應停止執行罰款。

第154條（當事人之聲請發問及自行發問）
當事人得就應證事實及證言信用之事項，聲請審判長對於證人為必要之發問，或向審判長陳明後自行發問。
前項之發問，與應證事實無關、重複發問、誘導發問、侮辱證人或有其他不當情形，審判長得依聲請或依職權限制或禁止。
關於發問之限制或禁止有異議者，行政法院應就其異議為裁定。

❖立法說明❖

本條立法意旨係：「本法對於證人之訊問，原則上應由審判長依職權而為發問。如當事人認有訊問證人之必要時，須將所欲發問之事項，先行告知審判長，聲請其發問，以維持法庭之秩序。惟證人之陳述是否明顯完足，於審判長心證之形成，關係至鉅，爰酌採當事人交互訊問之方式，規定審判長認為適當時，亦得許當事人自行直接對於證人發問，以期真實之發現。審判長如認當事人聲請之發問有不當者，得不為發問；如認當事人經許可之自行發問有不當者，亦得加以禁止，以維持法庭秩序，並防訴訟之延滯。關於發問之應否許可或禁止有異議者，行政法院應就其異議為裁定，俾訴訟能順利進行。」

審判長對於證人，應先訊問其姓名、年齡、職業及住居所；於必要時，並應訊問證人與當事人之關係及其他關於證言信用之事項（§176準用民訴§317）。證人在期日終竣前，非經審判長許可，不得離去法院或其他訊問之處所（§176準用民訴§316）。

❖內容解析❖

行政訴訟程序上對證人的訊問，本法採自由主義，一以發現真實為目標。對證人的訊問方法有五種：

一、隔別訊問

訊問證人應與他證人隔別行之；但審判長認為必要時，得命與他證人或當事人對質。此之所謂必要，例如證人對某特定事實的陳述互異，但不包括對法律見解的歧異。

二、命當事人退庭而訊問

行政法院法官如認證人在當事人前不能盡其陳述者，得於其陳述時命當事人退庭；但證人陳述畢後，審判長應命當事人入庭，告以陳述內容之要旨（§176準用民訴§321），例如證人與當事人利害衝突或有較密切關係，或部屬對長官有所批評等，恐有顧忌者。受命法官或受託法官訊問證人時，與法院及審判長有同一之權限（§176準用民訴§322）。

三、命證人爲連續陳述

審判長應命證人就訊問事項之始末，連續陳述。證人之陳述，不得朗讀文件或用筆記代之。但經審判長許可者，不在此限（§176準用民訴§318）。蓋行政訴訟採言詞直接審理主義，原則上非經過言詞表述之證據並記明筆錄，不得作爲證據，但經審判長同意則不在此限。

四、爲必要發問

審判長因使證人之陳述明瞭完足，或推究證人得知事實之原因，得爲必要之發問，此爲職權的發問。陪席法官告明審判長後，得對於證人發問（§176準用民訴§319）。

五、許可當事人自行發問

當事人得聲請審判長對於證人爲必要之發問，審判長亦得許可當事人自行對於證人發問。此爲保障當事人訴訟程序之對「證據之辯論權」[248]特別值得注意者，當事人對證人之發問，亦得就「證言信用」之事項爲之（§176準用民訴§320、§200Ⅱ）。所謂「證言信用」係指人在該待證事項上的見聞能力、證言的可信度（憑信力）等，例如當時是否酒醉或昏迷，或是否有足夠的專業知識（學歷、經歷等）足以使證言內容失其證據作用者。當事人之發問如與應證事實無關、重複發問、誘導發問、侮辱證人或有其他不當情形，審判長得依聲請或依職權限制或禁止之。關於發問之限制或禁止有異議者，法院應就其異議爲裁定（§176準用民訴§320）。

---

[248] 參許士宦，當事人對於證據之辯論權，植根雜誌7卷1期，1991年1月，頁19以下。

第155條（發給證人日費及旅費）

行政法院應發給證人法定之日費及旅費；證人亦得於訊問完畢後請求之。但被拘提或無正當理由拒絕具結或證言者，不在此限。

前項關於日費及旅費之裁定，得為抗告。

證人所需之旅費，得依其請求預行酌給之。

❖內容解析❖

證人到場陳述，耗神費時，甚且影響其職業上之收益，住於遠地者，並須支付旅費，故設本條，俾盡公法上之義務者，得享受法定之日費及旅費。證人係依法院之命而盡其公法上之義務，其所享之權利，亦係對於國家之權利，因此，行政法院應不待請求，即主動發給證人法定之日費及旅費；如行政法院疏未發給，證人亦得於訊問完畢後請求發給，以確保其權利。但證人若因拘提到場，或無正當理由拒絕具結或證言者，因其違背公法上之作證或具結義務，有妨害訴訟程序進行之虞，爰規定於此情形，行政法院毋庸發給日費及旅費，證人亦不得請求。關於證人日費及旅費之裁定，關係其財產權益，應許其依抗告程序聲明不服。行政法院原則上須待訊問完畢後，始發給證人日費及旅費，惟證人如無力墊付其在途之食宿舟車費者，仍欲其盡到場之義務，未免強人所難，爰規定證人所需之旅費，得依其請求預行酌給之，以資解決。

第156條（鑑定準用之規定）

鑑定，除別有規定外，準用本法關於人證之規定。

❖立法說明❖

立法理由指出：「鑑定人係依其特別之知識經驗，在訴訟程序上陳述對於特定事物之判斷意見之第三人，雖與陳述曾經見聞事實之證人有殊，然其同為證據方法，且均係居於第三人之地位，兩者之權利義務亦多相同，爰規定鑑定，除別有規定外，準用本法關於人證之規定，俾資利用。」

❖內容解析❖

鑑定係鑑定人以其專業知識或技術能力對於「如何存在的事態」所為「經驗性證據」，作為鑑定人須先具有證言信用之資格，鑑定結果須合乎專業的經驗法則或屬經驗現象的陳述。鑑定人又可稱為「鑑定證人」。鑑定人係以具有專業知識、能力或經驗為其要素，不問其身分為何，故公務人員亦可為鑑定人。行政訴訟實務上較為常見

之鑑定，例如地政機關之測量人員接受法院委託對土地糾紛所為之重測或鑑界；環境工程人員對環境影響之評估；醫事人員對藥品之檢驗；理工專長之教授對產品可專利性的鑑定；專業不動產鑑定公司對土地交易價格的鑑定等。由於其具有證人之性質，故除法律有特別規定，原則上得準用人證之規定，諸如鑑定結果須由當事人為辯論等。此之法律有特別規定，即本法第157條以下之規定，諸如不得拘提、鑑定得另行請求鑑定費。

實務上，除了專業知識及能力外，尚包括具有專業「經驗」之人，亦具有鑑定人之資格，例如對「自由市場之商品價格」之確定，得由同業工會提出經驗以為證據也。實例如：「本件出口蒜頭申報價格，僅約及公定底價表所列離岸價格之44%，顯欠正常，而該公定底價表，係行政院外匯貿易審議委員會（即國貿局前身）授權臺灣區蔬菜輸出業同業公會所編訂，該同業公會既為蔬菜輸出業者之共同組織，其對蔬菜輸出價格行情當最為熟悉，其所編訂之公定底價表自屬公平合理，被告機關參照該項底價，⋯⋯並無違誤。」（行政法院70年度判字第558號判決）。此外，行政機關以問卷方法進行調查大眾之消費傾向與對產品之認知所得證據，亦屬鑑定[249]。

鑑定人不以單一人為限，法人、團體或委員會亦無不可，團體之例，已如上述，委員會之例，例如「行車事故肇事鑑定委員會」；又如「系爭來貨之鑑定，係經財政部關稅總局大陸物品鑑定委員會邀請專家就涉案資料、樣品與原告所提供之證明文件研判，提出調查報告交由該委員會審議決定係『大陸物品』，且該委員會係鑑定大陸物品之專責機構，其公平性及準確性，自毋庸置疑。」（行政法院83年度判字第2127號判決；行政法院82年度判字第1863號判決同意旨），其中「大陸物品鑑定委員會」即屬之。

在行政法院的判決中，來自專家的鑑定結果有極高之證據力，此諒係行政法院法官並非專業人士，故對事實之確認，頗倚重專家，特別是專利案件中的鑑定。例如「科學、技術之產物，不能僅憑當事人一己之自行推介，即可認定，亦不能僅賴專利局一般審查委員之決議，即可作為准駁之依據，必須委由對此具有專門學識及經驗豐富人士，為深入之探討，詳確之觀察，提供具體意見，始能作為合理之取捨[250]。」（行政法院77年度判字第1451號判決）。但法理上，鑑定報告法院並不受其拘束，如果行政法院法官認為有另行交付鑑定之必要，亦非不得再付鑑定；特別是委員會之

---

[249] 參羅明宏，論不實廣告與外在證據—美國立法例之評介，公平交易季刊2卷4期，頁109以下。

[250] 行政法院同意旨之判決例如：77年度判字第1728號判決；77年度判字第1684號判決；77年度判字第863號判決；77年度判字第780號判決；77年度判字第529號判決；77年度判字第458號判決；77年度判字第457號判決；77年度判字第394號判決；77年度判字第317號判決；77年度判字第1918號判決；77年度判字第1864號判決；77年度判字第1792號判決；77年度判字第1760號判決；79年度判字第749號判決。

組成,亦非不可質疑其組織成員的基本專業素養。然如果委請兩次以上之專業鑑定,鑑定結果如互有齟齬,法官心證上,如何採取,須附有堅強之理由。

鑑定所需資料在行政法院者,應告知鑑定人准其利用。行政法院於必要時,得依職權或依聲請命證人或當事人提供鑑定所需資料。鑑定人因行鑑定,得聲請求調取證物或訊問證人或當事人,經許可後,並得對於證人或當事人自行發問;當事人亦得提供意見(§176準用民訴§337)。

第157條(有為鑑定人之義務)

從事於鑑定所需之學術、技藝或職業,或經機關委任有鑑定職務者,於他人之行政訴訟有為鑑定人之義務。

鑑定人應於選任前揭露下列資訊;其經選任後發現者,應即時向審判長及當事人揭露之:

一、學經歷、專業領域及本於其專業學識經驗曾參與訴訟、非訟或法院調解程序之案例。

二、關於專業學識經驗及相關資料之準備或提出,曾與當事人、輔助參加人、輔佐人或其代理人有分工或合作關係。

三、關於專業學識經驗及相關資料之準備或提出,曾受當事人、輔助參加人、輔佐人或其代理人之金錢報酬或資助及其金額或價值。

四、關於該事件,有其他提供金錢報酬或資助者之身分及其金額或價值。

五、有其他情事足認有不能公正、獨立執行職務之虞。

❖內容解析❖

鑑定人通常具有可替代性,故不具有鑑定義務,但特殊情形,具有特別知識經驗之人,則有為鑑定人之義務。有為鑑定人之義務者,為下列之人:一、從事於鑑定所需之學術、技藝或職業者,例如學者、醫師、會計師、工程師等是;二、經機關委任有鑑定職務者,例如法醫師、檢驗員等是。

鑑定可依職權為之,亦得由當事人聲請之。聲請鑑定,應表明鑑定之事項(§176準用民訴§325)。鑑定人由受訴法院選任並定其人數。法院於選任鑑定人前,得命當事人陳述意見;其經當事人合意指定鑑定人者,應從其合意選任之。但法院認其人選顯不適當時,不在此限。已選任之鑑定人,法院得撤換之(§176準用民訴§326)。

受命法官或受託法官依鑑定調查證據者,對當事人合意選任之鑑定人得撤換;

但經受訴法院選任鑑定人者，不在此限（§176準用民訴§327）。鑑定人應於鑑定前具結，於結文內記載必為公正、誠實之鑑定，如有虛偽鑑定，願受偽證之處罰等語（§176準用民訴§334）。受訴法院、受命法官或受託法官得命鑑定人具鑑定書陳述意見。鑑定書須說明者，得命鑑定人到場說明（§176準用民訴§335）鑑定人之具結書得附於鑑定書提出之。鑑定人有數人者，得命其共同或各別陳述意見（§176準用民訴§336）。

訊問依特別知識得知已往事實之人者，適用關於人證之規定（§176準用民訴§339），例如能閱讀古契或能解讀祭祀公業鬮書之人。另外，歷史文獻如適於作為特定事實，除得直接閱讀歷史文獻外，亦得以史學家作為鑑定證人。

為確保鑑定人之中立性與公正性，有關第2項（2021年新增）鑑定人之資格及其相關資訊應向法院揭露，此一規定係取範於憲法訴訟法第19條第3項規定。

第158條（拘提之禁止）
鑑定人不得拘提。

❖**內容解析**❖

鑑定人非如證人為不可代替之證據方法，故無強制其到場之必要。

第159條（拒絕鑑定）
鑑定人拒絕鑑定，雖其理由不合於本法關於拒絕證言之規定，如行政法院認為正當者，亦得免除其鑑定義務。

❖**立法說明**❖

本條立法理由指出：「鑑定人如有本法第一百四十五條及第一百四十六條第一項所定拒絕證言之理由，雖得拒絕鑑定，惟鑑定人與證人不同，得為鑑定人者，原不限於特定之人，鑑定並非國民之法定義務，經法院選定後，始負有程序協力之義務，故鑑定人拒絕鑑定時，其所提出之理由如屬正當，例如被選任為鑑定人者，不勝鑑定之任時，雖不合關於拒絕證言之規定，亦准行政法院斟酌情形免除其鑑定之義務。」

另一方面，當事人得依聲請法官迴避之原因拒卻鑑定人。但不得以鑑定人於該訴訟事件曾為證人或鑑定人為拒卻之原因。除前條（民訴§330Ⅰ）情形外，鑑定人已

就鑑定事項有所陳述或已提出鑑定書後，不得聲明拒卻；但拒卻之原因發生在後或知悉在後者，不在此限（§176準用民訴§331）。聲明拒卻鑑定人，應舉其原因，向選任鑑定人之法院或法官為之。此種原因及拒卻之原因發生在後或知悉在後者之事實，應釋明之（§176準用民訴§332）。

第160條（鑑定人之報酬）
鑑定人於法定之日費、旅費外，得請求相當之報酬。
鑑定所需費用，得依鑑定人之請求預行酌給之。
關於前二項請求之裁定，得為抗告。

❖內容解析❖

鑑定人依行政法院之命，提供自己之特別知識經驗而為鑑定，除法定之日費、旅費外，自尚須支付酬勞，以為報償。鑑定所需費用，若非鑑定人所能墊付，仍欲其先為鑑定，未免強人所難，爰規定鑑定所需費用，得依鑑定人之請求預行酌給之。

第161條（囑託鑑定準用之規定）
行政法院依第一百三十八條之規定，囑託機關、學校或團體陳述鑑定意見或審查之者，準用第一百六十條及民事訴訟法第三百三十五條至第三百三十七條之規定。其鑑定書之說明，由該機關、學校或團體所指定之人為之。

❖內容解析❖

法院命行鑑定，固多選任自然人為鑑定人，然因從事於鑑定所需之學術、技藝及設備，自然人所具備之條件，往往不如機關、學校或團體為佳。為期簡便，並有助於鑑定之正確，行政法院除得以自然人為鑑定人外，並得依本法第138條之規定，囑託機關、學校或團體陳述鑑定意見或審查鑑定人之意見。此項囑託鑑定人之性質與一般鑑定相近，爰設規定準用本法第160條及民事訴訟法第335條至第337條之規定，以資運用。又鑑定書須說明者，應由該機關、學校或團體所指定之人為之，以其意見，視為被囑託鑑定者意見之一部。

> **第162條**（專業法律問題之徵詢意見）
> 行政法院認有必要時，得就訴訟事件之專業法律問題徵詢從事該學術研究之人，以書面或於審判期日到場陳述其法律上意見。
> 前項意見，於裁判前應告知當事人使為辯論。
> 第一項陳述意見之人，準用鑑定人之規定。但不得令其具結。

❖立法說明❖

　　本條立法理由乃：「專業法律問題，非行政法院所能盡知，為期學術與實務結合，使法院能善用學術研究之成果，爰規定行政法院認有必要時，得就訴訟事件之專業法律問題，徵詢從事該學術研究之人，以書面或於審判期日到場陳述其法律上意見。又上開法律上意見為裁判基礎之一，自應於裁判前告知當事人，給予辯論之機會，俾得盡其防禦之能事。本條陳述法律上意見之專家、學者，具有類似於鑑定人之性質，其有關之權利、義務及徵詢之程序等事項自應準用鑑定人之規定。惟因專業法律問題每有仁智之見，難期盡同。爰規定不得令其具結，以示尊重。」

❖內容解析❖

　　法學學理上之意見，往往所涉多端，德國公法實務上，特別是聯邦憲法法院就憲法訴願的審理，往往委請法學教授提供學理上的見解，以供參酌[251]。此種制度使法學理論與實務作緊密的結合，既可促進實務判決引據學理研究之成果，復可使學理有受實務檢證的機會，允為良善之設計。專業法律學術研究者，通常為法學教授，但應不以之為限，其法律意見具有鑑定之作用，故本條規定準用鑑定人之規定。鑑定人於法定之日費、旅費外，得請求相當之報酬（§160）。

> **第163條**（當事人書證之義務）
> 左列各款文書，當事人有提出之義務：
> 一、該當事人於訴訟程序中曾經引用者。
> 二、他造依法律規定，得請求交付或閱覽者。
> 三、為他造之利益而作者。
> 四、就與本件訴訟關係有關之事項所作者。
> 五、商業帳簿。

---

[251] 參翁岳生，德國大學法學院對審判實務之影響，收錄於：氏著，法治國家之行政法與司法，1994年，頁455以下。

❖內容解析❖

聲明書證，應提出文書爲之（§176準用民訴§341）。使受命法官或受託法官就文書調查證據者，受訴法院得定其筆錄內應記載之事項及應添附之文書（§176準用民訴§354）。

書證有兩種，公文書與私文書。作爲書證，公文書應提出其原本或經認證之繕本或影本。私文書應提出其原本；但僅因文書之效力或解釋有爭執者，得提出繕本爲送達之必要，行政法院亦得命當事人提出繕本或影本（§176準用民訴§352）。

然何謂公文書？應依其程式及意旨而定。文書得認作公文書者，推定爲眞正。公文書之眞偽有可疑者，法院得請作成名義之機關或公務員陳述其眞偽（§176準用民訴§355）。外國之公文書，其眞偽由法院審酌情形斷定之；但經駐在該國之中華民國大使、公使、領事或其他機構證明者，推定爲眞正（§176準用民訴§356）。中華人民共和國之文書，另由財團法人海峽交流基金會爲認證，即屬此之其他機構。

私文書應由舉證人證其眞正；但他造於其眞正無爭執者，不在此限（§176準用民訴§357）。私文書經本人或其代理人簽名、蓋章或按指印或有法院或公證人之認證者，推定爲眞正。當事人就其本人之簽名、蓋章或按指印爲不知或不記憶之陳述者，應否推定爲眞正，由法院審酌情形斷定之（§176準用民訴§358）。故在行政爭訟程序中，當事人或異議人提出之私文書原本，如經他造或被異議人爭執其眞正時，該私文書即應經當事人或異議人舉證證明其眞正後，始有形式上之證據力（行政法院78年度判字第2581號判決）。不具有形式上證據力之證據，即無證據能力，根本不得作爲證據，即不發生法院判斷該文書之證據力的問題。再者，法院得命提出文書之原本。不從前項之命提出原本或不能提出者，法院依其自由心證斷定該文書繕本或影本之證據力（§176準用民訴§353）。

筆錄內引用附卷之文書或表示將該文書作爲附件者，其文書所記載之事項，與記載筆錄者有同一之效力（§176準用民訴§215）。

本法第132條準用民事訴訟法第195條之結果，行政訴訟當事人就其提出之事實，應爲眞實及完全之陳述。當事人對於他造提出之事實及證據，應爲陳述。

因當事人負有法律上眞實完全陳述之義務，故本條乃規定各種佐證其陳述之資料，包括：一、該當事人於訴訟程序中曾經引用者；二、他造依法律規定，得請求交付或閱覽者；三、爲他造之利益而作者；四、就與本件訴訟關係有關之事項所作者；五、商業帳簿。

當事人就上開文件雖有提出之義務，惟此之「義務」屬「不純正的義務」，蓋此種義務之違反，與一般行政義務不同，違反此種義務之陳述僅不生陳述之效力而

已[252]，不另課以行政秩序罰。而由於行政訴訟之調查證據多採職權進行主義，故未爲真實完全陳述，頂多僅發生影響行政法院法官心證的結果而已。

第164條（書證之調取及提出）
公務員或機關掌管之文書，行政法院得調取之。如該機關爲當事人時，並有提出之義務。
前項情形，除有妨害國家高度機密者外，不得拒絕。

❖內容解析❖

本條第1項前段所稱之「調取」應依囑託方法行之；後段則屬行政機關之義務，如行政機關違背此種義務，行政法院得依第135條規定，審酌情形認他造關於該證據之主張或依該證據應證之事實爲真實。

本條第2項所謂妨害「國家高度機密」，於機密之外，復加「高度」二字，立法意旨似指極度重要之事務，而不得爲訴訟當事人及其代理人或輔佐人知悉者。但此之「國家高度機密」並非法定用語。依現行國家機密保護法第4條規定：「國家機密等級區分如下：一、絕對機密：適用於洩漏後足以使國家安全或利益遭受非常重大損害之事項。二、極機密：適用於洩漏後足以使國家安全或利益遭受重大損害之事項。三、機密：適用於洩漏後足以使國家安全或利益遭受損害之事項。」

何種等級的機密，可以由各該公務員提出，但最後仍由行政法院判斷之。若行政法院審理的訴訟標的就是「各該事項機密等級編定行爲」，行政機關不得以該事項係絕對機密或極機密而拒絕接受審查，但行政法院於審理時，自得採取不公開的防護措施（§128）。

第165條（當事人不從提出文書之命）
當事人無正當理由不從提出文書之命者，行政法院得審酌情形認他造關於該文書之主張或依該文書應證之事實爲真實。
前項情形，於裁判前應令當事人有辯論之機會。

---

[252] 石志泉原著，楊建華增訂，民事訴訟法釋義，1982年增訂初版，頁212。

❖立法說明❖

本條立法理由係：「行政法院依聲請或依職權命執有文書之當事人提出文書，如其不提出而無正當理由時，應有制裁之方法，爰設本條，規定行政法院得審酌情形認他造關於該文書之主張或依該文書應證之事實為真實。惟為避免錯誤，並保障當事人在訴訟上之權利，爰規定於裁判前應令當事人有辯論之機會。」

❖內容解析❖

當事人在訴訟程序上有關事實之發現，具有協力之義務。違反此種義務，將發生責任。此種責任仍僅在事實的認定上，發生「行政法院得審酌情形認他造關於該文書之主張或依該文書應證之事實為真實」的效果，仍非必為該當事人敗訴之判決，故此屬不真正的責任。但行政法院基於職權進行主義，於裁判前應令當事人有辯論之機會。

第166條（聲請命第三人提出文書）

聲明書證係使用第三人所執之文書者，應聲請行政法院命第三人提出或定由舉證人提出之期間。

民事訴訟法第三百四十二條第二項、第三項之規定，於前項聲請準用之。

文書為第三人所執之事由及第三人有提出義務之原因，應釋明之。

❖內容解析❖

本條係訴訟程序須使用第三人所執之文書，如何聲明為書證之規定。聲明此種書證，應表明下列各款事項：一、應命其提出之文書；二、依該文書應證之事實；三、文書之內容；四、文書為他造所執之事由；五、他造有提出文書義務之原因（§166Ⅱ準用民訴§342Ⅱ）。法院認應證之事實重要，且舉證人之聲請正當者，應以裁定命他造提出文書（§176準用民訴§343）。文書為第三人所執之事由及第三人有提出義務之原因，釋明之即可，不必舉證證明之。

第167條（命第三人提出文書之裁定）

行政法院認應證之事實重要且舉證人之聲請正當者，應以裁定命第三人提出文書或定由舉證人提出文書之期間。

行政法院為前項裁定前，應使該第三人有陳述意見之機會。

❖內容解析❖

　　訴訟事件恆涉及第三人所掌有之文件，故行政法院認應證之事實重要且舉證人之聲請正當者，應以裁定命第三人提出文書或定由舉證人提出文書之期間。但為尊重案外人之地位，行政法院為前項裁定前，應使該第三人有陳述意見之機會。

第168條（第三人提出文書準用之規定）
關於第三人提出文書之義務，準用第一百四十四條至第一百四十七條及第一百六十三條第二款至第五款之規定。

❖立法目的❖

　　本條立法理由謂：「第三人並非訴訟當事人，對其所執文書，原無強命其提出之理由，惟執有文書之人，既服從我國司法權，自有提出文書以供訴訟上利用義務，爰規定第三人於本法第一百六十三條第二款至第五款所定情形，有提出文書之義務。第三人提出文書之義務，係對法院訴訟審理應予協助之公法上義務，與作證義務同一性質。其有守密義務或與當事人有一定關係者，得免除提出文書之義務，爰規定關於第三人提出文書之義務，準用第一百四十四條至第一百四十七條之規定，俾資適用。」

❖內容解析❖

　　第三人掌有與訴訟有關之文書，雖非證人，亦屬「準證人」的地位，協助司法案件正確之進行亦屬國民之義務，從而得以強制手段實現。由於該文書之提出，具有與作證相同效果，故有關拒絕證據之規定（§144～§147），於提出文書亦準用之，即第三人有拒絕提出權，此係以第三人之身分地位為中心者。但準用第163條第2款至第5款規定的結果，他造依法律規定，得請求交付或閱覽之文書、為他造之利益而作之文書、就與本件訴訟關係有關之事項所作之文書及商業帳簿，第三人縱有拒絕提出權之身分，仍不得拒絕之，此係就「提出標的」所為規定，屬例外的例外，即又回復為義務之狀態也。

第169條（第三人不從提出文書命令之制裁）
第三人無正當理由不從提出文書之命者，行政法院得以裁定處新臺幣三萬元以下罰鍰；於必要時，並得為強制處分。
前項強制處分之執行，適用第三百零六條之規定。
第一項裁定得為抗告，抗告中應停止執行。

❖立法說明❖

本條立法理由謂：「第三人並非訴訟當事人，其經行政法院命其提出文書而違背者，無從使其發生訴訟上不利益之效果，爰規定行政法院得裁定處以罰鍰，以示制裁；若有必要，並得為強制處分，以收實效。法院就第三人應提出之文書，命為強制處分者，係強制該第三人應為特定物之交付，爰規定此項強制處分，適用第三百零六條之規定，予以執行。本條裁定，係對第三人之處罰，故許其得以抗告聲明不服，且在抗告中應停止執行，以示慎重。」

第170條（第三人之權利）
第三人得請求提出文書之費用。
第一百五十五條之規定，於前項情形準用之。

❖立法說明❖

本條立法理由謂：「第三人對於訴訟本無利害關係，其依法院之命而提出文書，乃盡其公法上之義務，若因此而負擔提出文書之費用，顯非事理之平。爰規定第三人得請求提出文書之費用，俾盡公法上義務者，亦得享受相當之權利。又此項權利之性質與證人得享受法定之日費及旅費者相近，故應準用本法第一百五十五條之規定。」

第171條（文書真偽之辨別）
文書之真偽，得依核對筆跡或印跡證之。
行政法院得命當事人或第三人提出文書，以供核對。核對筆跡或印跡，適用關於勘驗之規定。

❖內容解析❖

文書得供證據之用者，以真正之文書為限，故發生鑑別文書真偽之問題。為簡化鑑別程序，爰規定文書之真偽，得依核對筆跡或印跡證之。依核對筆跡或印跡之方法證明文書之真偽者，除得由舉證人提出供核對之筆跡或印跡外，如當事人或第三人執有可供核對之另件文書時，行政法院亦得命其提出該文書以供核對，以證明文書之真偽。核對筆跡或印跡，本屬勘驗性質，自應適用關於勘驗之規定。

本條係針對文書外觀明顯得以肉眼辨識者而言，以肉眼無法分辨其真偽時，自得

委請專家另行鑑定之。

　　提出之文書原本須發還者，應將其繕本、影本或節本附卷。提出之文書原本，如疑為偽造或變造者，於訴訟未終結前，應由法院保管之；但應交付其他機關者，不在此限（§176準用民訴§361）。

第172條（鑑別筆跡之方法）

無適當之筆跡可供核對者，行政法院得指定文字，命該文書之作成名義人書寫，以供核對。

文書之作成名義人無正當理由不從前項之命者，準用第一百六十五條或第一百六十九條之規定。

因供核對所書寫之文字應附於筆錄；其他供核對之文件不須發還者，亦同。

❖內容解析❖

　　本條係行政法院對於書證本身的真正，進行鑑別之方法。文書之作成名義人無正當理由不提供筆跡以供核對者，屬違反訴訟程序上「證據協力義務」，行政法院得採取以下措施之一（準用§165及§169）：

　　一、行政法院得審酌情形認他造關於該文書之主張或依該文書應證之事實為真實。但於裁判前仍應令當事人有辯論之機會。

　　二、裁定處以新臺幣三萬元以下罰鍰，必要時，並得為強制處分。

第173條（準文書）

本法關於文書之規定，於文書外之物件，有與文書相同之效用者，準用之。

文書或前項物件，須以科技設備始能呈現其內容或提出原件有事實上之困難者，得僅提出呈現其內容之書面並證明其內容與原件相符。

❖立法說明❖

　　本條立法理由係文書以外之物件，有足以表示吾人意思或思想，如圖畫、照片、商品價碼、記號、盲人點字、條碼、錄影帶及電腦磁片等，均與文書類似，亦可用為證據方法，宜準用文書之規定。

❖內容解析❖

　　隨著科技進步，利用磁碟片，光碟、錄音帶，錄影帶，數位錄影、行動電話之簡訊紀錄、縮影膠片航空照相、衛星定位等科技設備作成文書或保存文書、資訊等之運用、日漸廣泛；於訴訟中，舉證人以前開科技設備保存之內容作為證據資料，聲請調查時，如未顧及該等證據方法之特性，一律命持有人必須提出原件時，恐有窒礙難行之處，例如自前開科技設備本身不能直接得知其內容或前開科技設備另載有與訴訟無關之業務或機密資料，如強令提出恐致提出人之業務發生障礙或機密外洩或提出花費過鉅，爰規定須以科技設備始能呈現其內容或提出原件有事實上之困難者，得僅提出呈現其內容之書面並證明其內容與原件相符。

第174條（勘驗準用之規定）
第一百六十四條至第一百七十條之規定，於勘驗準用之。

❖立法說明❖

　　勘驗程序與書證程序相近，爰將書證程序有關規定中與勘驗程序不相牴觸者臚列於本條，明定於勘驗準用之，以節繁文。

❖內容解析❖

　　勘驗係法院於訴訟程序對事實直接體驗以形成心證的一種過程。法官對文書之審閱，本身即具有勘驗之性質，但文書屬另一種證據方法，稱為書證，故本條之勘驗係指文書之外的其他勘驗物，但因勘驗與文書之審閱及其提出方法，均與書證頗為類似，故本條規定，第164條至第170條之規定，於勘驗準用之。

　　例如國家為獎勵農地繼續保持農用，農業發展條例第37條第1項規定：「作農業使用之農業用地移轉與自然人時，得申請不課徵土地增值稅。」而農地是否繼續維持農用，訴訟當事人間存有爭議時，即得以勘驗方式，實地體驗之。惟此之「農用」，如逾一般人之生活經驗時，尚須參酌農業專家之專業意見，自不待言（§176準用民訴§365）。

　　聲請勘驗，應表明勘驗之標的物及應勘驗之事項。受訴法院、受命法官或受託法官於勘驗時得命鑑定人參與（§176準用民訴§364、§365）。勘驗，於必要時，應以圖畫或照片附於筆錄；並得以錄音、錄影或其他有關物件附於卷宗（§176準用民訴§366）。勘驗物必須真實經過勘驗，且與待證事實有相當關係，始具有證據證明力。

> **第175條**（保全證據之管轄法院）
> 保全證據之聲請，在起訴後，向受訴行政法院為之；在起訴前，向受訊問人住居地或證物所在地之地方行政法院為之。
> 遇有急迫情形時，於起訴後，亦得向前項地方行政法院聲請保全證據。

❖立法說明❖

　　原本條立法理由稱：「保全證據之聲請，在起訴後，固應由本案訴訟繫屬之受訴行政法院管轄。惟如在訴訟繫屬以前聲請保全證據者，並無受訴法院，爰規定應向受訊問人住居地或證物所在高等行政法院為之，俾便於所保全證據之調查。又遇有急迫情形時，於起訴後，亦得向受訊問人住居地或證物所在地之高等行政法院聲請保全證據，俾證據有滅失或礙難使用之虞者，易達保全之目的。」其中高等行政法院，現已改制為「地方行政法院」（§3-1）。

❖內容解析❖

　　本條在適用上值得討論的有：

一、保全證據之原因

　　保全證據制度之本質，學理上有「非訟行為說」與「訴訟行為說」之爭議[253]，本書認為應採訴訟行為說。此一制度係為保護當事人利益而設，也為維護司法功能而存在，舉凡各種證據方法，包括人證、物證、書證、勘驗，皆得聲請保全。但為防止濫用程序，延滯訴訟，須具有下列情形之一，始得聲請保全證據（§176準用民訴§368）。

　　(一)證據有滅失或礙難使用之虞：證據有滅失情形，例如證人重病瀕死；證據礙難使用，例如稅務資料將由他人攜帶出境等，其原因須客觀上有此情形，是否屬實，由行政法院判定之，此種情形，僅當事人釋明即可（準用民訴§370），不必負舉證責任。

　　(二)經他造同意：如此可儘速解決爭議。

　　(三)就確定事、物之現狀有法律上利益且必要時：可聲請保全書證、鑑定或勘驗。

---

[253] 參劉發鋆，論民事訴訟之證據保全，法學叢刊，1951年10月，頁184。

二、保全證據之程序

保全證據之聲請，在起訴後，向受訴行政法院為之；在起訴前，向受訊問人住居地或證物所在地之地方行政法院為之。

保全證據之聲請，應表明下列各款事項：(一)他造當事人，如不能指定他造當事人者，其不能指定之理由；(二)應保全之證據；(三)依該證應證之事實；(四)應保全證據之理由。以上各種理由應釋明之。保全證據之聲請，由受聲請之法院裁定之。准許保全證據之裁定，應表明該證據及應證之事實。行政法院駁回保全證據聲請之裁定，得為抗告，准許保全證據之裁定，則不得聲明不服。行政法院認為必要時，得於訴訟繫屬中，依職權為保全證據之裁定。調查證據期日，應通知聲請人，除有急迫情形外，並應於期日前送達聲請書狀或筆錄及裁定於他造當事人而通知之。他造當事人不明或調查證據期日不及通知他造者，法院因保護該當事人關於調查證據之權利，得為選任特別代理人。行政法院選任特別代理人之裁定，並應送達於特別代理人。特別代理人於法定代理人或本人承當訴訟以前，代理當事人為一切訴訟行為。但不得為捨棄、認諾、撤回或和解。選任特別代理人所需費用及特別代理人代為訴訟所需費用，得命聲請人墊付。調查證據筆錄，由命保全證據之法院保管；但訴訟繫屬他法院者，應送交該法院。保全證據程序之費用，除別有規定外，應作為訴訟費用之一部定其負擔（準用民訴§370～§376）。

民事訴訟法第376條之1及第376條之2，於本條之證據保全準用。民事訴訟法上開條文旨在賦予行政法院法官訊問當事人之權限，若當事人「故意為虛偽陳述，足以影響裁判之結果者」，法院得科處罰鍰，以擔保當事人的誠實陳述。

第175條之1（司法事務官協助調查證據）
行政法院於保全證據時，得命司法事務官協助調查證據。

❖內容解析❖

本條係2011年11月新增，旨在使現行司法事務官協助辦理調查證據工作有法律明文依據。但有關證據之「證據能力」問題，係屬行政法院應依職權審查之事項，故司法事務官亦應注意及之。

本條特別限定於「行政法院於保全證據時」，司法事務官始有協助辦理調查證據之權限，且須於法官有命令時，始有之。故於通常證據時，司法事務官無此權限。

法院組織法第17條之2規定：「司法事務官辦理下列事務：一、返還擔保金事件、調解程序事件、督促程序事件、保全程序事件、公示催告程序裁定事件、確定訴

訟費用額事件。二、拘提、管收以外之強制執行事件。三、非訟事件法及其他法律所定之非訟事件。四、其他法律所定之事務。司法事務官得承法官之命，彙整起訴及答辯要旨，分析卷證資料，整理事實及法律疑義，並製作報告書。」司法事務官能協助法官辦理證據保全工作，以擴展行政法院處理業務的能量，但仍未取得「強制權」，故當事人若有虛偽陳述，司法事務官僅能報告法官，由法官以法院之名作成裁定。

第176條（準用之規定）
民事訴訟法第二百十五條、第二百十七條至第二百十九條、第二百七十八條、第二百八十一條、第二百八十二條、第二百八十四條至第二百八十六條、第二百九十一條至第二百九十三條、第二百九十五條、第二百九十六條、第二百九十六條之一、第二百九十八條至第三百零一條、第三百零四條、第三百零九條、第三百十條、第三百十三條、第三百十三條之一、第三百十六條至第三百十九條、第三百二十一條、第三百二十二條、第三百二十五條至第三百二十七條、第三百三十一條至第三百三十七條、第三百三十九條、第三百四十一條至第三百四十三條、第三百五十二條至第三百五十八條、第三百六十一條、第三百六十四條至第三百六十六條、第三百六十八條、第三百七十條至第三百七十六條之二之規定，於本節準用之。

❖內容解析❖

　　本法關於證據一節，雖已增列若干條文，惟民事訴訟法關於證據之規定更為詳盡，除部分性質不相容，或因立法技術上之原因，本法已自行規定者外，其餘不相牴觸者，凡六十二條，爰列舉各該條次，明定於本節準用之。例如本法第140條所定之調查證據筆錄與言詞辯論筆錄之目的相同，爰規定應準用民事訴訟法規於言詞辯論筆錄之規定而製作之。又如民事訴訟法第309條及第310條關於拒絕證言之程序及當否裁定之規定，於本法所定證人拒絕證言及第三人拒絕提出文書均予以準用。再如勘驗程序因與書證程序相近，故民事訴訟法書證程序中與勘驗有關之規定，亦得準用之。應特別注意者，本條立法院於2021年5月31日修正（同年6月6日總統公布施行），刪除準用民事訴訟法第282條之1之規定。因民事訴訟法第282條之1有關「證據妨害」之規定，幾已全部（照抄）規定於本法第135條，原規定之準用應屬贅文。

　　另原準用民訴法第305條規定，但有關證人不能到場或有其他必要情形時之處理方式、證人以科技設備傳送訴訟文書、以遠距審理方式訊問證人時之具結方式與傳送結文之效力，已明定於第57條第6項、第58條第2項及第143條之1，故不再準用民事訴訟法第305條規定。

第五節　訴訟程序之停止

一、意　義

　　訴訟程序之停止係指訴訟繫屬於行政法院後，因具有某項原因，致訴訟無從進行，或進行而不適當，或兩造合意不予進行，若仍繼續進行，反有害當事人之利益，或違背當事人之意思，致使不得不停止訴訟程序之進行。本法關於訴訟程序之停止仿照民事訴訟法之例，分為裁定停止、當然停止及合意停止三種態樣。然此種分類學者有認為仍有若干不當之處，例如：在裁定停止之中又含有當然停止事由（§177 I），在當然停止之中則有裁定停止之規定（§180），實有檢討之必要[254]。

二、裁定停止

　　訴訟程序，因法定事實之發生，由行政法院裁定停止進行，非經裁定停止之撤銷與抗告經撤銷停止之裁定，不得續行訴訟程序。行政法院於裁定命停止訴訟程序後，如停止原因消滅，固得依聲請或依職權撤銷之（§186準用民事訴訟法§186）。縱令原因尚未消滅，如行政法院認無繼續停止之必要，亦得撤銷停止訴訟程序之裁定（參見最高法院26年滬聲字第14號民事判例）[255]。

　　關於停止訴訟程序之裁定、駁回停止訴訟程序聲請之裁定、撤銷停止訴訟程序之裁定、駁回撤銷停止訴訟程序聲請之裁定，當事人均得抗告（參見14年抗字第88號民事判例）（§186準用民事訴訟法§187）。

三、當然停止

　　訴訟程序有法定事實之發生，不待當事人之聲請，亦無須行政法院之裁判，自其事實發生時起，訴訟程序在依法承受訴訟或法定事實消滅前，當然停止其進行，謂之當然停止[256]。

　　例如實施訴訟之當事人或訴訟擔當人死亡，訴訟程序在繼承人或有同一資格之人承受其訴訟以前當然停止（§186、§179 I）。

---

[254] 參照吳庚，行政爭訟法論，1999年初版，頁153。
[255] 楊建華，民事訴訟法要論，1995年，頁154。
[256] 楊建華，前揭書，頁148。

四、合意停止

(一)明示的合意停止

　　訴訟程序因當事人之合意而停止進行，稱爲合意停止。本法修正後，行政訴訟之種類業已增多，其中撤銷訴訟性質上不許當事人以合意停止訴訟程序，其餘訴訟則許合意停止。故本法第183條第1項規定：「除撤銷訴訟外，當事人得以合意停止訴訟程序。但行政法院認有維護公益之必要者，應於四個月內續行訴訟。」

　　值得注意的是，合意停止訴訟程序之當事人，自陳明合意停止時起，如於四個月內不續行訴訟者，視爲撤回其訴；續行訴訟而再以合意停止訴訟程序者，以一次爲限。如再次陳明合意停止訴訟程序，視爲撤回其訴（§184）。

(二)擬制的合意停止

　　當事人兩造無正當理由遲誤言詞辯論期日者，除撤銷訴訟或別有規定外，視爲合意停止訴訟程序（§185 I）。所謂遲誤言詞辯論期日，指當事人經合法通知，於言詞辯論期日開始時不到場或到場不爲辯論者而言，若未經合法通知或期日尚未開始，則不得視爲合意停止。擬制的合意停止，究非當事人明示之意思，故行政法院認爲必要時，得依職權續行訴訟（§185 II），以免訴訟延滯。實務上若當事人一造未到庭時，則他造即可向行政法院表示拒絕言詞辯論，而使兩造均遲誤言詞辯論，而發生視爲合意停止訴訟程序的結果。在此情形，視爲合意停止訴訟程序，自遲誤言詞辯論期日起，如於四個月內不續行訴訟者，視爲撤回其訴（§185 I）。

　　因此，訴訟當事人尤其原告或其訴訟代理人，應注意於四個月內聲請行政法院續行訴訟，否則四個月後視爲撤回其訴，對於原告將發生不利結果，例如給付請求權即可能罹於消滅時效。在行政法院認爲必要依職權續行訴訟，如無正當理由兩造仍遲誤不到場者，則不待四個月即視爲撤回其訴（§185 II）。

五、訴訟程序停止之效力

(一)當然停止及裁定停止之效力

　　訴訟程序當然或裁定停止間，行政法院及當事人不得爲關於本案之訴訟行爲。但於言詞辯論終結後當然停止者，本於其辯論之裁判得宣示之（§182 I）。

　　倘當事人違反本條規定仍爲關於本案之訴訟行爲者，其行爲不生法律上效力，惟他造當事人表示無異議，或知其違背或可知其違背，並無異議而爲本案辯論者，則因其捨棄責問權之結果，即不得再行主張其無效（§132準用民訴§197 I）。行政法院在訴訟程序停止間所爲本案之訴訟行爲，雖非當然無效，但係違背法令，當事人得據

以聲明不服[257]。

　　當然停止原因生於言詞辯論終結後者，本於其辯論之裁判得宣示之。蓋因裁判之宣示，並無使當事人參與之必要，本於其辯論之裁判，於訴訟程序當然停止後宣示，亦於當事人之利益無損。

　　訴訟程序當然或裁定停止者，期間停止進行；自停止終竣時起，其期間更始進行（§182Ⅱ）。

(二)合意停止之效力

　　合意停止之效力，本法並未明文，解釋上亦應認為行政法院及當事人不得在停止期間為關於本案之訴訟行為。合意停止訴訟程序者，一切期間停止進行，自合意停止終竣時起，期間更始進行，但不變期間之進行則不受合意停止之影響（§183Ⅲ），因此遵守此等期間所必要之行為，如提起上訴或抗告等，在停止期間內，仍得有效為之。

第177條（裁定停止(一)──裁判以他訴法律關係為據）
行政訴訟之裁判須以民事法律關係是否成立為準據，而該法律關係已經訴訟繫屬尚未終結者，行政法院應以裁定停止訴訟程序。
除前項情形外，有民事、刑事或其他行政爭訟牽涉行政訴訟之裁判者，行政法院在該民事、刑事或其他行政爭訟終結前，得以裁定停止訴訟程序。

❖立法沿革❖

　　本條與第12條及第178條規定同，原則均導因於採司法二元化下，法院審判系統與訴訟制度分化之結果，行政法院與民事法院或行政訴訟與民事訴訟二者間之關係中，必須劃定彼此間之權限範圍，以及於彼此均有權對同一事實或法律關係為審理判斷時，應如何防止發生裁判歧異或矛盾現象，所設規定。就本條規定言，第1項規定同時涉及審判權劃分問題，第2項規定之主要目的則在於防止發生裁判歧異或矛盾之現象。又與本條相關之問題，部分已於本書分析檢討本法第12條規定時討論，以下僅就剩餘問題說明，合先敘明。

---

[257] 楊建華，前揭書，頁155。

❖外國立法例❖

比較法上類似之規定，相當普遍，大抵凡採二元法院審判系統、有不同訴訟程序、或就某一法律關係之全部或一部，劃分由不同國家機關審理判斷或須先後經不同國家機關審究情形，均可能發生。例如：

德國行政法院法第94條規定：「訴訟之裁判，繫於他訴訟之訴訟標的法律關係或行政機關應確認之法律關係之存否時，法院於他訴訟終結前，或行政機關裁決前，得停止辯論。法院認為使程序集中為適當時，為治癒程序及形式之瑕疵，得依聲請停止辯論[258]。」

於日本情形，關於行政不服審查請求（相當於我國之訴願）與行政訴訟之關係，其行政事件訴訟法第8條第3項規定：「本條第一項前段情形（即人民得選擇提起審查請求或逕行起訴之情形），就該當處分提起審查請求時，法院在該審查請求未裁決前（如自審查請求之日起經三個月而未裁決時，指該期間屆滿時），得停止訴訟程序。」至於其他於具有本案與先決關係或該二機關之判斷互有牽連情形，依同法第7條規定，係依民事訴訟之例。對此，日本民事訴訟法並無明文規定，惟如前後二訴合併審理有困難時，而二者又具有先決關係者，其訴訟實務均以採停止訴訟程序方式解決，此一做法已為其訴訟慣行[259]。

❖立法目的❖

本條規定係修正（舊）行政訴訟法第25條規定[260]而成，其內容共分為二種情形，第1項為涉及行政法院與民事訴訟之普通法院審判權劃分問題，其情形原則與第12條規定同。關於第2項問題，例如關於本項內容有無納入行政訴訟法予以明文規定必要之問題[261]；如欲納入，究應仿照民事訴訟法第183條規定限於行政訴訟牽涉刑事訴訟情形，抑或包括行政訴訟牽涉民事及刑事訴訟二種情形之問題；至於行政訴訟牽涉其他行政爭訟情形，則為同一法院系統間內部如何協調問題，是否毋庸加以規定等爭議問題，於本法修正過程中均曾有討論[262]。又關於本條規定內容，於研修過程中，曾

---

[258] 關於1997年德國行政法院法，參照宮田三郎，行政訴訟法，信山社，1998年，頁310以下。

[259] 新堂幸司，新民事訴訟法，弘文堂，平成10年（1998年），頁198、頁360參照。

[260] 本條規定：「行政訴訟之裁判，須以其他法律關係是否成立為準據者，於該法律關係尚未確定時，行政法院得依職權，或當事人之聲請，暫停行政訴訟程序之進行，並通知當事人。」

[261] 有認為由於訴訟制度之不同，如刑事訴訟不承認自白之效力，民事訴訟之自認則有毋庸舉證之效果，又如民事訴訟之證據只要達於優勢即可，而刑事訴訟須至無合理之可疑，是以，所謂不同訴訟間之「涉及」關係範圍難以界定，而主張第2項情形本法毋庸規定者。司法院編印，司法院行政訴訟制度研究修正資料彙編（四），司法院編印，1987年，以下簡稱彙編（四），楊仁壽、張特生發言，頁1026。

[262] 彙編（四），頁1016以下、頁1039以下參照。

先後擬有甲乙丙案三種參考條文[263]，最後討論結果則基於防止裁判之歧異或矛盾之要求，認為第2項仍有明文規定必要，而通過如現行條文。

綜上所述，本條立法目的約可整理為不同系統法院審判權之相互尊重與防止裁判之歧異或矛盾二項。亦即[264]：

一、行政訴訟之裁判，須以民事法律關係是否成立為先決問題者，因該民事法律關係成立與否應由普通法院審判，為避免裁判結果分歧，爰規定於該法律關係已經訴訟繫屬尚未終結者，應以裁定停止行政訴訟程序。

二、又民事、刑事或其他行政爭訟牽涉行政訴訟之裁判者，雖非先決問題，但對行政法院判決結果有影響者，行政法院仍得在該民事、刑事或其他行政爭訟終結以前以裁定停止訴訟程序，庶期裁判結果一致。

❖內容解析❖

如前所述，本條規定內容共分為二種情形，惟於說明前，關於本條規定之性質如何，宜先稍為說明，次再分析本條規定之適用問題。

一、本條規定之性質

關於本條規定之性質如何，約有三種學說，亦即：

(一)認為本條第1項及第2項均係有關先決問題處理方式之規定，僅第1項係規定訴訟已繫屬情形，第2項則係規定訴訟尚未繫屬之情形[265]。此一見解，雖有限縮本條適用範圍之作用，惟似與前述本法立法沿革及理由說明不符。

(二)亦有認為第12條第1項規定係有關行政法院就特定行政處分是否無效或違法之判決確定後，具有確認效力之法律明文規定，故行政法院此項判決於事實及理由中所為事實上之認定及法律上之判斷，得拘束民、刑事法院；反之，本法第177條則僅係關於行政法院應或得以裁定停止訴訟程序之規定，並無使相關民事、刑事或其他行

---

[263] 彙編（四），頁1097以下參照。甲案：「行政訴訟之裁判須以其他法律關係是否成立為準據，而該法律關係已經訴訟繫屬或已進行行政爭訟程序者，在該法律關係未裁判或決定確定前，應停止訴訟程序。」「除前項情形外，行政訴訟涉及民事、刑事或其他行政爭訟程序者，行政法院在該民事、刑事或行政爭訟裁判或決定確定前，得停止訴訟程序。但行政法院就該事項顯可自行判斷者，不在此限。」乙案：「行政訴訟之裁判須以其他法律關係是否成立為準據，而該法律關係已經訴訟繫屬或已進行行政爭訟程序者，在該法律關係未裁判或決定確定前，應停止訴訟程序。」丙案：「行政訴訟之裁判須以其他法律關係是否成立為準據，而該法律關係已經訴訟繫屬或已進行行政爭訟程序者，在該法律關係未裁判或決定確定前，應停止訴訟程序。」「行政訴訟中，有偽造、偽證或詐欺、脅迫或其他犯罪嫌疑牽涉其裁判者，行政法院得在刑事訴訟終結前以裁定停止訴訟程序。」

[264] 立法院司法委員會編印，法律案專輯，第245輯（下），行政訴訟法修正草案，1999年8月，頁850；司法院印，行政訴訟法新舊條文對照表，1999年1月，頁208-209。

[265] 陳敏，行政法總論，自刊，2016年9月9版，頁1541以下參照。

政爭訟判決具有確認效力之法律依據。因此，行政法院於相關民事、刑事或其他行政爭訟程序終結後，立即依職權進行原訴訟程序，除法律明文規定、或行政訴訟程序之當事人受相關民事、刑事或其他行政爭訟程序判決既判力所及、或民事、刑事或其他行政爭訟程序之判決具有對世效力者外，行政法院就相關民事、刑事或其他行政爭訟法律關係是否成立，不受民事、刑事或其他行政爭訟判決之拘束者[266]。此一見解，可見其精心架構理論之用心，且兼具防止人民濫用本條規定致使行政訴訟不當延滯之作用。然就本法立法沿革言，不同系統法院間權限應相互尊重，可謂係歷次研修會議之討論基礎或前提，如僅以第12條與第177條規定於本法體系位置及體例之不同，而遽認為行政法院關於處分是否無效或違法之裁判有拘束普通法院之效力；反之普通法院之裁判則無拘束行政法院之效力者，似有獨偏行政法院之嫌疑，且何以二者應為不同設計，亦難於理論上為圓滿說明。

　　(三)另有認為第1項規定係有關本案之行政訴訟與民事法律關係成立本案與先決關係之情形，而第2項則為本案行政訴訟與民事、刑事或其他行政爭訟雖無本案與先決關係，但互有牽涉情形而言[267]。此一見解，符合本法立法沿革及理由，似較可採；惟無法圓滿說明第12條與第177條何以於體系位置及體例作出不同規定，且何以第12條規定包括刑事訴訟之裁判以行政處分是否無效或違法為先決問題情形，而第177條第1項規定則限於行政訴訟以民事法律關係是否成立為先決問題情形，而不包括刑事訴訟[268]。以下，即在此一觀點上，概略說明本條之適用情形，尚請注意。

二、本條規定之適用

　　關於本條規定之適用，例如何謂本案與先決關係、其適用要件、法律效果，以及各種理論或實務問題，與第12條規定情形略同，請逕參照第12條部分之說明，此不再贅論。以下僅就若干須進一步說明部分論述，尚請留意。

(一)第1項規定

　　本項規定：「行政訴訟之裁判須以民事法律關係是否成立為準據，而該法律關係已經訴訟繫屬尚未終結者，行政法院應以裁定停止訴訟程序。」所謂行政訴訟之裁判須以民事法律關係是否成立為準據，係指二者成立本案與先決關係而言。至於其效果則視該民事法律關係已否訴訟繫屬而定，如已訴訟繫屬者，行政法院應即裁定停止訴

---

[266] 劉宗德、彭鳳至，行政訴訟制度，收錄於：翁岳生編，彭鳳至執筆，行政法（下），2000年2版，頁1219以下。

[267] 陳計男，行政訴訟法釋論，自刊，2000年1月，頁300以下參照。

[268] 按陳計男氏認為刑事牽涉行政訴訟，不生先決問題（陳計男，前揭書，頁302），似間接說明何以僅規定於第2項而未規定於第1項。

訟程序；反之，如尚未訴訟繫屬，於訴訟上應如何處理，其情形與第12條規定情形同，茲不贅述。

又本項規定與第12條規定類似，均係有關行政法院與普通法院審判權劃分問題。惟本項規定方式則顯然與第12條規定方式不同。換言之，除第177條未有如第12條第1項之規定外，第12條尚承認刑事訴訟之裁判以行政處分無效或違法為先決問題情形[269]；然於反面情形，即行政訴訟以犯罪是否成立或應否處罰為先決問題情形，理論上有無發生可能，則有進一步檢討餘地。例如，關於裁撤前行政院新聞局得否就（舊）出版法（88年1月25日廢止）第32條[270]第3款所稱「妨害風化」之判斷，提出行政機關執行該法律之認定標準，並據以作為同法第37條、第39條至第43條規定之警告、禁止出售及散布、扣押、定期停止發行、撤銷登記、沒入、禁止進口等各種行政處分之構成要件問題，釋字407號解釋蘇俊雄大法官不同意見書，即認為於審查行政院新聞局81年2月10日(81)強版字第02275號函釋[271]之合憲性前，應先檢討新聞局有無自行認定「觸犯或煽動他人犯妨害風化罪」權限此一先決問題。亦即認為「基於構成要件與法律效果的整體判斷，出版法第32條第3款並沒有可任由行政機關自行認定何謂出版品之記載觸犯妨害風化罪或煽動他人觸犯妨害風化罪之餘地；對於該等構成要件，應以刑事法院有關刑法第235條及刑法第153條之認定判斷為準。在此先決問題上，系爭行政院新聞局(81)強版字第02275號函，實已牴觸了出版法第32條第3款之意旨，且有違憲法第23條所揭示的比例原則。」據此，行政法院於審理（舊）出版法第37條、第39條至第43條規定之警告、禁止出售及散布、扣押、定期停止發行、撤銷登記、沒入、禁止進口等各種行政處分有關爭議時，同法第32條所定各項犯罪是否成立或應否處罰，即構成其先決問題。

(二)第2項規定

本項規定：「除前項情形外，有民事、刑事或其他行政爭訟牽涉行政訴訟之裁判者，行政法院在該民事、刑事或其他行政爭訟終結前，得以裁定停止訴訟程序。」亦

---

[269] 實際上亦有發生可能，學者曾舉例說明謂：「例如依檢肅流氓條例對流氓之感訓處分，由普通法院依刑事訴訟程序為之，但作為前提條件之『警察機關認定為流氓並予告誡之處分』，則屬得依法提起訴願及行政訴訟事項（參照司法院大法官釋字第384號解釋及同條例第5條）。」吳庚、張文郁，行政爭訟法論，2018年修訂9版，頁12。

[270] 本條規定：「出版品不得為左列各款之記載：一、觸犯或煽動他人，觸犯內亂罪、外患罪者。二、觸犯或煽動他人，觸犯妨害公務罪，妨害投票罪，或妨害秩序罪者。三、觸犯或煽動他人，觸犯褻瀆祀典罪，或妨害風化罪者。」

[271] 此一函釋謂：「出版品記載觸犯或煽動他人觸犯出版法第32條第3款妨害風化罪，以左列各款為衡量標準：甲、內容記載足以誘發他人性慾者。乙、強調色情行為者。丙、人體圖片刻意暴露乳部、臀部或性器官，非供學術研究之用或藝術展覽者。丁、刊登婦女裸體照片、雖未露出乳部、臀部或性器官而姿態淫蕩者。戊、雖涉及醫藥、衛生、保健、但對性行為過分描述者。」

即，本項之適用範圍係指行政訴訟之裁判與民事訴訟、刑事訴訟或其他行政爭訟雖無本案與先決關係，但互有牽涉情形。因此，本項規定可謂爲受理個別具體案件之行政法院，於裁判時之自制要求。亦即，本項係要求行政法院內部不同審級或不同案件繫屬法院間、或不同系統法院外部相互間，宜互相尊重其彼此權限，以防止發生裁判之歧異或矛盾。因此，是否停止訴訟程序，必須兼顧人民有效權利保護與訴訟經濟之要求。亦即，得依本條規定停止訴訟程序情形，宜限於行政法院自行認定該相牽連之事項有困難，而該民事、刑事或行政爭訟之裁判已繫屬，停止訴訟程序不致造成訴訟程序不當延滯時，始得爲之。蓋此時縱不停止訴訟程序，解釋上仍非不得於其後以聲請再審方式以爲救濟之故。

第178條（刪除）

本條於2021年12月8日刪除，刪除理由乃是認爲倘若行政法院就其受理訴訟之權限，如與普通法院確定裁判之見解有異時，法院組織法增訂第7條之3、第7條之4及第7條之5已有解決爭議之規定，爰刪除本條規定。

第178條之1（聲請憲法法庭判決宣告違憲）
行政法院就其受理事件，對所應適用之法律位階法規範，聲請憲法法庭判決宣告違憲者，應裁定停止訴訟程序。

❖立法沿革❖

本法在1998年10月28日全文修正公布時，原本在第252條規定：「最高行政法院就其受理事件，對所適用之法律，確信有牴觸憲法之疑義時，得以裁定停止訴訟程序，聲請大法官解釋。」而後於2011年11月23日修正增列第178條之1：「行政法院就其受理事件，對所適用之法律，確信有牴觸憲法之疑義時，得聲請司法院大法官解釋。前項情形，行政法院應裁定停止訴訟程序。」同時刪除第252條規定，以擴大行政法院法官聲請釋憲之範圍，及於各級全體行政法院法官，不限於最高行政法院始得提出聲請釋憲。其後憲法訴訟法第55條規定：「各法院就其審理之案件，對裁判上所應適用之法律位階法規範，依其合理確信，認有牴觸憲法，且於該案件之裁判結果有

直接影響者，得聲請憲法法庭爲宣告違憲之判決。」該法於2022年1月4日施行。故本法於2022年6月22日修正本條，以爲配合。

❖外國立法例❖

外國立法例也有類似本條之規定，授權法院在個別審判案件時，發現有法規違憲疑義時，聲請憲法法院進行違憲審查。例如德國基本法第100條第1項規定：「法院如認爲某一法律違憲，而該法律之效力與其審判有關者，應停止審判程序。如係違反邦憲法，應請有權受理憲法爭議之邦法院審判之；如係違反本基本法，應請聯邦憲法法院審判之。各邦法律違反本基本法或各邦法律牴觸聯邦法律時，亦同。」

德國聯邦憲法法院法第80條規定：「具備基本法第一百條第一項規定之要件時，法院應直接請求聯邦憲法法院裁判。理由必須敘明，即法院之裁判在何種程度內取決於這些法律規定之效力，以及這些法律與何種上級法律規範牴觸。卷宗應同時附具。法院的聲請，與訴訟當事人對該法規之無效的指責無關。」

❖立法目的❖

本條原始規定之立法理由指出：按「憲法爲國家最高規範，法律牴觸憲法者無效，法律與憲法有無牴觸發生疑義而須予以解釋時，由司法院大法官掌理，此觀憲法第171條、第173條、第78條及第79條第2項規定甚明。又法官依據法律獨立審判，憲法第80條定有明文，故依法公布施行之法律，法官應以其爲審判之依據，不得認定法律爲違憲而逕行拒絕適用。惟憲法之效力既高於法律，法官有優先遵守之義務，法官於審理案件時，對於適用之法律，依其合理之確信，認有牴觸憲法之疑義者，自應許其先行聲請解釋憲法，以求解決。是遇有前述情形，各級法院得以之爲先決問題，裁定停止訴訟程序，並提出客觀上形成確信法律爲違憲之具體理由，聲請司法院大法官解釋」之意旨，業經司法院釋字第371號解釋揭示。是各級法院就其受理事件，對所適用之法律，確信有牴觸憲法之疑義時，依上開意旨，即得聲請大法官解釋。

又法院對所應適用之法律位階法規範，聲請憲法法庭判決宣告違憲者，因其屬於訴訟案件之先決問題，爲保障人權，避免違憲法律侵害人民權益，並維護憲法合法秩序，釋字第590號解釋「裁定停止訴訟程序」，乃法官聲請釋憲必須遵守之程序，故法院應裁定停止訴訟程序。

❖內容解析❖

一、解釋法律牴觸憲法而宣告其為無效，乃「專屬」司法院大法官之職掌

　　釋字第371號解釋理由書指出：憲法第171條規定：「法律與憲法牴觸者無效。法律與憲法有無牴觸發生疑義時，由司法院解釋之」，第173條規定：「憲法之解釋，由司法院為之」，第78條又規定：「司法院解釋憲法，並有統一解釋法律及命令之權」，第79條第2項及憲法增修條文第4條第2項則明定司法院大法官掌理第78條規定事項。是解釋法律牴觸憲法而宣告其為無效，乃「專屬」司法院大法官之職掌。各級法院法官依憲法第80條之規定，應依據法律獨立審判，故依法公布施行之法律，法官應以其為審判之依據，不得認定法律為違憲而逕行拒絕適用。惟憲法乃國家最高規範，法官均有優先遵守之義務，各級法院法官於審理案件時，對於應適用之法律，依其合理之確信，認為有牴觸憲法之疑義者，自應許其先行聲請解釋憲法以求解決，無須受訴訟審級之限制。既可消除法官對遵守憲法與依據法律之間可能發生之取捨困難，亦可避免司法資源之浪費。是遇有前述情形，各級法院得以之為先決問題裁定停止訴訟程序，並提出客觀上形成確信法律為違憲之具體理由，聲請本院大法官解釋。關於各級法院法官聲請本院解釋法律違憲事項以本解釋為準，其聲請程式準用同法第8條第1項之規定。

二、聲請要件

　　行政法院法官聲請釋憲，必須「法官於審理案件時」，亦即係指法官於審理行政訴訟事件及非訟事件等而言，除本案訴訟案件外，亦包括暫時權利保護案件。

　　法官於審理案件時，對於應適用之「法律位階法規範」，認為有牴觸憲法之疑義，聲請司法院大法官解釋者，應以聲請法官所審理之「案件並未終結，仍在繫屬中」為限，否則，即不生具有違憲疑義之法律，其適用顯然於該案件之裁判結果有影響之先決問題（釋字第590號解釋理由書）。

　　在此所稱「法律位階法規範」，應係指立法院三讀通過之法律而言。至於法規命令，行政法院有違法審查權，依其合理確信，認有牴觸憲法時，得於個案中直接拒絕適用[272]，並無聲請規範審查之必要。又如地方自治團體所制定之自治條例或自治法規，如認為違法或違憲，亦得於個案中直接拒絕適用[273]，並無聲請規範審查之必要。

---

[272] 張文貞，行政命令的司法審查——以最高行政法院判決為中心，蘇彥圖主編，《憲法解釋之理論與實務》第十輯，2020年7月，頁280。

[273] 最高行政法院109年度上字第962號判決。陳清秀，花蓮縣礦石開採稅問題之探討——兼評最高行政法院109年度上字第962號判決，台灣法學雜誌415期，2021年5月，頁125-138。

有關最高行政法院之「大法庭裁判」，對於審理行政訴訟案件之法官，亦具有拘束力（行政法院組織法第15條之10規定：「大法庭之裁定，對提案庭提交之事件有拘束力。」似僅有個案效力，然而對於後續同類案件，在大法庭變更見解之前，仍有通案拘束力），故解釋上如法官於審理案件時，對於應適用之「大法庭裁判」之見解，認為有牴觸憲法之疑義，應亦得類推適用本條規定，聲請憲法法庭進行規範審查，以免權利保護有漏洞。蓋憲法乃國家最高規範，法律在效力位階上，亦優位於大法庭裁判，法官均有優先遵守之義務，各級法院法官於審理案件時，對於應適用之大法庭裁判，依其合理之確信，認為有牴觸憲法或法律之疑義者，自應許其先行聲請憲法法庭進行規範違憲審查，以求解決。

三、應一併停止訴訟或非訟程序

又法官聲請憲法法庭為宣告違憲之判決時，「必須」一併「裁定停止」各該事件或案件之「訴訟或非訟程序」，蓋法官於審理案件時，對於應適用之法律，依其合理之確信，認為有牴觸憲法之疑義而有聲請大法官解釋之必要者，該訴訟程序已無從繼續進行，否則不當容許法官適用依其確信違憲之法律而為裁判，致違反法治國家法官應依實質正當之法律為裁判之基本原則，自與釋字第371號及第572號解釋意旨不符。是以，裁定停止訴訟或非訟程序，乃法官依上開解釋聲請釋憲必須遵循之程序（釋字第590號解釋理由書）。

四、應有暫時性保全之配套措施

憲法第16條規定人民有訴訟權，旨在使人民之權利獲得確實迅速之保護，國家機關自應提供有效救濟之制度保障。各類案件審理進行中，訴訟或非訟程序基於法定事由雖已停止，然遇有急迫之情形，法官除不得為終結本案之終局裁判外，仍應為必要之處分，以保障人民之權利並兼顧公共利益之維護。法官因聲請釋憲，而裁定停止訴訟或非訟程序後，原因案件已不能繼續進行，若遇有急迫之情形，法官即應探究相關法律之立法目的、權衡當事人之權益及公共利益、斟酌個案相關情狀等情事，為必要之保全、保護或其他適當之處分（例如准予暫時停止原處分之執行或後續程序之進行），以貫徹上開憲法及解釋之旨趣。又為求暫時權利保護措施之適當，處分之前，當事人、利害關係人應有陳述意見之機會；且當事人或利害關係人對該處分，亦得依相關程序法之規定，尋求救濟，乃屬當然（釋字第590號解釋理由書）。

以行政機關而言，在系爭法律於憲法法庭進行規範違憲審查期間，得行政裁量暫時不依據該有違憲疑義之法律規範作成行政處分，或僅作成暫時性行政處分[274]，保留

---

[274] 法務部101年3月3日法律字第1000020570號函亦贊成暫時性行政處分之做法。另參見陳清秀，暫時性行政處分——以德國立法例及學說實務見解為中心，收錄於：氏著，現代財稅法原理，

憲法法庭裁判結果再進行調整，以符合憲法上合法秩序。

第179條（當然停止）
本於一定資格，以自己名義為他人任訴訟當事人之人，喪失其資格或死亡者，訴訟程序在有同一資格之人承受其訴訟以前當然停止。
依第二十九條規定，選定或指定為訴訟當事人之人全體喪失其資格者，訴訟程序在該有共同利益人全體或新選定或指定為訴訟當事人之人承受其訴訟以前當然停止。

❖外國立法例❖

依日本行政事件訴訟法第7條準用日本民事訴訟法第124條第1項第5款規定：「具有一定資格者以自己名義為他人而為訴訟之當事人，於死亡或因其他事由喪失資格時，訴訟程序中斷。於此情形，應由具有同一資格者承受訴訟程序。」

❖立法目的❖

本於一定資格，以自己名義為他人任訴訟當事人之情形，例如遺產管理人或遺囑執行人就遺產為訴訟，或破產管理人就屬於破產財團之財產為訴訟等是。此等人於訴訟中喪失其資格（例如被解任）或死亡者，訴訟程序即無從進行，爰增設此訴訟程序當然停止規定，以保護該他人的利益。

依行政訴訟法第29條規定，選定或指定為訴訟當事人之人，亦即以自己之名義為全體共同利益人任訴訟當事人之人，如其全體喪失其資格者，訴訟程序亦屬無從進行，因此規定為當然停止的原因。在該有共同利益人全體自為承受或新選定或指定為訴訟當事人之人承受，再續行訴訟，俾能伸張或防禦其權利。

❖內容解析❖

在通常情形，訴訟實施權係歸屬於系爭法律關係的主體，凡主張其享有權利者，原則上也享有對於該項權利實施訴訟的當事人資格。在例外情形，系爭法律關係的主體被剝奪訴訟實施權，其訴訟實施權移轉於第三人。此即所謂訴訟信託[275]。於此情形，第三人享有以自己名義就他人的權利，實施訴訟的權能。例如遺產管理人、遺囑執行人及破產管理人即屬之。於此類訴訟實施權人如因破產、受監護宣告（民法§15）喪失行為能力或其他原因喪失其資格或死亡的情形，即亦同時喪失訴訟實施

2020年3版，頁274以下。
[275] 參見陳清秀，行政訴訟法，2000年，頁74以下。

權，故爲維護本人權益，其訴訟程序於其他有資格者承受訴訟之前，自應當然停止。

至於代位行使債權之債權人、股東代表訴訟之原告，雖爲他人而爲當事人，但係基於自己之權利或地位，並非本條之資格當事人。

在此得承受訴訟之人，爲後任同一資格者，而不是死亡者之繼承人。

在有資格之當事人爲多數之情形，法律如果規定應該全體共同本於其資格執行其職務權限，而爲固有必要共同訴訟之情形，如果除原先有資格者外，另外追加產生（追加選任）新的有資格者時，則訴訟程序也應中斷。例如公司重整之重整人有追加選任之情形（公司法§290）[276]。

第180條（當然停止之例外規定）

第一百七十九條之規定，於有訴訟代理人時不適用之。但行政法院得酌量情形裁定停止其訴訟程序。

❖外國立法例❖

依日本行政事件訴訟法第7條準用日本民事訴訟法第124條第2項規定：「前項之規定（指訴訟程序之中斷及承受之規定），於有訴訟代理人時，不適用之。」

❖立法目的❖

本法第53條規定：「訴訟代理權不因本人死亡、破產或訴訟能力喪失而消滅。法定代理有變更或機關經裁撤、改組者亦同。」因之，縱發生上述事由，訴訟代理人的訴訟代理權均不受影響，自仍應繼續進行訴訟程序。惟行政法院如認爲案情複雜，或認爲訴訟代理人有與承受訴訟之新當事人或新法定代理人商洽之必要時，或使承受訴訟人斟酌應否另行委任訴訟代理人之機會，而認爲續行訴訟不適當者，得酌量情形，以裁定停止訴訟程序，

❖內容解析❖

在本法第179條所定法定訴訟信託的情形，如當事人有訴訟代理人者，訴訟程序不因當事人死亡而中斷（§179Ⅰ），惟此係以當事人死亡後訴訟代理權仍屬存續爲前提（參照§53），故當事人所授與之訴訟代理權，以一審級爲限而無提起上訴之特別委任者，該審級之訴訟程序，雖不因當事人死亡而中斷，但至該審級之終局判決

---

[276] 兼子一原著，松浦馨等執筆，條解民事訴訟法，2011年2版，頁662。

送達時，訴訟代理權即歸消滅，訴訟程序亦即由是中斷（參見最高法院31年上字第1149號民事判例）。如果訴訟代理人受有上訴之特別委任時，則在終局判決確定，亦即訴訟終結之前，並不中斷訴訟程序[277]。

又因當事人亡故，承受訴訟原應以有權承繼之人為限，受訴法院如對於承受人之真實尚有疑問，即應調查裁判，俟其承受事項明確，進而為本案訴訟之進行，不能因其尚有代理訴訟之人，遂可置其聲明承受訴訟一事於不問（參見最高法院11年抗字第382號民事判例）。

> **第181條**（承受訴訟之聲明）
> 訴訟程序當然停止後，依法律所定之承受訴訟之人，於得為承受時，應即為承受之聲明。
> 他造當事人亦得聲明承受訴訟。

❖外國立法例❖

依日本行政事件訴訟法第7條準用第124條第1項後段規定於訴訟程序中斷之情形，具有承受訴訟資格者應承受訴訟程序，又依日本民事訴訟法第126條規定：「訴訟程序承受之聲明，相對人亦得為之。」另依德國行政法院法第173條準用德國民事訴訟法第239條第1、2項規定：「一方當事人死亡於權利繼受人承受訴訟程序之前，其訴訟程序中斷。其承受訴訟程序遲延者應依他造之聲明，通知權利繼受人承受訴訟程序並同時為本案之言詞辯論。」

❖立法目的❖

訴訟程序當然停止後，依法有承受訴訟義務的人，應即為承受之聲明。如其遲延不履行此項義務，他造當事人亦得聲明應為承受訴訟之人承受訴訟，以免訴訟延滯。

❖內容解析❖

訴訟程序當然停止後，除依其性質毋庸承受者（準用民事訴訟法§180～§181），均須經承受訴訟之程序。

一、承受訴訟之聲明

訴訟程序當然停止後，依法律所定之承受訴訟之人，於得為承受時，應即為承受

---

[277] 兼子一原著，松浦馨等執筆，前揭書，頁663。

之聲明。在繼承人接受繼承之後，得為承受訴訟時，即負擔承受續行訴訟之義務。如其遲延不履行此項義務，他造當事人亦得聲明應為承受訴訟之人承受訴訟。但在權利繼受人尚未繼受其權利之前，並無承受訴訟的義務，例如繼承人尚未接受繼承之前，尚無承受訴訟的義務。

如兩造當事人均不聲明承受訴訟時，行政法院亦得依職權以裁定命其續行訴訟（準用民事訴訟法§178）。

聲明承受訴訟應提出書狀於受訴行政法院，由行政法院送達於他造（§186準用民事訴訟法§176），其係於裁判送達後，為上訴或抗告前，當然停止者，其承受訴訟之聲明，應向為裁判之原行政法院為之（準用民事訴訟法§177III）。就此日本民事訴訟法第128條第2項也有類似由原裁判法院判斷是否承受訴訟之規定，但學者則指出終局判決後中斷之訴訟，應解釋為向直接上級法院上訴同時聲明承受訴訟，蓋聲明承受訴訟後，即解消訴訟中斷，在准許其承受訴訟之裁定前，亦可能上訴，且向原審法院聲明承受訴訟以及聲明上訴時，其訴訟即移審至上級審，應由上級法院判斷上訴之合法性前提之聲明承受訴訟之合法性，故應准許一體的向上級法院聲明承受及聲明上訴[278]。

二、承受訴訟之裁判

承受訴訟是否合法及有無理由，行政法院應依職權調查之，承受訴訟之聲明不合法或無理由者，行政法院應以裁定駁回之[279]。而其訴訟程序因尚未經合法承受訴訟，仍然繼續停止。倘若權利繼受發生爭議時，應由主張權利繼受之當事人，負擔客觀的舉證責任[280]。

倘若權利承受並無爭議或已經證明時，則其聲明承受訴訟合法且有理由，行政法院即繼續進行訴訟，並得以中間判決確認其權利繼受以及承受訴訟之義務，或於終局判決之判決理由中確認之[281]，毋庸為准予承受之裁定。惟訴訟程序於裁判送達後當然停止者，行政法院已無進行訴訟之行為，故其承受訴訟之聲明有無理由，應由為裁判之原行政法院裁定之（§186準用民事訴訟法§177），俾其上訴或抗告期間得更始進行（§182）。

關於承受訴訟聲明之裁定，雖為訴訟程序進行中之裁定，仍得依一般規定抗告（§186準用民事訴訟法§179）。

---

[278] 兼子一原著，松浦馨等執筆，前揭書，頁665。
[279] 德國民事訴訟上，在權利承受發生爭議，而聲明承受人無法證明權利繼受時，則法院應以終局判決駁回之，Musielak/Voit, ZPO, 12. Aufl., 2015, §239 Rn. 8。
[280] Musielak/Voit, aaO.
[281] Musielak/Voit, aaO., §239, Rn. 9.

> **第182條**（當然或裁定停止之效力）
> 訴訟程序當然或裁定停止間，行政法院及當事人不得為關於本案之訴訟行為。但於言詞辯論終結後當然停止者，本於其辯論之裁判得宣示之。
> 訴訟程序當然或裁定停止者，期間停止進行；自停止終竣時起，其期間更始進行。

❖外國立法例❖

有關訴訟程序中斷及停止之效果，依日本行政事件訴訟法第7條準用日本民事訴訟法第132條規定：「判決之宣示，雖於訴訟程序之中斷中，亦得為之。訴訟程序中斷或中止時，期間停止進行，於此情形，自訴訟程序之承受通知或其續行之時起，重新更始進行全部期間。」另依德國行政法院法第173條準用德國民事訴訟法第249條規定：「訴訟程序之中斷及停止，具有下述效力：停止各項期間之進行，並於中斷或停止終了後，重新更始進行全部的期間在中斷或停止中，一方當事人所為有關本案之訴訟行為，對於他方當事人不生法律上效力。言詞辯論終結後所發生之中斷，不妨礙根據該辯論而為裁判之宣示。」

❖立法目的❖

訴訟程序當然或裁定停止間，行政法院及當事人不得為關於本案之訴訟行為，以便當事人有參與訴訟的機會。但如訴訟已辯論終結後，有當然停止的原因時，則因裁判之宣示，並無使當事人參與之必要，本於其辯論之裁判，於訴訟程序當然停止後宣示，亦於當事人之利益無損，爰規定於言詞辯論終結後當然停止者，本於其辯論之裁判得宣示之，俾資遵循。

又訴訟程序當然或裁定停止者，如尚許期間繼續進行，將使當事人蒙受不利，爰規定一切期間停止進行，且自停止終竣時起，其期間更始進行，俾續行訴訟之人有餘裕可為期間內應為之訴訟行為。

由於訴訟程序之停止效果，並非基於公共利益，其違反，並非法院應依職權調查之事項，因當事人責問權之放棄或喪失，而治癒其瑕疵[282]。亦即「當事人對於訴訟程序規定之違背，得提出異議。但已表示無異議或無異議而就該訴訟有所聲明或陳述者，不在此限。前項但書規定，於該訴訟程序之規定，非僅為當事人之利益而設者，不適用之。」（§132準用民事訴訟法§197）。故他造當事人表示無異議，或知其違背或可知其違背，並無異議而為本案辯論者，則因其捨棄責問權之結果，即不得再行主張其無效。

---

[282] 兼子一原著，松浦馨等執筆，條解民事訴訟法，2011年2版，頁677。

❖內容解析❖

一、不得爲本案訴訟行爲

在訴訟程序停止中，當事人及法院就本案事件均不得爲有效行爲。所謂不得爲本案訴訟行爲，以當事人間有關之訴訟程序爲限。若無關當事人間之訴訟行爲或關於停止程序之行爲，如停止效果之主張、訴訟委任之解除、訴訟救助之聲請、聲明承受訴訟或續行命令，仍得有效爲之[283]。

(一)當事人之訴訟行為

倘當事人違反本條規定仍爲關於本案之訴訟行爲者，其行爲對於他造當事人不生法律上效力。在此僅對於他造當事人無效，行爲人自己（當事人對於自己所爲違反規定之行爲），則不得主張不生效力[284]。行政法院也不得容許當事人爲本案訴訟行爲，而應將之作爲不合法處理。

(二)法院之訴訟行為

法院在訴訟程序停止間，應避免進行本案訴訟之所有行爲，包括裁判、證據調查或其他訴訟行爲。如有違反，誤爲訴訟行爲，原則上對於雙方當事人不生效力（相對的不生效力）[285]。當事人雙方如不放棄責問權，則在停止解消後，應重新爲訴訟行爲[286]。但法院所爲之裁判本身仍然有效，只是對於當事人不生效力，並具有得撤銷之瑕疵，應循上訴等法律救濟方法加以爭執[287]。

亦即在言詞辯論終結前發生停止事由，而法院忽略誤爲本案終局判決時，並非當然無效，應以其違法作爲上訴理由。在此日本學說上多認爲「當事人有無法續行訴訟之狀態，而受終局判決，就此而言，與未經合法代理之情形相同，應解釋爲代理權之欠缺爲理由提起上訴或再審。而忽視停止之終局判決，在訴訟程序停止中亦得提起上訴；反面言之，如未上訴，即告確定。但當事人於判決後追認時，即喪失上訴或再審之事由。在此情形，並非責問權之放棄，蓋責問權之放棄，對於判決之確定乙節，並不適用之。且如果僅是任意規定之違反，並不能構成再審事由」[288]。

在法定代理人變更而未聲明承受訴訟之情形，「依行政訴訟法第二百四十三條第二項第五款規定，當事人於訴訟未經合法代理或代表，其判決當然違背法令。上訴人

---

[283] 楊建華，民事訴訟法要論，2016年8版，頁178；兼子一原著，松浦馨等執筆，前揭書，頁677。

[284] 兼子一原著，松浦馨等執筆，前揭書，頁677。

[285] Musielak/Voit, aaO., §249, Rn. 5.

[286] 兼子一原著，松浦馨等執筆，條解民事訴訟法，2011年2版，頁678。

[287] Thomas-Putzo, aaO., §249, Anm. 4.

[288] 兼子一原著，松浦馨等執筆，條解民事訴訟法，2011年2版，頁678。

代表人已於原審訴訟繫屬中變更，但未依同法第一百八十一條規定承受訴訟，亦未委任訴訟代理人，而由原代表人為訴訟行為，則原判決未命合法代表人承受訴訟，而言詞辯論終結並宣判，其判決當然違背法令。此外，上訴人現代表人雖於提起上訴時委任訴訟代理人，並聲明承受訴訟，但上開程序僅為終結法定代理人變更未承受訴訟前當然停止之狀態，且為取得合法上訴之代表人資格，並不能回溯補正當然停止期間不得為訴訟行為之瑕疵。」（最高行政法院102年度判字第204號判決）。

當然停止原因生於言詞辯論終結後者，本於其辯論之裁判得宣示之。蓋因裁判之宣示，並無使當事人參與之必要，本於其辯論之裁判，於訴訟程序當然停止後宣示，亦於當事人之利益無損。在此為保障當事人之聽審請求權，其判決應限於停止前所蒐集之訴訟資料，作為裁判基礎。

二、期間之進行

訴訟程序當然或裁定停止者，期間停止進行；自停止終竣時起，其期間更始進行（§182 II）。此項期間，包括裁定期間、法定期間，所謂「更始進行」，即更令「全期間」重新進行，不是僅就殘餘期間進行，並不將停止前已進行之期間與停止終竣後之期間，合併計算。訴訟程序於裁判送達後當然停止者，行政法院已無進行訴訟之行為，故其承受訴訟之聲明有無理由，應由為裁判之原行政法院裁定之（§186準用民事訴訟法§177），俾其上訴或抗告期間，自准許承受之「裁定通知時」起[289]，得更始進行（§182）。

第183條（當事人合意停止訴訟程序）
當事人得以合意停止訴訟程序。但於公益之維護有礙者，不在此限。
前項合意，應由兩造向受訴行政法院陳明。
行政法院認第一項之合意有礙公益之維護者，應於兩造陳明後，一個月內裁定續行訴訟。
前項裁定不得聲明不服。
不變期間之進行不因第一項合意停止而受影響。

❖外國立法例❖

外國立法例如日本，舊民事訴訟法也有合意停止訴訟程序的規定，但現行法則

---

[289] 兼子一原著，前揭書，頁679。

不承認合意停止訴訟程序。德國民事訴訟法第251條規定兩造當事人聲請停止訴訟程序，且法院也認為適當時，才命停止訴訟程序。因此雖採取處分權自由，但仍應受訴訟促進之限制[290]。並非當事人合意停止即應停止訴訟程序。此與我國法制不同。

❖立法目的❖

本條原規定除撤銷訴訟外，當事人得合意停止訴訟程序，並以四個月為限。於2011年11月1日修正，其理由為：

一、本條至第185條係關於當事人合意停止訴訟及視為撤回起訴之相關規定，亦為處分權主義之體現，但囿於本條第1項：「除撤銷訴訟外，當事人得以合意停止訴訟程序。但行政法院認有維護公益之必要，應於四個月內續行訴訟」之規定，一則因撤銷訴訟為行政訴訟之大宗，二則行政訴訟之本質多與公益有關，因此該部分之規定，於實務操作上，幾無適用之餘地。且選擇撤銷訴訟之類型排除合意停止訴訟程序之適用，亦乏合理性，以公益性之強度而言，撤銷訴訟之公益性未必高於課予義務訴訟。茲配合第113條、第114條之修正，以合意停止訴訟程序於公益之維護有礙者，始不許當事人合意停止訴訟，爰將本條第1項除外規定刪除，並修正但書文字。

二、當事人之合意是否有礙於公益之維護，而例外使其不生停止訴訟之效力，應由法院加以審認，並應於一個月內以裁定明示之，以避免訴訟長久處於是否停止之不明確狀態。又為避免遲滯訴訟，本裁定不得聲明不服。爰增列第3項、第4項。

三、原第3項移列為第5項。

訴訟程序合意停止後，通常法定期間及裁定期間固均因而停止進行，惟不變期間既不得依當事人之意思而延長，其期間之進行，自不因第1項合意停止而受影響。

❖內容解析❖

訴訟程序之合意停止，為處分權主義之表現，但仍應受到公益之限制。除應有當事人之合意外，更須由兩造向受訴行政法院陳明，俾行政法院不致為無益之訴訟程序。當事人以合意停止訴訟程序，通常涉及以洽談訴訟外之和解，或尋求以其他方式解決紛爭，或另案訴訟程序可以澄清相關爭議，有等待其裁判結果之必要的情形，有其必要，以免因裁判結果，反而無法達成當事人雙方均可接受的結果。

訴訟程序之合意停止，乃當事人兩造以合意停止訴訟程序之進行。此項合意於兩造向法院陳明時，始發生合意停止之效力。是訴訟程序得因合意而停止者，須兩造間有停止訴訟程序之合意，且須此項合意已由兩造向受訴法院陳明（最高法院85年度台

---

[290] Musielak/Voit, aaO., §251, Rn. 3.

抗字第277號裁定）。

　　合意停止訴訟程序，「所謂合意之陳明，以使法院知悉其有停止之合意，即足當之，其同時聯合或分別以書狀或言詞爲之，均無不可。其以言詞爲之者，僅於期日到場陳明，由書記官作成筆錄附卷，即生效力，無待於法院之另爲裁定，應屬當然之解釋」（最高法院80年度台抗字第382號裁定）。

　　在必要共同訴訟之情形，有關合意停止，一方面足使訴訟之進行遲延，一方面可使當事人有充裕時間爲訴訟之準備或進行和解，其行爲究有利或不利於共同訴訟人，就形式上觀之，尚難以斷定，故必要共同訴訟，必須全體共同訴訟人一致爲合意停止之意思，其合意停止始生法律上之效力，其中一人不爲此合意者，其訴訟程序不因部分共同訴訟人之合意而停止（最高法院89年度台上字第500號判決）。不得僅於必要共同訴訟之部分當事人或他造當事人，有上開情形，即就該當事人部分爲停止訴訟，而對其他當事人部分先爲終局之判決（最高法院81年度台上字第1353號判決）。

　　當事人爲合意達成停止訴訟程序的目的，也可以在法院外訂立訴訟契約，課以兩造向行政法院陳明合意停止訴訟程序的義務。

第184條（合意停止之期間及次數之限制）
除有前條第三項之裁定外，合意停止訴訟程序之當事人，自陳明合意停止時起，如於四個月內不續行訴訟者，視爲撤回其訴；續行訴訟而再以合意停止訴訟程序者，以一次爲限。如再次陳明合意停止訴訟程序，視爲撤回其訴。

❖外國立法例❖

　　依德國行政法院法第173條準用修正前德國民事訴訟法第251條規定，在法院依兩造合意聲請裁定停止訴訟程序時，行政法院於裁定中即明訂停止訴訟程序之期間，例如明定在特定期間內，或在將來特定之結果發生（例如另案裁判）時，終止訴訟程序之停止程序。又在抗告程序中被廢棄停止裁定時，其廢棄原不合法之裁定，並不溯及既往生效，而是在抗告裁定生效時，視爲停止訴訟程序期間屆滿。又當事人之一方原則上亦可聲明續行訴訟，而使停止程序終了[291]。

❖立法目的❖

　　行政訴訟，除不許當事人依合意停止訴訟程序者外，自兩造陳明其停止之合意

---

[291] Rauscher/Wax/Wenzel, Münchener Kommentar zur Zivilprozessordnung, 3. Aufl, 2008, §251, Rn. 20.

後，即發生停止訴訟程序之效力。惟爲防止當事人合意爲無限期之停止，爰規定除前條第3項情形，行政法院裁定命續行訴訟者外，自陳明合意停止時起，於四個月內不續行訴訟者，視爲撤回其訴；續行訴訟後，再以合意停止訴訟程序者以一次爲限，如再次陳明合意停止，亦視爲撤回其訴，以免訴訟久懸不結。

❖內容解析❖

當事人合意停止訴訟程序，停止期間只有四個月，若未聲明續行訴訟，將發生視爲撤回其訴之失權效果，對當事人權益影響至鉅。故律師代理當事人合意停止訴訟程序者，應於四個月內聲請續行訴訟，以免發生視爲撤回其訴之失權效果。此一規定，對於不諳訴訟程序之當事人而言，將在不知情之情況下，喪失其訴訟權，似有欠允當。故爲照顧保護訴訟當事人之權益，行政法院允宜適當行使其闡明義務（§125Ⅲ），告知當事人使其得於期限內聲明續行訴訟。如果當事人遲誤聲請續行訴訟，而有不可歸責之情形時，解釋上應可適用聲請回復原狀之規定。

第185條（擬制合意停止）

當事人兩造無正當理由遲誤言詞辯論期日，除有礙公益之維護者外，視爲合意停止訴訟程序。如於四個月內不續行訴訟者，視爲撤回其訴。但行政法院認有必要時，得依職權續行訴訟。

行政法院依前項但書規定續行訴訟，兩造如無正當理由仍不到者，視爲撤回其訴。

行政法院認第一項停止訴訟程序有礙公益之維護者，除別有規定外，應自該期日起，一個月內裁定續行訴訟。

前項裁定不得聲明不服。

❖外國立法例❖

依日本行政事件訴訟法第7條準用日本民事訴訟法第263條規定，「當事人雙方，於言詞辯論或準備辯論程序之期日不到場，或不爲陳述而退庭或退席之情形，於一個月內不聲明指定期日者，視爲撤回其訴。當事人雙方連續二次於言詞辯論或準備辯論程序之期日不到場，或不爲陳述而退庭或退席時，亦同。」故日本並無視爲合意停止訴訟程序之制度。

又依德國行政法院法第173條準用德國民事訴訟法第251條之1規定：「當事人雙方於期日不到場或不爲辯論時，法院得依卷宗資料爲裁判。依卷宗資料爲判決，僅限於在早先的期日已經言詞辯論之情形，始得爲之。此一判決最快於二週內宣判。法院應不拘形式的通知未到場之當事人有關宣判期日。如當事人最遲於宣判期日前七日

聲請再開言詞辯論，並釋明因不可歸責於己之事由致未到場，且無法適時的聲請延期時，法院應指定新的辯論期日。法院未依卷宗資料狀態作成裁判，而且未依第二二七條延期審理時，應命停止訴訟程序。」

❖立法目的❖

本條在2011年11月1日修正。修正前之立法理由為當事人兩造受合法通知，均無正當理由，而於言詞辯論期日不到場，或到場不為辯論者，除撤銷訴訟，或別有規定，如第183條第1項但書所定情事（行政法院認有維護公益必要者，應續行訴訟），或符合第194條之規定（有關維護公益訴訟，行政法院得依職權調查事項，逕為判決），或調查證據期日等外，應視為合意停止訴訟程序。但行政法院認有必要時，得依職權續行訴訟，以免訴訟延滯。於此情形，兩造如無正當理由仍遲誤不到者，即視為撤回其訴，俾免訴訟久懸不結。

本次修正理由為：一、配合第183條撤銷訴訟除外規定之修正，將本條第1項「除撤銷訴訟或別有規定外」等文字修正為「除有礙公益之維護者外」，使兩造無正當理由遲誤言詞辯論期日時，限於有礙公益之維護者，始不視為合意停止訴訟；二、行政法院認停止訴訟程序有礙公益之維護，或有其他訴訟上之必要時，仍得依職權續行訴訟，此為處分權主義之例外規定，於體例上宜以但書形式規定之，爰將原第2項前段規定移列為第1項但書，第2項後段修正文字仍列為第2項；三、兩造遲誤期日是否有礙公益之維護，而例外使其不生停止訴訟之效力，應由法院加以審酌，並應於一個月內以裁定明示之，以避免訴訟長久處於是否停止之不明確狀態。又為避免遲滯訴訟，對該裁定不得聲明不服，爰增列第3項、第4項。

❖內容解析❖

一、本條之適用範圍

本條於下述情形不適用之：

(一)行政訴訟有關公益之維護者，當事人兩造於言詞辯論期日無正當理由均不到場時，行政法院得依職權調查事實，不經言詞辯論，逕為判決（§194）。

(二)行政法院於言詞辯論期日調查證據（§123Ⅰ），而調查證據，於當事人之一造或兩造不到場時，亦得為之（§176準用民事訴訟法§296）。

本條所謂兩造遲誤言詞辯論期日，應不包括遲誤準備程序期日在內。

二、遲誤言詞辯論期日

所謂兩造遲誤言詞辯論期日，係指當事人兩造受合法通知，均無正當理由，未於

言詞辯論期日到場，或到場不為辯論之情形而言，其視為合意停止訴訟程序者，祇須兩造遲誤言詞辯論期日，當然生停止之效力，與筆錄有無記載視為停止訴訟程序在所不問（最高法院70年台上字第3904號民事判例）。

當事人因法定事由聲請停止訴訟，在未裁定准許前，並不當然發生停止訴訟之效果，當事人依法仍有如期到場為言詞辯論之義務。如兩造均不到場，亦無礙於視為撤回其訴規定之適用（最高法院63年台抗字第97號民事判例）。

所謂當事人兩造遲誤言詞辯論期日，係指依民事訴訟法第158條為事件之點呼開始期日後，當事人兩造均不到場者而言，期日之開始及當事人之到場，均為關於言詞辯論所定程式之遵守，依同法第219條專以筆錄證之（最高法院29年抗字第288號民事判例）。

如果當事人因未受合法之傳喚，致未於言詞辯論期日到場，即不得謂為遲誤言詞辯論期日（最高法院28年抗字第447號民事判例）。

三、視為合意停止訴訟程序

兩造遲誤言詞辯論期日視為合意停止訴訟程序，係法律賦予之效果，不問當事人知悉與否及意欲如何，亦不問其遲誤是否出於當事人故意或過失，亦不待行政法院之通知，當然發生合意停止之效果。

四、陳明續行訴訟程序

視為合意停止訴訟程序，未盡符合當事人的意思，當事人得隨時於四個月內聲請續行訴訟，且為免拖延訴訟，行政法院認為必要時，亦得依職權續行訴訟，如無正當理由兩造仍遲誤不到者，視為撤回其訴。至於法院是否依職權續行訴訟，屬行政法院裁量範圍。

當事人陳明合意停止訴訟程序後，法院原應受其拘束，不得再行訴訟程序。惟兩造於陳明停止訴訟程序後，原審審判長竟諭知本件再行準備程序經記明筆錄，並通知建築師進行鑑定，有言詞辯論筆錄、法院函及通知在卷可查。兩造就原審審判長諭知再行準備程序既無異議，並進行準備程序，會同鑑定，似可推知其有續行訴訟之意思，而應視為已有續行訴訟之陳明（最高法院83年度台抗字第165號民事判決）。

當事人合意停止訴訟程序後，如陳明續行訴訟，非以兩造聯名同時陳明為必要，縱僅由當事人一造陳明者，亦生停止期間內續行訴訟之效力。所謂陳明續行訴訟，係指聲請法院積極地進行訴訟程序而言，苟已表明聲請法院繼續進行訴訟之意旨，即應發生續行訴訟之效力（最高法院83年度台抗字第62號民事判決）。

所謂陳明「續行訴訟」，民事訴訟法並未明定應以「陳明」之方式為之，苟於合意停止後之四個月內，兩造或其中之一造當事人，欲續行訴訟程序，而提出書狀為陳

明，或依同法第122條第1、2項規定，於受訴法院書記官前以言詞為陳明，經書記官記載於筆錄內，或就其提出之書狀所具內容，已可「推知」其有續行訴訟之意思者，自均可發生終竣合意停止之效力（最高法院85年度台抗字第633號民事判決）。

當事人於四個月內聲請續行訴訟，而其聲請有理由者，行政法院固應續行訴訟；如認其主張為不正當時，則應以裁定駁回其聲請[292]。對此項駁回裁定，得為抗告（§264）。

五、視為撤回其訴

兩造當事人於視為合意停止訴訟程序後，如於四個月內不續行訴訟者，視為撤回其訴。此項撤回之效果，無待於法院之裁判或其他行為而始發生，法院以此事實通知當事人，乃便民措施之一種，在訴訟上不生任何效果，當事人自不得對此項通知提出異議（最高法院63年台抗字第97號民事判例）。

裁定乃法院之意思表示，當事人於言詞辯論期日遲誤兩次不到視為撤回其訴之通知，非法院之意思表示，不能視為裁定對之提起抗告。當事人如認為並未遲誤期日或有正當理由不到場，不生遲誤期日之效果，僅可聲請續行訴訟，待續行訴訟之聲請被駁回時，再對該駁回聲請之裁定提起抗告（最高法院64年台抗字第43號民事判例）。

第186條（準用之規定）

民事訴訟法第一百六十八條至第一百七十一條、第一百七十三條、第一百七十四條、第一百七十六條至第一百八十一條、第一百八十五條至第一百八十七條之規定，於本節準用之。

❖立法說明❖

本法關於訴訟程序之停止一節，雖已增列若干條文，惟民事訴訟法關於訴訟程序之停止之規定更為詳盡，除部分性質不相容，或因立法技術上之原因，本法已自行規定者外，其餘不相牴觸者，凡十五條，爰列舉各該條次，明定於本節準用之。

民事訴訟法第173條之規定雖於本節準用之，惟條文所列，其中民事訴訟法第172條部分，因本法已自行規定，故該部分，即不在準用之列。

---

[292] 陳計男，行政訴訟法論，2000年初版，頁307。

❖內容解析❖

一、當事人因死亡、法人合併、喪失能力及信託任務終了之當然停止訴訟程序當然停止的情形

(一)當事人死亡

當事人死亡,訴訟程序在有繼承人、遺產管理人或其他依法令應續行訴訟之人承受其訴訟以前,訴訟程序當然停止(準用民事訴訟法§168)。

當事人死亡時,當事人能力即行喪失,訴訟進行中當事人死亡,如其為訴訟標的之法律關係得繼承者,法律為便宜計,固認中斷之制度,使其繼承人承受訴訟,以免另行開始訴訟,而將已行之訴訟程序作廢[293]。

按當事人本人自為訴訟時,若於訴訟中間(起訴後判決確定前)亡故,或受亡故之宣告,則訴訟缺少相對人,法律上當然中斷。其程序須俟受繼人,受繼訴訟程序後,使之續行,而共同訴訟人中之一人亡故或受亡故之宣告,則訴訟程序,雖對於其亡故之當事人有中斷效力。然共同訴訟,若係必要的共同訴訟,則自其性質言,不問是固有必要共同訴訟,或類似必要共同訴訟,訴訟程序自應對於訴訟人全體皆中斷為原則[294](參見民事訴訟法§168立法理由說明)。

本條之當事人,是指嚴格意義之當事人,不包括訴訟擔當情形之實質的利益歸屬主體,或選定當事人情形之選定人。而且限於當事人基於自己固有的訴訟時實施權所進行之訴訟之情形,並不包括基於一定資格為他人利益實施訴訟之情形[295]。

本條所謂其他依法令應續行訴訟之人,例如遺囑執行人有管理遺產並為執行上必要行為之職務,其因此項職務所為之行為,視為繼承人之代理人,民法第1215條定有明文,故當事人死亡而有以遺囑指定之遺囑執行人者,其訴訟程序即應由遺囑執行人承受之(最高法院46年台上字第236號民事判例)。

當事人於訴訟繫屬中死亡者,只發生由繼承人承受訴訟之問題,亦即訴訟繫屬不因當事人之死亡而消滅,如他造當事人就同一訴訟標的對於已死亡當事人之繼承人另行起訴,即屬違背禁止重訴之規定(最高法院67年台上字第3650號民事判例)。

當事人死亡,可以承受訴訟之人,乃是繼承人、遺產管理人或其他依法令得續行訴訟之人。亦即承受對於訴訟標的之法律關係之訴訟實施權之人,應依據實體法定之[296]。

按當事人死亡者,其遺產由全體繼承人共同繼承,在遺產分割前,為公同共有,

---

[293] 最高行政法院99年度判字第1120號判決。
[294] 兼子一原著,松浦馨等執筆,條解民事訴訟法,2011年2版,頁656。
[295] 同前註。
[296] 同前註。

應由全體公同共有人行使權利，故原則上「應由其繼承人之全體承受訴訟，始為合法，如非由繼承人全體或繼承人以外之人承受訴訟者，均為法所不許。」（最高法院70年度台上字第3413號民事判決）。

在當事人死亡，其訴訟標的之法律關係，在性質上無法由他人繼承者，其訴訟當然終了，不發生訴訟程序中斷或停止問題。例如一定的身分關係之訴訟，當事人一方死亡之情形，即屬之[297]。

故「其為訴訟標的之法律關係不得繼承者，除有使他人承受訴訟或使訴訟當然終結之特別規定外，仍不能不認為訴訟要件之欠缺，如在上訴審程序進行中原告死亡而有此種情形者，依行政訴訟法第二百六十三條準用同法第一百零七條第一項第三款規定，亦應認其訴為不合法予以駁回。」（參照最高法院29年上字第1572號民事判例）。故訴訟標的之法律關係乃當事人專屬一身之權利，不得作為繼承之標的，當事人既於訴訟中死亡，喪失當事人能力，屬無法補正事項，應認其訴為不合法予以駁回（最高行政法院99年度判字第1120號判決）。

(二)法人合併

法人因合併而消滅者，訴訟程序在因合併而設立或合併後存續之法人，承受其訴訟以前當然停止。前項規定，於其合併不得對抗他造者，不適用之（準用民事訴訟法§169）。

公司法第319條準用同法第75條規定：「因合併而消滅之公司，其權利義務，應由合併後存續或另立之公司承受」；是後者公司承受者，當係包括實體法及程序法上之權利義務而言（最高法院78年度台抗字第187號民事裁定）。由於法人合併，其被合併之公司的權利義務概括移轉由新的法人承受，類似於死亡之當事人與其繼承人之法律關係，故準用因當事人死亡而訴訟程序中斷之法例，理論甚為正當。

在法人合併之情形，也應以消滅法人之訴訟標的之法律關係，可以由新設或存續之法人概括承受者為限。如果其訴訟標的法律關係，例如已經滅法人關於其設立無效之訴訟、總會決議無效之訴訟，其被告適格專屬於該法人，無承受之餘地，則因合併而使本案訴訟終了[298]。

國家機關因裁撤或改組而不存在者，其性質與法人因合併而消滅者相類，故其訴訟程序應類推適用民事訴訟法第169條第1項規定，在承受其業務之機關承受其訴訟以前當然停止（最高法院89年台上字第868號民事判例）。

---

[297] 兼子一原著，松浦馨等執筆，前揭書，頁655。
[298] 兼子一原著，松浦馨等執筆，前揭書，頁659。

(三)當事人喪失訴訟能力等

當事人喪失訴訟能力或法定代理人死亡或其代理權消滅者，訴訟程序在有法定代理人或取得訴訟能力之本人承受其訴訟以前，當然停止（準用民事訴訟法§170）。

按當事人本人自為訴訟，若於訴訟中因精神病或監護宣告之原因失其訴訟能力，則不能伸張或防禦權利，故應中斷程序，使於法定代理人續行訴訟程序後，再續行訴訟。

又法定代理人，因為當事人訴訟，於其訴訟中亡故，或因辭任、解任等事由，致無法定代理權，例如監護人辭任，或法人之代表者解任時，則不能伸張或防禦當事人之權利。故應中斷訴訟程序，使於新法定代理人續行訴訟程序後，再從事訴訟。

實務上認為基於行政爭訟救濟程序，訴願程序與行政訴訟程序之一貫性，並求訴願程序之安定性，復查程序中法定代理人死亡，宜類推適用民事訴訟法第170條之規定（行政法院83年度判字第566號裁判）。

(四)信託任務終了

受託人之信託任務終了者，訴訟程序在新受託人承受其訴訟以前當然停止（準用民事訴訟法§171規定）。

受託任務終了之情形，例如受託人死亡、破產、受監護或輔助之宣告之情形，或受託法人解散、受託人之解任等情形，均屬之。

二、當然停止之例外

在上述(一)～(四)訴訟程序有當然停止的原因，於有訴訟代理人時，不當然停止訴訟程序，僅為應否裁定停止之原因。亦即行政法院得酌量情形，裁定停止其訴訟程序（準用民事訴訟法§173）。

蓋當事人之亡故、訴訟能力之喪失，或法律上代理人之欠缺等，並不構成訴訟代理權消滅之原因，故雖有此等事由，訴訟代理人仍可照常續行訴訟程序。然訴訟代理人，往往有應向新當事人（當事人之繼承人）或新法定代理人，告知訴訟事件情形，而商議辦法者，故此際應使行政法院得酌量情形，裁定停止訴訟程序。

當事人有訴訟代理人者，訴訟程序不因當事人死亡而中斷，民事訴訟法第173條固定有明文，惟此係以當事人死亡後訴訟代理權仍屬存續為前提（參照同法§73），故當事人所授與之訴訟代理權，以一審級為限而無提起上訴之特別委任者，該審級之訴訟程序，雖不因當事人死亡而中斷，但至該審級之終局判決送達時，訴訟代理權即歸消滅，訴訟程序亦即由是中斷（最高法院31年上字第1149號民事判例）。

三、當事人破產之當然停止

當事人受破產宣告者，關於破產財團之訴訟程序，在依破產法有承受訴訟人或破產程序終結以前當然停止（準用民事訴訟法§174）。

經由破產程序的開始，當事人對於屬於破產財團內財產，喪失其管理權及處分權，而由破產管理人取得該項權限。因此，當事人於訴訟中，受破產之宣告者，不問其自為訴訟行為，或由訴訟代理人為訴訟，凡關於破產財團內財產之訴訟程序，一切中斷，在破產程序中，須使破產管理人繼受之，以續行訴訟程序。

當事人受破產之宣告者，關於破產財團之訴訟程序，法律上當然發生中斷之效果，毋庸法院為命中斷之裁判（最高法院23年抗字第1283號民事判例）。

又破產程序終結後，須使受破產之當事人續行之，蓋關於破產財團之訴訟，若不使破產管理人為之，則有害破產債權人全體之利益。本條只適用於破產財團之訴訟，若與破產財團無涉者，則訴訟權，不因當事人破產而消滅（參見民事訴訟法§174之立法理由說明）。因此，如係有關當事人具有一身專屬性之行政訴訟事件，（例如關於破產人之個人的不作為請求權）或有關非財產權上的爭議，或與破產財團無涉之財產請求權爭議，凡此與破產財團無涉者，並不因破產宣告而停止其訴訟程序。

在此所謂關於破產財團之訴訟程序，係指訴訟之結果於破產財團有積極地增加財團之利益，或消極地加重財團之負擔之影響而言（最高法院49年度台上字第976號民事判決）。例如有關破產人之課稅處分撤銷訴訟或土地徵收補償之行政訴訟，即均屬之。

又「破產管理人承受中斷之訴訟程序後，或破產管理人自始起訴或應訴之訴訟程序後，破產程序終結者，當然由破產人於當時訴訟之程序續行其訴訟，此際毋庸破產人別為承受訴訟之行為」（參照最高法院54年台上字第3231號民事判例）。

四、法院不能執行職務之當然停止

法院因天災或其他事故不能執行職務，訴訟程序事實上無從進行，自應當然停止。故其訴訟程序在法院公告執行職務前當然停止。但因戰事不能執行職務者，訴訟程序則在法院公告執行職務屆滿六個月以前當然停止（準用民事訴訟法§180）。若雙方當事人於停止期間內均向法院為訴訟行為，其停止終竣（準用民事訴訟法§181Ⅲ）。

法院實際上回復可以執行職務時，則於法院公告開始執行職務後，訴訟程序之停止當然解消。

五、因戰事或天災等之當然停止

當事人目前所在地，因戰事與法院交通隔絕，無從赴法院爲訴訟行爲，而當然停止訴訟程序，其訴訟程序在障礙消滅屆滿三個月以前當然停止。如當事人於停止期間內均向法院爲訴訟行爲者，其停止亦終竣（準用民事訴訟法§181 II、III）。

六、裁定停止訴訟程序

(一)因天災禍其他事故之裁定停止

「當事人於戰時服兵役或因天災或其他事故，有停止訴訟程序之必要者，法院得依聲請或依職權在障礙消滅前，裁定停止訴訟程序」（準用民事訴訟法§181 I）。

依本條命中止訴訟程序，並不以當事人無訴訟代理人爲要件，當事人雖有訴訟代理人亦非不得命中止訴訟程序（最高法院29年抗字第289號民事判例）。

在此之停止，法院應斟酌其必要，必須當事人在事實上有難於進行訴訟之情形，始得命在障礙消滅前，裁定停止訴訟程序。

在本條之其他事故，是指訴訟程序之實施，發生社會通念上不可能或顯著困難之事由，其情況繼續而無法預測其終期之情形。例如當事人因傳染病被隔離，緊急罹患精神病而開始受監護或輔助之宣告之審判之期間。至於當事人業務繁忙或出國旅行，屬於基於自己之意思所產生之障礙，則非本條所謂其他事故[299]。

(二)告知訴訟參加

於告知訴訟參加之情形，法院如認受告知人能爲參加者，得在其參加前，裁定停止訴訟程序。即有本法第41條、第42條、第44條之參加訴訟情形者，均得裁定停止訴訟程序（§186準用民事訴訟法§185）。

依本法第48條準用民事訴訟法第65條規定：「當事人得於訴訟繫屬中，將訴訟告知於因自己敗訴而有法律上利害關係之第三人。受訴訟之告知者，得遞進行告知」，上述訴訟告知，係適用於本法第44條所定輔助參加之情形。

七、停止訴訟程序裁定之撤銷

停止訴訟程序之裁定，行政法院得依聲請或依職權撤銷之（準用民事訴訟法§186）。

在裁定停止訴訟程序後，於停止訴訟原因終了之法定事實發生時，均應由行政法院將原裁定撤銷，如行政法院未予撤銷，當事人並得聲請撤銷，故停止訴訟程序之裁

[299] 兼子一原著，松浦馨等執筆，前揭書，頁675以下。

定，未註明停止終竣之時期，自不得指為違法（參見最高法院31年抗字第17號民事判例）。

八、停止裁定及撤銷停止之裁定的抗告

關於停止訴訟程序之裁定，及關於撤銷停止之裁定，得為抗告（準用民事訴訟法§187）。本條規定關於停止審判如何聲明不服的救濟方法。

上述所謂「關於停止訴訟程序之裁定」，包括命停止訴訟程序之裁定以及駁回停止訴訟程序之聲請的裁定在內（參見14年抗字第88號判例）。又所謂「關於撤銷停止之裁定」，包括撤銷原停止訴訟程序裁定之裁定以及駁回聲請撤銷停止裁定之裁定二者在內。

法院為撤銷停止訴訟程序之裁定後，當事人提起抗告，在裁定未確定期間，得否進行關於本案之訴訟行為？如於該裁定未確定期間內為關於本案之訴訟行為，其法律效果如何？

司法院民事廳民國81年5月4日(81)廳民一字第05873號函研究意見：「一、抗告，除別有規定外，無停止執行之效力（民事訴訟法§491Ⅰ），故裁定之執行力，除有反對之規定外，無待於裁定之確定，於該裁定生效時，即生執行力。法院為撤銷停止訴訟程序之裁定，於該裁定宣示後（不宣示者，於裁定送達後），即可進行本案之訴訟行為，毋庸待裁定確定。二、抗告法院如廢棄原裁定，於該裁定宣示後（不宣示者，於送達後），應即回復撤銷裁定前之狀態，亦即原法院不得續行本案之訴訟行為，至廢棄原裁定前已為之訴訟行為，其法律效果應不生影響。」

第六節　裁　判

裁判乃是法院將其判斷或意思，以法定之方式向外界表示的行為。就其行為之性質而言，裁判乃是法院所行之公權判斷的表現，以發生一定之法律效果為目的，而為法院所行之訴訟行為中最具重要性者；就其行為主體而言，為裁判行為者須為訴訟法上之法院，但不問其組織型態為獨任制或合議制。

裁判為判決與裁定之通稱。判決原則上係就以訴或上訴請求法院為判斷之事項為之，但就中間性之紛爭亦得作出判決，前者稱為終局判決（§190參照），後者稱為中間判決（§192參照）。至於裁定則是就訴訟進行中所生程序上之爭執為之，因此屬於法院就中間性、附隨性或衍生性爭執所為之判斷。另就判決之內容而論，尚可區分成確認判決、給付判決與形成判決三種。

第187條（裁判之方式）
裁判，除依本法應用判決者外，以裁定行之。

❖立法目的❖

本條之立法目的在於明定裁判除依本法規定應用判決者（例如§190～§192、§195、§198、§202等規定參照）外，概以裁定行之，就裁判之種類明示未特別規定時，均得以較簡易之裁定方式爲之，既臻明確，復資遵循。

❖內容解析❖

裁判爲行政法院、審判長、受命法官或受託法官所爲之意思表示，依其形式可分爲判決與裁定二種。本條規定，除非本法有特別規定，否則裁判概以裁定方式爲之，俾資遵循。判決與裁定之區別，可自以下數點言之[300]。第一，就主體而言，判決應由行政法院（但不論其爲合議制法院或獨任制法院）爲之，裁定則除由行政法院爲之者外，尚可由審判長、受命法官或受託法官爲之。惟兩者均不得由書記官爲之。第二，就審理之程序言之，判決應經言詞辯論程序，裁定則得不經言詞辯論爲之（§188 I、III參照，但另參照§194）。第三，就裁判之程式而言，判決應依一定程式作成判決書（§209參照），裁定則無此限制。第四，就對象而言，判決僅對當事人爲之，裁定則可兼及於當事人、訴訟關係人甚或行政法院職員。第五，就救濟方法而言，對判決不服之方法爲提起上訴，對裁定不服之救濟方法則爲提起抗告。除此之外，判決與裁定之區別尚包括判決原則上係就當事人所爭執之實體法律關係爲之，裁定在原則上則是就關於訴訟程序事項所爲之意思表示。判決原則上應本於當事人之聲明爲之，裁定則多有由行政法院或法官依職權爲之者。再者，確定判決有既判力（§213參照），裁定並無既判力；爲判決之法院自身受其判決羈束，不得自行撤銷或變更（§206參照），裁定之羈束力較弱，行政法院得有自行撤銷變更原裁定之情形（§208但書參照）。

第188條（判決之形式要件，言詞審理、直接審理）
行政訴訟除別有規定外，應本於言詞辯論而爲裁判。
法官非參與裁判基礎之辯論者，不得參與裁判。
裁定得不經言詞辯論爲之。
裁定前不行言詞辯論者，除別有規定外，得命關係人以書狀或言詞爲陳述。

---

[300] 以下區別，參照陳計男，行政訴訟法釋論，2000年初版，頁506。

❖立法沿革❖

舊行政訴訟法第19條規定：「行政訴訟就書狀判決之。但行政法院認為必要或依當事人聲請得指定期日，傳喚原告、被告及參加人到庭，為言詞辯論。」採取書面審理原則，但輔以例外之言詞辯論審理方式。現行法之草案將民事訴訟法第221條與第243條整合，而作如本條之變更，在立法院則獲無異議通過。

❖立法目的❖

過去由於行政權長期居於優越之地位，因此行政爭訟之途徑不但採取訴願前置主義，抑且採用訴願二級（即訴願、再訴願）、行政訴訟一級之獨特方式，行政訴訟之審理並且採用書面審理為主之方式，展現了高度的司法自我抑制精神。現行法一改過去之積習，不但改採行政訴訟二級、訴願一級之新制，並且在兼具法律審與事實審功能之高等行政法院，改採言詞辯論為主之方式，以期更能釐清爭點，發現真實。至於就裁定部分，鑑於其原則上係就訴訟程序事項為之的性質，仍採任意的言詞辯論審理方式。

❖內容解析❖

本條規定，裁判之形式要件採言詞審理（第1項）以及直接審理之方式，就當事人裁判資料之提供，以言詞辯論主義為原則。凡當事人所為之聲明及陳述，以提供裁判資料為目的者，除別有規定外，應於言詞辯論期日以言詞為之，否則不得以之為裁判之基礎。換言之，其已以言詞提出，並記載於筆錄者，縱未另再以書狀提出，仍屬合法之訴訟資料；但若僅記載於所提之書狀，尚未以言詞提出者，則不得以之為裁判之基礎。又因本法採直接審理主義，故本條第2項規定，法官非參與為裁判基礎之言詞辯論者，不得參與裁判。

惟現行法上該當於本條第1項之「別有規定」，因而得不經言詞辯論之裁判，尚有第107條第3項所規定之，「原告之訴，依其所訴之事實，在法律上顯無理由者」，得不經言詞辯論，逕以判決駁回之情形，以及第194條所規定，撤銷訴訟及其他維護公益訴訟，兩造於言詞辯論期日無正當理由均不到場，而得逕為判決之情形。此外，倘若再審之訴顯無理由者，依據第278條第2項亦應由行政法院得不經言詞辯論，以判決逕行駁回之。裁定得不經言詞辯論程序，專依卷存訴訟資料為之，為本條第3項所定。惟如行政法院、審判長、受命法官或受託法官認為裁定基礎之訴訟資料尚須補充或法律關係有待闡明者，亦得於裁定前命行辯論。此時自當依有關言詞辯論之規定為之。如於裁定前不行言詞辯論者，除別有規定外，行政法院亦得命關係人以書狀或言詞為陳述，藉以明瞭作為裁定基礎之訴訟關係與訴訟資料。

> **第189條**（裁判之實質要件）
> 行政法院為裁判時，應斟酌全辯論意旨及調查證據之結果，依論理及經驗法則判斷事實之真偽。但別有規定者，不在此限。
> 當事人已證明受有損害而不能證明其數額或證明顯有重大困難者，法院應審酌一切情況，依所得心證定其數額。
> 得心證之理由，應記明於判決。

❖立法沿革❖

本條係新增之規定，與民事訴訟法第222條明文規定法院判決時採自由心證主義之情形並不相同，而是直接規定行政法院應依論理及經驗法則判斷。本條草案立法時獲立法院無異議通過。

❖立法目的❖

本條規定裁判之實質要件。行政法院為裁判時應酌當事人提出之全部訴訟資料及一切調查證據所得之結果，包括辯論之重要內容、證據能力之有無、證明力之強弱以及證據之取捨等，本於客觀之論理與經驗法則，而判斷事實之真偽。並應將因而得心證之理由，記明於判決，以杜臆測或率斷之弊。另外，損害賠償訴訟，原告已證明受有損害，而有客觀上不能證明其數額或證明顯有重大困難之情事時，如仍強令原告舉證證明損害數額，非惟過苛，亦不符訴訟經濟之原則，爰參照民事訴訟法第222條第2項之規定，增訂第2項。而原第2項規定略作文字修正後，移為第3項。

❖內容解析❖

行政訴訟不採陪審制度，因此事實認定仍屬法院之權責，惟事實之真偽有待證據支持，本法雖於本章第四節就「證據」特設規定，但除舉證責任等規定外，本法並未明定證據力、證據能力，而採自由心證主義。惟自由心證主義並非意謂行政法院得恣意採擇證據、認定事實，因此於本條規定行政法院於裁判時，應斟酌全辯論意旨及調查證據之結果，依論理及經驗法則判斷事實之真偽。所謂論理法則，係指行政法院判斷時不能違反邏輯，恣意跳躍推理或自相矛盾；所謂經驗法則係指行政法院判斷時應受一般社會經驗、生活經驗之拘束，舉凡過分悖離常情者，應在更明確的證據支持下，方得採認。至於就本條第1項但書所謂「別有規定者，不在此限」之除外規定，則是指本法依法定證據主義所設之特別規定。例如依本法第132條準用民事訴訟法第219條之結果，言詞辯論程式之遵守，專以筆錄證之；本法第176條準用民事訴訟法第355條第1項、第356條至第358條規定之結果，公文書推定為真正，私文書之舉證

亦有特別規定。凡此均屬法定證據主義之特別規定。

至於本條新增的第2項條文內容，則係完全移植自民事訴訟法第222條第2項規定而來。查民事訴訟法第222條第2項之立法理由為「損害賠償之訴，原告已證明受有損害，有客觀上不能證明其數額或證明顯有重大困難之情事時，如仍強令原告舉證證明損害數額，非惟過苛，亦不符訴訟經濟之原則，爰增訂第二項，規定此種情形，法院應審酌一切情況，依所得心證定其數額，以求公平」等語，亦與本法第2項立法理由大致雷同。

第190條（終局判決）
行政訴訟達於可為裁判之程度者，行政法院應為終局判決。

❖立法目的❖

提起訴訟之目的，在於獲得如訴之聲明之判決。訴訟若進行至可為裁判之程度，行政法院即應為終局判決，以終局地終結該審級之訴訟程序，亦即終結繫屬於行政法院的法律上爭議。本條規定終結審級全部訴訟程序之「全部終局判決」，而與第191條，僅以終結部分訴訟程序之「一部終局判決」有異。

❖內容解析❖

本條指訴訟程序應裁判之事項，均已達於可為裁判之程度，並應同時以終局判決為裁判之情形而言。所謂訴訟達於可為裁判之程度，係指訴訟之辯論或進行已使行政法院就該事件獲有心證，而可為判決之狀態而言，爰明示其旨，以免延滯。全部終局判決一經作成即具有終結審級程序之效力，當事人對之如有不服，得以上訴方法尋求救濟。

第191條（一部之終局判決）
訴訟標的之一部，或以一訴主張之數項標的，其一達於可為裁判之程度者，行政法院得為一部之終局判決。
前項規定，於命合併辯論之數宗訴訟，其一達於可為裁判之程度者，準用之。

❖立法目的❖

行政訴訟進行中，如就全部之訴訟標的均達於可為裁判之程度者，即應為全部終局判決；如僅就可分的訴訟標的之一部，或原告合併請求數項訴訟標的之一達於可為裁判之程度，行政法院亦應為一部終局判決。本條立法目的在於避免因部分或其他標的尚未達於可為裁判之程度，以致延滯可為裁判部分之判決，爰設如第1項之規定。又依本法第127條規定命合併辯論之數宗訴訟，本得合併裁判之，但如其一已達於可為裁判之程度，而其他訴訟尚未能為裁判者，其情形亦與第1項同，爰規定於此情形應準用第1項之規定，以資運用。

❖內容解析❖

訴訟標的如屬可分，如訴訟資料業臻完備，達於可為裁判之程度，不宜因他部或其他標的尚未可為裁判，而致令延滯。是以行政法院就標的之一部達於可為裁判之程度時，即應斟酌全辯論意旨及調查證據之結果，本於客觀之論理及經驗法則判斷事實之真偽，作成一部終局判決。例如因公法契約所生之爭訟，如同時請求作為之給付與違約金時，關於作為部分已達可為裁判之程度時，即應就此部分先為終局判決，以解決爭議。

又如原告以一訴同時請求撤銷原處分及作成特定內容之處分時，如就撤銷之訴部分已達可為裁判程度時，就此標的，行政法院即應先作成終局判決。另在通常共同訴訟之場合（§37、§38參照），如就共同訴訟人中之一人或數人部分已達可為裁判之程度時，即應先作成終局判決，但在必要共同訴訟（本法§39參照）則不得為一部終局判決。除此之外，本法第202條規定之捨棄或認諾，如當事人係就訴訟標的之一部或於合併訴訟之數項標的，就其中具有處分權且不涉及公益之一標的為之者，亦得為一部終局判決。

再者，本條第2項規定，當事人分別提起之數宗訴訟，如係基於同一或同種類之事實上或法律上原因，經行政法院依本法第127條規定命合併辯論，而其中一宗訴訟達於可為裁判之程度者，行政法院應就此為一部終局判決。蓋命合併辯論無非在圖訴訟之經濟及審理之方便，今一宗訴訟既已達可為裁判之程度，自應就此部分先行為終局判決，以免反而阻滯其他各宗訴訟之進行，欲簡反繁。

行政法院欲為一部終局判決，應使當事人預知其事，以免造成突襲性裁判。同時宜於判決書中具體指明範圍，表明其為一部終局判決，以使當事人得以判斷是否有裁判脫漏之情事。一部終局判決自宣示或送達後生效，當事人得就該判決獨立提起上訴[301]。

---

301 陳計男，前揭書，頁510。

> **第192條**（中間判決）
> 各種獨立之攻擊或防禦方法，達於可為裁判之程度者，行政法院得為中間判決；請求之原因及數額俱有爭執時，行政法院以其原因為正當者，亦同。

❖立法目的❖

凡當事人所主張各種獨立可生法律上效果之攻擊或防禦方法，達於可為裁判之程度，而訴訟尚未至可為裁判者，為使錯雜之訴訟程序趨於簡易，爰規定行政法院就此得為中間判決，以為終局判決之準備[302]。又凡為訴訟標的之請求應定其數額者，若當事人就其請求之原因及數額鉅有爭議時，行政法院自得依其意見，先為請求原因正當之中間判決，俾使訴訟歸於簡易。此就給付訴訟特別有其適用。

❖內容解析❖

中間裁判乃是就有關本案或程序之某爭點，在終局判決前以判決或裁定予以判斷之表示，以為終局判決之準備。本條規定終局判決，與第193條所定之中間裁定合稱為中間裁判。中間判決雖為判決之一種，但並不對當事人所爭執的法律關係為判斷，故不發生終結訴訟之效果，因此在實務上亦較少發生。

依本條之規定，行政法院得為中間判決之情形有二種，以下分述之。

一、各種獨立之攻擊或防禦方法，達於可為裁判之程度者

所謂獨立之攻擊或防禦方法，指的是原告或被告因攻擊或防禦所主張之事項，不待其他事項之補充，逕能發生法律上效果者而言。若只屬法律效力之要件之事實上主張，則非獨立之攻擊防禦方法[303]。換言之，攻擊防禦方法中，與其他攻擊防禦方法並無關係，而得獨立分離審判者為獨立之攻擊防禦方法。例如於確認行政處分無效之訴，原告主張該行政處分有行政程序法第111條所定各款無效事由二種以上時，各該無效事由之主張即均屬獨立之攻擊防禦方法。又如撤銷訴訟中，當事人主張原處分違法，此項攻擊方法如達於可為裁判之程度，而訴訟並未至可為裁判者，自得由行政法院為中間判決，俾利行政機關與人民居間協議，此於情況判決時最具實益。

---

[302] 「對於事件是否為行政法院裁判權之對象，就行政法院事物管轄或土地管轄所生爭執、訴之提起是否符合實體判決要件等問題，行政法院如認為其判斷皆屬肯定，可採用中間判決加以宣示；如認為皆屬否定，亦即不具有審判權或管轄權或起訴不合法，則屬終局判決之事項，德國實務向持此種見解。」吳庚，行政爭訟法論，2016年8版，頁257。

[303] 陳計男，行政訴訟法釋論，2000年初版，頁510。

二、請求之原因及數額具有爭執，法院以其原因爲正當者

此即通稱之原因判決。行政法院若否認此原因，則爲終局判決；行政法院若將數額之判斷延後，而先肯定原因爲正當者，則屬中間判決之一種型態。此種判決在行政訴訟增加一般給付訴訟類型（§8參照）之後，即爲必要。

是否爲中間判決，由行政法院自由決定之。因爲中間判決亦爲判決之一種，故舉凡言詞辯論、宣示判決等程序均須遵守。行政法院於終局判決應受中間判決之拘束，不得更爲相反之判決（§206參照）。又中間判決爲終局判決之準備，故當事人不得對中間判決獨立提起上訴，但對終局判決不服提起上訴時，得一併聲明之，再審時亦同。

第193條（中間裁定）
行政訴訟進行中所生程序上之爭執，達於可爲裁判之程度者，行政法院得先爲裁定。

❖立法沿革❖

本條由舊行政訴訟法第23條移置修正而來。原條文爲：「關於行政訴訟程序上之請求，由行政法院裁定之。」

❖立法目的❖

行政訴訟進行中所生程序上之爭執，原爲行政法院應依職權調查之事項，如調查結果已達於可爲裁判之程度者，行政法院自得先爲裁定，以防止訴訟錯雜。

❖內容解析❖

本條規定行政法院就訴訟程序爭執所爲之中間裁定。所謂行政訴訟進行中所生程序上之爭執，指的是獨立攻擊或防禦方法以外之訴訟進行中所生程序上之爭執，例如訴之合法與否？訴有無變更？能否許其變更？有無提出書證之義務？某事項是否必要？等事項所發生之爭執[304]。另依本法第132條準用民事訴訟法第196條、第201條之結果，行政法院對逾時提出之攻擊防禦方法，或對於訴訟指揮之異議均得爲中間裁定。

---

[304] 此爲本法草案說明所舉之例，但有關訴之合法與否？以及是否許其變更？之問題，有認爲應以中間判決爲之者。參照吳庚，行政爭訟法論，2016年8版，頁419。

第194條（逕為判決之情形）

行政訴訟有關公益之維護者，當事人兩造於言詞辯論期日無正當理由均不到場時，行政法院得依職權調查事實，不經言詞辯論，逕為判決。

❖立法沿革❖

本條原規定為：「撤銷訴訟及其他有關維護公益之訴訟，當事人兩造於言詞辯論期日無正當理由均不到場者，行政法院得依職權調查事實，不經言詞辯論，逕為判決。」2011年11月，配合本法第185條之修正，爰將行政法院於兩造遲誤言詞辯論期日時，得不經言詞辯論逕為判決之要件修正為「行政訴訟有關公益之維護者」。至於無關於公益之訴訟，兩造於言詞辯論期日兩次無正當理由均不到場者，依第185條第2項規定，視為撤回其訴。

❖立法目的❖

行政訴訟法修正後，採行言詞辯論主義。於言詞辯論期日，如當事人一造不到場者，固可準用民事訴訟法第385條之規定（§218參照）而為一造辯論判決；惟如兩造當事人無正當理由均不到場者，除停止訴訟程序外，不能無解決之途。爰於本條規定行政訴訟有關公益之維護者，行政法院得依職權調查事實，不經言詞辯論，逕為判決，以濟其窮。

❖內容解析❖

行政機關為行政行為，應受公益目的之拘束[305]。因此以行政行為為對象所提起之行政訴訟，均與公益目的有所關聯，特其公益之高低有所不同而已。行政訴訟有關公益之維護者，當事人一造如無正當理由不到場，固可準用民事訴訟法之規定逕為一造辯論判決，但在兩造於辯論期日無正當理由均不到場之情形，依本法第183條規定，似仍無法視為合意停止訴訟，此時自應規定解決之道。本條則規定此時得不經言詞辯論程序，由行政法院依職權調查事實，逕為判決。

第194條之1（到場不為辯論之情形）

當事人於辯論期日到場不為辯論者，視同不到場。第四十九條之一第一項事件，當事人之訴訟代理人未到場者，亦同。

---

[305] 例如參照陳清秀，行政法之法源，收錄於：翁岳生主編，行政法（上），2006年3版，頁95以下。

❖立法目的

　　當事人於辯論期日到場不爲辯論，其法律效果與不到場者相同，爲求明確，爰增訂本條前段，不再依第218條規定準用民事訴訟法第387條之規定。又律師強制代理事件，應由訴訟代理人爲訴訟行爲，當事人之訴訟代理人未到場，即應視同當事人不到場，復修正本條後段規定，以資明確。

❖內容解析❖

　　按當事人於辯論期日到場不爲辯論者，視同不到場。民事訴訟法第387條定有明文。而舊行政訴訟法於第218條，將包括前條在內諸多民事訴訟法相關規定，準用於行政訴訟法領域。在立法技術上，此種準用民事訴訟法相關條文方式，固然可使行政訴訟法條文數量較爲精簡，但卻也增加理解條文規範意義的困難性。尤其考量行政訴訟多屬由人民作爲原告，而以機關作爲被告的爭訟，爲使人民能清楚明瞭到場卻不爲辯論的法律效果，爰增列本條前段規定，俾臻明確。又本法第49條之1所列舉之各款事件，規定當事人應委任律師爲訴訟代理人。惟若當事人之訴訟代理人未到場之際，是否得由已到場之當事人進行辯論？恐生疑義。爰明文增列本條後段，明定強制律師代理事件當事人之訴訟代理人未到場之法律效果爲視同不到場，藉此貫徹律師強制代理制之意旨。

第195條（判決及不利益變更之禁止）
行政法院認原告之訴爲有理由者，除別有規定外，應爲其勝訴之判決；認爲無理由者，應以判決駁回之。
撤銷訴訟之判決，如係變更原處分或決定者，不得爲較原處分或決定不利於原告之判決。

❖立法沿革❖

　　本條係從舊行政訴訟法第26條及第27款移列合併修正而來。舊行政訴訟法第26條規定：「行政法院認起訴爲有理由者，應以判決撤銷或變更原處分或決定。其附帶請求損害賠償者，並應爲判決；認起訴爲無理由者，應以判決駁回之；其附帶請求損害賠償者亦同。」此一規定既配合舊行政訴訟法基本上僅以撤銷訴訟爲限之性質；亦兼顧附帶提起損害賠償之訴時之需要。現行法之下，因訴訟種類增加，並得合併請求損害賠償（§7參照），故修正如本條第1項之規定。另舊行政訴訟法第27款規定：「行政訴訟之判決，如係變更原處分或決定者，不得較原處分或決定不利於原告之判

決。」此即不利益變更禁止之規定，現行法將之移列爲本條第2項，並明定於撤銷判決適用之。

❖立法目的❖

無論何種訴訟，起訴之目的均無非在獲得如訴之聲明之判決，此種實體裁判一經作成，即生終結該審級訴訟之效果。本條第1項爰規定，行政法院認原告之訴有理由者，應爲原告勝訴之判決；如認爲起訴無理由，則應以判決實體駁回其訴。

又撤銷訴訟，係原告認爲原行政處分或決定對其不利，而向行政法院表示不服，請求救濟之制度。如行政法院認爲原告之起訴無理由，固應駁回其訴。惟如認爲原告之起訴有理由，而其判決之結果係變更原處分或原決定，若反較原處分或決定不利於原告之判決，殊有違撤銷訴訟制度設立之旨，爰設禁止規定，以明其旨。

❖內容解析❖

起訴之目的，在求取勝訴判決，因此行政法院如認原告之訴有理由，自應爲原告勝訴之判決；如認起訴無理由者，亦應以判決自實體上駁回之。惟行政法院雖認起訴有理由，但在如本法第198條所規定之情況判決之情形，亦得例外駁回原告之訴。判決應依當事人之聲明爲，此即所謂「訴外裁判禁止」原則。本法第218條準用民事訴訟法第388條規定：「除別有規定外，法院不得就當事人未聲明之事項爲判決」，即揭明此一原則。惟訴外裁判之禁止，所禁止者爲行政法院不得於原告訴之聲明以外爲判決，亦即判決應受當事人之訴訟目標的拘束。至於當事人所主張之理由，並無拘束行政法院之效力，行政法院得自行調查證據、認定事實，並得本於原告所主張之理由以外之其他理由，判決原告勝訴；亦得本於被告所主張理由以外之其他理由，判決原告敗訴。

另就不利益變更禁止原則而言，原告提起撤銷訴訟之目的，本在請求除去對其不利之處分或決定，行政法院如就原處分或決定加以變更，但其結果較原處分或決定對原告更爲不利時，則殊失訴訟之本意，因此應加以禁止。惟何謂不利益變更？在實務上應進一步界定。例如附負擔之授益處分，如原告僅起訴請求撤銷該得與處分分離之負擔[306]，行政法院縱使認爲該處分違法，亦不得判決一併撤銷該授益處分，否則不但構成訴外裁判，亦違反禁止不利益變更原則。但例如行政法院依職權調查證據，重行認定事實，或以其他之理由支持原處分或決定，而爲原告敗訴之判決者，應不違反本條第2項之規定。又在訴訟標的不可分之情形，原告縱只起訴請求撤銷原處分或決定

---

[306] 負擔原則上得獨立於處分之外而爲行政爭訟之標的，似爲我國之普遍見解。參照蔡茂寅等，李建良執筆，行政程序法實用，2013年4版，頁281；吳庚，行政法理論與實用，2016年14版，頁369。

之一部分，但行政法院審理之結果，判決撤銷原處分或決定之全部時，亦不違反不利益變更之原則。

第196條（撤銷判決中命爲回復原狀之處置）
行政處分已執行者，行政法院為撤銷行政處分判決時，經原告聲請，並認為適當者，得於判決中命行政機關為回復原狀之必要處置。
撤銷訴訟進行中，原處分已執行而無回復原狀可能或已消滅者，於原告有即受確認判決之法律上利益時，行政法院得依聲請，確認該行政處分為違法。

❖外國立法例❖

與本條相類似之外國立法例爲德國行政法院法（VwGO）第113條第1項（主要係第二句至第三句）之規定，其內容爲：「行政處分違法，因而侵害原告之權利者，法院應將該行政處分以及所爲訴願決定（Widerspruchsbescheid）撤銷（第一句）。行政處分已經執行者，法院依聲請，命行政機關回復其執行前之原狀，並宣示其回復之方法（第二句）。但此項回復原狀之宣示，僅於行政機關得回復，且此一問題已達可爲裁判（spruchreif）者爲限（第三句）。若行政處分已撤回，或因其他事由而消滅者，而原告對於確認行政處分違法具有正當利益者，法院依原告之聲請，得以判決宣告該處分曾經違法（第四句）[307]。」

❖立法說明❖

本條文之立法目的在於例外允許行政處分雖業已執行，但仍有回復原狀之可能與實益時，經原告聲請後，仍得提起撤銷之訴而非確認之訴以排除執行後之狀態[308]。按行政訴訟法第6條第1項原規定：「確認行政處分無效及確認公法上法律關係成立或不成立之訴訟，非原告有即受確認判決之法律上利益者，不得提起之。其確認已執行完畢或因其他事由而消滅之行政處分爲違法之訴訟，亦同。」從而，已執行完畢之行政處分，例如：退學處分、違建拆除處分等，原則上應依行政訴訟法第6條第1項後段之規定，提起確認訴訟，但因爲確認訴訟之判決效力無法除去已執行完畢，但仍存有效力或事實狀態之行政處分，從而，本條乃屬行政訴訟法第6條第1項後段之特別規

---

[307] 沈銀和、李震山譯，德國行政法院法，收錄於：中譯德奧法日行政法院法，司法院編印，1996年，頁42以下。
[308] 林明鏘，大學自治與法律保留—對臺北高等行政法院89年訴字第1833號判決之評析，月旦法學雜誌76期，2001年10月。

定，基於訴訟經濟之考量，例外准許對已執行完畢之行政處分，提起撤銷訴訟，並命被告機關爲回復原狀之處置，藉以排除行政處分之結果。

而我國官方（即條文之修正理由）對本條之立法目的則係：「得撤銷之行政處分雖已執行完畢，惟如人民因該處分之撤銷而有可回復之法律上利益時，應許其請求回復原狀。若該回復原狀之聲請，係與撤銷訴訟合併提起，且有回復之可能，回復原狀部分並已達可爲裁判之程度，行政法院亦認爲適當者，即得於撤銷行政處分判決時，命行政機關爲回復原狀之必要處置，爰參考德國行政法院法第113條之規定，增設本條，以維原告之權益[309]。」併可供參酌。

❖內容解析❖

一、行政處分已執行者

過去舊法要件爲行政處分已執行完畢：原告提起行政訴訟，於撤銷判決前（或指言詞辯論終結前），系爭之行政處分，不論是命處分相對人爲公法上之金錢給付或行爲與不行爲義務，凡已經完全實現該處分所要求之內容時，即屬行政處分已執行完畢，包含所有執行上之事實措施在內，例如：稅捐稽徵機關命遺產繼承人補繳新臺幣四百萬元之遺產稅，而業已繳納完畢時；或國立大學命學生爲退學，該學生並已事實上辦妥離校手續時；或海關因認原告虛報進口貨物之名稱，經依海關緝私條例第37條規定，對原告爲沒入該進口貨物之處分，後該處分受行政法院撤銷時，判決主文即得命被告機關返還所沒入之貨物[310]。蓋我國訴願法（§93規定）及行政訴訟法（§116規定）均採行政處分不因提起行政救濟而得停止執行之規定，從而，行政訴訟終結前，即有可能發生行政處分業已執行完畢，但執行結果仍然留存之情事[311]。

惟，爲釐清條用語，並輔以行政訴訟法第6條之修正，而更正爲「已執行者」。

二、行政法院認爲回復原狀適當者

按行政處分若已執行者，依通常情形若處分效力事實結果仍然存續時，且行政機關有回復原狀之可能時，始符合「適當」之要件。例如：違章建築之拆除處分或非法入境外國人之遞解出境處分或所沒入之貨物業已拍賣予第三人時，則因行政機關已無回復原狀之可能，故此時之撤銷訴訟即不符合「適當」之要件，不得依本條規定，於判決中命行政機關爲回復原狀。

我國行政訴訟法之條文僅用「行政法院認爲適當者」，其要件顯較德國行政法院

[309] 陳計男，行政訴訟法釋論，2000年初版，頁571以下參照。
[310] 參見陳清秀，行政訴訟法，2013年6版，頁622以下。
[311] 陳計男，行政訴訟法釋論，2000年初版，頁572。

法第113條第1項規定，即對於聲請回復業已執行完畢之行政處分，須具備下述下個要件：(一)行政機關得回復原狀；(二)回復原狀已達可為裁判者為限，來得簡略。依德國學說及判例見解[312]認為，所謂行政機關得回復原狀（in der Lage）係指在事實上或法律上，得期待行政機關除去該結果者而言，例如：新闢馬路旁之居民，因受噪音之害，請求撤銷違法但業已興建完成之馬路開發處分時，即不得要求剷除該馬路，因為行政機關並無回復原狀之能力。此外，所謂「回復原狀已達可為裁判」之程度，依德國實務見解，一方面係指與待證事實有重要關係者，已經完全澄清，行政機關須為羈束處分者，另外一方面，行政機關已無裁量權限或判斷餘地者[313]而言。

本條行政訴訟法之規定，既係參考德國行政法院法第113條第1項（第二句至第四句）之規定，則有關行政法院認為適當者，似宜參考德國條文上之要件，認為須行政機關在法律上及事實上得回復原狀，而且回復原狀（處分）已達可為裁判之程度，始構成「適當」。此外，德國行政法院上亦有判例認為：若因可歸責（或有參與可歸責之情事者）於原告之事由，致行政處分違法，並受法院為撤銷時，原告縱使聲請回復原狀，法律亦得不予許可[314]。再者，關於租稅法上之行政處分，凡涉金錢給付之處分，若受行政法院撤銷者，原告聲請回復原狀時，因被告機關原則上皆會回復原狀，退還原告已繳納之稅款，故其聲請因欠缺權利保護之利益，故原則上應認為不適當，除非其尚有其他額外之損害[315]，亦可供我國實務上之參考。

三、命為回復原狀上必要處置

條文所謂「命為回復原狀之必要處置」係指：命行政機關為回復原狀之方法。例如：國立大學之退學處分業已執行完畢時，行政法院認該退學處分違法而將其撤銷時，原告若聲請回復原狀，行政法院即得命該國立大學回復原告原被退學前之系級學生身分，使其得繼續就讀。

德國行政法院法第113條第1項第二句則規定：法院應宣示回復原狀之方法（Wie）。至於何種方法始能有效除去違法之狀態，則由行政法院依具體情形斟酌判斷，因此，德國此一制度亦被學界稱之為「法官法」（Richterrecht）[316]。例如：違法徵收私人土地時，法院即得命徵收土地機關（或需用土地機關），將原徵收土地返回

---

[312] Vgl. Schoch/Schmidt-Aßmann/Pietzner, Verwaltungsgerichtsordnung, Kommentar. C. H. Beck, Band II, Stand: Feb. 1998, §113 Rn. 57 ff. Vorb. §113 Rn. 9，並請參見BVerwGE 94. 100(119ff.) = NVwZ 1994. S. 276 ff。

[313] Eyermann/Fröhler, Verwaltungsgerichtsordnung, 11 Aufl. 2000, C.H. Back, §113 Rn. 38.

[314] Vgl. BVerwG NJW 1989, S. 2484 ff; Eyermann/Fröhler (Fn. 7), §113 Rn. 32.

[315] Vgl. Schoch/Schmidt-Aßmann/Pietzner (Fn. 6), §113 Rn. 59. m.w. Nachw.

[316] Vgl. Eyermann/Fröhler (Fn. 7), §113 Rn. 28.

原告[317]；或行政機關爲不正確之危險警告處分時，法院得命行政機關另爲正確之新說明以取代原警告處分[318]。

四、撤銷訴訟進行中，原處分消滅或已執行而無回復原狀可能

第2項爲2010年增訂，因處分之執行與消滅爲不同概念，爲合法提起撤銷訴訟，且進行中原處分可能因經撤銷或其他事由消滅，或有無法回復原狀時，即無法爲撤銷，如其有受確認判決之法律上利益時，爲使其仍得以救濟，而增訂第2項。

第197條（撤銷訴訟之代替判決）

撤銷訴訟，其訴訟標的之行政處分涉及金錢或其他代替物之給付或確認者，行政法院得以確定不同金額之給付或以不同之確認代替之。

❖外國立法例❖

與本條相類似之外國立法例爲德國行政法院法（VwGO）第113條第2項之規定，其規定內容爲：「被撤銷之行政處分如係有關金錢或其他代替物之給付，或有關確認者，法院得另定不同數額之給付，或以不同之確認代替原確認[319]。」

❖立法目的❖

本條係屬1998年新增之條文，其立法理由爲：「原告提起撤銷訴訟爲有理由者，如原行政處分違法情形只涉及金額或數量時，應許行政法院在原先聲明之範圍內自行判決加以糾正，不必撤銷原處分而發回原處分機關重爲處分，以免原處分機關或有拖延不結，甚至置諸不理之情形，爰仿西德行政法院法第一百一十三條第二項之規定，增設本條，俾有依據。」

按舊行政訴訟法第26條雖有規定：原告提起之撤銷訴訟爲有理由者，應以判決撤銷或變更原處分或決定。但實務上行政法院幾無以判決變更處分或決定者，遂使我國舊行政訴訟法制事實上成爲典型之撤銷發回式行政審判制度，而非實質內容之自爲判決式行政審判制度[320]。從而，本條新訂之目的，除再度揭櫫行政法院得自爲判決外，並有促進訴訟經濟，避免行政訴訟判決發回原處分機關後，仍延宕不決，亦屬本

---

[317] Vgl. BVerwGE 38, S. 336 ff.

[318] BVerwG, NJW 1989, S. 2272 ff.

[319] 吳綺雲、葉百修譯，西德行政法院法，行政院經建會經社法規譯介叢書，1990年，頁55-56。

[320] 吳庚，行政爭訟法論，2014年修訂7版，頁259-260。

條之另外一個重要的立法目的[321]，所以「訴訟經濟」與「訴訟結構改革」，以彰顯行政訴訟之救濟功能，爲本條之主要立法理由[322]。

❖內容解析❖

一、行政處分涉及金錢或其他代替物之給付或確認者

　　所謂行政處分涉及金錢或其他代替物之給付或確認者係指：行政處分之內容爲公法上之金錢請求或具有替代性之物之給付義務者，此種情形大都發生在租稅或規費裁決、行政罰鍰處分，或其他強制執行措施之範圍[323]，例如：核定營利事業所得稅之處分（行政法院31年度判字第41號判決）；核定退休金額度之行政處分[324]或海關緝私條例第49條上有關「扣押物」與「保證金或其他相關之擔保」之替代處分[325]。

　　此外，訴訟標的若非行政處分而係行政契約時，雖亦可能涉及金錢給付或其他代替物之給付，但依本條之文義解釋，行政法院似仍不得自爲判決，以確定之不同金額或代替物取代原契約內容之額度或數量。蓋此種情形屬給付訴訟之領域；而非撤銷訴訟之範疇問題。

二、行政法院得以確定不同金額之給付或不同之確認代替之

　　本條規定雖包含行政處分涉及金錢或其他代替物之給付時，行政法院皆得自行確定其不同金額或不同代替物之給付，但本質上必須行政機關已無裁量權限或判斷餘地時，或其裁量權已收縮到零時，行政法院始得自行判決，否則司法判決即有不當取代行政權限之情形[326]。所以例如：原告申請興建十二層樓房之建造執照，但依容積及相關條件之限制，主管機關最高僅能准十層樓房之建照，但因交通及公共設施、天際景觀考量核准八樓之建照，此時，因行政機關仍享有一定之判斷及裁量空間，行政法院即不得自行判決，確定被告機關應爲其他之給付，因爲一方面行政處分既非金錢或其他代替物之給付，另外一方面，行政機關仍享有判斷與裁量餘地[327]。

　　此外，法院「得」以確定不同之替代判決，取代原行政處分，是否須經原告聲請始得爲之？國內有見解認爲，此時法院應依職權作合義務性之裁量，無待當事人之聲

---

[321] 陳清秀，行政訴訟法，2013年6版，頁621；陳計男，行政訴訟法釋論，2000年初版，頁571。
[322] 吳庚，行政爭訟法論，2014年修訂7版，頁259-260。
[323] Vgl. Eyermann/Fröhler, Verwaltungsgerichtsordnung, 11. Aufl. 2000, C. H. Back, §113 Rn. 10.
[324] 陳計男，行政訴訟法釋論，2000年初版，頁571所舉實例參照。
[325] 吳庚，行政爭訟法論，1999年修訂版，頁188參照。
[326] 陳清秀，行政訴訟法，2000年6版，頁463-464參照。
[327] 吳庚，行政爭訟法論，1999年修訂版，頁188例子改編而成。

請[328]，但德國實務見解卻認爲，仍須當事人之聲請，始得爲之，而且須限於當事人對於金錢或替代物給付之行政處分並無爭執，所爭執者僅係其額度或高度[329]。

最後，依德國行政法院判決認爲，行政法院自爲判決時，須調查或確定金額或數量時，並不需重大費用支出時，始得爲之，申言之：若欲變更行政處分所確定之金額或給付，面臨重大困難或調查需費過鉅時，行政法院即得不自行判決，相反地，若僅是簡單之數學計算，則法院即得爲之。蓋德國相同立法之立法理由書中即明示：金錢與代替物之確定，原則上應委由行政機關爲之，因爲行政機關所擁有之技術與器材原則上較能快速而無問題地確定金錢與代替物之額度[330]。此一見解，似可供我國詮釋行政法院「得」之眞正背後意涵。

三、判決主文

若行政法院自爲判決時，其判決主文得依金錢與代替物而爲不同之諭知：在金錢方面，其主文得爲：「原處分及原訴願決定均予以撤銷並變更如下：原告應繳納之……確定爲新臺幣……元，原告其餘之訴駁回。」在代替物之自爲判決主文中則應諭知：「原告……物之給付，確認變更爲……[331]」。但依德國學界認爲變更原金錢給付之判決主文，若因無法自行計算時，亦得諭知：「原告應繳納之……處分，應依判決理由之標準變更之。」以保持部分計算之彈性[332]，似可供我國實際運作上之參考。

第198條（情況判決）
行政法院受理撤銷訴訟，發現原處分或決定雖屬違法，但其撤銷或變更於公益有重大損害，經斟酌原告所受損害、賠償程度、防止方法及其他一切情事，認原處分或決定之撤銷或變更顯與公益相違背時，得駁回原告之訴。
前項情形，應於判決主文中諭知原處分或決定違法。

❖外國立法例❖

本條規定原處分或決定違法時，行政法院基於公益理由仍得駁回原告之訴的情況判決，係模仿日本行政事件訴訟法第31條規定，並加以改良而來。日本行政事件訴訟

---

[328] 吳庚，前揭書，頁188。
[329] Vgl. Eyermann/Fröhler (Fn. 5), §113 Rn. 13.
[330] Vgl. Eyermann/Fröhler (Fn. 5), §113 Rn. 12; BVerwGE 87, S. 288 ff.
[331] 陳清秀，行政訴訟法，2000年2版，頁464參照。
[332] Vgl. Eyermann/Fröhler (Fn. 5), §113 Rn. 14.

法第31條規定:「就撤銷訴訟,如原處分或決定雖屬違法,但撤銷將對公益產生顯著危害之場合,法院得斟酌原告所受損害之程度、損害之賠償或防止之程度及方法、及其他一切情事,於認為撤銷原處分或決定不符合公共福祉時,駁回原告之請求。但於該判決主文中,應宣告原處分或決定違法(Ⅰ)。法院於認為適當時,得於終局判決前,以判決宣告原處分或決定違法(Ⅱ)。終局判決得於記載事實及理由時引用前項判決(Ⅲ)。」

❖立法目的❖

現代法治國家之行政,係以社會整體利益之實現為鵠的。行政處分縱屬違法,如符合社會整體利益,仍須加以維護。因之,行政法院受理撤銷訴訟,雖認原處分或決定違法,但其撤銷或變更於社會公益有重大損害時,即應就受處分人之個人利益與社會公益加以權衡。如經斟酌原告所受損害之程度,所受賠償之程度與方法,或損害防止之程度與方法及其他一切情事,認原處分或決定之撤銷之變更顯與社會公益相違背時,自不應因個人利益而使社會公益受重大之損害,爰仿日本行政事件訴訟法第31條之立法例,規定行政法院得駁回原告之訴,以維公私利益之平衡。

又確保行政權之合法行使為行政訴訟之主要目的,對於違法之行政處分本應加以撤銷或變更,茲因顧全社會整體利益而駁回原告之訴,乃屬極不得已之事,並非承認行政機關可為違法之行政處分。爰規定於此情形,應於判決主文中諭知原處分或決定違法,以加強行政機關人員之警覺,促進行政權之合法行使。

❖內容解析❖

情況判決雖係日本獨特之制度,而為韓國及我國所援用,但在其他國家,基於對既成事實狀態之尊重,相類似之制度設計亦往往有之[333]。例如德國行政法學上雖有「結果除去請求權」之原則,但於回復原狀已不可能或不適法,抑或超過期待可能性之情形,法院亦得免除行政機關回復原狀之義務者。又例如法國之行政爭訟制度,法院也會有基於事實上之考量,雖然判決撤銷原處分,但並不命行政機關回復原狀之事例,因而在機能上與情況判決制度相類似。

本條規定雖然做自日本之「行政事件訴訟法」,但日本法尚規定就違法宣言部分除終局判決外,並得以中間判決方式為之,其目的在使當事人間得在終局判決前就損害賠償或防止之方法有相互協議之機會,法院並就之考量是否應撤銷處分,因此具有勸誘和解的機能,但本條規定則未為如此之設計。就其他要件規定,本法大體上承襲

---

[333] 以下德、法兩國之事例,參照阿部泰隆,事情判決,收錄於:新實務民事訴訟講座10—行政訴訟Ⅱ,日本評論社,1982年,頁7以下。

日本法之條文，惟如下所述，本法第199條尚規定有損害賠償的替代救濟手段，此爲日本法所未明文規定者。以下詳爲檢討情況判決制度。

一、情況判決制度之目的及要件

情況判決乃是專爲撤銷訴訟而設計之制度，其目的在避免因法院做成撤銷判決，傾覆以行政處分有效存續爲前提所造成之既成事實，轉而對公益產生重大損害。因此，情況判決制度之目的在於尊重既成事實，並以之維護公益。

(一)情況判決制度之目的及其問題

職是之故，情況判決制度恆牽涉到兩種互相對立衝突的價值、利益的調和問題。亦即，一方是法治主義與私權的保護，另一方則是既成事實的尊重與公益的維護。然而，此種圖式仍然存在有下列問題[334]。

1.情況判決制度涉及到行政處分雖然存在有違法性瑕疵，法院卻不予撤銷，反而繼續承認其效力存續的問題。此種僅以訴訟程序法上之規定而片面變更實體法上法律關係（在結果上類似「就地合法」）的制度，即令合於公益目的，但是顯然過分輕忽法治主義的基本要求。

2.原告起訴請求撤銷行政處分，在主觀訴訟的前提下，必然是因其個別、具體的權益受到侵害有以致之。情況判決否認原告以撤銷原處分的方式尋求救濟的正當性，轉而代之以損害賠償的救濟方式，相對於日本法雖已較爲進步，但此兩種救濟方法之目的各不相同，是否得以後者取代前者？並非沒有疑問。

3.論者或謂，情況判決乃是公益與私益衝突時，以公益爲優先的具體表現。此種見解雖非無據，然而卻是此一制度最大之矛盾所在。因爲如此一來，即無異承認「違法卻合乎公益」的情況可以存在，而使得公益判斷脫離法治主義的制約，極端情況下並有可能淪爲行政機關乃至行政法院的獨占與恣意。況且此時的公益僅屬一抽象、概括的觀念，以之優先於個別、具體的私益，其是否恰當，應有再行檢討之必要。

(二)撤銷訴訟之構造與情況判決

實則，於撤銷訴訟不得不建構情況判決制度的理由，恰好內在於撤銷訴訟的構造本身。蓋違法行政處分除非有無效之情形，否則在未被職權撤銷或爭訟撤銷之前仍受有效之推定（行程§110III參照），此時縱令提起撤銷爭訟，在訴願及行政訴訟均不停止執行的前提下（訴願§93I、行訴§116I參照），法律關係將會不斷累積，公益性

---

[334] 就情況決定制度的批判，蔡志方氏的見解頗有見地，值得參照。見氏著，新訴願法與訴願程序解說，1999年，頁293。

在量的方面也會不斷增長，終至使既成事實的保護成為必要的課題。

因此，問題的根源實則在於：一方面行政處分之公定力、自力執行力使得行政機關易於藉此造成既成事實；另一方面撤銷訴訟不停止執行原則更使得此種既成事實益加牢固，而撤銷判決之效果將使得行政處分溯及失效的設計，亦往往使行政法院躊躇不前，除了處分的違法性之外，必須對公益性等因素做「他事考量」，終至促成了情況判決制度的創建。職是之故，情況判決所欲保護的既成事實既然是由行政機關所造成，而其不利益卻是在漠視法治主義的情況下，歸由處分之相對人或利害關係人負擔，其不合理之處可謂顯而易見。

(三)情況判決之要件

然而儘管如此，因撤銷行政處分而對既成事實所造成之衝擊，是否將嚴重損及公共利益，並非絕不可考量之課題。蓋在情況判決之情形，原告雖被剝奪以撤銷處分尋求救濟之途徑，但如替代性的救濟措施亦能給予原告周全之保護，在例外情況下，情況判決亦非毫無存在之理由。例如在水壩建築既已完工之後，如因其基礎之行政處分（在日本為河川占用許可）存有瑕疵而被撤銷，則其回復原狀時所帶來之重大的公益影響當非國民所樂見。此時行政法院在斟酌原告所受損害、賠償程度、防止方法及其他一切情事之後，所作出的情況判決應認係具有正當性與合理性。行政程序法對行政處分之職權撤銷要件，設有「撤銷對公益有重大危害」，以及「受益人之信賴值得保護，且其信賴利益顯然大於撤銷所欲維護之公益」時，不得撤銷之規定，亦係要求行政機關於權衡公益與私益之比重後有所取捨的制度，而與情況判決有相類似之處。

惟本法雖然強調防免公益之重大損害，並且規定法院應斟酌原告所受損害、賠償程度、防止方法及其他一切情事，但並未進一步界定何謂「其他一切情事」。依一般之理解方式，原告所受損害、賠償程度、防止方法等應屬此等情事之例示，若果如此，則原處分瑕疵之程度似非當然在法院譽為情況判決時應考量範圍之內。吾人認為，如處分之瑕疵確屬重大，法院於判決時即應該加重考量法治主義之比重，而不得作出情況判決。換言之，此時之重大瑕疵應為情況判決之禁止要素，即令退一步言，亦應為情況判決之抑制要素，使法院對此一制度之利用趨向消極為是。否則即等同於承認抽象的公益判斷恆優先於具體的違法性瑕疵之法效果，不但於立法政策上並不妥適；亦不能免於過度承認行政權優越性，卻不當輕視法治主義的譏評。

綜上所述，造成行政法院必須作成情況判決的既成事實以及隨之而至的公共利益之要求，其原因泰半可歸責於行政機關，則利用情況判決方式以打開僵局解決行政機關之難題時，就必須謹慎小心，以之為例外之制度為是。否則此種行政機關之「原因自由行為」所造成之後果概由撤銷訴訟之原告承受的解決方式，將使撤銷訴訟制度的機能受到不合理的制約，違反法治國原則，轉而更不利於公益目的之達成。除此之

外，諸如行政程序之遵行可以避免行政機關做出違法行政處分，訴訟或訴願停止執行制度之善用亦有助於阻止違法既成事實之積累，並因之而負載超過合理限度之公益要求。凡此均須與情況判決制度一同考量，以免有倚輕倚重的情事出現。而在實定法既已明定情況判決的前提下，除了要件的檢討之外，所餘者則必須切實考慮如何填補原告所蒙受之損害或損失？此一課題將於第199條述之。

二、情況判決之相關問題

(一)情況判決是否易被濫用

　　情況判決制度之構想在日本起源甚早，可以上溯自昭和7年（1932年）之「行政訴訟法案」，其後於昭和23年之「行政事件訴訟特例法」將之成文化，但因要件規定過於抽象，一度曾被廣泛應用，而有浮濫之情形。其後於昭和37年之「行政事件訴訟法」才改正為現行法之架構，但其應用已限於極為例外之情況。

　　究竟情況判決制度在我國，是否會被行政法院廣泛利用，因乏相關資料，故於現在時點尚難論定。然而主觀上吾人認為，此一制度本屬法治主義之例外，自應謹慎利用，避免浮濫為是。客觀上因為情況判決屬於一部勝訴、一部敗訴之判決，故而在訴訟繫屬中，被告機關若主張法院應為此種判決，則無異是自承繫爭處分違法，而相當於訴訟上之認諾，其屬不可能應屬自明之理。但若原告於起訴時以撤銷原處分為先位聲明，而以情況判決為備位聲明，則應屬可以理解之事。有鑑於此，又因行政程序之踐行有助於避免作成違法處分；兼以現行行政爭訟制度亦有例外停止執行之設計，情況判決在我國或能因此免於被濫用。

(二)確認無效訴訟之準用可能性

　　由於對確認行政處分無效之訴訟，本法並未明文設有準用規定，在同屬抗告訴訟的情況下，法院能否對之作成情況判決，即屬有疑義。按如上所述，情況判決因為構成法治主義極為特殊之例外，法院應盡可能自我抑制，避免濫用此一制度既為當然之前提，則在法無明文之情況下，自應認無適用情況判決之餘地，否則將使行政處分「無中生有」。況且行政處分既然涉及是否無效之問題，則其瑕疵應屬重大明顯，此時法院亦以不作成情況判決為是，安有反而在法無明文之情形下，加以承認之必要。惟若純粹站在維護公益之片面辯護立場，論者亦有主張應有適用餘地者[335]。

---

335 阿部泰隆，事情判決，收錄於：新實務民事訴訟講座10─行政訴訟Ⅱ，日本評論社，1982年，頁19以下參照。

第199條（因情況判決而受損害之救濟）

行政法院為前條判決時，應依原告之聲明，將其因違法處分或決定所受之損害，於判決內命被告機關賠償。

原告未為前項聲明者，得於前條判決確定後一年內，向行政法院訴請賠償。

❖立法目的❖

依前條所定，對於違法之行政處分不予撤銷之原因，乃經全盤斟酌之結果，認為其撤銷或變更，於社會公益有重大損害，為尊重合乎公益之既成事實，故予維持，非謂個人利益可任意犧牲。爰規定行政法院為前條判決時，應依原告之聲明，將其因違法處分或決定所受之損害，於判決內命被告機關賠償，以期原告能迅速獲得適當之救濟。

如原告未於本案訴訟中為損害賠償之聲明者，為其將來求償方便計，爰規定仍得於前條判決確定後一年內，向行政法院提起損害賠償之訴，俾對原告個人利益之保護更期周密。

❖內容解析❖

情況判決雖然禁止原告以撤銷原處分之方式尋求救濟，但並不禁止原告以其他方式獲得救濟。相對於日本行政事件訴訟法並不特為規定由法院命被告機關賠償之規定方式，本條則明文規定，行政法院為情況判決時，「應依原告之聲明，將其因違法處分或決定所受之損害，於判決內命被告機關賠償（Ⅰ）」。並於同條第2項規定：「原告未為前項聲明者，得於前條判決確定後一年內，向行政法院訴請賠償」，而構成特別之除斥期間。

純就以上之規定觀之，情況判決之替代救濟措施，性質上當屬損害賠償而無疑。然而，撤開法律之文義而論，此種救濟措施在性質上是否可為損失補償？此處之損害賠償與國家賠償間之關係如何？除損害賠償外，原告或訴願人有無損失補償之請求權？凡此均屬我國情況判決制度必須面對之問題。

就此問題，有學者認為，「就情況判決因為維護公益而使受處分人蒙受特別犧牲（不予撤銷違法處分，已回復損害前之原狀），乃給予損害賠償之觀點而言，此種損害賠償「實質上」屬於損失補償性質。惟一般損失補償是針對「合法處分」之侵害，而此處損害賠償則為「違法處分」之侵害之賠償，故在「形式」上，又屬損害賠償責任性質。惟無論如何，情況判決係為調和公益與私益之衡平措施，因此，在主觀責任要件上，不應以公務員有故意或過失為其責任要件。故本文認為其應屬法律特別規定之無過失損害賠償責任性質，此與國家賠償法上之過失損害賠償責任，係屬併存規

定，在兩者要件均具備的情形，構成請求權競合，當事人得擇一行使其權利。」[336]亦有其見地。

一、替代救濟措施之性質

按就情況判決而言，既然肯定行政處分之違法性，則原告因此所受之不利益，應該屬於損害之性質，從而其填補應為賠償，本條之規定為損害賠償，當係基於此種認識而來。然而，若就情況判決本身所造成之結果而言，判決既為合法行為，則原告因此所受之侵害，在性質上應屬損失，此時如有由原告蒙受特別犧牲之情事[337]，理論上應由國家負責補償此等損失，因此以損失補償作為替代性的救濟措施，在理論上非無成立之餘地。

換言之，情況判決對於原告而言，不但有訴外裁判（由撤銷訴訟發展出確認判決、給付判決），因之違反處分權主義的嫌疑，抑且在結果上屬於一種變相的公用徵收，因此其救濟措施實亦可定位為損失補償之性質。惟本法既已設計成損害賠償之模式，則嚴格說來，原處分與情況判決所造成之侵害雖然在概念上並非不可分離，因之其救濟措施在概念上亦有歧異，但就原告所蒙受之不利益而言，其既屬同一，則似仍以承認原告僅得依本條規定請求損害賠償為限之見解較為可採，否則本條規定將成具文。如此處理方式，不但有利於訴訟經濟，抑且對被告而言，其損害或損失之能獲得救濟，亦無不同之結果，因此應屬合理之解決方式。

二、救濟措施之競合問題

本法所規定之損害賠償與國家賠償法所定之賠償間之關係而言，由於國家賠償法第6條規定：「國家損害賠償，本法及民法以外其他法律有特別規定者，適用其他法律。」因此應認為上揭本條規定具有取代國家賠償法而優先適用之效力。惟實際上除了該條第2項所定之除斥期間，以及必須向行政法院訴請賠償之外，諸如賠償範圍等仍應依國賠法之規定。據此，則只要行政法院已具體命被告機關為一定數額之賠償，縱令其金額過低，原告亦只能以上訴之方式爭執之，初無承認原告得另行向普通法院提起國家賠償訴訟之餘地。

---

[336] 陳清秀，行政訴訟法，2015年7版，頁658。
[337] 司法院大法官所作的各號解釋中，釋字第400號及第440號解釋，明白提到特別犧牲作為損失補償依據的法理，可供參考。

第200條（課予義務訴訟之判決）

行政法院對於人民依第五條規定請求應為行政處分或應為特定內容之行政處分之訴訟，應為下列方式之裁判：

一、原告之訴不合法者，應以裁定駁回之。

二、原告之訴無理由者，應以判決駁回之。

三、原告之訴有理由，且案件事證明確者，應判命行政機關作成原告所申請內容之行政處分。

四、原告之訴雖有理由，惟案件事證尚未臻明確或涉及行政機關之行政裁量決定者，應判命行政機關遵照其判決之法律見解對於原告作成決定。

❖外國立法例❖

德國行政法院法第113條第5項：「行政機關違法駁回原告之請求或擱置其請求，致原告之權利受損害者，如案件已達可以裁判程度，法院應判命行政機關作成原告所申請之行政處分。未達可裁判程度者，法院則應判命行政機關遵循法院之法律見解對原告作成決定。」

❖內容解析❖

本條規定課予義務訴訟之不同裁判方式。就原告所提起的課予義務訴訟，行政法院首須考量者，乃原告之訴合法不合法的問題。不合法者，以裁定駁回原告之訴（第1款）；合法者，再繼續審查原告之訴是否有理由。無理由者，以判決駁回原告之訴（第2款）；有理由者，再繼續審查案件事證是否已臻明確。已明確者，判命行政機關作成原告所申請內容之行政處分（第3款）；未臻明確，或涉及行政機關之裁量決定者，判命行政機關遵照其判決之法律見解對原告作成決定（第4款）。第四種判決方式，學說稱為「命為決定之判決」（Bescheidungsurteil），為我國行政訴訟實務所罕見，顯係立法者參考德國行政訴訟法第113條第5項所作之規定。這四種裁判方式中，除第1款所規定者是就訴訟合法與否所作的程序性裁判外，其餘三款規定都是就訴訟有無理由所作的實體性裁判。而三種實體判決中，第2款所規定者是訴訟無理由的駁回判決，第3款與第4款規定的則都是訴訟有理由之判決。其進一步內容解析如下。

一、原告之訴不合法者，以裁定駁回之

原告之訴合法與否，取決於實體判決要件是否具備。所謂實體判決要件是我國行

政訴訟法學受德國法的影響而採的特殊用語[338]，具備者，原告之訴即屬合法，可進入本案實體審查；不具備者，其訴即不合法，依本條第1款規定，應逕以裁定駁回之，也就是逕以程序駁回之意，毋庸再就本案訴訟標的之法律關係作實體審查。因未進入本案實體判決，所以該駁回裁定也當然就不具既判力，沒有一事不再理的問題，易言之，只要程序瑕疵可以排除，原告即可重行起訴。據上說明，足見行政訴訟也是奉行「先程序，後實體」的審理原則，而實體判決要件在此所發揮的制度功能也明顯可以看出約略與民事訴訟上的訴訟要件或訴訟成立要件相當。

實體判決要件可進一步區分為一般與特別實體判決要件。所謂一般實體決定要件，指所有訴訟案件，不分種類，要獲得實體判決都須具備的要件。本法第107條第1項所列舉要件即一般實體判決要件，包括：(一)訴訟事件須屬行政法院權限（第1款）；(二)行政法院擁有事務與地域管轄權（第2款）；(三)原告或被告須有當事人能力（第3款）；(四)原告或被告須由合法之法定代理人、代表人或管理人為訴訟行為（第4款）；(五)由訴訟代理人起訴者，其訴訟代理權須無欠缺（第5款）；(六)起訴未逾越法定期限（第6款）[339]；(七)當事人就已起訴之事件，未於訴訟繫屬中更行起訴（第7款）；(八)非同一事件經終局裁判後撤回其訴，而重行起訴（第8款）；(九)訴訟標的未為確定判決或和解之效力所及（第9款）；(十)起訴須合程式且具備其他要件（第10款）[340]。

所謂特別實體判決要件，在課予義務訴訟的關聯上，係指第5條所舉提起課予義務訴訟的各該訴訟要件，例如，所請求內容必須是作成行政處分、原告須已向主管機關提出請求而被駁回或擱置、須已提起訴願而未獲救濟、須主張權利因主管機關駁回或擱置其請求而受損害等等，其詳前文已有討論，不再贅述。

最後談到權利保護必要（Rechtsschutzbedürfnis）。這是法未明文規定，卻是學說與實務普遍認為存在的另一個重要的實體判決要件。權利保護必要在民事訴訟上屬有無理由的審查範圍，不在訴訟要件之列[341]；但在行政訴訟上，學說則多從德國通說見解，亦將權利保護必要列為實體判決要件，構成合法與否之程序審查的一環[342]。所謂權利保護必要，指當事人有值得以訴訟途徑去追求與保護的正當利益。通常，如果

---

[338] 實體判決要件是德文Sachentscheidungsvoraussetzungen一詞的翻譯，該用詞已廣為近年間的行政訴訟法相關著作所採用，例如吳庚，行政爭訟法論，頁83；劉宗德、彭鳳至，行政訴訟制度，收錄於：翁岳生主編，行政法，2000年，頁1222。

[339] 起訴法定期間可能因訴訟種類之不同而有所差異，故列為特別實體判決要件亦屬無妨。

[340] 有關各個一般實體判決要件的進一步說明，請參閱本書第107條的解說。

[341] 例如王甲乙、楊建華、鄭健才，民事訴訟法新論，頁224。民事訴訟將權利保護必要列為有無理由之審查範圍，會造成原告之訴雖合法，但本案法律關係仍無法獲得法院之判斷，甚且法院所作無理由駁回之判決擁有既判力，原告已不得再行起訴等等之後果。

[342] 例如吳庚，行政爭訟法論，頁93；劉宗德、彭鳳至，行政訴訟制度，收錄於：翁岳生主編，行政法，頁1223。

原告提起訴訟外，已無其他更經濟、便捷、有效之救濟途徑存在，就可以肯認原告有發動訴訟之必要，也就是有權利保護必要；反之，如果有更經濟、便捷、有效的救濟途徑存在可供使用，卻捨棄不用而逕行起訴，就是沒有權利保護必要，根據通說，行政法院應以不合法爲由以裁定駁回其訴。因有更方便途徑可使用而不使用，就表示原告起訴係濫用其訴訟權利。權利濫用不受保護乃法學黃金定律，已蔚爲一般法理，故即使法律未有明文，仍可從一般法理導出「權利保護必要」作爲另一獨立的實體判決要件。提起課予義務訴訟可被認爲欠缺權利保護必要者，例如未向主管機關提出請求即逕行起訴，或「遲到處分」與「遲到訴願決定」已准原告所請，原告仍未撤回其訴，或訴訟類型選擇錯誤，應提起撤銷訴訟或一般給付訴訟而提起課予義務訴訟的情形是[343]。至於權利保護必要究係一般實體判決要件，抑或特別實體判決要件，從各個訴訟種類都須具備權利保護必要要件以觀，可視爲一般實體判決要件，從各個訴訟類型的權利保護必要要件內容未必一致以觀，也可說是特別實體判決要件，但委實說這個區分並不重要，因欠缺者無論是一般或特別實體判決要件，皆應以不合法駁回之，法律效果一樣。

實體判決要件是否具備，行政法院必須依職權調查，且須先行於有無理由之實體審查前即進行審查，只要發現要件不具備，即以裁定駁回之。然須注意者，欠缺一般與特別實體判決要件，須不能補正者始得以不合法爲由以裁定駁回之（§107）。且在訴訟類型選擇錯誤的情形，行政法院有義務對原告行使闡明權，如未行使闡明權就以裁定駁回原告之訴，行政法院裁定反自陷於違法境地。

二、原告之訴無理由者，以判決駁回之

原告之訴合乎前揭各個實體判決要件後，始進入實體審查。實體審查結果發現原告主張無理由，依本條規定應以判決駁回之。該駁回判決因係本案實體審查的結果，所以有既判力[344]。無論實體審查結果是有無理由，原則上都應經言詞辯論程序，唯有

---

[343] 有關課予義務訴訟、撤銷訴訟、一般給付訴訟以及確認訴訟間如何選擇的問題，未可一概而論，詳請參見本書第4、5、6與8條等諸文的解說。至若欠缺權利保護必要的進一步舉例，可參見吳庚，行政爭訟法論，頁87以下。

[344] 值得注意的是，實務上，最高行政法院97年12月第三次庭長法官聯席會議（二）指出，原告提起課予義務訴訟如經判決駁回確定者，該判決之確定力（既判力）不僅及於確認「原告對於請求作成其所申請行政處分依法並無請求權」，且及於「被告機關原不作爲或否准處分爲合法」、「不作爲或否准處分並未侵害原告之權利或法律上利益」之確認；若行政法院依行政訴訟法第200條第3款規定判決原告勝訴確定者，該判決之既判力，不僅及於確認原告對被告依法有作成所請求行政處分之權利，及命令被告機關作成特定內容之行政處分，且及於被告機關之否准處分爲違法並侵害原告之權利或法律上利益之確認；如行政法院依行政訴訟法第200條第4款規定判決原告勝訴確定者，該判決就原告對被告是否有依法作成所請求行政處分之權利雖未加以確認，亦未命令被告機關作成特定內容之行政處分，惟該判決之既判力，仍及於系爭否准處分或不作爲爲違法並侵害原告之權利或法律上利益之確認。

當原告之訴，依其所訴之事實，在法律上顯無理由者，始得不經言詞辯論，逕以判決駁回之（§107Ⅲ）。所謂原告之訴無理由，係指被告機關的怠爲處分或駁回處分並沒有違法侵害原告之權利，其審查重點有二：其一，被告機關的怠爲處分或駁回處分是否違法；其二，被告機關的違法行爲是否損害原告之權利，當然，原告是否擁有法律上之權利，也在審查範圍之列。這些都是涉及實體法的操作，需要實體審查的問題，在此已無法詳論。不過在原告所主張之權利明顯不存在，也因而明顯不可能有權利遭受損害的情形，例如訴請行政法院判命主管機關查禁某一傷害民族感情的書刊，行政法院即毋庸進入實體審查，可逕行在程序審查階段，以欠缺特別實體判決要件爲由，以裁定駁回其訴。另需要特別說明的是，在僅針對行政處分規制內容之一部之作成的「部分課予義務之訴」，如果請求標的是行政處分不可分的一部，亦應以無理由駁回其訴。又在「接續課予義務訴訟的確認訴訟」的情形，例如根據聲請時舊法，原告原本有請求權，卻被主管機關違法駁回，提起課予義務訴訟後新法卻廢除或禁止所聲請事項，此時對該課予義務訴訟，固亦應以訴訟無理由駁回之，但倘若原告轉換爲訴請確認主管機關駁回處分的違法性，只要原告有確認的正當利益，行政法院於駁回課予義務訴訟的同時，也應判決確認駁回處分的違法。舉出最後這個例子，就引出下文要進一步討論的裁判基準時點的問題。

　　行政法院究竟應以何種時點之法律與事實狀態，作爲判斷原告所提課予義務訴訟有無理由之判準？就理論言，至少有三個可能時點：即「聲請時」（行爲時）、「行政決定時」與「裁判時」（最後言詞辯論終結時）這三個時點。行政訴訟法對此問題保持緘默，國內學者則受德國法影響，多主張除法律有特別規定外[345]，否則原告主張是否有理由，應依最後言詞辯論終結時之實定法，也就是「裁判時法」決定之[346]。據此，「裁判時法」有利於原告，固適用之；不利於原告，例如起訴時之舊法承認原告的請求權，裁判時的新法則不承認，仍不得不必須適用之，而判決駁回原告之訴[347]。不過，與德國法不同的是，我國還有中央法規標準法第18條的規定存在。據該條規定：「各機關受理人民聲請許可案件適用法規時，除依其性質應適用行爲時之法規外，如在處理程序終結前，據以准許之法規有變更者，適用新法規。但舊法規有利於當事人而新法規未廢除或禁止所聲請之事項者，適用舊法規。」該條規定完全沒有「裁判時法」的認識，只允許在新法未廢除或禁止所聲請事項的前提下，就「聲請時法」（舊法）與「行政決定時法」（新法）兩個選項中，依「從新從優」精神作選擇。準此，吾人是否仍有依循德國法，選擇「裁判時法」的空間？對此問題，我國目前學說多仍持肯定見解，只是理由不一，有主張中央法規標準法第18條僅係針對行

---

[345] 例如稅捐稽徵法第1條之1、第48條之1。

[346] 例如劉宗德、彭鳳至，行政訴訟制度，收錄於：翁岳生主編，行政法，頁1229。

[347] Schenke, Verwaltungsprozeßrecht, §21 Rn. 849.

政程序作規定，並不適用於行政救濟程序，所以法院就課予義務之訴的裁判，仍應適用「裁判時法」，可不受該條拘束[348]；也有主張將中央法規標準法第18條的「處理程序」擴大解釋為連行政爭訟程序亦包括在內，因此亦可將「裁判時法」列為選項，依「從新從優」原則決定適用之法規[349]。前說主張依「裁判時法」判斷，委實說找不到非此不可的堅強理由，何況其不僅使司法權與行政權陷入緊張關係[350]，同時對原告也未必有利[351]；後說對中央法規標準法第18條的適用作目的性擴張，尚未明顯逾越法解釋界限，且因擴張解釋結果而可以根據該條「從新從優」精神選擇準據法，對原告較為有利，再說其依然以「新法未廢除或禁止聲請之事項」作為選擇較優之舊法的前提要件，對公益之需求並未有所偏廢，故應以後說較為可採。不過為免不必要爭議，日後仍以修法明定為宜。

三、原告之訴有理由，判命行政機關作成原告所申請內容之行政處分或遵照判決之法律見解作成決定

倘行政法院實體審理結果，發現原告之訴有理由，也就是認為主管機關對原告之請求予以駁回或擱置不理沒有法律依據，因而侵害原告之權利時，即應為原告勝訴之判決。在「不服駁回處分的課予義務訴訟」，行政法院所為原告勝訴判決除判命被告機關應作成行政處分外，是否也應於主文內同時諭知撤銷被告機關的駁回處分，以及訴願審議機關的訴願駁回決定？由於邏輯上，判命被告機關作成行政處分，必然已包含撤銷被告機關的駁回處分，以及訴願審議機關的訴願駁回決定之意涵，所以判決主文有無同時明示撤銷之意旨，委實說結果都是一樣，不過為法明確性起見，無論原告提起課予義務之訴時，有無同時提起撤銷訴訟，本文以為行政法院判決時仍以一併明白為撤銷之判決為妥。

所謂原告勝訴之判決，根據本條第3、4款規定，有「判命行政機關作成原告所申請內容之行政處分」，以及單純「判命行政機關遵照判決之法律見解作成決定」（學說稱為「命為決定之判決」）等兩種判決方式。究竟應於何時採用何種判決方式？首先應視原告起訴內容而定。申言之，如果原告只是提起「請求為決定之訴

348 劉宗德、彭鳳至，行政訴訟制度，收錄於：翁岳生主編，行政法，頁1228以下。

349 陳敏，課予義務訴訟之制度功能及適用可能性，收錄於：台灣行政法學會編，行政救濟、行政處罰、地方立法，頁22以下。

350 行政機關本來就只能根據決定當時的法規作決定，故如果法規事後發生變更，在法未明文允准下，法院如逕根據新法指摘行政決定違法，確有權力分立上的憲法問題待解決。

351 彭鳳至主張在「裁判時法」對原告不利的情形下，雖不得不必須以無理由駁回原告之訴，但原告仍可將訴訟轉換為確認行政機關的息為處分或駁回處分違法，以作為日後請求國家賠償之理由（參氏著，頁1242）。但與其給予請求國家賠償機會，倒不如直接根據舊法判命行政機關作成原告所企求之行政處分，對原告權益之保障更為有利。

訟」，也就是說只單純請求應為行政處分，而不指涉處分之具體內容，則行政法院因不能為訴外裁判，充其量也就只能作成「命為決定之判決」，也就是判命行政機關遵照判決之法律見解對原告作成決定。例如行政機關根據一個錯誤理由駁回原告作成特定行政處分之請求，然原告果真擁有作成行政處分之請求權與否，尚待行政機關作進一步事實調查，則原告為謹慎計，就可能只提起「請求為決定之訴訟」，而行政法院在確定行政機關對原告請求之拒絕確屬無正當理由後，也當然只能作成「命為決定之判決」。

其次一個判斷因素，就是根據本條第4款所規定，視案件事證是否已臻明確，以及是否涉及行政機關之行政裁量決定而定，簡言之，也就是視是否已達判決成熟度（Spruchreife）而定。所謂案件事證是否已臻明確，基本上係針對原告對行政處分之作成是否擁有請求權一事而言，至於被告機關之駁回或擱置原告之請求涉及違法一事，則無論如何須已查明確定，否則「原告之訴有理由」之前提將無所附麗。而所謂涉及行政機關之行政裁量決定，則係指行政機關擁有裁量權而言，當然，裁量萎縮到零的情形不包括在內。準此基本認知，我們就可以針對何時作成何種勝訴判決的問題作如下分析：

(一)原告起訴請求作成特定內容之行政處分，行政法院調查結果，除確定被告機關的駁回處分或擱置請求係屬違法外，也證實原告對行政處分之作成擁有請求權，亦即「案件事證明確」，即可為「判命行政機關作成原告所申請內容之行政處分」之判決。

(二)原告起訴請求作成特定內容之行政處分，行政法院調查結果，固確定被告機關的駁回處分或擱置請求係屬違法，但行政機關對原告所申請之行政處分之作成擁有裁量權，只要沒有裁量萎縮到零的情況，基於權力分立原則，行政法院不能代行政機關為裁量決定，因而就只能作成「命為決定之判決」、「判命行政機關遵照其判決之法律見解對於原告作成決定。」另外，即便在行政機關對特定行政處分之作成不擁有裁量權的情形，倘該行政處分之作成，尚有賴行政機關作決定，則為尊重行政機關未來之決定，行政法院也只能為「命為決定之判決」[352]。例如在競爭者訴訟，被告機關誤以為原告形式資格不符而一開始就違法拒絕原告之請求，但只要還有其他競爭者存在，而須要被告機關再做篩選決定，行政法院就不能判命行政機關作成原告所申請內容之行政處分。當行政法院作成這種「命為決定之判決」，對起訴請求作成特定內容之行政處分的原告而言，可謂是一部勝訴，一部敗訴，故原告也應與被告分擔一部分訴訟費用。

(三)原告起訴請求作成特定內容之行政處分，行政法院調查結果，固確定被告機

---

[352] Schenke, Verwaltungsprozeßrecht, §21, Rn. 838.

關的駁回處分或擱置請求係屬違法，但原告對行政處分之作成是否擁有請求權，事證尚未臻明確，此際，依第4款規定，法院也只能作成「命為決定之判決」。然而，將不明確的事實進行調查，使趨於明確，本屬行政法院的義務，故有調查事實義務之行政法院竟然可以放棄調查事實，而逕以「案件事證未臻明確」為由，聲稱其只能作成「命為決定之判決」，確難合乎事理之平，且是否合乎訴訟權保障之意旨，也的確不無懷疑[353]。但另方面說來，如果對行政機關尚未調查之事實，行政法院也進行全面調查，也確實有僭越行政權，違反權力分立之嫌[354]，何況對根本未進行調查之事實，從功能最適（funktionsgerecht）觀點，由專業與人力配備均較具優勢的行政機關負責調查，總比由法律專家組成的行政法院從零開始地自行調查更能逼近事實真相，而只要能更逼近事實真相，對原告權益也未嘗不是多一層保障，故一方面為了避免侵犯行政權，他方面也為使事實真相有獲得較佳的澄清機會，第4款規定在此情形行政法院只能作成「命為決定之判決」，讓案件事證的調查與澄清重新交回行政部門負責處理，應是值得吾人贊同的。又，由於原告起訴請求作成特定內容之行政處分，最後卻只獲得「命為決定之判決」，如前述，對原告言，當然也是一部勝訴，一部敗訴。

(四)至若原告只提起「請求為決定之訴」之情形，無論行政機關對特定行政處分之作成有無裁量權，以及案件事證是否已臻明確，既然原告沒有要求作成特定內容之行政處分，行政法院當然只就被告機關的駁回處分或擱置請求是否違法作調查為已足，並在確定違法的情形下，作成單純「命為決定之判決」。前文對此已有說明，可資參照。

第201條（對違法裁量行為之審查）
行政機關依裁量權所為之行政處分，以其作為或不作為逾越權限或濫用權力者為限，行政法院得予撤銷。

❖外國立法例❖

本條規定乃參照德國行政法院法第114條之精神，以限制行政法院之職權，並確保行政機關裁量權之合法行使。

---

[353] 例如Schenke（Verwaltungsprozeßrecht, §21, Rn. 847）即提出這方面的質疑，氏認為，原告既已訴請判令行政機關作成特定內容之行政處分，基於訴訟權保障之意旨，行政法院當有義務進行全面調查，使案件達於可為裁判之成熟度。

[354] 參見Schmitt Glaeser/Horn, Verwaltungsprozeßrecht, Rn. 303；陳敏，課予義務訴訟之制度功能及適用可能性，收錄於：台灣行政法學會編，行政救濟、行政處罰、地方立法，頁22。

❖立法目的❖

　　撤銷訴訟之目的在撤銷違法之行政處分，行政機關裁量權之行使，須在法令授權範圍內始爲合法，如有逾越權限或濫用權力而爲行政處分者，不論其爲積極的作爲或消極的不作爲，均屬違法。故本條規定以此情形爲限，行政法院始得加以撤銷，以限制行政法院之職權，並確保行政機關裁量權之合法行使。

❖內容解析❖

　　依傳統裁量理論，行政行爲如屬自由裁量性質，即令存有瑕疵，亦僅屬公益判斷問題，而不生違法性，因此即可不受司法審查，而爲行政之自由形成領域。然而此種理論因無條件承認行政之公益代表性，過分悖離法治主義之立場，因此在晚近已受到檢討修正，至少就逾越權限及濫用權力的裁量行爲，承認此種情形仍將構成違法，而爲司法審查之對象。本法第4條第2項規定：「逾越權限或濫用權力之行政處分，以違法論」，即係本於此意。

　　惟上揭規定乃是以裁量權之逾越或濫用（以下簡稱濫用）作爲決定是否予以司法審查之基準，在立法技術上似屬不當。蓋裁量權之濫用與否，必須由行政法院進行實體審查後方能判定，而不能以之作爲司法審查之門檻，如不符合此要件，即由行政法院從程序上裁定駁回。因此從立法體例上而言，自以本條規定限於裁量濫用之情形，行政法院始得予以撤銷之方式爲佳。

　　有關裁量統制之理論，我國向來承襲德國學說，將之區分爲存在於法律要件部分之不確定法律概念，以及存在於法律效果部分之裁量兩種，而認爲前者原則上應受司法審查，後者則僅在裁量濫用時例外接受司法審查[355]。晚近雖有學者指出此種差異只不過是量的差別，而非質的差異[356]，但前述二分法仍然深深影響我國學界。

　　職是之故，我國的裁量統制理論，除了程序要件的遵守之外，實體要件之違反於何時構成濫用，以致必須接受司法審查乃至撤銷？即成爲迫切的課題。依吾人所信，逾越裁量權的外在界限固然構成違法；裁量權之行使如有目的違反（行程§10參照）、他事考量（或稱不當聯結）、違反一般法律原則（行程§4以下參照）等情事，仍然因其濫用而構成違法；甚至在拒絕裁量或怠爲裁量等裁量怠惰之情形，均有可能構成違法，而被行政法院撤銷。

　　至於行使裁量權之程序瑕疵是否會使得該裁量處分因之構成違法？牽涉到程序瑕疵是否構成實體違法之一般性課題，尚難一概而論。惟程序瑕疵如分別其輕重情形而

---

[355] 其代表性著作，可參照翁岳生，論不確定法律概念與行政裁量之關係，收錄於：氏著，行政法與現代法治國家，三民書局，2015年重印初版，頁31以下。
[356] 參照吳庚，行政法之理論與實用，2016年14版，頁132。

論，尚非絕對不可能造成該裁量處分違法之假設，應屬可以成立。有須附帶一提者，違法裁量並非一律應該撤銷，如違法程度輕微，甚至有本法第198條規定之情形者，行政法院均得不予撤銷。

第202條（捨棄及認諾判決）

當事人於言詞辯論時為訴訟標的之捨棄或認諾者，以該當事人具有處分權及不涉及公益者為限，行政法院得本於其捨棄或認諾為該當事人敗訴之判決。

❖立法目的❖

於言詞辯論時，原告向行政法院捨棄其訴訟標的之主張，或被告向行政法院承認原告訴訟上之請求為有理由者，如該訴訟標的與公益無關，且各該當事人對之具有處分權，行政法院自得本於其捨棄或認諾，而為該當事人敗訴之判決。

❖內容解析❖

當事人於言詞辯論時就訴訟標的為捨棄或認諾者，民事訴訟法第384條規定，法院應本於其捨棄或認諾為該當事人敗訴之判決。此一規定，毋寧乃是辯論主義的當然歸結，惟就捨棄與認諾之立法例，德、日兩國的民事訴訟法規定，與我國即不相同[357]。按德國民事訴訟法第306條及第307條規定，法院僅於對造當事人聲請為駁回之判決時，始得對於為捨棄或認諾之當事人為敗訴判決，而非如我國規定法院應當然為捨棄或認諾之當事人敗訴之判決。而日本民事訴訟法第203條則規定，和解或請求之拋棄或認諾經記載於筆錄者，該記載與確定之判決有同一之效力。據此，日本法上之捨棄與認諾，其效力與訴訟上之和解相當，亦與我國之規定不同。

捨棄乃是原告對於訴訟標的或所主張之請求權，向法院承認其全部或一部不存在之單方行為，亦即原告承認其訴訟上請求為無理由之訴訟上陳述；與此相反者，認諾乃是被告承認原告所主張之請求權或所提起之訴訟上請求全部或部分存在、原告之權利主張為正確之陳述。故捨棄或認諾為就訴訟標的所為之主張，如當事人就攻擊防禦方法為拋棄或承認之陳述，則為自認，而與本條規定之捨棄或認諾不同。再者，訴訟標的之捨棄與訴之撤回不同，前者法院仍須就其聲明為原告敗訴之判決，後者則因請求已不存在，法院毋庸為裁判（參照最高法院64年台上字第149號判例）。又認諾不得附有條件，否則不生本條規定之效力（最高法院32年上字第4784號判例參照）。

---

[357] 以下說明，參照陳榮宗，民事訴訟法（中），2017年8版，頁86-87。

再者，於言詞辯論時試行和解未成立者，當事人一造在試行和解時所為讓步之表示，並非本條所謂訴訟標的之捨棄或認諾，不能以此為判決基礎（最高法院28年上字第1058號判例參照）。

捨棄或認諾須具備下列要件，方生訴訟上之效果[358]：

一、由有訴訟能力之當事人為，如由代理人為之，該代理人應經特別授與代理權（§51 I 但書參照）。

二、須當事人對於訴訟標的有自由處分權，且不涉及公益。

由於行政訴訟之目的固然在保護人民之權益，因之原則上其性質屬於主觀訴訟，但行政訴訟不可偏廢追求公益之性質，亦屬不可否認之事實，因此本條乃規定，以當事人具有處分權及不涉及公益者為限，行政法院得本於其捨棄或認諾為該當事人敗訴之判決。所謂當事人具有處分權之情形，據學者研究[359]，包括：(一)行政機關在訴訟程序外，因原處分有違法或不當瑕疵、錯誤或情事變更等，得自行撤銷變更原處分時；(二)原處分涉及行政裁量決定時；(三)原處分基礎前提之事實或法律關係，經依職權調查仍無法或顯然難以查明，而依行政程序法規定得為和解的情形。

惟行政機關為行政行為時或多或少皆帶有公益色彩，因此謂行政訴訟不涉及公益，至少就行政機關而言，在理論上似難成立。因此本條應解為，如無明顯之公益色彩，當事人之捨棄或認諾，應發生本條所定之效果。

三、捨棄或認諾之內容，須非法律所禁止或違反公序良俗。

四、為捨棄或認諾之訴訟須具備訴訟要件。

蓋捨棄或認諾判決均屬本案判決，行政法院須於訴訟具備訴訟要件時，方得為本案判決。

五、捨棄或認諾行為須於言詞辯論時，以言詞陳述之。

舉凡於準備程序，或於言詞辯論期日以外以書面陳述者，均不生捨棄或認諾之效果。惟一造辯論時之捨棄或認諾，其效果不受影響。

六、捨棄或認諾不得附條件，以免有礙訴訟之安定性。

行政法院於原告為捨棄或被告認諾時，首應審查上述要件是否具備，如否，則應續行訴訟，當事人對此如有爭執，行政法院得為中間裁定；如然，則應依本條規定判決。

---

[358] 陳計男，行政訴訟法釋論，2000年初版，頁512以下參照。
[359] 參照陳清秀，行政訴訟法，2015年7版，頁599以下。

第203條（情事變更原則）

公法上契約成立後，情事變更，非當時所得預料，而依其原有效果顯失公平者，行政法院得依當事人聲請，為增、減給付或變更、消滅其他原有效果之判決。

為當事人之行政機關，因防止或免除公益上顯然重大之損害，亦得為前項之聲請。

前二項規定，於因公法上其他原因發生之財產上給付，準用之。

❖立法目的❖

　　情事變更雖係私法上之原則，但公法上契約成立後，如發生情事變更，非訂約當時所得預料，而依其原有效果顯失公平者，為維持兩造當事人實質之公平，亦應有情事變更原則之之適用，故於本條第1項規定，行政法院於訴訟程序中，得依當事人聲請，為增減給付或變更、消滅其他原有效果之判決，以資因應。

　　公法契約與私法契約主要的不同，在於行政機關負有維護公益之使命，因之，公法上契約成立後，為防止或免除公益上顯然重大之損害，行政機關自得聲請行政法院為本條第1項之判決，以重公益。又依本法第8條規定，給付訴訟尚包括因公法上其他原因發生之財產上給付，故本條第3項亦就此設有準用之明文，俾資準據。

❖內容解析❖

　　情事變更為私法上之原則，但在公法關係並非毫無適用之餘地，惟行政機關在公法關係中尚有維護公益之必要，因此基於公益之調整權亦屬必須。行政程序法就此，特於第147條規定，行政契約之一方當事人得因情事變更而請求調整或終止契約；另同法第146條則規定，行政機關為防止或除去對公益之重大危害，得於必要範圍內調整或終止行政契約。

　　行政程序法上揭規定可說是就情事變更與公益調整所作之實體規定，本條規定則明定行政法院之判決基礎，但增加因公法上其他原因發生之財產上給付之準用規定。嚴格言之，行政訴訟法作為司法程序法，得否設如本條般之請求權基礎規定，似可再加斟酌。

第204條（宣示與公告判決）

判決應公告之；經言詞辯論之判決，應宣示之，但當事人明示於宣示期日不到場或於宣示期日未到場者，不在此限。

宣示判決應於辯論終結之期日或辯論終結時指定之期日為之。

前項指定之宣示期日，自辯論終結時起，不得逾三星期。但案情繁雜或有特殊情形者，不在此限。

公告判決，應於行政法院公告處或網站公告其主文，行政法院書記官並應作記載該事由及年、月、日、時之證書附卷。

❖立法目的❖

行政法院應將判決對外公開，使當事人及公眾知悉行政法院審理結果，爰於第1項明定判決不論是否經言詞辯論，均應公告之。判決欲發生效力，須經一定之程序，故第1項規定，經言詞辯論之判決應經宣示程序。雖經言詞辯論之判決固應宣示之，惟當事人已明示於宣示期日不到場，或於宣示期日未到場者，行政法院即毋庸宣示。

判決之宣示，應本於已作成之判決原本為之，判決原本應於判決宣示後當日交付行政法院書記官（§218準用民訴§228Ⅰ）。判決應於何日宣示，應視事件之難易而不同，或於言詞辯論終結之期日，或另指定期日為之。然為防止訴訟延滯之弊，自應予以一定期間之限制。惟隨著社會多元化，行政訴訟事件日趨複雜，且適用通常訴訟程序之行政訴訟事件採合議審判，自言詞辯論終結後，經合議庭評議及製作判決書，與獨任審判事件相比，需時較長，爰於第3項修正放寬宣示期日規定，除案情繁雜或有特殊情形，致無法於法定期間內製作裁判書，宜酌定較長之宣示期日外，指定之宣示期日，自辯論終結時起，不得逾三星期。

又關於判決公告之方式，為提升法院資訊之透明度及供公眾使用之便利性，目前各行政法院均有建置網站，為因應電子E化趨勢，爰於本條第4項規定，除行政法院公告處外，並增加行政法院網站之判決公告方式，使當事人及公眾得以知悉判決主文。又公告判決既為本法所定應遵守之程序，自應由書記官製作記載該事由及年、月、日、時之證書附卷，以便查考。

❖內容解析❖

判決為行政法院就當事人間實體上之爭點所為判斷之意思表示，自應以適當方式向外發表。本條首先規定判決不論是否經言詞辯論，均應公告之。而經言詞辯論而終結者，原則上固應指定期日宣示判決，然而若當事人已明示於宣示期日不到場，或於宣示期日未到場者，則此時宣示程序之踐行即徒具形式意義而已。因此本條規定在此情形下，可省略宣示程序，但仍應以公告方法向外發表。

宣示判決應於辯論終結之期日或當時指定之期日為之，但指定之期日，自辯論終結時起，原則上不得逾三星期，惟倘若案情繁雜或有特殊情形者，又可不受此三星期的限制。要強調者，宣示日期雖從舊本條第3項的七日放寬至三星期，但此三星期規定性質上與原本七日規定相同，屬於職務期間，縱有違背，對判決效力並不生影

響[360]。

最後有關判決公告方式，司法實務上除傳統於法院公告處張貼紙本判決主文方式外，將判決主文乃至判決理由上傳至行政法院網站乃至司法院裁判書資料庫公開於眾，業已行之有年。本條第4項係將此裁判書數位資訊化公開措施賦予明確法律依據，俾符合當下法院公告之實際現況。

宣示判決之方法應於宣示期日由行政法院（獨任制）或行政法院審判長（合議制）於公開法庭為之。宣示判決應朗讀主文，判決理由如認為須告知當事人者，應朗讀或口述其要領（§218準用民訴§224）。

第205條（宣示判決之效力及主文之公告）

宣示判決，不問當事人是否在場，均有效力。

判決經宣示或公告後，當事人得不待送達，本於該判決為訴訟行為。

❖立法目的❖

宣示判決為法院單方之訴訟行為，與言詞辯論之情形不同，故本條第1項規定，雖於當事人兩造或一造不在場宣示之，亦不影響其效力。又判決經宣示或公告後，為該判決之法院即受羈束，故於第2項規定，當事人得不待送達，本於該判決而為訴訟行為，俾訴訟程序能迅速進行。

❖內容解析❖

法院作成判決書後，由審判長於法庭上公開朗讀判決主文，向外發表之訴訟行為，稱為宣示判決。宣示判決以朗讀主文為原則，至於判決理由，如認為有須告知者，應朗讀或口述其要領，此由本法第218條準用民事訴訟法第224條之規定可明。判決之宣示不以當事人在場為必要，當事人縱未在場，判決亦生其應有之效力，當事人可不待送達而據此為訴訟行為。又判決僅在將法院已作成之意思表示發表於外，乃係就訴訟爭點之終結行為，故縱非參與言詞辯論及判決之法官，亦得宣示判決，而無違法之虞。

---

[360] 參照陳計男，前揭書，頁531。

第206條（判決之羈束力）

判決經宣示後，為該判決之行政法院受其羈束；其不宣示者，經公告主文後，亦同。

❖立法目的❖

判決經宣示而對外發表，不宣示者經公告主文而對外發表，此際為該判決之行政法院即應受其羈束，不得任意自行撤銷或變更之，以維持法院之威信及裁判之效力。

❖內容解析❖

本條規定判決之羈束力，其羈束對象乃為該判決之行政法院，而不及於上級行政法院，亦不及於其他同級法院。

判決一旦因宣示或公告而成立，不待確定，為該判決之法院即不得撤銷或變更該判決，以維持法的安定性與判決之信用。惟此種判決自我拘束力（或稱羈束力）[361]的要求，若在形式上過分堅持，則不免發生膠柱鼓瑟的弊端。是故，如不涉及判決之實質內容，而僅就誤寫、誤算加以更正，依本法第218條準用民事訴訟法第232條之結果，尚非法所不許。另準用民事訴訟法第232條之結果，判決之補充亦為法之所許。此時均不構成對判決羈束力之違反。

第207條（宣示及公告）

經言詞辯論之裁定，應宣示之。但當事人明示於宣示期日不到場或於宣示期日未到場者，以公告代之。

終結訴訟之裁定，應公告之。

❖立法目的❖

本法第188條第3項規定裁定得行任意之言詞辯論，其對外發表之方式亦因有無行言詞辯論而異。質言之，經言詞辯論之裁定，以踐行公開宣示為必要；不經言詞辯論之裁定不須宣示，原則上準用民事訴訟法第236條第1項之規定，應以送達方式對外發表。又經言詞辯論之裁定，其宣示應與判決為相同處理，爰配合第204條第1項

---

[361] 嚴格言之，判決之自我拘束力與判決之羈束力仍可加以區分。前者指為判決之法院應受其所為判決之拘束，如本條所規定之情形；後者則指在同一程序內，其他法院所受之拘束，例如上級法律審法院對下級事實審法院合法之事實判斷應予尊重，又例如上訴審法院廢棄原判決而發回更審時，更審法院應受該廢棄判斷之拘束。參照中野貞一郎、松浦馨、鈴木正裕編，新民事訴訟法講義，有斐閣，2008年，頁449以下。

之規定，且如當事人明示於宣示期日不到場，或於宣示期日未到場者，行政法院毋庸宣示，但仍應公告，使當事人及公眾知悉行政法院裁定結果。另外關於終結訴訟之裁定，因事關重大，不論有無宣示，均應公告之，以昭慎重。

❖ 內容解析 ❖

本條規定裁定對外生效之方式。由於裁定原則上無須經由言詞辯論程序，故其對外生效僅以送達為必要。惟若經言詞辯論而作成之裁定，自須比照判決，以宣示為其生效要件。但如當事人明示於宣示期日不到場或於宣示期日未到場，則同樣比照第204條第1項之規定，此時裁定例外毋庸宣示。裁定雖多就中間性之程序事項為之，但原告之起訴如有本法第107條第1項、第2項所列之事由者，行政法院應以裁定駁回之，此時之裁定即具有終結訴訟之性質，其對外生效，應經公告之程序。

第208條（裁定之羈束力）
裁定經宣示後，為該裁定之行政法院、審判長、受命法官或受託法官受其羈束；不宣示者，經公告或送達後受其羈束。但關於指揮訴訟或別有規定者，不在此限。

❖ 立法目的 ❖

裁定分別因宣示、公告或送達而生效力後，為該裁定之行政法院、審判長、受命法官或受託法官即應受其羈束，所以保法院之威信及裁判之效力。但關於指揮訴訟或別有規定者，則許其自行撤銷或變更，以期靈活指揮訴訟，而免僵化。

❖ 內容解析 ❖

本條規定裁定之羈束力，與本法第206條可互相對照。裁定既經對外生效之後，自不許為裁定之行政法院任意撤銷或變更，以維該裁定之安定性。但例如本法第87條第2項、第3項、第90條及第187條準用民事訴訟法第186條等，明文規定裁定得變更或自行撤銷者，則可構成裁定羈束力之例外。又如關於訴訟指揮之裁定，為使訴訟審理得靈活進行，一般亦不認為此等裁定有羈束力。

第209條（判決書應記載事項）
判決應作判決書記載下列各款事項：
一、當事人姓名及住所或居所；當事人為法人、機關或其他團體者，其名稱及所在

　　地、事務所或營業所。

二、有法定代理人、代表人、管理人者，其姓名及住所或居所。

三、有訴訟代理人者，其姓名及住所或居所。

四、判決經言詞辯論者，其言詞辯論終結日期。

五、主文。

六、事實。

七、理由。

八、年、月、日。

九、行政法院。

事實項下，應記載言詞辯論時當事人之聲明及所提攻擊或防禦方法之要領；必要時，得以書狀、筆錄或其他文書作為附件。

理由項下，應記載關於攻擊或防禦方法之意見及法律上之意見。

❖立法目的❖

　　判決書應記載之事項，應以法律定之，以期明確，故於本條規定判決書之必要記載事項。本條規定當事人、法定代理人、代表人、管理人或訴訟代理人等與訴訟主體有關之人，並規定言詞辯論終結日期、主文、事實、理由等判決之重要事項，並及於年月日及為判決之行政法院之記載，以符實際。

　　事實屬當事人提供訴訟資料之記載，為期簡化判決書事實欄之記載，本條第2項爰規定事實欄應記載之事項，必要時並得以書狀、筆錄等為附件。又理由乃說明主文所由構成之根據，爰於本條第3項規定理由項下應記載關於攻擊或防禦方法之意見及法律上之意見。

❖內容解析❖

　　行政法院決定判決內容後，必須由法官執筆作成書面，此一書面稱為判決原本。判決書之製作，必須記載一定之事項，依本條之規定，判決書應記載下列事項。

　　一、當事人姓名及住所或居所；當事人為法人、機關或其他團體者，其名稱及所在地、事務所或營業所：當事人指原告、被告及參加人（§23參照）、上訴人及被上訴人。

　　二、有法定代理人、代表人、管理人者，其姓名及住所或居所：未成年人、被告或原告機關等有其法定代理人，法人則有代表人，至於非法人團體則至少需有管理人才具有當事人能力，凡此均需於判決書中記載。

　　三、有訴訟代理人者，其姓名及住所或居所：現行行政訴訟法已改採言詞審理方式，故委任訴訟代理人者日益普及，爰就此明文規定。

　　四、判決經言詞辯論者，其言詞辯論終結日期：判決既判力之客觀範圍，係以事實審言詞辯論終結時為準，於該期日後所生之新事實，不為既判力所及；在該期日前所生之事實，未經當事人提出者，應為既判力所及。如判決書有記載言詞辯論終結期日，即可使既判力之基準時顯現於判決書，故為如上規定。

　　五、主文：判決主文乃對本案所為判斷之主旨，為全部判決之結論，亦即行政法院就原告起訴之聲明所為判斷之結果及其他依法應予裁判事項判斷結果之表示。主文應包括三部分，即：(一)關於本案請求部分：即就原告實體之請求，所為准駁之表示，如原告之請求有理由者，應為如其聲明容許之判決；如原告之請求為無理由者，應諭示「原告之訴駁回」；如原告之請求為一部有理由一部無理由者，應就有理由部分為容許之表示，同時就不容許部分為「原告其餘之訴駁回」之表示[362]；(二)關於訴訟費用部分：行政法院為終局判決時，應依職權為訴訟費用之裁判（§104準用民訴§87），故不論原告就此有無聲明，法院均須就此為裁判；(三)關於履行期間部分：判決所命給付，其性質非長期間不能履行或經原告同意者，應於主文諭示其履行期間，此為本法第218條準用民事訴訟法第396條之結果。

　　六、事實[363]：事實項下應記載本條第2項所規定之事項，但本法為期簡化，僅規定記載要領即可。實務上，事實項下之記載包括：原告之聲明、陳述及證據；被告之聲明、陳述及證據；法院依職權調查之事項等三部分。

　　七、理由：理由指由事實導至結論（即判決主文）之判斷過程，判決不備理由或理由矛盾者，其判決當然違背法令（§243參照），就之除可上訴外（§242參照），判決理由與主文顯有矛盾者，並得為再審之事由（§273參照）。當事人間所不爭之事實得直接作為判斷之基礎，有爭執之事實則應基於證據或辯論意旨判定其真偽（即所謂之「認定事實」），並應將達到主文之判斷過程公開。理由項下應記載關於攻擊或防禦方法之意見及法律上之意見（本條第3項）；得心證之理由亦應記明於判決（§189Ⅱ）。實務上判決理由項下之記載，包括：(一)關於兩造主張事實之簡要記載；(二)得心證之理由；(三)關於攻擊防禦方法之意見；(四)法律上之意見；(五)關於結論之記載；(六)其他關於命一造辯論、定履行期間之記載。

　　八、年、月、日：實務上記載者為判決書之宣示日期，其不經宣示者，則為判決作成之日期。

　　九、行政法院：指為判決之受訴行政法院之名稱，並由為判決之法官或合議庭法官簽名。

---

[362] 陳計男，行政訴訟法釋論，2000年初版，頁524以下參照。

[363] 嚴格言之，事實尚可與爭點再加區分。前者係指當事人之間所不爭執之事實；後者則指於當事人間有爭執之事實。參照中野貞一郎、松浦馨、鈴木正裕編，民事訴訟法講義，有斐閣，2008年補訂2版，頁437。

第210條（判決正本應送達當事人）

判決，應以正本送達於當事人；正本以電子文件為之者，應經應受送達人同意。但對於在監所之人，正本不得以電子文件為之。

前項送達，自行政法院書記官收領判決原本時起，至遲不得逾十日。

對於判決得為上訴者，應於送達當事人之正本內告知其期間及提出上訴狀之行政法院。

前項告知期間有錯誤時，告知期間較法定期間為短者，以法定期間為準；告知期間較法定期間為長者，應由行政法院書記官於判決正本送達後二十日內，以通知更正之，並自更正通知送達之日起計算法定期間。

行政法院未依第三項規定為告知，或告知錯誤未依前項規定更正，致當事人遲誤上訴期間者，視為不應歸責於己之事由，得自判決送達之日起一年內，適用第九十一條之規定，聲請回復原狀。

❖立法目的❖

判決應以正本送達於當事人，俾當事人知悉判決內容，以決定是否上訴。判決之送達應有期間規定，對於判決得為上訴者，並應於判決中就上訴期間及提出上訴狀行政法院之資訊為「救濟教示」。行政法院如未為救濟教示或教示錯誤時，就其法律效果亦應有所規範，爰設如本條之規定。

❖內容解析❖

判決應以正本送達於當事人，至其送達期間，則自行政法院書記官收領判決原本時起，至遲不得逾十日，以防遲延。判決正本送達之後，即生上訴法定不變期間起算之效力（§241參照）。所謂判決正本，係指繕錄判決原文全文，而於外部與原本有同一效力之判決書。此與判決節本僅節錄判決原本之一部者不同。依本法第218條準用民事訴訟法第230條之規定，判決之正本或節本，應分別記明之，由行政法院書記官簽名並蓋行政法院印。判決正本違反此程式者，對判決之正當性並無影響，但該正本縱經送達，亦不生其應有之效果。

本條第1項於2021年6月16日修正為：「判決，應以正本送達於當事人；正本以電子文件為之者，應經應受送達人同意。但對於在監所之人，正本不得以電子文件為之。」按行政法院之判決書正本往昔以來係以紙本製作，但為配合電子E化發展，便利當事人、代理人及其他訴訟關係人等利用電子處理設備閱讀及利用判決書內容，減少製作紙本正本之時間與費用及保護環境，並簡化行政法院判決書正本之送達作業，爰增訂第1項後段，行政法院得依電子簽章法之規定，以電子文件為判決書正本，製

作電子正本，經應受送達人同意後，以司法院電子訴訟文書（含線上起訴）服務平台傳送或電子儲存媒體（如光碟）離線交付等方式，將電子正本送達於應受送達人。另為周延保障在監所之人權益，以但書規定就判決正本之送達，排除以電子文件方式為之，只能以紙本囑託監所長官送達。又前揭修正條文，業於2021年11月1日施行。

依本法第218條準用民事訴訟法第228條之規定，判決原本，應於判決宣示後，當日交付行政法院書記官；其於辯論終結之期日宣示判決者，應於五日內交付之。行政法院書記官應於判決原本內，記明收領日期並簽名。

得為上訴之判決，於正本內並應為上訴期間及收受上訴狀法院之救濟教示。教示期間如有錯誤或未為教示，均採對當事人有利之解釋，當事人如因此等不可歸責之事由，以致遲誤上訴期間者，得自判決送達之日起一年內，聲請回復原狀。對於行政處分之救濟教示，行政程序法第98條、第99條設有詳細規定，可供解釋本條之參考。

第211條（對不得上訴之判決作錯誤告知）
不得上訴之判決，不因告知錯誤而受影響。

❖ 立法目的 ❖

行政法院對於不得上訴之判決誤為得上訴之告知者，由於該判決之實質正當性仍不受影響，因此告知錯誤之結果並不能將不得上訴之判決轉變為得上訴，爰為明文規定，以祛疑義。

❖ 內容解析 ❖

對於高等行政法院之終局判決，除法律別有規定外，得上訴於最高行政法院，乃本法第238條所明定。故對於中間判決即不得獨立提起上訴。又當事人如在宣示判決時，以言詞捨棄上訴權，經記載於筆錄者，亦不得再行上訴（§240參照）。

第212條（判決之確定）
判決，於上訴期間屆滿時確定。但於上訴期間內有合法之上訴者，阻其確定。
不得上訴之判決，於宣示時確定；不宣示者，於公告主文時確定。

❖立法目的❖

判決確定，係指判決處於不能依通常程序表示不服請求救濟之狀態。換言之，判決如不能依上訴方式請求廢棄或變更時，即屬確定。至於依再審（§273參照）或聲請重新審理（§284Ⅰ）方式尋求救濟者，因非屬通常程序，故不影響判決之確定。本條就判決之確定時點明文加以規定。

❖內容解析❖

判決於上訴期間屆滿時確定。但於上訴期間內有合法之上訴者，阻其確定。就不得上訴之判決，於宣示時確定，不宣示者，於公告主文時確定。故宣示或公告，乃不得上訴判決之確定時期。

惟就得上訴之判決而言，得上訴之當事人如於上訴期間內提起上訴、或捨棄上訴權、或撤回上訴、或因上訴不合法經裁定駁回確定者，判決均因此確定。但須注意者，當事人之一造若仍得上訴或已合法上訴，縱然另一造當事人未遵期上訴或捨棄上訴、撤回上訴或上訴不合法被駁回確定，亦不生判決確定之效力。

判決一經確定，即生形式上之確定力，當事人不得以通常上訴之方法廢棄或變更之，並將發生實質之確定力，詳如本法第213條所述。

第213條（判決之確定力）
訴訟標的於確定之終局判決中經裁判者，有確定力。

❖立法目的❖

訴訟標的於確定之終局判決中經裁判者，其實體之權利關係即告確定。當事人就此不得有效的為與該確定判決內容相矛盾之主張；法院亦不得為與該確定判決內容相牴觸之裁判，此謂之判決之確定力。本條即明定確定終局判決之確定力。

❖內容解析❖

終局判決如已不能依通常方法撤銷或變更者，即生形式之確定力；並且於該訴訟程序之外發生諸如既判力等種種法的效力。除此之外，裁判亦產生種種事實上之效力。

一、裁判之事實上效力[364]

(一)證明效力

判決內容對其後法院於其他訴訟之判斷時，往往具有事實上之證明力，其結果，爭執前訴判決之事實認定問題的當事人，即令就此不負舉證責任，只要無法提出反證，則往往將蒙受後訴法院爲與前訴法院相同之事實認定之不利益。惟此等證明效力並非法的效力，後訴法院仍得與前訴判決爲不同之事實認定。

(二)波及效力

判決除對當事人外，對第三人之地位或行動亦將生事實上之影響，此謂之判決之波及效力。例如：原告於公害訴訟獲得勝訴判決時，通常對其他受害者、加害者乃至行政、立法機關之行動均生波及擴散之效果。

(三)裁判程序效力

裁判程序之開始，對當事人通常具有事實上之影響力，例如不作爲課以義務之訴的提起，對被告機關通常會生檢討行政效率不彰之衝擊。

本條所規範者乃確定終局判決之內容對當事人與爲判決之法院均生拘束力，當事人固不得爲與該判決相反之主張，爲判決之法院亦不得作出與此牴觸之判斷的「既判力」或「實質確定力」問題。蓋裁判乃是一種公權性、具有強制力的解決紛爭手段，法院既已作成確定終局判決，在制度上如仍容許得就同一紛爭爲相異之判決，或容許就同一紛爭得重複起訴、重複判決，則裁判之制度意義勢將不能維持。是故，爲維持終局判決法的安定性或判決之終局性，既判力均屬合於訴訟目的之制度性效力。

二、既判力之作用[365]

不同於判決之自已拘束力或羈束力，乃是於同一訴訟程序內拘束爲判決法院或其他法院之效力，既判力乃是在判決確定後之其他訴訟發生拘束當事人與法院之效力。既判力之作用，自積極方面言之，乃是拘束後訴法院不得爲與該確定判決內容牴觸之判斷，並且以該確定判決爲前提進行審判；自消極面言之，當事人不得於後訴主張與已生既判力之判決內容相反之事實，其攻擊防禦方法亦受排斥。

既判力的作用主要表現在以下情形[366]：

---

364 參照中野等編，前揭書，頁451以下之説明。
365 有關確定判決既判力之問題，另可參照陳清秀，前揭書，頁703以下之説明。
366 陳計男，行政訴訟法釋論，2000年初版，頁547以下參照。

(一)於同一訴訟標的之場合

前訴之確定終局判決中已受裁判之訴訟標的，如當事人再就之提起行政訴訟，行政法院應依本法第107條第1項第9款之規定，裁定駁回原告之訴。例如在撤銷訴訟已受敗訴判決之原告，復就同一行政處分提起撤銷之訴、甚或確認行政處分無效之訴，行政法院均應駁回之。

(二)於先決問題之場合

於前訴之訴訟標的爲後訴請求之先決問題的場合，後訴之裁判不得爲與前訴確定判決相反之判斷。例如於撤銷免職處分之訴終局判決確定之後，於後訴之給付俸給訴訟，後訴法院即受前訴判決就訴訟標的所爲判斷之拘束。

(三)於矛盾關係之場合

判決一旦發生既判力，不論對當事人有利不利，均一體發生拘束力，因此具有雙面性。例如判決某土地上存在有公用地役關係，則在撤銷該地建築執照之訴，前訴勝訴之當事人行政機關即不得主張該地未存在有公用地役關係。又如後訴請求與生既判力之前訴判決相矛盾時，後訴請求應不能允許。例如在確認公法上法律關係不存在而受敗訴判決之被告，不得復就同一法律關係，以原告身分起訴請求確認其存在。

三、既判力之客觀範圍

既判力原則上僅發生於就判決主文所示之請求所爲之判斷，從而訴訟標的於確定之終局判決中經裁判者，當事人固不得就該法律關係更行起訴，否則行政法院應以裁定駁回其訴（§107Ⅰ⑨參照）；而就未爲判決標的之法律關係，既判力應不及之。故法律關係之一部爲判決標的者，其判決之既判力僅及於該法律關係之一部，此即所謂一部請求肯定說。

判決理由原則上不生既判力。是故在前訴與後訴之訴訟標的相異之情形，除非有先決關係或矛盾關係，否則行政法院就前訴判決理由中所示之事實或法律關係之判斷應許在後訴中再行爭執。惟在抵銷之場合，例外認爲判決理由亦具有既判力。

四、既判力之時的範圍

確定判決既係對實體法上之權利義務關係所爲之判斷，而此等權義關係又可能隨時間之經過有所變化，則既判力所及之時點（即既判力之標準時）即有確立之必要。按當事人於最終事實審法院之言詞辯論終結前均得提出事實資料，行政法院亦係據此爲判斷，則在此時點權義關係之存否即生既判力。因此，現行制度下，既判力之基準

時應爲高等行政法院言詞辯論終結時[367]。由於最高行政法院應以高等行政法院判決確定之事實爲判決基礎（§254Ⅰ參照），當事人在最高行政法院原則上不得提出新攻擊防禦方法，故事件雖經最高行政法院判決確定，但既判力之基準時仍以高等行政法院言詞辯論終結時爲準。後訴之當事人縱令提出既判力標準時前之攻擊防禦方法，法院亦不得就之審理、判斷，此即學理所謂之遮斷效或失權效。

第214條（確定判決之效力）
確定判決，除當事人外，對於訴訟繫屬後爲當事人之繼受人者及爲當事人或其繼受人占有請求之標的物者，亦有效力。
對於爲他人而爲原告或被告者之確定判決，對於該他人亦有效力。

❖立法目的❖

判決係就當事人間訟爭之訴訟標的而爲判斷，其判決之確定力，原則上不及於第三人。但爲求公法上爭訟徹底解決，確定判決之確定力有擴及特定第三人之必要，以避免一再興訟，增加勞費。爰於本條規定判決確定力對於人之範圍，即確定力之主觀範圍，以資明確。

❖內容解析❖

判決之既判力原則上僅及於對立的當事人間，而僅具有相對之效力。蓋當事人在訴訟進行中，其攻擊防禦之機會受到保障，自應就判決內容自負其責，而在訴訟進行中，其程序權利並未受到保障的當事人，自爲判決效力所不及。惟在下列情形，判決效力仍及於第三人：

一、訴訟繫屬後爲當事人之繼受人者

所謂訴訟繫屬後爲當事人之繼受人者，係指於訴訟繫屬中，繼受訴訟標的法律關係移轉之第三人而言。此種繼受應指一般繼受，即概括繼受當事人之一切權利義務關係者而言，但承受訴訟或承當訴訟之人因已具備當事人之地位，所以非屬本條所謂之繼受。

職是之故，例如因自然人死亡或法人消滅而於訴訟繫屬後概括繼受其法律關係者，應爲判決效力所及。但此時之法律關係如具高度屬人性，例如公務員地位、專門

---

[367] 陳計男，行政訴訟法釋論，2000年初版，頁548參照。

職業人員之資格等，則非屬可以繼受之範圍，從而亦為判決效力所不及。至於在僅繼受當事人特定權利或義務關係之特定繼受的情形，例如違規駕駛人之車輛所有權由第三人取得之情形，判決效力並未擴張於此等第三人，應屬顯而易見。但在法律關係完全依附於特定權利（尤指物權）之情形，受讓該物之第三人，例外受判決效力拘束。例如在土地徵收訴訟，受讓土地之第三人自屬本條所謂之繼受人。

二、訴訟繫屬後為當事人或其繼受人占有請求之標的物者

此處之標的物指一般給付之訴（§8參照）之給付為物之交付之訴訟標的物而言。須注意者為，首先此種占有必須係為當事人或繼受人之利益而占有者（例如受任人、受寄人等）始足當之，若第三人為自己之利益而占有，例如質權人之占有，則非本條所規範之範疇。其次，占有必須發生於訴訟繫屬後始足當之，訴訟繫屬前之占有不與其列。

三、為他人而為原告或被告者之該他人

為他人而為原告或被告，即所謂形式上的當事人，例如遺產管理人、破產管理人或被選定或指定之當事人均屬之。

另外，確定判決對於脫離訴訟之當事人亦有既判力[368]。例如依本法第48條準用民事訴訟法第64條之規定，或依本法第110條第1項但書、同條第2項規定，雖有承擔訴訟之人，以致原當事人脫離訴訟，但判決之效力仍及於原當事人。

第215條（撤銷或變更原處分判決之效力）
撤銷或變更原處分或決定之判決，對第三人亦有效力。

❖立法目的❖

形成之訴，經法院認為有理由而為撤銷或變更原處分或決定之判決，於確定時應賦予一定之法律效果，使任何人均不得對之爭執，以適應行政上法律關係劃一性之要求。爰於本條規定此項判決，對第三人亦有效力。

❖內容解析❖

撤銷或變更原處分或決定之判決，在性質上屬於形成判決，一旦確定之後，即有

---

368 陳計男，前揭書，頁556參照。

使法律關係發生得、喪、變更效果的形成力。此種效力，不僅限於當事人間，亦及於第三人，而具有所謂的對世效力。蓋行政訴訟之目的，除了當事人的權利保護之外，更必須兼顧行政合法性的維持。就前者而言，本法原則上採主觀訴訟的方式，即為回應此種訴訟目的之設計。就後者而言，行政行為之合法性，必須經由司法審查的檢驗，如果行政法院認為原處分或決定違法，而判決撤銷或變更之，則此種違法判斷之效力即不應僅限於當事人間，而亦應對第三人發生效力，以貫徹行政合法性的要求。至於所謂效力及於第三人，指的是第三人亦不得為與判決相異之主張，如主張原處分或決定仍屬有效或不具違法性。

第216條（判決之拘束力）
撤銷或變更原處分或決定之判決，就其事件有拘束各關係機關之效力。
原處分或決定經判決撤銷後，機關須重為處分或決定者，應依判決意旨為之。
前二項判決，如係指摘機關適用法律之見解有違誤時，該機關即應受判決之拘束，不得為相左或歧異之決定或處分。
前三項之規定，於其他訴訟準用之。

❖立法目的❖

為使行政法院所為撤銷或變更原處分或決定之判決，對於原告之權利救濟具有實效，應課原機關以尊重判決內容之義務，以防杜原機關依同一違法之理由，對同一人為同一之處分或決定。又原處分或決定經判決撤銷後，原機關有須重為處分或決定者，亦應依判決之意旨為之。至於撤銷或變更原處分或決定之判決，行政法院如係指摘機關適用法律之見解有違誤時，則明定該機關即應受判決之拘束，不得為相左或歧異之決定或處分，藉以督促原機關有依判決意旨作為之義務，爰設如本條之規定。前三項有關判決之拘束力，於其他訴訟亦有準用之必要，爰設明文，俾資準據。

❖內容解析❖

本條第1項所謂之關係機關，一、在原告對駁回其訴願（亦即維持原處分）之訴願決定不服起訴時，指的是該訴願決定機關；二、在對撤銷或變更原處分之訴願決定不服而起訴之場合，指的是原處分機關。蓋依本法第24條規定，駁回訴願時之原處分機關，以及撤銷或變更原處分或決定時，為最後撤銷或變更之機關，即行政訴訟時之被告機關，為判決之效力所及，自無須就判決之拘束力特為規定，因此本條第1項所謂之關係機關，應係指被告機關外，與本事件有關聯性之機關而言。

　　原處分或決定撤銷後，機關須重為處分或決定者，往往輕忽判決之意旨，依同一理由或相異理由再次作成相同之處分，致使行政法院之判決失去救濟之意義。有鑑於此，本條第2項規定重為處分或決定之機關，應依判決意旨為之。惟判決意旨牽涉到判決理由部分，究竟判決理由所呈現之意旨能否完全拘束該行政機關？為一長久困擾實務界之問題，司法院大法官就此曾作成司法院釋字第368號解釋，明確表示其見解。

　　按司法院釋字第368號解釋謂：「行政法院所為撤銷原決定及原處分之判決，如係指摘事件之事實尚欠明瞭，應由被告機關調查事證另為處分時，該機關即應依判決意旨或本於職權調查事證。倘依重為調查結果認定之事實，認前處分適用法規並無錯誤，雖得維持已撤銷之前處分見解；若行政法院所為撤銷原決定及原處分之判決，係指摘其適用法律之見解有違誤時，該管機關即受行政法院判決之拘束。」可知行政法院之判決意旨，其法律見解部分完全拘束重為決定或處分之機關，而事實認定部分則仍尊重原機關之見解。此乃因為法院為適用法律之專門機關，其法律見解自應拘束行政機關。是以，本法第216條增訂第3項以針對行政法院判決係指摘機關適用法律之見解有違誤時，命該機關即應受判決之拘束，不得為相左或歧異之決定或處分，藉此貫徹釋字第368號解釋意旨，並杜絕前揭長久困擾實務之問題。

第217條（裁定準用之規定）
第二百零四條第二項至第四項、第二百零五條、第二百十條及民事訴訟法第二百二十八條規定，於裁定準用之。

❖立法目的❖

　　判決與裁定同為裁判機關就訴訟或其附隨事件所為決定之意思表示，形式雖異，大體上則不無相同之處。本法就判決程序之規定，較裁定程序為詳細，於性質許可之範圍內，自應準用，以節繁文。爰設本條，列舉準用之條文，以期明確。

❖內容解析❖

　　本條規定裁定對外生效之方式，如經言詞辯論，應經宣示，其期限準用第204條第2項以下之規定；其生效之時點，則應第205條之規定。至於裁定之送達及錯誤或未為救濟教示之效果，應分別準用本條第210條各項及民事訴訟法第228條之規定。

第218條（準用之規定）

民事訴訟法第二百二十四條、第二百二十七條、第二百二十八條、第二百三十條、第二百三十二條、第二百三十三條、第二百三十六條、第二百三十七條、第二百四十條、第三百八十五條、第三百八十六條、第三百八十八條、第三百九十六條第一項、第二項及第三百九十九條之規定，於本節準用之。

❖立法目的❖

本法關於裁判一節，雖已增列若干條文，惟民事訴訟法關於裁判之規定更為詳盡，除部分性質不相容，或因立法技術上之原因，本法已自行規定者外，其餘與本法不相牴觸者，凡十五條，爰列舉各該條次，明定於本節準用之。至民事訴訟法第227條、第228條、第230條、第232條、第233條有關判決之規定，於裁定準用之，乃屬當然。

❖內容解析❖

民事訴訟法早於本法完成立法，實施亦久，其規定較為詳盡，因此本條就此設有準用之規定。至於適用條文之內容，已分別於本節各條敘述之，茲不贅述。

第七節　和　解

行政訴訟上和解，係指當事人於訴訟繫屬中，在期日、行政法院面前，就系爭行政訴訟事件訴訟標的之全部或一部，相互讓步，締結和解契約，以解決雙方紛爭並直接終結訴訟程序之法律行為（當事人和解）。因行政訴訟上和解具有解決當事人間公法上法律關係之爭議，以及直接終結訴訟程序之法律效果，故通說多認為行政訴訟上和解，兼具有實體法上和解契約與訴訟法上訴訟契約之雙重性質[369]。

關於行政訴訟上和解之容許性，1998年修正前之行政訴訟法未有明文規定，能否適用修正前該法第33條準用民事訴訟法有關訴訟上和解之規定，解釋上亦有疑義[370]，實務上似未有前例。實則行政訴訟之和解，是否容許？理論上本即有

[369] 吳庚、張文郁，行政爭訟法論，2018年修訂9版，頁469；翁岳生主編，彭鳳至執筆，行政法（下），2020年4版，頁499；陳清秀，行政訴訟法，2018年修訂8版，頁599；蔡志方，行政救濟法新論，2007年3版，頁339；林騰鷂，行政訴訟法，2014年修訂6版，頁472、474；徐瑞晃，行政訴訟法，2011年2版，頁531；陳計男，行政訴訟法釋論，2000年初版，頁595。

[370] 參照蔡志方，行政救濟法論，1995年修訂初版，頁148；陳秀美，改進現行行政訴訟制度之研究，司法院第四廳編印，1982年，頁146。於法未有行政訴訟上和解之明文規定之日本，亦存有

爭論，尤其於撤銷訴訟，學者有認爲若允許訴訟上和解，則被告機關就程序標的（Verfahrensgegenstand）之行政處分[371]，因和解而爲撤銷或變更，即有牴觸依法行政原則之嫌，且與行政處分係單方公權力行爲之本質矛盾；即使於裁量處分之情況，行政機關行使裁量權仍有其界限，不得任意讓步，故對於撤銷訴訟上之和解容許性，持否定看法[372]。然行政處分有違法或不當時，行政機關本可依職權予以撤銷，且無法否認於行使裁量權範圍內，行政機關有一定自由決定空間，故似無完全否定行政訴訟上和解之必要，何況以撤銷訴訟爲典型之抗告訴訟以外之其他訴訟類型，一般也多持肯定態度[373]，是以眞正的問題，應在於如何規範行政訴訟上和解之內容或要件之問題[374]。我國行政訴訟法第219條以下，或可認爲基於上述理念，併參照民事訴訟法及德國聯邦行政法院法第106條之規定而設計。

因此，行政訴訟上之和解是否容許，學理上雖存有爭執，我國行政訴訟法既明文肯定（§219～§228-1），且其條文數量較之德、日立法例，有過之而無不及，堪稱我國新修正行政訴訟法特色之一。就現行法而言，行政訴訟上和解約可分爲二部分，一爲當事人和解，另一爲第三人參加和解。其情形約可整理如下圖示[375]：

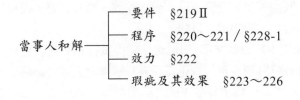

當事人和解
- 要件　§219 II
- 程序　§220～221／§228-1
- 效力　§222
- 瑕疵及其效果　§223～226

第三人參與和解
- 要件　§219 III
- 程序　§219 III／§221／§228-1
- 效力　§305 IV（§222？）
- 瑕疵及其效果　§227 I II／§228

類似爭議，至於德國，則因其聯邦行政法院法第106條有明文規定，故其關於行政訴訟上和解之容許性問題，較無爭議。

[371] 所稱「程序標的」，亦有稱「訴訟對象」（Klagegegenstand），與「訴訟標的」（Streitgegenstand）之概念不同，請參閱陳清秀，前揭註369書，頁427以下；翁岳生主編，彭鳳至執筆，前揭註369書，頁472之註193；蔡志方，行政救濟法論，1995年修訂初版，頁194-196；葉百修、吳綺雲，行政撤銷訴訟之研究，司法院印行，1990年，頁110-111；程明修，論對已終結行政處分之行政訴訟，中興大學法研所碩士論文，1994年，頁40-50。

[372] 參照原田尚彥，行政法要論，2000年全訂第4版增補版，頁384；時岡泰，審理手續，收錄於：雄川一郎、鹽野宏、園部逸夫編，現代行政法大系5行政爭訟 II，1984年，頁156；田中眞次，行政訴訟における和解，別冊ジュリストNo.4：續學說展望—法律學の爭點，頁49；陳清秀，前揭註369書，頁598以下。

[373] 參照南博方編，條解行政事件訴訟法，弘文堂，1986年初版，頁234。

[374] 植村榮治，新行政法講義，第20回：取消訴訟(3)，法學教室206期，1997年11月，頁74。

[375] 本圖示參考自林騰鷂，前揭註369書，頁474。

第219條（和解之要件及試行和解之時期）

當事人就訴訟標的具有處分權且其和解無礙公益之維護者，行政法院不問訴訟程度如何，得隨時試行和解。必要時，得就訴訟標的以外之事項，併予和解。

受命法官或受託法官亦得為前項之和解。

第三人經行政法院之許可，得參加和解。行政法院認為必要時，得通知第三人參加。

❖立法說明❖

本條明定當事人和解與第三人參加和解之要件，其歷次立法理由約可整理如下：

本條1998年10月28日立法理由：一、本條新增；二、行政訴訟多與公益有關，原則上不許當事人以合意解決訴訟上之爭點。惟如當事人就訴訟標的具有處分權並不違反公益者，尚非不得許其為訴訟上之和解，以終止爭執。爰規定於此條件下，行政法院得隨時試行和解。又為加強和解功能，應使受命法官或受託法官有與受訴法院同一權限，亦得隨時試行和解；三、訴訟上當事人之和解能否成立，時涉當事人以外之第三人，為使當事人之紛爭圓滿解決，允許第三人參加和解，有其必要，爰規定第三人得參加和解，俾達促進和解、消弭訟爭之目的。

2011年11月23日修正理由：按原條文第1項規定法院得試行和解之要件為「不違反公益」，其用語參照第114條第1項規定，修正為「其和解無礙公益之維護」。

2022年6月22日修正理由：一、為求當事人間之紛爭得以有效解決，於必要時，行政訴訟亦得併就當事人訴訟標的以外之事項試行和解，爰於第1項明定之；二、當事人就訴訟標的以外之事項所成立之和解，如嗣後發生爭執時，因其非原訴訟範圍，故當事人不得依第223條請求繼續審判，僅得另依適當之訴訟方式處理，例如訴請確認和解所成立之法律關係不存在，或請求返還已依和解內容所為之給付，併予敘明；三、原條文第1項末段移列為第2項，並酌為文字修正；原條文第2項遞移為第3項。

由上可知，本條立法目的在賦予行政訴訟上和解之規範依據，同時規定其要件與第三人參加和解之容許性，俾達促進和解、消弭訟爭之目的。即關於當事人和解，因「行政訴訟多與公益有關，原則上不許當事人以合意解決訴訟上之爭點。惟如當事人就訴訟標的具有處分權並不違反公益者，尚非不得許其為訴訟上之和解，以終止爭執」（第1項立法理由）；關於第三人參加和解，其目的乃因「訴訟上當事人之和解能否成立，時涉當事人以外之第三人，為使當事人之紛爭圓滿解決，允許第三人參加和解，有其必要」（第3項立法理由）。

❖外國立法例❖

一、德國

德國法上關於行政訴訟上和解，僅於該國聯邦行政法院法第106條規定：「為終結訴訟案件之全部或一部，訴訟當事人凡對於訴之對象有處分權者，得由法院、受命法官或受託法官，製作和解筆錄。法院之和解，訴訟當事人亦得採用法院、審判長或受命法官所行之裁定書例稿。」[376]本條規定雖容許行政訴訟上之和解，惟其要件或其具體內容，解釋上仍有待確立。首先，其適用之訴訟類型，初不排除於撤銷訴訟及課予義務訴訟適用之可能[377]；其次，以「當事人對於訴之對象得處分」為要件（soweit sie über den Gegenstand der klage verfügen könen），其判斷應視個別情形，有關人民權利之保護、行政機關之權限及公益之維護等因素，綜合判斷。例如，在撤銷訴訟，若作為程序標的之行政處分係屬裁量處分，則原處分機關以撤廢、變更原處分為和解條件，一般乃被允許。換言之，在此其對訴之對象或標的——行政處分，具有處分權。另外，在強行法規之適用上，若係為除去法律構成事實上之疑義，行政機關亦得和解。再者，第三人不問係參加人，或未參與程序之第三人，亦可參與和解[378]。另上開德國行政法院法第106條於1990年修正時，亦允許法院或法官於書面審理程序，以書面建議當事人和解[379]。

二、日本

日本行政事件訴訟法對於和解並無明文規定，僅於該法第7條規定：「關於行政事件訴訟，本法未規定之事項，依民事訴訟之例。」所謂本法未規定之事項者頗多，其中涉及行政事件訴訟本質之爭論，如於立法當時予以明定有其困難，而期待將來學說、判例發展以獲致其內容者，例如主張與舉證責任、請求之捨棄，認諾、訴之撤回及訴訟上之和解等依當事人之意思而終結訴程序等事項，屬之。至於其他與民事訴訟處理上並無不同之事項，為免重複規定，亦於本條作為準用之依據。是所謂「依民事訴訟之例」，即是準用有關民事訴訟之法規之意，而相關事項是否準用之判斷基準，即就該事項，在行政事件訴訟與民事訴訟上之性質，有無差異而定[380]。

---

[376] 中譯文參照司法院印行，中譯德奧法日行政法院法，1996年，頁41。

[377] Eyermann/Fröhler, VwGO, kommentar, 1975, S. 566，引自東条武治，行政事件訴における和解，收成田賴明編，ジュリスト增刊：行政法の爭點，1990年新版，頁234。

[378] 德國法之介紹，中文文獻請參閱陳清秀，行政訴訟上之和解，收錄於：氏著，行政訴訟之理論與實務，1994年再版，頁343-348。

[379] 張文郁，論行政訴訟訴訟和解之效力，收錄於：陳淳文主編，法的理性：吳庚教授紀念論文集（上），2020年12月，頁362之註3。

[380] 參照園部逸夫編，注解行政事件訴訟法，1989年初版，頁77-78；南博方編，條解行政事件訴訟

　　行政訴訟上和解，尤其關於撤銷訴訟等抗告訴訟[381]之和解之容許性，日本實務雖有肯定之例，然學說則迭有爭論。實務上肯定之案例，如認爲有關行政處分瑕疵存否於當事人間有爭執時，爲終止其紛爭，得以撤銷行政處分作爲讓步之方法，締結和解（昭和35年11月19日橫濱地方法院判決）；或認爲當事人對於訴訟標的及與其有關之公法上法律關係有處分之權能者，得爲裁判上和解，前述得處分之權能，至少於自由裁量範圍內之事項，屬之（昭和36年2月3日長崎地方法院判決）[382]。

　　學說上，就抗告訴訟之和解，採否定見解之主要論據在於：(1)高權行爲之行政處分之撤銷、變更，不得作爲和解契約之義務履行條件；(2)撤銷訴訟之當事人，沒有實體法上訴訟標的之處分權；(3)撤銷判決之既判力主觀範圍及於第三人，事屬公益性質，當事人不得自由處分。反之，採肯定見解者認爲：(1)一定要件下，行政機關既得撤銷原處分，則訴訟中若處分有瑕疵，以此爲和解條件，並無障礙；(2)行政事件公益性，有程度上階段，不能以此爲由，一般性否認和解；(3)至於撤銷判決既判力及於第三人問題，應係如何就和解內容或要件予以限制問題，不能作爲全部排斥和解之理由[383]。抗告訴訟以外訴訟類型，就主觀訴訟之當事人訴訟而言，因近似民事訴訟（僅訴訟標的有異），故一般多肯定其得爲訴訟上和解。至若客觀訴訟之機關訴訟與民眾訴訟，一般認爲其公益性強烈，沒有承認訴訟上和解之餘地，但也有認爲民眾訴訟中有關地方自治法中之住民訴訟，亦得爲訴訟上和解者[384]。

　　法，弘文堂，1986年初版，頁225-226；室井力編，別冊法學セミナーNo.73：基本法ユンメンタール＝行政救濟法，日本評論社，1985年，頁220。

[381] 日本傳統所謂抗告訴訟，指請求法院撤銷、變更行政機關違法處分之訴。嗣因現行行政事件訴訟法第3條第1項作有定義性規定：「本法所稱抗告訴訟，指關於不服行政機關公權力行使之訴訟。」故現多以廣義解之，亦即係否定或排除行政機關以具有公定力之第一次判斷爲媒介所生之違法狀態，以保護相對人權利爲目的之一切訴訟型態。換言之，針對行政機關基於法之優越地位而爲法之執行，包含權限之行使或不行使所生之違法狀態，請求法院予以排除或否定，以保護人民權利之一切訴訟型態，屬之。參照田中二郎，行政法（上卷），1973年全訂2版，頁304-310。

[382] 請參照園部逸夫編，前揭註380書，頁122。

[383] 請參閱南博方、原田尚彦、田村悅一編，行政法(2)行政救濟，1996年3版，頁221-222；室井力編，別冊法學セミナーNo.73：基本法ユンメンタール＝行政救濟法，日本評論社，1985年，頁221；東条武治，行政事件訴における和解，收成田賴明編，ジュリスト增刊：行政法の爭點，1990年新版，頁234-235；徐瑞晃，行政訴訟撤銷之訴在訴訟上之和解，收錄於：台灣行政法學會主編，行政契約與新行政法，2002年初版，頁322-324。

[384] 參見南博方編，条解行政事件訴訟法，弘文堂，1986年初版，頁234；園部逸夫編，前揭註380書，頁122-123。又關於日本行政訴訟之類型，請參閱田中二郎，行政法（上卷），1973年全訂2版，頁303-313；南博方、原田尚彦、田村悅一編，前揭註383書，頁136-148；原田尚彦，行政法要論，2000年全訂4版增補版，頁336-350；芝池義一，行政救濟法講義，2000年2版，頁13-23。中文文獻可參閱林重魁，現代國家行政法新論，1998年修訂2版，頁389-396。

❖內容解析❖

一、第1項：當事人和解

　　如前所述，行政訴訟上之當事人和解，同時具有實體法上與訴訟法上法律行為之性質（兩性說），當事人雙方就其公法上爭議之實體法律關係，達成讓步而締結訴訟上和解言，具有實體法上公法契約之性質；就其雙方合意行為併有直接終結訴訟程序之繫屬之效力而言，具有訴訟契約之性質。據此，行政訴訟上和解，原則應同時具備實體法上與訴訟法上要件[385]。惟上開行政訴訟上和解之雙重性質，於行政訴訟上和解有無效或得撤銷之瑕疵時，是否亦導致其實體法與訴訟法部分均生有無效或得撤銷瑕疵？則未可一概而論，仍須視具體個案情形分別判斷，一般而言，其作為實體法上和解契約性質部分，存有無效或得撤銷之瑕疵時，其作為訴訟行為部分原則亦存有無效或得撤銷之瑕疵；反之，其作為訴訟行為部分存有無效或得撤銷之瑕疵時，其作為實體法上和解契約部分，除非該瑕疵同時構成實體法上無效或得撤銷之原因（如行政程序法§141、§142參照），該瑕疵可能不影響該實體法上和解契約之效力[386]。

　　除作為實體法上和解契約與訴訟行為所應具備之一般要件外，本法第219條第1項明定行政訴訟上和解（當事人和解）之特別要件，其情形約可分為下述形式要件與實質要件說明。

(一)形式要件

　　行政訴訟上和解，雖具有終結訴訟程序之效果，但受訴法院無須作成本案判決，故無須具備全部之本案一般或特別[387]實體判決要件，惟其既係利用既有訴訟程序為之，且發生類似本案判決之效力（§222），故仍須具備一定之訴訟要件[388]。

1.須為當事人

　　本項規定「當事人和解」，其得為本項之和解者，為「當事人」，故通說、實務均認為其應具備當事人能力、訴訟能力。惟是否須為適格之當事人，則存有疑義。於

---

[385] 林騰鷂，前揭註369書，頁475。

[386] 同旨，陳清秀，前揭註369書，頁602謂：「根據上述訴訟上和解的雙重性質，倘實體法上法律行為含有無效之瑕疵時，則亦將因此使本身有效之訴訟行為歸於無效；反之，倘當事人對於實體法上合意（公法契約）之拘束力並不以訴訟行為之有效性為條件時，則即使該訴訟上和解因訴訟上之理由（例如未遵守和解筆錄之程序規定）而含有無效之瑕疵，但其依該和解所作成之實體法上合意，仍可視為『訴訟外之和解』而繼續有效」。類似見解，請參照翁岳生主編，彭鳳至執筆，前揭註369書，頁499；陳敏，行政法總論，2016年9版，頁1592。

[387] 就此而言，能否成立行政訴訟上和解，原則與行政訴訟特別實體判決要件無必然關係。

[388] 相同見解，請參照陳計男，前揭註369書，頁597以下。民事訴訟上和解，亦有採類似見解者，呂太郎，民事訴訟法，2022年4版，頁589之註371參照。

德國法情形，因訴訟上和解並不發生類似本案確定判決之效力，故不以當事人適格作為訴訟上和解之要件；但本法明定訴訟上和解發生有類似本案確定判決之效力，故論者有認為得為訴訟上和解者，須為有當事人適格。蓋「若當事人不適格，原則上其就該案件之訴訟標的即欠缺法律上之利害關聯性而無訴訟實施權，因而就訴訟標的亦無處分權，法院應即裁定駁回，於此種情形原則上無法成立訴訟和解，若成立和解，應屬於訴訟外和解」[389]。本文以為，就訴訟上和解有解決紛爭及無須經法院確定終局裁判即可結束訴訟程序（或紓減訟源）之效果而言，似無嚴格要求和解當事人須為適格當事人之必要，惟於非適格當事人間所成立之訴訟上和解，因其就訴訟標的本不具備訴訟實施權，故並無使此類和解發生類似本案確定判決效力之必要。亦即，於當事人間所生行政訴訟事件，雖其訴訟程序雖因當事人不適格而不合法，然現實上既已存有訴訟程序，似無拒絕該不適格當事人間利用既存訴訟程序以解決雙方爭議之必要。

又本條項所稱當事人之範圍，依本法第23條規定，係指原告、被告及依本法第41條與第42條參加訴訟之人。故除原、被告之外，得成立和解者，似包括本法第41條與第42條之參加人。惟本法第41條與第42條之參加人，其本身並無法獨立設定訴訟上請求（即§105Ⅰ②、③之事項），能否認為其「就訴訟標的有處分權」，解釋上非無疑義，且其參加程序係附屬於本案訴訟程序，故解釋上此類參加人所為訴訟上和解，亦須附屬於原、被兩造所成立之訴訟上和解，始能發生終結訴訟程序以及類似本案確定判決之效力。簡言之，本法第41條、第42條參加人所為訴訟上和解，與傳統所稱「訴訟上和解」，未盡相同。至於訴訟當事人（原告、被告及前述參加人）以外之第三人（包括§44之參加人），依本條第3項雖亦得參加和解，然其並非本條第1項所指當事人，還請留意。

2.須於訴訟繫屬中，於期日，於受訴法院、受命法官或受託法官前為之

行政訴訟上和解，係當事人利用既存訴訟程序所成立之和解，故以本案事件已發生訴訟繫屬為前提，且於期日，於受訴行政法院、受命法官或受託法官前為之。又行政訴訟上和解，不以於本案審理之言詞辯論程序中為之為必要，其於本案訴訟之暫時性權利保護程序、調查證據期日等附屬程序，亦得為之。

行政訴訟上和解不具備上開要件者，例如尚未發生訴訟繫屬或訴訟繫屬已消滅，其所為和解，為訴訟外和解，非所稱訴訟上和解。所稱「訴訟繫屬」，不以本案事件合法為必要，故「受訴法院就繫屬事件是否有管轄權，繫屬訴訟事件本身是否合法，

---

[389] 請參照張文郁，前揭註379文，頁364以下；又陳敏，前揭註386書，頁1592以下謂：「在必要共同訴訟，訴訟標的對共同訴訟人必須合一確定，其和解須由全體共同訴訟人為之」，其似亦以當事人適格作為訴訟上和解之要件。

則非所問」[390]。又雖對該確定判決提起再審之訴，但法院認再審之訴爲無理由而駁回其再審之訴時，因該確定判決仍不受影響（即已消滅之本案訴訟繫屬並未回復），再審案件之受訴法院，自亦無從就已確定之案件爲試行和解之訴訟行爲[391]；其他如強制執行及確定訴訟費用額等程序等，因其均屬判決確定後之程序，亦無成立訴訟上和解之可能。又「抗告程序」規定於本法第四編，而「和解」則規定於第二編「第一審訴訟程序」第一章「通常訴訟程序」中第七節，且「抗告程序」並未準用和解程序（§272），故實務認爲於抗告程序，抗告人不得依本條項聲請行政法院試行和解[392]。此外，本案尚未繫屬前之證據保全程序，雖兩造得就訴訟標的之法律關係成立協議，且依該協議內容當事人應爲一定之給付者，得爲執行名義（§176準用民訴法§376-1 II），然因本案之訴訟繫屬既未發生，兩造依上開規定所成立之和解，解釋上仍非本條項之訴訟上和解。

行政訴訟上和解，原則須於期日、於行政法院前爲之。所稱「期日」，不問何種期日，例如言詞辯論期日、準備程序期日、調查證據期日、因試行和解而指定之期日，均屬之。又期日所應實施之訴訟行爲（包括訴訟上和解），雖通常於法庭內爲之，但例外於法庭外之其他場所爲之者，亦得成立訴訟上和解[393]。又所稱「行政法院」，係指本案現繫屬之受訴法院，惟爲加強和解功能，應使受命法官或受託法官有與受訴法院同一權限，亦得隨時試行和解（本條第2項）。

本條項謂「行政法院不問訴訟程序如何，得隨時試行和解」，據此，凡於訴訟繫屬消滅前，均得隨時行訴訟上和解。因此，行政訴訟之第二審法律審程序，其訴訟繫屬既未消滅，解釋上自亦得爲訴訟上和解。對此，實務有採否定見解者[394]，亦曾有肯定之例[395]。蓋本條文義既未限制性質上屬法律審之上訴審程序不得爲訴訟上和解，且

---

[390] 翁岳生主編，彭鳳至執筆，前揭註369書，頁500。

[391] 最高行政法院91年度判字第2016號、第2138號、95年度判字第2179號判決參照。

[392] 最高行政法院101年度裁字第972號裁定參照。

[393] 請參照陳敏，前揭註386書，頁1593。

[394] 最高行政法院101年度裁字第1426號裁定謂：「抗告意旨另請求本院依行政訴訟法第219條及第221條規定試行和解並作成和解筆錄乙節，惟因本院爲法律審，抗告人上開請求並非指摘原裁定有何違背法令之情事，原裁定既無違誤，無從廢棄，自難准許其試行和解並作成和解筆錄之請求。」又本書2021年版亦認爲於行政訴訟上訴審，原則不得爲訴訟上和解，其理由謂：最高行政法院原則上既爲法律審（§242、§254參照），並採書面審理原則（§253參照），自無法就上訴指摘之法令有任何處分權之可言，即無和解之可能。然最高行政法院基於職權或依聲請仍可行言詞辯論，且針對上訴事件之事實，上訴人若具有處分權之可能，就此部分，最高行政法院仍可依本條規定予以試行和解（參見最高行政法院102年度判字第280號判決）。

[395] 最高行政法院94年度和字第1號和解筆錄，涉及營業稅補徵與漏稅罰鍰，原審稅捐機關核處五倍罰鍰，上訴人不服，經最高行政法院就此部分試行和解，上訴人不再爭執短報漏報銷售額之違法情事，僅請求降低裁罰倍數標準，而稅捐機關依據2004年3月29日修正發布之財政部稅務違章案件裁罰金額或倍數參考表及行爲時稅捐稽徵法第1條之1規定，從新從輕改處三倍罰鍰，由上訴人負擔訴訟費用，於行政訴訟中與上訴人和解。是就此部分，罰鍰倍數係稅捐機關所得處分

本法明定行政訴訟上訴審程序準用第一審通常訴訟程序（§263、§263-5參照），加以訴訟上和解目的在終局解決當事人雙方爭議並終結訴訟程序，並非要求上訴審法院作成本案判決，性質上難以排除於上訴審程序準用訴訟上和解之可能，故應認爲縱於上訴審程序，亦有成立訴訟上和解之可能[396]。

3.須製作並送達和解筆錄

本法第221條第1項規定：試行和解而成立者，應作成和解筆錄。據此，製作和解筆錄應爲成立訴訟上和解時應遵守之法定方式，其未製作和解筆錄者，應認爲不生訴訟上和解之效力，亦可能影響其實體法上效力[397]。又和解筆錄應於和解成立之日起十日內，以正本送達於當事人及參加和解之第三人（§221Ⅲ），始生效力[398]；惟此十日之送達期間，解釋上爲訓示期間，和解筆錄之送達逾越此期間者，不影響訴訟上和解之效力[399]。

(二)實質要件

1.和解標的須包括訴訟標的之全部或一部

本法第219條第1項前段規定：「當事人就訴訟標的具有處分權且其和解無礙公益之維護者，行政法院不問訴訟程度如何，得隨時試行和解。必要時，得就訴訟標的以外之事項，併予和解。」第3項規定：「第三人經行政法院之許可，得參加和解。行政法院認爲必要時，得通知第三人參加。」因此，行政訴訟上和解之標的[400]，包括訴訟標的有關事項與訴訟標的以外之事項二大類[401]。其中，當事人就訴訟標的有關事

裁量之權限範圍，而於最高行政法院準備庭時，由最高行政法院承審法官依據本條規定諭知試行和解，兩造亦當庭同意和解，應係符合本條項之規範意旨。

[396] 民事訴訟上和解，亦不問訴訟上審級，均得爲之，呂太郎，前揭註388書，頁590參照。另就此而言，上述所謂訴訟上和解應於期日爲之者，因上訴審程序原則不行言詞辯論，故訴訟上和解是否亦須於期日爲之？即有檢討必要。換言之，於未指定期日之書面審查程序，得否以書狀方式成立訴訟上和解，即有檢討必要。關於此點，德國現行行政法院法已修法明定允許，同張文郁，前揭註379文，頁362之註3。

[397] 不同見解，張文郁，前揭註379文，頁367認爲此一情形，「僅有實體法上和解之效力」。然因行政訴訟上和解，在實體法上，其性質爲行政契約，故除法規另有規定外，如訴訟上和解未製作和解筆錄，亦欠缺其他構成雙方合意內容之書面者，即違反行政契約之書面要件（行政程序法§139），其在實體法上仍不生效力（同法§141Ⅰ準用民法§73）。

[398] 翁岳生主編，彭鳳至執筆，前揭註369書，頁500。

[399] 陳敏，前揭註386書，頁1593。

[400] 訴訟上和解之標的，不同於作爲審判對象之訴訟標的，而係當事人擬經由讓步方式解決之事實基礎（社會生活事實），其雖與訴訟標的事項有關，然概念上仍有不同。相關論述，請參照南博方，行政訴訟上の和解，收錄於：氏著，行政訴訟の制度と理論，1968年初版，有斐閣，頁133-191；宮田三郎，行政訴訟法，信山社，1998年初版，頁262-263。

[401] 和解標的中，何者屬訴訟標的有關事項、何者屬訴訟標的以外之事項，其判斷涉及各種訴訟標的理論之論爭，往往存有重大爭議。惟此非本文討論重點，關於訴訟標的理論之相關學說之整

項之全部或一部所成立之和解，即為行政訴訟上和解（當事人和解）；當事人間或當事人與第三人間就訴訟標的以外之事項[402]所成立之和解（後者即第三人參加和解），因此類事項無法發生訴訟繫屬（訴訟法律關係），當事人即使利用本案訴訟程序，將之納入作為和解之標的，其仍非訴訟上和解，而為訴訟外和解。準此，行政訴訟上和解，雖得納入訴訟標的以外事項作為和解標的，然其和解之標的至少須包括訴訟標的之全部或一部。

2.當事人就訴訟標的具有處分權

所稱「當事人就訴訟標的具有處分權」（§219 I 前段），僅在說明行政訴訟上和解之標的，至少應包括訴訟標的之全部或一部，故當事人欲成立訴訟上和解者，須就訴訟標的具有處分權；上開規定並非謂當事人只須就訴訟標的有處分權，即使其對訴訟標的以外事項無處分權，亦得就該事項成立和解之意。蓋凡被當事人或第三人納入作為和解之標的者，當事人或第三人對之均應有處分權時，始得為之。又當事人就訴訟標的有管理權，在管理權範圍內所為行為，亦屬此所稱「處分權」。

所稱處分權，通說係指當事人對作為行政訴訟上和解標的之訴訟標的，在事實上有處分之可能，且其處分在法律上被容許（即其為有權處分且不違反法律之強制禁止規定或公序良俗）[403]。其具體判斷，因和解當事人（含第三人）為私人或行政機關，而略有不同：

(1)和解當事人為私人者：有處分權者，不以該當事人為訴訟標的法律關係之主體為限，其雖非主體，但就該訴訟標的法律關係，取得實體法上授權（即取得管理權），在該授權範圍內，亦有處分權。簡言之，在公法領域，除該訴訟標的法律關係性質上或依法不許私人自由處分者外，如該私人就訴訟標的法律關係有公權利者，原則即有處分權[404]。

(2)和解當事人為行政機關者：行政訴訟上和解，係當事人就訴訟標的法律關係

理，請參照張文郁，權利與救濟（二），2008年，頁141-187；張文郁，前揭註379文，頁372-389；陳清秀，前揭註369書，頁456-468；陳清秀，行政訴訟之訴訟標的，全國律師2卷6期，1998年9月，頁11以下。

[402] 所稱訴訟標的以外事項，凡非屬訴訟標的，而和解當事人對之有處分權，且該標的適法、可能、確定及妥當者，均得作為和解之標的，並不以公法上爭議為限，縱屬私法關係，亦得納入作為行政訴訟上和解之標的。同旨，翁岳生主編，彭鳳至執筆，前揭註369書，頁502；南博方，前揭註400文，頁150以下。

[403] 翁岳生主編，彭鳳至執筆，前揭註369書，頁500；陳敏，前揭註386書，頁1594。另有認為因行政訴訟上和解，為當事人間就訴訟標的所成立之和解契約，故判斷當事人是否有處分權或管理權，原則上以當事人是否得合法就訴訟標的訂立實體法之和解契約為準者，請參照張文郁，前揭註379文，頁368。

[404] 同旨，張文郁，前揭註379文，頁369。

之公法上爭議，締結具有公法性質之行政契約[405]；因此，如行政機關在實體法上，依法能締結有效之和解契約者，即可認有處分權。換言之，①作為和解標的之訴訟標的法律關係，在性質上或依法規規定，須得締結行政契約（行政程序法§135締結行政契約之容許性）；且②作為當事人之行政機關，對該訴訟標的法律關係，依法有事務管轄權與土地管轄權[406]；以及③所締結和解契約之內容，與行政任務之達成間，存有正當合理之關聯者，可認行政機關對訴訟標的有處分權。惟應注意者，行政機關雖欠缺土地管轄權，但此一瑕疵不影響其所締結行政契約之效力者，則其所締結行政訴訟上和解契約，仍屬有效。

3.須無礙公益之維護

公益之維護，本為行政機關之首要任務，因此，行政機關因推動公共事務所生公法上爭議，與人民締結行政訴訟上和解契約時，自亦不得有礙於公益之維護。此一要件，並不要求所締結訴訟上和解契約須有助於公益，但至少不得對公益造成損傷。

惟公益為一高度不確定之法律概念，行政機關所締結訴訟上和解契約是否無礙於公益，其判斷往往極為困難，行政法院於監督當事人間所締結訴訟上和解契約是否符合此一要件時，難有一致且具有可操作性之標準。自法律上觀點言，行政機關所為公權力行為（含訴訟上和解），如符合依法行政要求或保障人民基本權利者，即可認為無礙於公益。據此，當事人所締結行政訴訟上和解契約，如能終結訴訟，削減訟源，以達成法律秩序之安定，尤其有助於作為當事人行政機關之行政任務之達成，且無礙於當事人以外其他行政機關行政任務或第三人之權益者，即可認符合此一要件。

4.須當事人互相讓步

和解之本質，為當事人間互相讓步（民法§736參照），故如僅一方讓步他方未讓步者[407]，即無成立和解契約之餘地。讓步之事項，不以訴訟標的法律關係有關事項為限，凡實體法上或訴訟法上對和解當事人有利之法律上地位（不以公法性質之法律地位為限）甚或單純經濟上利益，均得作為讓步之對象；且雙方之讓步，無須相當，或存有對價關係。

---

[405] 此類當事人所締結之行政訴訟上和解契約，就其實體法性質而言，不以行政程序法第136條之和解契約為限，理論上亦包括同法第137條之雙務（交換）契約，或類推民法第736條以下所締結對等關係下之和解契約等其他法定或非法定契約類型。

[406] 翁岳生主編，彭鳳至執筆，前揭註369書，頁501；張文郁，前揭註379文，頁369；陳敏，前揭註386書，頁1594；盛子龍，當事人對於訴訟標的之處分權作為行政訴訟上和解之容許性要件，台灣本土法學雜誌71期，2005年6月，頁58以下。

[407] 此一情形，如僅一方就訴訟標的之全部或一部為讓步，可能構成對他方訴訟上請求之全部或一部之讓步，而構成訴訟標的之捨棄或認諾，此時應依本法第202條對捨棄或認諾一方當事人作成敗訴判決，不能成立訴訟上和解。

又因讓步行為係對讓步一方當事人不利益之行為，故於共同訴訟，其訴訟標的法律關係，依法須合一確定，或其處分權依法應由全體共同訴訟人行使者，其各共同訴訟當事人所為讓步條件，雖毋庸強求須全體為相同（一致）之讓步條件，然至少仍不得相互矛盾，或經全體同意。最後，當事人之讓步得否附條件？鑑於訴訟上和解成立有終結訴訟繫屬之效果，當事人之讓步附有條件者，該條件於性質上屬訴訟外條件，影響訴訟法律關係之安定性，故應認為不得附條件。

二、第3項：第三人參加和解

如前所述，為使當事人間公法上爭議，得以經由訴訟上和解方式圓滿解決，行政訴訟上和解之標的，不以訴訟標的有關事項為限，有時有納入訴訟標的以外之事項，予以一併解決之必要。其中，納入作為和解標的之訴訟標的以外事項，如涉及當事人以外之第三人者，即有許其參加當事人和解之必要，此即第三人參加和解（本條第3項立法理由參照）。因此，本條第3項規定：「第三人經行政法院之許可，得參加和解。行政法院認為必要時，得通知第三人參加。」據此，第三人得於本案訴訟繫屬中，向受訴法院聲請參加和解，惟需經行政法院許可。行政法院認為必要時，亦可主動依職權通知第三人參加。又本項第三人參加和解之規定，並非訴訟上和解之成立或生效要件，違反者，雖和解程序上有瑕疵或可能導致訴訟上和解不能成立，惟對已成立之訴訟上和解之效力，原則不生影響。

本項所稱「第三人」，凡訴訟上和解當事人以外之私人或行政機關，得依本法參加訴訟者，原則均得參加和解。因此，就訴訟標的法律關係有利害關係之第三人（含行政程序法§140之第三人或其他行政機關）、實質當事人、當事人以外為判決效力所及之第三人等，均屬之；惟其範圍不以此為限，即使僅涉及單純經濟上利益之第三人，凡其參加有助於促使當事人達成訴訟上和解者，必要時，均得許其參加。

應注意者，本法第41條與第42條規定之第三人，如已依法取得參加人地位者，其既取得相當於原、被告之當事人之地位（本法§23參照），本無須依本條規定參加和解；然若此類第三人尚未依法取得參加人地位者，得否依本項規定參加和解？解釋上非無疑義。對此，有認為本法第41條、第42條規定之第三人，其「訴訟標的對於第三人及當事人一造必須合一確定者，或撤銷訴訟之結果，第三人之權利或法律上利益將受損害者，行政法院應命或得命該第三人參加訴訟，參加人為當事人，其與訴訟上原被告成立和解，原屬第219條第1項之情形，行政法院如認第三人有參加和解之必要，可先命參加訴訟取得當事人地位。」[408]上開主張，固為一穩妥做法，惟第三人

---

408 黃綠星，修正後行政訴訟法與既有行政訴訟實務之關係，收錄於：台灣行政法學會學術研討會論文集—行政救濟、行政處罰、地方立法，2000年初版，頁196。

參加和解之目的，在促使當事人和解成立，以終結訴訟，且訴訟上和解成立之效力，對未取得本法第41條、第42條參加人地位之第三人，本無類似確定判決之效力，此與本案確定判決之效力，通說認為對未依本法第41條、第42條規定參加訴訟之第三人，亦有效力者（本法§284重新審理制度之反面解釋）不同，如上開第三人參與和解，其和解內容於當事人與第三人間不發生矛盾歧異之問題者，理論上即無須強制本法第41條、第42條之第三人，僅能先參加訴訟才能與原被告成立和解（當事人和解），而禁止其直接依本項規定參加和解之必要。

第220條（試行和解得命當事人等到場）

因試行和解，得命當事人、法定代理人、代表人或管理人本人到場。

❖立法說明❖

本條1998年10月28日立法理由：一、本條新增；二、當事人委任有訴訟代理人者，其訴訟代理人固有為一切訴訟行為之權，但關於和解則必須受特別委任。如訴訟事件有成立和解之望，而訴訟代理人未受特別委任，或雖受特別委任，因對事實有欠明瞭，不敢代當事人為讓步之承諾，則和解即生窒礙。爰設本條，使行政法院、受命法官或受託法官均得命當事人、法定代理人、管理人或代表人本人到場，俾和解得順利成立。

❖內容解析❖

參與行政訴訟上和解者，原則上為本案訴訟之兩造當事人與參加和解之第三人，其無訴訟能力者，和解應由法定代理人為之，又其為法人、行政機關或非法人團體者，應由代表人或管理人為和解行為。行政訴訟上和解，須由和解雙方當事人就和解標的，相互協商達成讓步，如當事人兩造或一造不到場，即難以達成和解，故為使和解容易成立，行政法院、受命法官或受託法官試行和解時，得依本條規定，命當事人、法定代理人、代表人或管理人本人到場，俾使和解得順利進行。

又訴訟代理人如取得當事人之特別委任（本法§49）者，亦得代理當事人為和解。惟「如訴訟事件有成立和解之望，而訴訟代理人未受特別委任，或雖受特別委任，因對事實有欠明瞭，不敢代當事人為讓步之承諾，則和解即生窒礙」（本條立法理由），故縱於當事人有委任訴訟代理人情形，為使和解得以順利成立，必要時，行政法院、受命法官或受託法官亦得依本條規定命當事人、法定代理人、代表人或管理人本人到場。惟應注意者，本條規定並非課予當事人、法定代理人、代表人或管理人

本人到場義務，故其經命到場而未到場者，雖可能使訴訟上和解不成立，但不因此而受有訴訟法上或實體法上不利益。

又第三人參加和解者，得否依本條規定命該第三人本人到場？解釋上非無疑義，然本人到場既有促使和解順利達成之可能，且參與和解之第三人並無於和解時到場之義務，故無妨類推適用本條規定命其到場。

第221條（和解筆錄）

試行和解而成立者，應作成和解筆錄。

第一百二十八條至第一百三十條、民事訴訟法第二百十四條、第二百十五條、第二百十七條至第二百十九條之規定，於前項筆錄準用之。

和解筆錄應於和解成立之日起十日內，以正本送達於當事人及參加和解之第三人。

❖立法目的❖

本條1998年10月28日立法理由：一、本條新增；二、訴訟上之和解，雖毋庸記載其和解內容於辯論筆錄，但和解成立者，自應作成和解筆錄，以杜事後爭議；三、本法及民事訴訟法就言詞辯論筆錄記載之方法及效力等事項，規定至為詳細，為免重複，爰規定和解筆錄準用言詞辯論筆錄有關之規定，以節繁文；四、和解筆錄有強固之證據力，且與判決具有同樣之確定力及拘束力。其以給付為內容者，尚得據以聲請強制執行。為示慎重，爰規定和解筆錄應於和解成立之日起十日內，以正本送達於當事人及參加和解之第三人。

❖外國立法例❖

德國行政法院法第106條規定：符合該條所定和解條件，得由法院、受命法官或受託法官，製作和解筆錄。訴訟當事人亦得採用法院、審判長或受命法官所行之裁定書例稿。

❖內容解析❖

理論上，訴訟上和解，於和解雙方就和解內容達成合意時成立，惟當事人是否已有此項合意以及其合意成立之和解內容為何，時有爭議，且訴訟上和解成立者，具有類似本案確定判決之效力或得作為執行名義，其對和解兩造權益之影響重大，故為杜爭議，並使當事人確實明瞭已成立之和解內容，以示慎重，本條明定試行和解成立者，雖毋庸記載其和解內容於辯論筆錄，但應作成和解筆錄（Ⅰ），並於和解成立之

日起十日內，以正本送達於當事人及參加和解之第三人（III）。據此，和解筆錄之製作與送達，均可能影響行政訴訟上和解之效力。亦即：

本條第1項規定，試行和解「成立」者，應作成和解筆錄，故和解筆錄既應於和解「成立」後製作，則和解筆錄並非訴訟上和解之成立要件[409]；惟和解筆錄是否為訴訟上和解之生效要件？學者存有爭議。有認為非訴訟上和解之生效要件者[410]，惟訴訟上和解，具有實體法上行政契約之性質，除法規另有規定外，應以書面為之（行政程序法§139），違反者，該行政契約無效（同法§141準用民法§73）。據此，自行政訴訟上和解之雙重性質而言，和解筆錄解釋上宜視為訴訟上和解之法定方式要求，違反者，原則上其訴訟上和解，無論於訴訟法上或實體法上均不生效力。

又如前所述，和解筆錄之送達為訴訟上和解之法定程序，即和解筆錄應於和解成立之日起十日內，以正本送達於當事人及參加和解之第三人（III），始生效力[411]；惟此十日之送達期間，僅為通常法定期間，性質上屬訓示期間（非不變期間），和解筆錄之送達逾越此期間者，不影響訴訟上和解之效力[412]。

關於和解筆錄之記載方法及效力等事項，因本法及民事訴訟法關於言詞辯論筆錄之記載方法及效力等事項，規定至為詳細，為免重複，故本條明定和解筆錄準用言詞辯論筆錄有關之規定（II）。亦即，有關和解筆錄之記載事項、和解筆錄內所引用附卷或作為附件之文書之朗讀、閱覽、異議等事項，均準用本法言詞辯論筆錄有關規定（II準用本法§128～§130）[413]。和解當事人當場提出記載其關於和解之主張或陳述之書狀於法院時之處理、和解筆錄內引用附卷之文書或表示將該文書作為附件時之效力、和解筆錄之簽名、和解筆錄有挖補、塗改或增刪時之處理，以及和解程序之遵守專以和解筆錄證之等事項，均明定準用民事訴訟法第214條、第215條、第217條至第219條（本條II），以資明確。

第222條（和解之效力）
和解成立者，其效力準用第二百十三條、第二百十四條及第二百十六條之規定。

---

[409] 請參照陳敏，前揭註386書，頁1593。
[410] 陳計男，前揭註369書，頁601。
[411] 翁岳生主編，彭鳳至執筆，前揭註369書，頁500。
[412] 陳敏，前揭註386書，頁1593。
[413] 有關和解筆錄記載方式於實務案例之具體檢討，請參閱徐瑞晃，行政訴訟上之和解，臺北高等行政法院91年度研究發展項目研究報告，2002年11月，頁94-125。

❖立法說明❖

本條1998年10月28日立法理由：一、本條新增；二、關於訴訟標的所為訴訟上之和解，一經成立，訴訟即告終結。當事人於和解時讓步拋棄之權利，即因而消滅；其因和解而取得之權利，則因而取得，不容更有爭議。其效力與判決之具有確定力及拘束力者相同，爰設準用之規定，俾有依據。

❖外國立法例❖

德國聯邦行政法院法第168條第1項第3款：「執行應基於下列名義為之：……3.裁判上和解……。」

❖內容解析❖

訴訟上和解一經成立，與判決同樣具有終結訴訟程序之法律效果，惟是否應與確定判決有同一效力，或應具其中何種效力？係屬立法政策問題。德、日立法例對此均欠缺明文，本法於本條則仿照民事訴訟法第380條第1項規定，明定和解成立之效力，準用本法關於確定判決之確定力及拘束力之規定。本條立法目的，依其立法理由，乃在使當事人因和解成立而拋棄之權利或已取得之權利，不容更為爭議，以強制終結雙方之爭議。因此，於檢討和解成立之效力時，上開立法者之意思，應予尊重。

民事訴訟法關於訴訟上和解之效力，明定與確定判決有同一之效力（民事訴訟法§380Ⅰ），且得為執行名義（同法§380-1、強制執行法§4Ⅰ①）；本條關於和解成立之效力問題，不同於上開民事訴訟法之規定，除執行力問題外，本條明定「準用」本法第213條、第214條及第216條之規定，因此，行政訴訟上和解之效力，如何準用本法上開規定，應否與民事訴訟上和解之效力為同一解釋，即非無疑義[414]。

其次，本條適用範圍，依第222條立法理由謂「關於訴訟標的所為訴訟上之和解，一經成立，訴訟即告終結。當事人於和解時讓步拋棄之權利，即因而消滅；其因和解而取得之權利，則因而取得，不容更有爭議。其效力與判決之具有確定力及拘束力者相同，爰設準用之規定」可知，本法明顯將第222條之適用範圍，限於當事人間之和解，而不適用於當事人與第三人間之和解。蓋當事人與第三人間之和解，有無效或得撤銷之原因者，本法雖明定「得向原行政法院提起宣告和解無效或撤銷和解之訴」（§227Ⅰ），然此並非限制其救濟途徑或方法。其理由在於，訴訟標的外和解，並非本案訴訟之和解，當事人或第三人對之如有不服，並非對原訴訟上和解事項有所不服，本不得利用原屬本案訴訟之上訴程序請求救濟，亦無適用第223條規定請求繼續審判之可言。故所稱「提起宣告和解無效或撤銷和解之訴」，本為提起獨

---

[414] 關於此一問題之詳細論述，請參閱張文郁，前揭註379文，頁390-421。

立之訴之意，並非請求（依本案訴訟程序）繼續審判[415]。故上開規定，僅在使其得向「原行政法院」提起宣告和解無效或撤銷和解之訴（即原行政法院對之有管轄權），並非限制其僅得提起宣告和解無效或撤銷和解之訴，其亦可提起例如請求確認和解所成立之法律關係不存在之訴，或請求返還已依和解內容所為給付之訴[416]。據此，當事人與第三人間所成立之和解，性質上屬訴訟外和解，非就訴訟標的之全部或一部成立和解，既無上訴救濟與更行起訴之問題，亦無第223條請求繼續審判之適用，自不生（形式與實質）確定力，自亦無適用本條規定之必要。

　　本案實體判決之效力，除本法第216條之拘束力因其性質與內容存有爭議外，約可分為羈束力、確定力、形成力、執行力以及各種附隨效力（爭點效、參加效、反射效或構成要件效力等），於此無法詳細論述，以下僅就本條準用規定部分，說明如下：

一、確定力

　　按所稱「確定力」，包括形式上確定力與實質上確定力。其中，形式確定力係指當事人就該事件不得再依通常之救濟程序（即上訴程序）聲明不服之謂；實質確定力，又稱既判力，其分為既判力之主觀與客觀範圍，前者指受既判力拘束之人的範圍（§214），後者指發生既判力事項之客觀範圍（§213）[417]。

　　首先，訴訟上和解成立，有終結訴訟繫屬之效果，當事人對該和解不服，訴訟繫屬既已消滅，本無法利用通常上訴程序救濟。又於訴訟上和解有無效或得撤銷之原因者，當事人得於三十日之不變期間內，請求繼續審判（§223、§224 I），因此一請求繼續審判制度，「係對於訴訟上和解聲明不服之方法，應設期間加以限制，俾已經確定之權利義務關係，不虞隨時有被推翻之可能」（§224立法理由），故當事人僅得循類似再審之請求繼續審判程序救濟。就此而言，訴訟上和解成立者，可認為具有類似上述形式確定力之效力。

---

[415] 本法1998年第227條立法理由謂：「當事人與第三人間之和解有無效或得撤銷之原因時，宜使之得聲明不服，且因第三人之參加和解，並非當事人原起訴範圍，無請求繼續審判之可言，爰規定得向原行政法院提起宣告和解無效或撤銷和解之訴，以維當事人或第三人之權益。」

[416] 蓋於「當事人就訴訟標的以外之事項所成立之和解，如嗣後發生爭執時，因其非原訴訟範圍，故當事人不得依第223條請求繼續審判，僅得另依適當之訴訟方式處理，例如訴請確認和解所成立之法律關係不存在，或請求返還已依和解內容所為之給付」（2022年第219條修正理由），則同屬訴訟外和解之當事人與第三人間之和解，如嗣後發生爭執時，自亦得提起上開適當之訴訟方式。

[417] 此一範圍，具體而言，係指本案確定判決就訴訟標的所為判斷，有拘束當事人及後訴法院之效力，即：1.當事人就同一事件，禁止更行起訴（一事不再理）；2.當事人其後於他訴主張之攻擊或防禦方法，不得反於本案確定判決就訴訟標的所為之判斷（遮斷效）；以及3.該審理後訴之法院，應受前訴既判力之拘束，以前訴之判斷作為後訴本案判決之基礎或前提。

　　其次，第107條第1項第9款規定：「原告之訴，有下列各款情形之一者，行政法院應以裁定駁回之。……九、訴訟標的爲確定判決、和解或調解之效力所及。」據此，當事人間成立訴訟上和解者，就同一事件，不得更行起訴（一事不再理），就此而言，訴訟上和解有類似確定判決之實質上確定力。據此，本條準用本法第213條規定：「訴訟標的於確定之終局判決中經裁判者，有確定力」，上開規定訴訟上和解之實質確定力之具體內容與範圍，至少於貫徹一事不再理制度目的之必要範圍內，發生類似實質確定力之效力，包括當事人於他訴，不得爲反於訴訟上和解之主張，且該他訴受訴法院受該訴訟上和解之拘束，應以之爲裁判之前提。

　　至於訴訟上和解其確定力所及之主觀範圍，除當事人外，對於訴訟繫屬後爲當事人之繼受人者及爲當事人或其繼受人占有請求之標的物者，亦有效力。對於爲他人而爲原告或被告所爲之訴訟上和解，對於該他人亦有效力。（本條準用§214）例如，稅捐機關以某甲就應申報課稅之所得額有漏報或短報情事，依（舊）所得稅法第110條第1項處以所漏稅額兩倍罰鍰，甲不服經訴願駁回而提起撤銷之訴，並有特別委任訴訟代理人，嗣甲死亡由乙繼承，乙未承受訴訟，受訴行政法院亦未裁定停止訴訟程序（§186準用民訴法§168、§173），則其後所成立之訴訟上和解，其既判力及於乙（一般繼受人）。又如某甲聲請註冊A商標圖樣，主管機關以該商標圖樣有「其他團體」名稱而未得其承諾，依（舊）商標法第30條第1項第14款駁回所請，甲不服經訴願駁回，而提起課予義務之訴，其後甲將「因商標註冊之申請所生之權利」移轉於他人乙（舊商標法§27），乙雖未依本法第110條承當訴訟，但若原告甲與被告機關成立和解，則和解之既判力仍會及於乙（特定繼受人）。於上開情形，一般繼受人或特定繼受人既受訴訟上和解之效力所及，對其程序保障恐有不周，受訴行政法院知有此情形時，宜依職權通知其參加和解（§219Ⅲ），以保障此類繼受人程序上權利。再如海關於甲貨櫃集散場查獲以乙爲收貨人之整櫃走私物品，依海關緝私條例第17條第1項予以扣押該貨櫃，並依同法第19條交管領人即甲貨櫃集散場（倉管業者）具結保管，乙依本法第8條第1項提起一般給付訴訟，或依同條第2項、本法第4條第1項提起撤銷訴訟併爲請求，嗣海關與乙達成訴訟上和解，海關同意返還扣押物，其成立和解之效力似難認及於甲倉管業者（爲當事人占有請求之標的物之人）[418]。最後如多數有共同利益之人，選定其中一人爲全體起訴或被訴（§29Ⅰ）或訴訟繫屬後受選定而爲當事人者（§29Ⅲ），該被選定人以外之共同利益人，雖形式上非訴訟當事人，但若被選定人依本法第33條規定取得其同意而爲訴訟上和解，則和解成立效力，及於被選定人以外之其他共同利益人（訴訟擔當之實質當事人）。

---

[418] 本例甲倉儲業者，並非於「訴訟繫屬後」爲當事人占有請求之標的之物，似不宜使之受訴訟上和解效力所及，此一情形，或可依本法第196條第1項聲請法院於判決中命行政機關爲必要之處置，或於本訴程序中，主張結果除去請求權合併起訴請求。

二、拘束力

本法第216條規定之拘束力，除第2項對被告機關之效力或可認係既判力之特殊效力外，其餘規定之性質與內容爲何？學說存有重大爭議。因此，訴訟上和解依本條準用第216條之結果，究有何種效力？亦有爭議。對此，論者有主張「本法第216條規定，性質上乃行政法院形成判決之形成效力對原處分或原決定機關，以及其他公權力機關之拘束力規定，並非行政法院所有判決均具有此種效力。因此，訴訟上和解如須準用此種效力規定，則相關訴訟上和解宜限縮解釋爲限於與形成判決性質近似，換言之，須以訴訟上和解造成當事人間實體法上法律關係變更者爲限，如此準用此一規定，較具法理基礎。[419]」

上開主張，除有忽略本法第215條關於撤銷判決形成力之對世效規定之嫌外，其限縮解釋亦明顯牴觸第216條第3項之明文規定，且有忽略我國行政訴訟制度與他（德）國行政訴訟制度之差異之嫌。事實上，本法第216條規定之目的，主要在於因舊行政訴訟制度設計（承認行政機關之當事人能力、以及僅有一種撤銷訴訟類型），無法提供人民有效權利保護所爲之補救規定，此一舊法之制度缺陷，現行行政訴訟制度雖已有若干修正（如承認撤銷訴訟以外其他訴訟類型），但因仍存有無法有效保護人民權利之疑慮，乃於舊法基礎[420]上，參酌大法官釋字第368號解釋後，修正爲現行法第216條。就我國行政訴訟制度究竟存有何種權利保護漏洞？茲簡要說明如下[421]：

就承認行政機關有行政訴訟當事人能力而言，行政訴訟確定判決既判力之主觀範圍，能否及於被告機關以外之其他機關，尤其非屬同一行政主體之其他行政機關？即有爭議。此類案例類型頗多，主要涉及被告機關所爲違法行爲經判決廢棄後，其他關係機關能否重複同一錯誤（同一錯誤之反覆禁止效）？或其已爲同一錯誤，應否依判決意旨予以矯正（錯誤結果之善後或回復原狀義務創設效）？等問題。例如，(1)鄰人甲以乙地方建築主管機關爲被告，請求撤銷其所核發之某電廠建築執照，並經判決撤銷確定後，中央主管機關丙，能否另就系爭電廠核發特種建築執照？(2)人民某一違章事實，同時違反A、B、C三法，分別經該三法主管機關甲、乙、丙裁處罰鍰，甲之A裁罰處分經行政法院以違反一行爲不二罰爲由，判決撤銷確定後，乙、丙所爲B、C裁罰處分應否受該判決之拘束？

其次，就舊行政訴訟法僅有撤銷訴訟所生權利保護漏洞而言，在與本條拘束力之關係上，主要涉及經由本條拘束力之規定，使撤銷判決除形成力外，亦能兼具有課予義務判決等給付判決之效力。此點，於涉及結果除去請求權之案例，尤爲明顯。例

---

[419] 翁岳生主編，彭鳳至執筆，前揭註369書，頁502。

[420] 如1975年行政訴訟法第4條：「行政法院之判決，就其事件有拘束各關係機關之效力。」

[421] 有關行政訴訟法第216條所定拘束力之性質與內容之詳細檢討，請參照賴恆盈，行政訴訟裁判拘束力之研究，台灣本土法學雜誌103期，2008年2月，頁130-164。

如，前述海關於甲貨櫃集散場查獲扣押以乙為收貨人之整櫃走私物品，並將該走私物品交管領人即甲貨櫃集散場（倉管業者）具結保管之案例，該扣押處分經判決撤銷後，該判決兼有課予被告海關負有返還所扣押物之義務者，屬之。

綜上所述，本條明定訴訟上和解準用第216條之拘束力，其具體內容為何？宜自上述是否存有權利保護漏洞觀點加以檢討分析。即如承認訴訟上和解亦有如第216條之拘束力者，不問本案訴訟之訴訟類型為何，其所成立之訴訟上和解，均有拘束和解之行政機關以及當事人以外之各關係機關之效力。因此，和解之行政機關與各關係機關應受該和解內容之拘束，不得為相左或歧異之處置，且其有另為處置之必要（如回復原狀）者，亦應依和解內容為之。上開訴訟上和解準用第216條拘束力之結果，有擴張和解效力及於和解當事人以外之各關係機關之效果，此與訴訟上和解性質上畢竟並非本案確定判決者，存有若干扞格之處，且恐與本法關於訴訟上和解並未準用第215條對世效之立法者意思，有所違背。對此，立法政策上應如何修正姑且不論，現行法而言，行政法院於試行和解時，如遇有上開宜擴張拘束和解機關以外各關係機關之必要，始能提供有效權利保護情形，宜依本法第219條第3項規定，使各該關係機關參加和解，較為適當。

三、執行力

本法第305條第4項規定「依本法成立之和解……得為執行名義」，其中所稱「依本法成立之和解」原係指當事人和解而言，即僅訴訟上和解有執行力[422]，其餘當事人間或當事人與第三人間關於訴訟標的以外事項所成立之和解，均無上開第305條第4項規定之適用。然於第三人參加和解情形，如不賦予有執行力，恐有礙於訴訟上和解之成立或減損其解決紛爭之效果，因此，為謀當事人間紛爭之有效解決，2022年修法前第227條第1項乃明定「第三人參加和解成立者，得為執行名義」，據此，乃使訴訟上和解或第三人參加和解成立者，均有執行力。2022年修法時雖刪除第227條第1項，然刪除理由謂「第305條第4項規定：『依本法成立之和解……得為執行名義。』已含括第三人參加和解成立之情形，亦得為執行名義，原條文第1項無重複規範之必要，爰刪除之」，由此可知，現行法仍維持賦予訴訟上和解與第三人參加和解，均有執行力之設計。且依上開刪除理由意旨，所有當事人間或當事人與第三人間就訴訟標的以外事項所成立和解，因均屬「依本法成立之和解」，其和解內容適於執行者，均能發生執行力。

既然依本法成立之和解，不問當事人有無約定自願接受執行，均得依第305條第

---

[422] 依本條1998年立法理由謂：「依本法成立之和解，與確定裁判同具有確定力及拘束力，如其內容適於執行者，並具有執行力。」因此，其適用範圍顯然不包括第三人參加和解之情形。

4項規定取得執行名義，則訴訟上和解雖在實體法上有行政契約之性質，自毋庸再適用行政程序法第148條關於約定自願接受執行與取得許可等相關規定之必要[423]。惟於訴訟上和解其訴訟法上訴訟行為無效，而其實體法性質之行政契約仍有效之情形，因其非「依本法成立之和解」，自不能適用本法第305條第4項規定取得執行名義，此時，如當事人仍欲取得執行力者，自仍應依行政程序法第148條規定為之，固不待言。

四、對世效？

訴訟上和解，就其實體法上和解契約性質而言，通常情形，係雙方當事人經由讓步，以消滅原有法律關係，並依和解內容成立新法律關係（行政程序法§149準用民法§737），就此點而言，訴訟上和解具有形成效力。然而，此一形成之法律效果，是否如同確定撤銷判決般，對當事人以外之第三人亦有效力（§215）？對此，本法第222條並未準用第215條者，顯然立法政策上不欲使訴訟上和解，具有如同撤銷判決之對世效；因此，訴訟上和解雖有類似本案確定判決之效力，但因其不拘束和解當事人以外之第三人，該第三人通常亦無主張其權益因訴訟上和解受有侵害，而依本法第284條聲請重新審理之必要[424]。

對此，自理論上而言，訴訟上和解，於實體法上，僅有債權契約性質，其效力僅在雙方當事人間發生，如使其發生有拘束第三人之對世效力者，恐違反其債權契約之本質[425]。是以，「訴訟上和解，無論其內容是否改變當事人間實體法律關係，除行政法院依聲請或依職權，許可或通知第三人參加和解外（本法§219Ⅲ），對於一般之第三人不生效力，而與行政法院形成判決對一般之第三人亦有效力不同」[426]。

第223條（繼續審判之請求）
和解有無效或得撤銷之原因者，當事人得請求繼續審判。

---

[423] 同旨，法務部104年1月14日法律字第10403500370號函參照。

[424] 本法此一設計，與第三人得對民事訴訟上和解提起第三人撤銷之訴情形（民事訴訟法§380Ⅴ）不同，二者於立法政策上存有差異。即上開民事訴訟法第380條第5項立法理由謂：「因第1項和解之效力可能及於第三人，第三人之固有權益恐亦因該和解致受損害，而本條第2項有關繼續審判之請求，又限於和解之當事人始得提起，上開第三人則無適用餘地，為保障其固有權益及程序權，明定得準用第五編之一規定，於和解筆錄作成後，提起撤銷訴訟，以為救濟。」

[425] 請參照張文郁，前揭註379文，頁391以下。

[426] 翁岳生主編，彭鳳至執筆，前揭註369書，頁502。

❖立法說明❖

本條1998年10月28日立法理由：一、本條新增；二、和解成立者，同時發生實體法上及訴訟法上之效力，故和解如有實體法上或訴訟法上無效或得撤銷之原因者，宜設救濟方法，爰規定當事人得請求繼續審判，以資救濟。

❖內容解析❖

訴訟上和解因有實體法上或訴訟法上無效或得撤銷之原因，致當事人對和解之效力發生爭執者，應如何請求救濟？德、日立法例對之未有明文規定，我民事訴訟法第380條第2項設有明文規定，即和解有無效或得撤銷之原因者，當事人得請求繼續審判，是於行政訴訟上和解，本法亦仿照民事訴訟法上開規定，於本條即第223條明定其救濟方法，使當事人得請求繼續審判。

本條於訴訟上和解存有無效或得撤銷之原因時，創設請求繼續審判制度者，其理由約如下述。亦即，訴訟上和解成立者，除發生實體法上和解契約之效力外，有消滅訴訟繫屬終結訴訟程序，並取得類似本案確定判決確定力之效力。因此，於和解有無效之原因者，自不生終結訴訟程序之效力，原本案訴訟程序之訴訟繫屬並未消滅，此一情形，當事人不得就同一事件於訴訟繫屬中更行起訴（§115準用民訴法§253），自僅能依本條規定得請求就本案訴訟繼續審判。而於和解有得撤銷之原因時，於訴訟上和解之效力因撤銷而溯及既往消滅前，當事人即使對之有所爭執，因訴訟上和解仍有類似本案確定判決確定力之效力，仍不得就同一事件更行起訴（§107Ⅰ⑨），且因原訴訟程序已因訴訟繫屬消滅而終結，亦無法利用原本案訴訟程序請求繼續審判或提起上訴，又因不存在本案確定判決，亦無法依再審制度請求救濟；因此，乃有本條規定之設，允許當事人於和解有得撤銷之原因時，得依本條請求回復原本案訴訟程序之繫屬後，進而就原訴訟繼續審判，此與對確定判決僅能提起再審之訴之情形同。

據此，訴訟上和解發生有無效或得撤銷之原因[427]，是否均可構成本條請求繼續審判事由之「訴訟上和解有無效或得撤銷之原因」？理論上，或可從上開請求繼續審判制度之制度上理由，加以說明。亦即，依本條規定請求繼續審判者，係因原訴訟繫屬並未消滅，本案訴訟程序並未終結（如自始無效之原因），或因受訴訟上和解類似

---

[427] 此類無效或得撤銷之原因，包括訴訟法上與實體法上無效或得撤銷之原因。其中，訴訟法上無效或得撤銷之原因，例如欠缺法院無審判權、或欠缺當事人能力、訴訟能力、當事人適格、訴訟代理人未獲特別委任、選定當事人未經授權等代理權有欠缺情形，屬之。實體法上無效或得撤銷之原因，例如意思表示有瑕疵（無意識、精神錯亂中所為、通謀虛偽、心中保留、受強暴脅迫、錯誤等）、違反強制或禁止規定、違反公序良俗等屬之；惟以實體法上意思表示錯誤為由請求撤銷者，以有民法第738條但書所列各款情形為限（行政程序法§149準用民法§738）。此外，和解因意思表示不一致而未成立，雖非和解無效，但法律行為成立要件既為生效要件之前提，解釋上亦可認為屬和解無效之原因。

本案確定判決效力之拘束，無法另行起訴，而有依本條規定廢棄該訴訟上和解之效力後，始得請求救濟者（如得溯及既往撤銷之原因）。簡言之，構成訴訟上和解之瑕疵中，得依本條規定請求繼續審判之「無效或得撤銷之原因」，係指於訴訟上和解成立時即已存在，而使訴訟上和解不發生終結訴訟程序之效果，或有類似再審事由之重大瑕疵，而有廢棄訴訟上和解之確定力必要者而言，即該瑕疵構成訴訟上和解本身之瑕疵者而言。蓋訴訟上和解成立時無瑕疵，縱事後存有例如因解除、撤銷意思表示等無效或得撤銷之原因，因雙方當事人此類爭執，不影響本案訴訟繫屬之終結，或無涉訴訟上和解之確定力，其本得另行起訴請求救濟，例如提起確認和解之法律關係不存在，或請求返還已依和解所為給付等，原無依本條請求繼續審判之必要[428]。

第224條（請求繼續審判之時限）

請求繼續審判，應於三十日之不變期間內為之。

前項期間，自和解成立時起算。但無效或得撤銷之原因知悉在後者，自知悉時起算。

和解成立後經過三年者，不得請求繼續審判。但當事人主張代理權有欠缺者，不在此限。

❖立法說明❖

本條1998年10月28日立法理由：一、本條新增；二、請求繼續審判係對於訴訟上和解聲明不服之方法，應設期間加以限制，俾已經確定之權利義務關係，不虞隨時有被推翻之可能。爰規定應自和解成立時起，於三十日之不變期間內為之，但當事人對於無效或得撤銷之原因知悉在後者，三十日之不變期間應自知悉時起算。至期間之計算，依本法第88條第3項規定：「期間之計算，依民法之規定。」本條「自和解成立時起算」及「自知悉時起算」，其始日自亦均不算入；三、自和解成立之後已逾三年者，雖未逾前述三十日之不變期間，仍不許請求繼續審判，以防權利義務關係永不確定。惟當事人若以代理權有欠缺為理由者，若未逾三十日之不變期間者，應例外許其得請求繼續審判，以確保其利益。

---

[428] 應注意者，如考量請求繼續審判制度，可利用原本案訴訟之訴訟資料（訴訟經濟），且於一定程度上可發揮紛爭之一次解決，以及避免發生裁判矛盾歧異之作用，此類非屬於訴訟上和解本身之瑕疵，似亦無禁止其利用繼續審判制度，請求救濟之必要。例如，於民事訴訟情形有主張請求繼續審判制度，「立法意旨乃為求簡便，使當事人已依和解內容履行或情事已有變更，再請求就原有法律關係繼續審判，未必符合當事人之利益，但當事人仍得於請求繼續審判後，利用已回復之訴訟程序，為訴之變更、追加以解決和解後新發展之法律關係，故請求繼續審判，仍有其功能。」（呂太郎，前揭註388書，頁597）。

❖內容解析❖

請求繼續審判係對於訴訟上和解聲明不服之方法，應設期間加以限制，俾已經確定之權利義務關係，不虞隨時有被推翻之可能（本條立法理由）。是以，本條就請求繼續審判之不變期間及其計算設有規定，以杜爭議。

本條第1項明定，請求繼續審判，應於三十日之不變期間內為之。此三十日不變期間，不得伸長或縮短（§90），惟因其遲誤不變期間對當事人有重大不利益之影響，故如當事人遲誤此一期間，係因天災或其他不可歸責於己之事由所致者，自得聲請回復原狀（§91、§92）。

上開三十日不變前間之計算，自「和解成立時起算」，當事人對於無效或得撤銷之原因知悉在後者，「自知悉時起算」。所稱「自和解成立時起算」及「自知悉時起算」，其始日自亦均不算入（§88Ⅲ準用民法§120Ⅱ）。行政訴訟上和解係由當事人或訴訟代理人於期日到場，直接參與決定和解之內容，故和解是否有無效或得撤銷之原因等請求繼續審判之事由，通常於和解成立時即可知悉，故上述三十日不變期間之計算，實務認應於和解成立時起算，而非於和解筆錄送達之日起算[429]。另於2022年修法增訂第228條之1後，本法「為協助行政訴訟之當事人相互讓步，謀求雙贏，並達到紓解訟源，減輕法官工作負擔之效果」（同條立法理由），引進民事訴訟法第377條之1及第377條之2關於法官提出和解方案之規定，因此，依上述規定由法官提出和解方案而成立訴訟上和解者，「應將所定和解方案，於期日告知當事人，記明筆錄，或將和解方案送達之」，並自「告知或送達時，視為和解成立」（民訴法§377-1Ⅲ、Ⅴ），或「提出之和解方案，應送達於兩造，並限期命為是否接受之表示；如兩造於期限內表示接受時，視為已依該方案成立和解」（民訴法§377-2Ⅲ），其「和解成立時」之判斷與傳統訴訟上和解之情形不同，還請留意。

其次，自和解成立之後已逾三年者，雖未逾三十日之不變期間，不得請求繼續審判（Ⅲ後段）。惟當事人主張和解無效或得撤銷之原因，為訴訟代理權或法定代理權欠缺者，例如訴訟雖委由訴訟代理人為之，而訴訟代理人未經特別委任即行和解，或並非無訴訟能力當事人之法定代理人，卻代為和解等[430]，若以訴訟上和解成立後已逾

---

[429] 最高法院70年台上字第291號判例參照。實務此一做法有無忽略「和解筆錄」於訴訟上和解制度所扮演之功能（保護當事人功能，如使當事人明確和解內容與條件，或證明功能等）之嫌，非無討論餘地，然如當事人未能於和解成立時知悉和解請求繼續審判事由，待至收到和解筆錄後始發現者，其法定期間仍可自收到和解筆錄時（知悉時）起算，實務上述見解，仍可接受。惟如以和解筆錄之製作與送達，作為訴訟上和解之生效要件者，似仍以和解筆錄之送達時，作為本條不變期間起算時點之「和解成立時」較妥。

[430] 第3項後段但書所稱代理權有欠缺，是否包括當事人為法人、中央或地方機關或非法人團體者，但卻由非其代表人或管理人代為和解之情形？即能否適用於代表權之欠缺情形？非無疑義。按民事訴訟實務上，因依司法院院字第2936號解釋，將法人之代表人視作法定代理人，適用關於

三年，而不准其請求繼續審判，其對當事人權益影響過於苛酷，為求個人利益之保護與法之安定平衡，如自知悉時起算仍未逾三十日之不變期間者，仍例外許其得請求繼續審判（Ⅲ後段但書、司法院就本條提案立法說明三參照）[431]。

最後，除無效情形外，訴訟上和解有得撤銷之原因，當事人固得請求繼續審判，如當事人未於上開法定不變期間內請求繼續審判，訴訟上和解仍應依和解內容發生效力。

> **第225條**（駁回繼續審判之請求）
> 請求繼續審判不合法者，行政法院應以裁定駁回之。
> 請求繼續審判顯無理由者，得不經言詞辯論，以判決駁回之。

❖立法說明❖

本條1998年10月28日立法理由：一、本條新增；二、行政法院認為當事人請求繼續審判為不合法者，自無進行審判程序之必要，爰規定應以裁定駁回之，俾有依據；三、請求繼續審判是否有理由，原則上應經言詞辯論而為判決，惟其不備理由已甚明顯者，自得不經言詞辯論，以判決駁回之，俾節省勞費。

❖內容解析❖

當事人請求繼續審判不合法者，例如逾越請求繼續審判之期間、當事人無訴訟能力或代理人代理權有欠缺等，如其無法補正者，自無進行審判程序之必要，行政法院應以裁定駁回之（本條Ⅰ）。

法定代理人之規定；且於政府機關或非法人團體涉訟時，往往亦以機關首長或非法人團體之代表人或管理人稱作法定代理人。加以本法第27款第2項特別規定應由代表人或管理人代為訴訟行為，以及第28條準用民事訴訟法第47條之規定觀之，宜肯定本條第3項但書規定可適用於代表權有欠缺之情形。

431 民事訴訟上和解請求繼續審判之法定期間，係準用再審期間（民訴法§380Ⅳ準用§500），依民事訴訟法第500條規定，訴訟上和解請求繼續審判事由中，不受五年最長再審期間之限制者，有第496條第1項第5款（當事人於訴訟未經合法代理者）、第6款（當事人知他造之住居所，指為所在不明而與涉訟者）或第12款（當事人發現就同一訴訟標的在前已有確定判決或和解、調解或得使用該判決或和解、調解者）共三種事由。上開事由中，第6款事由於訴訟上和解情形，甚難發生，其餘第5款事由與本法第224條第3項但書相當，然於行政訴訟上和解有類似上開民事訴訟法第500條第12款「當事人發現就同一訴訟標的在前已有確定判決或和解、調解或得使用該判決或和解、調解者」之事由者，性質上亦屬行政訴訟上和解之得撤銷之原因（行政程序法§149準用民法§738「和解事件，經法院確定判決，而為當事人雙方或一方於和解當時所不知者」），本法未明定使其亦能適用本法第224條第2款但書？此是否妥當，似有再檢討研究之餘地。

　　請求繼續審判是否有理由，原則上應經言詞辯論而爲判決（§188Ⅰ），其無理由者，判決駁回繼續審判之請求，其有理由者，廢棄訴訟上和解並繼續原訴訟程序之裁判，或判決變更和解內容[432]。惟請求繼續審判顯無理由者，例如和解當事人以外之第三人請求繼續審判等，應許行政法院得不經言詞辯論，逕以判決駁回之，俾節省勞費（本條Ⅱ）。又是否顯無理由，應就其具體請求，個別判斷，一般而言，必須請求人所主張和解無效或得撤銷之原因，在法律上顯不得據爲請求繼續審判之理由者，始足當之，若請求人所主張和解無效或得撤銷之原因尚須調查證據，始得認定其有無繼續審判之理由者，即非顯無理由[433]，自仍應行必要之言詞辯論，不得不經言詞辯論逕以判決駁回。

第226條（變更和解內容之準用規定）
因請求繼續審判而變更和解內容者，準用第二百八十二條之規定。

❖立法說明❖

　　本條1998年10月28日立法理由：一、本條新增；二、因請求繼續審判而變更和解內容者，不免影響第三人依變更前之和解內容而取得之權利，爲兼顧交易安全及維護公益，爰明定準用第282條之規定。

❖內容解析❖

　　行政訴訟上和解成立，有類似本案確定判決之效力，和解存在本身或和解之內容，具有作爲當事人或第三人行爲規範之效果，當事人或第三人得據此安排其社會生活或交易行爲，例如，第三人因信賴該和解而於該和解基礎上取得權利，或各關係機關因受和解效力之拘束而作成各種公權力行爲，此時，訴訟上和解如因請求繼續審判而變更和解內容[434]時，第三人因信賴和解而善意取得之權利或各關係機關所爲各種公權力行爲，若亦受有影響，將有害交易安全或有礙於公益之維護。其中，因請求變更審判而變更和解內容，致當事人權利或非善意第三人權益所受影響部分，前者可於本案訴訟程序中調整，後者則無善意保護問題，然於：(1)第三人因信賴和解而善意取得之權利部分，本條明定準用第282條，使第三人因信賴確定終局判決而善意取得之

---

[432] 陳敏，前揭註386書，頁1597。

[433] 參照最高法院69年台上字第42號判例。

[434] 此所稱「請求繼續審判而變更和解內容」，係指請求繼續審判有理由，而續行原本案訴訟程序，並經判決確定變更和解內容者而言。黃綠星，前揭註408文，頁197參照。

權利，不因請求繼續審判變更和解內容而受有影響，但顯於公益有重大妨害者，不在此限，以解決此一問題；惟(2)各關係機關因受訴訟上和解效力之拘束所爲各種公權力行爲之效力，應如何處理？本法漏未規定，仍有待學說、實務之發展，惟通常情形，或可適用或類推行政程序法關於行政處分之職權廢棄理論處理。

第227條（第三人參加和解）

當事人與第三人間之和解，有無效或得撤銷之原因者，得向原行政法院提起宣告和解無效或撤銷和解之訴。

前項情形，當事人得請求就原訴訟事件合併裁判。

❖立法說明❖

本條1998年10月28日立法理由：一、本條新增；二、爲謀當事人間紛爭之有效解決，第三人參加和解成立者，宜賦予一定之效力，爰規定得爲執行名義；三、當事人與第三人間之和解有無效或得撤銷之原因時，宜使之得聲明不服，且因第三人之參加和解，並非當事人原起訴範圍，無請求繼續審判之可言，爰規定得向原行政法院提起宣告和解無效或撤銷和解之訴，以維當事人或第三人之權益；四、當事人與第三人間之和解，有無效或得撤銷之原因，經提起宣告和解無效或撤銷和解之訴時，如該無效或得撤銷之原因涉及當事人間之和解亦有無效或得撤銷之原因時，後者依第223條規定，當事人原得請求繼續審判，爲避免程序重複，爰規定當事人得請求就原訴訟事件合併裁判，俾資適用。

本條2022年6月22日立法理由：第305條第4項規定：「依本法成立之和解……得爲執行名義。」已含括第三人參加和解成立之情形，亦得爲執行名義，原條文第1項無重複規範之必要，爰刪除之[435]。原條文第2項及第3項移列爲第1項及第2項。

❖內容解析❖

第三人參加和解，係就訴訟標的以外事項所爲和解，其原非當事人起訴範圍，如有爭議，本無請求繼續審判之可言，惟當事人與第三人間之和解有無效或得撤銷之原因時，宜使其得以聲明不服，故本條第1項明定於此一情形，得向原行政法院提起宣告和解無效或撤銷和解之訴（Ⅰ立法理由參照）。又當事人與第三人間之和解，與當事人間就訴訟標的以外事項成立之和解，雖均係利用本案訴訟程序所成立之和解，惟

---

[435] 關於刪除理由之檢討，請參照本書第222條部分之說明。

其均屬訴訟外和解，性質上屬實體法上和解契約，並無訴訟法上性質，故所稱「無效或得撤銷之原因」，係指實體法上無效或得撤銷之原因，不生訴訟法上無效或得撤銷之原因之問題，還請留意。

按當事人與第三人間之和解，既非當事人原起訴範圍，亦不生類似本案確定判決之效力，當事人與第三人就該和解生有爭執時，本得另依適當之訴訟方式處理，例如訴請確認和解所成立之法律關係不存在，或請求返還已依和解內容所為之給付，則本條第1項規定「請求宣告和解無效或撤銷和解之訴」之性質為何？即本條第1項規定，究係列舉規定抑或例示規定？恐有近一步檢討必要。此約有以下二種不同見解：

一、主張當事人與第三人間和解有無效或得撤銷之原因者，當事人或第三人僅得依本條規定向原行政法院提起請求宣告和解無效或撤銷和解之訴，且應於第228條準用第224條規定之法定不變期間內提起[436]。

二、主張自學理上言，當事人就訴訟標的以外事項所為和解（§219 I 但書），與當事人與第三人間之和解，均係就訴訟標的以外事項所為之「訴訟外和解」，當事人或第三人對訴訟外和解存有爭執者，本得另依適當之訴訟方式請求救濟，例如訴請確認和解所成立之法律關係不存在，或請求返還已依和解內容所為之給付[437]。因此，如認為當事人與第三人間之和解有無效或得撤銷之原因時，僅得依第227條及第228條規定，於「法定不變期間內」向「原行政法院」提起請求宣告和解無效或撤銷和解之訴，而於當事人間關於訴訟標的以外事項所成立之和解，則無上述限制[438]者，其主張顯然有失均衡。因此，乃主張第227條第1項之規定，僅在法定管轄法院之外，明定原行政法院就當事人或第三人所提請求宣告和解無效或撤銷和解之訴，亦有管轄

---

[436] 翁岳生主編，彭鳳至執筆，前揭註369書，頁503，似採此一見解，其謂：「本條項之相關立法理由略謂，當事人與第三人間之和解有無效或得撤銷之原因時，宜使之得聲明不服，且因第三人之參加和解，並非當事人原起訴範圍，無請求繼續審判之可言，乃規定得向原行政法院提起宣告和解無效或撤銷和解之訴，以維當事人或第三人之權益。由此可知，當事人與第三人間之和解，有無效或得撤銷之原因者，僅得向原行政法院提起宣告和解無效或撤銷和解之訴，無從請求繼續審判。」

[437] 民事訴訟法第380條之1立法理由謂：「訴訟進行中，於實務上時有併就當事人訴訟標的外之事項，或第三人依第377條第2項規定參加而成立和解者，惟訴訟上成立之和解，依第380條第1項規定，僅於當事人間就已聲明之事項，有與確定判決同一之效力。……至於當事人就未聲明之事項，或與參加和解之第三人間所成立之和解，如嗣後發生爭執時，因其非原訴訟範圍，故當事人不得請求繼續審判，惟得另依適當之訴訟方式處理，例如訴請確認和解所成立之法律關係不存在，或請求返還已依和解內容所為之給付。」故民事訴訟法於訴訟外和解情形，當事人或第三人本得循通常訴訟程序起訴救濟，或於強制執行時提起異議之訴，並未如本法第227條、第228條就當事人與第三人間和解有無效或得撤銷之原因時，設有特別規定。

[438] 2022年本法第219條第1項修正理由謂：「當事人就訴訟標的以外之事項所成立之和解，如嗣後發生爭執時，因其非原訴訟範圍，故當事人不得依第223條請求繼續審判，僅得另依適當之訴訟方式處理，例如訴請確認和解所成立之法律關係不存在，或請求返還已依和解內容所為之給付。」

權，並未限制其向其他管轄法院起訴請求宣告和解無效或撤銷和解之訴[439]；基於相同理由，當事人向他管轄法院請求宣告和解無效或撤銷和解之訴者，除該無效或得撤銷之原因同時構成訴訟上和解之無效或得撤銷之原因，否則亦無第228條準用第224條規定之法定不變期間之適用[440]。

又當事人與第三人間之和解，有無效或得撤銷之原因，且該無效或得撤銷之原因涉及當事人間之和解亦有無效或得撤銷之原因時，為避免程序重複，以及裁判矛盾與歧異，就當事人與第三人間和解部分，於依本條第1項請求宣告和解無效或撤銷和解之訴時，得請求就原訴訟事件合併裁判，即得合併、追加第223條規定之繼續審判請求或提起反訴請求（§111、§112），如當事人已請求繼續審判但未依本條第2項規定請求合併裁判、或本條第1項請求宣告和解無效或撤銷和解之訴係由第三人提起者，受訴法院亦得將原本案訴訟與本條第1項宣告和解無效或撤銷和解之訴二者，合併辯論與合併裁判（§127）[441]。

第228條（準用之規定）

第二百二十四條至第二百二十六條之規定，於前條第一項情形準用之。

❖立法說明❖

本條1998年10月28日立法理由：一、本條新增；二、就當事人與第三人間之和解提起宣告和解無效或撤銷和解之訴，與當事人間依第223條規定請求繼續審判之制度，均在否認原於訴訟中成立和解之效力，關於期間限制、法院之駁回方式及變更和解內容之效力等，自宜為相同之規定，爰明定準用第224條至第226條之規定。

本條2022年6月22日修正理由：配合刪除第227條第1項規定，就準用項次酌為文字修正。

❖內容解析❖

就當事人與第三人間之和解提起宣告和解無效或撤銷和解之訴，與當事人間依第223條規定請求繼續審判之制度，均在否認原於訴訟中成立和解之效力，關於期間

---

[439] 請併參照本書第222條部分之說明。

[440] 請併參照本書第228條部分之說明。

[441] 另有主張依第227條第2項規定請求就原訴訟事件合併裁判者，應限於「原訴訟」與「宣告和解無效或撤銷和解之訴」之原告或被告為同一人時，始得為之。請參照陳計男，前揭註369書，頁610以下。

限制、法院之駁回方式及變更和解內容之效力等，自宜為相同之規定，是以本條明定準用第224條至第226條之規定，但當事人與第三人間之和解有無效或得撤銷之原因者，仍僅能依第227條規定請求宣告和解無效或撤銷之訴，不得依本條準用規定而請求繼續審判。

又本條設有準用第224條至第226條規定之理由，在於「當事人與第三人間之和解提起宣告和解無效或撤銷和解之訴，與當事人間依第223條規定請求繼續審判之制度，均在否認原於訴訟中成立和解之效力」，上開立法理由所謂「均在否認『原於訴訟中成立和解』之效力」究何所指？非無疑義。亦即所稱「原於訴訟中成立和解」，除否定當事人間關於訴訟標的事項所成立之和解外，是否包括「訴訟標的以外事項所成立之和解（含當事人間和解與第三人參與和解）」？對此：

一、通說似均不加檢討即以本條上開立法理由，逕認當事人與第三人間和解，依第227條第1項規定請求繼續審判者，均應適用第228條之準用規定，尤其關於法定不變期間之規定[442]。

二、然如前所述[443]，當事人間關於訴訟標的以外事項所成立之和解，發生爭執時應提何種訴訟，現行法並未如同本條關於同當事人與第三人間和解設有宣告和解無效或撤銷和解之訴般，就起訴期間設有嚴格限制，二者設計於理論上顯失均衡，本文以為，解釋上本條之適用宜作目的性限縮，即當事人與第三人間和解有無效或得撤銷之原因者，限於該無效或得撤銷之原因同時構成當事人間就訴訟標的有關事項所成立訴訟上和解之無效或得撤銷之原因時（尤其是得撤銷之原因），始為本條立法理由所謂「當事人與第三人間之和解提起宣告和解無效或撤銷和解之訴，與當事人間依第223條規定請求繼續審判之制度，均在否認原於訴訟中成立和解之效力」，而有第228條準用規定（尤其法定不變期間）之適用。亦即，上開所稱「原訴訟中成立和解之效力」應限於「原訴訟中當事人間就訴訟標的有關事項成立之訴訟上和解」而言，不包括訴訟外和解。

基於相同理由，當事人間就訴訟標的以外事項所成立和解，有無效或得撤銷之原因時，如此一無效或得撤銷之原因同時構成兩造間就訴訟標的所成立訴訟上和解之無效或得撤銷原因時，當事人本得於法定不變期間內請求繼續審判，如其未於法定期間內請求繼續審判，而單純就訴訟標的以外事項所成立和解，提起宣告和解無效或撤銷和解之訴時，可依下述方式處理：(1)其有共通之（實體法上）無效原因者，原則上當事人間訴訟上和解或訴訟外和解均屬無效，不因有無請求繼續審判或是否提起宣告和解無效之訴，而有不同；(2)其有共通之（實體法上）得撤銷原因者，如當事人

---

442 請參照吳庚、張文郁，前揭註369書，頁473；翁岳生主編，彭鳳至執筆，前揭註369書，頁503以下；陳清秀，前揭註369書，頁608；陳敏，前揭註386書，頁1597。
443 請參照本書第227條部分之說明。

就涉及訴訟標的部分不請求繼續審判，而僅就訴訟標的以外部分請求宣告和解無效或撤銷和解之訴者，可認當事人並非「在否認原於訴訟中成立和解之效力」，自無依第228條準用第224條至第226條規定（尤其§224法定不變期間）之必要。

第228條之1（準用之規定）

民事訴訟法第三百七十七條之一、第三百七十七條之二及第三百八十條第三項之規定，於本節準用之。

❖立法說明❖

本條2022年6月22日立法理由：一、本條新增；二、為協助行政訴訟之當事人相互讓步，謀求雙贏，並達到紓解訟源，減輕法官工作負擔之效果，民事訴訟法第377條之1及第377條之2關於法官提出和解方案之規定，其性質與本法不相牴觸，爰予明文準用，以資明確；三、和解有無效或得撤銷之原因，當事人得依第223條規定請求繼續審判。因已回復訴訟程序，即應繳回依第104條準用民事訴訟法第84條第2項規定退還之裁判費，爰明定準用民事訴訟法第380條第3項規定，以資明確。

❖內容解析❖

傳統行政訴訟上和解，係由當事人或訴訟代理人於期日到場，直接參與決定和解之內容，因此，一、如兩造當事人於試行和解時，雖相互讓步但無法達成合意，縱兩造當事人和解之意思已甚為接近，依現行法規定，既未能成立和解，法院仍須進行本案審理程序；二、又因本法第一審訴訟程序，原則採言詞審理主義，於試行和解時當事人一造不到場有困難者，和解即無法進行或往往造成延滯。以上情形，均不利於當事人間紛爭之圓滿解決，且容易耗費本案審理之勞力、時間、費用等，有違當事人實體與程序利益之平衡。

上述情形，於民事訴訟上和解亦有相同問題，故民事訴訟法於2003年2月7日修正時，引進仲裁型和解（或稱準仲裁制度）與書面接受型和解，前者允許當事人和解之意思已甚接近者，兩造得聲請法院、受命法官或受託法官於當事人表明之範圍內，定和解方案（民訴法§377-1），後者允許於當事人和解有望，而一造到場有困難時，法院、受命法官或受託法官得依當事人一造之聲請或依職權提出和解方案（民訴法§377-2）。本法於2022年修正時，認為上開民事訴訟法第377條之1及第377條之2關於法官提出和解方案之規定，其性質與本法不相牴觸，並可協助行政訴訟之當事人相互讓步，謀求雙贏，並達到紓解訟源，減輕法官工作負擔之效果，故增訂第228條之

1，明文準用上開設計，以擴大和解制度解決紛爭之功能。

　　另和解有無效或得撤銷之原因，當事人依第223條規定請求繼續審判者，因已回復訴訟程序，即應繳回依第104條準用民事訴訟法第84條第2項規定退還之裁判費，自不待言，本法2022年修法前對此未有明文，容易衍生爭議，故於本次增訂第228條之1時，一併明文準用民事訴訟法第380條第3項，以資明確。

第八節　調　解

緒　論

一、本節之制定緣起及規範體系

　　為完善替代裁判之紛爭解決機制（Alternative Dispute Resolution, ADR; alternative Streitbeilegung），2022年6月22日修正公布，並由司法院定自2023年8月15日開始施行之行政訴訟法，除強化既有的行政訴訟和解制度（第二編第一章第七節「和解」）外，並接續在其後增訂第八節「調解」。立法體例上，和解及調解二節緊接在第二編（第一審程序）第一章（通常訴訟程序）第六節「裁判」之後，符合其為替代裁判之紛爭解決機制的制度定位。

二、本節調解程序係本土打造

　　自2023年8月15日開始施行的行政訴訟調解新制，係以我國民事訴訟法第二編第二章「調解程序」相關規定為主要參考藍本，並參酌行政訴訟之和解制度所為之規定[444]。換言之，行政訴訟之調解主要是本土產製，而非如同本法其他絕大部分規定，係以德國法為主要仿效對象。因此，外國法制基本上至多可作為啟發思維靈感的來源，或以汲取其中可一般性之法理或原則為限，而非在法釋義學上，就個別法條的具體解釋、適用，亦步亦趨。基於本書作為逐條釋義的定位，以下論述著重於本法調解制度內涵與旨趣的闡述，基本上不從比較法觀點評論調解新制的優劣[445]。

---

[444] 參見傅玲靜，行政法上調解機制之法制研究—以環境調解為例，東吳法律學報33卷3期，2022年1月，頁136。

[445] 對於2018年司法院版行政訴訟法修正草案中調解制度的檢討批評，可參見傅玲靜，前揭文，頁137-140。

三、調解與裁判解決爭議之比較及調解的優點

　　行政訴訟法，向為以行政法院依循爭訟性、兩造對立性的訴訟程序，調查證據、認定事實、適用法律，作成有拘束力、高權性質之裁判，以解決公法上爭議為規範內容的法律。一方面，為保障人民權益，確保國家行政權之合法行使（§1），另一方面，為維繫法之安定性且促進法秩序之續造，公法上之爭議，必須由居於第三方之行政法院依法獨立作成具權威性的裁判予以解決。法院裁判的權威性，以及附隨而來之定紛止爭功能（Befriedungsfunktion），主要表現在裁判的既判力（實質確定力）（§213）及執行力（§305Ⅰ）。訴訟案件固然因法院裁判的權威性而終結，就同一事件不得再提起訴訟（§107Ⅰ⑨），具有促進法安定的作用。然而，裁判結果必有勝方及敗方，從而當事人間的「衝突」因訴訟程序之進行及其結果而加劇的情形，亦非罕見。於此情形，法院裁判可能只定紛而未止爭[446]。

　　相對於此，調解程序的目標在於解決隱藏在訴訟事件背後或深層的衝突。此類衝突解決方案是得兼容未來展望的構想，而非如同法院對訴訟事件之裁判僅回顧既往[447]。不論調解制度具體上如何形塑，其目的皆為，在遵守現行法要求的框架中，協助當事人尋求他們都認為公正、合理且能接受的衝突解決方案[448]。況且，相較於法院對爭議的裁判，以當事人自我負責、合意解決爭議為本質特徵的調解，可不受限於（原告起訴表明之）訴訟標的，而是得就訴訟標的以外之事項（利益、需求），併予調解（§228-2Ⅲ），必要時，第三人亦得經法院之許可參加調解（§228-2Ⅳ）。從而，調解方案得不侷限於衝突的法律面向，而得對衝突的整體局勢進行考察，將訴訟標的法律關係以外的其他衝突點一併納入，甚至兼酌法律以外的其他觀點[449]。

　　調解程序中，受有相關專業培訓及進修訓練的法官或（及）調解委員，運用特殊而適當的溝通技巧，引導、協助當事人不再固著於既已發生的事，以及由此而生的法律地位，而是在釐清系爭事件底下的關係層面，並透過「腦力激盪」探討各種可能滿足彼此利益之解決選項後，協議出彼此都接受、著眼未來的調解方案[450]。綜上特徵，調解制度容許當事人得出「雙贏」結果，同時也確保調解合意內容，實際上被遵守貫徹，從而具有長時間持續性維持「法的和平」（Rechtsfrieden）的優勢[451]。行政訴訟

---

[446] Günter Hirsch, Die "alternative Streitbeilegung" hat Konjunktur, ZRP 2012, S. 189.

[447] Dorothea Assmann, Der Güterichter als Mediator, MDR 2016, S. 1303 (1306).

[448] Sylvain Humbert/Alberto Amadori, Die Mediation in der Verwaltungsgerichtsbarkeit, NVwZ 2023, S. 484 (485).

[449] 關於訴訟程序與調解程序之結構性根本差異，另可參見Joachim von Bargen著，江嘉琪譯，德國行政訴訟上法官調解制度─傳統訴訟程序之外的另一種選擇，國立中正大學法學集刊46期，2015年1月，頁14、43-44。

[450] Reinhard Greger, in: Zöller, ZPO, 34. Aufl., 2022, § 278 Rn. 25.

[451] Steffen Wesche, Rechtsfrieden durch das Güterichterverfahren, jM 2022, S. 227 (229); 關於調解與

法新增訴訟上之調解制度，意味著行政訴訟增添了一個獨立的訴訟目的：法和平性之維護與回復。

在若干繫屬於法院的案件類型中，法院調解程序是替代法院裁判程序的良好途徑。蓋相較於由他人作成權威決定的訴訟裁判，當事人自主探找、尋獲而合意的衝突解決方案，通常較節省勞費、時間，且能更長久地促進與維繫法的和平性[452]。即令調解方案的結果，未必如法秩序中所規定，亦即與嚴格適用法律的結論不一樣，但卻如同當事人的共識所示，是他們都覺得公平的，這即顯示調解對衝突解決具有真正的促和止爭作用。從而，即使基於依法行政及公益維護原則之支配作用，在公法領域合意解決紛爭，存在著較私法領域爲嚴格的界限，只要依據相關實體法規當事人就訴訟標的具有處分權，且其調解無礙公益之維護者（§228-2 I），相較於訴諸法院裁判，以合意方式解決引發爭執的問題情況，原則上仍是法治國法中值得優先採行的途徑[453]。

綜上說明，調解成立，具有促成法和平，節省當事人勞力、時間及費用，並減輕法院負擔的優勢與作用。對當事人而言，調解的另一個好處在於程序之私密性（Vertraulichkeit）（見§228-6三、之說明）：調解得不公開（§228-6、民訴法§410 II）、調解中的陳述不得利用（§228-6、民訴法§422）、法官、書記官及調解委員負有保密義務（§228-6、民訴法§426）。

四、公法上爭議調解的框架拘束：處分權、依法行政及公益維護原則

如同訴訟上和解，作爲當事人合意解決紛爭工具的調解制度，亦屬基本上支配行政訴訟之處分權主義的具體展現。即便如此，本法規定的調解程序畢竟牽涉公法上爭議在法律上如何解決，且制度上亦屬行政訴訟程序之一環，必須同受確保行政權合法行使及維護公益等支配行政訴訟之重要原則的框架性拘束[454]。

因此，不同於私法上爭議之調解，公法上爭議之訴訟上調解，除以當事人就調解事項有處分權爲要件外，更須進一步遵守基於公益取向原則（Grundsatz der Gemeinwohlorientierung），以及依法行政（Gesetzmäßigkeit der Verwaltung）原

法和平性之訴訟目的間的關係，參見Hans Prütting, in: Münchener Kommentar zur ZPO, 6. Aufl., 2020, § 278 ZPO Rn. 1, 10。

[452] Susanne Wegener, 10 Jahre Güterichterverfahren: Weiter so!, NZFam 2022, S. 621 (622)。

[453] 參見BVerfG, NJW-RR 2007, S. 1073 (1075)。

[454] 類似觀點參見Markus Eisenbarth/Indra Spiecker genannt Döhmann, Der Verwaltungsprozess und das erste deutsche Mediationsgesetz - Streit über den Weg der Streitschlichtung, DVBl 2012, S. 993 (996)。關於行政訴訟之客觀目的取向與有限之當事人程序處分權，參見陳錫平，法官知法原則與審判權歸屬之認定—評司法院釋字第758號解釋，公法研究5期，2023年6月，頁251。

則[455]，特別是其中法律優先（Vorrang des Gesetzes）原則而生之界限[456]。因此本次修法新增的調解制度，仿效行政訴訟和解規定（§219 I），以當事人就訴訟標的具有處分權且其調解無礙公益之維護，爲行政法院將事件移付調解的要件。此等限制，亦適用於併予調解之訴訟標的外事項，同時也是調解方案有效的實體要件（見§228-2）。

五、本法調解的意義及方法

本法所稱調解[457]，不限於傳統意義或狹義的調解（klassische Mediation; Mediation im engeren Sinne）[458]，而是仿效民事訴訟法，規定法官或調解委員調解

---

[455] 有關依法行政原則、行政受法拘束原則作爲公法上爭議之裁判外紛爭解決機制的界限，參見 Frauke Brosius-Gersdorf, Dritte Gewalt im Wandel: Veränderte Anforderungen an Legitimität und Effektivität?, in: VVDStRL 74 (2015), S. 169 (178, 187); Max-Jürgen Seibert, Mediation in der Verwaltungsgerichtsbarkeit - Erfahrungen und Überlegungen zu einer alternativen Streitbeilegung, NVwZ 2008, S. 365 (367 f.)。

[456] 同此思路，參見Josef Ruthig, in: Kopp/Schenke, VwGO, 27. Aufl., 2021, § 1 Rn. 36; Christine Steinbeiß-Winkelmann, in: Schoch/Schneider, Verwaltungsrecht: VwGO, Werkstand: 43. EL August 2022, § 173 Rn. 211。

[457] 依照中立第三人對於紛爭解決結果責任的程度區分，在裁判外紛爭解決機制的光譜中，大致上可分爲（以下參見Daniel Eckstein, Mediation und weitere alternative Konfliktlösungsinstrumente, JuS 2014, S. 698 (698 f.); Martin Fries/Ralf Deutlmoser, Mediation im Erbrecht, 2023, S. 42 ff.；更進一步的區分和比較，可參考姜世明，調解法，2023年2版，頁74以下）：1.主持（Moderation）：中立第三人僅單純主持紛爭當事人間的會談，作爲溝通橋梁，既不對事件提出自身意見，也不介入當事人間的溝通。2.狹義的調解（Mediation）：作爲中立第三者之調解人，在具有結構性的程序中運用特殊的溝通及介入技巧，積極引領當事人進行溝通對話，促進當事人自行探索並評價衝突的建設性解決方案。在此種又被稱爲「促進型調解」的程序中，調解人基本上不對衝突進行評價，也不提出調解方案。3.調處（Schlichtung）：不同於促進型調解，調處程序著重於中立第三人提出的評價、解決方案。即使調處方案對當事人僅有建議性質，而無法律上拘束力，但基於調處人個人的權威，調解方案具有事實上拘束力的情況，亦非罕見。實際上，調處與「評價型調解」相當。4.仲裁程序（Schiedsverfahren）：在仲裁程序中，當事人合意由其選任之中立第三人，對其間之紛爭作成有拘束力之終局決定。以上各類型之裁判外紛爭解決機制之間，並非總能涇渭分明地區隔開來，亦可能於個案中被搭配混合使用（Fries/Deutlmoser, aaO., S. 48）。

[458] 在德國法中，依行政法院法第173條第1句準用民事訴訟法第278條第5項，行政法院得將當事人移付依照事務分配計畫有權進行調解協商（Güteverhandlungen）及其他試行調解（Güteversuche），但不具本案裁判權限的法官〔所謂「調解法官」（Güterichter）〕。受移付的調解法官得使用「包括調解在內的所有衝突解決方法」（alle Methoden der Konfliktbeilegung einschließlich der Mediation）。申言之，在遵守方法明確與透明要求（Gebot der Methodenklarheit und Methodentransparenz）的前提下，調解法官得自由選用裁判以外之各種合意解決衝突的方法：除了傳統的促進型調解外，另有（合作型或競爭型的）和解主持（Vergleichsmoderation）、評估（Evaluation）、調處（Schlichtung）、仲裁鑑定（Schiedsgutachten）及個別會談（Einzelgespräche）。調解法官得依個案需求並在與當事人協商後，於調解個案中滾動式修正，或前後組合使用各種合意解決紛爭的基本模式。實務上，調解法官較常用的方法是調處，亦即評價型調解（evaluative Mediation）；換言之，法官在調解之際

時，除應本和平懇切之態度，對當事人兩造為適當之勸導外，並應對調解事件「酌擬平允方案」，作為當事人協商基礎或供其成立調解時參考之用（§228-6、民訴法§414）。因此，如同民事訴訟[459]，法官或調解委員於行政訴訟事件之調解，得以提出無拘束力之平允方案的方式，積極介入促成當事人達成調解合意，以謀當事人之和諧。由此可知，行政訴訟上之調解，未來亦將以評價型調解為常態及主軸[460]。

此外，依本法調解有關規定的整體構想，法官除得依照上述方式居間促成當事人自主和平成立調解外（可稱「固有型調解」），亦可在當事人不能達成合意但已甚接近時，經兩造聲請，直接定有拘束力的調解方案（可稱為「仲裁型調解」）（§228-5、§228-1及民訴法§377-1），或者於當事人調解有成立之望，而一造到場有困難時，依一造當事人之聲請或依職權提出並送達沒有拘束力的調解方案，經兩造表示接受時，視為依該方案成立調解（可稱為「書面接受型調解」）（§228-5、§228-1及民訴法§377-2）。

依照個案中當事人意願、需求及調解程序之動態發展，同一調解事件，得組合使用前揭各類型調解，甚至隨程序之進行滾動修正調整[461]，例如促進型及評價型組合而成的程序[462]，或評價型與仲裁型的組合[463]。調解成立的方式，不論是因兩造當事人意思表示一致，合意使用仲裁型調解，或表示接受法官提出之調解方案，皆符合調解制度當事人自我負責的精神及作為合意解決紛爭制度的本質。

六、調解程序中法官的地位及角色

經當事人合意，行政法院得不依兩造對立性之訴訟程序，對訴訟繫屬中之事件作成裁判，而將之移付調解。調解得由原行政法院、受命法官或受託法官逕行為之，或由其選任之調解委員先行調解（見§228-3）。行政法院法官依本法進行調解，本質上

也進行法律上評價，提出沒有拘束力的調解建議方案。詳情參見Reinhard Greger/Harriet Weber, Das Güterichterverfahren - Ein Leitfaden für Richter, Rechtsanwälte und Gerichtsverwaltung, online unter MDR 2019, Rn. 161 ff. 簡要說明可見Reinhard Greger, in: Zöller, ZPO, 34. Aufl., 2022, § 278 Rn. 28a; Wolf-Rüdiger Schenke, in: Kopp/Schenke, VwGO, 27. Aufl., 2021, § 173 Rn. 4d; Dorothea Assmann, Der Güterichter als Mediator, MDR 2016, S. 1303 (1306)。

[459] 沈冠伶，商業事件之裁判外紛爭處理—以商業法院之調解及移付仲裁為中心，月旦法學教室218期，2020年12月，頁39。

[460] 傅玲靜，行政法上調解機制之法制研究—以環境調解為例，東吳法律學報33卷3期，2022年1月，頁137。

[461] 沈冠伶，商業事件之裁判外紛爭處理—以商業法院之調解及移付仲裁為中心，月旦法學教室218期，2020年12月，頁39。

[462] Roland Fritz/Hans-Patrick Schroeder, Der Güterichter als Konfliktmanager im staatlichen Gerichtssystem, NJW 2014, S. 1910 (1914).

[463] 參見呂太郎，民事訴訟法，2022年4版，頁680。

係以法官身分履行司法性質的任務，而非司法行政任務[464]。行政法院法官，亦非因當事人合意移付調解，而成爲當事人委任之調解人，與當事人居於契約關係[465]。行政法院法官選任之調解委員，則爲協助其履行司法高權任務的輔助人。

行政法院法官進行調解時，享有憲法及法律有關法官獨立審判的制度保障，司法行政不得干預調解程序或調解委員之選任。因此，司法行政固應將適於爲調解委員之人選列冊，便利法官選任，但法官得不受其拘束而選任名冊以外之人爲調解委員（見§228-4）。基於法官身分地位，行政法院法官進行調解時，仍受有法的拘束：一方面，必須注意調解程序符合憲法法治國的程序基本原則，特別是聽審請求權之要求（Gebot des rechtlichen Gehörs），以及維護相對於當事人之獨立性與中立性；另一方面，不得提出或支持違法、有礙於公益之維護、違反公序良俗、不公平或因其他理由而無效的調解方案，特別是逾越實體強行法規設定的框架[466]。

七、妥適規劃行政法院法官的調解研習課程

法官認爲適當時，得逕由自己進行調解（§228-3 I但）。本法要求法官調解時，應適時以積極態度介入當事人間紛爭的調解，除應本於和平懇切之態度，對當事人兩造爲適當之勸導，亦得就調解事件進行評價，酌擬平允方案，作爲當事人協商或甚至合意時參考的基礎（§228-6、民訴法§414）。此外，法官得依兩造當事人聲請依衡平法理定調解方案（§228-5、§228-1及民訴法§377-1），或依當事人一造之聲請或依職權提出調解建議方案（§228-5、§228-1及民訴法§377-2）。

綜上可知，立法者預設行政法院法官應普遍且盡可能具備上列各項促進合意解決紛爭方法的基礎知識能力。即使得選任調解委員作爲其輔助人，先行調解（§228-3、§228-4），行政法院法官仍是負責法院調解程序的主體。進行調解必備的衝突、溝通及協商理論，各式溝通、居間斡旋及介入的技巧等非法學的知識能力，即使是資深法

---

[464] 在德國法中，法院調解係由承審法官以外之法官爲之，通說認爲調解法官（Güterichter）從事調解是在履行法官的司法任務（richterliche Rechtsprechungsaufgabe），而非從事司法行政性質的任務。即使無權對本案作成裁判，調解法官仍是眞正的法官，從而享有法官獨立的制度保障，同時也受到法律與法的拘束。參見如Hans Prütting, Güterichter, Mediator und Streitmittler, MDR 2016, S. 965 (965 f.); Hans Prütting, in: Münchener Kommentar zur ZPO, 6. Aufl., 2020, § 278 ZPO Rn. 33 ff.; Isabel Schübel-Pfister, in: Eyermann, VwGO, 16. Aufl., 2022, § 1 Rn. 23; Susanne Wegener, 10 Jahre Güterichterverfahren: Weiter so!, NZFam 2022, S. 621 (628). 不同見解Frauke Brosius-Gersdorf, Dritte Gewalt im Wandel: Veränderte Anforderungen an Legitimität und Effektivität?, in: VVDStRL 74 (2015), S. 169 (194)。

[465] 參考Reinhard Greger, in: Zöller, ZPO, 34. Aufl., 2022, § 278 Rn. 26a。

[466] 參考Hans Prütting, Güterichter, Mediator und Streitmittler, MDR 2016, S. 965 (966); Dorothea Assmann, Der Güterichter als Mediator, MDR 2016, S. 1303 (1306); Thomas Jacob, in: Gärdtiz, VwGO, 2. Aufl., 2018, § 87 Rn. 51; Susanne Wegener, 10 Jahre Güterichterverfahren: Weiter so!, NZFam 2022, S. 621 (627)。

官，也必須透過專門的研習課程始能充分掌握運用。上述調解理論與技巧，應屬於依據行政法院組織法第19條第2項規定，行政法院法官在職進修應充實的「相關專業素養」。為符合行政訴訟法新設調解制度之規範意旨，法官學院應妥善規劃，提供行政法院法官精實的研習課程[467]。

> **第228條之2**（調解要件、調解標的及第三人參加調解）
> 當事人就訴訟標的具有處分權且其調解無礙公益之維護者，行政法院得於訴訟繫屬中，經當事人合意將事件移付調解。
> 受命法官或受託法官亦得為前項之調解。
> 必要時，經行政法院許可者，得就訴訟標的以外之事項，併予調解。
> 第三人經行政法院之許可，得參加調解。行政法院認為必要時，得依聲請或依職權通知第三人參加調解。

❖立法說明❖

　　本條為2022年修法新增。關於調解要件、標的、機關及與第三人參加調解等事項，本條主要是參考本法第219條有關行政訴訟和解的相關規定。其中尤其包括：以當事人就調解標的具有處分權且其調解無礙公益之維護者，為移付調解之容許性要件，又為使當事人之紛爭有效解決，必要時亦得就訴訟標的以外之事項，併予調解，或使第三人經行政法院許可或通知後參加調解。

　　至於本法採取的調解類型，則是仿照民事訴訟法第420條之1第1項規定，以訴訟繫屬中之事件且經當事人合意移付調解者為限。換言之，此次修法只針對訴訟繫屬中事件之移付調解，民事訴訟法另有之起訴前強制調解（民訴法§403）或聲請調解（民訴法§404～§406）等途徑，未一併參酌。

　　比較法上值得注意的是，對於訴訟繫屬中之事件，依德國行政法院法第173條第1句準用民事訴訟法第278條第5項，係由受訴法院依其合義務裁量判定事件適宜調解後，依職權將當事人移付由承審法院以外之調解法官進行調解。移付調解在形式上固然不以當事人同意或合意為要件，但法院移付調解前應給予當事人表示意見的機會。

---

[467] 依照法官學院2023年之年度研習計畫，為因應行政訴訟調解新制之施行，法官在職進修之相關課程時數合計6小時，似有持續擴充補強的必要。關於法官進修調解課程的詳細規劃構想，可參考Roland Fritz/Heiner Krabbe, Plädoyer für Qualität und Nachhaltigkeit der Güterichterausbildung, NVwZ 2013, S. 29 (31); Susanne Wegener, 10 Jahre Güterichterverfahren: Weiter so!, NZFam 2022, S. 621 (628 f.)。

受訴法院違反一造或兩造當事人意願將之移付調解，雖屬合法，但一般來說意義不大[468]。

❖內容解析❖

一、規範目的

訴訟上調解，亦即訴訟繫屬中的事件，經當事人合意，由行政法院移付調解，目的在於藉由行政法院法官及調解委員的協助，提高當事人以合意且自負其責的方式解決彼此間衝突的意願及可能性[469]。

二、處分權與公益維護

(一)調解之公法上框架拘束

行政訴訟之調解，乃訴訟繫屬中之公法上爭議事件，在受訴行政法院、受命法官或受託法官偕同調解委員的協助下，由當事人以自主、自我負責之方式，和平地解決紛爭。調解成立者，具有終結訴訟繫屬之效力，並有與確定判決相當之效力（見§228-5五、之說明），乃替代法院終局裁判之紛爭解決制度。如同行政訴訟之和解，訴訟繫屬中之事件移付調解，以當事人對於調解標的（訴訟標的及併予調解之事項）有處分權且其調解無礙公益之維護者，始得為之。蓋任何以公法上爭議為標的之裁判外紛爭解決方式，皆須遵守基於依法行政及公益維護所生之界限（見緒論四、之說明）。

(二)實體上之處分權

訴訟上調解成立者，除因與訴訟上和解有同一效力而產生訴訟上效力外（§228-5、§222，見§228-5五、之說明），亦在實體上規範當事人（及參加調解之第三人）間權利義務關係。由於行政訴訟上調解成立者，在實體上係以公法上法律關係之設定、變更或消滅為標的之行政契約（行政程序法§135），且調解標的得不限於訴訟標的（見六、之說明），本條第1項所稱處分權（Verfügungsbefugnis），法理上應指作為調解成立或視為成立之生效要件的實體上處分權（materielle Verfügungsbefugnis），而非當事人在訴訟上對於訴訟標的之程序處分權（prozessuale

---

[468] 參見Hans Prütting, in: Münchener Kommentar zur ZPO, 6. Aufl., 2020, § 278 ZPO Rn. 37; Christine Steinbeiß-Winkelmann, in: Schoch/Schneider, Verwaltungsrecht: VwGO, Werkstand: 43. EL August 2022, § 173 Rn. 209; 傅玲靜，行政法上調解機制之法制研究——以環境調解為例，東吳法律學報33卷3期，2022年1月，頁109。

[469] Christine Steinbeiß-Winkelmann, in: Schoch/Schneider, Verwaltungsrecht: VwGO, Werkstand: 43. EL August 2022, § 173 Rn. 206.

Dispositionsbefugnis）[470]。所稱之實體上處分權，應兼指事實上爲處分之可能（Verfügenkönnen），及在法律上爲處分之容許（Verfügendürfen）[471]。

(三)公益維護原則

如同行政訴訟之和解[472]，強行法規及優勢公益（überwiegende öffentliche Interessen），非當事人所能處分，構成公法上爭議訴訟上調解必須遵守的界限[473]。有別於支配民事法的私法自治原則，在先天上提供經由調解促成合意解決衝突較有利的條件，行政訴訟之調解，往往面臨基於公益取向原則而生之界限。蓋因公法規範以保護公共利益爲其特徵，而法律保護之公益，經常不是行政訴訟當事人得任意左右。因此，一般而言，公益維護原則，相當程度地限縮當事人尋求調解方案之際的迴旋餘地，在若干個案中甚至排除調解的可能性[474]。

(四)移付調解之容許性要件

綜上所述，行政訴訟中達成的調解合意，不得違反強制或禁止規定，或有礙優勢公益之維護。這同時也是公法上爭議在訴訟繫屬中移付調解的容許性要件。本條第1項開門見山，明定以當事人就訴訟標的具有處分權且其調解無礙公益之維護，作爲行政訴訟事件移付調解的容許性要件。

既然處分權應以實體法爲依歸，而且公行政主體總是必須顧慮公益，前揭移付調解之容許性要件，對於私人及公權力主體分別產生不同的拘束力[475]。當事人爲私人者，爲訴訟標的所涉及之請求權的權利主體，或經權利人在實體法上授權，即對該訴訟標的有處分權。關於公法上法律地位之處分權，以該私人享有主觀公權力爲要件[476]。私人原則上得自由捨棄其自身主觀權利的部分或甚至全部（例如核發建照執照之請求權），至於第三人（如鄰人）之權利或客觀法，則非其所能處分[477]。換言之，

---

[470] 參考Karsten-Michael Ortloff/Kai-Uwe Riese, in: Schoch/Schneider, Verwaltungsrecht: VwGO, Werkstand: 43. EL August 2022, § 106 Rn. 35; Manfred Aschke, in: Gärditz, VwGO, 2. Aufl., 2018, § 106 Rn. 28。

[471] 參考Isabel Schübel-Pfister, in: Eyermann, VwGO, 16. Aufl., 2022, § 106 Rn. 9; 陳敏，行政法總論，2019年10版，頁1612。

[472] 參考Isabel Schübel-Pfister, in: Eyermann, VwGO, 16. Aufl., 2022, § 106 Rn. 7, 10; 陳敏，行政法總論，2019年10版，頁1612。

[473] 參考Christine Steinbeiß-Winkelmann, in: Schoch/Schneider, Verwaltungsrecht: VwGO, Werkstand: 43. EL August 2022, § 173 Rn. 211。

[474] 參見Josef Ruthig, in: Kopp/Schenke, VwGO, 27. Aufl., 2021, § 1 Rn. 36。

[475] 參考Michael Dolderer, in: Sodan/Ziekow, VwGO, 5. Aufl., 2018, § 106 Rn. 39。

[476] 參考Michael Fehling, in: Fehling/Kastner/Störmer, Verwaltungsrecht, 5. Aufl., 2021, § 106 VwGO Rn. 18。

[477] 參考Manfred Aschke, in: Gärditz, VwGO, 2. Aufl., 2018, § 106 Rn. 28。

不得處分的客觀法，是調解制度必須遵守的框架[478]。

反之，依法行政及公益維護原則等公法上之特別拘束，大幅度限制爲當事人之行政機關的處分權。由於調解成立在實體法上具有行政契約之性質，行政機關對於調解標的之處分權，基本上與行政契約有效要件之實體法上要求一致。行政機關對於調解標的之權利義務，依照相關法律之規範意旨，或依事件性質，不得締結行政契約時（行政程序法§135但），即不具有處分權。公權力主體對調解標的之處分權源自於權限（Kompetenzen），而非主觀權利，因此實體法上權利擁有者之問題，取決於作爲當事人之行政機關，依據相關法規是否具有事物管轄權及地域管轄權[479]。

基於處分權要求及公益維護原則，並非所有公法上爭議皆容許經當事人合意而移付調解。在行政機關享有行爲餘地的情況，如裁量行政領域，以及僅受目的拘束而安排的計畫行政，基本上容許調解。在羈束行政領域，則僅限於當事人對於羈束決定之要件因素有影響或形成可能性時，始有進行調解的空間。此外，只要訴訟上和解的法律上要件存在，亦得進行調解[480]。整體而言，依據德國學者粗估，在彼邦行政法領域適於調解的案件，占比約介於百分之十到二十五之間[481]。

三、當事人合意

調解成功與否，取決於當事人積極參與及和平解決爭議的意願。違反當事人意願或未經同意而移付調解，基本上意義不大[482]。因此，本條第1項明定，行政法院將訴訟繫屬之事件移付調解，以當事人合意爲要件。

四、行政法院的衝突分析與診斷責任

不過，訴訟繫屬中，法院宜隨時依訴訟進行程度鼓勵當事人兩造合意移付調解[483]。實際上，相較於法院訴訟程序，調解作爲公法上爭議之解決機制，較不易爲當事人直觀理解，更何況調解是行政訴訟新制施行二十餘年後始增新的制度。因此，判斷案件特質是否適於調解，主動與當事人溝通，說明此一裁判外紛爭解決制度之要旨，曉諭當事人系爭事件適合移付調解，並經由分析其利弊得失鼓勵當事人兩造合意

---

[478] 參考Joachim von Bargen著，江嘉琪譯，德國行政訴訟上法官調解制度—傳統訴訟程序之外的另一種選擇，國立中正大學法學集刊46期，2015年1月，頁16、46-47。

[479] 參考Michael Dolderer, in: Sodan/Ziekow, VwGO, 5. Aufl., 2018, § 106 Rn. 41。

[480] Josef Ruthig, in: Kopp/Schenke, VwGO, 27. Aufl., 2021, § 1 Rn. 37.

[481] 參見Christine Steinbeiß-Winkelmann, in: Schoch/Schneider, Verwaltungsrecht: VwGO, Werkstand: 43. EL August 2022, § 173 Rn. 211。

[482] Wolf-Rüdiger Schenke, in: Kopp/Schenke, VwGO, 27. Aufl., 2021, § 173 Rn. 4b.

[483] 參見法院加強辦理民事調解事件實施要點9。

移付調解，是受訴行政法院的任務[484]。

　　這意味著在移付調解新制施行後，受訴法院宜盡早進行衝突分析與診斷，依循上述準則判斷系爭訴訟事件是否具備移付調解的容許性要件且適於調解，並告知當事人何種衝突解決機制最適於用以解決當事人間的法律上爭議[485]。在肯認移付調解容許性要件的前提下，法院在審酌適於調解之重要觀點（如衝突的複雜性、存續期間長短、情緒化）後，可鼓勵當事人兩造合意移付調解，但不得不當地運用法官權威進行逼迫。蓋是否移付調解，依法取決於當事人的自主合意。以上做法，始符合揭露（Offenlegung）或透明（Transparenz）、受告知（Informiertheit）、任意（Freiwilligkeit）及自我負責（Eigenverantwortung）等調解之基本原則[486]。

五、移付調解之時點

　　本條第1項規定，行政法院得於「訴訟繫屬中」，經當事人合意將事件移付調解。準此規定，訴訟事件得於訴訟繫屬中之任何階段移付調解。上訴審程序中，最高行政法院（§263、§228-2）或高等行政法院（§263-5、§228-2）亦得為之。

　　即使依法於訴訟繫屬之任何時點皆得移付調解，但理想上仍宜盡早為之，從而受訴法院宜盡早進行前揭調解容許性及適宜性審查。蓋隨著訴訟審理程序之開始，可能強化兩造當事人間立場的對立衝突性，尤其是隨第一審裁判之作成，已有明顯的贏家及輸家後，在上訴審程序更難以說服兩造當事人合意移付調解[487]。

六、調解標的

　　本條第3項規定：「必要時，經行政法院許可者，得就訴訟標的以外之事項，併予調解。」由此觀之，調解標的必然包含訴訟標的（之全部或一部），但不限於此，從而未必與訴訟標的同一。將訴訟標的以外之事項併予調解的法理基礎，在於調解成立在實體法上是行政契約，當事人得決定其合意的範圍[488]。自調解的制度旨趣觀之，將調解標的擴及訴訟標的以外之事項，可藉由盡可能「將餅做大」的方式，變化得出

---

[484] 參考Sylvain Humbert/Alberto Amadori, Die Mediation in der Verwaltungsgerichtsbarkeit, NVwZ 2023, S. 484 (490)。

[485] 參考Susanne Wegener, 10 Jahre Güterichterverfahren: Weiter so!, NZFam 2022, S. 621 (623); Sabine Lentz, Rückläufige Statistik – wie kommt frischer Wind in das Güterichterverfahren?, jM 2023, S. 97 (101)。

[486] 參考Susanne Wegener, 10 Jahre Güterichterverfahren: Weiter so!, NZFam 2022, S. 621 (625). 調解基本原則之論述，可參見姜世明，調解法，2023年2版，頁194以下。

[487] Christine Steinbeiß-Winkelmann, in: Schoch/Schneider, Verwaltungsrecht: VwGO, Werkstand: 43. EL August 2022, § 173 Rn. 206; Sylvain Humbert/Alberto Amadori, Die Mediation in der Verwaltungsgerichtsbarkeit, NVwZ 2023, S. 484 (487).

[488] 參考Michael Dolderer, in: Sodan/Ziekow, VwGO, 5. Aufl., 2018, § 106 Rn. 13。

多種可行的解決方案,創造容許兩造當事人雙贏的基礎框架,讓雙方當事人擇定最能符合其各自利益或需求的調解方案[489]。調解的一大價值,在於引導當事人根本性地清理、消除彼此之間的衝突,以及修復因該衝突而已遭受破壞的關係。廣泛且利益導向地蒐集協商議題、調解標的,正是朝此方向前進的第一步[490]。

依照前揭法律文義及調解制度之旨趣,併予調解的事項,不以其與訴訟標的有一定的(法律上、時間上或事物上)關聯性為必要[491]。基於調解的利益及需求導向,調解程序尤其得將當事人的利益或需求納入考量、評價,即使此類觀點與訴訟標的沒有絲毫法律關聯性。蓋唯有如此,當事人才能精準地就雙方都能接受且理解的方案達成協議[492]。如前所述,調解是顧慮既往、兼容未來的衝突解決機制(見緒論三、之說明),不論是「宿怨」或將來可能發生的問題,即使與公法無關(如民法上的請求權),甚至與法律無關,亦得與系爭公法性質之訴訟標的一併調解[493]。

依本項規定,訴訟標的以外之事項併予調解,以經行政法院許可為要件。基於調解程序之當事人處分權及自我責任原則,行政法院之許可審查,應以本條第1項規定之調解容許性(見二、之說明)為限。亦即:法院僅得以當事人對於擬併予調解之事項無處分權,或其調解有礙公益之維護為由,不予許可。

七、第三人之參加調解

本條第4項規定:「第三人經行政法院之許可,得參加調解。行政法院認為必要時,得依聲請或依職權通知第三人參加調解。」依本項規定之文義,第三人參加調解僅以經行政法院之許可為要件,至於法院應依何等標準為許可與否之判準,則盡付闕如,尤其未有類如民事訴訟法第412條「就調解事件有利害關係之第三人」之規定。民事訴訟法第412條之規定,既未在本法第228條之6明文列舉準用之列,亦與行政訴訟之調解性質不相合(詳下),應不準用之(§307-1)。

實則,本項未規定第三人參加調解之資格要件,顯然是仿效本法第219條第3項第三人參加和解規定之結果。這恐也將承襲第219條第3項之疑義與問題[494]。在法無明

---

[489] Max-Jürgen Seibert, Mediation in der Verwaltungsgerichtsbarkeit - Erfahrungen und Überlegungen zu einer alternativen Streitbeilegung, NVwZ 2008, S. 365 (365).

[490] Reinhard Greger/Harriet Weber, Das Güterichterverfahren - Ein Leitfaden für Richter, Rechtsanwälte und Gerichtsverwaltung, online unter MDR 2019, Rn. 189.

[491] 參考Michael Dolderer, in: Sodan/Ziekow, VwGO, 5. Aufl., 2018, § 106 Rn. 14。

[492] Matthias Schütte, Konfliktlösung durch Mediation und Coaching – auch für die öffentliche Verwal-tung denkbar? DVBl 2022, S. 1359 (1363).

[493] 參考Karsten-Michael Ortloff/Kai-Uwe Riese, in: Schoch/Schneider, Verwaltungsrecht: VwGO, Werkstand: 43. EL August 2022, § 106 Rn. 33; Michael Fehling, in: Fehling/Kastner/Störmer, Verwal-tungsrecht, 5. Aufl., 2021, § 106 VwGO Rn. 17。

[494] 參見本書頁577-578之說明。

文情況下，本文認爲第三人參加調解之資格要件或範圍，應參酌考量者，主要有三：其一，訴訟上調解，以有效且和平地解決當事人間紛爭爲其制度功能（見緒論三、之說明）；其二，調解成立之契約，在實體法上的性質爲行政契約〔見二、（二）之說明〕，最後，第三人經其參加調解而成立者，亦受調解之拘束，而得爲執行名義（§305 IV）。

承此，行政程序法第140條規定：「行政契約依約定內容履行將侵害第三人之權利者，應經該第三人書面之同意，始生效力（I）。行政處分之作成，依法規之規定應經其他行政機關之核准、同意或會同辦理者，代替該行政處分而締結之行政契約，亦應經該行政機關之核准、同意或會同辦理，始生效力（II）。」準此以論，行政訴訟上第三人參加調解的目的，理應在於取得將因調解約定內容之履行而權利受侵害第三人之同意，或取得有關機關必要之協力行爲，以克服調解契約依據行政程序法第140條之生效要件限制，達到調解定紛止爭的功能[495]。因此，行政程序法第140條，應爲行政法院依本條第4項許可第三人（含當事人以外之其他行政機關）參加調解與否之準據[496]。

爲符合調解有效解決紛爭並減輕法院負擔之功能，所有將因調解約定內容而權利受影響之第三人及權限受牽連之其他行政機關，皆應盡早受通知參加調解[497]。

第228條之3（調解機關）
調解由原行政法院、受命法官或受託法官選任調解委員一人至三人先行調解，俟至相當程度有成立之望或其他必要情形時，再報請法官到場。但法官認爲適當時，亦得逕由法官行之。
當事人對於前項調解委員人選有異議者，法官得另行選任之。

❖ 立法說明 ❖

本條規範調解之實施機關，內容主要是參考民事訴訟法第406條之1。依照立法理由說明，調解程序，由原行政法院、受命法官或受託法官行之，乃看重經移付調解事件在訴訟繫屬中，原承審法官對案情及雙方爭點已有相當瞭解。原承審法官認爲適當時，得直接由自己進行調解。

---

[495] 參考Isabel Schübel-Pfister, in: Eyermann, VwGO, 16. Aufl., 2022, § 106 Rn. 15。
[496] 陳敏，行政法總論，2019年10版，頁1615，亦援用行政程序法第140條第1項說明第三人之參加和解。
[497] 參考Michael Dolderer, in: Sodan/Ziekow, VwGO, 5. Aufl., 2018, § 106 Rn. 29。

然而，調解程序講究促進當事人溝通及發揮創意等促成紛爭解決的特別方法與技巧，法官未必具備（見緒論七、之說明）。因此，原承審法官得依事件類型選任適當之調解委員先行調解。惟調解能否能成功，繫乎當事人對於調解委員之信賴，如當事人對於法官選任之調解委員人選有異議，自宜另行選任，此爲第2項規定之旨趣。

❖內容解析❖

一、原承審法官逕行調解

本法之調解以訴訟繫屬中之移付調解爲限。本條第1項仿效民事訴訟法第406條之1第1項但書及第2項，規定原行政法院、受命法官或受託法官爲實施調解之機關。爲實施調解，原承審法官原則上固然應選任調解委員一至三人先行爲之。惟受選任之調解委員先行調解至相當程度有成立之望或其他必要情形時，仍應報請法官到場。由此可見，原承審法官乃調解程序之權責機關，調解委員僅爲協助其履行司法高權性質任務之輔助人（見緒論六、之說明）。因此，依本條第1項但書，原承審法官認爲適當時，得直接由自己進行調解，而不假調解委員先行爲之。

本法規定由原承審法官進行調解，立法政策上係考量其對案情與爭點已有某程度掌握，由其依案件類型選任適當之調解委員先行調解，或由法官自身直接進行調解亦屬適當時，有助於促成調解。然而，原承審法官，同時亦爲調解不成立後之本案訴訟的承審法官，其法律見解對於訴訟結果具有決定性影響。這可能導致當事人在承審法官調解時難以敞開心胸就自身及對造之利益侃侃而談，從而限制當事人在探求衝突之最佳解決方案所需的創意[498]。雖然民事訴訟法第422條規定：「調解程序中，調解委員或法官所爲之勸導及當事人所爲之陳述或讓步，於調解不成立後之本案訴訟，不得採爲裁判之基礎。」於行政訴訟之調解準用（§228-6）。但調解程序法官與訴訟審理法官既爲同一，當事人在調解程序中的態度、舉措、陳述或讓步，皆可能影響法官在後續本案訴訟程序心證的形成。當事人在抱持此種疑慮下進行調解協商，難以敞開心胸、修復衝突，充其量只能獲致次佳的成果[499]。行政訴訟法新增調解制度之際，仿效民事訴訟法由具有本案裁判權之原承審法官進行調解的規範模式，立法政策上是否妥當，值得深思[500]。

---

[498] Karsten-Michael Ortloff, Vom Gerichtsmediator zum Güterichter im Verwaltungsprozess, NVwZ 2012, S. 1057 (1058 f.).

[499] Karsten-Michael Ortloff, Vom Gerichtsmediator zum Güterichter im Verwaltungsprozess, NVwZ 2012, S. 1057 (1059).

[500] 相關批評已見於：傅玲靜，行政法上調解機制之法制研究──以環境調解爲例，東吳法律學報33卷3期，2022年1月，頁137；對於民事訴訟法由原承審法官進行調解之規範模式的批評，請參見姜世明，調解法，2023年2版，頁458、472。

二、選任調解委員先行調解

　　承前所述，原承審法官乃實施調解程序的權責機關，但法官未必掌握促進當事人溝通及發揮創意等促成紛爭解決的知識能力。依據本條第1項本文規定，原承審法官原則上應選任調解委員一至三人先行調解，俟至相當程度有成立之望或其他必要情形時，再報請法官到場。但調解能否能成功，繫乎當事人對於調解委員之信賴，本條第2項於是規定，當事人對於法官選任之調解委員人選有異議者，法官得另行選任之。

第228條之4（調解委員人選之列冊、選任、日費、旅費及報酬等）

行政法院應將適於為調解委員之人選列冊，以供選任；其資格、任期、聘任、解任、應揭露資訊、日費、旅費及報酬等事項，由司法院定之。

法官於調解事件認有必要時，亦得選任前項名冊以外之人為調解委員。

第一項之日費、旅費及報酬，由國庫負擔。

❖立法說明❖

　　為便利法官選任調解委員先行調解，本條第1項前段規定行政法院將適於為調解委員之人選列冊之法院行政事務。惟提供調解委員名冊僅為服務性之司法行政作用，不具有拘束法官之效力（見緒論六、之說明），因此第2項明文規定，法官於調解事件認有必要時，亦得選任名冊以外之人為調解委員。至於調解委員之資格、任期、聘任、解任、應揭露資訊、日費、旅費及報酬等事項，第1項後段授權由司法院定之。第3項明定調解人參與調解之日費、旅費及報酬，由國庫負擔。

❖內容解析❖

　　依據本條第1項規定之授權，司法院已於2023年3月13日發布「行政法院調解委員設置辦法」，並明定自同年8月15日施行，計35條。以下僅按照行政法院調解委員設置辦法之總說明，臚列其要點如下：

一、行政法院調解委員之遴聘、任期、推薦及名冊等事宜（§3～§5）。

二、調解委員之消極資格及解任事由（§6～§7）。

三、調解委員聘任前之應參加培訓課程及抵免規定（§8）。

四、調解委員之服務地區（§9）。

五、法官選任個別調解委員之斟酌因素（§10）。

六、法院對於調解委員之協助及製發聘書與服務證等事宜（§11～§12）。

七、調解委員於任期內應接受之研習課程及抵免規定（§13）。

八、明定調解委員之揭露義務（§14）。

九、調解委員應服從法官之指示，並遵守行政法院調解委員倫理規範（§15）。

十、調解期日之通知、進行及續行（§16～§18）。

十一、調解程序之終結（§19）。

十二、當事人「案件詢問表」及「調解意見調查表」之填寫（§20）。

十三、調解委員之日費、旅費及報酬（§21～§26）。

十四、調解委員平時之評核（§27）。

十五、調解委員之評鑑（§28～§30）。

十六、調解委員之表揚（§31～§34）。

十七、本辦法之施行日期（§35）。

第228條之5（於調解準用之行政訴訟法規定）

第八十五條、第八十七條第二項、第三項、第一百三十條之一、第二百二十條、第二百二十一條第二項、第三項、第二百二十二條至第二百二十八條之一之規定，於本節準用之。

❖立法說明❖

本條明文列舉得於本節所定調解程序準用之行政訴訟法規定。所列規定，依其主題可分為以下三類：

一、明定法官定調解期日，得準用本法第85條審判長定期日後之通知，及第87條第2項、第3項審判長裁定變更或延展期日之規定。

二、明定調解程序準用本法第130條之1有關言詞辯論之遠距審理及文書傳送規定。

三、明列本法有關和解之下列規定於調解程序之準用：第220條命當事人、法定代理人、代表人或管理人本人到場、第221條第2項、第3項筆錄之製作及送達、第222條和解效力、第223條至第226條請求繼續審判、第227條、第228條第三人參加和解之效力及救濟、第228條之1法官酌定和解方案、補繳裁判費等。

❖內容解析❖

一、調解期日之告知及變更或延展

調解期日，由原行政法院、受命法官或受託法官依職權定之（§228-6、民訴法

§407 I ）。原承審法官定調解期日後，行政法院書記官應作通知書，送達於訴訟關係人。但經原承審法官面告以所定之期日命其到場，或訴訟關係人曾以書狀陳明屆期到場者，與送達有同一之效力（§228-5、§85）。調解期日，如有重大理由，得變更或延展之。變更或延展調解期日，除別有規定外，由原承審法官裁定之（§228-5、§87 II 、III）。

二、遠距調解及文書傳送

依立法理由說明，調解程序相較於法院審理程序，本具有相當之彈性及非要式性，是以本法第130條之1遠距審理之規定，於無礙調解程序進行之前提下，準用之。據此，當事人、代表人、管理人、代理人或其他關係人之所在處所或所在地法院與行政法院間，有聲音及影像相互傳送之科技設備而得直接進行調解程序者，行政法院認為適當時，得依聲請或依職權以該設備調解之（§228-5、§130-1 I ）。於此情形，其期日通知書記載之應到處所為該設備所在處所（§228-5、§130-1 II ）。又依前揭設備進行調解程序之筆錄或其他文書，須陳述人簽名者，由行政法院傳送至陳述人所在處所，經陳述人確認內容並簽名後，將筆錄及其他文書以電信傳真或其他科技設備傳回行政法院（§228-5、§130-1 III ）。至於進行前揭遠距調解及文書傳送之細節性及技術性事項，則應準用司法院依照本法第130條之1第4項授權發布之「法院辦理行政訴訟事件遠距審理及文書傳送辦法」。

三、命當事人、法定代理人、代表人或管理人本人到場

當事人、法定代理人、代表人或管理人本人於調解期日到場，有助於事實釐清，瞭解隱藏在其法律立場背後的利益或需求所在，而且本人有較充分之決定權，皆為促成調解成立之有利因素。因此，原承審法官為進行調解，得命當事人、法定代理人、代表人或管理人本人於調解期日到場（§228-5、§220）。

然而，本法未有類如民事訴訟法第409條當事人本人無正當理由不於調解期日到場之裁罰規定，該條規定亦不在本節明文列舉應予準用之列（見§228-6）。因此，本人無正當理由不於調解期日到場者，行政法院亦不得以裁定處以罰鍰。如此差別處置，究屬立法者匠心獨運之成果，抑或無心疏漏，有待進一步研究。

四、調解筆錄之製作及送達

調解成立時，應作成並送達調解筆錄。依據本條規定，此等事項係準用本法第221條第2項及第3項有關和解筆錄之規定。準用本法第221條第2項之結果，調解筆錄之製作，進一步準用本法第128條至第130條及民事訴訟法第214條、第215條、第217條至第219條之規定。關於調解筆錄之作成的細節，可參照本書第221條之釋義說

明。調解成立時，依本條準用本法第221條第3項，調解筆錄應於調解成立之日起10日內，以正本送達於當事人及參加調解之第三人。

五、調解效力

訴訟上和解及調解，皆為替代裁判之紛爭解決機制，不以法院作成裁判之方式終結訴訟，解決爭議。但為達定紛止爭之共同目的，和解或調解成立者，仍應賦予與確定判決相當之效力。民事訴訟法概括規定，訴訟上和解或調解成立者，「與確定判決有同一之效力」（民訴法§380Ⅰ、§416Ⅰ）。依本法第222條規定，行政訴訟上之和解成立者，「其效力準用第二百十三條、第二百十四條及第二百十六條之規定」。調解成立者，其效力依本條規定準用本法前揭第222條之規定。訴訟標的為和解或調解之效力所及者，其訴訟不合法（§107Ⅰ⑨）。又依本法成立之和解或調解，得為執行名義（§305Ⅳ）。綜括上述規定，調解具有下列效力：

(一)調解標的之確定力

本法第213條規定：「訴訟標的於確定之終局判決中經裁判者，有確定力。」此條規定於訴訟上之調解成立時，準用之。惟調解成立時，雖有終結訴訟之效力，但畢竟不存在行政法院之終局裁判，不得循審級救濟途徑聲明不服。因此，本法第213條規定，應如何於訴訟上調解準用，須稍費心神。

就實質確定力而言，本法第107條第1項第9款已明定，受調解效力所及之事項，產生禁止再行起訴之效力，當事人不得再以之為訴訟標的另行起訴，否則起訴不合法，行政法院應以裁定駁回之。因此，已確定之調解內容，產生禁止再行起訴之效力，應無疑義。

較需思量者，乃發生前揭效力前提要件之「調解（之形式）確定」。所謂調解之形式確定，應結合本法所定有關調解之救濟方式（§228-5準用§223～§227，詳下），一併觀察。準此以論，調解確定時，為當事人不得再以請求「繼續審判」之途徑，主張調解無效或應予撤銷，以及參加調解之第三人，亦不得再以「宣告調解無效」或「撤銷調解」之訴尋求救濟時。

(二)拘束關係機關之效力

依據本條之雙重準用，調解成立者，其效力另準用本法第216條之規定。據此，調解之內容，具有相當於形成判決之性質者，有拘束各關係機關之效力[501]。

---

[501] 參考彭鳳至，行政訴訟制度，收錄於：翁岳生主編，行政法（下），2020年4版，頁502；陳敏，前揭書，頁1613。

(三)執行力

本法第305條第4項規定，依本法成立之調解，亦得爲執行名義。因此，依調解之內容，當事人或參加調解之第三人應爲一定之給付而不履行者，得聲請地方行政法院強制執行。

六、請求繼續審判

如同訴訟上和解[502]，基於相同的訴訟上目標，「有效」成立之訴訟調解，具有直接終結訴訟之效力，亦即產生終結訴訟繫屬之效力（§228-6、民訴法§420-1 II 第2句）。調解若有無效或得撤銷之原因者，當事人自得主張無效之調解或經撤銷之調解，無終結訴訟之效力，事件仍繫屬於原行政法院，從而請求該法院繼續審判（§228-5、§223）[503]。請求繼續審判者，因已回復訴訟程序，應繳回依本法第228條之6準用民事訴訟法第420條之1第3項退還之裁判費（§228-5、§228-1、民訴法§380 III）。

爲維護法秩序之安定，請求繼續審判應有期間之限制。依本條規定準用本法第224條之結果，請求繼續審判，應於30日之不變期間內爲之。此期間，自調解成立時起算。但無效或得撤銷之原因知悉在後者，自知悉時起算。調解成立後經過3年者，不得請求繼續審判。但當事人主張代理權有欠缺者，得不受3年之限制[504]。

請求繼續審判不合法者，行政法院應以裁定駁回之。請求繼續審判顯無理由者，得不經言詞辯論，以判決駁回之（§228-5、§225）。請求繼續審判非顯無理由者，行政法院則應指定言詞辯論期日，先就是否有調解無效或得撤銷之原因爲辯論[505]。行政法院認定請求繼續審判無理由者，亦即認定調解無當事人主張之無效或得撤銷之原因，即以判決駁回之；認定請求繼續審判有理由者，亦即調解無效或經撤銷者，法院應進一步就原訴訟事件爲裁判[506]。若原訴訟事件之裁判產生變更調解內容之效力，第三人因信賴調解以善意取得之權利，不因該裁判而受影響，但如顯於公益有重大妨害者，則不在此限（§228-5、§226、§282）。

---

[502] 參見Karsten-Michael Ortloff/Kai-Uwe Riese, in: Schoch/Schneider, Verwaltungsrecht: VwGO, Werkstand: 43. EL August 2022, § 106 Rn. 55。

[503] 參考Karsten-Michael Ortloff/Kai-Uwe Riese, in: Schoch/Schneider, Verwaltungsrecht: VwGO, Werkstand: 43. EL August 2022, § 106 Rn. 60; Isabel Schübel-Pfister, in: Eyermann, VwGO, 16. Aufl., 2022, § 106 Rn. 29。

[504] 參考陳敏，前揭書，頁1614。

[505] 參考陳敏，前揭書，頁1614-1615。

[506] 參考Isabel Schübel-Pfister, in: Eyermann, VwGO, 16. Aufl., 2022, § 106 Rn. 29。

七、第三人參加調解之救濟

當事人與第三人間之調解，有無效或得撤銷之原因者，因所涉及事項不在當事人原起訴範圍，無從請求繼續審判。但為保障第三人尋求救濟之機會，依本條規定準用本法第227條第1項，第三人得向原行政法院提起宣告調解無效或撤銷調解之訴。第三人提起宣告調解無效或撤銷調解之訴，其作用亦在否認原於訴訟中成立之調解，與當事人請求繼續審判相同。從而，關於宣告調解無效或撤銷調解之訴提起期間之限制、法院之裁判方式及裁判效力，皆準用前揭關於當事人請求繼續審判之相關規定（§228-5、§228、§224～§226）。

若調解經原行政法院宣告無效或予以撤銷，當事人間之原訴訟事件即回復繫屬於同一法院，尚未終結。因此，在有前揭宣告調解無效或撤銷調解之訴情形，當事人得請求就原訴訟事件合併裁判，以避免程序重複（§228-5、§227Ⅱ）。

八、仲裁型及書面接受型之調解

本法於2022年修正時，為擴大和解制度解決紛爭之功能，提供當事人多元和解管道，新增第218條之1明文準用民事訴訟法第377條之1及第377條之2。在完善替代裁判紛爭解決機制的立法方向下，本條同步規定本法第228條之1之規定，於本節準用之。基於本法第228條之6及第228條之1之雙重準用，行政訴訟上調解之成立，除當事人自主達成調解合意之外，另得在尊重當事人自我負責及意思的前提下，透過仲裁型調解或書面接受型調解之途徑，強化法官介入的權限與責任，促使調解依法視為成立。

(一)仲裁型調解

當事人調解之意思已甚接近者，兩造得聲請法院、受命法官或受託法官於當事人表明之範圍內，定調解方案（§228-6、§228-1、民訴法§377-1Ⅰ）。前項聲請，應以書狀表明法院得定調解方案之範圍及願遵守所定之調解方案（§228-6、§228-1、民訴法§377-1Ⅱ）。法院、受命法官或受託法官依第1項定調解方案時，應斟酌一切情形，依衡平法理為之；並應將所定調解方案，於期日告知當事人，記明筆錄，或將調解方案送達之（§228-6、§228-1、民訴法§377-1Ⅲ）。當事人已受前項告知或送達者，不得撤回第1項之聲請（§228-6、§228-1、民訴法§377-1Ⅳ）。兩造當事人於受第3項之告知或送達時，視為調解成立（§228-6、§228-1、民訴法§377-1Ⅴ）。依本法第228條之2第4項參加調解之第三人，亦得與兩造為第1項之聲請，並準用民事訴訟法第377條之1前四項之規定（§228-6、§228-1、民訴法§377-1Ⅵ）。

依前揭規定，兩造當事人得授權法官，就一定範圍之權利義務，斟酌一切情形後，依衡平法理定調解方案。因調解內容如何，最終係由法官決定，當事人亦不得上

訴，性質上接近當事人合意由法官仲裁，可稱爲「仲裁型調解」[507]。惟法官定調解方案之權限及其範圍，均來自兩造當事人之授權，應仍符合調解當事人自主解決紛爭之核心本質。

又依照本法第228條之2第1項及第3項之規範意旨，當事人所表明法院得定調解方案之範圍，不限於訴訟標的，亦得就訴訟標的以外之事項一併請求定調解方案；法院、受命法官或受託法官於受理當事人之聲請後，除當事人就聲請之事項無處分權或其調解有礙公益之維護者外，有定調解方案之義務。

二、書面接受型調解

此外，民事訴訟法第377條之2之規定，於行政訴訟之調解，亦準用之。據此，當事人有調解之望，而一造到場有困難時，法院、受命法官或受託法官得依當事人一造之聲請或依職權提出調解方案（§228-6、§228-1、民訴法§377-2Ⅰ）。前項聲請，宜表明法院得提出調解方案之範圍（§228-6、§228-1、民訴法§377-2Ⅱ）。依第1項提出之調解方案，應送達於兩造，並限期命爲是否接受之表示；如兩造於期限內表示接受時，視爲已依該方案成立調解（§228-6、§228-1、民訴法§377-2Ⅲ）。前項接受之表示，不得撤回（§228-6、§228-1、民訴法§377-2Ⅳ）。

第228條之6（於調解準用之民事訴訟法規定）

民事訴訟法第八十四條第一項、第四百零七條第一項、第四百零七條之一、第四百十條、第四百十三條、第四百十四條、第四百二十條、第四百二十條之一第二項、第三項、第四百二十一條第一項、第四百二十二條及第四百二十六條之規定，於本節準用之。

❖立法說明❖

本條明文列舉得於本節調解程序準用之民事訴訟法規定。所列規定，依其主題可分爲以下三類：

一、調解時之費用負擔，準用民事訴訟法第84條第1項和解時費用負擔規定。

二、明定得於本法所定調解程序準用之民事訴訟法調解有關規定：第407條第1項調解期日之指定、第407條之1調解程序之指揮、第410條調解處所、第413條調解程序之聽取陳述、察看狀況及調查證據、第414條調解之態度、第420條當事人不到

---

[507] 參見呂太郎，民事訴訟法，2022年4版，頁591。

場之處置、第420條之1第2項關於訴訟程序之停止、終結及續行、同條第3項退還裁判費、第421條第1項調解程序筆錄。

　　三、明定準用民事訴訟法中維護調解私密性之相關規定：第422條調解中之陳述或讓步不得採為裁判基礎及第426條保密義務之規定。

❖內容解析❖

一、調解時之費用負擔

　　當事人為調解者，其調解費用及訴訟費用，除別有約定者，從其約定外，各自負擔之（§228-6、民訴法§84Ⅰ）。

二、調解程序相關事項

　　調解期日，由原行政法院、受命法官或受託法官依職權定之，其續行之調解期日，得委由主任調解委員定之；無主任調解委員者，得委由調解委員定之（§228-6、民訴法§407Ⅰ）。調解委員行調解時，由調解委員指揮其程序，調解委員有二人以上時，由法官指定其中一人為主任調解委員指揮之（§228-6、民訴法§407-1）。調解程序於法院行之，於必要時，亦得於其他適當處所行之。調解委員於其他適當處所行調解者，應經法官之許可（§228-6、民訴法§410Ⅰ）。調解程序，得不公開（§228-6、民訴法§410Ⅱ），此項明文規定，符合調解之私密性要求（見三、之說明），況且調解不涉及訴訟之辯論及裁判之宣示，本即不適用法庭公開有關規定（行政法院組織法§47、法院組織法§86）。

　　法官或調解委員行調解時，為審究事件關係及兩造爭議之所在，得聽取當事人、具有專門知識經驗或知悉事件始末之人或其他關係人之陳述，察看現場或調解標的物之狀況；於必要時，得由法官調查證據（§228-6、民訴法§413）。法官或調解委員行調解時，應本和平懇切之態度，對當事人兩造為適當之勸導，就調解事件酌擬平允方案，力謀雙方之和諧（§228-6、民訴法§414）。當事人兩造或一造於期日不到場者，法官酌量情形，得視為調解不成立或另定調解期日（§228-6、民訴法§420）。

　　法院書記官應作調解程序筆錄，記載調解成立或不成立及期日之延展或訴訟之辯論。但調解委員行調解時，得僅由調解委員自行記錄調解不成立或延展期日情形（§228-6、民訴法§421Ⅰ）。

　　事件依本法第228條之2第1項規定移付調解者，訴訟程序停止進行。調解成立時，訴訟終結。調解不成立時，訴訟程序繼續進行（§228-6、民訴法§420-1Ⅱ）。調解成立者，原告並得於調解成立之日起3個月內聲請退還已繳裁判費三分之二（§228-6、民訴法§420-1Ⅲ）。

三、調解私密性之維護

調解程序既以合意解決紛爭爲目的，則維護調解程序之私密性，對於當事人敞開心胸暢談，揭露、釐清雙方利益狀態及需求所在，進而促成調解成立，具有關鍵作用。除調解程序得不對公眾公開外（§228-6、民訴法§410Ⅱ），本條進一步明定準用民事訴訟法第422條及第426條之規定，共同營造有利調解進行的私密、信賴氛圍。

首先，調解程序中，調解委員或法官所爲之勸導及當事人所爲之陳述或讓步，於調解不成立後之本案訴訟，均不得採爲裁判之基礎（§228-6、民訴法§422）。蓋調解程序中，調解委員或法官所爲之勸導及當事人所爲之陳述或讓步，係以和諧解決紛爭爲目的，未必對事實及法律爲明確、嚴謹、堅定之發言。若將調解過程中所爲勸導、陳述或讓步，作爲調解不成立時本案訴訟之裁判基礎，將無法兼顧和諧與相互妥協之要求，難以達成調解任務[508]。

其次，民事訴訟法第426條規定：「法官、書記官及調解委員因經辦調解事件，知悉他人職務上、業務上之秘密或其他涉及個人隱私之事項，應保守秘密。」於行政訴訟之調解亦準用之。法官、書記官及調解委員關於經辦調解事件之保密義務，構成確保訴訟上調解私密性之重要支柱。

其實，當事人因參與調解事件，獲悉他造當事人之秘密或隱私者，亦有使其負保密義務之必要，始能完整確保調解程序之私密性及調解制度之有效運作。惟民事訴訟法及本法皆無相關規定，維護調解程序私密性重要的一塊拼圖，當事人之保密義務，僅得透過當事人簽署保密協定課予之。

---

[508] 參見呂太郎，前揭書，頁680。

第二章
簡易訴訟程序

　　為堅實第一審行政法院之功能，爰將原由高等行政法院管轄並適用通常訴訟程序之事件，部分改由地方行政法院管轄（§104-1 I但書）。從而，地方行政法院之管轄範圍，除簡易訴訟程序事件、交通裁決事件及收容聲請事件外，亦包含部分通常訴訟程序事件，爰參照本編第一章、第三章及第四章章名之體例，修正本章章名，改以「簡易訴訟程序」作為本章之章名，取代原來的「地方法院行政訴訟庭簡易訴訟程序」。

　　為避免司法資源之浪費，從訴訟經濟與效率原則之觀點，將行政訴訟案件區分輕重，分別依循不同程序進行，確有實際之需要，使案情單純、影響較輕微或本質上宜於迅速終結之案件，有較簡便之訴訟程序可資依循，此應為本章制度設計之主要理由[1]，本章主要以金額之高低作為決定案件是否簡易之區分標準，固有方便與經濟簡明之處，惟金額多寡乃相對之概念，因個人經濟能力強弱有時懸殊甚大，相關之金額對不同之人影響自亦不同；何況行政訴訟制度既然是為確保依法行政與保障人民權益而設，重點應在於行政行為是否合法。此外，有些案件金額雖然不高，但案件本身卻極為複雜，因此，此一區分標準難免論者有其他意見[2]，為此第229條第2項授權司法院得因客觀情勢而升降金額上下限之設，以為因應。

第229條（適用簡易程序之行政訴訟事件）
適用簡易訴訟程序之事件，以地方行政法院為第一審管轄法院。
下列各款行政訴訟事件，除本法別有規定外，適用本章所定之簡易程序：
一、關於稅捐課徵事件涉訟，所核課之稅額在新臺幣五十萬元以下者。
二、因不服行政機關所為新臺幣五十萬元以下罰鍰處分而涉訟者。

---

[1]　參閱行政訴訟法新舊條文對照表，司法院編印，1999年1月，頁31；吳庚，行政爭訟法論，1999年初版，頁223；劉宗德、彭鳳至，行政訴訟制度，收錄於：翁岳生主編，行政法（下），2000年2版，頁1255；有關簡易訴訟程序之設計，其法理說明詳參邱聯恭，簡易訴訟之程序法理，收錄於：氏著，司法之現代化與程序法，頁311以下。

[2]　類此意見參閱吳庚，前揭書，頁223。

三、其他關於公法上財產關係之訴訟，其標的之金額或價額在新臺幣五十萬元以下者。

四、因不服行政機關所為告誡、警告、記點、記次、講習、輔導教育或其他相類之輕微處分而涉訟者。

五、關於內政部移民署（以下簡稱移民署）之行政收容事件涉訟，或合併請求損害賠償或其他財產上給付者。

六、依法律之規定應適用簡易訴訟程序者。

前項所定數額，司法院得因情勢需要，以命令減為新臺幣二十五萬元或增至新臺幣七十五萬元。

第二項第五款之事件，由受收容人受收容或曾受收容所在地之地方行政法院管轄，不適用第十三條之規定。但未曾受收容者，由被告機關所在地之地方行政法院管轄。

❖立法說明❖

　　本次修法為堅實「地方行政法院」之功能，並凸顯行政法院之組織變革，新條文乃以地方行政法院取代原來的「地方法院行政訴訟庭」。並反映社會經濟之發展，將相關之金額予以適度調高。

　　簡易訴訟程序近幾年有較多之變動，2010年1月與2011年5月之修法重點，主要在於當時第1項與第2項關於價額或金額數字之變更。最大之改變在2011年11月23日，將簡易訴訟程序之管轄法院改由地方法院行政訴訟庭為第一審管轄法院，主要內容如下：

　　一、明定適用簡易訴訟程序之事件，以地方法院行政訴訟庭為第一審管轄法院。

　　二、關於交通裁決事件，本法第二編第三章已另訂特殊救濟程序，不屬簡易訴訟程序事件，爰將原第1項條文移列為第2項，並增加除外規定。

　　2014年6月18日本條之立法理由如下：

　　一、依第2項第4款適用簡易訴訟程序審理者，係屬罰鍰以外之輕微處分事件。考量現行行政法規中，由行政機關所為之講習或輔導教育處分，具教育及警告作用，亦屬輕微處分，適用簡易訴訟程序審理，爰增列之，俾資明確。

　　二、第2項第5款之行政收容事件，係指：(一)不服內政部移民署[3]（以下簡稱移民署）關於具保、定期報告生活動態、限制住居、定期接受訪視及提供聯絡方式等收容替代處分涉訟；(二)除收容替代處分外，其他關於因入出國及移民法、臺灣地區與大

3　原內政部入出國及移民署已更名為內政部移民署，爰配合修正其機關名稱，參閱立法院公報，
　　第110卷，第66期，院會紀錄，頁191、201。

陸地區人民關係條例及香港澳門關係條例之收容所生而涉訟（例如：受收容人向移民署提出作成收容替代處分之申請，因移民署應作爲而不作爲或駁回其申請，而提起之行政訴訟；或不服移民署以違反收容替代處分所爲沒入保證金之處分等）；(三)提起前開行政訴訟，合併請求損害賠償或其他財產上給付者。因上述事件與第237條之10以下所定收容聲請事件相關，且收容聲請事件已明定由地方法院行政訴訟庭審理，爲調查證據之便利，踐行較爲簡便之訴訟程序以利終結，俾符訴訟經濟，明定上述事件應由地方法院行政訴訟庭依簡易訴訟程序審理，爰增列第2項第5款。又行政收容事件涉訟與收容聲請事件之事務管轄法院，宜爲同一，其訴訟標的如涉及金額或價額，不論是否逾新臺幣四十萬元，均屬該款之事件，依簡易訴訟程序審理。

三、現行第2項第5款移列爲同項第6款。

四、鑑於暫予收容處分之救濟，重在迅速審理終結，第237條之10以下已增訂對於暫予收容處分不服者，由地方法院行政訴訟庭依收容異議程序審理，是以，第2項第5款之事件並不包括不服暫予收容處分之救濟；亦不包括不服收容前之強制驅逐出國（境）處分或原因處分之救濟，併予敘明。

五、明定第2項第5款事件之管轄法院，不適用第13條以原就被之訴訟原則，原告僅得向受收容人受收容或曾受收容所在地之地方法院行政訴訟庭起訴，其他法院對之無管轄權。又考量有關行政收容事件之原告，未必爲受收容人，亦可能未曾受收容，爰於第4項明定有此情形者，由被告機關所在地之地方法院行政訴訟庭管轄，俾資周延。

❖內容解析❖

簡易訴訟程序制度之設計，係爲減輕行政法院之案件負荷，並儘量使司法資源發揮最大經濟效能，方法上乃採形式上區分之原則，首先將行政訴訟事件之訴訟標的所涉及之稅額、罰鍰之金額或其他關於公法上財產關係之訴訟，其標的之金額或價額在新臺幣五十萬元以下者，納入簡易程序之範圍。惟追加或反訴，若其訴訟標的之金額或價額逾新臺幣五十萬元者，原訴與之合併辯論及裁判者，原訴即不得再適用簡易程序，地方法院行政訴訟庭並應裁定移送管轄之高等行政法院，則爲本法第230條所明定。並無如民事訴訟法第435條以當事人合意爲除外規定，或擬制合意之適用，兩者有別。本條所定金額之上下限，爲顧及社會實況及經濟發展，須有彈性之因應，爰於本條第2項授權司法院得視實際情勢需要，以命令減降爲新臺幣二十五萬元或增至新臺幣七十五萬元，以便控制此類案件數量。

第2項第4款規定行政機關所爲之告誡、警告、記點、記次、講習、輔導教育或其他相類之輕微處分，法律未劃歸普通法院管轄之案件，性質上屬於較輕微之行政訴訟事件，宜以較簡易之司法程序審理之，以節省時間及人力。

關於第2項第5款之行政收容事件，乃指：一、不服內政部移民署關於具保、定期報告生活動態、限制住居、定期接受訪視及提供聯絡方式等收容替代處分涉訟；二、除收容替代處分外，其他關於因入出國及移民法、臺灣地區與大陸地區人民關係條例及香港澳門關係條例之收容所生而涉訟；三、提起前開行政訴訟，合併請求損害賠償或其他財產上給付者。因上述事件與第237條之10以下所定收容聲請事件相關，且收容聲請事件已明定由地方法院行政訴訟庭審理，為調查證據之便利，踐行較為簡便之訴訟程序以利終結，俾符訴訟經濟，明定上述事件應由地方法院行政訴訟庭依簡易訴訟程序審理。

又行政收容事件涉訟與收容聲請事件之事物管轄法院，宜為同一，其訴訟標的如涉及金額或價額，不論是否逾新臺幣五十萬元，均屬該款之事件，應依簡易訴訟程序審理。

最後，第6款關於其他公法爭議案件，屬本條第2項第1款至第5款以外者，法律有明定應適用簡易訴訟程序者，自當從其規定。

第230條（簡易訴訟之變更、追加或反訴）
前條第二項之訴，因訴之變更或一部撤回，致其訴屬於地方行政法院適用通常訴訟程序之事件或交通裁決事件者，應改依通常訴訟程序或交通裁決事件訴訟程序之規定審理。追加之新訴或反訴，以原訴與之合併辯論及裁判者，亦同。
前項情形，訴之全部或一部屬於高等行政法院管轄者，地方行政法院應裁定移送管轄之高等行政法院。

❖立法說明❖

一、配合第104條之1關於地方行政法院與高等行政法院管轄適用通常訴訟程序事件之分工，爰就因訴之變更、追加或反訴，致變更應適用之訴訟程序或管轄法院之情形與處置方式，予以明定。另因訴之一部撤回致變更為交通裁決事件訴訟程序之情形與處置方式，亦一併明定。

二、依第1項規定，地方行政法院受理適用簡易訴訟程序之事件，因訴之變更、追加新訴或反訴且與原訴合併審理，致該訴屬於通常訴訟程序事件之範圍時，應改依通常訴訟程序之規定審理。又因訴之一部撤回，致其訴屬於地方行政法院適用交通裁決事件者，應改依交通裁決事件訴訟程序之規定審理。

三、因訴之變更、追加或反訴，致訴之全部或一部屬於高等行政法院管轄者，地方行政法院應將訴之全部裁定移送管轄之高等行政法院。

❖內容解析❖

前條第2項第1款至第3款之訴，係以訴訟標的之金額或價額在新臺幣四十萬元以下為適用簡易程序之要件。如原告於訴訟繫屬後變更其訴，致新訴標的之金額或價額逾新臺幣四十萬元時，已不符合前開要件時，自應改依通常程序辦理。又，如原告追加新訴，或被告提起反訴，其追加之新訴或反訴標的之金額或價額在新臺幣四十萬元以下者，仍應適用簡易程序；逾新臺幣四十萬元，而以原訴與之合併辯論及裁判者，則不再適用簡易程序。爰設本條，免滋疑義。

因為有地方法院行政訴訟庭之成立，負責審理適用簡易訴訟程序之案件。但在訴訟程序上，如因訴之變更、追加或提起反訴，致訴訟標的之金額或價額逾新臺幣四十萬元者，其辯論及裁判即不得再依簡易訴訟程序為之，而應依通常訴訟程序審理。但因通常訴訟程序係以高等行政法院為第一審管轄法院，乃於本條增訂地方法院行政訴訟庭遇此情形，應以裁定將案件移送管轄之高等行政法院。

第231條（起訴及聲明以言詞為之）
起訴及其他期日外之聲明或陳述，概得以言詞為之。
以言詞起訴者，應將筆錄送達於他造。

❖立法說明❖

一、依通常訴訟程序而為起訴者，原則上應以書狀提出於行政法院為之。其他期日外之訴訟行為，如參加訴訟等，亦有規定須以書狀為之者。然於簡易訴訟程序，應許以言詞為一切訴訟行為以期便捷。

二、在通常訴訟程序，原告之訴狀，應由法院送達於被告，俾其知悉而能有所準備。適用簡易訴訟程序之事件，若係以言詞起訴者，該記載起訴意旨之筆錄，即為訴狀之代替，自應送達於他造。

❖內容解析❖

通常訴訟程序，除了訴之變更、追加及提起反訴，得於言詞辯論時，以言詞為之（§115準用民訴§261參照）外，起訴應以訴狀為之（§105）。起訴以外之聲明或陳述，亦同。例如訴之撤回（§113Ⅱ前段）、提出準備書狀（§120）等是。而簡易程序則為求程序之簡便，故起訴及其他期日外之聲明或陳述，並不予嚴格規定，得任以書狀或言詞為之。惟訴訟參加（§44、§48準用民訴§59）、訴訟告知（§48準用民訴§66）、終止委任（§54）等行為，則無本條項之適用，仍應以書狀為之。當事人以

言詞聲明或陳述時，應於行政法院書記官前為之，並由書記官作成筆錄（§60）。其以言詞起訴者，應將筆錄送達於他造（§231 II）。其行言詞辯論者，應將言詞辯論期日之通知書，一併送達於他造（§233 II）[4]。

第232條（簡易訴訟程序之實行）

簡易訴訟程序在獨任法官前行之。

簡易訴訟程序之審理，當事人一造之住居所、公務所、機關、主事務所或主營業所所在地位於與法院相距過遠之地區者，行政法院應徵詢其意見，以遠距審理、巡迴法庭或其他便利之方式行之。

前項與法院相距過遠地區之標準、審理方式及巡迴法庭臨時開庭辦法，由司法院定之。

❖立法說明❖

一、應適用簡易程序之訴訟，係屬輕微之事件，自以由法官一人辦理為宜。

二、地方行政法院辦理簡易訴訟程序事件，為避免影響修正前既有之訴訟便利性及依照普通審判籍所定之以原就被原則，同時保障人民起訴、應訴之便利性，當事人一造之住居所、公務所、機關、主事務所或主營業所所在地位於與法院相距過遠之地區者，地方行政法院應徵詢當事人意見，以便利當事人之方式進行程序，例如：運用遠距審理、巡迴法庭或混合巡迴法庭等方式，不影響當事人起訴、應訴之便利性，如當事人有意願親自到院開庭，亦屬其認為便利之方式。如當事人合意便利之方式，且法院認為適當者，應從其合意。有關與法院相距過遠地區之標準、審理方式及巡迴法庭臨時開庭辦法，授權司法院定之，爰增訂第2項及第3項。

❖內容解析❖

一、簡易訴訟程序之案件一般既屬較輕微、簡易之案件，為省勞費，自以法官一人擔任案件之審理即已足夠勝任，此亦為本章主要立法目的之一，否則自然失去另設簡易程序之意義。

二、簡易訴訟程序制度，自應包含人民起訴、應訴之便利性，以節省民眾應訴之勞費。現代科技之發達應對司法程序產生建設性的影響，司法機關應從便民的角度出發，善用已經相當成熟且普及的通訊科技與設備，在不影響正當程序與審判品質的前提下，如當事人合意便利之方式，且法院認為適當者，應從其合意。善用遠距審理、

4　陳計男，民事訴訟法論（下），1994年初版，頁618。

巡迴法庭或混合巡迴法庭等方式進行，既展現司法與時俱進的一面，也是對人民的尊重。

第233條（通知書之送達）

言詞辯論期日之通知書，應與訴狀或第二百三十一條第二項之筆錄一併送達於他造。

簡易訴訟程序事件行言詞辯論終結者，指定宣示判決之期日，自辯論終結時起，不得逾二星期。但案情繁雜或有特殊情形者，不在此限。

❖立法說明❖

一、應適用簡易程序之訴訟事件，多屬簡單、輕微之事件，如其事證明確者，自得不經言詞辯論而為裁判，以節勞費。

二、適用簡易程序之訴訟事件，如須行言詞辯論時，為使其程序易於進行，其言詞辯論期日之通知書，應與訴狀或第231條第2項之筆錄一併送達於他造，以期便捷。

❖內容解析❖

本條第1項亦為簡易訴訟程序之規定，以確保程序之合法迅速進行，除立法理由外，請參閱第231條之內容解析。

又，簡易訴訟程序自與適用通常訴訟程序之行政訴訟事件採合議審判之程序有所不同，後者自言詞辯論終結後，歷經合議庭評議及製作判決書，需時較長；前者為獨任審判，除特殊情形外，其所需時間較短，爰於第233條第2項修正宣示期日規定，除案情繁雜或有特殊情形，致無法於法定期間內製作判決書，宜酌定較長之宣示期日外，為貫徹簡易程序之精神，提升司法效率，通常訴訟程序之宣示期日，自辯論終結時起，不得逾三星期，簡易訴訟程序之宣示期日，自辯論終結時起，不得逾二星期，以符實際需要，自屬合理且必要之規定。

第234條（判決書之簡化）

判決書內之事實、理由，得不分項記載，並得僅記載其要領。

地方行政法院亦得於宣示判決時，命將判決主文及其事實、理由之要領，記載於言詞辯論筆錄或宣示判決筆錄，不另作判決書。

前項筆錄正本或節本，應分別記明之，由書記官簽名並蓋法院印。

第二項筆錄正本或節本之送達，與判決正本之送達，有同一之效力。

❖立法說明❖

一、按一般判決書內之事實及理由，不僅應分項記載，而且應力求詳晰。惟適用簡易程序之訴訟，內容多屬簡單、輕微，爰規定判決書內事實、理由，得不分項記載，並得僅記載其要領，以節省法官製作判決書之勞力。

二、為使地方行政法院就簡易訴訟程序之判決亦能配合程序之簡易迅速，並減少判決書之製作，地方行政法院亦得於宣示判決時，命將判決主文及其事實、理由之要領，記載於言詞辯論筆錄或宣示判決筆錄，不另作判決書，以減輕法院的負擔並提升簡易程序整體的效率，爰參酌民事訴訟法第434條第2項、第3項、第230條規定，增訂第2項至第4項，有其事實上之需要。

❖內容解析❖

一、行政法院判決書之法定格式，本法第209條已定有明文。但簡易程序之訴訟事件，內容既多屬簡易，為節省法官及法院相關人員之勞費，自宜有別於一般訴訟案件之判決，得不分項記載，並得僅記載其要領。在文書形式上，此一替代判決之文件，則仍須由書記官簽名並蓋法院印，方屬完備。

二、本條第2項關於地方法院簡易程序案件所製作之筆錄正本或節本可代替判決書，意即此時之筆錄正本或節本等同於判決，則筆錄正本或節本之送達，其效力自與判決正本之送達相同。故於第3項加以明文，以示明確並杜絕爭議。

第235條（刪除）

❖立法說明

因簡易訴訟程序之上訴或抗告，原則上與第三編或第四編規定相同，體例上回歸各編適用即可，無再自為規定之必要，爰刪除本條規定。

第235條之1（刪除）

❖立法說明

為堅實第一審行政訴訟，使原由高等行政法管轄並適用通常訴訟程序之事件，部分改由地方行政法院管轄，高等行政法院則為該事件之上訴審終審法院。依此，適用

通常訴訟程序之事件，亦有確保裁判見解統一之必要，第263條之4業已增訂相關規範，並一體適用於簡易訴訟、交通裁決訴訟程序之事件，因此，第235條之1已無規範必要，爰予刪除。

> **第236條**（簡易訴訟程序適用之規定）
> 簡易訴訟程序除本章別有規定外，仍適用通常訴訟程序之規定。

❖立法說明❖

簡易訴訟程序，乃將訴訟事件之較為輕微簡單者，於通常程序外另定若干便捷之規定，俾程序易於進行，得能迅速終結，除此之外，自仍應適用通常訴訟程序之規定。

❖內容解析❖

簡易訴訟程序本質上仍屬行政訴訟事件無疑，除為實現其立法設計目的所為之特別程序規定外，自仍適用本法有關一般案件之訴訟程序規定，明顯之適例，如前條有關當事人對於適用簡易訴訟程序事件之裁判不服提起抗告或上訴時，除須於法定期間內提起抗告或上訴外，並須聲請上訴或抗告之許可。而應許可之上訴或抗告，則僅以訴訟事件所涉及之法律見解具有原則性為限。亦即除本章之規定外，簡易訴訟程序仍應試用本法所定之通常訴訟程序規定。

因此，舉凡通常訴訟程序所規定之「行政法院應依職權調查事實關係，不受當事人主張之拘束。」「行政法院於撤銷訴訟，應依職權調查證據。」「行政法院為裁判時，應斟酌全辯論意旨及調查證據之結果，依論理及經驗法則判斷事實之真偽。但別有規定者，不在此限。」行政訴訟法第125條第1項、第133條前段、第189條第1項分別定有明文。

第243條也規定：「判決不適用法規或適用不當者，為違背法令（Ⅰ）。有下列各款情形之一者，其判決當然違背法令：……六、判決不備理由或理由矛盾（Ⅱ）。」

又同法第236條規定：「簡易訴訟程序除本章別有規定外，仍適用通常訴訟程序之規定。」第236條之2第3項規定：「簡易訴訟程序之上訴，除第241條之1規定外，準用第三編規定。」是於應適用簡易訴訟程序之撤銷訴訟事件，為事實審之地方法院行政訴訟庭，應本於職權調查證據，並依調查證據之結果，認定事實，不受當事人主張之拘束；且其認定事實不得違背經驗法則或論理法則；並應於判決書理由項下記載關於攻擊或防禦方法之意見及法律上之意見，否則判決即屬違背法令[5]。

---

[5] 臺北高等行政法院105年度簡上字第192號判決參照。

第236條之1（刪除）

❖立法說明❖

現行條文第236條之1關於簡易訴訟程序之上訴，其上訴理由應表明之事項與通常訴訟程序之上訴一致，依第263條之5準用第244條規定即為已足，無再重複規定之必要。又簡易訴訟程序之抗告與通常訴訟程序之抗告規定一致，依第四編抗告程序處理，爰刪除本條。

第236條之2（刪除）

❖立法說明❖

因簡易訴訟程序之上訴、抗告、再審及重新審理，原則上與第三編至第六編相同，體例上回歸各編適用即可。有關簡易訴訟上訴審程序之訴訟代理、誤用簡易訴訟程序審理並為裁判之情形及處置方式等，第263條之3及第263條之5已增訂相關規範，爰刪除本條。

第237條（準用規定）
民事訴訟法第四百三十條、第四百三十一條及第四百三十三條之規定，於本章準用之。

❖立法說明❖

本法修正，關於簡易訴訟程序雖已自行訂定若干條文，惟民事訴訟法關於簡易程序之規定更為詳盡，除部分性質不相容或因立法技術上之原因，本法已自行規定者外，其餘與本法不相牴觸部分，計有三條，爰列舉各該條次，明定於本章準用之。

❖內容解析❖

本章準用民事訴訟法之條文涵蓋：言詞辯論期日通知書應為特別表明（§430）、簡易程序之準備書狀（§431）與證據調查之簡易方法（§433）。內容依

序分別如下：

　　一、言詞辯論期日之通知書，應表明適用簡易訴訟程序，並記載當事人務於期日攜帶所用證物及偕同所舉證人到場。

　　二、當事人於其聲明或主張之事實或證據，以認為他造非有準備不能陳述者為限，應於期日前提出準備書狀，並得直接通知他造；其以言詞為陳述者，由法院書記官作成筆錄，送達於他造。

　　三、通知證人或鑑定人，得不送達通知書，依法院認為便宜之方法行之。但證人或鑑定人如不於期日到場，仍應送達通知書。

第三章
交通裁決事件訴訟程序

公路主管機關及警察機關依道路交通管理處罰條例所為之交通裁決，其性質上屬行政處分，受處罰人如不服，本應循序提起訴願、行政訴訟以資救濟。道路交通管理處罰條例最初於1968年公布施行之第75條即有相關訴願之規定，惟考量當時行政法院僅有一所，難以負荷此類數量龐大之公法事件，旋即於翌年修正，改採向管轄地方法院聲明異議，並明文準用刑事訴訟法之規定，致生合憲性之爭議[1]。2000年7月行政訴訟改採二級二審制度，成立高等行政法院及改制原行政法院為最高行政法院，惟掌理第一審之行政法院僅有臺北、臺中、高雄三所，對於人民訴訟並不便利，亦仍難期負荷大量的交通裁決事件。為解決訴訟不便之問題及使公法事件陸續回歸行政訴訟審判，2012年9月行政訴訟改採三級二審制度，在各地方法院設置行政訴訟庭，將現行由普通法院交通法庭審理之交通裁決事件，改依行政訴訟程序審理。2023年8月行政訴訟再度改制，第3條之1修正為：「本法所稱高等行政法院，指高等行政法院高等行政訴訟庭；所稱地方行政法院，指高等行政法院地方行政訴訟庭。」將原在22所地方法院設置之行政訴訟庭，改設置為3所高等行政法院地方行政訴訟庭，仍辦理交通裁決事件第一審訴訟程序。

第237條之1（交通裁決事件之範圍及合併提起非交通裁決事件之處置）
本法所稱交通裁決事件如下：
一、不服道路交通管理處罰條例第八條及第三十七條第六項之裁決，而提起之撤銷訴訟、確認訴訟。

---

[1] 司法院釋字第418號解釋認為憲法第16條保障人民有訴訟之權，旨在確保人民有依法定程序提起訴訟及受公平審判之權利。至於訴訟救濟，究應循普通訴訟程序抑依行政訴訟程序為之，則由立法機關依職權衡酌訴訟案件之性質及既有訴訟制度之功能等而為設計。道路交通管理處罰條例第87條規定之程序，既已給予當事人申辯及提出證據之機會，符合正當法律程序，與憲法第16條保障人民訴訟權之意旨尚無牴觸。惟學者間仍多批評，詳請參林家賢，司法對交通秩序罰審查問題之研究—以普通法院交通法庭審查為中心，2007年7月，頁179以下。

二、合併請求返還與前款裁決相關之已繳納罰鍰或已繳送之駕駛執照、計程車駕駛人
　　執業登記證、汽車牌照。
合併提起前項以外之訴訟者，應適用簡易訴訟程序或通常訴訟程序之規定。
第二百三十七條之二、第二百三十七條之三、第二百三十七條之四第一項及第二項規
定，於前項情形準用之。

❖立法說明❖

　　一、本條於2011年11月23日修正新增，嗣鑑於道路交通管理處罰條例於2019年4
月17日修正公布，原第37條第5項規定修正遞移為第6項，乃於2021年6月16日配合修
正公布第1項第1款。

　　二、交通裁決本質為行政處分，其因質輕量多，過去四十年考量行政法院未能普
設，為顧及民眾訴訟便利，並兼顧行政法院負荷，而立法規定其救濟程序由普通法院
交通法庭依聲明異議方式，準用刑事訴訟法審理。各地方法院設置行政訴訟庭後，前
開顧慮已然消除，爰將此類事件之救濟程序，改依行政救濟程序處理。

　　三、本條第1項明定本法所稱交通裁決事件之範圍，限於不服道路交通管理處罰
條例第8條及第37條第6項之裁決，而提起之撤銷訴訟或確認訴訟（例如：認為裁決
違法而提起撤銷訴訟，或認為裁決無效或主張已執行之裁決為違法而無回復原狀之可
能，而提起確認訴訟）及合併請求返還與前款裁決相關之已繳納罰鍰或已繳送之駕駛
執照、計程車駕駛人執業登記證、汽車牌照者。

　　四、又本章係因應交通裁決事件質輕量多之特性，而設之特殊程序規定，為免提
起前開訴訟並合併請求致使訴訟過於複雜（例如：合併請求損害賠償；或合併請求行
政機關為某種事實行為；或合併請求撤銷與裁決無關之其他行政處分），爰於第2項
限制，合併提起第1項以外之訴訟者，即應另依簡易訴訟程序或通常訴訟程序審理。

　　五、第2項該等訴訟其中涉及交通裁決部分，基於與交通裁決事件同樣性質特殊
之考量，爰於第3項明定仍應準用第237條之2、第237條之3、第237條之4第1項及第2
項規定。

❖內容解析❖

一、適用交通裁決事件訴訟程序之事件，以本條第1項所稱之交通裁　決事件為限

　　(一)不服道路交通管理處罰條例第8條違規處罰之裁決及同法第37條第6項計程

車駕駛人執業登記證之吊扣或其登記廢止等之裁決[2]，而提起之撤銷訴訟、確認訴訟（§237-1Ⅰ①）

1.道路交通管理處罰條例依其立法目的，係為加強道路交通管理，維護交通秩序，確保交通安全，而制定之有關道路交通管理及處罰之法律，本質上為一行政秩序法，因該條例所生之爭議，性質上屬公法上之爭議，於本章訂定後，應全屬行政法院審判之權限範圍。惟依本章之設計，僅將一部分之爭議交由地方行政法院依交通裁決事件訴訟程序審理，其餘之爭議（實務上較常見者如汽車之移置[3]及交通標誌[4]），仍依其性質依簡易訴訟程序或通常訴訟程序審理之。

2.道路交通管理處罰條例第二章至第五章，分別就汽車（§12～§68、§92Ⅶ、Ⅷ）[5]、慢車（§69～§77）[6]、行人（§78～§81-1）及道路障礙（§82～§84）為規定。依同條例第8條第1項規定：「違反本條例之行為，由下列機關處罰之：一、第十二條至第六十八條及第九十二條第七項、第八項由公路主管機關處罰。二、第六十九條

---

[2] 道路交通管理處罰條例第87條前段，於2011年11月23日配合修正為：「受處分人不服第八條或第三十七條第五項處罰之裁決者，應以原處分機關為被告，逕向管轄之地方法院行政訴訟庭提起訴訟。」嗣該條例於2019年4月17日修正公布，原第37條第5項規定修正遞移為第6項，爰再配合修正。

[3] 關於警察機關將汽車移置至拖吊場之行為，依最高行政法院98年度判字第719號判決，認係依道路交通管理處罰條例相關規定，本於執行交通稽查任務人員之地位，於車輛所有權人違反禁止行駛之義務時，以間接強制之代履行方式，委託第三人即拖吊業者，代為履行，並向車輛所有權人收取代履行費用，其法律性質係實現公法上權利義務內容之事實行為。

[4] 關於禁制標誌之性質，向來有各種不同之學理見解，迄無定論，有認為係法規命令，亦有認為係一般處分，採前說見解不能提起行政救濟請求撤銷，採後說見解則可以。最高行政法院98年度裁字第622號裁定明白肯認禁制標線之劃設，係一種對人之一般處分，人民得對之提起訴願、行政訴訟程序請求撤銷。此一見解就單純訴請撤銷禁制標線之事件而言，保障固較周到，然而，在交通裁決事件，禁制標線之合法性成為交通裁決處罰合法性之先決問題時，則產生問題。蓋既認禁制標線為一般處分，得循訴願、行政訴訟以求救濟，則是否意味受處罰人在訴請撤銷交通裁決之際，應另訴請撤銷該禁制標線？而後者之提起，因非本法所稱之交通裁決事件或適用簡易訴訟程序之事件，而屬應適用通常訴訟程序之事件，故應向高等行政法院起訴，且應踐行訴願前置程序（或縱二者合併提起，仍由高等行政法院管轄，且應踐行訴願前置程序）；又如不提起後者，是否即生行政處分之存續力及拘束力，於交通裁決事件中不得再就其合法性予以審查？其結果或將造成受處罰人提起交通裁決爭訟的事實上阻礙。於今觀之，採取法規命令之見解，非但未必不正確（同說，陳敏，行政法總論，2016年9版，頁340），且因法院在個案中享有具體規範審查權而得到更周到之保障，惟亦應注意者，交通標誌，除其表現形式及作成之程序，不同於一般之法規命令外，並且一經設置即發生效力，不同於法規命令發布後第三日始行生效。

[5] 依道路交通管理處罰條例第3條第8款規定，所稱之汽車，包括機車，大型重型機車自更包括在內。又該條例於2015年5月20日增訂公布第8條之1：「大眾捷運系統車輛行駛共用通行道路，其駕駛人違反第二章汽車行駛規定條文者，依各該條規定處罰。」

[6] 依道路交通管理處罰條例第69條第1項規定，所稱之慢車，包括自行車（腳踏自行車、電動輔助自行車及微型電動二輪車）及其他慢車（人力行駛車輛、獸力行駛車輛及個人行動器具）。

至第八十四條由警察機關處罰。」[7]是可知原則上汽車之違規事件係由公路主管機關處罰，慢車、行人及道路障礙之違規事件則由警察機關處罰。再依同條例第37條第6項規定：「計程車駕駛人違反前條及本條規定，應廢止其執業登記或吊扣其執業登記證者，由警察機關處罰，不適用第八條第一項第一款規定。」復可知該條例第二章即第12條至第68條之違規事件，亦不盡由公路主管機關處罰。因此，道路交通裁決事件，可依處罰機關之不同，而作以下之分類：

(1)由公路主管機關處罰之汽車違規事件。

(2)由警察機關處罰之違規事件：

　①慢車、行人及道路障礙之違規事件。

　②廢止計程車駕駛人執業登記或吊扣其執業登記證事件。

3.上開各種交通違規事件之處罰，依道路交通管理處罰條例第9條第1項規定：「本條例所定罰鍰之處罰，受處罰人接獲違反道路交通管理事件通知單後，於三十日內得不經裁決，逕依第九十二條第四項之罰鍰基準規定，向指定之處所繳納結案；不服舉發事實者，應於三十日內，向處罰機關陳述意見；其不依通知所定期限前往指定處所聽候裁決，且未依規定期限繳納罰鍰結案或向處罰機關陳述意見者，處罰機關得逕行裁決之。」是可知處罰機關依該條例之規定行裁決程序，所為處罰之決定即為本條所稱之交通裁決，應以裁決書為之，並送達於受處罰人。交通裁決性質上為行政處分，故本法總則關於撤銷訴訟及確認訴訟之規定，除本章別有規定外，自有其適用。其中撤銷訴訟，即相當於原由普通法院交通法庭受理之違反道路交通管理處罰條例聲明異議事件（請求法院撤銷違法裁決）；於交通裁決無效、交通裁決違法且已執行而

---

[7] 由於道路交通管理處罰條例雖然整體上分為六章，除前揭第二至五章分則外，另尚有第一章總則及第六章附則之規定，但由於其修正頻繁且體系似嫌紊亂，遭學者評為總則、分則、附則之間，隨便穿插，常出現不合理順序，實體規定與程序規定亦無清晰之邏輯可言（蔡中志，「道路交通管理處罰條例」綱要，頁2）；加以本條第1項第1款係採列舉方式，2021年6月16日修正公布前限定以道路交通管理處罰條例第8條及第37條第5項規定之裁決為範圍，嗣因道路交通管理處罰條例於2019年4月17日修正公布，原第37條第5項規定修正遞移為第6項，即必須配合修正，迄至本次2021年6月16日修正公布，其不能配合之情形已歷2年以上；而上開道路交通管理處罰條例二規定亦係採列舉方式，故該條例日後有所修正，如未一併考量行政訴訟法上交通裁決事件之體系完整，即可能造成性質上與上述各交通裁決事件完全相同之事件，卻不能依交通裁決事件訴訟程序處理之狀況。例如，2011年11月23日為配合本法之修正，道路交通管理處罰條例乃修正公布該條例第65條、第85條之3及第87條，並刪除第88條、第85條之1及第90條之2，而原第8條第1項第1款仍維持規定為：「違反本條例之行為，由下列機關處罰之：一、第十二條至第六十八條由公路主管機關處罰。二、第六十九條至第八十四條由警察機關處罰。」未料同日另案通過修正增訂公布同條例第92條第7項及第8項關於大型重型機車或汽車行駛高速公路之違規處罰規定，馬上造成依該條例第92條第7項及第8項所為之裁決因不在同條例第8條第1項列舉範圍內，其處罰機關為何者及應否依交通裁決事件訴訟程序救濟之爭議。為求補救，該條例乃在2013年1月30日修正第8條第1項第1款增加「第九十二條第七項、第八項」等字。

無回復原狀可能或該交通裁決已消滅時，因無法以撤銷訴訟方式提起，受處罰人得提起確認訴訟。

　　4.至於道路交通管理處罰條例規定之舉發，揆其性質，僅係舉發機關對於交通違規事實所為之檢舉告發，性質上屬事實行為，舉發機關依該條例規定製發違反道路交通管理事件通知單，將舉發之違規事實通知受處罰人，性質上應屬觀念通知。因此，舉發不是交通裁決，不得依交通裁決事件訴訟程序尋求救濟；且因道路交通管理處罰條例已明文規定受處罰人如有不服舉發事實者，應於三十日內向處罰機關陳述意見，故亦無認為是行政處分或暫時性行政處分，另給予行政救濟之必要[8]。

　　(二)合併請求返還與前款裁決相關之已繳納罰鍰或已繳送之駕駛執照、計程車駕駛人執業登記證、汽車牌照（§237-1Ⅰ②）

　　依本法第7條「提起行政訴訟，得於同一程序中，合併請求損害賠償或其他財產上給付。」暨依本章得準用之本法第196條第1項：「行政處分已執行者，行政法院為撤銷行政處分判決時，經原告聲請，並認為適當者，得於判決中命行政機關為回復原狀之必要處置。」之規定，是縱無本款規定，受處罰人本亦得於行政訴訟中，行使結果除去請求權[9]，即合併請求返還與前款裁決相關之已繳罰鍰或證照。故此規定之立法目的實係在限制於交通裁決事件訴訟程序中合併起訴之範圍。蓋交通裁決事件訴訟程序，係因應交通裁決事件質輕量多特性而設之特殊程序規定，旨在求其簡便快速，為免提起前開訴訟並合併請求致使訴訟過於複雜，故交通裁決事件所得提起之給付訴訟，限於合併其他請求返還與前款裁決相關之已繳罰鍰或證照。

---

[8]　由於道路交通管理處罰條例第9條第1項規定，受處罰人得不經裁決逕依罰鍰基準規定，向指定之處所繳納結案，僅取得收據而非裁決書，嗣後改變心意擬再尋求救濟，似即陷於無裁決可供訴請撤銷之狀況，乃有承認舉發係交通裁決或暫時性處分之看法。實則依該條例整體觀察，舉發機關通常是警察機關，而處罰機關依前述是公路主管機關或警察機關，實務上又以公路主管機關處罰之事件為大宗，故通常舉發機關與裁決機關並不相同。如承認舉發係交通裁決或暫時性處分，則將紊亂該條例原有之權限分配。裁決實務上，因原違反道路交通管理事件統一裁罰基準及處理細則第58條第2項「依本細則第四十八條第一項辦理經繳納罰鍰結案後逾二十日不得再提出異議。」之規定，已於2005年6月30日移列為第59條第2項並修正為：「依第四十八條第一項辦理經繳納罰鍰後，若有不服者，得於三十日內向處罰機關陳述。」故此際處罰機關即應依法裁決並作成裁決書，受處罰人如有不服，自得依本章之規定尋求救濟，前此疑慮可以休矣。另可參酌最高行政法院於110年11月22日作成之110年度大字第2號裁定，理由亦指明以：交通違規舉發，乃交通執法人員因執行職務，知有交通違規情事，而將交通違規事實告知受舉發人，並向管轄之處罰機關為移送舉報之程序，核此程序包含交通違規之調查取締及舉報移送，而舉發之事實則作為處罰機關裁決所應參酌之事項，故交通裁罰可謂始於舉發程序。舉發是對違規事實之舉報，乃是舉發機關將稽查所得有關交通違規行為時間、地點及事實等事項記載於舉發通知單，並告知受舉發人，屬舉發機關於處罰機關作成完全及終局裁決前之行政行為。

[9]　陳敏，行政法總論，2016年9版，頁1552。

二、合併提起交通裁決事件以外之訴訟者，即應另依簡易訴訟程序或通常訴訟程序審理，非屬本法所稱之交通裁決事件

(一)本法容許訴之客觀合併，亦於本法第7條容許合併請求損害賠償，故如原告訴請撤銷違法裁決，並合併請求損害賠償；或訴請撤銷違法裁決，並合併請求行政機關為一定之事實行為；或訴請撤銷違法裁決，並合併請求撤銷非屬交通裁決事件之其他行政處分，原均非本法所不許，只是因容許合併之結果，事件已趨於複雜，不合於前述交通裁決事件訴訟程序簡便快速目的之追求，故即應依所合併請求之訴訟之性質，另依簡易訴訟程序或通常訴訟程序審理。例如原告訴請撤銷違法裁決，並合併請求損害賠償五萬元，應全案適用簡易訴訟程序，又如原告合併請求之損害賠償為六十萬元，則應全案適用通常訴訟程序[10]，亦即均全案不適用交通裁決事件訴訟程序。

(二)上開訴訟合併後之訴訟程序應如何適用，係自事件之複雜性而為考量，惟該等訴訟其中涉及交通裁決部分，前述應予特殊考量之性質仍然存在，故本條第3項明定，該等訴訟適用簡易訴訟程序或通常訴訟程序後，仍應準用下列之規定：

1.第237條之2特別審判籍。

2.第237條之3免除訴願前置程序、撤銷訴訟三十日起訴期間之限制及以行政機關收狀時間視為已遵守起訴期間。

3.第237條之4第1項及第2項重新審查之規定。

就前述原告訴請撤銷違法裁決，並合併請求損害賠償六十萬元，全案應適用通常訴訟程序之例而言，如該裁決屬本法所稱之交通裁決事件，則縱該裁決機關不在法院轄區內，惟如法院對於該裁決因特別審判籍之規定有管轄權，則法院對全案均有管轄權；至於實體判決要件即訴訟合法要件，悉依本章交通裁決事件之規定，免除訴願前置程序，惟仍應行交通裁決事件特有之重新審查機制。又例如某慢車駕駛人合併起訴請求撤銷某警察機關對其作成之兩件各處罰鍰六百元之裁決，第一件係依道路交通管理處罰條例第73條所為，第二件係依同條例第90條之1所為，因第一件裁決屬本法所稱之交通裁決事件，而第二件裁決則否[11]，則全案應適用簡易訴訟程序。因為第一件

10　如原告主張就其所訴請撤銷之違法裁決的同一原因事實合併請求國家賠償，依最高行政法院98年6月份第一次庭長法官聯席會議決議（二），原告得適用行政訴訟程序「附帶」提起損害賠償或其他財產上給付訴訟，行政法院並於此情形取得國家賠償訴訟審判權，故亦應同上方式處理，不得僅審理撤銷訴訟部分，而將國家賠償部分移送民事法院審理（臺北高等行政法院104年度交上字第144號判決參照）。

11　該罰鍰規定屬道路交通管理處罰條例第9條所稱之「本條例所定罰鍰之處罰」，且早在2001年間即已增訂，惟不在法條列舉交通裁決事件之範圍內，不能認為有交通裁決事件訴訟程序之適用。承前揭註8之說明，前揭列舉式之立法，很容易造成此種掛一漏萬之情形。附帶一提，上開該條例第90條之1規定之處罰要件是「慢車駕駛人、行人不依規定接受道路交通安全講習者」，而該條例現行規定並無慢車駕駛人、行人應接受道路交通安全講習之規定，似無規範功能。

裁決係本法所稱之交通裁決事件，故縱該警察機關不在法院轄區內，惟如法院對於第一件裁決因特別審判籍之規定有管轄權，則法院對全案均有管轄權；至於實體判決要件即訴訟合法要件，第一件裁決悉依本章交通裁決事件之規定，第二件裁決則仍應循訴願前置程序為之；又因第一件裁決係免除訴願前置程序，故仍應行交通裁決事件特有之重新審查機制，第二件裁決既經訴願前置程序自無行重新審查之必要。

(三)至於本法第237條之4第4項視為原告撤回起訴之規定，不在準用之列，附此提醒。

第237條之2（交通裁決事件之管轄法院）

交通裁決事件，得由原告住所地、居所地、所在地或違規行為地之地方行政法院管轄。

❖立法說明❖

一、本條於2011年11月23日修正新增。2022年6月22日配合第3條之1修正而為文字修正。

二、實務上，部分辦理交通裁決業務者（例如監理站），並不具機關資格，而無行政訴訟之當事人能力，但因原告（受處分人）提起訴訟，須以具有機關資格者為被告（例如監理所），若貫徹以原就被之訴訟原則，將使民眾訴訟不便，爰於本條增訂特別審判籍，即於交通裁決事件，亦得由原告住所地、居所地、所在地或違規行為地之地方行政法院管轄。

❖內容解析❖

一、交通裁決事件訴訟之提起，應以原處分機關為被告（§237-3Ⅰ），而行政訴訟關於法院之管轄，採取「以原就被」之原則，故被告機關所在地之行政法院有管轄權（§13Ⅰ後段）。

二、依前條所述，交通裁決事件之處罰機關即原處分機關係公路主管機關或警察機關，故交通裁決事件之被告應係具有機關資格（有當事人能力）之公路主管機關或警察機關。中央或直轄市公路主管機關依道路交通管理處罰條例第8條第3項之規定，應設置交通裁決單位辦理同條第1項第1款之處罰。依現行法令及實務，直轄市辦理交通裁決業務者固均具機關資格，其分別是：臺北市交通事件裁決所、新北市政府交通事件裁決處、臺中市交通事件裁決處、臺南市政府交通局、高雄市政府交通局及桃園市政府交通裁決處。惟在直轄市以外之各縣市則係由交通部公路總局在各地所

設之監理所或監理站辦理，而各監理站並不具機關資格[12]，並無行政訴訟之當事人能力，訴訟上只得將其所屬之監理所列為被告，始謂合法。然而全國之監理所僅有臺北市區、高雄市區、臺北區、新竹區、臺中區、嘉義區、高雄區七監理所，若貫徹「以原就被」之原則，於2022年6月22日修正前，縱有地方法院行政訴訟庭之普設，交通裁決事件仍將集中在少數法院，人民訴訟不便，故本條增訂特別審判籍，即於交通裁決事件，亦得由原告住所地、居所地、所在地或違規行為地之地方行政法院管轄，即兼採「以被就原」及「行為地法院」之原則[13]。

三、因此，原告得選擇向被告普通審判籍所在地或本條規定特別審判籍所在地之地方行政法院起訴[14]。2022年6月22日行政訴訟法修正，將原本分散於22所地方法院行政訴訟庭審理之交通裁決事件，改為集中於3所高等行政法院地方行政訴訟庭辦理，惟為考慮人民訴訟便利性，乃透過巡迴法庭及遠距審理等配套措施以資兼顧（§237-9準用§232）。

第237條之3（撤銷訴訟起訴期間之限制）

交通裁決事件訴訟之提起，應以原處分機關為被告，逕向管轄之地方行政法院為之。

交通裁決事件中撤銷訴訟之提起，應於裁決書送達後三十日之不變期間內為之。

前項訴訟，因原處分機關未為告知或告知錯誤，致原告於裁決書送達三十日內誤向原處分機關遞送起訴狀者，視為已遵守起訴期間，原處分機關並應即將起訴狀移送管轄法院。

❖立法說明❖

一、本條於2011年11月23日修正新增。2022年6月22日配合第3條之1修正而為文字修正。

二、第1項明定交通裁決事件訴訟之提起，係以原處分機關為被告，免除訴願或其他先行程序，直接向管轄之地方行政法院起訴。

三、撤銷訴訟之提起，宜有時間限制，以兼顧法律關係之安定性。行政訴訟法第106條第1項雖規定撤銷訴訟之起訴不變期間為二個月，惟於交通裁決事件因質輕量多，而免除訴願前置程序，為使法律關係及早確定，並參酌一般須經訴願程序提起

---

[12] 交通部公路總局各區監理所組織準則第4條及編制表參照。

[13] 李建良，行政訴訟審級與交通裁決事件審判權之改制─2011行政訴訟新制評介，台灣法學雜誌192期，2012年1月，頁9。

[14] 徐瑞晃，行政訴訟法，2020年5版，頁552。

之撤銷訴訟，受處分人須於行政處分達到或公告期滿之次日起三十日內提起訴願，方能獲得法律救濟，爰將交通裁決事件中撤銷訴訟之起訴期間定為自裁決書送達後三十日。

四、依本條第1項、第2項規定，起訴狀原應於不變期間內向管轄之地方行政法院提出，惟考量修正前之交通聲明異議，係由受處分人將聲明異議書狀提出於原處分機關，為免修法後因原處分機關未為告知或告知錯誤，致原告誤向原處分機關提出起訴狀，原處分機關復未能即時轉遞法院，而發生起訴逾期之不利益，爰參考德國財務法院法第47條第2項規定，於本條第3項明定因原處分機關未為告知或告知錯誤，致原告於裁決書送達三十日內誤向原處分機關遞送起訴狀者，視為已遵守起訴期間，並明定原處分機關應即將起訴狀移送管轄法院，以免影響原告之訴訟權益。

❖內容解析❖

一、原則上撤銷訴訟起訴前須經訴願程序（§4 I），確認行政處分無效之訴訟，亦須已向原處分機關請求確認其無效未被允許或經請求後三十日內不為確答者（§6 II），始得提起之。然交通裁決事件因質輕量多，且裁決處罰金額普遍不高，如須經訴願前置程序，則救濟程序成本過高，兼以考量交通部表示並無足夠之人力、物力負擔交通裁決之訴願事件，乃於本條第1項規定免除撤銷訴訟之訴願前置程序及確認無效訴訟起訴前之請求確認之程序。

二、撤銷訴訟一般之起訴期間為二個月（§106 I），交通裁決事件則特別規定為三十日，其考量詳見立法理由。至於該法定不變期間是否遵守，悉依本法總則關於期間之規定，並應依本法第89條之規定扣除在途期間，自不待言。

三、本法第3項係規範原處分機關未告知應向法院起訴或告知錯誤，致受處分人誤向原處分機關提出起訴狀而遲誤起訴不變期間之情形。則滋生以下疑義，如係原處分機關未告知救濟期間或告知錯誤，應如何處理？如係誤向原處分機關以外之其他機關聲明不服，應如何處理？實則，行政程序法第98條及第99條已分別明文規定：「處分機關未告知救濟期間或告知錯誤未為更正，致相對人或利害關係人遲誤者，如自處分書送達後一年內聲明不服時，視為於法定期間內所為。」「對於行政處分聲明不服，因處分機關未為告知或告知錯誤致向無管轄權之機關為之者，該機關應於十日內移送有管轄權之機關，並通知當事人。前項情形，視為自始向有管轄權之機關聲明不服。」[15]更足以保障受處分人之權益，故不宜將本項解讀為特別規定而排除該二規定之適用。

---

[15] 訴願法第91條及第92條亦有類此規定。

第237條之4（被告收受起訴狀繕本後之處置）

地方行政法院收受前條起訴狀後，應將起訴狀繕本送達被告。

被告收受起訴狀繕本後，應於二十日內重新審查原裁決是否合法妥當，並分別為如下之處置：

一、原告提起撤銷之訴，被告認原裁決違法或不當者，應自行撤銷或變更原裁決。但不得為更不利益之處分。

二、原告提起確認之訴，被告認原裁決無效或違法者，應為確認。

三、原告合併提起給付之訴，被告認原告請求有理由者，應即返還。

四、被告重新審查後，不依原告之請求處置者，應附具答辯狀，並將重新審查之紀錄及其他必要之關係文件，一併提出於管轄之地方行政法院。

被告依前項第一款至第三款規定為處置者，應即陳報管轄之地方行政法院；被告於第一審終局裁判生效前已完全依原告之請求處置者，以其陳報管轄之地方行政法院時，視為原告撤回起訴。

❖立法說明❖

一、本條於2011年11月23日修正新增。2022年6月22日配合第3條之1修正而為文字修正。

二、交通裁決事件雖因其質輕量多，為使法律關係及早確定而免除其訴願等前置程序，惟為促使原處分機關能自我省察原裁決是否合法妥當，以符「依法行政」之要求，並使民眾就行政處分是否合目的性能獲審查之機會，暨兼顧救濟程序之簡便，以保障當事人之權益（藉由被告即原處分機關答辯及調取相關卷證之程序，使被告應重新審查；而非要求原告須經訴願等前置程序始能起訴），爰創設「重新審查」之特別救濟機制，以取代訴願程序，於本條第1項明定法院應將起訴狀繕本送達原處分機關即被告，並於第2項明定被告收受起訴狀繕本後，應於二十日內重新審查原裁決是否合法妥當，並分別教示其如何處置。是以，「重新審查」係被告於原告起訴後依法應為之行為，仍屬訴訟程序之一部分，可以督促行政機關事前謹慎裁決、事後自我省察，達到疏減訟源、減輕民怨之功效。

三、被告如於收受起訴狀繕本後自行撤銷或變更原裁決，或確認處分確為無效或違法，或已返還已繳納之罰鍰、已繳送之駕駛執照、計程車駕駛人執業登記證、汽車牌照者，應即陳報於管轄之地方行政法院，使法院得以知悉。如被告全部或一部不依原告請求處置者，則應提出答辯狀，並將重新審查之紀錄及其他必要關係文件，一併提出於管轄之法院。

四、被告於重新審查後已完全依原告請求處置者，或被告於重新審查程序未完全依原告之請求處置，但於第一審終局裁判生效前已完全依原告請求處置者，因已無訴訟實益，爰於本條第3項明定以被告陳報管轄之地方行政法院時，視爲原告撤回起訴。

❖內容解析❖

一、按訴願程序具有使行政機關（原處分機關或其上級機關）檢視審查原處分是否合法妥當之功能，更藉由訴願法第58條規定訴願書向原處分機關提出，由原處分機關先行重新審查之機制[16]，使原處分機關得以自我省察，減少違誤。本條第2項及第3項仿效訴願法第58條之規定，亦設有重新審查之制度，以取代訴願程序。所不同者，起訴應向法院爲之，制度設計上自不許起訴狀向原處分機關即被告提出，故只得規定被告於收受起訴狀繕本後爲重新審查[17]。

二、爲確實達到取代訴願程序之功能，違反道路交通管理事件統一裁罰基準及處理細則第65條第1項規定，重新審查應及於原裁決是否合法及妥當，並應由承辦人會同法制單位或專責人員爲之。至於本條第2項規定之期間「二十日」，性質上雖可歸類爲通常法定期間，惟縱有遲誤，本法亦未規定對被告產生任何不利益之效果[18]。

三、關於被告行重新審查後應爲如何之處置，本條第2項分別其情形作詳細之規定[19]。被告於第一審終局裁判生效前已完全依原告請求處置者，因已無訴訟實益，本條第3項規定，以被告陳報管轄之地方行政法院時，視爲原告撤回起訴[20]。同法第237條之5第2項並規定，法院應依職權退還已繳之裁判費全部。

---

16 關於訴願法第58條重新審查之性質，請參陳敏，行政法總論，2016年9版，頁1333以下。

17 學者陳敏認爲於本法內夾雜行政自省程序，是其缺點，參前揭書，頁1553。

18 相類之規定尚有本法第108條第2項：「原處分機關、被告機關或受理訴願機關經行政法院通知後，應於『十日』內將卷證送交行政法院。」

19 學者李建良認爲，所謂重新審查程序之啓動，雖係於被告收受起訴狀繕本後，惟被告所爲本條第2項第1款至第3款等行爲，在性質上仍屬行政行爲，而非行政救濟機制之一環，仿照訴願法第81條第1項之精神，於第1款但書規定不得爲更不利益之處分，實有不妥。詳請參李建良，行政訴訟審級與交通裁決事件審判權之改制——2011行政訴訟新制評介，台灣法學雜誌192期，2012年1月，頁16。

20 其立法理由爲：「因已無訴訟實益」，然而誠如學者李建良之批評，違法之行政處分經原處分機關自行撤銷或變更原裁決者，於特定情形下，原處分之違法性仍有透過行政法院判決確認之必要（即受確認之法律上利益），難謂全無訴訟之實益，遽規定「視爲原告撤回起訴」，不無影響人民訴訟權之嫌，參同上註。

第237條之5（各項裁判費之徵收標準）
交通裁決事件，按下列規定徵收裁判費：
一、起訴，按件徵收新臺幣三百元。
二、上訴，按件徵收新臺幣七百五十元。
三、抗告，徵收新臺幣三百元。
四、再審之訴，按起訴法院之審級，依第一款、第二款徵收裁判費；對於確定之裁定聲請再審者，徵收新臺幣三百元。
五、本法第九十八條之五各款聲請，徵收新臺幣三百元。
依前條第三項規定，視為撤回起訴者，法院應依職權退還已繳之裁判費。

❖立法說明❖

一、本條於2011年11月23日修正新增。

二、交通裁決事件相較於其他行政訴訟事件而言，裁罰金額較低，如與其他行政訴訟簡易訴訟程序事件一樣起訴徵收裁判費新臺幣二千元、上訴徵收裁判費三千元、抗告徵收裁判費一千元，聲請假扣押案每件一千元，恐因此影響民眾訴訟救濟之意願，爰於本條第1項另定此類事件各項裁判費之徵收標準。又所謂「按件」，依目前行政訴訟實務，係按訴狀件數計算，例如以一起訴狀同時對三件裁決書表示不服，則於徵收裁判費時，僅以一件計算起訴裁判費。

三、前條第3項視為原告撤回起訴之情形，因原裁決確有無效或違法不當或已為之執行欠缺法律上之原因，僅因被告機關自為處置而使訴訟無繼續之實益，乃立法明定視為撤回起訴，為求公平，故於本條第2項明定此時法院應依職權退還已繳之裁判費。

❖內容解析❖

一、行政訴訟原採無償制，不徵收裁判費，惟部分人民在無真實紛爭之情況下，頻繁興訟，耗費國家有限之司法資源，且對其他民眾合法訴訟權益產生排擠，延宕其審理時程[21]，乃自2007年8月15日起改採有償制，少量定額徵收裁判費。交通裁決之救濟原依交通聲明異議程序處理，亦採無償制，惟現既改依已採有償制之本法處理，故亦採有償制。然因交通裁決事件之裁罰金額[22]較其他行政罰為低，乃於本條第1項

---

[21] 詳參行政訴訟法部分條文修正總說明（2007年7月4日修正）。

[22] 依2011年修正增訂本章規定時道路交通管理處罰條例之規定，罰鍰自一百八十元至九萬元不等，嗣歷經17次修正，罰鍰金額多次提高，其中2019年4月19日修正公布之第35條第4項規定，汽機車駕駛人拒絕接受酒精濃度測試者，處罰鍰十八萬元，第5項規定，於五年內第二次違反者，處三十六萬元罰鍰，第三次以上者按前次違反本項所處罰鍰金額加罰新臺幣十八萬元。

另訂其徵收標準。

　　二、又所謂「按件」，依目前行政訴訟實務，原則上按訴狀件數計算。因此，無論是一人於一起訴狀同時對三件裁決書不服（§98-1），或三人於一起訴狀對同一裁決書不服（§37Ⅰ②），乃至三人於一起訴狀分別對三件裁決書不服（§37Ⅰ③），均僅應徵收一件裁判費[23]。至於不得合併起訴者，即應由行政法院分別處理，並分別徵收裁判費，自不待言。

第237條之6（非屬交通裁決事件範圍者改依其他程序審理）
因訴之變更、追加，致其訴之全部或一部，不屬於交通裁決事件之範圍者，地方行政法院應改依簡易訴訟程序或通常訴訟程序審理；無通常訴訟程序管轄權者，應裁定移送管轄之高等行政法院。

❖立法說明❖

　　一、本條於2011年11月23日修正新增。2022年6月22日配合第104條之1關於地方行政法院與高等行政法院管轄適用通常訴訟程序事件之分工，爰就因訴之變更或追加，致變更應適用之訴訟程序或管轄法院之情形與處置方式，予以明定。

　　二、原告於地方行政法院第一審訴訟程序進行中，如有變更、追加之必要，且變更、追加後仍屬於交通裁決事件之範圍，基於訴訟經濟之考量，實無禁止之必要，惟若變更、追加後，致其訴之全部或一部，不屬於交通裁決事件之範圍者，其情形即與本章考量交通裁決事件內容較為單純、為期訴訟程序進行簡速而設有特殊規定之意旨不符，爰於本條明定地方行政法院受理交通裁決事件，因訴之變更或追加，致該訴屬於簡易訴訟程序事件或第104條之1第1項但書通常訴訟程序事件之範圍時，應改依簡易訴訟程序或通常訴訟程序審理；如該訴屬於第104條之1第1項本文通常訴訟程序事件之範圍時，應裁定移送管轄之高等行政法院。

❖內容解析❖

　　一、本條在規範交通裁決事件訴訟程序轉換至其他訴訟程序。訴訟進行中，因訴之變更、追加，致其訴之全部或一部，不屬於交通裁決事件之範圍，此際：

　　(一)如屬應改依簡易訴訟程序或第104條之1第1項但書通常訴訟程序之事件，因同屬地方行政法院所管轄，實務上，改分字別及號數，並報結原案號，依簡易訴訟程

---

[23]　參照最高行政法院96年12月份庭長法官聯席會議決議意旨。

序或通常訴訟程序審理。

(二)如屬應改依第104條之1第1項本文通常訴訟程序之事件,地方行政法院則因無管轄權,應裁定移送管轄之高等行政法院。

二、反之,訴訟進行中,因訴之變更、一部撤回,致其訴之全部屬於交通裁決事件訴訟程序之範圍者,此際:

(一)如屬地方行政法院原適用通常訴訟程序之事件,地方行政法院應改依交通裁決事件訴訟程序之規定,由原受命法官繼續審理(§114-1 I)。

(二)如屬高等行政法院原適用通常訴訟程序之事件,高等行政法院應裁定移送管轄之地方行政法院(§114-1 III)。

(三)如屬原適用簡易訴訟程序之事件,則應改依交通裁決事件訴訟程序之規定審理(§230 II)。又依前所述,因同屬地方行政法院所管轄,自亦應改分字別及號數,並報結原案號,依交通裁決事件訴訟程序審理。

三、裁判費之徵收,依轉換後所適用之訴訟程序之徵收標準。

第237條之7(交通裁決事件之裁判不採言詞辯論主義)
交通裁決事件之裁判,得不經言詞辯論為之。

❖立法說明❖

一、本條於2011年11月23日修正新增。

二、考量交通裁決事件質輕量多,且裁罰金額普遍不高,如卷內事證已臻明確,尚須通知兩造到庭辯論,無異增加當事人之訟累,爰於本條明定,其裁判得不經言詞辯論為之。

❖內容解析❖

交通裁決事件訴訟程序係採任意言詞辯論,意即法院得裁量是否定言詞辯論期日,通知兩造到場辯論。

如行言詞辯論,即應依法開始、進行、終結言詞辯論,原則上並應宣示裁判(§237-9 I準用§236、§122以下、§204)。當事人之一造於言詞辯論期日不到場者,法院得準用民事訴訟法第385條規定,依聲請或依職權一造辯論而為判決(§237-9 I準用§236,再準用§218,再準用民事訴訟法§385規定)。

法院亦得選擇不經言詞辯論逕行判決,惟應注意如此是否能盡職權調查事實關係及證據之義務(§125及§133),依職權調查證據之結果如何告知當事人為辯論

（§141Ⅰ） [24, 25]。

第237條之8（訴訟費用）

行政法院為訴訟費用之裁判時，應確定其費用額。

前項情形，行政法院得命當事人提出費用計算書及釋明費用額之文書。

❖立法說明❖

一、本條於2011年11月23日修正新增。

二、為免交通裁決事件之當事人於判決確定後另行聲請確定訴訟費用之勞費，爰參考民事訴訟法第436條之19規定，明定本條。

❖內容解析❖

地方行政法院就交通裁決事件為終局判決時，應依職權為訴訟費用之裁判（§104準用民事訴訟法§87Ⅰ），本條第1項更規定其應依職權確定其費用額。法院就交通裁決事件為確定費用額之裁判時，當事人如無訴訟費用之分擔，即無賠償差額之可言，法院固得僅宣示「訴訟費用若干元由原告（或被告）負擔」；惟當事人分擔訴訟費用時，即應確定並宣示其一造應賠償他造之差額（§104準用民事訴訟法§92、§93）。如法院漏未併於訴訟費用之裁判確定其費用額（含差額）者，自應許當事人聲請補充判決（§237-9Ⅰ準用同法§236、§218、民事訴訟法§233）或許其聲請以裁定確定之（§104準用民事訴訟法§91）。

高等行政法院駁回上訴，維持地方行政法院之交通裁決事件判決者，亦應依職權確定上訴審之訴訟費用額（§263-5後段準用本條），並應依前段之說明，確定並宣示其一造應賠償他造之差額。

高等行政法院廢棄地方行政法院之交通裁決事件判決，而就該事件為裁判或變更

---

[24] 實務上，地方行政法院之法官行言詞辯論程序者並非普遍，惟為調查事實關係及證據，或發函詢問相關機關、調取證據，或行準備程序調查事證，而一旦得到心證即行結案，容易忽略該調查證據之結果應使當事人有表示意見的機會。就此高等行政法院指出其非僅對當事人造成突襲性裁判，有違法律聽審原則外，亦有不適用行政訴訟法第125條第2項（修正後移至第3項）及第141條規定之違反法令情事，請參臺北高等行政法院103年度交上字第55號判決及104年度交上字第268號判決。

[25] 本法第49條第2項於2014年6月18日修正增訂第4款，放寬交通裁決事件訴訟代理人之規定為：「原告為自然人時，其配偶、三親等內之血親或二親等內之姻親；原告為法人或非法人團體時，其所屬人員辦理與訴訟事件相關業務」，俾使原告到庭辯論之程序保障更加周全，法院應盡量行言詞辯論以保障人民之聽審權。

地方行政法院之判決者，應依職權爲訴訟總費用之裁判（§104準用民訴法§87Ⅱ），並應依職權確定其費用額（§263-5後段準用本條）及其一造應賠償他造之差額。如高等行政法院漏未併於訴訟費用之裁判確定其費用額（含差額）者，自應許當事人向其聲請補充判決或許當事人向地方行政法院聲請以裁定確定之[26]。

第237條之9（交通裁決事件準用規定）
交通裁決事件，除本章別有規定外，準用簡易訴訟程序之規定。

❖立法說明❖

一、本條於2011年11月23日修正新增。原有3項規定，其中第1項明定交通裁決事件第一審程序，除本章別有規定外，其審理準用簡易訴訟程序之規定。第2項及第3項則規定交通裁決事件之上訴、抗告、再審及重新審理準用之規定。

二、2022年6月22日修正刪除上開第2項及第3項規定，理由以：因交通裁決事件之上訴、抗告、再審及重新審理，原則上與第三編至第六編相同，體例上回歸各編適用即可[27]。有關交通裁決事件上訴審程序之訴訟代理、誤用交通裁決事件訴訟程序審理並爲裁判之情形、處置方式、以裁定移送最高行政法院統一裁判見解及上訴審裁判確定訴訟費用額等規定，第263條之3至第263條之5業已增訂相關規範，爰予刪除。

❖內容解析❖

一、依本條「交通裁決事件，除本章別有規定外，準用簡易訴訟程序之規定」及本法第236條「簡易訴訟程序除本章別有規定外，仍適用通常訴訟程序之規定」，交通裁決事件第一審程序之審理，應適用或準用下列規定：

(一)適用本章之特別規定：即前述本法第237條之1至第237條之8之規定。

(二)準用地方行政法院簡易訴訟程序章之特別規定，即：

1.準用第231條：起訴及其他期日外之聲明或陳述，概得以言詞爲之。以言詞起訴者，應將筆錄送達於他造。

2.準用第232條：在獨任法官前行之。訴訟程序之審理，當事人一造之住居所、公務所、機關、主事務所或主營業所所在地位於與法院相距過遠之地區者，行政法院

---

[26] 實務上曾生相關之爭議，請參考103年度高等行政法院及地方法院行政訴訟庭法律座談會提案三。

[27] 依本法第284條第1項之規定，重新審理之聲請人係因撤銷或變更原處分或決定之判決，而權利受損害之第三人，此於交通裁決事件殊難想像。

應徵詢其意見以遠距審理、巡迴法庭或其他便利之方式行之。

3.準用第233條：言詞辯論期日之通知書，應與訴狀或第231條第2項之筆錄一併送達於他造。行言詞辯論終結者，指定宣示判決之期日，原則上自辯論終結時起，不得逾二星期。

4.準用第234條：判決書內之事實、理由，得不分項記載，並得僅記載其要領。地方行政法院亦得於宣示判決時，命將判決主文及其事實、理由之要領，記載於言詞辯論筆錄或宣示判決筆錄，不另作判決書。筆錄正本或節本之送達，與判決正本之送達，有同一之效力。

5.準用第237條：再準用民事訴訟法第430條（言詞辯論期日之通知書，應表明適用交通裁決訴訟程序，並記載當事人務於期日攜帶所用證物及偕同所舉證人到場）、第431條（當事人於其聲明或主張之事實或證據，以認為他造非有準備不能陳述者為限，應於期日前提出準備書狀或答辯狀，並以繕本或影本直接通知他造；其以言詞為陳述者，由法院書記官作成筆錄，送達於他造）及第433條（通知證人或鑑定人，得不送達通知書，依法院認為便宜之方法行之。但證人或鑑定人如不於期日到場，仍應送達通知書）之規定。

(三)除本法第二編第二章及第三章別有規定外，準用[28]通常訴訟程序之規定。交通裁決既改依行政訴訟以資救濟，則昔日未盡符合權力分立原理及司法救濟本質之處理模式，自應走向歷史。茲特別說明如下：

1.行政法院係救濟法院，而非處罰法院，所審查的程序標的是行政處分，而非違規事實。行政法院經依職權調查證據之結果，如認為原處分認事用法均無違誤，原告之訴無理由者，應以判決駁回原告之訴（§195Ⅰ後段）；如認為原處分有違誤，原告之訴為有理由，則應依以下情形分別處理：

(1)如法院認無原處分所適用處罰法條之構成要件事實，即應撤銷原處分；此際縱認查得之事實該當於其他之處罰法條，亦不得改依其他處罰法條自為判決[29]。

(2)如法院認原處分認定事實及適用處罰法條均無違誤，惟於所裁處之罰鍰金額或記點次數、吊扣（及其期間）或吊銷（或廢止）證、照等有違法情事，則應分別其情形處理：

①關於罰鍰金額：原處分所裁處之罰鍰金額如低於或高於法定之範圍，或有未依

---

[28] 有認為係適用，陳敏，行政法總論，2016年9版，頁1554。

[29] 過去以聲明異議方式處理交通裁決之救濟，因道路交通事件處理辦法第3條「聲明異議事件之處理，除準用刑事訴訟法有關規定外，依本辦法之規定處理之。」及第19條「法院認為聲明異議有理由或聲明異議雖無理由而原處分不當或違法者，應以裁定將原處分經聲明異議部分撤銷，並自為裁定，但因原處分機關無管轄權而撤銷之者，應移送有管轄權之機關。」之規定，於旨揭情形，法院依準用刑事訴訟法第370條但書規定之結果，得變更適用法條自為裁定，且並不受不利益變更禁止之限制，故聲明異議之結果反更受不利益之事例，屢見不鮮。

裁罰基準[30]及其他法令規定裁量而有裁量瑕疵，均屬違法：

A.如裁處之金額低於法定或合義務性裁量之結果：原處分雖有違法，基於行政救濟不利益變更禁止之原則（§195Ⅱ），應維持原處分，而駁回原告之訴。

B.如裁處之金額高於法定或合義務性裁量之結果：原處分違法，應撤銷原處分，並於判決理由內說明由原處分機關另為新的處分[31]。

②關於記點次數、吊扣（及其期間）或吊銷（或廢止）證、照：依現行道路交通管理處罰條例規定，是否記點及其次數，均屬法定，是否吊扣（及其期間）或吊銷（或廢止）證、照亦屬法定，處罰機關無裁量權，故均屬羈束處分：

A.如裁處記點之次數或吊扣期間低於法定範圍：原處分雖有違法，基於行政救濟不利益變更禁止之原則（§195Ⅱ），應維持原處分，而駁回原告之訴。

B.如裁處記點之次數或吊扣期間高於法定範圍：原處分違法，惟因被告機關並無裁量權限，法院得於判決內確定次數，並就逾法定範圍之點數予以撤銷（§197）[32]。

C.如所裁處之吊扣或吊銷（或廢止）證、照於法不合：原處分違法，應撤銷原處分，並於判決理由內說明由原處分機關另為新的處分。

2.基於同一違規事實，如原處分機關僅於原處分裁處某一種類之行政罰（如罰鍰），而未於原處分裁處全部各種類之行政罰（如記點、吊扣或吊銷、廢止證、照），因各該處罰間非不可分，法院僅須就已裁罰之種類審查其合法性。例如原處分裁處罰鍰並予記點，法院應就罰鍰及記點分別依前述之原則審查並予判決；如原處分

---

[30] 交通部依道路交通管理處罰條例第92條第4項規定之授權，訂定違反道路交通管理事件統一裁罰基準及處理細則，於該細則第2條訂有違反道路交通管理事件統一裁罰基準表。過去就此種裁罰標準的設定是否違反法律保留原則及關於依到案者處最低額罰鍰，逾期到案或未自動受罰者一律依標準表之定額裁罰之各規定，曾有是否違憲之爭議，嗣經司法院釋字第511號解釋採合憲說。另實務上亦有判決指摘上開統一裁罰基準表部分規定為一律處罰法定最高額罰鍰，並未依各種區分罰鍰等級之標準予以區分罰鍰額度，似未予斟酌違規情節應受責難程度或所生影響，而有違行政罰法第18條規定暨比例原則（臺北高等行政法院104年度交上字第174號判決參照）。

[31] 此際，除非被告機關表明已重新行使裁量權而為部分之認諾，法院只有撤銷原處分一途，惟為簡省勞費，法院亦可適度公開心證，俾使被告機關自行撤銷變更裁罰之金額。

[32] 行政訴訟法第197條規定旨在「原告提起撤銷訴訟為有理由者，如原行政處分違法情形只涉及金額或數量時，應許行政法院在原告聲明之範圍內自行判決加以糾正，不必撤銷原處分而發回原處分機關重為處分，以免原處分機關或有拖延不結，甚至置諸不理之情形。」準此法院以確定不同之替代判決，取代原行政處分，應限於當事人對金錢或替代物之行政處分並無爭執，僅就聲明爭執其額度；且須其本質上行政機關已無裁量權限或判斷餘地或其裁量權已限縮至零者，行政法院方得自行判決，否則即有不當取代行政裁量權之違法（最高行政法院94年度判字第18號判決參照）。因此，法院不得為達到舊制自為裁定，訴訟經濟之效果，以本法第197條為依據，自行確定該裁罰金額。

裁處罰鍰未予記點，法院即僅須就罰鍰依前述之原則審查及判決，毋庸論及記點[33]。

3.行政法院係司法機關，而非處罰機關之上級機關，僅於原處分違法而無可維持時予以撤銷，不得僅以原處分有失妥當爲由撤銷之。至於本法第237條之4第1項規定，原處分機關應重新審查原裁決是否合法妥當，被告認原裁決違法或不當者，應自行撤銷或變更原裁決等語，均係在規範原處分機關即被告仍應就妥當性而爲審查，以確實發揮取代訴願程序原得以審查原處分妥當性之功能。

4.被告如於訴訟進行中自行撤銷、變更原處分時，則應分別其情形處理如下：

(1)如被告撤銷原處分之全部，並對同一違規事實另爲新處分：①如原告對於新處分仍有不服，基於訴訟經濟之考量，法院宜行使闡明權，告知原告爲訴之變更；②如原告對於已撤銷之原處分亦仍有不服，因原處分既已全部撤銷而失其存在，法院應闡明可轉換提起確認訴訟，倘原告堅持不轉換爲確認訴訟，則應予駁回。

(2)如被告撤銷原處分之部分，例如降低罰鍰額度或記點次數，原告如仍有不服，因原處分並不失其同一性，法院應行使闡明權，告知原告減縮訴之聲明即可。如原告堅持不減縮訴之聲明，則法院審理結果，縱認未撤銷之原處分其餘部分仍爲違法，亦應爲原告一部勝訴、一部敗訴之判決。

二、交通裁決事件之上訴，適用第三編第二章高等行政法院上訴審程序規定：

(一)對於交通裁決訴訟程序之判決不服者，得上訴於管轄之高等行政法院（§263-1Ⅰ）。

(二)對於高等行政法院之第二審判決，不得上訴（§263-1Ⅱ）。

(三)應適用交通裁決訴訟程序之事件，高等行政法院不得以地方行政法院行通常訴訟程序或簡易訴訟程序而廢棄原判決；高等行政法院應依交通裁決事件所應適用之上訴審程序規定爲裁判（§263-2）。

(四)高等行政法院受理上訴事件，認有確保裁判見解統一之必要者，應以裁定敘明理由移送最高行政法院裁判之（§263-4Ⅰ）[34]。高等行政法院審理上訴事件期間，

---

[33] 此結論非基於不利益變更禁止原則而來，蓋記點既未經處罰機關裁處，自不在法院審查之範圍內。

[34] 到目前爲止，最高行政法院准許以下數例，參見該院103年度判字第174號判決（依司法院釋字第699號解釋，對拒絕酒測汽車駕駛人未盡一定內容之告知義務，即不得處罰前提下，其「未告知即不得處罰」之範圍，不包括不具處罰性質之吊銷駕駛執照者三年內不得考領駕駛執照之法律效果及道路交通安全講習）、104年度判字第558號判決（相同案情另有十二件，認交通裁決事件之舉發，依法令並不僅限於當場舉法及逕行舉發二者，警察機關亦可本於職責舉發）、106年度判字第633號判決〔認汽車所有人、駕駛人違反道路交通管理處罰條例，經主管機關裁處罰鍰或處分吊扣汽車牌照或駕駛執照，而於裁決書之處罰主文欄同時載明該條例第65條第1項第2款規定之不於特定時間前依裁決繳送汽車牌照、駕駛執照者，加倍吊扣期間或吊銷汽車牌照、駕駛執照等（即「易處處分」），違反行政程序法第93條及道路交通管理處罰條例第65條第1項第2款之瑕疵，均屬重大，應屬無效〕、107年度判字第345號判決（認「砂石專用車輛規定」缺乏明確授權依據，違反法律保留原則，不得援引作爲道路交通管理處罰條例第29條第1項「裝載

當事人認爲足以影響裁判結果之法律見解，先前裁判之法律見解已產生歧異，得向受理本案之高等行政法院聲請以裁定敘明理由移送最高行政法院裁判之（§263-4 II）。

(五)除本法第259條之1（最高行政法院裁判附記不同意見書）及第三編第二章別有規定外，準用第三編第一章最高行政法院上訴審程序及第二編第一章通常訴訟程序之規定；並準用第237條之8（§263-5）規定。詳請參第237條之8之說明。

三、交通裁決事件之抗告、再審，適用第四編抗告程序及第五編再審程序規定。

砂石、土方未依規定使用專用車輛」處罰規定之依據）、107年度判字第349號判決（認逾期未依道路交通管理處罰條例第85條規定辦理歸責之受舉發人即汽車所有人，即視爲實施該交通違規行爲之汽車駕駛人，並生失權之效果，不可以再就其非實際違規行爲人之事實爲爭執）、107年度判字第731號判決（認如屬占用道路之廢棄車輛，應依道路交通管理處罰條例第82條之1第1項規定處理，而非適用同條例第12條第4項規定處理）、109年度交上統字第1號判決（認2020年6月10日修正前道路交通管理處罰條例第90條規定所稱「逾三個月不得舉發」，只要舉發機關已依該規定於3個月內作成舉發通知書即與立法目的相符，而非要求須於3個月內合法送達）、110年度交上統字第1號判決〔依110年度大字第2號裁定，採取與109年度交上統字第1號判決不同見解，認2011年1月17日修正公布之道路交通管理處罰條例第90條前段規定所定3個月之舉發期限，就同條例第8條第1項第1款之汽車違規行爲，應以處罰機關受理（收到）舉發機關移送舉發違反道路交通管理事件之時點，作爲認定舉發是否已逾3個月之準據〕、110年度交上統字第4號判決（認民眾檢舉之舉發案件，應類推適用2005年12月28日修正通過之道路交通管理處罰條例第85條之1第2項第1款之規範意旨不得連續舉發）、110年度交上統字第5號判決（認主管機關於民眾檢舉之違規事實，並不須符合行爲時道路交通管理處罰條例第7條之2第1項及第2項規定之逕行舉發要件，即得以汽車所有人爲舉發對象）及110年度交上統字第3號（依112年度大字第1號裁定見解，認對於行駛於一般道路上汽車在通過警告標誌後100公尺至300公尺距離範圍內之違反速限規定行爲，以非固定式科學儀器取得證據資料證明予以取締，不因該儀器未位於該距離範圍內，致使舉發程序違反2014年1月8日修正公布之道路交通管理處罰條例第7條之2第3項規定，而不得予以裁罰）。

第四章
收容聲請事件程序

緒 論

一、本章之立法原由

　　依司法院大法官釋字第708號及第710號解釋意旨，入出國及移民署（改稱移民署）[1]因執行遣送受強制驅逐出國處分之外國人、大陸及港澳地區居民，固得依所需合理作業期間作成「暫予收容」處分，惟應賦予受收容人有立即聲請法院審查決定之救濟機會，始符合憲法第8條所定正當法律程序以及憲法第16條訴訟權中「有權利即有救濟」之憲法要求。據此，本章所明定「暫時（予）收容」後之「繼續收容」、「延長收容」，以及受收容人聲請之「停止收容」等措施，本質上既皆涉人身自由之限制與剝奪，自均應遵守憲法第8條之規定。

　　前揭解釋公布後，相關法律乃配合增修，其中包括：

　　(一)行政訴訟法：2014年6月18日修正公布增訂第二編第四章「收容聲請事件程序」，第237條之10至第237條之17。前揭規定中的數條於2021年6月16日略作修改，包括第237條之12、13及16，是將內容中「入出國移民署」改為「移民署」，以及第237條之15增列第2項，係有關電子文件送達的規定。2022年6月22日修改第237條之11及第237條之16，係配合第3條之1修正而為文字修正，第3條之1規定：「本法所稱高等行政法院，指高等行政法院高等行政訴訟庭；所稱地方行政法院，指高等行政法院地方行政訴訟庭。」

　　(二)入出國及移民法（下稱移民法）：2015年2月4日修正公布第15條、第36條、第37條、第38條、第38條之1至第38條之9及第91條。最近一次修正為2022年1月12日。

　　(三)臺灣地區與大陸地區人民關係條例（下稱兩岸人民關係條例）：2015年6月

---

[1] 依2013年8月21日修正之內政部移民署組織法第1條規定：「內政部為統籌入出國（境）管理，規範移民事務，落實移民輔導，保障移民人權，防制人口販運等業務，特設移民署。」故原稱內政部入出國及移民署改名為內政部移民署。惟入出國及移民法仍未配合修改，例如該法第4條等。

17日修正公布第18條及第18條之1等。最近一次修正為2022年6月8日。

　　(四)香港澳門關係條例（下稱港澳條例）：2015年6月17日修正公布第14條及第14條之1。最近一次修正為2022年1月12日。

　　(五)提審法：2014年1月8日修正公布全文。該法第1條第1項規定：「人民被法院以外之任何機關逮捕、拘禁時，其本人或他人得向逮捕、拘禁地之地方法院聲請提審。但其他法律規定得聲請即時由法院審查者，依其規定。」

　　此外，已內國法化的「公民政治權利國際公約」第9條第1項規定：「任何人均有不受恣意逮捕或拘禁之權利。」同條第4項亦明白揭示，應賦予受收容人對於暫予收容處分有立即聲請法院審查決定之救濟機會，以及逾越暫予收容期間之收容部分應由法院審查決定之意旨。故前述大法官解釋與法律規定，顯已改變被收容之非本國人在我國法制下權利救濟的原本樣貌，並漸次與現代立憲文明國家相關的理論與實務接軌[2]。

二、本章規定之重點

(一)行政收容

　　行政收容，係行政機關基於特定行政目的，在一定要件下所採取暫時拘束人身自由的一種措施。其既屬行政性質，即與具刑事性質之羈押、拘提等拘束人身自由措施，各循不同的要件與程序，兩者間不得任意轉換。至於行政收容與行政上之留置、拘提、管收（行政執行法§19參照）、管束（行政執行法§36Ⅱ①與§37、警察職權行使法§19及§20Ⅱ）、安置、監護等，本質上皆屬行政限制、剝奪人身自由之措施，只因規範之立法目的有異而冠以不同名稱[3]。本章僅論及以遣送出國為目的之行政收

---

[2] 有關外國人收容及其救濟法制文獻，可參考李震山、許義寶、李寧修、陳正根、李錫棟、蔡庭榕、蔡政杰等合著，入出國及移民法逐條釋義，五南出版公司，2022年9月，頁322-383；許義寶，入出國法制與人權保障，五南出版公司，2019年，頁87-139、311-348；許義寶，移民法制與人權保障，中央警察大學出版，2017年8月，頁203-276；廖元豪，「即時司法救濟」的具體化－行政訴訟法與提審法新修規定之評析，月旦法學教室147期，2015年1月，頁64-76；廖元豪，「外人」的人身自由與正當程序－析論大法官釋字第708與710號解釋，月旦法學雜誌228期，2014年5月，頁244-262；廖元豪，此亦人子也，可善遇之－釋字第708號解釋評釋，月旦裁判時報22期，2013年8月，頁5-17；李建良，外國人收容之法官保留與司法救濟－2014年行政訴訟法修正評介，台灣法學雜誌252期，2014年7月，頁1-10；陳英鈐，實例研習－被收容外國人之提審權，台灣法學雜誌219期，2013年3月1日，頁155-160；林超駿、陳長文，論待遣送外國人合意收容要件－預防性拘禁觀點，政大法學評論125期，2012年2月，頁193-286；陳鏡華、陳育晏，外國人收容之法律研究，中央警察大學法學論集20期，2011年4月，頁47-88。

[3] 拘束非刑事被告或非犯罪嫌疑人的人身自由之行政法規仍在不少數，例如：精神衛生法第20、37、41、42條；傳染病防治法第44、45、48條；身心障礙者權益保障法第77至80條；人口販運防制法第19條；就業服務法第68條；兒童及少年福利與權益保障法第56條等。

容，合先敘明[4]。

(二)行政收容之司法救濟

依本章之規定，收容聲請事件可區分為「收容異議」、「續予收容」、「延長收容」及「停止收容」四種類型。收容異議係受收容人或其一定關係親屬，對於移民署暫予收容處分不服而於暫予收容期間提出。續予及延長收容則係移民署認有繼續收容必要，於收容期間屆滿前向法院聲請。停止收容則為受收容人或其一定關係親屬，於法院裁定續予或延長收容後，認有收容原因消滅、無收容必要或有得不予收容之情形，而向法院聲請。各類收容期間之長短不同，詳見下述第237條之10。

收容聲請事件以高等行政法院地方行政訴訟庭（下稱地方行政法院）為第一審管轄法院。於依行政訴訟法第229條第4項規定：「第二項第五款之事件，由受收容人受收容或曾受收容所在地之地方行政法院管轄，不適用第十三條之規定。但未曾受收容者，由被告機關所在地之地方行政法院管轄。」[5]法院准續予收容及延長收容之裁定，應於收容期間屆滿前當庭宣示或以正本送達受收容人；逾期宣示或送達者，裁定視為撤銷。另於考量案件量、提解受收容人之勞費、時間及法院收容空間等因素，法院得以遠距方式進行審理。

三、行政收容與憲法第八條人身自由之保障

憲法第8條第1項揭櫫：「人民身體之自由應予保障。」並採憲法保留原則（或稱憲法直接保障主義）而明定「非由法院依法定程序，不得審問處罰。」其中，「由法院」一詞，即是剝奪人身自由應由法官介入的核心依據。而「依法定程序」之意涵，依司法院大法官歷來解釋：「係指凡限制人民身體自由之處置，不問其是否屬於刑事被告之身分，國家機關所依據之程序，須以法律規定，其內容更須實質正當，並符合憲法第二十三條所定相關之條件。」對此，應值得作下述的引申。

---

[4] 其他法律亦有以收容為措施者，則不在論述之列，例如：依社會秩序維護法第8條第2項：「未滿十四歲人有違反本法之行為者，得責由其法定代理人或其他相當之人加以管教；無人管教時，得送交少年或兒童福利機構收容。」

[5] 行政訴訟法第229條第2項就適用簡易程序共有六款規定，其第5款明文：「關於內政部移民署（以下簡稱移民署）之行政收容事件涉訟，或合併請求損害賠償或其他財產上給付者。」同法第13條規定：「對於公法人之訴訟，由其公務所所在地之行政法院管轄。其以公法人之機關為被告時，由該機關所在地之行政法院管轄（Ⅰ）。對於私法人或其他得為訴訟當事人之團體之訴訟，由其主事務所或主營業所所在地之行政法院管轄（Ⅱ）。對於外國法人或其他得為訴訟當事人之團體之訴訟，由其在中華民國之主事務所或主營業所所在地之行政法院管轄（Ⅲ）。」

(一)外國人之收容亦適用我國憲法保障人身自由之規定

　　司法院大法官釋字第708號解釋稱：「我國憲法第8條關於人身自由之保障亦應及於外國人，使與本國人同受保障。」對外國人人身自由保障顯係採國民待遇（national treatment），承認人身自由是具跨國普世性之人權。因此，本章規定並未以互惠原則之國際法觀點，或以國情、政治現實、文化價值差異等內國主權觀點，作為對外國人人身自由保障推辭或差別待遇的理由與前提。能採東晉陶淵明「此亦人子也，可善遇之」的寬容態度，既符合憲政文明國家維護基本權利的價值理念，亦合於全球化下每個人皆有可能成為外國人的平權預設，應值得讚許。綜上，本章之收容雖係針對非本國人違反我國法令所為剝奪人身自由的措施，並無排除憲法第8條第1項應由「法院」即時介入之「法官保留」原則適用的正當性。

(二)人身自由限制、剝奪之救濟貴在即時

　　以公權力剝奪人身自由的行政措施，大多是措施之決定（處分）與執行併行，救濟若不能即時，往往是緩不濟急而僅具亡羊補牢的功效，或被列屬遲到的正義。基於人身自由侵害之救濟貴在即時，憲法乃允許人民於事發之初，即得由事件關係人先行主觀認定公權力所為之人身自由剝奪是否「依法定程序」，並賦予其有請求法院即時介入為明快制約處置之權。就人身自由剝奪事件權利受侵害的不可回復性與救濟急迫性觀點而言，也只有該理性且人性化制度設計方能有效保障人權，避免嗣後爭訟而浪費司法或其他國家資源，並累積人民對國家信賴。而本章所規定各類收容聲請事件之異議與司法救濟，均能顧及人身自由剝奪之救濟應迅接受司法審查之特性。

(三)行政收容與「法官保留」原則

　　憲法第8條就人身自由保障所設「法官保留」機制，既採「憲法保留」之規定方式，自不屬立法得任意更動而自由形成之範圍。至於法官掌理事後審判之定紛止爭工作而立於不告不理的被動地位，何以憲法尚須賦予其於人身自由保障之維護上，從「事後」走到「事前」去預防行政不法之法院監控（gerichtliche Kontrolle）任務，應係懍於維護人身自由的重要性，需借助中立第三者的法院，獨立、公正、迅速地介入以發揮權力分立制衡功能，始能彰顯人身自由受剝奪之不可回復與即時救濟需求的憲法特性[6]。法官據此所行使的職權，雖非審判核心工作，但仍係憲法權力分立相互

6　吾人預設法官在重要人權保障，立場上較行政機關更客觀獨立而值得信賴，因而設計的「法官保留」制度，並非憲法的禁臠或必須有憲法明文依據，例如：司法院大法官釋字第631號解釋，於憲法未明文要求立法的情形下仍稱：「未要求通訊監察書原則上應由客觀、獨立行使職權之法官核發，而使職司犯罪偵查之檢察官與司法警察機關，同時負責通訊監察書之聲請與核發，難謂為合理、正當之程序規範，而與憲法第十二條保障人民秘密通訊自由之意旨不符。」又例如：憲法並無明文要求，而由立法者自行依刑事訴訟法第128條之1規定：「偵查中檢察官認有搜索之必要者，除第一百三十一條第二項所定情形外，應以書面記載前條第二項各款之事項，

制衡藉以保障人權理念下的產物，自不能視之為司法旁鶩，而任意漠視之。

四、收容異議與提審救濟之比較

收容異議與聲請提審，皆是人民對公權力所為人身自由限制不服之救濟方式，但可區別如下：

(一)適用特別法與普通法之關係

提審係人民受法院以外之任何機關逮捕、拘禁時，得立即請求法院聽審，由法院即時審查其逮捕、拘禁之合法性。提審法第1條第1項但書明定：「其他法律規定得聲請即時由法院審查者，依其規定」，及同法第5條第1項但書第2款規定：「受聲請法院，認被逮捕、拘禁人依其他法律規定得聲請即時由法院審查者，得以裁定駁回之。」移民法、兩岸人民關係條例及行政訴訟法等，既就收容「得聲請即時由法院審查」，憲法保障人民得聲請法院即時救濟之意旨業已實現，自毋庸再重複進行提審程序[7]。

(二)聲請人範圍不同

收容異議之聲請人為非本國人之受收容人或與其具一定親屬之人。得提起停止收容聲請之人，除受收容人本人外，尚包含其配偶、直系親屬、法定代理人、兄弟姐妹等得提起收容異議之人，將聲請權人擴大範圍而及於具一定親屬關係之人。提審救濟之審請人，則為任何人，包括相關人權救援團體亦可主動為受人身自由剝奪者提起救濟。

(三)審理範圍不同

收容異議審理範圍含括較廣，暫予收容處分程序及實體之合法性，以及收容之必要性，皆在審查範圍內；提審則僅審查拘禁程序之合法性。依提審法第5條第1項前

並敘述述理由，聲請該管法院核發搜索票（Ⅰ）。司法警察官因調查犯罪嫌疑人犯罪情形及蒐集證據，認有搜索之必要時，得依前項規定，報請檢察官許可後，向該管法院聲請核發搜索票（Ⅱ）。前二項之聲請經法院駁回者，不得聲明不服（Ⅲ）。」

7 經司法院大法官2013年2月6日以釋字第708號解釋宣告入出國及移民法第38條規定違憲，而定兩年失效期間。於該法條未修訂前，法院難能可貴的積極認為：「查受拘禁人梅氏蘭刑事案件部分未經檢察官聲請羈押，且收容期間至本院七月十日提審訊問時，已達七十四日。……既欠缺法官的審查並裁定允許，入出國及移民署收容事務大隊臺北收容所執行之收容行為，已非合憲」；「依據釋字第七○八號宣告違憲之意旨，以提審法為橋樑，以合乎憲法意旨之解釋方式適用系爭法律。且有內國法效力，屬人權基本法性質之公民與政治權利國際公約第九條第四款亦規定：『任何人因逮捕或拘禁而被剝奪自由時，有權聲請法院提審，以迅速決定其拘禁是否合法，如屬非法，應即令釋放。』……並責付予聲請人並限定其住居所於聲請人之住居所。」參臺灣桃園地方法院行政訴訟庭103年度行提字第1號裁定。

段、第7條第1項規定,受提審聲請之法院於繫屬後二十四小時內,應向逮捕、拘禁機關發提審票。逮捕、拘禁機關應於收受提審票後,二十四小時內將被逮捕、拘禁人解交。依同法第8條第1項規定,法院審查逮捕、拘禁之合法性,應就逮捕、拘禁之法律依據、原因及程序為之。亦即提審僅審查逮捕、拘禁程序之合法與否,非在認定被逮捕、拘禁之本案實體原因及有無被逮捕、拘禁之必要性。再依同法第9條第1項規定,法院審查後,認為不應逮捕、拘禁者,應即裁定釋放;認為應予逮捕、拘禁者,以裁定駁回之。

(四)審理效力不同

收容異議經審理後認有理由時,即釋放受收容人,且已審查暫予收容處分之程序及實體違法性,屬本案終局救濟,但提審後法院認有理由,雖亦同為釋放受逮捕、拘禁之人,惟並非該本案處分之終局救濟。換言之,對於收容處分不服者,應依收容異議程序救濟,以取代傳統循訴願及行政訴訟救濟之程序,不得再依本法提起撤銷訴訟、確認暫予收容處分違法或無效訴訟。又收容異議之司法救濟程序,已屬暫予收容處分之即時有效本案終局救濟,故已無再適用停止執行之必要。至於憲法第8條第2項前段內含由逮捕、拘禁機關「主動移審」之規定,惟司法院大法官釋字第708號解釋則從整體法秩序為價值判斷,賦予移民署因遣送所需合理作業期間,尚無須一律經由法院介入,得自行作成長達十五天之暫予收容處分。是否已違反憲法第8條第1項保障人身自由之意旨,容有商榷餘地[8](詳見§237-10)。受收容人及其關係人若主動即時向法院聲明不服,收容異議於向移民署提起後二十四小時內就能移送法院審理;提審最長則需四十八小時。

第237條之10(收容聲請事件之種類)
本法所稱收容聲請事件如下:
一、依入出國及移民法、臺灣地區與大陸地區人民關係條例及香港澳門關係條例提起
　　收容異議、聲請續予收容及延長收容事件。
二、依本法聲請停止收容事件。

---

[8] 2015年6月12日由韓國來臺赴永豐金控股東會陳情遭逮捕的南韓Hydis工人李尚彥被強行帶上警備車並送往位於三峽的保一總隊第五大隊偵訊後,被移送移民署收容所。經「台灣人權促進會電子報」主編彭立言向臺北地方法院聲請提審,並獲法院裁定准許,根據提審法規定須在二十四小時內開庭審理,經過義務律師團長達三個多小時的努力後,李尚彥獲判當庭釋放,此為提審法最新修訂施行後(2014年7月8日),臺北地方法院第一件提審案件。司法院大法官釋字第708號解釋所設「合理作業時間」十五天的移民法規定,相對於提審法之規定,何者較合於憲法保障人身自由之意旨,不難判斷。

❖內容解析❖

一、暫予收容

依移民法第38條第1項規定：「外國人受強制驅逐出國處分，有下列情形之一，且非予收容顯難強制驅逐出國者，移民署得暫予收容，期間自暫予收容時起最長不得逾十五日，且應於暫予收容處分作成前，給予當事人陳述意見機會：一、無相關旅行證件，不能依規定執行。二、有事實足認有行方不明、逃逸或不願自行出國之虞。三、受外國政府通緝。」依臺灣地區與大陸地區人民關係條例第18條之1第1項規定：「前條第一項受強制出境處分者，有下列情形之一，且非予收容顯難強制出境，內政部移民署得暫予收容，期間自暫予收容時起最長不得逾十五日，且應於暫予收容處分作成前，給予當事人陳述意見機會：一、無相關旅行證件，或其旅行證件仍待查核，不能依規定執行。二、有事實足認有行方不明、逃逸或不願自行出境之虞。三、於境外遭通緝。」[9]（港澳條例§14-1有相同之規定）。

不服移民署暫予收容處分，受收容人或與其具一定親屬關係之人得提起收容異議。移民署應於受理異議書起二十四小時內，將受收容人移送地方行政法院迅速裁定。惟若關係之人未提起異議，主管機關似無主動移審之義務，只需遵守不得逾十五日之收容期間規定，此與提審法第1條但書不論是否聲請，皆需主動移審之規定，以及憲法第8條規定有相當落差。會造成此種情形，與司法院大法官釋字第708號解釋創設「合理作業期間」有密切關係。就此，作者曾於該號解釋所提出之部分協同部分不同意見書中表示：「本件解釋所稱『合理作業期間』，是為準備遣送出國而設，作業上或有其必要。但其與憲法將『二十四小時』定位為人身自由剝奪救濟的『急迫審查期間』，性質上是風馬牛不相及，自無互相取代的空間。僅以『整體法秩序為價值判斷』的模糊辭令，或以『暫時收容』與『暫予收容』用語的隻字之差，試圖將兩者混為一談，予人憲法所定二十四小時『並不合理』的聯想，而得到『並不違反憲法第八條第一項保障人身自由之意旨，是此暫時收容之處分部分，尚無須經由法院為之』的結論，恐有失釋憲者立場而難以服人。其刻意規避憲法第八條所明示之『二十四小時』誡命，自行創造的『合理作業期間』，保障程度上甚至比某些立法還低，堂而皇之將十五日寫入必須修憲或再次釋憲始可能變更的本院解釋之內，滯化未來法制進步的空間，確實令人不安。越二十四小時的『合理作業期間』例子一開，性質相近的大陸地區人民及香港澳門居民強制出國前的暫予收容，若法律無合憲而得以排除差別對待的特別規定，即應等同辦理。而其他行政性質之剝奪人身自由措施，有關規範

---

[9] 李震山等合著（蔡庭榕主筆），入出國及移民法逐條釋義，五南出版公司，2022年9月，頁322-383。

應否皆須比照本件解釋而由大法官明確決定『合理作業期間』方具正當性？不無疑慮。」[10]

二、續予收容及延長收容

依移民法第38條之4規定，暫予收容期間屆滿前，移民署倘認有繼續收容之必要，應於暫予收容期間屆滿五日前附具理由，向法院聲請裁定續予收容。續予收容之期間，自暫予收容期間屆滿時起，最長不得逾四十五日。續予收容期間屆滿前，因受收容人所持護照或旅行證件遺失或失效，尚未能換發、補發或延期，移民署認有繼續收容之必要者，應期間屆滿五日前附具理由，向法院聲請延長收容，延長收容之期間，自續予收容期間屆滿時起，最長不得逾四十日。惟依兩岸人民關係條例第18條之1第4項規定，如延長收容期間屆滿前，仍因特殊情事致未能強制出境，而認有再延長收容之必要者，得再向法院聲請延長收容一次，最長不得逾五十日，是大陸地區人民之收容期間與外國人及港澳居民之收容日數之上限，容有區別。

三、停止收容

法院裁定續予收容或延長收容後，受收容人及得提起收容異議之人如認收容原因消滅、無收容必要或有得不予收容情形者，依移民法、兩岸條例及港澳條例等規定，移民署本得依職權，視其情形停止收容。如移民署未依職權爲停止收容處分，受收容人等得依行政訴訟法第237條之13第1項規定，向法院聲請停止收容。

依移民法第38條第2項規定：「移民署經依前項規定給予當事人陳述意見機會後，認有前項各款情形之一，而以不暫予收容爲宜，得命其覓尋居住臺灣地區設有戶籍國民、慈善團體、非政府組織或其本國駐華使領館、辦事處或授權機構之人員具

---

[10] 筆者於該意見書中續指出：「此外，若將『合理作業期間』讓諸立法者以法律定之，其立法形成自由之有無，以及規定期間之長短等，則是另行衍生有無違反比例原則或平等原則之爭議，此或可從相關舊釋憲聲請案中，尋找出蛛絲馬跡。至於『合理作業期間』實際執行後，是否有助於提升行政效能或減輕司法負擔，還是可能如同打開潘朵拉的盒子，使合憲性問題之質疑接踵而至，則有待觀察。綜上，憲法給公權力機關剝奪人身自由的『合理作業期間』，應該就只有二十四小時，本件解釋畫蛇添足自創得便於驅逐出國的合理作業期間，除予人挑戰、規避憲法的不良觀感外，若再經不當解讀與適用而異化憲法規定本旨，或被國際間斷章取義引爲負面例證，將有害我國人權保障形象，弄巧成拙而得不償失。」於司法院大法官釋字第710號解釋部分不同意見書再提出：「再退一步而言，若欲將憲法第八條『二十四小時』規定延長，就涉及嚴肅的修憲問題，不能以釋憲方式說變就變，不論是採『十五天』，或是採『委由立法者決定』模式的『合理作業期間』，皆將難逃『以釋憲之名，行修憲之實』的訾議。未來立法者於審酌不同情形後，所定之『合理作業期間』若被質疑過長，或各規範所定期間之標準與長短不一，必將滋生是否合乎比例原則或平等原則之問題。未來更難保，立法者不會以國家安全、社會秩序或公共利益爲理由，將取捨失當、輕重倒置之『合理作業期間』枷鎖，以一時政治多數決，由外國人、大陸人民接著再套在本國人民身上，對此，人民只能馨香禱祝，莫再歷史重演。」

保或指定繳納相當金額之保證金，並遵守下列事項之一部或全部等收容替代處分，以保全強制驅逐出國之執行：一、定期至入出國及移民署指定之專勤隊報告生活動態。二、限制居住於指定處所。三、定期於指定處所接受訪視。四、提供可隨時聯繫之聯絡方式、電話，於移民署人員聯繫時，應立即回覆。五、配合申請返國旅行證件。六、不得從事違反法令之活動或工作。」為判斷被收容人逃亡或繼續在國內從事不法的活動可能性，須依個案從其本身或其經歷及所處情況等綜合考量，依比例原則審慎為之。移民署認為外國人或大陸地區及港澳居民，依法雖得加以收容，但斟酌具體情況以不暫予收容為宜，得採取以保證人出具保證書或採取以命繳交適當保證金之方式，代替收容處分。法院在受理收容異議後，如廢止個案之收容處分，移民署亦得要求該人尋覓保證人或命使繳交保證書，或採取其他適當之處分與要求。

> **第237條之11**（收容聲請事件之管轄法院）
> 收容聲請事件，以地方行政法院為第一審管轄法院。
> 前項事件，由受收容人所在地之地方行政法院管轄，不適用第十三條之規定。

❖ 內容解析 ❖

一、司法裁判管轄二元制下之管轄爭議

　　人身自由受到公權力拘束，可能事涉刑事、民事或行政案件，其皆應適用憲法第8條規定由法官儘速有效的介入。但因我國實施司法裁判管轄二元體制[11]，法律若未明定管轄，常會形成司法救濟途徑爭議。就刑事案件言，從逮捕、拘禁、羈押、自由刑之裁判，皆屬刑事司法權範疇而依刑事程序提起救濟，向無爭議，惟就不服羈押或自由刑之處遇措施等，針對該「司法行政處分」救濟之途徑，就屢生爭議[12]，尤其是刑

---

11 依司法院釋字第466號解釋：「我國關於民事訴訟與行政訴訟之審判，依現行法律之規定，分由不同性質之法院審理，係採二元訴訟制度。除法律別有規定外，關於因私法關係所生之爭執，由普通法院審判；因公法關係所生之爭議，則由行政法院審判之。」釋字第540號解釋：「惟立法機關亦得依職權衡酌事件之性質、既有訴訟制度之功能及公益之考量，就審判權歸屬或解決紛爭程序另為適當之設計。」另依釋字第418號解釋：「司法救濟之方式，有不論民事、刑事或行政訴訟之裁判，均由普通法院審理；有於普通法院外，另設行政法院審理行政爭訟事件，我國即從後者。然無論採何種方式，人民於其權利因違法行政處分而遭受侵害時，得向法院請求救濟，則無不同。」

12 在2020年之前的刑事羈押或監獄行刑過程中之諸多處遇措施，例如後者之作業、教化、假釋、醫療、接見通信、外出等等，都被列屬監獄行刑之具體作為，此外，為了維持監獄秩序以及監獄成員安全之必要，所採取之管理、戒護或懲罰措施，也是被認屬刑罰如何執行的內容。司法院釋字第720號解釋固揭示：「羈押法第六條及同法施行細則第十四條第一項之規定，不許受

之執行涉及人身自由的應否假釋之決定，以及假釋後應否再入監執行之決定等[13]。至於不服民事案件中有關人身自由拘束之救濟，由普通法院民事庭管轄，並無疑義，例如：針對拘提、管收不服之救濟。

二、收容聲請事件由地方行政法院管轄

不服行政案件中拘束人身自由時，除法律有特別規定由普通法院管轄外（例如：社會秩序維護法§8、§9、§42、行政執行法§17），原則上應循行政訴訟途徑救濟。本章明定行政收容事件，及交通裁決事件訴訟程序（行政訴訟法§237-1～§237-9），由地方法院行政訴訟庭管轄，契合行政訴訟法第2條規定之意旨：「公法上之爭議，除法律別有規定外，得依本法提起行政訴訟。」

2012年9月行政訴訟法採三級二審新制後，實質意義之行政法院包含地方法院行政訴訟庭、高等行政法院及最高行政法院。2023年8月15日後再改採新制透過審級分工將事件分流，以第一審行政法院為事實審中心，最高行政法院則專注於重要的法律解釋、適用及統一法律見解。原本分散在各地方法院的行政訴訟庭，改為集中於高等行政法院內增設「地方行政訴訟庭」，在訴訟法上相當於「地方行政法院」審級。另調整通常訴訟程序管轄範圍，將訴訟標的金（價）額新臺幣一百五十萬元以下之稅捐、罰鍰或其附帶之裁罰性、管制性不利處分、其他公法上財產關係訴訟，以「地方行政訴訟庭」為第一審管轄法院，由高等行政法院「高等行政訴訟庭」審理此類事件之上訴、抗告。綜上，行政訴訟法乃依事物性質之不同而為事物管轄權之分配，依行

羈押被告向法院提起訴訟請求救濟之部分，業經本院釋字第六五三號解釋，以其與憲法第十六條保障人民訴訟權之意旨有違，宣告相關機關至遲應於解釋公布之日起二年內，依解釋意旨，檢討修正羈押法及相關法規，就受羈押被告及時有效救濟之訴訟制度，訂定適當之規範在案。在相關法規修正公布前，受羈押被告對有關機關之申訴決定不服者，應許其準用刑事訴訟法第四百十六條等有關準抗告之規定，向裁定羈押之法院請求救濟。本院釋字第六五三號解釋應予補充。」惟其並未明示聲請人應循行政程序或刑事程序提起救濟之判準。

[13] 司法院釋字第691號解釋稱：「受刑人不服行政機關不予假釋之決定者，其救濟有待立法為通盤考量決定之。在相關法律修正前，由行政法院審理。」針對「在相關法律修正前」等語，寓有本件解釋僅具暫時或中間決定性質，「有待立法為通盤考量」而得「決定」變更本件解釋，包括可將「由行政法院審理」修法改為「由普通法院審理」之意涵。惟立法機關已於行政訴訟法第2條自定富含憲法權力分立相互制衡及訴訟權實效保障的立法政策，即「公法上之爭議，除法律別有規定外，得依本法提起行政訴訟」之原則，而該價值之決定及「例外之解釋應從嚴」的法理內涵，顯足以成為「立法裁量」（或稱「立法形成自由」、「立法形成之裁量」等）自我拘束之內在限制（immanente Schranke）。換言之，本解釋作成後，立法機關能將公法事件交由普通法院審理，或在行政訴訟已漸趨完備下另設置特別訴訟程序之裁量空間，極其有限，故實無須再添加「相關法律修正前」等語之必要性。所幸，2020年1月15日修正公布之羈押法第102條第4項規定：「除前三項之情形及法律另有規定外，被告因羈押所生之公法上爭議，應依本法提起行政訴訟。」及監獄行刑法第111條第1項規定：「受刑人因監獄行刑所生之公法爭議，除法律另有規定外，應依本法提起行政訴訟。」弭平相關爭議。

政訴訟法第237條之11第1項及第237條之16第1項之規定，地方行政法院對於收容聲請事件有第一審之管轄權，高等行政法院對收容聲請事件之抗告事件有管轄權。

此外，行政訴訟法第13條係參考民事訴訟法以原告就被告原則之規定，依該原則固可保護被告利益，防止原告濫訴，但因受收容事件之特性，若以「原告就被告」，將造成原告的諸多不便，乃明定不適用第13條「以原就被」之訴訟原則。

三、德國法制參酌

德國公法法制與我國相近，其基本法有關人身自由保障規定中有關「法官保留」之要件與我國憲法相較，寬嚴容有差別，但基於權力分立制衡以及近代歷史背景相近，而期收人身自由保障效果之精神則如出一轍。至於其有關外國人收容的規範，主要明定在通稱為「外國人法」（Ausländergesetz）的第62條，該條規定除貫徹基本法「法官保留」之意旨外，尚將收容一分為二。首先，在驅逐出國處分作成前之預備性收容（Vorbereitungshaft），若經法官許可，原則上有六週收容期間。其次，於作成驅逐出國處分後之保全收容（Sicherungshaft），若經法官許可，原則上有兩週收容期間，在特定要件下，尚有六個月與十二個月的收容期間規定。所有收容，包括緊急收容措施，皆須依基本法意旨取得法官指令（richterliche Anordnung），在該前提下，收容持續的期間、可再延長的期間及是否須再經法官同意等實體、程序要件，皆有完整的立法配套規定。換言之，立法者於無條件遵守憲法之「法官保留」及「期間限制」原則後，才有形成自由去考量行政與司法的效能問題。除此之外，該國尚有「憲法保留」的政治庇護權詳細規定（基本法§16a），及堪稱詳盡的難民庇護程序法（Asylverfahrensgesetz），均值得我國參考[14]。

> **第237條之12**（收容聲請事件之審理程序）
> 行政法院審理收容異議、續予收容及延長收容之聲請事件，應訊問受收容人；移民署並應到場陳述。
> 行政法院審理前項聲請事件時，得徵詢移民署為其他收容替代處分之可能，以供審酌收容之必要性。

❖內容解析❖

本條第1項「應訊問受收容人」之規定，旨在強化收容必要性之實體要件審酌

---

[14] 有關美國法制部分，請參蕭明欽，外國人收容與驅逐出國之人權保障—我國與美國法制之比較，中正大學法學集刊77期，2022年，頁232-250。

外，強調應保護受收容人的正當程序利益。第2項規定則要求公權力之運作應合乎比例原則。兩項規定，皆合憲法及行政程序法規定之意旨。

一、應審酌收容必要性之實體要件

行政法院審理收容異議、續予收容及延長收容之聲請事件，應審查是否具備收容事由、有無得不予收容之情形及收容之必要性等。暫予收容主要係確保能將外國人遣送出國，並非以制裁受收容人為目的，故應限為驅逐出國之保全所必要，否則即應斟酌有無替代收容。依移民法第38條第1項規定為例，移民署得為暫予收容處分之要件有：(一)外國人受強制驅逐出國處分；(二)具有下列收容事由之一：1.無相關旅行證件，不能依規定執行；2.有事實足認有行方不明、逃逸或不願自行出國之虞；3.受外國政府通緝；(三)非予收容，顯難強制驅逐出國者，即無替代收容處分之可能。因此，收容及其延續在行政實體法律關係上是否合法，端視上開保全執行之必要性是否繼續存在，至於收容及收容期間長、短之適法性，自亦應視個案受收容人有無繼續保全執行之必要而定。所謂無保全執行之必要者，例如受收容人已自願即時出國，或移民署已備妥機票、護照等手續，而得立即強制遣送出國者，即不應續予收容。

另依移民法第38條之1規定，外國人有下列情形之一者，雖受強制驅逐出國處分得不暫予收容：(一)精神障礙或罹患疾病，因收容將影響其治療或有危害生命之虞；(二)懷胎五個月以上或生產、流產未滿二個月；(三)未滿十二歲之兒童；(四)罹患傳染病防治法第3條所定傳染病；(五)衰老或身心障礙致不能自理生活；(六)經司法或其他機關通知限制出國。

對受暫予收容人為續予收容之決定，除應實質審酌前述要件外，均須於暫予收容期間屆滿前五日內向法院聲請。專就外國人延長收容之事由為：受收容人所持護照或旅行文件遺失或失效，尚未能換發、補發或延期。但亦須於續予收容期間屆滿前五日內向法院聲請。

受收容人或其配偶、直系親屬、法定代理人、兄弟姊妹，對暫予收容處分不服向移民署提出收容異議，該署經依職權進行審查認異議有理由者，得撤銷或廢止原暫予收容處分；認異議無理由者，應於受理異議時起二十四小時內，將受收容人連同收容異議書或異議紀錄、入出國及移民署意見書及相關卷宗資料移送法院。該項制度之設計，係免除傳統行政爭訟之訴願前置程序，直接要求由法院審查迅速裁定暫予收容處分之適法性，提供受收容人即時有效之司法救濟管道[15]。

---

[15] 移民法所定自收受收容異議時起二十四小時內應予移送法院，旨在保障外國人民身體之自由，時限至為嚴格。惟事實上有法定障礙之原因，致發生不得已之遲滯者，如不問任何情形，均須將此等時間一併計入二十四小時之範圍，既為事實所不能，當非限時移送之本旨。因此，移民法第38條之3乃明定符合一定法定障礙事由時，均不包括於該項時限之內。但其間不得有不必要

　　行政法院審理移民署移送之收容異議事件，需完全審查暫予收容處分之合法性。其採直接審理之方式，除可瞭解收容之原因與被收容人之具體情況外，並可衡量收容之必要性與是否可採取其他代替方式。其審查尤應注意移民署是否於受理異議時起二十四小時內，將受收容人連同收容異議書或異議紀錄、移民署意見書及相關卷宗資料移送至法院（移民法§38-2Ⅱ）。若否，而該署又未自行依移民法第38條之3第3項規定廢止暫予收容處分，釋放受收容人者，則該暫予收容處分已失其適法性，行政法院得認收容異議為有理由，而為釋放受收容人之裁定（行政訴訟法§237-14Ⅰ、移民法§38-2Ⅱ、§38-3）。行政法院收受之收容異議非由移民署移送，而係由關係人直接向法院提出者，法院應即轉送移民署，並以該署收受法院轉送之時視為其受理收容異議之起算時點（移民法§38-2Ⅲ參照）。

二、遵守訊問及徵詢之程序

　　移民署應以受處分人可理解之語文作成暫予收容處分書面通知，使知悉處分收容之理由及不服處分提起救濟之方法、期間及受理機關，並通知其指定之在臺親友或其原籍國駐華使領館或授權機關。若因當事人語文或對我國法律理解的隔閡，通譯亦可委諸相關NGO團體遂行之[16]。行政法院審查時，如語言溝通有障礙，亦應提供通譯人員，以即時可以傳達真正之表達意思。

　　為使受收容人能提出有利主張供法院審酌，第1項除規定行政法院審理收容異議、續予收容及延長收容之聲請事件，應訊問受收容人外，亦要求移民署並應到場陳述，俾利事件之審理。另於行政訴訟法第237條之13第2項明定行政法院審理停止收容事件於必要時，得訊問受收容人或徵詢移民署有關「可替代性處分」而對於人身自由限制較低的方法，例如：受收容人是否可在一定之前提下，利用具保、限制住居、定期報告生活動態、定期接受訪視及提供聯絡方式等替代收容處分之意見，以符憲法第23條及行政程序法第7條所定比例原則之要求。值得一提者是，交保係一種以保證金替代收容之方法，但須擔負傳隨到之義務，如有經傳訊無故不到者，將沒入保證金，並予以強制拘提到場，並予以收容[17]。或有意見認為，大多被遣返之外國人，為

之遲延，應盡可能妥速到達，以符切實保障人身自由之本旨（司法院釋字第130號解釋參照）。移民署對於有法定障礙事由，致二十四小時內無法移送法院者，應於移送法院之意見書中釋明其事由（移民法§38-3Ⅰ、Ⅱ參照）。又，移民署若未能依規定二十四小時內將受收容人、卷宗及該署意見書等移送法院，應即廢止暫予收容處分並釋放受收容人，如未釋放受收容人，因該暫予收容處分已失其適法性，行政法院宜考量上開事實，認收容異議為有理由，而為釋放受收容人之裁定（移民法§38-3Ⅲ參照）。

16　參考公民與政治權利國際公約第14條第3款：審判被控刑事罪時，被告一律有權平等享受下列最低限度之保障，例如(一)迅即以其通曉之語言，詳細告知被控罪名及案由；(二)給予充分之時間及便利，準備答辯並與其選任之辯護人聯絡；(三)如不通曉或不能使用法院所用之語言，應免費為其備置通譯協助。

17　許義寶，移民法制與人權保障，中央警察大學出版，2017年8月，頁250-258。

逃逸之外籍勞工，本身積蓄不多，幾乎連返國之機票費都沒有，如何有多餘之金錢繳交保證金之顧慮，從而認為此規定屬多餘。然對於違反情節較輕微者、顧及行為人家庭或特殊遭遇情形時，尚非不可兼顧執行遣返之目的與保障行為人之人身自由。

收容異議、續予收容及延長收容等聲請事件，法院收案後仍須為要件之審查，審理時須經訊問等調查證據程序，程序亦有可能有相關裁定之要件、送達及效力等規定之適用。因此，仍有透過準用簡易訴訟程序之規定，而適用通常訴訟程序相關之起訴、言詞辯論、證據、訴訟程序之停止及裁判等規定之必要。再者，對於暫予收容處分不服，同法第二編第四章已賦予受收容人得依收容異議程序，立即聲請法院審查決定救濟之機會，自無適用停止執行之必要；又收容聲請事件並無成立訴訟上和解之可能。因此，該編第一章第二節及第七節之規定，依其性質並不在準用簡易訴訟程序之列。

三、遠距審理之運用

依行政訴訟法第130條之1規定，收容聲請事件之聲請人、受收容人或代理人之所在處所與行政法院間，有聲音及影像相互傳送之科技設備而得直接審理者，行政法院認為適當時，依當事人之聲請或依職權以該設備為遠距審理，以保障當事人之聽審權，並使受收容人免予提送，以兼顧審理之迅捷。收容聲請事件，依行政訴訟法第237條之17第2項之規定，應注意受收容人於其所在處所能否為自由之陳述，其除第二編第四章別有規定外，審理程序亦準用簡易訴訟程序之規定，並因準用第236條規定而適用第二編第一章通常訴訟程之規定。因此，上開遠距審理規定自得準用之。是受收容人依前開規定得以聲音及影像相互傳送之科技設備而得直接審理者，其所在處之「視訊法庭」乃屬「審判法庭」之延伸（最高法院97年度台上字第2537號判決參照），故移民署先行移送收容異議書或異議紀錄、移民署意見書及相關卷宗資料至法院，經行政法院認依行政訴訟法第130條之1規定為遠距審理適當者，於法院收受卷宗資料時，視為移民署已將受收容人移送法院。相關規定可參行政法院辦理行政訴訟事件遠距審理及文書傳送作業辦法（2013年6月10日施行）。

第237條之13（聲請法院停止收容）

行政法院裁定續予收容或延長收容後，受收容人及得提起收容異議之人，認為收容原因消滅、無收容必要或有得不予收容情形者，得聲請法院停止收容。

行政法院審理前項事件，認有必要時，得訊問受收容人或徵詢移民署之意見，並準用前條第二項之規定。

❖內容解析❖

一、停止收容之要件

依第1項規定，行政法院依移民署聲請而裁定續予收容或延長收容後，如嗣後因收容原因消滅、無收容必要或有得不予收容情形者，依移民法、兩岸人民關係條例及港澳條例等規定，移民署本得依職權視其情形分別為一定之處置（釋放或具保等）。惟若移民署未為上開處置，為保障受收容人之權益，亦應允許受收容人及得提起收容異議之人，得向行政法院聲請停止收容。

所謂收容原因消滅者，例如：逾期居停留之行為人已繳交罰鍰，並重新申請居留證獲許可者或原驅逐出國處分，經提起訴願或行政訴訟程序，經訴願決定或確定判決撤銷原處分者。至於有無收容之必要，如前所述，移民署得先就構成要件予認定，對於居無定所之逃逸移工或非法偷渡進入我國者，有明顯逃匿之可能與證據，應有收容之必要。如屬婚姻移民或在我國已有家庭或事業者，因違法情事被處以驅逐出國處分，衡量其生活重心與事業、工作安排等，應無逃匿之必要與重大嫌疑，則應認為無收容之必要，或改採其他使繳交保證金之代替方式。

所謂有得不予收容情形者，例如：違反移民法第38條之規定而以兒童或政治難民為對象。依國際人權法之兒童權利國際公約之規定[18]，對兒童應為特別之保護，如將其置於與一般被收容者，所拘禁之處所，將違反兒童權利國際公約之規定，應改以安置在適當之處所，以為保護。另行為人如屬國際政治難民，在我國雖尚無難民法之規定，但依國際難民地位公約之規定，對於受政治迫害之難民，亦應予以必要的保護[19]，而構成「得不予收容」之要件。

---

[18] 依聯合國兒童權利國際公約（1989.11.20）第37條規定：締約國應確保：(a)任何兒童不受酷刑或其他形式的殘忍、不人道或有辱人格的待遇或處罰。對未滿十八歲的人所犯罪行不得判以死刑或無釋放可能的無期徒刑；(b)不得非法或任意剝奪任何兒童的自由。對兒童的逮捕、拘留或監禁應符合法律規定並僅應作為最後手段，期限應為最短的適當時間；(c)所有被剝奪自由的兒童應受到人道待遇，其人格固有尊嚴應受尊重，並應考慮到他們這個年齡的人的需要的方式加以對待。特別是，所有被剝奪自由的兒童應同成人隔開，除非認為反之最有利於兒童，並有權通過信件和探訪同家人保持聯繫，但特殊情況除外；(d)所有被剝奪自由之兒童，有迅速獲得法律及其他適當協助之權利，並有權就其自由被剝奪之合法性，向法院或其他權責、獨立、公正機關提出異議，並要求獲得迅速之決定。

[19] 聯合國難民地位公約（1951.7.28）第31條規定：(一)締約各國對於直接來自生命或自由受到第1條所指威嚇的領土未經許可而進入或逗留於該國領土的難民，不得因該難民的非法入境或逗留而加以刑罰，但以該難民不遲延地自行投向當局說明其非法入境或逗留的正當原因者為限；(二)締約各國對上述難民的行動，不得加以除必要以外的限制，此項限制只能於難民在該國的地位正常化或難民獲得另一國入境准許以前適用。締約各國應給予上述難民一個合理期間以及一切必要的便利，以便獲得另一國入境的許可。

二、聽取並徵詢意見

依第2項規定，行政法院審理停止收容之聲請事件，認有必要時得訊問受收容人或徵詢移民署之意見。有關訊問受收容人部分；法院認為有必要時，可訊問受收容人之意見與進一步探詢有關證據與特殊情況，以瞭解是否撤銷收容處分，惟若能以直接調查方式行之，較能真實發現所提出之異議是否有理由。有關徵詢移民署之意見部分；依法主管機關有權限執行暫予收容，其目的在保全驅逐出國之執行，如若任意撤銷或廢止收容，任令受收容人逃匿，將有害公益。為充分權衡受收容人人權與公共利益之執行，法院可徵詢入出國及移民署之意見，以充分瞭解與掌握本個案之實情，作出正確的裁判。又法院審酌是否停止收容時，亦得徵詢移民署，並由其考量是否有為其他收容替代處分之可能，是可準用第237條之12第2項之規定。

> **第237條之14**（收容聲請事件之裁定方式）
> 行政法院認收容異議、停止收容之聲請為無理由者，應以裁定駁回之。認有理由者，應為釋放受收容人之裁定。
> 行政法院認續予收容、延長收容之聲請為無理由者，應以裁定駁回之。認有理由者，應為續予收容或延長收容之裁定。

❖內容解析❖

一、本條係規定行政法院就收容異議、停止收容、續予收容及延長聲請事件有無理由之裁定方式。至上開事件之聲請是否符合程序要件（例如是否符合法律上程式或不備其他要件）、得否命補正及法院應為如何裁定等，則應依第237條之17第2項準用簡易訴訟程序之第236條規定，再適用第107條之規定辦理。行政法院「審查」時，應詢問及採取必要之調查，確認被收容人所主張，是否確實有據，若無，即可不予收容。總之，行政法院若認收容異議、停止收容之聲請為無理由者，應以裁定駁回其聲請。認有理由者，應為釋放受收容人之裁定，並由移民署執行之（行政訴訟法§237-14Ⅰ）。

二、續予收容及延長收容之聲請係由移民署提出聲請，行政法院認聲請為無理由者，應以裁定駁回之，並由移民署依法釋放受收容人。行政法院認聲請有理由者，應為續予收容或延長收容之裁定，並應於收容期間屆滿前當庭宣示或正本送達受收容人。前開當庭宣示，亦得依行政訴訟法第130條之1規定以遠距審理方式為之（行政訴訟法§237-14Ⅱ、§237-15、§237-17準用§236再適用§130-1）。行政法院所為續予收容或延長收容之裁定，收容期間屆滿前當庭宣示或正本送達受收容人者，始依裁定內容發生續予收容或延長收容之效果。如未於收容期間屆滿前為之者，續予收容或延

長收容之裁定，視爲撤銷（行政訴訟法§237-15）。

三、行政法院裁定續予收容或延長收容後，受收容人是否經遣送出國、收容原因是否消滅、無收容必要或有得不予收容情形，移民署知之最詳。受收容人如經遣送出國，所欲保全之強制驅逐出國之目的已達，而移民署又認收容原因消滅或無收容之必要，自得爲停止收容（釋放）或改以其他非剝奪人身自由之收容替代處分爲之。上開情形，法院原爲收容之裁定，因目的已達或目的消滅，其效力已不再存續。移民法第38條之7第3項乃明定，如有上開情形時，移民署應即時通知原裁定法院。法院無須另爲撤銷上開續予收容或延長收容裁定之必要。

四、行政訴訟法施行前已繫屬行政法院之暫予收容、延長收容處分行政訴訟事件，其管轄法院及適用程序，依行政訴訟法施行法第14條之4規定：「修正行政訴訟法施行前，已繫屬於行政法院之暫予收容、延長收容處分行政訴訟事件，於修正行政訴訟法施行後，依下列規定辦理：(一)尚未終結者：由原法官依舊法裁判之。其上訴、抗告，適用舊法之規定。(二)已終結者：其上訴、抗告，適用舊法之規定（Ⅰ）。依舊法確定之前項事件，當事人提起再審之訴、聲請再審、第三人聲請重新審理及已經法院裁定命重新審理者，由高等行政法院、最高行政法院依舊法審理（Ⅱ）。」

第237條之15（裁定之宣示及送達）

行政法院所爲續予收容或延長收容之裁定，應於收容期間屆滿前當庭宣示或以正本送達受收容人。未於收容期間屆滿前爲之者，續予收容或延長收容之裁定，視爲撤銷。

前項正本以電子文件爲之者，應以囑託收容處所長官列印裁定影本交付之方式爲送達。

❖內容解析❖

一、行政法院所爲續予收容或延長收容之裁定，係屬剝奪人身自由之裁定，自不宜僅經公告即使其生效，應於收容期間屆滿前應經當庭宣示（亦包含依遠距審理方式而爲宣示）；未經宣示者，須於收容期間屆滿前以正本送達受收容人，始依裁定內容發生續予收容或延長收容之效果。如未於收容期間屆滿前當庭宣示或送達受收容人者，續予收容或延長收容之裁定，視爲撤銷。經審核確符合聲請原因者，予以裁定續予收容及延長收容，並應以被容人可以瞭解之語言，當庭諭示、告知，或即送達給被收容人簽收、知悉。

二、續爲收容或延長收容裁定文書之正本，得採取科技設備傳遞，而「應以囑託收容處所長官列印裁定書影本交付方式爲之」，係行政訴訟法第77條之80囑託送

達方式之補充規定。惟移民署為求慎重，於實務情況許可下，仍會儘可能由該署訴訟代理人將法院裁定正本交付受收容人收執，再以電子寫板於送達證書簽名回傳法院，以完成裁定送達程序，是更取信受收容人的折衷做法。至於因爆發於中國武漢COVID-19肺炎而於2021年6月18日立法院三讀通過之「傳染病流行疫情嚴重期間司法程序條例」明定，除現行規定已得採取科技設備傳送之文書外，增列除裁判書以外之刑事訴訟文書、有關羈押之押票、處分或裁定，亦得以科技設備傳送之規定；並完備民事或家事訴訟、法官職務案件得以科技設備傳送訴訟文書之相關規定。至於有關行政訴訟部分，可參考該條例第11條及第12條之規定。

三、如受收容人有於被暫予收容之期間逃逸者，當再次被查獲時，其逃逸期間往往伴隨違規工作，為躲避移民官與警察之查察，短則數月長則幾年。因此，有關其暫予收容與續予收容之聲請期間，以重新起算為妥，即可暫予收容十五日，以利執行。另暫予收容，為對移民不利之處分，其收容天數之計算，應以被查獲之第一天開始計算暫予收容之日數[20]。

第237條之16（收容聲請事件裁定之救濟程序）
聲請人、受裁定人或移民署對地方行政法院所為收容聲請事件之裁定不服者，應於裁定送達後五日內抗告於管轄之高等行政法院。對於抗告法院之裁定，不得再為抗告。
抗告程序，除依前項規定外，準用第四編之規定。
收容聲請事件之裁定已確定，而有第二百七十三條之情形者，得準用第五編之規定，聲請再審。

❖內容解析❖

一、第1項明定，收容聲請事件經地方行政法院裁定後，聲請人、受裁定人或入出國及移民署對該裁定不服者，得向管轄之高等行政法院提起抗告，並採二審終結。對於抗告法院之裁定，不得再為抗告。

二、第2項明定，抗告程序除第1項別有規定外準用第四編抗告程序之規定，然簡易訴訟程序事件之抗告須以原裁定違背法令為理由，且抗告期間為十日。為求迅速有效保障人身自由，應於裁定送達後五日內抗告於管轄之高等行政法院，並採二審終結。對於抗告法院之裁定，不得再為抗告，並準用第四編抗告程序之規定，而抗告

---

20 對屬不利處分收容天數之計算，依行政程序法第48條第4項規定：期間涉及人民之處罰或其他不利行政處分者，其始日不計時刻以一日論；其末日為星期日、國定假日或其他休息日者，照計。但依第2項、第4項規定計算，對人民有利者，不在此限。

非限於以原裁定違背法令爲理由（對照第236條之1）。另，第4項明定收容聲請事件之裁定已確定，而有第273條之再審事由者，得準用第五編再審程序之規定，聲請再審。

　　三、關於抗告事件應如何裁判，於準用第272條規定後，再準用民事訴訟法第490條、第492條及第495條之1第1項規定，可分述於次。

(一)原法院之裁判與處置

1.抗告不合法

　　抗告已逾抗告期間，原法院應以裁定駁回（準用行政訴訟法§272，再準用民事訴訟法§495-1Ⅰ，再準用民事訴訟法§442Ⅰ）。此處之不合法，包括已逾法定抗告期間及法律規定不得抗告之情形[21]。其他之不合法，包括抗告權人、是否權利受損、是否合法之代理人等，均由受理抗告法院認定。

2.抗告有理由

　　應撤銷或變更原裁定（準用行政訴訟法§272，再準用民事訴訟法§490Ⅰ）。基於原受理法院對於本案之事實與經過最爲瞭解，由其先爲審查及處理，若發現有裁定違法、錯誤、不當等情況，自得將該案件撤銷或變更原決定，以節約司法資源。

3.不爲前兩項裁定

　　速將抗告事件連同卷宗送交抗告法院，如認爲必要時，並得添具意見書（準用行政訴訟法§272，再準用民事訴訟法§490Ⅱ）。如認爲抗告無理由，則應將原卷證及審查本案之意見書，送交高等行政法院。

(二)抗告法院之裁判

1.抗告不合法或無理由者

　　以裁定駁回抗告（準用行政訴訟法§272，再準用民事訴訟法§495-1Ⅰ、§444Ⅰ、§449Ⅰ）。所謂抗告不合法者，例如：非合法聲請人、受裁定人或移民署所提出之抗告，代理人不適格等，屬不符合本法規定程式，受理抗告之法院，應予以裁定駁回。由受理抗告法院實質上認定與檢視，聲請者提出之證據與陳述，依經驗法則與論理法則，加以衡量裁定其是否有理由。

---

[21] 抗告之程序，準用民事訴訟法第三編第一章之規定。民事訴訟法第442條規定：提起上訴，如逾上訴期間或係對於不得上訴之判決而上訴者，原第一審法院應以裁定駁回之（Ⅰ）。上訴不合程式或有其他不合法之情形而可以補正者，原第一審法院應定期間命其補正，如不於期間內補正，應以裁定駁回之（Ⅱ）。上訴狀未具上訴理由者，不適用前項之規定（Ⅲ）。

2.抗告有理由者

得爲以下裁定（準用行政訴訟法§272，再準用民事訴訟法§492）：

(1)廢棄原裁定，無須自爲裁定。例如將原准予收容處分廢棄，命即刻釋放被收容人。例如考量具體情況與事實，原被裁定收容人在我國已有家庭與居所，並育有子女，依一般社會觀念及理解，應無潛逃之可能。或縱然其被驅逐出國，事後仍可依正常程序，申請入國團聚居留[22]。

(2)廢棄原裁定，自爲裁定。例如對於有重大危害公共安全顧慮之移民[23]，原法院顧及對該人人權之限制，而不准予收容。移民署對此提出抗告，受理之高等行政法院審查移民署所提具體補強證據，認確有收容之必要，得廢棄原不予收容裁定，自爲裁定收容。

(3)廢棄原裁定，命原法院更爲裁定，惟抗告法院非有必要，不得爲之。

第237條之17（收容聲請事件之訴訟費用相關規定）

行政法院受理收容聲請事件，不適用第一編第四章第五節訴訟費用之規定。但依第九十八條之六第一項第一款之規定徵收者，不在此限。

收容聲請事件，除本章別有規定外，準用簡易訴訟程序之規定。

❖內容解析❖

一、第1項明定收容聲請事件，免徵裁判費及其他必要費用，不適用本法有關訴訟費用之規定。但第98條之6第1項第1款之影印費、攝影費、抄錄費等不在此限，仍應徵收之。

二、第2項明定收容聲請事件，除本章別有規定外，其審理準用簡易訴訟程序之規定，並因準用第236條規定而適用第二編第一章通常訴訟程序之規定。如前所述，對於暫予收容處分不服，本法已賦予受收容人得依收容異議程序，立即聲請法院審查決定救濟之機會，自無適用停止執行之必要；又收容聲請事件並無成立訴訟上和解之

---

[22] 依「禁止外國人入國作業規定」第8點規定：外國人因逾期停留、居留，且有下列各款情形之一者，得不予禁止入國：……(四)與居住臺灣地區設有戶籍國民（以下簡稱有戶籍國民）結婚滿三年，並在臺灣地區辦妥結婚登記（以下簡稱辦妥結婚登記）。(五)與有戶籍國民結婚並辦妥結婚登記，且育有與配偶所生之親生子女。

[23] 依移民法第36條第2項規定：「外國人有下列情形之一者，入出國及移民署得強制驅逐出國，或限令其於十日內出國，逾限令出國期限仍未出國，入出國及移民署得強制驅逐出國：一、入國後，發現有第十八條第一項及第二項禁止入國情形之一。」同法第18條第1項規定：「外國人有下列情形之一者，入出國及移民署得禁止其入國：……十三、有危害我國利益、公共安全或公共秩序之虞。」

可能。因此，該編第一章第二節及第七節之規定，依其性質並不在準用之列。又，關於收容聲請事件之抗告程序，已明定於第237條之16，自不準用簡易訴訟程序第236條之1有關抗告須以原裁定違背法令爲理由之規定。

收容聲請事件與提審法的相關介紹、流程，參圖1～圖2（參考司法院行政訴訟及懲戒廳與資訊處於107年8月22日有關「收容事件線上系統」發表記者會之相關資料，最後瀏覽日：110年7月18日）。另圖3～圖4（參考司法院印行，「法院辦理提審業務參考手冊」，103年6月，頁75-78），嗣後配合修法再行調整。

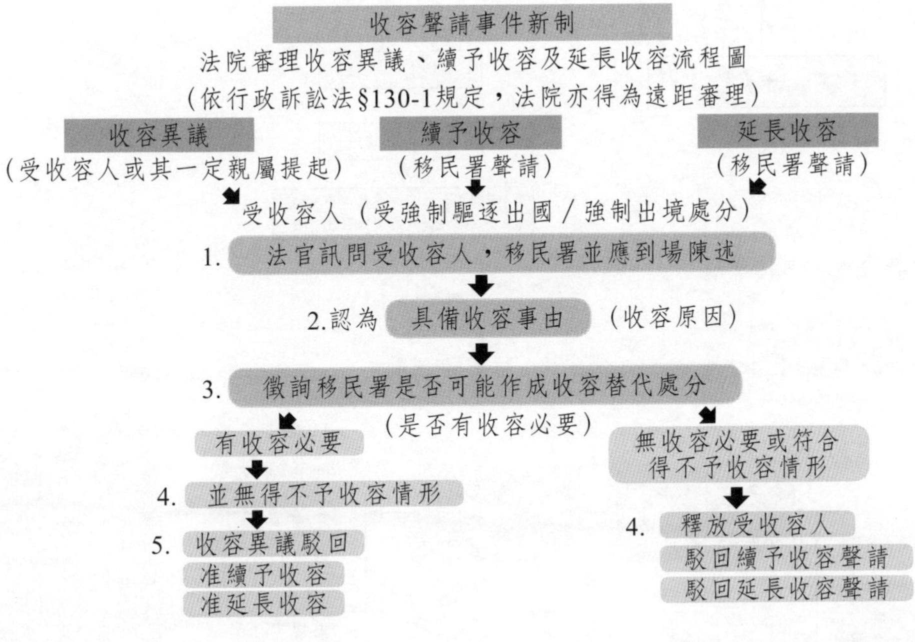

資料來源：司法院。

圖1

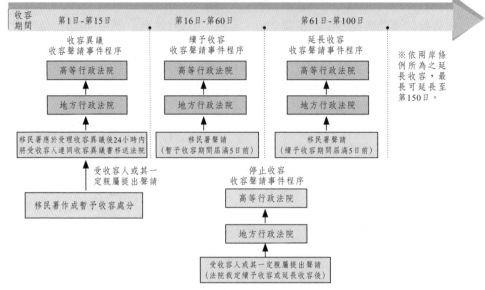

資料來源：司法院。

圖2

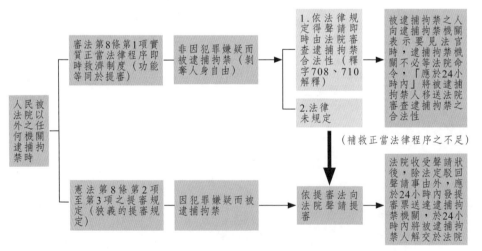

資料來源：司法院。

圖3

提審法操作流程表

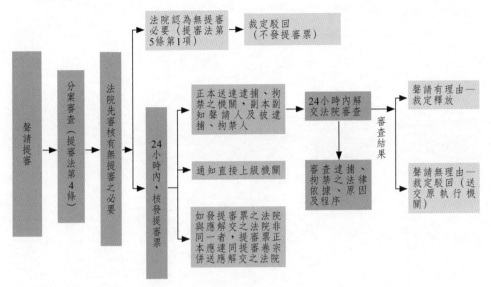

資料來源：司法院。

圖4

第五章
都市計畫審查程序

|緒　論|

一、本章之制定緣起及規範體系

　　本章《都市計畫審查程序》，乃本法原所無，嗣因2016年12月司法院釋字第742號解釋公布，並稱「都市計畫之訂定（含定期通盤檢討之變更），影響人民權益甚鉅。立法機關應於本解釋公布之日起二年內增訂相關規定，使人民得就違法之都市計畫，認為損害其權利或法律上利益者，提起訴訟以資救濟……」後，以為契機，而新增之程序類型規定。

　　本章（含章目、章名等）草案，由司法院於2018年12月6日以院台廳行一字第1070033369號函向立法院提出，經三讀程序通過後[1]，總統於2020年1月15日以華總一義字第10900004071號令公布；嗣並經司法院依本法第308條第2項規定，以院台廳行一字第1090001282號令發布，而定自同年7月1日起施行。全章為本法所新增，在順序上列第二編第五章；章內不分節，自條號第237條之18起至第237條之31止，計14條。此外，於本章同時修正公布暨施行之條文，尚有本法第98條之5及第263條；分別涉及第237條之30之聲請徵收裁判費，以及都市計畫審查程序之上訴審補充準用本章規定等問題。又，配合本章之新增，行政訴訟法施行法另新增第14條之5，與前揭行政訴訟法同年月日公布並施行[2]，規範本章施行前已發布之都市計畫，在本章施行後的行政爭訟程序中如何處理等問題；實務在適用本章之際，宜加注意。

　　經立法院制定、總統公布，嗣後並已施行之本章規定，其由司法院提出之草案，在立法過程中原有若干爭議，以致審查程序略有停頓；惟於立法院司法及法制委員會審查後，第二讀會前經立法院朝野黨團協商，順利排除爭議，司法院之原草案始於酌

---

[1] 關於本章於立法院審查通過之始末，含司法院原提出之草案、立法說明，以及立法過程中相關之各書面資料等，詳立法院法律系統：https://lis.ly.gov.tw/lglawc/lawsingle?000B3A8802EE00000000000000000001E000000005FFFFFD^04562108121300^0000D001001（最後瀏覽日期：2020/10/4）。

[2] 參總統華總一義字第10900004171號令。

修若干草案中之立法說明後悉數通過，爰爲現行公布施行的各條文。

　　又，本章之順序，列於本法第二編第五章；其規範之程序類型，與同編第二章至第四章同，均可視爲在本法所規定之「第一審程序」（該編編名）中非屬「高等行政法院通常訴訟程序」（該編第一章章名）的一種特別程序。由於此一程序的特殊性，本章爰有第237條之18至第237條之30關於都市計畫審查的訴訟之實體裁判要件（§237-18～§237-20）、有（無）理由要件（§237-27、§237-28中關於「都市計畫未違法」或「違法」規定），訴訟程序之進行（§237-21～§237-26）、裁判之作成與效力（§237-27～§237-29），乃至保全程序（§237-30）等特別規定[3]；但在此特別規定外，其他問題，則仍應準用該編第一章關於高等行政法院通常訴訟程序的規定處理（§237-31參照）。此外，都市計畫審查程序，同樣因其程序之特殊性，故於不服第一審判決所提起的上訴審程序，在有必要準用第一審程序規定時，亦優先準用本章之規定，而非屬於原則性規定的本編第一章條文（§263參照）。凡此，均屬行政法院實務處理都市計畫審查程序時必須注意的法條適用問題。

　　不過無論如何，本章之各條文等如何正確地解釋與適用，本書以下各條文均有相關說明，自可參考。以下，本緒論擬再僅就若干都市計畫審查程序的一般性問題，略加討論。

二、都市計畫審查程序作爲德國法制之繼受

　　本章之新增，雖如前所述，係來自司法院釋字第742號解釋的要求，然通章條文之設計，主要則是繼受德國行政法院法（Verwaltungsgerichtsordnung; VwGO）第47條的規定。查都市計畫，誠如前揭司法院解釋所言，「屬法規性質……」而德國行政法院法第47條所規範的，正是一種行政法院審查以都市計畫爲主的法律位階以下之法規，例如法規命令、自治條例……等，是否因違反上位階之規範而無效（ungültig）的「法規審查」（Normenkontrolle）程序類型[4]；從而，復鑑於我國行政爭訟制度原受德國影響極大，因此都市計畫審查程序草創之初，繼受前開德國行政法院法的設計，

3　不過，本章的這些特別條文中卻又有若干規定大幅度準用行政訴訟法，乃至民事訴訟法既有之條文，如第237條之23第2項及第237條之24第2項關於訴訟參加之規定，抑或第237條之30第2項關於保全程序之規定，以至於法律適用錯綜複雜，而非良善的立法體例。事實上我國行政訴訟法一直有此條文過多且雜亂的現象；制度如何純一，條文如何簡潔，恐是未來立法者必須嚴肅面對的課題。

4　有關德國行政法院法第47條之法規審查程序類型最通說性的整理，詳P. Unruh, in: Fehling/Kastner/Störmer (Hrsg.): Verwaltungsrecht: VwVfG, VwGO, Nebengesetze Handkommentar, 4. Aufl. 2016, § 47 VwGO Rn. 1 ff。此外，最新且大型之註釋書式文獻，亦可參M. Hoppe, in: Eyermann/Fröhler (Begr.), Verwaltungsgerichtsordnung Kommentar, 15. Aufl. 2019, § 47 VwGO Rn. 1 ff。以下相關說明，涉及德國行政法院法第47條之部分，如無特別說明，原則上即以此二份文獻爲參考範本。

此一立法政策考慮的正當性，自是毋庸置疑[5]。何況當初司法院作成釋字第742號解釋時，其稱「應……增訂相關規定，使人民得就違法之都市計畫……提起訴訟以資救濟……」所想像的訴訟類型，如就參與該號解釋之各大法官分別所個別提出的協同或不同意見書綜合考察，當亦即指向德國行政法院法第47條的這種法規審查類型無誤。

惟含都市計畫在內的法規，因直接或間接造成人民不利，以至於其違法與否成為司法審查的對象，依德國通說的觀點[6]，原得區分為「本案法規審查」（prinzipale Normenkontrolle）與「附隨法規審查」（inzidente Normenkontrolle）等兩種類型：前者，乃法規之違法性或效力問題，即屬法院程序的本案審查對象；該法院程序在此，即以審查法規是否違法為直接目的。至於後者，法院程序的標並非法規本身，而係與該法規違法與否緊密關聯的某具體法律關係；但由於該程序爭執的具體法律關係既繫諸法規違法與否之前提，從而法規違法與否，在系爭法院程序中即成為法院附隨審查的先決問題（Vorfrage）。

此外必須注意者，本案法規審查，一般又可分為「抽象法規審查」（abstrakte Normenkontrolle）與「具體法規審查」（konkrete Normenkontrolle）等兩種下位類型：前者，法規審查之發動，並不以有某爭議之具體法律關係存在為前提；而後者反是。以我國現行憲法解釋制度，亦即憲法訴訟為例，法官因具體案件之審理必要，將所擬適用之法律是否違憲的問題，依憲法訴訟法第55條聲請憲法法庭審查；該憲法法庭的法規範憲法審查程序，即屬「具體法規審查」之類型[7]。反之，憲法法庭如因國家最高機關行使職權，將所擬適用之法律有無違憲問題依同法第47條規定提出聲請，而展開的法規範憲法審查，則該程序為「抽象法規審查」類型[8]。

至於命令、自治法規或其他位階低於法律之成文法規範，如基於人民之權利救濟必要而成為一般法院，尤其是行政法院審查的對象時，其相關之審查程序，自亦可設計為前揭各種類型。從而在此範圍內，當都市計畫既定性為法規後，則其違法與否，

---

[5] 附帶一言者，日本行政法制，向來雖然也頗為影響我國法之發展，但由於在這個都市計畫審查制度上，日本並無特別突出的研究，而且法律更欠缺明文規定，因此立法者制定本章時，即捨棄參考日本法制的設計。至於有關日本都市計畫審查的討論，中文文獻部分，參辛年豐，土地利用計畫行政救濟的再思考：日本法的考察，收錄於：行政法規會編印，行政院105年學術研討會：行政計畫法制之理論與實務，2016年，頁147-191；侯東昇，都市計畫行政爭訟之研究，2015年，頁14-22；陳立夫，都市計畫之法律性質，台灣本土法學雜誌50期，2003年，頁139-146。

[6] 就此，例見J. Ziekow, in: Sodan/Ziekow (Hrsg.), Verwaltungsgerichtsordnung Großkommentar, 5. Aufl. 2018, § 47 Rn. 5。

[7] 此於法院在2022年1月3日以前，依當時施行的司法院大法官審理案件法第5條第2項規定聲請大法官解釋亦然。

[8] 此於2022年1月3日以前，中央或地方機關依當時施行的司法院大法官審理案件法第5條第1項第1款規定聲請大法官解釋亦然。

也能依抽象型、具體型本案法規審查，抑或附隨法規審查程序，成為管轄法院審查之標的。

　　準此，德國行政法院法第47條之法規審查制度，依其第1項「高等行政法院……依聲請審理……法規之效力……」（das Oberverwaltungsgericht entscheidet...... auf Antrag über die Gültigkeit...... von...... Rechtsvorschriften）規定，即屬抽象型的本案法規審查程序。此外，由於這一種程序類型，直接以法規為本案審查標的，產生既判力，而不依附當事人間具體法律關係之爭議，並且在被審查之法規確定違法無效時，相關之裁判依同條第5項第2句後段甚至具有對世效力（inter omnes-Wirkung），可拘束程序當事人以外之任何第三人，因此頗具有統合眾多權利救濟，尋求紛爭一次處理之預防性權利救濟的功能；從權利救濟之有效性（Effektivität des Rechtsschutzes）的觀點而言，相當具有意義。

　　對應於此，本章繼受德國法制所設計的都市計畫審查程序，一方面直接以屬法規性質的都市計畫作為程序審查之對象，非為附隨審查模式，另方面也不以人民與機關間已有具體法律關係之爭議為前提，即得聲請審查，不採具體型本案法規審查，同為抽象型本案法規審查制度（§237-18Ⅰ參照），當屬無疑。此外，又由於第237條之28第3項，比照前揭德國行政法院法第47條第5項第2句後段，規定「前三項確定判決，對第三人亦有效力」，使宣告都市計畫違法無效、且產生既判力的法院判決同時具有對世效力，整個制度，當然也與德國法制相同，均能發揮「統合作用」（Bündelungswirkung），將眾多潛在的權利義務關係之爭議，在一次法規審查程序中包括性地提前解決，畢其功於一役。這種立法政策的選擇，當然值得肯定；而本章規範之都市計畫審查程序，其最高價值或許也盡在於此。

三、我國現行法制下都市計畫審查程序之爭議問題

　　本章之繼受德國法制及其所展現的價值，雖可肯定，但在德國法制繼受的同時，兩個涉及我國現行法制的問題，卻不能不一併處理。茲說明如下：

(一)行政法院都市計畫審查與憲法法庭法規範憲法審查之關係

　　首先，都市計畫具有法律位階以下之法規，例如法規命令、自治條例……等性質，其果真得以成為行政法院審查有無違反上位階之規範而無效的對象，在我國法制下一個必須考慮的前提，是有無與憲法賦予司法院大法官違憲審查之權限相衝突的問題。關於這個問題，大法官在前揭司法院釋字第742號解釋並未加諸任何說明；然若盱衡我國憲法就此的相關規定，亦毋庸多生疑懼。

　　蓋我國現行司法院大法官制度，無論依據舊時的司法院大法官審理案件法，抑或現行的憲法訴訟法，雖亦審查各類位階低於法律之法規是否違憲的問題；但由於在

憲法上，關於法規違憲審查明文規定由司法院爲之者，僅有「法律」一種情形（憲法§171 II參照）[9]，因此我國行政訴訟法縱然引進前揭德國式的行政法院法規審查程序，也無侵害司法院大法官權限，乃至牴觸憲法之虞。

不過在另一方面，目前我國的憲法訴訟法，抑或迄至2022年1月3日施行的司法院大法官審理案件法，畢竟已原則性地將大法官違憲審查的範圍擴及至法律位階以外之其他法規範的類型[10]。因此，本章之施行，免不了發生同一都市計畫是否違憲的問題，同時繫屬行政法院之都市計畫審查程序及憲法法庭法規範憲法審查程序的可能情形。職是，爲避免司法審查結果兩歧，本法第237條之26爰有「都市計畫審查程序事件已經訴訟繫屬尚未終結，同一都市計畫經聲請憲法法庭判決宣告違憲者，高等行政法院在憲法法庭審理程序終結前，得以裁定停止訴訟程序」之規定，必須注意。由於此一規定同樣仿效德國行政法院法第47條第4項而制定，因此其如何解釋與適用，德國法容有比較參考的價值。

(二)本章都市計畫審查程序與其他訴訟中都市計畫附隨審查之關係

法規審查，如前所述，在學理上原有「本案審查」與「附隨審查」等兩種類型。本章既新增都市計畫審查程序爲本法的一種本案法規審查類型後，有疑的是：本章是否成爲我國行政訴訟中唯一的都市計畫審查模式，而排除附隨審查？關於此一問題點，也有加以說明之必要。

首先，含都市計畫在內的法規，非屬法律位階者，在我國憲政體制下，原即得由一般法院的法官加以審查其違法性，已如前述。在此，相關之法規審查，無論其類型爲何，率爲憲法所許，亦毋庸置疑。事實上在本章制定之前，相關的討論即已展開；其中最主要的考慮，則是行政法院的法官得否在行政訴訟法所規範的訴訟類型中附隨審查法規的問題。

關於這個問題，最早或以翁岳生教授首開先河，並持肯定的見解[11]。至於在實務

---

[9] 相對於此，憲法第172條第1項雖對應於第171條第1項，而規定：「命令與憲法或法律牴觸者無效」，但並無將命令牴觸憲法或法律之疑應亦交由司法院解釋的第2項規定。從而，比較該憲法第171條與第172條不同的立法例，更可推知，憲法僅有意將「法律」違憲與否之審查交給司法院專屬管轄，而不及於其他低於法律位階法規是否違憲的審查問題。

[10] 但例外是憲法訴訟法第55條；依該條規定，法官聲請法規範憲法審查，其範圍僅限於「法律位階法規範」。蓋依該條之立法說明五所稱：「行政命令是否違憲，各法院應自爲審查表示其合法適當之見解（司法院釋字第137號解釋參照），爰排除在各法院得聲請憲法法庭判決之列」見立法院法律系統：https://lis.ly.gov.tw/lglawc/lawsingle?002851A7DF4B00000000000000000014000000004000000^04506107121800^00003001001（最後瀏覽日期：2020/10/4）。

[11] 翁岳生，論命令違法之審查，行政法與現代法治國家，1985年，頁109-129。並參同氏著，論法官之法規審查權，臺大法學論叢24卷2期，1995年，頁87-109。

方面，甚至1948年司法院院解字第4012號解釋稱：「與憲法或法律牴觸之命令法院得逕認爲無效不予適用」，顯然亦持正面的立場。不過或由於學理研究不足，乃至其他各種原因，向來我國行政法院對於附隨法規審查的態度，並非相當積極[12]。

其實我國現行行政訴訟法第3條以下所規定的各種訴訟類型，雖以處理當事人間具體法律關係之爭議爲標的，然非不足以成爲啓動附隨法規審查的契機。就此，法律規範模式與我國行政訴訟法頗爲相似的德國法制，已提供許多學說與實務經驗[13]；而近年來在國內，學者類似的研究也逐漸萌芽[14]，將來發展可期。此外必須注意的是，本章之新增，雖創造了有關都市計畫的本案法規審查類型，但由於法律並無同時禁止法官在其他相關訴訟中附隨審查都市計畫的合法性問題，因此都市計畫的附隨審查，仍當與本章所新設的本案審查類型並行不悖。何況本章的都市計畫審查程序之提起，依第237條之20規定，原有一年之不變期間的限制；過此一期間後，人民因違法之都市計畫侵害權利所能進行的救濟，最終也只能仰賴附隨審查模式一途而已。都市計畫之附隨審查制度的重要性，在此更可說明。

又，德國行政法院法第47條雖有法規審查程序，但亦不排除行政法院在通常訴訟程序中得針對擬所適用之法規進行附隨審查。換言之，該第47條的本案法規審查機制與其他可能的附隨審查，始終相輔相成，分別擔負「通案、預防」與「個案、即時」之權利救濟的功能。準此，我國既引入德國行政法院法第47條類型的法規審查，而成爲本章都市計畫審查程序之設計範本時，則也應新（本案審查）、舊（附隨審查）制度並行，而不能偏廢。

有關都市計畫之合法性問題，除本章之本案審查外，另可進行附隨審查的觀點，同時也見於司法院針對本章所提出之草案的立法說明。其先於草案總說明中明確指出：「法院如認定都市計畫違法而宣告其爲無效、失效或違法者，該裁判具對世效力……。法院如認定都市計畫未違法，而以判決駁回原告之訴者，該判決僅於當事人間有拘束力，當事人固不得另案起訴或以請求附帶審查之方式，主張相同都市計畫係違法，惟第三人仍得就相同都市計畫依本草案規定之程序提起行政訴訟，且亦不排除第三人因該都市計畫執行或適用受個別處分，或與行政機關間發生具體爭執時，提起

---

12 就此，參葉俊榮、張文貞，轉型法院與法治主義：論最高行政法院對違法行政命令審查的積極趨勢，人文及社會科學集刊14卷4期，2002年，頁515-559。

13 就此，詳*W.-R. Schenke*, Verwaltungsprozessrecht, 16. Aufl. 2019, Rn. 1062 ff.; P. Wysk in: Wysk (Hrsg.): Verwaltungsgerichtsordnung, 2. Aufl. 2016, § 43 Rn. 64 ff.

14 例見吳志光，行政機關依法律授權爲補充法規範內容公告之行政爭訟途徑，法學講座17期，2003年，頁35-42；盛子龍，行政訴訟法上「請求法規命令制定之訴」初探，收錄於：翁岳生教授祝壽論文編輯委員會編輯，當代公法新論（下），2002年，頁193-213；陳英鈴，確認訴訟與行政規範審查：德國與我國制度發展的比較研究，臺大法學論叢43卷4期，2014，頁1391-1468；程明修，請求行政機關制定法規命令之行政訴訟，收錄於：司法院行政訴訟及懲戒廳，行政訴訟制度相關論文彙編第四輯，2005年，頁125-174。

撤銷訴訟或其他訴訟，並主張都市計畫違法而請求附帶審查之可能性。」[15]嗣於草案條文對照表中有關「第五章都市計畫審查程序」及「第二百三十七條之二十七」的立法說明欄，不憚其煩地再三揭示同一意旨[16]。凡此，均足以證明本章的都市計畫審查程序，原則上不排除同一都市計畫之附隨審查的可能性。

最後應附帶說明者，係人民如何適用現行行政訴訟法中其他之訴訟類型，必要時請求附隨審查都市計畫之合法性的問題。就此，基本的模式大致如下[17]：

1.作為法規之一種的都市計畫，須經處分或其他行政行為之執行，始能與個別人民產生具體法律關係者，行政法院本即得在相關的撤銷訴訟或課予義務訴訟等，對於系爭都市計畫附隨審查，而決定是否因其違法，拒絕適用，撤銷基於該違法都市計畫所作成之處分，抑或命行政機關原基於該違法都市計畫而拒絕作成的行政處分，以救濟人民受侵害之權利。

2.反之，作為法規之一種的都市計畫，具有禁止或誡命（Ver- oder Gebot）性質，而屬於所謂「自我執行規範」（self-executing Norm）時，直接受拘束之人民不服該禁止或誡命者，則得依行政訴訟法第6條第1項提起一般確認訴訟，請求法院附帶審查系爭都市計畫，以確認當事人是否因該都市計畫違法，不予適用，以至於對行政機關不負都市計畫所課予的禁止或誡命義務（公法上法律關係不成立）。

3.又，權利因都市計畫而間接或直接受侵害的人民，其如先已依本章規定針對同一都市計畫請求本案審查，惟遭行政法院依第237條之27以系爭都市計畫未違法為由，而判決駁回確定時，則因該駁回原告之訴的判決對於原告具有拘束力，故該原告嗣後縱仍以權利遭受同一都市計畫間接或直接侵害為由，再次依前揭兩種模式，提起相關訴訟，即例外不得又主張該同一之都市計畫違法，請求附帶審查。

總之，這些都市計畫間接或直接侵害人民權利的問題，原則上均能透過前揭附帶法規審查的模式加以處理。在有權利即有救濟的觀點下，行政訴訟法縱使無本章所規範的本案法規審查型之都市計畫審查程序，也已提供足夠的救濟途徑，而不致違反憲法第16條人民訴訟權之保障的規定。因此，本章仍依司法院釋字第742號解釋意旨，新增都市計畫審查程序，其實應屬錦上添花，增加一種可統合眾多權利救濟，尋求紛爭一次處理，以至於效率更佳的預防性權利救濟。

---

15 見立法院議案關係文書：院總第829號，政府提案第16606號，頁政2-政3（前揭註1）。

16 同前註，頁政7-政8、政16-政17。

17 以下相關說明，並可詳參黃柏家，論行政訴訟中一般確認訴訟之適用類型，國立臺灣大學法律學系碩士論文，2020年，頁115-149。

第237條之18（原被告適格與訴訟要件等規定）
人民、地方自治團體或其他公法人認為行政機關依都市計畫法發布之都市計畫違法，
而直接損害、因適用而損害或在可預見之時間內將損害其權利或法律上利益者，得依
本章規定，以核定都市計畫之行政機關為被告，逕向管轄之高等行政法院提起訴訟，
請求宣告該都市計畫無效。
前項情形，不得與非行本章程序之其他訴訟合併提起。

❖立法目的❖

依據司法院2018年12月6日函請立法院審議本案行政訴訟法修正草案之條文說
明[18]及立法院司法及法制委員會2019年4月22日函送同院議事處函所附之說明[19]可知，
本條主要之立法目的為：

一、因為都市計畫審查訴訟兼具有客觀訴訟（確保客觀法令之合法性）與主觀訴
訟（保障起訴人之主觀權利）之雙重性質。因此，關於本章不同於本法其他章節之主
觀訴訟，即有特別明定之必要。申言之：關於本章訴訟原告與被告適格（資格）、訴
訟客體（訴訟標的）、訴訟要件、訴訟請求（訴之聲明）及其第一審之管轄法院，乃
予以特別明定於第1項規定，以利實務遵循。

二、又因為本案乃揉合主客觀訴訟之特殊性質，因此爰於本條第2項中明定，本
章之訴訟程序，不得與其他章之訴訟程序合併提起，以杜爭議。

❖外國立法例❖

本條規定受德國行政法院法第47條（§47 VwGO）規範審查程序第1項及第2項規
定影響甚大，爰摘錄其條文規定如下[20]：

「(1)高等行政法院於其審判權範圍內依聲請審理決定下列訴訟標的（法規）之
效力（或有效性）（Gültigkeit）：

1.依建設法（BauGB）規定所發布之自治章程（Satzungen），而該自治章程乃

---

[18] 司法院2018年12月6日函請立法院審議「行政訴訟法部分條文修正草案」，得參閱立法院議案關
係文書，2018年12月19日印發，院總第829號，政府提案第16606號，頁1-22。

[19] 立法院司法及法制委員會2019年4月22日函同院議事處，得參閱立法院議案關係文書，2019年12
月13日印發，院總第829號，政府提案第16606號之1，頁17-40。

[20] 德國行政法院法第47條之全文中譯，併得參閱陳敏等譯，德國行政法院法逐條釋義（譯自：
Eyermann/Fröhler, VwGO, 11Aufl. 2000），司法院印行，2002年10月（2版修訂準備中），頁
468-469。

依建設法第246條第2項規定[21]所授權之法規命令所發布者爲限。

2.其他基於各邦法律，有特別規定之情事者。

(2)自然人或法人主張以及各行政機關認其權利因自治規章或因適用該自治規章而受有損害，或在可預見之期間內將受到損害者，得於自治法規發布後一年內提出訴訟之聲請。訴訟聲請之相對人爲發布該自治法規之公法上社團、營造物或財團。高等行政法院對自治法規涉及（管轄權）之各邦及其他公法人，得定期限，給予其表示意見之機會。本法第65條第1項及第4項規定[22]，第66條[23]準用之。」

❖內容解析❖

一、原告適格

依照第1項之規定，得提起都市計畫（合法性）規範審查之原告爲下列人，且須主張損害其權利或法律上利益，始具有當事人之原告適格：

(一)人民。

(二)地方自治團體。

(三)其他公法人。

首先，本條僅使用「人民」之文字，而不使用「自然人或法人行政機關」（如德國行政法院法§47 II規定參照），其目的在於放寬原告適格，不限於「自然人」與「法人」兩者，而解釋上似應包括「非法人團體」之組織在內，例如：未登記之祭祀公業或神明會、公寓大廈管理委員會或市場管理自治會，以使得權利受損者或受有損害之虞者，均得以原告身分提起本案之訴訟，而享有訴訟權能（Klagebefugnis）。

其次，「地方自治團體」亦可因都市計畫之發布，致其自治權利有受損害之虞時，例如：地方自治團體管理之國（公）有土地，被劃爲保育區或公共設施保留地時，各級地方自治團體，也含直轄市、縣市及鄉鎮市自治公法人，均具有原告適格，藉以主張或回復其自治權利（地方制度法§14參照）。

---

21 德國建設法第246條（附則規定）第2項規定（對各邦之特別規定）爲：「柏林邦與漢堡邦所定法規（形式），應適用本法所稱之自治規章。布萊梅邦得訂定類似規定（並適用本法規定）。（以下略）」德國建設法全文中譯，併得參閱王珍玲、傅玲靜、劉如慧，德國建設法（譯自2017年11月3日之版本），頁120，公布於內政部營建署網站：https://www.cpami.gov.tw/filesys/file/chinese/dept/up/ur1080328.pdf。

22 德國行政法院法第65條第1項規定（第三人參加）：「訴訟程序尚未終局確定前，或尚繫諸於上級行政法院時，法院得依職權或聲請，對因裁判而將影響其法律上利益之第三人，命其參加訴訟。」（蕭文生譯），參閱前揭註20書，頁643。

23 德國行政法院法第66條（參加人程序上之權利）規定：「參加人得於聲請參加案件範圍內，獨立行使其攻擊防禦方法，及採取所有有效之程序方法。但不同於被參加人之實體法上聲請，僅於必要參加始得爲之。」（蕭文生譯），併得參閱前揭註20書，頁659。

　　最後，所謂其他公法人，依目前現行法律規定，僅有舊水利法第12條第2項規定「農田水利會」爲「公法人」[24]，以及原住民族基本法第2條之1規定，原住民族部落經中央主管機關核准者，取得公法人地位[25]。至於依行政法人所成立之「行政法人」（例如：國家表演藝術中心、左營國家運動訓練中心等）亦屬於本條所稱之「其他公法人」，但此種「其他公法人」似仍須主張其相關或自治權利或法律上利益，因都市計畫之發布，而直接受有損害或在可預見之時間內將受有損害者，始足當之。至於行政機關可否爲本章之原告適格？是否亦得列爲「其他公法人」？從法人格與原告適格並不相同的情形下，似仍具有爭議[26]。

二、被告適格

　　從本條第1項明文規定：「以核定都市計畫之行政機關爲被告。」故被告（機關）應以核定都市計畫之行政機關，而非原草擬或訂定發布都市計畫之行政機關。復依都市計畫法第20條及同法第23條規定，可以區別主要計畫與細部計畫之核定機關如下：

(一)主要計畫之核定機關（都市計畫法§20）

　　1.首都之主要計畫由內政部核定，轉報行政院備案。

　　2.直轄市、省會、市之主要計畫由內政部核定。

　　3.縣政府所在地及縣轄市之主要計畫由內政部核定。

　　4.鎮及鄉街之主要計畫由內政部核定。

　　5.特定區計畫由縣（市）政府擬定者，由內政部核定；直轄市政府擬定者，由內政部核定，轉報行政院備案；內政部訂定者，轉行政院備案。

　　從而，都市計畫之主要計畫核定機關均爲內政部。行政院只是備案機關，而非核定機關。

---

24 農田水利會之組織定性依水利法第12條第2項規定：「前項農田水利會爲公法人，其組織通則另定之。」復依司法院釋字第518號解釋文認爲：「（農田水利會）法律上之性質，與地方自治團體相當，在法律授權範圍內，享有自治之權限。」但2020年修法後，農田水利會已改變成行政機關。

25 原住民族基本法第2條之1第1項規定：「爲促進原住民族部落健全自主發展，部落應設部落會議，部落經中央原住民族主管機關核定者，爲公法人。」從而，原住民部落（團體），凡經原民會核定者，即具有公法人地位。

26 德國行政法院法第47條第2項之原告適格雖使用「自然人或法人」（Natürliche und juristische Personen），但在條文後段亦明文承認聯邦機關或各邦機關有原告適格，Vgl. Eyermann, VwGO, 15 Aufl. 2019. Rn. 33。

(二)細部計畫核定機關（都市計畫法§23）

依都市計畫法第23條第1項規定：「細部計畫擬定後，除依第十四條規定（特定區計畫）由內政部訂定，及依第十六條規定（鄉街計畫及特定區計畫）與主計畫合併擬定者，由內政部核定實施外，其餘均由該管直轄市、縣（市）政府核定實施。」

從而，細部計畫之核定機關原則上為各該直轄市及縣（市）政府，例外則存有二種情形：即特定區計畫、鄉街計畫或特定區細部計畫與主要計畫合併擬定者，始由內政部為核定機關，形成法定被告機關。

此種以核定機關為法定被告機關之主要理由在於符合「權責相符原則」，蓋核定機關既有權更動並決定擬定機關之主要計畫或細部計畫，則對核定後之計畫內容，自應負起法律責任，故不待言。惟都市計畫擬定機關或修正機關，對於主要計畫及細部計畫之形成具體內容，在實際上往往較核定機關更具有詳實之理由，故行政訴訟法第237條之23規定，得聲請為行政訴訟之參加人，以協助核准機關進行訴訟[27]，此種參加人並得為訴訟當事人（§237-23Ⅲ參照）。

德國行政法院法第47條之規範審查程序之相對人（Antragsgegner）係指「發布」規範之具體權利主體地位組織（Organ）（第2項第二句規定），通常係指地方自治團體之鄉鎮市（Gemeinde），此種由發布機關為訴訟程序之被告，除符合行政訴訟之「顯名主義」外，亦具有組織之正當性，似可供我國未來修法之參考，因為在我國都市計畫之核定機關通常並非發布計畫機關，從而形成一種與顯名主義相互矛盾之現象[28]。

三、高等行政法院具有管轄權

依照本條第1項後段規定：「人民、地方自治團體或其他公法人……逕向管轄之高等行政法院提起訴訟……。」故與德國行政法院法第47條第1項之由高等行政法院為管轄法院雷同，均以高等行政法院為受理訴訟之第一審管轄法院。其理由在於都市計畫規範審查程序既非簡易事件，亦非政策上得由地方行政法院獨任制法官個別決

---

[27] 行政訴訟法第237條之25規定：「高等行政法院審理都市計畫審查程序事件，應依職權通知都市計畫之擬定機關及發布機關於期日到場陳述意見，並得通知權限受都市計畫影響之行政機關於期日到場陳述意見。權限受都市計畫影響之行政機關亦得聲請於期日到場陳述意見。」此時，該條之適用，原則上以都市計畫擬定及發布機關未依同法第237條之23聲請訴訟參加時，始有其適用，否則即有重疊適用之矛盾現象。

[28] 依都市計畫法第21條規定，主要計畫之發布機關原則上為當地直轄市、縣（市）政府；只有在直轄市、縣（市）政府未於接到核定公文內三十日發布實施時，方由內政部例外代為發布（同條第3項規定）。從而，依訴願法第13條所拘束之「顯名原則」（原處分機關之認定，以實施行政處分時之名義為準），被告機關乃宜屬「顯名主義」之發布都市計畫機關；而非未顯名之「核定機關」。

定，因此乃決定逕由「高等行政法院」受理第一審事件，而高等行政法院之決定究係以核定機關所在地之行政法院？或都市計畫主要計畫或細部計畫所在地之高等行政法院有管轄權？依行政訴訟法第237條之19規定「專屬都市計畫區所在地之高等行政法院管轄。」其立法理由主要為二：其一為便利民眾參與訴訟（故不採核定機關所在地），其二為使行政法院易於就近調查相關事實及證據[29]。

四、行政法院得宣告都市計畫無效或失效

由於本條第1項最後一句規定：「（原告……）請求宣告該都市計畫無效。」但同法第237條之23及第237條之29均有「都市計畫宣告無效、失效或違法」等文字，因此，原告雖聲請宣告「都市計畫無效」訴之聲明，惟高等行政法院及最高行政法院於判決主文中得諭知都市計畫之主要計畫或細部計畫因為違法故無效（自始無效）或失效（嗣後因判決而失其效力）。蓋違法均為都市計畫無效或失效之必要前提要件，惟司法院之提案說明卻認為：「例外情形得宣告都市計畫失效或違法」，僅宣告「都市計畫違法」卻不宣告「違法之效力」如何，從完全性法條結構邏輯上而言實匪夷所思，依本書認為，此種立法文字：「宣告都市計畫違法」並非單獨之主文宣告方式，必須一併宣告違法都市計畫之效力，始符合原告訴之聲明的本意[30]。

五、都市計畫審查程序不得與其他訴訟合併提起（第2項）

按都市計畫審查程序含有主觀訴訟與客觀訴訟之性質，除有法律特別規定者外（例如：公益訴訟之特別規定），不得與其他主觀訴訟之撤銷訴訟（§4）、課予義務訴訟（§5）、確認訴訟（§6）及一般給付訴訟（§8）合併提起，以免混淆各自應適用不同之訴訟法則，例如：本章有關法院管轄、訴訟提起要件、訴訟參加及保全程序等程序規定，均與主觀訴訟規定不同，故因程序各異，為免徒增煩累，且未能達成「訴訟合併」之功能與目的，爰於本條第2項中，明文加以禁止[31]。

此外，若於都市計畫審查程序中，當事人於起訴後，復為訴之追加（如：追加損害賠償）、提起反訴（例如：被告反訴原告確認原告適格）時，因「追加」及「反訴」非屬本章之程序，而屬「其他訴訟」程序，故基於「同一法理」，亦不得於本程

---

[29] 參見行政訴訟法第237條之19條文對照表說明二，本條以都市計畫所在地之高等行政法院管轄，而非以原核定機關所在地之高等行政法院管轄，亦即間接推知以「核定」機關，而非「發布」機關為法定被告機關之矛盾性。

[30] 由於都市計畫規範審查訴訟程序，仍採取原告與被告兩造對審之方式進行訴訟，參見修正草案條文對照表（第五章說明四（一）），因此原告聲請法院為「都市計畫無效」之宣告時，最後行政法院對其效力究採無效或失效，即不得閃躲迴避不予裁判，若僅宣示「都市計畫違法」，似即有未於聲明事項為判決之違法情事（漏未判決）。

[31] 參閱修正草案條文對照表，第五章說明四之（四）及第237條之18說明三。

序中提起[32]，但若當事人為訴之變更時（§111），包含當事人、訴訟標的及訴之聲明加以變更時，是否亦受禁止？因法無其他特別規定，所以仍應屬此種特殊情形程序，基於單純化之「同一法理」，即應受禁止。

德國行政法院法第47條並未特別規定，是否排除其他主觀訴訟之相關程序規定，所以依其通說乃認為，除與管轄規定及與客觀訴訟本質不合之規定外，原則上均可加以適用之，例如：訴訟提起要件（§81VwGO）、起訴書應具備要項（§82VwGO）、事務管轄權（§83VwGO）、訴訟送達（§85VwGO）、職權調查原則（§86VwGO）、準備程序規定（§87VwGO）、訴訟繫屬（§90VwGO）、訴之變更（§91VwGO）、訴之撤回（§92VwGO）、合併與分離程序（§93VwGO）、程序停止（§94VwGO）等[33]，與我國嚴格採取「涇渭分明原則」似有重大區別，其理由是否正當合理？容有商榷餘地。當然此種立法政策，與都市計畫審查程序究屬主觀本案訴訟或是排除附屬非本案訴訟（Inzidentkontrolle）而有所區別[34]。

六、聲請權限（訴訟要件）

本條規定最核心與困難的內容在於：「因都市計畫直接損害其權利或法律上利益」及「因都市計畫之適用而在可預期之時間內將損害其權利或法律上利益」之聲請權限（Antragsbefugnis）具體內涵為何？由於本條規定混雜有「主觀（權益）訴訟」與「客觀（維持法秩序）訴訟」之雙重性質，因此，即無法完全套用司法院釋字第469號解釋針對主觀訴訟訴訟要件之「保護規範理論」[35]，也無法沿用「公益訴訟」之公式（即無須主張權益受損），而須兼顧主觀訴訟之基本要求：法律上之權益影響性，準此，如何判斷原告主張之「權益受影響性」，即屬本條必須加以釐清之處。

依司法院釋字第469號解釋理由書認為，系爭法規是否兼具有保障特定人之意旨，須從下列四種要素，綜合判斷之[36]：

---

32 參閱修正草案第237條之18對照表，說明三後半段。

33 德國通說見解，得參閱Eyermann, VwGO (Fn. 9), §47 Rn. 72 f. Redeker/v. Oertzen, VwGO, 16 Aufl. 2014. §47 Rn. 37；德國聯邦行政法院判決亦採此種見解BVerwGE 65.131(134). BVerwGE 66, 233。

34 德國行政訴訟雖以個別具體行政行為，但並不排除法院於個案審查中，附帶審查抽象性法規之合法性，但我國因司法院釋字第216號解釋文第一段（須聲請司法院大法官解釋）文字，而有所疑問。德國雖引進都市計畫之抽象法規本案審查訴訟，但仍未排除行政法院之附帶審查法令權限。Vgl. Eyermann, VwGO (Fn. 9), §47 Rn. 7；此亦為德國聯邦憲法法院BVerfGE68, 319(325)及聯邦行政法院之見解（BVerwGE 152, 55）。

35 「保護規範理論」係指：非受行政處分第三人所提起之訴訟（行政訴訟），該系爭行政處分所依據之法規，不僅具有保障公共利益之性質，而兼有保障該特定第三人之意旨時，該第三人即得提起行政訴訟，以撤銷系爭行政處分，有關保護規範理論之精要介紹，併得參閱林明鏘，行政法講義，新學林，2019年5版，頁490。

36 司法院大法官釋字第469號解釋理由書原文為：「……（前略）；如法律明確規定特定人得享有權利，或對符合法定條件而可得特定之人，授予向行政主體或國家機關為一定作為之請求權

(一)法令之整體結構。

(二)法令之適用對象。

(三)法令所欲產生之規範效果。

(四)法令之社會發展因素。

此種抽象的公式，若再細膩分析都市計畫之主要計畫與細部計畫之法定內容，其所保障之具體特定人，及得較為明確化，詳言之：都市計畫法第15條規定，主要計畫書應表明下列十項內容：

(一)當地自然、社會及經濟狀況調查與分析。

(二)行政區域及計畫地區範圍。

(三)人口成長、分布、組成及計畫年期內人口與經濟發展之推計。

(四)住宅、商業、工業及其他土地使用之配置。

(五)名勝古蹟及具有紀念性或藝術價值應予保存之建築。

(六)主要道路及其他公眾運輸系統。

(七)主要上下水道系統。

(八)學校用地、大型公園、批發市場及公共設施用地。

(九)實施進度及經費。

(十)其他應表明事項。

準此以言，針對都市計畫之主要計畫不服，而提起都市計畫審查程序者，理論上應符合下列要件，始得主張其權益受損或可預見期間內有受損之虞者：

(一)主要計畫內之權利人：包含債權人及物權人在內。

(二)針對土地使用配置而受損害之人。

(三)因公共設施（運輸系統、水道系統、公共設施用地等）而其權益（將）受損害者。

(四)具紀念性或藝術性而應保存之建物之權利人。

其主要理由乃依司法院釋字第469號解釋所舉出之抽象判準：都市計畫之適用對象、規範效果及整體結構歸納而出之演繹結果。至於都市計畫範圍外之權利人（含債權人、物權人或偶爾穿越使用之鄰人）是否亦得主張其權益將在可預見的將來受到影響，進而容許其得提起都市計畫審查程序？即有再行探究之餘地。

依司法院釋字第774號解釋文認：「都市計畫個別變更範圍以外之人民，如因都市計畫個別變更致其權利或法律上利益受侵害，基於有權利即有救濟之憲法原則，應

者，其規範目的在於保障個人權益，固無疑義；如法律雖係為公共利益或一般國民福祉而設之規定，但就法律之整體結構、適用對象、所欲產生之規範效果及社會發展因素等綜合判斷，可得知亦有保障特定人之意旨時，則個人主張其權益因公務員怠於執行職務而受損害者，即應許其依法請求救濟。」收於司法院大法官解釋彙編十二，司法院印行，1999年6月，頁321。

許其提起行政訴訟以資救濟，始符憲法第十六條保障人民訴訟權之意旨。」進而變更司法院釋字第156號解釋之意旨[37]。肯定都市計畫（不論個別變更或通盤檢討變更）範圍外人民，亦有可能因計畫變更而權益受損害，惟司法院並未說明，到底所謂緊鄰變更都市計畫外之人民，在何種程度或範圍內，其享有之權益有被害之虞，致留下一個懸疑之問題：在都市計畫規範審查訴訟中，是否得直接援引司法院釋字第774號解釋文意旨或公式，全面肯定計畫外第三人之聲請權能？即有深入探究之必要。

依司法院增訂行政訴訟法第237條之18規定，其立法理由（二之(四)）雖說明：「訴訟要件：主張都市計畫違法而直接損害，因適用而損害或在可預見之時間內，將損害原告之權利或法律上利益，且其主張具有可能性。基於上述訴訟要件之規定，限於能具體主張權益受害者，始享有訴訟實施權，如此，一方面可使權益受侵害者獲得救濟之機會，同時也可避免因採行民眾訴訟或公益訴訟而發生濫訴之缺失。又依上開規定……此係參酌德國行政法院法第四十七條規定而來。」此種近乎空洞公式之說明，並未解決都市計畫區域外第三人依何標準得否認其具有訴訟要件，而似宜再觀察德國行政程序法第47條之相關行政法院見解始得稍加釋疑，因為鄰人終非原都市計畫所欲規範之對象。

依德國聯邦行政法院對於聲請（訴訟）權能之案例類型區分，亦可粗略分成計畫區內人民之訴訟要件及計畫區外鄰近居民之訴訟要件，作案例類型不同判斷[38]：

(一)都市計畫區域內之人民

依德國聯邦行政法院裁判見解認為，並非都市計畫區內之土地所有權人均當然享有都市計畫審查程序的聲請權能，例如：原土地使用分區之使用類別或強度受到「改變」或「降低」時，土地所有權人之權益即受有損害，原則上均承認其具有聲請權限（NVwZ-RR 1998, 416），但不得主張都市計畫應較在計畫使用更為有利之分區使用，諸如：由住宅區變更為商業區之期待（NVwZ 1998, 732f）。

(二)都市計畫區域外之人民

至於都市計畫區域外之土地所有權人，得否對都市計畫之公告或變更，而主張有權益受損害之虞，因其並非主張本身權益直接受有損害，因此，區域外之第三人乃類似鄰損第三人之地位，必須其對鄰人之建築聲請有防禦權之地位者，始具有聲請權限，而非如同都市計畫區域內之所有權人，一概均原則上認對都市計畫有聲請權限（NVwZ 1994, 269），兩者有些許不同。在建築許可時，涉及第三人之「保護規範

---

[37] 國內有關對司法院釋字第774號解釋之批評，得參閱陳明燦，論都市計畫個案變更所涉一定地區及其都人權利保護：司法院釋字第774號解釋之回響（上）（下），司法週刊2008期及2009期，2020年6月19日及6月26日2版。

[38] Vgl. Eyermann, VwGO (Fn. 9), §47 Rn. 45 ff. 55 ff.; Kopp/Schenke, VwGO, 19 Aufl. 2013, §47, Rn. 46 f.

理論」，得否完全援用於「抽象法規上」？判斷關鍵在於都市計畫與第三人（鄰人）須在空間上及時間上有緊密關聯者，而受有特別影響者為限（BVerwG, NJW 1983, 1507）。德國聯邦行政法院對都市計畫區域外鄰人聲請權限之定義，顯較我國司法院釋字第774號解釋更加具體明確，至少有一個抽象公式之指出：「緊密關聯之特別影響說」。

此外，於都市計畫區內具有所有權外之其他物權者，是否比照所有權人之地位，原則上均承認其聲請權限？依德國聯邦行政法院之見解，認地上權人及其他用益物權人（Erbbaurecht; Nießbraucher）得享有聲請權限（BVerwGE 82, 61），甚至於土地之買受人，雖尚未移轉登記，亦享有聲請權限（BVerwG, DVBI 1983, 344），至於有租賃使用權或租賃用益權（Pacht）者，也可能具有聲請權限，而都市計畫區域外之債權人或關係人，例如：都市計畫相鄰之承租人，於使用對面被廢除之「兒童遊戲場地」之都市計畫變更，亦享有聲請權限[39]。申言之，德國聯邦行政法院在判斷都市計畫區域內或區域外之債權人、物權人或關係人、鄰人之聲請審查權限時，並非依憑對行政處分判斷：「相對人理論」（Adressatentheorie），而係併用所謂「可能性理論」（Möglichkeitstheorie），來判斷聲請人是否有聲請權限，因為得提都市計畫規範審查程序者，除自然人與法人外，尚涉及組織權限（Organrechte），因此無法僅以相對人理論，來判斷起訴人是否具有主觀權益受損或受損之虞，而須自借用「可能侵害權益理論」，在具體個案中，判斷起訴人有無聲請權限[40]。

我國有關聲請權限（或訴訟要件）規定，依其立法理由，乃是德國行政法院法第47條規定，但其具體認定標準，是否亦依德國聯邦行政法院判決之見解，採取寬鬆門檻見解，意即不論都市計畫區域內外物權人或債權人，原則上都肯定其權益之「將受影響性」，進而滿足其聲請規範審查之要件，惟我國高等行政法院是否會依循司法院釋字第774號解釋文之標準，亦大幅放寬原告之聲請權限？有待進一步觀察行政法院之解釋態度，若從「保護規範理論」而言，因都市計畫，不論主要計畫或細部計畫的主要目的，僅在於「改善居民生活環境」及「促進都市有計畫之均衡發展」（都市計畫法§1參照）的公益目的存在，且管制對象、目的、效果均限於都市主要計畫或細部計畫範圍內之人口，土地使用分區及公共設施之配置，從而，都市計畫法（含各自治團體所訂頒之都市計畫自治條例），既無兼具保障都市計畫範圍內個別人民權益之性質，復無計畫外之規範效力，按法官依「法律」獨立審判（憲法§80後段），要比照德國聯邦行政法院之見解認為：都市計畫法之主要計畫及細部計畫規定，兼具有保障個別權益之性質，而且具有「保護規範」地位，都市計畫並具有計畫範圍外，對時間

---

[39] 併得參閱Eyermann, VwGO (Fn. 9), §47 Rn. 50。

[40] Vgl. Kopp/Schenke, VwGO (Fn. 21), §47 Rn. 47.

及空間緊密相連之鄰人，亦具有保護規範性質。除非修改都市計畫法之相關規定，否則恐難以期待各級行政法院法官對於聲請權限之解釋，能夠完全依司法院釋字第774號解釋文及德國聯邦行政法院之見解，從寬認定，因為行政訴訟法當初修法之際，即明確指出此種審查訴訟程序並非全屬「客觀訴訟」，更非「公益訴訟」，而係以主觀訴訟為原則之混合客觀訴訟的特殊訴訟類型。因此，行政法院法官在邏輯上將不可避免地將「保護規範理論」（釋字第469號解釋）及比擬「行政處分」的觀點加以引（沿）用，避免因為過寬的聲請權限，以及過嚴的計畫違法審查，造成人民「徒歡心一場」，因為訴訟，大都會是駁回原告聲請之比例占絕大多數（依德國、奧國、瑞士之審判實務經驗）[41]。

七、訴訟標的

依本條第1項之明文規定，都市計畫審查程序之訴訟標的（客體）僅限於依都市計畫法發布之都市計畫，故不包含依國家公園法所發布之國家公園計畫，亦不包含依區域計畫法或國土計畫法發布之區域計畫或國土計畫在內，形成只有少部分之都市計畫始受司法審查之結果，其主要理由似基於減輕司法案件負擔，並作初次局部試驗司法對抽象法規之審查方式及標準。

其次，本條之訴訟標的須已經發布者為限，若僅在擬定、審議或核定階段，但尚未發布之都市計畫，即不得成為訴訟客體，例如：依據土地徵收條例第4條第2項規定先行區段徵收之都市計畫，因僅暫時受中央主管機關核定，尚未發布，所以即不得成為訴訟標的，受區段徵收之當事人即不得針對已核定但未發布之都市計畫，提起本案審查之審查訴訟。此種規定，甚不合法理，一方面是開發先行計畫，另外一方面則造成計畫審查程序之盲點，其理由僅係「避免法院過早介入行政計畫之決策」[42]，因此，立法院於審查本條規定時，作成兩項附帶決議：

（一）為保障因先行區段徵收受影響民眾之權益，內政部應於2020年7月1日以後，檢討先行區段徵收制度，俾司法得提供及時、有效之救濟。

（二）行政法院於審理先行區段徵收案件時，需適時考量是否有採取保全措施、裁定停止執行之必要，並於2020年7月1日之三個月，適時檢討修正行政訴訟法及土地徵收條例規定[43]。

可見得此種法律見解，並不合理妥當。

---

[41] 有關司法院釋字第742號及第774號解釋所散發「有權利即有救濟」訊息，卻未論及「權利存在哪裡」的重要瑕疵批評，併得參見林明鏘，都市計畫通盤檢討變更之司法救濟：評析釋字第742號解釋，月旦裁判時報68期，2018年2月，頁60-77。

[42] 併得參閱行政訴訟都市計畫審查程序問答集，司法院印製，2020年5月，頁18。

[43] 有關立法院之二項附帶決議內容，併得參見行政訴訟都市計畫審查程序問答集，前揭書，頁19。

第237條之19（高等行政法院專屬管轄權）
前條訴訟，專屬都市計畫區所在地之高等行政法院管轄。

❖立法目的❖

依據司法院函送立法院審議之修正草案條文說明，可知本條之立法目的在於：「本條規定都市計畫審查訴訟，由都市計畫區所在地之高等行政法院管轄，係基於便利人民參與訴訟，並使法院易於就近調查相關事證等因素之考量，乃參酌本法第十五條第一項之規定而設。」[44]綜合簡化本條指定由都市計畫所在地之高等行政法院專屬管轄，其目的有二：其一為便利民眾參與訴訟，其二為使高等行政法院就近調查相關事證。故參酌行政訴訟法第15條第1項，有關不動產徵收、徵用或撥用之訴訟，專屬不動產所在地之（高等）行政法院管轄之法理增訂之。惟都市計畫之土地使用分區管制，或公共設施用地之使用規劃，性質上不僅涉及不動產，亦包含居住密度與容納人口之預估，但不容諱言，其主要乃涉及都市計畫區域內之公私不動產所有權人未來不動產使用之外在限制，故乃「參酌」其不動產訴訟法理，指定專屬「都市計畫所在地」，而非原告或被告所在地之高等行政法院管轄。

❖外國立法例❖

德國行政法院法第47條第1項第一句：「高等行政法院於其審判權範圍內，決定法規之有效性。」其條文僅指定由高等行政法院具有管轄權（限於公法上爭議之審判權範圍內；行政法院法第40條規定）[45]並未指定由何處之高等行政法院專屬管轄，因依德國建設法或各邦之法規審查，均由各邦成立唯一一所之高等行政法院管轄，並無管轄權爭議或困擾，故無須增訂如我國之新規定。

❖內容解析❖

我國行政訴訟法第一編第二章第一節雖對於行政法院之管轄有所規定（即自第13條至第18條規定），但因均係針對個別具體行政行為之管轄規定，且採用「以原

---

44 參閱立法院議案關係文書，2018年12月19日印發，院總第829號，政府提案第16606號（立法院第9屆第6會議及第14會議關係文書），頁10-11。

45 德國行政法院第40條第1項（行政訴訟之許可性）規定：「公法上之爭議，非屬憲法性質者，皆得向行政法院提起訴訟，但聯邦法律明文規定，其爭議應歸其他法院管轄者，不在此限。屬於聯邦法範疇之公法上爭議，邦法亦得規定歸其他法院管轄。」本條中譯及其內容解析，併得參閱吳綺雲（譯），陳敏（總召集人），德國行政法院法逐條釋義，司法院印行，2002年10月，頁196-308。

（告）就被（告）」原則（§13、§14），或「以被（告）就原（告）」爲例外（§15-1、§15-2）之立法體例，在都市計畫規範審查訴訟中，因其涉及訴訟標的爲抽象法規，且影響區域人數眾多，範圍極大，案件複雜，因此本法乃決定另外規定其獨自之「專屬管轄」規定，不拘泥於原告或被告機關之住所地或所在地，而改以類似「不動產爭訟」（徵收、徵用及撥用訴訟）之審判權體例（都市計畫＝不動產訴訟），以都市計畫所在地之高等行政法院管轄。其目的一方面在利於原告起訴及受理法院得就近調查相關事證，另外一方面，也不會因被告機關多爲內政部（核定都市計畫機關），致多屬臺北高等行政法院專屬管轄之不合理案件分配情事發生，故乃另創由「都市計畫所在地」之高等行政法院爲第一審專屬管轄法院，以求案件雨露均霑，使臺北、臺中及高雄高等行政法院均有受理訴訟之可能，唯一缺點是：被告機關（內政部）恐須奔波於北中南高等行政法院應訴，故此種專屬管轄權之設計，可稱爲「修正式」的「以被就原」原則，有利於原告（人民或公法人）之起訴便利及受理法院之調查事證。

惟若都市計畫所在地，有跨越數個高等行政法院管轄區域之情況發生時，例如：依都市計畫法第12條所擬定之特定區計畫，諸如：國際機場園區特定計畫（俗稱：桃園航空城特定區計畫）或新市鎮開發之特定區計畫，可能計畫範圍得橫跨數縣市時，其高等行政法院之專屬管轄應如何決定？即會成爲問題，依本條立法說明二之解釋，其認爲：「又都市計畫區所在地如有跨連數個高等行政法院管轄區域之情況時，則應依（行政訴訟法）第十八條，準用民事訴訟法第二十一條管轄競合之規定處理，併此敘明。」[46]而民事訴訟法第21條卻規定：「被告住所、不動產所在地、侵權行爲地或其他據以定管轄法院之地，跨連或散在數法院管轄區域內者，各該法院俱有管轄權。」使得原本單純之專屬管轄規定，又轉換成爲「俱有管轄權」，此種問題不於行政訴訟法第237條之19中以特殊立法解決，卻循一般具體行政行爲爭訟管轄競合之模式，是否妥當？容有商榷餘地。蓋依行政訴訟法第18條，準用民事訴訟法第22條競合管轄之法律效果後，「同一訴訟，數法院有管轄權者，原告得任向其中一法院起訴。」由於民事「同一訴訟」，當事人原則上不多，但都市計畫審查程序，區域內外人民通常多達數萬人以上，針對同一主要計畫、細部計畫或特定區計畫，允許原告分別得向不同高等行政法院起訴，是否合於訴訟集中審理原則？會不會造成不同法院之裁判歧異？似有明文之必要，統一由都市計畫面積占多數地區之高等行政法院專屬管轄，始得避免發生前述所擔憂之裁判歧異，以及違反「專屬管轄」，由單一高等行政法院審理之預設目的。

---

46 參閱前揭註44關係文書，頁11。

第237條之20（起訴期間之限制）
本章訴訟，應於都市計畫發布後一年之不變期間內提起。但都市計畫發布後始發生違法之原因者，應自原因發生時起算。

❖立法目的❖

依本條草案之說明二[47]認爲：「都市計畫發布後，即發生（規範）效力，並已（得）廣泛實施，有待積極執行以迅速實現其行政目的，故爲確保法秩序之安定，都市計畫審查訴訟之起訴期間，宜有適度限制，爰參酌德國行政法院法第四十七條第二項規定，增訂都市計畫審查訴訟之起訴期間爲都市計畫發布後一年之規定。」至於增設但書例外規定之理由爲：「惟都市計畫發布後始發生違法之原因者，例如，都市計畫發布後，對該都市計畫有規範效力之上位規範修正公布，該都市計畫未爲相應之修正、變更，致生違法之情事時，此一年之起訴期間（順延）自原因發生時起算（一年），爰爲但書之規定。」綜合言之，本條規定限制原告起訴期間之目的，在於確保法律安定性，避免影響廣泛之當事人權利義務關係，但又得兼顧都市計畫「事後違法」（逾一年以後始行發生者）的例外情形，故設但書規定，以昭周全。

❖外國立法例❖

依本條之立法理由說明二所示，本條規定乃參酌德國行政法院法第47條第2項規定而設。從而，德國行政法院法第47條第2項前段規定：「自然人或法人，主張其權利因法規或因其適用而受損害，或在可預見之期間內將受損害者，以及各行政機關，得在法規公布後一年內提出聲請。」[48]惟德國行政法院法第47條第2項之起訴期間限制，並無但書規定。此項但書之設，係沿襲德國有關「無作用（無功能；無效力）之都市計畫」（funktionslos）之起算點時效學說見解[49]。

❖內容解析❖

本條規定自都市計畫發布後一年內，爲都市計畫審查訴訟之起訴期間，故縱使都市計畫發布，但未生效者，仍得提起訴訟，以有效保障起訴人之權利。我國都市計

---

[47] 參閱立法院議案關係文書，2018年12月19日印發，院總字第829號，政府提案第16606號，頁11，第237條之20說明二。

[48] 本條文中譯得參見陳敏等譯，德國行政法院法逐條釋義，司法院印行，2002年10月，頁468，惟當時條文規定爲二年內聲請，迄2007年1月1日修正成爲一年內爲之，但仍有二年緩衝時間。Vgl. Kopp/Schenke, VwGO, 19 Aufl., 2013, §47, Rn. 83.

[49] Vgl. Eyermann, VwGO, 15 Aufl., 2019. §47, Rn. 74; Kopp/Schenke, VwGO (Fn. 31), §47, Rn. 83.

畫法第21條第1項對於「主要計畫」僅寥寥規定「當地直轄市、縣（市）政府應於接到核定或備案公文之日起三十日內，將主要計畫書及主要計畫圖發布實施，並應將發布地點及日期刊登新聞紙或新聞電子報周知。」並未明確區分「公告」與「生效」日期，所以通常並無公告但不生效之情形發生，否則即無法合理解釋「發布實施」之文意。此外都市計畫法對於細部計畫之「核定實施」，亦規定於第23條第3項中：「細部計畫核定發布實施後，應於一年內豎立都市計畫樁、計算坐標及辦理地籍分割測量，並將道路及其他公共設施用地、土地使用分區之界線測繪於地籍圖上，以供公眾閱覽或申請謄本之用。」由此可知，不論主要計畫或細部計畫，只要「發布實施」即當然生效，否則無從執行都市計畫第21條及同法第23條之後續工作。最後，都市計畫之變更，不論是主要計畫或細部計畫，不分通盤檢討變更（§26）或個案變更（§27），亦均應適用都市計畫法第21條與第23條之程序規定（§28），即可確認我國都市計畫並未區別「發布」與「生效」兩個不同時間點。

此外，為確定「法秩序安定性」，而規定自發布日（公告日）起一年內，應提起規範審查訴訟之短期（一年）起訴期限規定，是否牴觸憲法保障人民「訴訟權」之意旨？在德國學界即有爭議產生。我國立法理由雖未明文面對此一質疑問題（因都市計畫發布並未送達予所有區域內之相關權利人），但卻在其立法理由說明二中穿插一段看似無關之辯詞：「在考量都市計畫審查程序僅係審查都市計畫是否合法之訴訟程序，當事人如因都市計畫執行或適用另受個別處分，或與行政機關發生具體爭執，於都市計畫審查訴訟之起訴期間內或期間經過後，仍得依法（行政訴訟法）提起撤銷訴訟或其他訴訟，由法院於該等訴訟中附帶審查都市計畫是否違法，（故）並不影響當事人權利之其他救濟途徑。」從而，可以間接窺知我國立法者似不認為一年之起訴期間限制將侵害當事人之訴訟權利，因為縱使都市計畫發布實施後已逾一年，當事人仍得藉由具體個別行政行為（諸如：針對建照執照駁回申請或徵收處分等具體個別處分）之撤銷訴訟（或課予義務等訴訟類型），附帶審查都市計畫之合法性，故當事人之訴訟權利並未因逾一年之起訴期間，而完全受到剝奪。蓋一年之期限只是賦予更多當事人考量是否提起都市計畫規範審查程序，而未剝奪其他訴訟途徑，而且在實際上也甚少發生此種「訴訟無門」之情形。唯一有疑問的是，地方自治公法人或其他行政機關為原告時，是否因本訴訟程序之規定，而認其亦享有「主觀公法上權利」？若否定公法人並未享有主觀公法上權利時，則本條一年之除斥期間規定，也僅僅是影響到當事人之程序聲請權（Verwirkung der prozessualen Antragsbefugnis）[50]而已，按由法治國家所導出之「實現實體正義原則」（Grundsatz der materiellen Gerechtigkeit der Verwirkung），亦可能涉及本條訴訟之聲請期限規定，所以亦應加以審酌此種排斥除

---

[50] Vgl. Kopp/Schenke, VwGO (Fn. 31), §47, Rn. 87.

權規定（präklusion）之合憲性問題。

　　其次，此種一年之起訴期間規定，亦適用於非都市計畫區域內之鄰人訴訟，否則此種一年之短期除斥期間，即有不能一致性適用之漏洞[51]。蓋規範審查程序與具有第三人效力之行政處分，其結構性質並不相同，因為具有第三人效力之行政處分並未通知第三人，而都市計畫卻有對外發布實施之公示行為。

　　最後，具有都市計畫聲請規範審查訴訟之當事人，曾經表示對該都市計畫不服之行為者，例如：當事人曾向發布都市計畫機關表達不服該等計畫之意思時，但其向法院起訴已逾一年者，是否其訴訟仍得認為合法？或應認其訴訟已逾一年之不變期間而認為起訴不合法？受理不服之行政機關，有無教示當事人提起規範審查訴訟之義務？在我國均未有明文規定下，有待高等行政法院建立案例判準，以供未來各計畫機關明確遵循，以杜爭議。

　　依據行政訴訟法施行法第14條之5第1項規定：2020年7月1日前已發布之都市計畫，不適用行政訴訟法第二編第五章之都市計畫審查程序，亦屬本條規定「一年」除斥期間之特別規定，是否符合「一年除斥期間」之價值衡量一致性要求，尚有斟酌餘地[52]。

第237條之21（被告之重新檢討）

高等行政法院收受起訴狀後，應將起訴狀繕本送達被告。

被告收受起訴狀繕本後，應於二個月內重新檢討原告請求宣告無效之都市計畫是否合法，並分別依下列規定辦理：

一、如認其違反作成之程序規定得補正者，應為補正，並陳報高等行政法院。

二、如認其違法者，應將其違法情形陳報高等行政法院，並得為必要之處置。

三、如認其合法者，應於答辯狀說明其理由。

被告應附具答辯狀，並將原都市計畫與重新檢討之卷證及其他必要文件，一併提出於管轄之高等行政法院。如有與原告請求宣告無效之都市計畫具不可分關係者，亦應一併陳報。

❖立法說明❖

　　都市計畫審查程序係對具法規性質之都市計畫為合法性審查，與對具體行政行為及其不作為之撤銷訴訟與課予義務訴訟不同，因此不適用本法第4條及第5條之訴願前

---

[51] Vgl. Kopp/Schenke, VwGO (Fn. 31), §47, Rn. 87.

[52] 有關行政訴訟法施行法第14條之5的簡要說明，併得參閱行政訴訟都市計畫審查程序之問答集，司法院印製，2020年5月，頁17。

置規定，此與德國行政法院法第47條對建設法規之法規審查程序，不以進行訴願之先行程序為必要之立法例相同。然而為使原都市計畫核定機關有先為自我省查之機會，本條參考本法關於交通裁決事件訴訟程序，第237條之4所採行之原告起訴後被告重新審查原裁決是否合法妥適之制度，規定被告即原都市計畫核定機關如何於原告起訴後進行重新檢討程序。

❖內容解析❖

一、第1項

本項規定高等行政法院應於收受原告之起訴狀後，將起訴狀繕本送達被告。依本法第二編第一章第107條及第108條之規定，對於原告之訴，如有第107條第1項所列各款及第2項之情形而不得補正者，或雖得補正，經定期命補正而不補正者，行政法院應以裁定駁回之；或依原告所訴之事實，在法律上顯無理由者，行政法院得不經言詞辯論，以判決駁回之。行政法院為上開之駁回原告之訴或移送訴訟外，應將訴狀送達於被告，並得命被告以答辯狀陳述意見，被告機關經行政法院通知後，應於十日內將卷證送交行政法院。上開規定與本條規定不牴觸者，於都市計畫審查程序亦得準用（§237-31）。因此，在都市計畫審查程序，原告起訴後，仍應先審查原告之訴有無第107條第1項所列各款及第2項之情形而不得補正，或雖得補正，經定期命補正而不補正，或依原告所訴之事實，在法律上顯無理由之情事。如有此種情事，行政法院應裁定駁回或得不經言詞辯論，以判決駁回原告之訴，自毋庸依本項規定，將起訴狀繕本送達被告。

二、第2項

高等行政法院依第1項規定，將起訴狀繕本送達被告，被告於接獲起訴狀繕本後，應於二個月內重新檢討原都市計畫是否合法。被告機關重新檢討後，視其檢討結果之不同情形，而異其處置方式。第一種情形，被告於重新檢討後，如發現原都市計畫違反程序規定，例如：違反都市計畫之擬定、公開展覽、審議、核定或發布實施等相關程序規定，而得補正者，應予補正，並陳報高等行政法院（本項第1款）。第二種情形，如發現原都市計畫確有違法之情事時，應將違法之情形陳報高等行政法院，並得為必要之處置，以回復至合法狀態，例如：依法辦理原都市計畫之變更等（本項第2款）。第三種情形，如果認為都市計畫並無違法，則應於依第3項向高等行政法院提出之答辯狀內說明其理由（本項第3款）。

三、第3項

本法第108條第1項係規定行政法院得命被告以答辯狀陳述意見，本項則特別規定在都市計畫審查程序，強制被告於依第3項規定重新檢討後，應以答辯狀陳報其重新檢討後第2項所列三款之結果，並應將原都市計畫之卷證、重新檢討之卷證及其他必要之關係文件，一併提出於受訴之高等行政法院，以利進行後續之審理。此規定排除了本法第108條第2項被告應於十日內將卷證送交行政法院規定之適用，而是俟完成重新檢討後，再依本項規定，提出答辯狀並送交卷證。本項規定可以促使被告落實自我省查。

都市計畫審查程序具客觀訴訟之性質，依本法第237條之28規定，當高等行政法院認原告請求宣告無效之都市計畫違法者，除宣告該其聲明部分之都市計畫無效外，同一都市計畫中未經原告請求，而與原告請求宣告無效之部分具不可分關係，經法院審查認定違法者，併宣告無效。因此高等行政法院審理時，必須注意同一都市計畫內，有無與原告請求宣告無效部分具不可分關係者，故如有上述不可分關係之都市計畫者，被告應一併敘明並陳報高等行政法院，以利高等行政法院之審理裁判。

第237條之22（參與訴訟法制另行建立之規定）
高等行政法院受理都市計畫審查程序事件，不適用前編第三章第四節訴訟參加之規定。

❖立法目的❖

行政訴訟法第一編第三章第四節所定訴訟參加，包括第41條的必要共同訴訟參加（或稱必要參加）、第42條的獨立參加、第44條的輔助參加。行政訴訟法第41條的必要參加與第42條的獨立參加，均係基於主觀權利保護所提起之主觀訴訟所建構。由於都市計畫審查程序具有客觀訴訟的性質，其經由行政法院司法救濟的功能定位，主要在客觀法秩序的維護。都市計畫審查程序目的雖在維護客觀法秩序，但該審查程序的利害關係人，除因都市計畫發布致權利或法律上利益受損害者外，亦包括因都市計畫被宣告無效、失效或違法而權利或法律上利益受損害之人，另也有影響行政機關權限的情形。故都市計畫審查程序關於利害關係人以及相關行政機關參與訴訟之法制，應考量其客觀訴訟之性質，以及都市計畫之作成過程與可能造成之實際影響等因素。不僅應基於權利保護目的而使法律上具利害關係之第三人有參與訴訟之機會，且為使法院得以有效審查都市計畫之合法性，除被告機關外，亦當責成參與都市計畫

作成與因都市計畫發布而權限行使受影響之其他行政機關，負擔一定之協力義務[53]。而本法第41條的必要參加、第42條的獨立參加均具有主觀訴訟性質，於要件、程序及法律效果未必均可適用於都市計畫審查程序。

就行政機關參與訴訟部分而言，本法第44條係規定於必要時，以輔助參加人地位，由行政法院依職權，或由行政機關或第三人聲請行政法院以裁定命為參加。由於都市計畫審查程序所涉及無效、失效或違法的審查結果，造成相關機關（例如需地機關與發布機關）利害關係之影響並不相同。另對行政機關程序參與的方式，究係賦予陳述意見機會抑或裁定參加訴訟，以保障其程序聽審權益，比較法立法例亦有不同做法[54]。為避免將客觀訴訟性質之都市計畫審查程序規定，適用或準用行政訴訟法第一編第三章第四節所定訴訟參加程序時，造成實務運用困難。本條規定，高等行政法院受理都市計畫審查程序事件，不適用前編第三章第四節訴訟參加之規定。而分別以行政訴訟法第237條之23至第237條之25之規定，另行建立都市計畫審查程序事件之訴訟參加與機關陳述意見制度。

❖內容解析❖

行政訴訟法第一編第三章第四節所定訴訟參加，所參加的訴訟標的主要是以機關的行政行為作為訴訟對象（行政訴訟法§4～§9參照）。其因行政機關具體行政行為所生法律上權利或利益影響的人民，比較有可清楚界定的範圍。行政訴訟法第41條的必要參加，以訴訟標的對於第三人及當事人一造必須合一確定，為其必要參加的界定範圍。訴訟標的合一確定，亦即原告追求的實體判決，在沒有同時直接且必然形成、確認、改變或撤銷第三人之權利，則無法作成時，此種情形之第三人則須必要參加[55]。必要參加須基於法律理由，對於第三人所形成或確認的效果，在與原告、被告之間均須一致，經常出現於撤銷訴訟，而課予義務訴訟學者亦認有必要參加之適用[56]。行政訴訟法第42條的獨立參加，得參加的範圍係以撤銷訴訟之結果，第三人之權利或法律上利益將受損害作為界限，此規定依同條第3項規定，雖於其他訴訟準用之。但無論是必要參加或獨立參加，仍僅限行政訴訟法第3條所稱之行政訴訟種類，其訴訟對象主要是機關行政行為，利害關係人之權利或法律上利益受影響係因機關行

---

53 參見行政訴訟法第237條之22立法理由第2點。
54 依德國行政法院法第47條第2項第三句規定，係就對因法規而影響其權限之邦及其他公法人，得給予於指定期間內陳述意見之機會。日本法則於行政事件訴訟法第23條第1項規定，法院就作成處分或裁決行政機關以外的行政機關，認有必要時，得依當事人、該行政機關之聲請，或依職權，以裁定命該行政機關參加訴訟。
55 陳敏等譯，德國行政法院法逐條釋義，司法院印行，2002年10月，頁651。
56 參見本書第229頁。

政行為所造成。

在都市計畫審查程序所審查的訴訟標的是抽象法規，而非具體行政行為。抽象法規效力變動影響的對象範圍不易確定，與具體行政行為所造成法律上利益的影響對象範圍較易特定顯然不同。雖然都市計畫範圍內之相對人，亦會因都市計畫法律效力的變動，造成權利或法律上利益受到影響，但其等所受影響往往是潛在或隱藏性的。又都市計畫審查程序具有客觀規範秩序維護目的，都市計畫宣告無效時，即發生對世的一般拘束力。其雖亦有主觀權利保護機能[57]，但其與上述必要參加之原、被告與第三人間，係因機關具體行為所引起主觀訴訟，彼此形成、確定、變更或消滅之法律關係必須合一確定的本質，並不相同。

以行政訴訟法第42條的獨立參加而言，該訴訟是建立在主觀權利保護所提起之主觀訴訟類型，第三人係因主觀訴訟類型行為而使其權利或法律上利益受損害，相關訴訟關係人較易特定。在都市計畫審查程序就不具行政處分性質的規範審查，所涉及利害關係人範圍難以明確特定。若直接適用行政訴訟法第42條，一則法院決定在如何範圍內之第三人得獨立參加，存有依職權調查之困難。其次，如非可歸責於該等第三人之事由而未參加訴訟，則產生是否得依行政訴訟法第284條規定聲請重新審理問題，將不利於都市計畫法律關係安定。故就第三人之權利或法律上之利益，如因都市計畫的宣告無效、失效或違法，受其判決對世效力影響者，為保障其權益而建構之訴訟參與程序，須另作不同的法制規劃。

行政機關依行政訴訟法第44條參加訴訟時，係輔助一造。而都市計畫審查程序中之關係機關，有對都市計畫內容及作成較瞭解之擬定機關及發布機關，亦有都市計畫與其他機關之權限相關之情形，例如需地機關。因各有不同程度利害關係，該等機關未必有全部適用輔助參加之必要。又行政機關於都市計畫審查程序之程序參與是否以訴訟參加方式，德日也有不同做法。行政訴訟法就機關參與都市計畫審查程序方式，於法制上亦另作規定，以適度保障其程序聽審權益。

第237條之23（利害關係人獨立參加）

高等行政法院認為都市計畫如宣告無效、失效或違法，第三人之權利或法律上利益將直接受損害者，得依職權命其參加訴訟，並得因該第三人之聲請，裁定允許其參加。

前項情形，準用第四十二條第二項、第四十三條、第四十五條及第四十七條規定。

依第一項參加訴訟之人為訴訟當事人。

---

[57] 陳軍志，行政規範審查程序之制度考掘與立法芻論—德國法之繼受與攻錯，司法院行政訴訟制度相關論文彙編，第9輯，2019年12月，頁264。

❖立法目的❖

　　都市計畫經高等行政法院認為違法而宣告無效，依行政訴訟法第237條之28第4項規定，該確定判決對第三人亦有效力。雖然具有規範訴訟審查性質的都市計畫審查程序，並非是經由第三人的程序參與，始能使其判決的效力得以擴張而發生一般拘束力。但是都市計畫所規範的對象仍是可得特定，都市計畫成為有效規範，對於在範圍內的土地所有權人已創造一個權利外觀。如對都市計畫土地合法的利用方式所受影響，無法在訴訟程序中賦予該受影響者一定法律地位，以捍衛被攻擊的都市計畫的合法性，將有程序保障不足的憲法疑慮[58]。因此，本法以受影響程度，立法形成訴訟參加的方式。

　　行政訴訟法第237條之23就都市計畫如經法院宣告無效、失效或違法，所可能使原都市計畫所欲保障之第三人權利或法律上利益，直接遭受損害的範圍內，賦予該等第三人得以參加訴訟方式，以維護自己權益之程序地位，達到實質保障其受影響之權利及法律上利益。同時亦藉由第三人的參加訴訟，增進法院發現真實，而有助於審查結果之客觀性及正確性。基於都市計畫利害關係人的範圍，難由法院依職權負一一探知義務，故在行政法院依職權命第三人參加訴訟部分，係規定使行政法院得依職權命其參加訴訟，而非應依職權。並配合第三人有聲請參加訴訟之權利，以周延利害關係人程序保障利益。其相關訴訟參加方式、程序與效力則依都市計畫程序的特徵，於性質不相牴觸範圍內，準用行政訴訟法第42條獨立參加以下相關規定。而就此等參加訴訟之第三人亦賦予其具有訴訟當事人之地位，而得依法行使訴訟當事人之程序上權利。

❖內容解析❖

　　本條係就都市計畫如宣告無效、失效或違法，第三人之權利或法律上利益將直接受損害者，得參加訴訟之規定。是基於防禦都市計畫的合法性，而避免都市計畫被宣告無效、失效或違法受到影響的第三人而規定。因此該第三人係與都市計畫審查程序之被告機關利害關係一致。如果是與主張行政機關依都市計畫法發布之都市計畫違法，而直接遭受損害的原告利害關係立場一致者，其基於本身地位本得自行起訴，所具有的訴訟權能大於參加訴訟的當事人。若依本條規定參加訴訟程序而成為參加人，對訴訟標的處分權能，包括訴訟上撤回、和解等將受到限制，訴訟程序法律地位反而較為不利。因此，本條立法主要是針對與核定都市計畫之被告行政機關利害關係一致

58　陳軍志，前揭書，頁290。

之第三人而規定的訴訟參加程序[59]。

本條就都市計畫如宣告無效、失效或違法，第三人之權利或法律上利益將直接受損害者，得由法院依職權命其參加訴訟，或依該第三人之聲請，經由法院裁定允許其參加。第三人因都市計畫如宣告無效、失效或違法所受損害限於權利或法律上利益，如僅屬經濟上受有不利益，尚不能主張有訴訟參加的權能。又該損害如係間接而非直接損害，由文義觀察並不包括在內。行政訴訟法第42條獨立參加所定第三人之權利或法律利益所受損害，雖未明文限於直接損害，但實務見解亦認如被告敗訴結果，對第三人之權利或法律上利益，不致發生直接損害時，即不屬該條項所規定命獨立參加之範圍。若就原處分僅具間接之法律上利害關係，不致因原處分訴訟結果被撤銷而使其權利或法律上利益直接受到損害，並不符行政訴訟法第42條第1項命獨立參加之第三人之要件[60]。本條係將上述實務有關獨立參加，第三人權利或法律上利益所受之損害限於直接損害之法律見解，援引加以明文規定。

依本條訴訟參加係準用行政訴訟法第42條第2項、第43條、第45條及第47條規定。於準用行政訴訟法第42條第2項規定時，依該條項規定，又再準用同法第39條第3款規定。故都市計畫審查程序依行政訴訟法第237條之23第1項規定，參加人參加訴訟程序，依同條第3項規定成為訴訟當事人，於生有訴訟當然停止或裁定停止之原因者，其當然停止或裁定停止之效力及於全體。至於行政訴訟法第39條第1款、第2款規定，並不在準用範圍。

另都市計畫審查程序依本條規定訴訟參加，因準用行政訴訟法第42條第2項後段規定，參加人並得提出獨立之攻擊或防禦方法。參加人因參加訴訟取得訴訟當事人之地位而具有訴訟實施權，其基於參加人之法律地位，為維護其法律上利益，係獨立於原、被告之當事人之外，其所為獨立之攻擊或防禦方法可替換地支持或對抗任一當事人[61]。亦即基於維護參加人自己之法律上利益，其可在訴訟程序中變換原所支持或對抗任何當事人的立場，並不限於訴訟程序中自始至終僅能支持或對抗特定之一造。其亦可不特定支持或對抗任一造之當事人，而僅就自己法律利益之維護而為獨立之攻擊或防禦方法之主張。但一般而言，訴訟參加人的法律上利益會與原告或被告之一造相同，而與該造立場一致[62]。

都市計畫審查程序獨立參加準用行政訴訟法第43條參加訴訟之程序，第三人聲請參加訴訟，應參照該條第1項規定，於書狀表明該項各款事項，向本訴訟繫屬之行政法院提出參加書狀。行政法院認該聲請不合行政訴訟法第237條之23第1項規定

---

[59] 參見行政訴訟法第237條之23立法理由第2點。

[60] 最高行政法院106年度判字第428號、107年度判字第489號、第505號、第560號判決參見。

[61] 參見陳敏等譯，前揭書，頁659。

[62] 同前註。

者，應以裁定駁回之。就該駁回之裁定，得為抗告。而駁回參加之裁定未確定前，參加人得為訴訟行為。行政法院為命裁定獨立參加都市計畫審查程序前，應命當事人或第三人以書狀或言詞為陳述，俾能瞭解參加訴訟是否合於要件。行政法院若未先命當事人或第三人以書狀或言詞為陳述即裁定逕命參加訴訟，該裁定尚非無效。對於命參加訴訟之裁定，參照行政訴訟法第45條第3項規定，不得聲明不服。但參加人究為獨立參加或輔助參加，關係其等訴訟上及實體法上之權益甚鉅，參加人可否獨立提起上訴，行政法院仍應就參加人與原告、被告間之關係為審酌[63]。行政法院就輔助參加聲請，誤認係依行政訴訟法第42條第1項之規定為聲請，而裁定獨立參加，上級審法院並不因原審法院所命參加訴訟之裁定，因不得聲明不服即受拘束[64]。上述見解應亦可於都市審查程序行參加訴訟時加以參照。

　　獨立參加人依同法第237條之23第3項規定亦為訴訟當事人，都市計畫審查程序經行政法院裁定第三人獨立參加後，無論該第三人實際有無參與訴訟程序，均為判決效力所及。故原告請求宣告違法之都市計畫無效，經法院認為無理由而駁回者，由於駁回訴訟效力僅及訴訟當事人間，而發生相對之效力。對於其他第三人於法定期間內，基於該第三人本身權利或法律上利益受直接損害而提起之都市計畫審查程序，並不生影響。至於高等行政法院原原告請求宣告無效之都市計畫違法者，應宣告該都市計畫無效，該確定判決，依行政訴訟法第237條之28第4項規定，對第三人亦有效力，亦即有對世效力。此對世效力，不限當事人間之相對效力，係都市計畫審查程序之特別規定。行政訴訟法第47條規定之判決相對效，於都市計畫違法經法院宣告都市計畫無效情形尚無準用。

　　由於都市計畫審查程序經宣告都市計畫違法而無效，具有對世效力，並不問利害關係第三人實際是否曾參與訴訟程序。該對世效力，係基於都市計畫審查程序經由判決之理由宣告都市計畫違法無效，而於判決理由實現其維護客觀法秩序目的。都市計畫審查程序的合法性要件，引入第三人作為主觀權利保障程序的要素，制度上功能主要在於排除公益訴訟，並合理地特定可能受都市計畫審查程序影響的聲請人範圍，以開啟都市計畫審查程序。至於實現第三人主觀權利，尚非都市計畫審查程序的目的[65]。因此，如都市計畫經行政法院宣告無效、失效或違法，因權利或法律上利益受直接損害之第三人，縱未經法院依職權或依聲請裁定參加訴訟程序，該等第三人亦不能依行政訴訟法第284條規定聲請重新審理。

　　依行政訴訟法第42條參加訴訟之人，為訴訟當事人（行政訴訟法§23參照），但

63　參見最高行政法院101年度判字第940號、103年度判字第83號判決。
64　參見最高行政法院100年度裁字第2845號裁定、判字第2093號判決。
65　參見陳軍志，前揭書，頁265。

其並無共同訴訟人的地位，不得爲有異於原、被告當事人之獨立聲明[66]。獨立參加人得於原、被告兩造聲明之範圍內，提出實體上之聲明，例如聲明上訴或提起再審。而程序上之聲明，則不受兩造聲明之限制，獨立參加人可聲明不同於兩造之證據方法。但如涉及訴訟標的的處分事項，例如兩造達成訴訟上之和解，則參加人請求訴訟救濟之訴訟客體已不存在，參加人如仍堅持上訴，其聲明上訴即非合法[67]。都市計畫審查程序之獨立參加人依行政訴訟法第237條之23第3項規定，亦爲訴訟當事人。基於其獨立參加都市計畫審查程後之訴訟當事人地位，就上述議題於都市計畫審查程序處理時，似亦應可參照而持相同看法。

第237條之24（利害關係人輔助參加）
都市計畫審查程序事件，高等行政法院認為具利害關係之第三人有輔助一造之必要者，得命其參加訴訟。有利害關係之第三人亦得聲請參加。
前項情形，準用民事訴訟法第五十九條至第六十一條及第六十三條至第六十七條之規定。

❖立法目的❖

都市計畫審查程序除因都市計畫如宣告無效、失效或違法，第三人之權利或法律上利益將直接受損害者，得依行政訴訟法第237條之23規定參加訴訟外，其他有利害關係之第三人，如何依其受影響程度給予程序參與及聽審的保障。本法採取以輔助參加方式使利害關係人得參與訴訟程序，至於陳述意見則於機關參與訴訟程序規定之。利害關係人不同程度的參與都市計畫審查程序，雖同時具有兼顧第三人聽審權益意涵，但其並非正當化都市計畫判決效力擴張及任何一般人制度上所必要。都市計畫審查程序使具有利害關係人參與訴訟程序，目的主要仍在使法院更瞭解都市計畫所涉之利益狀態，於判決前得爲更周延之思慮，以符客觀訴訟之性質。

❖內容解析❖

本條就都市計畫審查程序規定得輔助參加者，爲具有利害關係之第三人。此利害關係法律雖未明定爲法律上之利害關係，但解釋上仍係指法律上利害關係，不包括事實上或經濟上之利害關係。而法律上的間接利害關係，仍屬具有利害關係之人，此之

---

[66]　參見張瓊文，行政訴訟參加之研究，司法院88年度研究發展項目研究報告，1999年5月，頁91。
[67]　張瓊文，前揭書，頁51。

利害關係應不以有法律上直接利害關係者爲限[68]。

依本條參加都市計畫審查程序訴訟之方式，係由行政法院認有必要時，裁定命具利害關係之第三人輔助參加，有利害關係之第三人亦得自行聲請參加。但行政訴訟法第44條所定由行政法院依職權或依聲請裁定行政機關輔助參加方式，於本條均無相同規定。則都市計畫審查程序是否有意排除裁定行政機關的輔助參加方式，不無疑義。若參照本條立法理由的條文說明，該具利害關係之第三人包括機關代表國家或地方政府權利主體地位，立於與人民同一之地位而受都市計畫影響之情形。則行政機關如係代表國家或地方政府權利主體地位，立於與人民同一之地位而有受都市計畫影響之法律上利害關係，應亦得依本條規定輔助參加。但行政機關如非係立於與人民同一之地位而受都市計畫影響之情形，行政訴訟法第237條之25則另有規定機關到場陳述意見之參與審查程序之方式，是有意不同於行政訴訟法第44條輔助參加的法制設計。

第三人經行政法院依職權裁定輔助參加或自行聲請參加，依本條第2項規定，準用民事訴訟法第59條至第61條及第63條至第67條之規定。該規定與行政訴訟法第48條規定，於同法第44條有關參加訴訟準用民事訴訟法的立法體例相同，其準用條文亦相同。故輔助參加人之程序、權限，輔助參加判決之效力、輔助參加人之承當訴訟，以及告知參加部分，本書就行政訴訟法第48條準用民事訴訟法上開條文部分之說明，均可參照。惟其準用，則仍應考量前述都市計畫審查程序之特徵。

都市計畫審查程序輔助參加者，如與原告立場相同而輔助參加原告。因輔助參加人之權限，不得爲不利於其所輔助當事人之行爲，權限相對受限。因此，如係主張都市計畫宣告無效、失效或違法，而有權利或法律上利益將直接受損害之第三人，依行政訴訟法第237條之18自行起訴，可具有原告有關訴訟標的行使權限，如捨棄或訴訟上和解等權限。但如以輔助參加人地位參加他人爲原告所提起都市計畫審查程序，則不得爲不利於其所輔助當事人之行爲。而於輔助參加訴訟後，其後該他人所提起都市計畫審查程序，如訴訟經法院駁回，輔助參加人依本條準用民事訴訟法第63條規定，發生參加效力，對於所輔助之當事人，除有同條但書規定之例外情形外，不得主張本訴訟之裁判不當。二種程序選擇的不同，其在訴訟程序法律地位亦有差別。至於就都市計畫宣告無效、失效或違法，僅具有間接之法律上利害關係者，參照實務有關間接利害關係人僅得輔助參加，而不得獨立參加之見解[69]，解釋上該等間接利害關係人應亦不能依行政訴訟法第237條之18自行起訴。

---

[68] 僅有間接之法律上利害關係，得依行政訴訟法第44條規定輔助參加訴訟，但不符行政訴訟法第42條第1項命獨立參加之要件，參見前揭註43。

[69] 參見最高行政法院106年度裁字第1672號裁定。

第237條之25（行政機關之陳述意見）

高等行政法院審理都市計畫審查程序事件，應依職權通知都市計畫之擬定機關及發布機關於期日到場陳述意見，並得通知權限受都市計畫影響之行政機關於期日到場陳述意見。權限受都市計畫影響之行政機關亦得聲請於期日到場陳述意見。

❖立法目的❖

依行政訴訟法第237條之18規定，都市計畫審查程序，係以核定都市計畫之行政機關為被告，逕向管轄之高等行政法院提起訴訟，請求宣告該都市計畫無效。至於都市計畫之擬定機關與發布機關，對該都市計畫之內容與作成經過，知之最詳。該二機關於都市審查程序如何參與訴訟程序，行政訴訟法採取應依職權通知，由其到庭陳述意見方式參與訴訟程序，目的在能適時提供充足資訊，協助法院作成正確判決。

德國行政法院法第47條第2項第三句對因所審查法規而影響其權限之邦及其他公法人，規定於指定期間內，得給予陳述意見之機會，並非採取以訴訟參加方式參與程序。本法就都市計畫之擬定機關與發布機關參與訴訟方式，亦不採取訴訟參加方式，而採取應依職權通知由其到庭陳述意見方式。與德國立法就機關參與程序部分，不採取訴訟參加而以陳述意見方式，二者相同。但本條就該參與法院是應依職權通知，而非得依職權通知。至於除都市計畫之擬定機關與發布機關以外之其他權限受都市計畫影響之行政機關，本法規定得依職權或依聲請於期日使其到場陳述意見，此部分立法方式則與德國立法例相似。

❖內容解析❖

都市計畫審查程序機關的訴訟參與方式，行政訴訟法第237條之25就計畫之擬定機關及發布機關規定，行政法院應依職權通知，於期日到庭陳述意見，而非可由法院依其裁量決定是否通知擬定機關或發布機關到庭陳述意見，以強化行政法院有依職權聽取擬定機關及發布機關對系爭都市計畫意見的義務。訴訟參加適於第三人參與有利害關係之主觀訴訟，就都市審查程序具有客觀訴訟性質，與行政機關相關法規之宣告無效或失效，使其以訴訟參加方式參與審查程序，有訴訟屬性上不契合。行政訴訟法就擬定機關及發布機關參與程序不採取訴訟參加方式，故擬定機關及發布機關尚不能依行政訴訟法第237條之24規定，由行政法院命其參加訴訟，或聲請參加訴訟。但如該等機關有代表國家或地方政府權利主體地位，立於與人民同一之地位，而合於行政訴訟法第237條之24規定參加訴訟之要件之情形，解釋上應仍可依法參加訴訟。

由於以訴訟參加方式參與訴訟程序，獨立參加時得提出獨立攻擊防禦方法，並

可替換地支持或對抗任一當事人；如係輔助參加，其行爲於不牴觸所輔助當事人之行爲，得按參加時之訴訟程度，輔助當事人爲一切訴訟行爲，二者均具有一定訴訟法上地位。行政訴訟法基於參探德國立法例，不規定以訴訟參加方式參與訴訟程序。對擬定機關及發布機關所生的影響，是無法對系爭都市計畫以訴訟參加方式，爲機關權益提出攻防之主張。但其到場所陳述之意見，均係於行政法院就都市計畫審查程序審理時，所獲得之相關資訊，仍得由法院基於職權參酌。因此，無論是否牴觸當事人主張，行政法院均可本於職權審酌，並不生牴觸當事人之行爲不生效力問題。

至於其他權限受都市計畫影響之行政機關，如該機關係基於立於與人民同一之地位而受都市計畫影響之情形，於符合行政訴訟法第237條之18規定，得依法起訴。亦得於符合行政訴訟法第237條之23或第237條之24規定時，分別獨立參加或輔助參加。但該機關如非立於與人民同一之地位而有受都市計畫影響，而係基於機關權限職責關係受都市計畫發布影響者，行政訴訟法參酌德國行政法院法第47條第2項，於第237條之25規定，行政法院得通知權限受都市計畫影響之行政機關於期日到場陳述意見。權限受都市計畫影響之行政機關亦得聲請於期日到場陳述意見。本條所定機關聽審程序，係在希望藉由權限受都市計畫影響機關的程序參與，使法院於審查都市計畫合法性時，尤其於審查其有無裁量瑕疵或利益衡量瑕疵時，瞭解各方權益受影響之情形。因此，是否有助於釐清都市計畫基礎事實，而有必要聽取各該權限受影響機關之意見，仍賦予法院審酌裁量之權限。與都市計畫之擬定機關及發布機關聽審，側重有聽取擬定機關及發布機關對系爭都市計畫意見的義務，行政法院是應依職權通知，使其等到場陳述意見，二者顯有不同。

行政訴訟法第237條之25既參探德國行政法院法第47條第2項規定，特別明定就權限受都市計畫影響之行政機關，以於期日到場陳述意見方式參與訴訟程序，立法上是有意排除該等行政機關以訴訟參加方式參與訴訟程序[70]。因此，解釋上不宜依行政訴訟法第42條或第44條規定，命該等機關參加訴訟[71]。都市計畫審查程序基於客觀訴訟性質，就具法規性質都市計畫無效或失效所涉及各方意見觀點應予瞭解與觀照，爲周延法院客觀法秩序效力審查的正確判斷，應可從寬解釋，於有聽審之必要時，法院得依其職權通知相關法人或團體到場陳述意見。但此一從寬解釋，尚非表示該等相關法人或團體具有聲請到場陳述意見之聽審聲請權[72]。

---

[70] 行政訴訟規範審查制度研究修正委員會第6次、第13次會議紀錄參見。
[71] 最高行政法院111年度抗字第281號裁定表示，該等機關之陳述意見非爲輔助一造，亦不得輔助一造。
[72] 陳敏等譯，前揭書，頁503。

第237條之26（裁定停止訴訟程序）

都市計畫審查程序事件已經訴訟繫屬尚未終結，同一都市計畫經聲請憲法法庭判決宣告違憲者，高等行政法院在憲法法庭審理程序終結前，得以裁定停止訴訟程序。

❖立法說明❖

具法規性質之都市計畫，亦有可能成為司法院大法官違憲審查的對象。依本法都市計畫審查程序規定，請求高等行政法院宣告都市計畫無效，係由高等行政法院直接以都市計畫為對象，審查其是否違法。都市計畫牴觸上位規範為違法。因此高等行政法院之審查，自包含都市計畫有無違憲之審查。惟若高等行政法院審查中之同一都市計畫，另經聲請司法院大法官作違憲審查中，即發生競合之情形。因此本條參酌德國行政法院法第47條第4項：「法規繫屬憲法法院而進行效力有無之審查時，高等行政法院得命於憲法法院程序終結前，停止審理」，規定高等行政法院在大法官解釋程序終結前，得以裁定停止訴訟程序。嗣配合111年1月4日施行的憲法訴訟法，修正成現行用語。

❖內容解析❖

本條之適用，限於同一都市計畫經依本法第二編第五章之都市計畫審查程序所提起之訴訟，亦即是以都市計畫作為訴訟對象，直接審查其合法性之訴訟，而不及於都市計畫之合法性僅是訴訟有無理由之先決問題，間接審查其合法性所提起之訴訟。又本條係以同一都市計畫同時成為高等行政法院都市計畫審查程序與憲法法庭法規範憲法審查程序的對象為要件，至於都市計畫審查程序的當事人與開啟司法院違憲審查程序者，是否為相同當事人，則在所不問[73]。

本條規定「得」以裁定停止訴訟程序，係賦予高等行政法院裁量權限，基於合目的性，裁量決定是否停止訴訟程序[74]。考量因素主要是訴訟經濟[75]，例如高等行政法院程序進行較快，事件已達於可為裁判程度，或爭議之都市計畫明顯違法，可立即宣告其無效，高等行政法院得決定繼續訴訟程序，而不裁定停止此都市計畫審查之訴訟程序。

---

[73] Vgl. Kopp/Schenke, VwGO, 24. Aufl., 2018, §47, Rn. 109; Albedyll in Bade, VwGO, 6.A., §47, Rn. 106.

[74] Vgl. Sodan/Ziekow, Verwaltugsgerichtsordung, 4. Aufl., 2014, §47, Rn. 340.

[75] Vgl. Albedyll in Bade, VwGO, 6.A., §47, Rn. 106; Redeker/v.Oertzen, Verwaltugsgerichtsordung, 15. Aufl., 2010, §47, Rn. 41; Eyermann, Verwaltugsgerichtsordung, 15. Aufl., 2019, §47, Rn. 98 (Hoppe).

本條立法理由載：「……且有裁判歧異之疑慮，自應設法避免。茲以尊重司法院大法官解釋憲法之職權，乃以其違憲審查程序優先為原則。惟行政法院如認為已可為裁判者，亦當容許行政法院不待司法院大法官解釋而為裁判。」據此立法理由，是否高等行政法院原則上應裁定停止都市計畫審查之訴訟程序？德國有論者指出，高等行政法院在行使其行政法院法第47條之裁量權時，另一考量因素是「憲法審判權之補充性」（Subsidiarität der Verfassungsgerichtsbarkeit），高等行政法院不少自行為本案判決，讓當事人有提起憲法訴願（Verfassungsbeschwerde）之可能[76]。在高等行政法院判決宣告建設法規無效後，因判決具有一般效力，憲法法院之規範審查程序即失其審查對象[77]。因此，我國法解釋適用本條時，高等行政法院是否要「尊重大法官解釋憲法之職權，以其違憲審查程序優先為原則」，而原則上以裁定停止都市計畫審查訴訟程序，不無疑問。

第237條之27（都市計畫未違法之判決）
高等行政法院認都市計畫未違法者，應以判決駁回原告之訴。都市計畫僅違反作成之程序規定，而已於第一審言詞辯論終結前合法補正者，亦同。

❖立法目的❖

新增之都市計畫審查程序採原告與被告兩造對審的方式進行，當高等行政法院對於原告合法請求宣告無效之都市計畫進行實體審查後，如認定系爭都市計畫未違法時，如同通常訴訟事件之裁判方式，高等行政法院應以判決駁回原告之訴。然而都市計畫法關於主要計畫或細部計畫之擬定或變更，定有相關擬定、公開展覽、審議、層報核定及發布實施之程序規定（參見都市計畫法§18、§19、§20、§21、§28），如系爭都市計畫之違法僅係違反相關程序規定，且得補正，而實體內容並未違法時，被告機關依第237條之21第2項第1款規定，於第一審言詞辯論終結前補正程序瑕疵，且未變更都市計畫之實體內容者，應將補正情形陳報審理之高等行政法院，高等行政法院亦應以判決駁回原告之訴。亦即無須單純因系爭都市計畫作成之程序瑕疵而宣告其為無效，此不僅符合訴訟經濟之考量，亦有助於維持法律關係之安定。

---

[76] Vgl. Gerhardt/Bier, in: Schoch/Schneider/Bier, VwGO, §47, Rn. 86.
[77] Vgl. Sodan/Ziekow, Verwaltugsgerichtsordung, 4. Aufl., 2014, §47, Rn. 343.

❖內容解析❖

一、司法審查及裁判之範圍—都市計畫之可分性判斷

　　都市計畫審查程序，本質上為特殊之確認訴訟，目的為請求高等行政法院確認具有法規性質之都市計畫為無效，性質為客觀訴訟，但亦兼具有主觀訴訟的功能。本條規定涉及高等行政法院對於系爭都市計畫實體審查後，認定都市計畫未違法時之判決方式。都市計畫審查程序本質上既具有客觀訴訟之性質，高等行政法院進行實體審查時，即應著眼於法秩序維護之客觀功能，而非原告權益之損害。高等行政法院之審查範圍，並不完全受原告訴之聲明的拘束[78]，如原告僅對於都市計畫之一部請求為無效之宣告，則高等行政法院審查之範圍是否及於都市計畫之全部，則須視都市計畫是否具有可分性而定。反之，如原告請求宣告對於都市計畫全部無效，惟其權利或法律上利益可能僅因都市計畫之一部而受損害，則高等行政法院審查之範圍是否仍及於都市計畫全部，亦應視都市計畫是否具有可分性。

　　參照德國行政法院法第47條法規審查程序之審查範圍，如法規審查程序之聲請人僅對於法規之部分提出審查之聲請，行政法院原則上應全面審查法規之效力。依德國聯邦行政法院的見解，行政法院進行實體審查時，首重法規審查程序作為規範審查之客觀功能，而說明違法情事對於法規造成的影響及效力，並非聲請人的責任，尤其是客觀上並無法要求聲請人理解空間計畫的整體概念，進而判斷個別內容的關聯性及客觀可分性，並假設規劃者的規劃理念與意志[79]，因此原則上具法規性質的空間計畫並不具可分性，行政法院審查範圍不受到聲請人聲請範圍之拘束，而應審查其整體的有效性[80]。僅於例外情形可明確認為法規內容具有可分性時，行政法院之審查範圍始限於聲請之部分。而都市計畫具有法規性質，至於特定都市計畫的個別內容是否具有可分性，參酌民法第111條規定：「法律行為之一部分無效者，全部皆為無效。但除去該部分亦可成立者，則其他部分，仍為有效」之法理，在原告僅對於都市計畫之一部提起爭訟的情形，須假設被告機關主觀上在除去該部分後，仍有發布實施都市計畫之意願，客觀上可認為其餘部分仍具有規劃之必要，始得認定該都市計畫具有可分性[81]。至於被告機關是否仍有核定都市計畫其餘部分之意願，高等行政法院須對於個案情形進行較深入觀察[82]。

---

[78] 立法院公報，第108卷，第103期，院會紀錄，頁80。

[79] BVerwG, NVwZ 2008, S. 900.

[80] Hoppe, in: Eyermann, Verwaltungsgerichtsordnung, 15. Aufl., 2019, §47 Rn. 85.

[81] 參見BVerwGE 82, 225 (230) = NVwZ 1990, S. 159; NVwZ 1992, S. 567；另參見第237條之28「二、司法審查及裁判之範圍」的說明。

[82] 最高行政法院106年度判字第1345號判決認為：「關於都市計畫涉及高度專業判斷，其擬定、核定計畫具有相當寬廣之計畫形成自由，得據以從事計畫裁量。且都市計畫具有整體性，其任何

　　另外須特別說明者，高等行政法院審查之都市計畫，限於原告請求宣告無效之都市計畫，不及於後續執行該都市計畫之其他行為，如核發建築執照或作成徵收處分等，亦不及於先前業經變更確定之計畫內容。此外，如對於一區域已公告數都市計畫，而高等行政法院基於訴訟繫屬而僅對於其中一都市計畫進行審查，即使系爭都市計畫與其他都市計畫具有實質內容之關聯（例如屬於同一興辦事業開發計畫的部分範圍），然因其他都市計畫性質上為另一法規，且未經原告起訴，高等行政法院並不得將其他都市計畫列入審查之標的。如欲對於其他都市計畫進行實體審查並作成裁判，仍須另行提起訴訟，且其起訴必須符合合法性之要件[83]。

二、司法審查之密度

(一)都市計畫核定機關之計畫形成自由

　　與傳統法律規範相較，計畫法在規範內容及法規適用上有很大的差異。一般法律規範屬於條件性規範，完整的法律規範包括構成要件及法律效果，法律的適用則是三段論證的模式，著重於個案中在特定問題上出現的法令解釋與適用問題。反之，計畫法的規定則是目標性規範，立法者所規範的是綱領性、目標性的規定，為規劃者設定進行規劃時應遵循的目標、原則及指導方針。計畫規劃者在進行規劃行為時必須將立法者所預設的目標及利益納入審酌，並透過一定的程序進行各種利益的協調，以確保規劃行為的理性，而基於規劃行為形成的計畫實質內容，則不屬於法規直接規制的對象，因此，計畫規劃者依其專業對於計畫內容享有相當的自由。進一步言之，如涉及行政機關所為的規劃行為，在依法行政原則的拘束及法律授權的範圍內，行政機關對於規劃內容享有一定的自由形成空間。在都市計畫領域中，行政機關於法律規定的目標及指導原則框架下，對於現狀進行調查及說明、訂定都市計畫所欲追求之目標，並詳細建構為達都市計畫目標所採行的必要措施，調查分析可能受到計畫影響的各方不同利益，使其依都市計畫內容達成協調的狀態。行政機關對於未來所為之預測規劃而形成土地使用的都市計畫內容，實現立法者透過目標性規範所確定的目標及指引原則，享有相當程度的形成自由空間，此即計畫形成自由（亦有稱之為計畫裁量）。

　　都市計畫為對於都市土地使用的規劃，不僅擬定或變更都市計畫之地方自治團體對於都市計畫之內容享有計畫形成自由，作為被告之都市計畫核定機關於核定時，對於原計畫內容進行審查，並得於必要時變更原計畫以避免計畫有違法之瑕疵，並且以其決定對於都市計畫之核定對外負責。因此，核定機關亦享有一定程度之計畫形成空

　　一部與計畫整體間具有不可分之關係。」此見解概括認定都市計畫之一部與計畫整體必然具有不可分關係，實過於率斷，行政法院仍應依個案情形認定都市計畫是否具備可分性。

[83] BVerwG, NVwZ 2000, S. 816.

間[84]。且依德國聯邦行政法院之見解，即使擬定機關與核定機關相同，只要在機關內部之組織及人事上，對於此二領域職務之履行有明確分工，並無法律上之疑慮[85]。都市計畫審查程序之被告機關既爲核定都市計畫之機關，高等行政法院所審查者，即爲核定機關對於都市計畫作成核定決定時，其計畫形成自由之行使是否違法。

(二)計畫形成自由之法律界限

在法治國原則權力分立的架構下，行政機關的行爲原則上應受到司法機關的監督，都市計畫亦不應有例外。特別是都市計畫對於人民財產權之利用有重大影響，因此行政機關於都市計畫中行使計畫形成自由，應受到法治國原則之拘束，並受到司法權之監督。只是對於都市計畫的司法監督，高等行政法院無法回溯檢視都市計畫核定機關爲核定時的特定思考及理念，而僅能以事後審查的角度，對於核定機關爲作成核定決定而進行利益衡量時，就調查事實、評估各方利益可能受到的影響、對於各方利益重要性所爲之評價，及最後採取計畫方案內容的意思決定，審查核定機關於個案中之計畫形成自由的行使是否逾越立法者授權的界限，及是否符合立法者之授權方式。

計畫形成自由之法律界限，可分爲形式限制及實質限制，而此亦與司法機關之審查密度有關。計畫形成自由之行使應遵守強制之程序規定，爲其形式限制。此外，計畫形成自由應具備計畫正當性基礎之必要性、符合上位計畫與先前程序所爲決定之內容、遵守實體法上之禁止或誡命規定與不成文法精神，及遵守利益衡量原則，爲其實質限制。除是否遵守利益衡量原則受到司法機關有限度之合法性審查外，其餘事項皆由高等行政法院進行全面的合法性審查[86]。最高行政法院109年度上字第684號判決中，即明確區分司法機關應全面進行合法性審查之事項及爲有限度審查之利益衡量瑕疵態樣，相關見解應予肯定。

(三)受司法機關全面合法性審查之事項

計畫形成自由須受司法機關全面合法性審查者，包括計畫形成自由之行使是否遵守強制之程序規定、是否具備計畫正當性基礎之必要性、是否符合上位計畫與其他先行程序決定之內容，及是否遵守法令之強制規定。

都市計畫法規定之強制程序規定，包括第18條、第19條、第20條及第21條關於審議、公開展覽、層報核定及發布實施等（同法第28條另有準用規定）。

---

[84] Riese, in: Schoch/Schneider, Verwaltungsrecht, Band VwGO, Werkstand: 43. EL, August 2022, §114, Rn. 186.

[85] BVerwG, NJW 2010, S. 45.

[86] 關於都市計畫之計畫形成自由及其司法審查，參見傅玲靜，都市計畫之計畫形成自由及其司法審查密度—以德國法制爲觀察比較之對象，興大法學27期，2020年5月，頁1-60。

鑑於都市計畫及因受計畫影響之個人財產權之間的關係，都市計畫必須有正當性基礎。如於都市計畫法令中定有設定目標的規範，原則上只要計畫內容所採行之措施爲合理所需者，即可認爲具備必要性，無須達到不可避免的程度[87]。因此，只有在行政機關之計畫形成自由有重大明顯錯誤的情形下，都市計畫始不具正當性基礎而爲違法[88]。換言之，司法機關對於都市計畫之正當性僅爲概括之審查，以避免行政法院過早介入審查行政機關對於土地利用之規劃。此部分的審查，係爲確定都市計畫內容限制人民權利以達到特定公益之目的正當性，至於人民權利所受之限制是否符合過度，則須進一步審查有無後述之利益衡量瑕疵。因此如高等行政法院對於都市計畫之個案變更，在個案中僅審查是否符合系爭都市計畫法第27條第1項所列之要件，卻未進一步審查其內容是否有利益衡量瑕疵，則行政法院僅審查了系爭都市計畫變更之正當性，卻未審查其實質內容是否有利益衡量瑕疵，則判決見解應屬違法。

規範土地使用之計畫法（德國法制稱之爲空間計畫法），具有上位計畫指導下位計畫、下位計畫具體化上位計畫的特性。都市計畫內容不得違反已發布之上位計畫，而上位計畫可能爲法定計畫[89]，亦可能爲非法定計畫[90]。此外，特別於都市計畫依都市計畫法第27條第1項第4款規定爲配合重大設施而進行個案變更，如已就該重大設施之開發有先行程序並作成具有法定拘束力之決定時，都市計畫內容亦不得違反，就此部分高等行政法院亦應予以審查。

最後，都市計畫內容應遵守者，不限於都市計畫法本身之實體規定，尚包括其他法令之實體規定。司法機關亦須全面審查都市計畫是否遵守都市計畫法或其他法令所規範之強制性實體禁止及誡命規定。都市計畫具備法規之性質，應受不成文之一般基本原則之拘束，亦屬當然。

(四)受司法機關有限度合法性審查之事項—利益衡量原則及利益衡量瑕疵

計畫形成自由的行使，最重要的就是進行利益衡量，以形塑具體的計畫內容。所謂利益衡量，係指行政機關於擬定或核定計畫時，應權衡可能受到計畫影響的各方不同公益和私益，而使各種利益於計畫內容中處於協調的狀態[91]。只是由司法審查的角度，立法者對於行政機關進行之利益衡量，可分爲後設性（後驗性）利益衡量[92]

---

87 此爲德國聯邦行政法院之固定見解，參見BVerwGE 125, 116 = BeckRS 2006, 23694 Rn. 182。

88 BVerwGE 38, 152 (157) = NJW 1971, S. 1627；無必要之計畫，係指缺乏積極規劃策略之計畫，或欲達成之規劃目標爲法規所定計畫中無法涵蓋者；參見BVerwG, ZfBR 2002, S. 796。

89 例如全國國土計畫（國土計畫法第9條）、直轄市、縣（市）國土計畫（國土計畫法第10條）、區域計畫（區域計畫法第5條）、整體海岸管理計畫（海岸管理法第8條）。

90 例如2010年2月22日行政院核定之國土空間發展策略計畫。

91 BVerwGE 48, 56 (59).

92 後設性（後驗性）利益衡量係指在立法者已對於利益衡量有預設規定的情形下，且通常是公益

及計畫性利益衡量，都市計畫領域涉及計畫性利益衡量，徵收處分則涉及後設性（後驗性）利益衡量[93]，二者有別，不得不察[94]。行政機關基於其計畫形成自由而對於都市計畫內容進行利益衡量時，應使計畫內容對於人民財產權之權益及公共利益的影響處於合理平衡之關係，因此利益衡量原則要求計畫內容應符合彈性及個案合理性之利益衡平關係。依此，最重要者即應考量財產權保障、禁止恣意原則及合比例性之要求[95]，德國建設法（BauGB）第1條第7項規定「應就公益及私益彼此相互間為適當權衡」，此即為利益衡量原則之明文規定，為計畫形成自由之內在界限。德國聯邦行政法院承認利益衡量原則為法治國原則下在計畫法領域比例原則之具體化，甚至於相關計畫法無須有明文規定[96]。因此即使立法者並未於都市計畫法中對於利益衡量原則有明文的規定，基於比例原則的要求，都市計畫仍應受到利益衡量原則之拘束。

　　至於都市計畫內容是否符合利益衡量原則，應受司法機關之審查。而高等行政法院對於都市計畫僅得為有限度之司法審查，亦即審查都市計畫之利益衡量是否有利益衡量瑕疵，包括以下四種態樣：1.未為衡量或衡量怠惰，即行政機關根本未進行利益衡量；2.於調查、彙整階段之衡量不足，即行政機關依據個案中的事實，未將與計畫有關的利益納入衡量；3.於評價階段之衡量錯估，即行政機關對於相關利益之重要性在評價上有誤，過度重視或輕忽特定利益；4.於利益調和與決定階段之衡量不合比例，即行政機關對於相關利益在最後階段進行調和時，對於個別利益之衡量在客觀重要性上顯不相當。

三、判決之內容

(一)判決駁回原告之訴

　　高等行政法院對於原告合法提起之都市計畫審查訴訟，如經審查，認定系爭都市計畫並無違反強制之程序規定、已具備計畫正當性基礎之必要性、符合上位計畫與其他先行程序決定之內容、遵守法令之實體強制規定，且無利益衡量瑕疵者，即應判決

之優越性，行政機關於個案中須對於公益之不確定法律概念進行解釋，並視個案情節對於涉及之公益及私益進行評價，經過衡量後確定彼此間關係，進而作成決定。行政機關於個案中對於法律之解釋及適用，須受到司法機關全面之合法性審查。此種情形，於行政法規中常見「基於公益」、「必要時」等不確定法律概念之規定。

[93] 基於公益考量及作為最小侵害手段之徵收處分，主管機關之利益衡量屬於後設性（後驗性）利益衡量（參見土地徵收條例第3條、第13條第2項）。

[94] 關於後設性（後驗性）與計畫性利益衡量的差別，參見傅玲靜，利益衡量、計畫形成自由及利益衡量原則—評最高行政法院108年度上字第626號判決（芝山岩周邊景觀管制規定計畫案），裁判時報119期，2022年5月，頁18-19。

[95] BVerfG, NJW 2003, S.727 (727-728).

[96] BVerwGE 41, 67；其官方裁判要旨第1點即強調，法治國中之規劃，以對於受規劃影響之公益及私益為合理衡量為前提，而與建設法之規定無涉；BVerwGE 59, 253 (258) = NJW 1980, 2368.

駁回原告之訴。此判決僅須依第204條第4項規定為公告，及依第210條規定送達當事人，無須由原發布機關依都市計畫發布方式公告判決主文（參見§237-29Ⅰ）。

須進一步討論者，為原告起訴爭訟之範圍及系爭都市計畫可分性的關係。第一種情形，為系爭都市計畫具有不可分性，則不論原告對於該都市計畫之全部或一部提起爭訟，高等行政法院審理之範圍為系爭都市計畫全部。如審理結果為認定系爭都市計畫未違法者，即應判決駁回原告之訴。第二種情形，原告對於系爭都市計畫之全部或影響其權利之一部提起爭訟，而該都市計畫具有可分性，如高等行政法院審查系爭都市計畫並無違法情事，即應判決駁回原告之訴。第三種情形，為系爭都市計畫具有可分性，而原告對於該都市計畫未影響其權利之部分提起爭訟，高等行政法院審理之範圍為系爭都市計畫之該部分。依德國聯邦行政法院之見解，於原告亦可認知系爭都市計畫之可分性及可獨立存在部分的情形下[97]，原告已為過於廣泛之請求，此時應認定原告欠缺權利保護之利益，高等行政法院亦應判決駁回原告之訴（§107Ⅲ①）[98]。

(二)都市計畫程序違法之補正

如系爭都市計畫違反強制之程序規定，都市計畫有程序違法之瑕疵，但其實體內容並未違法，依第237條之21第2項第1款規定，於該程序瑕疵得補正的情形下，被告機關得於收受起訴狀繕本二個月內，補正程序瑕疵，並陳報審理之高等行政法院。如其於第一審言詞辯論終結前為陳報，高等行政法院基於訴訟經濟及法律安定之考量，亦應駁回原告之訴。

程序瑕疵包括違反都市計畫法關於都市計畫擬定、公開展覽、審議、核定或發布實施等相關程序規定（都市計畫法§18、§19、§20、§21、§28），被告應視程序瑕疵係發生於擬定或核定階段，命擬定機關補正或自行補正。至於是否有性質上不得補正之程序瑕疵，值得進一步思考者為都市計畫未依都市計畫法第21條規定合法對外發布的情形。系爭都市計畫如未合法發布，尚不發生對外拘束力，核定機關如於第一審言詞辯論終結前重新依法發布實體內容相同且未違法之都市計畫，對於原告而言，其提起之訴訟已無權利保護之必要，高等行政法院自應判決駁回原告之訴。

另一種程序瑕疵之補正，為補正公眾參與及機關參與之程序瑕疵（都市計畫法§18、§19）。系爭都市計畫於發布前，如未合法踐行公眾參與及機關參與之程序，性質上為得補正之瑕疵。公眾參與及機關參與程序，有助於擬定及核定都市計畫之機

---

97 德國聯邦行政法院認為，要求原告設想作為都市計畫基礎的整體策略，並由此得出個別確定內容彼此間之關聯性與其客觀可分性，及設想都市計畫規劃者的假設意志，通常對於原告而言，係過度的要求。因此只有在都市計畫明顯具有可分性而有獨立存在的部分，且此對於原告而言亦為可認知的情形，始得認定無權利保護必要；Vgl. BVerwGE 131, 100, Rn. 13。

98 惟依德國行政訴訟實務，權利保護必要亦為行政訴訟之合法性要件（實體判決要件），原告之訴如欠缺權利保護必要，應認定原告之訴不合法，而非無理由。

關充分瞭解可能受計畫內容影響之公益及私益的狀態。因此相關程序瑕疵之補正，限於未影響都市計畫之利益衡量，高等行政法院始得依第237條之27後段規定，判決駁回原告之訴。反之，如補正踐行公眾參與及機關參與程序後，有事證顯示系爭都市計畫內容有利益衡量瑕疵時，高等行政法院即不得依本條後段規定遽行駁回原告之訴。

須特別強調者，高等行政法院對於經補正程序瑕疵之都市計畫，得依本條規定以判決駁回原告之訴，限於系爭都市計畫之實質內容未經變更。如核定機關在補正程序瑕疵之外，對於系爭都市計畫之部分內容為實質變更並另行發布實施，則變更前之都市計畫部分內容，業經核定機關變更而不復存在，依德國行政法院之見解，對於原都市計畫內容所為之爭執，無論如何已不具備權利保護必要[99]。高等行政法院應以經補正程序後實質內容已有變更之都市計畫，作為實體審查之標的，且原告無須另行起訴請求高等行政法院宣告該都市計畫無效[100]。

四、確定判決之效力

駁回原告之訴之確定判決，於人之效力範圍部分，並無一般拘束力（無對世效力），僅於當事人間有拘束力。因當事人受確定判決效力之拘束，故其不得另行提起都市計畫審查訴訟，請求高等行政法院宣告同一都市計畫無效，而僅得向最高行政法院提起上訴以聲明不服。然而此不妨礙原告對於以該都市計畫作為先決問題之執行計畫行為，依法提起撤銷訴訟或其他訴訟，例如對基於該都市計畫而核發之建築執照或作成之徵收處分，提起行政爭訟。但當事人受確定判決效力之拘束，於此等行政爭訟程序中，不得復以同一都市計畫違法為由，請求行政法院對於經判決確定合法之都市計畫為附帶審查。

至於當事人以外之其他第三人，並不受確定判決效力之拘束，仍得就同一都市計畫依法提起都市計畫審查之訴訟，或對於行政機關基於都市計畫所為之執行計畫行為不服，提起撤銷訴訟或其他訴訟，主張該都市計畫違法，請求行政法院為附帶審查[101]。

此外，高等行政法院依本條規定作成駁回原告之訴之判決，僅消極確認系爭都市計畫內容未違法，但不當然代表高等行政法院已積極確認該都市計畫為合法，故不得判決宣告該都市計畫為有效[102]。因此，高等行政法院判決駁回原告之訴後，仍得於其他訴訟程序中重新對於同一都市計畫之合法性為審查。換言之，如不受判決效力拘束

---

[99] BVerwG, BauR 2017, 1677 Rn. 7.

[100] Hoppe, in: Eyermann, Verwaltungsgerichtsordnung, 15. Aufl., 2019, §47, Rn. 15.

[101] 關於都市計畫審查程序與另案中附帶審查之關係，參見林明昕，論行政訴訟法上之都市計畫審查，月旦法學雜誌308期，2021年1月，頁50-51。

[102] BVerwGE 65, 131 (137).

之其他第三人提起本章規定之都市計畫審查訴訟或其他行政訴訟，行政法院仍得對於同一都市計畫之合法性為審查或為附帶審查。

第237條之28（都市計畫違法之判決及其效力）
高等行政法院認原告請求宣告無效之都市計畫違法者，應宣告該都市計畫無效。同一都市計畫中未經原告請求，而與原告請求宣告無效之部分具不可分關係，經法院審查認定違法者，併宣告無效。
前項情形，都市計畫發布後始發生違法原因者，應宣告自違法原因發生時起失效。
都市計畫違法，而依法僅得為違法之宣告者，應宣告其違法。
前三項確定判決，對第三人亦有效力。
第一項情形，高等行政法院認與原告請求宣告無效之部分具不可分關係之不同都市計畫亦違法者，得於判決理由中一併敘明。

❖立法目的❖

　　相較於第237條之27係關於原告之訴無理由時，高等行政法院應以判決駁回原告之訴之規定，本條規定則係關於原告之訴有理由時，高等行政法院之判決內容、其類型及效力。本條第1項至第3項，規定高等行政法院對於原告合法請求宣告無效之都市計畫進行實體審查後，得作成之判決類型。如認定系爭都市計畫違法，原則上即應判決宣告該都市計畫自始溯及無效。例外情形，為違法原因發生於都市計畫發布後，則判決宣告該都市計畫向後失效。另一種例外，則是審酌都市計畫內容，認為無須宣告都市計畫無效，而是判決宣告都市計畫違法，始符合法秩序之要求者，則應判決宣告都市計畫違法。

　　無論何種類型之判決，該確定判決既宣告具法規性質之都市計畫無效、自違法原因發生時起失效或違法，為維護法秩序，避免在不同人及個案間發生見解歧異的情形，並期待紛爭能一次解決，本條第4項即參考本法第215條規定，賦予判決對世效力。

　　此外，本條亦規定判決效力之範圍及於同一都市計畫具不可分關係之部分，以符合都市計畫整體規劃的性質。至於與系爭都市計畫不同之其他都市計畫，並非高等行政法院審查之爭訟標的，即非判決效力所及之範圍，惟如與系爭都市計畫具有實質內容之不可分關係，高等行政法院得於判決理由中一併敘明認定該不同都市計畫亦違法之事由，俾利相關行政機關後續遵循。

❖內容解析❖

一、都市計畫違法之判決類型

關於高等行政法院之審查範圍及審查密度，如同第237條之27說明，首先須審視系爭都市計畫之可分性，以決定審查及判決之範圍，且高等行政法院審查對於系爭都市計畫為核定之被告機關於行使其計畫形成自由時，須全面審查是否遵守強制之程序規定、都市計畫是否具備計畫正當性基礎之必要性、是否符合上位計畫與先前程序所為決定之內容、是否遵守實體法上之禁止或誡命規定與不成文之基本原則，並對於是否有利益衡量瑕疵為有限度之合法審查。一旦都市計畫有違法情事，除程序瑕疵得補正，並於第一審言詞辯論終結前補正，而應以判決駁回原告之訴外（參見§237-27後段），高等行政法院即應以判決確認都市計畫違法。

至於都市計畫違法之判決，依本條第1項至第3項之規定，可分為三種類型：宣告都市計畫無效、宣告都市計畫失效、宣告都市計畫違法。

(一)宣告違法都市計畫無效

高等行政法院為上述審查後，如認定系爭都市計畫有違法情事，而非依第237條之27後段規定判決駁回原告之訴時，應判決宣告系爭都市計畫無效，此為原則。高等行政法院判決都市計畫違法而無效之宣告，使都市計畫於法院裁判宣示時起，自始（ex tunc）且當然（eo ipso）無效，即自該都市計畫發布時起，不生效力。此外，因都市計畫審查程序具備客觀訴訟之性質，高等行政法院無須審查原告之權利是否確實因違法都市計畫而受有損害。此判決與撤銷訴訟之判決不同，係確認都市計畫違法，並無形成效力。

此外依本條第5項規定，判決宣告都市計畫無效時，「高等行政法院認與原告請求宣告無效之部分具不可分關係之不同都市計畫亦違法者，得於判決理由中一併敘明。」因為高等行政法院審查之標的，限於原告請求審查之都市計畫本身，不及於其他都市計畫。不同都市計畫，性質上為行政機關經不同程序發布實施之法規。如於一區域內，因具體開發案的規劃已公告數個都市計畫，而原告僅對於其中一都市計畫請求審查，即使該都市計畫與其他都市計畫具有實質內容之關聯性，因其他都市計畫並非經原告請求而應受高等行政法院審查之爭訟標的，高等行政法院並不得將其他都市計畫直接列入審查範圍[103]。換言之，如欲對於其他都市計畫進行實體審查並訴請高等行政法院宣告其為無效，仍應另行合法提出請求。然而如有必要，高等行政法院仍得於繫屬之都市計畫審查程序中對於其他有實質關聯之都市計畫進行附帶審查。

---

[103] BVerwG, NVwZ 2000, S. 816.

(二)宣告違法都市計畫失效

德國行政法院法第47條並無宣告法規嗣後失效之明文規定，但如行政法院有特別考量，認為法規應「例外」自判決宣示時起或其生效後之特定時點起始不生效力時，德國多數見解則肯認行政法院得宣告法規非自始不生效力，而是自其生效後的特定時點起不生效力，且行政法院須於主文中明確宣示法規失效之時點[104]。立法者為求規範明確，並避免類似德國之爭議，本條第2項即明文規定高等行政法院得宣告違法都市計畫非自始無效，而是自該違法原因發生時起，向後失效。至於違法原因發生之時點，高等行政法院當然應依職權調查之。然而相較於本條第1項規定宣告都市計畫無效之原則，本項規定則屬於例外情形。

本條第2項所稱「都市計畫發布後始發生違法原因」，依立法理由中之說明，例如系爭都市計畫發布後，對該都市計畫有規範效力之法律始行制定或變更而公布施行，理論上行政機關應依法變更該都市計畫。但如行政機關未即時變更，此時都市計畫並非自始違法，而是因法律狀況嗣後變更而違反現行有效法律。如高等行政法院作成裁判時仍宣告系爭都市計畫自始無效，勢必影響依變更前法規範發布之都市計畫所形成之法律關係，有違法律秩序安定之考量。因此高等行政法院依本項規定即應宣告都市計畫自該違法原因發生時起失效，即自法律施行時起失效。此例示之說明，理論上亦應適用於對於都市計畫具有規範效力之法規有新發布或變更之情形。

另一種較特別的情形，為德國學說及司法實務所討論當系爭都市計畫功能喪失（Funktionslosigkeit）時，高等行政法院得例外宣告都市計畫並非自始不生效力，而是自都市計畫公告發布後之特定時點起不生效力。所謂都市計畫功能喪失，係指都市計畫公告發布後，因事實關係及經濟整體條件等情形的變化，使得都市計畫內容的一部或全部已喪失其功能而無法實現，或由利益衡量結果觀之，已無法再予以維持[105]。亦即因事實狀況變更，導致無期限地排除了都市計畫內容得以實現的可能性，以至於人民對該都市計畫內容所建立的信賴利益亦因事實變更已不值得繼續保護[106]。例如都市計畫將部分地區劃為農業區，但該地區內因現狀改變，已無任何農業經營設施，且在可預期的時間內亦不會再有新的變化時，即使未變更或廢止該都市計畫，都市計畫該部分亦應已喪失功能而失效[107]。一旦高等行政法院確認系爭都市計畫已喪失功能，則可例外地於主文中明確宣示其自特定時點起失效。此見解對於我國未來實務特別可供參考之處，可能在於人民起訴請求宣告長期未進行通盤檢討的都市計畫，已與現實狀況

---

[104] Hoppe, in: Eyermann, Verwaltungsgerichtsordnung, 15. Aufl., 2019, §47, Rn. 81.

[105] Reidt, in: Battis/Krautzberger/Löhr, Baugesetzbuch: Kommentar, 15. Aufl., 2022, §10 Rn. 8.

[106] BVerwGE 54, 5 = NJW 1977, S. 2325; BVerwG, NVwZ-RR 1990, S. 121; BVerwG, NVwZ 1994, S. 281; BVerwG, NVwZ 1999, S. 986; BVerwG, NVwZ 2005, S. 442; BVerwG, NVwZ 2013, S. 1547.

[107] Reidt, Battis/Krautzberger/Löhr, Baugesetzbuch: Kommentar, 15. Aufl., 2022, §10 Rn. 8.

不符而應爲無效時，高等行政法院應可更進一步思考該都市計畫是否已喪失功能而有可能應宣告失效的情形。然而第237條之20但書規定：「都市計畫發布後始發生違法之原因者，應自原因發生時起算」，此時起訴之法定不變期間爲自都市計畫功能喪失時起算一年，故高等行政法院必須依個案情形，職權調查及認定都市計畫喪失功能之時點[108]。

　　另外須說明者，高等行政法院宣告違法都市計畫失效之時點，應於判決主文中明示之。且依立法理由之說明，宣告都市計畫因嗣後違法而失效，並非宣告都市計畫定期失效，因此高等行政法院不得宣告都市計畫自較判決宣示更晚之時點起失效。

(三)宣告都市計畫違法

　　本條第3項規定高等行政法院「例外」得宣告都市計畫違法，相較於德國行政法院法第47條及相關學說與實務之討論，本項爲我國法制之獨特規定，且條文中「依法僅得爲違法之宣告」之用語，易生爭議，須進一步說明。

　　參酌立法理由之舉例說明：「例如：都市計畫將甲、乙、丙、丁的土地納入特定使用分區，未將毗鄰之戊的土地納入，原告戊起訴主張平等納入特定使用分區，法院如宣告該都市計畫無效或失效，既不能滿足原告，又使其他原受益者喪失其受益，自不符合法秩序要求行政行爲應符合平等原則之意旨，此時法院僅得宣告該都市計畫未將部分人或事充分納入受益係違法，相關機關依判決意旨爲必要之處置即可。」由此適例可知，原告爲系爭都市計畫區域範圍外之人民，主張其土地應劃入該都市計畫區域範圍，且將其土地劃入範圍並不致影響其他原規劃內容。如高等行政法院審查的結果，認爲原都市計畫並無其他瑕疵，但原告主張未將其劃入計畫範圍有違反利益衡量原則（如應將原告利益列入衡量卻未列入之衡量不足瑕疵）、違反平等原則、禁止不當連結原則或其他一般基本原則等情事，此時若直接判決宣告系爭都市計畫自始無效，行政機關即使重新發布實施合法之都市計畫，應僅係就原告指摘部分重新納入規劃內容，原都市計畫範圍部分仍應爲相同規劃，則判決宣告都市計畫無效所帶來之不利益及對於法律秩序造成之影響，顯然過鉅。於此情形下，本項即特別規定高等行政法院僅須宣告都市計畫於原告主張之部分違法，其餘部分效力予以維持，行政機關僅須重新就此部分重新爲必要之處置或規劃，而無須就其餘無瑕疵之合法部分重爲相同之規劃。

　　本項規定之「依法」僅得爲違法之宣告，係指依成文法規定或不成文法理，應宣告都市計畫部分違法。須特別注意者，宣告都市計畫違法爲例外情形，理論上高等行政法院必須審酌宣告都市計畫無效對原告及其他人民所造成之影響程度，在都市計

---

[108] 是故在德國，實務上難以主張都市計畫因功能喪失而失效；Vgl. BVerwG, NVwZ 2016, S. 1481 Rn. 8。

畫其餘部分未違法的情形下，始得作成此判決。如高等行政法院宣告原告指摘之都市計畫部分違法，致行政機關重新為都市計畫內容規劃時，其餘部分之內容將受影響，亦即在都市計畫其餘部分無法維持不變的情形下，高等行政法院即應宣告都市計畫無效，而非宣告都市計畫部分違法[109]。至於本項規定之適用態樣，未來仍有待司法實務見解依個別都市計畫具體內容認定之。

依第237條之29第5項之規定，高等行政法院宣告都市計畫違法之判決確定者，相關機關負有依判決意旨使都市計畫回復至合法狀態之義務，故相關機關應依判決意旨為必要之處置。因此擬定與核定都市計畫之機關即應依法及判決意旨變更系爭都市計畫之內容，並公告實施之。

二、司法審查及裁判之範圍

如同第237條之27相關說明，基於都市計畫審查程序具有客觀訴訟之功能，高等行政法院審查範圍不受原告訴之聲明之拘束，如審查結果係認定系爭都市計畫違法，判決效力亦不一定及於都市計畫全部，仍應視系爭都市計畫是否具有可分性，而宣告該都市計畫應全部或部分自始無效、嗣後失效或違法。

系爭都市計畫如有違法，通常計畫內容彼此相關，原則上高等行政法院應針對其全部內容為審查。亦即原則上應認為都市計畫本身不具有可分性，即使僅部分內容有瑕疵，且所涉及的土地範圍狹小，審查及裁判之範圍仍應及於都市計畫全部[110]。例外於都市計畫具有可分性時，始得僅宣告系爭都市計畫有瑕疵之部分不生效力，使其餘部分之計畫內容仍有效並繼續適用[111]。就此，依照德國聯邦行政法院之見解，相較於宣告都市計畫全部不生效力，宣告都市計畫部分不生效力則須視個案情節而與特定具體情形有關[112]。

判斷都市計畫是否因特定具體情形而具有可分性，首先應視都市計畫去除違法部分後，是否已無繼續規劃之需求，或已欠缺實質內容，如是，則維持都市計畫其餘部分已無實益[113]，應認為都市計畫與違法瑕疵部分具有不可分性，判決應針對系爭都市計畫全部為之。此外，尚須確定除去該違法瑕疵之部分後，被告機關是否仍有發布實施都市計畫之主觀意願，此稱為「推測法規立法者意願原則」（Grundsatz des

---

[109] 另有見解認為行政法院此時何以不直接宣告系爭都市計畫無效，由主管機關重新調整利益分配後，再發布已合法修正內容的新計畫，不無斟酌之空間：參見林明昕，論行政訴訟法上之都市計畫審查，月旦法學雜誌308期，2021年1月，頁55。

[110] BVerwG, NVwZ 1994, S. 272.

[111] Hoppe, in: Eyermann, Verwaltungsgerichtsordnung, 15. Aufl., 2019, §47 Rn. 80.

[112] BVerwG BRS 81 Nr. 77 Rn. 3.

[113] BVerwGE 82, 225 (230) = NVwZ 1990, S. 157.

mutmaßlichen Willens des Normgebers）[114]。此意願不得僅為法院之臆測，而是推測見解必須得以客觀化，例如得由都市計畫之規劃程序推論行政機關的規劃意願。

　　參照第237條之27相關說明，判決之範圍亦依不同情形而定。第一種情形，系爭都市計畫具有不可分性，不論原告對於該都市計畫之全部或一部提起爭訟，高等行政法院審理之範圍為系爭都市計畫全部。如審理結果為認定系爭都市計畫違法者，即應視情形判決宣告該都市計畫無效、嗣後失效或違法。本條第1項後段「同一都市計畫中未經原告請求，而與原告請求宣告無效之部分具不可分關係，經法院審查認定違法者，併宣告無效」，即為此意旨之明文規定。第二種情形，為原告對於該都市計畫之全部或影響其權利之一部提起爭訟，如高等行政法院審查認定該都市計畫具有可分性，且爭訟之部分違法，即應判決該違法部分無效、嗣後失效或違法。此時，對於其餘未違法部分，依德國聯邦行政法院之見解，高等行政法院並無須為其他駁回之宣告[115]。至於在系爭都市計畫具有可分性，而原告係對於未影響其權利之部分提起爭訟，即使該部分具有違法性，高等行政法院仍應以原告之訴欠缺權利保護必要而判決駁回之（§107Ⅲ①）。

三、判決內容

　　系爭都市計畫經行政法院審查有違法情事者，行政法院即應視都市計畫是否具可分性，分別依本條第1項、第2項及第3項規定，判決宣告都市計畫之全部或一部為無效、嗣後失效或違法。如判決係針對可分之都市計畫部分作成者，判決主文中應明確宣示判決所及之計畫範圍。再者，如判決係宣告都市計畫係自違法原因發生時起而嗣後失效，判決主文中則應明確宣示失效之時點。至於判決宣告都市計畫違法者，相關機關即應依判決意旨為必要之處置（§237-29Ⅴ）。

　　判決宣告都市計畫無效、失效或違法者，應依第204條規定公告，當事人得依法對於判決提起上訴以聲明不服。判決經確定者，依第237條之29第1項之規定，為使計畫地區範圍內之人民亦知悉判決內容，原發布機關另應依原都市計畫發布之方式，公告該確定判決主文。

四、確定判決之效力

（一）對世效力

　　宣告都市計畫無效、失效或違法之確定判決主文，對第三人亦有效力，具有一般拘束力，即對世效力（Ⅳ）。換言之，判決之效力不僅及於當事人，而是普遍地宣示

---

[114] Panzer, in: Schoch/Schneider (Hrsg.), Verwaltungsrecht, Band VwGO, Werkstand: 43. EL, August 2022, §47 Rn. 110.

[115] BVerwGE 88, 268.

任何人自確定判決宣告都市計畫自始無效或違法時起，或自判決宣告都市計畫嗣後違法原因發生時起，即不得再適用該都市計畫。本項規定表彰都市計畫審查程序具有客觀訴訟之特性，更可避免在不同人及個案間發生見解歧異之情形，以使紛爭得以一次解決。一旦都市計畫經判決宣告無效、嗣後失效或違法，當事人、其他行政機關與其他第三人即不應再適用該無效、失效或違法之都市計畫之全部或一部。

（二）禁止重複為相同都市計畫內容

至於此確定判決之效力，是否禁止行政機關嗣後在事實及法律未變更的情形下，於重新公告實施都市計畫時發布相同內容的都市計畫，即有思考之必要。參照德國聯邦行政法院之見解，對於都市計畫審查程序之被告機關而言，基於確定判決對於人之拘束力範圍的規範意旨及目的，仍可得出禁止重複為相同都市計畫內容之限制[116]。但正確而言，並非普遍性地禁止重複公告實施相同內容之都市計畫，而是禁止公告實施具有相同違法瑕疵之都市計畫。如行政機關排除程序、事實調查及利益衡量等瑕疵後，都市計畫之實質內容並未受影響，仍不排除可公告相同內容之都市計畫。

（三）對於其他確定裁判及確定行政處分之影響

依第237條之29第3項及第4項之規定，基於該都市計畫所為其他確定裁判，自宣告都市計畫無效之判決確定之日起，於無效範圍內不得強制執行，且如適用該受無效宣告之都市計畫而作成之行政處分（例如建築執照、徵收處分）已確定，亦不得執行。宣告都市計畫失效之判決，其公告方式及基於該都市計畫所為其他確定裁判或行政處分之執行，與宣告都市計畫無效之判決，並無不同（參見§237-29Ⅰ、Ⅲ、Ⅳ）。詳細內容，參見第237條之29第3項及第4項相關說明。

第237條之29（判決對其他裁判等之效力）
都市計畫經判決宣告無效、失效或違法確定者，判決正本應送達原發布機關，由原發布機關依都市計畫發布方式公告判決主文。
因前項判決致刑事確定裁判違背法令者，得依刑事訴訟法規定提起非常上訴。
前項以外之確定裁判，其效力不受影響。但該裁判尚未執行或執行未完畢者，自宣告都市計畫無效或失效之判決確定之日起，於無效或失效之範圍內不得強制執行。
適用第一項受無效或失效宣告之都市計畫作成之行政處分確定者，其效力與後續執行準用前項之規定。
依前條第三項宣告都市計畫違法確定者，相關機關應依判決意旨為必要之處置。

---

[116] BVerwG, NVwZ 2000, S. 814.

❖立法說明❖

　　第237條之28第4項規定，同條第1項至第3項宣告都市計畫無效、失效或違法之確定判決，對第三人亦有效力。判決「對第三人亦有效力」，學理上可稱判決具有「對世效」[117]。本條第2項至第4項進一步規定宣告都市計畫無效、失效或違法之確定判決，對其他以該都市計畫作為基礎之確定裁判或行政處分之效力。此外，於第1項規定原都市計畫發布機關依被宣告無效、失效或違法都市計畫發布方式，將判決主文公告使眾所周知之行為義務。本條之訂定，係參考德國行政法院法第47條第5項結合第183條及我國111年1月4日施行之憲法訴訟法第53條規定。

　　德國行政法院法第47條第5項：「高等行政法院之裁判，以判決為之；於認為無經言詞辯論之必要時，以裁定為之。高等行政法院認定法規無效者，宣告法規不生效力：於此情形，裁判具有一般拘束力，聲請相對人並應將裁判主文以與發布法規相同之方法，公告周知。關於裁判之效力，準用第一百八十三條之規定。」同法第183條則規定：「邦憲法法院確認邦法無效，或宣告邦法之規定為無效者，由行政法院基於該受無效宣告法規所為不得聲明不服之裁判，除該邦法律另有特別規定者外，不受影響。基於該裁判所為之執行，不得准許。民事訴訟法第七百六十七條規定準用之。」上開德國行政法院法第47條所稱裁判之「一般拘束力」（Allgemeinverbindlichkeit），在我國法係規定為「對第三人亦有效力」。本條第1項相當於德國行政法院法第47條第5項第二句後段規定，第3項則相當於德國行政法院法第47條第5項第3句所準用之同法第183條第一句。

　　我國111年1月4日施行之憲法訴訟法第53條規定：「判決宣告法規範立即失效者，於判決前已繫屬於各法院而尚未終結之案件，各法院應依判決意旨為裁判（Ⅰ）。判決前已適用前項法規範作成之刑事確定裁判，檢察總長得依職權或被告之聲請，提起非常上訴（Ⅱ）。前項以外之確定裁判，其效力除法律另有規定外，不受影響。但尚未執行或執行未完畢者，於違憲範圍內，不得再予執行（Ⅲ）。」其中第2項及第3項規定，本條第3項及第4項與之相當。又上開憲法訴訟法第53條係參考德國聯邦憲法法院法第79條訂定，該條規定：「確定之刑事判決所依據之法規業經宣告為違反基本法或依本法第七十八條之規定宣告無效者，又確定之刑事判決以聯邦憲法法院宣告為違反基本法之法規之解釋為依據者，均得依刑事訴訟法之規定對之提起再審（Ⅰ）。其他根據依第七十八條被宣告為無效之法規所為不得再行爭執的裁判，除第九十五條第二項的規定或其他法律有特別規定者外，不受影響。這些裁判不得執行。依民事訴訟法須為強制執行時，民事訴訟法第七百六十七條規定準用之。不當得利請求權不得主張之（Ⅱ）。」（憲法訴訟法第53條條嗣於112年5月26日經立法院

---

[117] 本條立法理由二載：「都市計畫經宣告無效或失效確定後，法律上已具對世效，……」

修正，同年7月7日施行，修正內容已大有不同）

❖內容解析❖

一、第1項

依本法第237條之28第1項規定，高等行政法院認原告請求宣告無效之都市計畫違法者，依同條第1項宣告都市計畫無效，或依同條第2項宣告自違法原因發生時起失效，但該都市計畫原已經發布而形式上存在，為去除該形式上存在之都市計畫，參酌德國行政法院法第47條第5項第二句後段之規定，於本條第1項規定行政法院應送達判決正本於原發布機關，原發布機關應依都市計畫發布方式公告判決主文，例如：比照都市計畫法第21條規定，將判決主文公告。至於僅為都市計畫違法之宣告者，固不影響原都市計畫之效力，惟為有利相關機關依判決意旨為後續必要之處置，亦規定應將判決正本送達原發布機關公告判決主文。本項所規定都市計畫發布機關之公告主文義務，旨在除去都市計畫規範有效之外觀，並非本法第237條之28第4項判決對第三人亦有效力之要件，此對世效係隨同判決確定而發生[118]。換言之，縱使都市計畫發布機關未公告判決主文，或雖公告判決主文，但非依都市計畫發布方式為之，亦不影響該判決發生對第三人亦有效力之結果。

二、第2項

在刑事實體法領域，如有因違反都市計畫而構成刑事犯罪之規定，行為人如違反該都市計畫受刑事有罪裁判確定，嗣該都市計畫被高等行政法院判決宣告無效、失效或違法，該刑事有罪確定裁判，是否受影響，不得不有所規範。

德國行政法院法第47條第5項第三句準用同法第183條規定，規範依據被宣告無效之建設法規所作成之確定裁判，在作為裁判基礎之建設法規被宣告無效後，該確定裁判受如何之影響，其係規定「不受影響」。惟德國通說見解認為上開規定所稱之「裁判」，並未包含刑事裁判。依據被宣告無效之建設法規所作成之確定刑事裁判，在作為裁判基礎之建設法規被宣告無效後，該刑事確定裁判受如何之影響，應類推適用德國聯邦憲法法院法第79條第1項規定[119]。經類推德國聯邦憲法法院法第79條第1項之結果，依據被宣告無效之建設法規所作成之確定刑事裁判，在作為裁判基礎之建設法規被宣告無效後，受裁判人得對該刑事確定裁判聲請再審（die Wiederaufnahme

---

[118] Vgl. Posser/Wolff, Verwaltungsgerichtsordung, 20. Aufl., 2014, §47, Rn. 85.

[119] Vgl. Albedyll in Bade, VwGO, 6.A., §47, Rn. 134; Eyermann, Verwaltugsgerichtsordnung, 15. Aufl., 2019, §47, Rn. 98 (Hoppe); Redeker/v.Oertzen, Verwaltungsgerichtsordung, 15. Aufl., 2010, §47, Rn. 47.

des Verfahrens）[120]。我國法則在本條第2項，參考111年1月4日施行的憲法訴訟法第53條第2項規定，明定都市計畫經判決宣告無效、失效或違法確定者，因該判決致刑事確定裁判違背法令者，得依刑事訴訟法規定提起非常上訴。

　　不過我國實務上常發生與都市計畫有關之刑事裁判，係違反都市計畫法第79條而依同法第80條之處罰之刑事裁判。依都市計畫法第80條規定，行為人不遵同法第79條規定拆除、改建、停止使用或恢復原狀者，除應依法予以行政強制執行外，並得處六個月以下有期徒刑或拘役。同法第79條規定：「都市計畫範圍內土地或建築物之使用，或從事建造、採取土石、變更地形，違反本法或內政部、直轄市、縣（市）政府依本法所發布之命令者，當地地方政府或鄉、鎮、縣轄市公所得處其土地或建築物所有權人、使用人或管理人新臺幣六萬元以上三十萬元以下罰鍰，並勒令拆除、改建、停止使用或恢復原狀。不拆除、改建、停止使用或恢復原狀者，得按次處罰，並停止供水、供電、封閉、強制拆除或採取其他恢復原狀之措施，其費用由土地或建築物所有權人、使用人或管理人負擔（Ⅰ）。前項罰鍰，經限期繳納，屆期不繳納者，依法移送強制執行（Ⅱ）。依第八十一條劃定地區範圍實施禁建地區，適用前二項之規定（Ⅲ）。」設行為人明知某筆土地經主管機關公告為都市計畫風景特定區，分區管制屬運動遊樂區，為都市計畫實施之範圍，竟未經主管機關許可，在該上開土地建築房屋，違反主管機關依都市計畫法指定之公共設施保留地，不得為妨礙其指定目的之使用規定，雖經主管機關限期令其恢復土地原狀，仍未依限遵照辦理，而被檢察官起訴，嗣為刑事法院以違反都市計畫法第79條第1項之規定，而犯同法第80條之罪，判處有期徒刑三月確定。如果該都市計畫使用分區嗣後被行政法院依本法第237條之28第1項規定宣告無效，則對行為人原受三月徒刑宣告之刑事裁判，可否提起非常上訴？本例行為人是直接違反主管機關限期令其恢復土地原狀之行政處分受刑事有罪裁判，而該行政處分係依據都市計畫之使用分區作成，該刑事裁判並非直接依據都市計畫作成，但與都市計畫有關。依本條第4項準用第3項規定，適用受無效或失效宣告之都市計畫作成之行政處分確定者，其效力不因該都市計畫被判決宣告無效或失效確定而受影響。據此，為上開刑事確定裁判基礎之限期令恢復土地原狀之行政處分，仍然有效存在，該刑事確定裁判是否會因該都市計畫之使用分區被判決宣告無效或失效，而構成審判違背法令，得據以提起非常上訴，則有疑問。此問題如果採否定見解，則本項規定何時有適用之機會，尚待觀察。

---

[120] 這是德國刑事訴訟再審的獨立再審事由，Vgl. Schmidt, in: Straftprossordung, KK-Kommentar, 4. Aufl., 1999, Vor §359, R. 21。

三、第3項

本條第2項係規範以都市計畫爲裁判基礎之刑事確定裁判，第3項則是規範以都市計畫爲裁判基礎之刑事以外確定裁判，即民事確定裁判和行政訴訟確定裁判，如何受都市計畫嗣後被判決宣告無效、失效確定之影響。

本法在立法政策上，關於都市計畫被判決宣告無效、失效確定，在以該都市計畫爲裁判基礎之民事確定裁判和行政訴訟確定裁判，選擇維護法秩序之安定，亦即本項本文規定民事確定裁判和行政訴訟確定裁判效力不受影響。換言之，民事確定裁判及行政訴訟確定裁判當事人，不得以作爲該等確定裁判基礎之都市計畫被判決宣告無效、失效確定爲由，主張民事確定裁判及行政訴訟確定裁判有再審事由而提起再審之訴。然而爲兼顧法的實質正義，一定程度尊重宣告都市計畫被無效、失效確定判決之效力，如該民事確定裁判或行政訴訟確定裁判尙未執行或未執行完畢者，自宣告都市計畫無效或失效之判決確定之日起，於無效或失效之範圍內不得強制執行（本項但書）。所謂「不得強制執行」，在民事確定裁判或行政訴訟確定裁判尙未執行之情形，係不能開始執行，在未執行完畢之情形，係不能繼續執行。至於民事確定裁判或行政訴訟確定裁判已強制執行完畢者，是否受影響？本項規定同我國憲法訴訟法第53條第3項，但未如同德國聯邦憲法法院法第79條第2項第四句規定「不當得利請求權不得主張之」，致生疑義。惟本項本文既規定以該都市計畫爲裁判基礎之民事確定裁判和行政訴訟確定裁判效力，不受宣告都市計畫無效或失效之確定判決影響，不得強制執行者又僅限於裁判尙未執行或未執行完畢之情形，自應解釋民事確定裁判或行政訴訟確定裁判已強制執行完畢者，不受影響，亦即受強制執行結果利益者，有法律上原因，不構成不當得利，結論上與上述德國聯邦憲法法院法第79條第2項第4句所規定「不當得利請求權不得主張之」相同。

民事確定裁判或行政訴訟確定裁判尙未執行或未執行完畢者，其作成基礎之都市計畫經判決宣告無效或失效確定，既自確定之日起於無效或失效之範圍內不得強制執行，如果違反此規定予以強制執行，德國法明文規定準用民事訴訟法第767條之執行異議之訴（Vollstreckungsgegenklage）（相當於我國法之債務人異議之訴），亦即得以對該強制執行，提起執行異議之訴，以爲權利保護[121]。我國法在對民事確定裁判情形，債務人得依強制執行法第14條提起債務人異議之訴；在對行政訴訟確定裁判情形，依行政訴訟法第307條提起債務人異議之訴。

---

[121] Vgl. Albedyll in Bade, VwGO, 6.A., §47, Rn. 132; Eyermann, Verwaltugsgerichtsordung, 15. Aufl., 2019, §47, Rn. 98 (Hoppe); Redeker/v.Oertzen, Verwaltungsgerichtsordung, 15. Aufl., 2010, §47, Rn. 46.

四、第4項

本項係規範以都市計畫為基礎所作成之已確定行政處分，嗣後該都市計畫被判決宣告無效、失效確定者，行政處分受如何之影響？例如行為人所有之建築物，領有使用執照，位於都市計畫商業區，依主管機關公告之該建築物所在地區細部計畫暨配合修訂主要計畫案都市計畫圖說及都市計畫書，明訂該建築物所在商業區係供一般商業使用，不得作住宅使用，因行為人違規作為住宅使用，違反該建築物所在土地使用分區之都市計畫規定，主管機關遂依都市計畫法第79條第1項前段規定，處新臺幣六萬元。設該細部計畫經行政法院判決宣告無效確定，該六萬元之罰鍰處分受如何之影響？

比較相關立法例，德國行政法院法第47條第5項準用之同法第183條，並未規定到此種案型[122]。我國憲法訴訟法第53條亦未對法規範被宣告失效後，依該法規範作成且已確定之行政處分，是否受影響有所規定。然而德國聯邦憲法法院法第79條第2項第一句所稱之「其他確定決定」，包括行政處分[123]。因此德國學說認為，作為已確定行政處分基礎之建設法規，經行政法院判決宣告該建設法規不生效力者，準用[124]或類推適用[125]，德國行政法院法第47條第5項第三句結合同法第183條，已確定行政處分不受影響，但不得強制執行（Vollstreckung）。此處所稱之「強制執行」，不僅是行政強制執行法上意義的「強制執行」，而是高權上利用該行政處分，例如處分機關以行政處分為抵銷[126]。另德國有學者認為，建築業主使用建築許可，亦屬於此處所稱之行政處分之強制執行[127]。

本法與上開德國聯邦憲法法院法第79條第2項類似，於本項明文規定已確定行政處分「其效力與後續執行準用」第3項之規定，亦即該行政處分「尚未執行或執行未完畢者，自宣告都市計畫無效或失效之判決確定之日起，於無效或失效之範圍內不得強制執行」。同樣地，如同第3項之解釋，確定行政處分已執行者，其執行不受影響，該確定行政處分成為受領給付之法律上原因。以上開行為人被依都市計畫法第79條第1項處罰鍰為例，該罰鍰處分不因其處分基礎之細部計畫經行政法院判決宣告無效確定而效力受影響，如果該罰鍰處分已執行，行為人不得請求返還，但如尚未執行或執行未完畢，主管機關不得要求行為人繳納罰鍰，更不得移送行政執行機關強制執行。

---

[122] Vgl. Eyermann, Verwaltugsgerichtsordung, 15. Aufl., 2019, §183, Rn. 9 (Hoppe).

[123] 參閱，李建良，論法規之司法審查與違憲宣告，收錄於：同作者，憲法理論與實踐（一），1999年7月，頁455。

[124] Vgl. Redeker/v.Oertzen, Verwaltugsgerichtsordung, 15. Aufl., 2010, §47, Rn. 46.

[125] Vgl. Eyermann, Verwaltugsgerichtsordung, 15. Aufl., 2019, §47, Rn. 98 (Hoppe).

[126] Vgl. Kopp/Schenke, VwGO, 24. Aufl., 2018, §183, Rn. 7.

[127] Vgl. Sodan/Ziekow, Verwaltugsgerichtsordung, 4. Aufl., 2014, §47, Rn. 380.但有不同意見。

以都市計畫為基礎之確定行政處分，尚未執行或執行未完畢，而該都市計畫經判決宣告無效或失效確定，既自確定日起，於無效或失效之範圍內不得強制執行，如果予以強制執行，依司法實務見解，債務人得依行政訴訟法第307條提起債務人異議之訴[128]。

本項所稱「行政處分確定」，包括行政處分形式確定及經行政法院判決而實質確定之情形。在此德國法有一爭議問題：已確定行政處分之效力，雖不受其作成基礎之都市計畫被宣告無效或失效影響，但負擔處分相對人或因授益行政處分權利受侵害之第三人是否可主張法律狀態變更，而依德國聯邦行政程序法第51條第1項第1款「行政處分所根據之事實或法律狀態，事後發生有利於關係人之變更」，申請重開行政程序，請求廢棄已確定之行政處分？德國學者有認為此種情形構成「法律狀態事後發生變更」，得申請程序重開[129]。另有學者認為建設法規事後被判決宣告不生效力，不代表以建設法規為作成基礎之已確定行政處分可以或必須被廢棄，仍應依照德國聯邦行政程序法第48條及第51條定之，而此種情形並不構成德國聯邦行政程序法第51條第1項第1款之「事實和法律狀態事後發生變更」，但構成廣義的程序再開請求權，由行政機關裁量決定是否廢棄該行政處分[130]。部分學者除認為建設法規事後被判決宣告不生效力，僅是宣示性，並非法律狀態事後發生變更外，進一步指出如果建築法規事後被判決宣告不生效力，以建築法規為作成基礎之已確定行政處分就應該被廢棄，那麼依德國行政法院法第47條第5項第三句結合同法第183條，已確定行政處分不受影響之規定，就變成無意義[131]。我國行政程序法第128條第1項規定之程序重開事由：具有持續效力之行政處分所依據之事實事後發生有利於相對人或利害關係人之變更；發生新事實或發現新證據者，但以如經斟酌可受較有利益之處分者為限；其他具有相當於行政訴訟法所定再審事由且足以影響行政處分，並不包括法律狀態事後發生變更。因此即使認為都市計畫經行政法院判決宣告無效、失效確定，構成法律狀態事後發生變更，亦不得依據行政程序法第128條請求再開行政程序，但在授益行政處分，似可認為構成同法第123條第4款所稱之「行政處分所依據之法規事後發生變更」，如果個案情形同時符合「致不廢止該處分對公益將有危害」之要件，原處分機關得依職權為全部或一部廢止；在非授益處分，似得由原處分機關依同法第122條為全部或一部廢

---

[128] 最高行政法院97年5月份第1次庭長法官聯席會議決議。不過此項見解有商榷之處，參閱，吳東都，微觀對行政執行措施之權利保護，台灣本土法學雜誌95期，頁91以下。

[129] Vgl. Redeker/v.Oertzen, Verwaltugsgerichtsordung, 15. Aufl., 2010, §47, Rn. 46; Albedyll in Bade, VwGO, 6.A., §47, Rn. 133，對非經行政法院判決之確定行政處分，有可能以法律狀態事後變更，依行政程序法第51條聲請再開程序，見解類似。

[130] Vgl. Kopp/Schenke, VwGO, 24. Aufl., 2018, §183, Rn. 6.

[131] Vgl. Sodan/Ziekow, Verwaltugsgerichtsordung, 4. Aufl., 2014, §47, Rn. 381.

止。然而依德國多數見解，此種情形並不構成「法律狀態事後發生變更」[132]。

五、第5項

都市計畫經法院審查認定有違法，原則上固應宣告無效或失效。惟依其違法原因僅得為違法之宣告，始符合法秩序之要求者，例如：都市計畫將甲、乙、丙、丁的土地納入特定使用分區，未將毗鄰之戊的土地納入，原告戊起訴主張平等納入特定使用分區，法院如宣告該都市計畫無效或失效，既不能滿足原告，又使其他原受益者喪失其受益，自不符合法秩序要求行政行為應符合平等原則之意旨[133]。本法第237條之28第3項明文規定在此種情形，法院僅得宣告該都市計畫未將部分人或事充分納入受益係違法。此種僅宣告都市計畫違法之判決確定，雖不影響該都市計畫之效力，但就都市計畫違法之宣告，都對第三人亦有效（對世效）（本法§237-28IV），配合第237條之28第3項規定，本項規定相關機關應依判決意旨為後續必要之處置。基於依法行政原則，相關機關應依判決意旨，採取相關措施，使都市計畫回復至合法狀態，即屬必要處置之一。

第237條之30（都市計畫審查程序之保全）
於爭執之都市計畫，為防止發生重大之損害或避免急迫之危險而有必要時，得聲請管轄本案之行政法院暫時停止適用或執行，或為其他必要之處置。
前項情形，準用第二百九十五條至第二百九十七條、第二百九十八條第三項、第四項、第三百零一條及第三百零三條之規定。
行政法院裁定准許第一項之聲請者，準用前條第一項規定。該裁定經廢棄、變更或撤銷者，亦同。

❖立法沿革❖

本條規定，與本章其他各條文，乃至本章之章目、章名等相同，在司法院於2018年12月6日以院台廳行一字第1070033369號函向立法院提請審議之行政訴訟法部分條文修正草案中即已存在，屬新增條文，且條號即已為第237條之30。條文經三讀程序通過後[134]，總統於2020年1月15日以華總一義字第10900004071號令公布。嗣本

---

[132] 同上註130及131。另見Eyermann, Verwaltugsgerichtsordung, Aufl., 201, §47, Rn. 104 (Schmidt)。
[133] 見本項立理理由。
[134] 關於本章於立法院審查通過之始末，含司法院原提出之草案、立法說明，以及立法過程中相關之各書面資料等，詳立法院法律系統：https://lis.ly.gov.tw/lglawc/lglawkm，法律名稱：行政訴訟

條與本章其他各條文等，並經司法院依本法第308條第2項規定，以院台廳行一字第1090001282號令發布，擇定於同年7月1日施行。

又，原司法院提出之本條草案，在立法院司法及法制委員會審查過程中原有爭議，而保留院會處理；所幸相關爭議在院會第二讀會前之2019年5月20日及12月11日兩次立法院黨團協商會議中順利排除，最終仍依原司法院版本的條文草案（含條號、條文內容及立法說明）通過，而為現行公布施行之本條規定。

此外，本條規定自2020年1月15日公布新增後，其條號及條文內容等尚無任何修正。

❖外國立法例❖

依本條規定在司法院草案中的本條立法說明第2點[135]，本條規定係參考德國行政法院法第47條第6項條文所制定。德國這一條項之條文僅稱：「為防止重大不利益，或基於其他重要原因而有急迫必要者，法院得依聲請為假處分。」（Das Gericht kann auf Antrag eine einstweilige Anordnung erlassen, wenn dies zur Abwehr schwerer Nachteile oder aus anderen wichtigen Gründen dringend geboten ist.）條文簡潔，而與本條獨立為一條條文，且分為三項規定，顯然不同。

至於德國行政法院法第47條第6項規定本身，在原先1960年開始施行的行政法院法第47條中並不存在。嗣1976年原先即顯粗糙的第47條大幅修改為現行規定的模式，系爭第6項規定也成為該條條文內容中的最後一項而出現。但最初，該條文的最後一項規定，項次上排列為第7項；隨著往後第47條條文的若干大小不同幅度之修正，1996年始變成現行的第6項。但不論如何，這一項條文的文句內容，從1976年以降並無任何更動[136]。

1976年德國行政法院法第47條所以規定現行條文的第6項，依當時官方的法律的修正說明[137]，主要在於解決當時的爭議，亦即法規審查程序中有無暫時權利保護的問題。就此，立法者持肯定的立場；並且配合同一部法律中以撤銷行政處分為目的的訴願及撤銷訴訟採延宕效力與停止執行（同法§80～§80-2參照），其餘類型之救濟為假處分（同法§123參照）的基本立場，明文以「假處分」（einstweilige Anordnung）作為所選擇之暫時權利保護類型。換言之，系爭行政法院法第47條第6項具有釐清爭議

法（最終瀏覽日：2020/11/23）。

[135] 同前註。

[136] 關於德國行政法院法第47條第6項規定自制定伊始起迄今之發展，參 *F. Schoch*, in: Schoch/Schneider/Bier (Hrsg.), Verwaltungsgerichtsordnung Kommentar, § 47 Rn. 126 ff. [Stand: Juli 2019]。但必須注意者，該書在此持續將行政法院法第47條在1976年之修正誤寫為1986年。

[137] BT-Drs. 7/4324, S. 12.

的功能：法規審查程序亦有假處分，作爲暫時權利保護之適用。

❖立法目的❖

　　查本條規定在司法院草案中的立法說明共4點；分別稱：「本條新增。」（第1點）蓋「本法第七編保全程序之規定，與都市計畫審查程序之客觀訴訟性質、維護法秩序功能與法規結構未盡相符，尤其都市計畫審查程序上之保全措施，僅以都市計畫爲對象，究應爲如何之保全，宜有較明確之規定，且於個案之判斷上宜考量都市計畫審查程序之特徵，爲免爭議，實不宜悉予適用或準用本法第七編保全程序之規定。再考量都市計畫之適用或執行，可能對人民、地方自治團體或其他公法人之權利或公益造成重大之損害或急迫之危險，而行政法院審理都市計畫審查程序事件未必能即時以本案判決予以防止，權衡相關利益之結果，可能有必要於本案判決前，暫時停止適用或執行都市計畫，或爲其他必要之處置，以防止發生重大之損害或避免急迫之危險，故宜於本章自行規定適合都市計畫之保全程序，爰……爲本條第一項之規定……。」（第2點）但「本法第七編保全程序之規定中，仍有部分規定，經審慎審查其是否與都市計畫審查程序之特徵及本章之法規結構相容後，得予準用者，爰爲第二項規定，俾法院得視個案情形準用之，以補充第一項規定之不足。」（第3點）至「法院如裁定准許暫時停止適用或執行爭執之都市計畫，或爲其他必要之處置，該裁定不待確定，已具一般拘束力，爲期周知，應將裁定正本送達原發布機關，依都市計畫發布方式公告裁定主文，爰於第三項規定準用前條第一項規定。該准許裁定事後如經廢棄、變更或撤銷時，既足以影響原裁定效力，亦應準用前開之規定處理。」（第4點）[138]據此，本條規定的立法目的，除與德國法制相同，肯認針對原屬法規之一種的都市計畫，其司法審查亦有暫時權利保護[139]之適用外，同時並進一步立法創設這種專門適用於都市計畫審查程序的暫時權利保護類型。雖然對於該新創的暫時權利保護類型，立法者有意規避其名稱，但如觀察本條條文第2項所準用的行政訴訟法相關條文，以及立法說明等，此一類型顯然即屬行政訴訟法第298條之假處分。其結果，實與德國法制無異。

---

138 前揭註134。
139 惟司法院草案之立法說明在此配合行政訴訟法第七編編名，並不稱「暫時權利保護」，而稱「保全」。

❖內容解析❖

一、概說

　　本條規定乃關於都市計畫審查程序之假處分。條文分為三項：第1項主要涉及假處分之實體要件及假處分之內容。第2項乃依第1項作成或不作成假處分應準用的本法第七編之若干規定。至於第3項，則是作成假處分時，在第2項所指示準用的條文外，另應特別適用的規定。我國行政訴訟法上都市計畫審查程序之假處分，即由該三項規定併其所準用之條文等，所合併構成的一個暫時權利保護制度。

　　不過，我國行政訴訟法上之都市計畫審查程序施行伊始（2020年7月1日）；含本條在內之本章（第二編第五章）所有條文的實際運作，實務上尚未累積經驗。因此，有關本條規定，抑或本章其他條文，究竟應如何解釋與適用，仍有待學說探索。只是本條規定既係繼受德國法制的產物，從而在條文的解說上，德國行政法院法第47條第6項所累積的相關學說與實務見解，至少目前具有高度的參考價值。此外，又由於本條第2項大幅準用本法第七編之相關規定，因此這些被準用的條文本身在國內既有的學說與實務中如何解釋與適用，在適用本條之際，同樣饒富參考上之意義。職是，以下本條的內容解析，原則上亦將佐以德國法制[140]，乃至本法第七編之規定的相關學理等方式進行。

　　至於擬所說明的本條規定之內容，鑑於條文未曾實際適用，故僅集中在系爭行政訴訟法上都市計畫審查程序之假處分聲請的審查基準與相關裁判等。因為依據德國法制的經驗，這些問題輒為實務爭議之所在。

二、審查基準

(一)假處分聲請之合法性與有（無）理由

　　暫時權利保護，無論是假扣押、假處分等保全程序，抑或如本法第116條以下所規範的停止執行程序，在訴訟法學上也常被稱為本案爭訟程序的「附屬程序」（Nebenverfahren）。不過這種說法，只是著眼於暫時權利保護程序具有輔助本案訴訟程序，共同實現即時有效之權利保護的目的。反之，就程序本身的性質而言，暫時權利保護程序絕非本案爭訟程序進行中的一個片段，而是位於本案爭訟程序外的另

---

[140] 就此，本條之內容解析主要參考*Hoppe*, in: Eyermann/Fröhler (Begr.), Verwaltungsgerichtsordnung Kommentar, 15. Aufl. 2019, § 47 VwGO Rn. 100ff.; *Unruh*, in: Fehling/Kastner/Störmer (Hrsg.): Verwaltungsrecht: VwVfG, VwGO, Nebengesetze Handkommentar, 4. Aufl. 2016, § 47 VwGO Rn. 130 ff.; *Schoch*, in: Schoch/Schneider/Bier (Hrsg.), Verwaltungsgerichtsordnung Kommentar, § 47 Rn. 126 ff. [Stand: Juli 2019]。以下說明，非無必要，不再特別指出德文文獻之參考出處。

一個獨立且完整的程序[141]。因此，作爲一個獨立且完整的程序，行政機關或法院在暫時權利保護程序中，仍應單獨針對聲（申）請人的暫時權利保護之聲（申）請，分別就其程序面與實體面要件，逐一審查該聲（申）請是否合法，且有無理由後，始得據以爲准駁之決定。換言之，暫時權利保護准否的審查基準，包含暫時權利保護之聲（申）請的「合法性」（Zulässigkeit）與「有（無）」（Begründetheit）兩大項目[142]。前者，涉及暫時權利保護聲（申）請的實體裁判要件（Sachentscheidungsvoraussetzungen）[143]；後者，則是「實體審查標準」（materieller Prüfungsmaßstab）的問題。凡此，當然也適用在本條所規定有關假處分之聲請的情形。

(二)假處分聲請之實體裁判要件

一般而言，有關暫時權利保護之聲（申）請的合法性，處理上與其所對應之本案爭訟程序的實體裁判要件如何判斷，並無太大差別，相對容易。針對各種本案爭訟程序的一般或特別實體裁判要件，訴訟法學所累積的通案性或個別性的學說與判例，通常也適用於相對應的暫時權利保護程序之合法性判斷上，而毋庸另闢蹊徑，謀尋其他的不同處理模式[144]。即以本條所涉的假處分類型爲例，本法第237條之18以下所規範的都市計畫審查程序，其實體裁判要件有哪些，並如何判斷其存在與否，在原告同時依本條規定聲請假處分時，原則上亦可適用於處理原告因此所啓動之假處分程序的合法性問題。

職是，例如本條第1項規定「管轄本案之行政法院」爲受理假處分之管轄法院，即屬相關的一項實體裁判要件；在具體個案中哪一個法院具有本案管轄權，其判斷後的結果，原則上也直接適用在聲請假處分的情形。此外，又如何人可以聲請本條之假處分的問題，法律雖無明文規定，但本條制定當時的草案立法說明二即稱：「聲請人應限於得提起本案訴訟，具原告適格之人民、地方自治團體或其他公法人……」[145]同樣表明了聲請人適格與本案爭訟程序，亦即都市計畫審查程序本身之原告適格判斷標準相同的情形。凡此，均說明本案爭訟程序與暫時權利保護程序之合法性判斷的共通性。

不過在另一方面，同樣屬於暫時權利保護程序之一項實體裁判要件的「權利保護必要性」（Rechtsschutzbedürfnis）[146]，在本條規定的假處分之聲請上，則有其問題

---

[141] 同說，參見BVerfGE 35, 382 (397); BVerwGE 63, 110 (111)。

[142] 就此，參林明昕，行政爭訟上停止執行之實體審查標準：以行政訴訟法第一百十六條第二項爲中心，收於：湯德宗／劉淑範主編，2005行政管制與行政爭訟，2006年，頁4-5。

[143] 抑或稱爲「訴訟要件」（Prozessvoraussetzungen）。

[144] 就此，參林明昕，前揭註142，頁5。

[145] 前揭註134。

[146] 一般也稱「訴訟利益」或「訴之利益」。

的特殊點亟待說明：

首先，假處分程序中的「權利保護必要性」要件，依通說所見，與屬於實體審查標準，亦即有無理由問題的假處分之「原因」（Grund）要件一致，毋庸另行判斷。因為假處分之原因，概念內涵將如下述（後文「二、（三）」），主要取決於爭議個案中之利益衡量，用以斷定當事人聲請假處分究竟有無必要；其結果也係「權利保護」，在此即「假處分」的「必要性」。關於這一點，本法第298條規定之假處分程序類型如此；本條類型的假處分，同樣無例外。因此，有關本條規定之假處分程序中的權利保護必要性，得以在判斷假處分之原因時始一併判斷，毋庸另行處理，造成判斷上的重複。

然即使如此，當事人在都市計畫審查程序中聲請假處分，究竟有無原因，亦即有無權利保護之必要性，判斷時，原則上不得以當事人就系爭都市計畫所衍生之具體權利義務關係，已可透過提起本法其他訴訟類型解決相關爭議，必要時另可同時聲請本法第116條之停止執行，抑或第298條類型之假處分，謀求即時之權利救濟為由，據以否定，而駁回其依本條規定所聲請的假處分。因為行政訴訟法新設本章所規定的都市計畫審查程序，自始即無排除針對同一都市計畫所衍生之具體權利義務關係爭議，另行以其他訴訟類型解決的意圖[147]。準此，既然都市計畫審查程序與相關聯的個案訴訟程序互不相斥，則個案訴訟中，當事人有聲請暫時權利保護的可能性，甚或已經實際聲請，原則上也不妨礙當事人針對爭議源頭的都市計畫本身，另行聲請本條規定之假處分。

相反地，行政機關如已以爭議之都市計畫為基礎，作成行政處分；而當事人因此認為該處分也同時違法，而侵害其權利時，並不能針對作為處分基礎的都市計畫聲請本條類型之假處分，來即使阻擋系爭處分的效力。蓋本條類型之假處分聲請，如獲准許，依第1項規定，也僅能暫時停止都市計畫的適用或執行，效力向後，並不能溯及影響原已生效之都市計畫。因此依據該原已生效之都市計畫而作成的處分，效力根本不受依本條規定聲請而獲准之假處分影響。換言之，在這種問題類型，當事人聲請本條規定的假處分，毫無意義，欠缺假處分之原因，亦即權利保護的必要性；其若擬暫時阻止系爭行政處分的效力，應依本法第116條第2項或第3項聲請停止執行（同條第5項參照），而非本條類型之假處分。

(三)假處分聲請之實體審查標準

依據德國實務經驗，在本條規定之假處分類型中最有爭議的，乃假處分聲請之有無理由問題，亦即相關「實體裁判標準」如何建立。

---

[147] 就此，參見本章之緒論。

本條第1項規定抄自德國行政法院法第47條第6項。而德國該條項條文，一般即被認爲有關假處分聲請之准否的實體審查標準規定。最初，由於這條項規定係繼受德國聯邦憲法法院法（Bundesverfassungsgerichtsgesetz; BVerfGG）第32條第1項有關憲法訴訟上假處分之實體審查標準的規定，因此德國行政法院實務即認爲，憲法訴訟所流行的「利益衡量」模式也應該同時成爲行政訴訟法上法規審查程序之假處分的實體審查標準。

然而這個見解，近年來在德國逐漸受到挑戰。因爲行政爭訟與憲法訴訟所擬處理的問題畢竟不同；憲法訴訟上有關假處分之實體審查標準的理解可否不假思索地轉用至行政爭訟上來，相當值得懷疑。更何況德國憲法訴訟在此長年主張的所謂利益衡量理論，其實也有高度爭議；論者更因而主張，假處分聲請之准否，無論在憲法訴訟，抑或行政爭訟，不應僅取決於假處分之核發與否的利益輕重權衡，而是必須同時顧及本案有無勝訴希望的問題。準此，在德國行政法院法第47條第6項的領域，同時亦即本條規定之假處分的適用範圍，不應單純著眼於條文文義，而應該比照一般行政訴訟之假處分類型（即本法§298），兼顧本案勝訴希望之審查與利益衡量，以決定假處分聲請的准許與否。

前開德國近日的通說值得肯定；甚至在我國，更有條文依據。蓋在德國，本案勝訴希望之審查與利益衡量，一般指向即屬假處分之「請求」（Anspruch）與「原因」（Grund）的審查；而假處分之准否取決於其「請求」與「原因」的存在，在我國不僅因本法第302條準用第297條，再準用民事訴訟法第526條第1項規定（本法§301參照），於本法第298條類型之假處分有條文爲本，即使在本條類型的假處分，也因本條第3項直接準用本法第297條及第301條後的結果，同樣有所依據。從而在我國法上進一步的問題是：在假處分程序中，本案勝訴希望之審查與利益衡量應如何相互搭配進行？

在德國這個問題點，同樣有高度爭議。討論的熱絡與細緻，也難以在此說明。但無論如何，可確定的是，一種以本案勝訴希望之審查爲先，再佐以利益衡量的所謂「階段審查模式」（Stufensystem），近年來在學者Friedrich Schoch[148]等提倡下，逐漸形成包含停止執行及各種類型之假處分等所有暫時權利保護共用的通說見解。據

---

[148] *Schoch*就此一議題的相關文獻，主要集中於：*ders.*, Vorläufiger Rechtsschutz und Risikoverteilung im Verwaltungsrecht, 1988; *ders.*, Grundfragen des verwaltungsgerichtlichen vorläufigen Rechtsschutzes, VerwArch. 82 (1991), 145 ff.; *ders.*, in: Schoch/Schneider/Bier (Hrsg.), Verwaltungsgerichtsordnung Kommentar, Vorb. § 80 ff., § 123, § 47 Rn. 126 ff. [Stand: Juli. 2019] 等三大著作中。而依據同一理論，*Schoch*在後來的文獻中也陸續討論到憲法訴訟上之暫時權利保護的問題；就此，例見：*ders.*, Einstweige Anordnung, in: Badura/Dreier (Hrsg.), Festschrift 50 Jahre Bundesverfassungsgericht, Erster Band: Verfassungsgerichtsbarkeit Verfassungsprozeß, 2001, S. 695 ff.。至於有關*Schoch*理論的中文文獻，參林明昕，前揭註142，頁31-35。

此，階段化審查模式依以下三階段逐次進行：

第一階段：先作本案勝訴希望之審查：本案顯有勝訴希望，准許假處分（或其他各種暫時權利保護；下略）；本案顯無勝訴希望，駁回聲請。

第二階段：「本案勝訴希望之審查」配合「利益衡量」。當本案之勝訴或敗訴希望，並非明顯時，則假處分之准駁，原則上仍取決於勝訴或敗訴希望的「蓋然性」；但當假處分之准許或駁回的結果，嗣後不能，或至少相當難以回復至准駁前的原始狀態時，則此際，假處分之准駁取決於原始狀態有無回復的可能（利益衡量）。

第三階段：純粹「利益衡量」。當本案勝、敗訴希望均有可能，或完全不明時，則准許假處分所致之利益與該利益的輕重程度，決定假處分之准許或駁回。

　　雖然這一套審查模式未必完善，是否能毫無差別地適用在包括本條之假處分在內的各種暫時權利保護類型，也有待釐清；但無論如何，其於國內相關的審查模式尚未建立前，仍不失爲比較法上重要的參考依據。

三、裁定

　　都市計畫審查程序中假處分之聲請，如未能通過上開合法與有理由之審查，行政法院應以裁定駁回。雖然關於法院就此之裁判方式，本條規定並無明文，惟若檢視本條第2項準用本法第297條，而再準用民事訴訟法第528條第1項「關於假扣押聲請之裁定……」的用語，其結果爲「裁定」，當屬無疑。至於程序中假處分之聲請既合法且有理由，法院則應以裁定准許。在此，本條第3項本身已有明文，尤無爭議。

　　相反地，比較值得檢討的是法院准許假處分之聲請時假處分之內容的問題。關於這一點，一方面本條第1項稱「於爭執之都市計畫，……行政法院暫時停止適用或執行，或爲其他必要之處置」，而另一方面，第2項準用本法第303條，並再準用民事訴訟法第535條第1項後，則「假處分所必要之方法，由法院以裁定酌定之」，內容更爲寬廣。不過規範即使如此，在現實上，依據德國實務經驗，法院應僅有暫時停止適用或執行系爭都市計畫之部分或全部，始爲必要的假處分之內容。因此在本條規定施行後眞正面臨適用時，法院准許假處分之聲請，何時且又如何「爲其他必要之處置」，恐怕還有討論的空間。

　　此外，行政法院裁定准許假處分之聲請時，依本條第3項前段規定準用第237條之29第1項後，則該裁定縱尚有抗告之可能，而未確定，但裁定正本也應送達都市計畫之原發布機關，由原發布機關依都市計畫發布方式公告裁定主文。蓋本條規定於立法當時，草案的立法說明四已明確表示：「法院如裁定准許暫時停止適用或執行爭執之都市計畫，或爲其他必要之處置，該裁定不待確定，已具一般拘束力，爲期周知，

應將裁定正本送達原發布機關，依都市計畫發布方式公告裁定主文……」[149]可資參照。

又，關於假處分聲請之裁定，無論准駁，依本條第2項準用本法第297條後，再準用民事訴訟法第528條第1項規定，均得以抗告，固不待言；然除此之外，准許假處分聲請之裁定，同樣依本條第2項，分別準用本法第295條、準用本法第297條後再準用民事訴訟法第530條，抑或準用本法第303條再準用民事訴訟法第536條後，均有另遭法院撤銷的可能。但無論如何，准許假處分聲請之裁定既經廢棄、變更或撤銷，依本條第3項後段準用第237條之29第1項規定，則也須履踐裁定正本送達都市計畫之原發布機關，由該原發布機關依都市計畫發布方式公告裁定主文。此際，本法第296條所規定的要求，因本條第2項之明文準用，同樣必須遵守。

> **第237條之31**（都市計畫審查程序準用規定）
> 都市計畫審查程序，除本章別有規定外，準用本編第一章之規定。

❖立法目的❖

都市計畫審查程序，性質上為客觀訴訟，具有抽象法規審查之功能，本章依其性質，就訴訟要件、管轄法院、起訴期間、被告收受起訴狀後之處理、訴訟參加、判決效力及保全程序等已有特別規定。都市計畫審查程序之審理，除本章有特別規定外，仍應準用第二編第一章通常訴訟程序之規定，故本條就此為明文規定。

❖內容解析❖

除本章已為特別規定之事項外，都市計畫審查程序應「適用」第一編總則之規定，應無疑義。故關於法院管轄（§237-19）及訴訟參加（§237-22～§237-24），因本章已有特定規定，即不得適用第一編第二章第一節管轄及第四節訴訟參加之規定。至於其他規定，如法官迴避、當事人、訴狀、送達、期日與期間等，於本章無特別規定者，自仍應適用第一編總則之規定。

至於第二編第一章通常訴訟程序之規定，參酌本章之特別規定及都市計畫審查程序之特性，除因規定內容與都市計畫審查程序不符（如§104-1、§106、§108、§114-1、§195Ⅱ、§196～§203、§215、§216），及就保全程序已有明文規定而不應準用第二節「停止執行」規定外，其餘規定應視其性質準用之。

---

[149] 前揭註134。

　　第二編第一章第一節「起訴」之規定，第105條（起訴狀）、第107條（裁定駁回）、第109條（定言詞辯論期日）、第110條（承當訴訟），應得準用。此外，都市計畫審查程序仍有限度地採處分權主義，其程序之開始仍繫諸於原告之請求，審查程序亦可因原告之撤回訴訟而終結，僅高等行政法院之審查範圍不完全受限於原告請求之範圍，而不適用處分權主義。因此，第111條（訴之變更或追加）及第113條與第114條（訴之撤回），亦應得準用。但第112條關於反訴之規定，依性質應不得準用。

　　第二編第一章第三節「言詞辯論」及第四節「證據」之規定，原則上應得依都市計畫審查程序之性質準用之。第五節「訴訟程序之停止」之規定，參酌都市計畫審查程序仍有限度地採處分權主義之意旨，原則上亦應得準用之。

　　至於第二編第一章第六節「裁判」之規定，除上述所列應不得準用之規定外（§195Ⅱ、§196～§203、§215、§216），其餘規定應仍得依都市計畫審查程序之性質準用之。

　　第二編第一章第七節「和解」之規定，與都市計畫審查程序性質是否相符，德國有學者認為在法規審查程序不適用訴訟上和解之規定，並無疑慮[150]，其論點似可能基於法規審查程序之客觀訴訟性質及其高度公益性。然而德國亦有見解認為訴訟上和解制度適用於所有訴訟程序，包括法規審查程序，只是法規審查程序在於客觀審查法規之有效性，不受當事人訴之聲明的拘束，因此受到當事人處分權的影響非常小[151]。在都市計畫審查程序可以想見成立和解的情形，例如被告機關與原告達成訴訟上和解，被告機關負有變更系爭都市計畫並重新公告實施的義務，而原告在訴訟上主張亦有所讓步，以終結繫屬中之都市計畫審查程序。然而被告機關重新公告實施之都市計畫是否存在利益衡量瑕疵或其他違法情事，與訴訟上和解內容無涉，因此依德國學說見解，以訴訟上和解終結對於都市計畫合法性之爭議，實際上能發揮的功能有限。

　　至於第二編第一章增訂之第八節「調解」相關規定，自民國112年8月15日施行，其性質與和解有別[152]。都市計畫擬定及核定機關皆享有一定之計畫形成自由，且應依其專業進行利益衡量以形成計畫內容，惟不得有利益衡量之瑕疵，否則都市計畫即為違法。依德國學界見解，土地規劃及開發利用所生之利益衝突，為適合由中立之調解人進行調解的適例之一[153]。因此於都市計畫審查程序中，在調解委員的引導下，原告、被告機關及參加調解之第三人得就系爭都市計畫之利益衝突達成協議，以終結訴訟程序，惟調解成立之內容不得違法，特別不得有利益衡量之瑕疵。如在都市計畫

---

[150] Hoppe, in: Eyermann, Verwaltungsgerichtsordnung, 15. Aufl., 2019, §47 Rn. 73.

[151] Schübel-Pfister, in: Eyermann, Verwaltungsgerichtsordnung, 15. Aufl., 2019, §106 Rn. 3.

[152] 關於行政法上調解制度的介紹，參見傅玲靜，行政法上調解機制之法制研究—以環境調解為例，東吳法律學報33卷3期，2022年1月，頁83-154。

[153] 關於適合進行調解之爭議事件，參見傅玲靜，前揭文，頁119-123。

審查程序中能善用訴訟上調解制度以解決利益衝突及紛爭，將有助於訴訟經濟及紛爭解決。

第3編

上訴審程序

- 第一章　最高行政法院上訴審程序
- 第二章　高等行政法院上訴審程序

|第一章|
最高行政法院上訴審程序

|緒 論|

一、上訴之意義

本法規定之上訴（§238以下）係當事人或訴訟關係人，對於高等行政法院尚未確定而不利於己之終局判決，向最高行政法院聲明不服，求爲審理、廢棄或變更該判決之訴訟上救濟方法[1]。析述如下：

(一)上訴是對於尚未確定之終局判決聲明不服之救濟方法：

裁定雖與判決同屬法院裁判之一種，也可以對之聲明不服以資救濟，但不屬本（第三）編規範之範圍，而另規定於第四編抗告，自然也不可作爲上訴的對象[2]。又既爲請求上級審法院廢棄改判高等行政法院的原判決，須於該判決尚未確定時爲上訴始可（合法的上訴聲明，依§212 I，會阻卻原判決確定），故如於原判決確定後，始對之聲明不服，應屬本法第273條所規定之再審，而不是本（第三）編之上訴。當然，對於高等行政法院之「再審判決」，當事人有權對之提起上訴，那是另一層問題。另外，高等行政法院在作成終局判決之前所作「中間判決」（§192），雖併同終局判決之上訴，受最高行政法院之審判（§239），但不得獨立對中間判決，提起上訴[3]。受命法官或受託法官所作之裁判，通常不屬終局判決，當事人對此聲明不服，非屬上訴，僅屬向受訴法院提出之異議（§266）。

(二)上訴是受不利益判決之當事人，請求上級審法院從新審理該案，將原判決予以廢棄或變更，藉以得到救濟之方法。從而，於原判決已得到勝訴的當事人，因無上

---

[1] 這是多數學者所能接受之說法。參見陳計男，行政訴訟法釋論，2000年初版，頁628；吳庚，行政爭訟法論，1999年修訂版，頁229；陳榮宗、林慶苗，民事訴訟法（下），2001年修訂2版，頁853；鈴木正裕、鈴木重勝編集，注釋民事訴訟法（8），1998年，有斐閣，頁1；兼子一原著、松浦馨、新堂幸司、竹下守夫補訂，條解民事訴訟法，1986年，弘文堂，頁1143。

[2] 大陸民事訴訟法第147條第2項，1991年；及行政訴訟法第58條，1989年，均規定當事人有權對人民法院的「裁定」提起「上訴」，其立法設計與臺灣不同。

[3] 參見最高法院18年抗字第123號判例。在行政訴訟亦應作相同解釋。又參見Procédure civile, 25e édthion 1999, J. Vincent, S. Guinchard，羅結珍，中譯本，中國法制出版社（下冊），2001年，頁1151以下。

訴利益，自無更予救濟的必要。尤其在行政訴訟以撤銷訴訟為大宗，且在上訴審程序不得為訴之變更、追加（§238Ⅱ），如於撤銷訴訟勝訴之當事人，自不得主張於上訴後可變更撤銷之訴為課予義務訴訟將得到更有利之判決，作為上訴利益存在之理由，其他訴訟種類亦然。又如聲請更正原判決（§218準用民訴§232），或對於原審漏未判決部分聲明不服者，以聲請補充判決論（§218準用民訴§233），均非屬上訴。

(三)就訴訟程序進行之過程來觀察，「上訴」之聲明有幾層涵義：1.請求阻止原判決確定；2.請求廢棄原判決；3.就本案實體上爭執，請求變更為有利上訴人之判決。最高行政法院應針對上訴聲明予以逐步審理[4]：

(1)合法之上訴會阻卻原判決確定（§212Ⅰ）。惟如上訴不合法，即不發生此效力，原高等行政法院即應裁定駁回上訴（§246）。如原高等行政法院不為裁定而將案卷逕送最高行政法院，最高行政法院亦應予裁定駁回（§249）。當然，其情形可以補正而未經裁定命補正者，應先定期間命其補正。經裁定駁回上訴確定後，原判決即告確定，最高行政法院，即不必進一步根據上訴聲明，廢棄原判決及變更原判決。

(2)上訴聲明經查明係合法，最高行政法院應在上訴聲明範圍內就實體上為審判，如查明上訴為無理由，即應判決駁回上訴（§255），原則上不必再進一步廢棄或變更原判決。

(3)合法之上訴，經查明其上訴為有理由，最高行政法院即應就上訴部分廢棄原判決（§256、§260），將事件發回原高等行政法院，或發交專屬管轄行政法院（§257）。依本法第259條規定自為判決時，始可就實體上進一步變更原判決，上訴人之正當權益乃得以保護。

二、上訴審之性質

審理一般民事事件與刑事案件之普通法院，通常採三級三審制，其上訴審包含第二審上訴及第三審上訴。高等法院職掌第二審上訴，性質上為第一審事實審之延續，最高法院職掌第三審上訴，理論上應屬純法律審，應以高等法院認定之事實為自行判決之基礎。倘高等法院認定事實之程序違背法令，亦僅應廢棄原判決，發回原高等法院更為審理，而不得由最高法院自行審理、認定事實，據為自行判決之基礎。

行政訴訟與民事訴訟不同，由於行政訴訟法第254條第3項特別規定：「行言詞辯論所得闡明或補充訴訟關係之資料，最高行政法院亦得斟酌之。」亦即最高行政法院就此部分，得自行調查認定事實、證據，作為裁判之基礎而不必專以高等行政法院所認定之事實，作為適用法律之根據。即此一端，應可認為最高行政法院並非純法律審，而係法律審兼事實審。

---

[4] 參見鈴木正裕、鈴木重勝等編集，注釋民事訴訟法（8），1998年，有斐閣，頁2以下。

三、上訴之合法要件

上訴是上訴權人主張原判決不當,要求上訴審法院裁判之制度,但須以上訴合法為前提,如上訴不符合法定要件,行政法院即可裁定駁回上訴(§246、§249),其能補正者,應當先定期命補正。經審查上訴符合法定要件,上訴審法院才可以進一步審查上訴在實體上是否有理由,然後作出實體判決(§255、§256)。

上訴合法要件,有下列各項[5]:

1.上訴人須有上訴權

有上訴權之人,包括原判決之當事人(§238 I),還有參加訴訟之獨立參加人(§41、42);如由輔助參加人聲明上訴(§48準用民訴§61),仍以其所輔助之當事人為上訴人;當事人捨棄上訴權(§240)或撤回上訴者(§262),其上訴權消滅。

2.上訴須符合法定程式

(1)須提出符合法定格式之上訴狀(§244)。

(2)上訴理由須主張原判決違背法令(§242),上訴狀未表明上訴理由時,可於二十日內補行提出理由書(§245)。

(3)上訴須遵守法定二十日上訴期間(§241)。

3.上訴之對象須得為上訴

對中間判決(§192)不得獨立提起上訴,僅對於終局判決提起上訴時由上訴審法院一併審理(§239)。又如行政法院認為非屬訴之變更追加或准許訴之追加變更(§111V),或駁回第三人參加訴訟之聲請(§43III),或准許第三人承當訴訟(§110III)等裁定,均不得聲明不服,自不得作為上訴之對象。

4.上訴合法要件之認定時點

通常以聲明上訴之時點為準。惟如於合法上訴後,於上訴訴訟程序中聲明捨棄上訴權(§240)時,會使原來上訴變成不合法;如上訴後再聲明撤回上訴(§262),當然於聲明時點發生撤回之效力,使原判決溯及於其上訴期間屆滿時確定。

四、上訴審對違式裁判之處理

(一)對違式裁判聲明不服之方法

行政法院之裁判,除依本法應用判決者外,以裁定行之(§187)。如法官依法應以「判決」程式裁判而誤以「裁定」為之,就發生裁判違背法定程式之問題。此

5　參見吳庚,行政爭訟法論,1999年修訂版,頁229以下;陳計男,行政訴訟法釋論,2000年初版,頁633以下。

際，當事人應選擇何種程式聲明不服？學理上有形式說與實質說之對立。

1.形式說

認為應以違式裁判所表示裁判程式為準，來選用聲明不服之方式。如誤將判決以裁定行之者，當事人應選擇抗告程序來聲明不服，自應於抗告之法定不變期間內提起抗告，如行政法院誤將裁定以判決為之者，當事人自應於法定上訴不變期間內，依上訴程式提起上訴。

2.實質說

認為應以違式裁判本來應適用之法定程式為準，來選用聲明不服之方式。故如法院誤將判決以裁定行之者，當事人應選用該違式裁定本來應適用之判決程序來聲明不服，自應於判決之法定不變期間內提起上訴；如行政法院誤將裁定以判決行之者，當事人自應選用裁定程序，於裁定之法定不變期間內提起抗告。

由於對判決提起上訴之法定不變期間為二十日（§241），對裁定提起抗告之法定不變期間為十日（§268），如無擇定其中一種模式來處理，則：(1)行政法院能否認為當事人選用之不服方法錯誤，而裁定駁回上訴（或抗告）？(2)當事人於違式判決之二十日上訴期間內聲明上訴時，如已逾法定裁判程式（裁定）之十日聲明不服期間者，行政法院能否認為當事人聲明上訴逾越期限而裁定駁回上訴？就會發生爭議。

(二)上訴審對違式裁判之處理

修正前之舊行政訴訟法僅一級一審，未設上訴審程序，固無現成之行政訴訟判例，可資遵循，惟舊法第33條規定：「本法未規定者，準用民事訴訟法之規定」，則有關普通上訴審法院處理違式裁判之判例解釋，應可借用於行政訴訟；同時，前揭當事人選用聲明不服之方法，也不一定非選用「形式說」或非選用「實質說」不可，應可斟酌情形，選用最有利當事人之模式來處理[6]。

1.行政法院應為判決而誤以裁定行之者

其裁定本即嚴重違反訴訟程序，不具實質拘束力。對當事人依法享有之上訴權應無影響[7]，此際上訴審法院應採實質說處理。故如當事人於法定二十日上訴期間內，對該裁定聲明不服，縱逾十日抗告期間，仍應認為其聲明不服，並未逾期。又法院應

---

[6] 相同見解，參見陳榮宗、林慶苗，民事訴訟法（下），2001年修訂2版，頁863。

[7] 參照司法院釋字第135號解釋意旨，法院裁判重大違背法令者，在實質上不生效力。又最高法院18年抗字第317號判例：「應以判決裁判之事項而法院誤以決定（即裁定）裁判之，在當事人依法應有之上訴權，自無因法院之違式裁判而受影響之理。」90年版最高法院判例要旨（上冊），頁1213。

以判決駁回之事件，高等行政法院誤以裁定駁回時，如原法院已經言詞辯論，則由原法院依法更正後（§218準用民訴§232Ⅰ），最高行政法院依上訴程序受理。如原法院未經言詞辯論，則最高行政法院應廢棄原裁定，發回更審[8]。

2.行政法院應爲裁定而誤以判決程序行之者

由於判決程序較之裁定程序，採行更嚴謹之言詞辯論程序與證據程序，其結果對當事人並無不利，應仍依判決之上訴審程序處理。至於行政法院僅將「裁定」誤寫爲「判決」，乃裁定更正之問題，固不待言。

五、上訴審對當事人之審理

(一)通常之上訴

聲明上訴之當事人，通常爲原判決之敗訴之當事人，應列之爲上訴人，其對造爲原判決之勝訴當事人，應列之爲被上訴人。如原審有參加人（含§41的必要參加人，§42獨立參加人及§44輔助參加人），仍照列爲「○○參加人」均應送達上訴狀繕本（本法§247），通知其參與上訴審訴訟程序，倘忽略此程序而逕行審判，其判決程序難免有重大瑕疵[9]。將來確定判決效力是否仍及於必要參加人、獨立參加人（本法§47），以及判決之參加效力（本法§48、民訴法§63）是否仍及於輔助參加人，將發生嚴重爭議。又本法不採附帶上訴制度，於原判決結果爲一部勝訴一部敗訴之情形，在上訴審也不會有附帶上訴人。

(二)必要共同訴訟之上訴

必要共同訴訟之一當事人聲明上訴時，如無上訴不合法之情形，其上訴聲明之效力及於其他未聲明上訴之共同訴訟人，應列全體必要共同訴訟人爲上訴人，其對造爲被上訴人（本法§39①前段）[10]。如上揭上訴不合法，應予裁定駁回上訴時，因其上訴聲明效力不及於其他必要共同訴訟人（本法§39①後段），僅列聲明上訴之必要共同訴訟人爲上訴人，其餘必要共同訴訟人免列。

8　參照司法院25年院字第1523號解釋（二）。

9　參照本法第46條、第48條準用民訴法第61條，至於第42條之獨立參加人，依同條第2項得提出獨立之攻擊防禦方法，將來確定判決效力亦及於獨立參加人（本法§47、§213），在上訴審程序之進行，均應與必要參加人及輔助參加人作相同之處理。

10　參照最高法院52年台上字第1930號判例。此際如上訴審法院僅列聲明上訴之共同訴訟人爲上訴人進行上訴審程序，並爲本案判決確定，其程序顯然有重大瑕疵而有本法第273條第1項第1款適用法規顯然錯誤之再審原因，應依再審程序救濟。似不能依本法第218條準用民訴法第233條補充判決程序處理。在此場合，如已不能再審確定，則有瑕疵之上訴審違法確定判決，依司法院釋字第135號解釋旨意，應認爲（該確定判決）不生實質上確定力。原審判決是否隨即確定，實存有討論空間。

如必要共同訴訟人為原判決勝訴當事人時，其上訴審當事人處理方法，應該相同，可以比照辦理。

至於通常共同訴訟，共同訴訟人間對於各自請求之訴訟標的，互無利害關係，如有上訴，僅以上訴聲明人為上訴人，不待伸論（參照本法§40）。

(三)參加人聲明上訴

1.輔助參加人聲明上訴

輔助參加人（本法§44）得按參加時之訴訟程度，輔助當事人為一切訴訟行為（本法§48準用民訴法§61），故於當事人未聲明上訴時，得為該當事人之利益聲明上訴。此際上訴人為其所輔助之當事人，而聲明上訴之輔助參加人，在上訴審仍為輔助參加人。被上訴人為原判決之勝訴當事人。倘輔助參加人聲明上訴而與其所輔助當事人之行為牴觸時（例如：該當事人已聲明捨棄上訴，或該當事人聲明上訴後又撤回上訴），輔助參加人之上訴聲明對該當事人不生上訴之效力，自屬上訴不合法，應予裁定駁回（本法§246Ⅰ、§249Ⅰ），此際應僅列該輔助參加人為形式上之「上訴人」（可用括弧註明為輔助參加人），不必列其所輔助之當事人為上訴人。

2.必要參加人聲明上訴

必要參加人（本法§41）參加訴訟，其對不利於已之原判決聲明上訴時，除其為上訴人外，仍應列原判決敗訴當事人為上訴人。如果必要參加人聲明上訴不合法，應予裁定駁回上訴時，因該上訴聲明之效力不及於原判決敗訴當事人（本法§41、§39①後段），僅列該必要參加人為形式的上訴人即可。

3.獨立參加人聲明上訴

本法第42條所定「獨立參加訴訟」，以他人對行政機關所提起撤銷訴訟之結果，第三人之權利或法律上利益將受損害為法定要件，由行政法院依職權命該第三人獨立參加訴訟或裁定准許該第三人聲請參加。此與第41條必要參加、第44條之輔助參加及修正前第8條規定：「行政法院得命有利害關係之第三人參加訴訟」或「允許其參加」，一般僅認係輔助參加之情形，尚有不同，我民事訴訟法亦無類此規定，性質上或較相似於日本民事訴訟法第47條之「獨立當事者參加」訴訟（舊法§71）[11]。

---

[11] 關於「獨立當事者參加」制度，可溯源於法國舊民訴法第438條「詐害再審」之規定（因他人間之詐害訴訟受損害之第三人，可對該詐害訴訟確定判決，提起再審之訴），日本於大正15年（1926年）修正舊民訴法時引進，回溯到訴訟繫屬中之詐害（通謀）訴訟，使將受詐害訴訟損害之第三人，介入詐害訴訟做直接的當事人，以防止法院作出詐害判決，遂在原來主參加訴訟制度（相當於我國民訴法§54）之外，另設計舊民訴法第71條（新法第47條）之「獨立當事者參加」制度。其理論架構說明可分成：(一)二面訴訟說（1.共同訴訟說：a.補助的共同訴訟說、

　　由於本法第42條第2項明定：「前項（獨立）參加，準用第三十九條第三款規定。參加人並得提出獨立之攻擊或防禦方法」，顯然認為獨立參加人在本案訴訟之爭議，有與本案訴訟標的無矛盾地合併裁判之必要，而且獨立參加人對該案判決有獨立上訴之權。故如獨立參加人聲明上訴，應列該獨立參加人為上訴人，原判決原告亦列為上訴人（最高行政法院97年5月份第2次庭長法官聯席會議決議）。

第238條（上訴審程序）
對於高等行政法院之終局判決，除法律別有規定外，得上訴於最高行政法院。
於上訴審程序，不得為訴之變更、追加或提起反訴。

❖立法說明❖

　　一、行政訴訟法於2012年9月6日改採三級二審制，配合第235條及第237條之9準用第235條，對於簡易訴訟程序及交通裁決事件訴訟程序之高等行政法院第二審判決，不得上訴之規定，而修正為「對於高等行政法院之終局判決，除本法或其他法律別有規定外，得上訴於最高行政法院」[12]。嗣於2023年8月15日修正施行的行政訴訟法，又修正為「對於高等行政法院之終局判決，除法律別有規定外，得上訴於最高行政法院」。此「法律別有規定」，係指同法第263條之1第2項所規定，對於高等行政法院第二審判決不得上訴於最高行政法院。

　　二、行使國家司法權之最高級法院通常作為上訴法律審，其目的除保護個人權利外，亦是確保法律統一及從事法續造（Fortbildung des Rechts）[13]。我國最高行政法院之上訴審，原則上為法律審，以審查高等行政法院之第一審判決有無違背法令為目的，性質上不宜為新訴之審判。是以第2項規定於上訴程序，禁止為訴之變更、追加或提起反訴，以貫徹最高行政法院作為上訴法律審之制度設計。

---

b.純共同訴訟說；2.主參加合併訴訟說；3.三個訴訟合併說）；(二)三面訴訟說；(三)折衷說。以三面訴訟說為通說，可供參考。以上參看高島義郎，獨立當事者參加之構造，收錄於：民事訴訟法の爭點，1979年舊版，有斐閣，頁130；榊原豐，獨立當事者參加の要件と訴訟構造，收錄於：民事訴訟法の爭點，1989年2版，有斐閣，頁146；新堂幸司，民事訴訟法，2版，頁510；德田和幸，獨立當事者參加の要件と訴訟構造，收錄於：民事訴訟法の爭點，1998年3版，有斐閣，頁108。

12　參見該條立法理由。

13　Vgl. Hufen, Verwaltungsprozessrecht, 7. Aufl., 2008, §41, Rn. 1; Eyermann, Verwaltungsgerichtsordnung, 11. Aufl., 2000, §132, Rn. 1 (Peter Schmidt).

❖內容解析❖

一、第1項

(一)上訴權人

具有對高等行政法院之終局判決提起上訴之權利者，為上訴權人。依本法第240條規定可知，上訴權人為訴訟當事人。而本法第23條規定：「訴訟當事人謂原告、被告及依第四十一條與第四十二條參加訴訟之人。」因此，上訴權人為原告、被告及本法第41條必要共同訴訟之獨立參加人、第42條利害關係之獨立參加人。或謂上訴權人除原告、被告及本法第41條、第42條之獨立參加人外，尚包括本法第44條之輔助參加人及受特別委任之訴訟代理人。輔助參加人，依本法第48條準用民事訴訟法第61條本文規定，固得按參加時之訴訟程度，輔助當事人為一切訴訟行為。輔助參加人得為之訴訟行為，包括提起上訴。然而輔助參加人具從屬性，與本法第41條及第42條之訴訟參加人具獨立性者不同，其提起上訴，係為其所輔助之當事人提起，列所輔助之當事人為上訴人，而且不得與所輔助當事人之行為牴觸（§48準用民事訴訟法§61後段規定），例如其所輔助之當事人捨棄上訴權後，輔助參加人就不得為其提起上訴。至受特別委任有上訴代理權之訴訟代理人之提起上訴，亦是為其委任人提起上訴，以委任人為上訴人。因此，不宜將輔助參加人及受特別委任之訴訟代理人認為屬於上訴權人。又撤銷訴訟判決僅撤銷訴願決定，著由訴願機關作成訴願決定，訴願機關縱有不服，因其非訴訟當事人，並無上訴權，不能對之提起上訴，而應由被告機關提起上訴。

本法第41條規定，訴訟標的對於第三人及當事人一造必須合一確定者，行政法院應以裁定命該第三人參加訴訟。此必要共同訴訟之訴訟參加，準用本法第39條規定（見§46）。依本法第39條第1款規定，共同訴訟人中一人之行為有利益於共同訴訟人者，其效力及於全體。經準用此規定，必要共同訴訟之獨立參加人提起上訴，效力及於與其訴訟標的必須合一確定之當事人。反之，必要共同訴訟之當事人提起上訴，效力及於獨立參加人。

本法第42條第1項規定，行政法院認為撤銷訴訟之結果，第三人之權利或法律上利益將受損害者，得依職權命其獨立參加訴訟，並得因該第三人之聲請，裁定允許其參加。設有與原告利害關係相反之第三人，依此規定獨立參加訴訟，不服高等行政法院之判決，而提起上訴，例如在環境影響評估法事件，主管機關之環境影響評估審查委員會審查結論為「有條件通過環境影響評估審查」，開發地點之當地住民對此審查結論（為行政處分）提起撤銷訴訟，開發單位獨立參加訴訟，高等行政法院判決撤銷審查結論，獨立參加人開發單位不服提起上訴，然被告即主管機關並未提起上訴。此際，最高行政法院判決應如何列載當事人？最高行政法院之統一見解認為獨立參加人

及原審被告均應列爲上訴人，被上訴人則列原審原告[14]，在上例即列開發單位及主管機關爲上訴人，起訴之當地住民爲被上訴人。

本法第42條第1項雖規定行政法院「得」依職權命獨立參加訴訟，委諸法官裁量。然而在涉及具第三人效力之行政處分之撤銷訴訟，與原告利害關係相反之第三人，其權利成爲程序對象，或其權利直接源自於程序對象，而且第三人之法律地位受到判決形成力之影響[15]。例如第三人申請主管機關對其作成授益行政處分獲准許，因該授益行政處分而有權利或法律上利益受損害之原告提起撤銷訴訟。上舉住民對有條件通過環境影響評估審查之審查結論提起撤銷訴訟即屬其例。該第三人爲授益處分相對人，其因該授益行政處分取得之權利，成爲撤銷訴訟之程序對象，如果該授益行政處分被判決撤銷，第三人因受撤銷訴訟判決形成力拘束，其因該授益行政處分取得之權利消滅。此種情形，第三人既如同訴訟當事人般受裁判，即應享有如同訴訟當事人之訴訟上地位，而能在訴訟上進行攻擊防禦，捍衛其權利，否則不僅侵害其訴訟權，亦違反平等原則[16]。此際行政法院自無不依行政訴訟法第42條第1項命第三人獨立參加訴訟之裁量空間，亦即裁量收縮至零，應命第三人參加訴訟[17]。惟如事實審法院未命第三人參加訴訟（第三人亦未聲請參加訴訟）而爲審理判決，該判決違反上開規定，判決違背法令。訴訟結果如原告勝訴，則與原告利害關係相反之第三人因該判決受不利益，第三人可否提起上訴？第三人因未參加訴訟，非屬行政訴訟法第23條所稱之當事人，不可以當事人地位提起上訴。然德國有學者認爲，在法院漏未依其行政法院法第65條第2項命必要訴訟參加者，應訴訟參加之人得聲請參加訴訟，以達到提起審級救濟之目的[18]，亦即應命參加訴訟之第三人不服下級審法院判決，得聲請參加訴訟並提起上訴，下級審法院應先就訴訟參加之聲請爲決定，如下級審法院爲訴訟參加之裁定，隨著該訴訟參加之裁定送達予第三人，第三人之上訴合法[19]。我國法亦可作相同之解釋。

---

14 最高行政法院97年5月份第二次庭長法官聯席會議決議。

15 Vgl. Nottbusch, Die Beiladung im Verwaltungsprozess, 1995, S. 95 ff.

16 Vgl. Schoch/Schmidt-Aβmann/Pietzner, Verwaltungsgerichtsordnung, 2000, §65, Rn. 19 f. (Bier).

17 關於此問題之詳細論述，參閱吳東都，具第三人效力行政處分之訴訟參加，收錄於：訴訟理論新思潮與實務，2010年12月，頁387以下。最高行政法院103年11月份庭長法官聯席會議亦採此見解。另見最高行政法院104年10月份庭長法官聯席會議決議。又都市更新主管機關核定實施者實施都市更新事業計畫，更新單元內不同意更新之私有土地所有權人或合法建築物所有權人以都市更新主管機關爲被告，提起撤銷訴訟，因實施者爲處分相對人，訴訟之結果，可能使實施者之權利或法律上利益直接受損害，應命其獨立參加訴訟，但更新單元內同意更新之私有土地所有權人或合法建築物所有權人非處分相對人，訴訟之結果，無直接損害其權利或法律上利益之可能，不得依行政訴訟法第42條第1項命其獨立參加訴訟（最高行政法院104年10月份庭長法官聯席會議決議參照）。

18 Vgl. Redeker/von Oertzen, Verwaltungsgerichtsordnung, 15. Aufl., 2010, §65, Rn. 33.

19 Vgl. Eyerman, Verwaltungsgerichtsordnung, 11. Aufl., 2000, §65, Rn. 26 (Jörg Schmidt).

(二)高等行政法院之終局判決

　　行政訴訟採三級二審制，高等行政法院依事件之不同，而分別具有第一審及第二審之管轄權。對於地方行政法院第一審終局判決不服，係上訴於管轄之高等行政法院（§263-1Ⅰ）；對高等行政法院之第二審判決，不得上訴（§263-1Ⅱ）。是以對高等行政法院之第二審終局判決，不得上訴於最高行政法院，此即本項所稱之「法律別有規定」。因此得上訴於最高行政法院者，係高等行政法院之第一審判決。又得為上訴對象者，限於「終局判決」。終局判決者，乃終結訴訟事件在某一審級之訴訟程序之判決，非屬高等行政法院之「終局判決」，例如中間判決，不得成為上訴之對象。

　　上訴，係賦予受判決不利之訴訟當事人之審級救濟制度，訴訟當事人僅得對不利於其之判決提起上訴。惟如何判斷判決是否不利於訴訟當事人？司法裁判向來是以判決主文為判斷標準[20]。此問題之思考，應不是在於形式上之判決主文，而應在於對訴訟當事人有拘束力之判決內容，包括主文及理由，是否不利於訴訟當事人為斷。蓋只要對訴訟當事人有拘束效力，即令是判決理由，亦應予因此判決理由受不利益之訴訟當事人上訴之機會，始符上訴制度之本旨。在解釋既判力客觀範圍，須參照判決理由或由判決理由予以界定，本法第216條之判決拘束力規定，及承認判決爭點效下[21]，判決理由可能對訴訟當事人有拘束力[22]。這在判決確定後，被告機關須重為處置之情形，尤為明顯。試舉一例說明之：主管機關對人民處罰鍰，受處罰人不服此罰鍰處分提起撤銷訴訟。高等行政法院審理結果，認原告確有違規行為，該當處罰要件，然被告機關裁處罰鍰之金額過高，裁量濫用而撤銷罰鍰處分。此種情形，主文有利於原告，以此為判斷標準，不許原告上訴，該撤銷判決因被告機關未上訴而確定。被告機關重為處分時，應依判決意旨為之（§216Ⅱ），勢必僅能就罰鍰額度重為裁量，而不再就原告是否確有違規行為，該當處罰要件重新審認。此際，原告對被告機關重為處罰之處分提起撤銷訴訟，再對是否確有違規行為，而該當處罰要件為爭執。如專以判決主文為斷，判決主文有利於原告，原告不能對前撤銷判決提起上訴。如認為前撤銷判決對原告有無違規行為之認定，對原告無拘束效力，高等行政法院又要重為審理

---

[20] 最高行政法院99年度裁字第979號裁定：「行政訴訟之上訴，係受高等行政法院未確定不利判決之當事人向本院尋求更有利判決之制度。是以得向本院提起上訴者，限於受不利判決之當事人，否則上訴不合法。而判決是否有利於訴訟當事人，則以判決主文為斷。」（非判決主文所由生之理由，不得認有不利），另見最高行政法院95年度裁字第1465號裁定（說明主文之理由，雖於當事人有所不利，因無裁判之效力，即與該當事人之權利義務無妨礙）。民事裁判同見解，見最高法院18年上字第1885號判例。

[21] 例如：最高行政法院103年度判字第140號及98年度判字第841號判決。

[22] Eyerman, Verwaltungsgerichtsordung, 11. Aufl., §124, Rn. 28, 係以判決有「具確定力能力內容」（rechtskraftfahiger Inhalt）是否對當事人造成不利益作為判斷是否為不利判決之標準，思考方式雷同。

此部分之爭議，不符訴訟經濟，亦可能造成前後裁判結果歧異。但如認為前撤銷判決對原告有無違規行為之認定，對原告有拘束效力，原告卻無對此認定有不服之機會，對原告訴訟權之保障，即有不周。因此，是否單以判決主文作為判斷判決是否有利於訴訟當事人，非無再斟酌之餘地。

　　德國行政訴訟判決分為訴訟判決（Prozessurteil）及本案判決（Sachurteil），前者是欠缺本案判決要件（Sachentscheidungsvoraussetzungen），訴訟不合法所為之判決，後者則是就訴訟標的所為之判決[23]。在德國，認應以訴訟判決（訴訟不合法）駁回時，卻以本案判決（訴訟無理由）駁回，該本案判決對原告不利；應以本案判決（訴訟無理由）駁回，卻以訴訟判決（訴訟不合法）駁回，該訴訟判決對被告不利[24]。在我國，大部分之本案判決要件有欠缺者，係屬於欠缺起訴合法要件，行政法院以裁定駁回（§107Ⅰ）；原告不適格及欠缺權利保護必要者，則是認應以判決駁回[25]。行政法院事實審應以裁定駁回原告之訴，卻以判決駁回，因既駁回原告之訴訟，該判決對原告不利，原告經合法上訴後，司法實務上係由法律審於判決理由敘明原告之訴起訴不合法，糾正事實審之法律上判斷，然因駁回原告之訴之結論相同，而以判決對原告之程序保障優於裁定，仍維持原判決而駁回原告之訴[26]，判決係就起訴不合法事項確定。反之，應以訴訟無理由判決駁回者（非原告不適格及欠缺權利保護必要之情形），卻以起訴不合法裁定駁回，該裁定不利於原告，原告得抗告。有問題者，乃被告得否對該裁定提起抗告。如以被告原有取得本案判決（就訴訟標的為裁判）勝訴之法律上利益，卻因事實審判決誤以起訴不合法駁回原告而受影響而論，應可承認被告得提起抗告。這兩種情形，案件經抗告於最高行政法院，最高行政法院應廢棄原裁定，發回事實審法院更為裁判[27]。在我國會發生類於上述德國應以本案判

---

[23] 參閱彭鳳至，德國行政訴訟制度之訴訟實務之研究，1998年，頁149；Stern, Verwaltungsprozessuale Probleme in der öffentlich-rechtlichen Arbeit, 8. Aufl., 2000, Rn. 668, 56.

[24] Vgl. Eyerman, Verwaltungsgerichtsordung, 11. Aufl., 2000, §125, Rn. 30, 32.

[25] 最高行政法院90年6月份庭長法官聯席會議決議：「當事人適格、權益保護必要之要件，屬於狹義的『訴的利益』之欠缺，此等要件是否欠缺，常須審酌當事人之實體上法律關係始能判斷，自以判決方式為之，較能對當事人之訴訟程序權為周全之保障。」然不少行政訴訟法學者認為訴訟當事人不適格及欠缺權利保護必要，應以裁定駁回，參閱彭鳳至，行政法（下），翁岳生主編，2006年3版，頁469、475及註417所引文獻。司法裁判於撤銷訴訟及課予義務訴訟，如果負擔處分、駁回處分或行政機關之不為處分，依原告主張之事實，其不可能有權利或法律上利益受損害者，也裁定駁回原告之訴。至被告不適格部分，本法第107條第2項就撤銷訴訟及課予義務訴訟，已有特別規定，應以裁定駁回。2023年8月15日修正施行行政訴訟法第107條第3項第1款已明文規定，除同條第2項以外之當事人之不適格或欠缺權利保護必要，得不經言詞辯論，逕以判決駁回。

[26] 此類判決常見，可自行搜尋。

[27] 司法院25年院字第1523號解釋：「依法應以判決駁回之事件。下級法院誤用裁定時。如已經言詞辯論。應依同法第二百三十二條第一項。由原法院更正後。依上訴程序受理。其未經言詞辯論者。應廢棄原裁定。命其更為裁判。」此號解釋之疑問在於除非依裁定內容，法院本來意思

決（訴訟無理由）駁回，卻以訴訟判決（訴訟不合法）駁回之情形，是應以本案判決（就訴訟標的為裁判之訴訟無理由）駁回，卻以原告適格及欠缺權利保護必要判決駁回原告之訴者。在這種情形，被告得否以該判決對其不利而提起上訴？如以被告原有取得本案判決（就訴訟標的為裁判）勝訴之法律上利益，卻因事實審判決未就訴訟標的為裁判，以非本案判決駁回原告受影響而論，亦應可承認該判決對被告不利。這種情形，也是非單以主文判斷判決是否對訴訟當事人不利之例。

(三)附帶上訴

本法未明文規定行政訴訟得為附帶上訴。德國立法例非僅事實審上訴，甚至法律審上訴，均許為附帶上訴（德國行政法院法§127及§144）。然我國民事訴訟法事實審上訴允許附帶上訴（§460），法律審上訴則禁止附帶上訴（§473Ⅱ）。依現行法解釋，本法並未明文規定得附帶上訴。再本法第307條之1規定，民事訴訟法之規定，除本法已規定準用者外，與行政訴訟性質不相牴觸者，亦準用之。最高行政法院原則上為法律審，法律審是否採行附帶上訴制度，應屬立法政策之選擇。吾人固然不能認為附帶上訴與法律審上訴不相容，然而亦不能謂民事訴訟法禁止附上訴之規定，與行政訴訟性質有所牴觸。是以民事訴訟法在法律審上訴禁止附帶上訴之規定，在行政訴訟之準用範圍[28]。雖然如此，自立法政策而言，附帶上訴有解除上訴不利益變更禁止原則之功能，有助於訴訟當事人之武器平等，及防止不必要之上訴（訴訟經濟）[29]。行政訴訟之法律審上訴，或可考慮採行附帶上訴制度。

(四)上訴之效力

於上訴期間內合法提起上訴者，阻止判決確定（§212Ⅰ），此係合法上訴發生阻斷判決確定之效力。又判決經合法提出上訴後，訴訟事件脫離原判決高等行政法院之繫屬，而移審於最高行政法院，是為合法上訴發生移審之效力。

係以判決為之，係誤載為裁定，否則將起訴合法誤為不合法以裁定駁回，何能謂該當民事訴訟法第232條第1項之「誤寫、誤算或其他類此之顯然錯誤」？

[28] 最高行政法院95年度裁字第2056號裁定：「按行政訴訟法並無關於附帶上訴之規定，另民事訴訟法第四百六十條關於附帶上訴之規定，於行政訴訟法並無準用之規定，則於行政訴訟，自不許提起附帶上訴。惟當事人若表示對於高等行政法院之判決提起『附帶上訴』即已表示對該判決不服，應認其係對該判決提起上訴。」

[29] Vgl. Stern, Verwaltungsprozessuale Probleme in der offentlich-rechtlichen Arbeit, 8. Aufl., 2000, Rn. 668; Eyerman, Verwaltungsgerichtsordung, 11. Aufl., 2000, §127, Rn. 1 (Happ)；陳清秀，行政訴訟法，2013年最新版，頁727；吳庚，行政爭訟法論，2012年6版，頁316。

二、第2項

(一)禁止新訴

　　法律審上訴之功能，主要在於對事實審之判決作法律控制，並為免延遲案件在法律審的終結，法律審不宜審理新訴。訴之變更、追加及提起反訴後之訴，均屬新訴，因此本條第2項禁止在上訴審程序為訴之變更、追加及提起反訴。

　　訴之變更，乃訴訟標的之變更，是原告以另一權利主張（Rechtsbehauptung）代替原有的權利主張，或以另一事實關係（Sachverhalt）代替原有的事實關係而為主張[30]。原告之權利主張以訴之聲明為之，而特定訴訟標的之事實關係稱為訴因（Klagegrund）。因此，構成訴之變更之情形，包括訴之聲明變更及訴因變更。此種訴之變更，為客觀之訴之變更。另訴訟當事人（原告或被告）變更，亦會構成訴之變更，是為主觀之訴之變更[31]。本條項所稱之訴之變更，包括因訴之聲明變更、訴因變更及訴訟當事人變更所生之訴之變更。然而應予注意者，訴之聲明變更，必須同時造成訴因變更，始構成訴之變更[32]。

1.訴因變更

　　雖未變更訴之聲明，但以另一事實關係取代另一事實關係，訴因變更，構成訴之變更。未改變訴因，而補充或更正事實上或法律上之陳述，非訴之變更。單純事實及法律理由之追加主張，亦非訴之變更。

2.訴之聲明變更

　　訴之聲明變更，通常會改變訴因，而構成訴之變更。但在有些情形，例如訴之聲明之擴張或減縮，或因情事變更以他項標的代替原請求標的，有時並未改變訴因，不構成訴之變更。在撤銷訴訟中，以另一行政處分代替原行政處分作為訴訟對象（訴之聲明有變更），被認為構成訴之變更，乃在於此種情形通常變更事實關係，發生訴因變更。在特定情形，雖然原告改以另一行政處分代替原行政處分作為撤銷訴訟對象，但並未發生事實關係之變更，因未變更訴因，故非訴之變更。例如被告機關於撤銷訴訟中，在事實關係未變更狀態下，重複作成第二個與原訴訟對象行政處分內容相同之「處分」，原告將該「處分」納入請求判決撤銷之對象，係未變更訴因之擴張訴之聲明，非訴之變更。另被告機關於撤銷訴訟繫屬中，依職權撤銷原訴訟對象之行政處分，在同一事實關係下，另作成變更該處分內容之第二個處分，例如將原處罰鍰新臺

---

[30]　Vgl. Ule, Verwaltungsprozessrecht, 1987, 9. Aufl., S. 237.

[31]　Vgl. Kopp/Schenke, VwGO, 16. Aufl, 2009, §91, Rn. 2; Redeker/von Ortzen, Verwaltungsgerichtsordnung, 15. Aufl, 2010, §91, Rn. 2-10.

[32]　Vgl. Schoch/Schneider/Bier/Riese/Ortloff, VwGO, 2014, §91, Rn. 18.

幣六萬元之處分撤銷，改處三萬元，原告訴之聲明改將第二個處分作為撤銷之對象，則為因事後情事變更，以他項標的代替原請求標的，亦非訴之變更[33]。再者，於撤銷訴訟中，訴訟對象之行政處分，發生行政訴訟法第6條第1項但書之「已執行而無回復原狀之可能」或「已消滅」之情事，原告自「撤銷原處分」之訴之聲明，變更為「確認原處分違法」之訴之聲明，則因原處分的違法性之訴訟標的並未改變，只是減縮「撤銷聲明」，為訴之聲明之減縮，非訴之變更（另參見最高行政法院106年度判字第370號判決）。

德國司法裁判上承認無數經由訴之聲明變更「轉換至其他訴訟種類」，不構成訴之變更之類型[34]，可供參考：自（狹義）課予義務訴訟之請求命作成一定內容之行政處分之聲明，轉換成命為決定訴訟（Bescheidungsklage）之命作成行政處分之聲明，此未變更訴因而減少請求，非訴之變更。自撤銷訴訟或課予義務訴訟，轉換成續行確認訴訟（Fortsetzungsfeststellungsklage），是在既有之事實關係下減少請求，非訴之變更。

3.當事人變更

當事人變更，係指原告及被告變更，不包括參加人之變更。非錯列被告，而因被告名稱之表明或不正確，加以補充或訂正；在行政訴訟法第24條第2款情形，誤列原處分機關為被告，而改列訴願機關；基於法律規定而發生之當事人變更，例如一般權利繼受情形（繼承或法人合併），均非構成訴之變更之當事人變更[35]。

(二)訴訟參加

德國聯邦行政法院法原明文禁止在法律審為訴訟參加，嗣於1991年修正規定該法第65條第2項之必要訴訟參加（Beilading）不在禁止之列（同法§142）。惟上開德國法上之必要訴訟參加，與我國行政訴訟法第41條之必要共同訴訟之獨立參加訴訟及第42條之利害關係人之獨立參加訴訟，非屬完全相同之制度，應先辨明[36]。我國行政訴訟法關於訴訟參加係規定於總則編，且未明文禁止於法律審為訴訟參加。因此應依各種訴訟參加及法律審上訴之性質，及相關法律體系規定，以決定法律審上訴是否許訴訟參加。行政訴訟法第41條應命與當事人有訴訟標的必須合一確定關係之第三人參

---

[33] 參閱吳東都，論行政處分撤銷訴訟之訴訟標的，臺大法律研究所碩士論文，1987年6月，頁216。此種情形可解為第二個處分係將罰鍰六萬元處分變更三萬元之處分（變更處分），已取代第一個處分。

[34] Vgl. Schoch/Schneider/Bier/Riese/Ortloff, VwGO, 2014, §91, Rn. 29 ff.

[35] Vgl. Redeker/von Oertzen, Verwaltungsgerichtsordnung, 15. Aufl., 2010, §91, Rn. 9, 10.

[36] 參閱吳東都，具第三人效力行政處分之訴訟參加，收錄於：訴訟理論新思潮與實務，2010年，頁384以下。

加訴訟，係爲補正在固有必要共同訴訟非全體應共同訴訟人一同起訴或被訴而有當事人不適格之瑕疵[37]。當事人是否適格，關係訴訟本案判決要件是否具備，得否爲訴訟有無理由之判決，亦屬法律審應依職權調查之事項。事實審法院未踐行此條命參加訴訟之程序，法律審應可命與當事人有訴訟標的必須合一確定關係之第三人參加訴訟，以補足當事人適格之欠缺。又依本法第285條規定，重新審理之管轄準用本法第275條再審之專屬管轄法院規定，因此法律審亦得爲重新審理之管轄法院。再依本法第290條規定，開始重新審理之裁定確定後，應即回復原訴訟程序，依其審級更爲審判，聲請人於回復原訴訟程序後，當然參加訴訟。據此可知，聲請人如向法律審聲請重新審理有理由，法律審裁定命重新審理，回復原訴訟程序後，聲請人當然參加訴訟[38]。準此，於法律審應未禁止本法第42條利害關係人之獨立參加訴訟。

第239條 （上訴之範圍）

前條判決前之裁判，牽涉該判決者，並受最高行政法院之審判。但依本法不得聲明不服或得以抗告聲明不服者，不在此限。

❖立法說明❖

高等行政法院終局判決前所爲之裁判，乃爲終局判決之準備。對於此種裁判自應使與終局判決同得聲明不服，以受最高行政法院之審判，以維護當事人之權益。惟法律上不許聲明不服之裁判，則不得與終局判決同時聲明不服，否則與不許聲明不服之法意即相齟齬。又得以抗告聲明不服之裁判，既有受上級法院審判之機會，亦無須與終局判決同時聲明不服。

❖內容解析❖

一、本　文

本條所稱之「前條判決」，係指第238條第1項所指之高等行政法院之終局判決。牽涉終局判決之裁判，指終局判決前所爲之中間判決或裁定，而爲該終局判決之前提要件或理由。本法第192條：「各種獨立之攻擊或防禦方法，達於可爲裁判之程度者，行政法院得爲中間判決；請求之原因及數額俱有爭執時，行政法院以其原因爲

---

37 見最高行政法院98年度判字第1232號判決。

38 參閱劉宗德、彭鳳至，行政訴訟制度，收錄於：翁岳生主編，行政法（下），2006年3版，頁506。

正當者，亦同。」規定中間判決。第193條：「行政訴訟進行中所生程序上之爭執，達於可爲裁判之程度者，行政法院得先爲裁定。」則是規定中間裁定。中間裁定，除別有規定外，不得抗告（§265）。不服對依此等規定所爲之中間判決及法無明文規定得抗告之中間裁定，不得單獨請求救濟，須俟對所牽涉之高等行政法院之終局判決上訴後，始由最高行政法院一併審判。

二、但　書

本條但書規定之「依本法不得聲明不服者」，例如本法第111條第5項對於行政法院以訴爲非變更追加，或許訴之變更追加之裁判，不得聲明不服；第183條第3項對於行政法院裁定續行訴訟，不得聲明不服之規定，均屬之。在此種情形，法律既規定不得聲明不服，即寓有不再受審查之意，自不在最高行政法院得並審判之範圍。又依本法第264條規定，除別有不許抗告之規定外，對於裁定得爲抗告；本法第265條規定，訴訟程序中所爲之裁定，除別有規定外，不得抗告。因此，非訴訟程序中所爲之裁定，無規定不得抗告者，及訴訟程序所爲之裁定，規定得爲抗告者，例如駁回法官迴避聲請之裁定（§20準用民事訴訟法§36），屬於本條但書所稱之「得以抗告聲明不服者」。此種情形，因已另有單獨救濟程序之規定，亦不應在最高行政法院得並審判之範圍。

本法第45條第3項規定，對於命第三人參加訴訟之裁定，不得聲明不服，惟如命實際上不符本法第41條或第42條要件者獨立參加訴訟而爲當事人，使得不具當事人資格者成爲當事人，並不妥適。因此，在此種情形，法律審雖不得廢棄該裁定，仍得改列爲輔助參加人（另參見最高行政法院107年度判字第489號判決）。

第240條（捨棄上訴權）
當事人於高等行政法院判決宣示、公告或送達後，得捨棄上訴權。
當事人於宣示判決時，以言詞捨棄上訴權者，應記載於言詞辯論筆錄；如他造不在場，應將筆錄送達。

❖立法說明❖

一、上訴乃當事人訴訟上之權利，自得捨棄之。惟捨棄上訴權，必須在上訴權已經發生之後，始得爲之。爰規定當事人於高等行政法院判決宣示、公告或送達後，得捨棄上訴權，以明其旨。

二、爲期明確，當事人於宣示判決時以言詞捨棄上訴權者，應記載於言詞辯論筆

錄，以杜爭執。如他造不在場者，依本條第2項後段及本法第83條準用民事訴訟法第135條之規定，應將筆錄繕本送達，俾其知有捨棄上訴權之事實。

❖內容解析❖

一、第1項

上訴係賦予受判決不利益之當事人，向上級法院請求救濟之權利。此項上訴權本於處分權主義，自得予以捨棄。然上訴權於判決生效後始具體發生，方有捨棄之問題[39]。依本法第204條第1項規定，經言詞辯論之判決，應宣示之，不經言詞辯論之判決，應公告之。判決，係在宣示或公告後生效，是以本條規定當事人於高等行政法院判決宣示或公告後得捨棄上訴權。又依本法第210條第1項規定，判決應以正本送達於當事人。判決通常係於宣示或公告後始為送達，這種情形，判決送達後為捨棄，其實就是判決宣示或公告後為捨棄。惟有時發生判決未經宣示和公告，而送達於當事人者，此情形因判決已對外發布，仍發生判決之效力[40]。因此，本條規定之高等行政法院判決送達後，當事人得捨棄上訴權，主要是在規範判決未經宣示和公告，即送達於當事人之情形。

當事人捨棄上訴權，發生喪失上訴權之效果。由於本法未採取附帶上訴制度，一造當事人喪失上訴權後，即不得利用他造當事人提起上訴之機會提起上訴。

二、第2項

當事人捨棄上訴權之行為，係訴訟行為，應向高等行政法院為之。此項捨棄之意思表示，法律並未規定必須以書狀為之，自得以書狀或言詞為之（§60Ⅰ）。以言詞為之者，應由高等行政法院書記官製作筆錄（§60Ⅱ）。又當事人亦得於高等行政法院宣示判決時，以言詞捨棄上訴權，此際應由書記官記載於言詞辯論筆錄，如他造當事人不在場，應將筆錄送達於他造當事人。本項所稱之「言詞辯論筆錄」，在實務上係載明「宣示判決筆錄」。

---

[39] 判決生效前之捨棄，不生喪失上訴權之效果；判決形式確定後「捨棄」上訴權，當事人喪失上訴權，係因上訴期間經過而非「捨棄」上訴權所致。

[40] 另參照前最高法院33年上字第292號民事判例：「判決之宣示，係就已成立之判決向外發表，並非判決之成立要件，經言詞辯論之判決，未依民事訴訟法第二百二十三條第一項宣示，而以送達向外發表者，不得謂判決尚未成立，雖其發表之方式違背訴訟程序之規定，判決亦不因而無效。」

> **第241條**（上訴期間）
> 提起上訴，應於高等行政法院判決送達後二十日之不變期間內為之。但宣示或公告後送達前之上訴，亦有效力。

❖立法說明❖

提起上訴，足以阻斷判決之確定，故宜有一定期間之限制，爰規定應於高等行政法院判決送達後二十日之不變期間內為之。惟在判決宣示或公告後，雖尚未送達，亦應准當事人提起上訴。俾訴訟程序能迅速進行。

❖內容解析❖

一、本　文

本條本文規定對高等行政法院判決提起上訴，應於判決送達後二十日期間內為之。此二十日期間乃法定不變期間。本條「期間」之計算，依民法之規定（§88Ⅲ）。要特別注意者，依本法第210條第3項及第4項規定，送達於當事人之高等行政法院之判決正本內，應告知上訴期間，如告知錯誤，告知期間較法定期間為短者，以法定期間為準；告知期間較法定期間為長者，應由行政法院書記官於判決正本送達後二十日內，以通知更正之，並自更正通知送達之日起計算法定期間。又因本條規定之二十日期間為「法定期間」，故有本法第89條扣除在途期間規定之適用。再者，因此二十日為「不變期間」，亦有本法第91條及第92條聲請回復原狀之適用。

對最高行政法院判決提起上訴，應以上訴狀向（為判決之）原高等行政法院為之（§244Ⅰ），即上訴訴訟行為的對象是原高等行政法院，是以適用本法第89條第1項本文規定，判斷當事人是否在行政法院所在地住居者，係以當事人是否在原高等行政法院所在地住居者為準。此項扣除在途期間規定之適用，限於當事人不在原高等行政法院所在地，而向原高等行政法院（即受訴法院）提起上訴時，始有適用之可能。又依同條項但書規定，有提起上訴特別代理權之訴訟代理人住居於原高等行政法院所在地者，無扣除在途期間之適用。因此，當事人在原高等行政法院所在地住居者，逕向最高行政法院提起上訴，固可認為發生上訴之效果，但無扣除在途期間之適用[41]；當事人即使不在原高等行政法院所在地住居者，而逕向最高行政法院提起上訴，雖發生上訴之效果，然無扣除在途期間之適用；當事人雖非住居於原高等行政法院所在地者，惟其訴訟代理人住居於原高等行政法院所在地而有上訴特別代理權者，縱由當事人向原高等行政法院提起上訴，亦無扣除在途期間之適用。當事人與訴訟代理人均不

---

[41] 參照司法院25年院字第1416號解釋。

在法院所在地者，以當事人或訴訟代理人之住居所計算在途期間「短者」爲據（最高行政法院111年度大字第2號裁定）。

2023年8月15日修正施行行政訴訟法第244條第4項規定，在監獄看守所之當事人，於上訴期間內向監所長官提出上訴狀者，視爲上訴期間內之上訴；監所長官接受上訴狀後，應附記接受之年、月、日、時，送交高等行政法院，係屬特別規定。惟在此情形，即使監所不在原法院所在地，亦無在途期間扣除之適用。

上訴，如因天災或其他不可歸責於己之事由，致遲誤本條所定二十日之不變期間，遲誤期間未逾一年者，於其原因消滅後二十日內，得聲請回復原狀（§91Ⅰ、Ⅲ）。如該高等行政法院判決正本內，未告知上訴期間，或告知期間較法定期間爲長，而在判決正本送達後二十日內，未以通知更正者，致上訴權人遲誤上訴期間者，得自判決送達之日起一年內，聲請回復原狀（§210Ⅴ）[42]。上訴權人因遲誤上訴期間而聲請回復原狀者，係向爲裁判之原高等行政法院爲之，並補行上訴行爲（§92）。

二、但　書

判決於宣示或公告後即發生判決之效力，自無不可成爲上訴對象，此與何時起算上訴期間，分屬二事。本條但書明文規定判決於宣示或公告後送達前之上訴，亦有效力，寓有此意。

第241條之1（刪除）

第242條（上訴之理由）

對於高等行政法院判決之上訴，非以其違背法令爲理由，不得爲之。

❖立法說明❖

最高行政法院設於中央政府所在地，以我國幅員之遼闊，若許審酌訴訟事件關於事實上之爭執，顯有困難，故原則上以最高行政法院爲法律審，以審查原判決適用法令是否適當。爰規定非以高等行政法院之判決違背法令爲理由者，不得對之提起上

---

[42] 本法第210條係民事訴訟法所無之規定。又德國依其行政法院法第58條規定，上訴，如未告知當事人受其上訴法院、地址及應遵守之期間，或告知錯誤者，自判決送達、公告或宣示起一年內，得提起之。在此一年期間將屆滿前發生不可抗力者，依同法第60條第2項聲請回復原狀。另如果告知當事人不得上訴者，期間不進行。

訴，以示限制。

❖內容解析❖

本條規定對高等行政法院判決提起上訴，以主張判決違背法令爲合法要件。前最高行政法院97年裁字第1738號判例：「對於高等行政法院判決之上訴，非以其違背法令爲理由，不得爲之，行政訴訟法第二百四十二條定有明文。是對於高等行政法院判決上訴，非主張該判決違背法令以爲上訴理由，即屬不應准許，自應認爲不合法而駁回之。」惟主張判決違背法令，並非泛言判決違背法令，而是要具體指摘判決如何違背法令。蓋如無具體指摘之要求，則任何上訴人均可任意稱高等行政法院判決違背法令，則此項上訴合法要件，即失其功能。前最高行政法院97年裁字第934號判例：「當事人對於高等行政法院判決上訴，如依行政訴訟法第二百四十三條第一項規定，以高等行政法院判決有不適用法規或適用不當爲理由時，其上訴狀或理由書應有具體之指摘，並揭示該法規之條項或其內容；若係成文法以外之法則，應揭示該法則之旨趣；倘爲司法院解釋或本院之判例，則應揭示該判解之字號或其內容。如以行政訴訟法第二百四十三條第二項所列各款情形爲理由時，其上訴狀或理由書，應揭示合於該條項各款之事實。上訴狀或理由書如未依此項方法表明者，即難認爲已對高等行政法院判決之違背法令有具體之指摘，其上訴自難認爲合法。」上述之司法院解釋，今係指司法院大法官解釋及憲法法庭裁判，至最高行政法院判例已與未經選爲判例的裁判相同（行政法院組織法§16-1Ⅱ）。

上訴人上訴，雖指出其主張高等行政法院判決所違背法令之法規、法則、司法院大法官解釋或憲法法庭裁判，但在下列情形，亦不能認爲已具體指摘判決違背法令：

一、最高行政法院未依本法第253條第1項行言詞辯論，上訴人於此法律審不得主張新事實及聲明新證據，以爲攻擊防禦方法。上訴人如主張新事實及聲明新證據，並以此爲基礎，主張高等行政法院判決違背法令，不能認已具體指摘判決違背法令[43]。

二、上訴人以無關之法令指摘高等行政法院判決違背法令，不能認已具體指摘判決違背法令[44]。

三、以不同於高等行政法院判決認定之事實爲基礎，指摘判決違背法令，不能認已具體指摘判決違背法令[45]。

四、誤解或曲解高等行政法院判決所認定之事實或適用之法律，並據以指摘判決

---

[43] 案例可見最高行政法院99年度裁字第910號裁定。
[44] 案例可見最高行政法院99年度裁字第915號、第1848號裁定。
[45] 案例可見最高行政法院99年度裁字第986號、第1613號裁定。

違背法令，不能認已具體指摘判決違背法令[46]。

我國行政訴訟現制係三級二審，且最高行政法院之法律審上訴，並未採上訴許可制，「具體指摘」高等行政法院判決違背法令，作為上訴之合法要件，不宜過度嚴格，否則容易造成剝奪訴訟當事人請求法律審審查之上訴權之結果。特別是最高行政法院是行政訴訟審判權之最高級法院，肩負統一法律見解及從事法續造之任務，對於上訴案件涉及司法裁判法律見解歧異或原則性之法律見解時，尤不能輕率認定上訴未具體指摘高等行政法院判決違背法令。例如納稅義務人依稅捐稽徵法第40條規定，向稅捐稽徵機關申請撤回其欠繳綜合所得稅移送行政執行機關之強制執行，稅捐稽徵機關不撤回，納稅義務人循序提起行政訴訟，並以最高行政法院92年度判字第1895號判決所持見解：稅捐稽徵法第40條係為保障納稅義務人之權利而設，稅捐機關如怠於行使，而致損害納稅義務人之權利，該納稅義務人應有請求稅捐機關依法撤回之權，作為訴訟理由。經高等行政法院以與上開最高行政法院判決相反之見解駁回其訴。納稅義務人上訴主張，高等行政法院對於其在原審主張之上開最高行政法院判決所表示之法律見解，未敘明不採之理由，判決不備理由。此種情形，最高行政法院前已有判決對稅捐稽徵法第40條是否賦予納稅義務人應有請求稅捐機關依法撤回強制執行之權表示過法律見解，高等行政法院為相反之判斷，原告上訴具體指出此最高行政法院判決，則在此上訴案件，究應採如何之見解，已事涉影響判決結果及法律見解統一。在此上訴案件，最高行政法院如採取其上開判決先例見解，則原高等行政法院判決此部分之法律上判斷有誤；如要維持原高等行政法院見解，則應依行政法院組織法第16條第3項舉行院長、庭長、法官聯席會議，以決議統一法律見解，就不能認上訴人上訴未具體指摘判決違背法令[47]。

第243條（判決違背法令之情形）
判決不適用法規或適用不當者，為違背法令。
有下列各款情形之一者，其判決當然違背法令：
一、判決法院之組織不合法。
二、依法律或裁判應迴避之法官參與裁判。
三、行政法院於審判權之有無辨別不當或違背專屬管轄之規定。但其他法律別有規定

---

[46] 案例可見最高行政法院99年度裁字第983號、第987號裁定。
[47] 最高行政法院100年度裁字第276號裁定，以上訴未對判決之如何違背法令已有具體指摘，而認上訴不合法，實有商榷之餘地。德國行政法院法第132條第2項第2款將高等行政法院判決與聯邦行政法院相歧異，作為法律審上訴應予許可之情形之一，可見此種情形正是法律審應受理裁判之案型。

　　者，從其規定。

四、當事人於訴訟未經合法代理或代表。

五、違背言詞辯論公開之規定。

六、判決不備理由或理由矛盾。

❖立法說明❖

　　一、本條第1項乃就高等行政法院判決違背法令之情形為概括之規定。凡應適用法規而不適用，或適用不當等情形，皆為違背法令。

　　二、第1項概括之違背法令，須與原審判決有因果關係者，始得據為上訴之理由。惟此因果關係有時難以斷定，且某些重要之程序規定，復有絕對遵守之必要，故於本條第2項，列舉六款違反程序上重要規定之情形，定為當然違背法令，得上訴於最高行政法院，俾重要之訴訟法規易於遵守。

❖內容解析❖

一、第1項（相對的上訴理由）

　　本項一般性規定判決不適用法規或適用法規不當者，為判決違背法令。判決因本項之違背法令，必須影響裁判之結果，始得廢棄原判決（§258），故稱本項得據為上訴之判決違背法令理由為相對的上訴理由。

(一)法　規

　　本項所稱之法規，除法律、地方自治條例外，包括下述之法規範：

　　1.總統依據憲法第43條及憲法增修條文第2條第3項頒布之緊急命令，不僅有暫時替代或變更法律之效力（見司法院釋字第543號解釋），甚至於憲法有明定時，可以停止憲法若干條款之效力，自屬本項所稱之法規。

　　2.主管機關基於法律授權訂定之法規命令，除違反法律保留原則或法律優位原則，或裁量濫用而無效外，與法律有同一之效力，屬於本項所稱之法規。

　　3.司法院大法官解釋及憲法法庭裁判，屬於本項所稱之法規，至行憲前之司法院解釋對法官無拘束力，非屬本項所稱之法規（司法院釋字第771號解釋）。

　　4.行政法上一般法律原則，屬本項所稱之法規（見行政程序法§4）。然諸多行政法上一般法律原則，例如平等原則、比例原則、誠信原則，已見諸憲法或行政程序法，已成文化，可認為屬於法律。

　　5.認定事實所應遵循之經驗法則、論理法則（§189Ⅰ）及證據法則，亦屬本項所

稱之法規。經驗法則，乃由社會生活累積的經驗歸納所得之法則。論理法則（亦稱邏輯律），係一種有效思考推論法則[48]。證據法則，則是法院調查證據認定事實所應遵守之法則。認定事實未憑證據[49]，認定事實與所憑之證據不符，認定事實或所採用證據與卷內資料不符，均屬認定事實違反證據法則。

解釋性行政規則，係對法規為解釋，闡明法規原意，法官審判上可予引用，但對法官無拘束力（司法院釋字第216號解釋參照）。是以法官引用解釋性行政規則為判決，係法官贊同該解釋性行政規則對法規之解釋，等同法官對法規作如同解釋性行政規則內容之解釋而為判決，苟該解釋性行政規則有誤（例如不合法規意旨），該判決係解釋法規有誤，適用該法規不當，解釋性行政規則並非本項所稱之法規[50]。裁量性行政規則，行政行為據以為裁量行為，仍是行政機關適用行政行為所據法規為裁量，依裁量性行政規則裁量結果而有逾越裁量權限或裁量濫用之裁量違法情事，是因為逾越行政行為所據法規授予主管機關之裁量權限，致適用該所據法規不當，或裁量違反行政法上一般法律原則而構成裁量濫用，所適用或不適用不當之法規為該行政法上一般法律原則。行政行為有此種情形，而高等行政法院判決未予糾正，該判決是適用或不適用行政行為所據法規或行政法上一般法律原則不當，裁量性行政規則亦非本項所稱之法規。惟裁量性行政規則因本於平等原則產生對外效力（「行政自我拘束原則」），例外可認為屬於本項所稱之法規[51]。

(二)不適用或適用不當

判決不適用法規不當，顧名思義，係指判決應適用某法規而未予適用。又適用法規，依三段論法，先解釋法規，再認定事實，最後將所認定之事實涵攝於法規。因此判決適用法規不當，包括不應適用某法規而適用、適用無效或已失效之法規、法規解釋錯誤及涵攝錯誤[52]。再者，雖然最高行政法院原則上係以高等行政法院判決確定之

---

[48] 最高法院79年度第一次民事庭會議決議認「所謂論理法則，係指依立法意旨或法規之社會機能就法律事實所為價值判斷之法則而言」，應屬誤解。對此，吳庚，行政爭訟法論，2012年修訂6版，頁324，亦有所批評。

[49] 改制前行政法院61年判字第70號判例：「認定事實，須憑證據，不得出於臆測，此項證據法則，自為行政訴訟所適用。」

[50] 陳清秀，行政訴訟法，2013年最新版，頁728，認行政機關為解釋法律或認定事實所頒布之行政規則（解釋令函），欠缺法規的位階性質，行政法院判決如有違背解釋函令，不得遽指為違背法令，結論相同。因此，行政法院法官適用財政部依稅捐稽徵法或稅法所發布之解釋函令，如違反稅捐稽徵法第1條之1第2項及第3項，是不適用或適用稅捐稽徵法第1條之1第2項及第3項規定不當而判決違背法令，並非不適用或適用解釋函令不當而判決違背法令。

[51] 參見最高行政法院102年度判字第428號判決。

[52] 論者就不適用法規或適用不當態樣，另舉出「怠於行使規範審查之權限」（吳庚，行政爭訟法論，2012年修訂6版，頁325；陳計男，行政訴訟法釋論，2000年初版，頁646）。但如進一步分析，法規命令違反法律保留原則或法律優位原則而無效，法官未加審查予以適用為判決，係適

事實爲判決基礎（§254Ⅰ），然高等行政法院判決未依（違反）經驗法則、論理法則（§189Ⅰ）及證據法則爲事實認定，亦屬不適用法規或適用不當[53]。

(三)訴訟程序之判決違背法令

　　高等行政法院進行的訴訟程序違反訴訟法所爲之判決，屬適用或不適用訴訟法規不當，判決亦違背法令。司法裁判上常見的情形是不適用本法第125條規定不當。行政訴訟採職權調查主義[54]，依本法第125條第1項規定，行政法院應依職權調查事實關係；依同條第2項及第3項規定，行政法院負有闡明義務。是以攸關判決結果之待證事實，當事人有主張者，事實審法院固應予查明，即令當事人未有主張，事實審法院亦應職權予以查明，否則判決不適用本法第125條第1項規定不當[55]。又基於職權調查主義，事實審法院有促使案件成熟之義務，事實審法院必須充分調查爲裁判基礎之事證以形成心證，事實審法院在對全辯論意旨及調查證據之結果爲評價時，應遵守兩項要求：一是「訴訟資料之完整性」，二是「訴訟資料之正確掌握」。前者乃所有與待證事實有關之訴訟資料，都必須用於心證之形成而不能有所選擇，亦即法院負有審酌與待證事實有關之訴訟資料之義務[56]，否則不適用本法第125條規定不當。因此對於卷宗內影響待證事實之訴訟資料，當事人雖未有所引用，事實審法院亦應加以調查審酌[57]。又法院促使案件成熟之義務，要求事實審法院原則上應自行查明待證事實，不得僅指出行政機關調查事實有缺失，形式上撤銷行政處分而將案件「發回」被告機關，要求被告機關「再詳爲調查事實」，「另爲適當之處分」[58]，否則違反法院促使案件成熟之義務，亦是判決不適用本法第125條第1項規定不當。再者，事實審法院未盡闡明義務，例如原告起訴請求被告機關「應作成塗銷禁止車輛異動登記之行政處分」，係提起課予義務訴訟，然塗銷禁止車輛異動登記乃事實行爲，正確之訴訟類型爲一般給付訴訟，事實審法院應闡明原告是否變更訴訟類型爲一般給付訴訟，其未予闡明，判決不適用本法第125條第3項規定不當[59]。

　　用無效法規而違背法令；解釋性行政規則違反法律保留或法律優位原則而不得適用，法官未加審查而予以引用爲判決，則是適用該解釋性規則所解釋之法規不當而違背法令。

[53] 另參閱陳敏，行政法總論，2011年7版，頁1579。

[54] 關於行政訴訟之職權調查主義之詳細論述，可參閱吳東都，行政訴訟之職權調查主義—兼論新行政訴訟法關於職權調查主義之規定，收錄於：氏著，行政訴訟與行政執行之課題，2003年，頁73以下。

[55] 案例可見最高行政法院102年度判字第30號、101年度判字第413號、100年度判字第887號判決。

[56] Vgl. Schoch/scheinder/Bier/Davin, VwGO, 2014, §108, Rn. 28-32.

[57] 最高行政法院100年度判字第843號判決。

[58] 最高行政法院102年度判字第473號判決。行政法院僅指出行政機關調查事實有缺失，形式上撤銷行政處分要求行政機關再調查事實，可稱之爲「不爲本案決定之撤銷行政處分」。

[59] 最高行政法院98年度判字第1211號判決。但要注意，事實審法院未盡闡明義務，判決違背法令，但如不影響判決結果，不得以此爲由而廢棄原判決。

二、第2項（絕對上訴理由）

本項共規定六款判決當然違背法令事由，一般稱此六款爲絕對上訴理由。然而依本法第258條規定，本項第1款至第5款之情形，不以影響裁判之結果爲必要，最高行政法院即得廢棄原判決[60]，在第6款「判決不備理由或理由矛盾」之情形，仍以影響裁判結果作爲最高行政法院廢棄原判決之條件，稱此款爲絕對上訴理由，似非名實相符[61]。

(一)判決法院之組織不合法（第1款）

此款所稱之「判決法院」，係指本於言詞辯論爲判決（非宣示）之審判體，或在未經言詞辯論情形，作成判決之審判體[62]。不具法官資格者參與判決；合議庭人數不足；應行合議之判決卻由獨任法官爲之（以上見行政法院組織法§3 I）；非參與裁判基礎言詞辯論之法官參與裁判（見本法§188 II），均屬於本款所稱之判決法院組織不合法。又行政法院爲分配法官之審判工作，舉行法官會議訂定司法事務分配、代理次序及合議審判時之法官配置（行政法院組織法§31及法官法§24 I、III）。如果判決法院之組織違反司法事務分配、代理次序及合議審判時法官配置之規定時，是否屬於本款所稱之「判決法院組織不合法」？按雖然法院組織法第5條第1項規定，法官審判訴訟案件，其事務分配及代理次序，雖有未合本法所定者，審判仍屬有效。然而該規定應是指「訂定事務分配計畫瑕疵」之情形。判決法院之組織違反司法事務分配、代理次序及合議審判時法官配置之規定，則是屬於「適用事務分配計畫瑕疵」之情形。在德國，判決具有適用事務分配計畫瑕疵者，係違反「法定法官原則」，在恣意違反事務分配計畫下作成之裁判違法，得對之進行審級救濟[63]。此種見解可供參考[64]。

(二)依法律或裁判應迴避之法官參與裁判（第2款）

依法律或裁判應迴避之法官，欠缺法官中立性，不得參與裁判[65]。本款「依法律應迴避之法官」，係指法官具有本法第19條各款應自行迴避之情形。其中特別要注

---

[60] 其實本法第243條第2項第1款至第5款之判決當然違背法令事由，性質上本難認定該等事由對裁判結果一定無影響，本法第258條將此五款排除在以影響裁判結果作爲最高行政法院廢棄原判決之條件情形外，可以說是符合「事物之本質」。

[61] 陳計男，行政訴訟法釋論，2000年初版，頁646之註15，見解類似。

[62] Vgl. Eyerman, Verwaltungsgerichtsordnung, 11. Aufl., 2000, §138, Rn. 9 (Peter Schmidt). 此審判體，在高等行政法院判決是指合議庭，在最高行政法院依行政訴訟法第235條之1取得對地方法院行政訴訟庭判決之上訴管轄權情形，則是指獨任法官。

[63] Vgl. Schilken, Gerichtsverfassungsrecht, 4. Aufl., 2007, Rn. 379.

[64] 另參閱姜世明，法院組織法講義，2008年初版，頁110。

[65] Vgl. Kopp/Schenke, VwGO, 16. Aufl, 2009, §138, Rn. 7，認此法官中立性要求，是基於請求法定法官審判之權利而來。

意者，乃本法第19條第5款「曾參與該訴訟事件之前審裁判」，係指同一事件在下級審參與裁判後，又參與其上級審之裁判而言。本款在2010年1月13日修正前原規定：「曾參與該訴訟事件之前審裁判或更審前之原裁判者」，其中「曾參與該訴訟事件之更審前之原裁判」，則係指該訴訟事件於高等行政法院裁判後，經上訴或抗告，由最高行政法院將該事件發回更審，而法官在該事件發回更審前曾參與該裁判而言，即參與更審前最後一次之原審裁判。司法院釋字第256號解釋雖敘及「法官曾參與訴訟事件之……更審前之裁判者，固應自行迴避」，然其係引用2003年2月7日修正前民事訴訟法第32條第7款之規定，而2003年2月7日修正後之民事訴訟法第32條第7款，已刪除「法官曾參與該訴訟事件之更審前之裁判」應自行迴避之規定，之後本款亦配合刪除，司法院釋字第256號解釋已不得再作爲「法官曾參與該訴訟事件之更審前之裁判」應自行迴避之依據[66]。本款「依裁判應迴避之法官」，則是指依本法第20條準用民事訴訟法第35條、第38條經法院或兼院長之法官裁定應迴避之法官。依法律或裁判應迴避之法官，欠缺法官中立性要求，其參與裁判，判決當然違背法令。又本款所稱「參與裁判」，是指參與裁判之作成，若是僅參與證據調查或判決宣示，並非本項所稱「參與裁判」。

(三)行政法院於審判權之有無辨別不當或違背專屬管轄之規定。但其他法律別有規定者，從其規定（第3款）

本款所稱「行政法院於審判權之有無辨別不當」，係指對行政法院無審判權（即無受理訴訟權限）之訴訟事件，以有審判權而加以判決[67]。本來行政法院對於無審判權之訴訟事件，原應依本法第12條之2第2項，裁定移送至有審判權之管轄法院，因疏未注意或誤認有審判權而爲判決，判決當然違背法令。惟本法第12條之1至第12條之5於2021年12月8日修正刪除（2022年1月4日施行），依2022年1月4日修正施行之法院組織法第7條之5第3項規定，受移送法院或經法院組織法第7條之4第1項之終審法院指定之有審判權法院所爲裁判，上級審法院不得以無審判權爲撤銷或廢棄之理由。此法院組織法規定，即爲本款但書「其他法律別有規定」所稱之「其他法律」。「違背專屬管轄之規定」，例如本法第15條第1項規定，因不動產徵收、徵用或撥用之訴訟，專屬不動產所在地之行政法院管轄；第275條再審之訴之管轄規定。

(四)當事人於訴訟未經合法代理或代表（第4款）

本款所稱當事人於訴訟「未經合法代理」，包括未經合法法定代理及意定代理之

---

66 參見最高行政法院101年度裁字第238號裁定。
67 高等行政法院如對有受理訴訟權限誤認無受理訴訟權限，係以裁定移送至其認有受理訴訟權限之管轄法院，此項裁定違法，不服者係提起抗告，由最高行政法院廢棄原裁定，發回原審法院審理。

情形。前者係無訴訟能力之行政訴訟當事人未由其法定代理人代理為訴訟行為，後者是訴訟代理人未經合法委任，包括未經合法複委任之情形[68]。而當事人於訴訟「未經合法代表」者，乃指法人、中央及地方機關、非法人之團體，非由其代表人或管理人為訴訟行為（見§27II）。又法定代理權或訴訟代理權之欠缺，得經補正後溯及於行為時發生效力（§20準用民事訴訟法§48、§56準用民事訴訟法§75II再準用§48）。是以司法裁判認為，原告之訴訟代理人未經合法委任，於高等行政法院代理原告為訴訟行為，原告嗣受敗訴判決，提起上訴，就實體事項指摘原判決違背法令，可認為原告有默示承認該訴訟代理人於高等行政法院所為之訴訟行為之意思，溯及自該訴訟代理人為訴訟行為時發生效力，即不能認為當事人於訴訟未經合法代理[69]。

(五)違背言詞辯論公開之規定（第5款）

訴訟之辯論及裁判之宣示，除有妨害國家安全、公共秩序或善良風俗之虞外，應公開法庭行之；法庭不公開時，審判長應將不公開之理由宣示（行政法院組織法§47準用法院組織法§86及§87I）。言詞筆錄並應記載辯論之公開或不公開；如不公開者，其理由（§128⑤）。因此，高等行政法院行言詞辯論，於未有妨害國家安全、公共秩序或善良風俗之虞之情形時，或雖有此等情形，審判長未宣示不公開理由，而未於公開法庭行之者，該當本款之規定。法院有無遵守言詞辯論公開之規定，專以筆錄證之（§132準用民事訴訟法§219）。又依本法第188條規定，判決除別有規定外（例如§194），應經言詞辯論。高等行政法院在未有法律特別規定情形下，未經言詞辯論而為判決者，除違反（不適用）本法第188條第1項規定外，因其違法情節甚於未於公開法庭行經言詞辯論之情形，舉輕以明重，亦應認符合本款規定，判決當然違背法令[70]。至於判決之宣示，未於公開法庭行之者，並不屬於本款所規定之情形。

---

[68] 最高行政法院96年度判字第1159號判決：「……因而訴訟代理權人，除非受有限制，就其受委任之事件，有為行政訴訟法第五十一條第一項前段所定之一切訴訟行為之權限。至於訴訟代理人之行政訴訟法第五十一條第一項但書所定捨棄、認諾、撤回、和解、提起反訴、上訴或再審之訴、選任代理人等權限，必須經委任人特別委任。倘委任人於委任書中未經載明授與訴訟代理人上開行政訴訟法第五十一條第一項但書所列各訴訟行為之特別代理權，或已載明訴訟代理人無上開行政訴訟法第五十一條第一項但書所列各訴訟行為之特別代理權，該訴訟代理人即無代理當事人為該等訴訟行為之權限。無此特別代理權之訴訟代理人如選任代理人（即複代理人）代為訴訟行為，即難謂當事人於訴訟經合法代理，因而所為之判決即有同法第二百四十三條第二項第四款所定判決當然違背法令之事由。」

[69] 見最高行政法院97年度判字第325號判決。德國行政法院法第138條第4款當事人於訴訟程序中未經合法代理之絕對法律審上訴理由，明文將經明示或默示同意該訴訟之進行之情形排除在外，與我國司法裁判上之見解，結論相同。

[70] Kopp/Schenke, VwGO, 16. Aufl, 2009, §138, Rn. 24結論相同。但Eyerman, Verwaltungsgerichtsordnung, 11. Aufl., 2000, §138, Rn. 26 (Peter Schmidt)不同見解。

(六)判決不備理由或理由矛盾（第6款）

　　判決，應作判決書，記載理由，此項理由並應記載關於攻擊或防禦方法之意見及法律之上意見（§209Ⅰ⑦及Ⅱ）。其中「關於攻擊或防禦方法之意見」，係指法院對兩造提出之攻擊或防禦方法，如何予以斟酌或不採取，並依據如何之攻擊或防禦方法，判斷事實真偽之理由。「法律之上意見」，則是法院依其認定事實之結果，判斷其法律上效果。又法院得心證之理由，應記明於判決（§189Ⅲ）。是以本款所稱之「判決不備理由」，係指判決完全未記載理由（認定事實之得心證及如何適用法律之理由），或雖載有理由，但所載理由不明瞭或不完備，不足以使人知判決主文所由生之依據，或對當事人提出可能影響判決結果之攻擊或防禦方法，及法律上主張，未予採取，卻未說明何以不採取之理由。「判決理由矛盾」，則是指判決主文與理由不符，或判決理由相互間牴觸。

　　上述判決當然違背法令事由中，司法裁判上較可見者乃第6款，尤其是「判決不備理由」。判決不備理由，例如最高行政法院98年度判字第1210號判決：「行政爭訟事件並不受刑事判決認定事實之拘束（前最高行政法院59年判字第410號判例參照）。行政法院雖得審酌刑事法院或檢察官所調查之證據而為事實之認定，但依行政訴訟法第189條第2項規定，應將依前開證據而得心證之理由，記明於判決。是僅以刑事判決或檢察官起訴書為證據，逕以刑事判決或起訴書所認定之事實採為行政訴訟判決之事實，即屬判決不備理由。原判決並未就依該刑事法院所調查之證據而得心證之理由，記明於判決，判決不備理由。」[71]又判決主文與理由矛盾，例如最高行政法院99年度判字第440號判決：「原判決既認定系爭費用是與被上訴人經營本業及附屬業務無關之費用或損失，應在『應稅』之營業損益部分予以剔除，卻又撤銷不受影響之原處分及訴願決定，判決主文與理由矛盾。」另判決理由相互間矛盾，例如最高行政法院97年度判字第561號判決：「原判決採信被上訴人之主張，認定本件進口貨物無類似貨物之交易價格資料，卻又認『本案進口後國外出口日期93年9月28日前後三十日稅則號別均為0504.00.29.20-4『類似貨物』之進出口資料報表，其中多份報單申報之價格均在CFR USD 1.05/LBR以上』，即有類似貨物之交易價格，判決理由矛盾。」甚至判決主文與理由矛盾和判決理由相互間矛盾兩者兼具者，亦有之[72]。

---

[71] 另見最高行政法院92年度判字第939號判決及96年度判字第2064號判決。

[72] 最高行政法院97年度判字第326號判決：「原判決理由載：『被告（按即上訴人民航局）……，其以原告（按即上訴人○○○）遲至93年12月31日始向被告申請鴿舍之拆遷補償，即遽認原告逾期未申請，並處以罰鍰三十萬元，未免率斷，所為課處罰鍰之處分殊有違誤，訴願決定未察而予以維持，亦不無疏漏，原告請求予以撤銷，即無不合，應予准許，著由被告依本院見解本於職權查明後另為適法之處分。至原告訴之聲明第二項賠償訴訟部分，因本件鴿舍迄未拆除，尚無侵害原告之權利或使原告法律上之利益受有違法之損害之情形，自應併予駁回。』惟主文僅載：『訴願決定及原處分均撤銷。訴訟費用由被告負擔。』就理由中駁回上訴人○○○賠償

第244條（上訴之程式）

提起上訴，應以上訴狀表明下列各款事項，提出於原高等行政法院為之：

一、當事人。

二、高等行政法院判決，及對於該判決上訴之陳述。

三、對於高等行政法院判決不服之程度，及應如何廢棄或變更之聲明。

四、上訴理由。

前項上訴理由應表明下列各款事項：

一、原判決所違背之法令及其具體內容。

二、依訴訟資料合於該違背法令之具體事實。

第一項上訴狀內並應添具關於上訴理由之必要證據。

在監獄或看守所之當事人，於上訴期間內向監所長官提出上訴狀者，視為上訴期間內之上訴；監所長官接受上訴狀後，應附記接受之年、月、日、時，送交原高等行政法院。

❖立法說明❖

　　本條規定提起上訴採上訴書面主義，應提出上訴狀，且最高行政法院之判決，以不經言詞辯論為原則，故其上訴狀除應具體表明上訴理由，即原判決所違背之法令及其具體內容及依訴訟資料合於該違背法令之具體事實外，並應添具關於上訴理由之必要證據，俾最高行政法院得據以審查原判決是否有如上訴理由所主張之違法情形。

　　又在監獄或看守所之當事人，於上訴期間內向監所長官提出上訴狀者，應認為上訴期間內提起上訴，以保障其訴訟權。

❖內容解析❖

　　上訴係敗訴之當事人，對高等行政法院未確定之終局判決聲明不服，請求最高行政法院撤銷或變更之謂。本條規定提起上訴之程式。

一、上訴之書面主義

　　本條規定，提起上訴，應以上訴狀提出於原高等行政法院為之。係採上訴書面主

之訴部分，並未為駁回之諭知，主文與理由矛盾，判決當然違背法令。又上訴人○○○雖於原審行第一次準備程序時，為訴之聲明：『1.訴願決定、原處分均撤銷。2.被告應賠償原告鴿舍之造價價格新臺幣九十萬元。3.訴訟費用由被告負擔。』然於言詞辯論時，訴之聲明變更為：『訴願決定、原處分均撤銷，並請求依法補償。訴訟費用由被告負擔。』此上訴人○○○賠償之請求變更為補償之請求，是否為訴之變更？如為訴之變更，是否合法？原判決未說明理由，仍逕對原賠償九十萬元之請求為判決，判決不備理由，亦當然違背法令。」

義，故以口頭聲明上訴，其上訴自屬不合法。上訴之書面通常記載其名稱為上訴狀，惟雖未記載上訴狀之名稱，由其提出之書面內容，已足認係對高等行政法院判決不服者，仍應認係上訴狀。

二、上訴狀向何法院提出

法條明定上訴狀應向原高等法行政法院提出，所謂原高等行政法院，指為判決之高等行政法院，而該判決成為上訴之對象者而言。按上訴係對高等行政法院所為未確定之終局判決聲明不服，請求最高行政法院撤銷或變更，前已述之，則上訴狀原應向最高行政法院提出，法條所以規定應向原高等行政法院提出，旨在由高等行政法院就上訴狀之記載方式以及上訴是否具備合法要件，先予審查，迨審查後認上訴合法，始送交最高行政法院，以減輕最高行政法院之負擔。

法條既規定上訴狀應向原高等行政法院提出，如誤向最高行政法院提出，其效力如何，學說上見解歧異：

(一)送交說

此說認為對高等行政法院判決之上訴事件，應於原高等行政法院將事件送交最高行政法院，始發生移審之效力，故誤向最高行政法院提出上訴狀，因不生移審之效力，最高行政法院僅得將上訴狀送交原高等行政法院，而非將案件移送高等行政法院[73]。

(二)移送說

向最高行政法院提出上訴狀，已發生事件繫屬及移審最高行政法院之效力，惟為使高等行政法院代為審查上訴合法要件，故將案件移送高等行政法院[74]。

以上兩說，如採送交說，則上訴人於上訴期間提出上訴狀，而最高行政法院將上訴狀送交高等行政法院時已逾上訴期間者，其上訴仍屬不合法。採移送說，則只要於上訴期間內提出上訴狀，即已遵守上訴期間。為保護當事人之權益，應以移送說為當。日本實務係採移送說[75]。我國學者採移送說[76]。實務上亦認為於上訴期間逕向最高行政法院提出上訴狀，亦生上訴之效力[77]。惟如向行政法院以外之機關提出上訴狀

---

[73] 參照兼子一，條解民事訴訟法（上），1951年，頁938。

[74] 參照菊井維大、村松俊夫，全訂民事訴訟法Ⅲ，頁264。兼子一、松浦馨、新堂幸司、竹下守夫，條解民事訴訟法，1951年，頁1217。

[75] 參照最判昭和25年（1948年）11月17日，民集4卷11號，頁603；最判昭和30年（1953年）3月10日，民集9卷3號，頁273。

[76] 陳計男，行政訴訟法釋論，2000年初版，頁637。

[77] 參照司法院院字第1416號解釋。

者，則須待該機關將上訴狀轉送高等行政法院時始生上訴之效力。

三、上訴狀應記載之內容

上訴狀應表明下列事項：

(一)當事人

當事人包括提起上訴之上訴人及他造之被上訴人，俾法院得以確定何人對何人上訴。如法院無法由上訴狀確定上訴人及被上訴人，則上訴狀不生效力。故上訴狀應記載何人為上訴人，何人為被上訴人。惟上訴狀雖漏未記載上訴人或被上訴人，而由上訴狀記載之內容以及參照高等行政法院之判決，足以認定上訴人或被上訴人為何人者，其上訴仍屬合法。上訴人或被上訴人無訴訟能力者，或為法人、機關或非法人團體，並應記載其法定代理人或代表人。

(二)高等行政法院判決及對於該判決上訴之陳述

即依上訴狀須足以區別對高等行政法院何者判決不服上訴。通常上訴狀係記載原高等行政法院之判決案號。惟雖未記載原判決案號，由其記載之內容，例如宣判之日期或其他記載或上訴狀所附之高等行政法院之判決，足以識別上訴對象之判決者，其上訴仍屬合法。但如依上訴狀之記載，不足以確定上訴對象之判決者，其上訴自屬不合法。上訴狀除記載上訴對象之判決外，並記載對該判決上訴之陳述。惟所謂對該判決上訴之陳述，只須表明對高等行政法院判決不服之意思為已足，通常係表明對判決「上訴」，但雖無「上訴」之記載，如已表明對原判決不服，雖表明抗告或其他記載，仍應解為對原判決上訴。

(三)對於高等行政法院判決不服之程度，及應如何廢案或變更

最高行政法院之判決，應受上訴人不服高等行政法院判決範圍之限制。故上訴狀應記載對於高等行政法院判決不服之程度，亦即對原判決全部不服，抑或一部不服，俾最高行政法院得對之判決。惟上訴狀若未記載不服之程度，應解為對其敗訴部分全部不服[78]。上訴狀並應記載如何廢棄或變更原判決之聲明[79]。此項聲明即所謂上訴之聲明，俾界定廢棄或變更高等行政法院判決之界限。而最高行政法院應於上訴聲明之範圍內調查之（§251 I）。其判決不得逾越當事人聲明之範圍。

---

78 陳計男，行政訴訟法釋論，2000年初版，頁638。
79 通常廢棄聲明係表明原判決或原判決某一部分廢棄，在變更聲明則除廢棄之聲明外並表明最高行政法院應如何之判決。

(四)上訴理由

行政訴訟法第242條規定，對於高等行政法院判決之上訴，非以其違背法令爲理由，不得爲之。同法第243條第1項及第2項規定違背法令之情形。故上訴狀之上訴理由，須主張高等行政法院判決違背法令。至上訴理由如何記載，行政訴訟法原未明文規定，惟其理由不得僅抽象記載原判決違背法令，應具體記載原判決所違背之法令。如主張違反實體法，應具體記載該實體法之條項，如主張原判決違反判例，應具體指出該判例。如主張違反成文法以外之法令[80]，應記載法令之旨趣及違反之理由，如主張程序違法[81]，不僅應指出違反之法規且應記載違反之事實。

按上訴理由如何記載，攸關上訴是否合法，影響當事人權益重大，應明文規定較爲適宜。本條於111年6月22日修正，仿民事訴訟法第470條第2項，增列第2項規定：「前項上訴理由應表明下列各款事項：一、原判決所違背之法令及其具體內容。二、依訴訟資料合於該違背法令之具體事實。」即明示：當事人對於判決上訴，依第243條第1項或第2項所列各款情形爲理由時，其上訴狀或理由書均應有具體之指摘，並揭示該法規之條項或其內容；若係成文法以外之法則，應揭示該法則之旨趣；倘爲司法院解釋，則應揭示該解釋之字號或其內容。其上訴狀或理由書，亦均應揭示合於該條第1項或第2項各款之事實。上訴狀或理由書如未依此項方法表明者，即難認爲已對行政法院判決之違背法令有具體之指摘，其上訴自難認爲合法。

上訴狀固應記載上訴理由，惟上訴期間甚短，爲免逾越上訴期間，上訴人往往先提出上訴狀，至上訴理由，則於提起上訴後二十日再提出理由書（§245Ⅰ）。

四、添具上訴理由之必要證據

上訴狀內並應添具關於上訴理由之具體證據（本條第3項）。按上訴狀應記載上訴理由，如未記載上訴理由，應於上訴後二十日內提出上訴理由書，此爲上訴之適法要件，欠缺此項要件，應裁定駁回其上訴。惟添具上訴理由之必要證據，並非上訴之法定要件，縱未添具，不得以其上訴爲不合法。蓋證據之有無，事屬上訴有無理由之問題。

五、在監獄或看守所之當事人提出上訴狀之特別規定

本條於111年6月22日修正增訂第4項，規定：「在監獄或看守所之當事人，於上訴期間內向監所長官提出上訴狀者，視爲上訴期間內之上訴；監所長官接受上訴狀後，應附記接受之年、月、日、時，送交原高等行政法院。」蓋在監獄或看守所之

---

[80] 成文法以外之法令，例如習慣法、法理或經驗法則。
[81] 行政訴訟法第243條第2項所定之絕對上訴理由，亦屬程序違法。

當事人，失其行動自由，接見通信亦有限制，其於上訴期間內向監所長官提出上訴狀者，應認係於上訴期間內提起上訴，俾以保障其訴訟權。監所長官接受上訴狀後，並應附記接受之年、月、日、時，以明當事人提起上訴之時間，並送交原高等行政法院。

第245條（補提上訴理由書之期間）
上訴狀內未表明上訴理由者，上訴人應於提起上訴後二十日內提出理由書於原高等行政法院；未提出者，毋庸命其補正，由原高等行政法院以裁定駁回之。
判決宣示或公告後送達前提起上訴者，前項期間應自判決送達後起算。

❖立法說明❖

為防止當事人毫無理由而濫行上訴，藉以拖延訴訟，故強制上訴人提出上訴理由書，如未提出，毋庸命其補正，以裁定駁回，俾訴訟得迅速終結。

❖內容解析❖

本條係強制上訴人提出上訴理由書之規定。即上訴人於上訴狀未表明上訴理由者，須於提起上訴後二十日內提出上訴理由書。

一、強制提出上訴理由書之旨趣

對於高等行政法院判決之上訴，非以其違背法令為理由，不得為之（§242）。為防止當事人毫無理由濫行上訴，藉以拖延訴訟，故強制其提出上訴理由書[82]。且最高行政法院原則上係採書面審理，強制提出上訴理由書，俾便於書面審理[83]。惟本條之適用，以上訴人未於上訴狀表明上訴理由者為限，若上訴狀已詳載上訴理由，則毋庸再提出上訴理由書。又上訴狀雖已記載上訴理由，惟其後追加新的上訴理由者，仍應以上訴理由書為之。

二、上訴理由書應向何法院提出

法條規定應向原高等行政法院提出。所謂原高等行政法院，指為判決之高等行政法院，而該判決成為上訴之對象者而言。前條規定上訴狀應向原高等行政法院提出，

---

[82] 行政訴訟法新舊條文對照表，第245條之修正理由，司法院編印。
[83] 日本學者認為民事訴訟法規定上訴最高法院需強制提上訴理由書，其目的在於使最高法院易於書面審理。兼子一、松浦馨、新堂幸司、竹下守夫，條解民事訴訟法，頁1217。

本條就上訴理由書應提出之法院，作相同之規定，其目的亦在使高等行政法院先審查上訴之合法要件，以減輕最高行政法院形式審查之負擔。

三、上訴理由書提出之期間

(一)期間之起算

上訴人應於提起上訴後二十日內提出上訴理由書於原高等行政法院（本條Ⅰ）。即上訴狀到達原高等行政法院之日之翌日起算二十日，惟判決宣示或公告後送達前提起上訴者，二十日之期間應自判決送達後起算（本條Ⅱ）。蓋依本法第241條後段規定，判決宣示或公告後送達前之上訴，亦有效力，惟當事人於判決送達前上訴者，既尚未收受判決書，顯然無法表明上訴理由，故法條規定於此情形，應自判決送達後起算二十日之期間。

又對高等行政法院判決提起上訴，上訴人應委任律師為訴訟代理人（行訴法§241-1Ⅰ，112年8月15日起改為§49-1Ⅰ③）。即採律師強制代理制度。故除有行政訴訟法第241條之1第1項但書及第2項（112年8月15日起改為§49-1Ⅲ、Ⅳ）之情形外，對高等行政法院判決提起上訴，而未委任律師為訴訟代理人者，高等行政法院應定期日先命其補正，於上訴人自行委任或經由法院為其選任代理人之前，上訴人不具表明上訴理由能力，不得以其未於行政訴訟法第245條第1項所定期間內提出上訴理由書，即認為上訴不合法，而駁回上訴。如上訴人自行委任律師及代理人，其補提上訴理由書之期間，應自該訴訟代理人向法院提出委任書時起算[84]。

(二)期間之性質

二十日之期間，學說上均認為並非不變期間[85]，實務上之見解亦同[86]。故上訴人提出上訴理由書雖已逾二十日之期間，惟原高等行政法院尚未裁定駁回其上訴者，自不得以已逾二十日之期間而裁定駁回其上訴。又上訴理由書誤向最高行政法院提出，經最高行政法院送交原高等行政法院時，雖已逾二十日之期間者，如其提出理由書時係在法定期間內，應認為已遵守法定期間。至二十日之期間，應否扣除在途期間，學者採肯定之見解[87]。實務見解亦同[88]。

---

[84] 最高行政法院109年上字第668號裁定、最高法院90年台抗字第162號判例。

[85] 楊建華，問題研析，民事訴訟法（二），1987年，頁339。陳計男，行政訴訟法釋論，2000年初版，頁639。

[86] 最高法院28年聲字第27號判例：民事訴訟法第468條第1項所定提出上訴理由書之期間，並非不變期間，上訴人遲誤此項期間致其上訴被駁回後，不得聲請回復原狀。

[87] 楊建華，問題研析，民事訴訟法（三），1989年，頁413。

[88] 最高法院76年6月16日民庭會議決議。

四、上訴理由書記載之方式

上訴理由書應表明：一、原判決所違背之法令及其具體內容。二、依訴訟資料合於該違背法令之具體事實（行訴法§244Ⅱ）。故上訴理由，須對原高等行政法院之判決違背法令具體指摘。如未具體指出原判決如何違背法令，僅泛言原判決認定事實違法，自不得謂已合法表明上訴理由[89]。蓋唯有具體記載原判決如何違背法令，最高行政法院才能容易審查其上訴有無理由，減輕其負擔。惟上訴理由書如已具體記載違背法令之理由，即已具備合法之要件，至其記載之內容是否適當，乃本案應予審查之問題。

為合乎具體記載上訴理由之要求，上訴人如主張原判決違反實體法者，應舉出實體法之條項。主張違反法令者，應記載其法令之條項或其內容，並說明違法之理由，不得僅記載違反「稅法」或「行政程序法」；主張違反程序法者，應記載違反之法律以及違反之事實。主張違反習慣法、法理或經驗法則者，應記載其旨趣。主張違反判例者，應具體記載該判例之案號或其旨趣。

法條既規定應提出上訴理由書，上訴人自不得援用或引用其他書類代替上訴理由書。所謂上訴理由係指對原判決不服之理由，至訴願書之訴願理由或第一審起訴狀之起訴理由，均係未判決前所具之理由，難謂上訴理由書[90]。因此上訴人如引用或援用「起訴狀」[91]、其他案件之上訴理由[92]，或其他案件之紀錄[93]，以代上訴理由書者，均難認已提出上訴理由書。

五、未提出上訴理由書之效果

上訴人未於法律所定期間內提出上訴理由書者，原高等行政法院毋庸命其補正，應以裁定駁回其上訴（本條Ⅰ後段），以防止上訴人濫行上訴，拖延訴訟。上訴人雖於法定期間內提出上訴理由書，但理由書僅抽象指摘原判決「違法」、「違憲」或「違反法令」，未具體指摘如何違法者，應如何處理？日本學者有認為此種情形難謂有上訴理由之記載，故毋庸命補正，逕以裁定駁回[94]；有認為依案件之內容可能補正者，應先命補正[95]。按此種情形，尚難謂已提出上訴理由書者，依本條第1項規定，自毋庸命補正。

[89] 最高法院28年聲字第225號判例。
[90] 最高行政法院93年裁字第1059號。
[91] 最高法院67年台上字第2876號判例。
[92] 日本最判昭和26年（1949年）6月29日，民集5卷7號，頁396。
[93] 日本大審判昭和11年（1934年）7月16日，新聞4022號，頁22。
[94] 兼子一，條解民事訴訟法（上），頁944。
[95] 菊井維大、村松俊夫，全訂民事訴訟法Ⅲ，頁275。

> **第246條**（原審對不合法上訴之處置）
> 上訴不合法而其情形不能補正者，原高等行政法院應以裁定駁回之。
> 上訴不合法而其情形可以補正者，原高等行政法院應定期間命其補正；如不於期間內補正，原高等行政法院應以裁定駁回之。

❖立法說明❖

　　按上訴之調查裁判，本應由最高行政法院為之，但關於上訴是否具備形式上之合法要件，均有法條明文規定為依據，調查容易，疑義亦少，非不可由高等行政法院為審查，爰規定高等行政法院對於不合法之上訴而不能補正者，應以裁定駁回之；對於不合法之上訴而可以補正者，則於定期命其補正而仍不補正時，亦應以裁定駁回之，以減少最高行政法院事務，免增無益之勞費。

❖內容解析❖

　　本條係規定原高等行政法院對上訴不合法之處置。

一、使原高等行政法院審查上訴合法要件之理由

　　上訴人不服原判決提起上訴，其上訴是否合法，原屬最高行政法院應審查之事項，惟上訴合法要件，均有法律明文規定為依據，調查容易，疑義亦少，故本條明定由原高等行政法院就上訴合法要件先為審查，以排除顯然不合法之上訴，減輕最高行政法院之負擔。經審查後，認無上訴不合法情形，始將案件移送最高行政法院。

二、上訴合法要件之審查

　　上訴應具備一定之合法要件，原高等行政法院應就此項要件逐一審查，如欠缺此項要件，其上訴即屬不合法[96]，對此項不合法之上訴應分別就其不合法能否補正而為不同之處置。

(一)不能補正者

　　上訴不合法而情形不能補正者，自不發生命其補正之問題。所謂情形不能補正，如逾上訴期間後提起之上訴、撤回上訴後再提起上訴[97]、捨棄上訴權後提起之上訴、

---

[96] 高等行政法院得依本條規定裁定駁回者以上訴不合法已明顯者為限，如上訴是否合法尚有疑問，例如上訴是否合法，判例紛歧等，自不得依本條規定裁定駁回。

[97] 德日法制，撤回上訴並不喪失上訴權，於上訴期間屆滿前，仍得再提起上訴。我國行政訴訟法第262條第2項規定，撤回上訴者喪失上訴權，故已不得再上訴。

對中間判決提起上訴、由非當事人或對非當事人提起上訴、提起上訴之人並非原審判決受不利判決之當事人[98]等情形是。又上訴係對高等行政法院為確定之不利判決,為獲得有利之裁判,向最高行政法院聲明不服,請求廢棄變更原判決之救濟方法,所謂不利判決,應以判決主文為準,若主文對當事人有利,雖說明主文之理由,於當事人有所不利,該當事人亦不得對之提上訴[99]。

(二)可以補正者

上訴不合法而其情形可以補正者,原高等行政法院應定期間命其補正。上訴不合法而其情形可以補正者,如欠缺訴訟能力、欠缺法定代理權,上訴人除有依行政訴訟法第241條之1第1項但書或有第2項之情形外,未委任律師為訴訟代理人。至上訴人未依規定提出上訴理由書者,其情形原非不能補正,惟本法於前條已有特別規定,故非屬本條之問題。

由上訴理由書之記載,發生是否有具體指摘上訴理由之疑義者,不得依本條規定裁定駁回[100],應將案件移送最高行政法院。上訴人之數上訴理由中,其中一上訴理由不合具體指摘之要件者,其上訴仍屬合法,其無本條之適用,自屬當然[101]。

三、裁定駁回

上訴不合法其情形不能補正者,原高等行政法院應以裁定駁回其上訴(本條Ⅰ)。如不合法之情形可以補正,經定期命其補正而不補正者,其情形亦同(本條Ⅱ)。惟原高等行政法院得依本條規定裁定駁回上訴,以上訴人之上訴顯然不合上訴合法要件者為限。如上訴人之上訴,係顯無理由,則不得裁定駁回[102]。蓋上訴有無理由,非高等行政法院所得認定。

四、附屬之裁判

提起上訴後原高等行政法院將案件卷宗送交於最高行政法院前,因訴訟資料仍在高等行政法院保管中,故原高等行政法院除依前述得審查上訴之合法要件並為裁定外,並得為附屬於上訴之裁判[103],例如公示送達之許可,撤回起訴或上訴、捨棄上訴、停止執行等。惟就撤回起訴或撤回上訴之效力,當事人間有爭執者,原法院是否

---

[98] 最高行政法院93年裁字第745號。

[99] 最高行政法院91年裁字第432號。

[100] 鈴木正裕、鈴木重勝編集,注釋民事訴訟法(8),1998年,頁313(塩崎勤)。

[101] 齋藤秀夫、小室直人、西村宏一、林屋禮二編,注解民事訴訟法(9),頁549(小室直人、東行孝)。

[102] 同上註。

[103] 菊井維大、村松俊夫、全訂民事訴訟法Ⅲ,頁266。

有裁判之權限，有肯定說[104]與否定說[105]，應以否定說為當。

第247條（上訴狀之送達及答辯狀之提出）

上訴未經依前條規定駁回者，高等行政法院應速將上訴狀送達被上訴人。

被上訴人得於上訴狀或第二百四十五條第一項理由書送達後十五日內，提出答辯狀於原高等行政法院。

高等行政法院送交訴訟卷宗於最高行政法院，應於收到答辯狀或前項期間已滿，及各當事人之上訴期間已滿後為之。

前項應送交之卷宗，如為高等行政法院所需者，應自備繕本、影本或節本。

❖立法說明❖

本條規定高等行政法院收受上訴狀後，如未依法駁回上訴者，應速將上訴狀送達於被上訴人，旨在使被訴人知悉上訴之事由，而能針對上訴理由，提出答辯狀，以利最高行政法院之審理。

❖內容解析❖

本條係規定原高等行政法院於審查上訴合法要件後，如未以裁定駁回其上訴應為之處置等。

一、送達上訴狀予被上訴人

提起上訴後，原高等行政法院應先審查上訴合法要件，其未具合法要件者，則應以裁定駁回（§246Ⅰ、Ⅱ）。於此情形自毋庸將上訴狀送達被上訴人。如具備上訴合法要件，應速將上訴狀送達被上訴人，俾其知悉上訴理由，並據以提出答辯狀，以利最高行政法院之審理。如上訴人於上訴後補提上訴理由書者，亦應速將理由書繕本送達之。

二、被上訴人提出答辯狀

被上訴人得於上訴狀或上訴理由書送達後十五日內提出答辯狀於原高等行政法院（本條Ⅱ）。本法並未採強制被上訴人提出答辯狀，故是否提出答辯狀，被上

---

[104] 兼子一、松浦馨、新堂幸司、竹下守夫，条解民事訴訟法，頁1217。
[105] 菊井維大、村松俊夫、全訂民事訴訟法Ⅲ，頁266。

訴人得自行判斷，並不因被上訴人未提出答辯狀，當然受不利之判決。被上訴人提出答辯狀的期間爲收受上訴狀或上訴理由書後十五日內，此項期間並非不變期間，且被上訴人在最高行政法院未判決前，仍得提出答辯狀及追加書狀於最高行政法院（§248 I）。

三、送交卷宗於最高行政法院

高等行政法院於收到答辯狀或被上訴人得提出答辯狀之期間已滿，且各當事人之上訴期間已滿後，應將訴訟卷宗送交最高行政法院（本條III）。蓋原高等行政法院審查後既認上訴合法，而被上訴人已提出答辯狀，或已逾法定提出答辯狀之期限，自應將卷宗送交最高行政法院，俾最高行政法院就上訴有無理由加以審理判決。惟於原高等行政法院將卷宗送交最高行政法院之前，如上訴人撤回上訴者，因案件業已終結，自毋庸再將卷宗送交。法條規定送交卷宗之時間爲收到答辯狀或前項期間已滿，所謂前項期間已滿，指已逾本條第2項所定上訴狀或上訴理由書送達後十五日之期間。即上訴人未提上訴理由者，自上訴狀送達後已逾十五日，如有提出上訴理由書者，自上訴理由書送達後已逾十五日。

上訴案件何時發生移審之效力，學說見解歧異：

(一)代行說

此說認爲一經上訴，立即發生移審之效果，事件已繫屬上級法院，原法院就上訴合法要件之審查，只是代行上級法院之權限而已[106]

(二)權限委讓說

原法院審查上訴合法要件，並非代行上級法院之權限，而係行使基於法律規定認許之權限。因此，須經原法院將事件送交上級法院始生移審之效力[107]。

以上兩說，不問採何說，一旦事件送交上級法院後，事件以係屬於最高行政法院，上訴人撤回起訴或撤回上訴，或有聲請停止執行者，應向上級法院爲之。

訴訟卷宗送交最高行政法院後，最高行政法院仍得就高等行政法院已審查之合法要件，再加審查裁判。蓋最高行政法院並不因高等行政法院之事先審查而喪失其裁判權。如認其上訴不合法，應以裁定駁回其上訴（§249 I）。

---

106 兼子一、松浦馨、新堂幸司、竹下守夫，條解民事訴訟法，頁1216。
107 兼子一，條解民事訴訟法（上），頁938。鈴木正裕、鈴木重勝編集，注釋民事訴訟法（8），頁316（塩崎勤）。

四、自備卷宗之繕本等

依本條第4項之規定，高等行政法院固有送交訴訟卷宗於最高行政法院之義務，惟高等行政法院有時仍需用該訴訟卷宗，例如上訴人對高等行政法院一部之終局判決（§191）提起上訴，高等行政法院仍須審理其他訴訟標的，或上訴人對終局判決提起上訴，並向高等行政法院聲請補充判決（§218準用民事訴訟法§233），似此情形，高等行政法院仍應將訴訟卷宗送交最高行政法院，但應自備卷宗之繕本、影本或節本，以資審判所需。

> **第248條**（補提書狀於最高行政法院）
> 被上訴人在最高行政法院未判決前得提出答辯狀及其追加書狀於最高行政法院，上訴人亦得提出上訴理由追加書狀。
> 最高行政法院認有必要時，得將前項書狀送達於他造。

❖立法說明❖

最高行政法院收受卷宗後，在未為裁判以前，必有相當時間之審酌。此際，當事人得否補提答辯狀及其追加書狀，或上訴理由追加書狀？如無明文，將茲爭議，爰設本條第1項，以明其旨。

向最高行政法院提出之答辯狀及其追加書狀，或上訴理由追加書狀，原則上毋庸送達於他造，以免稽延時日，以致延滯訴訟。但最高行政法院認為必要時，仍得送達之，俾他造對之有陳述之機會。

❖內容解析❖

上訴人於提出上訴含理由書狀後，最高行政法院就原判決有無違背實體法令，本不受上訴人之上訴理由主張之拘束，而得依職權調查原判決客觀上是否違法（§251 II）。此即所謂「完全審查原則」。因此在最高行政法院判決之前，得追加提起新的上訴理由，以供最高行政法院裁判上斟酌，實務上運作似多採取此一見解。惟實務上亦有少數見解認為「上訴合法要件之審查，係以上訴人於法定期間內提出之上訴狀為審查對象」（最高行政法院103年度裁字第1757號裁定），此一見解過於嚴苛，似非妥適。

又對於高等行政法院判決向最高行政法院提起上訴，係採律師強制代理制度，上訴人應委任律師為訴訟代理人。故實務上有認為提起上訴，必須由律師以訴訟代理人地位為上訴人提出上訴理由書，始能認符合行政訴訟法第244條第1項第4款及第245

條第1項規定，此為上訴採律師強制代理制度之當然解釋。因此，「對於高等行政法院判決上訴，如未委任律師為訴訟代理人，高等行政法院應定期先命補正（行政訴訟法第241條之1第3項準用民事訴訟法第466條之1第4項）；於上訴人自行委任或經法院為其選任律師為訴訟代理人之前，上訴人不具表明上訴理由之能力，尚不得以其未於行政訴訟法第245條第1項所定期間內提出上訴理由書，即認其上訴為不合法而駁回上訴。同時，上訴人即使委任律師為訴訟代理人，如該律師於向本院提出委任書後20日內，未以訴訟代理人地位為上訴人提出上訴理由書，無論上訴人本人有無提出上訴理由書，因上訴人不具表明上訴理由能力，均不能認已符合行政訴訟法第245條第1項規定，上訴即屬不合法。」（最高行政法院112年度上字第195號裁定）本文認為此一解釋似過於嚴苛，蓋當事人亦可能委託律師撰寫上訴理由狀而未顯名代理，故其上訴理由狀是否合法，仍應進入實體判斷，而非形式判斷之。有關律師強制代理之瑕疵欠缺，既然已經補正，其上訴即屬合法，不應額外增加法律所無之限制。

又被上訴人如未依本法第247條規定，於上訴狀或上訴理由書狀送達後「十五日內」提出答辯狀於原高等行政法院時，則嗣後仍可在最高行政法院判決前，向最高行政法院補提出答辯狀。其已提出答辯狀者，並得追加提出補充答辯狀。

又為促進審理效率，有關答辯狀、補充答辯理由狀及補充上訴理由狀，原則上毋庸送達他造。但為避免突襲性裁判，如雙方當事人提出之攻擊防禦方法涉及新的法律上爭點或觀點，且送達於他造並不妨礙訴訟之終結者，似宜送達他造，俾使其有陳述意見及答辯之機會。故是否「有必要」送達於他造，固應由最高行政法院本於職權進行裁量決定之，但仍應注意維護當事人之程序上「武器平等」之權利保障。

第249條（對不合法上訴之處置）
上訴不合法者，最高行政法院應以裁定駁回之。但其情形可以補正者，審判長應先定期間命補正。
上訴不合法之情形，已經原高等行政法院命補正而未補正者，得不行前項但書之程序。
最高行政法院認上訴人之上訴基於惡意、不當或其他濫用訴訟程序之目的或有重大過失，且事實上或法律上之主張欠缺合理依據，應以裁定駁回之。但其情形可以補正者，審判長應先定期間命補正。
最高行政法院依前項規定駁回上訴者，得各處上訴人、代表人或管理人、代理人新臺幣十二萬元以下之罰鍰。
第一百零七條第五項及第七項前段規定，於前二項情形準用之。

❖外國立法例❖

依德國行政法院法第143條規定（准許要件之審查）：「聯邦行政法院，應審查法律審之上訴應否准許，是否於法定期間依法定程式提起，有無附具理由。欠缺各該要件者，該法律審之上訴，即不應准許。」

❖立法說明❖

最高行政法院應依職權調查上訴之合法與否，其認為不合法者，應以裁定駁回之，以終結該上訴，俾免徒勞無益之程序。如上訴不合法之情形可以補正，審判長應定期間先命補正，不得遽將上訴駁回。惟上訴不合法之情形，已經原高等行政法院命其補正而未補正者，自無須重複命為補正。

為防止濫行上訴造成司法資源之浪費，在112年8月15日修正施行導入濫行上訴之防制機制。於上訴人基於惡意、不當或其他濫用訴訟程序之目的或因重大過失提起上訴，例如為騷擾法院或延滯、阻礙行政機關行使公權力；抑或一般人施以普通注意即可知其所訴無據，而有重大過失，且其事實上或法律上之主張欠缺合理依據者，類此情形，堪認係屬濫訴，應由最高行政法院以裁定駁回上訴。然依個案情節，若其情形可以補正者，審判長應先定期間命補正，爰增訂第3項。

另為有效嚇阻濫行上訴，應予制裁，爰增訂第4項得由最高行政法院處予新臺幣12萬元以下罰鍰，倘上訴人之濫訴實質上係由其代表人、管理人、法定代理人或訴訟代理人所為，或共同參與，經法院斟酌個案情節，應得對其等各自或一併裁罰。

關於駁回上訴之裁定，得以簡化裁判書之方式為之，且濫訴處罰應與本案合併裁定，一併確定訴訟費用額，以簡省程序，爰增訂第5項，明定準用第107條第5項及第7項前段規定。

❖內容解析❖

一、概　說

提起上訴之法律救濟方法的合法要件，可概述如下[108]：

(一)具備人的（實體判決的）要件，如當事人能力、訴訟能力等。

(二)上訴之法律救濟方法在性質上合法（上訴或抗告）。

(三)涉及一個可以系爭上訴法律救濟方法加以爭執之裁判。

(四)法律規定必須經許可提出上訴法律救濟方法時，其許可。

(五)特定的聲明，必要時，不僅法律救濟方法之上訴聲明（廢棄原判決，發回更

---

[108] Kopp/Schenke, VwGO, 18. Aufl., 2012, Vorb 124 Rn. 28 ff.

審），而且就本案之聲明（例如在課予義務訴訟，判決命行政機關作成所要求之行政處分）。

(六)按照法定方式及法律救濟期間內提出上訴（包括必須特定聲明之內容，表明所指摘的裁判），並表明上訴理由。

(七)在參加人提出上訴時，必須原告未撤回其訴或以訴訟上和解終結訴訟，否則，其上訴所牽涉的判決，將因上述訴訟行為而失其效力，致其上訴喪失標的。

(八)上訴人，必須有提出上訴的權限資格，原則上只有參與原先的訴訟程序擔任當事人或參加人，具有此種資格。例外情形，受法院裁定影響其權益之第三人（例如在特定要件下，證人及鑑定人），亦有此種資格。

(九)提起上訴之人，遭受系爭裁判之損害（亦即不利益）（Beschwer）。此項不利益是指法律上不利益，原則上以形式上的不利益為準。例如對其於原審程序中所為之聲明，裁判部分拒絕准許，即屬之。

(十)提出上訴的權利，必須未因捨棄或權利失效而喪失。

(十一)必須有權利保護利益存在。

只限於具有上訴利益的情形，始得提起上訴。就原判決全部勝訴的當事人，並無上訴利益。又原判決縱然有違法之處，如對於上訴人本身並無上訴利益時，也不許上訴。再者，如有上訴以外之法律上救濟手段時，則不承認其上訴之手段[109]。至於在原審並未提出實體請求的被告，如原審判決對被告不利或課予被告負擔時，則被告即受有不利益（所謂實體的損害）[110]。

惟就上訴的合法要件，國內學者亦有認為應包括下述事項[111]：

(一)須以得上訴之裁判為對象。

(二)須有上訴權人未喪失其上訴權

(三)須對原判決不服。

(四)須未逾越上訴期間。

(五)須遵守上訴之程式。

(六)須以原判決違背法令為理由。

上述六項上訴要件，當係僅就上訴合法要件中特別重要的要件加以說明，故似尚無法完全涵蓋全部上訴合法要件。

又「對於高等行政法院判決之上訴，非以其違背法令為理由，不得為之，行政訴訟法第242條定有明文。是對於高等行政法院判決上訴，非主張該判決違背法令以為

---

[109] 齋藤秀夫，民事訴訟法概論，1988年新版4刷，頁570以下。

[110] Eyermann, VwGO, 10. Aufl, 1998, §132 Rn. 5.

[111] 吳庚，行政爭訟法論，2012年6版，頁255以下。

上訴理由，即屬不應准許，自應認為不合法而駁回之。」（最高行政法院97年度裁字第1738號裁定）。

實務上認為以原判決違背法令為上訴理由，必須有具體之指摘。亦即當事人就高等行政法院判決上訴，以該判決有不適用法規或適用不當為理由時，「其上訴狀或理由書應有具體之指摘，並揭示該法規之條項或其內容，若係成文法以外之法則，應揭示該法則之旨趣，倘為司法院解釋或最高行政法院之判例，則應揭示該判解字號或其內容。如以同條第2項所列各款情形為理由時，其上訴狀或理由書應揭示合於該條項各款之事實。否則難認為已對高等行政法院判決之違背法令有具體之指摘，其上訴自難認為合法。」（最高行政法院105年度裁字第653號裁定）。

二、與實體判決要件之關係

又在第一審（原審）的訴訟前提要件（本案實體判決要件），除同時構成上訴人的上訴前提要件（當事人能力及訴訟能力等）之外，在第二審程序，由於其程序標的，並不是訴訟案件本身，而是系爭原審的裁判（判決或裁定），因此，在原審實體判決要件具備與否，原則上只構成上訴「有無理由」之問題。例如原告在原審因遲誤起訴期間仍被原審法院認為合法，而進行實體判決駁回，原告提起上訴後，在最高行政法院法院應以其在原審起訴不合法為理由，予以判決駁回[112]。在此應以法律審法院之裁判時（或其最後言詞辯論終結時），作為判斷本案實體判決要件是否具備之基準時[113]。

在原審法院之本案實體判決要件，倘若有欠缺時，則縱然經過原審法院作成實體判決，仍無法補正其瑕疵，故最高行政法院毋庸當事人之指摘，即應逕行加以斟酌[114]。

三、高等行政法院對於上訴的合法要件的審查

實務上高等行政法院對於上訴合法要件的審查，係就下述要件為之：

(一)須對於原判決不服（§238）。

(二)須上訴權人未捨棄上訴權或撤回上訴而喪失上訴權（§240、§262Ⅱ）。

(三)須未逾越二十日之上訴不變期間（§241）。

(四)須遵守上訴之程式（§244Ⅰ）。

(五)須以原判決違背法令為理由（§242）。

---

[112] Kraft, in: Eyermann, VwGO, 13. Aufl., 2010, §143 Rn. 4; Schoch/Pietzner, VwGO, 2002, §143 Rn. 3.

[113] Kraft, in: Eyermann, VwGO, 13. Aufl., 2010, §143 Rn. 4.

[114] Kopp/Schenke, VwGO, 18. Aufl., 2012, Vorb 124 Rn. 32.

四、最高行政法院對於上訴合法要件之審查及處理

提起上訴是否合法，如同訴訟前提要件（實體判決要件）是否具備，原則上應由最高行政法院依職權加以審查[115]。於例外情形，只有在法律規定當事人有抗辯始應加以斟酌者，毋庸依職權調查。上訴是否合法的判斷基準時，至遲應以最高行政法院裁判時為準，但部分要件必須於提起上訴時可能必須在上訴期間屆滿前（例如提出書狀）即應具備[116]。如原先上訴不合法，而於裁判前得補正而已經補正，或因其他原因變成合法者，其上訴即為法之所許[117]。例如原未提出符合法定方式之上訴理由書，嗣後已補提上訴理由書，即使上訴不合法之瑕疵補正[118]。

在因未曾於上訴期間提出上訴理由，而被以上訴不合法裁定駁回後，當事人仍不妨主張因不可歸責之事由遲誤期間，聲請回復原狀[119]。

倘若上訴的合法要件欠缺時，則應以程序上不合法，裁定駁回。倘若其上訴無理由（因欠缺在原審的訴訟前提要件，或基於實體法上理由）時，則應以實體上裁判駁回。在撤銷訴訟或課予義務訴訟，其上訴要有理由，必須系爭行政處分或其行政處分之撤銷變更，損害上訴人之權利或法律上利益[120]。

又如果對於原裁判之數個請求權或請求部分提起上訴，或數個當事人提起上訴時，則對於每個獨立的請求權以及各個上訴人，分別獨立審查其上訴之合法性。在此其上訴合法要件之審查，由最高行政法院以自由的證明調查，毋庸受原審判決認定事實之拘束[121]。

在數次或重複提起上訴（例如由不同的訴訟代理人律師提起上訴），則在法律上可認為一項統一的（單一的）上訴。只要其中一個依規定提起上訴，即可認為其上訴合法。從而在上訴依法應經許可的情形，如首先提起上訴未經許可，但事後已經許可上訴時，則應就此項統一的上訴的合法性加以統一裁判。

新法強調當事人於訴訟程序上權利之行使，應遵守誠實信用原則，不得以違背善良風俗方法，故意騷擾法院或行政機關之濫行訴訟行為。故導入濫行上訴之防制機制。於上訴人基於惡意、不當或其他濫用訴訟程序之目的或因重大過失提起上訴，例

---

[115] 德國行政法院法第143條即規定：「聯邦行政法院，應審查法律審之上訴應否准許，是否於法定期間依法定程式提起，有無附具上訴理由。欠缺各該要件者，該法律審之上訴，即不應准許。」

[116] Kopp/Schenke, VwGO, 18. Aufl., 2012, Vorb 124 Rn. 31.

[117] Kraft, in: Eyermann, VwGO, 13. Aufl., 2010, §143 Rn. 3.

[118] 上訴人未於法定期間內提出上訴理由書者，「僅得在第三審未為終局裁判前，提出上訴理由書於第三審法院」（最高法院26年度聲字第6號民事裁判）。

[119] Kraft, in: Eyermann, VwGO, 13. Aufl., 2010, §143 Rn. 3.

[120] Kopp/Schenke, VwGO, 18. Aufl., 2012, Vorb 124 Rn. 33.

[121] Kraft, in: Eyermann, VwGO, 13. Aufl., 2010, §143 Rn. 1.

如為騷擾法院或延滯、阻礙行政機關行使公權力；抑或一般人施以普通注意即可知其所訴無據，而有重大過失，且其事實上或法律上之主張欠缺合理依據者，類此情形，堪認係屬濫訴。除以其上訴不合法之外，並得裁處罰鍰，以茲警惕。

實務上此類案件，通常多發生於大量反覆爭訟案件，當事人自認遭受冤屈而反覆爭訟，或者疑似因精神異常而有被害妄想症，導致反覆爭訟之情形。在前者，「解鈴還須繫鈴人」，宜由原處分機關本於「衡平法理」，主動本於職權調查處理有無得依據職權撤銷變更違法不當處分之情形（必要時邀請學者專家研商其爭議問題之解決方案）[122]，以維護個別案件正義，而不應以原處分已經確定或判決確定為由，拒絕救濟，導致當事人求訴無門而反覆爭訟。

五、瑕疵補正

上訴理由必須具體指摘原判決違背哪些法令，而不能單純引用第一審提出的準備書狀或另一事件的上訴理由書狀之陳述或另一事件之筆錄陳述。就此實務上最高行政法院97年裁字第934號判例認為：「當事人對於高等行政法院判決上訴，如依行政訴訟法第二百四十三條第一項規定，以高等行政法院判決有不適用法規或適用不當為理由時，其上訴狀或理由書應有具體之指摘，並揭示該法規之條項或其內容；若係成文法以外之法則，應揭示該法則之旨趣；倘為司法院解釋或本院之判例，則應揭示該判解之字號或其內容。如以行政訴訟法第二百四十三條第二項所列各款情形為理由時，其上訴狀或理由書，應揭示合於該條項各款之事實。上訴狀或理由書如未依此項方法表明者，即難認為已對高等行政法院判決之違背法令有具體之指摘，其上訴自難認為合法。」

於此情形，上訴狀或上訴理由狀未依法定方式具體記載原判決違背法令之理由，固有不合法瑕疵，惟此一瑕疵，尚非不得補正，依本條第1項但書規定，審判長應先定期命補正，逾期不補正者，再予裁定駁回[123]。

第250條（上訴聲明之限制）
上訴之聲明不得變更或擴張之。

---

[122] 參見陳清秀，衡平法理在稅法上之適用（上），植根雜誌36卷7期，2020年7月，頁279-300。
[123] 日本民事訴訟規則第53條也規定原審法院審查第三審上訴理由書，如其違背民事訴訟規則所定之方式時，應以裁定指定相當期間，命補之。於不補正時，原審法院應以裁定駁回其上訴。

❖外國立法例❖

依德國行政法院法第142條規定（訴之變更及參加之不准許）：「於法律審上訴之程序中，不得爲訴之變更及參加訴訟，但第六十五條第二項所定訴訟之參加，則不在此限（Ⅰ）。於法律審上訴之程序中，依第六十五條第二項規定而參加者，僅得於參加之裁定送達後二個月內，對於訴訟程序之瑕疵加以指責。審判長得於前述期間內，依聲請將該期間延長之（Ⅱ）。」准許在法律審程序中，擴張上訴之聲明[124]，但不得爲訴訟標的或訴訟當事人之變更[125]。

❖立法說明❖

最高行政法院原則上係屬法律審，且其判決原則上不經言詞辯論，爲使其調查易於進行，訴訟得迅速終結，自不應允許變更或擴張上訴之聲明。

❖內容解析❖

由於上訴審是法律審，僅對於原審裁判進行合法性審查，且法律審並不調查事實，並應受原審判決事實認定之拘束，而訴之變更涉及需重新進行事實調查認定，因此在法律審，不得爲訴之變更或追加或提起反訴。

至於上訴之聲明變更或擴張，倘若不涉及事實認定，仍然在原審訴之聲明範圍內爲之時，是否應受限制，則不無疑義。本條採取禁止之立場，以符合訴訟經濟原則。

一、上訴聲明之變更

上訴聲明必須在原審法院已經判決事項之範圍內，若上訴人之上訴聲明超出原判決之範圍，且非在原訴之聲明範圍內，如該上訴人爲第一審之原告，則將涉及訴之追加問題[126]。上訴聲明之變更，必須於上訴之初，僅對原判決不利於己之部分，一部分聲明不服，若上訴人於上訴之初，係對於原判決全部聲明者，則無變更上訴聲明之可言。

例如原判決駁回原告有關行政處分之撤銷之訴及公法上金錢給付訴訟，原告初僅對撤銷訴訟部分上訴，嗣後第二審變更爲對公法上金錢給付部分上訴，則爲上訴聲明之變更[127]。

---

[124] Eyermann, VwGO, 15. Aufl., 2019, §142 Rn.6. 蕭文生總召集翻譯，德國行政法院法逐條釋義，下冊，2020年，司法院，頁2024。

[125] Eyermann, VwGO, 15. Aufl., 2019, §142 Rn.4/10. 蕭文生總召集翻譯，德國行政法院法逐條釋義，下冊，2020年，司法院，頁2024以下。

[126] 參見楊建華，民事訴訟法（一），1985年初版，頁375。

[127] 參見楊建華，前揭書，頁376。

二、上訴聲明之擴張

上訴之聲明係對下級審判決所爲，必係在下級審判決範圍內，而又不出訴之聲明之範圍，故所謂「上訴聲明之擴張」，乃是當事人初對下級法院判決一部分聲明不服，於上訴審程序中，又就原聲明不服之範圍加以擴張。例如第一審判決被告應給付原告一百萬元，被告上訴，初僅聲明請求將原判決命上訴人給付超過六十萬部分廢棄；嗣又聲明請求將原判決全部廢棄，駁回被上訴人在第一審之訴，即爲「擴張訴之聲明[128]」。

依本法第244條第1項第3款規定：「上訴聲明之範圍第二百四十四條提起上訴，應以上訴狀表明下列各款事項，提出於原高等行政法院爲之：……三、對於高等行政法院判決不服之程度，及應如何廢棄或變更之聲明。」上訴聲明應於上訴狀中表明，如未於上訴狀中表明，至遲應於上訴理由狀中表明（德國行政訴訟法第139條第3項第4句規定採取此一見解）[129]。如果上訴理由狀提出期間屆滿後，再行擴張上訴聲明，即爲法所不許。

上訴人對於第一審判決一部聲明不服者，倘得在第二審擴張上訴聲明，則該未聲明不服部分之判決，係在不確定狀態。故對於第一審判決未聲明不服部分，得擴張上訴聲明之故，須於全案判決確定時，始同時確定[130]。

反之，由於在行政訴訟上，本條規定上訴人不得擴張上訴聲明或變更上訴聲明，因此，對於第一審判決未聲明不服部分，似已不得再行爭執而告確定。但如爭系事件具有不可分性時，則雖一部分聲明不服，仍應就整體審判，而不發生未聲明不服部分先行確定之問題。

第251條（調查之範圍）
最高行政法院應於上訴聲明之範圍內調查之。
最高行政法院調查高等行政法院判決有無違背法令，不受上訴理由之拘束。

❖外國立法例❖

依德國行政法院法第129條規定（受聲明之拘束）：「行政法院之判決，僅得於聲明變更之範圍內，予以變更之。」同法第137條第3項規定：「法律審上訴以程序

---

[128] 參見楊建華，前揭書，頁381。
[129] Eyermann, VwGO, 15. Aufl., 2019, §139 Rn.31. 蕭文生總召集翻譯，德國行政法院法逐條釋義，下冊，2020年，司法院，頁2007。
[130] 參見楊建華，前揭書，頁382。

瑕疵為理由，而不具備第一百三十二條第二項第一款與第二款所定事由者，限於就其所提出之程序瑕疵為裁判。除前句情形外，聯邦行政法院不受所主張之法律審上訴理由之拘束。」德國財務法院法第118條第3項規定：「法律審上訴以程序瑕疵為理由，而不具備第一百十五條第二項第一款與第二款所定事由者，限於就其所提出之程序瑕疵為裁判。除前句情形外，聯邦財務法院不受所主張之法律審上訴理由之拘束。」

❖立法說明❖

按上級法院審究下級法院所判決之事項是否正當，應以當事人聲明不服之範圍為限，對兩造不爭之點，並無審究之餘地。故最高行政法院調查上訴有無理由，自應於上訴聲明之範圍內行之。惟適用法規屬法院之職務，最高行政法院審究高等行政法院有無違背法令，自應依職權為調查，不受上訴理由之限制，以求法規適用之統一。

❖內容解析❖

一、最高行政法院應於上訴聲明之範圍內審理判決。本條可謂是「處分權主義」的表現。當事人就原判決未爭執的訴訟標的部分，最高行政法院不得為實體判決。且就未聲明上訴部分，應有不利益變更禁止原則之適用。就未聲明上訴部分，作成更有利變更，亦同樣禁止之。又最高行政法院係就各個訴訟標的之裁判，而不是就個別的計算項目裁判，故上訴聲明雖僅就原判決計算基礎中之某項目表示不服，仍不受該項目之拘束（總額主義）。但訴訟標的如果涉及數個請求權，則應分別判斷，不能相互結算。

二、原審判決倘只就備位聲明判決，經被告上訴時，則最高行政法院即不能就先位聲明裁判。又上訴聲明請求發回更審，只是單純促請上訴法院行使發回更審權限而已，並非此處上訴聲明，最高行政法院並不受其拘束[131]。

三、例外：如果原判決違反訴訟要件，就程序不合法之訴（例如欠缺當事人能力、訴訟能力、欠缺權利保護必要或其他重大的違背應職權調查的強行規定）予以實體裁判，則由於最高行政法院應依職權調查強行規定有無違反，因此不受上訴聲明之拘束，仍可不利變更，並駁回原告在第一審之訴[132]。又如原告在第一審已撤回其訴，第一審法院仍為實體判決，則其判決可能無效。又對原判決部分不服，倘其裁判有不可分性，則一部不服，視同全部不服。同理，倘訴訟標的具有不可分性，而行政法院誤為一部判決時，則最高行政法院除駁回上訴之情形外，應統一的連同尚繫屬於原審法院之訴訟標的之另一部分，一併裁判[133]。

---

[131] Eyermann/Happ, VwGO, 13. Aufl., 2010, §129 Rn. 2.
[132] Kopp/Schenke, VwGO,18. Aufl., 2012, §129 Rn. 3.
[133] Eyermann/Happ, VwGO, 13. Aufl., 2010, §129 Rn. 4.

　　本法並未規定被上訴人得提起附帶上訴，故被上訴人不得提起附帶上訴[134]，上訴審之審判範圍，無法透過附帶上訴而擴大審查範圍。

　　有關在上訴聲明範圍內進行調查，乃是對於上訴「有無理由」（不涉及上訴之合法性問題）進行調查[135]。其調查範圍，包括[136]：

(一)判斷之過誤之調查（法令適用之調查）

　　最高行政法院有調查原審法院在實體法上解釋適用法規有無錯誤之義務，其調查高等行政法院判決有無違背法令，不受上訴理由之拘束。亦即為維持實體法上之法律見解統一以及法律漏洞之補充，法律審不受上訴理由之拘束，而應本於職權適用正確之實體法律。亦即對於原判決之實體法上見解，原則上可以全面性的進行審查，並不限於統一法律見解部分。就此德國學說稱為法律審之「完全審理原則」[137]。

　　即使上訴理由僅是單純進行「程序上爭執」，但如果客觀上存在有「實體法上原則性重要意義之法律問題」或其判決見解與司法院解釋或最高行政法院判例決議或先例判決不一致時，亦得本於職權審查[138]。

(二)程序過誤之調查

　　有關職權調查事項，應依據職權調查原審法院判決有無程序瑕疵。至於其程序瑕疵，不屬於職權調查範圍者，就上訴理由指摘事項進行調查。

第252條（刪除）

第253條（判決不經言詞辯論之原則）
最高行政法院之判決，有下列情形之一者，應行言詞辯論：
一、法律關係複雜或法律見解紛歧，有以言詞辯明之必要。
二、涉及專門知識或特殊經驗法則，有以言詞說明之必要。
三、涉及公益或影響當事人權利義務重大，有行言詞辯論之必要。
前項言詞辯論實施之辦法由最高行政法院定之。

---

[134] 陳清秀，行政訴訟法，2013年6版，頁727。
[135] Kopp/Schenke, VwGO, 18. Aufl., 2012, §137 Rn. 34.
[136] 兼子一等著，條解民事訴訟法，2011年2版，頁1644以下。
[137] Eyermann, VwGO, 15. Aufl., 2019, §137 Rn.84. 蕭文生總召集翻譯，德國行政法院法逐條釋義，下冊，2020年，司法院，頁1974。
[138] Eyermann/Kraft, VwGO, 13. Aufl., 2010, §137 Rn. 88.

❖外國立法例❖

日本民事訴訟法第319條規定：「第三審法院，依據上訴狀、上訴理由書、答辯書及其他書類，認為上訴無理由時，得不經言詞辯論，以判決駁回之。」

德國行政法院法第101條第1、2項規定：「除另有規定外，法院依據言詞辯論進行裁判。法院於經雙方當事人同意下，得不經言詞辯論而為裁判。」第141條規定：「除本節有特別規定外，法律審上訴準用關於事實審上訴之規定。第八十七條之一、第一百三十條之一及第一百三十條之二，不予適用。」故聯邦行政法院之法律審如以判決為之，則大多數經過言詞辯論[139]。

❖立法說明❖

最高行政法院關於上訴有無理由之調查，以法律問題為主，通常無行言詞辯論之必要，故本條規定其判決不經言詞辯論為之，以期節省勞費。惟法律問題亦有複雜難明或見解分歧者；或有涉及專門知識或特殊經驗法則者；或有涉及公益或影響當事人權利義務重大者；此際，最高行政法院為使調查之法律問題臻於明確，如認為有行言詞辯論之必要時，自得依職權或依聲請於判決前命行言詞辯論。

本條第2項規定最高行政法院言詞辯論範圍。按最高行政法院審究高等行政法院所判決之事項適用法令是否適當，應以當事人聲明不服之範圍為限，故言詞辯論亦應於上訴聲明之範圍內為之，始有意義。

❖內容解析❖

一、最高行政法院為法律審，原則上不調查新事實。為促進審理，乃以「書面審理」為原則，原則上其判決不經言詞辯論為之。但由於行政訴訟程序僅為二級二審，因此就特殊重大案件，為當事人之事實審審級利益考量情形，亦得本於裁量決定行言詞辯論，以提升裁判品質。此種言詞辯論，屬於任意性質，故當事人雖於言詞辯論期日不到場或兩造均遲誤言詞辯論期日，亦不生一造辯論而為判決或合意停止訴訟問題[140]。

二、得行言詞辯論之情形，有以下三種：

(一)法律關係複雜或法律見解分歧，有以言詞辯明之必要者：

法律關係若涉及多種行政法規之適用或涉及公私法交錯領域，法律關係定性（例如定性為私法契約或公法契約）困難者，通常法律關係較為複雜。

---

[139] https://www.bverwg.de/leichte-sprache/rechtsprechung/ablauf-des-verfahrens，最後瀏覽日期：2023/7/17。

[140] 陳計男，行政訴訟法釋論，2000年初版，頁653。

又如主管機關解釋令函見解前後不一，互相矛盾或法院裁判所持法律見解不一致，則法律見解分歧。經由言詞辯論應可易於澄清爭點，解明法律關係，且可收集思廣益之效。

(二)涉及專門知識或特殊經驗法則，有以言詞說明之必要者：

行政訴訟若涉及會計專業知識、建築技術專業知識、發明技術專門知識或特殊經驗法則，而爲「法律專業者」之法官所較不熟悉之領域。倘其裁判爭點涉及此類專門知識或特殊經驗法則，則經由言詞辯論以澄清疑義，似有必要。

(三)涉及公益或影響當事人權利義務重大者，有行言詞辯論之必要者：

此類重大案件，如重大影響當事人之聲譽。以有關公法上財產權訴訟案件爲例，倘其實質的訴訟標的價額超過新臺幣數千萬元以上者，應可認爲影響當事人權利義務重大。

在涉及重大法律爭議問題，或專門知識或特殊經驗法則，法院爲求周延完善，審慎作成裁判起見，宜委託學者專家提供鑑定意見以供參考，並給予當事人進行辯論以表示意見之機會。就此最高行政法院言詞辯論實施辦法第5條即規定：「合議庭認有必要時，得選任專家學者就言詞辯論之爭點事項以書面或於言詞辯論時到場陳述意見。前項書面意見宜於言詞辯論期日前十四日送達當事人，使之辯論。選任之專家學者，準用本法關於鑑定人之規定，但陳述法律專業意見者，不得令其具結。」

第253條之1（言詞辯論方式）
言詞辯論應於上訴聲明之範圍內爲之。
言詞辯論期日，被上訴人、依第四十一條、第四十二條參加訴訟之人未委任訴訟代理人或當事人一造之訴訟代理人無正當理由未到場者，得依職權由到場之訴訟代理人辯論而爲判決。當事人之訴訟代理人無正當理由均未到場者，得不行言詞辯論，逕爲判決。

❖立法說明❖

第1項規定言詞辯論應於上訴聲明之範圍內爲之。原本規定於第253條，移列至此。

又爲規範被上訴人或依第41條、第42條參加訴訟之人未委任訴訟代理人或訴訟代理人經合法通知無正當理由未到場之法律效果，行政法院得依職權由到場之訴訟代理人辯論而爲判決，爰增訂第2項。當事人之訴訟代理人無正當理由均未到場者，得不行辯論，俾法院裁量決定是否逕爲判決或改期續行言詞辯論，而無第185條視爲合

意停止訴訟程序規定之適用。至於上訴人委任訴訟代理人後解除委任，則屬上訴程序不合法，應裁定命其補正之問題，附此敘明。

❖內容解析❖

一、言詞辯論之範圍

本於處分權主義之精神，法院裁判之範圍，應於上訴聲明之範圍內為之，故言詞辯論之範圍，亦應於上訴聲明之範圍內為之。

二、未委任訴訟代理人或訴訟代理人無正當理由不到場之處理

法律審採取律師強制代理原則，應委任訴訟代理人。如當事人或訴訟參加人未委任訴訟代理人或訴訟代理人無正當理由不到場，得依職權由到場之訴訟代理人辯論而為判決。如當事人之訴訟代理人無正當理由均未到場者，得不行辯論，俾法院裁量決定是否逕為判決或改期續行言詞辯論，而無第185條視為合意停止訴訟程序規定之適用。

第254條（判決基礎）
除別有規定外，最高行政法院應以高等行政法院判決確定之事實為判決基礎。
以違背訴訟程序之規定為上訴理由時，所舉違背之事實，及以違背法令確定事實或遺漏事實為上訴理由時，所舉之該事實，最高行政法院得斟酌之。
行言詞辯論所得闡明或補充訴訟關係之資料，最高行政法院亦得斟酌之。

❖外國立法例❖

依德國行政法院法第137條（准許提起法律審上訴之理由）規定：「法律審之上訴，僅得以不服原判決侵害下列法律為理由，提起之：一、侵害聯邦法律者。二、侵害一邦之行政程序法，其規定內容與聯邦之行政程序法一致者（Ⅰ）。聯邦行政法院，應受當事人不服之原判決所認定之事實的拘束。但關於此項認定，經提出合法及有理由之法律審上訴理由加以爭執者，不在此限（Ⅱ）。法律審之上訴，以程序之瑕疵為理由，而無第一百三十二條第二項第一款或第二款之要件者，僅就所提出之程序上瑕疵裁判之。其他情形，聯邦行政法院不受所提出之上訴理由所拘束（Ⅲ）。」

❖立法說明❖

最高行政法院除別有規定外，原則上僅審查高等行政法院判決有無違背法令，故

為其判決基礎之事實，應以高等行政法院判決所確定者為依據。

　　如上訴理由認原判決違背訴訟程序之規定，或違背確定事實所應遵守之證據法則，或對於當事人已提出之事實認為未提出而不於判決中斟酌，此等事實，最高行政法院自得調查以資判斷原判決有無違背法令。

　　最高行政法院之判決原則上不經言詞辯論為之，但於前條第1項但書所列之例外情形，仍得行言詞辯論，以闡明或補充訴訟關係。如最高行政法院已依前條規定行言詞辯論，其辯論所得有關闡明或補充訴訟關係之資料，自得於判決中斟酌之，俾能發揮該言詞辯論之作用。

❖內容解析❖

一、概說：以原審判決認定事實為基礎

　　最高行政法院為法律審，是對於事實審所為裁判，專門審查是否違背法令。因此原則上應受原審高等行政法院所認定事實的拘束，而以該確認的事實為基礎，僅審查其法令之當否。且為判斷其上訴之當否或請求之當否，並不再蒐集新的事實。因此，雙方當事人在上訴審程序中，原則上不得再提出主張新事實，倘陳述新事實，依法不予斟酌。

　　最高行政法院除別有規定外，作為法律審，並非事實審，原則上法律審法院僅審查原審判決有無違背法令之法律瑕疵，亦即僅需調查法律問題而不及於事實[141]。在事實關係確定之下，法律審法院對於原審判決進行合法性之審查。故不自行認定事實[142]。

　　有關原審法院認定事實，不管是對於當事人之主張認定為真實或不真實，均拘束法律審法院。雖然事實審法院僅以認定為真實之事實作為裁判基礎，而被認定為不真實的事實則在訴訟上並無法加以利用。又原審法院認定事實之依據為何，在所不問。其可能是依據當事人之主張事實，對造當事人明白承認之事實或不爭執之事實，或顯著公知事實或法院所知悉之事實。或依據證人或鑑定人之陳述，或依據各當事人整體陳述之評價結果，法院本於自由心證認定之事實。即使該項事實是基於法律上推定或證據法則或解釋規則所產生，也同樣拘束法律審法院[143]。

　　至於原審法院對於一般經驗法則之存在及其內容之認定，屬於法律問題，故對於法律審法院並無拘束力[144]。又在解釋意思表示時，法律審法院也受原審法院對於有關

---

[141] 徐瑞晃，行政訴訟法，2009年初版，頁530以下。
[142] 有關事實審與法律審之界限探討，參見陳清秀，行政訴訟事實審與法律審之界限，法令月刊66卷5期，2015年5月，頁1以下。
[143] Joachim Wenzel, in: Rauscher/Wax/Wenzel, ZPO, 3. Aufl., 2007, §559 Rn. 8, 11.
[144] BGH NJW-RR 1993, 653.

解釋之各項事實認定之拘束，但以上訴人並未提出合法及有理由之上訴理由爭執者爲限。此項原則也類推適用於專利權以及專利申請權之解釋[145]。

原審法院所認定之事實，有認爲包括不屬於支持原審判決之基礎事實，只要該項事實對於裁判上具有意義，即具有拘束效力[146]。如果已經顯明原審之事實認定有瑕疵，則對於法律審法院即無拘束力，例如其事實認定有矛盾、漏洞以及不明確時，則此項認定無法作爲法律審法院之裁判基礎，在此情形，如果無法從卷宗書面資料得出毫無任何疑義之實際的本案事實及爭執狀態時，則應發回更審重爲認定事實[147]。

(一)自行認定事實之禁止

法律審法院之審查，一方面原則上應以事實審法院所爲事實認定以及事實的評價爲基準，另一方面其審查也應受此項事實認定之拘束。除少數例外情形（如本文後述之新事實）外，有關實體法問題之審查所必須之事實資料，原則上不得自行蒐集原判決以外之資料。亦即原則上，最高行政法院不得斟酌原審法院判決所未曾認定之事實或以該事實作爲裁判基礎[148]。換言之，最高行政法院作爲法律審，原則上不得自行認定事實，也不得從訴訟卷宗內資料，對於原審法院所認定之事實進行補充。如果裁判上重要之事實有欠缺，僅能在案件發回更審後，由事實審法院再度進行事實認定。此即所謂「禁止其他事實認定之原則」[149]。

法律審法院在通常情形，也不得對於事實進行相異之評價。亦即不得以自己之評價，取代事實審法院之事實評價地位。此即所謂「禁止相異之事實評價之原則」[150]。

(二)斟酌新事實之禁止

在法律審，原則上當事人不能提出新事實、新證據[151]，法院也不能斟酌新事實。但其涉及程序瑕疵之主張者，不在此限。此類新事實通常也不能作爲發回更審之理由。例如納稅義務人直到法律審程序，才提出帳簿憑證資料，以證明推計課稅錯誤或課稅基礎之認定錯誤，最高行政法院應不予考慮[152]。故於高等行政法院判決後，當事人原則上不得提出新攻擊防禦方法，亦不得提出新事實、新證據，而資爲上訴法律審之理由（最高行政法院102年度判字第806號、98年度判字第202號、98年度判字第

---

[145] BGHZ 160, 204; Joachim Wenzel, in: Rauscher/Wax/Wenzel, ZPO, 3. Aufl., 2007, §559 Rn. 8.

[146] Joachim Wenzel, in: Rauscher/Wax/Wenzel, ZPO, 3. Aufl., 2007, §559 Rn. 9.

[147] BGH NJW 1999, 641, 642; Joachim Wenzel, in: Rauscher/Wax/Wenzel, ZPO, 3. Aufl., 2007, §559 Rn. 10.

[148] BFH-Urteil vom 17.12. 1997 (X R 88/95) BStBl. 1998 II S. 343.

[149] Seer, in: Tipke/Kruse, FGO, 2013, §118 Tz. 56.

[150] Seer, in: Tipke/Kruse, FGO, 2013, §118 Tz. 57.

[151] 徐瑞晃，行政訴訟法，2009年初版，頁531。

[152] Seer, in: Tipke/Kruse, FGO, 2013, §118 Tz. 58.

入明顯的實體上錯誤之裁判，以提供人民權利保護[164]，認為在下述二項要件均具備之前提下，於法律審程序中，亦可斟酌原審法院所未確認、而在原審判決時已經存在之事實，而實質上進行法律漏洞補充（法之續造活動）[165]：

1.涉及毋庸證明之事實

例如該項新事實屬於顯著之事實，或為一般公知之事實（歷史的事實）[166]或法院已知之事實或雙方當事人毫無爭議者[167]（基於訴訟經濟之理由）。

2.此類事實對於法律狀態之作用，無須評價

亦即如果不必要進行專屬於事實審法官所擁有某種判斷餘地之證據的評價時，則法律審法院可以例外的突破應受原審事實認定之拘束的原則。因此，如果系爭案件愈是涉及複雜的事實關係而需要由事實審法官進行認定時，則愈可推定需要事實審法官對於事實證據之評價[168]。

(五)可以有條件斟酌原審判決後才發生之新事實

如果原審判決後才發生之新事實，足以影響本案之事實認定，在此情形，對於當事人之新的事實上陳述，倘若不加以斟酌，將高度的違背訴訟經濟原則時，則仍然可以斟酌該項新事實[169]。

如果原審判決後才發生之新事實，足以影響本案之事實認定，在此情形，對於當事人之新的事實上陳述，有認為倘若不加以斟酌，將高度的違背訴訟經濟原則時，則仍然可以斟酌該項新事實[170]。亦即基於訴訟經濟之理由，例外的突破法律審法院被禁止自行認定新事實之原則[171]。

上述例外情形，德國多數學說及實務見解，一般認為必須具備下列三項要件[172]：

---

[164] Eichberger, in: Schoch/Schmidt-Aßmann, VwGO, Band II, 2003, §137 Rn. 179.

[165] Ingo Kraft, in: Eyermann, VwGO, 13. Aufl., 2010, §137 Rn. 60 ff.

[166] BVerwGE 128, 155 Rn. 26.

[167] BVerwG NVwZ 2003, 91/92.

[168] Ingo Kraft, in: Eyermann, VwGO, 13. Aufl., 2010, §137 Rn. 62.

[169] Eyermann, VwGO, 13. Aufl., 2010, §137 Rn. 60 ff.

[170] Eyermann, VwGO, 13. Aufl., 2010, §137 Rn. 60 ff; Thomas/Putzo, ZPO, 33. Aufl., 2012, §559 Rn. 12f.

[171] 但在稅務訴訟程序上，也有少數持相反之保留態度者。例如BFH-Urteil vom 5.10. 1999 (VII R 152/97) BStBl. 2000 II S. 93。

[172] BGH NJW 08, 1661; 09, 3783/3786; Seer, in: Tipke/Kruse, FGO, 2013, §118 Tz. 93. 日本民事訴訟法上，學者亦有類似之主張，認為在言詞辯論終結後所發生之新事實，如果屬於顯著之事實、或不爭執而無須證明之事實、且如斟酌該項新事實可以終局解決該事件時，則法律審應予以斟酌。例如在法律審程序中專利權發生或消滅；有關破產人之當事人適格之有無爭執，在法律審程序中破產程序終結；有關離婚訴訟，在法律審程序中取得國籍且提出歸化證明書等（松浦馨、加藤新太郎，收錄於：兼子一等著，條解民事訴訟法，2014年2版，頁1646）。

1.在事實審判決後所發生之新的情況，涉及毋庸證明之事實或該項新事實構成再審之事由該項新事實，屬於堅強的事實，不待證明，毋庸經過法院之證據調查（如需要經過調查證據程序，則不符合法律審程序之本質），即可加以認定，且該項新事實對於法律狀態之作用，不需經過評價，而已經變更原審裁判之基礎事實關係。例如該項新事實屬於顯著之事實，或為一般公知之事實（歷史的事實）或法院已知之事實或雙方當事人毫無爭議者。

例如在另一訴訟程序，針對本案之先決問題，在法律審程序中，已經有確定之判決。外國人被驅逐出境處分之爭訟中，嗣後在法律審程序中已經取得本國國籍。在原審之事實審之訴訟程序中已經提出時效抗辯，而嗣後在法律審程序中其時效完成[173]。

2.斟酌該項新事實資料，並未影響他造當事人值得保護之利益（例如聽審請求權）[174]。但此項要求之獨特價值較不明顯[175]。

3.其新事實之提出，顯然的可以終局的澄清爭議（可以使法律審之法院自己進行終局的裁判）。

(六)言詞辯論所得有關闡明或補充訴訟關係之資料

又如最高行政法院已依上述規定行言詞辯論者，其辯論所得有關闡明或補充訴訟，例如有關外國立法例或判例學說，足以澄清法律疑義之資料。或涉及專門知識或特殊經驗法則等資料，既然已經言詞辯論，自得於判決中斟酌之（§254III），俾能發揮該言詞辯論之作用。

三、有關行政處分之認定與解釋

有關行政機關是否有一個意思表示存在，乃屬於事實認定之範圍。行政機關意思表示之內容，是否成立一個行政處分，並非事實問題，而屬於法律問題，故法律審法院不受原審法院判斷之拘束，而可以審查依據各個書面文書及其經過之客觀的表示內容，是否已經構成一個行政處分[176]。

一個行政處分有哪些內容，涉及行政處分之解釋，如果事實審法院已經充分的認定有關事實時，則法律審法院得本於職權自行回答，而不受事實審法院對於行政處分之解釋之拘束[177]。但在此情形，必須事實審法院已經作成必要的事實認定，而可以讓

---

[173] Seer, in: Tipke/Kruse, FGO, 2013, §118 Tz. 96.

[174] BVerwG NVwZ 1993, 781f; Lange, in: Hüschmann/Hepp/Spitaler, FGO, 2010, §118 Rn. 132.

[175] Eyermann, VwGO, 13. Aufl., 2010, §137 Rn. 65.

[176] BFH BStBl. 97, 660; Gräber/Ruban, FGO, 7. Aufl., 2010, §118 Rz. 25.

[177] BFH-Urteil vom 24. 3. 1998 (I R 83/97) BStBl. 1998 II S. 601; BFH-Urteil vom 24. 8. 2005 (II R 16/02) BStBl. 2006 II S.36.

法律審法院對於該項文書內容進行解釋[178]。

四、契約內容之解釋，應否受原審法院判決認定之拘束？

當事人或第三人所訂立之契約或所爲意思表示，原則上並非法規範。因此有關契約當事人之意思之探求，包括其契約（口頭或書面契約）意思表示之內容爲何（當事人曾經爲哪些意思表示以及其主觀上意欲爲何），性質上屬於「事實認定」問題，應歸屬於事實審法院，亦即高等行政法院之事實認定職權範圍，法律審法院應受該事實認定之拘束。

最高行政法院作爲法律審，僅能進行「合法性審查」，審查事實審法院對於契約（或意思表示）之客觀內容之解釋，有無法律錯誤，或違反法律（民法）上規定之一般解釋原則以及有無違反經驗法則與論理法則[179]。

法律審對於事實審法院所爲契約之解釋，原則上僅能進行「合法性審查」，審查事實審法院對於契約（或意思表示）之客觀內容之解釋，有無違背法令，是否已經適用法律上規定之一般解釋原則，以及有無遵守經驗法則與論理法則[180]。又在法律審也可以審查原審法院對於契約解釋有關之各項附隨情況，尤其是當事人間之利益狀態，是否已經加以調查，並加以適當的評價？[181]

法律審法院對於民事契約自行定性解釋，並據以判決發回更審之後，如果事實審法院重新調查發現新事實證據（此爲其事實認定職權範圍），足以認定法律審法院對於契約定性錯誤時，並未必須受發回判決之拘束。蓋不同之證據以及基礎事實，在法律上即可能有不同之判斷。法律審有關契約定性之判斷拘束力，應以相同事實（事實不變更）爲前提，始受發回判決之拘束，倘若有新的事實認定或法令變更時，則不妨與原先判決持相同見解[182]。

---

[178] BFH v. 24. 8. 2004 BFHE 206, 488. 引自Lange, in: Hüschmann/Hepp/Spitaler, FGO, 2010, §118 Rn. 213。

[179] Kopp/Schenke, VwGO, 18. Aufl., 2012, §137 Rn. 25a.

[180] Kopp/Schenke, VwGO, 18. Aufl., 2012, §137 Rn. 25a; Seer, in: Tipke/Kruse, FGO, 2013, §118 Tz. 75. 最高法院79年度第1次民事庭會議決議：「解釋契約，以探求當事人間訂約之正確內容爲目的，屬於事實認定之範圍。苟其解釋不違背法令，當事人不得以其解釋不當爲理由，提起第三審上訴。」最高法院83年台上字第2118號民事判例：「解釋契約固屬事實審法院之職權，惟其解釋如違背法令或有悖於論理法則或經驗法則，自非不得以其解釋爲不當，援爲上訴第三審之理由。」

[181] BFH-Urteil vom 11. 1. 2005 (IX R 15/03) BStBl. 2005 II S. 477.

[182] 新堂幸司，民事訴訟法，2011年5版，頁925以下；陳清秀，行政訴訟法，2013年6版，頁738。

第255條（上訴無理由之判決）

最高行政法院認上訴為無理由者，應為駁回之判決。

原判決依其理由雖屬不當，而依其他理由認為正當者，應以上訴為無理由[183]。

❖外國立法例❖

　　我國行政訴訟法第三編所稱上訴審程序，德國法稱為「Revision」，亦即為第三審之程序，而非「Berufung」之指稱向第二審法院所為之上訴。行政訴訟法第256條從而相近於德國聯邦行政法院法第144條有關第三審裁判（Revisionsentscheidung）之規定。

　　惟無論如何，我國上訴審程序仍與德國上訴於第三審法院（亦即聯邦行政法院）之程序，有若干差別，以下略作說明。

　　首先，德國就上訴於第三審法院，係採許可制。上訴人固然得對高等行政法院（das Oberverwaltungsgericht）之判決提出上訴，但必須得到高等行政法院之許可。若高等行政法院不為許可，則就之得提起「上訴駁回之訴願」（Nichtzulassungsbeschwerde），而且係向聯邦行政法院提起。此項上訴之許可，只限於下列幾種情形之一：一、該個案具有原則性之意義；二、高等行政法院之判決與聯邦行政法院之判決或聯邦諸最高法院之共同大法庭（der Gemeiansame Senat）或與聯邦憲法行政法院之見解有所偏離，而當事人係針對此項偏離（即意見不同）而提起第三審上訴；三、當事人主張第二審判決具有程序瑕疵而且的確存在，而其構成上訴第二審之可能。聯邦憲法法院就此並無獨自之許可權，而受到高等行政法院之拘束（以上見德國聯邦行政法院法§132）[184]。

　　其次，該法第137條規定，第三審上訴之合法理由，限於主張原判決違背聯邦法，或其與邦／聯邦行政程序法條文不合。該法第138條並進一步規定絕對上訴第三審之事由（Absolute Revisionsgruende），共計六款：一、原審法院之組織並不合法；二、原審法院承審法官有偏頗之虞，而未遵守有關迴避之規定者；三、當事人之一並未被提供法律上之聽審權；四、當事人之一造在訴訟中並未依法被代理，除非其對程序之進行曾為明示或默示同意；五、該判決係基於言詞辯論而作成，而該程序並

---

[183] 有關最高行政法院之相關判決，國內文獻多為介紹性質，見陳敏，行政法總論，第35章，1999年2版，頁1302-1303；劉宗德、彭鳳至，行政訴訟制度，收錄於：翁岳生主編，行政法（下冊），2000年，頁1273以下；陳清秀，行政訴訟法，2001年2版，頁548-550。較為細膩者，見吳庚，行政爭訟法論，1999年修訂版，頁234以下。

[184] 有關的詮釋，見Schmitt Glaeser, Verwaltungsprozessrecht, 14. Aufl., S. 280 (1997); Friedhelm Hufen, Verwaltungsprozessrecht, 3. Aufl., S. 671 ff. (1998)。

未踐行法庭公開的要求；六、該判決並未附記理由。其中第3款與我國行政訴訟法第243條稍有不同。

德國經由上述許可制度，希望減少訟源，從而減輕聯邦行政法院之負荷。惟無論如何，其畢竟針對高等行政法院之上訴駁回特別引入「上訴駁回之訴願」；此係向原駁回之高等行政法院提起；若仍不獲救濟（亦即被採納），則整個卷宗將送到聯邦行政法院，由之作成決議（Beschluss）。該決議應簡單賦予理由，但亦得免去之，若其並無助於釐清上訴第三審所需要件。聯邦行政法院之該項駁回具有最終效力，詳見聯邦行政法院法第133條。

就我國而言，提起上訴，原訴狀提出於原高等行政法院，原審法院應就上訴合法與否加以審查，其情形不能補正者並裁定駁回之；可補正者則應定期間令其補正，未於期限完成者則應裁定駁回之。上訴未經前述程序駁回者，高等行政法院應將上訴狀送達被上訴人，由之提出答辯狀於原高等行政法院，以上見行政訴訟法第246條以下。高等行政法院只宜作初步審查，不宜詳細審閱上訴狀；於當事人已經依法提出有關書狀後，原高等行政法院應將卷宗送交最高行政法院，由其就上訴合法與否再審查[185]。由此可見，我國並未採行德國式第三審上訴許可制度，不可不察。

另外值得注意的是，德國另有「跳躍上訴」（Sprungrevision）之規定。針對第一級之行政法院之判決，當事人得跳過第二審，而直接上訴到聯邦行政法院，前提為該當事人以書面表示同意，而且其係由該地方行政法院（亦即第一級之行政法院）以判決或出於當事人之聲請而經由決議加以許可。跳躍上訴之許可條件，為前述第132條第2項所指稱之前二種，亦即該法律個案具有原則性之意義，或該地方行政法院之判決偏離聯邦行政法院等最高之法院層級機關之見解。聯邦行政法院受到該項許可之拘束。地方行政法院所為拒絕跳躍上訴之決定，係不可撤銷而屬於最終性質（聯邦行政法院法§134）。

此外，德國有所謂「替代上訴」（Ersatzrevision）。當事人對地方行政法院所為之判決不服，而依聯邦專業法律之規定不得提出第二審上訴者，得直接向聯邦行政法院提起第三審上訴。

總之，就我國而言，上訴審係法律審，這固然與德國第三審程序相同，但我國並沒有跳躍上訴或上訴許可制度。

❖立法說明❖

司法院所提理由指出：「最高行政法院調查之結果，如認為上訴無理由，亦即認為原判決於上訴人並無不利或並無不當，而應與原審為相同之判決者，自應以終局判

---

[185] 吳庚，行政爭訟法論，1999年修訂版，頁246以下。

決駁回其上訴。」「又原判決所依據之理由雖屬不當，如依其他理由可認為其判決結果正當者，仍應維持原判決，以上訴為無理由而駁回之。」

凡此，對於上訴無理由之類型並未更為精密說明；而就第2項而言，也未直接指出訴訟經濟之考量。

❖內容解析❖

一、上訴為無理由者，應為駁回之判決

上訴不合法定要件者，最高行政法院應予裁定駁回。上訴合法要件，係指上訴人有上訴權、符合法定程序、遵守法定上訴期間、上訴之對象須得為上訴者。就上訴審而言，合法要件最主要者為上訴理由須主張原判決違背法令。我國並不採上訴許可制度，也未進一步提出類如德國聯邦行政法院法第132條的嚴格要求（已見前述），而是以當事人訴狀主張原判決違背法令即可，上訴狀未表明理由者得於二十日內補行提出理由書（見§245）。這種安排是否導致濫訴及審理程序無效率，非無討論餘地。

一上訴案件必須經由最高行政法院審查，始得認定有無理由。最高行政法院之審查程序請參閱本書相關章節。上訴案之合法與否之判斷時點，為裁判時；最遲於裁判時點，訴之合法要件必須完全具備。若不同之當事人就同一案件同時提起上訴，只要一位聲請人合法提出，便全部合法[186]。若最高行政法院審查的結果認為當事人之上訴局部不合法定要件，局部為無理由或有理由，則得整體經由判決加以決定[187]。

上訴無理由之情形，主要係指原審判決並無錯誤，或至少在結論上係正確（後者詳下述）。而於此背後有一項限制因素：最高行政法院原則上無權重為事實調查。行政訴訟法第254條第3項規定，依同法第253條第1項但書行言詞辯論所得闡明或補充訴訟關係之資料，最高行政法院亦得斟酌之；在此程度內，最高行政法院所獲得的事實或證據，得作為裁判之基礎，也請參看本書上訴審程序之前言。

本條所稱上訴「無理由」，因涉及法律審，所以整體表現在原判決違背法令有無之判斷。我國行政訴訟法第243條規定兩大類之違背法令，亦即相對與絕對者。前者所稱「法規」係作廣泛界定，兼指法律與行政命令，且包括不成文法；主要的錯誤態樣包括解釋錯誤、涵攝錯誤、違反經驗法則或論理法則與卷載內容相反、怠於行使規範審查之權限等[188]。絕對的上訴事由係指行政訴訟法第243條第2項所規定之六種情形；係屬絕對性質，而無論高等行政法院之認事用法有無受到影響。

---

[186] Eyermann, Verwaltungsgerichtsordnung, Kommentar, Aufl., §143, Rd. 2, 3 (2000).

[187] Kopp/Schenke, VwGO, 11. Aufl., §144, Rd. 1 (1998).

[188] 見吳庚，行政爭訟法論，1999年修訂版，頁235以下。

二、依其他理由認爲正當者，應以上訴爲無理由

本項的規定，依德國法的比較，主要係出於訴訟經濟[189]。德國典型的案例爲，原審以訴訟不合法而裁定駁回，當事人起訴後聯邦行政法院認爲應加以實質審理，但審查結果確認系爭實體法上的請求權難以成立，這時得以訴訟無理由加以駁回。

行政法院爲本項審查時，依德國通說，無須受制於原判決違背法令之要求，而得進一步審查原審判決有無訴訟程序瑕疵，而且包括來自實體法上的理由[190]。惟無論如何，主管機關爲本項決定之前提，爲已經有足夠的事實確認，蓋最高行政法院原則上並不調查事實；此外，若涉及絕對的上訴事由，亦即我國行政訴訟法第243條第2項第1款至第5款之情形，則本項並無適用餘地，最高行政法院應廢棄原判決。

第256條（上訴有理由之判決）
最高行政法院認上訴為有理由者，就該部分應廢棄原判決。
因違背訴訟程序之規定廢棄原判決者，其違背之訴訟程序部分，視為亦經廢棄。

❖外國立法例❖

德國聯邦行政法院法第144條第3項有類似的規定[191]。依之，若第三審上訴有理由，則聯邦行政法院得就該案件自爲決定，或將該被訴請撤銷之判決加以撤銷，而將該案件發回予另外的辯論與決定（zur anderweitigen Verhandlung und Entscheidung zurueckverweisen）。依同法第142條第1項第二句，若參與人有合法的利益，則聯邦行政法院應將案件發回更審。

上述規定第二句爲我國行政訴訟法第256條所無；有關最高行政法院自爲判決，我國規定於行政訴訟法第259條，詳下述。其次，本法第256條第2項，爲德國法所無，但解釋上相同。

❖立法說明❖

司法院修正草案條文說明指出，原判決於上訴人不利，並於法律上爲不當而又不能依其他理由認爲正當者，其上訴爲有理由，最高行政法院應爲終局判決，將原判

---

[189] Kopp/Schenke, §144, Rd. 4.
[190] Kopp/Schenke, aaO., §144, Rd. 5.
[191] 德國係將上訴判決各種情形整個規定爲一條。我國行政訴訟法第256條係規定「廢棄原判決」，而於第259條規定自爲判決，第260條規定發回或發交判決，此外尚有第261條有關卷宗送交的規定。整體而言，我國將整個上訴判決分作多條規定，讀者須合併觀察。

決廢棄之；如原判決僅一部分違背法律，亦即上訴僅一部分有理由者，應僅廢棄該部分，而將上訴無理由之部分駁回。又因其違背訴訟程序之規定而廢棄原判決者，其違背規定之訴訟程序部分，無待最高行政法院判決有廢棄之諭示，亦應視爲當然已被廢棄，非經更新該訴訟程序不得據爲判決之拘束。

❖內容解析❖

若上訴合法，而且當事人所主張系爭處置違背法令確實成立，而且也不存有前述第255條第2項之情形，則最高行政法院應廢棄原判決。接下來的結果，爲自爲裁判，或發回或發交高等行政法院，見我國行政訴訟法第259條、第260條，詳下述。

本條第1項課予最高行政法院廢棄原判決之義務，而且只針對上訴有理由之部分。最高行政法院爲廢棄原判決時，應詳述其法律上的判斷。此項判斷，連同「廢棄」之決定，將拘束原審高等行政法院。與此不同，廢棄決定中所爲之單純指引或建議，而非爲廢棄決定的核心部分，則不具拘束力[192]。

就本條第2項而言，凡最高行政法院以訴訟程序違背法令爲理由而廢棄者，該廢棄決定當然及於相關程序部分。

第256條之1

以地方行政法院爲第一審管轄法院之事件，高等行政法院依通常訴訟程序審理並爲判決者，最高行政法院不得以高等行政法院無管轄權而廢棄原判決。

前項情形，最高行政法院應依該事件所應適用之上訴審程序規定爲裁判。

❖立法說明❖

本條於2022年6月22日修正，依其立法理由，係爲：「配合第一百零四條之一關於地方行政法院與高等行政法院管轄適用通常訴訟程序事件之分工，適用通常訴訟程序爲裁判之第一審法院爲地方行政法院或高等行政法院，爰就事務管轄錯誤之情形與處置方式，予以明定。」

❖內容解析❖

高等行政法院審理地方行政法院管轄之簡易訴訟程序、交通裁決或適用通常訴訟程序之事件並爲判決者，當事人之程序利益並無減損，受理其上訴之最高行政法院不

---

[192] Eyermann, aaO., §144, Rd. 15.

得以事務管轄錯誤廢棄原判決，故本條第1項規定，最高行政法院不得以高等行政法院無管轄權而廢棄原判決。

惟該事件既非屬高等行政法院管轄之第一審事件，其上訴程序即應按簡易訴訟程序、交通裁決或地方行政法院通常訴訟程序事件之上訴審程序規定辦理，故本條第2項規定，最高行政法院應依該事件所應適用之上訴審程序規定為裁判[193]。

第257條（將事件移送管轄法院）

最高行政法院不得以高等行政法院無管轄權而廢棄原判決。但違背專屬管轄之規定者，不在此限。

因高等行政法院無管轄權而廢棄原判決者，應以判決將該事件移送於管轄行政法院。

❖立法說明❖

司法院修正草案理由指出，通常之管轄制度，在高等行政法院而言，僅因土地區域而決定其事務分配之範圍。訴訟事件既經某行政法院已為審判，若僅因土地管轄之有誤而予以廢棄，則於行政法院及當事人將徒增無益之勞費。但專屬管轄之訴訟事件因事涉公益，不許任意變更管轄法院；如高等行政法院之判決違背此項規定，即應將原判決廢棄。

❖內容解析❖

本條規定高等行政法院之管轄錯誤之瑕疵結果，與前揭德國法第138條第1款相近。本條的判斷標準，在於法院組織之不合法有無導致被操縱或暴露於與該個案無關的影響，而不宜過度擴張解釋[194]。從而，若原判決係違反同一行政法院之事務分配計畫，則不構成本款的事由[195]。參照上述，則我國行政訴訟法第257條第1項之規定應屬妥當。

除了上述德國法之參考外，司法院修正草案的理由欄所稱訴訟經濟的考量，以及專屬管轄之訴訟事件常涉及公益而不宜任意允許變更管轄法院，均屬確論。

---

[193] 2022年6月22日修法立法理由參照。
[194] Kopp/Schenke, aaO., §136, Rd. 5.
[195] Kopp/Schenke, aaO., §138, Rd. 5.

第258條（原判決雖違背法令仍不得廢棄之例外規定）
除第二百四十三條第二項第一款至第五款之情形外，高等行政法院判決違背法令而不影響裁判之結果者，不得廢棄原判決。

❖外國立法例❖

德國有關絕對上訴第三審事由，係規定於聯邦行政法院法第138條；當中共計六款，見前述，內容上與我國行政訴訟法第243條第2項相近。就絕對上訴第三審之事由，德國行政法院法第144條並無明文區分為兩大類（亦即第1至5款為一類，第6款為另外一類）。德國行政法院法第138條所列六款原因，與我國的差別，在於第3款：德國規定「一造當事人被拒絕提供法律上之聽審（Das rechtliche Gehoer）」。

❖立法說明❖

司法院行政訴訟法修正草案理由指出，高等行政法院判決之違背法令，如僅屬細節問題而不影響裁判之結果者，亦即該違背法令事項與原判決結果無因果關係，既非原判決之所據，亦不足以動搖該判決之基礎者，自無許其提起上訴之必要。惟本法第243條第2項第1款至第5款之情形，因係違反程序法上所應絕對遵守之重要規定，故不論有無影響裁判之結果均應認上訴為有理由。

❖內容解析❖

本條旨在限制廢棄原判決之事由。在立法設計上，本條係將第243條第2項第1款至第5款之違反視為當然影響裁判結果，從而即使實質上並未如此，最高行政法院亦必須廢棄原判決；只有第243條第2項第6款之情形，亦即判決不備理由或理由矛盾者，始有鬆動的可能，請參看前述之司法院修正草案之理由。

德國聯邦行政法院法第138條固然標題上稱為「絕對上訴第三審事由」，但條文內容上規定「判決有下列情形之一者，得經常被視為聯邦法律而構成上訴第三審之事由」。此項用詞依學界的分析係屬於「不可推翻的推定」（unwiderlegliche Vermutung）；相關的違反，被推定為對系爭判決構成影響，而無須進一步之證明。

於此，進一步則涉及各該款的細膩界定；各款之邊陲、極為輕微的違反，亦得不被界定為該款的事由[196]。依德國註釋書的整理，儘管第三審法院於有絕對上訴事由時應發回更審或應廢棄原判決，但仍有例外，例如原審法院對一造當事人並沒有給予聽審的機會，但該項違反對程序的整體結果並未影響，而只是對個別的案件事實或只涉

---

[196] Kopp/Schenke, §138, Rd. 1.

及個別的事實或法律意見的確認，而該判決並非取決於這些確認[197]。

就我國行政訴訟法第243條第2項第1款至第5款之界定，請見本書相關章節。

德國並有許多有趣的討論，例如對依照當事人之聽審權之違反，得否於當事人未提起第三審上訴之前加以補正？德國採肯定說[198]。與此不同，我國將第243條第2項第1款至第5款之事由界定為當然影響裁判結果。此外，依德國的見解，原審判決因理由不備或理由矛盾者，只於影響裁判之結果時，始該當構成廢棄原判決之要件；構成要件若全然未經論述分析，則顯然構成理由不備，但這較少見；常見的爭論，毋寧為記載程度問題。判決書的理由記載程度，整體而言必須達於當事人得認識該判決係基於何種理由；其中包括就當事人所主張之個別部分之重要的攻擊防禦的手段，或就該判決的重要問題等。總之，有關構成判決的重要的事實上的確信，至少須使當事人在判決中得簡短而精要地得知；反之，就各該判決有關的各該觀點之細膩之處，則無此需要。

第259條（自為判決之情形）
經廢棄原判決而有下列各款情形之一者，最高行政法院應就該事件自為判決：
一、因基於確定之事實或依法得斟酌之事實，不適用法規或適用不當廢棄原判決，而事件已可依該事實為裁判。
二、原判決就欠缺實體判決要件之事件誤為實體判決。

❖外國立法例❖

德國聯邦行政法院法第144條第2項第1款規定，若上訴有理由，則聯邦行政法院得自為判決，但並未進一步規定類如我國本條之二種情形。惟無論如何，聯邦行政法院並不調查事實，其竟然自為判決，要件之一當然為系爭案件事實已經明確而達已可為裁判之程度。

至於本條第2款，係針對審判權之有無。德國就此部分沒有直接明文，而須回溯到聯邦行政法院法第40條。

❖立法說明❖

為配合法院組織法增訂審判權歸屬爭議之解決規範，本條歷經2021年12月8日及2022年6月22日兩次修正。

---

[197] Kopp/Schenke, aaO., §144, Rd. 6.
[198] Kopp/Schenke, §138, Rd. 3.

❖內容解析❖

依本條第1款規定，因基於確定之事實或依法得斟酌之事實，不適用法規或適用不當廢棄原判決，而事件已可依該事實爲裁判者，最高行政法院廢棄原判決時，應就該事件自爲判決。

依本條第2款規定，原判決就欠缺實體判決要件之事件誤爲實體判決者，最高行政法院廢棄原判決時，應就該事件自爲判決。蓋起訴合法性之審查係屬行政法院應依職權調查之事項，例如行政訴訟審判權、起訴之法定期間、訴訟權能、權利保護必要等實體判決要件有欠缺且無從補正者，上訴審行政法院廢棄原判決時，即得自爲判決移送至有審判權之管轄法院（如最高行政法院108年度上字第730號判決）或駁回原告之訴，無再發回或發交第一審行政法院之必要，故有本款之規定[199]。

> **第259條之1**（不同意見書）
> 最高行政法院駁回上訴或廢棄原判決自為裁判時，法官對於裁判之主文或理由，已於評議時提出與多數意見不同之法律上意見，經記明於評議簿，並於評決後三日內補具書面者，得於裁判附記之；逾期提出者，不予附記。
> 前項實施之辦法由最高行政法院定之。

❖立法說明❖

本條係2022年6月22日修法時新增。

❖內容解析❖

最高行政法院所爲終審確定裁判具有統一法律見解之功能，參與評議之法官對該裁判所表達之法律上意見，無論是多數或少數意見均有參考價值，如參與評議之法官對於裁判主文或理由之法律上意見與多數意見不同（包括贊成裁判之主文，而對其理由有補充或不同法律意見，或對於裁判之主文表示一部或全部不同法律意見），已於評議時提出，經記明於評議簿，並於評議決定後3日內補具書面者，得於裁判書附記公開該不同意見。

最高行政法院之裁判，因案情不同，可能以裁定（例如上訴不合法）或判決（例如上訴無理由）駁回上訴；廢棄原判決自爲裁判；將案件發回原審法院、發交與原審法院或原第一審行政法院同級之他法院等情形。本條係於最高行政法院駁回上訴或廢

---

[199] 2022年6月22日修法立法理由參照。

棄原判決自為裁判之終審確定裁判始有適用。

裁判書是否公開不同意見並非強制規定，為免逾時提出得否附記可能產生之爭議，乃以明文限制之。有關最高行政法院裁判附記不同意見書之細節性實施辦法，授權由最高行政法院規定[200]。

第260條（發回或發交判決）
除別有規定外，經廢棄原判決者，最高行政法院應將該事件發回原高等行政法院或發交其他高等行政法院。
前項發回或發交判決，就高等行政法院應調查之事項，應詳予指示。
受發回或發交之高等行政法院，應以最高行政法院所為廢棄理由之法律上判斷為其判決基礎。

❖外國立法例❖

德國聯邦行政法院法第144條第3項前段第2款為判決撤銷及發回之規定；依之，若第三審上訴有理由，則聯邦行政法院得就該案件自為決定，或將該被訴請撤銷之判決加以撤銷，而將該案件發回予另外的辯論與決定（zur anderweitigen Verhandlung und Entscheidung zurueckverweisen）。同條第6項規定第三審之法律判斷的拘束力。該條第3項第二句之規定值得重視：當第三審上訴程序中之受邀請參加之利害第三人們有一合法利益時，聯邦行政法院應將該案件發回或發交相關行政法院。本項係針對所謂必要參加人（notwendige Beiladung）而設。至於此項制度見諸聯邦行政法院法第65條第2項；依之，若第三人們對系爭案件之法律關係有高度參與必要，以至於法院之判決對之也應一致作成，則該類第三人們應被傳喚參加訴訟。

❖立法說明❖

本條的理由說明大體未脫離現行條文的用詞。究竟係發回原高等行政法院或發交其他高等行政法院，原理由欄並未指明，從而原則上應以前者為妥；於原判決有諸多瑕疵，且其中包括行政法院管轄錯誤之情形，始有後者之適用[201]。第2項規定的理由，在於避免「往覆更審，徒增訟累」。至於第3項，理由欄指出「受發回或發交之高等行

---

[200] 2022年6月22日修法立法理由參照。
[201] 德國第三審法院之管轄權，有所謂「跳躍上訴」之類型，意即於一審判決之後直接跳躍至第三審；若第三審判決撤銷原判決而發回，則應回覆到原第一審之法院。就此及有關發回或發交的進一步闡述見Kopp/Schenke, aaO., §144, Rd. 9。

政法院應受此項判斷之拘束，不許更持相異之見解，以收統一法令見解之效果」。

❖內容解析❖

一、發回或發交有關行政法院

上訴有理由而依本法第259條應自為裁判之要件不存在時，最高行政法院應將該事件發回原高等行政法院，或發交其他高等行政法院。

我國並未如德國設有跳躍上訴第三審之規定，從而並無由第三審發交第一審之可能。再者，德國係採三級三審為原則，於發生第一審有嚴重程序瑕疵而且未經第二審矯正之情形，聯邦行政法院亦得將案件直接發交第一審法院或發回第二審而由之再發回第一審法院[202]。德國就必要共同訴訟之案型，該第三人們有合法的審級利益時，第三審應將原判決發回或發交而不得自為裁判，已如前述。本條儘管未有明文，解釋上亦然。

二、發回或發交之效力

隨著發回或發交的決定，該案件再度繫屬於原審法院或受發交法院，此等得重為必要的事實發現與證據的調查，並基於這些新的證據資料而形成心證，而作成裁判。最高行政法院判決之法律部分之拘束力制度，旨在統一法律解釋並貫徹審級制度，此外也為確保當事人訴訟權之落實。若最高行政法院只指責程序瑕疵，則下級審就之不受拘束[203]。我國司法院大法官釋字第368號解釋有類似的要求，但係針對行政機關，而本處所涉及者係下級法院。

為貫徹最高法院之判決之法律判斷之拘束力，本條第2項乃課以最高行政法院就相關事項詳為指示之義務[204]。

本條第3項所稱「廢棄理由之法律上判斷」，係指成為該廢棄判決之基礎者，亦即為主要的核心的支柱而且對判決具有因果關係者，而且為法律的見解。最高行政法院若在判決中提及系爭法律的合憲性，以及為特定合憲性的解釋，則這部分亦有拘束力；反之只是就該案件之進一步處理為單純指示或論述，則不屬之。此拘束力不只涵蓋對該廢棄判決直接為基礎之法律上評價，而且也包括對造成該廢棄判決之直接理由之主要核心或先行的部分[205]。惟無論如何，此拘束力將因事後法律變更或待判決案件

[202] Kopp/Schenke, aaO., §144, Rd. 9.
[203] 德國法在解釋上採此項見解，見Kopp/Schenke, aaO., §144, Rd. 14。
[204] 儘管釋字第368號解釋要求行政機關之「另為適法之處分」應尊重行政法院之法律意見，但實際成效不彰，原因固有多種，但其中之一為行政法院判決就有關部分之精密度不足。
[205] Kopp/Schenke, aaO., §144, Rd. 12.

事實之重大變更，而喪失[206]。

　　高等行政法院於重為判決時若違背前述拘束力要求，構成我國行政訴訟法第242條之違背法令，但此等違反並不當然導致該判決上訴時之必然撤銷，至少德國係採此項見解[207]。

> **第261條**（發回或發交所應為之處置）
> 為發回或發交之判決者，最高行政法院應速將判決正本附入卷宗，送交受發回或發交之高等行政法院。

❖內容解析❖

　　本條旨在規定發回或發交之判決作成後之流程。如前所述，發回或發交之判決一旦作成，案件便重新繫屬於該管行政法院。而此時因為相關卷宗尚在最高行政法院，乃有本條之規定。

　　至於送交的時間，條文要求應儘速為之，細膩部分由最高行政法院以內規決定。遲誤或違誤頂多只構成司法行政上之缺失，只有在極端例外情形，例如長達數年，始構成當事人之訴訟權之侵害。

> **第261條之1**（高等行政法院判決事實及理由之引用）
> 最高行政法院判決書應記載之事實及理由，如與高等行政法院判決相同者，得引用之。

❖立法說明❖

　　本條係2022年6月22日修法時新增。

❖內容解析❖

　　依據本條之立法理由，為簡化判決書之製作，最高行政法院判決書就事實及理由之記載，如與高等行政法院判決相同者，得引用之[208]。

---

[206] Kopp/Schenke, aaO., §144, Rd. 13.

[207] 見Eyermann, aaO., §144, Rd. 15。

[208] 2022年6月22日修法立法理由參照。

第262條（撤回上訴）

上訴人於終局判決宣示或公告前得將上訴撤回。

撤回上訴者，喪失其上訴權。

上訴之撤回，應以書狀為之。但在言詞辯論時，得以言詞為之。

於言詞辯論時所為上訴之撤回，應記載於言詞辯論筆錄，如他造不在場，應將筆錄送達。

❖立法說明❖

上訴權係為保護上訴人之利益而設，自應許其撤回上訴。惟上訴事件，若經終局判決宣示或公告，則因上訴程序業已終結，即無撤回之可言。故本條規定上訴人於終局判決宣示或公告前得將上訴撤回。

又當事人撤回上訴後，其得於上訴期間內提起上訴之權利即歸於消滅，不得更行提起上訴，故規定撤回上訴者，喪失其上訴權。

❖內容解析❖

一、撤回上訴之意義

撤回上訴係當事人提起上訴後，於上訴法院終局判決宣示或公告前，撤回其上訴之訴訟行為。撤回上訴與訴之撤回不同。後者係撤回其起訴之本身，因訴之撤回致訴訟繫屬消滅，等同於未起訴；前者，係撤回其提起之上訴，因撤回上訴，致下級審法院判決確定。又撤回上訴亦與捨棄上訴權不同。捨棄上訴權於判決宣示、公告或送達後未上訴前亦得為之（§240Ⅰ），且捨棄上訴權後已不得再上訴。而撤回上訴須於提起上訴後始得為之。又撤回上訴，理論上於上訴期間內仍得上訴[209]。惟本條第2項規定，撤回上訴者，喪失其上訴權，則自效果而言，兩者並無不同。

二、撤回上訴之要件

撤回上訴應具備下列要件：

(一)撤回之時期

撤回上訴須於提起上訴後，上訴法院終局判決宣示或公告前為之（本條Ⅰ）。蓋

---

[209] 齋藤秀夫、小室直人、西村宏一、林屋禮二編著，注解民事訴訟法（9），頁109（齋藤秀夫、菊井信男）。

終局判決之宣示或公告後,上訴審之程序業已終結,自無撤回上訴之可言。且撤回上訴須於提起上訴後,蓋如未提起上訴,上訴程序尚未開始,自無撤回上訴之問題。又對不合法之上訴,亦得撤回上訴,自屬當然。

(二)撤回上訴無須被上訴人同意

在訴之撤回於被告已為本案之言詞辯論者,應得其同意(§113 II)。但撤回上訴,縱業經言詞辯論仍毋庸被上訴人同意[210],只須上訴人單方之意思為已足[211]。因撤回上訴致下級法院之判決確定,並不發生對被上訴人不利之情形。

(三)得撤回上訴之人

撤回上訴須得撤回上訴人所為,始生撤回之效力。得撤回上訴之人,限於上訴人。蓋只有上訴人始具有撤回上訴之處分權。因此提起上訴者為本法第41條或第42條之參加人者,僅該參加人得撤回上訴。本法第44條之輔助參加人,得為輔助當事人為一切訴訟行為,自包括提起上訴在內,但須以其所輔助之當事人為上訴人,自己為輔助參加人,則輔助參加人提起上訴後,其撤回上訴應得被參加人之同意[212]。

(四)撤回上訴之訴訟行為須有效

撤回上訴係對法院行為之訴訟行為,自須具備訴訟行為之有效要件。因此,無意思能力或雖已成年但精神耗弱者,其撤回上訴,並不發生撤回之效力[213]。又撤回上訴既屬對法院之訴訟行為,為求訴訟安定,應以其表示之外觀確定其效力,不得以詐欺、脅迫等由外部不易得知行為人意思表示之瑕疵為理由,而主張撤銷之[214]。

三、撤回上訴之方式

撤回上訴應以書狀為之,但在言詞辯論時得以言詞為之(本條 III),於言詞辯論時所為上訴之撤回,應記載於言詞辯論筆錄,如他造不在場,應將筆錄送達(本條IV)。撤回上訴之書狀應向何法院提出,有認為上訴狀雖向下級法院提出,但撤回上訴狀則須向上訴之法院提出[215]。有認為撤回上訴固應向上訴之法院提出,但上訴狀向

---

[210] 立法例上,德國行政法院法第114條規定,撤回法律審之上訴,於已為言詞辯論之聲請後始撤回者,應得法律審上訴之被告同意。

[211] 兼子一、松浦馨等著,條解民事訴訟法,頁1159;菊井維大、村松俊夫,全訂民事訴訟法III,頁56。

[212] 兼子一、松浦馨等著,前揭書,頁1159。

[213] 日本最判昭和29年(1952年)6月11日,民集8卷6號,頁1055。

[214] 基本法コメンタール新民事訴訟法2,頁179(花村治郎);反對說,兼子一、松浦馨等著,條解民事訴訟法,頁1159。

[215] 兼子一、松浦馨等著,前揭書,頁1159。

下級法院提出者，於下級法院尚未將訴訟卷宗送交上級法院前，其撤回上訴狀亦得向下級法院提出[216]。按撤回上訴係對上訴之法院表示撤回其上訴之意思表示，自應向上訴之法院為之，但如卷宗尚未移交上級法院，應得下級法院提出。

四、撤回上訴之效力

(一)上訴審程序終結：上訴經合法撤回者，則訴訟程序等同自始未係屬於最高行政法院，亦即訴訟係屬消滅，因此因上訴而開始之上訴審訴訟程序因而終結。

(二)上訴權喪失：其在德國，撤回上訴者，並不喪失上訴權，如上訴期間未滿，仍得再提起上訴[217]。日本之情形亦同[218]。惟本條第2項規定，撤回上訴者，喪失上訴權。因此上訴期間縱尚未經過，上訴人亦不得再行上訴。對撤回上訴之意思表示不得再行撤回，縱經被上訴人同意亦同[219]。

(三)原判決確定：經撤回上訴者，提起上訴之效力消滅，下級審法院之判決因而確定。至撤回上訴後原判決何時確定？不無爭議。有認為撤回上訴有溯及效力，因此原判決應溯及原判決上訴期間屆滿時確定[220]。有認為撤回上訴前，訴訟尚在係屬中，迨當事人撤回上訴時，原判決始告確定。其確定時期，應以撤回上訴生效時為準[221]。上述不同見解，理論上應以前說為當，惟實務上最高法院則採後說[222]。

第263條（上訴審程序準用之規定）
除本編別有規定外，前編第一章及第五章之規定，於最高行政法院上訴審程序準用之。

❖立法說明❖

本條原規定：「除本編別有規定外，前編第一章及第五章之規定，於上訴審程序準用之。」因原第三編上訴審程序僅規定最高行政法院上訴審程序，故所稱上訴審程序，即最高行政法院上訴審程序。惟111年6月22日修正行政訴訟法第三編上訴審程序，分為第一章最高行政法院上訴審程序及第二章高等行政法院上訴審程序。而本條

---

[216] 菊井維大、村松俊夫，全訂民事訴訟法Ⅲ，頁56。
[217] 德國行政法院法逐條釋義，司法院編印，頁1656。
[218] 基本法コメンタール新民事訴訟法3，頁22。
[219] 最高法院47年台聲字第109號判例。
[220] 兼子一、松浦馨等著，條解民事訴訟法，頁1159。
[221] 吳明軒，民事訴訟法（下），頁1336。
[222] 最高法院民事庭會議96年10月2日決議。

之準用係指最高行政法院上訴審程序，故原條文「上訴審程序」須改為「最高行政法院上訴審程序」。條文內容與原條文並無不同。

最高行政法院原則上為法律審，在程序上有其特異之處，故本法另以本編就其特異之處規定適用之法則。除此本編別有規定外，其應適用之程序與前編第一章高等行政法院通常訴訟程序及前編第五章都市計畫審查程序不乏相同之處，為免重複，故設準用之規定。

❖內容解析❖

一、我國行政訴訟原採二級二審制，第一審為高等行政法院，上訴審為最高行政法院，高等行政法院為事實審，最高行政法院原則上為法律審。2011年11月23日修正為三級二審制，於地方法院增設行政訴訟庭。惟最高行政法院仍維持為法律審，法律審在審查原審判決是否違背法令，性質上與事實審法院有異，故行政訴訟法第三編特別規定其訴訟程序。但最高行政法院與高等行政法院既同為行政訴訟程序，則除有特別規定之程序外，兩者之程序不乏共通之處，故本條特規定得準用前編第一章高等行政法院通常訴訟程序及前編第五章都市計畫審查程序之規定。至前編第二章地方法院行政訴訟庭簡易訴訟程序、第三章交通裁決事件訴訟程序及第四章收容聲請事件程序之規定，因其事件並不得向最高行政法院上訴，故無準用之問題。

二、本條原規定：「除本編別有規定外，前編第一章之規定，於上訴審程序準用之」。2019年12月13日修正之行政訴訟法，於第二編增列第五章都市計畫審查程序，本條亦配合修正，增列「及第五章」等文字，明示第三編上訴審程序，得準用前編第一章及第五章之規定。惟前編第五章都市計畫審查程序，係以審查都市計畫合法性為其目的，具有客觀訴訟之性質，故該章就訴訟之管轄、訴訟之提起、訴訟參加、訴之合併以及保全程序，均設有與前編第一章高等行政法院通常訴訟程序不同之規定，故最高行政法院審理都市計畫審查程序之上訴事件，於準用前編規定時，應優先準用前編第五章之規定，於該章未規定者，始準用前編第一章之規定。

三、本法第一編總則於上訴審程序當然有其適用。惟第二編第一章通常訴訟程序，則僅限於性質許可才能準用，如訴之撤回、停止執行、訴訟程序之停止、證據、和解等。至性質不許可者自不能準用，如訴之變更、追加及提起反訴，因上訴審程序規定不得為訴之變更追加或提起反訴，自不得準用。至一造辯論判決是否得準用？有採肯定見解[223]。惟最高行政法院所為之言詞辯論，係任意之言詞辯論，與高等行政法院所為之必要言詞辯論性質不同，故當事人於言詞辯論期日不到場，或到場而不為辯論，法院仍得就書面審理而為判決，應不生一造辯論判決之問題。擬制撤回起訴之情

---

[223] 最高行政法院91年判字第344號。

形亦同。

四、上訴審程序可否為附帶上訴，本法並無明文規定，學說上有認為本法未有如民事訴訟之附帶上訴（民訴§460），故捨棄上訴權之一方，亦不得利用對造之上訴，以附帶上訴表示不服[224]，有認為附帶上訴是基於公平之理由，並防止不必要的濫行上訴而設，使上訴審法院解除上訴不利益變更之禁止，得為更不利於上訴人而有利於被上訴人之裁判，因此德國立法例（德國行政法院法§127），容許附帶上訴[225]。按本法未明定禁止於上訴審為附帶上訴，亦無於上訴審程序當然不許附帶上訴之法理[226]，應以肯定說為當。

---

[224] 陳計男，行政訴訟法釋論，頁635-636。

[225] 吳庚，行政爭訟法論，2016年修訂8版，頁482；陳清秀，行政訴訟法，2015年7版，頁756。

[226] 日本於第二審訴訟程序所定之附帶上訴，於第三審之訴訟程序全部準用，鈴木正裕、鈴木重勝編集，注釋民事訴訟法（8），頁301。

第二章

高等行政法院上訴審程序

緒 論

一、本章的立法緣由

現代合理而有效率的行政訴訟制度，應以第一審行政法院為事實審中心，最高行政法院為法律審，專注於重要的法律解釋與適用，並統一法律見解。行政法院的審級分工宜將事件分流，形塑堅實的第一審行政法院與發揮法律審功能的最高行政法院為目標。

因此，112年8月15日修正施行的行政訴訟法，考量員額、案件成長及國家財政等因素，於成立地方行政法院前，將原分散於各地方法院的行政訴訟庭，改集中於高等行政法院分設高等行政訴訟庭與地方行政訴訟庭[1]，以提供人民均質的司法給付，除可善用高等行政法院既有的軟硬體資源，並可預為將來成立地方行政法院作準備。調整前後均維持兩個審級，不影響人民的審級利益，但能活化法官配置，使具公法專業的法官儘早辦理行政訴訟事件，培養長期穩定的行政法院法官人才，以提供專業、及時、有效的權利救濟。

二、高等行政法院分設高等行政訴訟庭與地方行政訴訟庭

依本法第3條之1規定，所稱高等行政法院，是指高等行政法院的高等行政訴訟庭；所稱地方行政法院，則指高等行政法院的地方行政訴訟庭。訴訟法上，地方行政訴訟庭即相當於「地方行政法院」的審級[2]，整部訴訟法亦已明文以「地方行政法院」稱之，其與高等行政訴訟庭的關係，屬於訴訟上不同審級的法院。整部訴訟法亦已明文以「地方行政法院」稱之。是故，純粹就組織法的意義上來說，因取消地方法

---

[1] 112年8月15日修正施行的行政法院組織法第2條第2項規定參照。

[2] 112年8月15日修正施行的行政法院組織法第2條第2項規定：「本法所稱高等行政法院，除別有規定外，指高等行政法院高等行政訴訟庭與地方行政訴訟庭。」行政訴訟法第3條之1規定：「本法所稱高等行政法院，指高等行政法院高等行政訴訟庭；所稱地方行政法院，指高等行政法院地方行政訴訟庭。」以下行文如在組織法脈絡，以地方行政訴訟庭稱之；如在訴訟法脈絡，則以地方行政法院名之，合先敘明。

院層級的行政訴訟庭，行政訴訟新制的審級組織為「二級二審」；但就訴訟法的審級救濟意義來說，與新制施行前相同，仍為「三級二審」[3]。

三、調整最高行政法院與高等行政法院上訴審管轄範圍

通常訴訟程序事件，依本法第104條之1第1項本文規定，原則上仍維持由高等行政法院為第一審管轄法院；同時審酌地方行政法院軟硬體建置、人力逐步到位及案件負荷量情形，於同條項但書規定，將訴訟標的金額或價額在新臺幣（下同）150萬元以下的稅捐、罰鍰或其附帶之其他裁罰性、管制性不利處分、其他公法上財產關係訴訟，改以地方行政法院為第一審管轄法院。因此，地方行政法院將集中辦理本法第104條之1第1項但書規定的第一審通常訴訟程序、簡易訴訟程序、交通裁決事件訴訟程序、收容聲請事件程序及其他法律規定等事件。此外，配合社會經濟情況發展，本法也提高適用簡易訴訟程序的金額或價額為50萬元以下[4]，使與民事訴訟法一致，避免適用上的困擾。基此，高等行政法院之第一審終局判決，除法律別有規定外，得上訴於最高行政法院；而地方行政法院受理第一審事件的終局判決，則應以管轄的高等行政法院為上訴審終審法院[5]。

因應地方行政法院與高等行政法院第一審管轄分工及高等行政法院與最高行政法院上訴審管轄範圍的調整，本次修法也同時修正、增訂第一審行政法院管轄錯誤及誤用訴訟程序時，上訴審行政法院的處理方式[6]。此外，由於簡易訴訟程序及交通裁決事件訴訟程序的上訴、抗告、再審及重新審理，原則上與本法第三編至第六編相同，本次修正在體例上回歸適用各編的規定。並就簡易訴訟及交通裁決事件訴訟的上訴審訴訟代理、誤用訴訟程序審理並為裁判的情形及處置方式等，增訂相關規範[7]。

四、修法的配套制度

本次修法的主要目的在強化法官辦理行政訴訟事件的專業性，行政訴訟新制施行後，取消各地方法院行政訴訟庭[8]，改於3所高等行政法院內增設地方行政訴訟庭，勢必

3　不論新制施行前後，以「兩個二級二審」來稱呼會更加精確。第一個二級二審指的是地方層級行政法院（不論是地方法院行政訴訟庭或地方行政法院）與高等行政法院；第二個二級二審則是高等行政法院與最高行政法院。見黃奕超，打造行政訴訟堅實第一審新制─111年修正行政訴訟法介紹，司法周刊【司法文選別冊】第2123期，頁3，註7，2022年9月16日。

4　112年8月15日修正施行的行政訴訟法第229條第2項第1款至第3款規定參照。

5　112年8月15日修正施行的行政訴訟法第238條第1項及第263條之1規定參照。

6　112年8月15日修正施行的行政訴訟法第236條之2、第256條之1、第263條之2、第263條之3等規定參照。

7　112年8月15日修正施行的行政訴訟法第235條、第236條之1、第236條之2、第237條之9、第263條之1、第263條之5等規定參照。

8　本次同時修正的法院組織法第14條規定參照。

衝擊原先民眾進行訴訟的便利性。改制權衡的理由在於：近10年來隨著交通環境顯著改善、科技設備日益普及，法院與人民的距離已大幅縮短，路程遠近不再是影響人民上法院解決糾紛的顯著因素[9]。為推動司法E化，司法院已於110年11月1日施行行政訴訟法部分條文修正，在訴訟文書傳送、訴訟進行、收受裁判等各方面，提供民眾更便捷資訊服務。包括當事人得以科技設備傳送書狀、擴大視訊審理的範圍、簡化書狀及增訂裁判正本得以電子文件為之等[10]。此外，行政訴訟業已全面開放「線上起訴」[11]，搭配「遠距審理」、「巡迴法庭」等配套措施，期使人民的訴訟便利性不打折[12,13]。

　　本次修正並未改採許可上訴制，但因將高等行政法院的部分通常訴訟程序事件下放至地方行政法院，故同時也有紓解最高行政法院案源、逐步朝金字塔型訴訟結構的方向邁進之效果。此外，搭配漸進擴大強制律師代理、強化促進訴訟程序及替代裁判的紛爭解決機制，並採行便利原住民或部落接近使用行政法院、行政訴訟的調解、防杜濫訴等配套制度。

第263條之1（高等行政法院上訴審程序）
對於地方行政法院之終局判決，除法律別有規定外，得依本章規定上訴於管轄之高等行政法院。
對於高等行政法院之第二審判決，不得上訴。

❖ 立法目的 ❖

　　本次修法將簡易訴訟程序事件、交通裁決事件、收容聲請事件等獨任審判事件集中於地方行政法院，並同時將簡易訴訟程序及交通裁決事件的上訴、抗告、再審、

---

[9]　民眾不願意上法院解決糾紛的原因，在複選的情況下，「法院距離遙遠」排序第六，見司法院109年一般民眾對司法認知調查，頁30。

[10]　109年度司法業務年報，司法院出版，第四篇，2021年12月，頁868。

[11]　司法院新聞稿，起訴遞狀不必到法院！電子訴訟文書平台服務範圍擴至所有行政訴訟事件，111年1月21日，https://www.judicial.gov.tw/tw/cp-1887-576927-a660d-1.html，最後瀏覽日期：2022/8/22。

[12]　便利民眾閱卷部分，除已有的線上筆錄聲請、電子卷證光碟及司法院電子訴訟文書（含線上起訴）服務平台的整合性線上卷證閱覽服務外，112年8月15日修正施行的行政訴訟閱卷規則第22條規定：「聲請人閱卷，除閱覽外，得繳納費用請求抄錄、影印、列印、攝影、電子掃描或交付光碟。並得預付費用，請求行政法院承辦人影印該案卷宗之全部或一部，由行政法院寄送與聲請人。」使民眾閱卷更加便利。

[13]　司法院新聞稿，建構法治國拱心石堅實基礎，開展行政訴訟歷史新頁—立法院三讀通過《行政訴訟法》等五法修正，111年5月31日，https://www.judicial.gov.tw/tw/cp-1887-650017-3b537-1.html，最後瀏覽日期：2023/7/15。

重新審理回歸適用各編規定，刪除原本散在各訴訟程序事件的規定，以收法律簡化之效。

　　本法的立法體例，將第三編上訴審程序分為二章，第一章為最高行政法院上訴審程序，第二章為高等行政法院上訴審程序。地方行政法院受理第一審事件的終局判決，原則上均以高等行政法院為上訴審終審法院。

❖內容解析❖

一、第1項

(一)地方行政法院管轄的第一審事件

　　對於地方行政法院的終局判決，除法律別有規定外，得依本章規定上訴於管轄的高等行政法院。而地方行政法院管轄的第一審事件，包括原本即由地方法院行政訴訟庭管轄的簡易訴訟程序事件、交通裁決事件、收容聲請事件及其他準用簡易訴訟程序的事件（如監獄行刑法的行政訴訟事件）。此外，配合社會經濟情況發展，本法也提高適用簡易訴訟程序的金額或價額為50萬元以下[14]，使與民事訴訟法所定簡易訴訟的標準一致，以避免適用上的困擾。

　　其次，依照本法第104條之1規定，通常訴訟程序事件原則上仍維持由高等行政法院為第一審管轄法院，僅將訴訟標的金額或價額在150萬元以下的稅捐、罰鍰或其附帶的其他裁罰性、管制性不利處分及其他訴訟標的金額或價額在150萬元以下的公法上財產關係訴訟，下放由地方行政法院為第一審管轄法院。因此，如訴訟標的的金額或價額無從認定或認定上有相當困難，則應回歸原則，由高等行政法院為第一審管轄法院[15]。

　　又依本法第104條之1第1項第2款規定的立法說明，所謂「因不服行政機關所為新臺幣150萬元以下之罰鍰或其附帶之其他裁罰性、管制性不利處分而涉訟者」，包括兩種情形：一為不服行政機關單獨裁處150萬元以下罰鍰；二為不服行政機關以「同一處分書」裁處上開金額罰鍰及附帶的其他裁罰性或管制性不利處分（原告如僅

---

[14] 112年8月15日修正施行的行政訴訟法第229條第2項第1款至第3款規定參照。論者或謂：如地方行政訴訟庭獨任事件過多、合議事件過少，將有變成實質簡易庭的疑慮。新制雖有行政訴訟法第104條之1第1項第4款及第2項規定可供調節，但立法論上似可參考德國行政法院法第6條規定，於案件並無特殊的事實上或法律上疑難，且無原則重要性時，各庭原則上應將案件交付庭員一人為獨任法官裁判之。案件已於合議庭行言詞辯論後，原則上不得再交付獨任法官審理。因訴訟狀態的重大變更，導致案件具有原則重要性，或出現特殊的事實上或法律上困難性時，獨任法官得於聽審當事人後，將案件移回所屬庭審理。該庭不得再將案件交付獨任法官審理。見黃奕超，前揭文），頁8。

[15] 112年8月15日修正施行的行政訴訟法第104條之1立法說明一、參照。

爭執其中之罰鍰或附帶處分亦同）。地方行政法院就上開兩種情形取得通常訴訟程序事件的第一審管轄權。所謂其他裁罰性不利處分，是指行政罰法第1條規定的沒入或第2條各款規定的其他種類行政罰；所謂管制性不利處分，則包括限期改善或限期拆除（下命應負一定作為義務之處分）等情形。除上述情形外，如符合本法第229條第2項第1款至第3款、第3項規定金額或價額的事件，及符合同條第2項第4款的輕微處分涉訟者，依該條規定自應適用簡易訴訟程序。

(二)審判庭的組織

依行政法院組織法第3條第1項規定：「高等行政法院之審判，以法官三人合議行之。但地方行政訴訟庭審理簡易訴訟程序、交通裁決事件程序及收容聲請事件程序，以法官一人獨任行之。」可知，地方行政法院審理簡易訴訟程序事件、交通裁決事件、收容聲請事件及其他準用簡易訴訟程序的事件，固應以法官1人獨任行之；而地方行政法院審理通常訴訟程序的第一審事件，則以法官3人合議行之。又參酌法院組織法第3條的體例，地方法院審判民事、刑事的合議案件，上訴高等法院時，亦由法官3人合議行之。因此，對地方行政法院適用通常訴訟程序的判決上訴時，依行政法院組織法第3條第1項本文規定，亦應由高等行政法院以法官3人合議行之[16]。

二、第2項

修法後，訴訟法上的審級救濟仍維持「三級二審制」。因此，地方行政法院為第一審管轄法院的事件，均以高等行政法院為上訴審終審法院，對於高等行政法院的第二審判決，自不得再行上訴。

---

[16] 本條立法說明三、後段參照。

三、高等行政法院管轄第一審事件分配表

罰鍰金額（新臺幣）＼不利處分	情形	超過150萬	150萬元以下，且超過50萬元	50萬元以下	未裁處罰鍰
未附帶不利處分		高等行政訴訟庭（通常訴訟程序）	地方行政訴訟庭（通常訴訟程序）	地方行政訴訟庭（簡易訴訟程序）	
附帶第229條第2項第4款之輕微處分	全部不服	高等行政訴訟庭（通常訴訟程序）	地方行政訴訟庭（通常訴訟程序）	地方行政訴訟庭（簡易訴訟程序）	地方行政訴訟庭（簡易訴訟程序）
	僅對罰鍰不服	高等行政訴訟庭（通常訴訟程序）	地方行政訴訟庭（通常訴訟程序）	地方行政訴訟庭（簡易訴訟程序）	地方行政訴訟庭（簡易訴訟程序）
	僅對輕微處分不服	地方行政訴訟庭（簡易訴訟程序）	地方行政訴訟庭（簡易訴訟程序）	地方行政訴訟庭（簡易訴訟程序）	地方行政訴訟庭（簡易訴訟程序）
附帶其他裁罰性或管制性不利處分	全部不服	高等行政訴訟庭（通常訴訟程序）	地方行政訴訟庭（通常訴訟程序）	地方行政訴訟庭（通常訴訟程序）	高等行政訴訟庭（通常訴訟程序）
	僅對不利處分不服	高等行政訴訟庭（通常訴訟程序）	地方行政訴訟庭（通常訴訟程序）	地方行政訴訟庭（通常訴訟程序）	高等行政訴訟庭（通常訴訟程序）
	僅對罰鍰不服	高等行政訴訟庭（通常訴訟程序）	地方行政訴訟庭（通常訴訟程序）	地方行政訴訟庭（簡易訴訟程序）	高等行政訴訟庭（通常訴訟程序）

第263條之2（地方行政法院誤行訴訟程序之處置(一)）

應適用簡易訴訟程序或交通裁決訴訟程序之事件，高等行政法院不得以地方行政法院行通常訴訟程序而廢棄原判決。

應適用交通裁決訴訟程序之事件，高等行政法院不得以地方行政法院行簡易訴訟程序而廢棄原判決。

前二項情形，高等行政法院應依該事件所應適用之上訴審程序規定為裁判。

❖立法目的❖

地方行政法院審判誤行訴訟程序者，則受理其上訴的高等行政法院應如何審判及適用何種程序，即有明文規定的必要，以杜爭議。

❖內容解析❖

一、第1項、第2項

應行簡易訴訟程序或交通裁決訴訟程序之事件，地方行政法院誤行通常訴訟程序；或應行交通裁決訴訟程序之事件，地方行政法院誤行簡易訴訟程序，因適用的通常或簡易訴訟程序較嚴謹周密，對於當事人的程序保障並無欠缺，故受理上訴或抗告的高等行政法院並無將第一審裁判廢棄的必要，以免增加當事人及法院不必要的勞費。因此，參考民事訴訟法第451條之1第1項規定，於本條第1項及第2項明文規定受理其上訴或抗告[17]的高等行政法院不得以此誤行程序而廢棄原裁判。

二、第3項

地方行政法院雖將簡易訴訟程序事件或交通裁決訴訟程序事件誤為通常訴訟程序事件，而依通常訴訟程序審判；或將交通裁決訴訟程序事件誤為簡易訴訟程序事件，而依簡易訴訟程序審判，並不因此改變其原本即為簡易訴訟程序事件或交通裁決訴訟程序事件的性質。故受理上訴或抗告的高等行政法院，仍應適用簡易訴訟程序事件或交通裁決訴訟程序事件的上訴審程序或抗告程序規定為裁判。因此，參考民事訴訟法第451條之1第2項規定，於本條第3項明定高等行政法院應依該事件所應適用的上訴審程序或抗告程序規定為裁判。

至於高等行政法院審理後，以其他事由將原裁判廢棄發回或發交，則應由管轄的地方行政法院依簡易訴訟程序或交通裁決訴訟程序的規定審理，以符簡易訴訟制度或交通裁決訴訟制度的立法旨趣，自屬當然[18]。

第263條之3（地方行政法院誤行訴訟程序之處置(二)）
地方行政法院就其應適用通常訴訟程序之事件，而誤用簡易訴訟程序或交通裁決事件訴訟程序審判；或應適用簡易訴訟程序之事件，而誤用交通裁決事件訴訟程序審判者，受理上訴之高等行政法院應廢棄原判決，將該事件發回或發交管轄地方行政法院。

---

17 依本法第272條第1項規定，本條規定亦準用於抗告程序。
18 本條立法說明三、後段參照。

以高等行政法院為第一審管轄法院之事件，誤由地方行政法院審判者，受理上訴之高等行政法院應廢棄原判決，逕依通常訴訟程序為第一審判決。

當事人對於第一項程序誤用或第二項管轄錯誤已表示無異議，或明知或可得而知並無異議而就本案有所聲明或陳述者，高等行政法院應依原程序之上訴審規定為裁判，不適用前二項規定。

❖立法目的❖

配合本法第104條之1關於地方行政法院與高等行政法院管轄適用通常訴訟程序事件的分工，地方行政法院應適用通常訴訟程序的事件，卻誤用簡易訴訟程序或交通裁決訴訟程序審判；或應適用簡易訴訟程序的事件，卻誤用交通裁決訴訟程序審判；以及事物（審級）管轄錯誤等情形，其情節較前條規定的情形更為嚴重，則受理其上訴的高等行政法院應如何審判及適用何種程序，更有明文規定的必要。

❖內容解析❖

一、第1項

簡易訴訟程序事件、交通裁決訴訟程序事件與通常訴訟程序事件，其程序在本法上仍有差異，原則上應遵循各自的法定程序，不應混淆，否則即失去原本立法刻意區別三者的目的。故對於應適用通常訴訟程序的事件，若地方行政法院不察誤用簡易訴訟程序或交通裁決訴訟程序審判；或應適用簡易訴訟程序的事件，地方行政法院誤用交通裁決訴訟程序審判時，其對於當事人的程序保障即有欠缺，而屬訴訟程序有重大瑕疵。如當事人對該簡易訴訟程序或交通裁決訴訟程序第一審裁判提起上訴或抗告[19]，依本條第1項規定，受理上訴或抗告的高等行政法院即應將原裁判廢棄，並將該事件發回或發交管轄的地方行政法院，以糾正違法的程序。

二、第2項

由於地方行政法院與高等行政法院為不同的審級，其事物（審級）管轄也有各自的分工。如屬以高等行政法院為第一審管轄法院的事件，誤由地方行政法院審理並為裁判者，則已侵害當事人的審級利益，而屬管轄錯誤的重大瑕疵。因此，受理上訴或抗告的高等行政法院應將原裁判廢棄，以糾正違法的程序。

鑑於高等行政法院依法原本就是本件第一審通常訴訟程序的管轄法院，為免廢棄原裁判後另分由其他法官處理，致影響訴訟的經濟與效率。因此，本條第2項明定受

---

[19] 依本法第272條第1項規定，本條規定亦準用於抗告程序。

理上訴或抗告的高等行政法院應逕依通常訴訟程序為第一審裁判。

三、第3項

當事人對於第1項的程序誤用或第2項的管轄錯誤，如已於第一審訴訟程序中表示無異議，或明知或可得而知上述情形，但並未依行政訴訟法第132條準用民事訴訟法第197條第1項規定[20]對於該程序誤用提出異議，而就本案有所聲明或陳述時，則該訴訟程序的瑕疵即已補正。因此，第3項明定上訴或抗告審的高等行政法院不得再依第1項、第2項規定廢棄原裁判，並應依原程序的上訴或抗告審規定為裁判。

所謂「當事人明知或可得而知程序誤用或管轄錯誤」，繫於個案情形而定，但法院認定上應有較明確的事證可資判斷，以免浮濫。例如：當事人於簡易訴訟或通常訴訟程序，行言詞辯論時；於交通裁決事件訴訟程序，依第237條之4規定收受重新審查的答辯時，應可認當事人明知或可得而知[21]。

所謂「高等行政法院應依原程序之上訴（抗告）審規定為裁判」，是指地方行政法院應適用通常訴訟程序的事件，誤用簡易訴訟程序時，高等行政法院應依簡易訴訟程序的上訴（抗告）審規定為裁判；地方行政法院應適用通常訴訟程序的事件，誤用交通裁決事件訴訟程序時，高等行政法院應依交通裁決事件訴訟程序的上訴（抗告）審規定為裁判；地方行政法院應適用簡易訴訟程序的事件，誤用交通裁決事件訴訟程序時，高等行政法院應依交通裁決事件訴訟程序的上訴（抗告）審規定為裁判；以高等行政法院為第一審管轄法院的事件，誤由地方行政法院審判者，受理上訴的高等行政法院應依本章通常訴訟程序（第四編抗告程序）的上訴（抗告）審規定為裁判[22]。

依據本法第263條之2、第263條之3、第256條之1、第272條第1項等規定，具體個案應如何解釋適用，整理如下表所示[23]：

---

[20] 民事訴訟法第197條第1項規定：「當事人對於訴訟程序規定之違背，得提出異議。但已表示無異議或無異議而就該訴訟有所聲明或陳述者，不在此限。」
[21] 本條立法說明三、參照。
[22] 本條立法說明四、參照。
[23] 本表是參考黃奕超，前揭文，頁22-23，表五略加修改而成。

應適用的訴訟程序與管轄法院（應然）	第一審行政法院誤用的訴訟程序（實然）	上訴（抗告）審行政法院及其處理方式	依據
地方行政法院適用通常訴訟程序	地方行政法院適用簡易訴訟程序或交通裁決訴訟程序	高等行政法院應廢棄原裁判，發回或發交管轄地方行政法院適用通常訴訟程序審理。但當事人無責問者，高等行政法院應適用簡易訴訟或交通裁決訴訟的上訴（抗告）審程序審理	第263條之3第1項、第3項及第272條第1項
	高等行政法院適用通常訴訟程序	最高行政法院不得廢棄原裁判，應按地方行政法院通常訴訟上訴（抗告）審程序審理	第256條之1及第272條第1項
高等行政法院適用通常訴訟程序	地方行政法院適用簡易訴訟程序或交通裁決訴訟程序	高等行政法院應廢棄原裁判，逕依通常訴訟程序為第一審裁判。但當事人無責問者，高等行政法院應適用簡易訴訟或交通裁決訴訟的上訴（抗告）審程序審理	第263條之3第2項、第3項及第272條第1項
	地方行政法院適用通常訴訟程序	高等行政法院應廢棄原裁判，逕依通常訴訟程序為第一審裁判。但當事人無責問者，高等行政法院應按通常訴訟上訴（抗告）審程序審理	第263條之3第2項、第3項及第272條第1項
地方行政法院適用簡易訴訟程序	地方行政法院適用交通裁決訴訟程序	高等行政法院應廢棄原裁判，發回或發交管轄地方行政法院適用簡易訴訟程序審理。但當事人無責問者，高等行政法院應適用交通裁決訴訟上訴（抗告）審程序審理	第263條之3第1項、第3項及第272條第1項

應適用的訴訟程序與管轄法院（應然）	第一審行政法院誤用的訴訟程序（實然）	上訴（抗告）審行政法院及其處理方式	依據
	地方行政法院適用通常訴訟程序	高等行政法院不得廢棄原裁判，應按簡易訴訟的上訴（抗告）審程序審理	第263條之2第1項、第3項及第272條第1項
	高等行政法院適用通常訴訟程序	最高行政法院不得廢棄原裁判，應按簡易訴訟上訴（抗告）審程序審理	第256條之1及第272條第1項
地方行政法院適用交通裁決訴訟程序	地方行政法院適用簡易訴訟程序或通常訴訟程序	高等行政法院不得廢棄原裁判，應適用交通裁決訴訟的上訴（抗告）審程序審理	第263條之2第1項、第2項、第3項及第272條第1項
	高等行政法院適用通常訴訟程序	最高行政法院不得廢棄原裁判，應適用交通裁決訴訟的上訴（抗告）審程序審理	第256條之1及第272條第1項

第263條之4（統一裁判見解機制）

高等行政法院受理上訴事件，認有確保裁判見解統一之必要者，應以裁定敘明理由移送最高行政法院裁判之。

高等行政法院審理上訴事件期間，當事人認為足以影響裁判結果之法律見解，先前裁判之法律見解已產生歧異，得向受理本案之高等行政法院聲請以裁定敘明理由移送最高行政法院裁判之。其程序準用行政法院組織法第十五條之四規定。

前二項之移送裁定及駁回聲請之裁定，均不得聲明不服。

最高行政法院認高等行政法院裁定移送之事件，並未涉及裁判見解統一之必要者，應以裁定發回。受發回之高等行政法院，不得再將上訴事件裁定移送最高行政法院。

除前項情形外，最高行政法院各庭應先以徵詢書徵詢其他庭之意見，並準用行政法院組織法第十五條之一、第十五條之二、第十五條之五至第十五條之十一規定。

❖立法目的❖

當高等行政法院作為第二審的終審法院時，即有確保裁判見解統一的必要。修法前是規定於第235條之1，但為堅實第一審行政訴訟，使部分原由高等行政法管轄並適用通常訴訟程序的事件改由地方行政法院管轄，高等行政法院則為該事件的上訴審終審法院。依此，適用通常訴訟程序的事件，亦有確保裁判見解統一的必要，故於第263條之4增訂相關規範，且一體適用於簡易訴訟、交通裁決訴訟程序的事件，並刪除第235條之1。

❖內容解析❖

一、第1項

為堅實第一審行政法院，原由高等行政法管轄並適用通常訴訟程序的事件，部分改由地方行政法院管轄，高等行政法院則為該事件的上訴審終審法院。依此，適用通常、簡易、交通裁決訴訟程序的上訴及抗告事件[24]，均有確保裁判見解統一的必要。因此，第1項明定高等行政法院受理上訴（抗告）事件，認有確保裁判見解統一的必要，即應以裁定移送最高行政法院裁判之。

所謂「地方行政法院所為第一審判決之上訴（抗告）」，包括適用通常、簡易、交通裁決訴訟程序之上訴（抗告）事件[25]；所謂確保裁判見解統一的必要，依立法說明是指因先前裁判已有複數分歧見解的積極歧異（包括最高行政法院未經統一的裁判相互間、相同或不同高等行政法院第二審裁判相互間或最高行政法院未經統一的先前裁判與高等行政法院第二審裁判間有法律見解歧異），而有確保裁判見解統一的必要，並不包括消極歧異（即受理上訴或抗告事件的高等行政法院擬採與先前裁判不同見解）之情形。立法政策上，基於程序經濟，本條的移送限於裁判見解已發生積極歧異，且有確保見解統一的必要，也不準用行政法院組織法有關「原則重要性提案」的規定[26]。

二、第2項

鑑於當事人為訴訟程序的主體，為周全保障當事人的程序參與權，應使當事人得促請受理上訴（抗告）事件的高等行政法院行使第1項裁定移送最高行政法院的職權。然而，為確保裁判見解有統一的必要性，並避免當事人聲請浮濫，過度增加高等

---

[24] 依本法第272條第1項規定，此一機制亦準用於抗告程序。

[25] 準用簡易訴訟程序的上訴事件，如監獄行刑法的行政訴訟事件亦包括在內。

[26] 黃奕超，前揭文，頁17-18。

行政法院負擔，故本項明定其程序準用行政法院組織法第15條之4規定[27]。亦即當事人認為足以影響裁判結果的法律見解，先前裁判的法律見解已產生歧異，得以書狀表明下列各款事項，向受理事件的高等行政法院聲請以裁定移送最高行政法院裁判：(一)涉及之法令。(二)裁判法律見解歧異之具體內容。(三)該歧異見解對於裁判結果之影響。(四)所持法律見解及理由。

考量本法第104條之1第1項但書事件的範圍有限，高等行政法院為該事件的上訴（抗告）審終審法院，基於程序經濟，應先表示有原則重要性的法律見解，如嗣後有歧異的法律見解時，再行統一即可。因此，也不準用行政法院組織法有關「原則重要性提案」的規定。又簡易訴訟或交通裁決訴訟事件上訴（抗告）的當事人，其提起上訴（抗告）固無強制律師代理規定的適用，但其如欲依本項規定聲請移送，因涉及確保裁判見解統一的法律專業性，亦應準用行政法院組織法第15條之4第2項的強制律師代理規定，乃屬當然[28]。

本次亦併同修正的行政法院組織法第15條之4第2項規定：「前項聲請，當事人應委任訴訟代理人為之。」由於高等行政法院受理的上訴事件包括地方行政法院管轄的通常訴訟程序事件、簡易訴訟程序事件、交通裁決事件及其他準用簡易訴訟程序的事件（如監獄行刑法所定的行政訴訟事件）等；在地方行政法院管轄的通常訴訟程序事件，上訴時本應依行政訴訟法第49條之1第1項第2款規定，適用強制律師代理，遇當事人聲請移送最高行政法院時，依行政訴訟法第263條之4第2項準用行政法院組織法第15條之4第2項所指的當事人應委任訴訟代理人為之，意義上即會連結適用行政訴訟法第49條之1以下的強制律師代理相關規定。惟就簡易訴訟程序事件、交通裁決事件及其他準用簡易訴訟程序事件的上訴或抗告事件，因上開事件並不在同法第49條之1第1項規定的強制律師代理事件範圍。遇當事人聲請移送最高行政法院時，行政訴訟法第263條之4第2項準用行政法院組織法第15條之4第2項規定本身就是一種「適用強制律師代理的事件」[29]，只是沒有規定在第49條之1第1項的事件範圍內。解釋上應

---

27 行政法院組織法第15條之4規定：「最高行政法院各庭審理事件期間，當事人認為足以影響裁判結果之法律見解，先前裁判之法律見解已產生歧異，或具有原則重要性，得以書狀表明下列各款事項，向受理事件庭聲請以裁定提案予大法庭裁判。一、涉及之法令。二、法律見解歧異之裁判，或法律見解具有原則重要性之具體內容。三、該歧異見解或具有原則重要性見解對於裁判結果之影響。四、所持法律見解及理由（Ⅰ）。前項聲請，當事人應委任訴訟代理人為之（Ⅱ）。最高行政法院各庭認為聲請不合法律上之程式或法律上不應准許者，應以裁定駁回之（Ⅲ）。」本法第263條之4的移送，既限於裁判見解已發生積極歧異，且有確保見解統一的必要，而不準用行政法院組織法有關「原則重要性提案」的規定。因此，行政法院組織法第15條之4第1項第2款、第3款關於「具有原則重要性法律見解」的規定，自不在準用之列。

28 本條立法說明三、參照。

29 依本法第263條之4第2項及第272條第1項規定，雖包括對於地方行政法院適用通常訴訟程序、簡易訴訟程序及交通裁決事件訴訟程序所為裁判的上訴或抗告事件，惟因行政訴訟法第49條之1第1項第2款明定高等行政法院管轄之通常訴訟程序上訴事件，當事人原則上應委任律師為訴訟代

類推適用行政訴訟法第49條之1以下的強制律師代理相關規定，包括第49條之3訴訟救助的規定在內，如此才能完整保障當事人適用強制律師代理的權益[30]。

以下為行政訴訟法第263條之4第2項強制律師代理的整理[31]：

	行政訴訟法第263條之4第2項、第272條第1項準用行政法院組織法第15條之4規定「當事人應委任訴訟代理人為之」
高等行政法院管轄的通常訴訟程序上訴事件 （行政訴訟法第49條之1第1項第2款）	當事人聲請高等行政法院移送最高行政法院，適用行政訴訟法第49條之1以下的強制律師代理相關規定（包括訴訟救助）
簡易訴訟程序事件、交通裁決事件及其他準用簡易訴訟程序之事件上訴或抗告事件（不在行政訴訟法第49條之1第1項的範圍）	當事人聲請高等行政法院移送最高行政法院，**類推**適用行政訴訟法第49條之1以下的強制律師代理相關規定（包括訴訟救助）

如當事人未委任訴訟代理人向受理本案的高等行政法院聲請裁定移送最高行政法院時，依本法第263條之4第2項後段、第272條第1項準用行政法院組織法第15條之4第3項規定[32]，高等行政法院即應以裁定駁回其聲請。

此外，在新舊法銜接期間，依行政訴訟法施行法第22條第2項規定，修正行政訴訟法施行前已繫屬於高等行政法院，而於修正行政訴訟法施行後尚未終結的上訴或抗告事件，原則上雖然適用舊法規定；但關於簡易訴訟程序的上訴或抗告確保裁判見解統一機制部分，因修正行政訴訟法第263條之4規定更有助於減少裁判見解歧異及維護法安定性，故就此部分排除適用舊法第235條之1，明定應適用修正行政訴訟法第

理人，故上述行政法院組織法第15條之4第2項規定，於地方行政法院適用通常訴訟程序所為裁定的抗告事件與適用簡易訴訟程序及交通裁決事件訴訟程序所為裁判的上訴或抗告事件，始有被準用的規範實益。就此而言，論者或以：高等行政法院管轄的通常訴訟程序上訴事件，當事人聲請高等行政法院移送最高行政法院時，行政訴訟法第263條之4第2項準用行政法院組織法第15條之4第2項的「強制律師代理」，會被行政訴訟法第49條之1第1項第2款所覆蓋，因此潛而不顯；但就簡易訴訟程序事件、交通裁決事件及其他準用簡易訴訟程序事件的上訴或抗告事件，當事人聲請高等行政法院移送最高行政法院時，行政訴訟法第263條之4第2項準用行政法院組織法第15條之4第2項本身的「強制律師代理」性質就會顯露出來。見黃奕超，前揭文，頁18，註38。

[30] 黃奕超，前揭文，頁18-19。

[31] 黃奕超，前揭文，頁19，表四。

[32] 行政法院組織法第15條之4第3項規定：「最高行政法院各庭認為聲請不合法律上之程式或法律上不應准許者，應以裁定駁回之。」

263條之4規定[33]。

三、第3項

因高等行政法院依本條第1項、第2項及第272條第1項準用上述規定所爲移送最高行政法院統一裁判見解的裁定，對當事人並無不利；而駁回聲請移送的裁定，則屬於訴訟程序進行中的處置[34]，且均爲終審法院的裁定。因此，第3項明定對移送裁定或駁回聲請移送的裁定，當事人均不得聲明不服。

四、第4項

最高行政法院如認高等行政法院裁定移送之上訴或抗告事件，未涉及裁判見解統一的必要（例如：並無上訴審裁判法律見解歧異存在或受理時雖有上訴審裁判法律見解歧異存在，但於裁定時見解已經統一），應以裁定發回。爲避免受發回的法院又檢具其他事證再次裁定移送最高行政法院，使事件來回擺盪影響當事人的訴訟權益，本項明定受發回的高等行政法院不得再將該上訴或抗告事件裁定移送最高行政法院。

五、第5項

修正刪除前本法第235條之1[35]關於統一裁判見解的規定，是於100年11月23日修正公布、101年9月6日施行，當時最高行政法院尚無大法庭制度[36]。其實際運作是由受裁定移送的最高行政法院單一受理庭於個案中表示意見，而該庭的法律見解，實質上並非最高行政法院的統一見解，日後他庭仍有可能有不同意見，致無法完全發揮統一法律見解的功能。

例如針對「行爲時即90年1月17日修正公布之道路交通管理處罰條例第90條前段規定：『違反本條例之行爲，自行爲成立之日起；行爲有連續或繼續之狀態者，自行爲終了之日起，逾三個月不得舉發。』（現行法已修正爲逾2個月不得舉發）關於該條所定3個月之舉發期限，就同條例第8條第1項第1款之汽車違規行爲，是以何時點作爲認定舉發是否已逾3個月之準據？」此一法律爭議，先前曾經最高行政法院第一

---

33 黃奕超，前揭文，頁19。

34 本法第265條規定：「訴訟程序進行中所爲之裁定，除別有規定外，不得抗告。」

35 刪除前的本法第235條之1規定：「高等行政法院受理前條第一項訴訟事件，認有確保裁判見解統一之必要者，應以裁定移送最高行政法院裁判之（Ⅰ）。前項裁定，不得聲明不服（Ⅱ）。最高行政法院認高等行政法院裁定移送之訴訟事件，並未涉及裁判見解統一之必要者，應以裁定發回。受發回之高等行政法院，不得再將訴訟事件裁定移送最高行政法院（Ⅲ）。」

36 最高行政法院大法庭制度是始自108年1月4日修正公布的行政法院組織法增訂第15條之1至第15條之11等條文，並自108年7月4日施行。

庭於110年2月25日以109年度交上統字第1號判決作成「統一見解」[37]。嗣後同院第二庭也收到裁定移送的110年度交上統字第1號類似事件[38]，該合議庭認其採為裁判的法律見解，與該院109年度交上統字第1號判決先例的法律見解歧異，而提案予大法庭裁判，經大法庭於110年11月22日作成110年度大字第2號裁定，並且變更了9個月前才剛作成109年度交上統字第1號判決的「統一見解」。可見，原本的制度，無法完全達到統一法律見解的目的。

　　最高行政法院自108年7月4日起施行大法庭制度。當高等行政法院作為事件的上訴或抗告審終審法院時，經評議後既出現歧異裁判的可能性，即具有開啟大法庭統一見解的類似性。因此，本項明定應由最高行政法院受理庭先以徵詢書表明該庭意見並徵詢其他庭的意見，並準用行政法院組織法第15條之1、第15條之2、第15條之5至第15條之11[39]等大法庭程序。

　　大法庭為裁判法律爭議，而行言詞辯論程序時，依本法第263條之4第5項或第272條第1項準用行政法院組織法第15條之8第2項規定[40]，當事人應委任訴訟代理人為之。當事人一造如未委任訴訟代理人或訴訟代理人未於言詞辯論期日到場時，依本法第263條之4第5項或第272條第1項準用行政法院組織法第15條之8第3項規定[41]，得由到場的訴訟代理人陳述後為裁定；當事人的訴訟代理人均未到場者，則得不行辯論，而無本法第185條第1項、第2項視為合意停止訴訟程序或視為撤回其訴等規定[42]的適用。

---

[37] 該案是由臺北高等行政法院以108年度交上字第254號裁定移送。

[38] 該案是由高雄高等行政法院以110年度交上字第2號裁定移送。

[39] 行政法院組織法第15條之3是關於「法律見解具有原則重要性」的提案事由，因不在本條所定應裁定移送予最高行政法院裁判的範圍，因此無準用的必要；至於第15條之4規定，則已經本條第2項後段明文規定準用之。

[40] 行政法院組織法第15條之8第2項規定於108年7月4日施行時，因當時的行政訴訟法第241條之1即已明定對於高等行政法院判決「上訴」（含後續受理事件庭提案予大法庭之程序）原則上應委任律師為訴訟代理人，故僅對於被上訴人及抗告事件的大法庭言詞辯論程序有規範實益；112年8月15日新制施行後，行政訴訟法第49條之1第1項第3款則明定向最高行政法院「提起」之事件（含上訴及抗告事件及後續受理事件庭提案予大法庭及其言詞辯論程序），當事人（含主動造及被動造）原則上均應委任律師為訴訟代理人，上述組織法的規範實益亦大幅降低，僅剩下高等行政法院依行政訴訟法第263條之4第1項、第2項及第272條第1項規定，將通常訴訟程序、簡易訴訟程序或交通裁決事件程序的上訴或抗告事件裁定移送最高行政法院統一法律見解，而最高行政法院受理事件庭亦依同條第5項或第272條第1項準用行政法院組織法第15條之2規定裁定提案予大法庭後（在此之前，由於不是當事人向最高行政法院主動「提起」之事件，而是高等行政法院裁定移送之事件，故尚不適用行政訴訟法第49條之1第1項第3款應委任律師為訴訟代理人之規定），於大法庭依行政訴訟法第263條之4第5項或第272條第1項準用行政法院組織法第15條之8第1項規定行言詞辯論時，始有被準用的規範實益。

[41] 行政法院組織法第15條之8第3項規定：「第一項之辯論期日，當事人一造未委任訴訟代理人或訴訟代理人未到場者，得由到場之訴訟代理人陳述後為裁定。當事人之訴訟代理人均未到場者，得不行辯論。」

[42] 行政訴訟法第185條規定：「當事人兩造無正當理由遲誤言詞辯論期日，除有礙公益之維護者外，視為合意停止訴訟程序。如於四個月內不續行訴訟者，視為撤回其訴。但行政法院認有必

第263條之5（準用最高行政法院上訴審程序之規定）

除第二百五十九條之一及本章別有規定外，本編第一章及前編第一章之規定，於高等行政法院上訴審程序準用之；交通裁決事件之上訴，並準用第二百三十七條之八規定。

❖立法目的❖

為避免重複規定相同的條文，除本章別有規定及最高行政法院獨有的不同意見書制度外，本條特別明定準用的程序規定。

❖內容解析❖

一、前段

本章是規範高等行政法院為上訴審終審法院的程序，除本章有特別規定的情形外，其應適用的程序與最高行政法院上訴審程序及第一審通常訴訟程序不乏相同之處。為免重複，因此設本條準用規定，以節繁文。

最高行政法院所為終審確定裁判具有統一法律見解的功能，參與評議的法官對該裁判所表達的法律上意見，無論是多數或少數意見均有參考價值。因此，本法第259條之1特別規定最高行政法院駁回上訴或廢棄原判決自為裁判時，創設不同意見書制度，允許參與評議的法官對於裁判主文或理由的法律上意見與多數意見不同時，得於裁判書附記公開該不同意見[43]。高等行政法院雖為地方行政法院判決的上訴審終審法院，除得依本法第263條之4第1項、第2項規定裁定移送最高行政法院統一裁判見解外，本身並不具備統一法律見解的功能[44]。因此本條前段明定高等行政法院上訴審程序排除準用本法第259條之1規定。

本條前段採取概括準用的立法模式，原則上只要是與高等行政法院上訴審程序的性質不相牴觸的最高行政法院上訴審程序及第一審通常訴訟程序規定，均在準用之列。由於相關規定繁多，不逐一說明。舉例而言，本法第253條依其性質應準用於高等行政法院上訴審程序，則高等行政法院行言詞辯論時，亦應準用最高行政法院依

要時，得依職權續行訴訟（Ⅰ）。行政法院依前項但書規定續行訴訟，兩造如無正當理由仍不到者，視為撤回其訴（Ⅱ）。……」

[43] 本法第259條之1立法說明二、參照。

[44] 其實是否允許參與評議的合議庭法官提出不同意見書，不完全取決於該審級是否具備統一法律見解的功能。不同意見書制度亦有促使司法審判程序公開透明、引導法律見解思辯、促進法學進步的積極意義；同時，也不可避免地影響民眾對於裁判的信賴及裁判的穩定性。因此，是否開放不同意見書制度以及開放的程度如何，毋寧都是屬於司法政策的決定問題。

該條第2項授權所訂定的「最高行政法院言詞辯論實施辦法」。又適用簡易訴訟程序或交通裁決訴訟程序的事件及其上訴，依本法第49條之1規定，本不適用強制律師代理，故其上訴審程序（包括高等行政法院有行言詞辯論的必要時），亦無強制當事人應委任訴訟代理人的必要；也不適用本法第253條之1第2項有關訴訟代理人未到場者，得依職權由到場的訴訟代理人辯論而為判決，以及當事人的訴訟代理人均未到場者，得不行言詞辯論逕為判決等規定[45]。

二、後段

交通裁決訴訟程序事件所關涉的訴訟標的金額或價額通常較小，為免當事人於判決確定後另行聲請確定訴訟費用的勞費，本法交通裁決訴訟事件的第一審程序，參考民事訴訟法第436條之19關於小額訴訟程序的立法例，於第237條之8特別規定：「行政法院為訴訟費用之裁判時，應確定其費用額（Ⅰ）。前項情形，行政法院得命當事人提出費用計算書及釋明費用額之文書（Ⅱ）。」而交通裁決訴訟事件的上訴審程序，原先亦有特別規定，即修正前行政訴訟法第237條之9第2項準用第237條之8規定。因此，於修正後，配合回歸適用各編的體例，將此特別的準用規定移至本條後段。

---

[45] 本條立法說明三、參照。

第4編

抗告程序

緒　論

　　抗告乃屬審級救濟方法，行政法院之層級，在原來舊制單一行政法院之客觀侷限下，一審終結，事實上無向上級審提出抗告之可能，此一缺憾經修法改為二級行政法院後已告解決，主要之內容[1]如下：

一、明定得抗告與不得抗告之裁定

　　抗告係對於未確定之裁定聲明不服之救濟方法，其目的與上訴相同，在求裁判之正確與法律解釋之統一，本編爰設規定對於裁定，原則上除本法別有不許抗告之規定者外，均得抗告，俾有救濟之機會（§264、§267）。所謂不許抗告之規定，例如訴訟程序進行中所謂指揮訴訟之裁定是（§265）。至於受命法官或受託法官之裁定，亦不許逕向上級法院抗告，而應先依異議程序，求受訴法院就其裁定之當否予以裁判。經受訴法院裁定後，如有不服，再依一般規定，對於該法院之裁定抗告（§266）。又裁定得為抗告者，抗告權人得捨棄抗告權，抗告人亦得撤回抗告，其情形及所應適用之法則，均與捨棄上訴權及撤回上訴相同，爰設準用之規定，俾有所依據（§270）。

二、增訂提起抗告之程序

　　按得為抗告之裁定，一經提起抗告，其效力足以阻斷裁定之確定，自應遵守一定之程序。爰分設明文，規定提起抗告期間之限制（§268）及提起抗告應遵守之程式等（§269），俾資遵循。如當事人應為抗告而誤為異議，或應為異議而誤為抗告者，對此並設有擬制抗告與擬制異議之規定，以資適用（§271）。

第264條（得控告之裁定）

對於裁定得為抗告。但別有不許抗告之規定者，不在此限。

❖立法說明❖

　　抗告係對於未確定之裁定聲明不服之救濟方法，其目的與上訴相同，在求裁判之正確與法律見解之統一。故對於裁定，除別有不許抗告之規定外，原則上得為抗告，俾有救濟之機會。

1　參閱行政訴訟法新舊條文對照表，司法院編印，頁35。

❖內容解析❖

行政訴訟案件之裁判，除依行政訴訟法應用判決者外，以裁定行之（§187參照），原則上對於尚未確定之判決之救濟方法爲上訴；對於尚未確定之裁定之救濟方法則爲抗告，但法律別有不許抗告之規定者，另當別論。所謂裁定係指高等行政法院或地方法院行政訴訟庭之裁定，蓋最高行政法院爲終審法院，其所爲之裁定即告確定，並無提起抗告之餘地。如有第273條之情形者，得準用再審之規定，聲請再審（§283）。

下列裁定不許抗告：

一、訴訟進行中所爲之裁定（但別有規定者仍得抗告[2]，§265參照）

所謂訴訟進行中係指程序已開始而尙未終結之階段而言。訴訟進行中所爲之裁定，舉凡關於訴訟期日之指定、變更或延展之裁定，伸縮期間之裁定、指揮言詞辯論之各項裁定，以及命調查證據之裁定等均屬之；或雖非指揮訴訟但亦爲訴訟進行中之裁定，例如禁止非律師爲訴訟代理人（§49Ⅲ）、命補繳裁判費、命補書狀程式或其他訴訟要件之裁定，亦不許提起抗告。惟終結訴訟程序之裁定及訴訟終結後之裁定（例如對於聲請更正裁判之裁定、對於確定訴訟費用金額聲請之裁定），則得抗告。此外，駁回訴訟救助聲請之裁定[3]，亦得抗告。

二、受命法官或受託法官之裁定（§266參照）

受命法官或受託法官通常僅能行使受訴行政法院所委託之權限及職務，受此委託

2　訴訟進行中之裁定得爲抗告者，應以法律有明文規定者爲限，譬如：駁回迴避聲請之裁定；關於聲請駁回參加之裁定；命行政法院書記官、執達員、法定代理人、訴訟代理人負擔訴訟費用之裁定；關於聲明承受訴訟及依職權命續行訴訟之裁定；關於停止訴訟程序之裁定及關於撤銷停止之裁定；科證人或鑑定人罰鍰之裁定；拒絕證言或拒絕鑑定之當否之裁定；以拒卻鑑定人之聲明爲不當之裁定；因第三人不提出文書或勘驗之標的物而處罰鍰及命強制處分之裁定；關於證人、鑑定人或提出文書、物件、勘驗標的物之第三人請求費用之裁定；駁回保全證據聲請之裁定；關於假扣押或假處分聲請之裁定。上述裁定中，各種駁回聲請之裁定本質上非屬訴訟進行中之裁定，本無待特別規定得爲抗告，即得依一般抗告規定提出抗告，之所以特爲規定，殆恐因其是否爲訴訟進行中之裁定有疑義之故，參閱陳計男，行政訴訟法釋論，2000年初版，頁669-670。

3　按「對於裁定得爲抗告，但別有不許抗告之規定者，不在此限。」爲行政訴訟法第264條所明定。又關於各種駁回聲請之裁定，因係終結各該程序之裁定，此種裁定，即非屬訴訟程序進行中所爲之裁定，本可適用對於裁定得爲抗告之原則，毋庸另設得抗告之明文，因恐執法者對於其是否爲訴訟進行中之裁定發生疑義，故民事訴訟法仍以明文定爲得抗告。則行政訴訟法第104條雖無準用民事訴訟法第115條之規定，惟對於駁回訴訟救助聲請之裁定，聲請人仍得依行政訴訟法第264條前段之規定，提起抗告。請參閱97年高等行政法院法律座談會提案及研討結果問題十一，以及最高行政法院96年度裁字第2012號裁定。

之拘束及監督，因此渠等之裁定若係由如係由受訴行政法院所爲而依法得爲抗告者，得向受訴之高等行政法院提出異議，由其審查，不得逕向最高行政法院提起抗告。此外，繫屬於最高行政法院之事件，受命法官、受託法官所爲之裁定，不許抗告，僅得向受訴行政法院提出異議。以及不得上訴最高行政法院之事件，高等行政法院受命法官、受託法官所爲之裁定，亦同。

三、本法特別規定不得抗告或聲明不服之裁定

(一)不得抗告之規定

例如駁回更正判決聲請之裁定（§218準用民訴§232之規定）、原法院或審判長在抗告法院裁定前，停止原裁定之執行或爲其他必要處分之裁定；以及抗告法院在裁定前，停止原裁定之執行或爲其他必要處分（§272準用民訴§491Ⅱ、Ⅲ）等是。

(二)不得聲明不服之裁定

1. 駁回移送訴訟聲請之裁定（§18準用民訴§28Ⅱ）。
2. 以迴避之聲請爲正當之裁定（§20準用民訴§36後段）。
3. 以拒卻鑑定人之聲請爲正當之裁定（§176準用民訴§333後段）。
4. 准許保全證據之裁定（§176準用民訴§371後段）。

第265條（程序中裁定不得抗告之原則）
訴訟程序進行中所為之裁定，除別有規定外，不得抗告。

❖立法說明❖

訴訟程序進行中所爲之裁定，通常係指揮訴訟之裁定。爲期訴訟程序能順利進行，爰規定除別有規定外，不得抗告，以避免延滯訴訟。

❖內容解析❖

本條規定對於行政訴訟進行中之裁定，以不得抗告爲原則，本法別有規定者爲例外，方得抗告，目的在求訴訟程序之順利進行，避免藉故延滯訴訟。詳細請參閱前條內容解析一、以及其註解[4]之說明，此處不再重複贅述。

---

[4] 請參閱97年高等行政法院法律座談會提案及研討結果問題十一，以及最高行政法院96年度裁字第2012號裁定；臺中高等行政法院92年度訴字第520號判決。

第266條（準抗告）

受命法官或受託法官之裁定，不得抗告。但其裁定如係受訴行政法院所為而依法得為抗告者，得向受訴行政法院提出異議。

前項異議，準用對於行政法院同種裁定抗告之規定。

受訴行政法院就異議所為之裁定，得依本編之規定抗告。

繫屬於上訴審行政法院之事件，受命法官、受託法官所為之裁定，得向受訴行政法院提出異議。其不得上訴之事件，第一審行政法院受命法官、受託法官所為之裁定，亦同。

❖立法說明❖

一、受命法官或受託法官通常僅能行使受訴法院所委託之權限及職務，而受其委託之拘束。故對於受命法官或受託法官之裁定，不許逕向上級法院抗告，而應先依異議程序，請求受訴法院就其裁定之當否予以裁判。經受訴法院裁定後，如有不服時，始得依一般規定，對該法院之裁定提起抗告。

二、對於受命法官或受託法官之裁定，得向受訴行政法院提出異議者，以其裁定如係受訴行政法院所為，依法得對之抗告者為限，此乃因不得抗告之裁定，亦無許提出異議之必要。又向受訴行政法院之異議，應準用對於行政法院同種裁定抗告之規定，爰設本條，俾資遵循。

三、依第1項之規定，繫屬於最高行政法院或不得上訴最高行政法院之事件，將因審級關係，對受命法官、受託法官之裁定，無從提出異議，為貫徹合議審判之精神，爰明定就此等裁定，仍得向受訴行政法院提出異議。

四、配合地方行政法院之堅實所做的調整，本條第4項之「上訴審行政法院」乃指涉高等行政法院或最高行政法院為上訴審終審法院；並以「第一審行政法院」指涉地方行政法院或高等行政法院為第一審管轄法院。

❖內容解析❖

異議與抗告有別，說明如下：

一、異議係對於受命法官或受託法官所為之裁定聲明不服之救濟方法；而抗告係對於行政法院或審判長之裁定聲明不服之救濟方法。

二、異議係向受訴行政法院提出，並準用對於行政法院同種裁定之規定，由其裁定，對於受訴行政法院關於異議之裁定，如有不服得依抗告編之規定提起抗告；抗告係由直接上級行政法院裁定。

依本條第1項但書、第2項及第4項，係規定各級行政法院受命法官或受託法官所

爲之裁定，不得逕向上級行政法院抗告，同時明定以異議作爲其救濟方法，以示與抗告有別：

一、如上所述，受命法官或受託法官通常僅能行使受訴行政法院所委託之權限及職務，並受此委託之拘束及監督，因此渠等之裁定若係由受訴行政法院所爲而依法得爲抗告者，僅得向受訴之高等行政法院提出異議，由其審查。異議之程序準用對於行政法院同種裁定抗告之規定，學界稱之爲準抗告[5]。

二、其次，繫屬於最高行政法院之事件，因受訴法院爲終審法院，不再存有上級審，其受命法官或受託法官所爲之裁定，已無從抗告，如有不服僅得向受訴行政法院提出異議。

三、此外，其他不得上訴最高行政法院之事件，高等行政法院受命法官、受託法官所爲之裁定，亦同。

對於受命法官或受託法官之裁定，如無法依照上述規定提出異議，本法又無不得聲明不服之限制者，該裁定如牽涉該判決者，得隨同判決受最高行政法院之審判（§239）。

第267條（抗告法院）

抗告，由直接上級行政法院裁定。

對於抗告法院之裁定，不得再為抗告。

❖立法說明❖

2011年11月23日修正理由如下：

一、行政訴訟改採三級二審制，在地方法院設置行政訴訟庭，爰修正本條第1項規定，抗告由直接上級行政法院裁定。

二、第2項明定對於抗告法院之裁定，不得再爲抗告。

依現行規定，上述地方法院行政訴訟庭，已改爲地方行政法院，設於高等行政法院。

❖內容解析❖

抗告與上訴均屬審級救濟程序，因此下級法院之裁判是否適當，應由上級法院審查。關於抗告案件之處理，本法僅規定由直接上級行政法院裁定。至於應如何裁判，

5　吳庚，行政爭訟法論，頁255。

未自爲規定，而依本法第272條之規定，準用民事訴訟法第489條、第490條及第492條之規定，分別說明如下：

一、原行政法院或審判長之處置

(一)抗告不合法

1.抗告已逾抗告期間[6]或係對於依法不得抗告之裁定提出抗告者，應以裁定駁回之[7]（§272準用民訴§490Ⅱ）。

2.抗告不合法之情形可以補正者，得定期間命其補正，惟如逾期仍不補正者，仍應速將抗告事件送交抗告法院，不得逕以裁定駁回（§272準用民訴§490Ⅲ前段）。

3.抗告不合法之情形不能補正者，譬如抗告權人已喪失抗告權，或抗告不具有一般權利保護必要性者，仍應速將抗告事件送交抗告法院[8]，不得逕以裁定駁回之（§272準用民訴§490Ⅲ前段）。

(二)抗告有理由

原行政法院或審判長若認抗告有理由者，應更正原裁定（§272準用民訴§490Ⅰ）。

(三)原行政法院或審判長不爲駁回或更正之裁定（但認抗告無理由）

應速將抗告事件送交抗告法院。於認爲必要時，應送交訴訟卷宗，並得添具意見書。如因續行訴訟程序而需用卷宗者，應自備繕本或節本（§272準用民訴§490Ⅲ、Ⅳ），就此而言，與原審法院對於上訴事件之審查與處置，有所不同，蓋上訴乃就實體判決所進行之審級救濟，而抗告則僅就程序上之裁定進行救濟，原則上與本案實體無涉。

二、抗告法院之審查

抗告法院就抗告事件，應爲事實上及法律上之審查，如果系爭裁定確實違法，而侵害抗告人權益者，抗告爲有理由。且抗告之審理範圍，與上訴不同，縱使向性質上爲法律審之最高行政法院提起抗告，凡足以影響原裁定成立之事證者，均可提出新事

6　參閱各級行政法院94年度行政訴訟法律座談會提案第12號。

7　參閱最高行政法院91年度裁字第604號裁定：……惟依法令，行政機關得以行政處分而達成目的者，則無權利保護必要。……勞工保險局於投保單位或被保險人未依法繳納時，均就其應繳納之保險費及滯納金，作成限期繳納通知書，該通知書係屬所應繳各費之核定，性質上爲行政處分，已具執行力，毋庸再提起一般給付之訴。從而本件抗告人通知相對人限期繳納積欠之勞工保險費及滯納金未果後，逕行提起本件一般給付訴訟，揆諸上述說明，自係欠缺權利保護要件。

8　同上註。

實及新證據，不受限制（§272準用民訴§489）。

三、抗告法院之裁判

抗告法院依具體抗告案件之差異，所為之裁定可分類如下：

(一)聲請核可抗告不合法或無理由者，以裁定不許可抗告（§235）；

(二)抗告不合法或無理由者，以裁定駁回抗告（§272III準用民訴§492）；

(三)抗告有理由者，得為以下裁定（§272III準用民訴§492）：

1.廢棄原裁定；

2.廢棄原裁定，命原高等行政法院或原審判長更為裁定；

3.廢棄原裁定，自為裁定。

第268條（抗告期間）

提起抗告，應於裁定送達後十日之不變期間內為之。但送達前之抗告亦有效力。

❖立法理由❖

按得為抗告之裁定，一經提起抗告，即足以阻斷裁定之確定，此與判決之經上訴者無異，故宜設有一定期間之限制，藉以督促享有抗告權者及時行使其權利。

❖內容解析❖

本法關於抗告提起之期間一律規定為十日，此與民事訴訟法第487條設有十日與五日兩種有別。又依前條規定抗告法院固為直接上級行政法院或原審判長所屬之高等行政法院（§267參照），但受理抗告之法院則為作成原裁定之原高等行政法院（§269條參照）。惟如抗告人逕向抗告法院即最高行政法院提出者，為維護當事人權益，仍應認為有效[9]。惟此際是否扣除在途期間，參照司法院25年院字第1416號就受理上訴所為解釋意旨，似仍宜以該抗告人是否居住於受理抗告法院所在地為準[10]。

提起抗告應於裁定送達後十日內之不變期間為之，但裁定送達[11]前即已提出之抗

---

[9] 陳計男，行政訴訟法釋論，2000年初版，頁672、673。

[10] 劉宗德、彭鳳至，行政訴訟制度，收錄於：翁岳生主編，行政法（下），2000年，頁1278、1279。

[11] 按提起抗告應於裁定送達後10日之不變期間內為之，為行政訴訟法第268條前段所明定。又依行政訴訟法第73條規定寄存送達者，於合法寄存送達時即發生送達效力，並非以受送達者前往寄存處所領取送達文書始發生效力。請參閱最高行政法院95年度裁字第634號裁定。

告亦有效力。抗告期間爲不變期間,故不得伸縮,惟計算不變期間應扣除在途期間[12]（§89參照）。如因天災或其他不應歸責於己之事由而遲誤期間者,當許聲請回復原狀（§91參照）。又,當事人不服高等行政法院所爲之裁定,提起抗告逾期,高等行政法院應檢卷送最高行政法院,由最高行政法院以抗告逾期裁定駁回之[13]。

第269條（提起抗告之程序）
提起抗告,應向為裁定之原行政法院或原審判長所屬行政法院提出抗告狀為之。
關於訴訟救助提起抗告,及由證人、鑑定人或執有證物之第三人提起抗告者,得以言詞為之。

❖立法說明❖

一、本條規定提起抗告之程式。除第2項所列舉之抗告事件得以言詞爲之者外,原則上應提出抗告狀爲之,以期確實。至於提起抗告應向作成裁定之原行政法院或原審判長所屬行政法院爲之者,乃使各該法院得加審查,認抗告有理由者得更正原裁定不妥之處,而使程序易於終結。

二、關於訴訟救助提起抗告,以及由證人、鑑定人或執有證物之第三人提起抗告者,因此等事件均甚簡易,故准以言詞提起抗告,以期便捷。

又本條於2011年11月23日修正公布,修正理由如下:

一、配合地方法院行政訴訟庭之設置,將第1項高等行政法院文字,修正爲行政法院。

二、關於簡易訴訟程序事件之抗告,依本法第235條第2項規定,非以原裁判違背法令爲理由不得爲之,並不適合以言詞提起抗告,爰刪除先前原條文第2項高等行政法院適用簡易訴訟程序之事件等文字。

❖內容解析❖

抗告應向作成裁定之原行政法院或原審判長所屬之行政法院提起,使其在程序上有自我審查之機會,提出抗告之方式以書面爲原則,言詞爲例外。抗告狀之內容,本

---

[12] 參閱最高行政法院99年度裁字第3540號裁定。
[13] 蓋高等行政法院對於抗告逾期,原於民事訴訟法92年2月7日修正前,可依行政訴訟法第272條準用（92年2月7日修正前）民事訴訟法第490條第2項規定,逕以裁定駁回之。惟民事訴訟法第490條第2項規定於92年2月7日修正爲:「原法院或審判長未以抗告不合法駁回抗告,亦未依前項規定爲裁定者,應速將抗告事件送交抗告法院;如認爲必要時,應送交訴訟卷宗,並得添具意見書。」請參閱各級行政法院94年度行政訴訟法律座談會提案第12號。

法雖未明定，惟至少須表明抗告人以及所不服之裁定究爲如何之裁定，以方便行政法院之審理。若欠缺此項記載，抗告即屬不合程式。又抗告程序係行任意的言詞辯論，故抗告狀宜記載抗告之理由及其證據，以方便審理。

依本條第2項之規定，下列情形得以言詞提出抗告：

一、關於訴訟救助提之抗告。

二、由證人、鑑定人或執有證物之第三人提起抗告者。

抗告之提起係行使行政訴訟法上之權利，自應由具有抗告權之人爲之。抗告權人之範圍較上訴權人之範圍爲廣，除得爲上訴之人外，凡因裁定而受有不利益之利害關係人，亦享有抗告權，例如證人、鑑定人或有提出文書義務之第三人，對於受科罰之裁定，行政法院書記官、執達員、訴訟代理人對於命負擔訴訟費用之裁定所提出之抗告均屬之。提起抗告者稱抗告人，與抗告人利害相反之關係人，稱爲相對人而不稱被抗告人。且抗告事件未必有利害相反之相對人[14]。

第270條（抗告捨棄及撤回準用之規定）
關於捨棄上訴權及撤回上訴之規定，於抗告準用之。

❖立法說明❖

按抗告權人得捨棄抗告權及抗告人得將抗告撤回，其情形及所應適用之法則，均與捨棄上訴權及撤回上訴者相同，爰設本條準用之規定，以節繁文。

❖內容解析❖

本條文之內容與民事訴訟法第493條完全相同，之所以自爲規定，而不併入本法第272條之準用規定中，乃由於本法與修法前之舊法無論就架構與內容而言均相差甚鉅，過去因囿於單一行政法院，本身既係初審法院亦是終審法院，並無上訴或抗告可言[15]。目前本法基於二級行政法院之組織架構，自身已有關於上訴審程序完整之專編規定（§238～§263），本法第240條、第262條即分別已就「上訴權之捨棄」與「上訴之撤回」設有規定，「當事人於高等行政法院判決宣示、公告或送達後，得捨棄上

---

[14] 陳計男，行政訴訟法釋論，2000年初版，頁667。

[15] 因此，舊法時期除有再審之情形外，並無抗告或上訴之可言，觀諸最高行政法院之前身行政法院於判例中所持之見解，即可明瞭，「當事人對於本院所爲之裁定，除有民事訴訟法第四百九十二條各款情形之一者，得聲請再審外，不得聲明不服或提起抗告」，49年裁字第16號、51年裁字第71號、45年裁字第23號與47年裁字第20號參照。

訴權（Ⅰ）。當事人於宣示判決時，以言詞捨棄上訴權者，應記載於言詞辯論筆錄；如他造不在場，應將筆錄送達（Ⅱ）」；「上訴人於終審判決宣示或公告前得將上訴撤回（Ⅰ）。撤回上訴者，喪失其上訴權（Ⅱ）。上訴之撤回，應以書狀為之。但在言詞辯論時，得以言詞為之（Ⅲ）。於言詞辯論時所為上訴之撤回，應記載於言詞辯論筆錄，如他造不在場時，應將筆錄送達（Ⅳ）。」詳細可參閱此二條文之內容解析。

如上所述，抗告權人得捨棄抗告權及抗告人得將抗告撤回，其情形及所應適用之法則，既然均與捨棄上訴權及撤回上訴相同，在立法技術上即無重複之必要，爰設準用之規定，以節繁文並省勞費。

第271條（擬制抗告或異議）

依本編規定，應為抗告而誤為異議者，視為已提起抗告；應提出異議而誤為抗告者，視為已提出異議。

❖立法說明❖

按行政訴訟之裁定，其範圍極為廣泛。有許抗告者；有不許抗告者；亦有不許抗告而准許提出異議，經法院就異議為裁定後，使許抗告者。本法既不採律師訴訟主義，一般當事人因未盡熟諳法律，應抗告而誤為異議，或應異議而誤為抗告者，事所難免，為保障當事人之利益，防免法院以詞害意，爰設本條，以資適用。

❖內容解析❖

異議與抗告在訴訟法上之意義有別，已如前述第266條之內容解析中之比較說明，惟當事人或其他訴訟關係人未必皆有能力分辨清楚，故於本條設此擬制規定，只需當事人或其他關係人有不服之表示，行政法院即應就其不服之裁定內容與性質，依職權認定其係異議或抗告，而受其所使用名稱之拘束，以保障當事人之權益。

第272條（準用之規定）

除本編別有規定外，第二百四十九條第三項至第五項、第二百五十六條之一、第二百六十一條之一、第二百六十三條之二至第二百六十三條之四規定，於抗告程序準用之。

第二百五十九條之一規定，於最高行政法院抗告程序準用之。

民事訴訟法第四百九十條至第四百九十二條及第三編第一章之規定，於本編準用之。

❖立法說明❖

一、上訴與抗告之救濟標的固有不同，但程序上則有諸多相似之處，有鑑於此，隨著本法關於上訴之規定已臻完備，因此除本編別有規定外（如程序中裁定原則不得抗告、抗告期間等），關於上訴審濫訴處罰及簡化裁定書（§249III～V）、原行政法院誤用訴訟程序所為判決之上訴審行政法院處理方式（§256-1、§263-2、§263-3）、簡化判決書之製作（§261-1）及確保裁判見解統一之移送（§263-4）等規定，於抗告程序亦有準用之必要，爰增訂第1項。

二、其次，最高行政法院於抗告程序所為之終審裁定，如參與評議之法官對於該裁定有表達不同法律上意見者，亦得準用第259條之1規定，爰增訂第2項。

三、並將修訂之原條文移列第3項。

❖內容解析❖

一、本法於第三編上訴審程序已定有關於上訴審濫訴之處罰以防止司法資源被濫用，並簡化裁定書（§249III～V）、原行政法院誤用訴訟程序所為判決之上訴審行政法院處理方式（§256-1、§263-2、§263-3）、簡化判決書之製作（§261-1）及確保裁判見解統一之移送（§263-4）等規定，基於抗告與上訴均屬行政訴訟救濟程序之一環，且兩者有諸多相似之處，為免立法上之重複，除本編已別有規定外（如程序中裁定原則不得抗告、抗告期間等），在立法技術上，其餘抗告程序有準用前揭規定之必要，爰增訂第1項。

二、本法第259條之1第1項規定：「最高行政法院駁回上訴或廢棄原判決自為裁判時，法官對於裁判之主文或理由，已於評議時提出與多數意見不同之法律上意見，經記明於評議簿，並於評決後三日內補具書面者，得於裁判附記之；逾期提出者，不予附記。」同理，最高行政法院於抗告程序所為之終審裁定，如參與評議之法官對於該裁定有表達不同法律上意見者，亦得準用前述之規定，爰增訂第2項。

三、現行條文移列第3項，並明定民事訴訟法第三編第一章之規定，與行政訴訟抗告程序之性質不相牴觸者，得準用之。亦即「原法院或審判長認抗告為有理由者，應撤銷或變更原裁定（民訴§490I）。原法院或審判長未以抗告不合法駁回抗告，亦未依前項規定為裁定者，應速將抗告事件送交抗告法院；如認為必要時，應送交訴訟卷宗，並得添具意見書（II）。」「抗告，除別有規定外，無停止執行之效力（民訴§491I）。原法院或審判長或抗告法院得在抗告事件裁定前，停止原裁定之執行或為其他必要處分（II）。前項裁定，不得抗告（III）。」「抗告法院認抗告為有理由者，應廢棄或變更原裁定；非有必要，不得命原法院或審判長更為裁定（民訴§492）。」

此外，行政訴訟之抗告程序亦得準用民事訴訟法第三編第一章之規定，也就是準

用民事訴訟法第二審程序之規定。

以下爰就抗告之效力準用民事訴訟法第491條之規定加以說明：

一、抗告之效力

抗告與上訴相同，具備合法要件者，原則上均發生移審及阻斷裁定確定之效力，所不同者爲：

(一)關於移審效力

原行政法院或審判長認爲抗告有理由，而爲更正原裁定之裁定（§272III準用民訴§490I）時，自不必將抗告事件移審抗告法院。

(二)關於阻斷裁定確定之效力

抗告所發生阻斷裁定確定之效力，原則上並不能使原裁定停止執行（§272III準用民訴§491I），亦爲抗告與上訴效力不同之處。惟例外情形，仍許原高等行政法院或審判長，或抗告法院，以裁定停止原裁定之執行（§272III準用民訴§491II及III）。當然，原行政法院或審判長如認爲抗告有理由者，本得依更正裁定而停止裁定之執行，自無再另爲停止執行之必要。原行政法院或審判長如認抗告有不合法之情形，於駁回抗告之裁定確定前，如認有停止執行之必要者，仍非不得裁定停止[16]。

二、抗告程序之終結及卷宗之送交

抗告程序除得透過裁定終結外，亦可因抗告人撤回抗告而終結（§270準用§262I）。抗告法院爲裁定後，應速將裁定正本附入卷宗，送交原高等行政法院或原審判長所屬高等行政法院；抗告事件非因裁定而終結之情形，亦同（§272III準用民訴§494I、II）。

---

[16] 陳計男，行政訴訟法釋論，2000年初版，頁666。

第 **5** 編

緒 論

行政訴訟制度大幅修法前之舊制行政訴訟法時期已有再審制度之設，惟當時全國僅設置單一行政法院，既是初審，也是終審，尚無上訴與抗告之通常審級救濟程序，且僅一個條文，雖規定得準用民事訴訟法，仍屬簡陋。為求法制的完備，新制乃增設條文並自成一編，主要內容如下：

一、明定得提起再審之訴之事由[1]

再審為對於確定判決聲明不服之救濟方法。為免輕易動搖確定判決之效力，對於再審之理由，自應以明文加以限定。爰就訴訟程序或判決基礎之有重大瑕疵者，列舉十四種情形，規定為得提起再審之訴之事由（§273）。如終局判決本身雖無再審事由，但據為判決基礎之裁判有再審之原因者，則該終局判決亦有瑕疵，爰併規定，許當事人得據以對該判決提起再審之訴，以資救濟（§274）。除了確定判決之外，已經確定之裁定也可以準用本編之規定聲請再審（§283）。

二、修正提起再審之訴之程序

再審之訴之目的，係對已確定之判決謀求救濟，自應嚴格規定其程序。舊法第29條規定再審之訴應於二個月內提起之，其期間規定並不完備，有關提起再審之訴之程序規定亦欠完整，爰予修正，就提起再審之期間限制修正為三十日，並就再審之專屬管轄法院及提起再審應遵守之程式等事項，分設明文，俾資遵循（§275～§277）。

三、再審之訴之審理及裁判

行政法院受理再審之訴，其審查程序如同一般訴訟審查程序，所謂的「先程序後實體，程序不備，實體不究」，亦即應先就其是否具備再審之特別要件及一般訴訟實體裁判要件進行審查，審查結果如不合法或其瑕疵無法補正或逾期不補正，則予裁定駁回；審查結果如為合法，再進一步就其是否具有再審理由續為審酌。如認為再審之訴合法且有再審理由者，始進入本案程序，為本案之辯論及裁判。爰分別情形，規定應以裁定或判決駁回，或應準用各該審級訴訟程序之規定而為裁判（§277～§281）。並就再審判決之效力，規定其對第三人因信賴確定判決以善意取得之權利，不生影響，但於公益有重大損害者，不在此限，以兼顧該第三人之利益及維護公益（§282）。

---

[1] 以下之說明以及本編各條之立法理由，均請參照行政訴訟法新舊條文對照表，司法院編印，頁37-38、頁285-297之說明。

第273條（再審之事由）

有下列各款情形之一者，得以再審之訴對於確定終局判決聲明不服。但當事人已依上訴主張其事由經判決為無理由，或知其事由而不為上訴主張者，不在此限：

一、適用法規顯有錯誤。

二、判決理由與主文顯有矛盾。

三、判決法院之組織不合法。

四、依法律或裁判應迴避之法官參與裁判。

五、當事人於訴訟未經合法代理或代表。但當事人知訴訟代理權有欠缺而未於該訴訟言詞辯論終結前爭執者，不在此限。

六、當事人知他造應為送達之處所，指為所在不明而與涉訟。但他造已承認其訴訟程序者，不在此限。

七、參與裁判之法官關於該訴訟違背職務，犯刑事上之罪已經證明，或關於該訴訟違背職務受懲戒處分，足以影響原判決。

八、當事人之代理人、代表人、管理人或他造或其代理人、代表人、管理人關於該訴訟有刑事上應罰之行為，影響於判決。

九、為判決基礎之證物係偽造或變造。

十、證人、鑑定人或通譯就為判決基礎之證言、鑑定或通譯為虛偽陳述。

十一、為判決基礎之民事或刑事判決及其他裁判或行政處分，依其後之確定裁判或行政處分已變更。

十二、當事人發現就同一訴訟標的在前已有確定判決、和解或調解或得使用該判決、和解或調解。

十三、當事人發現未經斟酌之證物或得使用該證物。但以如經斟酌可受較有利益之判決為限。

十四、原判決就足以影響於判決之重要證物漏未斟酌。

確定終局判決所適用之法規範，經憲法法庭判決宣告違憲，或適用法規範所表示之見解，與憲法法庭統一見解之裁判有異者，其聲請人亦得提起再審之訴。

第一項第七款至第十款情形之證明，以經判決確定，或其刑事、懲戒訴訟不能開始、續行或判決不受理、免議非因證據不足者為限，得提起再審之訴。

第一項第十三款情形，以當事人非因可歸責於己之事由，不能於該訴訟言詞辯論終結前提出者為限，得提起再審之訴。

❖**立法說明**❖

　　一、再審為對於確定判決聲明不服之救濟方法。為免輕易動搖確定判決之效力，

對於再審之理由，自應明文加以明定限制。爰設本條第1項，逐一列舉訴訟程序或判決基礎有重大瑕疵者凡十四款，定爲得提起再審之訴之事由，以資限制。

二、原確定判決雖有第1項所列各款情形之一，惟如當事人已依上訴主張其事由者，因其事由已受法院之審酌，自不許復以再審之方式更爲主張；至於當事人知其事由而不爲主張者，顯係可歸責於自己之過怠，自亦無許以再審之訴爲救濟之必要。

三、確定終局判決所適用之法令，經司法院大法官依當事人之聲請解釋爲牴觸憲法者，其受不利確定終局判決之聲請人，得以該解釋爲再審之理由，提起再審之訴，爰於第2項明文規定。

四、關於犯罪之有無，應以刑事確定判決爲依據。故第1項第7款至第10款情形，非宣告有罪之判決已經確定者，不得提起再審之訴，但因證據不足以外之理由，例如因刑事被告死亡或大赦等事實，致刑事訴訟不能開始或續行者，縱有構成犯罪之事實，亦不可能有刑事實體判決之作成，此際自應准其本於犯罪事實提起再審之訴。對此特殊情形，本法爰設第3項規定，以符實際。

❖外國立法例❖

德國之行政訴訟法上，關於再審則僅有一條條文（德國行政法院法VwGO第153條）準用民事訴訟法之規定[2]。該國民事訴訟實務上以回復之訴（Restitutionsklage）爲主，原判決之訴訟程序因嚴重瑕疵造成判決無效，所謂無效之訴之情形（Nichtigkeitsklage），微乎其微[3]。又因在行政訴訟上居多數之撤銷訴訟與課予義務之訴，以發現新事實、新證據對原確定判決提起回復之訴者，絕大部分可依該國行政程序法第51條之規定[4]，向行政機關聲請重開行政程序，以達撤銷或變更已確定之行政處分，在程序上更爲簡便。捨此不由，而提起再審者，勢遭法院以欠缺權利保護必要性爲由，以裁定加以駁回。此外，由於德國行政訴訟一律徵收裁判費，當事人對於幾無勝訴希望之確定判決，較不輕易提出再審，亦有助於杜絕再審之浮濫。

❖內容解析❖

再審在訴訟制度中不屬於審級救濟，蓋因裁判已確定，訴訟既已完結，理當不再有審級救濟之可言。再審在性質上乃屬非常救濟方法之一，爲維持判決之安定性，因

2　德國行政法院法（VwGO）第153條全文：(1)確定終結之程序，得依民事訴訟法第4編再審之規定。(2)公益代表人亦有提起無效之訴與回復之訴之權限，以聯邦行政法院爲第一審及終審法院者，亦得由高等聯邦檢察官提起之。可知表面上看雖只有一條條文，但其內容是準用民事訴訟法關於再審之規定，由於民事訴訟法關於再審之規定，已相當完備，爲避免重複立法，故以準用方式替代之。參閱陳敏博士等譯，德國行政法院法逐條釋義，司法院印行，2002年，頁1708。

3　彭鳳至、劉宗德，行政訴訟制度，收錄於：翁岳生主編，行政法（下），2000年，頁1283。

4　相當於我國行政程序法第128條規定之內容。

此，僅限於在一定條件下，始准對於已確定之判決，提起再審之訴，廢棄原判決，達到程序重新進行之目的。提起再審也因此不生阻斷判決確定及移審之效力。

依本條第1項但書規定可知，再審之訴之提起，皆以當事人未於上訴程序主張其事由，或因不可歸責於己之事由而不爲主張者爲限，此項規定正足以充分說明再審程序之補充性（Subsidiality）。資料顯示在舊行政訴訟法時代，因制度上僅一級法院一審終結，並無上訴之救濟程序之設計，再審程序幾被當成上訴程序加以運用，導致再審案件幾乎占行政法院新收案件之半數[5]。

綜合行政訴訟法第273條及第274條之規定，再審事由可分別爲以下三大類：

一、一般再審事由

(一)適用法規顯有錯誤者（§273 I ①）：所謂適用法規顯有錯誤者，係指原判決所適用之法規與該案應適用之現行法規相違背，或與解釋判例有所牴觸者而言，至於法律上見解之歧異，再審原告對之縱有爭執，要難謂爲適用法規錯誤，而據爲再審之理由[6]。又，行政法院裁決適用法規或解釋法律，係依職權爲之，故學說上諸說併存或未者爲判例之他案判決見解，當事人不得執爲確定判決適用法規錯誤之再審事由。

(二)判決理由與主文顯有矛盾者（§273 I ②）：係指判決理由與主文之內容適得其反而言。判決理由與事實之記載不甚適合或判決理由不備，均屬判決違背法令問題，並非理由與主文矛盾，自不得爲再審之事由[7]。至若判決理由間之相互矛盾者，雖可做爲上訴理由（§243 II ⑥），卻非提起再審之訴之事由。

(三)判決法院之組織不合法者（§273 I ③）。

(四)依法律或裁判應迴避之法官參與裁判者（§273 I ④）。

(五)當事人於訴訟未經合法代理或代表者（§273 I ⑤）。

(六)當事人知他造之住、居所，指爲所在不明而與涉訟者。但他造已承認其訴訟程序者，不在此限（§273 I ⑥）。

(七)參與裁判之法官關於該訴訟違背職務犯刑事上之罪者（§273 I ⑦）：以宣告有罪之判決已確定，或其刑事訴訟不能開始或續行非因證據不足者違憲（§273 III）。

(八)當事人之代理人、代表人、管理人或他造或其代理人、代表人、管理人關於該訴訟有刑事上應罰之行爲，影響於判決者（§273 I ⑧）：以宣告有罪之判決已確定，或其刑事訴訟不能開始或續行非因證據不足者爲限（§273 III）。

5　彭鳳至、劉宗德，行政訴訟制度，收錄於：翁岳生主編，行政法（下），2000年，頁1282。

6　最高行政法院90年度判字第2553號；105年度判字第233號；105年度判字第329號；105年度判字第363號判決參照。

7　最高行政法院90年度判字第2553號判決參照。

(九)為判決基礎之證物係偽造或變造者（§273Ⅰ⑨）：以宣告有罪之判決已確定，或其刑事訴訟不能開始或續行非因證據不足者為限（§273Ⅲ）。

(十)證人、鑑定人或通譯就為判決基礎之正言、鑑定或通譯為虛偽陳述者（§273Ⅰ⑩）：以宣告有罪之判決已確定，或其刑事訴訟不能開始或續行非因證據不足者為限（§273Ⅲ）。從而主張「證人、鑑定人或通譯就為判決基礎之證言、鑑定或通譯為虛偽陳述者」之再審事由，依法應提出有罪之確定判決，或證明刑事訴訟程序不能開始或續行，非因證據不足，始得提起再審之訴。倘若並未提出宣告證人或鑑定人虛偽陳述之有罪確定判決，亦未證明刑事訴訟程序不能開始或續行，非因證據不足者，徒以本款事由提起再審，於法不合，自應駁回[8]。

(十一)為判決基礎之民事或刑事判決及其他裁判或行政處分，依其後之確定裁判之確定裁判或行政處分已變更者（§273Ⅰ⑪）：不包括以檢察官之提起公訴或不起訴處分為判決基礎之情形。

(十二)當事人發現就同一訴訟標的在前已有確定判決或和解、調解或得使用該判決或和解、調解者（§273Ⅰ⑫）。蓋本法第228條之5規定，調解成立者，其效力準用第222條和解成立之效力。依此，當事人發現就同一訴訟標的在前已有調解或得使用該調解者，宜比照和解，得以再審之訴對於確定終局判決聲明不服。

(十三)當事人發現未經斟酌之證物或得使用該證物者，但以如經斟酌可受較有利益之裁判者為限（§273Ⅰ⑬）：當事人以本款為再審之事由者，須：

1.該證物在前訴訟程序事實審言詞辯論終結前已經存在，因當事人不知有此證物或因故不能使用該證物，致未經斟酌，現始知悉或得使用之者[9]。

2.所謂證物包括證書及與證書有相同效力之物件或勘驗物，不包括證人在內。

(十四)原判決就足以影響於判決之重要證物漏未斟酌者（§273Ⅰ⑭）：就本款而言，原確定判決是否有影響於判決之重要證物漏未斟酌應於判決生效時即已知悉，並無知悉在後之問題[10]。

以上各款實務上以第13款最為常見；其中第3款至第6款相當於無效之訴的事由，第7款至第14款則屬於復原之訴的事由。至於第1款與第2款之事由則應屬上訴救濟之範圍，列為再審救濟之事由，殆為各國立法例所無[11]。又前開各款事由，無論單純的程序上重大瑕疵，或基礎事項判決確定後發生變更，皆可出現兩種結果，一為

8　最高行政法院94年度判字第1334號判決參照。

9　2020年12月30日立法院通過行政程序法第128條條文修正，放寬且明定發現「新證據」範圍，讓民眾權益能夠獲得更妥適的保障。規定新證據是指處分作成前已存在或成立而未調查斟酌，及處分作成後才存在或成立的證據。

10　同註8。

11　吳庚，行政爭訟法論，頁258。

有此瑕疵或變更，必產生另一不同之判決，學理上稱之爲具體因果標準，如本條第1項之第8款、第9款、第13款與第14款屬之[12]；一爲有此瑕疵或變更，可能產生其他判決，是爲抽象因果標準，上述四款以外之其他各款屬之[12]。

二、確定終局判決所適用之法規範，經憲法法庭（前身司法院大法官）依當事人之聲請解釋爲牴觸憲法者，其聲請人亦得提起再審之訴（§273Ⅱ）

依司法院釋字第188號解釋意旨及憲法訴訟法第88條規定，經司法院解釋或憲法法庭裁判爲違背法令之本旨時，即屬適用法規顯有錯誤，應許當事人據以爲再審之理由，依法定程序請求救濟。憲法法庭統一見解之裁判，包括判決及應附具理由之實體裁定（憲法訴訟法§41參照）又聲請人之範圍，亦包括司法院釋字第686號、第725號及第741號等解釋所指之聲請人。

本項規定乃將行之有年之司法院大法官釋字第177號解釋主文第二段以及第185號加以成文化而成。實務上著名之案例「優西西U.C.C」商標專用權爭訟案即爲本項之適例，該案再審原告前就原判決提出釋憲聲請，經司法院釋字第492號解釋認原判決所適用經濟部74年8月20日經（74）商字第36110號函釋與憲法保障人民財產權之意旨有違，應不予援用，則原判決與鈞院87年度判字第1490號判決均有適用法規顯有錯誤之失，再審原告自得依法提起再審之訴[13]。但實務實踐上有時仍遭遇重大困難，司法院釋字第706號解釋之聲請人，雖於系爭解釋公布後，據該號解釋向最高行政法院前後三次提起再審之訴，均經最高行政法院判決駁回，歷經漫長之訴訟不得其解後，再就該號解釋聲請補充解釋，方獲得司法院釋字第757號之解釋與解決。

另外，依照司法院大法官釋字第725號解釋，「本院就人民聲請解釋憲法，宣告確定終局裁判所適用之法令於一定期限後失效者，聲請人就聲請釋憲之原因案件即得據以請求再審……，法院不得以該法令於該期限內仍屬有效爲理由駁回」。據此，法院不得再以該法令於該期限內尚屬有效爲理由予以駁回。亦即本條第2項亦包含確定終局判決所適用之法律或命令，經司法院大法官宣告「限期失效」之情形[14]。蓋「行政訴訟法第二百七十三條第二項得提起再審之訴之規定，並不排除確定終局判決所

---

[12] 吳庚，前揭書。

[13] 最高行政法院91年判字第342號判決參照。

[14] 司法院釋字第725號解釋：「本院就人民聲請解釋憲法，宣告確定終局裁判所適用之法令於一定期限後失效者，聲請人就聲請釋憲之原因案件即得據以請求再審或其他救濟，檢察總長亦得據以提起非常上訴；法院不得以該法令於該期限內仍屬有效爲理由駁回。如本院解釋諭知原因案件具體之救濟方法者，依其諭知；如未諭知，則俟新法令公布、發布生效後依新法令裁判。本院釋字第一七七號及第一八五號解釋應予補充。最高行政法院九十七年判字第六一五號判例與本解釋意旨不符部分，應不再援用。行政訴訟法第二百七十三條第二項得提起再審之訴之規定，並不排除確定終局判決所適用之法令經本院解釋爲牴觸憲法而宣告定期失效之情形。」

適用之法令經本院解釋為牴觸憲法而宣告定期失效之情形。」司法院釋字第741號解釋則對釋字第725號解釋進一步補充解釋，主要是擴大適用範圍，即只要曾聲請過釋憲、獲定期失效違憲宣告者，都有適用，且「溯及適用」。該解釋文指出，只要民眾曾聲請釋憲，並經司法院大法官宣告終審裁判所依據的法令定期失效者，都可以據此聲請再審及提起非常上訴，不限於聲請人。另外，司法院釋字第686號解釋亦宣告法規違憲之解釋效力，亦及於人民聲請釋憲之解釋公布前以同一法令違憲為理由申請解釋但未合併辦理之不同聲請人[15]，意即在此情形該等聲請人亦得以該解釋結果作為提起再審之理由。

　　行政訴訟法第273條第2項明文所謂之憲法法庭解釋，係指憲法法庭就確定終局裁判所適用之法規範認係牴觸憲法之違憲解釋而言。至於同法第7條第1項第2款所定之統一解釋是否包含在內？司法實務有持反對之見解者[16]，形成確定終局裁判所適用之法律或命令同樣被司法院認定係牴觸憲法，但卻不能據以提起再審之不同結果。從司法院之解釋有拘束全國各機關之效力以及建構合憲秩序與平等原則之角度來看，有值得商榷之處。

三、為判決基礎之裁判，有再審之事由者（§274）

　　確定之終局判決雖無瑕疵，但該判決所本之裁判有再審之原因時，則該終局判決當亦有瑕疵，足以動搖終局判決正確性與合法性，此際在法制上自應許當事人得據以提起再審之訴，匡濟不法，唯有如此，方符合再審制度設置之本旨。

第274條（為判決基礎之裁判有再審原因）
為判決基礎之裁判，如有前條所定之情形者，得據以對於該判決提起再審之訴。

---

[15] 司法院釋字第686號解釋：「本院就人民聲請解釋之案件作成解釋公布前，原聲請人以外之人以同一法令牴觸憲法疑義聲請解釋，雖未合併辦理，但其聲請經本院大法官決議認定符合法定要件者，其據以聲請之案件，亦可適用本院釋字第一七七號解釋所稱『本院依人民聲請所為之解釋，對聲請人據以聲請之案件，亦有效力』。本院釋字第一九三號解釋應予補充。」

[16] 最高行政法院101年判字第490號：行政訴訟法第273條第2項定有明文。此之司法院大法官解釋，係指司法院大法官審理案件法第5條第1項第 2款所定就確定終局裁判所適用之法律或命令認係牴觸憲法之違憲解釋而言，至同法第7條第1項第2款所定之統一解釋則不屬之。則苟人民於其權利遭受不法侵害，認確定終局裁判適用法律或命令所表示之見解，與其他審判機關之確定終局裁判，適用同一法律或命令時所已表示之見解有異而聲請解釋，經司法院大法官依司法院大法官審理案件法第7條第1項第2款作成解釋者，即不能依行政訴訟法第273條第2項規定對確定終局判決提起再審之訴。

❖立法說明❖

按再審之訴爲對確定之終局判決聲明不服之方法，原須該終局確定判決之本身有再審之事由時始得提起，惟若其本身雖無再審之原因，但據爲判決基礎之裁判有再審之原因時，則該終局判決亦有瑕疵。爰設本條，允許當事人據以對該判決提起再審之訴，以資救濟。

❖內容解析❖

一如前條三、及本條立法理由之說明，基本上再審係針對確定判決本身有再審原因而發，惟在實際訴訟實務上難免發生確定判決本身雖無再審之事由，但作爲該判決基礎之裁判卻發生前條所定再審之事由，此時該終局判決勢必受其影響而有瑕疵，自宜允許當事人故應允許當事人據以對該終局判決提起再審，以謀求救濟。

第274條之1（判決駁回後不得提起再審之訴）
再審之訴，行政法院認無再審理由，判決駁回後，不得以同一事由對於原確定判決或駁回再審之訴之確定判決，更行提起再審之訴。

❖立法理由❖

按行政訴訟之當事人，對於行政法院所爲裁定，聲請再審，經駁回後，不得復以同一原因，又對該駁回再審聲請之裁定更行聲請再審，固經最高行政法院46年裁字第41號著有判例，惟當事人對於原確定判決提起再審之訴，經行政法院認無再審理由，判決駁回確定後，依現行規定，並未限制當事人對此駁回再審之訴之確定判決不得提起再審之訴，爲避免當事人一再以同一事由提起再審之訴，致浪費行政法院資源，爰參照民事訴訟法第498條之1之規定[17]，增訂本條規定。

❖內容解析❖

所謂「同一事由」，係指經當事人於前後提起再審之訴時主張之事由而言。蓋若以同一事由在之前提出主張已爲行政法院所不採，之後又繼續重複主張而對駁回其再審之判決更行提起再審者，即無不同之事由提出，無異未表明再審事由，自屬不合法[18]。次按提起再審之訴，應依行政訴訟法第277條第1項第4款之規定應表明再審理

---

[17] 民訴第498條之1：「再審之訴，法院認無再審理由，判決駁回後，不得以同一事由，對於原確定判決或駁回再審之訴之確定判決，更行提起再審之訴。」
[18] 臺中高等行政法院裁定99年度再字第21號參照。

由，此為必須具備之程式。所謂表明再審理由，必須指明確定判決有如何合於法定再審事由之具體情事，始為相當[19]。倘僅泛言有何條款之再審事由，而無具體情事者，尚難謂已合法表明再審理由。如未表明再審理由，法院毋庸命其補正。

　　何況，再審之目的，原在匡正確定終局判決之不法，以保障當事人之權益，立意固善。但為避免當事人以同一事由對於原確定判決或駁回再審之訴之確定判決，一再提起再審之訴，徒浪費司法資源，自應予以限制。且此類行為已屬權利之濫用，就此而言，本條所為之限制規定，乃屬合理且必要，符合憲法所欲保障之憲政制度，應不生牴觸憲法第16條保障人民之訴訟基本權利之結果。

第275條（再審之專屬管轄法院）
再審之訴專屬為判決之原行政法院管轄。
對於審級不同之行政法院就同一事件所為之判決提起再審之訴者，專屬上級行政法院合併管轄之。
對於上訴審行政法院之判決，本於第二百七十三條第一項第九款至第十四款事由聲明不服者，雖有前二項之情形，仍專屬原第一審行政法院管轄。

❖立法說明❖

　　一、再審之訴係對於原確定判決聲明不服之方法，有無再審理由，原法院知之較詳，調查亦較容易，爰明定再審之訴專屬於原行政法院管轄，以求其便利。

　　二、當事人對於不同審級之行政法院就同一事件所為之判決，如均提起再審之訴時，究應由合法院管轄，如無明文將滋爭議。爰設本條第2項，規定由最高行政法院合併管轄，以免判決結果互相歧異。

　　三、對於上訴審判決提起再審之訴，原應由上訴審行政法院管轄，惟其訴若係本於第273條第1項第9款至第14款之事由而提起者，因涉及確定判決所認定之事實，自應由第一審行政法院管轄為宜，此際，縱有前二項專屬管轄或合併管轄之情形，仍應由第一審行政法院管轄，以符實際。基此，第3項酌作文字修正，以「第一審行政法院」指涉地方行政法院或高等行政法院為第一審管轄法院時；以「上訴審行政法院」指涉高等行政法院或最高行政法院為上訴審終審法院之情形。

---

[19]　同上註。

❖內容解析❖

再審係對於確定判決之救濟方法，再審之管轄法院，應為作成最後判決之行政法院。故本條規定，再審之訴原則上專屬於為判決之原行政法院管轄。對於審級不同之行政法院就同一事件所為之判決提起再審之訴者，則由最高行政法院合併管轄之。此外，新法施行前已確定判決之再審，殆考量當時尚無高等行政法院之設，而現今最高行政法院之前身即為當時全國唯一之行政法院，故亦專屬最高行政法院管轄。惟對於最高行政法院之判決，本於本法第273條第1項第9款至第14款事由聲明不服者，雖有本條前兩項之情形，仍然專屬第一審行政法院管轄。立法意旨無非以上訴審行政法院為法律審，對於上訴審行政法院之判決，本於第273條第1項第9款至第14款之事由聲明不服者，因涉及以事實審行政法院所確定之事實為基礎，仍應由原第一審行政法院管轄，以符實際[20]。

至於當事人不服地方行政法院簡易程序或交通裁決事件程序判決，提起上訴，經高等行政法院判決確定後，本於行政訴訟法第273條第1項第9款至第14款事由對高等行政法院判決提起再審之訴，其管轄法院為何，自應與通常程序本於第273條第1項第9款至第14款事由對最高行政法院判決提起再審之訴之管轄法院，性質相當，而採取相同之再審管轄法院劃分標準（即：事實由何法院認定，再審就由其管轄）。故第275條第3項規定亦應為簡易程序及交通裁決事件程序所準用（行政訴訟法第236條之2第4項規定及第237條之9第3項規定參照），故應專屬地方行政法院管轄。

如果簡易程序當事人不服地方行政法院之裁定，提起抗告，經高等行政法院以無理由裁定駁回，嗣當事人以高等行政法院裁定有行政訴訟法第273條第1項第9款至第14款之再審事由，對之聲請再審時，究應由何法院管轄？依行政訴訟法第236條之2第4項準用第283條，再準用第275條第1項規定，應專屬高等行政法院管轄[21]。

---

[20] 吳庚，行政爭訟法論，頁261。惟亦有認為最高行政法院此類判決，並非完全以事實審行政法院所確定之事實為基礎，當事人如對之本於第273條第1項第9款至第14款事由聲明不服者，是否仍應由原高等行政法院管轄，不無商榷餘地，參閱彭鳳至、劉宗德，行政訴訟制度，收錄於：翁岳生主編，行政法（下），2000年，頁1286。

[21] 102年度高等行政法院及地方法院行政訴訟庭法律座談會提案及研討結果（提案十三）參照。按行政訴訟簡易程序之抗告準用行政訴訟通常程序之抗告；而行政訴訟通常程序之抗告準用民事訴訟通常程序之抗告，再準用民事訴訟通常程序之上訴審程序之第二審程序。民事訴訟通常程序之上訴審程序之第二審程序是採續審制，得自為認定事實（行政訴訟法第236條之2第4項、第272條，民事訴訟法第495條之1第1項規定參照）。故行政訴訟簡易程序高等行政法院審理抗告事件，得自行認定事實，而為抗告有無理由之裁定。

> **第276條**（再審之訴提起期間）
> 再審之訴應於三十日之不變期間內提起。
> 前項期間自判決確定時起算，判決於送達前確定者，自送達時起算；其再審事由發生或知悉在後者，均自知悉時起算。
> 依第二百七十三條第二項提起再審之訴者，第一項期間自裁判送達之翌日起算。
> 再審之訴自判決確定時起，如已逾五年者，不得提起。但以第二百七十三條第一項第五款、第六款或第十二款情形為再審事由者，不在此限。
> 對於再審確定判決不服，復提起再審之訴者，前項所定期間，自原判決確定時起算。但再審之訴有理由者，自該再審判決確定時起算。
> 第二百七十三條第二項之情形，自聲請案件繫屬之日起至裁判送達聲請人之日止，不計入第四項所定期間。

❖立法說明❖

　　一、再審之訴之目的，在廢棄確定判決而代以新判決，故須就提起再審之訴之期間加以限制，以保確定判決之安定。爰規定應於三十日之不變期間內提起，俾資遵循。

　　二、再審之訴，係對確定判決聲明不服之方法，故提起再審之訴之不變期間，原則上應自判決確定時起算，然當事人若於判決確定後，始知悉再審理由者，則應自其知悉時起算再審期間，以保護其利益。

　　三、舊法就行政訴訟之審級採一審終結制，自無上訴之問題，裁判一經生效即告確定，故於原第29條規定提起再審之期間，自判決「送達時」起算，適用上並無窒礙。茲訴訟審級既已增加，判決之送達時與確定時並非全然一致，爰修正自判決「確定時」起算，以資配合。又再審事由發生在後者，如當事人不知其事由，亦無從自發生時起算再審期間，爰併將原條文所規定「發生在後」等字刪除，以符實際。

　　四、為保障當事人之程序利益，參考公務員懲戒法第86條第1項及法官法第63條第1項規定，修正第3項。

　　五、判決確定後如已經過五年，而當事人仍不知再審理由者，為免有害確定判決之安定，應不許提起再審之訴。惟如原確定判決有第273條第1項第5款或第6款之情形，因受不利益之當事人常難以知悉，或原確定判決有同項第12款之情形，因違背一事不再理之原則，縱其知悉再審理由已在前述五年期間之後，苟尚未逾三十日之不變期間，仍准其得提起再審之訴，以濟其窮。

　　六、參考司法院釋字第800號解釋意旨，以及憲法訴訟法（111年1月4日施行）

第91條第3項[22]立法模式，使聲請案件繫屬之日起至裁判送達聲請人之日止，不計入本條第4項「五年」期間。將憲法法庭審理案件之期間，排除於人民得聲請再審之不變期間，使其訴訟權獲得實質保障，爰增訂第6項規定。

❖內容解析❖

提起再審之不變期間爲三十日，其起算方法：一、不變期間自判決確定時起算，但再審之理由知悉在後者，自知悉時起算（第2項）。二、以確定終局判決所適用之法律或命令經大法官解釋爲牴觸憲法作爲再審理由者，不變期間自解釋公布當日起算。

其次，爲免損及確定判決之安定性，再審之訴自判決確定時起，如已逾五年者，縱使當事人不知有再審之事由，仍不許提起再審除非是以第273條第1項第5款、第6款或第12款情形爲再審之理由者，則另當別論，其原因詳如上述立法理由五、之說明。此五年期間不受本條第2項但書之影響，亦即再審原告知悉再審理由時，雖然離屆滿此五年期間已少於三十日，仍應於五年屆滿前提起再審，不得逾越[23]。

對於新法施行前已確定裁判之再審，其再審期間依舊法之規定爲兩個月（行政訴訟法施行法第3條前段參照）。

關於再審期間之計算，司法實務上先後曾有不少憲法解釋之作成[24]，如釋字第209、716、725、741、800號等解釋。司法院釋字第800號之主要爭點爲再審期間是否扣除釋憲聲請繫屬期間，但也牽涉過往釋字第209、716、725、741號等解釋。司法院釋字第800號解釋文指出：「確定終局裁判所適用之法令，經本院解釋宣告違憲（包括立即失效、定期失效等類型），各該解釋聲請人就其原因案件依法提起再審之訴者，各該聲請案繫屬本院期間（即自聲請案繫屬本院之日起至解釋送達聲請人之日止），應不計入法律規定原因案件再審之最長期間。」換言之，只要案件最後被宣告違憲，再審的五年期限，可以扣除聲請人送進司法院，一直到解釋作成送到聲請人的

---

22 憲法訴訟法第91條第3項：「第一項聲請案件，自聲請案件繫屬之日起至判決送達聲請人之日止，不計入法律規定原因案件再審之最長期間。」

23 根據修正後之刑事訴訟法規定，原則上，刑事案件聲請再審並無期間的限制，判決確定後發現有再審的原因者，得隨時聲請再審，且依刑事訴訟法第423條之規定，即便刑罰已執行完畢或不受執行時，亦得爲之。但如有下列兩種情形，聲請再審的期間應有限制：1.不得上訴第三審之案件，除刑事訴訟法第420條規定外，其經第二審確定之有罪判決，如就足生影響於判決之重要證據漏未審酌者，應於送達判決後20日爲之（刑事訴訟法§424）。2.爲受判決人之不利益聲請再審，於判決確定後，經過刑法第80條第1項期間二分之一者，不得爲之（刑事訴訟法§425）。參閱司法院全球資訊網常見問答，刑事廳110年1月7日發布。

24 至於憲法法庭憲判字第2號判決關於刑事訴訟法第420條第1項第6款「再審」之規定是否違憲問題，憲法法庭認爲該款規定所稱「應受……免刑」的依據，除「免除其刑」的法律規定外，亦應包括「減輕或免除其刑」的法律規定在內，才符合憲法保障平等權意旨。因案件之性質及爭點與本編之內容無涉，故不予納入討論。

時間，這段繫屬司法院釋憲機關（按：現為憲法法庭）的時間，不計入五年的期限。唯有如此，方不至於發生釋憲結果成功，卻已逾再審期間而不得救濟之悖論。

憲法訴訟法第62條第1項之規定：「憲法法庭認人民之聲請有理由者，應於判決主文宣告該確定終局裁判違憲，並廢棄之，發回管轄法院；如認該確定終局裁判所適用之法規範違憲，並為法規範違憲之宣告。」憲法法庭直接廢棄確定判決並發回管轄法院，毋寧是更積極且具效率之做法。

此外，更根本的問題是再審的5年期限規定，是否有繼續保留之必要。蓋法律的目的既然是在追求公平正義與保障人權，則制度上不應為求法律之安定，而棄守公平正義與人權保障。一個案件即使有新的證據，往往也會因為時間已超過5年而罹於時效無法聲請再審，罔顧人民的權益，違反憲法對人權的保障。行政訴訟再審的不易，實已形成無形的高牆，而有重新檢討之必要。這幾年來對於刑事訴訟法第420條刪除期限之限制以及行政程序法第128條第3項放寬「新證據」的修法，對人民訴訟權與基本人權之保障有很大的進步，值得參酌。

第277條（提起再審之程式）

再審之訴，應以訴狀表明下列各款事項，提出於管轄行政法院為之：

一、當事人。

二、聲明不服之判決及提起再審之訴之陳述。

三、應於如何程度廢棄原判決及就本案如何判決之聲明。

四、再審理由及關於再審理由並遵守不變期間之證據。

再審訴狀內，宜記載準備本案言詞辯論之事項，並添具確定終局判決繕本或影本。

❖立法說明❖

一、本條規定提起再審之訴之程式。為期慎重，提起再審之訴，應以書狀為之。其書狀除應遵守第一編第四章第一節「當事人書狀」之一般規定外，尚應表明本條第一項所列各款事項，並添具確定終局判決繕本，提出於管轄行政法院。

二、再審訴狀與通常訴狀或上訴相同，除記載必要事項外，宜記載準備本案言詞辯論之事項，一面使生起訴之效力，一面即代準備書狀，俾訴訟程序得順利進行。

三、參酌民事訴訟法第501條規定之體例，刪除第1項關於「添具確定終局判決繕本或影本」之規定，移列第2項，以示再審之訴未添具確定終局判決繕本或影本者，非屬起訴程式有欠缺之情形。

❖內容解析❖

所謂當事人，在此包括原確定判決之當事人與其繼受人，前者係指原告、被告及依本法第41條與第42條參加訴訟之人（§23參照）；以及為他人而為原告或被告者（§214Ⅱ參照）。後者係指對於訴訟繫屬後為當事人之繼受人及為當事人或其繼受人占有請求之標的物者。

提起再審之訴，必須提出應在如何程度廢棄原判決，以及就本案如何判決之聲明，以便再審之訴有理由時，作為應於如何之範圍內再開本案之程序，以及確定本案辯論與裁判範圍之基礎。此外，提起再審之訴，必須主張再審之理由，亦即主觀上言之成理即可，至於客觀上是否存在，乃再審有無理由及是否變更原裁判之問題。

關於再審理由之記載及關於再審理由之證據，為再審之訴之必要程式，如有欠缺，再審原告得於不變期間內補正，逾期即不得補正。訴狀不符程式或有其他欠缺而可補正者，審判長應定期間命補正。申言之，提起再審之訴，應依行政訴訟法第277條第1項第4款之規定表明再審理由，此為必須具備之程式。所謂表明再審理由，必須指明確定判決有如何合於行政訴訟法第273條或第274條所定再審事由之具體情事，始為相當。倘僅泛言有再審事由而無具體情事者，仍難謂已合法表明再審理由，所提再審之訴，即屬不合法[25]。

第278條（駁回再審之訴）

再審之訴不合法者，行政法院應以裁定駁回之。

再審之訴顯無再審理由者，得不經言詞辯論，以判決駁回之。

❖立法說明❖

一、再審之訴不合程式，或已逾期間，或法律上不應准許者，行政法院應以裁定駁回之，俾免徒勞無益之程序。

二、判決，除別有規定外，原則上應本原當事人之言詞辯論為之。然再審之訴若顯無再審理由，而仍指定期日行言詞辯論，顯然與訴訟經濟之原則有所違悖，爰設本條第2項之例外規定，以節勞費。

❖內容解析❖

訴訟固為憲法上基本權利之一，但權利之行使，並非毫無條件，常有要件及程序

---

[25] 最高行政法院裁定105年度裁字第1322號、97年度裁字第3739號參照。

限制之設。法院審查訴訟程序，有其順序，所謂先程序後實體，程序不備實體不究，對於起訴不符法定程序或程式要件者，如再審原告逾期不補正或不能補正，而不具備再審之特別要件與一般訴訟合法要件者，均屬再審之訴不合法，法院應以裁定駁回之，而不進入實體之審判，以節勞費及司法資源。

又再審之訴如顯無再審理由者，亦許行政法院得不經言詞辯論，直接以判決加以駁回，以符訴訟經濟與效率之原則。

第279條（本案審理範圍）
本案之辯論及裁判，以聲明不服之部分為限。

❖立法說明❖

再審之訴合法且有再審理由者，即進入本案審理之程序。其訴在形式上雖為新訴，實質上則係前程序之再開及續行，有類於上訴，故關於本案之辯論及裁判，自應以聲明不服之部分為限。

❖內容解析❖

如立法理由之說明內容，再審之訴在形式上雖為新訴，實質上則係前程序之再開及續行，故關於本案之辯論及裁判，自應以聲明不服之部分為限。例如個案中上訴人並非依司法院釋字第177號、第185號或第188號解釋意旨就原確定判決提起再審之訴，上訴人得否依該解釋意旨提起再審之訴，即非本件所得審究[26]。

第280條（雖有再審理由仍應以判決駁回）
再審之訴雖有再審理由，行政法院如認原判決為正當者，應以判決駁回之。

❖立法說明❖

再審之訴如有再審理由，則原判決具有違法情形，原屬無可維持；惟行政法院就本案再開程序調查或辯論之結果，如認原判決為正當，而將原判決廢棄，則更為判決之結果，仍與原判決之內容相同，顯無實益。爰規定於此情形，應以判決駁回再審之訴，以節勞費。

---

[26] 最高行政法院101年度判字第490號判決參照。

❖內容解析❖

　　行政法院就本案再開程序調查或辯論之結果，如認原判決爲正當，將原判決廢棄，則更爲判決之結果，仍與原判決之內容相同，顯無實益。於此情形，應以判決駁回再審之訴，例如行政法院原應自程序上予以駁回案件，雖原判決自實體上予以駁回，理由容有不同，惟其結論則無二致，姑不論再審原告所述之再審事由是否存在，仍應認再審原告之主張爲不可採，其再審之訴爲無理由，應予駁回[27]。另如，再審原告主張其於前程序第一審起訴時，所訴之事實，並非在法律上顯無理由（程序事項）一節，固有再審理由，惟其實體上之主張均屬法律見解歧異之問題，並非原確定判決適用法規顯有錯誤，仍應認該判決爲正當，應駁回該再審之訴[28]。

第281條（各審程序之準用）

除本編別有規定外，再審之訴訟程序準用關於各該審級訴訟程序之規定。

❖立法說明❖

　　按再審之訴，在形式上雖爲新訴，然在實質上則爲前程序之續行，故除本編就再審之特性另設規定者外，自應準用各該審級訴訟程序之規定。

❖內容解析❖

　　再審案件之裁判，一如通常之訴訟程序之處理，如原確定判決爲適用法規顯有錯誤者，再審原告據以指摘，爲有理由，則應將原確定判決違法部分加以廢棄。反之，原確定判決合法部分聲明求爲廢棄爲無理由，此部分上訴應予駁回[29]。

第282條（再審判決之效力）

再審之訴之判決，對第三人因信賴確定終局判決以善意取得之權利無影響。但顯於公益有重大妨害者，不在此限。

---

[27] 參閱最高行政法院91年度判字第2049號判決：……本件再審被告88年1月14日府地權字第1130號函並非行政處分，再審原告不得對之提起訴願，乃再審原告竟對之提起一再訴願，即有違誤，一再訴願決定原應自程序上予以駁回，惟一再訴願決定係自實體上予以駁回；另再審被告對再訴願決定不服提起行政訴訟，本院原亦應自程序上予以駁回，雖原判決自實體上予以駁回，理由容有不同，惟其結論則無二致，姑不論再審原告所述之再審事由是否存在，仍應認再審原告之主張爲不可採，其再審之訴爲無理由，應予駁回。

[28] 最高行政法院98年度判字第244號判決參照。

[29] 最高行政法院101年度判字第401號判決參照。

❖立法說明❖

確定判決經再審法院廢棄，另為變更之判決時，當事人間之法律關係即隨之變更，從而第三人基於該確定判決而取得之權利，自亦受其影響。其因惡意而取得權利者，固無保護之必要；其因信賴確定終局判決以善意取得權利者，若亦受其影響，顯有害交易之安全。爰規定於此情形，對第三人因信賴確定終局判決以善意取得之權利無影響，以資保護。惟如顯於公益有重大妨害者，仍應以公益為優先考量，爰設除外之規定，以重公益。

❖內容解析❖

如上述立法說明。

第283條（準再審）

裁定已經確定，而有第二百七十三條之情形者，得準用本編之規定，聲請再審。

❖立法說明❖

按再審之訴，原為對確定終局判決聲明不服之方法，然為保護當事人之權利，對於已確定之裁定，若具有與確定判決相同之再審事由，亦應許其聲請再審，以求救濟。

❖內容解析❖

再審之訴原係為救濟確定判決而設，本不包含裁定在內。但已確定之裁定，如有本法第273條、第274條之情形，制度上若不許當事人有救濟之途，在權利保護上難謂周延，故設本條允許已確定之裁定得準用本編再審之相關規定，聲請再審，謀求救濟，學理上稱之為準再審。從而，簡易程序當事人不服地方法院行政訴訟庭之裁定，提起抗告，經高等行政法院以無理由裁定駁回，嗣當事人以高等行政法院裁定有行政訴訟法第273條第1項第9款至第14款之再審事由，對之聲請再審時，依行政訴訟法第236條之2第4項準用第283條，再準用第275條第1項規定，應專屬由高等行政法院管轄[30]。至於，對於最高行政法院駁回抗告之裁定聲請再審者，無論本於何種法定再審事由，依同法第283條準用第275條第1項規定，應專屬最高行政法院管轄[31]。

---

30 參閱司法院102年度高等行政法院及地方行政法院行政訴訟庭法律座談會提案十五。
31 參閱最高行政法院100年度10月份第一次庭長法官聯席會議。

第6編

重新審理

| 緒　論 |

一、意　義

　　「重新審理」者，係撤銷或變更原處分或訴願決定之終局判決確定後，非因可歸責於己之事由而未參加訴訟之第三人，針對其因該判決所受之權利損害，請求廢棄原判決之一種非常救濟手段。實務上，最高行政法院46年裁字第21號判例指出，「再審原告在本院前訴訟程序並未參加訴訟而爲當事人，對於本院判決提起再審之訴，顯不合法。」行政訴訟法遂於再審制度之外，仿效日本行政事件訴訟法第34條「第三人再審之訴」規定之文字，於第五編「再審程序」之後，另納入第六編「重新審理」，作爲一種調整第三人權利之保護與法安定性要求之特殊制度。

　　本法草案原亦按日本法制用語稱「再審之訴」，惟修法研修過程中，楊建華委員指出，若稱再審之訴，與一般再審制度不能配合，因此建議於再審編之後，列爲特種救濟方式[1]。張劍寒委員則建議稱「更審」，以示對第三人有救濟之途徑且與一般再審有所不同[2]。陳瑞堂委員則質疑，此與最高行政法院就事實不明時發回下級審行政法院「更審」名稱相同。研修結論最後參酌楊建華委員建議，仿少年事件處理法稱爲「重新審理」，且獨立一章節規定[3]。

二、性　質

　　「重新審理」與「再審」雖用語不同，然仍應就「重新審理」與「再審」制度之本質，進一步比較。從比較訴訟法角度分析，此種因爲未參與訴訟致生其權利受侵害，而提起特殊救濟之第三人再審之訴（或譯作第三人異議，第三人撤銷，tierce opposition），除日本與我國之外，有明文規定之國家並不普遍。以民事訴訟法制而言，第三人再審之訴早見之於法國舊民事訴訟法第474條中，比利時裁判法典第1122條與義大利民事訴訟法典第404條亦有類此之規定，但卻非德國制度的傳統[4]。而在行政訴訟制度中，法國亦採納舊民事訴訟法第474條之模型，於行政訴訟中發展出第三人再審之訴。但是同樣與法國制度相近，於司法法院外另設審理越權訴訟之「國務院」（Consiglio di Stato, Conseil d'Etat，其部分職權具有「中央行政法院」之功能）者，比利時在行政訴訟中亦承認第三人再審之訴，但義大利則否[5]。

---

[1]　參考司法院行政訴訟制度研究修正資料彙編（五），司法院編印，1988年6月，頁356。
[2]　前揭彙編，頁359。
[3]　前揭彙編，頁360。
[4]　參考伊藤洋一，フランス行政訴訟の研究—取消判決の対世効—，1993年初版，頁371、378。
[5]　伊藤洋一，前揭書，頁371-372。

　　至於日本訴訟法制，在繼受法國法制之舊民事訴訟法（明治23年法律第29號）第483條中，規定原被告通謀詐害第三人債權時，第三人聲請之詐害再審之訴。然而在日後修正民事訴訟法時，卻廢止此項規定[6]，以致於現行民事訴訟法中已無第三人再審之訴之規定[7]。至於行政訴訟制度，不論在1890年行政裁判法，或者1948年行政事件訴訟特例法時期，均無第三人再審之訴之規定。反而在現行行政事件訴訟法第34條第1項規定，「撤銷原處分或裁決之判決致權利受損害之第三人，因非可歸責於己之事由而未參加訴訟，致不能提出足以影響判決結果之攻擊或防禦方法者，得以此理由就確定終局判決，提起再審之訴以示不服。」（処分又は裁決を取り消す判決により権利を害された第三者で、自己の責めに帰することができない理由により訴訟に参加することができなかつたため判決に影響を及ぼすべき攻撃又は防御の方法を提出することができなかつたものは、これを理由として、確定の終局判決に対し、再審の訴えをもつて、不服の申立てをすることができる。）根據立法資料顯示，本法制定實乃參照當時法國法色彩濃厚之舊商法第268條之3「再審之訴」之規定[8]。反觀我國，行政訴訟法第284條以下規定，透過日本法之繼受，採納了法國訴訟法制上第三人再審制度之精神。而2003年民事訴訟法增訂第507條之1[9]，納入「第三人撤銷訴訟」之制度，應該也受法國法制相當程度之影響。

　　若比較各國立法條文，不論是日本行政事件訴訟法第34條「第三人再審之訴」，或本法第六編「重新審理」之規定，均可自條文觀察得知（「權利受損害之第三人，……未參加訴訟」），此一制度是針對未能參加訴訟之第三人所提供之一種特

6　參考大正15年法律第61號改正內容。主要因為修正條文導入了新的獨立參加人制度，以致於刪除詐害再審相關之規定。

7　在平成8年討論民事訴訟法修訂過程中，對於當事人之一方，詐欺相對人與法院而取得對已有力之確定判決時，再次承認其為獨立之再審事由的呼聲極高。參考柳田幸三ほか，民事訴訟手続に関する檢討事項に対する各界意見の概要，法務省民事局參事官室，民事訴訟手続に関する改正試案（別冊NBL27號），1994年，頁72。但是最後此一呼籲終未立法成功。究其源由，由修法資料觀察，尚不明確。參考加波眞一，再審原理の研究，信山社，1997年，頁119以下（高橋宏志執筆）。但有學者則認為立法失敗的原因應該是再審要件與詐騙判決的情形如何明確規定，有其困難所致。參考杉山悦子，第三者による再審の訴え，一橋法学13巻3期，2014年11月，頁985。

8　參考市原昌三郎ほか，行政事件訴訟特例法改正要綱試案（小委員会案）をめぐる諸問題（下）（研究会），ジュリスト第209號，1960年10月，頁30以下。舊商法第268條之3「再審之訴」之規定現已刪除，併為公司法（平成17年7月26日法律第86號）第853条再審之訴之內容。另根據學者巽智彥研究，在行政事件訴訟法立法作業之時也發表其「行政爭訟法」（1957年）體系書之雄川一郎，已經引用了法國越權訴訟判決效與第三人撤銷（tierce opposition）相關之案例，而雄川本身也參與立法，因此特選雄川引入法國行政法第三人撤銷制度，尚非難以想像。參考巽智彥，第三者効の研究－第三者規律の基層－，2017年，頁69。

9　民訴第507條之1：「有法律上利害關係之第三人，非因可歸責於己之事由而未參加訴訟，致不能提出足以影響判決結果之攻擊或防禦方法者，得以兩造為共同被告對於確定終局判決提起撤銷之訴，請求撤銷對其不利部分之判決。但應循其他法定程序請求救濟者，不在此限。」

殊救濟手段，其與「訴訟參加」之制度息息相關。學說也特別稱之為一種事後的參加制度（une sorte d'intervention a posteriori）[10]。

　　第三人再審或重新審理制度雖均有見之於行政訴訟或民事訴訟之各國法例。但是在民事訴訟與行政訴訟上卻有本質上之差異。民事訴訟判決之效力，原則上僅及於當事人間。倘若判決效力欲擴張於第三人，則需要法律有特別規定（例如人事訴訟）。而此一擴及於第三人之效力，通說理解其性質為「既判力[11]」之擴張[12]。反觀行政訴訟，其判決往往涉及公法關係較強烈之法律安定性要求，因此在當事人與第三人間，區別撤銷判決之不同效力，並不恰當；毋寧更希望撤銷判決之效力在第三人身上也被畫一性地認定。也正因為如此，日本行政事件訴訟法第32條第1項規定：「撤銷原處分或裁決之判決，對第三人亦有效力。」[13]我國行政訴訟法第215條亦規定：「撤銷或變更原處分或決定之判決，對第三人亦有效力。」由於撤銷判決之效力，除了在訴訟法上排除事後在訴訟上針對行政處分為有效存續之判斷外（既判力），在實體法上也因為判決原則上溯及既往地消滅該行政處分之效果，致使以該處分之效果為基礎而形成之法律關係，溯及地喪失其法律基礎。後者即所謂判決之「形成力」[14]。因此，針對上述條文之規定，其與民事訴訟法上於公司訴訟或人事訴訟中擴張既判力至第三人之概念構造不同[15]，日本學界通說認為行政訴訟上這是一種將撤銷判決之「形成力」擴張至第三人之制度[16]。我國學者亦主張，重新審理制度與再審制度同，均係對「確

---

[10] 參考伊藤洋一，フランス行政訴訟の研究－取消判決の対世効－，1993年初版，頁371。

[11] 基於針對確定判決之判斷所賦予之拘束力，其效果乃排除事後之重新審理與裁判，法院亦不得與確定判決為相反內容之裁判。

[12] 參考鈴木正裕、青山善充編，注釈民事訴訟法（4），有斐閣，1997年，頁440-447；伊藤眞，民事訴訟法，有斐閣，2011年4版，頁553；松本博之、上野泰男，民事訴訟法，弘文堂，2012年7版，頁615-616。

[13] 參考山村恒年、阿部泰隆，行政事件訴訟法（判例コンメンタール特別法），三省堂，1984年，頁352以下。

[14] 法國行政訴訟判決效力則區分「對世效」（effet erga omnes）與「絕對效」（effet absolu）。前者指係爭行為因撤銷判決而客觀地消滅，所生（包括及於第三人之）消極的形成力問題。後者則是指撤銷判決所為之適法性判斷所生之一般性拘束力問題（對於第三人是否擴張既判力範圍的問題）。參考伊藤洋一，フランス行政訴訟の研究－取消判決の対世効－，1993年初版，頁8、165以下。至於在德國法上，對於行政法院未實施必要參加之判決效力，通說採取所謂「不生效力說」（Umwirksamkeit）。因此在制度上無類似第三人再審之訴或重新審理之法律文化，應可理解。相對地，若採判決「絕對效力說」（absolute Wirksamkeit）者，主張判決對於未參加訴訟之必要參加人，仍有一般的形成效力。制度上配合設計重新審理之規定，即可理解。相關討論，參考劉建宏，行政法院漏未實施訴訟參加之法律救濟途徑－兼論行訴法上重新審理制度，月旦法學雜誌89期，2002年10月，頁106以下、109。

[15] 參考巽智彥，第三者効と第三者再審，東京大学法科大学院ローレビュー，Vol. 5，2010年9月，頁70以下。

[16] 學說爭議，參考南博方、高橋滋、市村陽典、山本隆司編集，条解行政事件訴訟法，2014年4版，頁653（興津征雄執筆）。

定判決」不服時之救濟方法，其雖均以除去原確定判決之效力爲目的，然而僅藉再審所除去者，爲判決之「既判力」，但是藉重新審理所除去者，爲本法「第215條之效力」[17]。

除此之外，現行法中重新審理與再審之間，尚有若干差異存在[18]：

(一)重新審理係由因撤銷或變更原處分或決定之判決，權利受損害之第三人聲請。而再審則係由受不利確定判決之當事人，以再審之訴提起之。

(二)聲請重新審理，係以第三人非可歸責於己之事由，未參加訴訟，致不能提出足以影響判決結果之攻擊或防禦方法爲由；而提起再審之訴，則須符合第273條及第274條之事由始得提起之。

(三)聲請重新審理經認爲合法要而有有理由時，行政法院應以裁定命爲重新實審理（§288），該裁定確定後，應即回復原訴訟程序，聲請處於回復原訴訟程序後，當然參加訴訟（§290）；而提起再審之訴，除再審之訴爲不合法應以裁定駁回其訴外（§278 I），即依再審之訴訟程序裁判，並準用各該審級訴訟程序之規定（§281）。

(四)重新審理之聲請人，於行政法院裁定命爲重新審理後，在回復原訴訟程序時，變更其訴訟上之地位爲參加人，而非當事人；而提起再審之訴，則不生提起再審之訴之原告（即聲請再審之第三人）地位變更問題。

(五)聲請重新審理依第284條第1項規定，係以不能提出足以影響判決結果之攻擊或防禦方法爲前提，而法律審法院，除別有規定外，應以事實審法院判決確定之事實爲判決基礎，故例如對於最高行政法院之判決，除有第254條第2項與第3項情形，不生聲請重新審理問題；而再審之訴，則無此限制。

三、適用範圍

根據行政訴訟法第284條之文義，重新審理之適用範圍，原則上限於撤銷訴訟[19]。比較日本行政事件訴訟法第43條第1項規定：「民眾訴訟或機關訴訟，關於請

---

17 參考賴恆盈，「行政訴訟重新審理制度」之檢討，萬國法律112期，2000年8月，頁37、41；吳庚，行政爭訟法論，2014年6版，頁349中似指出重新審理應係針對撤銷判決之「對世效力」而言，其所稱「對世效力」又指判決之構成要件效力（Tatbestandswirkung）及確認效力（Feststellungswirkung）（同書，頁288）；陳清秀，行政訴訟法，2015年7版，頁803，亦指出重新審理爲排除撤銷判決「對世效力」之制度。最高行政法院104年度裁字第954號裁定指出，聲請重新審理者，必須該第三人之權益因撤銷判決之「形成力」直接受到損害者。據此，聲請重新審理者，應係排除判決之形成力。

18 參考陳計男，行政訴訟法上之重新審理，法令月刊50卷12期，1999年12月，頁3以下。

19 參考吳庚，行政爭訟法論，2014年6版，頁349；彭鳳至、劉宗德，行政訴訟制度，翁岳生編，行政法（下），2006年3版，頁529指出，聲請重新審理的對象，僅限於行政法院之形成性確定終局判決。相對地，亦有學者指出，再審之訴之聲請人乃原確定判決之當事人，早已參與原

求撤銷原處分或裁決訴訟，除第九條及第十條第一項規定外，準用撤銷訴訟之有關規定。」因此，日本學界普遍主張，第三人再審之訴之相關規定，於民眾訴訟或機關訴訟上亦有準用。根據我國行政訴訟法第11條規定，維護公益訴訟「依其性質，準用撤銷、確認或給付訴訟有關之規定。」學者因而指出，在「維護公益訴訟」，應亦得準用之[20]。

至於其他確認訴訟（例如確認行政處分無效之訴），則需要進一步斟酌無效確認訴訟是否亦具有第三人效力（對世效），倘採肯定說，則重新審理制度之規定亦得類推適用之[21]。其次，日本法上之「當事者訴訟」判決因無所謂之第三人效力，因此並無重新審理制度之適用餘地[22]；對照我國行政訴訟制度，於給付訴訟中，有無重新審理規定之適用，則有爭議。但有學者主張，於課予義務訴訟，如行政法院為「撤銷原處分或決定」並「命行政機關作成原告所申請內容之行政處分」之判決，且如該行政處分將使第三人之權利受損，則該第三人得否依第284條第1項規定聲請重新審理？從權利救濟觀點而論，似宜採肯定說[23]。

第284條（重新審理之聲請）

因撤銷或變更原處分或決定之判決，而權利受損害之第三人，如非可歸責於己之事由，未參加訴訟，致不能提出足以影響判決結果之攻擊或防禦方法者，得對於確定終局判決聲請重新審理。

前項聲請，應於知悉確定判決之日起三十日之不變期間內為之。但自判決確定之日起已逾一年者，不得聲請。

審，並已提出各種攻擊防禦之方法。而重新審理之聲請人卻未曾參與原審，故對重新審理者而言，似不應太過限制只准提起涉及「形成」效果的原審判決。參考陳新民，行政法學總論，2015年8月版，頁678。

[20] 參考陳清秀，行政訴訟法，2015年7版，頁803。其主張，在我國若有「機關間權限爭議訴訟」，亦為重新審理適用之範圍。至於行政訴訟法第10條之「選舉罷免訴訟」（例如選舉無效或當選無效之訴訟）是否亦包含之，則尚有爭議。

[21] 參考山村恒年、阿部泰隆，行政事件訴訟法（判例コンメンタール特別法），三省堂，1984年，頁353。採否定說者，參考彭鳳至、劉宗德，行政訴訟制度，收錄於：翁岳生主編，行政法（下），2006年3版，頁529。

[22] 參考南博方、高橋滋、市村陽典、山本隆司編集，条解行政事件訴訟法，2014年4版，頁703（大江裕幸執筆）。

[23] 參考本書，2002年初版，頁732註2（林錫堯執筆）。

❖外國立法例❖

日本行政事件訴訟法第34條：「撤銷原處分或裁決之判決致權利受損害之第三人，因非可歸責於己之事由而未參加訴訟，致不能提出足以影響判決結果之攻擊或防禦方法者，得以此理由，就確定終局判決提起再審之訴，聲明不服（Ⅰ）。前項聲請，應自知悉確定判決之日起三十日內爲之（Ⅱ）。前項期間爲不變期間（Ⅲ）。第一項聲請，自判決確定之日起已逾一年者，不得爲之（Ⅳ）。」

❖立法說明❖

本法第215條規定，撤銷或變更原處分或決定之判決，對第三人亦有效力。如非可歸責於己之事由，爲參加訴訟之利害關係人，因該判決直接蒙受撤銷或變更判決之不利益，顯缺公允。故設本條第1項，規定該第三人得對於確定判決聲請重新審理，以資救濟。

聲請重新審理之目的與再審同，均求以新判決取代原確定判決，故須限制其聲請期間，以維護確定判決之安定。因此於第2項至第4項中規定應於知悉確定判決之日起三十日之不變期間內爲之，且自判決確定之日起已於一年，縱仍不知有確定判決之情事，亦不得聲請，以免確定判決因第三人具有重新審理之事由而長久處於不安定之狀態。

❖內容解析❖

一、聲請權人

因本法規定，重新審理之聲請權人爲因非可歸責於己之事由未參加訴訟，致不能提出足以影響判決結果之攻擊或防禦方法，而權利受損害之第三人。

第三人未參加訴訟者，通說認爲係指原應依本法第41條或第42條規定，裁定命參加或許其參加訴訟[24]，因非可歸責於己之事由而未參加者而言[25]。至於本法第44

---

[24] 最高行政法院93年度裁字第448號裁定：「對於撤銷或變更原處分或決定之確定終局判決聲請重新審理，須權利受損害且因非可歸責於己之事由，未參加訴訟之第三人始得爲之，此觀行政訴訟法第二百八十四條第一項之規定甚明。亦即依同法第四十一條及第四十二條規定，得爲獨立參加該訴訟之第三人始得爲重新審理之聲請。」

[25] 通說認爲，重新審理制度與訴訟參加制度緊密關聯，因此重新審理之聲請權人應該與訴訟參加人之範圍相同（所謂「同一說」）。參考南博方、高橋滋、市村陽典、山本隆司編集，条解行政事件訴訟法，2014年4版，頁700（大江裕幸執筆）。然而亦有反對說主張，重新審理（第三人再審之訴）之聲請人應該限定受判決形成效力者，應該比參加人之範圍更狹窄（所謂「限定說」）。參考兼子仁，取消判決の第三者効，ジュリスト第925號（【特集】行政事件訴訟法判例展望），1989年1月，頁206以下。

條所規定之「輔助參加人」，若亦爲權利受侵害之第三人，解釋上似仍有聲請之空間[26]。如係可歸責於己之事由，未參加訴訟，或行政法院判決並非撤銷或變更原處分或決定[27]之判決者，則依本法第47條規定[28]，該第三人均爲其應參加之訴訟程序之判決既判力所及[29]。相對地，若已根據行政訴訟法第41條或第42條參加訴訟者，已屬行政訴訟當事人（§23），行政法院之確定判決對其自有效力（§214Ⅰ）。參加訴訟之第三人，對確定判決不服者，在有行政訴訟法第273條及第274條之再審事由時，已得提起再審，尚無重新審理之適用[30]。

聲請權人必須爲「權利受損害」之第三人。雖然，行政訴訟法第215條所稱「對第三人亦有效力」，係指對並無利害關係之第三人亦有效力而言[31]。然聲請重新審理者，仍須「權利受損害」之利害關係第三人。實務上，並非固守「權利受損害」之文意，包括因撤銷或變更原處分或決定之判決，而權利或法律上利益受損害之第三人即可對於確定終局判決聲請重新審理。此處所稱「第三人之權利或法律上利益（包括公法上或私法上的權利或法律上利益）必須因撤銷判決之形成力直接受到損害；且受損害者既限於權利及法律上利益，則純粹經濟上、文化上、精神上或其他事實上之利益（反射利益）並不包括在內」[32]。

二、聲請事由

(一)對於「確定終局判決」聲請重新審理

依本法規定，因撤銷或變更原處分或決定之「判決」，權利受有損害之第三人，得針對「確定終局判決」聲請重新審理。反之，若係針對確定「裁定」，則無提起重新審理之空間[33]。再者，撤銷或變更原處分或決定之判決，必須原告勝訴之判決，因該勝訴判決係形成判決，對第三人亦有效力（§215），使第三人權利受損害，故有重新審理之問題。若爲原告敗訴之判決，則爲確認判決，判決效力不及於第三人，亦

---

26 學說爭議之討論，參考賴恆盈，「行政訴訟重新審理制度」之檢討，萬國法律112期，2000年8月，頁38以下。劉建宏，行政法院漏未實施訴訟參加之法律救濟途徑─兼論行政法上重新審理制度，月旦法學雜誌89期，2002年10月，頁112，則採肯定說。張文郁，重新審理，月旦法學教室136期，2014年2月，頁10，似採否定說。

27 指訴願決定而言。

28 行訴第47條：「判決對於經行政法院依第四十一條及第四十二條規定，裁定命其參加或許其參加而未爲參加者，亦有效力。」

29 參考彭鳳至、劉宗德，行政訴訟制度，收錄於：翁岳生主編，行政法（下），2006年3版，頁529。

30 參考陳敏，行政法總論，2013年8版，頁1634。

31 參考最高行政法院93年度裁字第448號裁定。

32 參考最高行政法院104年度裁字第954號裁定。

33 參考最高行政法院90年度裁字第703號裁定、96年度裁聲字第50號裁定；林騰鷂，行政訴訟法，2008年3版，頁491；陳清秀，行政訴訟法，2015年7版，頁803。

無使第三人權利受損害而聲請重新審理之問題[34]。

(二)非可歸責於己之事由，未參加訴訟

本法所稱「非可歸責於己之事由」僅得根據具體個案，就一般人之常識判斷。除開天搖地動之特殊情事外，一般是以第三人「是否知悉訴訟係屬之事實」爲判斷核心[35]。根據行政訴訟法第41條與第42條規定，行政法院應依職權命因撤銷判決之結果，權益將受損害之第三人參加訴訟；第三人亦得聲請參加訴訟。倘行政法院以依法命該第三人參加訴訟，或第三人已知（或受告知）有該訴訟，第三人已有得參加訴訟者主張權益之機會，其程序權已獲有保障之可能，但無正當理由未參加訴訟。屬可歸責於己之事由，未參加訴訟[36]。

聲請人因非可歸責於己之事由遲延參加訴訟致不能提出足以影響判決結果之攻擊或防禦方法者，是否屬上述「未參加訴訟」？有主張依文義解釋認不屬所謂「未參加訴訟」。相反地，多數見解則採肯定說，主張聲請人既事實上無訴訟追行之可能，即實質上等同於未參加訴訟，如否認其得聲請重新審理，將有違立法保障之目的。故如聲請人遲延參加係因「非可歸責於己之事由」致不能提出足以影響判決結果之攻擊或防禦方法者，仍應允其聲請重新審理[37]。

(三)不能提出「足以影響判決結果之攻擊或防禦方法」

單純「非可歸責於己之事由，未參加訴訟」，並不足以作爲聲請重新審理之條件，須視聲請人於聲請程序中所主張不能及時提出攻擊或防禦方法，有「足以影響判決結果」者，始能准其聲請重新審理[38]。

所謂「足以影響判決結果之攻擊或防禦方法」，係指該攻擊或防禦方法如在原訴訟程序中提出，則判決結果會作出對第三人有利之變更而言[39]。如其於原訴訟程序提出，判決結果仍不會變更，則不符合聲請重新審理之理由。此項攻擊或防禦方法，包括訴訟不合法之主張、法律上主張、事實上主張等，均包括在內[40]。

此項攻擊或防禦方法，須當事人於訴訟中未曾提出者，始足當之。若當事人曾提

---

34 參考最高行政法院101年度裁字第813號裁定。

35 參考南博方、高橋滋、市村陽典、山本隆司編集，條解行政事件訴訟法，2014年4版，頁701（大江裕幸執筆）。最高行政法院90年度裁字第884號裁定，亦以「知悉訴訟係屬」爲可否歸責之判斷核心。

36 參考陳計男，行政訴訟法上之重新審理，法令月刊50卷12期，1999年12月，頁4。

37 參考翁岳生主編，行政訴訟法逐條釋義，2002年初版，頁734（林錫堯執筆）。

38 參考臺中高等行政法院96年度聲重字第1號裁定；陳清秀，行政訴訟法，2015年7版，頁804。

39 參考南博方、高橋滋、市村陽典、山本隆司編集，條解行政事件訴訟法，2014年4版，頁701（大江裕幸執筆）。

40 參考翁岳生主編，行政訴訟法逐條釋義，2002年初版，頁734（林錫堯執筆）。

出而爲法院所不採，即已不足以影響原判決之結果，不得再據以聲請重新審理[41]。若爲原訴訟程序言詞辯論終結後所生之攻擊防禦方法，亦不屬之[42]。

三、聲請期間

依本條第2項規定，第三人聲請重新審理，應於知悉確定判決之日起三十日之不變期間內爲之，但自判決確定之日起已逾一年者，不得聲請。所稱知悉確定判決」宜解爲知悉判決已確定之事實[43]。此聲請期間相較於再審五年之期間規定（§276 IV），相對較短，是否失衡，仍受到學者之批評[44]。惟立法之初，思考若容許第三人聲請重新審理，則條件宜較嚴格，期間亦不宜過長[45]，宜更早日維護裁判之安定性[46]。

第285條（重新審理之管轄法院）
重新審理之聲請準用第二百七十五條第一項、第二項管轄之規定。

❖立法說明❖

聲請重新審理係第三人對於確定判決聲明不服之方法，而再審之訴則係當事人對於確定判決聲明不服之方法，二者目的相同，其有關管轄法院之規定自可準用。

❖內容解析❖

重新審理之聲請準用第275條第1、2項管轄規定之結果，聲請重新審理之事件，專屬爲判決之原行政法院管轄。對於審級不同之行政法院就同一事件所爲之判決聲請重新審理者，依目前三級二審之訴訟制度，則由專屬上級行政法院合併管轄之。

由於重新審理係以聲請人「未參加訴訟，致不能提出足以影響判決結果之攻擊防禦方法」爲要件，因此地方法院行政訴訟庭及高等行政法院之事實審程序，自有重新審理之問題。至於高等行政法院或最高行政法院之法律審程序，原則上不行言詞辯

---

[41] 參考最高行政法院101年度裁字第813號裁定；陳計男，行政訴訟法上之重新審理，法令月刊50卷12期，1999年12月，頁4；山村恒年、阿部泰隆，行政事件訴訟法（判例コンメンタール特別法）三省堂，1984年2月，頁356。

[42] 參考宇賀克也，改正行政事件訴訟法—改正法の要点と逐条解説，2006年，頁139。

[43] 參考翁岳生主編，行政訴訟法逐條釋義，2002年初版，頁734（林錫堯執筆）。

[44] 參考陳新民，行政法學總論，2015年8版，頁678。

[45] 參考司法院行政訴訟制度研究修正資料彙編（五），司法院編印，1988年6月，頁359（王瑞林委員發言）。

[46] 參考司法院行政訴訟制度研究修正資料彙編（五），司法院編印，1988年6月，頁360（陳瑞堂委員發言）。

論，無提出攻擊防禦方法可言。除非例外進行言詞辯論，對高等行政法院、最高行政法院之法律審，應無聲請重新審理之空間[47]又若涉及法律上攻擊防禦方法，或如涉及上訴合法要件等應依職權調查事項，則在法律審程序，似亦可能提出有關該等事項之攻擊防禦方法，在此前提下，於法律審程序中聲請重新審理，似不無可能[48]。

> **第286條**（聲請重新審理之程式）
> 聲請重新審理，應以聲請狀表明下列各款事項，提出於管轄行政法院為之：
> 一、聲請人及原訴訟之兩造當事人。
> 二、聲請重新審理之事件，及聲請重新審理之陳述。
> 三、就本案應為如何判決之聲明。
> 四、聲請理由及關於聲請理由並遵守不變期間之證據。
> 聲請狀內，宜記載準備本案言詞辯論之事項。

❖立法說明❖

　　本條規定聲請重新審理之程式。為期慎重，聲請重新審理應以書狀為之。其書狀除應遵守第一編第四章第一節「當事人書狀」之一般規定外，尚應表明第1項所列各款事項，提出於管轄行政法院。

　　依第290條規定，開始重新審理之裁定確定後，應即回覆原訴訟程序，且聲請人當然參加訴訟。故聲請重新審理時，宜於聲請狀內一併記載準備本案言詞辯論之事項，使兼具準備書狀之作用，俾訴訟程序得順利進行。

❖內容解析❖

　　重新審理之聲請，應向管轄行政法院提出聲請狀，表明下列事項為之：

一、聲請人及原訴訟之兩造當事人

　　重新審理之聲請人係原訴訟程序之第三人，原訴訟程序之兩造當事人係聲請之相對人。重新審理之聲請，若聲請有理由，裁定准予重新審理後，雖亦回復原訴訟程序，但聲請人乃轉換成參加人。

---

[47] 參考陳敏，行政法總論，2013年8版，頁1635。
[48] 參考陳清秀，行政訴訟法，2015年7版，頁806。

二、聲請重新審理之事件，及聲請重新審理之陳述

　　所謂聲請重新審理之事件，即爲聲請人所指不利判決之該事件，通常載明行政法院該事件之案號即可。所謂聲請重新審理之陳述，即表明對於確定判決聲請重新審理之意旨。其陳述即使未明言「重新審理」，但依其陳述意旨已足以探求其眞意乃聲請重新審理時，即應認有此陳述[49]。

三、就本案應爲如何判決之聲明

　　一般而言，「就本案應爲如何判決之聲明」應指請求行政法院就本案應爲如何判決之聲明。然而，重新審理之聲請有理由，回復原訴訟程序，聲請人轉換成參加人，其雖爲訴訟當事人，但仍非訴訟上之原告或被告。若干訴訟上專屬原告與被告之權利，如訴之撤回、反訴或和解等，非參加人所得行使。其應如何提出「就本案應爲如何判決之聲明」，亟需討論。

　　理論上，聲請重新審理，僅止於聲請行政法院就本案重開審理而言。聲請人於成開審理程序後，尚非取得原被告地位，而重新審理之裁定程序中，行政法院並未就本案爲實體裁判。行政法院亦無法依參加人所提出之「就本案應爲如何判決之聲明」，對參加人作成判決。本法規定於重新審理聲請狀中表明「就本案應爲如何判決之聲明」，恐係誤解[50]。

四、聲請理由及關於聲請理由並遵守不變期間之證據

　　聲請理由係指聲請人如何因不可歸責於己之事由，未參加訴訟，致不能提出如何足以影響原確定判決結果之攻擊或防禦方法（亦即，爲何該攻擊或防禦方法如在原訴訟程序提出，原判決將作有利於聲請人之變更）。聲請人並應敘明其係於何日知悉確定判決，並檢附必要之證據，以證明其遵守聲請期間[51]。

　　此外，聲請人於聲請狀內，宜記載準備本案言詞辯論之事項，除能發生起訴效力外，並代替準備書狀，以利訴訟程序之進行[52]。

49　參考陳計男，行政訴訟法上之重新審理，法令月刊50卷12期，1999年12月，頁4。

50　參考彭鳳至、劉宗德，行政訴訟制度，收錄於：翁岳生主編，行政法（下），2006年3版，頁530；陳計男，前揭文，頁4、7（註6）指出，立法原意是否在於確定「重新審理」之範圍？果爾，則條文似應規定爲「對於原確定判決不服之程度」，而非對於「本案應如何裁判之聲明」。

51　參考翁岳生主編，行政訴訟法逐條釋義，2002年初版，頁735-736（林錫堯執筆）。

52　參考陳敏，行政法總論，2013年8版，頁1635。

第287條（聲請不合法之駁回）
聲請重新審理不合法者，行政法院應以裁定駁回之。

❖立法說明❖

聲請重新審理不合程式，或已逾期間，或法律上不應准許者，行政法院應以裁定駁回之，俾免徒勞無益之程序。

❖內容解析❖

本法規定聲請重新審理不合法者，行政法院應以裁定駁回之。聲請不合法之情形，例如：一、不合程式：指聲請未具備第286條第1項規定之方式；二、逾越期間：指提出聲請之日期已逾越第284條第2項規定之期間；三、法律上不應准許：例如並非「撤銷或變更原處分或決定之判決」，聲請人並非「因撤銷或變更原處分或決定之判決，而權利受損害之第三人」（欠缺聲請權能）等[53]。若聲請不合程式而可補正者，審判長應限期命其補正（§59、民事訴訟法§121），逾期不補正或不能能補正者，即為不合法[54]。

第288條（聲請合法之處置）
行政法院認為第二百八十四條第一項之聲請有理由者，應以裁定命為重新審理；認為無理由者，應以裁定駁回之。

❖立法說明❖

重新審理程序經認具備本編規定合法程序後，行政法院應先就聲請有無理由加以審究，如認聲請為無理由者，應以裁定駁回，以終結聲請程序；若認其聲請為有理由時，應以裁定命為重新審理，使之回復原訴訟程序言詞辯論終結前之狀態。

❖內容解析❖

聲請重新審理合法者，應續而為有無理由之審查。換言之，行政法院調查認定，聲請人因行政法院撤銷或變更原處分或決定之判決，權利受損害，而非可歸責於己之

---

[53] 參考翁岳生主編，行政訴訟法逐條釋義，2002年初版，頁736（林錫堯執筆）。

[54] 參考陳計男，行政訴訟法上之重新審理，法令月刊50卷12期，1999年12月，頁4、6。

事由，未參加訴訟，不能及時提出攻擊或防禦方法，且不能及時提出之攻擊或防禦方法，確實「足以影響判決結果」者，重新審理之聲請為有理由，行政法院應以裁定命為重新審理。反之，認為無理由者，應以裁定駁回之[55]。

> **第289條**（聲請之撤回）
> 聲請人於前二條裁定確定前得撤回其聲請。
> 撤回聲請者，喪失其聲請權。
> 聲請之撤回，得以書狀或言詞為之。

❖立法說明❖

聲請重新審理係為保護特定第三人之利益而設，自應許其得撤回聲請。為聲請程序於前二條裁定確定後即告終結，其經裁定駁回者，自無撤回之餘地；如經裁定開始重新審理，並已確定者，依第290條規定，即回復原訴訟程序，此際，聲請人之身分消失，當然成為訴訟參加人，自亦不得再行撤回聲請，以維訴訟程序之安定。撤回聲請後，聲請人之聲請重新審理之權利即歸消滅，不得更行聲請。而為求簡便，聲請之撤回，得以書狀或言詞為之。

❖內容解析❖

依立法目的所示，聲請重新審理係為保護特定第三人之利益而設，因此本法許其得撤回重新審理之聲請。惟學者有質疑指出，立法者對於訴之撤回設有限制，重新審理之聲請雖非起訴，但可使原訴訟程序恢復重新進行。若原訴訟涉及公益之維護，原告不得撤回起訴者，基於維護公益之相同考量，應認為聲請人亦不得撤回聲請，理論始能一貫[56]。

一、撤回之期限

聲請人撤回其重新審理之聲請，應於行政法院依第287條及第288條就重新審理聲請之合法性或有無理由所為之裁定確定前為之。

本法立法之初，對於重新審理之裁定確定後，是否仍得撤回，曾有爭議。肯定說者主張：「聲請重新審理後，在未為廢棄原確定判決之前，皆應給予第三人有撤回之

---

[55] 參考彭鳳至、劉宗德，行政訴訟制度，收錄於：翁岳生主編，行政法（下），2006年3版，頁532。

[56] 參考張文郁，重新審理，月旦法學教室136期，2014年2月，頁11。

權，如此，對當事人及行政法院皆屬有利。」「重新審理是一創新的制度，係為補救第三人非可歸責己之事由而未參加訴訟者，既然只為第三人而設，何以不令其有撤回之權利？若不准其撤回，無異是強制第三人接受法院之裁判，此裁定僅是准予重新審理，在另為本案裁判之前，應許第三人撤回[57]。」亦有折衷說主張：「已為本案言詞辯論者，應得原當事人之同意[58]。」然立法並不採之。

否定說者主張：「重新審理之裁定確定後不宜再給予有撤回之機會，且該裁定之效力」「即回復到原訴訟程序，聲請人地位轉為參加人，參加人不能撤回本案訴訟[59]。」「就訴訟法之基本理論而言，已確定之事項不宜撤回，因此，撤回重新審理之裁定只能在該裁定確定之前[60]。」「准予重新審理裁定確定後，馬上回復到原訴訟程序，聲請人即轉換成參加人，則重新審理之程序已經終結，至於本案是否撤回，應由本案原告為之，該參加人無權為之[61]。」

二、撤回之方式

撤回得以書面或言詞為之。有關重新審理之裁定雖可不經言詞辯論，但行政法院若認有調查之必要，仍可傳喚聲請人，此際，聲請人即得以言詞撤回聲請[62]。

三、撤回之效力

聲請人撤回其重新審理之聲請後，行政法院應即停止審理其聲請，聲請人之重新審理聲請權即歸消滅，不得更行聲請[63]。

第290條（回復訴訟程序）
開始重新審理之裁定確定後，應即回復原訴訟程序，依其審級更為審判。
聲請人於回復原訴訟程序後，當然參加訴訟。

---

[57] 參考司法院行政訴訟制度研究修正資料彙編（五），司法院編印，1988年，頁380、382（王瑞林委員發言）。

[58] 參考前揭彙編，頁380（陳瑞堂委員發言）。

[59] 參考前揭彙編，頁379（楊仁壽委員發言）。

[60] 參考前揭彙編，頁380（楊建華委員發言）。

[61] 參考前揭彙編，頁383（王甲乙委員發言）。

[62] 參考翁岳生主編，行政訴訟法逐條釋義，2002年初版，頁737-738（林錫堯執筆）；前揭彙編，司法院編印，1988年6月，頁383（鄭有齡、楊仁壽、王甲乙委員發言）。

[63] 參考翁岳生主編，前揭書，頁738（林錫堯執筆）。

❖立法說明❖

重新審理之裁定確定後，有使訴訟事件回復到原訴訟程序言詞辯論終結前狀態之效力，行政法院自應依其審級更為審判。而重新審理係為使得參加訴訟之第三人，因不可歸責於己之事由，未參加訴訟，而設之救濟方法，故於回復原訴訟程序後，該聲請重新審理之第三人無待聲請，當然以參加人之身分參與該訴訟程序。

❖內容解析❖

行政法院認重新審理之聲請為有理由者，以裁定命為重新審理後，本案回復原訴訟程序。亦即，本案進入開始或續行原訴訟。此時，原判決之兩造，回復其在原訴訟之訴訟上地位，與聲請人所參加之一造當事人原來在訴訟上地位無關。而聲請人於回復原訴訟程序後，當然參加訴訟[64]。其後之言詞辯論，乃原訴訟程序言詞辯論之續行，原訴訟程序全體仍有效力。原訴訟代理人於重新審程序中亦有代理權[65]。在重新審理程序中，參加人亦得提出重新審事由以外之新攻擊或防禦方法[66]。

第291條（聲請重新審理不停止執行之原則）
聲請重新審理無停止原確定判決執行之效力。但行政法院認有必要時，得命停止執行。

❖立法說明❖

確定判決具有執行力，且此項執行力不因聲請重新審理而受影響，原則上自應仍予執行。惟行政法院受重新審理之聲請後，如認原確定判決之執行將發生難以回復之損害，或有其他情形認為必要時，自得依職權以裁定命停止執行，以兼顧聲請人及當事人之利益。

❖內容解析❖

本法第304條：「撤銷判決確定者，關係機關應即為實現判決內容之必要處置。」從而，撤銷或變更原處分或決定之判決確定者，原則上，行政機關應即為實現判決內容之必要處置，不容猶豫。縱經第三人聲請重新審理，亦然。易言之，不因行

---

64 參考陳計男，行政訴訟法上之重新審理，法令月刊50卷12期，1999年12月，頁4、6。
65 參考山村恒年、阿部泰隆，行政事件訴訟法（判例コンメンタール特別法），三省堂，1984年，頁357。
66 參考南博方、高橋滋、市村陽典、山本隆司編集，条解行政事件訴訟法，2014年4版，頁703（大江裕幸執筆）。

政法院受理重新審理之聲請或為開始重新審理之裁定確定且回復原訴訟程序，而影響原確定判決之效力，故原則上不生停止執行之問題。惟行政法院於重新審理程序中，如認行政機關依確定判決內容執行將發生難以回復之損害，或有其他情形認為必要時，得依職權以裁定命停止執行。因此，行政機關遇有向其申請停止執行者，應檢具申請書及相關資料函請該管行政法院依職權決定之[67]。

> **第292條**（重新審理之效力）
> 第二百八十二條之規定於重新審理準用之。

❖立法說明❖

　　行政法院重新審理之結果，如為原確定判決不同之裁判時，當事人間之法律關係即隨之而變更，第三人基於原確定判決而取得之權利自亦受其影響，其裁判效力與再審之訴所為之判決相同，爰設準用之規定，以保護第三人以善意取得之權利並兼顧公益。

❖內容解析❖

　　針對再審判決之效力，第282條規定：「再審之訴之判決，對第三人因信賴確定終局判決以善意取得之權利無影響。但顯於公益有重大妨害者，不在此限。」而行政法院依第290條回復原訴訟程序更為審判之結果，可能仍維持原確定判決內容，亦可能廢棄原確定判決而作成新判決。於廢棄原確定判決作成新判決之情形，準用第282條之規定，對第三人因信賴原確定判決而善意取得之權利，除顯於公益有重大妨害者外，仍應承認其既取得之權利[68]。

---

67 參考翁岳生主編，行政訴訟法逐條釋義，2002年初版，頁739（林錫堯執筆）。
68 參考陳計男，行政訴訟法上之重新審理，法令月刊50卷12期，1999年12月，頁4、7；翁岳生主編，前揭書，頁749（林錫堯執筆）。

第7編

保全程序

緒 論

我國行政訴訟法第七編所規定之「保全程序」，不僅名稱而且包含大部分之內容，皆沿襲我國民事訴訟法上之相關體例，例如：亦分成假扣押（§293～§297）與假處分（§298～§303）兩大部分，與民事訴訟法第七編（民事訴訟法§522～§538）之體例大致雷同，因此，原則上民事訴訟法上之學說判例，除行政訴訟法有明文排除者外，似皆得準用於行政訴訟上。從而令人懷疑：行政訴訟保全程序之特殊性何在[1]？

行政訴訟上之「假扣押」制度，係指為確保金錢請求或得易為金錢請求為目的，請求行政法院暫時為查封被告財產之制度；而「假處分」則係指，為確保金錢請求以外之請求，即確保被告作為、不作為或忍受義務之履行，請求行政法院暫時確定其狀態者。「假扣押」與「假處分」，雖皆使用「假」，但並非世俗意義下之「真」、「假」；相反地，係一種「先行」、「暫時」與「非正式」之意義，從而假扣押與假處分並無終局確定訴訟當事人間實體法律關係之效力[2]。

其次，在比較法上，假扣押制度為德國及日本法上所無，是否應為規定？在學說上頗有爭論。按假扣押制度主要係針對確保金錢請求或得易為金錢之請求，聲請行政法院暫時查封被告財產之保全措施。此時被告若為一般人民，依現行之行政執行法（1998年11月11日制定公布）第11條以下之規定可供強制執行，以保全其債權；若被告為行政機關時，除前揭行政執行法外，（民事）強制執行法第122條之1至第122條之3的規定，亦可供保全債權人之債權，況且行政機關為被告在學理上亦無日後不能強制執行或有甚難執行之虞，有何存在之必要，令人懷疑[3]。當初立法草案所以增訂「假扣押」制度之理由在於：民事訴訟法上有假扣押制度可循，且因行政契約或其他公法上債之關係，人民亦有成為債務人之可能，為保全行政訴訟之結果，必須有假扣押之必要[4]。完全未考量我國行政執行法及行政訴訟法採不停止執行原則之配套制度，其存在之價值與意義，實有重新檢討之必要。

---

[1] 相同批評亦請參見蔡進良，論行政救濟上人民權利之暫時保護，月旦法學雜誌47期，1999年4月，頁78；蔡志方，論行政訴訟與民事訴訟共通之制度與法理，月旦法學雜誌47期，1999年4月，頁56。

[2] 吳庚，行政爭訟法論，2014年7版，頁358；蔡志方，行政救濟法新論，2000年初版，頁306以下（邊碼4306）。

[3] 蔡進良，論行政救濟上人民權利之暫時保護，月旦法學雜誌47期，1979年4月，頁78；吳庚，前揭書，頁357。

[4] 參見司法院行政訴訟制度研究修正委員會之研修資料彙編（五），1988年，司法院編印，頁434以下。

　　最後，德國法及文獻上，乃將停止執行制度[5]、暫時命令（即我國法上之假處分制度）合稱爲權利暫時保護制度（Vorläufiger Rechtsschutz）[6]，而兩者適用之範圍亦有清楚之界線不致混淆，申言之：凡是提起撤銷訴訟（尤其是提起撤銷干預性（或雙重效力）之行政處分時），應以停止執行制度以保全原告實體法上之權利；而其他訴訟類型（例如：確保訴訟與給付訴訟），則得依假處分制度，請求權利之暫時保全，兩者涇渭分明，例如：請求撤銷學生開除處分（但在德國法上僅有留級處分），或請求撤銷扣減醫療照顧給付金處分時，只能要求聲請停止執行，而不得聲請假處分（暫時命令）以保全其實體法上之權利。在學說上必須加以區別之理由在於：兩者之管轄權、舉證責任與審查之要件及其法律效果皆有所不同[7]。

　　我國保全程序中較具重要性者，應屬行政訴訟法第298條以下之假處分制度（德國法上爲「暫時命令」制度，而不稱假處分）。假處分制度係暫時確保公法上之權利義務關係，與停止執行制度互相比較，乃處於一種備位之補充地位，申言之：凡停止執行可以適用之情形（如：關於行政處分之撤銷），即不得聲請假處分（§299參照），乃說明假處分制度具有補漏功能（Auffangfunktion），以確保中間時段個別權利之滿足[8]。

第293條（假扣押之要件）
為保全公法上金錢給付之強制執行，得聲請假扣押。
前項聲請，就未到履行期之給付，亦得為之。

❖**立法說明**❖

　　本條乃規定假扣押之要件，其文字乃仿民事訴訟法第522條而稍加改變，其中刪除「或得易爲金錢請求之請求」文句，係因贅語所致[9]。

5　請參見本書第二編，第一章，第二節之詳細介紹。
6　林明鏘，人民權利之暫時保護，臺大法研所碩士論文，1987年；陳清秀，行政訴訟上之暫時權利保護，收錄於：行政訴訟論文彙編（二），司法院編印，1998年，頁277以下。陳淑芳，行政救濟與暫時權利保護程序，月旦法學教室59期，2007年，頁20-21。
7　吳庚，行政爭訟法論，2014年7版，頁358參照；Vgl. Lorenz, Verwaltungsprozeβrecht, Springer, 1. Aufl. 2000. S. 458 f. Krämer, Vorläufiger Rechtsschute in VwGO-Verfahren, Haute Verlag, 1. Aufl. 1998. §80 Rdnr. 7 bis 12; Kuhla/Hüttenbrink, Der Verwaltungsprozeβ, C.H. Beck, 2. Aufl. 1998. J. Vorläu- figer Rechtsschute, S. 422; Kopp/Schenke, VwGO, C. H. Beck, 11. Aufl. 1998, §123 Rdnr. 4 ff.
8　Vgl. BverwG, NJW 1995, S. 950 f; Krämer (Fn. 7), §123 Rdnr. 1.
9　參見司法院研究修正委員會之研修資料彙編（五），1988年，頁509以下；吳庚，行政爭訟法論，2014年7版，頁358-360。

本條之立法理由為：蓋行政訴訟種類增加，其中有關行政機關與人民間，得因公法上之原因發生金錢給付關係，或因公法上契約發生金錢給付關係，於行政法院判決確定前，有依假扣押程序以保全強制執行之必要。

❖內容解析❖

一、假扣押之要件

聲請假扣押之要件除本法所規定之一般訴訟要件（例如：審判權、管轄權、當事人能力、訴訟能力……等）尚須具備本條所定之特別要件：

(一)為保全公法上金錢給付之強制執行。

(二)債務人有日後不能強制執行或甚難執行之虞（§297準用民事訴訟法§523）。

二、以下分就此二要件說明之[10]

(一)為保全公法上金錢給付之強制執行

所謂公法上之金錢給付係指：基於公法關係（有別於私法關係）所生之金錢請求，例如：課稅處分或罰鍰處分係基於租稅關係或制裁關係，係針對人民所生之金錢請求。而且此種請求對於未到履行期之金錢請求，亦得聲請假扣押（§293 II），以充分發揮保全之功能。

若公法上之金錢給付非屬行政法院管轄（例如：國家賠償請求），或已經行政法院判決確定者，皆不得聲請假扣押，自不待論。至於公法上之金錢給付若係基於行政處分者（亦有可能基於行政契約或其他法律規定而產生），是否得對行政處分之相對人聲請假扣押？例如：課稅處分得否由稅捐稽徵機關聲請假扣押？依我國通說認為：基於行政處分所生之公法上金錢給付，不得聲請假扣押，蓋行政處分合法送達後，受處分人若未於法定期間內為訴願或其他不服之表示，行政處分即告確定而有執行力，即得強制執行，若受處分人合法提起訴願或行政訴訟，依現行訴願法（訴願法§93）及行政訴訟法（§116以下）之規定，亦不生停止執行之效力，受處分人若有脫產或其他難於執行之事由時，該管機關應速依行政執行法之規定，移送行政執行署速為強制執行，而不應聲請假扣押[11]。

從而假扣押所可能發生之金錢給付，僅限於行政契約與公法上之不當得利（例如：公務員溢領退休金或遺族溢領撫卹金），其案件數量不僅有限，而且行政契約亦得約定得逕受強制執行（行政程序法§148）；公法上之不當得利在實務上循例皆另

---

[10] 吳庚，前揭書，頁358-360；蔡志方，論行政訴訟與民事訴訟共通之制度與法理，月旦法學雜誌47期，1999年4月，頁307。

[11] 吳庚，前揭書，頁360。

依行政處分撤銷原處分，其實亦應適用前揭基於行政處分之公法上金錢請求，不得聲請假扣押，所以符合「公法上金錢給付強制執行之保全」要件，恐怕甚少。

(二)債務人有日後不能強制執行或甚難執行之虞

依行政訴訟法第297條準用民事訴訟法第523條之結果，聲請假扣押之第二個特別要件應為：債務人有日後不能強制執行或甚難執行之虞。此亦為假扣押制度存在之主要原因。不過，在行政訴訟上是否可能產生「債務人有日後不能強制執行或甚難執行之虞」？即應依債務人之誰屬而作不同之觀察：若債務人屬國家或其他公法人時，因國家或其他公法人有國庫或其他公庫可供支應，本質上無日後不能強制執行或甚難執行之虞。若債務人為人民時，雖可構成本要件（例如：公司瀕臨破產或自然人為脫產行為），但因為如前所述，人民所受公法上之金錢給付以基於行政處分為主要之情形，行政處分本身即具有執行力，毋庸（不得）聲請假扣押，所以本特殊要件縱已構成，實務上適用機會並不多見[12]。

綜上所述，聲請假扣押應具備之特別要件而論，符合前述二要件者，甚難舉例，故其存有特別規定之必要，令人存疑。我們得以下表簡略說明（證明）假扣押制度存在之價值甚少：

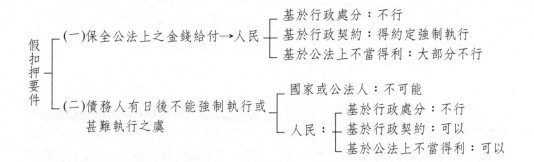

第294條（假扣押之管轄法院）
假扣押之聲請，由管轄本案之行政法院或假扣押標的所在地之地方行政法院管轄。
管轄本案之行政法院為訴訟已繫屬或應繫屬之第一審法院。
假扣押之標的如係債權，以債務人住所或擔保之標的所在地，為假扣押標的所在地。

---

12 吳庚，前揭書，頁359。

❖立法說明❖

本條規定乃沿襲民事訴訟法第524條規定，稍作文字修正而成，並於2011年11月23日因行政訴訟改採三級二審制，而加以修正行政法院相關文字，其後在2022年配合行政訴訟精實化再次修正。其立法目的謂：本條規定假扣押之聲請，應由有本案管轄權之高行政法院管轄，以期假扣押之裁判與本案之裁判不致發生相互矛盾之情事。但是，如應行假扣押之物或權利，係於本案管轄法院境外者，若要求其必向本案管轄法院為聲請，恐錯失良機，難以貫徹保全執行之目的，故例外准許得向假扣押標的所在地之地方行政法院聲請。此外，若假扣押之標的屬債權者，基於前述相同的理由，亦應准向債務人之住所或擔保標的所在地之行政法院，聲請假扣押（§294 III）。最後，則將管轄本案行政法院之定義加以澄清（§294 II）以期明確。

❖內容解析❖

假扣押之管轄法院[13]，有關本條規定行政訴訟之管轄法院，與民事訴訟法第524條規定大致相同。可以分成原則性之管轄機關（與本案訴訟管轄法院相同）與例外性之管轄法院，其原則與例外情形，得以圖表簡化之：

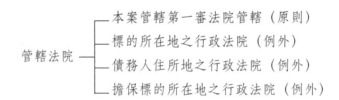

$$
管轄法院
\begin{cases}
本案管轄第一審法院管轄（原則）\\
標的所在地之行政法院（例外）\\
債務人住所地之行政法院（例外）\\
擔保標的所在地之行政法院（例外）
\end{cases}
$$

至於本案管轄法院係指因假扣押而保全執行之請求，所應提起訴訟之管轄法院。例如：中央健保局因特許合約之規定，要求特約醫療診所返還溢領之健保給付，其本案管轄法院，依行政訴訟法第13條第2項之規定，係指該特約醫療院所主業務所或主營業所所在地之行政法院管轄。

第295條（本訴之提起）

假扣押裁定後，尚未提起給付之訴者，應於裁定送達後十日內提起；逾期未起訴者，行政法院應依聲請撤銷假扣押裁定。

---

13 吳庚，前揭書，頁360；蔡志方，論行政訴訟與民事訴訟共通之制度與法理，1999年4月，頁308。

❖立法說明❖

本條係沿襲民事訴訟法第529條規定，稍作變更，例如：假扣押法院無須依債務人之聲請，始得命債權人於一定期間內起訴。而且一定期間規定為十日內。本條之立法目的在於：按聲請假扣押並不以本案繫屬於行政法院為前提要件，所以如果行政法院已為假扣押之裁定，而聲請人卻遲遲不提起給付訴訟時，將使權利狀態無法終局確定，並使受假扣押人之權利受影響，故規定聲請人應於假扣押裁定合法送達後十日內提起本案訴訟，如逾期十日未起訴時，行政法院應依聲請撤銷假扣押之裁定，以保護假扣押相對人之權益。

❖內容解析❖

一、本訴提起之義務

按假扣押裁定僅具有暫時保全金錢請求之效力，並無確定當事人實體上權利義務關係之功能，故此種暫時性之保求不宜久懸不定，致影響受假扣押相對人之權益，故本條課予聲請人應於假扣押送達後十日內提起給付訴訟之義務，以求兩造地位平等，並確保假扣押暫時性之本旨。

本條規定與民事訴訟法第529條規定不同之處有二：其一為民事訴訟法僅規定「一定期間內起訴」，而本條卻規定「十日內」起訴，其主要理由係行政訴訟與公益有關，其權利義務之爭執宜儘速解決，以免害及公益，故以「十日」取代「一定期間」[14]。其二為：是否命聲請假扣押人提起本案訴訟，並不以債務人聲請為必要（比較民事訴訟法§529Ⅰ規定），申言之，縱使債務人不聲請，聲請人仍負有義務，於裁判送達後十日內提起本案訴訟，以加速本案法律關係之實質確定。

二、未提起本案訴訟之法律效果

最後，若聲請人未於假扣押裁定送達後十日內提起本案訴訟者，除依後述第296條規定，得請求損害賠償外，並得依相對人之聲請，撤銷假扣押裁定。但是，如前所述，行政訴訟與保全裁定皆與公益有密切關係，從而聲請人未於十日內提起本案訴訟時，行政法院似得依職權撤銷該假扣押裁定，可惜我國行政訴訟法第295條漏未規定，解釋上即不得由行政法院主動依職權撤銷假扣押裁定。

---

[14] 吳庚，前揭書，頁361。

> **第296條**（撤銷假扣押裁定之賠償）
> 假扣押裁定因自始不當而撤銷，或因前條及民事訴訟法第五百三十條第三項之規定而撤銷者，債權人應賠償債務人因假扣押或供擔保所受之損害。
> 假扣押所保全之本案請求已起訴者，前項賠償，行政法院於言詞辯論終結前，應依債務人之聲明，於本案判決內命債權人為賠償；債務人未聲明者，應告以得為聲明。

❖立法說明❖

本條規定亦沿襲民事訴訟法第531條規定，稍加改變而成，所改變而與民事訴訟法不同者，為其第2項之規定。

本條主要之立法目的在於：假扣押裁定，凡因抗告、逾期未提起本案訴訟或因債權人聲請撤銷者，不問債權人有無故意或過失，對於債務人因假扣押或供擔保所受之損害，應負賠償責任，以防止債權人濫行聲請假扣押，此為第1項所由設也；至於同條第2項之立法目的則在於，為求訴訟經濟，凡債權人已提起本案訴訟時，債務人自得利用此訴訟程序，請求債權人賠償，債務人毋庸再另行起訴，蓋因此時行政法院無庸審究債權人是否有故意過失，只須審查債務人是否因假扣押聲請而受有損害，彼此間是否存有因果關係，內容較為單純，故容許債務人得依附本案訴訟並為請求。

❖內容解析❖

依本條規定，凡假扣押裁定撤銷而債務人因假扣押受有損害時，得向債權人請求損害賠償，故其賠償要件有二：其一為假扣押裁定受撤銷；其二為債務人因假扣押而受有損害。其次，本條第1項後明文規定假扣押受撤銷之原因有下列事由：一、假扣押裁定自始不當；二、債權人逾期未提起本案訴訟；三、債務人提供擔保或提存請求之標的物（準用民事訴訟法§530Ⅱ）；四、假扣押之原因消滅（準用民事訴訟法§530Ⅰ前段）；五、命假扣押之情事變更者（準用民事訴訟法§530Ⅰ後段）。

至於假扣押債務人得向債權人請求損害賠償之程序亦有兩類：其一為向命假扣押法院單獨提起損害賠償訴訟（當本案訴訟尚未提起時）；其二為於本案言詞辯論終結前，由債務人聲請求債權人為損害賠償（當本案訴訟已提起時）；債務人未聲明請求時行政法院尚應依職權告知債務人得為聲明。

在學說上較具有爭議的是：第三人因假扣押裁定而受有損害時，得否依本條規定，向債權人聲明損害賠償？依國內通說認為[15]，本條規定於債務人外之第三人受有

---

[15] 吳庚，前揭書，頁361-362；蔡志方，論行政訴訟與民事訴訟共通之制度與法理，1999年4月，頁309。

損害時，並無適用之餘地，該第三人仍須依民法侵權行為之規定，請求損害賠償。其主要理由係因本條之文義解釋，債務人不包括第三人故爾。其次，本條所定撤銷裁定之原因，雖僅引用民事訴訟法第530條第3項規定，其實第3項僅係由何人聲請撤銷之問題，並非獨立之撤銷原因，其原因乃規定於民事訴訟法第530條第1項及第2項。

第297條（假扣押程序準用之規定）
民事訴訟法第五百二十三條、第五百二十五條至第五百二十八條及第五百三十條之規定，於本編假扣押程序準用之。

❖立法說明❖

按行政訴訟法上之假扣押程序，雖已獨立增列第293條至第296條之規定，但是民事訴訟法上之假扣押程序規定，更為詳盡。除部分規定與行政訴訟法規定性質不相容外，或因立法技術之原因，行政訴訟法已自行規定者外，其餘凡與本法不相牴觸者，共計六條，乃列舉各條之條項，以為準用之依據。

❖內容解析❖

依本條之明文規定，民事訴訟法下列六條規定皆可準用於行政訴訟之假扣押程序。
一、假扣押聲請之限制要件：民事訴訟法第523條。
二、假扣押聲請之程序：民事訴訟法第525條。
三、應釋明聲請假扣押之原因：民事訴訟法第526條。
四、供擔保免為（撤銷）假扣押：民事訴訟法第527條。
五、假扣押裁定之送達及抗告：民事訴訟法第528條。
六、撤銷假扣押聲請之原因：民事訴訟法第530條。

綜合前述說明：民事訴訟法上之假扣押制度，除少部分條文外，幾乎全數為行政訴訟法所準用或明文繼受，除顯示民事訴訟法之立法較為周延外，亦同時反應出行政訴訟制度之不具獨立性[16]。

---

[16] 類似行政訴訟法第297條之準用條文，於行政訴訟法上原共計有25條，準用條文達241條，占民事訴訟法條文之38%。參見蔡志方，前揭書，頁48參照。

> **第298條**（假處分要件與程序）
> 公法上之權利因現狀變更，有不能實現或甚難實現之虞者，為保全強制執行，得聲請假處分。
> 於爭執之公法上法律關係，為防止發生重大之損害或避免急迫之危險而有必要時，得聲請定暫時狀態之處分。
> 前項處分，得命先為一定之給付。
> 行政法院為假處分裁定前，得訊問當事人、關係人或為其他必要之調查。

❖外國立法例❖

日本行政事件訴訟法第44條明文禁止對行政處分得聲請假處分，故日本通說及實務上似無假處分制度[17]，而德國暫時命令制度即成為我國行政訴訟法師法之對象。

德國行政法院法第123條第1項規定：「行政法院得依聲請，縱使未提起本案訴訟前，就系爭標的（Streitgegenstand）為暫時命令（einstweilige Anordnung），如現存狀態之改變會導致聲請人無從實現其權利或實現其權利有重大困難之危險時（第一句），行政法院亦得就系爭之法律關係（Rechtsverhältnis）為定暫時狀態之暫時命令。如（尤其對於繼續性之法律關係）為避免聲請人之重大不利益或防止急迫之公權力（drohende Gewalt）或其他認為必要之理由者（第二句）。」

❖立法說明❖

按本條第1項之立法理由為：行政訴訟程序之進行，常需廢時曠日，但如在訴訟進行中，公法上之權利狀態已變更或將變更，會使得權利人縱使嗣後取得確定之勝訴判決，亦無從實現其權利，從而乃增設行政訴訟上之假處分制度，以資保全權利人實質之權利。

第2項之立法理由則為，按暫定公法關係之狀態，係為防止現在發生重大之損害或避免現時急迫之危險，與前項純為保全將來執行之一般假處分，並不相同，故再為第2項之規定，以求明確。

第3項之立法理由為：定暫時狀態之假處分，如有暫時實現本案請求之必要時，亦得先命被告為一定之給付，俾有所遵循。

第4項之立法理由為：按權利人聲請假處分時，須就請求之原因加以釋明，作為法院裁定准駁之依據，其釋明之方式，除當事人得以書面提供資料外，法院自得依職

---

[17] 蔡進良，論行政救濟上人民權利之暫時保護，月旦法學雜誌47期，1999年4月，頁77；林明鏘，人民權利之暫時保護，臺大法研所碩士論文，1987年，頁175以下。

權訊問當事人、關係人或其他必要之調查，爰授予行政法院此種得行任意言詞辯論之調查權限。

❖內容解析❖

一、假處分之種類與要件

依我國行政訴訟法第298條第1項與第2項規定，我國假處分計分成對權利之假處分與對法律關係之假處分，與德國行政法院法第123條第1項規定亦分成系爭標的之暫時命令與就法律關係所為暫時命令兩種，大同小異。德國學說亦將此兩種暫時命令分稱為「確保命令」（Sicherungsanordnung）與「規制命令」（Regelungsanordnung）[18]。

(一)聲請對系爭權利為假處分之要件（保全處分）

1.公法上之權利現狀有變更之虞。

2.現狀變更則權利即不能實現或甚難實現時。

本項所稱之「權利」係指公法上金錢請求以外之權利，包含請求給付特定物或其他作為、不作為之請求權，蓋金錢請求權利，應依假扣押制度以茲保全故爾。其次，此處分之權利僅限於聲請人個人之權利，故民眾訴訟（§9）之提起人，即不符合本要件。再者，須標的之現狀變更，其權利即不能實現或甚難實現之虞。例如：土地法第219條有關原土地所有權人行使公法上之買回權，該管機關拒絕聲請人買回時，原土地所有權人若見原土地將被挖成湖泊或興建水庫時，即完全符合本要件，得聲請為權利之假處分[19]。

(二)聲請對法律關係之假處分之法定要件（定暫時狀態處分）

依行政訴訟法第298條第2項規定，聲請定暫時狀況之假處分，其要件有三[20]：

1.公法上之法律關係發生爭執

即聲請人與相對人彼此間因公法上之法律關係（權利義務關係）發生爭執，而此種法律關係僅需具體之公法關係即為已足，不排除該法律關係之內容為金錢給付。因此，若屬行政訴訟法第9條所定之「公益訴訟」，因為缺乏具體之公法爭執關係，故

---

[18] 吳庚，行政爭訟法論，2014年7版，頁362；Krämer (Fn. 7), §123 Rdnr. 11 ff.; Kopp/Schenke (Fn. 7), §123 Rdnr. 6; Kuhla/Hüttenbrink (Fn. 7), J. Rdnr. 203.; Lorenz (Fn. 7), S. 496 ff.

[19] 吳庚，前揭書，頁363-364所舉實例。

[20] 吳庚，前揭書，頁364-365；蔡志方，論行政訴訟與民事訴訟共通之制度與法理，1999年4月，頁311。

亦不符合本要件。

2.防止發生重大損害或避免發生急迫危險

按損害是否重大，應依綜合情形判斷是否對聲請人會造成非僅通常性之損害；而急迫危險則係指危險刻不容緩，無法循一般行政程序或爭訟程序為處理者。最高行政法院認為：「所謂重大、急迫、必要等概念，係屬不確定法律概念，應就准否假處分所形成各方利益之維護或損害之避免間為衡量，亦即聲請人因定暫時狀態處分而獲得確保之利益或防免之損害，必須大於相對人因暫時容忍現狀存續而蒙受之不利益或損害始足當之。」（最高行政法院100年裁字第2790號可供參酌）。

3.行政法院認為有暫訂狀態之必要

是否必要，行政法院應依損害與危險情節輕重，以及聲請人得否經由其他方式獲得救濟作總括式的利益衡量，從而若行政機關得依法採取行政措施以達成目的時，例如：得為行政處分或行政上事實行為者，行政機關即不得聲請假處分，因無必要矣。我國最高法院認為暫時狀態之處分應以繼續性工法上法律關係為限，不含一次性給付即行終了之法律關係（最高行政法院90年度裁字第783號裁定）。

例如：領有建築執照而正進行施工中之鄰人，發覺施工之起造人違反都市計畫或妨礙公共安全時，依建築法第58條規定，要求建築主管機關勒令停工被拒時，鄰人得提起定暫時狀態之假處分，否則起造人繼續施工，則鄰人之房屋不斷傾斜，不僅會發生重大損害及急迫危險，並且有必要命建管機關為緊急措施，但不得對起造人聲請定暫時狀態之假處分，因為鄰人與起造人間並無公法上具體法律關係之爭執。

二、假處分裁定前之程序

依行政訴訟法第298條第4項規定，行政法院為假處分裁定前，應依職權為必要之調查，此種調查形式並不限於訊問當事人或利害關係人，並得因案件之需要，為其他必要之調查。蓋行政訴訟上之假處分聲請人原則上為人民，相對人原則上為國家或其他公法人，行政法院若不仔細審查並調查聲請人之釋明要件是否具備，輕率核發假處分，將使公共事務之推動，遭受不必要之阻礙。故行政訴訟法乃授與行政法院此種調查權限。但我國行政法院卻認為：「由於暫時全力保護制度係要求法院在有限度的時間下，權宜地、暫時地決定是否給予當事人適當的保護，以避免將來保護緩不濟急。故其審查本傾向以現有資料為主要依據」（最高行政法院100年度裁字第2790號裁定）。

三、定暫時狀態假處分之內容

按「定暫時狀態」之假處分，與系爭「權利」之假處分兩者本質不同，申言之，

縱使係金錢請求，內容亦可能包含於定暫時狀態假處分之內，因此本條第3項規定，假處分裁定之內容，亦得命聲請相對人爲一定之給付。例如：中央健保局與某特約醫療院所因特許合約爭議事件，拒絕給付該院所有之費用，致該院所提起一般給付訴訟外，並聲請定暫時狀態假處分，要求中央健保局先給付醫療費用，否則該院所將因該費用之拒付，致病人之醫療必須中斷，甚至於該院所瀕臨破產關閉之危險，此時，受理之行政法院即可依行政訴訟法第298條第3項之規定，命中央健保局爲一定之給付（全額或部分金額依法皆無不可），以防止該醫療院所遭受重大損害，並避免病人面臨醫療中斷之危險。但最高行政法院見解卻排除公法上金錢請求，得聲請定暫時狀態假處分（最高行政法院100年度裁字第2790號裁定）。

　　但本項規定在學理上會造成假處分達到本案勝訴判決之相同結果，即學理上之「本案先取」禁止原則之違背（Vorwegnahme der Hauptsache）[21]，蓋此時假處分之裁定已經實質上滿足了本案請求之內容。但是，德國與實務雖原則肯定「定暫時狀態」之假處分（或暫時命令）不得達到本案勝訴相同之結果，但在例外情形下，即爲滿足聲請假處分人之生存必要之請求（die Befriedigung existenzno- twendiger Ansprüche），或拒絕此種假處分聲請，將導致對聲請人造成嚴重且無可期待（schwer und unzumutbar）之負擔時，爲確保權利之有效保護，仍許其違反「本案先取」原則[22]。

　　我國行政訴訟法第298條第3項規定，似無德國學說與判例所建立「禁止本案先取」原則之限制，但是，解釋上似宜加以部分限制，亦即得仿德國學說與判例之見解，認爲聲請人爲生存之必要，或會造成聲請人嚴重且無可期待之損害時，方得命被聲請人（一般爲國家或其他公法人）先爲一定之給付。而且「一定」之給付，不宜命爲全部之給付，只要能維持其最低生存必要之比例，即爲已足。以前揭中央健保局與特約醫療院所因一般給付訴訟所生爭執，即得依行政訴訟法第298條第2項聲請「定暫時狀態之假處分」外，並得依同條第3項規定，聲請先命中央健保局爲一定之給付，以維持該醫療院所最低生存之需求。

　　至於，國內有學者所舉實例，例如：外僑聲請居留許可，受主管機關之拒絕時，該外僑若提起課予義務訴訟或聲請定暫時狀態之假處分時，應予許可，俾延長居留到判決確定時[23]。依本文前揭「生存必要之滿足」、「嚴重且無可期待之負擔」要件，

---

[21] Vgl. Krämer (Fn.7), §123 Rdnr. 15; Schoch, in: Schoch/Schmidt-Asmann/Kopp/Pietzer, Verwaltungsprozeβordnung, Stand: Janu. 2000, §123 Rdnr. 15則反對此種禁止原則，認爲若有保全之必要，縱使暫先滿足本案請求，亦無不可。

[22] Vgl. Krämer, Fn. 7, §123 Rdnr. 15; Kuhla/Hüttenbrink, Fn. 7, J. Rdnr. 213及前揭註21所引德國行政法院之相關判決。

[23] 吳庚，行政爭訟法論，2014年7版，頁365。

似應作相同之判斷，只是本件應提起撤銷訴訟（拒絕居留許可之聲請）或課予義務訴訟？恐尚有爭議。若需提起撤銷訴訟，然得聲請執行（遞解出境）停止，亦足以保護聲請人之權利矣。

第299條（假處分聲請之禁止）

得依第一百十六條請求停止原處分或決定之執行者，不得聲請為前條之假處分。

❖外國立法例❖

依前揭立法理由中之說明，本條規定乃仿日本行政事件訴訟法第四四條之規定。

而日本行政事件訴訟法第44條規定：「行政訴訟事件不適用民事訴訟法假處分之規定。」

德國行政法院法第123條第5項規定：「本條第一項至第三項規定，不適用於第八十條及第八十條之一（即停止執行）。」

但是，德日兩國所規定之用語與我國行政訴訟法第299條顯有不同，因此其眞意如何，即有再行詳細闡明之必要。為使文義更加明確，行政訴訟法2011年11月23日修正時，爰修正本條文字如前所述，依據之一般給付訴訟，亦有本條適用之餘地，乃放寬得聲請假處分之適用範圍，包含課予義務訴訟及部分一般給付訴訟在內。

❖立法目的❖

本條主要立法理由為：本法第二編第一章第二節已就行政處分設有停止執行之規定。該節之停止執行制度即屬假處分制度之「代償制度」（即應優先被使用之制度）。從而，對於行政機關所為之行政處分。若欲聲請保全處分時，應優先適用停止執行規定，無須再適用假處分程序，以免兩制度重疊，爰參照日本行政事件訴訟法第44條之規定，以明其旨。且為使課予義務訴訟及部分以行政處分是否撤銷為依據之一般給付訴訟，亦得聲請假處分。

❖內容解析❖

一、禁止範圍

依舊行政訴訟法第299條規定，「行政機關之行政處分，不得聲請假處分」，從而，禁止聲請假處分之範圍限於「行政機關之行政處分」。所謂「行政機關之行政處分」之意義，依國內通說認為係指：對於行政處分得提起撤銷訴訟或確認訴訟者，不得聲請假處分者，因為這類訴訟得依本法第116條及第117條之規定，聲請停止執行作

爲權利暫時保護之手段，故應依德國行政法院法第123條第5項規定之意旨，遵守假處分屬保全程序中之補充手段，凡法律允許提起停止執行之聲請時，即應優先適用，以避免保全手段之重疊。從而，本條所稱之「行政處分」不得僅從文義解釋，認爲一切與行政處分有關之訴訟，均不得聲請假處分，而應作上述限縮之解釋爲宜[24]。否則課予義務訴訟及部分給付訴訟即不得聲請權利暫時保護。

　　例如：某廠商提起確認標準局對某商標聲請駁回處分爲無效之訴，並同時聲請假處分，許其得使用某一商標上市行銷某商品。此時，依我國行政訴訟法第299條規定，即不得許可其假處分之聲請。因爲凡得提起確認處分無效訴訟者，原則上即應依本條規定，不得聲請假處分[25]。但被退學公立學校學生，聲請准許其復學之假處分，因不得依第116條規定停止執行，故仍得聲請本條之假處分（最高行政法院91年度裁字第1513號裁定參照）。

　　綜上所述，本條所謂關於行政機關之行政處分，不得聲請假處分，應合理限縮解釋爲：凡對行政處分得提起撤銷訴訟或確認行政處分無效之訴者，皆不得聲請假處分。

(二)條文修改建議

　　本條用原語不僅含糊，而且爭議性極大。考其立法目的乃在避免停止執行制度與假處分制度產生重疊，而決定以「停止執行」制度爲優先，「假處分」制度爲備位（立法理由使用「代償」兩字），以釐清兩者之優劣順序與界限，故條文若能改成「提起撤銷訴訟與確認行政處分無效之訴時，不得聲請假處分」以杜條文限縮解釋之疑義。目前修改成「得依第一百十六條請求停止原處分或決定之執行者」，亦可達成杜絕漏洞之目的，應予贊同。

第300條（假處分聲請之管轄法院）
假處分之聲請，由管轄本案之行政法院管轄。但有急迫情形時，得由請求標的所在地之地方行政法院管轄。

❖外國立法例❖

　　德國行政法院法第123條第2項有類似本條管轄之規定：「管轄本案之行政法

---

[24] 吳庚，前揭書，頁365；蔡志方，論行政訴訟與民事訴訟共通之制度與法理，1999年4月，頁312；蔡進良，論行政救濟上人民權利之暫時保護，月旦法學雜誌47期，1999年4月，頁77。
[25] 至於確認公法上法律關係存否之訴，若未涉及行政處分者，原則上應許其聲請假處分。

院，得為暫時命令之裁定（第一句）。此處所指法院係指第一審法院，若本案繫屬於上訴法院時，則由該上訴法院管轄（第二句）。本法第八十條第八項之規定[26]準用之（第三句）。」

❖立法說明❖

按假處分程序乃屬於保全程序上之獨立程序，所以為避免本案程序與假處分程序互相矛盾起見，本條乃規定定假處分之聲請，應由管轄本案之行政法院，併同管轄，以求兩程序彼此間態度之一致。但若有急迫情事時，例外亦允許由請求標的所在地之地方行政法院管轄，以免錯失時機，難以達成權利暫時保護之目的，藉以保持彈性。

❖內容解析❖

假處分之一般管轄法院與急迫管轄法院：

(一)一般管轄法院

依本條前段之規定，原則上應由有管轄本案權限之行政法院受理假處分之聲請，其理由在避免若假處分聲請法院與本案管轄法院不同時，其裁判結果難保不會產生互相矛盾之情形，所以若本案已繫屬於高等行政法院時，則由該法院（即由受理之庭）受理假處分之聲請；若本案尚未繫屬於高等行政法院時，則應依行政訴訟法第13條至第16條規定，初步決定其將來之本案繫屬法院後，向其提起假處分之聲請。

(二)急迫管轄法院

假處分之聲請，原則上皆涉及避免急迫危險（§298 II 參照），有暫時保全之必要，理論上並無破壞假處分聲請管轄法院與本案管轄法院合一之原則。但我國行政訴訟法第200條後段卻另設急迫管轄假處分聲請之法院，得由「聲請標的」所在地之地方法院行政訴訟庭管轄，以免「錯失良機」。

此一規定是否有其必要，似有疑義。第一，由「請求標的」所在地高等行政法院管轄假處分之聲請，實務上是否有可能發生？是否僅適用於假扣押才有此種情形？第二，縱使急迫，依目前通訊設施發達之情形而論，仿德國行政法院法第123條第2項之規定，由審判長迅行裁定即可避免錯失良機，實毋庸破壞一般管轄原則，另創急迫管轄法院，造成以後程序上成立雙軌制，甚且可能發生裁判之互相矛盾。

---

[26] 德國行政法院法第80條之規定為：「在急迫之情形時，得由本案管轄之行政法院審判長（Vorsitzende）裁定之。」乃為確保有效之權利保護，於急迫時授權庭長單獨決定。Vgl. Krämer, Fn. 7, §80 Rdnr. 174; Schoch, in: Schoch/Schmidt-Aβmann/Kopp/Pietzer, Fn. 20, §80 Rdnr. 334。

第301條（假處分聲請不得提供擔保以代釋明）
關於假處分之請求及原因，非有特別情事，不得命提供擔保以代釋明。

❖立法說明❖

本條之立法理由為：按民事訴訟法第533條準用同法第526條第2項之結果，關於私法上假處分之請求及原因，即得提供擔保以代釋明。但是，公法上之假處分因相對人原則上為國家或其他公法人，准許假處分後，對當事人（即相對人）之權益影響甚大，所造成之損害亦往往無法以金錢為補償，職是之故，縱聲請人提供金錢或其他財物之擔保，仍無法彌補公益之損失。故本條乃特別規定：假處分之請求及原因，除該假處分所造成之損害得以金錢為補償之特別情事外，不准命供擔保以代釋明，排除民事訴訟法上相關前揭規定之適用，並彰顯行政訴訟之特殊性。

❖內容解析❖

按行政法院對假處分之聲請雖應依職權為必要之調查（§298Ⅳ），但聲請人仍負有釋明聲請原因與要件之義務，兩者並不互相衝突。此種職權調查原則（Amtsermittlungsgrundsatz）混雜聲請人之協力義務（Mitwirkungspflichten），亦屬假處分制度中之一大特色[27]。

當事人之釋明（Glaubhaftmachung）義務，依民事訴訟法之規定及學說乃指一種程度較低的舉證責任，申言之：聲請人只須指明具有「充分的可能性」（überwiegende Wahrscheinlichkeit）即為已足，而不須證明到有完全確信之程度（民事訴訟法§284）。

但是在假處分之聲明上，聲請人除應釋明權利有不能實現及甚難實現或為防止重大損害與急迫危險之事實外，得否準用民事訴訟法第526條第2項以供擔保代替釋明義務？我國行政訴訟法認假處分聲請之相對人，一般為國家及其他公法人（或行政機關），若聲請人顯無聲請假處分之原因，而以金錢提供擔保，輕易取得假處分裁定，將重大影響公共事務之推動，故明文加以否定，使聲請人必須釋明聲請之事由及原因，不得以擔保替代釋明[28]，此與德國行政訴訟實務上得以擔保之具結（Versicherung an Eides Statt）作為釋明之方法，顯有不同[29]（類推適用德國民事訴訟法§294）。

---

[27] Vgl. Krämer, Fn. 7, §123 Rdnr. 61.
[28] 吳庚，行政爭訟法論，2014年7版，頁365。
[29] Vgl. Krämer, Fn. 7, §123 Rdnr. 62.

> **第302條**（假處分準用假扣押之規定）
> 除別有規定外，關於假扣押之規定，於假處分準用之。

❖立法說明❖

本條之立法理由爲：假處分制度與假扣押制度同屬保全強制執行而設，性質上多有相通之處，故仿民事訴訟法第533條規定之體例，創設準用規定，以達立法經濟之目的。

❖內容解析❖

依本條規定，除假處分有特別規定者外，凡假扣押之規定（即§293～§296），假處分原則上皆得準用，以下我們得分就假處分之特別規定（除外條款）及準用之條文兩部分說明之：

(一)假處分之特別規定

下述條文及內容即屬本條所稱之「別有規定」：
1. 第298條：假處分之要件。
2. 第299條：禁止假處分之聲請。
3. 第300條：假處分之管轄法院。
4. 第301條：禁止供擔保替代釋明。

(二)準用假扣押之規定

除前揭假處分之特別規定外，下列假扣押之規定，原則上即得準用之：
1. 第295條：應於假處分裁定送達後十日內提起給付之訴。
2. 第296條：撤銷假處分裁定後之損害賠償責任。
3. 第297條：假處分亦得準用民事訴訟法。
   (1)第525條：聲請之程序。
   (2)第526條：釋明義務（第2項不適用）。
   (3)第527條：供擔保免爲（撤銷）假處分。
      第528條：假處分裁定之送達及抗告

> **第303條**（假處分程序準用之規定）
> 民事訴訟法第五百三十五條及五百三十六條之規定，於本編假處分程序準用之。

❖外國立法例❖

德國行政法院法第123條第3項，亦有類似本條之準用規定；「民事訴訟法第九百二十條、第九百二十一條、第九百二十三條、第九百二十六條、第九百二十八條至第九百三十二條、第九百三十八條、第九百三十九條及第九百四十一條於為暫時命令之裁定時準用之。」

❖立法說明❖

本條之立法理由為：本編除因公法權利之特殊性質或公法訴訟之特殊性，另就假處分程序設有特別規定外，其餘與民事訴訟法上有關假處分程序之規定，性質相通（同）者，乃設準用該條之規定，達成立法經濟之目的。

❖內容解析❖

假處分準用民事訴訟法之具體內容，依本條之明文列舉，下列民事訴訟法之規定得準用於假處分程序：

民事訴訟法
- （一）第535條：假處分之方法：由法院裁定之。
- （二）第536條：債務人（即被聲請人）供擔保撤銷假處分原則禁止。

其中較為重要且有意義之準用為準用民事訴訟法第535條之規定，申言之，行政訴訟法中對於假處分之內容與方法，並未明白獨立規定其特殊之內容或方法，而採用準用民事訴訟法規定之體例，從而，行政法院對假處分內容與方法之選擇，即不受聲請人請求方法之拘束，應本於如何最有效達成暫時保護聲請人主觀權利之方法中，行使裁量權。此外，民事訴訟法第535條第2項例示之方法：選任管理人、命令債務人（聲請相對人）為一定行為，或禁止（聲請相對人）為一定行為，都僅供行政法院為裁定方法時之參考，並無拘束力，自不待言。

其次，則是假處分之方法，原則上不能造成「本案先取」之結果，但於定暫時狀態之假處分中，若為確保聲請人生存必要之滿足或其他聲請人嚴重且無法期待之負擔時，例外得准許其取得與本案勝訴確定相同之結果，於本法第298條之註解中已詳為說明，於此不再贅述。

最後，有關行政訴訟制度（尤其是假處分制度）準用民事訴訟法之相關規定時，似宜一條一條仔細評估，作成準用理由，而不宜凡民事訴訟法有規定，且行政訴訟法又無特別規定時，皆傾向認為應有準用之必要。蓋此種傾向與做法，德國學說批評為

「無思考性（大腦）的立法者」（Gedankenlosigkeit des Gesetzgebers）[30]，我國準用條文之立法理由，大都僅草率載明：「兩者性質相通」，何處相通？未見進一步說明，似亦有蹈「無思考性立法者」覆轍之嫌！

---

[30] Vgl. Schoch, in: Schoch/Schmidt-Asmann/Kopp/Pietzer, Fn. 20, §123 Rdnr. 95. m.w. Nachw.; Krämer, Fn. 7, §123 Rdnr. 61；彭鳳至，行政訴訟法準用民事訴訟法立法方式之商榷，行政訴訟制度研討會報告資料，頁26以下，亦有相同細緻之批評，請參見。

第8編

強制執行

緒　論

「有權利，必有救濟」（ubi jus, ibi remedium）、「有救濟，斯為權利」（ubi remedium, ibi jus），乃法之常理，亦為近代法治國家之重要原理之一。權利之救濟，有賴完善之訴訟制度，並輔以有效之強制執行，方能克竟全功。法諺有云：「執行乃法律之終局與果實」（executio est finis et fructus legis）、「法律之效力貴在強制執行」（juris effectus in executione consustit），唯有透過強制執行，始能讓權利獲得實現。「有效之權利保護」必須輔以「有效之強制執行」，權利保障體系方為完整周全[1]。強制執行不僅是解決私人爭端之民事訴訟的必備制度，亦是處理公法爭議之行政訴訟所必要。固然，在民主法治國家中，行政機關遵循法院之判決，應屬當然之理。不過，在國家組織益漸分殊化及地方自治日受重視之趨勢下，難謂無行政機關不遵從法院判決之可能。尤其行政首長或機關人員法治觀念未臻健全，發生排斥或拒絕執行法院判決之情形，所在多有[2]，故強制執行制度於公法領域仍有存在之必要。

我國舊行政訴訟制度僅有以行政處分為程序標的之「撤銷訴訟」[3]，欠缺「課予義務訴訟」、「確認訴訟」及「給付訴訟」等訴訟類型。於此制度下，行政法院如駁回原告之訴而告確定者，固不生強制執行之問題；行政法院若判決撤銷原處分或原決定者，與此因撤銷判決性質屬於形成判決，原則上亦無強制執行之必要，故強制執行在舊行政訴訟制度之架構之下，意義不大。因之，舊行政訴訟法第32條雖規定：「行政訴訟判決之執行，由行政法院報請司法院轉有關機關執行之。」實務上幾未見適用之例，其理在此。

1998年10月2日，行政訴訟法修正草案在立法院三讀通過，同年10月28日經總統公布，並於2000年7月1日開始施行，自此我國行政救濟制度正式邁入嶄新之紀元。行政訴訟法修正後，最顯著之改變，厥為審判範圍之擴大與訴訟類型之增加（§2、§3），與此伴隨而生之興革，則是訴訟程序之強化與執行制度之充實。新行政訴訟法

1　參見Eberhard Schmidt-Aßmann, in: Schoch/Schmidt-Aßmann/Pietzner, VwGO, 1998, Ein-leitung, Rn. 51; Rainer Pietzner, in: Schoch/Schmidt-Aßmann/Pietzner, VwGO, 1998, Vorb. §167 Rn. 9.

2　2010年1月間因中部科學工業園區第三期發展區開發計畫（中科三期）引發的法律爭議，即是一例。2010年1月21日，環保署通過的中科三期環境影響評估審查結論，經行政法院以「出於錯誤之事實認定或不完全之資訊」之違法為由，予以撤銷，並告確定。行政相關部門及開發單位並未遵守行政法院判決而停工，環保署（時任署長：沈世宏）更登報斥責行政法院判決「有無效用、無意義及破壞現行環評體制判決的疑慮」，大開臺灣法治史上前所未見的惡例。相關問題，請參閱李建良，中科環評的法律課題—臺灣法治國的淪喪與危機，台灣法學雜誌149期，2010年4月，頁17以下；李建良，憲法消逝，行政法不存—從「中科」開發案看臺灣當前的憲政危機，當代雜誌240期（復出1期），2010年6月，頁98以下。

3　舊行政訴訟法第2條第1項雖規定：「提起行政訴訟，在訴訟程序終結前，得附帶請求損害賠償。」惟此項規定於實務上甚少援用。

於第八編對「強制執行」關有專編，增設條文，明定判決強制執行相關事項，自屬配合制度變革的當然之舉。

行政訴訟法第八編有關強制執行之規定，為第304條至第307條，共四個條文，分別規定撤銷判決之執行（§304）、給付判決之執行（§305）、執行機關及程序（§306）、執行救濟（§307）。此區區四個條文是否足以構成完整之行政訴訟強制執行體系，發揮權利保障之功能，有待觀察。由於行政訴訟法第306條第2項規定：「執行程序，除本法別有規定外，應視執行機關為法院或行政機關而分別準用強制執行法或行政執行法之規定。」故「強制執行法」與「行政執行法」亦可作為行政訴訟強制執行之補充規範，至於如何準用，容待深究與闡微[4]。

行政訴訟法第八編於2010年增訂第307條之1：「民事訴訟法之規定，除本法已規定準用者外，與行政訴訟性質不相牴觸者，亦準用之。」核其內容，為行政訴訟準用民事訴訟法之一般性條款，非以強制執行為限，置於「強制執行」編中，體例上未盡妥適，適用時應注意之。

第304條（撤銷判決之執行）

撤銷判決確定者，關係機關應即為實現判決內容之必要處置。

❖立法說明❖

行政處分經判決撤銷確定後，溯及失其效力，關係機關自應以判決所示之見解為依據，重為處分或決定，或應為其他必要之處置，俾判決內容得以實現。

❖內容解析❖

行政處分經判決撤銷確定後，其效力溯及喪失，無待強制執行，故撤銷判決原則上無執行之問題。關係機關應以判決所示之法律見解為基礎，為必要之處置，以落實行政訴訟制度之目的，乃法治國家當然之理，故行政訴訟法第304條（下稱本條）僅是一種「宣示性」規範，非嚴格意義之強制執行規定。

行政訴訟法第216條第1項及第2項分別規定：「撤銷或變更原處分或決定之判決，就其事件有拘束各關係機關之效力（Ⅰ）。原處分或決定經判決撤銷後，機關須重為處分或決定者，應依判決意旨為之（Ⅱ）。」此二項規定寓有人民得依法定程序，對其爭議之權利義務關係，請求法院予以終局解決之意旨。是以，行政法院所為

---

[4] 參見李建良，論行政訴訟強制執行之基本體系，臺北大學法學論叢49期，2001年12月，頁61-122。

撤銷原決定及原處分之判決，除係指摘事件之事實尚欠明瞭，應由被告機關另爲調查事證者外，行政法院所爲撤銷原決定及原處分之判決，於其指摘適用法律之見解有違誤部分，有拘束各機關之效力[5]。

本條所稱「關係機關」，不以原處分機關爲限，上級主管機關或其他相關機關亦在其內；所稱「必要處置」，包括重爲處分或決定，或除去因違法行政處分所生之違法狀態。關係機關是否及如何「應即爲」實現判決內容之必要處置，解釋上應區分以下情形：

一、行政法院判決撤銷行政處分，係因欠缺法律依據，或違反法律要件（構成要件不該當）者，原處分機關無重爲處分或決定之義務，甚且不得再爲行政處分，以符合法律保留及法律優位之原則，落實基本權排除公權力侵害之防禦功能。

二、行政法院判決撤銷行政處分，係因基礎之事實認定錯誤或尚欠明瞭者，原處分機關應重爲事實調查認定，再根據所獲事實，決定是否及如何重爲處分。

三、行政法院判決撤銷行政處分，係因罹有逾越權限或濫用權力之裁量瑕疵[6]，尤其違反比例原則，原處分機關應如何處置，有以下二種情形：

(一)行政法院自爲判決，撤銷部分之行政處分者[7]，原處分機關無須另爲處分，應以判決後所餘之行政處分執行之。例如行政法院以罰鍰處分之金額過高，違反比例原則爲由，而撤銷該罰鍰處分，並逕爲特定罰鍰數額之撤銷判決（如罰鍰處分……金額以上部分撤銷）。

(二)行政法院撤銷全部之行政處分者，原處分機關應依判決見解，另爲適法之處分。例如行政法院以罰鍰處分之金額過高，違反比例原則爲由，而撤銷該罰鍰處分者，原處分機關應另爲金額較低之罰鍰處分。

四、行政法院判決撤銷之行政處分如已執行或履行，且生執行或履行之結果，例如補稅處分業經義務人自動繳納，或沒入處分之標的物業經強制解除占有，或起造人依違法之建造執照完成建築，原處分機關應爲回復原狀或除去不法狀態之必要處置。例如返還已繳納之稅款，或返還沒入之標的物，或命拆除違法建造之房屋。

關係機關怠爲上述之「必要處置」時，人民尚無法聲請高等行政法院強制執行[8]。蓋撤銷判決本身並未含有課予行政機關爲特定行爲義務之意旨，上述「必要處置」之義務不在撤銷判決的效力範圍。例如行政法院撤銷沒入機具之處分，原處分機

5　司法院釋字第368號解釋參照。

6　參見行政訴訟法第201條：「行政機關依裁量權所爲之行政處分，以其作爲或不作爲逾越權限或濫用權力者爲限，行政法院得予以撤銷。」

7　參見行政訴訟法第197條：「撤銷訴訟，其訴訟標的之行政處分涉及金錢或其他代替物之給付或確認者，行政法院得以確定不同金額之給付或以不同之確認代替之。」

8　關係機關及其公務人員是否受到監察院之糾正或彈劾，抑或衍生國家賠償責任（國家賠償法§2Ⅱ），屬另一問題。

關未爲返還機具之處置者，人民不得以該「撤銷判決」爲據，聲請高等行政法院強制執行。人民若要進一步請求行政機關積極作成特定之行爲，須視請求行爲之性質，另行提起「課予義務訴訟」或「一般給付訴訟」，始能達到其目的。例如前舉請求返還被沒入機具之情形，人民得提起一般給付訴訟，請求行政機關返還被沒入之機具。又如鄰人提起撤銷建造執照之訴（第三人訴訟），並獲得勝訴，惟起造人已依建造執照完成建築者，如原處分機關不爲拆除該違章建築之必要處置，人民得（先經訴願）提起課予義務訴訟，請求判命行政機關爲命拆除該違章建築之行政處分。

　　針對上述「必要處置」之訴訟問題，行政訴訟法第196條第1項規定：「行政處分已執行者，行政法院爲撤銷行政處分判決時，經原告聲請，並認爲適當者，得於判決中命行政機關爲回復原狀之必要處置。」此項規定係基於訴訟經濟及有效權利救濟之需要，就「撤銷訴訟」與「執行結果除去請求訴訟」之關聯所設計之「階次訴訟」制度（Stufenklage）[9]。據此規定，人民於提起撤銷訴訟時，如行政處分已執行者（見前述四、所舉之例），得請求行政法院爲撤銷行政處分判決時，於判決中命行政機關爲回復原狀之必要處置，無須另行提起一般給付訴訟或課予義務訴訟。此處所稱「必要處置」之判決，核其性質，屬「給付判決」，得依給付判決之強制執行規定貫徹之，詳於後述。

第305條（給付裁判之執行）

行政訴訟之裁判命債務人爲一定之給付，經裁判確定後，債務人不爲給付者，債權人得以之爲執行名義，聲請地方行政法院強制執行。

地方行政法院應先定相當期間通知債務人履行；逾期不履行者，強制執行。

債務人爲中央或地方機關或其他公法人者，並應通知其上級機關督促其如期履行。依本法成立之和解或調解，及其他依本法所爲之裁定得爲強制執行者，或科處罰鍰之裁定，均得爲執行名義。

❖立法說明❖

一、1998年10月28日立法理由

　　(一)行政訴訟之裁判係命債務人爲一定之給付者，如債務人不爲給付時，債權人

---

[9]　參見李建良，試論一般給付訴訟之適用範圍，律師雜誌254期，2000年11月，頁29-51；劉淑範，論「續行確認訴訟」（「違法確認訴訟」）之適用範疇——以德國學說與實務爲中心，臺北大學法學論叢46期，2000年6月，頁128。

爲實現該裁判之內容，自得聲請高等行政法院強制執行。

(二)爲促使債務人自動履行，避免因執行增加執行費用，爰仿西德行政法院法（1986.12.8修正公布）第170條第2項，規定高等行政法院應先定相當期間通知債務人履行，如逾期仍不履行，始爲強制執行。

(三)債務人如爲中央或地方機關或其他公法人者，更應依行政法院之裁判意旨而自動履行，以避免強制執行。故高等行政法院並應通知其上級機關運用行政監督作用，以督促其如期履行。

(四)依本法成立之和解，與確定裁判同具有確定力及拘束力，如其內容適於執行者，並具有執行力。又其他依本法所爲之裁定，性質上得爲強制執行者，或科處罰鍰之裁定，均應使具有執行力。爰設本條第4項，俾得依強制執行程序，以實現和解及各該裁定之內容。

二、2011年11月23日立法理由

強制執行事件宜由最下級之法院處理，爰修正本條規定，於地方法院設置行政訴訟庭後，將強制執行事件交由地方法院行政訴訟庭受理。

三、2022年6月22日立法理由

配合第3條之1修正，第1項、第2項爲文字修正。爲謀求當事人間之紛爭得以有效解決，並加強調解功能俾達到消弭訟爭之目的，依本法成立之調解亦宜賦予執行力，爰修正第4項。

❖內容解析❖

本條共計四項，主要規範給付裁判及其他執行名義之強制執行，內容解析如下。

一、強制執行之一般要件：執行名義

行政訴訟之強制執行，基本上須先由債權人向行政法院提出聲請，且須有「執行名義」（參照§305Ⅰ）。債權人聲請強制執行時，應以書狀爲之（準用強執§5Ⅰ）[10]。執行法院於收到當事人之聲請後，是否應將聲請書及執行名義送達於債務人，法無明文。惟爲使義務人知悉強制執行之內容並適時採取適當措施，解釋上應持肯定見解，故受理聲請之行政法院應將執行名義送達於債務人，始得開始強制執

---

[10] 我國未如德國採取由法院製作並核發「強制執行書」（Vollstreckungsklausel）之制度，請參閱德國民事訴訟法第724條、第725條規定。

行[11]。

　　所謂「執行名義」，係指得據以請求法院實施強制執行之公文書。關於行政訴訟強制執行之「執行名義」，依行政訴訟法第305條之規定，並參酌其他相關規定，可大別為「判決」、「裁定」、「訴訟上和解」及「行政契約」四類，再下分為五種：

(一)行政法院之確定判決

　　行政法院之確定判決，指行政法院就訴訟標的所為具確定力之實體判決，而其內容得為強制執行者，例如命被告應給付一定金額之判決（一般給付判決）或課予行政機關為特定行政處分之判決（課予義務判決）。

(二)行政訴訟上之和解或調解

　　行政訴訟上之和解，指依行政訴訟法第219條第1項規定，於行政訴訟程序進行中，由當事人就訴訟標的具有處分權並不違反公益部分，所成立之和解。第三人經行政法院之許可或行政法院認為必要時，亦得參加和解（§219III）。和解成立者，具有與判決相同之確定力及拘束力（§222準用§213、§214、§216）[12]。又，本法於2022年6月22日修正公布時新增行政訴訟上之調解制度（§228-2～§228-6），當事人就訴訟標的具有處分權且其調解無礙公益之維護者，行政法院得於訴訟繫屬中，經當事人合意將事件移付調解。調解成立者，亦得作為強制執行之執行名義（§305IV）。

(三)行政法院之確定裁定

　　行政法院之確定裁定，指行政法院就訴訟程序事項或法定應為裁定事項所為具確定力之裁判，而其內容得為強制執行者，情形如下：

　　1.進行訴訟必要費用之裁定：指進行訴訟之必要費用，經行政法院定期命當事人預納而逾期未納者，於判決確定後，行政法院依職權以裁定向應負擔訴訟費用之人徵收之（§100）。

　　2.強制處分之裁定：指第三人無正當理由不遵從提出文書之命令者，行政法院於必要時所為之強制處分（§169I）。此項強制處分之執行，適用行政訴訟法第306條之規定（§169II）。

　　3.假扣押裁定：指為保全公法上金錢給付之強制執行，由行政法院所為之假扣押（§293）。

---

[11] 參見張登科，強制執行法，2012年修訂版，頁112。
[12] 關於行政訴訟上和解之意涵，參見李建良，行政訴訟和解的制度功能與環境保護：中科三期二次環評撤銷訴訟案——平議臺北高等行政法院102年度訴更一字第40號和解筆錄，台灣法學雜誌259期，2014年11月，頁8-17。

4.假處分裁定：指公法上之權利因現狀變更，有不能實現或甚難實現之虞者，或於爭執之公法上法律關係，爲防止發生重大之損害或避免急迫之危險，由行政法院所爲定暫時狀態之裁定（§298Ⅰ、Ⅱ）。假處分之內容如得爲強制執行者，即得爲執行名義，例如假處分命先爲一定之給付者（§298Ⅲ）。

5.停止執行裁定：指原處分或決定之執行，將發生難於回復之損害，且有急迫情事者，行政法院依職權或依聲請裁定停止原處分或決定之效力、處分或決定之執行或程序之續行之全部或部分（§116Ⅱ、Ⅲ、Ⅴ）。關於此類裁定之性質，行政法院認爲屬形成裁定，無強制執行之可言。實則，停止執行制度之所由設，旨在防止於訴訟繫屬前或繫屬中，因原處分或決定之執行發生難於回復之損害，故其寓有禁止原處分機關執行系爭處分之效力，屬於課予被告機關不作爲義務之給付裁定，得爲強制執行之執行名義[13]。

(四)行政法院之科處罰鍰裁定

行政法院之科處罰鍰裁定，指行政法院依行政訴訟法所爲之罰鍰，例如證人受合法之通知，無正當理由而不到場者，行政法院得以裁定處新臺幣三萬元以下罰鍰（§143Ⅰ）；或證人不陳明拒絕之原因事實而拒絕證言者，行政法院得以裁定處新臺幣三萬元以下罰鍰（§148Ⅰ）；或第三人無正當理由不從提出文書之命者，行政法院得以裁定處新臺幣三萬元以下罰鍰（§169Ⅰ）。

(五)行政契約

行政契約，指設定、變更或消滅公法上法律關係之契約（行程§135）。契約當事人約定自願接受執行者，於債務人不爲給付時，債權人得以該契約爲強制執行之執行名義，其強制執行準用行政訴訟法有關強制執行之規定（行程§148Ⅰ、Ⅲ）。

二、給付裁判之意涵

(一)課予義務訴訟之判決

行政法院判決撤銷行政處分者，行政機關應爲必要之處置，則行政法院以判決命行政機關應爲行政處分或應爲特定內容之處分時（課予義務判決），行政機關亦應爲實現判決內容之必要處置，此於行政訴訟法中雖未有明文，解釋上應作相同於撤銷判決之處理，始爲合理[14]。例如行政法院判決被告機關應核發原告建造執照，則該機關即應爲核發執照之處理，行政機關未依判決之意旨，作成人民所請求之行政處分者，

---

[13] 參見李建良，中科三期開發案停止執行之強制執行──兼評臺北高等行政法院99年度執字第57號裁定，台灣法學雜誌161期，2010年10月，頁37-52。

[14] 參見吳庚，行政爭訟法論，2012年修訂6版，頁283。

應如何強制執行，有待探究。蓋於課予義務訴訟之情形，行政法院並非以判決作成原告所請求之行政處分，僅課予行政機關作成行政處分之義務，原告不因課予義務判決之作成而當然取得所請求之行政處分，故課予義務判決仍有「強制執行」之問題。

我國行政訴訟法有關課予義務訴訟之規定係仿自德國立法例，惟未如德國直接針對「課予義務判決」設有強制執行規定[15]，僅於行政訴訟法第305條第1項規定：「行政訴訟之裁判命債務人為一定之給付，經裁判確定後，債務人不為給付者，債權人得以之為執行名義，聲請地方行政法院強制執行。」其中所稱「給付裁判」者，是否包括「課予義務判決」在內，頗滋疑義。從文義觀之，似不包括之。蓋其使用之「債權人」及「債務人」措辭，通常用於指稱「財產或非財產給付之請求權人及相對人」，至於請求行政機關作成行政處分之人民，通常不以「債權人」稱之。其次，本條第2項之立法理由謂：「為促使債務人自動履行，避免因執行增加執行費用，爰仿西德行政法院法（1986.12.8修正公布）第170條第2項，規定高等行政法院應先定相當期間通知債務人履行，如逾期仍不履行，始為強制執行。」觀諸德國行政法院法第170條之內容，係有關一般給付訴訟強制執行之規定。準此言之，本條所稱「給付裁判」似乎僅指行政訴訟法第8條之「一般給付判決」。

以上論點衡之文義解釋及歷史解釋，固然有據。然如此解釋之結果，將使行政法院所為課予義務之判決無從貫徹，不僅形成權利保護之漏洞，且與行政訴訟法新增課予義務訴訟之立法意旨，有所未合。尤其我國行政機關法治觀念未臻健全，於實務上，行政機關不遵從行政法院判決之情形，所在多有。是以，對於行政訴訟法第305條所謂「給付裁判」之意涵，不宜囿於文義及立法理由，而應作目的性擴張解釋，使之包括「課予義務判決」在內[16]，以維人民權利，並使行政強制執行體系趨於完備。

再者，探討執行程序與執行方法。依行政訴訟法第305條之規定意旨，課予義務訴訟之原告應以課予義務判決為執行名義，向地方行政法院（即為行政訴訟法所稱之高等行政法院地方行政訴訟庭[17]）提出強制執行之聲請（Ⅰ）。地方行政法院於受理聲請後，應先定相當期間通知義務機關作成判決所諭知之行政處分（預為告戒）；逾期不為者，始為強制執行（Ⅱ）。由於義務機關通常是中央或地方機關或其他公法人，故地方行政法院應同時通知其上級機關督促其如期履行（Ⅲ）。

關於執行之方法，行政訴訟法第305條第2項後段僅規定：「逾期不履行者，強制執行」，至如何強制執行，則未作進一步之規定，致生實際作業上之疑義。按行政

---

[15] 德國行政法院法對於課予義務判決之執行，係採反覆科處怠金之方式（行政法院法§172），性質上屬於一種間接執行方法。

[16] 反對見解，請參閱劉宗德、彭鳳至，行政訴訟制度，收錄於：翁岳生主編，行政法（下冊），2000年，頁1319。

[17] 參見行政訴訟法第3條之1。

訴訟法第306條第2項規定：「執行程序，除本法別有規定外，應視執行機關為法院或行政機關而分別準用強制執行法或行政執行法之規定。」雖僅就「執行程序」設有準用強制執行法或行政執行法規定，解釋上應包括「執行方法」在內。關於此部分詳見後述。

(二)一般給付訴訟之判決

行政法院所為之給付判決，除由被告依判決之意旨自動履行外，尚須經強制執行之程序，始能實現判決之內容，此為行政訴訟法第305條所由設也。據此規定，給付訴訟之強制執行，係以確定給付判決為強制執行名義，由債權人聲請地方行政法院執行之。地方行政法院於受理聲請後，應先定相當期間通知債務人履行；逾期不履行者，始得為強制執行（Ⅱ）。債務人為中央或地方機關或其他公法人者，地方行政法院並應通知其上級機關督促其如期履行（Ⅲ）。執行之程序與方法，得準用強制執行法或行政執行法之規定，詳見後述。

第306條（執行機關與執行程序）
地方行政法院為辦理行政訴訟強制執行事務，得囑託地方法院民事執行處或行政機關代為執行。
執行程序，除本法別有規定外，應視執行機關為法院或行政機關而分別準用強制執行法或行政執行法之規定。
債務人對第一項囑託代為執行之執行名義有異議者，由地方行政法院裁定之。

❖立法說明❖

一、1998年10月28日立法理由

(一)行政法院所為命債務人為一定給付之裁判，或依本法所成立之和解，及其他依本法所為之裁定，如必須為強制執行時，自以由高等行政法院自行辦理為宜，爰規定高等行政法院為辦理強制執行事務，得設執行處，以專責成。惟依行政法院組織法之規定，每一省市原則上僅設一所高等行政法院，其轄區遼闊，若每一執行事件均須自行辦理，勢所難能，不若普通法院於每一縣市均普遍設立，可以就近辦理；又依執行事件之性質，亦有由行政機關依行政執行法之規定而為執行，較為適宜者。爰規定高等行政法院亦得囑託普通法院民事執行處或行政機關代為執行，以期便捷。

(二)本法雖就強制執行程序設有若干規定，但執行事務頗為複雜，自應視執行機

關爲法院（包括高等行政法院及普通法院）或行政機關而分別準用強制執行法或行政執行法之規定，以利執行。

(三)於囑託普通法院民事執行處或行政機關代爲執行時，如債務人對執行名義有異議者，仍宜由爲囑託之高等行政法院自爲裁定，以免發生普通法院民事執行處或行政機關對該執行名義是否成立之認定，與行政法院持相反之見解。

二、2011年11月23日立法理由

(一)徵諸實際，目前行政訴訟強制執行事務，部分由高等行政法院自行執行，部分囑託普通法院民事執行處或行政機關代爲執行。行政訴訟改爲三級二審制之後，行政訴訟強制執行事務，依前條規定雖係由地方法院行政訴訟庭辦理，惟考量部分執行事務仍有囑託民事執行處或行政機關代爲執行之必要，爰於本條第1項明定地方法院行政訴訟庭得將行政訴訟強制執行事務，囑託民事執行處或行政機關代爲執行。又本項係規定「得」囑託執行，如地方法院行政訴訟庭欲自行辦理強制執行事務，自亦無不可。

(二)依第305條第1項規定，行政訴訟強制執行事務既改由地方法院行政訴訟庭辦理，對囑託代爲執行之執行名義有異議者，自宜由地方法院行政訴訟庭裁定，爰修正第3項規定。

三、2022年6月22日立法理由

配合第3條之1修正而爲文字修正。

❖內容解析❖

本條共計三項，分別規定「執行機關」、「執行程序」及「救濟：聲明異議」，茲分析如下：

一、執行機關

依行政訴訟法第306條（下稱本條）第1項規定：「地方行政法院爲辦理強制執行事務，得囑託民事執行處或行政機關代爲執行。」行政法院裁判之強制執行，主要是以地方行政法院爲「執行法院」，並得設執行處[18]。觀諸1998年修正之立法理由：「行政法院所爲命債務人爲一定給付之裁判，或依本法所成立之和解，及其他依本法

---

[18] 執行法院與執行處，係不同的組織概念。執行法院，係職司強制執行之法院，掌理執行程序之開始、執行命令之作成、執行程序之終結及救濟等事項。執行處則是下設於執行法院之司法行政單位，由法官或司法事務官、書記官及執達員組成，辦理強制執行事務（強執§1、§2參照）。

所為之裁定，如必須為強制執行時，自以由高等行政法院自行辦理為宜。」可知新法對於行政訴訟之強制執行，原則上係採取「法院自行執行」制度，寓有以法院保障人民權益之意旨。惟同條項後段規定，地方行政法院亦得囑託普通法院民事執行處或行政機關代為執行，立法理由原是考量「每一省市原則上僅設一所高等行政法院，其轄區遼闊，若每一執行事件均須自行辦理，勢所難能」。於行政訴訟改為三級二審制、地方行政法院辦理行政訴訟強制執行事務之後，理應全部歸由地方行政法院辦理。惟「徵諸實際，目前行政訴訟強制執行事務，部分由高等行政法院自行執行，部分囑託普通法院民事執行處或行政機關代為執行」，故「仍有囑託民事執行處或行政機關代為執行之必要」（參見2011年修正理由）。

行政法院「囑託」普通法院民事執行處或行政機關「代為執行」時，其「執行機關」為何？值得探究。於行政法院囑託普通法院民事執行處代為執行之情形，二者雖同屬「法院體系」，然民事執行處係由法官或司法事務官、書記官及執達員組成，辦理強制執行事務，組織及職權與「執行法院」有別，故此之「囑託代為執行」者，僅可解為「強制執行事務」之囑託辦理，而非（行政）強制執行權之移轉，「執行法院」仍為地方行政法院，故強制執行法中有關「執行法院」之規定，僅適用於地方行政法院，而不及普通法院民事執行處。

行政法院得囑託「行政機關」代為執行，依立法理由所示，乃「依執行事件之性質，亦有由行政機關依行政執行法之規定而為執行，較為適宜者」，此於以「人民」為義務人（債務人）之強制執行尤然。然執行機關宜否由「法院」轉而為「行政機關」，則非無疑。按本條第2項規定：「執行程序，除本法別有規定外，應視執行機關為法院或行政機關而分別準用強制執行法或行政執行法之規定。」自文義觀之，行政機關若受囑託代為執行者，具有「執行機關」之地位，可準用行政執行法之規定。由於行政執行法中並無「執行法院」之規定，則「行政訴訟之強制執行」殆有轉換為「行政強制執行」之可能。然如前述，行政訴訟法採取由行政法院自行執行之制度，究其目的，實寓有以法院保障人民權益之意旨，則行政法院若將強制執行權限全數交予行政機關行使，實與上開立法意旨有所不合。是以，行政法院於囑託行政機關為強制執行時，解釋上仍應以行政法院為執行機關（執行法院），僅程序及方法準用行政執行法，並盡量避免作全盤之囑託，尤其有關執行措施之選用，仍應由行政法院自行決定，不宜將之授權予行政機關，以維司法強制執行之制度本旨。

行政法院雖得囑託普通法院民事執行處或行政機關代為執行，惟其僅指強制執行之「實施」而言，至於債權人據以聲請強制執行之「執行名義」本身是否適法，或有無其他足以阻止強制執行之實體法上事由，仍應由行政法院審理決定，故本條第3項規定：「債務人對第一項囑託代為執行之執行名義有異議者，由地方行政法院裁定之。」以明其旨，並杜爭議。

二、執行程序及方法

本條第2項規定：「執行程序，除本法別有規定外，應視執行機關爲法院或行政機關而分別準用強制執行法或行政執行法之規定。」其中雖僅就「執行程序」設有準用強制執行法規定，惟解釋上應包括「執行方法」在內。茲分別從「人民對公權力之強制執行」與「公權力對人民之強制執行」說明如下[19]。

(一)人民對公權力之強制執行

人民對公權力之強制執行，係人民爲原告提起行政訴訟，獲勝訴確定裁判，以行政機關爲執行對象之程序，宜由行政法院自行執行，或囑託普通法院代爲執行，有關執行程序及方法，主要準用強制執行法之規定，較無準用行政執行法之餘地。依給付裁判之不同，分述如下：

1.課予義務訴訟判決之執行

課予義務判決，係課予行政機關作成一定行政處分之義務。行政處分之作成，性質上屬一種「不可替代之行爲義務」。依強制執行法第128條第1項規定：「依執行名義，債務人應爲一定之行爲，而其行爲非他人所能代履行者，債務人不爲履行時，執行法院得定債務人履行之期間。債務人不履行時，得處新臺幣三萬元以上三十萬元以下之怠金。其續經定期履行而仍不履行者，得再處怠金或管收之。[20]」據此規定，對於不可替代行爲義務之強制執行，係以「怠金」或「管收」之方法爲之。原則上執行法院得準用上開規定，對於義務機關施以「怠金」之間接強制方法，使其自行履行義務。有疑問者，執行法院得否以「管收」之方法強制之？例如對義務機關首長施以管收？自文義觀之，似非無不可。惟對於公務員施以管收，通常會影響公務之推行，基於公務繼續之原則，並參酌強制執行法第122條之1第2項規定之意旨（詳如後述），以否定見解爲宜。

---

[19] 我國行政訴訟法對於強制執行之規定，雖未如德國行政法院法明確區分「公權力對人民」與「人民對公權力」二種執行體制，惟從行政訴訟法第305條第3項規定：「債務人爲中央或地方機關或其他公法人者，並應通知其上級機關督促其如期履行。」仍可看出行政訴訟之強制執行，依「執行義務人」爲人民或公權力主體（機關），可以區分二種執行模式。又行政訴訟之強制執行，理論上尚有「公權力對公權力」與「人民對人民」（私人之間）二種，惟此二種類型於我國訴訟實務上似不多見，故暫不予論述。

[20] 本項原規定：「依執行名義，債務人應爲一定之行爲，而其行爲非他人所能代爲履行者，債務人不爲履行時，執行法院得定債務人履行之期間。債務人不履行時，得拘提、管收之或處新臺幣三萬元以上三十萬元以下之怠金。其續經定期履行而仍不履行者，得再處怠金。」爲保障人權，債務人未遵執行命令履行其不可代替行爲義務時，仍應符合第21條之拘提事由，執行法院始得拘提債務人，爰刪除第1項關於拘提之規定。又管收係實現強制執行目的之最後方法，於管收前宜先處怠金以促債務人履行，續經定期履行而仍不履行，始許執行法院於符合管收要件時，予以管收，爰修正第1項關於管收之規定。參見2011年6月29日修正之立法理由。

2.一般給付訴訟判決之執行

　　一般給付訴訟之判決內容多樣，其執行程序與方法，容有不同，如何準用強制執行法之規定，應依其內容分別觀之。行政法院所為「一般給付判決」，依其內容，可分為「財產給付之判決」與「行政處分以外之非財產給付之判決」二種（§8Ⅰ參照）。就強制執行之方法而言，可依給付內容得否「換價為金錢」，分為「金錢債權之強制執行」與「非金錢債權之強制執行」二種，茲分述之：

　　(1)金錢債權之強制執行

　　公法上金錢債權之強制執行，旨在督促債務人支付金錢，以實現債權人之金錢債權，主要可分為動產之執行與不動產之執行，前者係以查封、拍賣或變賣之方法行之（準用強執§45以下規定）；後者則以查封、拍賣、強制管理之方法行之（準用強執§75以下規定）。此類行政訴訟強制執行之客體，多屬公法人之財產，且泰半為行政機關執行公務所使用之物，或供公眾使用之物，通常具不可融通性，得否為強制執行之客體，非無疑問。強制執行法第二章第六節「對於公法人財產之執行」設有特別規定，以資規範：

　　①適用對象：除公法人外，包括中央或地方機關。債務人如為金融機構或其他無關人民生活必需之公用事業者，不在此限，仍適用一般執行之規定（強執§122-1Ⅰ）。

　　②執行程序：執行法院先對債務人發「執行命令」促其於三十日內自動履行或將金錢支付執行法院轉給債權人；於不履行時，逕向公庫執行，亦即發「扣押命令」禁止債務人動用該項預算，或直接向公庫收取，或命公庫向執行法院支付（強執§122-2）。至於債務人應給付之金錢，如不在原列預算項目範圍內者，應由該機關於原列預算內之預備金項下支付或另行辦理預算法案撥付（辦理強執事件應行注意事項§65-1(三)參照）。

　　③執行限制：由於公法人或行政機關經管之事務，多與公共利益相涉，為避免影響公務之推行或損及公共利益，對其所管有「公用財產」之強制執行[21]，自宜有所限制，故債務人管有之公用財產，如為其推行公務所必需或其移轉違反公共利益者，不得為強制執行（準用強執§122-3Ⅰ）。關於是否為推行公益所必需或有無違反公益之情形，執行法院有疑問時，應詢問債務人之意見或為其他必要之調查（準用強執§122-3Ⅱ）。又有關拘提管收之規定，不適用於對公法人或行政機關之強制執行（準

---

[21] 公用財產，依國有財產法第4條第2項規定，計有三種：「一、公務用財產：各機關、部隊、學校、辦公、作業及宿舍使用之國有財產。二、公共用財產：國家直接供公共使用之國有財產。三、事業用財產：國營事業機關使用之財產均屬之。但國營事業為公司組織者，僅指其股份而言。」本節適用對象以公法組織者為限，故國營事業為公司組織者，其股份仍得為強制執行之客體。

用強執§122-1Ⅱ），以免妨礙公務之推行[22]。至於義務人管有之「非公用財產」或雖為公用財產，但非為推行公務所必需或其移轉不違反公共利益者，仍得為強制執行之標的，不受國有財產法、土地法及其他法令有關處分規定之限制（強執§122-4）[23]。

(2)非金錢債權之強制執行

公法上非金錢債權之強制執行，因給付義務內容之多樣而異其程序與方法，大體而言，可分為「物之交付義務之執行」、「行為不行為義務之執行」及「意思表示義務之執行」等三種，分述如下：

①物之交付義務之強制執行

物之交付義務之強制執行，係指執行名義之內容命債務人交付特定之物，包括動產與不動產在內。例如請求行政機關交付特定之檔案文件，以供閱覽，或請求交付特定房舍，以供居住。其執行方法，在動產方面，由執行法院以強制力將標的物取交予債權人（準用強執§123Ⅰ）；在不動產方面，由執行法院解除債務人之占有，使歸債權人占有（準用強執§124Ⅰ）。應交付之物為第三人占有者，執行法院應以命令將債務人對於第三人得請求交付之權利移轉於債權人（準用強執§126）。

②行為義務之強制執行

公法上行為義務之強制執行，係指執行名義之內容命債務人積極為一定之作為，又可分為「可替代性之行為義務」與「不可替代性之行為義務」二種義務，其執行方法與程序不同，分述如下：

可替代性行為義務之執行，由執行法院以債務人之費用，命第三人代為履行（準用強執§127Ⅰ）。所謂命第三人代為履行，指執行法院以裁定使第三人代替債務人實施特定行為。此一裁定之性質屬於「執行處分」，並非執行名義，故當事人如有不服，應依強制執行法第12條第1項規定聲明異議，而非提起抗告[24]。代履行之費用，由執行法院酌定數額，命債務人或債權人預行支付，必要時，並得命鑑定人鑑定其數額（準用強執§127Ⅱ）。

不可替代性行為義務之執行，由執行法院定債務人履行之期間，於債務人不履行

---

22 假扣押，係為保全公法上金錢給付之強制執行，而由行政法院所為保全措施，故上述限制規定於假扣押之執行亦應有其適用。

23 非公用財產，係指公用財產以外可供收益或處分之一切國有財產（國有財產法§4Ⅲ）。而所謂「國有財產法、土地法及其他法令有關處分規定之限制」者，例如國有財產法第28條規定：「主管機關或管理機關對於公用財產不得為任何處分或擅為收益。但其收益不違背其事業目的或原定用途者，不在此限。」土地法第25條規定：「直轄市或縣（市）政府對於其所管公有土地，非經該管區內民意機關同意，並經行政院核准，不得處分或設定負擔或超過十年期間之租賃。」此等規定旨在防止機關人員利用職務上之機會，濫行處分公有物，損及國家利益。由於強制執行係國家司法機關依法所為之處分措施，非出於機關人員之意思，不致有濫行處分之虞，故無受上述限制之必要。

24 參見最高法院67年度台抗字第574號裁定。

時，得處新臺幣三萬元以上三十萬元以下之怠金。其續經定期履行而仍不履行者，得再處怠金（準用強執§128Ⅰ）。舊強制執行法第128條第1項原規定，於債務人不履行不可替代性行為義務時，執行法院得以「賠償損害之數額」，惟因此一數額事實上難以估計，且易滋爭議，實務上幾未見有適用之例，形同虛設，故改以「拘提管收」之間接執行方法，俾強化執行之效果。惟如前所述，對於行政機關之公務人員應不得拘提、管收之。

　　③不行為義務之強制執行

　　公法上不行為義務之強制執行，係指執行名義之內容命債務人消極不為一定之行為，包括命債務人容忍他人行為，或禁止債務人為一定之行為。債務人不履行時，由執行法院處新臺幣三萬元以上三十萬元以下之怠金（準用強執§129Ⅰ），但不得施以拘提、管收（理由同前）。

　　債務人違反不作為義務而生違法之結果者，得因債權人之聲請，以債務人之費用，除去其行為之結果（準用強執§129Ⅱ）。依前述規定執行後，債務人復行違反時，執行法院得依聲請再為執行，且應徵執行費（準用強執§129Ⅲ、Ⅳ）。換言之，債權人無須另行取得執行名義，即可請求執行法院除去違法之結果。

　　④意思表示義務之強制執行

　　公法上意思表示之義務，係指執行名義命債務人應為一定之意思表示，例如為締結行政契約之意思表示。此種義務屬於不可替代性行為義務之一種，原可依間接強制方法（怠金）執行之。惟強制執行法第130條規定以「法律擬制」之方法，使命為意思表示之執行名義直接發生意思表示之法律效果，亦即命債務人為一定之意思表示之判決確定，或其他與確定判決有同一效力之執行名義成立者，例如訴訟上和解，視為自其確定或成立時，債務人已為意思表示（準用強執§130Ⅰ），以免周折。

(二)公權力對人民之強制執行

　　本條第1項規定地方行政法院得囑託行政機關代為執行規定部分，主要係以「人民」為債務人之強制執行，故公權力對人民之強制執行，原則上得由行政法院任「執行法院」，其若將強制執行事務囑託地方法院民事執行處或行政機關代為執行者，由地方法院或行政機關分任「執行法院」或「執行機關」。準此，行政訴訟之強制執行，若由行政法院自行辦理或囑託普通法院代為執行者，其法律依據為強制執行法；反之，行政法院若囑託行政機關代為執行者，其法律依據則是行政執行法。於此基礎下，公權力對人民之強制執行，乃呈現一種雙軌體系：一方面是以強制執行法為中心之「司法執行程序」；另一方面則是以行政執行法為中心之「行政執行程序」。

　　就執行程序及方法而言，行政法院若自行執行或囑託地方法院民事執行處代為執行者，應依行政訴訟法第305條第2項及準用強制執行法規定行之，至於有關「公

法人」之特別規定部分，於人民不適用之。反之，行政法院若囑託行政機關代爲執行，則應依行政訴訟法第305條第2項準用行政執行法之規定。關於準用強制執行法部分，前已述及，於此不贅，以下僅論述準用行政執行法部分：

1.金錢給付義務之強制執行

公法上金錢給付義務之強制執行程序，依行政執行法之規定，係由主管機關（通常是原處分機關）移送法務部行政執行署所屬行政執行分署執行之（行執§4Ⅰ、§12），原處分機關僅是「移送機關」。是以，行政法院囑託行政機關代爲執行時，宜直接以「移送機關」身分囑託行政執行分署代爲執行，以期便捷。於程序上，行政法院應先定相當期間通知債務人履行；逾期不履行者，再移送行政執行處執行之（§305Ⅱ）。於移送時，應檢附下列文件：(1)移送書；(2)執行名義證明文件；(3)義務人之財產目錄。但行政法院不知悉義務人之財產者，免予檢附；(4)義務人經限期履行而逾期仍不履行之證明文件；(5)其他相關文件（準用行執§13Ⅰ）。

公法上金錢給付義務之執行，通常係以強制徵收之方法行之，其程序與一般民事強制執行程序略同，亦即對人民之財產以查封、拍賣或變賣等手段，予以取償。爲確保強制執行之實施，尚得輔以拘提管收之間接執行措施。行政執行法未有規定之部分，準用強制執行法之規定（行執§26）。

2.行爲、不行爲義務之強制執行

公法上行爲、不行爲義務之強制執行，依行政執行法之規定，係由原處分機關或該管行政機關爲之（行執§4Ⅰ），於給付判決之情形，雖無原處分機關，惟行政法院不妨囑託「原告機關」代爲執行。

在執行程序上，執行機關應先定相當期間通知債務人履行；逾期不履行者，始得強制執行（§305Ⅱ）。強制執行之方法，則依義務之有無可替代性而有不同。行爲義務如能由他人代爲履行者，執行機關得委託第三人或指定人員代履行之（間接強制方法）。代履行之費用，由執行機關估計其數額，命義務人繳納；其繳納數額與實支不一致時，退還其餘額或追繳其差額（準用行執§29）。行爲義務不能由他人代爲履行或不行爲義務者，依其情節輕重處新臺幣五千元以上三十萬元以下怠金（準用行執§30）。經間接強制不能達成執行目的，或因情況急迫，如不及時執行，顯難達成執行目的時，執行機關得依直接強制方法執行之（準用行執§32）。直接強制之方法如下：(1)扣留、收取交付、解除占有、處置、使用或限制使用動產、不動產；(2)進入、封閉、拆除住宅、建築物或其他處所；(3)收繳、註銷證照；(4)斷絕營業所必須之自來水、電力或其他能源；(5)其他以實力直接實現與履行義務同一內容狀態之方法（準用行執§28Ⅱ）。關於物之交付義務之強制執行，依其是否屬可替代物，分別以前述方法執行之（準用行執§33）。

須注意者，不可替代性行爲義務及不行爲義務之執行，依強制執行法之規定，係處新臺幣三萬元以上三十萬元以下之怠金，且可對債務人施以拘提管收；反之，行政執行法係科處新臺幣五千元以上三十萬元以下怠金，但無拘提管收之制度。相較之下，強制執行法之規定，顯較行政執行法規定嚴苛。惟行政法院既已囑託行政機關代爲執行，則基於法律適用一致性之考量，行政機關僅能準用行政執行法之規定，無另援用強制執行法規定之餘地。

三、強制執行之救濟：聲明異議

強制執行所生之權利救濟問題，大體可分成二種情形：一是涉及執行行爲本身之適法性問題；二是涉及得否強制執行之實體法上爭議[25]。前者主要涉及執行法院及其人員實施強制執行所採取之方法有違法情事，或未遵守法定程序，或有其他侵害利益之情形，對於此等權利侵害事項，通常係由當事人向執行法院聲明異議，以救濟之（強執§12參照）；後者係指執行機關之執行行爲，雖合於強制執行法之規定，惟其執行之結果卻與實體法上之權義關係有所不符，主要又可分爲「債務人異議之訴」與「第三人異議之訴」二種。

本條第3項所稱債務人對執行名義有異議者，係指「聲明異議」而言，惟其救濟途徑，行政訴訟法並無明文，應視執行機關爲法院或行政機關而分別準用強制執行法第12條或行政執行法第9條規定。此二救濟程序最大之差異在於，執行機關若是行政機關，則債務人或利害關係人應向該執行機關聲明異議（關於執行名義之異議應向行政法院提出），並由該機關之直接上級機關以行政處分決定之（準用行執§9Ⅱ），如有不服者，再向行政法院提起訴訟，以資救濟；反之，執行機關若是法院（行政法院或普通法院），則債務人或利害關係人應向該執行法院聲明異議（關於執行名義之異議應向高等行政法院提出），由該法院以裁定決定之，如有不服，再向其上級法院提起抗告，以資救濟。至於提起之要件及處理方式，大體相同。由於強制執行法對於「聲明異議」之規定較爲詳細，以下僅就準用強制執行法部分論述之，特先敘明。

(一)得聲請或聲明異議之人

依強制執行法第12條之規定，得聲請或聲明異議之人，爲當事人或利害關係人。所謂「當事人」者，通常係指「債權人」及「債務人」，即執行名義之債權人及債務人，包括其繼承人[26]。惟於行政訴訟之強制執行，除金錢給付判決之執行有所謂

---

25 參見李建良，行政訴訟強制執行之救濟體系—以司法執行程序爲中心，東吳法律學報13卷2期，2002年2月，頁31-60。

26 債權人或債務人之繼承人，須於該公法上之義務不具一身專屬性者，始得爲強制執行之債權人或債務人（民§1148Ⅰ參照）。

債權人及債務人之概念外，其餘訴訟強制執行之當事人，須依不同之訴訟類型定之。

於課予義務判決之執行，其當事人為請求核發行政處分之人民及負有作成特定行政處分義務之行政機關；於一般給付判決之執行，其債權人為請求給付之人民或行政機關，債務人則為負有給付義務之人民或行政機關。例如請求行政機關交付特定之檔案文件，以供閱覽，或交付特定房舍，以供居住，債權人為提出申請之人民，債務人則是被請求之行政機關。

利害關係人，係指當事人以外而其法律上之權益因強制執行而受有影響之人。例如第三人占有債務人之動產或不動產，執行法院未經該第三人之同意而對該動產或不動產實施查封，該第三人即得聲明異議。至於事實上之利害關係，則非屬之。

(二)聲請或聲明異議之事由

依強制執行法第12條規定，聲請或聲明異議之事由，有下列四種：

1.對於執行法院強制執行之命令

強制執行之命令，簡稱執行命令，係指於執行程序中，執行法院依強制執行法之規定所發之命令，例如執行法官許可星期日或其他休息日及日出前、日沒後進入住宅實施查封之命令（強執§55）、執行法院就債務人對第三人之金錢債權所為之扣押命令或收取命令（強執§115、§115-1、§115-2）、債務人基於債權或物權，得請求第三人交付或移轉動產或不動產之權利為執行時，執行法院得以命令禁止債務人處分，並禁止第三人交付或移轉，或命第三人將該動產或不動產交與執行法院（強執§116）。執行法院應發上開命令而不發者，當事人或利害關係人得聲請其為之；反之，執行法院不應發而發者，當事人或利害關係人亦得聲明異議，請求除去之。

2.對於強制執行之方法

強制執行之方法，係指執行法官、書記官或執達員實施強制執行所採取之手段或措施，因強制執行類型之不同而有差異。析言之，於課予義務判決之執行或不可替代行為義務之執行，係以怠金為執行方法（強執§128 I）；於金錢給付義務之執行，主要可分為動產之執行與不動產之執行，前者係以查封、拍賣或變賣之方法行之，並佐以標封、烙印、火漆印等方法（強執§45以下規定）；後者則以查封、拍賣、強制管理之方法行之，並佐以揭示、封閉或追繳契據（強執§75以下規定）。於可替代行為義務之執行，係以代履行為執行方法，例如為命第三人代為履行（強執§127 I），或為命債務人或債權人預行支付代履行費用（強執§127 II）等均屬之。

強制執行之方法，如違反法律之規定者，得聲請或聲明異議，例如執行法院對於負有作成特定行政處分之機關，遲遲不為告戒者，亦即定履行期間並宣示逾期不履行將科處怠金，則人民自得向執行法院聲請異議。又如執行法院對於行政機關之公用

財產為查封、拍賣者，行政機關如認為妨礙其公務之推行（強執§122-3Ⅰ），即可向執行法院聲明異議。此外，執行法院或其人員若以法律所定以外之方法實施強制執行者，當事人或利害關係人亦得聲明異議。

3.對於強制執行應遵守之程序

強制執行應遵守之程序，係指執行法院及其人員於實施強制執行行為時，依相關法律所應遵守之程序。於強制執行法之規定，例如執行法院對公法人或行政機關為強制執行時，應先發執行命令，促其於三十日內依照執行名義自動履行或將金錢支付執行法院轉給債權人（強執§122-2）；查封時應製作查封筆錄及查封物品清單（強執§54Ⅰ）；動產、不動產之拍賣，應先期公告（強執§64、§81）[27]；動產、不動產之拍賣，執行處應通知債權人及債務人於拍賣期日到場（強執§63、§113）等。於行政訴訟法之規定，例如執行法院應先定相當期間通知債務人履行；逾期不履行者，始得強制執行（§305Ⅱ）。執行法院未踐行此等程序者，當事人或利害關係人得聲請或聲明異議。

4.對於其他侵害利益之情事

其他侵害利益之情事，係指前述執行命令、執行方法、執行程序等情形以外，其他因強制執行之實施，致當事人或利害關係人之利益受有損害之情形，屬概括性之規定，旨在補充上述例示規定之不足，舉其要者，例如：

(1)無執行名義而為執行，包括完全欠缺執行名義，或執行名義不具效力[28]或未有效成立等情形，例如執行名義尚未確定。蓋執行法院對於執行名義是否發生確定之效力，仍應予以審查[29]。

(2)因假扣押、假處分查封債務人財產後，因政府機關強制購買或徵收，而其價金或補償金等代位物或代替利益已不能達成保全之目的者[30]。

(3)強制執行之實施違反比例原則者，例如對於數量不高金錢給付義務之執行，而對債務人施以拘提管收者[31]。

---

[27] 參見最高法院51年台上字第2945號判例。

[28] 參見最高法院42年台上字第1281號、63年台上字第1700號判例。

[29] 參見最高法院81年台抗字第114號判例。

[30] 參見司法院釋字第504號解釋理由書。

[31] 參見BVerfGE 48, 396; Eberhard Wieser, Der Grundsatz der Verhältnismäßigkeit in der Zwangsvollstreckung, 1989, S. 3 ff。

(三)聲請或聲明異議之程序

1.管轄法院

當事人或利害關係人聲請或聲明異議，應表明異議之理由，以言詞或書面，向執行法院為之，由執行法院裁定之（強執§12II）。執行法院，係指實施強制執行之普通法院民事執行處，而非審理實體爭議之民事庭。就行政訴訟之強制執行而言，此所謂「執行法院」，即指地方行政法院，其若囑託地方法院代為執行者，則為受囑託地方法院之民事執行處。惟須注意者，債務人如係對「執行名義」有異議者，因系爭執行名義通常係由行政法院所為，為避免地方法院民事執行處對該執行名義是否成立之認定，異於行政法院，債務人仍應向為囑託之地方行政法院聲請或聲明異議。

2.聲請或聲明異議之時期

依強制執行法第12條第1項規定，聲請或聲明異議，應於強制執行程序終結前為之。執行程序終結前之「時點」，應視聲請或聲明異議之內容而定。當事人若針對「執行名義」提出異議者，例如債務人以強制執行之公文書不備執行名義之要件，提出異議，則強制執行程序終結前，係指執行名義之執行程序終結前，亦即執行名義所載內容全部實現時為終結[32]；反之，當事人僅針對「標的物」執行提出異議者，例如債務人主張查封之動產為法律上禁止查封之物，提出異議，則強制執行程序終結前，指該執行標的物之執行程序終結前，亦即該動產經拍定，並移轉所有權於買受人時，其執行程序即告終結[33]。

當事人或利害關係人聲請或聲明異議，強制執行不因而停止（強制執行§12 I但），此項規定旨在防止當事人藉由聲明異議以拖延執行。法律未設任何例外規定，對於當事人權益之保障，似有不周。至於強制執行法第18條第2項雖規定，於一定情形下，法院因必要情形或依聲請，定相當並確實之擔保，得為停止強制執行之裁定[34]，惟僅限於「回復原狀之聲請」、「提起再審或異議之訴」、「對於和解為繼續審判之請求」、「提起宣告調解無效之訴、撤銷調解之訴」或「對於許可強制執行之裁定提起抗告」等情形，而不及於「聲請或聲明異議」，故難免會發生裁定前已執行完畢，而無從救濟之漏洞。

(四)異議之裁定與抗告

聲請或聲明異議，由執行法院裁定之（強執§12II），其所應適用之規定，因地

---

[32] 司法院33年院字第2776號解釋（一）。

[33] 司法院33年院字第2776號解釋（六）、（七）；最高法院57年台抗字第555號判例。

[34] 對於此項提供擔保規定之合憲性，請參閱司法院大法官釋字第403號解釋。

方行政法院或普通法院爲管轄法院而有不同，分述如下：

聲請或聲明異議，以地方行政法院爲管轄法院者，關於異議之裁定與抗告，應先依行政訴訟法之規定，於行政訴訟法未有規定時，始準用強制執行法之規定（§306Ⅱ）。換言之，地方行政法院原則上應先適用行政訴訟法第187條以下有關裁定之規定，若有不足，再準用強制執行法之規定。當事人或利害關係人不服地方行政法院對聲請或聲明異議之裁定者，得於裁定送達後十日之不變期間提起抗告（§268），抗告法院爲管轄高等行政法院（§267）。

聲請或聲明異議，以地方法院民事執行處爲管轄法院者，應準用強制執行法及民事訴訟法之規定（強執§30-1）。當事人或利害關係人不服地方法院民事執行處對聲請或聲明異議之裁定者，亦得爲十日內抗告之（強執§12Ⅲ、民訴§487Ⅰ），抗告法院爲管轄高等法院。

就強制執行所爲之聲請或聲明異議，執行法院應迅速裁定，如認爲不合法或無理由者，應以裁定駁回之；如認爲有理由者，應以裁定將原處分或程序撤銷或更正之（強執§13Ⅰ）。執行法院於撤銷或更正之裁定確定前，因必要情形或依聲請定相當並確實之擔保，得以裁定停止該撤銷或更正裁定之執行（強執§13Ⅱ）。裁定原則上不待確定即具有執行力，但撤銷或更正原處分或程序之裁定，如一概均予付諸執行，倘其裁定有誤，經抗告法院廢棄者，則已撤銷或更正之處分或程序，即有難於回復之虞。爲保障當事人或利害關係人之權益，宜由執行法院審酌事件之個別情形，裁定在該撤銷或更正裁定確定前，停止執行。又此項停止執行之裁定，僅爲停止該撤銷或更正裁定停止執行之暫時性權宜措施，當事人如有不服，應針對撤銷或更正裁定提出抗告，而不得對此裁定提出抗告（強執§13Ⅲ）。

不服執行法院對聲請或聲明異議之裁定者，得提起抗告，其內容包括因執行法院對聲請或聲明異議所爲之裁定，而受不利益之當事人或利害關係人，不以原聲請或聲明異議者爲限。當事人或利害關係人提起抗告時，執行法院除認抗告爲有理由，將原處分或程序撤銷或更正外，應速將執行卷宗送交抗告法院，如該卷宗爲執行法院所需用者，應自備影本、繕本或節本（辦理強執事件應行注意事項§5(二)）。抗告法院認爲抗告爲不合法或無理由者，應爲駁回抗告之裁定；認爲抗告有理由者，應廢棄原裁定，自爲裁定或令原法院更爲裁定（§272、強執§30-1、民訴§492）。

附帶說明者，執行法院所實施之方法中，有以裁定之形式爲之者，例如裁定命付強制管理或爲怠金之裁定，亦有不以裁定形式爲之者，例如實施查封。對於後者，當事人得以聲請或聲明異議救濟之，固無疑問；對於前者，究應聲明異議，抑或對該裁定提起抗告，非無爭議。實務上對於命強制管理之裁定，認爲係屬強制執行之方法，對此裁定如有不服，僅得依強制執行法第12條第1項向執行法院聲明異議，而不得對

之提起抗告[35]。學者看法不同，有主張應提起抗告[36]；亦有主張以執行法院於裁定前是否訊問當事人而異其救濟方法，若未爲訊問者，則聲明異議，反之，若已爲訊問者，則向上級法院提起抗告[37]。按強制執行法第12條第1項規定得聲請或聲明異議者，厥爲「執行法官、書記官、執達員實施強制執行之方法」，至於其形式則未有所限定。同條第2項規定，此等異議由執行法院（執行處）裁定之，旨在配合強制執行貴在迅速之特性，而由執行法院對於執行方法之適法性，直接予以反應、處理。準此以言，本文認爲，關於強制執行方法之爭議，無論其形式如何，均應統以聲請或聲明異議救濟之，於執行法院爲裁定後，如有不服，再提起抗告[38]，以免造成程序上之歧異，並符合立法之意旨。

> **第307條**（有關強制執行之訴訟之受理法院）
> 債務人異議之訴，依作成執行名義之第一審行政法院，分別由地方行政法院或高等行政法院受理；其餘有關強制執行之訴訟，由普通法院受理。

❖立法說明❖

一、1998年10月28日立法理由

債務人異議之訴係對於執行名義所示之實體請求權有所爭執，此項公法上權利義務之爭執，自應由高等行政法院受理。至於其餘有關強制執行之訴訟，例如第三人異議之訴、參與分配之訴，分配表異議之訴、關於外國船舶優先權之訴及債權人對第三人之聲明認爲不實之訴等，則係就執行標的物或執行債權之歸屬等之爭執，性質上純屬私權之爭訟，自宜由普通法院受理，爰設本條，俾有依據。

二、2011年11月23日立法理由

債務人異議之訴係對於執行名義所示之實體請求權有所爭執，此項公法上權利義務之爭執，自應由行政法院受理。惟地方法院設置行政訴訟庭後，債務人異議之訴，究竟應由地方法院行政訴訟庭受理，抑或由高等行政法院受理？恐生爭執。爲求程序明確，爰於本條明定，債務人異議之訴，依其執行名義係適用簡易訴訟程序或通常訴

---

[35] 最高法院30年抗字第50號、58年台抗字第436號、67年台抗字第574號判例。
[36] 參見陳世榮，強制執行法詮解，1988年修訂版，頁129。
[37] 參見張登科，強制執行法，2012年修訂版，頁148。
[38] 參見陳榮宗，強制執行法，2000年2版，頁150。

訟程序，分別由地方法院行政訴訟庭或高等行政法院受理，亦即，原執行名義係適用簡易訴訟程序之判決者，債務人異議之訴即由地方法院行政訴訟庭依簡易訴訟程序審理；原執行名義係適用通常訴訟程序之判決者，債務人異議之訴即由高等行政法院依通常訴訟程序審理。

三、2022年6月22日立法理由

配合第104條之1關於地方行政法院與高等行政法院管轄適用通常訴訟程序事件之分工，債務人異議之訴，依作成執行名義之第一審行政法院（適用簡易訴訟程序或通常訴訟程序之地方行政法院，或適用通常訴訟程序之高等行政法院），分別由地方行政法院或高等行政法院依各該訴訟程序受理，爰酌作文字修正。

❖內容解析❖

近代強制執行制度係採「執行機關」與「權利判定機關」（執行名義作成機關）分離制度，執行機關僅得依據執行名義強制執行，至於執行名義所載請求權是否存在，則不負審查之責。執行名義所載權利自始不存在，或其後消滅，執行機關仍得依該執行名義開始或續行執行，雖難認其行為違法，惟終究與強制執行之本旨有所未合，且對人民權利造成侵害，故有救濟之必要。此種於強制執行程序中所生實體法上爭議之救濟制度，有二種情形：

一、執行名義成立後，債權人之債權已經消滅，執行法院如仍依債權人提出之執行名義強制執行時，債務人得向法院提起異議之訴，以排除該執行名義之執行力，一般稱為「債務人異議之訴」。

二、執行法院以債務人占有之財產為其所有而為執行，然實際上該財產係第三人所有，或該第三人就執行標的物有足以排除強制執行之權利，於此情形，得由該第三人向法院提起異議之訴，以資救濟，一般稱為「第三人異議之訴」。

以上兩種執行異議之訴，行政訴訟法僅就債務人異議之訴，於第307條設有明文；第三人異議之訴部分，則以「性質上純屬私權之爭訟，自宜由普通法院受理」（參見立法理由）為由，未予規定。然因行政訴訟之強制執行的執行機關是地方行政法院，而非普通法院，行政訴訟強制執行所生之第三人異議之訴，是否皆與行政法院無關，不無疑問，值得探討，故以下亦論及第三人異議之訴。又，最高行政法院97年5月份第1次庭長法官聯席會議(一)決議：「按行政執行名義成立後，如有消滅或妨礙債權人請求之事由發生，不論其執行名義為何，於強制執行程序終結前應許債務人提起異議之訴，以排除強制執行。行政訴訟法第三百零七條前段規定：『債務人異議之訴，由高等行政法院受理』，應認其係屬行政訴訟法關於債務人異議訴訟類型之規定。雖該條係列於同法第八編，但既未明定僅以同法第三百零五條第一項或第四項規

定之執行名義爲強制執行者爲限，始有其適用，則行政處分之受處分人，於行政機關以行政處分爲執行名義行強制執行時，如於執行名義成立後有消滅或妨礙債權人請求之事由發生，亦得於強制執行程序終結前，向高等行政法院提起債務人異議之訴。」將行政訴訟法第307條規定「適用」於行政強制執行程序中，造成行政訴訟裁判之強制執行與行政處分之強制執行體系之紊亂，殊值商榷[39]。由於行政執行所生之債務人異議之訴，非屬行政訴訟強制執行之範疇，故不論之。

除上述救濟類型外，於強制執行法中尚有若干救濟之規定，諸如：分配表異議之訴（強執§41Ⅰ前段）、關於外國船舶優先權之訴（強執§114-3），以及債權人對第三人之聲明認爲不實之訴（強執§120Ⅱ）等，茲分述之：

一、債務人異議之訴

(一)債務人異議之訴之原告與被告

債務人異議之訴，係以訴訟之方式，解決執行名義之實體法上爭議，故有原告與被告之存在。債務人異議之訴之原告，原則上爲執行名義所示之債務人（強執§14Ⅰ），可能是公法人或行政機關，亦可能是人民，端視執行名義之內容而定。

執行名義如爲確定終局判決者，除當事人外，對於下列之人亦有效力：1.訴訟繫屬後爲當事人之繼受人及爲當事人或其繼受人占有請求之標的物者；2.爲他人而爲原告或被告者之該他人及訴訟繫屬後爲該他人之繼受人，及爲該他人或其繼受人占有請求之標的物者（強執§4-2Ⅰ、民訴§401）。此等債務人之繼受人，或其他因執行名義執行力之擴張而應受強制執行之人，亦得爲本訴之原告。上述情形通常僅發生於給付判決或假扣押裁定之強制執行。課予義務判決之執行，通常不生義務繼受之問題。至於給付判決所示公法上義務是具有可繼受性，仍須依各該實體法規定判別之。

債務人異議之訴之被告，原則上爲執行名義所示之債權人（強執§14Ⅰ），債權人之繼受人，或其他因執行名義執行力之擴張而得聲請強制執行之人，亦得爲本訴之被告。債權人有數人時，是否須爲共同被告，視債權人之間是否屬於必要共同訴訟之關係而定。

(二)提起債務人異議之訴之事由

依強制執行法第14條第1項規定，得提起債務人異議之訴之事由，主要有二：

1.消滅債權人請求之事由

指足以使執行名義所示之請求權及執行力，全部或一部歸於消滅之事由。例如清

---

[39] 參見李建良，試論行政執行之債務人異議之訴──兼評最高行政法院97年5月第1次庭長法官聯席會議，湯德宗、王碧芳主編，2008行政管制與行政爭訟，2009年11月，頁12-166。

償[40]、抵銷[41]、免除、消滅時效完成[42]、行政契約之解除或終止[43]等；又如行政機關已作成課予義務判決所示之行政處分者，亦屬之。

2.妨礙債權人請求之事由

指足以使執行名義所示之請求權，暫時不能行使，或使執行力暫不生效力之事由。例如同意延期清償，債務人行使同時履行抗辯權。

上開異議事由，例如時效消滅，原則上須發生在執行名義成立之後，始得提出異議之訴[44]。析言之，執行名義如為確定判決者，異議之事由須發生在確定判決事實審言詞辯論終結之後，亦即如以裁判為執行名義時，其為異議原因之事實，須發生在前訴訟言詞辯論終結之後，始得主張（強執§14Ⅰ後段）；如係其他執行名義，例如以約定自願受強制執行之行政契約為執行名義者，則異議原因之事由須發生在行政契約締結之後。至於既判力基準時之前已存在之事由，不問債務人是否知悉，有無主張，皆不能於債務人異議之訴，再為主張[45]。

異議之事由若涉及抵銷權或解除權等形成權，而抵銷或解除之原因發生在執行名義成立之前者，得否於執行名義成立後主張之，學說上有不同見解。就抵銷權而言，一般認為，抵銷並非雙方當事人於債務適合抵銷時，必須由當事人之一方對他方為抵銷之意思表示，始生抵銷之效力（參照民§335Ⅰ），而非當然發生抵銷之效力。是以，於訴訟事實審言詞辯論終結前雖有適合抵銷之情形，但於言詞辯論終結後，始為抵銷之意思表示者，仍得作為提出異議之訴之理由[46]。就解除權而言，有認為與抵銷權同，於執行名義成立後行使者，仍得提起本訴[47]。惟有認為解除權之行使，於言詞辯論終結後，應受既判力之阻卻，故不得再提起異議之訴，以為主張[48]。本文認為，抵銷權及解除權，皆屬形成權，其是否行使，非他方所能預見，為維護被執行人之權益，該等權利於執行名義成立後始行使者，仍得提起本訴以主張之。

---

[40] 例如行政法院判決命行政機關返還人民溢繳之稅款，於強制執行程序中，該機關已經返還者；或行政法院判決命人民返還溢領之公費，於強制執行程序中，該人民已經返還。

[41] 例如事業以營業總機構之「留抵稅額」抵扣分支機構之營業稅款，最高行政法院認為得類推適用民法第335條第1項有關「抵銷」規定，發生抵銷之效力。請參閱最高行政法院90年判字第947號判決。

[42] 參見行政程序法第131條以下規定。

[43] 例如依行政程序法第146條第1項規定終止行政契約。

[44] 最高法院66年台上字第2488號判例。

[45] 張登科，強制執行法，2012年修訂版，頁166-167。

[46] 陳世榮，強制執行法詮解，1988年修訂版，頁151；楊與齡，強制執行論，頁230；張登科，前揭書，頁161；最高法院29年上字第1123號判例。

[47] 楊與齡，前揭書，頁230。

[48] 陳世榮，強制執行法詮解，1988年修訂版，頁151；張登科，強制執行法，2012年修訂版，頁169。

　　另外，債權人若對債務人之繼受人，或其他因執行名義執行力之擴張而應受強制執行之人，聲請強制執行，如受執行人主張非執行名義效力所及者，亦得於強制執行程序終結前，向執行法院對債權人提起異議之訴（強執§14-1Ⅰ），對此有學者稱爲「執行當事人不適格之訴」[49]。

(三)提起債務人異議之訴之程序

1.管轄法院

　　債務人異議之訴，旨在排除執行名義之執行力，而非針對執行法院之執行行爲，故此一訴訟應向掌理實體權利裁判之法院提起。關於債務人異議之訴之管轄法院，強制執行法原未設規定，如何定其管轄，嘗有爭議，學說及實務見解不一。爲杜爭議，並求明確，1996年1月9日修正公布之強制執行法第14條第1項明定以「執行法院」爲管轄法院，俾免債務人奔波於執行法院與受訴法院之間。此處所謂之「執行法院」，係指執行法院之民事庭，而非民事執行處。於行政訴訟之強制執行，則指地方行政法院。

　　債務人異議之訴，係對執行名義所示之實體請求權有所爭執，於行政訴訟之強制執行，則是涉及公法上之爭議，不宜由普通法院民事庭掌理，此所以本條前段規定：債務人異議之訴，「分別由地方行政法院或高等行政法院受理」。是以，地方法院民事訴訟庭若囑託民事執行處代爲執行者，債務人異議之訴仍由行政法院受理之。又，強制執行法第14條第1項規定，受理債務人異議之訴之法院爲「執行法院」，而非系爭實體權利事項之管轄法院。反觀行政訴訟法第305條及第307條規定之「執行法院」僅地方行政法院，則適用通常訴訟程序之執行名義所生債務人異議之訴，由高等行政法院（系爭實體權利事項之管轄法院）受理，此爲行政訴訟強制執行與民事強制執行不同之處，允宜注意。

2.起訴之時期

　　強制執行法第14條第1項前段規定：「執行名義成立後，如有消滅或妨礙債權人請求之事由發生，債務人得於強制執行程序終結前，向執行法院對債權人提起異議之訴。」依此規定，債務人異議之訴須於「強制執行程序終結前」提起。按債務人異議之訴係以排除執行名義之執行力爲目的，執行程序若已終結，自無爲異議之訴裁判之必要，故起訴前執行程序雖尚未終結，但於判決確定前執行程序已終結者，解釋上亦不得提起異議之訴[50]，於此情形，執行法院應以裁定駁回之。

49　張登科，前揭書，頁177。
50　張登科，前揭書，頁173。

執行程序終結，係指執行名義之強制執行程序終結而言，亦即執行名義所載內容全部實現時，始爲終結，若僅對某一標的物強制執行完畢，例如金錢給付義務之強制執行，拍賣某一不動產，其價額尚不足以清償債務，該執行程序尚未終結，債務人仍得提起異議之訴[51]。提起債務人異議之訴，如有多數得主張之異議原因事實，應一併主張之。未一併主張者，不得再行提起異議之訴（強執§14Ⅰ）。

(四)債務人異議之訴之審理與裁判

債務人異議之訴之審理程序，與一般訴訟事件之審理程序相同，應按其性質分別依簡易訴訟事件或通常訴訟事件之程序審理、判決。債務人提起訴訟時，不停止強制執行。但行政法院因必要情形或依聲請定相當並確實之擔保，得爲停止執行之裁定（準用強執§18）。

債務人異議之訴無理由者，應駁回原告之訴；反之，債務人異議之訴有理由者，應宣告不許就該執行名義之全部或一部爲強制執行，或宣告暫時不許就該執行名義之全部或一部爲強制執行。此項異議之訴有理由之判決確定後，系爭執行名義之執行力，即告喪失。債務人得據以請求執行法院停止強制執行，並撤銷已爲之執行處分。惟異議之訴有理由之確定判決，僅就執行名義所載債權未因強制執行達其目的之部分，得排除其執行力，至於強制執行程序業已終結部分之執行處分，則不得據以撤銷[52]。

債權人對債務人之繼受人，或其他因執行名義執行力之擴張而應受強制執行之人，聲請強制執行者，如受執行人主張非執行名義效力所及者，得於強制執行程序終結前，向行政法院對債權人提起異議之訴（準用強執§14-1Ⅰ）。行政法院如認爲執行事件之債權人或債務人非執行名義效力所及者，得以裁定駁回強制執行之聲請。債權人如有不服，得於裁定送達後十日內之不變期間內，向行政法院對債務人提起「許可執行之訴」（準用強執§14-1Ⅱ），以解決執行當事人是否爲執行名義效力所及之實體上爭執。

二、第三人異議之訴

(一)第三人異議之訴之原告與被告

第三人異議之訴之原告，爲執行名義效力所不及之人，且對於標的物具有足以排除強制執行之權利。第三人之債權人，爲保全其權利，亦得代位第三人提起異議之訴。

---

[51] 司法院33年院字第2776號解釋（一）。
[52] 同上註。

第三人異議之訴之被告，爲執行債權人或其繼受人；債務人否認第三人之權利時，並得以債務人爲被告（強執§15後段），第三人以債權人及債務人爲共同被告提起訴訟，在性質上並非固有之必要共同訴訟[53]，蓋債務人否認其權利，第三人以之爲被告提起訴訟，係對債務人請求確認其權利或請求交付該標的物，與對債權人提起，係爲排除強制執行有所不同。惟實務上則認爲是類似必要共同訴訟[54]。

(二)提起第三人異議之訴之事由

強制執行法第15條：「第三人就執行標的物有足以排除強制執行之權利者，得於強制執行程序終結前，向執行法院對債權人提起異議之訴。如債務人亦否認其權利時，並得以債務人爲被告。」所謂第三人就執行標的物有足以排除強制執行之權利，係指第三人對於執行標的物具有一定之權能，而對強制執行之實施無忍受之義務者，其主要係指對於執行標的物有所有權、典權、留置權或質權等情形[55]，此外，尚包括地上權、不動產役權等權利。至於「占有」得否爲異議之事由，學說持肯定見解[56]，實務則採否定見解[57]。第三人是否具備此種權能而得以提起異議之訴，須視各別執行行爲之態樣而定。

(三)提起第三人異議之訴之程序

1.管轄法院

第三人異議之訴，其程序與一般訴訟同，惟訴訟標的之價額，以主張有排除強制執行權利之財產權價額爲準。第三人提出異議之訴，應向執行法院爲之（強執§15）。執行法院，係指執行處所屬法院之民事庭，蓋第三人異議之訴之事由，係屬實體法上權利存否之爭議，應由民事庭審理之。又行政訴訟之強制執行，雖係針對公法上之權利義務，惟第三人異議訴訟，本質上仍屬私權之爭執，似應由普通法院受理。此與涉及執行名義之爭執，屬於公法上爭議，而由行政法院審理，有所不同。

惟須說明者，行政法院若自爲執行者，由於普通法院並非「執行法院」，而行政法院又不審理第三人異議之訴，則如何定其管轄法院，頗滋疑義。於此情形，應視該第三人所主張實體權利之內容，依一般民事訴訟管轄之規定，以定其管轄法院。

---

[53] 陳世榮，強制執行法詮解，1988年修訂版，頁167；陳榮宗，強制執行法，2000年2版，頁184。
[54] 最高法院63年2月26日民庭庭推總會決議。
[55] 最高法院44年台上字第721號判例。
[56] 陳榮宗，強制執行法，2000年2版，頁200；張登科，強制執行法，2012年修訂版，頁197-198。
[57] 最高法院44年台上字第721號判例。

2.提出之時期

債務人異議之訴，係以全面排除執行名義之執行力為目的，而第三人異議之訴，則僅局部排除對特定財產之強制執行為目的。如前所述，債務人異議之訴，得於強制執行開始前提起。然第三人異議之訴，可否於強制執行程序前提起，須分別情形定之：於金錢債權之強制執行，在執行法院開始執行前，為執行對象之財產，尚未特定，並不發生特定財產排除強制執行之問題，故不得提起之；反之，於特定物交付之強制執行，執行名義之執行對象已經特定，且特定物交付之強制執行，一旦開始，迅即終結，如須待強制執行開始後始得提起，勢將無從救濟，故有必要於強制執行開始前，提起第三人異議之訴，以阻止強制執行之進行[58]。惟實務上則認為，第三人於強制執行開始前，因某項財產有被執行之虞，預先提起訴訟，則該起訴之目的，仍屬確認之訴，而非所謂執行異議之訴[59]。

(四)第三人異議之訴之審理與裁判

第三人異議之訴之審理，以原告對執行標的物有無排除強制執行之權利為主，而不得審理執行債權是否存在。第三人提起異議之訴，原則上不停止執行，但受訴法院（執行法院）因必要情形或應聲請定相當擔保，得為停止強制執行之裁定（強執§18 II）。茲有疑問者，第三人異議之訴涉及私權爭議，似應由普通法院受理。然行政訴訟強制執行之執行法院為地方行政法院，而非普通法院民事庭，後者是否有權為停止強制執行之裁定？能否拘束地方行政法院？存有疑義，應修法明定為宜。

第三人異議之訴無理由者，應駁回其訴，惟其性質屬於訴訟法上之異議權，就實體法上之權利關係不生既判力，原告於敗訴確定後，仍得依據實體法上之基礎，再為主張。第三人異議之訴有理由時，應判決不許對特定財產為強制執行。此項異議之訴有理由之判決確定後，系爭執行名義之執行力，即告喪失。債務人得據以請求執行法院停止強制執行，並撤銷已為之執行處分。惟異議之訴有理由之確定判決，僅就執行名義所載債權未因強制執行達其目的之部分，得排除其執行力，至於強制執行程序業已終結部分之執行處分，則不得據以撤銷。

三、其他有關強制執行之救濟問題

除第三人異議之訴外，其他有關強制執行之訴訟，依行政訴訟法第307條規定之立法理由，尚有參與分配之訴，分配表異議之訴、關於外國船舶優先權之訴，以及債權人對第三人之聲明認為不實之訴等，此等訴訟亦屬私權之爭訟，故由普通法院受理

---

[58] 陳世榮，強制執行法詮解，1988年修訂版，頁179。
[59] 最高法院20年上字第1990號判例。

之。茲分述如下：

(一)參與分配之訴

債權人依據金錢債權之執行名義，聲請就債務人之財產強制執行後，他債權人向執行法院請求就執行所得之金額，同受清償之意思表示，謂之「參與分配」。依（舊）強制執行法第34條規定，有執行名義及無執行名義之債權人，均可參與分配，惟債權人或債務人對於無執行名義之債權人聲明參與分配，得提出異議，該債權人如仍欲參與分配者，應於十日內對異議人另行起訴（舊強制執行§36），謂之「參與分配之訴」。由於允許無執行名義之債權人參與分配，易使債務人與第三人勾結，以虛偽之債權參與分配，輒使真正債權人之債權落空，新法爰將無執行名義者亦得參與分配之規定，予以刪除，從而亦不再有所謂「參與分配之訴」。

(二)分配表異議之訴

強制執行所得之金額，如有多數債權人參與分配時，執行法院應作成分配表（強執§31前段），以作為實施分配之依據。債權人或債務人如認分配表上記載之債權存否、範圍及順位等實體事由不服者，應對分配表聲明異議（強執§39 I）。執行法院對於前項異議認為正當者，而到場之債務人及有利害關係之他債權人不為反對之陳述或同意者，應即更正分配表而為分配（強執§40 I），並終結異議。異議未終結者，為異議之債權人或債務人，得向執行法院對為反對陳述之債權人或債務人提起「分配表異議之訴」（強執§41 I前段），以求判決變更原分配表之金額，或撤銷原分配表重新製作分配表。但債權人對於稅捐等公法上金錢給付之債權，如對其優先次序不服者，固得聲明異議，但不得以稅額之存在或課稅處分之當否為理由，對分配表提起異議之訴。蓋此項爭執屬於行政訴訟之範疇，非民事法院所能救濟[60]。

(三)關於外國船舶優先權之訴

外國船舶停泊於我國港口，或航行於我國領海內，依屬地主義之原則，為我國之法權所及，故外國船舶在我國進行強制執行程序，例如拍賣，應依我國強制執行法之規定，而非適用外國船籍國法之強制執行程序。惟拍賣後之優先權、抵押權之債權額及其優先受償之次序，則依船籍國法之規定。當事人對於優先權與抵押權之存在所擔保之債權額或優先次序有爭議者，應由主張有優先權或抵押權之人，訴請執行法院裁判（強執§114-3）。

---

[60] 張登科，強制執行法，2012年修訂版，頁526。另參見陳計男，行政訴訟法釋論，2000年初版，頁773。

(四)債權人對第三人之收取訴訟

　　就債務人對於第三人之金錢債權為執行時，執行法院應發扣押命令禁止債務人收取或為其他處分。執行法院得詢問債權人意見，以命令許債權人收取，或將該債權移轉於債權人，或命第三人向執行法院支付轉給債權人（強執§115Ⅰ、Ⅱ）。第三人於接到執行法院前述命令後，不承認債務人之債權或其他財產權之存在或數額有爭議時，應於法定期限內，以書面聲明異議（強執§119Ⅰ），執行法院應通知債權人。債權人如認為債務人之聲明異議不實者，得於收受通知後十日內向管轄法院提起訴訟，請求法院判命第三人為給付之訴訟（強執§120Ⅱ）。

第307條之1（準用之規定）
民事訴訟法之規定，除本法已規定準用者外，與行政訴訟性質不相牴觸者，亦準用之。

❖立法說明❖

　　一、本條新增。

　　二、行政訴訟法準用民事訴訟法之方式，原係採取列舉準用，除在個別法條明定準用民事訴訟法之法條外，並在個別編章節末以一條文列舉準用民事訴訟法之法條。此方式固有助於法律明確性及可預見性，惟有掛一漏萬之虞，又無法及時因應民事訴訟法之修正。再者，因採取列舉準用而排除類推適用，則行政訴訟法將無法因應民事訴訟法立法變動及理論發展。爰參酌德、日立法例，增訂概括性準用規定。增訂本條後，本條之前之準用規定即為例示規定，自不待言。

❖內容解析❖

一、沿革概述

　　行政訴訟準用民事訴訟法之規定，為我國行政訴訟立法的向例，造肇始於1932年11月17日國民政府制定公布之行政訴訟法第26條規定：「本法未規定者準用民事訴訟法。」採概括準用之立法例。嗣國民政府二次修法，僅增標點，未動文字。「本法未規定者，準用民事訴訟法。」之規定沿襲至1975年12月12日公布全文修正之行政訴訟法（下稱舊行政訴訟法）第33條。

　　1998年10月28日公布、2000年7月1日施行之行政訴訟法，為我國行政訴訟制度之重大變革，條文數目由原來的34條增加為308條，條文結構、章節編列、訴訟類型

及訴訟程序迥異於前，概括準用民事訴訟法之規定亦遭刪除，易之以列舉準用規定，於各編[61]章節[62]之末或條文間[63]明定準用民事訴訟法之條文，或為雙重之準用指示規定[64]。

　　2010年1月13日修正公布之行政訴訟法，主要配合其間多次修正之民事訴訟法規定，檢討並增列各章節準用民事訴訟法之條文，同時新增第307條之1（下稱本條）概括準用民事訴訟法之規定，成為既有列舉又有概括準用之特殊立法方式[65]。

二、立法體例

　　綜觀立法沿革，行政訴訟準用民事訴訟法規定之立法例，從概括準用，歷列舉準用，再為既列舉又概括，其間涉及行政訴訟的制度演變、與民事訴訟法之制度關連，以及法律解釋與法學方法等課題，值得探索與細究。

　　舊行政訴訟法僅有以行政處分為程序標的之撤銷訴訟，其採概括準用之立法例，雖無掛一漏萬之虞，規範意義實則不大，亦較不生準用之疑問。蓋行政處分為公法領域特有之制度，以行政處分為標的之爭訟（包含訴願），未見於民事訴訟法，鮮有得準用之規定。加以舊行政訴訟程序一級一審，無上訴或抗告制度，民事訴訟法相關規定亦無從準用。最高行政法院44年裁字第46號判例謂：「行政訴訟法所未規定者，始準用民事訴訟法。按對於行政法院之裁判，不得上訴或抗告，行政訴訟法第三條既定有明文，是民事訴訟法第四百七十九條所謂對於裁定得為抗告之規定，在行政訴訟自無準用之餘地。」乃當然之理[66]。至「行政訴訟法所未規定者，始準用民事訴訟法」云云是否允妥，涉及準用之規範意涵暨法律解釋方法問題，容後究論。

　　2000年7月1日施行之新行政訴訟法，改採列舉準用方式，考其緣由，似在彰明行政訴訟與民事訴訟本質上之差異[67]，限縮行政訴訟法準用民事訴訟法之範圍，並減少準用上之疑義。不過，此種立法方式，頗值商榷[68]。一則，逐條列舉，難免疏漏，甚或錯誤，非無可能；二則，民事訴訟法若有修改，行政訴訟法準用規定勢須隨之修

---

[61] 第272條、第303條。

[62] 第18條、第28條、第36條、第48條、第56條、第83條、第104條、第115條、第131條、第132條、第176條、第186條、第217條、第218條、第237條。

[63] 第59條、第60條第3項、第136條、第161條。

[64] 例如第263條規定：「除本編別有規定外，前編第一章及第五章之規定，於最高行政法院上訴審程序準用之。」除指示準用前編第一章及第五章之行政訴訟法規定外，尚包括準用前編第一章準用民事訴訟法之規定。

[65] 修正總說明之修正要點第9點稱此為「例示準用民事訴訟法之立法方式」。

[66] 陳榮宗，強制執行法，2000年2版，頁464。

[67] 參見司法院行政訴訟制度研究修正資料彙編（一），司法院編印，頁986以下。

[68] 參見李建良，臺灣行政訴訟法制之沿革、演進與發展課題，收錄於：湯德宗、王鵬翔主編，2006兩岸四地法律發展（上冊），2007年8月，頁321-323。

法，以免準用上之間隙或疑義[69]。動輒修法，徒費立法成本，且難保無立法懈怠；三則，列舉準用同時構成準用之「限制」。蓋本於「明示其一，排除其他」之法理，未列舉準用之民事訴訟法規定，理論上應排除準用。然是否完全阻絕類推適用之可能，在立法論或解釋論上均存有斟酌之餘地[70]，此所以有本條之所由設，避免掛一漏萬，並能及時因應民事訴訟法之修正。

本條屬概括之準用條款，適用範圍及於所有行政訴訟事項，不以強制執行為限，本條位於「第八編強制執行」，體例上殊有未洽，允宜移至第九編附則。

三、準用原則

以「準用」民事訴訟法補充行政訴訟法規定之不足，立法者採先列舉、後概括之立法例，有其特殊之立法說明因素，已見前述。立法理由謂：「增訂本條後，本條之前之準用規定即為例示規定」，良有以也。實則，所謂「準用」，指法律明文授權將某法定案例類型的規定，移轉適用於另一類型之上，包括構成要件的準用及法律效果的準用二種，法學方法論上稱之為「引用性法條」（verweisende Rechtssätze）[71]，故準用與所謂「類推適用」之間並無本質上之差別，端視法律有無明文之指示。換言之，準用乃是「法律明定之類推適用」或「授權式類推適用」[72]。是以，行政訴訟法中明文準用民事訴訟法之條文，不問稱之為「列舉」或「例示」，均須遵循「類推適用」之解釋法則，而不能直接「適用」之。

類推適用乃是一種比附援引的解釋方法，將法律對特定案例所作明文規定，輾轉適用到法律未設規定之案例類型上。具體言之，法律的類推適用，以「法律的不完備性」為前提，法律漏未規定或有意省略規定之案例類型，須與法律明文規定的案型類型之間具備相同性或類似性。類似性的判斷，則是本諸法律意旨（ratio legis），先找出法律明文規定的「關鍵性要件特徵」，再比對法律漏未規定的案例類型是否具備該等特徵，若然，則可謂與該規定直接適用的案例類型係屬同類，進而得為該規定類推適用的對象。以類推適用作為補充法律的方法，基本上是本於平等原則「相同之案型，應為相同處理」的法理；相對而言，準用則是依照法律的指示而為法條的援用，惟在操作上，準用條款的運用，仍須注意「擬處理案型」與「被準用法條所規範案型」之間的類似性問題。換言之，準用規定的設置，意味著立法者已先認定「為擬處

---

[69] 行政訴訟法於1998年修正公布、尚未施行之前，民事訴訟法即於1999、2000年兩度大幅修正，連帶影響行政訴訟法準用民事訴訟法之規定，足為殷鑑。

[70] 參見彭鳳至，行政訴訟法準用民事訴訟法立法方式的商榷—兼論民事訴訟法本次修正對於行政訴訟法適用的影響，法官協會雜誌3卷1期，2001年6月，頁257以下。

[71] 參見Karl Larenz, Methodenlehre der Rechtswissenschaft, 6. Aufl., 1991, S. 206 f。

[72] 參見王澤鑑，同時履行抗辯權：民法第264條規定之適用、準用與類推適用，民法學說與判例研究，第6冊，1994年8版，頁177。

理的案型」與「被準用法條所規定的案型」之間的類似性，但不表示適用法律者在具體個案上不用再斟酌其間的類似性問題。

準上以言，本條規定：「民事訴訟法之規定，除本法已規定準用者外，與行政訴訟性質不相牴觸者，亦準用之。」其中「與行政訴訟性質不相牴觸者」為準用民事訴訟法之基本原則，不僅適用於本條之概括準用，於本法已規定準用者，亦須注意及此。以下僅舉犖犖二端，析述如下：

其一，準用所應填補的「法律不完備性」必須是「違反立法計畫的法律不完備性」，若為有待改進的法政策缺失或屬立法形成自由之範疇，則非能以本條之概括準用填補之。例如行政訴訟法第107條第3項規定：「原告之訴，有下列各款情形之一者，行政法院得不經言詞辯論，逕以判決駁回之。但其情形可以補正者，審判長應先定期間命補正：一、除第二項以外之當事人不適格或欠缺權利保護必要。二、依其所訴之事實，在法律上顯無理由。」同樣規定亦見於民事訴訟法第249條第2項：「原告之訴，有下列各款情形之一者，法院得不經言詞辯論，逕以判決駁回之。但其情形可以補正者，審判長應定期間先命補正：一、當事人不適格或欠缺權利保護必要。二、依其所訴之事實，在法律上顯無理由。」內容幾乎相同（除「行政」二字之差）。2003年2月7日修正公布之（舊）民事訴訟法於同條新增第3項、第4項：「前項情形，法院得處原告新臺幣六萬元以下之罰鍰。前項裁定得為抗告，抗告中應停止執行。[73]」新增規定旨在防止當事人濫訴，既不在條列之準用規定，亦得經由本條規定準用之。

其二，行政訴訟制度基本上是行政實體法之延伸，與行政實體法上之制度互有關聯，行政處分制度與行政訴訟之關係，尤其然也。行政處分的概念及存否是決定行政訴訟類型的重要前提，與行政處分相關聯之訴訟類型，有撤銷訴訟、課予義務訴訟、行政處分無效確認訴訟、行政處分違法確認訴訟。後二種訴訟為民事訴訟所無，以行政處分為程序標的之撤銷訴訟，亦與民事訴訟之形成訴訟，迥然有別，於準用民事訴訟法之相關規定時，應予注意。例如行政訴訟法第125條第1項規定：「行政法院應依職權調查事實關係，不受當事人主張之拘束。」同法第133條規定：「行政法院應依職權調查證據。」同法第132條規定民事訴訟法第268條之2及第276條準用之。綜合以上規定之意旨，似可得出行政法院應依職權調查事實及證據，同時有依聲請或依職權促使當事人履行訴訟程序上協力義務（否則發生失權效果）之權限。此一經由準用民事訴訟規定之訴訟審理原則，運用於以行政處分（尤其是罰鍰處分）為程序標的之撤銷訴訟時，須注意到行政處分之制度特性及行政處分所應遵守之正當程序

---

[73] 此二項於2021年1月20日修正移列為民事訴訟法第249條之1：「前條第一項第八款，或第二項情形起訴基於惡意、不當目的或有重大過失者，法院得各處原告、法定代理人、訴訟代理人新臺幣十二萬元以下之罰鍰。……」

原則（包括行政機關之職權調查及舉證義務）。蓋撤銷訴訟旨在除去違法行政處分之效力。行政處分之作成，尤其是干預性之不利處分或裁罰處分，行政機關就其基礎事實之存在負有舉證責任，且須載明事實、理由及其法令依據[74]。是以，於撤銷訴訟之審理程序中，行政法院首應審究的是，作成系爭處分之行政機關是否善盡調查義務及舉證責任？系爭處分是否充分載明事實、理由及其法令依據？若否，則行政法院即應以系爭行政處分違法為由，判決撤銷之[75]。於此並無準用民事訴訟法第268條之2及第276條規定，依聲請或依職權促使當事人（尤其被告機關）履行訴訟程序上協力義務之餘地。

---

[74] 行政程序法第96條第1項第2款。

[75] 參見李建良，稅捐稽徵、協力義務與依法行政原則—簡評臺北高等行政法院92年度訴字第2316號判決，台灣本土法學雜誌69期，2005年4月，頁243-248。

第**9**編

附 則

第308條（施行日期）
本法自公布日施行。
本法修正條文施行日期，由司法院以命令定之。

❖立法理由❖

　　本法已將現行行政訴訟制度爲重大變革，修正公布後，尚須有其他配合之措施，爰規定修正條文之施行日期，由主管機關即司法院以命令定之。

❖內容解析❖

　　本條是有關本法施行日期之規定，共分二項，第1項所稱「本法自公布日施行」係指舊法之施行；第2項規定「本法修正條文施行日期，由司法院以命令定之」，則是針對修正條文部分。依立法理由，本條係1998年10月28日公布之行政訴訟法施行日期規定。該次行政訴訟法之修正，幅度甚大，不僅條文數目由原來的三十四條增加爲三百零八條，內容上亦有極大之增修，包括條文之結構，章節之編列，乃至訴訟類型之增加及訴訟程序之強化等，可謂是我國行政訴訟制度之重大變革，須有其他相應之配合制度與措施，始能順遂施行，故授權司法院衡酌情形，以命令定施行之日期[1]。

　　1999年7月8日，司法院以（88）院台廳行一字第17712號函頒：「中華民國87年10月28日公布之『行政訴訟法』修正條文暨88年2月3日公布之『行政法院組織法』修正條文，均經本院定於中華民國89年7月1日施行。」行政訴訟新制爰於新世紀（公元2000年）之首年7月1日正式施行。於此同時，爲方便新法與舊法之銜接，避免新法實施初期所可能產生之適用疑義，立法院於2000年5月23日三讀通過「行政訴訟法施行法」，凡六條，其主要內容如下：

　　一、新法施行後，於施行前已繫屬而尚未終結之行政訴訟事件，由最高行政法院依新法裁判之。如認起訴無理由者，應予駁回；有理由者，應爲原告勝訴之判決或發交該管轄高等行政法院依新法審判之（行訴施§2）。

　　二、確定裁判之再審：新法施行前已確定裁判之再審，其再審期間依舊法之規

---

[1]　行政訴訟制度之改革，除應修改行政訴訟法外，尚應對行政法院之組織有所調整與增補，故司法院於1993年間提出行政訴訟法修正草案時，同時提出「行政法院組織法修正草案」，以配合行政訴訟法之修正。嗣於立法院審議過程中，立法委員亦擬具「行政法院組織法部分條文修正草案」，併案審理。此項草案於行政訴訟法修正通過後不久，亦於1999年1月15日經立法院三讀通過，並於同年2月3日經總統公布，其第48條第2項亦規定：「本法修正條文施行日期，由司法院以命令定之。」

定；再審事由，依新法之規定（行訴施§3）。

三、新法施行後，不服再訴願決定之再訴願人或利害關係人，得於法定期間內向高等行政法院提起行政訴訟（行訴施§4）。

四、第三人對新法施行前已確定之終局判決，認有新法第284條第1項規定重新審理之事由者，得於新法施行之日起三十日或知悉確定判決之日起三十日之不變期間內，依新法之規定，聲請重新審理。但已確定之判決，自新法公布日回溯起算已逾一年者，不得聲請重新審理（行訴施§5）。

行政訴訟新制自民國89年7月1日施行迄今，歷有十次修正，施行日期亦皆由司法院以命令定之，分別如下：

一、民國96年7月4日總統華總一義字第09600083721號令修正公布；民國96年7月31日司法院院台廳行一字第0960016042號令發布定自96年8月15日施行。

二、民國99年1月13日總統華總一義字第09900006281號令修正公布；民國99年4月23日司法院院台廳行一字第0990009843號令發布定自99年5月1日施行。

三、民國100年5月25日總統華總一義字第10000104001號令修正公布；民國100年12月26日司法院院台廳行一字第1000032864號函定自101年9月6日施行。

四、民國100年11月23日總統華總一義字第10000257891號令修正公布；民國100年12月26日司法院院台廳行一字第1000032864號函定自101年9月6日施行。

五、民國102年1月9日總統華總一義字第10200000791號令修正公布；民國102年6月7日司法院院台廳行一字第1020015332號函定自102年6月10日施行。

六、民國103年6月18日總統華總一義字第10300093281號令修正公布；民國103年6月18日司法院院台廳行一字第1030017140號令發布第49、73、204條定自公布日施行、民國104年2月4日司法院院台廳行一字第1040003715號令發布第229條及第二編第四章（§237-10～§237-17）定自104年2月5日施行。

七、民國107年6月13日總統華總一義字第10700063071號令修正公布；民國107年6月20日司法院院台廳行一字第1070016516號令發布第82、98-6條定自公布日後六個月施行。

八、民國107年11月28日總統華總一義字第10700128061號令修正公布；民國107年11月28日司法院院台廳行一字第1070032235號令發布第204、205、207、233條定自107年11月30日施行。

九、民國109年1月15日總統華總一義字第10900004071號令修正公布；民國109年1月17日司法院院台廳行一字第1090001282號令發布第98-5、263條、第237-18～237-31條及第二編第五章章名定自109年7月1日施行。

十、民國110年6月16日總統華總一義字第11000055331號令修正公布；民國110年6月17日司法院院台廳行一字第1100017340號令發布除第57、59、83、210、237-

15條文外，其餘條文，定自110年6月18日施行；民國110年10月15日司法院院台廳行一字第1100029096號令發布第57、59、83、210、237-15條條文定自110年11月1日施行。

　　十一、民國110年12月8日總統華總一義字第11000109281號令修正公布；民國110年12月8日司法院院台廳行一字第1100034109號令發布第107、243、259條條文定自111年1月4日施行。

　　十二、民國111年6月22日總統華總一義字第11100052441號令修正公布；民國111年6月24日司法院院台廳行一字第1110018286號令發布定自112年8月15日施行。

　　歷次修正，以第四次、第六次、第九次及第十二次的幅度較大且意義重大，略述如下：第四次（民國100年11月23日公布）計修正四十六個條文[2]、第二編編名及第一章、第二章章名；增訂二十個條文[3]及第二編第三章章名，並刪除第252條條文。重點有二[4]：

　　一、行政訴訟審級之改制：行政訴訟改採三級二審。

　　二、交通事件審判權之改制：道路交通裁決事件移由行政法院審理。

　　配合以上改制，立法院同日（民國100年11月23日）三讀通過「行政訴訟法施行法」[5]、「法院組織法」[6]、「行政法院組織法」[7]；同年月4日三讀通過「道路交通管理處罰條例」[8]及「智慧財產案件審理法」[9]五法之部分條文修正。

　　第六次（民國103年6月18日公布）修正重點如下：

　　一、增訂「收容聲請事件程序」專章，明定對於外國人及陸港澳人民收容之相關司法救濟程序（行訴§237-10～§237-17）。

　　二、明定不服內政部入出國及移民署（下稱移民署）之行政收容事件（例如具保處分）或合併請求賠償事件涉訟，適用簡易訴訟程序（行訴§229II⑤、IV）。

　　三、放寬交通裁決事件原告之訴訟代理人，不以律師為限。原告為自然人時，其一定關係之親屬；原告為法人或非法人團體時，其所屬人員辦理與訴訟事件相關業務

---

[2]　行政訴訟法第4～6、8、16、21、42、55、63、75、76、106、107、113、114、120、143、148、169、175、183～185、194、199、216、217、219、229、230、233、235、236、238、244、246、248、267、269、275、294、299、300、305～307條。

[3]　行政訴訟法第3-1、98-7、104-1、114-1、125-1、175-1、178-1、235-1、236-1、236-2、237-1～237-9、256-1條。

[4]　參見李建良，行政訴訟審級與交通裁決事件審判權之改制—2011年行政訴訟新制評介，台灣法學雜誌192期，2012年1月，頁1-22。

[5]　修改行政訴訟法施行法第1、2、3、4、5、6、7、8、9、10、11、12、13、14、15條。

[6]　修改法院組織法第14、15、32、79條。

[7]　修改行政法院組織法第3、4、5、7、10、10-1、15、18條；增訂第10-2條。

[8]　修改道路交通管理處罰條例65、87條；增訂第85-3條；刪除第88、89、90-2條。

[9]　增訂智慧財產案件審理法第30-1條。

者，亦得爲訴訟代理人（行訴§49）。

　　四、修正行政訴訟法第73條之用語，將「郵政機關」修正爲「郵務機構」。

　　五、明定宣示判決期日之指定，自辯論終結時起，不得逾二星期，俾與民、刑事案件一致（行訴§204）。

　　六、行政機關所爲講習及輔導教育處分，因屬輕微處分，明定適用簡易訴訟程序審理（行訴§229Ⅱ④）。

　　七、於行政訴訟法施行法增訂本次修法前，已繫屬法院事件之管轄法院及新舊法律適用。

　　收容聲請事件程序之增訂，係因應司法院釋字第708號及第710號解釋要求應賦予受收容之外國人及大陸地區人民，對於移民署作成之暫予收容處分有立即聲請法院迅速審查決定之救濟機會，以及逾越暫予收容期間之收容，應由法院審查決定之意旨，同時就現行法其他部分酌予修正[10]。此部分必須配合入出國及移民法（下稱移民法）、臺灣地區與大陸地區人民關係條例（下稱兩岸條例）及香港澳門關係條例等修正規定同時施行，故施行日另行訂定。

　　移民法於民國104年2月4日經總統華總一義字第10400013351號令修正公布第15、36至38、91條條文；並增訂第38條之1至第38條之9；施行日期，由行政院於民國104年2月4日以院台法字第1040123882號令發布定自104年2月5日施行，故行政訴訟法第229條及第二編第四章（§237-10～§237-17），亦自104年2月5日施行。另方面，兩岸條例於民國104年6月17日經總統華總一義字第10400070701號令修正公布第18條條文；並增訂第18條之1、第18條之2、第87條之1；施行日期，由行政院於民國104年7月1日以院台法字第1040034260號令發布定自104年7月3日施行。是以，行政訴訟法第229條及第二編第四章雖於104年2月5日施行，但須俟104年7月3日，始適用於大陸地區人民。

　　依移民法第4條第1項及第38條規定，內政部入出國及移民署爲入出國查驗之主管機關，並有收容外國人之權，於民國96年1月2日依「內政部入出國及移民署組織法」設立。民國102年8月21日總統華總一義字第10200156181號令修正公布名稱及全文八條，將「內政部入出國及移民署組織法」改爲「內政部移民署組織法」，「內政部入出國及移民署」更名爲「內政部移民署」；施行日期，由行政院於民國103年12月23日以院授發社字第1031302105號令發布定自104年1月2日施行。民國103年12月26日，行政院以院台規字第1030158355號公告行政訴訟法第229條第2項第5款、第237條之12第1項、第2項、第237條之13第2項及第237條之16第1項涉及「內政部入出

10　參見李建良，外國人收容之法官保留與司法救濟——2014年行政訴訟法修正評介，台灣法學雜誌252期，2014年7月，頁1-10。

國及移民署」之權責事項，自104年1月2日起改由「內政部移民署」管轄。

第九次（民國109年1月15日公布）修正重點如下：

一、增訂「都市計畫審查程序」專章，明定人民、地方自治團體或其他公法人就違法之都市計畫，認爲損害其權利或法律上利益者，得提起訴訟以資救濟之程序（行訴§237-18～§237-31）。

二、配合新增都市計畫審查程序專章，明定第237條之30聲請事件，應徵收裁判費（行訴§98-5）。

配合新增都市計畫審查程序專章，明定最高行政法院之上訴審程序，準用本章之相關規定（行訴§263）。都市計畫審查程序之增訂，係因應釋字第742號解釋，除闡釋定期通盤檢討之都市計畫變更具法規性質外，諭示立法機關應於本解釋公布之日（民國105年12月9日）起二年內增訂相關規定，使人民得就違法之都市計畫，認爲損害其權利或法律上利益者，提起訴訟以資救濟。

鑑於都市計畫審查程序新制初創，允宜明確規定前案的適用關係，以利新法施行，避免前後相繆，爰於民國109年1月15日總統華總一義字第10900004171號令增訂公布（舊）行政訴訟法施行法第14條之5；並自修正行政訴訟法施行之日施行。本條文第1項明文：「修正行政訴訟法施行前已發布之都市計畫，不適用修正行政訴訟法第二編第五章都市計畫審查程序之規定。」同時於第2項規定：「修正行政訴訟法施行前發布之都市計畫，具行政處分性質者，於修正行政訴訟法施行後，仍適用行政訴訟法有關違法行政處分之訴訟程序。」

第十二次（民國111年6月22日公布）修正重點如下：

一、建構堅實第一審的訴訟結構：取消地方法院行政訴訟庭，高等行政法院分設地方行政訴訟庭，訴訟法上稱「地方行政法院」（行訴§3-1）；以遠距審理、巡迴法庭或其他便利之方式行簡易訴訟程序（行訴§232）；調整高等行政法院與地方行政法院第一審通常訴訟程序管轄範圍（行訴§104-1）。

二、漸進擴大強制律師代理：當事人應委任律師爲訴訟代理人之情形及其例外規定（行訴§49-1）。

三、保障原住民族、弱勢兒少與身心障礙者近用司法之權益：增訂因原住民、原住民族部落之公法上權利或法律關係涉訟者，除兩造均爲原住民或原住民族部落外，得由爲原告之原住民住居所地或經核定部落所在地之行政法院管轄（行訴§15-3）；倘受訴訟救助之兒少因負擔訴訟費用而致生計有重大影響，許其得向法院聲請減輕或免除訴訟費用（行訴§104）；增修訴訟關係人如爲聽覺、聲音或語言障礙者，得由具一定關係或受其信賴之人陪同在場及不得令心智障礙之證人具結（行訴§122-1、§150）。

四、防杜濫訴：濫訴之定義及其處罰規定（行訴§107、§249）。

　　五、完善替代裁判之紛爭解決機制：強化行政訴訟和解制度（行訴§219、§228-1）；增訂行政訴訟調解制度（行訴§228-2～§228-4、§305）。

　　六、強化裁判見解統一機制：高等行政法院受理地方行政法院所為第一審判決之上訴及抗告，認有確保裁判見解統一之必要時，應裁定移送最高行政法院裁判，程序上並準用行政法院組織法大法庭相關規定（行訴§235-1、§237-9、§263-4、§272）。

　　除上述重大修正外，其餘修法的要旨，併述如下：

　　一、第七次修正（民國107年6月13日公布）：因應電子E化的趨勢，將「公告於法院網站」納入公告周知的方式之一。

　　二、第八次修正（民國107年11月28日公布）：明定判決均應公告，並增加於行政法院網站公告判決之公告方式；增訂經言詞辯論之判決毋庸宣示的例外規定；區別通常與簡易訴訟程序，規定不同宣示期日，同時增訂放寬宣示期日之例外規定。

　　三、第十次修正（民國110年6月16日公布）：配合現代科技發展，透過司法E化的推動，使當事人得以科技設備傳送書狀，同時擴大視訊審理範圍，並得以電子文件的形式製作及送達裁判正本。

國家圖書館出版品預行編目資料

行政訴訟法逐條釋義／許宗力等著 ; 翁岳生
　主編. －－四版. －－臺北市：五南圖書出
　版股份有限公司, 2023.10
　　面；　公分
　ISBN 978-626-366-515-6（平裝）

1.CST: 行政訴訟法

588.16　　　　　　　　　　112013622

1U86

行政訴訟法逐條釋義

主　　　編 ― 翁岳生
副 主 編 ― 許宗力　吳東都
作　　　者 ― 翁岳生　盛子龍　林明昕　許宗力　陳愛娥
　　　　　　董保城　葉俊榮　劉宗德　蔡震榮　黃清德
　　　　　　陳春生　洪家殷　蕭文生　簡慧娟　蕭惠芳
　　　　　　劉建宏　林明鏘　張文郁　李惠宗　陳清秀
　　　　　　蔡茂寅　賴恆盈　陳錫平　黃啟禎　王碧芳
　　　　　　李震山　吳東都　陳國成　傅玲靜　張登科
　　　　　　張國勳　程明修　李建良（作者順序依撰寫
　　　　　　法條條次排列）
發 行 人 ― 楊榮川
總 經 理 ― 楊士清
總 編 輯 ― 楊秀麗
副總編輯 ― 劉靜芬
責任編輯 ― 呂伊真
封面設計 ― 陳亭瑋
出 版 者 ― 五南圖書出版股份有限公司
地　　　址：106台北市大安區和平東路二段339號4樓
電　　　話：(02)2705-5066　　傳　　　真：(02)2706-6100
網　　　址：https://www.wunan.com.tw
電子郵件：wunan@wunan.com.tw
劃撥帳號：01068953
戶　　　名：五南圖書出版股份有限公司

法律顧問　林勝安律師

出版日期　2002年11月初版一刷
　　　　　2018年 7 月二版一刷
　　　　　2019年 8 月二版二刷
　　　　　2021年10月三版一刷
　　　　　2023年10月四版一刷

定　　　價　新臺幣920元

經典永恆・名著常在

五十週年的獻禮——經典名著文庫

五南，五十年了，半個世紀，人生旅程的一大半，走過來了。

思索著，邁向百年的未來歷程，能為知識界、文化學術界作些什麼？

在速食文化的生態下，有什麼值得讓人雋永品味的？

歷代經典・當今名著，經過時間的洗禮，千錘百鍊，流傳至今，光芒耀人；

不僅使我們能領悟前人的智慧，同時也增深加廣我們思考的深度與視野。

我們決心投入巨資，有計畫的系統梳選，成立「經典名著文庫」，

希望收入古今中外思想性的、充滿睿智與獨見的經典、名著。

這是一項理想性的、永續性的巨大出版工程。

不在意讀者的眾寡，只考慮它的學術價值，力求完整展現先哲思想的軌跡；

為知識界開啟一片智慧之窗，營造一座百花綻放的世界文明公園，

任君遨遊、取菁吸蜜、嘉惠學子！